SERPENT RISING:
THE KUNDALINI COMPENDIUM

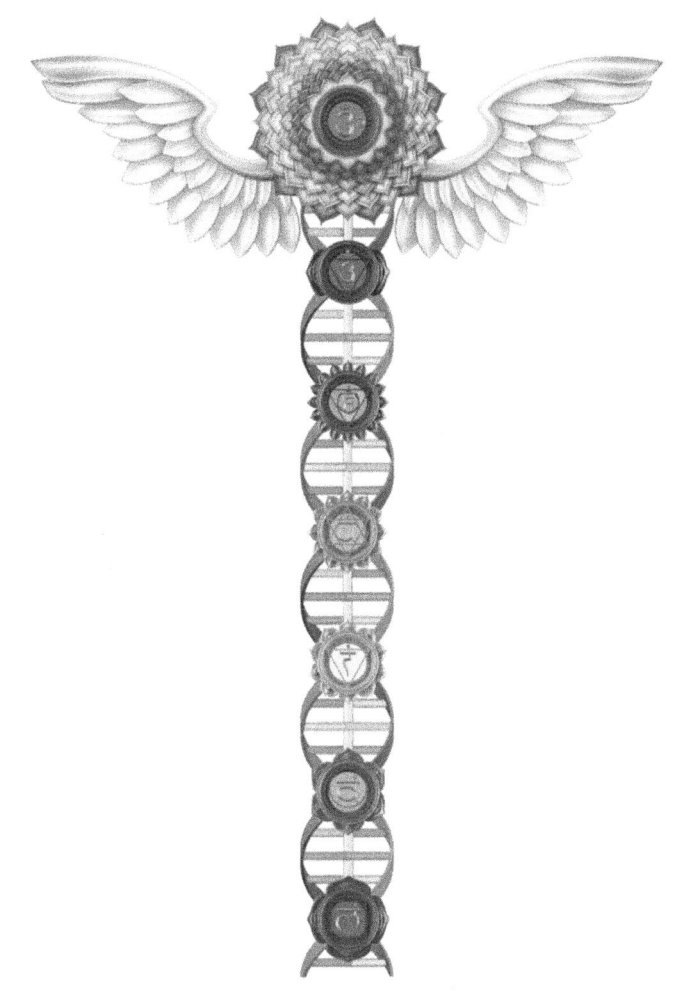

Najbardziej wszechstronny na świecie zbiór prac dotyczących potencjału energetycznego człowieka

NEVEN PAAR

Przełożył Juliusz Matysiak

Serpent Rising: The Kundalini Compendium
Copyright © 2023 By Neven Paar. All Rights Reserved.

Żadna część tej książki nie może być powielana w jakiejkolwiek formie ani za pomocą jakichkolwiek środków elektronicznych lub mechanicznych, włączając w to systemy przechowywania i wyszukiwania informacji, bez pisemnej zgody autora. Jedynym wyjątkiem jest recenzent, który może cytować krótkie fragmenty w recenzji.

Projekt Okładki Autorstwa Nevena i Emily Paar
Ilustracje Neven Paar
Przełożył na Język Polski Juliusz Matysiak
Pod redakcją Laury Viem

Wydrukowano w Kanadzie
Pierwszy druk: Luty 2023 r.
Przez Winged Shoes Publishing

ISBN—978-1-7770608-9-3

Zastrzeżenie: Wszystkie materiały zawarte w tej pracy są przeznaczone wyłącznie do celów informacyjnych i nie mogą być interpretowane jako profesjonalne porady lub instrukcje medyczne. Nie należy podejmować żadnych działań ani zaniechań wyłącznie na podstawie treści zawartych w tej informacji; zamiast tego czytelnicy powinni skonsultować się z odpowiednimi pracownikami służby zdrowia w każdej sprawie dotyczącej ich zdrowia i samopoczucia. Chociaż autor i wydawca dołożyli wszelkich starań, aby zapewnić, że informacje zawarte w tej książce były poprawne w czasie prasy, autor i wydawca nie zakładają i niniejszym zrzekają się jakiejkolwiek odpowiedzialności wobec jakiejkolwiek strony za jakiekolwiek straty, szkody lub zakłócenia spowodowane przez błędy lub pominięcia, czy takie błędy lub pominięcia wynikają z zaniedbania, wypadku lub jakiejkolwiek innej przyczyny.

Dedykuję tę pracę Inicjującym Kundalini. Niech ta książka prowadzi Cię na Twojej ścieżce przebudzenia i mam nadzieję, że moja siedemnastoletnia podróż do samopoznania z energią Kundalini przysłużyła Ci się, zgodnie z zamierzeniami.

–*Neven Paar*

Inne książki Nevena Paara

The Magus: Kundalini and the Golden Dawn

www.nevenpaar.com

Winged Shoes Publishing
Toronto, Ontario

Spis Rysunków:

Rysunek 1: Powstanie Kundalini i Czakry 25
Rysunek 2: Trzy Nadis po Przebudzeniu Kundalini 28
Rysunek 3: Wszechświat Wewnątrz Głowy... 30
Rysunek 4: Drzewo Życia/Siedem Czakr/Kundalini 34
Rysunek 5: Kompletny Obwód Kundalini 45
Rysunek 6: Mózg Wypełniony Światłem... 50
Rysunek 7: Siedemdziesiąt Dwa Tysiące Nadisów 54
Rysunek 8: Kosmiczne Jajo... 61
Rysunek 9: Pięć Elementów i SIedem Czakr 69
Rysunek 10: Pentagram 71
Rysunek 11: Cztery Światy i Tetragrammaton (YHVH) 72
Rysunek 12: Pentagrammaton (YHShinVH) 73
Rysunek 13: Drzewo Życia i Trzy Nadis 76
Rysunek 14: Wewnętrzne Płaszczyzny Kosmiczne 86
Rysunek 15: Nadis Ida i Pingala oraz Czakra Ajny 94
Rysunek 16: Pole Elektromagnetyczne Ziemi 99
Rysunek 17: Aura Człowieka.. 100
Rysunek 18: Stresująca Energia Wchodząca i Wychodząca z Aury 104
Rysunek 19: Progresja Kolorów Aurycznych od Najniższej do Najwyższej Czakry 105
Rysunek 20: Anatomia Aury 107
Rysunek 21: Problemy Energetyczne w Aurze 109
Rysunek 22: Pole Toroidalne Kundalini 114
Rysunek 23: Siedem Czakr i Splotów Nerwowych 122
Rysunek 24: Ekspansja Mózgu i Korelacje Czakr 126
Rysunek 25: Halo Wokół Głowy.. 129
Rysunek 26: Mniejsze Czakry Głowy (Korona) 130
Rysunek 27: Czakry Stóp... 132
Rysunek 28: Czakry Dłoni 134
Rysunek 29: Wytwarzanie i Przesyłanie Energii Leczniczej (Palmy) 135
Rysunek 30: Uzdrawiająca Energia z Dłoni 137
Rysunek 31: Lokalizacja Oczu Psychicznych 139
Rysunek 32: Czakry Transpersonalne 142
Rysunek 33: Czakra Hara (Navel) 145
Rysunek 34: Czakra Przyczynowa/Bindu 147
Rysunek 35: Czakry Transpersonalne Powyżej Korony... 150
Rysunek 36: Sześcian Metatrona i Merkaba 155
Rysunek 37: Orientacja Tetrahedronów u Mężczyzn i Kobiet............................... 156
Rysunek 38: Merkaba: Pojazd Światła (u Mężczyzn).. 157
Rysunek 39: Przebudzenie Kundalini i Optymalizacja Merkaby........................... 158
Rysunek 40: Gruczoły Dokrewne w Organizmie... 169
Rysunek 41: Główne Ośrodki Mózgu 174

Rysunek 42: Układ Limbiczny (Limbic System) 178
Rysunek 43: Formacja Siatkowa (Reticular Formation) 181
Rysunek 44: Części Mózgu 184
Rysunek 45: Centralny i Obwodowy Układ Nerwowy 188
Rysunek 46: Nerw Błędny (Vagus Nerve) 193
Rysunek 47: Dwanaście Par Nerwów Czaszkowych 197
Rysunek 48: Rdzeń Kręgowy (Przekrój Poprzeczny) 200
Rysunek 49: Płyn Mózgowo-Rdzeniowy i Komory Mózgu (Widok z Boku) 201
Rysunek 50: Komory Mózgowe (Widok z Przodu) 202
Rysunek 51: Conus Medullaris i Filum Terminale 204
Rysunek 52: Kość Krzyżowa i Kość Ogonowa 205
Rysunek 53: Niezwinięta Kundalini 207
Rysunek 54: Splot Krzyżowy (Sacral Plexus) 208
Rysunek 55: Nerwy Kulszowe i Kanały Energetyczne w Nogach 209
Rysunek 56: Kundalini/Caduceus Hermesa/Podwójna spirala DNA 212
Rysunek 57: Pole Elektromagnetyczne Serca 214
Rysunek 58: Serce Człowieka i Układ Krążenia 216
Rysunek 59: Centrum Czakry Serca 223
Rysunek 60: Przebudzenie Kundalini i EMF Serca 226
Rysunek 61: Siedem Czakr Męskich i Żeńskich 231
Rysunek 62: Pozycje Czakryczne Siedmiu Starożytnych Planet 241
Rysunek 63: Ewolucja Duchowa 249
Rysunek 64: Kształty i Formacje Kryształów 253
Rysunek 65: Umiejscowienie Kamieni Szlachetnych na Czakrach 267
Rysunek 66: Wzmacnianie Kryształu za Pomocą Odłamków Kwarcu Czystego 268
Rysunek 67: Wysyłanie Uzdrawiającej Energii Przez Dłonie 269
Rysunek 68: Optymalizacja Spinu Czakr za Pomocą Kryształowych Różdżek 270
Rysunek 69: Zestaw Kamertonów do Strojenia Siedmiu Czakr z Gwiazdą Duszy 274
Rysunek 70: Widmo Harmoniczne Zestaw Kamertonów (Nieważone) 275
Rysunek 71: Umieszczenie Kamertonów w Uzdrawianiu Czakrycznym 277
Rysunek 72: Stosowanie Kamertonów Ważonych na Sobie 278
Rysunek 73: Jednoczesna Praca z Dwoma Kamertonami 279
Rysunek 74: Święte Częstotliwości Solfeggio i Warstwy Aury 281
Rysunek 75: Święte Częstotliwości Solfeggio i Czakry 282
Rysunek 76: Kamertony Świętych Częstotliwości Solfeggio (Nieważone) 285
Rysunek 77: Umieszczanie Kamertonów przy Uszach 286
Rysunek 78: Olejki Eteryczne i Dyfuzor 291
Rysunek 79: Aromaterapia i Układ Limbiczny 292
Rysunek 80: Pięć Głównych Tattw 297
Rysunek 81: Dwadzieścia Pęć Subelementowych Tattw 299
Rysunek 82: Tattwy i Czakry 302
Rysunek 83: Karty Tattwy Autora 307

Spis Tabel:

TABELA 1: Dwanaście Czakr i Ich Odpowiednik 287
TABELA 2: Olejki Eteryczne dla Siedmiu Czakr 295
TABELA 3: Korespondencje Tattwy.. 310
TABELA 4: Ajurwedyjski Wykres Konstytucji (Trzy Doshas) 459
TABELA 5: Wskazówki Żywieniowe dla Trzech Doshas.. 466
TABELA 6: Siedem Starożytnych Planet i ich Odpowiedniki 658
TABELA 7: Dwanaście Zodiaków i ich Korelacje... 659

SERPENT RISING: KUNDALINI COMPENDIUM
By Neven Paar

Spis treści

PODRÓŻ AUTORA DO NAPISANIA TEJ KSIĄŻKI 1
   Boski Głos 1
   Ewolucja Duchowa i Moc Osobista 4
   Przebudzenie Kundalini 6
   Magia Złotego Świtu 9
   Drugie Powstanie Kundalini 11
   Twórcze Ekspresje 12
   Odnajduję Swój Cel 14
   Człowiek z Misją 16
CZĘŚĆ I: PRZEBUDZENIE KUNDALINI 21
WPROWADZENIE DO KUNDALIN 22
   Proces Przebudzenia Kundalini 24
   Aktywacja Ciała Światła 27
   Dary Duchowe i Ulepszenia Zmysłów 29
DRZEWO ŻYCIA I CZAKRY 32
   Oczyszczanie Czakr 35
DUCHOWE PRAKTYKI UZDRAWIAJĄCE 38
TRANSFORMACJA KUNDALINI 43
   Aktywacja Bindu 44
   Wykorzenienie Pamięci 46
   Kompletna Metamorfoza 49
   Światło i Wibracje Wewnątrz Głowy 50
   Częściowe i Trwałe Przebudzenia Kundalini 53
   Widzenie Światła we Wszystkim 55
CZYNNIKI PRZEBUDZENIA KUNDALINI 58
   Zakończenie Procesu Przebudzenia Kundalini 59
   Dostosowanie się do Ciała Duchowego 62
   Twoje Nowe Lamborghini Veneno 63
CZĘŚĆ II: MIKROKOSMOS I MAKROKOSMOS 67
PIĘĆ ELEMENTÓW 68
   Pentagram 70
   Cztery Światy i Pentagrammaton 72
   Pierwiastki w Przyrodzie 75
   Element Ducha 77
   Element Ognia 79
   Element Wody 80
   Element Powietrza 81
   Element Ziemi 83

Rysunek 84: Osiem Kończyn Jogi 320
Rysunek 85: Pięć Koshas 323
Rysunek 86: Trzy Asany Medytacyjne 330
Rysunek 87: Asany dla Początkujących (Część I) 336
Rysunek 88: Asany dla Początkujących (Część II) 337
Rysunek 89: Asany dla Początkujących (Część III) 338
Rysunek 90: Asany Pośrednie (Część I) 339
Rysunek 91: Asany Pośrednie (Część II) 340
Rysunek 92: Asany Zaawansowane (Część I) 341
Rysunek 93: Asany Zaawansowane (Część II) 342
Rysunek 94: Shavasana 344
Rysunek 95: Oddychanie Brzuszne/Diafragmatyczne 345
Rysunek 96: Oddychanie Jogiczne (Three-Part Breath) 348
Rysunek 97: Alternatywne Oddychanie przez Nozdrza 350
Rysunek 98: Ujjayi Pranayama (Pozycja Glottis) 354
Rysunek 99: Oddech Pszczoły Szumiącej 355
Rysunek 100: Sheetali Pranayama 357
Rysunek 101: Sheetkari Pranayama 358
Rysunek 102: Moorcha Pranayama (Metoda#1) 360
Rysunek 103: Moorcha Pranayama (Metoda#2) 361
Rysunek 104: Trzy Granty 363
Rysunek 105: Palce i Pięć Elementów 368
Rysunek 106: Jnana Mudra 370
Rysunek 107: Chin Mudra 371
Rysunek 108: Hridaya Mudra 372
Rysunek 109: Shunya Mudra 373
Rysunek 110: Anjali Mudra 374
Rysunek 111: Yoni Mudra 375
Rysunek 112: Bhairava Mudra 376
Rysunek 113: Lotus Mudra 377
Rysunek 114: Shiva Linga Mudra 378
Rysunek 115: Kundalini Mudra 379
Rysunek 116: Shambhavi Mudra 381
Rysunek 117: Nasikagra Drishti 382
Rysunek 118: Shanmukhi Mudra 384
Rysunek 119: Viparita Karani 386
Rysunek 120: Pashinee Mudra 387
Rysunek 121: Tadagi Mudra 388
Rysunek 122: Manduki Mudra 389
Rysunek 123: Mula Bandha Punkt Skurczu 392
Rysunek 124: Stojąca Uddiyana Bandha 394
Rysunek 125: Siedząca Uddiyana Bandha (z Jalandhara Bandha) 395

Rysunek 126: Jiva Bandha 397
Rysunek 127: Maha Mudra 399
Rysunek 128: Punkty Skurczu Vajroli, Sahajoli i Ashwini Mudry 401
Rysunek 129: Pięć Prana Vayus 404
Rysunek 130: Mudry Dłoni dla Pięciu Prana Vayus 407
Rysunek 131: Przekierowanie Przepływu Prany, Apany i Samany 409
Rysunek 132: Maha Bandha: Stosowanie Trzech Bandhas 410
Rysunek 133: Brahmarandhra 413
Rysunek 134: Warstwy Sushumna Nadi i Kosmiczne Jajo 415
Rysunek 135: Czakra Lalana (Talu) i Bindu Visarga 418
Rysunek 136: Podstawowa Khechari Mudra 419
Rysunek 137: Zaawansowana Khechari Mudra 420
Rysunek 138: Liczenie Koralików Mala 426
Rysunek 139: Bogini Saraswati 432
Rysunek 140: Bija Mantry Płatków Czakr 435
Rysunek 141: Siedem Czakr Mudry/Mantry 437
Rysunek 142: Medytacja Wizualizacyjna 442
Rysunek 143: Medytacja z Płomieniem Świecy (Trataka) 446
Rysunek 144: Umieszczenie Płomienia Świecy 447
Rysunek 145: Mudry Dłoni dla Pięciu Elementów 452
Rysunek 146: Pięć Elementów i Trzy Doshas 454
Rysunek 147: Trzy Doshas i Strefy Ciała 456
Rysunek 148: Wykres Urodzenia Autora w Astrologii Wedyjskiej 462
Rysunek 149: Pan Ganesha i Aśta Siddhis 476
Rysunek 150: Święty Anioł Stróż (Wyższe Ja) 492
Rysunek 151: Projekcja "Świadomy Sen" 498
Rysunek 152: Antena Ludzkiego Mózgu 503
Rysunek 153: Lotos Czakry Sahasrara 533
Rysunek 154: Przepływ Kundalini przez Sushumnę 534
Rysunek 155: Czakra Serca i Jedność 548
Rysunek 156: Latanie jak Superman w Śnie 555
Rysunek 157: Bliskie Spotkanie Piątego Stopnia 563
Rysunek 158: Shiva i Shakti w Miłosnym Uścisku 569
Rysunek 159: Pobudzenie Seksualne u Mężczyzn 578
Rysunek 160: Stawanie się Duchowym Wojownikiem 593
Rysunek 161: Liść Konopi i jego Magiczne Korelacje 616
Rysunek 162: Główne Centra Energetyczne Gł. 629
Rysunek 163: Medytacje o Kundalini 632
Rysunek 164: Optymalizacja Potencjału Energetycznego Człowieka 655

PŁASZCZYZNY KOSMICZNE 85
    Pięć Płaszczyzn Kosmicznych 88
    Boskie Płaszczyzny 91
    Zmienność w Sekwencji Warstw Aurycznych 92
    Lewa i Prawa Półkula Mózgowa 95
    Nadi Short-Circuits 96

CZĘŚĆ III: SYSTEM ENERGII SUBTELNEJ 97
AURA-TOROIDALNE POLE ENERGETYCZNE 98
    Aura Człowieka 99
    Charakterystyka Aury 101
    Anatomia Aury (Obszary Koloru) 106
    Problemy Energetyczne w Aurze 109
    Aura i Wibracje 111
    Kundalini i Aura 113

SIEDEM GŁÓWNYCH CZAKR 115
    Siedem Czakr i Układ Nerwowy 121
    Oczyszczanie Czakr 124
    Rozbudowa Mózgu 125
    Zjawiska Ekspansji Świadomości 127
    Czakry Głowy 128
    Czakry Stóp 131
    Czakry Dłoni 133
    Uzdrawianie za Pomocą Rąk 136
    Infuzja Energii Ducha 137
    Psychiczne Oczy 138

CZAKRY TRANSPERSONALNE 141
    Czakra Gwiazdy Ziemi 143
    Czakra Hara (Navel) 144
    Czakra Przyczynowa (Bindu) 146
    Czakra Gwiazdy Duszy 149
    Gwiezdne Wrota 151
    Linia Hara 152
    Piąty Wymiar 152
    Merkaba - Pojazd Światła 154
    Powrót do Rajskiego Ogrodu 159
    Wydarzenie Solar Flash 160

CZĘŚĆ IV: ANATOMIA I FIZJOLOGIA KUNDALINI 163
SIEDEM CZAKR I GRUCZOŁY DOKREWNE 167
    Uzdrawianie Czakr i Gruczoły Dokrewne 171

PRZEBUDZENIE DUCHOWE I ANATOMIA MÓZGU 173
    Przysadka Mózgowa 173
    Szyszynka 174
    Szyszynka i Duchowość 175
    Wzgórze 177
    Formacja Siatkowa 180

    Części Mózgu 183
UKŁAD NERWOWY 187
    Silny/Słaby Układ Nerwowy 189
    Joga a Układ Nerwowy 191
    Przebudzenie Kundalini a Układ Nerwowy 192
    Funkcja Nerwu Błędnego 192
    Nerw Błędny i Kundalini 195
    Dwanaście Par Nerwów Czaszkowych 196
PŁYN MÓZGOWO-RDZENIOWY (CSF) 199
    Komory Mózgowe 201
    CSF i Przebudzenie Kundalini 203
MULADHARA I KUNDALINI 205
    Kość Krzyżowa i Kość Ogonowa 205
    Splot Krzyżowy i Nerw Kulszowy 207
    Łączenie Wszystkiego w Całość 210
SIŁA SERCA 213
    Połączenie Serce-Mózg 215
    Spójność Ciała 216
    Serce i Wibracje 217
    Serce i Związki 218
    Zachowania Ludzkie oraz Przyczyny i Skutki 219
    Otwieranie Czakry Serca 222
    Kundalini i Ekspansja Serca 225
CZĘŚĆ V: SPOSOBY UZDRAWIANIA SIEDMIU CZAKR 229
CZAKRY MĘSKIE I ŻEŃSKIE 230
    Charakterystyka Płciowa Czakr 233
    Równoważenie Czakr 234
ASTROLOGIA I SIEDEM CZAKR 236
    Astrologia Zachodnia vs. Astrologia Wedyjska 237
    Siedem Starożytnych Planet 239
UZDROWIENIE DUCHOWE I EWOLUCJA 248
KAMIENIE SZLACHETNE (KRYSZTAŁY) 250
    Formacje i Kształty Kryształów 252
    Dwadzieścia Cztery Znaczące Rodzaje Kamieni Szlachetnych 255
    Oczyszczanie Kamieni Szlachetnych 264
    Programowanie Kamieni Szlachetnych 265
    Uzdrawianie Czakr za Pomocą Kamieni Szlachetnych 266
KAMERTONY DO STROJENIA 271
    Rodzaje i Zastosowanie Kamertonów 272
    Zestawy Kamertonów do Strojenia Czakr 273
    Uzdrawianie Czakr Kamertonem 275
    Święte Kamertony Solfeggio 280
AROMATERAPIA 289

Stosowanie Olejków Eterycznych 290
   Jak Działają Olejki Eteryczne.. 292
   Olejki Eteryczne dla Siedmiu Czakr 293

TATTWA 296

   Proces Tworzenia.. 297
   System Trzydziestu Tattw 298
   Pięć Głównych Tattw 300
   Wróżenie Tattva.. 306

CZĘŚĆ VI: NAUKA O JODZE (Z AJURWEDĄ) 315
CEL JOGI 316

   Rodzaje Jogi 317

PIĘĆ KOSHAS 322

   Ciała Subtelne na Wschodzie i Zachodzie 324

ASANA 328

   Trzy Asany Medytacyjne 329
   Hatha Joga a Vinyasa Joga 332
   Przygotowanie do Praktyki Asan 332
   Wskazówki Dotyczące Praktyki Asan.. 334
   Asany Dla Początkujących 336
   Asany Pośrednie 339
   Asany Zaawansowane 341

PRANAYAMA 343

   Ćwiczenia Pranayama 344

TRZY GRANTHIS 362
MUDRA 366

   Hasta (Mudry Dłoni) 367
   Mana (Mudry głowy) 380
   Kaya (Mudry Posturalne) 385
   Bandha (Blokada Mudr) 390
   Adhara (Mudry Krocza) 399

PIĘĆ PRANA VAYUS 403

   Prana i Apana 408
   Przebudzenie Kundalini 409

SUSHUMNA I BRAHMARANDHRA 412
CZAKRA LALANA I NEKTAR AMRITA 417

   Khechari Mudra i Jej Wariacje 419

MANTRA 423

   Święta Liczba 108... 424
   Medytacja Japa 425
   Mantry Medytacyjne 427

BIJA MANTRY I MUDRY SIEDMIU CZAKR 434
MEDYTACJA (DHYANA) 439

    Praktyka Jogiczna i Medytacja 440
    Trzy Metody Medytacji 441
    Kroki Medytacyjne 443
    Medytacja z Płomieniem Świecy (Trataka).. 445

JOGA I PIĘĆ ELEMENTÓW 449

    Aktywacja i Równoważenie Żywiołów 450

AYURVEDA 453

    Trzy Doshas 455
    Jak Określić Swój Współczynnik Doshic... 460
    Dieta Ajurwedyjska... 464
    Praktyki Jogiczne w Celu Zrównoważenia Doshas 469

SIDDHIS - MOCE PSYCHICZNE.. 474

    Osiem Głównych Siddhis 475

CZĘŚĆ VII: PRZEBUDZENIE PO KUNDALINI 487
OBJAWY I ZJAWISKA PO PRZEBUDZENIU KUNDALINI 488

    Anioł Stróż (Wyższe Ja) 491
    Stan bycia po Przebudzeniu 494
    Czakry, Ciała Subtelne i Sny... 496
    Świadome Sny 497
    Światło Astralne Buduje się i Rozszerza 499
    Wszechświat Holograficzny 500
    Kolejne Odsłonięcie Darów.. 501
    Krija i Wydarzenia Synchroniczne 504

POTRZEBA DUCHOWEJ ALCHEMII.. 506

    Wyzwania w Życiu Osobistym 507
    Dostosowanie się do Ciała Światła 510

ZMIANY W ORGANIZMIE I DIETA 513

    Rozwijające się Alergie 514
    Niezbędne Składniki Odżywcze dla Transformacji.................................. 515
    Ćwiczenia Fizyczne a Choroba 516

KONIECZNOŚĆ ZACHOWANIA DYSKRECJI 518

    Szaleństwo Leków na Receptę 521

KREATYWNOŚĆ I ZDROWIE PSYCHICZNE 524

    Kundalini i Zdrowie Psychiczne.. 526
    Wzmocnienie Siły Woli 528
    Kundalini i Kreatywność 529

SAHASRARA I DWOISTOŚĆ UMYSŁU 532

    Introwertyk a Ekstrawertyk 535
    Emocje a Rozsądek 536

KUNDALINI I TRANSFORMACJA POKARMOWA 538

    Sublimacja/Transformacja Żywności 541

    Myśli w "Czasie Rzeczywistym" 543
EMPATIA I TELEPATIA 545
ETYKA I MORALNOŚĆ 547
CZĘŚĆ VIII: KUNDALINI I ŚWIADOME SNY 551
ŚWIAT ŚWIADOMYCH SNÓW 552

    Budząc się we Śnie 553
    Rozwijanie Zdolności we Śnie 554
    Energia Karmiczna w Stanach Sennych 556
    Binah i Astralny Projekt 557
    Paraliż Senny 558
    Jak Wywołać Świadomy Sen 560
    Doświadczenia Pozaświatowe w Świadomych Snach 561

CZĘŚĆ IX: KUNDALINI- MIŁOŚĆ, SEKSUALNOŚĆ I SIŁA WOLI 565
MIŁOŚĆ I ZWIĄZKI 566

    Cztery Formy Miłości 567
    Romantyczna Miłość 568
    Miłość do Przyjaciół 570
    Rodzinna Miłość 572

KUNDALINI I ENERGIA SEKSUALNA 575

    Pobudzenie Seksualne i Bycie "Napalonym" 577
    Relacje Seksualne 579
    Zachowaj Swoją Energię Seksualną 580
    Seksualne Pragnienia 582

ATRAKCYJNOŚĆ SEKSUALNA 585

    Pierwsze Dwie Minuty Spotkania 586
    Psychologia Przyciągania 587
    Znaczenie Wewnętrznych Przekonań 588

STAĆ SIĘ DUCHOWYM WOJOWNIKIEM 591

    Radzenie Sobie z Pozytywnymi i Negatywnymi Energiami 592
    Budowanie Siły Woli 594
    Aby Zmienić Swój Nastrój, Zmień Swój Stan 594

SIŁA MIŁOŚCI 596

    Miłość i Zasada Biegunowości 597
    Ego i Wyższe Ja 598

BYCIE WSPÓŁTWÓRCĄ SWOJEJ RZECZYWISTOŚCI 600

    Zmieniaj Swoje Przeznaczenie 602
    Praca i Życie Szkolne 604
    Inspiracja i Muzyka 606

CZĘŚĆ X: KONTROLA USZKODZEŃ KUNDALINI 609
KUNDALINI I ZWARCIA 610
KUNDALINI I NARKOTYKI REKREACYJNE 614

    Marihuana i Jej Właściwości 615
    Kundalini i Używanie Marihuany 617

Rodzaje i Odmiany Marihuany 619
Metody Używania Marihuany 622
Koncentraty z Konopi Indyjskich i Przekąski 623
Substancje Kontrolowane i Zwarcia 624
CZĘŚĆ XI: MEDYTACJE KUNDALINI 627
ROZWIĄZYWANIE PROBLEMÓW Z SYSTEMEM 628
CZĘŚĆ XII: DORADZTWO KUNDALINI 639
WSKAZÓWKI OGÓLNE 640
WSPÓLNE PYTANIA 644
EPILOG 653
DODATEK 657
TABELE UZUPEŁNIAJĄCE 658
SŁOWNICZEK WYBRANYCH TERMINÓW 661
BIBLIOGRAFIA 670

PODRÓŻ AUTORA DO NAPISANIA TEJ KSIĄŻKI

BOSKI GŁOS

Przez całe życie prześladował mnie głos, którego nigdy nie słyszałem. Ale moja matka go słyszała. I w jakiś sposób zawdzięczam jej swoje życie. Matka usłyszała głos tylko raz. A ponieważ posłuchała, wciąż tu jestem. Lecz nawet zanim ten głos dał o sobie znać, byłem nękany przez różne Demony.

Widzisz, od momentu urodzenia byłem śmiertelnie chory. Miałem wciąż wysoką gorączkę, nie mogłem utrzymać jedzenia i nie mogłem spać. To było tak, jakby jakaś niewidzialna, zewnętrzna siła nie chciała, żebym przeżył. Więc za każdym razem, gdy poprawiało mi się, kończyłem tam, gdzie zaczynałem, w szpitalu.

Cokolwiek próbowało mnie zabić, szybko przekonało się, że jestem upartym dzieckiem, które nie chce się poddać. Nikt nie wiedział, co mi dolega, a nic, co robili lekarze, nie pomagało. W końcu byli tak zdziwieni moją tajemniczą chorobą, że zaprosili studentów medycyny, aby mnie obejrzeli i szczęśliwie znaleźli odpowiedzi.

Moja matka, Gordana, stała u mojego boku i codziennie modliła się o mój powrót do zdrowia. Nie była religijną kobietą, ale wierzyła, że ból pozwala jej skontaktować się z jakąś wyższą Boską siłą i prosić ją o pomoc. W końcu była moją opiekunką, obrończynią. Wtedy, po trzech latach niemal codziennego przebywania w szpitalu i poza nim oraz narażania mojej rodziny na piekło, cudownie wyzdrowiałem. O cokolwiek modliła się moja matka, musiało zostać wysłuchane.

Jeśli była to jakaś pozaziemska siła, która chciała, żebym odszedł z tego świata, to się nie udało. Zamiast tego istniała przeciwna siła, która chciała, abym przetrwał. I tak dorastałem z dobrodziejstwem, które chroniło mnie przed ciężkimi chwilami. Czułem, że może mam jakiś cel na tym świecie, chociaż zajęło mi wiele lat, aby go naprawdę znaleźć. Zanim go znalazłem, czekała mnie kolejna próba, którą musiałem pokonać.

Była wiosna 1992 roku w Jugosławii, kraju stojącym na krawędzi wojny. Właśnie wyszliśmy ze schronu przeciwbombowego budynku po nocy spędzonej na słuchaniu strzałów w tle, wyczerpani. Chociaż rosło napięcie między przeciwnymi frakcjami, większość ludzi wierzyła, że wkrótce wszystko się zakończy i życie wróci do normy. Niewielu było chętnych do pozostawienia wszystkiego za sobą, gdyż nie byli pewni, czy nie wybuchnie wojna na pełną skalę.

Była piąta rano, a moja siostra Nikol i ja poszliśmy prosto do łóżka, podobnie jak mój ojciec Zoran. Moja matka umiejscowiła się obok niego i położyła głowę na poduszce, wyczerpana emocjonalnie i psychicznie. Patrzyła na zegar obok niej, obserwując jak igła porusza się wokół jego środka. Rozmyślała nad tym, w jakim znaleźliśmy się położeniu i jaka przyszłość czeka naszą rodzinę.

To, co stało się potem, miało zmienić wszystko i stworzyć nową gałąź na osi czasu naszego życia. To wyjątkowe wydarzenie nie tylko przeniosło nas z jednego kontynentu na drugi, ale było prekursorem monumentalnej duchowej podróży dla mnie - takiej, która ukształtuje mnie na posłańca Boga - Stwórcy.

Nagle do prawego ucha matki zaczął przemawiać autorytatywny męski głos. Nie był to mój ojciec, ponieważ spał spokojnie po jej lewej stronie, lekko chrapiąc - jak to ma w zwyczaju. Głos mówił spokojnym, ale rozkazującym tonem, zapowiadając to, co ma nadejść dla mieszkańców Bośni i Hercegowiny. Mówił, że w moim rodzinnym mieście rzeczywiście wybuchnie wojna. Śmieci zapełnią ulice, będzie brakowało żywności i wody, nie będzie ciepła i elektryczności. Ten Boski Głos powiedział, że matka musi natychmiast opuścić miasto z moją siostrą i ze mną. To była jej misja.

Matka odzyskała przytomność, lecz coś się w niej zmieniło. Jej umysł pracował z prędkością mili na minutę, jakby nadal była w jakimś transie. Co się właśnie stało? Jej doświadczenie pozostawiło ją zarówno w szoku, jak i tajemnicy. Przede wszystkim jednak, była przerażona. Wiedziała, że uczucie strachu nie opuści jej, dopóki czegoś z tym nie zrobi.

Nie obudziła jeszcze ojca. Zamiast tego starała się zebrać myśli. Gdy to robiła, zaczęła przygotowywać nasze paszporty i inne dokumenty podróżne. Następnie wbrew wszelkiej logice wyszła z sypialni i zaczęła pakować walizkę dla nas wszystkich. W głębi serca wiedziała, co musi zrobić i nic, co ktokolwiek by powiedział, nie mogło jej powstrzymać.

Po tym jak jedna walizka została luźno spakowana, zrobiła sobie kawę i popijała ją przy oknie w salonie, drżąc. Potem, ciężka od emocji, spojrzała na zewnątrz na przylegający do naszego budynku plac zabaw, kontemplując siłę, jaką będzie musiała wykazać w ciągu najbliższych dni, by wypełnić swoją misję i uratować dzieci.

Nagle dwie ręce znalazły się na jej ramionach, potrząsając nią. "Gordana, Gordana, czy ty mnie słyszysz? Powiedz coś!" Moja matka musiała wyglądać jak kobieta opętana. W końcu skierowała się do mojego ojca wracając do rzeczywistości. "Musimy opuścić miasto" - krzyknęła. "Teraz!"

Reszta dnia nie była łatwa dla mojej matki, ponieważ nikt nie wierzył w jej historię. Będąc bardzo logicznym człowiekiem, mój ojciec próbował zracjonalizować jej doświadczenie i uznał, że to była sztuczka wyobraźni. W końcu to była zbyt niezwykła historia, by uwierzyć, że przydarzyła się przeciętnej rodzinie, takiej jak nasza. Matka jednak wiedziała, co usłyszała, była niezłomna, nie było możliwym ją powstrzymać.

Musiała zapewnić bezpieczeństwo swoim dzieciom i natychmiast wywieźć je z miasta.

I tak, spakowała nasze torby oraz kupiła bilety lotnicze, abyśmy mogli wylecieć następnego dnia. Niestety, mój ojciec nie czuł tego samego poczucia pilności, co moja matka. Dodatkowo czekał jeszcze na kilka niezbędnych dokumentów przed poważną wyprawą podróżniczą, więc planował zostać w tyle i spotkać się z nami za kilka tygodni.

Następnego dnia, około południa dotarliśmy na lotnisko. Tuż przed rozpoczęciem boardingu stało się coś niewyobrażalnego. Na lotnisku zaczęły się strzelaniny ze wszystkich stron. Jeśli kraj był na skraju wojny, to była to przepaść. Strzały zazwyczaj miały miejsce w nocy, więc to było coś innego. Ludzie na lotnisku zaczęli uciekać w panice, klękając za każdym razem, gdy usłyszeli strzał, podczas gdy inni leżeli głową w dół. To był chaos. Trwało to przez następne cztery godziny. Wydawało się, że nie będziemy mogli już opuścić miasta.

W końcu strzelanina ustała na tyle, że mogliśmy wejść na pokład samolotu. Nasz średniej wielkości samolot pasażerski był tak wypełniony ludźmi, że nie starczyło miejsc dla wszystkich, więc wielu stało, w tym my. Wydawało się, że wszyscy ludzie na lotnisku przebukowali swoje bilety, aby dostać się do naszego samolotu.

Gdy samolot wystartował, patrzyłem przez okno na moje rodzinne miasto, które stawało się coraz mniejsze, nie wiedząc, że nie zobaczę go przez wiele lat. Podczas lotu samolotem pamiętam, jak moja mama trzymała zarówno moją siostrę, jak i mnie ze łzami w oczach. Wypełniła swoją misję, ale to był dopiero początek naszej żmudnej podróży i ona o tym wiedziała. Gdy wylądowaliśmy w sąsiedniej Serbii, dowiedzieliśmy się, że nasz samolot był ostatnim, który opuścił miasto. Po ucieczce w samą porę, lotnisko zostało oficjalnie zamknięte.

Tego dnia w Bośni rozpoczęła się wojna, która trwała przez trzy długie lata. Sarajewo, moje rodzinne miasto, było oblężone. Kiedy żegnaliśmy się z moim ojcem na lotnisku, nie mieliśmy pojęcia, że to będzie ostatni raz, kiedy się widzimy na długi czas. Och, jakże pragnąłem, aby pojechał z nami, ale tego dnia los odegrał się na nas wszystkich.

Wojna miała charakter religijny z politycznymi konotacjami, których przyczyn nie będę w tej chwili omawiał. Jeśli chodzi o historię, którą zamierzam wam opowiedzieć, wszystko, co według Boskiego Głosu miało się wydarzyć, rzeczywiście się wydarzyło. Boska interwencja uratowała nam życie - powód tego był mi wówczas nieznany.

W miarę upływu dni moja matka pragnęła, by Boski Głos powrócił, by ją prowadzić. Spełniła zadanie zabezpieczenia dzieci przed bezpośrednim niebezpieczeństwem, ale gdy wojna zaczęła się rozszerzać, trudno było przewidzieć, gdzie powinniśmy się udać, aby uniknąć chaosu, który rozpętał się w moim kraju. I tak przemieszczaliśmy się z jednego miasta i kraju do drugiego, krążąc po Bośni i Hercegowinie, czekając cierpliwie, aż mój ojciec będzie mógł wyjechać i do nas dołączyć.

Linie frontu wojny znajdowały się w mojej okolicy. Wielu ludzi zginęło w moim rodzinnym mieście, zwłaszcza w okolicy, gdzie mieszkałem. Przerażające było słuchanie o okrucieństwach, jakie spotkały ludzi mieszkających w Sarajewie. Sąsiedzi walczyli przeciwko sąsiadom, nie można było wyjść z domu w obawie przed zastrzeleniem przez snajperów. Gdy zabrakło żywności i wody, a ludzie musieli opuścić swoje domy, by uzupełnić zapasy, żegnali się z bliskimi, nie wiedząc, czy wrócą. Informacje te otrzymaliśmy z pierwszej ręki od mojego ojca, który niestety musiał to wszystko przetrwać.

Pod koniec wojny moja matka straciła oboje rodziców i brata. Zrobiła jednak to, co powiedział Boski Głos, więc dlaczego jej ludzie nie zostali oszczędzeni? Kiedy dowiedziałem się, że moja rodzina i przyjaciele zginęli w czasie wojny, byłem smutny i zdezorientowany. Dlaczego my zostaliśmy uratowani, a inni nie? Zacząłem zadawać pytania mojej matce, kiedy powiedziała mi o Boskim Głosie. Z jakiegoś powodu tylko ja jej wierzyłem. Większość ludzi myślała, że mieliśmy szczęście opuścić miejsce w ostatniej sekundzie, ale ja wiedziałem, że jest w tym coś więcej. To tak, jakby informacje, które mi przekazała, aktywowały coś wewnątrz mnie, ale potrzeba było wielu lat, aby kolejny element układanki sam się rozwikłał.

Dopiero gdy w 2004 roku doznałem przebudzenia Kundalini, pomyślałem, że może ma to coś wspólnego z tą Boską Interwencją, biorąc pod uwagę, że było to tak rzadkie i monumentalne doświadczenie duchowe. Być może zostaliśmy zbawieni, abym doświadczył wszystkiego, czego doświadczyłem po przebudzeniu Kundalini, a siedemnaście lat później pisał te właśnie słowa do Ciebie, Czytelniku. Być może moje przesłanie jest istotne dla ludzi na świecie w dzisiejszych czasach.

EWOLUCJA DUCHOWA I MOC OSOBISTA

Po dwóch długich latach życia w piekle, mój ojciec przyjechał aby dołączyć do nas w Chorwacji. Wkrótce potem nasza czwórka przybyła do Toronto w Kanadzie jako uchodźcy wojenni i rozpoczęliśmy życie tutaj, w Ameryce Północnej. Moi rodzice obiecali mi, że Kanada będzie nowym początkiem i że będę mógł być kimkolwiek zechcę i będę mógł swobodnie realizować wszystkie swoje marzenia. Wkrótce zdałem sobie sprawę, że najwyższym powołaniem czy dążeniem, na którym najbardziej mi zależało, było bycie szczęśliwym. Najlepszym sposobem dla uhonorowania wszystkich ludzi, którym nie udało się w moim kraju, było bycie szczęśliwym i prowadzenie dobrego życia, ponieważ oni nie mieli takiej możliwości.

Z upływem lat nastoletnich zauważyłem, że jestem inny. Po pierwsze, nikt z moich przyjaciół nie odczuwał emocji tak mocno jak ja. Kiedy inni byli zadurzeni, ja miałem miażdżące obsesje. Byłem z natury ekstremistą. Nie wystarczyło pozwolić, by życie rzucało mi różne rzeczy pod nogi. Aktywnie goniłem za rzeczami, które czyniły mnie szczęśliwym i przynosiłem je do domu.

Inni ludzie szukali szybkiego haju, ale ja chciałem zostać tam na zawsze. Nie było sensu wracać na ziemię po tym, jak posmakowałeś tego, co jeszcze tam było. Kiedy już ogarnąłem transcendalność prawdziwej miłości, jak mógłbym kiedykolwiek wrócić?

Część mnie wiedziała, że to nie może być takie proste, że mogę wziąć tabletkę, zapalić zioło i nagle znaleźć się w niebie. A jednak tak było; w jednej sekundzie czujesz się normalnie, a w następnej jesteś zupełnie w innym stanie. Ale to nie wystarczyło, żeby się naćpać w weekendy; chciałem żyć w tym stanie na zawsze. Chciałem osiągnąć trwały stan szczęścia.

Moją pierwszą próbą odnalezienia tego była miłość. Problem z tym jest taki, że nie masz pełnej kontroli, ponieważ jest to partnerstwo. Więc nawet jeśli czułem czystą energię miłości i oddania do tej osoby, jeśli ona nie czuła tego w ten sam sposób, to nie było to prawdziwe. To było wykonanie magicznej sztuczki bez udziału publiczności. I tak wiedziałem, że jest tam dla mnie coś więcej, ale nie do końca rozumiałem, co to może być.

Dopiero w szkole średniej, podczas mojego pierwszego długotrwałego związku, zacząłem łączyć się z Duchem i poznawać Boga - Stwórcę. To uczucie zakochania po raz pierwszy otworzyło mnie duchowo i stałem się poszukiwaczem Światła. Uczenie się o niewidzialnej rzeczywistości Ducha jest czymś, do czego byłem predysponowany od najmłodszych lat, ponieważ wiele moich filozofii życiowych przyszło naturalnie.

Zawsze byłem skupiony na przyjemności i dążeniu do szczęścia, więc zaręczyłem się z moją pierwszą miłością, myśląc, że mogę ominąć wszystkie próby i trudności w życiu. Jednak Wszechświat miał dla mnie inne plany. Kiedy mój związek katastrofalnie się zakończył, znalazłem się na rozdrożu w moim życiu. Zamiast rozwodzić się nad swoją stratą i popadać w depresję, postanowiłem wykorzystać impet, jaki zyskałem dzięki nauce o Duchu i kontynuować swoją podróż.

Zebrałem wszystko, co mi ją przypominało i włożyłem do czarnego worka na śmieci. Następnie w pobliskim lesie spaliłem wszystko w płonącym ogniu, co miało symbolizować nowy początek w moim życiu. Gdy patrzyłem, jak dym się unosi, a artefakty zamieniają się w popiół, czułem, jak Bogowie patrzą na mnie z góry i w końcu mówią: "Chłopiec jest już gotowy".

W ciągu dnia chodziłem na Uniwersytet Architektury, tak jak chcieli tego moi rodzice. Kiedy kończyły się zajęcia i nastawała noc, kontynuowałem naukę w inny sposób. Dzięki książkom, które czytałem i zastosowaniu tych lekcji w praktyce, zacząłem odbudowywać i udoskonalać siebie. Zdałem sobie sprawę, że nadal mogę mieć w swoim życiu kobiety i doświadczać odwzajemnienia miłości, ale bez tego samego rodzaju przywiązania, co wcześniej. W ten sam sposób oderwałem się od osoby, którą się stawałem, aby wciąż przemieniać siebie na coś lepszego. I tak codziennie zrzucam skórę jak wąż. Jak feniks, który podnosi się z popiołów odnowiony. Im więcej wiedzy i mądrości zinternalizowałem, tym bardziej nie byłem niewolnikiem moich przytłaczających emocji.

Po doświadczeniu miłości, następnym krokiem było rozwinięcie mojej osobistej mocy, więc dowiedziałem się o atrakcyjności między mężczyznami i kobietami. Zacząłem uczyć się, jak manifestować dowolną rzeczywistość, której pragnę i zdałem sobie sprawę, że jest to możliwe po zintegrowaniu odpowiedniej wiedzy. Byłem naukowcem umysłu, ponieważ testowałem granice ludzkiego potencjału w wielu dziedzinach. Dążyłem do opanowania swojego umysłu, gdy dowiedziałem się o jego mocy kształtowania tego, co nazywamy "rzeczywistością". Zdałem sobie sprawę, że mogę wykorzystać pełny potencjał umysłu, gdy mogę uzyskać dostęp do "Teraz", chwili obecnej. Miałem obsesję na punkcie doskonalenia tej umiejętności, ponieważ przynosiła ona autentyczne podekscytowanie i radość życia.

Pewne obszary mojego życia stały się chaosem. To nie tak, że chciałem wszystkiego, ale dążyłem do wszystkiego. Tę samą intensywność, którą miałem w poszukiwaniu miłości, zamieniłem w pogoń za wiedzą duchową. Przepełniałem każdą książkę taką samą pasją i oddaniem jak moją byłą narzeczoną, więc codziennie napełniałem się wiedzą i mądrością. Wydawało się, że nie ma ograniczeń co do tego, jak wiele mogę się nauczyć. I zdałem sobie sprawę, że człowiek może spędzić całe życie czytając każdą książkę, nie stosując w praktyce tego, czego się nauczył.

To właśnie wtedy w moje ręce trafił *Kybalion*. Instrukcja obsługi samego życia. Po raz pierwszy naprawdę zakochałem się na nowo. Wiedziałem, że muszę poświęcić się tej książce i zintegrować każde zdanie w moim umyśle i sercu, aby wydobyć jej wieczną mądrość. To była druga Boska interwencja w moim życiu i prekursor oraz katalizator przebudzenia Kundalini, którego miałem doznać w tym samym roku.

Kybalion to hermetyczna książka okultystyczna omawiająca Uniwersalne Prawa, określane jako Zasady Tworzenia. (Zauważ, że pojęcia pisane kursywą są dalej zdefiniowane w Słowniczku na końcu książki.) *Kybalion* skupia większość swoich nauk na potędze umysłu i stwierdza, że "Wszystko jest Umysłem, Wszechświat jest Mentalny." Mówi, że żyjemy w "Śnie Boga" i że wszystko jest energią "myśli", w tym Świat Fizyczny. Ta energia myślowa to właśnie Duch, o którym mówią teksty religijne i duchowe. Różnica między myślą Boga a myślą człowieka to tylko kwestia stopnia lub częstotliwości wibracji. Nasza moc umysłu i zdolność do myślenia jest tym, co kształtuje naszą rzeczywistość.

Codziennie pracowałem z Prawami i Zasadami *Kybalionu*, a to w sposób zniewalający przekształcało mnie od wewnątrz. Miałem najwyższą wiarę w Zasady Kybalionu i byłem tak zafascynowany tą książką, że nosiłem ją ze sobą wszędzie, gdzie się udawałem. Codziennie byłem przebudowywany przez wszystko, czego się uczyłem i doświadczałem. Wraz ze wzrostem mądrości, skupiłem się na przekształceniu siebie w atrakcyjnego i silnego mężczyznę. Dzięki zasadom zawartym w *Kybalionie poprawiłem* swoje życie randkowe w niewyobrażalnym stopniu.

Lato 2004 roku było kulminacją wszystkiego, czego doświadczałem i czego się uczyłem, uzyskałem poziom osobistej władzy w moim życiu, o którym wcześniej tylko marzyłem. Moje życie było filmem, a ja byłem główną gwiazdą. Rozwinąłem się w Mistyka, "Czarodzieja Umysłu". Moja Duchowa podróż była na trajektorii wzrostowej i czułem, że to tylko kwestia czasu, zanim wydarzy się coś niezwykłego.

PRZEBUDZENIE KUNDALINI

W październiku 2004 roku, po przeczytaniu *Kybalionu* ponad dwadzieścia razy, miałem kilka nowych epifanii na temat zasad tworzenia. Po pierwsze, mamy duchowego sobowtóra, replikę w nas wykonaną z czystego Ducha, która zajmuje tę samą przestrzeń i czas, ale nasza świadomość nie jest do niej dostrojona. Po drugie, nasza siła wyobraźni i zdolność do wymyślania rzeczy jest o wiele potężniejsza, niż jej przypisujemy. Tak jak Bóg - Stwórca wyobraził sobie nas, możemy wyobrazić sobie i doświadczyć naszych obrazów jako rzeczywistych, jeśli tylko zdecydujemy się uwierzyć w to, co widzimy. Testowanie tych dwóch nowych zrozumień tego wieczoru podczas medytacji, która nieświadomie była formą tantrycznej praktyki seksualnej, zaowocowało bardzo intensywnym przebudzeniem Kundalini.

Potężny strumień energii wzniósł się w górę mojego kręgosłupa, otwierając po drodze jednocześnie czakry. Wszedł do mojej głowy i mózgu i otoczył całą moją Istotę Światłem. Przeszył moje Oko Umysłu, rozszerzając je wykładniczo, zanim wzniósł się do Korony i spowodował płynny ogień rozlewający się po moim ciele, budząc to, co później dowiedziałem się, że jest Siedemdziesięcioma Dwoma Tysiącami Nadis, czyli kanałami energetycznymi. Temu doświadczeniu towarzyszył potężny wibrujący dźwięk, który słyszałem wewnątrz, a który w szczytowym momencie brzmiał jak silnik samolotu odrzutowego przy starcie.

Punktem kulminacyjnym było otwarcie przeze mnie oczu, gdy zostałem "porażony" tą energią od wewnątrz i ujrzenie pokoju, w którym się znajdowałem jako Hologramu, a moich rąk wykonanych z czystego złotego Światła. Ten widok zmienił na zawsze mój sposób postrzegania rzeczywistości. Po tym nastąpiło moje pierwsze Doświadczenie poza Ciałem (OBE), gdzie widziałem początek białego światła, gdy moja świadomość była wysysana z ciała.

Całe to doświadczenie pozostawiło mnie w osłupieniu i zdezorientowaniu. Co się ze mną stało? Zajęło mi dwa miesiące obsesyjnych badań, aby dowiedzieć się, co to było i od tego czasu moje życie już nigdy nie było takie samo. Po moim przebudzeniu Kundalini, zostałem przebudzony do rzeczywistości, o której istnieniu nigdy nie wiedziałem - do Czwartego Wymiaru Wibracji lub Energii. To był materiał na hollywoodzki film o mistycyzmie i duchowości. Czułem się tak, jakbym właśnie wygrał na loterii - takiej, o której istnieniu ludzie nawet nie wiedzieli.

Transcendentalne doświadczenia stały się standardowym sposobem życia, ponieważ codziennie byłem przekształcany w umyśle, ciele i Duszy. Szybko okazało się, że moja świadomość rozszerzyła się, gdy zacząłem postrzegać otaczającą mnie rzeczywistość z dużo wyższego źródła. Zacząłem postrzegać otaczający mnie świat z perspektywy Boga, tak jakbyśmy stali w chmurach i patrzyli na wszystko z góry, jakbym patrzył na model architektoniczny. Dostrzegałem teraz Światło we wszystkich rzeczach, co nadawało wszystkiemu, na co patrzyłem, cyfrową metamorfozę. Z czasem rozwinąłem zdolność widzenia pól energetycznych ludzi (Aury) i intuicyjnie czułem ich energię w sobie. To doświadczenie dało mi zdolności telepatyczne i empatyczne, które były jednocześnie darem i przekleństwem.

Mój świat snów otworzył się na zupełnie nową rzeczywistość. Zacząłem mieć nocne doświadczenia poza ciałem, gdzie latałem w dziwnych, ale pięknych krainach i wykazywałem moce przypominające superbohaterów z filmów. Czułem się tak, jakbym sam stał się superbohaterem, ponieważ nikt, kogo znałem lub o kim słyszałem, poza Gopi Krishną (o którym wtedy czytałem) nie opisał tego nowego świata, do którego zostałem przeniesiony. Był to ten sam świat, w którym żyłem wcześniej, ale wzmocniony wewnątrz mnie przez energię Światła wywołaną przez Kundalini. To Światło przemodelowało moje stare Ja i przekształciło mnie w coś nowego, lepszego, bardziej zaawansowanego.

Przyjąłem wezwanie od Boga, by nauczyć się wszystkiego o duchowości, religii, filozofii, psychologii i innych tematach dotyczących Boga - Stwórcy i przeznaczenia ludzkości. Stałem się obsesyjnie zainteresowany rozwojem siebie w kierunku obecności mesjańskiej, ponieważ czułem, że to jest moje powołanie. Jak niektórzy inni ludzie w mojej sytuacji, nigdy nie starałem się być "Jedynym", ponieważ od początku wiedziałem, że wszyscy jesteśmy "Jednością". Wszyscy jesteśmy Istotami Światła i mamy potencjał, aby obudzić Kundalini i przekroczyć ten materialny świat.

Wiedziałem, że moim powołaniem jest bycie posłańcem Boga - Stwórcy - a moim przesłaniem było Kundalini. Stałem się przekonany, że cel Boskiej Interwencji, która uratowała moją siostrę i mnie w 1992 roku, był właśnie z tego powodu. Jako taki, całkowicie sprzymierzyłem się z *Hermesem Trismegistusem*, biorąc pod uwagę, że tak wiele z mojej duchowej podróży było związane z jego naukami.

Hermes jest również bogiem posłańcem w greckim i rzymskim panteonie, pośrednikiem między bogami a ludźmi. Wyjątkowa różdżka, którą nosi we wszystkich swoich obrazowych przedstawieniach, Kaduceusz, symbolizuje samą energię Kundalini.

Mimo, że zacząłem żyć w innym świecie, bardzo często przechodziłem intensywne epizody strachu i niepokoju, biorąc pod uwagę, że wszystkie moje czakry zostały w pełni aktywowane po przebudzeniu Kundalini. Czułem się błogosławiony, że miałem to przebudzenie, ale ponieważ często musiałem radzić sobie z niesamowitym strachem i niepokojem, czułem się również jak zmora. Co więcej, dowiedziałem się, że inni ludzie, którzy również przeszli pełne przebudzenie Kundalini, takie jak moje, także tego doświadczali. Niestety, ten obosieczny miecz był czymś, z czym wszyscy musieliśmy nauczyć się żyć i go znosić. Jednak ja nie chciałem tego zaakceptować. Jeśli jest wola, jest i sposób, pomyślałem. Każdy problem ma swoje rozwiązanie. *Kybalion* mnie tego nauczył. Stałem się więc zdeterminowany, aby za wszelką cenę pomóc sobie i zacząłem szukać różnych sposobów, aby to zrobić.

Próbowałem wielu różnych praktyk Duchowych w ciągu roku od przebudzenia Kundalini, od Jogi do medytacji transcendentalnej, do Kamieni Szlachetnych (Kryształów) i dalej. Aby pokazać wam, jak bardzo byłem zdesperowany, dołączyłem nawet do scjentologii na miesiąc i praktykowałem ich metodę stawania się "czystym". Lecz, niestety nic nie wydawało się działać na mnie. Wciąż miałem strach i niepokój obecny w moim sercu, który osłabiał mnie codziennie i głośne wibracje w moich uszach, które były bardzo niewygodne i nie pozwalały mi spać przez całą noc. Prawie straciłem nadzieję, dopóki moje Wyższe Ja nie zaprowadziło mnie do drzwi starożytnej szkoły tajemnic - *Złotego Świtu*. W konsekwencji, *Magia Ceremonialna*, którą oni praktykowali, brzmiała jak możliwe rozwiązanie mojego problemu.

MAGIA ZŁOTEGO ŚWITU

Wstąpiłem do Ezoterycznego Zakonu Złotego Świtu latem 2005 roku, aby pomóc sobie w emocjonalnych i psychicznych problemach, które mnie dręczyły. Magia Ceremonialna polega na stosowaniu ćwiczeń rytualnych w celu przywołania energii do Aury. Od samego początku zagłębiłem się w hermetyczny system Złotego Świtu. W miarę jak przechodziłem przez różne stopnie lub poziomy, pracowałem z energiami elementarnymi, które odpowiadają czakrom.

Istnieje pięć Elementów: Ziemia, Woda, Powietrze, Ogień i Duch, związanych z siedmioma Czakrami. Pierwsze cztery Czakry odpowiadają Elementom Ziemi, Wody, Ognia i Powietrza, natomiast kolejne trzy wyższe Czakry należą do Elementu Ducha. Energie Elementów odpowiadają różnym częściom psychiki, takim jak emocje, myśli, rozum, siła woli, wyobraźnia, pamięć, intuicja itp. Praca z Żywiołami umożliwiła mi dopracowanie tych części siebie, co było niezbędne do zintegrowania nowo poszerzonej świadomości.

Energie, które przywoływałem poprzez Magię Ceremonialną stały się właśnie tym "narzędziem", którego szukałem po przebudzeniu Kundalini. Pozwoliły mi one oczyścić moją Aurę i Czakry z nękających mnie negatywności. Co więcej, przywoływanie Żywiołów poprzez Magię Ceremonialną pozwoliło mi szybciej zrzucić moją karmiczną energię, ponieważ usunęło cały strach i niepokój z mojego wnętrza. Nie tylko to, gdyż również pozwoliło mi rozwinąć różne części Jaźni i zrealizować mój pełny potencjał.

Magia Ceremonialna jest potężnym narzędziem do zwalczania swojej energii Karmicznej i oczyszczania starego Ja, Ego, którego użycie pozwala wyższej Woli Ducha mieć pierwszeństwo nad świadomością. Tym, co stanęło na drodze do doświadczenia nowo przebudzonej energii Duchowej, była moja pamięć o tym, kim byłem, której fundamentem jest moje postrzeganie zdarzeń z przeszłości. Ego przetwarza rzeczywistość w kategoriach dualistycznych, niektóre wydarzenia przyjmując jako dobre, a niektóre złe, pozostawiając nas przykutych do wiecznego koła karmicznego, które jest w ciągłym ruchu.

Złe wspomnienia są zamknięte w Jaźni i generują przywiązanie do Ego poprzez emocjonalny ból i strach. Możemy uzyskać dostęp do emocjonalnego ładunku wspomnień poprzez przywoływanie Żywiołów za pomocą Magii Ceremonialnej, wydobywając je na powierzchnię z podświadomości, aby "zrzucić" je poprzez integrację i ewolucję. W rezultacie, potencjalna energia przechowywana w Czakrach w formie Karmy uwalnia się z powrotem do Wszechświata, przywracając początkowy stan czystości.

Po tym jak w krótkim czasie zobaczyłem pozytywne efekty, jakie na mnie wywarł, zakochałem się w systemie Złotego Świtu. Zbudowałem nawet osobistą Świątynię w moim domu, gdzie codziennie praktykowałem Magię. Wraz z procesem *Duchowej Alchemii*, który przechodziłem z Elementami, poznałem również wiele ezoterycznych tematów w Złotym Świcie, w tym Qabalah, Drzewo Życia, *Tarot*, Astrologię, *Hermetyzm* i wiele innych.

Rozwinąłem się w mistrza rytuału, praktykując sztukę Magii Ceremonialnej codziennie przez nieco ponad pięć lat. W tym czasie zostałem wtajemniczony we wszystkie Stopnie Zewnętrznego Zakonu Złotego Świtu, które odpowiadają czterem żywiołom. Następnie kontynuowałem moją magiczną podróż na własną rękę, pracując nad rytualnymi ćwiczeniami na poziomie Adepta, odpowiadającymi Elementowi Ducha i dalej.

W miarę przemieszczania się w moim domu, moja pierwsza Świątynia została przekształcona we wspólną przestrzeń życiową, co umożliwiło mi zbudowanie drugiej, bardziej rozbudowanej Świątyni, aby upamiętnić moją samotną ścieżkę jako Mag. Zmiana nastąpiła, gdy wspólna Świątynia w Toronto rozpadła się, pozostawiając wielu współczłonków Złotego Świtu bez domu. Boskość poprosiła mnie, abym otworzył dla nich swój dom i użył mojej zaawansowanej wiedzy i doświadczenia rytualnego, aby być ich mentorem. I tak, po raz pierwszy, uczeń stał się nauczycielem.

Byłem mentorem grupy kilkunastu byłych członków Złotego Świtu, którzy przychodzili do mnie co tydzień na nauki i grupowe rytuały, które prowadziłem. Na ulicy spotykałem również nowych przyjaciół, którzy byli poszukiwaczami Światła, którzy szukali moich nauk Złotego Świtu. Kilku z nich było osobami przebudzonymi przez Kundalini, które potrzebowały pomocy, tak jak ja kilka lat temu, kiedy szukałem odpowiedzi w ciemności.

Kiedy moja podróż do Złotego Świtu doszła do szczytu, praktykowałem inne duchowe dyscypliny, które wiązały się z inwokacją/wywoływaniem bogów i bogiń, mianowicie z panteonu hinduskiego i Voodoo. Moim celem było doświadczenie ich energii poprzez wykonywanie rytualnych ćwiczeń i porównanie ich z tym, czego nauczyłem się poprzez Magię Ceremonialną.

Wstąpiłem również do *masonerii* ze względu na jej hermetyczne korzenie i w ciągu dwóch lat osiągnąłem najwyższy stopień Mistrza Masonów w Loży Niebieskiej. Byłem naukowcem sztuki Magii rytualnej, którego laboratorium jest niewidzialny świat energii i szukałem wspólnych cech w różnych tradycjach Duchowych i religiach.

Poprzez moją pracę i podobieństwa w naszych ścieżkach, zestroiłem swoją wibrację z poprzednim członkiem Zakonu Złotego Świtu, niesławnym *Aleisterem Crowleyem*. Kontaktował się ze mną często w snach, aby przekazać mi kryptyczne nauki w swoim szekspirowskim stylu mówienia.

Praktykowałem *Magię Seksualną* pod kierunkiem Crowleya przez ponad rok i używałem *Magii Enochiańskiej* oraz *Trzydziestu Aethyrów*, aby "przekroczyć Otchłań". Przekraczanie Otchłani to proces, który zakłada podniesienie świadomości poza mentalną płaszczyznę dualności, gdzie manifestuje się strach i ból, na duchową płaszczyznę Jedności. Kiedy to zrobiłem, w pełni zintegrowałem się z energią bezwarunkowej miłości na Płaszczyźnie Duchowej i moja świadomość na stałe zrównała się z moim Ciałem Duchowym.

To Duchowe osiągnięcie pozwoliło mi całkowicie przekroczyć strach i niepokój, które dręczyły mnie od czasu przebudzenia Kundalini. Moje myśli nie miały już żadnej emocjonalnej władzy nade mną i pokonałem moją negatywną Karmę. I tak moja podróż z rytualną magią dobiegła końca, pozwalając mi od tego momentu skupić się tylko na mojej energii Kundalini.

DRUGIE POWSTANIE KUNDALINI

Na początku 2010 roku, sześć lat po moim początkowym przebudzeniu Kundalini, miałem kolejny intensywny wzrost Kundalini. Nie było ono tak potężne jak pierwsze przebudzenie, ponieważ aktywacja zdarza się raz w życiu. Jednakże, ku mojemu zaskoczeniu, energia Kundalini wzrosła przez mój kręgosłup do mojej Korony i bardziej rozszerzyła moją świadomość.

Wierzę, że ciężka praca, którą włożyłem w magię i fakt, że nie przywoływałem już zewnętrznej energii do mojej Aury, stymulowały moją Kundalini do reaktywacji i usunięcia wszelkich blokad, które miałem po początkowym przebudzeniu. Być może nie obudziłem wszystkich płatków czakry Sahasrara podczas początkowego przebudzenia Kundalini i to drugie powstanie posłużyło do pełnego otwarcia Lotosu Korony. To dopełniło obwód energii Kundalini i otworzyło nową, istotną czakrę na szczycie z tyłu głowy zwaną Bindu.

Na początku przechodziłem przez bardzo intensywny ogień wewnątrz mnie, który był bardziej nieznośny niż kiedykolwiek. Spożywanie pokarmu stało się problemem, ponieważ wzmocniło ogień, więc straciłem dwadzieścia funtów w pierwszym miesiącu po drugim wzniesieniu. Odczuwałem jednak jeszcze wyższe poczucie świadomości, a moje zdolności parapsychiczne były podwyższone. Najważniejsze jest to, że zacząłem funkcjonować wyłącznie na podstawie intuicji i byłem w ciągłym stanie inspiracji, którego nie da się opisać. Słowo "epicki" rzucane przypadkowo w dzisiejszych czasach jest tym, którego używam, aby najlepiej opisać to, co czułem i czuję do dziś.

Wraz z tym ciągłym natchnieniem, na jawie zacząłem czuć się poza ciałem i zaczęły się dziać dziwne rzeczy. Poczułem odrętwienie w całym moim fizycznym ciele, które stało się stałym elementem mojego życia. Kiedy przykładam do skóry okład z lodu, nie czuję zimna, ale czuje się całkowicie odrętwiały. To samo dotyczy każdej innej części mojego ciała fizycznego. To tak, jakby Kundalini dała mojemu ciału stały zastrzyk nowokainy, środka odrętwiającego.

Transcendentne uczucie przeniknęło moje serce, a ogień, który na początku szalał, ostygł, stając się kojącą, miłosną energią. Zacząłem mieć mistyczne doświadczenia za każdym razem, gdy włączałem piosenkę, która mi się podobała, ponieważ moja świadomość zatracała się w kilku sekundach poświęcania jej uwagi. Zakochałem się w epickiej muzyce filmowej i czułem, że gra ona tylko dla mnie, gdyż każda czynność, którą teraz wykonywałem, wydawała mi się chwalebna.

Osiągnąłem wierzchołek tego doświadczenia przebudzenia Kundalini, a ponieważ wprowadziłem Pranę do mojego systemu poprzez jedzenie, moja świadomość nadal się rozszerzała. Im więcej jadłem, tym lepiej się czułem. Otrzymałem trochę pomocy od medycyny naturopatycznej, szczególnie pomogły Vitamin B Complex, cynk, Selenium, Gabba, 5-HTP, a nawet Saw Palmetto, które dobrze działały na transformację energii ognia. Strach i niepokój obecny bezpośrednio po drugim wzniesieniu, kiedy moje nerwy były w nadmiarze, zniknął. Został wypłukany przez Pranę, którą budowałem poprzez jedzenie i suplementy, które brałem. Odzyskałem utracone kilogramy, żyjąc teraz w stanie wiecznego natchnienia 24/7, który jest niemożliwy do opisania w sposób, który da mu uznanie, na jakie zasługuje.

Mój nowy stan Bycia stał się w krótkim czasie trwałym Doświadczeniem poza Ciałem. Zacząłem postrzegać siebie z zewnątrz jako "Cichego Świadka" jakiejkolwiek czynności, którą wykonywało moje ciało fizyczne. Mój umysł stał się czysty i nieruchomy, i to właśnie wtedy, gdy słucham myśli wewnątrz mojej głowy, wchodzę do środka i nie widzę już siebie z zewnątrz. W przeciwnym razie widzę moje wyrazy twarzy, tak jakby moja esencja unosiła się tuż nad i przede mną, umożliwiając mi pełną kontrolę nad tym, jaką energię przekazuję do świata zewnętrznego poprzez animację mojego ciała fizycznego.

Będąc poza sobą, odczuwam całkowite uniesienie i jedność ze wszystkimi rzeczami w istnieniu. Cały świat postrzegam teraz jako nieskazitelną, cyfrową symulację; Hologram, Maję-Iluzję. Słyszę ciągłe wibracje w mojej głowie, jakbym był podłączony do gniazdka elektrycznego, a mój system energetyczny wytwarzał znaczną ilość bioelektryczności.

Ten nowy stan, w którym się znajdowałem, zapoczątkował proces pozbywania się wspomnień, w którym całkowicie straciłem kontakt z Ego i postrzegałem stare wspomnienia w moim Oku Umysłu, które przychodziły do mnie losowo w ciągu dnia. Ten proces wydawał się nie mieć końca i zachodził cały czas. Byłem w natchnionym stanie Bycia, funkcjonując w pełni na intuicji i będąc obecnym w "Teraz". Mogłem postrzegać moje myśli jako wzorce fal w moim Oku Umysłu, ponieważ stałem się bardzo dostrojony do dźwięku. Szybko zdałem sobie sprawę, że dźwięk jest najbardziej metafizycznym z pięciu zmysłów. W większości rzeczy, które słyszałem, mogłem zobaczyć obrazy myślowe kryjące się za dźwiękiem, co było i nadal jest bardzo transcendentalne.

Chociaż nie łączę się z żadną religią, wierzę, że każde święte pismo zawiera jakieś jądro prawdy. Tak jak, np. znalazłem wiele odniesień pomiędzy procesem przebudzenia Kundalini a naukami Jezusa Chrystusa. Dlatego wierzę, że mój nowy stan bycia jest *Królestwem Niebieskim* i "Chwałą całego świata", o której mówił. Zdałem sobie sprawę, że podobnie jak wielu innych Mędrców i Adeptów w historii, Jezus miał przebudzenie Kundalini, które pozwoliło mu osiągnąć ten wzniosły stan wyższej świadomości, a następnie podzielić się swoimi doświadczeniami i naukami z innymi, aby również zostali przebudzeni.

TWÓRCZE EKSPRESJE

Z tym nowo odkrytym stanem Bycia, moja kreatywność rozszerzyła się tysiąckrotnie, a ja poczułem powołanie do twórczego wyrażania siebie poprzez różne

sztuki. Zacząłem więc malować, biorąc pod uwagę, że malarstwo było dużą częścią mojego życia od dzieciństwa. Po raz pierwszy poczułem powołanie, aby zacząć malować w formie abstrakcyjnej i pozwolić mojej nowo odkrytej kreatywności prowadzić moją rękę.

Przez następne dwa lata namalowałem wiele prac. Nigdy nie zaprzątałem sobie głowy planowaniem tematyki moich obrazów, lecz po prostu pozwalałem, by przychodziła ona naturalnie. Moim celem było zawsze bycie w stanie ekspresji, a mój proces polegał na automatycznym nakładaniu różnych kolorów, dopóki nie zobaczyłem na płótnie niewyraźnych obrazów. Wtedy skupiałem się na nich i wydobywałem je dalej.

Często zdarzało mi się malować różnorodne krajobrazy, które według mnie były prawdziwymi miejscami na Ziemi. Moja świadomość rzutowała na te krajobrazy i doświadczała ich jako prawdziwych, gdy byłem zanurzony w procesie malowania. Po zakończeniu sesji, proces malowania był kontynuowany w moim oku umysłu, kiedy zamknąłem oczy. Trwałby on automatycznie przez około godzinę, co sprawiało, że wierzyłem, iż kierowałem pewne obrazy i formy spoza siebie.

Czułem, że ciągnie mnie do muzyki, więc zacząłem śpiewać w zespole około rok po drugim wzniesieniu. Zacząłem również pisać teksty/poezję inspirowane Kundalini, które wypływały ze mnie bez wysiłku. Odkryłem, że wyrażanie siebie poprzez muzykę i słowa przychodziło mi naturalnie, a ponieważ byłem teraz tak dostrojony do dźwięku, czas leciał, kiedy "jamowałem" z przyjaciółmi.

Dałem również szansę komedii i aktorstwu głosowemu, ponieważ odkryłem, że jestem w stanie naśladować akcenty kulturowe poprzez naśladowanie ich wibracji świadomości. Jednak szybko okazało się, że te kreatywne ekspresje były próbą mojej Duszy znalezienia ostatecznego sposobu na przekazanie mojego nowego stanu bycia. W związku z tym odłożyłem sztuki wizualne, muzykę i komedię, aby zająć się pisaniem. Wiedziałem, że moim przeznaczeniem jest stać się nie tylko ucieleśnieniem Światła, ale także jego emisariuszem.

Zacząłem pisać artykuły do biuletynów duchowych i blogów internetowych na temat Kundalini i ludzkiego potencjału energetycznego. Dodatkowo, wygłaszałem pogadanki w internetowych programach radiowych na temat mocy Magii Ceremonialnej jako klucza do codziennego oczyszczania Czakr i podnoszenia świadomości poza strach i niepokój doświadczany przez osoby przebudzone przez Kundalini. Ujawniałem się teraz jako Adept w Zachodnich Tajemnicach i Kundalini. Moja rola jako nauczyciela w tych tematach krzepła coraz bardziej w miarę upływu czasu.

Jednak zanim mogłem w pełni przejąć stery mojego duchowego kierunku, miałem do pokonania kolejny test, który okazał się kuszącą okazją, jedną na całe życie. Po kilkuletniej przerwie w codziennej praktyce magicznej, Główny Adept Złotego Świtu przyciągnął mnie z powrotem, oferując mi prowadzenie mojej własnej oficjalnej Świątyni tutaj w Toronto. Był on świadomy ciężkiej pracy, jaką włożyłem w Zakon, głównie po zorganizowaniu i mentorowaniu grupy uczniów Złotego Świtu bez duchowego domu, gdy Świątynia w Toronto rozpadła się. Marchewką, która wisiała przede mną był tytuł Wielkiego Imperatora Kanady w Zakonie, co oznaczało, że miałem nadzorować wszystkie istniejące ezoteryczne świątynie Złotego Świtu lub sanktuaria w Kanadzie.

Na początku śliniłem się na ten pomysł i witałem tę okazję z otwartymi ramionami. Możecie mnie winić? Każdy aspirujący Mag Ceremonialny marzy o tym, by pewnego dnia stanąć na czele własnej Świątyni i nadzorować sprawy wszystkich Świątyń w całym kraju. Pomyśl o potędze i sławie takiego stanowiska. Tysiące ludzi czciłyby mnie.

Mężczyźni chcieliby być mną, a kobiety chciałyby być ze mną. Moje Ego myślało o tych możliwościach i rozkoszowało się nimi. To jest wszystko, czego zawsze chciałem, czyż nie?

I tak przez pewien czas realizowałem to przedsięwzięcie. Zorganizowałem kilka osób w Toronto i zacząłem im doradzać. Zaczęli do mnie dzwonić nowi potencjalni członkowie, a ja spotkałem się z niektórymi, by namówić ich do przyłączenia się do grupy. Robiłem to przez około sześć miesięcy, powoli budując sanktuarium, które w końcu miało stać się pełnoprawną świątynią. Jednak im bardziej angażowałem się w to przedsięwzięcie, zauważyłem, że moje serce nie jest w nim. I dzień po dniu stawało się to dla mnie coraz większym problemem.

Widzisz, jeśli chodzi o duchową podróż, to nigdy nie chodziło mi o władzę, sławę, kobiety czy inne tego typu rzeczy. Chodziło o znalezienie mojego celu i dążenie do niego przez całą drogę. W końcu, nigdy nie wybrałem przebudzenia Kundalini; zostało ono określone dla mnie przez jakąś wyższą siłę. Od początku mojej podróży z Magią Ceremonialną, wiedziałem, że Złoty Świt był zawsze środkiem do celu, a nie celem samym w sobie.

Moim ostatecznym celem, przeznaczeniem i ostatecznym powołaniem było bycie liderem w dziedzinie nauki o Kundalini, a nie w Zakonie Złotego Świtu. I w moim sercu wiedziałem o tym. Teraz, kiedy miałem drugie wzniesienie i osiągnąłem szczyt procesu transformacji, wiedziałem, że muszę kontynuować bez przeszkód ze strony zewnętrznych wpływów. Musiałem skupić się wyłącznie na energii Kundalini i pozwolić jej przemówić do mnie i poprowadzić mnie w kierunku mojego ostatecznego celu. Więc zdecydowałem się iść dalej. Ciągle odkrywać. Pisać w wolnym czasie i pozwolić, aby mój prawdziwy cel umocnił się z czasem.

ODNAJDUJĘ SWÓJ CEL

Minęły trzy lata, podczas których przeszedłem przez wiele zmian i rozwoju w moim życiu osobistym. Zaręczyłem się po raz drugi, co mogło być moim największym wyzwaniem, ponieważ zmusiło mnie do wyciągnięcia wszystkich moich doczesnych pragnień i poświęcenia ich na ołtarzu sprawiedliwości, aby zintegrować ten wyższy poziom świadomości. Moja etyczna i moralna natura została wzmocniona i z czasem nauczyłem się funkcjonować poprzez podtrzymywanie wyższych cnót zamiast osobistych pragnień. Moja wytrwałość w pokonywaniu tych wyzwań i przejmowaniu dominacji nad moim Ego zaprowadziła mnie na wyższy poziom, gdzie mówiłem i chodziłem jak należy.

Po zakończeniu mojego drugiego narzeczeństwa, przez rok poszukiwałem duszy, aż przeprowadziłem się do domu na Exbury St. Pasująca nazwa, ponieważ właśnie tam miałem na dobre pochować swoje stare Ja, co pozwoliło mi w końcu odnaleźć swój cel. W tym czasie rzuciłem palenie marihuany - mojej długoletniej kochanki, lecz bardzo mnie rozpraszającej. Po marihuanie, picie i papierosy zostały całkowicie wstrzymane, podobnie jak moje pragnienie imprezowania. Te wyrzeczenia przygotowały scenę dla czegoś niezwykłego, ale wszystko czego potrzebowałem to katalizator, który popchnął mnie przez drzwi - mój ojciec.

Był październik 2016 roku, dokładnie dwanaście lat po przebudzeniu Kundalini. Pasująca liczba, dwanaście, reprezentowała zakończenie wielkiego cyklu w moim życiu. Do tego czasu napisałem około tuzina artykułów dla biuletynów spirytystycznych i blogów internetowych, ale było to jedynie hobby, coś, co robiłem w wolnym czasie. Jednak po raz pierwszy wydrukowałem mój ostatni artykuł i zaniosłem go mojemu ojcu, aby uzyskać jego opinię, nie wiedząc, że jego reakcja na ten artykuł zmieni moje życie. Widzisz, mój ojciec jest bardzo trudnym facetem do zaimponowania, jeśli jesteś po prostu przeciętną osobą, ale jeśli jesteś mną, jego synem awanturnikiem, jest to prawie niemożliwe. Do tego momentu.

Przejrzał go i odłożył, chichocząc, mówiąc mi, żebym nie bawił się z nim. Na początku byłem zdezorientowany jego reakcją, ale potem zdałem sobie sprawę, że myślał, iż skopiowałem go skądś i umieściłem na nim swoje nazwisko. Musiałem go przekonywać przez pięć minut, że to ja napisałem ten artykuł. Kiedy w końcu go przekonałem, jego nastrój się zmienił; spoważniał i powiedział mi, że mam specjalny dar. Pytał, dlaczego marnuję swój czas na przyjaciół i romantyczne związki, które nigdy się nie udają i dlaczego nie poświęcam się całkowicie pisaniu. Jego słowa dotknęły mnie na głębokim poziomie. To tak jakby coś we mnie kliknęło; jakieś koło się obróciło i aktywowało we mnie moc, która już nigdy nie miała się wyłączyć.

Podekscytowany tym, że w końcu mu zaimponowałem, obudziłem się następnego dnia o szóstej rano i zacząłem pisać. Podobnie jak w przypadku mojego malarstwa i poezji, nie planowałem, co napiszę; po prostu pisałem. Pozwoliłem, aby Duch prowadził moje ręce, kiedy godzinami pisałem na komputerze. Następnego dnia robiłem to samo. I następnego, i następnego. Miesiące mijały, a ja pisałem prawie codziennie. W niektóre dni robiłem sobie wolne, ponieważ miałem pracę, która zaczynała się o dziesiątej, ale wtedy pisałem przez cały weekend, aby nadrobić to, co straciłem w tygodniu. Czy to było to? Czy w końcu znalazłem swój cel? Czy to powód, dla którego moja rodzina została uratowana przed utknięciem w bezmyślnej wojnie jakieś trzydzieści lat temu? Czy to dlatego miałem przebudzenie Kundalini, coś, o co nigdy nie prosiłem, ale co przyjąłem przez te wszystkie lata?

Od 2004 roku pracuję z rodzicami w ich firmie zajmującej się projektowaniem architektonicznym; wynika z tego, że z tym w tym samym roku nastąpiło u mnie przebudzenie. Jednak po pierwszym roku mojego obsesyjnego pisania rodzice dostrzegli moją pasję i pozwolili mi rozpoczynać pracę po południu, co pozwoliło mi już nigdy nie opuścić żadnego poranka na pisanie. Moim pierwotnym zamiarem było napisanie jednej książki. Ale w miarę jak informacje rosły przez następne trzy lata, jedna książka zamieniła się w cztery korpusy pracy, każdy o zwięzłych, ale powiązanych ze sobą tematach, wszystkie skupione wokół tematu Kundalini.

Fundamenty książki, którą właśnie czytasz, zostały mi przekazane przez moje Wyższe Ja podczas tych pierwszych trzech lat pisania, podobnie jak większość *The Magus: Kundalini and the Golden Dawn* oraz *Man of Light*, mojej autobiografii. Czwarta część pracy dotyczy moich podróży po świecie, które synchronicznie rozpoczęły się w momencie rozpoczęcia procesu pisania. Książka ta, zatytułowana *Cosmic Star-Child*, mówi o starożytnych cywilizacjach i ich związku nie tylko z energią Kundalini, ale także z Istotami Pozaziemskimi.

Pisanie książek stało się najbardziej optymalnym sposobem przekazywania istotnych informacji z Boskich sfer i pozostawienia trwałego zapisu. I tak oto przyjąłem rolę Skryby Bogów. W konsekwencji jest to tytuł egipskiego boga Thotha, który jest odpowiednikiem Hermesa. Wszystko miało teraz doskonały sens. W miarę jak odkrywałem swój cel i dążyłem do niego każdego dnia, znalazłem również sposób na zintegrowanie mojej pasji do sztuki z moimi książkami. I tak, rozbiłem swój wolny czas na pisanie rano i rysowanie obrazów w nocy. W ten sposób znalazłem sposób na wykorzystanie sztuki do przekazania duchowych przesłań w moich książkach i wzmocnienia ich, co stało się nieodłączną częścią mojej codziennej pracy.

CZŁOWIEK Z MISJĄ

Chociaż zajęło to wiele lat duchowego oczyszczania i ograniczania moich niższych pragnień, odrzuciłem swoje stare Ja. Mój nowo odkryty cel, do którego dążę każdego dnia, dał mi podstawę do zbudowania nowego życia. Po wielu latach prób i utrapień, Bóg-Stwórca zobaczył, że jestem zmienionym człowiekiem, nowym człowiekiem, któremu można zaufać, aby wypełnił to najświętsze z zadań i poinformował świat o istnieniu i potencjale energii Kundalini.

To wtedy, na początku 2019 roku, Wszechświat wysłał partnera życiowego na moją drogę, Emily. Po epickim zaręczynach w Teotihuacan w Meksyku, "The City of the Gods", pobraliśmy się w następnym roku. Do trzech razy sztuka, jak mówią, ale w moim przypadku potrzebowałem znaleźć siebie i swój cel, zanim mogłem ostatecznie się ustatkować. Emily uzupełnia moją duchową podróż w sposób, w jaki żadna poprzednia kobieta w moim życiu tego nie robiła. Posiadanie jej w moim życiu inspiruje mnie i daje mi niezbędny napęd do utrzymania mojej misji ukończenia moich książek za wszelką cenę.

Widzisz, mogłem kontynuować życie playboya, gwiazdy rocka, a nawet prowadzić zakon okultystyczny. Ale wszystkie te opcje były ograniczone, a ja chciałem być nieograniczony. Więc zamiast tego wybrałem niepewną, niewymuszoną, skromną ścieżkę bycia autorem. Zdecydowałem się pójść drogą nieutwardzoną i samemu ją utorować. Prawdę mówiąc, zrobiłem to dla Ciebie. Abym mógł pomóc obudzić Ciebie w ten sam sposób, w jaki ja zostałem obudzony i dać Ci klucze do życia i śmierci. Królestwo Niebieskie jest dla nas wszystkich, a nie tylko dla wybranych.

Urodziłem się jako religijny kundel i wiem, dlaczego zostałem uratowany z tej wojny. Nie urodziłem się, aby rozwijać się w podziale, w Świecie Dwoistości, w którym żyjemy; urodziłem się, aby uczyć innych o jedności. Koncepcja godzenia przeciwieństw była we mnie zakorzeniona od urodzenia, a moje imię, Neven Paar, jest tego świadectwem. Podczas gdy uznaję, że moje imię reprezentuje Pięć Elementów, dwa męskie, aktywne Elementy pogodzone przez Ducha (symboliczne V) z dwoma żeńskimi, pasywnymi Elementami, moje ostatnie imię oznacza po niemiecku "para", co odnosi się do dwoistości.

Widzisz, jestem potomkiem rodziny Von Paar, która setki lat temu była hrabiami w Cesarstwie Austro-Węgierskim. Jednakże moje królestwo jest teraz natury duchowej, jest to Królestwo Niebieskie, do którego dostęp ma każdy człowiek, a nie tylko nieliczni wybrani. Doświadczywszy przebudzenia Kundalini i wiedząc, że każdy człowiek ma w sobie ten mechanizm, widzę nas wszystkich jako Dzieci Światła, Królów i Królowe duchowej domeny. Niektórzy, jak ja, są urzeczywistnieni, podczas gdy inni wciąż znajdują się w stanie potencjału. Niezależnie od tego, wszyscy mogą uwolnić tę moc w sobie i rozpalić swoją Istotę wewnętrznym Światłem, ustanawiając w ten sposób swoje Duchowe Królestwo na Ziemi.

To, jak wierzę, jest moim celem na tej planecie. Zjednoczyć ludzi poprzez moje doświadczenia i nauki i sprawić, by zobaczyli więcej niż ich religia i rasa; umożliwić innym poznanie, że wszyscy jesteśmy tacy sami. Wszyscy jesteśmy zbudowani tak samo, z tymi samymi ramami i cechami, a nasze fizyczne różnice nie zmieniają w żaden sposób naszej konstytucji. Mamy tego samego Ojca i Matkę i jesteśmy zjednoczeni poprzez energię miłości jako bracia i siostry.

Z tego powodu pracuję tak ciężko jak i codziennie, z niestrudzoną intensywnością. Nie wiem, dlaczego czuję się zmuszony do wypełnienia tej misji, ani nie widzę celu końcowego, ale wiem, że żyję zgodnie z moim celem. Oddaję cześć Boskiemu Głosowi, który uratował życie mojej rodziny prawie trzydzieści lat temu i wszystkim tym ludziom, którzy zginęli w moim kraju z powodu ignorancji i ciemności, które mogą ogarnąć ludzkie serca i umysły.

Chociaż położyłem fundamenty pod tę książkę wcześniej, kontynuowałem pracę nad nią podczas pandemii Covid, która rozpoczęła się w grudniu 2019 roku, dokładnie wtedy, gdy wyszła moja pierwsza książka. Około 30% tej książki to wiedza, którą zdobyłem podczas mojej siedemnastoletniej podróży z Kundalini, natomiast pozostałe 70% opiera się na rygorystycznych, codziennych badaniach i kontemplacji. Dlatego niektóre części niewidzialnej nauki o systemie energetycznym człowieka, którą tu przedstawiam, są pracą w toku, którą z pewnością będę aktualizował przez wiele kolejnych lat.

Podczas tego dwuletniego projektu dodałem co najmniej 100 nowych książek do mojej i tak już ogromnej domowej biblioteki, aby zapewnić najbardziej wyczerpujące naświetlenie każdego tematu, bez żadnych skrótów. Tak więc powiedzenie, że włożyłem w tę książkę swoje serce i duszę, jest niedopowiedzeniem. I tak jak dla Ciebie, Czytelniku, będzie to podróż edukacyjna, tak i dla mnie była to niezła jazda.

Chcę podziękować miłości mojego życia, mojej żonie i muzie Emily, za to, że nie tylko zrobiła okładkę do *Serpent Rising,* ale że jest moją modelką i znosi moje niestrudzone prośby o improwizowane sesje zdjęciowe. Chcę również podziękować Danielowi Bakovowi, mojemu kreatywnemu konsultantowi i redaktorowi *Man of Light,* który pomógł mi znaleźć odpowiednie słowa, by przedstawić się w godny i epicki sposób. Dziękuję również moim kolegom z Kundalions, Michaelowi "Omdevaji" Perringowi i Joelowi Chico. Michael dał mi mnóstwo wglądu w rozległy i zawiły temat Tantry i Jogi, podczas gdy Joel i ja porównywaliśmy notatki na temat roli, jaką konopie mogą odegrać w procesie przebudzenia Kundalini. I na koniec, najwdzięczniejsze podziękowania dla mojej siostry i rodziców za podarowanie mi największego daru ze wszystkich - kochającej i wspierającej rodziny, która nigdy nie pozostawiła mnie z pragnieniem lub potrzebą.

Na zakończenie dziękuję Ci, drogi Czytelniku, za to, że zdecydowałeś się dołączyć do mnie w tej podróży, w której badam energię Kundalini, jej rozwijającą się naukę i filozoficzne ramy, które stoją za jej działaniem. Jestem przekonany, że skorzystasz z mojej wiedzy i doświadczenia oraz, że ta książka odpowie na wiele pytań, które możesz mieć. W ten sposób Twoja Duchowa Ewolucja zostanie pogłębiona, co jest celem wszystkich moich prac. Aby uzyskać dostęp do kolorowych obrazów z *Serpent Rising: The Kundalini Compendium*, odwiedź stronę www.nevenpaar.com i podążaj za linkiem książki w głównej nawigacji. Hasło dostępu do strony to: Awakentheserpent

Fiat Lux,
Neven Paar

*"Pewien człowiek zostanie oskarżony o zniszczenie świątyni i
religii zmienionych przez fantazję. On skrzywdzi skały
niż żyjących. Uszy wypełnione ozdobnymi przemówieniami".*

*"...Będzie latał po niebie, po deszczach i śniegach,
I uderzy wszystkich swoją laską".
Pojawi się w Azji, w domu w Europie.
Ten, który jest wydany z wielkiego Hermesa...".*

*"...W przededniu kolejnego spustoszenia, kiedy przewrotny
Kościół jest na szczycie swojej najwyższej i najwznioślejszej
godności...
pojawi się jeden, który narodzi się z gałęzi od
dawna nieurodzajnej, który wybawi ludzi na
świecie od cichego i spokojnego człowieka.
dobrowolne niewolnictwo i oddanie ich pod opiekę Marsa. "
"...Płomień sekty rozprzestrzeni się po całym świecie...".*

–Nostradamus

CZĘŚĆ I: PRZEBUDZENIE KUNDALINI

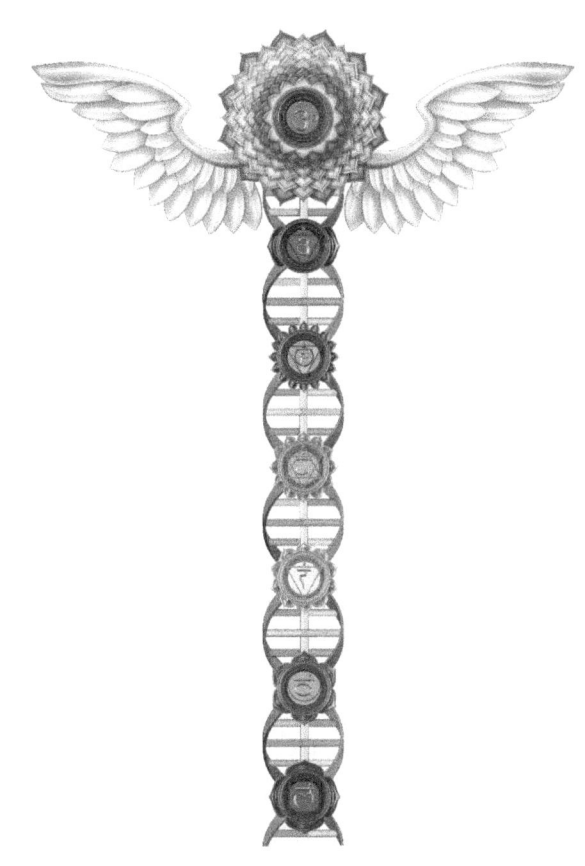

WPROWADZENIE DO KUNDALIN

Kundalini jest największą tajemnicą znaną człowiekowi, jednak niewiele osób rozumie, czym ona naprawdę jest. Większość ludzi myśli, że jest to rodzaj Jogi, zamiast celu całej Jogi. Niektórzy nawet śmieją twierdzić, że jest to rodzaj makaronu. Niezależnie od tego, z mojego doświadczenia w rozmowach z przypadkowymi ludźmi na ten temat, obcy ludzie, nawet ci, którzy twierdzą, że przeczytali wiele książek o Kundalini i wiedzą o co chodzi, znają tylko około 30% historii. I jestem hojny z tą liczbą. Ta książka jednak to wszystko zmieni.

Na pierwszej stronie okładki napisałem, że *Serpent Rising* jest "Najbardziej kompleksową pracą na temat ludzkiego potencjału energetycznego" i miałem to na myśli. To nie było gadanie Ego. Wierzę, że to stwierdzenie jest faktem. I myślę, że kiedy skończysz czytać tę książkę, zgodzisz się z tym. Pamiętajcie, że *Serpent Rising: The Kundalini Compendium* jest częścią I serii. Jestem już w trakcie prac nad częścią II, która bada starożytne cywilizacje i tradycje oraz rolę, jaką Kundalini odegrała w ich systemach Duchowej Ewolucji. Również moja poprzednia książka, *The Magus: Kundalini and the Golden Dawn*, choć nie jest bezpośrednią częścią tej serii, zawiera mnóstwo informacji na temat Kundalini z perspektywy Zachodnich Tajemnic, w tym Qabalah i Drzewa Życia, których znajomość jest niezbędna do zrozumienia nauk mądrościowych.

Wiedza o Kundalini istnieje od niepamiętnych czasów. Mówię o głębokim zrozumieniu ostatecznego potencjału Kundalini przez ludzi, którzy przeszli całą drogę w swojej podróży duchowego przebudzenia. Starożytni ukrywali sekrety Kundalini w symbolice swoich tajemniczych tradycji, zwykle przekazywanej poprzez sztukę i rzeźbę. Wiedza ta była głównie ukryta, zarezerwowana dla wybranych i zasłonięta przed profanami, podobnie jak starożytna metoda przekazywania ezoterycznych tajemnic. Nauczyciel uczył ucznia z ust do ucha. Informacje te nie były spisywane aż do niedawna, a nawet wtedy trzeba było być wtajemniczonym w szkole tajemnic, aby poznać prawdziwe sekrety.

Z czasem pojawiły się osoby, które twierdziły, że przydarzyło im się coś niezwykłego - Bóg ich dotknął, mówili. Ci wyjątkowi ludzie obudzili Kundalini, zwykle przez przypadek, więc używali najbardziej znanego języka, aby wyjaśnić to metafizyczne wydarzenie. Często byli uważani za mistyków, a nawet proroków, przejawiających nadprzyrodzone moce, które zadziwiały masy. Próbując opisać swoje doświadczenie, określali Kundalini wieloma nazwami - "Smoczą Siłą", "Wężową Mocą", "Świętym Ogniem" i innymi odmianami tych *Archetypów*.

Ale w miarę upływu czasu i gdy coraz więcej ludzi stawało się przebudzonych, stworzyło to więcej zamieszania niż jasności w odniesieniu do tego tematu. A odpowiedź na to jest prosta. Nigdy nie było wystarczająco mocnego dzieła, które łączyłoby wszystkie starożytne tradycje, filozofie i religie dotyczące Kundalini. Szkoły Jogi i Tantry, które posiadają najbardziej wszechstronne klucze na temat Kundalini i procesu jej przebudzenia, są tylko jednym z elementów układanki, aczkolwiek największym, ponieważ to z nich wywodzi się nauka o Kundalini.

To prowadzi mnie do tego, dlaczego napisałem tę książkę. Napisałem ją częściowo z konieczności, a częściowo z osobistego pragnienia. Chciałem dać ludzkości klucze do zrozumienia tego najbardziej tajemniczego i nieuchwytnego z tematów. *Serpent Rising: The Kundalini Compendium* zawiera naukowe podejście do Kundalini, które obejmuje badanie jej energetycznych ram i wiele więcej, używając uproszczonego języka, który jest zrozumiały dla zwykłego człowieka - języka, który łączy wschodnie i zachodnie szkoły myślenia dotyczące Duchowości.

Podczas pisania tej książki, moja Wyższa Jaźń prowadziła mnie przez badania od jednego tematu do drugiego, unikając wszelkich skrótów, gdy łączyłem kropki, tworzyłem dzieło, które trzymacie w rękach. W końcu, chociaż moje imię jest na *Serpent Rising*, ta praca przekracza mnie jako osobę. Byłem jedynie przewodnikiem dla mojego Duchowego Ja, aby przekazać mi tę wiedzę. Kiedy skończysz ją czytać, zrozumiesz wszystko, czego potrzebujesz na temat Kundalini. I o to chodziło - dlatego tak długo mi to zajęło. Aby wyposażyć Cię w niezbędną wiedzę do informowania innych o Kundalini, tak aby cały świat mógł poznać jej moc i ostateczny potencjał, a my moglibyśmy wspólnie rozwijać się duchowo.

Widzisz, Kundalini jest najbardziej krytycznym tematem ezoterycznym na świecie. Jeśli chodzi o ewolucję duchową, jej zgłębianie ma ogromne znaczenie. Przebudzenie Kundalini pozwala na uświadomienie sobie swojego pełnego potencjału duchowego. Istnieje wiele składników systemu energetycznego, które omówię bardzo szczegółowo w tej książce, łącznie z tym, jak Kundalini wpływa na każdą część. Proces przebudzenia Kundalini rozwija się systematycznie w czasie, obejmując konieczny i często trudny okres intensywnego oczyszczania, który może być dość drobiazgowy. Poza samym procesem przebudzenia i oczyszczenia, bardziej znaczącym wyzwaniem jest nauczenie się życia i działania z energią Kundalini na co dzień i kontrolowanie jej zamiast bycia kontrolowanym przez nią, ponieważ może być bardzo zmienna.

Omówię wiele różnych aspektów tego jak transformacja Kundalini rozwija się i wpływa na życie po jej zakończeniu oraz wyjaśnię wiele powszechnych nieporozumień dotyczących Kundalini i samego procesu przebudzenia. Moje siedemnastoletnie doświadczenie życia z przebudzoną Kundalini jest bezcenne dla kogoś, kto jest w trakcie swojej podróży i szuka wskazówek.

Następnie podzielę się cennymi informacjami na temat różnych typów przebudzeń Kundalini i procesu przemiany oraz jego ogólnej linii czasowej. Istnieją wspólne wyzwania po drodze, które omówię, jak również wskazówki i wgląd w rozwiązywanie problemów z obwodem Kundalini, kiedy wszystko wydaje się "psuć". Ta ostatnia sekcja zawiera efektywne praktyki i medytacje w lub wokół obszaru głowy, aby "uruchomić" lub ponownie wyrównać kanały Ida i Pingala niezbędne do tego, aby silnik działał płynnie. Tej kluczowej informacji nie znajdziesz nigdzie indziej. Od czasu mojego przebudzenia jestem naukowcem i laboratorium w jednym. Jako taka, moja kreatywność, odwaga i upór doprowadziły mnie do znalezienia niekonwencjonalnych rozwiązań wielu wyzwań, z którymi przyszło mi się zmierzyć po drodze. A było ich wiele.

Istnieje mnóstwo innych tematów na temat Kundalini, w które się zagłębię, aby pogłębić Twoją wiedzę na ten temat oraz oświecić i pogodzić wiele różnych punktów widzenia, które możesz mieć. Od tego jak ludzka anatomia jest zaangażowana w proces przebudzenia Kundalini do różnych duchowych praktyk uzdrawiania i dogłębnego studium nauki i praktyki Jogi z elementami Ajurwedy. Próbowałem objąć każdy temat, który uważałem za istotny, abyś wiedział o tym, co daje wgląd w Kundalini i jak uzdrowić swoje czakry po przebudzeniu. Moje pragnienie bycia najlepszym w tym co robię, Michael Jordan nauki o Kundalini, jeśli można tak powiedzieć, popycha mnie każdego dnia do poszerzania mojej wiedzy, jak dalej rozwijam siebie jako największy autorytet w tym temacie. Uznaj to za moją życiową misję, której poświęcam cały swój czas.

Jako ostatnia uwaga, ponieważ jest to dość duża książka, nie chcę, abyś czuł się onieśmielony jej wielkością, myśląc, że musisz przeczytać wszystko po kolei. Na przykład sekcje Joga i Duchowe praktyki uzdrawiania mogą być zachowane na koniec, jeśli chcesz przeczytać konkretnie o Kundalini i procesie przebudzenia i transformacji. Wtedy, kiedy będziesz gotowy do zagłębienia się w pracę z ćwiczeniami, aby uzdrowić swoje czakry i zrównoważyć swoje wewnętrzne energie, będziesz miał wszystkie narzędzia, aby to zrobić.

Ścieżka inicjacji Kundalini jest ścieżką duchowego wojownika. Wojownik potrzebuje odpowiedniego sprzętu, treningu i wglądu, aby odnieść sukces. Poprzez te nauki zamierzam wyposażyć ciebie, inicjowanego, w niezbędne zrozumienie ludzkiego potencjału energetycznego, abyś mógł osiągnąć sukces w podróży ewolucji Twojej Duszy. Chociaż ścieżka przebudzenia i transformacji Kundalini jest trudna, jest również satysfakcjonująca ponad miarę. Zacznijmy.

PROCES PRZEBUDZENIA KUNDALINI

Kundalini to energia ewolucyjna u podstawy kręgosłupa (w rejonie kości ogonowej), która podobno jest zwinięta trzy i pół razy w swoim stanie potencjalnym u nieprzebudzonego człowieka. Słowo "Kundalini" jest pochodzenia wschodniego, a mianowicie z Jogi i Tantry. W sanskrycie Kundalini oznacza "zwiniętego węża".

Po przebudzeniu, Kundalini wznosi się w górę kręgosłupa poprzez trzy główne Nadi, aż do czubka głowy. Termin "Nadi" to sanskryckie słowo, które tłumaczy się jako "rura", "kanał" lub "przepływ". Mówiąc najprościej, Nadis są kanałami, które przenoszą energię w ciele.

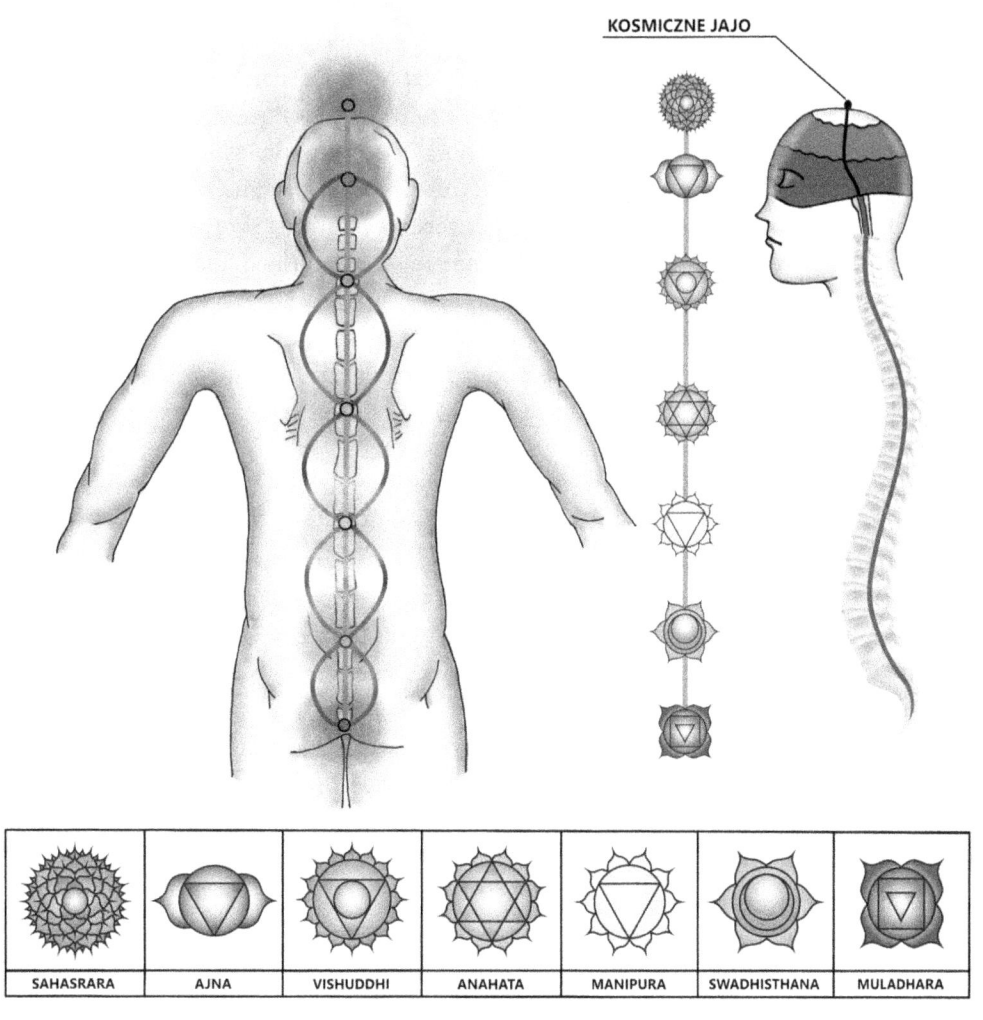

Rysunek 1: Powstanie Kundalini i Czakry

W medycynie chińskiej Nadis są znane jako Meridiany. Główna różnica pomiędzy tymi dwoma systemami polega na tym, że Nadis nie są zdefiniowane w kończynach, tylko w głowie i centralnym tułowiu, w przeciwieństwie do Meridianów. W *Serpent Rising* będziemy trzymać się Jogicznej nauki i filozofii Nadis i Czakr, w połączeniu z Transpersonalnym modelem Czakr i wieloma moimi odkryciami dotyczącymi centrów energetycznych Ciała Światła i przepływu energii.

Centralne Nadi nazywane jest Sushumna. Jest to w zasadzie wydrążona rura kręgosłupa. Wokół Sushumny przeplatają się dwa pomocnicze lub dodatkowe Nadi, Ida i Pingala. Ida jest żeńskim, Księżycowym Nadi, które reguluje zimno w ciele, podczas gdy Pingala jest męskim, Słonecznym Nadi, które kontroluje ciepło w ciele. Te dwa Nadi reprezentują męskie i żeńskie zasady zawarte we wszystkich rzeczach we wszechświecie.

W sanskrycie kanały Ida i Pingala są często określane jako Chandra (Księżyc) i Surya (Słońce) Nadis.

Podczas przebudzenia Kundalini, gdy energia wznosi się jednocześnie przez trzy główne Nadis, systematycznie rozdmuchuje czakry od korzenia kręgosłupa w górę do centrum mózgu (Rysunek 1). Ida i Pingala spotykają się w tych punktach czakr i kończą się w Czakrze Adżny. Kundalini będzie kontynuować wznoszenie się w górę do centrum, szczytu głowy, rozbijając "Kosmiczne Jajo", które w pełni aktywuje Ciało Światła - Ciało Holograficzne. W filozofii tantrycznej Kosmiczne Jajo odnosi się do Brahmarandhry. (Więcej na ten temat w późniejszym rozdziale).

Kosmiczne Jajo jest pojemnikiem, w którym znajduje się nektar Ambrozji. Kiedy energia Kundalini przebije się przez nie podczas wznoszenia, Ambrozja zostaje uwolniona, napełniając Siedemdziesiąt Dwa Tysiące Nadis, co odnosi się do aktywacji Ciała Światła. Ta część procesu sprawia wrażenie, jakby ktoś rozbił jajko nad twoją głową, a żółtko (Ambrozja) wlewało się aż do stóp, pokrywając i otaczając całe ciało.

Chociaż aktywacja Ciała Światła sprawia wrażenie, jakby ciało fizyczne było ładowane elektrycznie, uwolniona Ambrozja działa jedynie na poziomie subtelnym. Jednak osoba doświadczająca tego wydarzenia czuje się jak ludzka bateria ładowana i nieskończenie rozszerzana przez prąd bioelektryczny. Na przykład każdy przebudzony Kundalini, z którym rozmawiałem, a który miał takie doświadczenie, opisuje uczucie intensywnego "porażenia prądem" przez energię Kundalini.

Aktywując Ciało Światła, aktywowane zostają wszystkie Ciała Subtelne, w tym Ciało Duchowe i Ciało Boskie. W rzeczywistości w Ciele Światła znajduje się wiele Ciał Subtelnych. Jednak po całkowitym przebudzeniu Kundalini konieczne jest zestrojenie indywidualnej świadomości wyłącznie z Ciałem Duchowym, ponieważ przekracza ono dualność umysłu.

W moim doświadczeniu przebudzenia Kundalini, kiedy Siedemdziesiąt Dwa Tysiące Nadis było w trakcie ładowania i aktywacji, wstałem z łóżka i otworzyłem oczy. To co zobaczyłem potem zmieniło moje życie na zawsze. Po pierwsze, byłem świadkiem z pierwszej ręki, że Ciało Światła nie jest ideą czy koncepcją, ale prawdziwą, namacalną rzeczą. Kiedy spojrzałem na swoje ręce, zobaczyłem je wykonane z czystego złotego Światła, piękne do oglądania i doskonałe pod każdym względem. Następnie, gdy rozejrzałem się po moim pokoju, zobaczyłem holograficzny schemat świata, w którym żyjemy. Pokój miał to, co opisuję jako cyfrową metamorfozę z przezroczystymi, przypominającymi parę wodną ścianami i przedmiotami, które wydawały się być zawieszone w powietrzu. Kolory były ostrzejsze, głębsze i bardziej odbite. Aby wyjaśnić, to co widziałem, nie było wizją Mind's Eye wewnątrz mojej głowy, ale widziałem to moimi własnymi dwoma fizycznymi oczami.

Widzisz, istnieje składnik świata, który jest przezroczysty i wykonany z czystej energii, zajmujący ten sam Czas i Przestrzeń co Świat Fizyczny, tylko na innym stopniu wibracji - bliższy Duchowi. Przebudzenie Kundalini i aktywacja Ciała Światła jest procesem, dzięki któremu świadomość staje się zdolna do postrzegania i doświadczania tej rzeczywistości. Inna nazwa tej rzeczywistości to Czwarty Wymiar - Wymiar Wibracji lub energii. Ponieważ wszystkie rzeczy w istnieniu są utrzymywane w ruchu wibracyjnym, wymiar ten jest sferą, w której każdy przedmiot, myśl czy emocja ma wymierną istotę. Może być postrzegany przez Oko Umysłu i intuicję człowieka.

Po zakończeniu aktywacji Ciała Świetlistego, doświadczenie nie kończy się na tym. Zamiast tego, energia Kundalini kontynuuje wznoszenie się w górę. Następnym krokiem w procesie przebudzenia jest całkowite opuszczenie przez energię ciała, poprzez Koronę, zabierając ze sobą indywidualną świadomość. To doświadczenie powoduje chwilowe zjednoczenie indywidualnej świadomości z Kosmiczną Świadomością, zasadą Piątego Wymiaru Białego Światła - źródłem Boskości. Kiedy to transcendentalne doświadczenie ma miejsce, indywidualna świadomość ponownie wchodzi do ciała fizycznego, ujrzawszy wizję prawdziwej natury rzeczywistości. W ten sposób człowiek staje się Jednością z Bogiem na krótką chwilę, tylko po to, aby zejść z powrotem na dół i opowiedzieć swoją historię.

Alternatywnie, jeśli przebudzona osoba boi się zjednoczyć swoją Istotę z Białym Światłem, energia Kundalini ustępuje i opada z powrotem do czakry korzenia, Muladhary. W końcu często zdarza się, że osoby, które doświadczają spontanicznego przebudzenia Kundalini, stają się lękliwe podczas procesu aktywacji. Czują się wtedy tak, jakby przechodzili fizyczną śmierć z powodu intensywności energii odczuwanej w ciele i świadomości uwalnianej z niego.

AKTYWACJA CIAŁA ŚWIATŁA

Celem energii Kundalini jest aktywacja Ciała Światła i odpowiadających mu Ciał Subtelnych. Kiedy to nastąpi, całe Drzewo Życia zostaje obudzone w jednostce, a wszystkie kosmiczne płaszczyzny stają się dostępne jako stany świadomości. Ponieważ Ciało Światła jest pojazdem Duszy, po jego pełnej aktywacji Dusza zostaje na stałe uwolniona od ciała fizycznego. Dlatego z czasem Dusza musi zestroić się z Ciałem Duchowym na Płaszczyźnie Duchowej, gdzie Dusza i Duch stają się jednym.

Ze wszystkich Ciał Subtelnych, Ciało Duchowe jest najważniejsze, ponieważ kiedy Twoja świadomość zestroi się z nim, Twoja Dusza wznosi się ponad ból i cierpienie. Osoba, która może osiągnąć taki wyczyn, na stałe wznosi się ponad swoje Koło Karmy. Karma nadal działa, ponieważ nigdy nie można uciec od jej efektów. Jednak nie jest już emocjonalnie dotknięta energią strachu, której doświadcza umysł z powodu życia w świecie Dwoistości.

Ciało Światła jest następnym pojazdem świadomości w procesie ewolucji człowieka, ponieważ umożliwia postrzeganie i pełne doświadczanie wewnętrznych Płaszczyzn Kosmicznych. Jednakże Ciało Duchowe jest transcendentalną powłoką lub warstwą, do której staramy się dopasować, aby była naszym wehikułem świadomości podczas życia w budzącej się rzeczywistości świata materialnego. Jest to Ciało Przyczynowe systemu wschodniego - Anandamaya Kosha. Jest ono nierozerwalnie połączone z Ciałem Światła jako najwyższym wyrazem, jaki nasza świadomość może wcielić żyjąc w ciele. Jednakże istnieje jeszcze jedna powłoka wyżej, Ciało Boskie, chociaż nie możemy podtrzymywać jego doświadczenia przez dłuższy czas podczas naszego życia na jawie, chyba że jesteśmy w głębokiej medytacji.

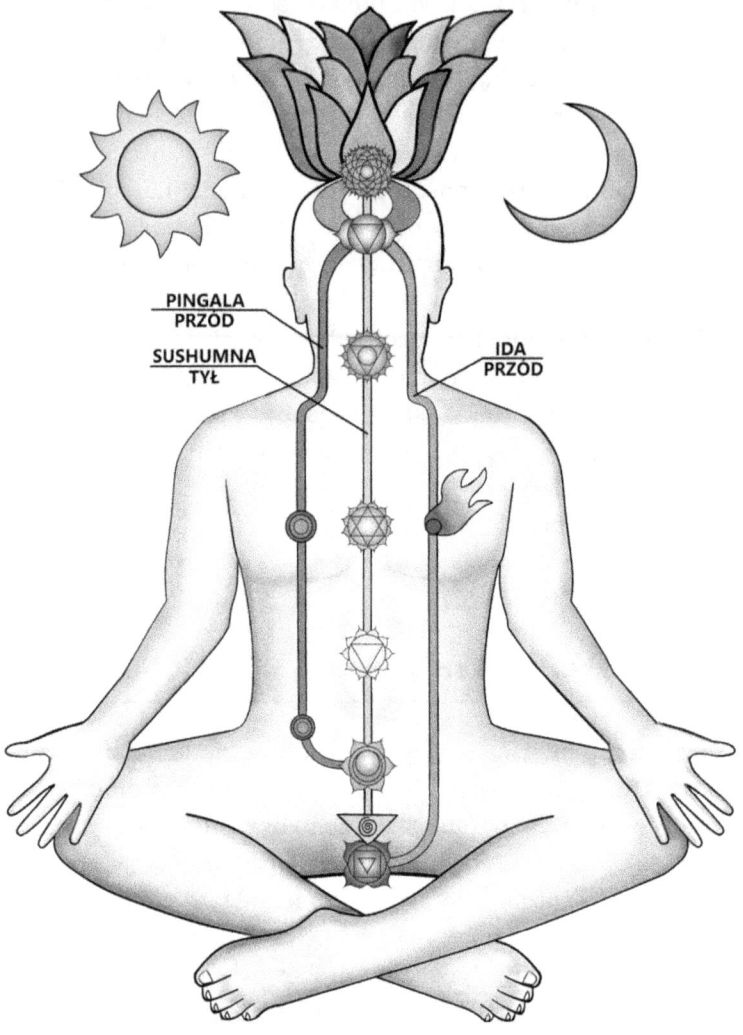

Rysunek 2: Trzy Nadis po Przebudzeniu Kundalini

Ciało Światła jest pojazdem świadomości dla Duszy, kiedy wkracza ona na Wewnętrzne Płaszczyzny podczas medytacji i snu. Płaszczyzny Wewnętrzne są doświadczane poprzez Oko Umysłu (Czakra Adżny), jedną z trzech Czakr Duchowych, która zajmuje się intuicją i jasnowidzeniem. Najbardziej znaczące doświadczenia z Wewnętrznej Płaszczyzny występują podczas Świadomych Snów, co pozwala Ci być świadomym, kiedy śnisz i kontrolować treść swoich snów. Pozwala to również na eksplorację wewnętrznych płaszczyzn kosmicznych podczas stanów sennych oraz na niesamowite doświadczenia z Duszą, których nie możesz powtórzyć w prawdziwym życiu. Świadome Śnienie w zasadzie pozwala Ci doświadczyć wszystkiego, czego kiedykolwiek pragnąłeś, bez konsekwencji. Jest to jeden z bardziej znaczących Duchowych darów otrzymanych w podróży przebudzenia Kundalini i taki, który omówię bardziej szczegółowo w dalszej części książki.

Po zakończeniu aktywacji, energia Kundalini staje się stałą częścią egzystencji przebudzonej jednostki, sygnalizując nowy sposób funkcjonowania i doświadczania świata. Kundalini z czasem staje się samowystarczalnym obwodem energetycznym (Rysunek 2) zasilanym przez pokarm i wodę, który rośnie i staje się silniejszy, rozszerzając codziennie indywidualną świadomość. W miarę jak normalna świadomość na jawie powoli dostosowuje się do Ciała Duchowego, co jest procesem, który może trwać wiele lat, przebudzona osoba będzie żyła w tej samej rzeczywistości co wszyscy inni, ale doświadczała jej zupełnie inaczej. To doświadczenie życia jest prawdziwym darem od Boga.

DARY DUCHOWE I ULEPSZENIA ZMYSŁÓW

Po przebudzeniu każdy kęs pożywienia przekształca się w energię praniczną (Siłę Życia), która zasila obwód Kundalini i rozszerza świadomość, dając początek wielu rodzajom transcendentalnych doświadczeń i pojawieniu się nowych zdolności psychicznych. W ten sposób przebudzona jednostka zaczyna teraz funkcjonować na nowym poziomie doświadczenia życiowego, w ramach wymiaru Wibracji lub energii. W tym nowym wymiarze rozwijają one zdolność odczuwania otaczającego je świata jako kwantowej esencji.

Z czasem ta nowo rozwinięta zdolność odczuwania świata poprzez energię staje się dominującym sposobem poruszania się po życiu, powodując lekceważenie racjonalnego, myślącego umysłu. W końcu przebudzona jednostka zaczyna doświadczać świata całkowicie poprzez intuicję jako podstawowy sposób funkcjonowania, ponieważ jest w bezpośrednim kontakcie z Wewnętrznym Światłem i Prawdą. Iluzja odchodzi, ponieważ z czasem jej świadomość zestraja się z Ciałem Duchowym.

Gdy znika iluzja (Maya), znika również Ego, ponieważ należy ono do sfery racjonalnego, myślącego umysłu. Jego impuls staje się coraz mniej aktywny, aż przebudzona jednostka może w pełni funkcjonować na podstawie intuicji poprzez czwarty wymiar wibracji, czyli energii. W ten sposób staje się dostrojona do najcenniejszego daru, jaki Bóg dał ludzkości, którym jest chwila obecna, "Teraz", "prezent" od Boga. W "Teraz" jest ona podłączona do pola wszelkich możliwości, co pozwala jej na zmianę kształtu jej własnego życia, aby zmaksymalizować jej najwyższy potencjał. Prawdziwie spełnieni i szczęśliwi ludzie mają jedną wspólną cechę - wszyscy żyją w "Teraz".

Zdolności percepcyjne przebudzonej jednostki, pięć zmysłów: wzrok, zapach, dźwięk, smak i dotyk, są ulepszone przez energię Kundalini. Wąchanie i słyszenie rzeczy na odległość staje się codzienną częścią jej życia. Może smakować i czuć coś, obserwując to tylko oczami. Poprzez siłę swojego umysłu może odczuwać energię przedmiotów przed nimi i używać wszystkich swoich wewnętrznych zmysłów. Dzieje się tak dlatego, że czakra Adżny jest teraz trwale otwarta, przez nią następują te transcendentalne doświadczenia. Rzeczywistość jest teraz postrzegana na znacznie wyższym poziomie niż kiedykolwiek wcześniej.

Zachowałem zmysł wzroku na koniec, ponieważ otrzymany upgrade jest najbardziej niesamowity w moim doświadczeniu. Kiedy wewnętrzne Światło zostaje przebudzone przez energię Kundalini, zmienia ono wszystko co widzimy i postrzegamy wizualnie, dając całkowitą zmianę. Co więcej, świat zewnętrzny wydaje się jakby znajdował się wewnątrz Twojej głowy, będąc wyświetlanym na ekranie filmowym przed Twoimi oczami (Rysunek 3). Lubię używać analogii do postępu technologii gier wideo, aby wyjaśnić to wizualne zjawisko, ponieważ jest to jedyny punkt odniesienia, który mogę wymyślić, a do którego ludzie mogą się odnieść.

Rysunek 3: Wszechświat Wewnątrz Głowy

Jeśli kiedykolwiek grałeś w gry wideo wczesnej generacji (tak jak ja, ponieważ dorastałem w latach 90.), pamiętasz, jak świat gry został drastycznie ulepszony, gdy przeszliśmy z PlayStation 2 na konsolę PlayStation 3? Grafika stała się ostrzejsza, wyraźniejsza, bardziej wyrafinowana. Teraz wyobraź sobie co by się stało gdybyś przeszedł z konsoli Playstation 2 na Playstation 5 grając w tą samą grę. Postacie i otoczenie w Twojej grze są takie same, ale radykalna cyfrowa zmiana ożywia grę w zupełnie nowy sposób.

Dla uściślenia jednak, ten wzrost percepcji wizualnej jest najmniej powszechny u osób przebudzonych przez Kundalini, ale jest to najbardziej znaczący czynnik "wow", którego doświadczyłem w moim procesie przebudzenia. Jako takie, moje konto służy jako świadectwo jego realności. W rzeczywistości jest to tak rzadkie, że z dziesiątek osób przebudzonych z Kundalini, z którymi rozmawiałem na temat ich "ulepszeń", tylko jedna lub dwie miały to szczególne.

Ale z drugiej strony, nie natknąłem się też na nikogo, kto na własne oczy byłby świadkiem holograficznej natury rzeczywistości. Wierzę, że mój udoskonalony zmysł wzroku jest podtrzymywaną wersją tej samej rzeczywistości. Co ciekawe, teoria Holograficznego Wszechświata nie jest nową koncepcją, ale jest wspierana przez wybitnych astrofizyków w czasach współczesnych. Niektórzy posunęli tę ideę dalej, stwierdzając, że możemy nawet żyć w symulacji komputerowej. Elon Musk, prawdziwy Tony Stark (Iron Man) 21 wieku, geniusz naszej nowoczesności, powiedział kiedyś, że jak technologia się rozwija, istnieje jedna na miliard szans, że NIE żyjemy teraz w symulacji komputerowej.

Chociaż nie mogę z całą pewnością stwierdzić, czy żyjemy w symulacji komputerowej, to świat posiada niezauważalny dla większości ludzi plan holograficzny, który najlepiej opisałbym jako czystą świadomość. Czy ta czysta świadomość jest projektowanym Hologramem jest niepewne, ale możliwość jest bardzo duża.

Wiem jednak na pewno, że świat, którego teraz doświadczam, jest zdigitalizowaną wersją świata, w którym żyłem wcześniej, ale z bardziej ulepszoną grafiką. Oglądanie centrum dużego miasta, takiego jak Toronto, na przykład w nocy, z jego oznakowaniem LED, jaskrawymi światłami i migającymi kolorami, jest jak wejście do futurystycznej krainy czarów w grze wideo - do dziś zapiera dech w piersiach.

Dwa słowa, które najlepiej opisują to, jak widzę teraz świat zewnętrzny, to "Międzygwiezdny" i "Międzygalaktyczny", ponieważ słowa te inspirują ideę, że nasza planeta jest tylko jedną z wielu, na których istnieje życie w ogromnej przestrzeni kosmicznej. Istnieje niezliczona ilość innych światów, które w odpowiednim czasie zbadamy i nawiążemy kontakt z Istotami niewyobrażalnymi dla nas. Musimy jednak najpierw oderwać naszą materialną powłokę poprzez mechanizm Kundalini, który nasz Stwórca umieścił w nas, aby zobaczyć ukrytą, holograficzną naturę rzeczywistości i doświadczyć naszej prawdziwej esencji jako Istot Światła.

DRZEWO ŻYCIA I CZAKRY

W mojej pierwszej książce, *The Magus: Kundalini and the Golden Dawn*, bardzo obszernie omawiam zachodnią tradycję misteryjną i jej związek ze wschodnim systemem spirytystycznym. W tej książce jednak, ponieważ naszym głównym tematem jest Kundalini (termin wschodni), przyjmę odwrotne podejście, trzymając się przede wszystkim systemów jogicznych i tantrycznych, a w niektórych przypadkach odwołując się do Qabalah i Drzewa Życia.

Drzewo Życia, główny składnik Qabali, jest schematem istnienia. Jest to mapa naszego Układu Słonecznego i ludzkiej psychiki. Drzewo Życia składa się z dziesięciu Sefirotów (Sfer), reprezentujących stany świadomości, w których człowiek uczestniczy codziennie, a które dają początek wewnętrznym zdolnościom, takim jak intuicja, pamięć, siła woli, wyobraźnia, emocje, pragnienia, logika i rozum oraz myśl. Qabaliści twierdzą, że wszystko w naturze może być skategoryzowane na Drzewie Życia, ponieważ wszystkie rzeczy odnoszą się w jakiś sposób do naszego Układu Słonecznego i jego energii.

System qabalistyczny opiera się na energii liczb, symboli i liter (hebrajskich). Dziesięć sefirot jest połączonych dwudziestoma dwoma ścieżkami, odpowiadającymi dwudziestu dwóm *Głównym Arkanom* Tarota i dwudziestu dwóm literom *hebrajskim*. Te z kolei odpowiadają pięciu żywiołom, dwunastu zodiakalnym i siedmiu starożytnym planetom. Jako takie, Drzewo Życia obejmuje całość uniwersalnych energii, w tym Konstelacje, które mają wpływ na życie na Ziemi.

Qabalah, z którą mam szerokie doświadczenie, jest Hermetyczna, dlatego pisze się ją przez "Q". Hermetyzm to badanie naszego Układu Słonecznego i Uniwersalnych energii, które składają się na to kim jesteśmy. Ponadto istnieje żydowska Kabała (przez "K") i chrześcijańska Cabała (przez "C") - wszystkie trzy systemy mają jednak te same podstawy, ponieważ używają Drzewa Życia jako centralnego glifu. Szczegółowy opis każdej z sefirot Drzewa Życia oraz inne istotne terminy z zakresu Tajemnic Zachodu, niezdefiniowane w głównej części tekstu, znajdują się w "Słowniku wybranych pojęć" w Dodatku.

Czakry wywodzą się ze starożytnych Indii. Po raz pierwszy zostały wspomniane w hinduskich Wedach (1500-1200 p.n.e.), dużym zbiorze świętych tekstów zawierających wiedzę duchową. Czakry są częścią złożonego systemu energetycznego, który opisuje różne aspekty lub części ludzkiej Aury (pola energetycznego). Wiedza o czakrach dopiero niedawno trafiła do świata zachodniego, wraz ze wzrostem popularności jogi i ogólnie jako część filozofii New Age.

Istoty ludzkie posiadają zarówno Główne Czakry jak i Mniejsze Czakry. Jednakże siedem Głównych Czakr jest głównymi, które zasadniczo zasilają Aurę. Mniejsze czakry są połączone z głównymi i nie funkcjonują niezależnie, lecz pracują nad dalszym wykonywaniem swoich obowiązków. W tej książce omówię zarówno Czakry Główne, jak i Mniejsze oraz Czakry Transpersonalne.

Czakra to sanskryckie słowo oznaczające "wirujące koło" lub "wir". Termin "Czakra" jest używany do opisania niewidzialnych centrów energetycznych wzdłuż kręgosłupa i w obrębie głowy. Te centra energetyczne składają się z wielobarwnej, płynącej energii, którą znajdujemy w Aurze. Czakry zasilają Aurę i regulują system nerwowy, gruczoły dokrewne i główne organy. Są to centralne stacje energetyczne, które rządzą całą ludzką istotą; umysłem, ciałem i Duszą.

Czakry zarządzają i rozprowadzają energię życiową w różnych ciałach subtelnych, które są nośnikami świadomości na wielu kosmicznych płaszczyznach istnienia, w których uczestniczymy. Czakry są przewodnikami energii, a każda z nich ma inne właściwości, które zasilają i wyrażają nasze wewnętrzne Ja. Są one odpowiedzialne za pracę naszych myśli, emocji, siły woli, intuicji, pamięci i innych składników, które składają się na to, kim jesteśmy.

Istotne jest, aby zrozumieć, że czakry nie są fizyczne; zamiast tego znajdują się w Ciele Światła. Reprezentują one siły pochodzące z Ciała Subtelnego, które manifestują się we wzorze krążącym w siedmiu głównych obszarach Ciała Światła. Czakry są często opisywane jako kształt kwiatów w pełnym rozkwicie. Każdy kwiat czakry ma określoną liczbę płatków, które tworzą podobne do koła wiry energii, które promieniują na zewnątrz, pod kątem prostym poziomym, podczas gdy górna i dolna czakra (Sahasrara i Muladhara) wystają pionowo. Aby jeszcze bardziej uwydatnić ich kwiatowy wygląd, każda czakra ma również kanał w kształcie łodygi, który projektuje i łączy się z rdzeniem kręgowym i pniem mózgu.

Czakry mogą wirować zgodnie z ruchem wskazówek zegara lub przeciwnie do ruchu wskazówek zegara, w zależności od tego, jaka jest płeć Czakry i czy oddaje ona energię, czy ją odbiera. Szybkość wirowania Czakry określa jakość jej funkcji. Jeśli spin jest szybki, są one dobrze dostrojone, kierują więcej energii Światła. Jeśli ich obroty są powolne i stoją w miejscu, to znaczy, że nie są dostrojone i przekazują mniej energii Światła. Ogólnie rzecz biorąc, ludzie, których czakry nie są dostrojone, są bardziej zestrojeni ze swoim Ego niż z Duszą. Aby zestroić się z Duszą i wyrazić jej właściwości, trzeba mieć dobrze dostrojone czakry, ponieważ ekspresja Duszy zależy całkowicie od tego, ile Światła jest kierowane przez czakry.

Kiedy Kundalini wzniesie się na szczyt głowy, by na stałe zlokalizować się w mózgu, całe Drzewo Życia staje się w pełni aktywowane. Najwyższa sefira nazywana jest *Kether*, Korona, na szczycie Drzewa Życia. Kether odpowiada siódmej czakrze, Sahasrara. Obie nazywane są "Koroną", co wynika z ich umiejscowienia na szczycie głowy. Kether odnosi się do duchowego Białego Światła, które leży u podstaw całej fizycznej egzystencji.

Z kolei najniższa sefira nazywana jest *Malkuth*, Planeta Ziemia, jako dziesiąta sefira na Drzewie Życia - bezpośrednio naprzeciwko Kether. W systemie czakr, Malkuth odnosi się do pierwszej czakry, Muladhara, oraz do Elementu Ziemi. Te dwa zestawy sefirot i czakr mają bezpośrednią korespondencję i relacje, chociaż Malkuth jest umieszczony u stóp, a Muladhara w okolicy pachwiny. Pozostałe sefiroty i czakry Drzewa Życia również korespondują ze sobą, choć trzeba mieć bezpośrednie doświadczenie z obydwoma systemami, aby zobaczyć, jak się one ze sobą wiążą. Tak więc nie jest to tak proste jak zjednoczenie przeciwnych sfer na Drzewie Życia, aby uzyskać siedem czakr, chociaż ta metoda działa matematycznie.

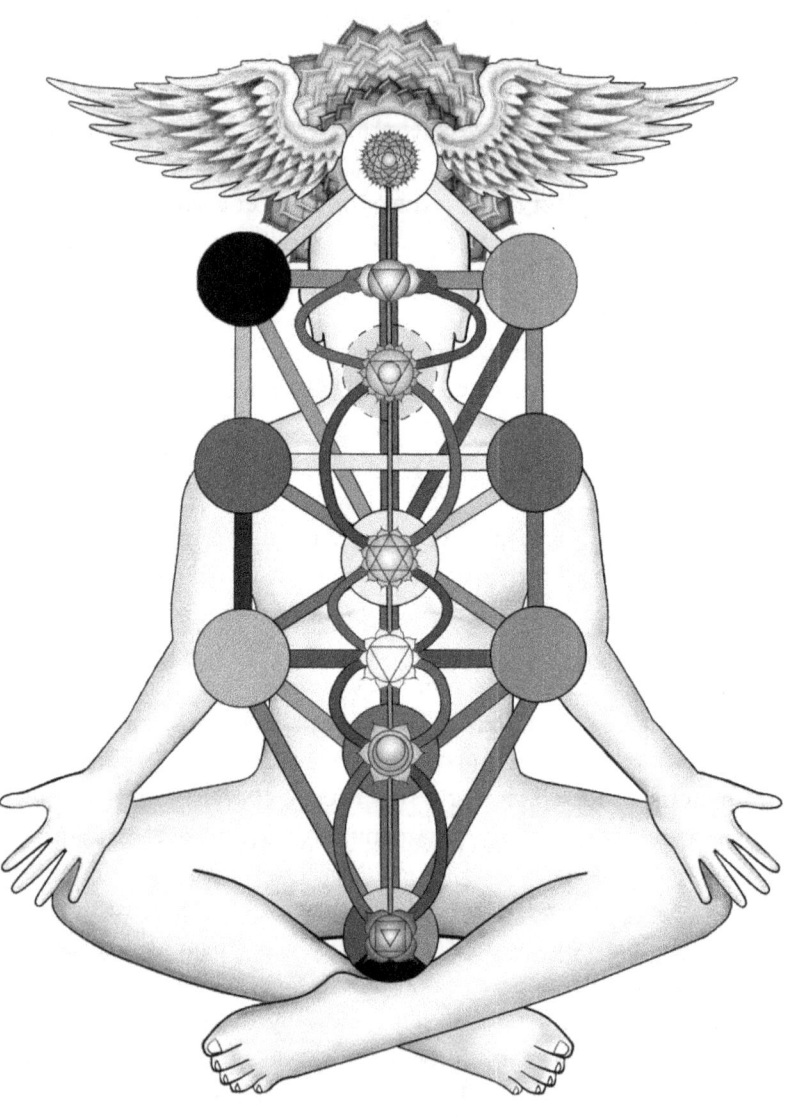

Rysunek 4: Drzewo Życia/Siedem Czakr/Kundalini

Po pełnym przebudzeniu Kundalini, czakry (i sefiroty Drzewa Życia) stają się stale nasycone energią Światła, aktywując swoje stany świadomości w jednostce (Rysunek 4). Czakry stają się jak żarówki, które emitują Światło odpowiednio do tego, jak bardzo są czyste i dostrojone. Na przykład, jeśli w danej czakrze jest dużo karmy, emituje ona raczej przyćmione niż jasne światło. Uroczystym obowiązkiem, który jesteś winien swojemu Stwórcy, jest oczyszczenie swoich czakr i usunięcie z każdej z nich negatywnych cech, tak aby mogły one świecić jasno, pozwalając Ci na zestrojenie Twojej świadomości z Twoją Duszą.

OCZYSZCZANIE CZAKR

Karma to sanskryckie słowo oznaczające "działanie", "pracę" lub "czyn", które stanowi część Uniwersalnego Prawa. Zakłada ono, że każde działanie jest skutkiem jednego lub więcej poprzednich działań i spowoduje jedno lub więcej przyszłych działań. Karma jest więc cykliczna i dotyczy nas wszystkich. Ponieważ rzeczywistość porusza się w cyklach jak obracające się koło, Koło Karmy reprezentuje dobrą lub złą energię karmiczną w naszym życiu, która zamanifestuje się w przyszłości jako błogosławieństwa lub problemy, które trzeba rozwiązać. Nasze zachowanie w życiu decyduje o tym, czy mamy dobrą czy złą Karmę, a zachowanie to wyraża się poprzez czakry.

Każda czakra jest źródłem mocy dla tego, jak Twój charakter i osobowość wyrażają się w świecie wewnętrznym i zewnętrznym. Charakter jest wrodzony, ponieważ jest esencją tego, kim jesteś, podczas gdy osobowość zmienia się z czasem. Charakter to Twoje wyższe, etyczne przekonania i ekspresja Twojej Duszy, podczas gdy osobowość zajmuje się bardziej ekspresją Ego oraz jego upodobaniami. Każda czakra jest zbiornikiem energii dla różnych części Twojego charakteru i osobowości, od tego jak myślisz, przez to co czujesz, po to co Cię napędza i nie tylko.

Kiedy masz energię karmiczną w czakrze, część Jaźni niesie negatywną energię, która będzie musiała być przepracowana. Dlatego wszystkie Czakry muszą być oczyszczone i zoptymalizowane, aby Twoje myśli, emocje i działania mogły pochodzić z miejsca miłości. Jeśli są one przepojone energią miłości, oświecasz czakrę tego wyrażenia Jaźni. Dlatego jeśli jesteś samolubny, bojaźliwy, pożądliwy, zły, arogancki, chciwy, samowystarczalny i tak dalej, to znaczy, że musisz pracować nad tymi częściami siebie i przekształcić je w ich kochające, pozytywne przeciwieństwa. Oznacza to, że musisz pokonać karmę tych czakr, które wyrażają to zachowanie.

Karmiczna energia obecna w czakrze może być bardzo dużym wyzwaniem. Sprawia, że życie staje się bardzo niewygodne, uniemożliwiając funkcjonowanie tak dobrze, jak powinno się lub chce. Dla osób przebudzonych Kundalini, tych nieprzygotowanych do tego doświadczenia, jak ja, energia karmiczna w czakrach może przynieść wyniszczający strach i niepokój.

Pełne przebudzenie lokalizuje energię Kundalini w mózgu na stałe, jednocząc umysł świadomy i podświadomy. Jeśli w czakrach znajduje się uśpiona negatywna energia, zalewa ona świadomość w postaci nieprzyjemnych myśli i emocji. Po wejściu Kundalini do mózgu nie można już ukrywać się przed swoimi demonami (negatywnymi myślami), co powoduje odrodzenie się szkodliwych poglądów, przekonań i postaw wobec życia, które trzeba będzie przezwyciężyć. Dlatego musisz oczyścić energię strachu ze swojego systemu, co zaczyna się od oczyszczenia czakr.

Poprzez oczyszczanie czakr zmieniasz swoje przekonania na temat siebie i świata. W końcu, jeśli masz doświadczyć Boskiego Światła w sobie, konieczna jest całkowita transformacja Twojego charakteru i osobowości. Musisz stać się Istotą Duchową, której świadomość ma wyższe wibracje niż dotychczas. Nie da się tego obejść. Aby to osiągnąć, Twoje Ego musi umrzeć i odrodzić się. Jest to ostateczna koncepcja Odrodzenia, do której nawiązuje wiele religii, nowych i starych. Jednak dla osób przebudzonych przez Kundalini jest to coś więcej niż idea – jest to jedyna rzeczywistość, o którą muszą się martwić, dopóki proces nie zostanie zakończony.

Osoby przebudzone Kundalini muszą nauczyć się, kim są w głębi duszy, co jest dobre, a co złe, oraz zaakceptować i pokochać siebie. A kiedy już wejdą do środka, mogą ominąć Ego i wejść w kontakt ze swoim prawdziwym Ja, Wyższym Ja Ducha. Ale żeby to zrobić, muszą zbudować cnoty, usunąć wady i zaadaptować moralne i etyczne zachowania do swojego życia, jeśli mają pokonać strach i niepokój, który utrudnia im egzystencję.

Tak więc widzisz, dar Kundalini może być postrzegany jako przekleństwo na początku, jeśli miałeś spontaniczne przebudzenie i byłeś karmicznie nieprzygotowany. Jednakże nie ma drogi na skróty do Oświecenia, a kiedy dżin wyjdzie z butelki, nie ma możliwości włożenia go z powrotem. Kundalini gwałtownie przyspiesza Twoją podróż po Ewolucji Duchowej, ale aby podnieść wibrację Twojej świadomości, musisz pokonać negatywną energię zgromadzoną w każdej Czakrze. Jest to systematyczny proces, zaczynający się od najniższej czakry, Muladhary, a kończący się na Sahasrarze w Koronie. Ponieważ Ego jest obecne w ciele fizycznym, które jest najgęstszą częścią Ciebie, musisz zacząć tam i zacząć obierać warstwy swojej świadomości, z których każda jest mniej gęsta od poprzedniej. Kiedy dotrzesz do ostatniej warstwy, znajdziesz swój *kamień filozoficzny*, kwintesencję i osiągniesz Wyższe Ja na Płaszczyźnie Duchowej.

Do procesu zmierzającego do oświecenia nawiązuje historia ukrzyżowania Jezusa Chrystusa. Kiedy umarł na krzyżu, zamiast od razu zmartwychwstać (zostać oświeconym), musiał spędzić trzy dni w podziemiu, królestwie demonów, aby stać się Królem Piekła przed staniem się Królem Nieba. Tak więc mamy tu metaforę, że Jezus musiał opanować swoje Demony, ponieważ zagradzały one drogę do Oświecenia. Uczynił to, stawiając im czoła bez strachu w sercu, co pozwoliło mu przejąć nad nimi panowanie.

Widzisz więc, że kiedy podchodzisz do swoich wewnętrznych Demonów z odwagą zamiast ze strachem, automatycznie odbierasz im paliwo, ponieważ żywią się one energią strachu; jest to ich pożywienie. Wtedy możesz je opanować i oddać im skrzydła, mówiąc metaforycznie. Tak więc wszystkie Demony są w zasadzie nieopanowanymi *Aniołami*. Wszystkie mogą być wykorzystane dla dobra, jeśli umysł jest silny, a jednostka nauczy się władać ich mocami. Aby zmaksymalizować naszą siłę woli, musimy opanować naszą ciemną stronę. W rzeczywistości, przed osiągnięciem Nieba, duchowej sfery, jest to warunek wstępny. Niech ci, którzy mają uszy zrozumienia, usłyszą tę wielką tajemnicę Życia, Śmierci i Zmartwychwstania. Została ona zasygnalizowana w wielu starożytnych tradycjach duchowych przed pojawieniem się chrześcijaństwa.

DUCHOWE PRAKTYKI UZDRAWIAJĄCE

Podróż ku Duchowemu Odrodzeniu jest wypełniona umysłowymi i emocjonalnymi próbami i trudnościami, które często mogą być wyczerpujące. Niezależnie od tego, aby wznieść się w świadomości, trzeba pokonać negatywne energie przechowywane w czakrach i "oświecić" je, zanim doświadczy się niewysłowionego piękna czakry korony, Sahasrary. Oczyszczanie czakr jest nieuniknione i to, czy zdecydowałeś się pracować z nimi poprzez duchową praktykę uzdrawiania, czy też pozwolić Kundalini na systematyczne oczyszczanie każdej czakry w czasie, zależy całkowicie od Ciebie.

Duchowe praktyki uzdrawiania obejmują, ale nie są ograniczone do Magii Ceremonialnej, kamieni szlachetnych (kryształów), widelców dostrajających, aromaterapii, Tattw oraz praktyk jogicznych i tantrycznych takich jak Asana, Pranajama, Mudra, Mantra i medytacja (Dhyana). Jako ktoś, kto próbował większości Duchowych praktyk uzdrawiania, odkryłem, że Magia Ceremonialna najlepiej izoluje każdą Czakrę i pozwala pokonać energię karmiczną w każdej z nich i dostroić Czakrę. Moja pierwsza książka, *The Magus: Kundalini and the Golden Dawn*, jest całym kursem nauki dla aspirujących Magów, i daje Ci wszystkie rytualne ćwiczenia, których potrzebujesz, aby pracować ze swoimi Czakrami.

Podczas gdy Magia Ceremonialna jest zachodnią praktyką duchową, Joga i Tantra są praktykami wschodnimi. Jednakże ludzie zarówno na Wschodzie jak i na Zachodzie praktykują Uzdrawianie Kryształami, Uzdrawianie Dźwiękiem za pomocą Widełek Regulacyjnych i Aromaterapię. Chociaż początkowo była to technika duchowa Wschodu używana w systemie Jogicznym, Tattwy znalazły drogę do Zachodnich Szkół Tajemnic ze względu na ich moc łączenia się z Pięcioma Elementami, czynnikiem jednoczącym Wschodni System Czakryczny i Zachodni System Qabalistyczny.

Ponieważ celem tej książki jest nie tylko udzielenie odpowiedzi dotyczących Kundalini, ale także zaoferowanie alternatywnych metod uzdrawiania Aury i Czakr w celu duchowej ewolucji, poświęciłem całą część V i VI wspomnianym praktykom. Pokrótce przejdę przez niektóre z nich, aby dać Ci ogólne wrażenie. Oczywiście istnieją inne metody pracy z czakrami, a ja wymienię tylko te główne, z którymi mam duże doświadczenie. W końcu to, co wybierzesz do pracy, zależy od Ciebie.

Kamienie Szlachetne (Kryształy)

Używanie kamieni szlachetnych, inaczej zwanych kamieniami naturalnymi lub kryształami, jest potężną praktyką duchową, która istnieje od tysięcy lat i jest szeroko stosowana przez uzdrowicieli energetycznych w dzisiejszych czasach. Znajdujemy dowody na używanie kamieni szlachetnych do uzdrawiania duchowego, manipulacji energią i ochrony w praktycznie wszystkich starożytnych kulturach i tradycjach. Na przykład, starożytni włączali kamienie szlachetne do biżuterii, kosmetyków, posągów dekoracyjnych i talizmanów jako świadectwo ich potężnej zdolności do uzdrawiania psychicznych, emocjonalnych i fizycznych problemów, jednocześnie chroniąc je przed niekorzystnymi siłami.

Każdy z setek istniejących kamieni szlachetnych posiada szerokie spektrum właściwości leczniczych. Możemy użyć Kamieni Szlachetnych do wycelowania w odpowiednie centra energetyczne w Ciele Światła, aby usunąć blokady i zwiększyć przepływ energii w tych strefach. Poprzez dostrojenie i optymalizację czakr poprzez uzdrawianie kryształami, odpowiednie ciała subtelne, w tym ciało fizyczne, również ulegają odmłodzeniu.

Aby naprawdę zrozumieć, jak kamień szlachetny wpływa na człowieka na poziomie fizycznym, emocjonalnym, umysłowym i duchowym, konieczne jest zdobycie pewnego osobistego doświadczenia z każdym kamieniem. Po tym wszystkim, każdy kamień szlachetny odnosi się do czakry lub czakr, ale także różnych elementów, planet i energii zodiaku. Dlatego też używanie kamieni szlachetnych jest realną praktyką pracy nad Twoim Mikrokosmosem, twoją Aurą, i taką, która może zrównoważyć Twoje energie i uzdrowić Cię na wszystkich poziomach, jeśli się jej poświęcisz. W tej pracy zawarłem listę korespondencji kamieni szlachetnych, łącznie z technikami, których możesz użyć do pracy z nimi.

Widelce do Strojenia

Wykorzystanie Widełek Tuningowych w Uzdrawianiu Dźwiękiem jest stosunkowo nową dziedziną, choć zyskała na popularności ze względu na swoją terapeutyczną skuteczność. Opiera się na zasadzie, że wszystko we Wszechświecie jest w stanie wibracji, w tym nasze myśli, emocje i ciało fizyczne.

Kiedy praktykujący uderza w widełki podczas sesji uzdrawiania, tworzy falę dźwiękową, której wibracja podróżuje głęboko w Aurę pacjenta, uzyskując dostęp do ścieżek energetycznych Ciała Świetlistego (Nadis) i wpływając na świadomość. Istnieje wiele zastosowań Widełek Tuningowych, w tym uzdrawianie subtelnego systemu energetycznego, regulowanie naturalnych cykli ciała, równoważenie systemu nerwowego, rozluźnianie mięśni i promowanie dobrego snu.

Najpopularniejsze widelce dostrajające na rynku to te, które odpowiadają głównym czakrom. Ponieważ każda czakra w stanie zdrowia wibruje z określoną częstotliwością, widełki dostrajające można skalibrować tak, aby rezonowały z tą samą częstotliwością. Po umieszczeniu na czakrze lub w jej pobliżu, wibracja widełek dostraja falę dźwiękową, która dostraja odpowiednią czakrę, przywracając ją do optymalnego stanu wibracyjnego.

Proces pozwalający dwóm oscylującym ciałom zsynchronizować się ze sobą, gdy znajdują się w pobliżu siebie, nazywany jest "entrainment".

Aromaterapia

Aromaterapia to medycyna holistyczna, która również istnieje od tysięcy lat, sięgając czasów starożytnego Sumeru. Wykorzystuje się w niej związki wyekstrahowane z roślin, które wychwytują zapach rośliny lub jej esencję. Najczęściej stosowane ekstrakty roślinne w olejkach "eterycznych" Aromaterapii są zazwyczaj wdychane za pomocą różnych środków i metod, choć możemy je również stosować miejscowo.

Wdychane przez nos olejki eteryczne wpływają na Układ Limbiczny, część mózgu, która odgrywa rolę w emocjach, zachowaniach i wspomnieniach. Ponadto układ limbiczny produkuje hormony, które pomagają regulować oddech, tętno, oddychanie i ciśnienie krwi. Z tego powodu wiele olejków eterycznych ma uspokajający wpływ na system nerwowy, co czyni je korzystnymi jako prekursor medytacji, terapii Tuning Fork, praktyk tantrycznych i jogicznych oraz innych duchowych metod uzdrawiania, które wymagają relaksacji. Z drugiej strony, niektóre olejki eteryczne mają działanie energetyzujące, podnoszące na duchu i są wspaniałymi wzmacniaczami energii, kiedy czujesz się ospały i wyczerpany.

Każdy zapach olejku eterycznego posiada specyficzne wibracje o właściwościach leczniczych, które pozytywnie wpływają na naszą świadomość. Ich użycie może usunąć blokady energetyczne w Aurze, jednocześnie wyrównując ciała subtelne i rekalibrując czakry. Ponadto olejki eteryczne stanowią doskonałe uzupełnienie dla kamieni szlachetnych i innych narzędzi przywołujących energię. Są one generalnie bezpieczne i łatwe w użyciu i zapewniają inną, ale silną metodę uzdrawiania umysłu, ciała i Duszy.

Tattwa

Praca z Tattwami jest wschodnią praktyką, która istnieje od ponad dwóch i pół tysiąca lat. Samo słowo "Tattva" jest sanskryckim słowem oznaczającym "esencję", "zasadę" lub "element". Tattwy reprezentują cztery żywioły: Ziemię, Wodę, Powietrze, Ogień oraz piąty żywioł - Ducha. Istnieje pięć podstawowych Tattw, z których każda ma pięć Sub-Tattw, co daje w sumie trzydzieści.

Tattwy są najlepiej postrzegane jako "okna" do Planów Kosmicznych, odpowiadające energiom czakr. Jako takie, mogą nam pomóc w pracy z czakrami i zawartą w nich energią karmiczną. Same w sobie nie generują żadnej energii, tak jak kamienie szlachetne czy widełki dostrojcze, ale są pomocne w skupieniu się na wewnętrznych Planach Kosmicznych i pracy nad odpowiadającymi im czakrami. Z mojego doświadczenia wynika, że praca z Tattwami idzie w parze z używaniem rytuałów Magii Ceremonialnej Żywiołów, ponieważ rodzaj energii, którą każda z nich się zajmuje jest praktycznie taki sam.

Praca z Tattwą jest podobna do Magii Ceremonialnej, ponieważ izoluje każdą czakrę, ale przywoływana energia jest mniej silna. Niektórzy mogą jednak preferować metodę Tattwy, ponieważ pozwala ona na bezpieczną i efektywną pracę z Subelementami.

Ponadto, Tattwa może być stosowana w połączeniu z innymi praktykami duchowymi przedstawionymi w tej pracy, szczególnie z Aromaterapią.

Joga i Tantra

Wschodnie systemy duchowe Jogi i Tantry zawierają wiele ćwiczeń, które mogą być praktykowane indywidualnie lub w połączeniu z innymi składnikami tych dwóch systemów. Chociaż Joga i Tantra mają te same praktyki, ich filozofie różnią się. Podczas gdy Joga stosuje techniki duchowe do dążenia do określonych celów i osiągnięć (takich jak Samourzeczywistnienie czy Oświecenie), Tantra skupia się na wykorzystaniu tych samych metod do wyzwolenia się od wszelkich pragnień, nieuchronnie przynosząc ten sam rezultat co Joga. Tak więc Tantra może być postrzegana jako podejście do Jogi. Wywodzi się z tradycji gospodarstw domowych, które skupiały się na obejmowaniu materialnego, przyziemnego świata zamiast na jego przekraczaniu, co jest celem Jogi.

Asana to praktyka stojących lub siedzących pozycji jogi. Wykonywanie asan przynosi wiele korzyści, w tym ujędrnia ciało fizyczne, rozwija elastyczność i siłę, równoważy i harmonizuje nasze wewnętrzne energie, otwiera czakry, usuwa blokady w Nadis i uziemia nas z Ziemią. Praktyka asan ma również uspokajający wpływ na umysł, co czyni ją doskonałym narzędziem w walce z lękiem i depresją, jednocześnie zwiększając poziom "szczęśliwych" substancji chemicznych w mózgu. Asany praktykowane są w połączeniu z ćwiczeniami oddechowymi (Pranayama) i medytacją (Dhyana). Asany medytacyjne są jednak warunkiem wstępnym dla większości wszystkich praktyk jogicznych, w tym mudr i mantr.

Pranajama jest jogiczną praktyką kontrolowanego oddechu - wprowadzania energii pranicznej do ciała. Możemy ją praktykować niezależnie lub jako wstęp do medytacji i wszystkich ćwiczeń przywołujących energię. Na przykład ćwiczenie "Czterokrotny Oddech" z książki *The Magus* jest zaadaptowaną techniką Pranajamy, która dobrze współpracuje z rytualnymi ćwiczeniami z Zachodniej Tradycji Tajemnej. Podobnie, Pranajama odgrywa kluczową rolę w wykonywaniu Asan, Mudr i Mantr, ponieważ oddech jest kluczem do kontrolowania umysłu i ciała. Ćwiczenia Pranajamy w tej książce są wykorzystywane do różnych celów, w tym do równoważenia energii żeńskiej i męskiej, uspokajania systemu nerwowego, neutralizowania negatywnej energii oraz przygotowania umysłu do podnoszenia i manipulowania energią.

Mudry to symboliczne, rytualne gesty lub pozy, które zazwyczaj angażują tylko dłonie i palce, choć mogą też angażować całe ciało. Umożliwiają nam manipulowanie energiami w naszych ciałach (Mikrokosmos) i przywoływanie wyższych mocy we Wszechświecie (Makrokosmos). Mudry łączą nas z siłami Archetypowymi i podnoszą wibrację naszej świadomości. Ta książka przedstawia Mudry do budzenia i dostrajania Czakr, równoważenia Żywiołów, wywoływania spokoju ducha, a nawet zaprzęgania energii pranicznej do budzenia Kundalini (Bandhas-Lock Mudry). Możesz używać Mudr z ćwiczeniami medytacyjnymi, Mantrami, Pranajamami i Asanami, szczególnie Asanami medytacyjnymi.

Mantry sanskryckie przywołują/wywołują energię poprzez dostrojenie nas do pewnych mocy w nas samych i naszym Układzie Słonecznym. Często obejmują one inwokację hinduskich lub buddyjskich bogów i bogiń w jakiejś formie lub aspekcie ich mocy. Ta potężna metoda indukowania energii w Aurze jest używana od tysięcy lat przez wyznawców wschodnich systemów duchowych. Mantry generalnie niosą karmiczną energię systemów odpowiednich do konkretnych tradycji lub religii, z których się wywodzą. Idą one w parze z technikami Pranajamy, ćwiczeniami medytacyjnymi i innymi praktykami Jogicznymi. Na przykład, ponieważ energia przywoływana przez Mantry zazwyczaj obejmuje więcej niż jedną czakrę, możemy połączyć ich użycie (szczególnie Bija Mantry) z Mudrami Ręcznymi, aby skutecznie izolować i uzdrawiać poszczególne czakry.

I wreszcie, medytacja, lub Dhyana, jest jedną z najszerzej praktykowanych dyscyplin koncentrowania umysłu, którą znajdujemy zarówno we wschodnich jak i zachodnich systemach duchowych. Na przykład w *The Magus*, "Medytacja Oka Umysłu" jest prekursorem inwokacji energetycznych, ponieważ skutecznie nas uspokaja, ułatwiając *stan Alfa* aktywności fal mózgowych i przygotowując umysł do rytualnych inwokacji/ewokacji. Techniki medytacyjne obejmują wizualizację obiektu wewnątrz, koncentrację na obiekcie bez niego lub zastosowanie mantr, które pomagają skupić umysł. Medytacja ma na celu wyciszenie Ego i opróżnienie umysłu, przynosząc uzdrowienie wszystkich czakr. Podnosi naszą moc świadomości, czyniąc nas obecnymi tu i teraz oraz pozwalając nam na dotarcie do pola czystego potencjału. Medytacja jest stosowana obok kontroli oddechu (Pranayama).

***

Odkryłem, że przebudzone jednostki, które zdecydowały się pozwolić Kundalini na naturalną pracę z poszczególnymi czakrami, są często pozostawione na łasce tej energii, która może być czasami bardzo surowa. Ból i niepokój mogą być tak duże, że niektórzy stracili całkowitą kontrolę nad swoim życiem i rozważali samobójstwo. Znalezienie duchowej praktyki uzdrawiania czakr pozwala na znaczny poziom kontroli nad tym procesem, który może być bardzo podnoszący na duchu i dać Ci pewność siebie i siłę do dalszej podróży. Proces przebudzenia Kundalini jest przedsięwzięciem na całe życie. Dlatego istotne jest, abyś pozostał zainspirowanym w trakcie jego trwania, aby uzyskać z niego jak najwięcej i mieć jak najbardziej komfortowy czas, kiedy rozwijasz się duchowo.

TRANSFORMACJA KUNDALINI

Konieczne jest omówienie, jak funkcjonowanie czakr wiąże się z mózgiem, biorąc pod uwagę, że ekspansja świadomości, która jest głównym celem przebudzenia Kundalini, ma miejsce wewnątrz głowy. Widzisz, poprzez obudzenie siedmiu czakr i podniesienie Kundalini do Korony, otwierają się nowe ścieżki energetyczne w mózgu, co powoduje uczucie, że Twoja głowa staje się pusta od wewnątrz. Mózg przechodzi proces przebudowy, rozszerzając swoją pojemność z 10%, które wykorzystuje przeciętny człowiek, do pełnych 100%. Uśpione obszary mózgu zostają odblokowane, umożliwiając nam przyjęcie ogromnej ilości informacji z zewnątrz w jednym czasie i przetworzenie ich. Pomyśl o tym jako o procesie rozszerzania mocy mózgu.

Kiedy Kosmiczne Jajo zostanie otwarte, aktywując Ciało Światła, potrzeba trochę czasu, aby energia Praniczna/Światła napełniła Nadis i zasilała nowy system energetyczny. Proces ten odbywa się poprzez proces transformacji pożywienia w energię Światła poprzez system trawienny. Ponieważ nie ma zdefiniowanego słowa na ten proces, użyję słowa "sublimacja", ponieważ sugeruje ono, że rzecz zmienia swoją formę, ale nie swoją istotę. A ponieważ wszystkie rzeczy są zbudowane z Ducha i Światła, w tym jedzenie, które spożywamy, sublimacja odnosi się do jego transformacji ze stanu stałego do subtelnego, który napełnia i zasila ścieżki energetyczne w Ciele Światła. Zjawisko to odpowiada nie tylko za rozszerzenie świadomości, ale za wywoływanie stanów transcendentalnych.

Jednak nie będziesz w stanie w pełni dostroić się do Ciała Duchowego (jednego z Ciał Subtelnych Ciała Świetlistego), zanim nie przepracujesz całkowicie czterech niższych Czakr oraz nie zintegrujesz i nie opanujesz Elementów Ziemi, Wody, Ognia i Powietrza w swojej psychice. Ponieważ, aby to zrobić, musisz wyjść poza Otchłań, w sferę Nie-dualności. Tak więc, podczas długiego procesu transformacji Kundalini, Twoja świadomość zaczyna powoli dostrajać się do *Chokmah* i *Binah*, drugiej i trzeciej najwyższej sfery (sefiroty) na Drzewie Życia, które odpowiadają wewnętrznym funkcjom mądrości i zrozumienia.

W tej książce będę wprowadzał Cię w pewne Archetypy Qabalistyczne i odnosił je do Drzewa Życia. Chociaż praca ta stoi samodzielnie, wiele z przedstawionych tu idei kontynuuje i rozszerza wiedzę przedstawioną w *The Magus*. W końcu opis energii Kundalini odnosi się do Zachodniej Tradycji Tajemnej, podczas gdy *Serpent Rising* trzyma się systemu wschodniego. Poprzez ciągłe wprowadzanie nowych idei i pojęć staram się zbudować Twoją pamięć i zdolność uczenia się, tak aby Twoje Wyższe Ja mogło przejąć kontrolę i kontynuować nauczanie Cię poprzez Gnozę - bezpośrednią komunikację z wyższymi energiami. Zanim to jednak nastąpi, musisz dokładnie zrozumieć proces Kundalini i pogodzić wszelkie rozbieżne punkty widzenia na ten temat.

AKTYWACJA BINDU

Kiedy Światło w ciele zostanie zbudowane poprzez przyjmowanie pokarmu, co może zająć trzy do czterech miesięcy po pełnym przebudzeniu Kundalini, poczujesz, że na szczycie tyłu głowy tworzy się zawór uwalniający, który jest czakrą Bindu (Rysunek 5). Jej lokalizacja jest dokładnie tam, gdzie braminom rośnie kępka włosów. Bindu to sanskrycki termin oznaczający "punkt" lub "kropkę" i jest to punkt dostępu do wyzwolenia dla indywidualnej świadomości - brama do "Shoonya", stanu pustki lub nicości. Jednakże, aby Bindu mogło się odblokować, musisz w pełni obudzić Tysiąc-Płatkowy Lotos Sahasrary, a Kundalini musi stale przebywać w mózgu. Ponadto musi być zakończona odpowiednia ilość oczyszczania czakr, jeśli przebudzenie było spontaniczne i byłeś karmicznie nieprzygotowany.

Bardziej powszechną nazwą Bindu jest Bindu Visarga, co w sanskrycie oznacza "spadającą kroplę", w odniesieniu do nektaru Amrita, który według Tantra Jogi wypływa z Bindu. Nektar Amrity, często nazywany "Nektarem Nieśmiertelności", wydziela się z Sahasrary, ale wchodzi do ciała przez Bindu. Amrita i Ambrozja są tym samym i odnoszą się do "Pokarmu Bogów", "Eliksiru Życia", o którym często słyszy się w różnych tradycjach duchowych. Ten nektar odżywia Ciało Światła i mówi się, że przedłuża życie, zapewnia utrzymanie i odgrywa kluczową rolę w doświadczaniu transcendencji po pełnym i trwałym przebudzeniu Kundalini.

W Tantrze Bindu symbolizuje Pana Sziwę, Źródło Stworzenia. Ze względu na jej nieodłączną właściwość odbijania myśli z Kosmicznej Świadomości, czakra ta jest często nazywana czakrą Księżyca. Bindu jest uważana za jedną z Czakr Transpersonalnych, dlatego nie jest wymieniana w większości książek o jodze. W modelu Czakry Transpersonalnej, Bindu jest nazywana Czakrą Przyczynową. Badając różne duchowe szkoły myślenia stwierdziłem, że lokalizacja obu Czakr oraz ich właściwości i cechy są identyczne.

Czakra Bindu odgrywa kluczową funkcję w procesie transformacji Kundalini. Ta czakra jest następną, która budzi się po Sahasrarze. Służy jako brama lub kanał energii dla dwóch wyższych Czakr Transpersonalnych, Gwiazdy Duszy i Gwiezdnej Bramy. Po pełnym przebudzeniu Kundalini, Prana/Światło zaczyna przepływać przez nowo aktywowane Ciało Światła. Z czasem świadomość naturalnie zostaje pociągnięta w kierunku czakry Bindu, odblokowując ją w tym procesie. Jednocześnie otwiera się Siódme Oko, którego kanał pomocniczy jest kluczowy w podtrzymywaniu obwodu

Kundalini i tworzeniu transcendentalnego stanu umysłu. (Więcej o siódmym oku później.) Jedną z funkcji Bindu jest regulowanie energii Światła i rozprowadzanie jej po całym Ciele Światła. Działa jako transformator i przewodnik energii. Gdy energia Światła wzrasta, Twoja świadomość rozszerza się.

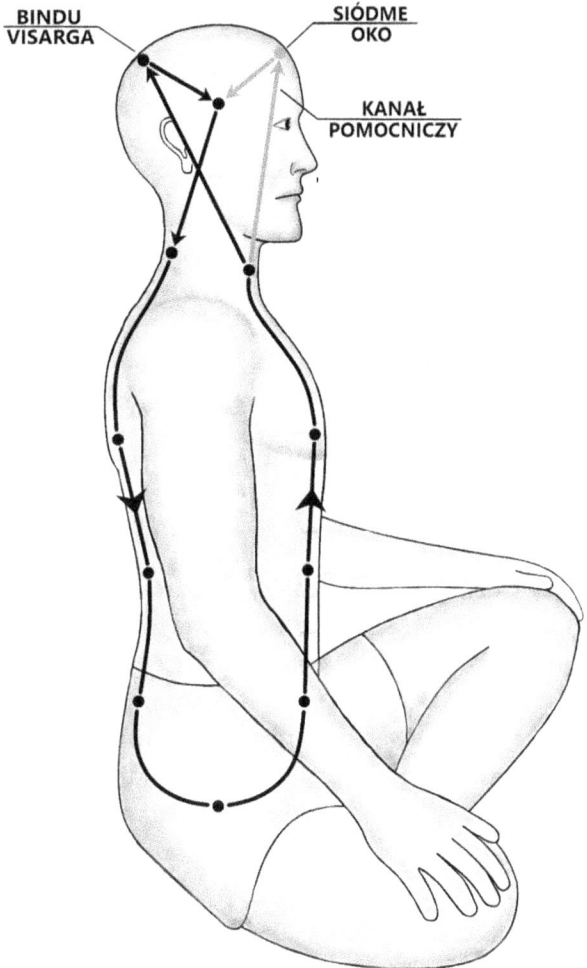

Rysunek 5: Kompletny Obwód Kundalini

Kiedy Bindu jest w pełni otwarte, Twoja świadomość ma bezpośredni dostęp do sfery Nie-dualności, sfery duchowej. Doświadczeniu temu towarzyszy uczucie całkowitego duchowego uniesienia w Twojej czakrze serca. Zaczynasz intuicyjnie odczuwać, co miał na myśli Jezus Chrystus, kiedy mówił o Chwale Bożej lub Królestwie Niebieskim oraz o pięknie tego magicznego królestwa, które jest prawem pierworodnym wszystkich istot ludzkich. Bindu jest naszą bramą do Kosmicznej Świadomości. Po jego otwarciu w Twoje życie wkracza nieustanne uczucie inspiracji. Zaczynasz czuć, że żyjesz na planecie Ziemia, ale emocjonalnie jesteś w Niebie.

Kiedy Bindu zostanie odblokowane w Ciele Światła, zachęca ono Nadis Sushumna, Ida i Pingala do maksymalizacji ich zdolności do przekazywania energii. Światło Kundalini przepływa teraz przez te kanały bez przeszkód, z większą prędkością niż kiedykolwiek wcześniej, zasilane przez Bindu. Energia światła zasila czakry w aurze, umożliwiając dostrojenie się do każdego wewnętrznego planu kosmicznego lub sfery istnienia. Obejmują one Fizyczny, Niższy i Wyższy Astralny, Niższy i Wyższy Mentalny, Duchowy i Boski Plan. Plany poniżej Boskiego odpowiadają siedmiu czakrom.

Bindu jest zaworem upustowym dla sublimowanej energii Światła, która po przebudzeniu kończy obwód Kundalini. Ujednolica myśli i emocje, pozwalając nam doświadczyć całkowitej transcendencji w świadomości. Jego aktywacja podnosi wibrację naszej świadomości, zestrajając nas z Ciałem Duchowym. Bindu służy jako czarna dziura dla indywidualnej świadomości. Wchodząc w nią, jednoczymy się z Kosmiczną Świadomością i stajemy się Jednością z Wszechświatem.

Poprzez Bindu Twoja świadomość może łatwo opuścić ciało, kiedy stajesz się zaabsorbowany jakąkolwiek formą medytacji. Kiedy to nastąpi, zaczynasz kierować myśli z Kosmicznej Świadomości. Jest to sfera Płaszczyzny Duchowej, ponieważ wszystkie myśli i uczucia są pogodzone w "Jeziorze Ognia", które znajduje się wewnątrz niej. Ten ogień aktywuje koncepcję "Chwały Bożej" jako namacalną emocję odczuwaną w Czakrze Serca i fizycznym sercu. Rysunek 5 ilustruje ruch Światła, które jest energią Kundalini w jej bardziej wysublimowanym stanie.

W religii hinduskiej i dżinizmie zwyczajem jest noszenie bindi, kolorowej kropki na środku czoła. Sugeruje ona połączenie pomiędzy Okiem Umysłu (Czakrą Adżny) a Czakrą Bindu. W zasadzie docieramy do czakry Bindu poprzez Ajnę, podobnie jak w przypadku czakry Sahasrara. Jednakże, jak wspomniano, nie możemy uzyskać dostępu do Bindu, jeśli Sahasrara nie jest w pełni otwarta, ponieważ wyrównanie w jednym pociąga za sobą wyrównanie w drugim. Hindusi nazywają Bindu "punktem stworzenia", gdzie wszystkie rzeczy są utrzymywane razem przez Jedność. Opisują oni bindi jako "święty symbol Kosmosu w jego niezamanifestowanym stanie".

WYKORZENIENIE PAMIĘCI

Po tym jak przebudzone Bindu zestroi twoją świadomość z płaszczyzną duchową, następnym zjawiskiem w procesie transformacji Kundalini jest pojawienie się przed twoim Okiem Umysłu przypadkowych wspomnień. To zjawisko wynika z intymnego związku Bindu z czakrą Ajna i szyszynką. Ponieważ umysł zostaje wyciszony na Płaszczyźnie Duchowej, powoduje to, że stare wspomnienia pojawiają się na krótką chwilę, jedno po drugim, jak fale w nieskończonym oceanie świadomości. Te wspomnienia mogą być niedawne, ale zazwyczaj pochodzą ze starszych czasów, sięgających aż do dzieciństwa.

Jaźń używa Oka Umysłu, aby doświadczyć tych przeszłych wspomnień, które wytwarza Bindu. Dokładnie rzecz ujmując, Bindu "wyławia" je z Czakry Przyczynowej, jednej z trzech Czakr Transpersonalnych znajdujących się nad głową i mającej intymne połączenie z Bindu. Energia miłości z Piątego Wymiaru wpływa na Bindu, aby uwolniło stare wspomnienia, usuwając w ten sposób ładunek emocjonalny, który wiąże je z Twoimi czakrami.

I w miarę jak te wspomnienia przepływają przez Twoją świadomość, psychika jest uwalniana, jedno wspomnienie na raz.

Wizualnemu komponentowi oglądania tych przypadkowych wspomnień migających przed Tobą jedno po drugim, towarzyszy intuicyjne poczucie tego, jakie były wspomnienia, gdy miały miejsce te wydarzenia. Tak więc, w pewnym sensie, masz okazję przeżyć te doświadczenia jeszcze raz. Jednak tym razem Twoje Ja jest w stanie neutralnym, co oznacza, że nie jesteś już psychologicznie dotknięty lub emocjonalnie przywiązany w jakikolwiek sposób do tych zdarzeń. Działasz teraz w sferze Nie-Dualności, co oznacza, że Ego i umysł są ominięte.

Podczas gdy pozbywasz się starych myśli i emocji poprzez Bindu, możesz czuć, że często tracisz rozum, ponieważ Twoje Ego zdaje sobie sprawę, że jego władza nad świadomością słabnie. Jednak ten proces usuwania pamięci jest normalny i często może trwać przez bardzo długi czas. W końcu rozwój zajął Ego wiele lat, a z każdym wspomnieniem stawało się ono silniejsze. Teraz proces się odwraca, ponieważ powracasz do swojego pierwotnego, niewinnego stanu, zanim Ego zaczęło się rozwijać.

Nie można całkowicie zlikwidować Ego żyjąc w ciele fizycznym, ponieważ służy ono do ochrony ciała przed bezpośrednią szkodą. Jezus Chrystus, jeden z najbardziej niezwykłych Świętych ludzi żyjących na tej planecie, żył z Ego przez całe swoje życie, kierując nim i rozkazując mu. Jego drugie ostatnie zdanie na krzyżu brzmiało: "Boże mój, Boże mój, czemuś mnie opuścił?" (Mateusz 27:46) Ta wypowiedź pochodziła od jego Ego, które przeszło w świadomości w ostatnich chwilach życia Jezusa, aby prosić Boga o pomoc wiedząc, że ciało fizyczne ma zginąć. Po tym stwierdzeniu nastąpiło: "Wykonało się". Jest to ostatnia rzecz, jaką jego Wyższe Ja powiedziało przed śmiercią. Oto doskonały przykład dychotomii Ego i Wyższego Ja oraz tego, jak każde z nich może przejąć świadomość w dowolnym momencie, w zależności od okoliczności i niezależnie od tego, jak bardzo jesteśmy rozwinięci duchowo.

Widzisz więc, że nie możesz zniszczyć Ego w tym życiu. Możesz jednak usunąć jego szpony, aby Dusza mogła przejąć fotel kierowcy i być Twoją siłą przewodnią w życiu, włączając w to codzienne podejmowanie decyzji. A ponieważ nie jesteś już nękany przez strach poprzez dostrojenie się do Płaszczyzny Duchowej, Ego nie ma już czym Cię przekupić. Dużą częścią funkcjonowania Ego jest to, jak reaguje ono na energię strachu i fikcyjne, ale przerażające scenariusze, które tworzy umysł, a którym Ego stara się zapobiec. Inną istotną częścią modus operandi Ego jest kuszenie Cię myślami i pragnieniami, abyś zajmował się tylko przyjemnościami ciała oraz własnymi potrzebami i pragnieniami. Jednakże, ponieważ nie jesteś już związany z ciałem i rozpoznajesz jedność całego istnienia, Ego ma niewielką władzę nad Tobą również w tym zakresie.

Doświadczenie przebudzenia Kundalini w większości przypadków przeniesie Cię z Ziemi do Nieba w ciągu jednej dekady. Podczas gdy te subtelne procesy mają miejsce, próba racjonalizacji tego co się z Tobą dzieje jest daremna. Ten sam wydział, którego używasz do racjonalizacji rzeczy jest eliminowany przez Ogień Kundalini, aby umożliwić Ci rozpoczęcie działania całkowicie na intuicji. Pamięć wydaje się rozpraszać w tym procesie, podobnie jak impuls do racjonalizowania i wyjaśniania wszystkiego co się z Tobą dzieje poprzez logikę i rozum. Stąd pojęcia "odpuszczania" i "płynięcia z prądem" są częścią procesu transformacji Kundalini. Kwestionując proces zbyt mocno przez swoje Ego, będziesz utrudniał przepływ Kundalini, na dłuższą metę sprawiając, że Twoja transformacja potrwa dłużej niż powinna.

Pomyśl o analogii do tego, co dzieje się, gdy zastosujesz ogień do wody w fizycznej rzeczywistości - otrzymasz parę lub opary. Element Ognia to obudzona energia Kundalini, podczas gdy Twoja pamięć należy do Elementu Wody, którego esencją jest czysta świadomość. Wyrażając się fizycznie jako zawartość wody w Twoim ciele, Element Wody stanowi ponad 60% Twojej fizycznej jaźni. Para lub opary to złogi lub szkodliwe składniki waszego Elementu Wody, wspomnienia tego, kim byliście lub myśleliście, że jesteście, kiedy te przeszłe wydarzenia miały miejsce. Wspomnienia te są jednak niczym więcej niż iluzjami związanymi z Twoją Karmą, zaciemniającymi Twoją istotę i uniemożliwiającymi wewnętrznemu Światłu świecenie na świat. W miarę upływu czasu, gdy Ogień Kundalini kontynuuje działanie na różne czakry, oczyszczając je w procesie, te stare wspomnienia zostają z Ciebie wydobyte. To usuwanie Ego jest również procesem oczyszczania Duszy. Po pewnym czasie zaczniesz widzieć fale i wzory energetyczne w swoim Oku Umysłu jako wizualne obrazy wynikające z wrażeń, jakie wywiera na Tobie Twoje środowisko. Aby jednak do tego dojść, wiele osobistych wspomnień musi zostać oczyszczonych. Możesz nawet zobaczyć wspomnienia z poprzednich żyć, ponieważ ten proces oczyszczania nie jest związany tylko z tym życiem. Pamiętaj, że Dusza, którą próbujemy tu oczyścić i wywyższyć, istnieje od wielu żyć.

W miarę jak świadomość wycofuje się coraz bardziej do Bindu, zaczynasz tracić świadomość swojego ciała fizycznego do tego stopnia, że stajesz się odrętwiały na doznania ze świata zewnętrznego. Na wyższym poziomie ewolucji duchowej, Twoja świadomość całkowicie opuszcza Twoje ciało, czemu towarzyszy uczucie, jakby ciało fizyczne było wstrzykiwane z nowokainą, potężnym środkiem przeciwbólowym i znieczulającym. Dochodzi do punktu, w którym, gdybyś miał przyłożyć do skóry okład z lodu, nie czułbyś zimna, a jedynie uczucie odrętwienia. Aby osiągnąć to zjawisko, uwalniane są wysokie poziomy histaminy. Po otwarciu głównych ośrodków mózgowych uwalniane są wyższe poziomy dopaminy i serotoniny, co przyczynia się do podnieconego, błogiego stanu emocjonalnego i nadludzkiej siły woli.

Ten proces rozszerzania świadomości jest niekończący się. Zaczynasz żyć w tej rzeczywistości w sposób ciągły, ponieważ Bindu jest coraz bardziej zasilane energią Światła wnoszoną poprzez przyjmowanie pokarmu. W miarę jak składniki odżywcze są wchłaniane przez ciało, Światło Kundalini krążące wewnątrz Twojego Nadis rośnie w rozmiarze i prędkości ruchu, nieustannie rozszerzając Twoją świadomość.

KOMPLETNA METAMORFOZA

Zaczynasz doświadczać różnych fizycznych odczuć poprzez proces transformacji Kundalini. Pierwszym fizycznym przejawem tych energetycznych zmian jest uczucie mrówek pełzających po skórze. Niektórzy ludzie doświadczają, że ich części ciała są porażane, ponieważ Siedemdziesiąt Dwa Tysiące Nadis, czyli kanałów energetycznych jest napełnianych przez energię praniczną. Może rozwinąć się wrażliwość na otaczające Cię powietrze, co czyni Cię podatnym na przeziębienie lub grypę. Odkryłem, że to zjawisko jest zależne od tego, czy Element Powietrza jest dominujący w Twoim Wykresie Natalnym. Pamiętaj o utrzymaniu ciepła, aby uniknąć zachorowania, jeśli zaczniesz odczuwać chłodne powietrze na swojej skórze w nowy sposób. Możesz również zacząć rozwijać alergie, ponieważ Twój zmysł węchu jest podwyższony. Zaczniesz wyczuwać poszczególne zapachy tak, jakby przedmiot lub osoba znajdowały się przed Tobą, choć w rzeczywistości mogą być oddalone o wiele kilometrów.

Wszystkie procesy, które do tej pory przedstawiłem, są ze sobą powiązane. Razem aktywują i rozwijają moce Ciała Światła tak, aby świadomość mogła stopniowo zestroić się z jego wibracją i doświadczyć Świadomości Kosmicznej. Ciało Światła jest jak drzewo, którego gałęzie (Nadis) sięgają od wewnątrz do powierzchni skóry. Jego centrum znajduje się w Czakrze Serca, Anahata, centralnym obszarze ciała, gdzie krzyżują się liczne Nadis. Gałęzie te służą jako receptory, które wykorzystują otaczające je powietrze jako medium lub przewód do komunikacji. Są antenami, które łączą się z niewidzialnymi światami, Planami Kosmicznymi, o których wspominałem wcześniej.

Dalszy wzrost tego drzewa energetycznego następuje poprzez karmienie ciała fizycznego odpowiednimi składnikami odżywczymi, witaminami i minerałami. Białko jest niezbędne, ponieważ pomaga budować Ciało Światła. Witamina C jest również kluczowa, ponieważ pomaga regulować pracę nadnerczy, które są wyczerpane przez proces przebudzenia Kundalini. Strach obciąża nadnercza, a kiedy doświadczasz katatonicznego załamania, *ciemnej nocy duszy*, strach staje się znacznie wzmocniony. Dlatego ważne jest, aby pić sok pomarańczowy lub inne soki owocowe zawierające witaminę C, aby uniknąć trwałego uszkodzenia nadnerczy.

Proces transformacji Kundalini jest takim wstrząsem dla Ego, które obumiera. W rezultacie może pojawić się ogromna ilość negatywnych emocji, które wypływają z Twojej podświadomości. Jeśli miałeś całkowite i trwałe przebudzenie Kundalini, proces ten rozpoczyna się od razu, ponieważ to pełna aktywacja Ciała Światła poprzez rozbicie Kosmicznego Jaja generuje początek zupełnie nowego życia. Na początku Twoje nowe życie napotyka wiele unikalnych wyzwań, kiedy próbujesz nadać sens temu procesowi. Posiadanie odpowiedniego przewodnictwa jest pomocne, ponieważ pozwala na "puszczenie" prób kontrolowania procesu i pozwala, aby rzeczy działy się w sposób naturalny.

ŚWIATŁO I WIBRACJE WEWNĄTRZ GŁOWY

Po pełnym przebudzeniu Kundalini, oprócz tego, że energia Światła jest teraz obecna wewnątrz Twojego mózgu przez cały czas (Rysunek 6), doświadczysz również brzęczącego, wibrującego dźwięku. Ten dźwięk jest słyszalny, ponieważ energia Kundalini jest na stałe zlokalizowana w Twojej głowie, co oznacza, że nie porusza się już w górę i w dół kręgosłupa, ani nie opada w dół do Muladhary. Tak więc to, co często brzmi jak brzęczenie roju pszczół, może być również opisane jako dźwięk prądu elektrycznego lub promieniowania.

Wibrujący dźwięk jest najlepiej słyszalny wewnątrz, kiedy wycisza się zgiełk świata zewnętrznego. Zauważysz również, że staje się on wyższy, kiedy wnosisz do ciała jedzenie, ponieważ zwiększa się wtedy prąd energetyczny. Dźwięk zmienia się od stanu neutralnego, który brzmi jak brzęczenie roju pszczół, do bardziej agresywnego, jak silnik odrzutowy, choć nie tak wyraźnego. Kiedy staje się bardziej dynamiczny lub ma wyższe tony, wskazuje to na bardziej energiczną aktywność Kundalini w Ciele Światła.

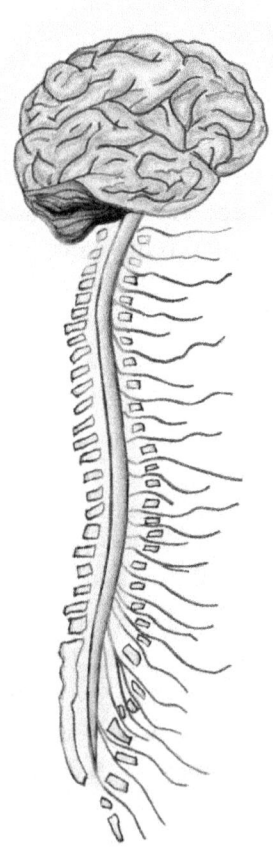

Rysunek 6: Mózg Wypełniony Światłem

Niektórzy przebudzeni ludzie wyrazili zaniepokojenie tym stałym wibrującym dźwiękiem w ich głowach, mówiąc, że uczynił on ich życie raczej niewygodnym. Moja rada to nauczyć się z nim żyć, zamiast walczyć z nim lub mieć nadzieję, że odejdzie, bo tak nie jest. Jest to teraz stała część Twojego życia, ponieważ jest to dźwięk energii Kundalini wewnątrz Ciebie. Jednakże, gdy zdystansujesz się od Ego i zestroisz się bardziej ze swoją Duszą, zaakceptujesz wibrujący dźwięk jako część procesu i może nawet nauczysz się cieszyć jego obecnością.

Odkryłem, że używanie zatyczek do uszu podczas zasypiania pozwala mi wykorzystać ten dźwięk do uspokojenia i wyciszenia mojego umysłu, co pozwala mi szybciej zasnąć. Zajęło mi to jednak wiele lat, aby nauczyć się puszczać i doceniać ten dźwięk, ale świadomość, że jest on naturalną częścią procesu, a nie jakąś złośliwą obcą istotą w Twojej aurze, to połowa sukcesu.

Te dwie manifestacje, Światło wewnątrz głowy i ciągłe brzęczenie w uszach, oznaczają trwałe przebudzenie. Pamiętaj, że Kosmiczne Jajo musi zostać otwarte przez początkowe wzniesienie Kundalini i Siedemdziesiąt Dwa Tysiące Nadis Ciała Świetlistego aktywowane poprzez jego nektar Ambrozji. Jeśli to wydarzenie nie miało miejsca, to pełna aktywacja Kundalini nie miała miejsca. Możesz mieć do czynienia z częściowym wzniesieniem do poszczególnych Czakr, z których najczęstszym jest wzniesienie do Czakry Serca Anahata.

RODZAJE WZLOTÓW KUNDALINI

Przebudzenie Kundalini może nastąpić na wiele różnych sposobów i z różnych powodów. Najczęstszym z nich jest spontaniczne przebudzenie poprzez zażywanie narkotyków lub po przejściu ciężkiej traumy w życiu. W przypadku traumy, przebudzenie Kundalini następuje jako mechanizm obronny, gdy Dusza ma już dość bólu powodowanego w ciele. Dusza porywa świadomość na tyle długo, by wywołać relaks w ciele. To całkowite poddanie się, któremu towarzyszy przypływ pozytywnych emocji, może obudzić energię Kundalini i tak się stało w przypadku wielu osób.

Mniej popularną metodą budzenia Kundalini jest przekaz znany jako Shaktipat od osoby, która sama miała takie doświadczenie. Kundalini może być również pobudzona poprzez studiowanie książek religijnych i spirytystycznych oraz zrozumienie pewnych głębokich prawd o naturze wszechświata i Boga - Stwórcy. Mówiąc prościej, aby Kundalini została obudzona, coś musi ją wyzwolić. Wyzwalaczem może być myśl lub emocja, Twoja własna lub kogoś innego. Shaktipat pojawia się dzięki mocy myśli przebudzonego mistrza i jego zdolności do przekazania tej myśli do Twojej podświadomości.

Następnie są przebudzenia Kundalini, które następują w wyniku bezpośredniej praktyki duchowej mającej na celu obudzenie tej energii. Może to nastąpić poprzez praktyki jogiczne, medytację, ćwiczenia rytualne z różnych tradycji, seks tantryczny i inne metody duchowe mające na celu wyłącznie obudzenie Kundalini. Przypadki te są mniej widoczne w dzisiejszym świecie, a większość osób, z którymi się spotkałem, obudziła Kundalini spontanicznie, a nie poprzez bezpośrednie praktyki ze świadomą intencją. Wykonywanie Duchowych praktyk uzdrawiających, takich jak te, które przedstawię w dalszej części tej książki, może podnieść wibrację Twojej świadomości na tyle długo, by Kundalini mogła się obudzić. Jednak to znów liczy się jako nieplanowane, spontaniczne przebudzenie.

Niektórzy ludzie opuszczają swoje nowoczesne, szybko rozwijające się społeczeństwa, udają się do świątyń i aszramów i żyją w odosobnieniu przez wiele lat, próbując obudzić Kundalini. Wielu z nich spędza kilkanaście lat lub więcej medytując i wykonując duchowe praktyki, aby obudzić tę moc, bez powodzenia. Moim osobistym przekonaniem jest to, że jeśli masz obudzić Kundalini w tym życiu, to bez względu na to jak bardzo się starasz lub nie starasz, stanie się to Twoim udziałem. Zasadniczo proces ten nie będzie wymagał Twojego wysiłku, ale wydarzenia życiowe zaprezentują się Tobie w taki sposób, że obudzisz tę moc. Jednakże poznanie mocy i potencjału energii Kundalini, szczególnie dla tych ludzi czytających o tym temacie po raz pierwszy, może rozwinąć pragnienie Duszy, które może być katalizatorem wprowadzającym to wydarzenie w ruch.

CZĘŚCIOWE I TRWAŁE PRZEBUDZENIA KUNDALINI

Istnieją dwa rodzaje przebudzeń Kundalini - trwałe i częściowe. Różnica pomiędzy nimi musi być właściwie zrozumiana, aby wiedzieć, gdzie jesteś w swoim procesie Ewolucji Duchowej, abyś mógł wiedzieć, co robić, aby rozwijać się dalej.

W trwałym przebudzeniu energia Kundalini wznosi się od podstawy kręgosłupa (czakra Muladhara), przesuwając się przez Sushumnę i do mózgu, aż do osiągnięcia szczytu głowy (Sahasrara). Wzdłuż jej drogi leżą Trzy Granty, psychiczne "węzły", które utrudniają przepływ Kundalini. Każdy z nich musi być systematycznie przekłuwany, aby nastąpiło pełne przebudzenie. Ponieważ stanowi to część nauki i filozofii Jogi i Tantry, omówię szczegółowo Trzy Granthis w części poświęconej ich praktyce.

Jeżeli przebudzona Kundalini wzniesie się z wystarczającą siłą, przebije Kosmiczne Jajo na szczycie głowy. Kiedy Kosmiczne Jajo pęknie, płynna substancja podobna do nektaru, Ambrozja, rozlewa się po ciele w dół od szczytu głowy, ożywiając Siedemdziesiąt Dwa Tysiące Nadis Ciała Światła (Rysunek 7). Stanowi to "trwałe" przebudzenie, ponieważ Kundalini nigdy nie opada z powrotem do Muladhary. Zamiast tego pozostaje w centrum mózgu do końca życia.

Jednak w częściowym przebudzeniu Kundalini nigdy nie wznosi się do centrum mózgu lub przynajmniej nie generuje wystarczającej mocy, aby rozwiązać Trzy Granty i wznieść się na czubek głowy, aby zdmuchnąć Kosmiczne Jajo. Zamiast tego energia Kundalini opada z powrotem do Muladhary tylko po to, żeby powtórzyć proces wznoszenia się w przyszłości. Kundalini chce wznieść się na szczyt głowy i będzie kontynuowała próby, dopóki nie rozwiąże wszystkich Trzech Granthis i nie osiągnie tego celu.

Dlatego w stopniowym lub "częściowym" przebudzeniu, Kundalini zwykle wznosi się do konkretnej Czakry w swoim systematycznym ruchu w górę. Czyni to w celu otwarcia tej konkretnej Czakry, abyś mógł stopniowo pracować nad oczyszczeniem zgromadzonej w niej energii karmicznej. W tym przypadku nie nastąpi zalew negatywności, ponieważ nie jest otwierane całe Drzewo Życia, a jedynie pewne jego sfery lub sefiroty. Dlatego to stopniowe lub częściowe przebudzenie jest wygodniejszym sposobem na duchowy rozwój. Nie ma jednak gwarancji, że Kundalini kiedykolwiek osiągnie szczyt głowy w tym życiu.

Pamiętaj zawsze, że nie możemy wybrać sposobu, w jaki obudzimy Kundalini. Chciałbym móc powiedzieć, że jakaś metoda działa w 100% przypadków lub nawet w 10%, ale skłamałbym. Więc ktokolwiek mówi Ci, że odkrył technikę, która zawsze działa, oszukuje siebie i innych, świadomie lub nie. Moje osobiste przekonanie jest takie, że nie możesz wybrać ze swoim Ego, aby mieć to doświadczenie w tym życiu, ale że musi to być decyzja Duszy.

Jest nawet możliwe, że wybieramy to doświadczenie zanim wcielimy się na tej planecie w tym życiu, ponieważ jest to tak radykalna zmiana w stosunku do przeciętnej, codziennej rzeczywistości, w której żyją nie przebudzone jednostki. Jako takie, wyższe moce muszą być zaangażowane w proces dokonywania przebudzenia Kundalini. Jednakże trwałe przebudzenie Kundalini jest przeznaczone dla każdego, czy to w tym życiu, czy w innych. Jak powiedziałem, wiedza o tym, czego szukać i przygotowanie się do tego doświadczenia jest pierwszym krokiem - również wyjście poza ograniczone struktury społeczne, które utrzymują naszą świadomość związaną z materialną rzeczywistością.

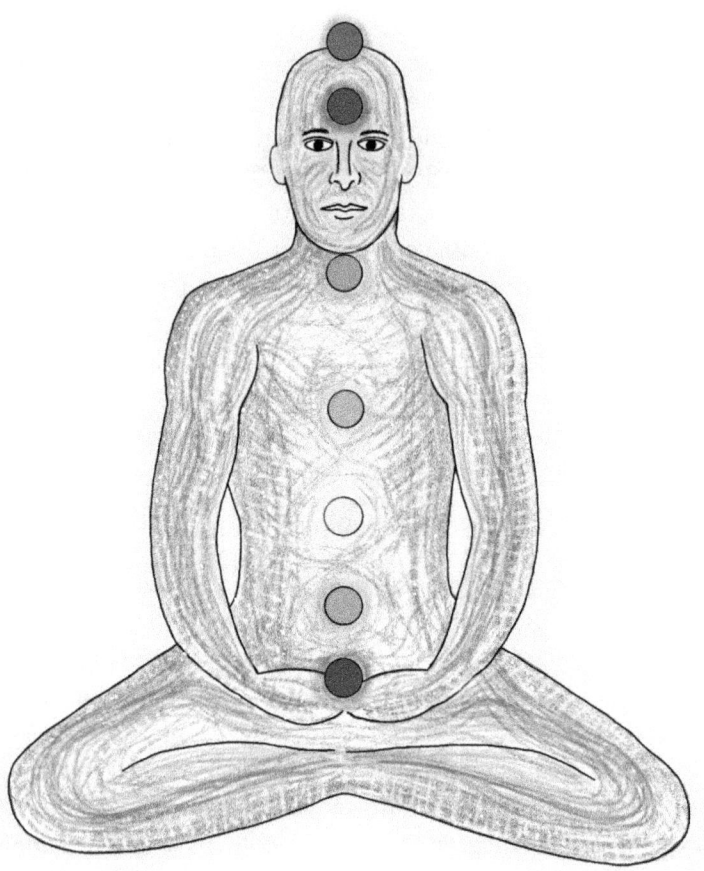

Rysunek 7: Siedemdziesiąt Dwa Tysiące Nadisów

Jeśli po przeczytaniu tej książki nadal wolisz spędzać swój czas i energię na próbach wzbogacenia się, zamiast pracować nad rozwojem duchowym, wtedy przebudzenie Kundalini może nie być przeznaczone dla Ciebie w tym życiu. Być może trzeba będzie się jeszcze nauczyć niezbędnych lekcji, aby przekonać się, że nic nie jest tak ważne jak posiadanie tego doświadczenia.

Hindusi nazywają to procesem wznoszenia się Śakti (Kundalini) na spotkanie ze Śiwą (Kosmiczną Świadomością), gdzie konsumują swoje Boskie Małżeństwo i stają się Jednością. Kiedy już połączą się w ekstazie, Śiwa schodzi do Czakry Serca, aby wytworzyć ciągły akt odnowy w świadomości inicjowanego Kundalini. Będąc w tym nieustannym, regenerującym stanie, stajesz się wolny od ciężaru grzechu, ponieważ zatracasz się w sobie. Stajesz się znowu jak niewinne dziecko, patrzące na świat świeżymi, nowymi oczami, z chwili na chwilę. To doświadczenie jest tym, co naprawdę oznacza bycie w "Teraz", w chwili obecnej. Teraz jest polem czystego, nieograniczonego potencjału świadomości, którego można doświadczyć, gdy uwolnimy się z niewoli świata materialnego.

WIDZENIE ŚWIATŁA WE WSZYSTKIM

Kiedy energia w końcu dotrze do czubka głowy i przełamie Kosmiczne Jajo, rozwinie się u Ciebie niezwykłe doświadczenie świata. W miarę jak Światło gromadzi się wewnątrz Ciebie, przenosi się na wszystko, co widzisz swoimi fizycznymi oczami, dając mieniącą się, srebrną poświatę lub połysk wszystkiemu, co postrzegasz w świecie materialnym. Kiedy nie skupiam wzroku i wpatruję się w jakiś przedmiot przez około dziesięć sekund, to właśnie Światło odmaterializuje ten przedmiot tuż przed moimi oczami.

W ten sam sposób, w jaki ktoś może widzieć świat na LSD lub magicznych grzybkach, ja widzę go bez żadnych narkotyków. Stało się to stałą częścią mojego życia po tym, jak w naturalny sposób rozwinąłem zdolność postrzegania tej Holograficznej rzeczywistości, czystego energetycznego schematu lub "sobowtóra" świata materialnego. Istnieje ona tu i teraz, ale ponieważ nasze ciała i mózgi składają się z Materii, nie możemy postrzegać poza nią bez całkowitego przekształcenia naszej świadomości.

Planeta Ziemia jest przeznaczona do doświadczania z rozbudzoną Kundalini, ponieważ faktem jest, że świat materialny żyje i jest Czystą Energią. Pamiętam jak widziałem rzeczy przed tą transformacją i mogę śmiało powiedzieć, że jest to Planeta Ziemia 2.0. To prawie tak, jakby dano mi na stałe zestaw słuchawkowy wirtualnej rzeczywistości do noszenia 24/7. To jest to, do czego się odnosiłem, kiedy mówiłem, że zewnętrzna rzeczywistość staje się "cyfrowa".

Wraz z pełnym przebudzeniem Kundalini zaczynasz również odczuwać esencję wszystkiego, co postrzegasz w swojej czakrze serca, Anahata. Raz osiągnięte, to nowe doświadczenie rzeczywistości jest trwałą transcendentalną zmianą w tym, jak doświadczasz otaczającego Cię świata. Kiedy to się stanie, nigdy już nie będziesz mógł tego wyłączyć.

Jak wspomniałem wcześniej, nie każdy jednak po pełnym przebudzeniu Kundalini widzi Światło we wszystkich rzeczach. Większość tego nie robi. Pierwszą osobą, która potwierdziła dla mnie to doświadczenie, nie był ktoś, z kim rozmawiałem osobiście, ale znany autor na temat Kundalini, Gopi Krishna. Gopi opowiadał o tym zjawisku w swoich książkach, a mianowicie *Living with Kundalini,* która uchwyciła istotę tego daru. Książka ta namalowała solidny portret procesu przebudzenia Kundalini oraz jego przejawów i darów, w tym tej nowej wizualnej soczewki, która się rozwija.

Zjawisko to wystąpiło u mnie pięć miesięcy po początkowym przebudzeniu Kundalini w 2004 roku i jest ze mną do dziś. To wizualne ulepszenie nie jest jednak jedynym zróżnicowanym darem u osób przebudzonych przez Kundalini. Jest ono jednak moim zdaniem najbardziej kluczowe, ponieważ drastycznie zmienia Twoje postrzeganie rzeczywistości i pozwala Ci zobaczyć na własne oczy holograficzną naturę świata, jego cyfrowy schemat.

Miałem nawet chwile w głębokiej medytacji, kiedy świat zewnętrzny ukazywał się jak projekcja 2D ekranu filmowego, którego powierzchnia była wykonana ze złotego Światła. Dziwność jednak na tym się nie kończyła. Byłem w stanie "scryingować" wewnątrz tej wizji i widzieć równoległe Wszechświaty, które istnieją tu i teraz, ale są niezauważalne dla normalnego ludzkiego wzroku. (Scrying to proces zaglądania do fizycznych obiektów za pomocą Oka Umysłu).

Przeżyłem tę wizję jako całkowite uniesienie, które ogarnęło moją świadomość. Przeszła przeze mnie jak fala, a ja stałem się czystą świadomością obejmującą ją. Te równoległe wizje świata często przenosiły mnie z jakiegoś powodu do czasów średniowiecza, tylko na znacznie mniejszą skalę niż nasz obecny świat. Dzięki temu zrozumiałem, że równoległe światy istnieją tu i teraz w dwuwymiarowej wiązce Światła pochodzącej ze Słońca. Kiedy mogłem zmienić swoją wewnętrzną wibrację, mogłem je zobaczyć na własne oczy.

Wyobraź sobie, że masz tę zdolność i w każdej chwili przypominasz sobie, że świat, w którym żyjesz jest zrobiony z czystej energii. To sprawia, że bardzo łatwo jest odciąć się od Ego i nadać priorytet życiu duchowemu, co też uczyniłem i nigdy nie oglądałem się za siebie.

Z powodu intensywności i siły energii Kundalini, która przepłynęła przez mój kręgosłup podczas procesu przebudzenia, gwałtownie otworzyła moje Oko Umysłu zanim uniosła się na czubek głowy. Wydarzenie to miało miejsce, ponieważ wykonywałem ćwiczenie mentalnej wizualizacji wykorzystując Oko Umysłu podczas procesu przebudzenia. Gopi robił to samo, co opisał w swoich książkach. Poprzez skupienie uwagi na tunelu Oka Umysłu, naszej bramie do wewnętrznych Planów Kosmicznych, Kundalini wchodzi do niego podczas wznoszenia, rozszerzając swój obwód przed wzniesieniem się do Sahasrary. Tunel Oka Umysłu ma kształt pączka i służy jako mentalny ekran, na którym grają obrazy wizualne podczas doświadczania wizji.

Jest możliwe, że jeśli nie wykonasz ćwiczenia wizualizacyjnego, które zwraca uwagę na kwiatową głowę Ajna Chakry (pomiędzy brwiami), Kundalini nie aktywuje w pełni swojej mocy. W tym przypadku Kundalini rzeczywiście dociera do Sahasrary i może nawet zdmuchnąć Kosmiczne Jajo, ale pełny potencjał Ajna Czakry nie zostaje obudzony. To jest jedna z opcji. Inną opcją jest to, że Ajna otwiera się, ale nie z taką intensywnością, żeby spowodować to radykalne przesunięcie w percepcji wzrokowej.

Oczywiście są to moje teorie, ale oparte na logice i rozsądku, ponieważ wielu ludzi, którzy donoszą, że mieli otwarte Kosmiczne Jajo i uczucie bycia "porażonym prądem", nie widzą potem Światła we wszystkich rzeczach. Niezależnie od tego, co się dzieje, niech będzie wiadomo, że istnieją różne przebudzenia i doświadczenia Kundalini i nie wszystkie są takie same.

CZYNNIKI PRZEBUDZENIA KUNDALINI

Kiedy próbujesz obudzić energię Kundalini bezpośrednio, wiele czynników musi działać razem w tym samym czasie, aby odnieść sukces. Na przykład, jeśli próbujesz obudzić ją poprzez medytację mindfulness, wibracja Twojej siły woli musi być znacznie wyższa niż paplanina Twojego umysłu, abyś mógł wywołać ciszę. Tak więc jest mało prawdopodobne, że obudzisz Kundalini tą metodą, chyba że robiłeś to przez długi czas i jesteś w tym biegły.

Prostszym podejściem jest używanie medytacji wizualizacyjnej. Utrzymujesz obraz symbolicznego obiektu (takiego jak kwiat lotosu czy statuły boga lub bogini) w swoim Oku Umysłu przez dłuższy czas. Utrzymując stały i stabilny obraz w swoim umyśle, Twoja siła woli zaczyna wibrować z energiczną intensywnością, wciągając Twoją świadomość do środka. Jeśli możesz utrzymać ten obraz, zaniedbując przypadkowe myśli, które pojawiają się w Twojej głowie, będziesz miał jakiś poziom duchowego doświadczenia, a może nawet obudzisz energię Kundalini u podstawy kręgosłupa. Przynajmniej wejdziesz do portalu Oka Umysłu, aby doświadczyć świata astralnego, co może być porywającym doświadczeniem, jeśli nigdy wcześniej tego nie robiłeś.

Teraz, jeżeli obraz, który trzymasz w swoim umyśle ma komponent seksualny, możliwe jest pobudzenie Kundalini do aktywności u podstawy kręgosłupa. Energia seksualna jest tu niezbędna, ponieważ każdy rodzaj podniecenia seksualnego, gdy jest skierowany do wewnątrz, może aktywować Kundalini. Słyszałem o wielu przypadkach spontanicznych przebudzeń, które miały miejsce po tym, jak dana osoba doświadczyła wyższego niż normalny poziomu podniecenia seksualnego, zachowując jednocześnie czysty i cichy umysł.

Aktywacja Kundalini może nastąpić, kiedy energia seksualna jest sublimowana i kierowana do mózgu podczas kulminacji, zamiast być uwalniana na zewnątrz przez wytrysk. Medytacja wizualizacyjna podczas aktywności seksualnej skupia energię do wewnątrz, w kierunku Oka Umysłu w mózgu. Może to spowodować przebudzenie Kundalini i wzniesienie się w górę kręgosłupa, systematycznie otwierając wszystkie niższe czakry, aż do wejścia do mózgu. Aby jednak zapewnić, że wznosi się z odpowiednią siłą, kluczowe jest wykonywanie jakiegoś ćwiczenia wizualizacyjnego, aby wciągnąć Kundalini do mózgu, gdzie może wznieść się na szczyt głowy i zakończyć proces.

Kluczem do tego procesu jest generowanie surowej energii seksualnej z czystym umysłem i sercem, co pobudza Muladharę i Swadsthihana Chakras do aktywności. Kiedy zrobisz to prawidłowo, poczujesz w swoim brzuchu doznania, które są zarówno euforyczne, jak i ekstatyczne. Całe Twoje ciało zacznie drżeć i trząść się, możesz nawet dostać gęsiej skórki od tego, jak przyjemne są te odczucia.

Seksualna energia musi budować się na sobie i wzmacniać się jedynie siłą Twoich myśli. Większość ludzi nie zdaje sobie sprawy, że podniecenie seksualne może rosnąć wykładniczo i nie zawsze musi skutkować zewnętrznym orgazmem. Kiedy próbujesz obudzić Kundalini, kluczem jest skierowanie energii seksualnej do wewnątrz przy użyciu siły woli i wyobraźni, zamiast wydalania jej przez genitalia.

Podczas mojego przebudzenia Kundalini, trzymałem w umyśle obraz pięknej i erotycznej kobiety, na której skupiłem się tak intensywnie, że dokonałem projekcji do portalu Oka Umysłu i mogłem doświadczyć jej jako rzeczywistej. Jednak tym, co wygenerowało intensywną siłę, z jaką Kundalini się przebudziła, było nagromadzenie energii seksualnej, kiedy kochałem się z nią w moim umyśle. Ta energia seksualna wzmacniała się i rosła w siłę, aż doświadczyłem mojego pierwszego wewnętrznego orgazmu. Jednak to doświadczenie nie skończyło się na tym. Po nim nastąpił kolejny wewnętrzny orgazm i wiele następnych, wszystkie po kolei z rosnącą intensywnością i szybkością. Mój obszar genitalny czuł się jak lokomotywa przyspieszająca i budująca impet z każdym obrotem swoich kół.

Uczucie seksualnego podniecenia w moim podbrzuszu rosło wykładniczo w synchronizacji z wewnętrznymi orgazmami. Przychodziły one w ciągłych pędzących falach przez około piętnaście do dwudziestu sekund. Następnie, w ich szczytowym momencie, kiedy czułem, że mój mózg i ciało nie mogą przyjąć więcej ekstazy, u podstawy kręgosłupa przebudziła się Kundalini. Czułem się jak kula energii wielkości piłki golfowej, która po prostu pojawiła się znikąd.

ZAKOŃCZENIE PROCESU PRZEBUDZENIA KUNDALINI

Kiedy Kundalini się obudzi, naturalnie podróżuje w górę przez kręgosłup. Jeśli jednak obudzisz Kundalini spontanicznie, bez praktyki medytacyjnej, prawdopodobnie nie dotrze ona do Ajna Czakry. Jak już wspomniałem, aby wznieść się z siłą, która jest niezbędna do osiągnięcia Ajna Czakry wewnątrz mózgu, konieczne jest świadome utrzymywanie obrazu w umyśle za pomocą siły woli i wyobraźni. Zauważ, że spontaniczne przebudzenia Kundalini, które następują w wyniku użycia narkotyków halucynogennych, mogą być potężne, ponieważ wiążą się ze zmianą percepcji, która stymuluje Oko Umysłu.

Pełne przebudzenie wymaga, aby Kundalini wzniosła się do mózgu przez Sushumnę, kanał środkowy, w towarzystwie Idy i Pingali, które łączą się w jeden strumień energii w czakrze Ajny. Kiedy już połączą swoje męskie i żeńskie energie, jednoczą się z Sushumną jako jedność, aby wznieść się do Sahasrary i otworzyć Kosmiczne Jajo (Rysunek 8), które przechowuje potencjał Twojego Ciała Światła, Twojej Kosmicznej Jaźni.

Sahasrara może być potencjalnie otwarta z samą Sushumną. Jednakże, jeśli Ida i Pingala nie połączą sił w Adźnie, mogą pojawić się osłabiające problemy w systemie energetycznym, które mogą spowodować spustoszenie w myślach i emocjach. Takim przykładem jest początkowy wzlot Gopi Kriszny, gdzie obudził Pingalę i Sushumnę, ale nie Idę. Jego system nerwowy był w kompletnym nieładzie po przebudzeniu, ponieważ nie miał obecnej chłodzącej energii Idy, co spowodowało ciągły niepokój bez końca. Po tym jak prawie stracił wszelką nadzieję, spróbował medytacji wizualizacyjnej w desperackiej próbie obudzenia Idy. Ponieważ Ida reprezentuje kobiecą zasadę, esencję Elementu Wody, która jest źródłową energią wszystkich wizualnych obrazów, Gopi w końcu udało się obudzić Idę, która wzniosła się do Adźny, aby zakończyć proces budzenia Kundalini.

Istotne jest, aby zrozumieć, że Sushumna Nadi zawsze towarzyszy Idzie lub Pingali lub obu jednocześnie, co jest pożądaną opcją. Ida, Pingala lub obie nie mogą wznieść się do czakry bez obecności Sushumny, ponieważ Sushumna Nadi przenosi energię Kundalini. Ida i Pingala przekazują energie żeńskie i męskie, ale Kundalini wznosi się do kręgosłupa, który jest Sushumna Nadi.

Zanim Kundalini może wejść do mózgu, musi przebić Vishuddhi, czakrę gardła. Vishuddhi jest bardziej zaawansowana niż niższe czakry, ponieważ jest to pierwsza czakra Elementu Ducha. Aby ją przebić, trzeba przejść przez główną energię karmiczną niższych Elementów, które odpowiadają niższym czterem czakrom. (Więcej o związku pomiędzy Elementami a Czakrami i Nadis w późniejszym rozdziale).

Jeśli obudziłeś Kundalini poprzez środki medytacyjne, radzę Ci kontynuować wykonywanie medytacji zamiast po prostu odpuszczać, gdy tylko poczujesz, że Kundalini się podnosi. Robienie tego jest kluczem do zebrania wystarczającej siły dla Kundalini, aby przebić Vishuddhi Chakra podczas jej wznoszenia się, a następnie wejść do mózgu, aby spróbować zakończyć proces.

Aby obudzić Tysiąc Płatkowy Lotos Sahasrary, trzy Nadis: Sushumna, Ida i Pingala muszą zjednoczyć się w jeden strumień energii w środku mózgu w Trzeciej Komorze przed wzniesieniem się na szczyt, do centrum głowy. Kiedy Lotos zaczyna się otwierać jak kwiat w rozkwicie, Kosmiczne Jajo na szczycie głowy zostaje przebite przez Kundalini. Jednakże Lotos nie musi się w pełni otworzyć, żeby Kosmiczne Jajo pękło. Jeżeli Kundalini wznosi się z wystarczającą siłą, Kosmiczne Jajo pęknie zaraz po tym jak Sahasrara zacznie się otwierać. Wtedy uwalniany jest nektar Ambrozji z Kosmicznego Jaja, który zalewa ciało od góry do dołu, aktywując Siedemdziesiąt Dwa Tysiące Nadis Ciała Światła.

Tak więc widzisz, że posiadanie pełnego przebudzenia Kundalini wymaga pewnego świadomego wysiłku z Twojej strony, aby zakończyć ten proces. Większość spontanicznych przebudzeń to częściowe wzloty Kundalini. Mój przypadek jest jedną z tych rzadkich sytuacji, w których Kundalini obudziła się z niesamowitą siłą, ale tylko dlatego, że nieświadomie wykonywałem tantryczną medytację seksualną z komponentem wizualizacji seksualnej. Ponieważ miałem tak intensywne przebudzenie Kundalini pozornie przez przypadek, zawsze uważałem się za błogosławionego i zobowiązanego do podzielenia się ze światem wszystkim, czego się nauczyłem i czego doświadczyłem.

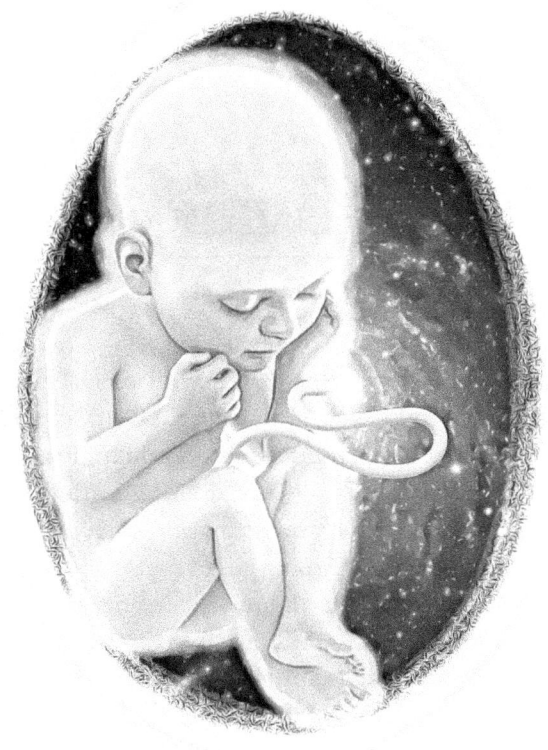

Rysunek 8: Kosmiczne Jajo

Kluczowe jest zrozumienie procesu przebudzenia Kundalini i zapamiętanie jego mechaniki. Istnieje wiele różnych punktów widzenia na ten temat od ludzi, którzy doświadczyli tego wydarzenia. Jednakże stwierdziłem, że niewielki procent tych ludzi ukończył proces i podniósł Kundalini do Sahasrary. A jeszcze mniejsza liczba osób przebiła Kosmiczne Jajo i aktywowała Ciało Światła. Następnie są ci, którzy aktywowali Ciało Światła, ale nie donoszą, że widzą Światło we wszystkich rzeczach swoimi fizycznymi oczami, co mówi mi, że nie mieli pełnej aktywacji czakry Ajny. Widzicie więc, że istnieje wiele różnych doświadczeń tego samego Uniwersalnego procesu.

Ogólnie mogę stwierdzić, jaki rodzaj przebudzenia Kundalini ktoś miał, słuchając jego doświadczeń i porównując raporty. Generalnie tym, którzy nie ukończyli przebudzenia Kundalini brakuje wiedzy o końcowej części procesu. Na przykład większość ludzi wie, że Kundalini budzi czakry i dąży do rozszerzenia świadomości. Jednak z mojego doświadczenia wynika, że większość ludzi nie jest świadoma istnienia Kosmicznego Jajka, aktywacji Ciała Światła (co skutkuje uczuciem porażenia prądem), a zwłaszcza przemodelowania mózgu w celu postrzegania wyższego poziomu rzeczywistości poprzez rozszerzoną czakrę Ajna.

Zapamiętując cały proces przebudzenia Kundalini, dajesz swojemu umysłowi mapę drogową, jak to wydarzenie może nastąpić w Twoim przypadku. Dzielenie się tą informacją jest jedną z metod, która pomoże Ci samodzielnie obudzić Kundalini i zakończyć ten proces.

DOSTOSOWANIE SIĘ DO CIAŁA DUCHOWEGO

Chociaż wydaje się, że aktywacja Kundalini ma miejsce w ciele fizycznym, to jednak odbywa się ona w Ciele Światła. Jak omówiłem w *The Magus*, wszyscy rodzimy się z Ciałem Światła, nierozerwalnie związanym z naszym ciałem fizycznym. Musimy jednak w pełni aktywować jego moce w tym życiu, aby zoptymalizować nasz system energetyczny, co można osiągnąć jedynie poprzez przebudzenie Kundalini i podniesienie jej do Korony.

Kiedy Kundalini zaczyna wznosić się w górę, budząc Czakry, Twoja świadomość rozpoznaje istnienie Ciała Światła, pozwalając mu wcielić się w różne Ciała Subtelne, które odpowiadają przebudzonym Czakrom. Pełna aktywacja Ciała Światła jest jednym z podstawowych celów przebudzenia Kundalini. Siedemdziesiąt dwa tysiące Nadis służą temu, aby Ciało Światła stało się anteną dla wibracji świata zewnętrznego. Wibracje te odbierane są przez najwyższe z ciał subtelnych, Ciało Duchowe. Twoja świadomość stopniowo dostraja się do niego po oczyszczeniu z energii karmicznej niższych czterech czakr. Aby to osiągnąć, musi ona systematycznie wcielać się w ciała subtelne, które odpowiadają tym czakrom.

Kiedy Twoja świadomość dostroi się do Czakr Duchowych, trzech najwyższych, zrówna się całkowicie z Ciałem Duchowym, które stanie się jej nowym pojazdem. Kiedy to nastąpi, odrzucisz stare tryby funkcjonowania i będziesz funkcjonował wyłącznie dzięki intuicji. Przebywanie w tym stanie nie oznacza, że nie będziesz odczuwał niczego emocjonalnie ani nie będziesz mógł posługiwać się logiką. Oznacza to jedynie, że intuicja stanie się twoim podstawowym sposobem funkcjonowania.

Będziecie postrzegać świat wokół siebie poprzez bezpośrednie doświadczenie energetyczne, ponieważ wasza Istota zostanie wyniesiona do Pierwszego Świata Atziluth, reprezentującego Płaszczyznę Duchową w Qabalah. (Więcej na ten temat w następnym rozdziale.) Atziluth jest miejscem, gdzie istnieją myśli Boga, archetypy, które dają ludzkości szablon do pracy, jednocząc naszą rzeczywistość. Ponieważ Tworzenie jest procesem systematycznym, Twoje świadome doświadczenie wydarzeń życiowych filtruje w dół do niższych trzech Światów (w sumie są cztery Qabalistyczne Światy), które ewoluują z Pierwszego Świata.

Poprzez zestrojenie swojej świadomości z Ciałem Duchowym, myśli i emocje nie będą już miały takiego samego wpływu na Twój umysł i ciało, ponieważ są one przejawami niższych planów. A ponieważ jesteś teraz wyniesiony na płaszczyznę powyżej nich, możesz przezwyciężyć ich szkodliwe skutki. Oczywiście, nadal będziesz miał negatywne myśli i emocje, ponieważ Twoje Ego jest na zawsze związane z ciałem fizycznym, ale ominiesz ich energetyczne efekty. Zamiast tego, Twoja Dusza będzie interpretować negatywne emocje jako lekcje uczenia się, zamiast pozwalać im na przejęcie Twojej świadomości i obciążanie jej. W rezultacie to, czego doświadczasz, będzie ulotne i w chwili obecnej. Ponadto, będziecie mogli używać logiki i rozumu oraz myśleć intelektualnie, bez wiązania się z Ego i kojarzenia się z nim jak wcześniej.

Pęknięcie Kosmicznego Jaja po osiągnięciu przez Kundalini Korony oznacza całkowite, trwałe przebudzenie. W tym kontekście trwałe oznacza, że energia nie spada z powrotem do Muladhary, czakry korzenia. Zamiast tego pozostaje w mózgu. Symbolicznie, Kundalini Shakti i jej towarzysz Sziwa, Kosmiczna Świadomość, połączą się w Duchowym Małżeństwie. Taki jest wschodni punkt widzenia na zakończenie przebudzenia Kundalini.

Z punktu widzenia Zachodniej Tradycji Misteryjnej, dzięki ukończeniu procesu przebudzenia Kundalini otrzymasz skrzydła Kaduceusza Hermesa. Staniesz się prototypem Boga Hermesa, który przez Rzymian nazywany jest Merkurym. Oznacza to, że odziedziczysz jego skrzydlaty hełm i skrzydlate buty. Symbolicznie oznacza to, że będziesz miał głowę w niebie (Niebo) i stopy na ziemi (Ziemia). Twoja świadomość będzie zawsze w trybie "lotu" i będziesz miał naturalny haj, prawie jakbyś szybował przez Przestrzeń i Czas. Te odczucia są tym, co się czuje, gdy ma się rozszerzoną świadomość.

Kiedy zakończysz proces przebudzenia Kundalini, z czasem rozwiniesz połączenie ze swoim Świętym Aniołem Stróżem (HGA), który stanie się twoim przewodnikiem i nauczycielem w życiu. W ten sposób staniesz się Bogiem-człowiekiem, którego transcendentalna świadomość będzie żyła dalej po tym życiu i w następnym.

TWOJE NOWE LAMBORGHINI VENENO

Aktywacja Ajny jest niezbędna, aby mieć pełne doświadczenie Kundalini. Opisałem już niektóre dary związane z tym zjawiskiem. Inne dary to m.in. możliwość oglądania siebie spoza siebie i życie w permanentnym Doświadczeniu poza Ciałem. To ostatnie jest jednak bardziej przejawem przebudzonej czakry Sahasrara. Kiedy zobaczysz siebie i otaczający Cię świat z wyższej perspektywy, zrozumiesz, że Kosmiczna Świadomość nie jest tylko koncepcją czy ideą, ale czymś realnym.

Mam nadzieję, że zrobiłem dobrą robotę przedstawiając Kundalini, proces przebudzenia i niektóre z bardziej niesamowitych duchowych darów, które się rozwijają. Chociaż, używając słów do opisania transcendentalnego doświadczenia rzeczywistości po pełnym przebudzeniu Kundalini, czuję, że ograniczam to, jak bardzo jest to niezwykłe. Jak mówi Morfeusz w The Matrix, "Nikomu nie można powiedzieć, czym jest Matrix. Musisz sam się przekonać". W ten sam sposób, musisz doświadczyć tego dla siebie, aby zrozumieć wielki obraz. Ale na razie moje słowa będą musiały wystarczyć.

Przebudzenie Kundalini przekształca zwykłego człowieka w Demi-Boga, współczesnego superbohatera, w ciągu jednego życia. Tylko, że Twoje nowo otrzymane moce nie są zazwyczaj czymś, co możesz udowodnić innym, ale żyjesz i wcielasz prawdę tego, czym się stajesz. Z czasem, dzięki swojej poszerzonej wiedzy i życzliwym uczynkom wobec ludzkości, możesz zostać uznany za Istotę Światła i jej emisariusza. Ale aby to osiągnąć, będzie musiało minąć wiele lat i pokonane wiele wyzwań.

Kluczowym wnioskiem z tego wprowadzenia do Kundalini jest to, że chociaż istnieją różne sposoby na obudzenie tej energii, proces zawsze będzie taki sam. Jednak bez właściwego zrozumienia tego procesu, jest to jak bycie obdarowanym Lamborghini Veneno, sportowym samochodem za 4,5 miliona dolarów, ale nie otrzymanie instrukcji obsługi, ani nie posiadanie żadnego doświadczenia w prowadzeniu. Moją próbą w *Serpent Rising: The Kundalini Compendium* jest napisanie instrukcji obsługi tej niewidzialnej nauki o energii Kundalini najlepiej jak potrafię. A kiedy już będziesz miał instrukcję i plany, chcę dać Ci wgląd w to, jak prowadzić Twoje nowe Lamborghini. Dokładnie mówiąc, jeśli Twój obecny pojazd świadomości można porównać do starego Forda Focusa, to ten ulepszony pojazd jest międzygalaktycznym statkiem kosmicznym. Więc, ponownie, mówię Lamborghini, aby ludzie mogli się do czegoś odnieść.

Jestem wdzięczny Wszechświatowi za to, że doznałem przebudzenia Kundalini, jak każdy w mojej sytuacji. Wierzę również, że szczęście nie miało z tym nic wspólnego, a moja Dusza wybrała to dla mnie zanim jeszcze się urodziłem. Nie jest przypadkiem, że w tym życiu otrzymałem konkretne umiejętności i zdolności, które miały mi służyć w tej Duchowej podróży. Ze względu na moją obsesyjną naturę i potrzebę wczesnego znalezienia Duchowych narzędzi do pomocy sobie, przez lata rozwinąłem wyjątkowe zrozumienie Kundalini. Moje doświadczenie i badania na ten temat są bezprecedensowe. Moja podróż doprowadziła mnie do przyjęcia roli posłańca do ludzi w sprawie istnienia energii Kundalini i potencjału Magii Ceremonialnej we wspomaganiu procesu Duchowej transformacji.

Moja praca ma na celu służenie mojemu Stwórcy i wypełnianie mojej misji przekazywania wiedzy innym, którzy chodzą w tych samych butach, w których ja byłem wiele lat temu, kiedy błądziłem po omacku w poszukiwaniu odpowiedzi. Wszyscy jesteśmy szkolonymi wojownikami na tej ścieżce Duchowej Ewolucji, a naszym celem jest ewolucja i zbiorowe podnoszenie świadomości Ziemi. Dzieląc się tym, co wiem, chcę przekazać narzędzia, których będziesz potrzebował, jeśli i kiedyś Twoje nowe Lamborghini się zepsuje i będziesz potrzebował wskazówek.

A na te czasy, kiedy inni będą zwracać się do Ciebie po wskazówki, będziesz wiedział, jak im pomóc, również dlatego, że Tobie pomogło. A jeżeli jeszcze nie otrzymałeś swojego nowego Lamborghini, teraz dowiesz się o nim, jak działa i jeździ, i będziesz wiedział, czego świadomie poszukiwać. Jak mówi stare powiedzenie: "Szukajcie, a znajdziecie. Pukajcie, a będzie Wam otworzone". Ale jeśli nie wiesz, czego szukać lub do których drzwi zapukać, Wszechświat nie będzie wiedział, jak Ci pomóc. Wiedza jest najbardziej znaczącą siłą we Wszechświecie.

***

To kończy wprowadzenie do Kundalini i procesu przebudzenia w ogóle. Teraz chcę przejść do innych istotnych tematów, aby dać Ci wgląd w to, jak działa Twój system energetyczny, jego składniki, mechanika i jak współdziała z ciałem fizycznym. Kolejna część książki poświęcona jest nauce o energii Kundalini. Zawiera krytyczny rozdział o ludzkiej anatomii opisujący zmiany, które zachodzą w ciele fizycznym podczas i po przebudzeniu Kundalini.

CZĘŚĆ II: MIKROKOSMOS I MAKROKOSMOS

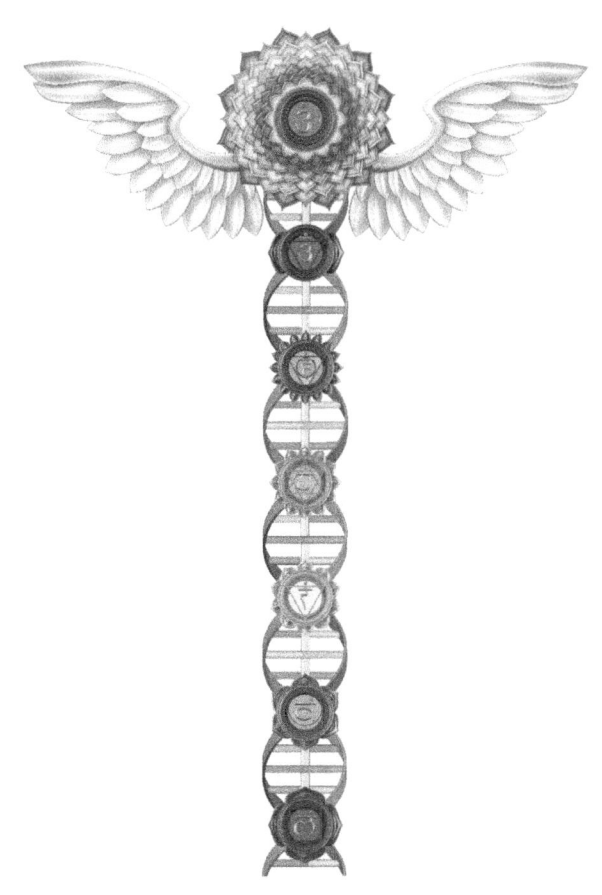

PIĘĆ ELEMENTÓW

Klasyczne żywioły odnoszą się do Ziemi, Wody, Powietrza, Ognia i Ducha. Starożytne kultury, takie jak Grecja, Egipt, Persja, Tybet, Indie i Japonia, uważały Klasyczne Żywioły za elementy składowe Wszechświata. Używali oni koncepcji Elementów, aby wyjaśnić złożoność i naturę stworzenia w prostszych słowach. Ich listy Elementów i kolejność przejawiania się różniły się nieznacznie, ale miały to samo znaczenie. Element Ducha był wymienny z Aethyrem, Eterem, Pustką, Akaszą i Przestrzenią, w zależności od tradycji. (Zauważ, że Aethyr lub Aether to tylko łacińska pisownia Etheru).

Chiński system Wu Xing jest nieco inny, ponieważ opisuje różne rodzaje energii w stanie ciągłego przepływu i interakcji ze sobą, określane jako "Pięć faz" zjawisk naturalnych. Pięć faz Wu Xing to drewno, ogień, woda, metal i ziemia. Chińskie żywioły są postrzegane jako stale zmieniające się i poruszające się, podczas gdy klasyczne żywioły są oddzielone od siebie, mimo że są częściami całości.

Starożytni postulowali, że zewnętrzny Wszechświat (Makrokosmos), w tym skład energetyczny każdego człowieka (Mikrokosmos), składa się z Pięciu Elementów. Pięć Elementów odpowiada siedmiu czakrom (Rysunek 9). Składają się one na naszą Aurę oraz Kosmiczne Płaszczyzny i Ciała Subtelne, których częścią jest nasza świadomość.

Pierwsze cztery czakry odpowiadają Ziemi, Wodzie, Ogniowi i Powietrzu, natomiast trzy wyższe czakry odpowiadają Duchowi. Czakry z kolei są porównywane z sefirotami na Drzewie Życia w Zachodniej Tradycji Tajemnej. Ich związek jest złożony i nie tak oczywisty, jak uważa wielu nauczycieli duchowych, ale związek ten istnieje. Aby uzyskać dokładną ekspozycję na temat Sefirot i Pięciu Elementów, sięgnij po *The Magus: Kundalini and the Golden Dawn.*

Zrozumienie, jak działają Żywioły, jest niezbędnym warunkiem wstępnym do zaawansowanych praktyk jogicznych, z których wiele przedstawiono w tej książce. We wschodnim systemie duchowym Pięć Elementów odpowiada Tattwom, które również zostaną zbadane w *Serpent Rising.*

Pięć elementów jest podstawą jogi i ajurwedy (sanskryt oznacza "wiedzę o życiu"), która jest tradycyjną indyjską medycyną holistyczną opracowaną w tym samym czasie co joga (około 3000 lat p.n.e.). Ajurweda opiera się na trzech konstytucjach, czyli Doshas-Vata, Pitta i Kapha. Vata to energia ruchu (Powietrze i Duch), Pitta to energia trawienia i metabolizmu (Ogień i Woda), a Kapha to energia, która tworzy strukturę ciała (Ziemia i Woda). Każdy człowiek ma w sobie unikalną równowagę Żywiołów, a co za tym idzie -

unikalną Dosha. Dominacja żywiołów w zachodnim astrologicznym wykresie urodzeniowym danej osoby, zwłaszcza w znakach Słońca, Księżyca i Ascendentu, często określa jej Dosha. Jednakże, aby uzyskać prawidłową diagnozę, należy przeanalizować wykres urodzenia według astrologii wedyjskiej, tak jak to się robi tradycyjnie w Ajurwedzie. (Więcej na temat Ajurwedy i trzech Doshas w sekcji Joga.)

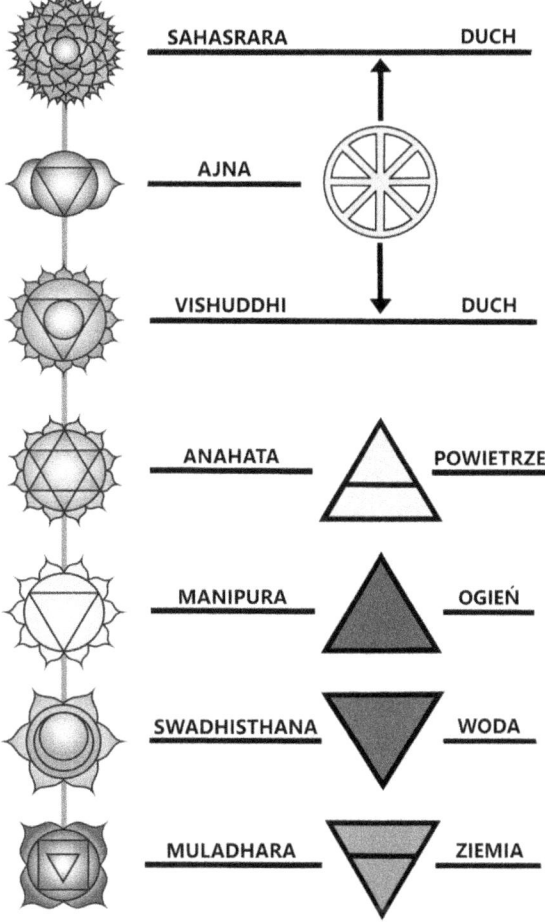

Rysunek 9: Pięć Elementów i Siedem Czakr

Pięć Elementów odnosi się również do pięciu zmysłów: Duch, czyli Aethyr, jest medium, przez które przekazywany jest dźwięk; dlatego Element Ducha odpowiada uszom i słuchowi. Element Ognia jest związany z oczami i zmysłem wzroku, ponieważ ogień manifestuje Światło, ciepło i kolor. Element Powietrza odnosi się do nosa i zmysłu węchu, podczas gdy Element Wody związany jest z językiem, organem smaku. I wreszcie Element Ziemi związany jest ze skórą i zmysłem dotyku. Informacje te są niezbędne podczas poznawania praktyk Duchowego Uzdrawiania, ponieważ zastosowanie każdej z nich wymaga użycia jednego lub więcej zmysłów, aby wpłynąć na świadomość.

Poprzez oczyszczanie i równoważenie Elementów w nas samych, osiągamy i utrzymujemy dobre zdrowie oraz podnosimy wibracje naszej świadomości. Wszystkie praktyki Duchowe zasadniczo zmierzają do tego celu. Niezależnie od tego, czy wykonujemy Program Duchowej Alchemii Ceremonialnej Magii (przedstawiony w *The Magus*), czy też regularnie wykonujemy praktyki Jogiczne, celem jest zawsze Duchowy Rozwój.

Hermetyczna Qabalah oraz nauka i filozofia Jogi stwierdzają, że Mikrokosmos jest bezpośrednim odbiciem Makrokosmosu i odwrotnie - jak wyżej, tak niżej. W *Kybalionie* koncepcja ta nazywana jest Zasadą Korespondencji, Uniwersalnym Prawem lub prawdą leżącą u podstaw wszelkiego istnienia. Wszystkie tradycje duchowe zbudowane są wokół tego Prawa i wszystkie zawierają w sobie jakiś element solarny lub lunarny, reprezentujący Męskie i Kobiece Zasady Tworzenia.

Na podstawowym poziomie, Zasada Korespondencji zakłada, że Mikrokosmos, ludzka Aura (nasz skład energetyczny), znajduje swoje odbicie w Makrokosmosie - Wszechświecie, a w szczególności w naszym Układzie Słonecznym. (Koncepcja ta działa również w drugą stronę.) Wszyscy nosimy w sobie energie planetarne i zodiakalne. Równoważenie ich i wznoszenie się w świadomości jest "Wielkim Dziełem" Alchemika, odnoszącym się do naszego nieustającego dążenia do zjednoczenia naszej świadomości z Kosmiczną Świadomością Stwórcy - jest to nasze dążenie do Oświecenia.

PENTAGRAM

Symbol Pentagramu, czyli "pięcioramiennej gwiazdy", istnieje od czasów starożytnej Babilonii i Grecji. W zachodniej ezoteryce, pionowy Pentagram (Rysunek 10) jest nazywany "Gwiazdą Mikrokosmosu". Kiedy Pentagram jest wpisany w okrąg, nazywa się go Pentaklem, używanym głównie przez Wiccan. Według Pitagorasa, pięć jest liczbą człowieka. Każdy z pięciu punktów Pentagramu reprezentuje jeden z Pięciu Elementów: Ziemię, Powietrze, Wodę, Ogień i Ducha, co symbolizują nogi, ręce i głowa.

Magiczne skojarzenia Pentagramu sprawiają, że jest on potężnym symbolem rytualnym używanym do przywoływania mocy Pięciu Elementów, zwłaszcza w magii ceremonialnej i czarach. Jest on również używany, jako symbol religijny przez współczesne neopogańskie wyznania i masonów. Kiedy Pentagram jest ustawiony pionowo, oznacza Ducha, który przewodniczy czterem żywiołom i dlatego jest symbolem Światła, miłości i Wyższego Ja. Pionowy Pentagram przyciąga siły Anielskie i służy do ochrony przed siłami Demonicznymi. Jest używany w Białej Magii (Światła).

Co ciekawe, pionowy Pentagram był symbolem chrześcijańskim na długo przed tym, jak zaadoptowało go współczesne neopogaństwo. Reprezentował on pięć ran Jezusa Chrystusa na Krzyżu Czterech Żywiołów i codzienne poświęcenie siebie, niezbędne do osiągnięcia pionowego Pentagramu, symbolicznie, co powoduje zejście Elementu Ducha do Czterech Żywiołów i całkowitą transformację świadomości.

Rysunek 10: Pentagram

Kiedy Pentagram jest odwrócony, ma przeciwne magiczne skojarzenia. Odwrócony Pentagram reprezentuje Cztery Żywioły rozkazujące Duchowi, symbolizującemu ciemność i dominację Ego. Ten symbol zaprasza energie demoniczne, podczas gdy odpycha anielskie, co czyni go odpowiednim symbolem dla praktyk Czarnej Magii (Dark Arts), która używa nadprzyrodzonych mocy do złych i samolubnych celów.

Sataniści używają odwróconego Pentagramu jako symbolu swojej wiary. Odnoszą się do tego symbolu jako "Sigil of Baphomet"- Bóg o koziej głowie kojarzony z dualnością, materializmem i cielesną jaźnią. Wielu satanistów to ateiści, którzy nie wierzą w życie pozagrobowe i cenią tylko to życie. Dlatego też twierdzą, że odwrócony Pentagram nie jest symbolem zła, ale takim, który łączy ich z rodzajami energii, które pomogą im osiągnąć ich cele w życiu. Jeśli jednak wierzysz, że to życie jest tylko jednym w ciągłym łańcuchu żyć, których doświadcza twoja nieśmiertelna Dusza, to sprzymierzanie się z ciemnymi siłami w celu zaspokojenia pragnień Twojego Ego jest katastrofalne dla Twojej Duchowej Ewolucji.

CZTERY ŚWIATY I PENTAGRAMMATON

Chociaż jest to skondensowana wersja dwóch znaczących lekcji z *The Magus: Kundalini and the Golden Dawn*, jest ona warta ponownego wspomnienia, ponieważ podsumowuje cały proces przebudzenia Kundalini i jego cel z okultystycznej perspektywy. W *Torze* (*Starym Testamencie*) imię Boga to Jehowa, którego ezoteryczne imię to Tetragrammaton (YHVH), co po hebrajsku oznacza "cztery litery". (Należy pamiętać, że Hebrajczycy czytają i piszą od prawej do lewej strony) Cztery hebrajskie litery oznaczają cztery żywioły - Jod (Ogień), Heh (Woda), Vav (Powietrze), Ostateczny Heh (Ziemia).

Rysunek 11: Cztery Światy i Tetragrammaton (YHVH)

Cztery Elementy znajdują się w czterech najniższych Czakrach, natomiast Piąty Element, Duch, reprezentuje trzy wyższe Czakry. Jak widać, w Tetragrammatonie Element Ducha jest nieobecny. Jest ku temu powód. Cztery litery Tetragrammatonu reprezentują również Cztery Światy Qabali - qabalistycznego modelu tworzenia i manifestacji Wszechświata (Rysunek 11). Qabalistyczne Cztery Światy tworzą całość Drzewa Życia: Yod (Ogień) reprezentuje Atziluth, Świat Archetypowy, Heh (Woda) oznacza Briah, Świat Twórczy, Vav (Powietrze) to Yetzirah, Świat Formacji, a końcowe Heh (Ziemia) to Assiah, Świat Fizyczny. Cztery Światy odnoszą się bezpośrednio do Planów Kosmicznych. Jednakże w ramach qabalistycznych, Świat Pierwotnego Ognia (Atziluth) reprezentuje Płaszczyznę Duchową, podczas gdy pozostałe trzy Elementy odnoszą się odpowiednio do Płaszczyzny Umysłowej, Astralnej i Fizycznej.

Zauważysz, że korespondencje na Planach Kosmicznych pomijają Element Ducha w modelu Czterech Światów; Qabaliści wierzą, że straciliśmy połączenie z Elementem Ducha po upadku z Ogrodu Eden. W związku z tym jest to coś, co musimy uzyskać w tym życiu. Jednakże metoda osiągnięcia tego wyczynu jest podana w tajemnicy Pentagrammatonu.

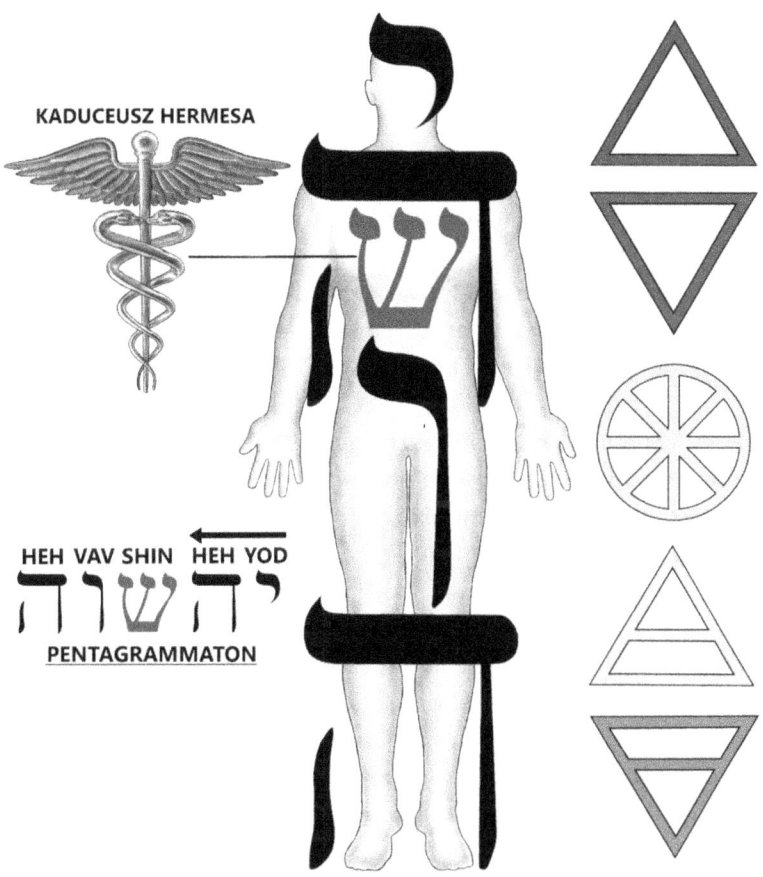

Rysunek 12: Pentagrammaton (YHShinVH)

Pentagrammaton (YHShinVH), oznaczający "pięć liter", implikuje integrację symbolicznej hebrajskiej litery Shin (Rysunek 12), określanej jako "Trójkątny Płomień Duszy". Shin zawiera trzy kreski, które wizualnie przypominają trzy główne Nadis: Ida, Pingala i Sushumna, które wznoszą się wzdłuż kręgosłupa podczas przebudzenia Kundalini. Nadis z kolei odpowiadają dwóm splecionym wężom wokół centralnej laski Kaduceusza Hermesa.

Umieszczony wśród Tetragrammatonu, Shin godzi przeciwstawne męskie (Ogień i Powietrze) i żeńskie (Woda i Ziemia) energie wewnątrz Jaźni. Reprezentuje kartę Sąd ostateczny w Tarocie, której ścieżka Drzewa Życia nazywana jest "Duchem Pierwotnego Ognia". Karta ta nawiązuje do przebudzenia Ducha Świętego i jego integracji w obrębie Jaźni. Ogień konsekracji Shin spala zanieczyszczenia z czasem, co jest aluzją do długiego procesu oczyszczania Ognia Kundalini po przebudzeniu.

Pentagrammaton jest również okultystycznym kluczem do chrześcijańskich tajemnic, ponieważ reprezentuje imię Jezusa Chrystusa, według renesansowych okultystów. Angielskie imię Jezusa pochodzi z klasycznej łaciny "Iesus", opartej na greckiej formie hebrajskiego imienia Yahshuah (Yeshua), zwykle tłumaczonego jako Jozue. Yahshuah, jednakże, jest pisane YHShinVH, który jest Pentagrammatonem. Pentagrammaton łączy nas również z pięcioma ranami Jezusa i Królestwem Niebieskim, które osiągamy w świadomości, gdy poświęciliśmy siebie, swoje Ego i zintegrowaliśmy Element Ducha.

Widzisz więc, że Jezus Chrystus był prototypem procesu przebudzenia Kundalini; reprezentuje on Boga - Boską Miłość Stwórcy i rozszerzoną świadomość, która pozwala nam uczestniczyć w duchowych i boskich sferach. Podczas gdy w *Starym Testamencie* ludzkość była w duchowo upadłym stanie, w *Biblii (Nowym Testamencie)* Jezus przyniósł na świat Ducha Świętego, aby wszyscy, którzy w niego wierzą i podążają za jego przykładem, mogli zostać wskrzeszeni lub odrodzeni duchowo i osiągnąć życie wieczne.

Duchowe Odrodzenie może być naprawdę osiągnięte tylko wtedy, gdy wcielimy w życie nauki Jezusa, których fundamentem jest bezwarunkowa miłość będąca siłą przewodnią w naszym życiu. Nie trzeba być chrześcijaninem, aby docenić duchową wartość takiego sposobu myślenia. Znajdujemy historyczne przykłady Joginów, Świętych, Adeptów, Mędrców i innych, którzy stali się oświeceni poprzez pokorę, pobożność i etyczne postępowanie wobec swoich bliźnich. Dotyczy to takich ludzi jak Mahatma Gandhi, Matka Teresa, Martin Luther King Jr, Dalaj Lama, Swami Vivekananda i inni.

Faktem jest, że jeśli poświęcisz się kultywowaniu wyłącznie kochających myśli i działań, strach opuści Cię całkowicie, pozwalając na odpadnięcie impulsu Twojego Ego, co przygotuje Cię do przebudzenia Kundalini. Nienawistni, samolubni, nieuczciwi ludzie nigdy nie mogą obudzić energii Kundalini, bez względu na to, jakiej metody używają i jak bardzo się starają. Dusza musi być przygotowana na takie doświadczenie, co możemy osiągnąć tylko poprzez stanie się kochającym, uczciwym i sprawiedliwym.

Nie ma znaczenia, czy jesteś chrześcijaninem, muzułmaninem, żydem czy buddystą; proces zbawienia jest uniwersalny. Dlatego zamiast czekać na jakieś *Bóstwo, które zbawi* Cię zgodnie z jakimkolwiek skryptem religijnym, w który wierzysz, musisz być naszym własnym Mesjaszem (Zbawicielem) poprzez przyjęcie roli Jezusa, mówiąc metaforycznie.

Wszyscy jesteśmy Bogami i Boginiami z urodzenia, ale musimy obudzić i podnieść Kundalini do Korony, tym samym wtłaczając Boskie Światło do swoich Czakr, aby zoptymalizować swój potencjał energetyczny.

PIERWIASTKI W PRZYRODZIE

Wszystko, co widzisz przed swoimi oczami, składa się z energii Ducha. Dlatego też Element Ducha jest określany jako "Przestrzeń" we wschodniej tradycji Jogicznej i Tantrycznej - idea przestrzeni fizycznej, która jest wokół nas i rozciąga się w nieskończoność we wszystkich kierunkach. Duch wibruje na najwyższej częstotliwości wibracji, dlatego jest niewidzialny dla zmysłów. Przenika całą fizyczną Materię jako podstawowa energia, która ją obejmuje.

Podczas tworzenia Wszechświata, wysokie wibracje Elementu Ducha zaczęły zwalniać, manifestując się kolejno jako cztery podstawowe Elementy: Ogień, Woda, Powietrze i Ziemia. Wszystkie stworzone rzeczy zachowały energię Ducha w stanie potencjału - co oznacza, że Duch znajduje się we wszystkich istniejących rzeczach, podobnie jak pozostałe cztery Elementy. Poza Fizyczną Płaszczyzną Materii, która jest widoczna dla zmysłów i reprezentuje jeden aspekt Elementu Ziemi, pozostałe Elementy są niewidoczne, ale można do nich dotrzeć poprzez świadomość.

Cztery podstawowe Żywioły to działy natury i energia założycielska wszystkiego we Wszechświecie. Jednakże cztery Żywioły nie są technicznie czterema, lecz trzema; ponieważ czwarty Żywioł, Ziemia, jest kompozycją trzech podstawowych Żywiołów w ich najgęstszej formie. Dlatego Ziemia i Duch są podobne pod wieloma względami, ale istnieją na przeciwnych końcach skali wibracyjnej. Trzy podstawowe Elementy to Woda, Powietrze i Ogień.

Planeta Ziemia reprezentuje aspekt brutto Elementu Ziemi. W Qabalah, odnosimy się do naszej fizycznej egzystencji na Planecie Ziemia jako Malkuth (Królestwo), które obejmuje ziemię, po której chodzimy. Poprzez Malkuth i nasze cielesne zmysły, możemy doświadczyć fizycznej manifestacji pozostałych trzech Elementów: oceanów, mórz, rzek i jezior (Woda), powietrza zawierającego tlen (Powietrze) i wreszcie Słońca (Ogień) jako naszego głównego źródła Światła i ciepła.

Każdy z Pięciu Elementów reprezentuje stan Materii. Na przykład Ziemia stanowi wszystkie ciała stałe (w tym żywność), Woda to wszystkie ciecze, Powietrze to wszystkie substancje gazowe, a Ogień odnosi się do spalania lub płomienia, który ma moc przekształcania stanów Materii. Na przykład woda może zmienić się w gaz (parę wodną) poprzez zastosowanie ognia, który zmienia się z powrotem w wodę, a następnie w lód (ciało stałe), jeśli ogień/gorąc jest wycofany wystarczająco długo.

Do przetrwania potrzebujemy wszystkich Pierwiastków. Słońce jest naszym źródłem ciepła; bez niego zamarzlibyśmy. Woda i jedzenie dają naszym ciałom utrzymanie; bez nich umarlibyśmy w ciągu kilku dni (woda) lub tygodni (jedzenie). Oddech (powietrze) jest dowodem życia, a bez tlenu nie moglibyśmy przeżyć dłużej niż kilka minut. Wreszcie mamy Ducha, czyli Przestrzeń, Pustkę reprezentującą ciemność, pustkę i ogrom, która służy jako podstawa wszystkich duchowych doświadczeń.

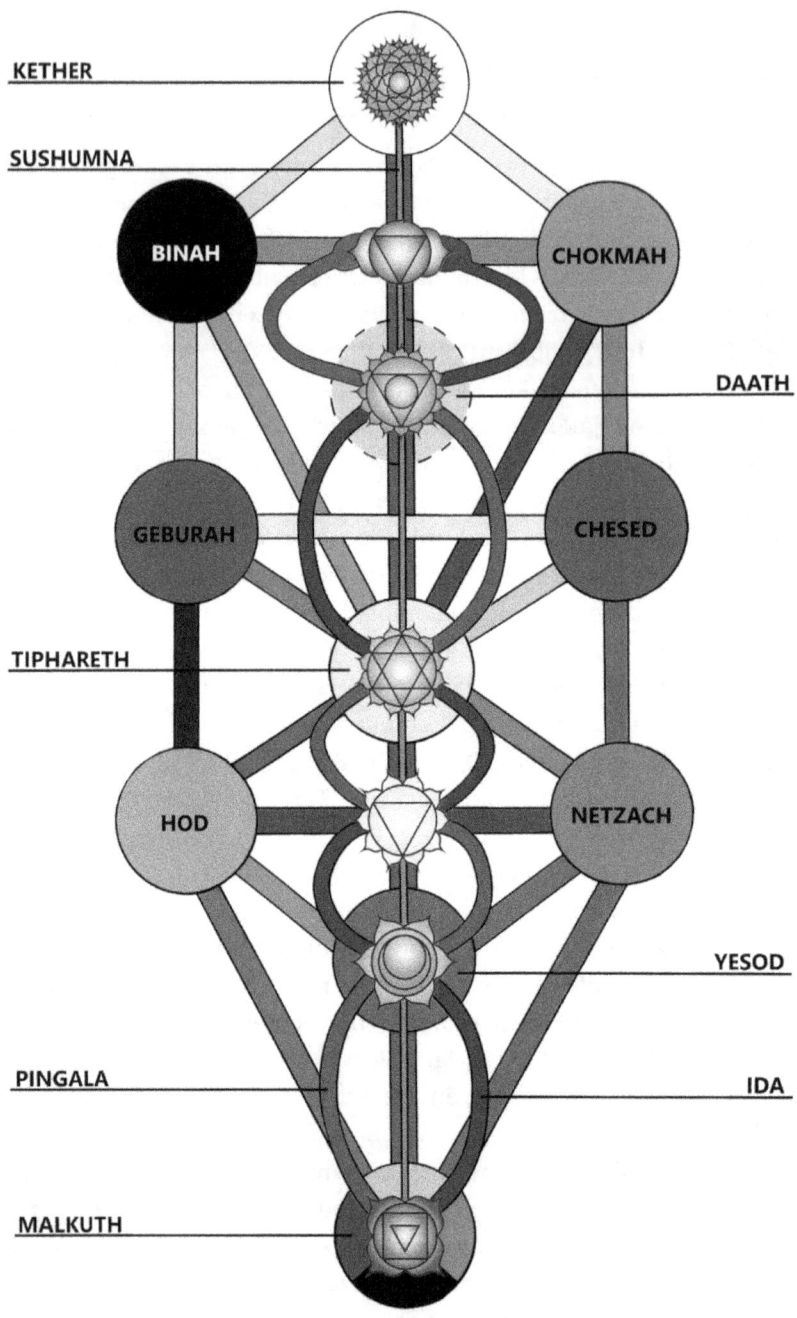

Rysunek 13: Drzewo Życia i Trzy Nadis

Wiele starożytnych systemów traktuje cztery żywioły jako wewnętrzne sfery i królestwa, do których możemy uzyskać dostęp poprzez praktyki duchowe, z których część została omówiona w tej książce. Zrozum, że pracujesz z Pięcioma Elementami zawsze, kiedy pracujesz z siedmioma głównymi czakrami. Element Ducha jest jedynym, który odpowiada więcej niż jednej czakrze, ponieważ jego zakres jest większy niż pozostałych czterech elementów. W związku z tym, Element Ducha możemy badać tylko poprzez wiele czakr.

ELEMENT DUCHA

Duch jest *Prima Materia*, Pierwszą Substancją i Źródłem wszystkich rzeczy w istnieniu. Technicznie nie jest elementem samym w sobie, ale jest kompozycją sumy czterech elementów - jest budulcem, medium, klejem, który trzyma je wszystkie razem. Jak już wspomniano, ponieważ wszystkie rzeczy we Wszechświecie pochodzą od Ducha, wszystkie rzeczy w końcu wchłoną się z powrotem do Ducha, w odpowiednim czasie. Z tego powodu dążymy do duchowego rozwoju i zjednoczenia się z umysłem naszego Stwórcy - jest to nasze wrodzone pragnienie.

Angielskie słowo "Spirit" pochodzi od łacińskiego słowa "spiritus", co oznacza "oddech". Ta korelacja pomiędzy tymi dwoma słowami mówi nam, że istnieje zgodność z energią Ducha i aktem oddychania powietrzem zawierającym tlen wokół nas, fizyczną manifestacją Elementu Powietrza.

Wszystkie żywe istoty, które oddychają, aby podtrzymać swoje życie, wymagają tego ciągłego procesu wprowadzania Ducha do ich ciał. Tak więc, oddech jest dowodem życia. Z tego powodu techniki oddechowe (zwane w Jodze Pranajamą) są niezbędne we wszystkich dyscyplinach duchowych. Ponadto kontrolowany oddech ułatwia medytację, która podnosi wibrację naszej świadomości, abyśmy mogli doświadczyć wyższych Planów Kosmicznych.

Aethyr to inna nazwa Ducha w starożytnych tradycjach i współczesnej fizyce. Aethyr reprezentuje bezkształtne i niewidzialne medium lub substancję, która przenika Kosmos. W *The Magus*, Aethyrs są następstwem trzydziestu Wewnętrznych Światów, poprzez które możemy badać Żywioły w nas samych.

Element Ducha/Aetr/Przestrzeni jest przypisany do czakry gardła (Vishuddhi), czakry oka umysłu (Ajna) i czakry korony (Sahasrara). Wszystkie trzy Czakry Ducha wyrażają płaszczyznę duchową. W Qabalah, Element Ducha reprezentuje Sfery Nadprzyrodzone - Kether, Chokmah i Binah, które znajdują się na szczycie Drzewa Życia. Element Ducha obejmuje również górną część sfery *Daath*, niewidzialnej jedenastej sfery, odpowiadającej bezpośrednio czakrze gardła. (Sprawdź Rysunek 13 jako odniesienie do sefirot Drzewa Życia i ich związku z czakrami i trzema Nadisami Kundalini.)

Daath jest nazywany w Qabali "Otchłanią", jako punkt oddzielenia pomiędzy dualnością niższych siedmiu Sefirot a Nie-Dualnością Nadprzyrodzonych. Jedyną dwoistością, która istnieje na poziomie Nadprzyrodzonych jest Chokmah - Ojciec i Binah - Matka. Chokmah i Binah są źródłami wszystkich dualności we Wszechświecie, jako składniki Siły i Formy, Duszy (Ogień) i Świadomości (Woda). Te dwie sefiroty są źródłem Pierwotnych Elementów Ognia i Wody, choć na poziomie Ducha (Ogień z Ducha i Woda z Ducha). Kether jest Białym Światłem, które zawiera te dwa podwójne aspekty, które jest również źródłem Elementu Powietrza (Air of Spirit).

Trzy Sfery Kether, Chokmah i Binah działają jako całość. Chokmah otrzymuje swoją Archetypową energię od Kether, a Binah przekształca te Archetypowe idee w Formę. Chrześcijańskim odpowiednikiem Nadprzyrodzonych jest Trójca - Ojciec, Syn i Duch Święty (lub Duch). Koncepcja Trójcy leży u podstaw wszystkich tradycji duchowych, choć pod różnymi nazwami. Na przykład w hinduizmie Trimurti (sanskryt oznacza "trzy formy trójcy") reprezentuje potrójne Bóstwo Najwyższej Boskości - kosmiczny wyraz tworzenia (Powietrze), utrzymywania (Woda) i niszczenia (Ogień). Ponownie widzimy trzy podstawowe Elementy w działaniu, choć w innej kolejności. Powietrze jest zawsze na szczycie piramidy, chociaż Woda i Ogień mogą być stosowane zamiennie.

Daath odpowiada czakrze gardła, Vishuddhi. Ponieważ Daath reprezentuje wiedzę, a celem naszej skrzynki głosowej (krtani) jest generowanie wibracji (wysokości i głośności) w naszych prętach głosowych, komunikacja werbalna wyrażona poprzez język łączy nas ze Stwórcą.

Księga Rodzaju mówi: "Na początku było Słowo, a Słowo było Bogiem, a Słowo było u Boga" (J 1,1). Dlatego Słowo jest naszym połączeniem z Bogiem. W związku z tym praktyka Mantr polegająca na używaniu Słów Mocy i wibracji naszej skrzynki głosowej w głębokim tonie jest jednym ze sposobów połączenia się z naszymi boskimi mocami i dostrojenia naszej świadomości do wyższych sfer. Ponieważ Duch jest czynnikiem jednoczącym pozostałe cztery elementy, czakra gardła, Vishuddhi, reprezentuje syntezę czterech elementów w Duchu, wyrażoną poprzez komunikację.

Szósta czakra, Ajna, zajmuje się widzeniem psychicznym (jasnowidzeniem) - zdolnością do widzenia obrazów wizualnych w sposób astralny, na poziomie wewnętrznym. Te wiadomości są często rzutowane z Boskich i Duchowych Światów i dają nam dar prekognicji, zdolność do przewidywania wydarzeń zanim się wydarzą. Ponieważ psychiczny dar Ajny to wewnętrzne wizje, jest on nazywany Trzecim Okiem lub Okiem Umysłu. (Więcej o znaczeniu czakry Ajna i jej portalu wizji w dalszej części artykułu.) Ajna jest bezpośrednio związana z Chokmah i Binah, ponieważ poprzez tę czakrę mamy dostęp do obu tych sfer.

Ajna Chakra jest siedzibą intuicji, naszego najwyższego wewnętrznego wydziału percepcji. Intuicja pozwala nam bezpośrednio odczytywać energię wokół nas, zamiast używać naszego intelektu lub emocji. Daje nam poczucie wiedzy, choć nie ujawnia dokładnie, skąd wiemy to, co wiemy. Intuicja pozwala nam również na dostęp do wewnętrznego przewodnictwa z Boskich Światów, ponieważ łączy nas z naszym Świętym Aniołem Stróżem, który rezyduje w Sferze Chokmah. Ajna pozwala nam przeciąć iluzję, uzyskać dostęp do głębszych prawd i widzieć poza umysłem i słowami. Pozwala nam doświadczyć Archetypowej energii stojącej za obrazami.

Siódma czakra to czakra korony, Sahasrara, znajdująca się na szczycie głowy. Jest ona najwyższą z Czakr Głównych i ich kulminacją. Sahasrara jest źródłem duchowej energii i Wielkiego Białego Światła, które wlewa się do niższych czakr, zasilając je w ten sposób. Punkt początkowy naszego Transpersonalnego Ja wyraża się poprzez nasze Transpersonalne Czakry powyżej głowy i poniżej stóp. Sahasrara jest naszym połączeniem z Boskim Źródłem wszelkiego stworzenia i najwyższym wyrazem Elementu Ducha - reprezentuje jedność i pogodzenie przeciwieństw, ponieważ jest to czakra Jedności.

Qabalistycznie czakra Sahasrara odpowiada Kether - Koronie jako początek Trzech Zasłon Negatywnego Istnienia, zwanych również Ain *Soph Aur*. Sahasrara jest punktem styku pomiędzy tym, co skończone, a tym, co nieskończone - jest poza czasem i przestrzenią, ponieważ jest Wieczna, co oznacza, że zawsze istniała i będzie istnieć do końca czasów.

Chociaż trzy najwyższe czakry należą do Elementu Ducha, tylko Sahasrara jest Nie-Dualna. Ajna jest pojazdem naszego umysłu, który dociera do Korony, podczas gdy Vishuddhi łączy się z energią Ducha poprzez wypowiadane Słowo. Świadomość Ego sięga tak wysoko jak Vishuddhi, choć całkowicie zatraca się w Ajnie z powodu połączenia Ajny z Sahasrarą. Poniżej Ajny doświadczamy strachu i cierpienia, natomiast powyżej niej transcendujemy Ego. Poprzez transcendencję uzyskujemy dostęp do stanów błogości towarzyszących doświadczeniu Duchowemu, co jest niezrozumiałe dla zwykłego człowieka, który głównie zajmuje swój umysł pragnieniami Ego.

ELEMENT OGNIA

Element Ognia oczyszcza i przekształca wszystkie rzeczy, które nie są już przydatne dla naszego ciała, umysłu i Duszy. Wszystkie nowe rzeczy powstają z Ognia, ponieważ stare rzeczy są przez niego pochłaniane - Ogień jest potężnym środkiem czyszczącym, ponieważ spala zanieczyszczenia.

Element Ognia to Zasada Męska i energia Ojca (Chokmah) - Dusza. W Alchemii, Dusza i Element Ognia odnoszą się do *Siarki*, jednej z trzech Zasad w naturze. Ogień reprezentuje Siłę i siłę woli, i jest najbliższy Duchowi spośród trzech podstawowych Elementów. Aktywna część Jaźni polega na Ogniu - reprezentuje on świadomy umysł i witalność, pewność siebie, kreatywność i odwagę.

Element Ognia to trzecia czakra, Manipura, znajdująca się w splocie słonecznym. Ze względu na swoje położenie i rodzaj energii, jest związana z procesami trawiennymi i metabolicznymi w organizmie. Element Ognia reprezentuje spalanie w Świecie Materii, manifestując zarówno ciepło jak i Światło. Przynosi transmutację, regenerację i wzrost poprzez zastosowanie ciepła.

Qabalistycznym odpowiednikiem elementu Ognia jest sefira *Geburah*, której planetarnym atrybutem jest Mars. Ogień Geburah to siła woli i napęd. Element Ognia jest również wyrażany przez *Netzach* jako pożądanie i pasja, które są zasilane przez Element Ognia. Pożądanie jest często instynktowne i mimowolne, takie jak pożądanie seksualne lub zmysłowe. Z drugiej strony, pasja zwykle wiąże się z kreatywnością i jest czymś, nad czym mamy kontrolę.

Element Ognia stymuluje i zasila również inteligencję, dlatego wyraża się również poprzez sefirę *Hod* - jako siła umysłu (hart ducha) w obliczu zmiennych emocji. Intelekt i rozum są siłą napędową siły woli na niższych poziomach, podczas gdy Dusza jest siłą napędową na wyższych poziomach.

Manipura wyraża Wyższą Płaszczyznę Umysłową, tuż poniżej Płaszczyzny Duchowej. Ma ona bezpośredni kontakt z Elementem Ducha i Nadprzyrodzonymi. Kiedy energia Ducha zstępuje do Manipury, siła woli jest wywyższona, ponieważ staje się motywowana przez bezwarunkową miłość.

Ogień to dynamizm i motywacja, przyczyna stojąca za efektem. Ogień to skoncentrowana siła woli, która zasila myśli stojące za każdym świadomym działaniem - wymaga ona swojego przeciwieństwa (Wody) jako barometru i impulsu do działania. Osoba używa swojej siły woli albo z miłości do siebie samej, albo z bezwarunkowej miłości do całej ludzkości. Dlatego też elementy Ognia i Wody istnieją jako dualność w stosunku do siebie, zarówno w ciele jak i w umyśle.

Ludzie, których element Ognia jest nieaktywny mają niską moc osobistą i nie mają prawdziwej kontroli nad swoim życiem. Inni ludzie realizują swoje myśli za nich i brakuje im surowej energii, aby zamanifestować swoje życiowe pragnienia. W przeciwieństwie do nich, ludzie z obfitością elementu Ognia mają niezbędną moc do manifestacji swoich marzeń. Są pewni siebie i przyciągają pragnienia swojej duszy, w tym wybierają swoich romantycznych partnerów i nie zadowalają się byle czym.

Manifestacja wymaga zastosowania Elementu Ognia, który jest filtrowany przez Element Ziemi. Między Elementem Ognia a Elementem Ziemi nieustannie zachodzi akcja i reakcja "tam i z powrotem", kiedy Twoja Dusza jest siłą przewodnią. I odwrotnie, kiedy Twoje Ego jest siłą przewodnią, siła woli zostaje porwana i Element Ziemi czerpie swoją podstawową energię z mimowolnych emocji Elementu Wody.

Element Powietrza jest potrzebny do napędzania zarówno Ognia jak i Wody, a Twoje myśli mogą służyć Twojej Duszy lub Twojemu Ego. Twoja Wolna Wola określa, komu decydujesz się służyć, ponieważ nie możesz zajmować się jednocześnie swoją Duszą i Ego.

Element Ognia, podobnie jak Element Ducha, wyraża się poprzez pozostałe trzy Elementy. Jest to najwyższy z czterech Elementów w zakresie i wymaga naszej największej uwagi.

ELEMENT WODY

Element Wody jest kobiecą, matczyną zasadą; Yin do Yang elementu Ognia. Tak więc Element Wody odnosi się do Formy i świadomości, tak jak Element Ognia odnosi się do

Siły i Duszy. Te dwa elementy istnieją w symbiotycznym związku ze sobą. W Alchemii, Element Wody odnosi się do Zasady Rtęci.

Jako płynna energia świadomości, Element Wody odnosi się również do sefiry Binah, Astralu, czyli niewidzialnego planu wszystkich stałych ciał we Wszechświecie. Na wewnętrznym, ludzkim poziomie, Element Wody obejmuje nasze uczucia i emocje. Jest to pasywna, receptywna część Jaźni - podświadomość. Woda (H2O) składa się z cząsteczek wodoru i tlenu, które podtrzymują życie materialne. Całe życie wodne również polega na tlenie w wodzie, aby móc oddychać.

Elementem wody jest druga czakra, Swadhisthana (sakralna), znajdująca się pomiędzy pępkiem a podbrzuszem. Swadhisthana wyraża Wyższą Astralną (Emocjonalną) Płaszczyznę. Emocje dotyczą przede wszystkim przejawów miłości w życiu człowieka, w tym miłości do Siebie i miłości do innych. Qabalistyczna korespondencja Elementu Wody jest z *Chesed*, którego planetarnym atrybutem jest Jowisz. Chesed jest wyrazem bezwarunkowej miłości, miłosierdzia i altruizmu, które są najwyższymi przejawami Elementu Wody.

Ponieważ jest on związany z emocjami, Element Wody obejmuje inne Sefiroty na Drzewie Życia, tak samo jak Element Powietrza (myśli). Ponieważ sfera Netzach jest formą niższych, bardziej instynktownych emocji, takich jak pożądanie i romantyczna miłość, Element Wody wyraża się również poprzez tę sferę. Netzach odpowiada planecie Wenus i pożądaniu, które jest odczuwane jako emocja łagodzona przez Element Ognia.

Element Wody zasila również logiczny, rozumujący umysł Hod, ponieważ Hod i Netzach pracują nad wzajemnym uzupełnianiem się. Hod odpowiada Merkuremu, dlatego w tym aspekcie Elementu Wody działa w połączeniu z Elementem Powietrza i myślami.

Element Wody jest również związany z energią seksualną i instynktami znajdującymi się na Księżycu, co odpowiada sferze *Yesod*. Jak widać, Element Wody obejmuje wiele środkowych i dolnych sefirot Drzewa Życia, podobnie jak Elementy Powietrza i Ognia.

Ogólna ludzka lekcja Czakry Wody to nauka kochania bez przywiązania poprzez Duszę. Musisz przekształcić swoje niższe emocje miłosne w wyższe, pozwalając swojej Duszy prowadzić świadomość zamiast Ego.

ELEMENT POWIETRZA

Element Powietrza jest potomstwem Elementów Ognia i Wody jako kolejny etap manifestacji. Jako potomstwo, Element Powietrza reprezentuje energię Syna. Dla ludzkości Powietrze kojarzy się z intelektem i logicznym umysłem. Myślenie i myśli, tak jak otaczające nas powietrze, są szybkie, szybko się zmieniają i nie mają Formy.

Tak jak element Ognia jest związany z działaniem, tak Powietrze jest związane z komunikacją. Podobnie jak Element Ognia, Powietrze jest męską jakością, reprezentuje aktywność i energię, ale na wewnętrznym poziomie umysłu. Powietrze wspiera całe życie poprzez oddychanie powietrzem zawierającym tlen, które nas otacza. W rzeczywistości fizycznej Element Powietrza tworzy atmosferę Ziemi jako mieszaninę gazów.

Element Powietrza odpowiada czwartej czakrze, Anahata (Serce), znajdującej się pomiędzy dwiema piersiami w centrum klatki piersiowej. Anahata jest również centralną czakrą w modelu Siedmiu Głównych Czakr, oddzielającą trzy Czakry Elementu Ducha powyżej, z trzema niższymi Czakrami Elementu poniżej. W modelu Planów Kosmicznych, Anahata wyraża Niższą Płaszczyznę Umysłową, która oddziela Element Wody poniżej i Element Ognia powyżej. Jako taka, Element Powietrza najbardziej oddziałuje psychicznie z tymi dwoma Elementami.

Qabalistycznie, Element Powietrza odpowiada Sferze *Tiphareth* (której planetarnym atrybutem jest Słońce) i Sferze Yesod (która przypisana jest Księżycowi). Jako część Nadprzyrodzonych, Element Powietrza jest przypisany do Kether jako twórczej energii.

Tiphareth jest źródłem naszej wyobraźni, która wymaga bycia w ciągłym akcie tworzenia, co jest wyrazem Elementu Powietrza. Tiphareth jest centrum Drzewa Życia, ponieważ otrzymuje wszystkie inne energie Sefirot, z wyjątkiem Malkuth - Ziemi. Do Malkuth dociera się poprzez Yesod - Księżyc. Element Powietrza ma podwójną naturę. Może być zwodniczy, jak Księżyc, lub wyrażać prawdę, jak Słońce. Prawda jest odbierana i postrzegana poprzez intuicję.

Tak jak czakra elementu ziemi (Muladhara) dotyczy stabilności, tak czakra elementu powietrza (Anahata) dotyczy jej przeciwieństwa - myśli. Ponieważ myśli składają się z eterycznej substancji, należą do umysłu. Wszystkie żywe istoty używają myśli, aby poruszać się w swojej rzeczywistości, ponieważ myślenie tchnie życie w elementy Ognia i Wody w psychice. Ogień reprezentuje siłę woli, podczas gdy Woda reprezentuje emocje i miłość. Nie można mieć ani jednego, ani drugiego bez Powietrza, ponieważ myśli zasilają oba te elementy. Zanim cokolwiek osiągniesz na tym świecie, musisz najpierw pomyśleć o tym, żeby to zrobić. Dlatego myśl jest podstawą całego stworzenia, zarówno u ludzi, jak i u innych zwierząt.

Powietrze jest również bezpośrednio skorelowane z Elementem Ducha/Aetr i Nadprzyrodzonymi. Element Powietrza jest równoważnikiem wszystkich rzeczy umysłowych, emocjonalnych i duchowych. Jako taki, jest bezpośrednio związany z Kether, źródłem energii Ducha.

Hermetycy twierdzili, że choć zwierzęta mają uczucia i wyobraźnię, to tylko ludzie posiadają logikę i rozum, które określali mianem "Nous". Nous to wydział umysłu, który jest budulcem inteligencji, zasilany przez Element Powietrza. W Qabalah, Sfera Hod jest powiązana bezpośrednio z intelektem. Jednakże w przypadku Hod, Powietrze jest łagodzone przez Element Wody.

Powietrze jest również związane z Elementem Ognia i emocjonalną myślą lub impulsem. Tak więc Powietrze bezpośrednio koreluje z Netzach - emocjami i pragnieniami. Dobrze funkcjonujący umysł oznacza, że osoba jest dobrze zrównoważona w Elementach Powietrza.

ELEMENT ZIEMI

Element Ziemi reprezentuje Trójwymiarowy Świat, materialny wyraz Uniwersalnej energii. Podczas procesu Tworzenia, Element Ziemi został zamanifestowany, gdy Duch osiągnął najniższy punkt gęstości i częstotliwości wibracji. Jako taki, reprezentuje on wszystkie ciała stałe, które mają masę i zajmują przestrzeń, termin ten nazywamy "Materią". Ziemia jest syntezą Elementów Ognia, Wody i Powietrza w ich najbardziej gęstej formie i pojemnikiem tych Elementów na Płaszczyźnie Fizycznej. W Alchemii, Element Ziemi odnosi się do Zasady *Soli w* naturze.

Ziemia reprezentuje ruch i działanie; potrzebujemy energii Ziemi do wykonania jakiejkolwiek aktywności fizycznej. Na poziomie energetycznym, Element Ziemi reprezentuje uziemienie i stabilność. Odpowiednia dawka energii Ziemi jest potrzebna do manifestacji tego, co jest w naszych umysłach i sercach; w przeciwnym razie nasza umysłowa i emocjonalna energia pozostaje w wewnętrznych Planach Kosmicznych.

W fizycznej rzeczywistości Ziemia jest organicznym i nieorganicznym związkiem naszej Planety. Reprezentuje wzrost, płodność i regenerację dotyczącą Gai, Planety Ziemi, Matki, która pielęgnuje nasze ciała. Terminy "Matka" i "Materia" brzmią tak samo i mają podobne znaczenie. Podobnie, żywioły Wody i Ziemi mają bliski związek jako jedyne pasywne, receptywne żywioły. Ziemia jest materialnym wyrazem Świata Astralnego, reprezentowanego przez Element Wody.

Elementem Ziemi jest Muladhara, Czakra Korzenia, odpowiadająca Qabalistycznie sferze Malkuth. Muladhara wyraża niższą płaszczyznę astralną, która jest nierozerwalnie połączona z płaszczyzną fizyczną jako łącznik. Dlatego Muladhara jest pierwszą czakrą, której lokalizacja (pomiędzy kością ogonową a kroczem) jest najbliższa fizycznej Ziemi.

Ekspresja Elementu Ziemi w naszej psychice jest zawsze związana z naszym połączeniem ze światem materialnym. Niektóre z bardziej przyziemnych aspektów Elementu Ziemi obejmują posiadanie pracy, domu i samochodu. Wszystko, co jest związane z pieniędzmi i posiadaniem dóbr materialnych jest wyrazem Elementu Ziemi. Zbyt duża ilość Elementu Ziemi skutkuje byciem nadmiernie materialistycznym i chciwym, co odbiera nam energię duchową.

Ziemia jest przeciwieństwem Ducha - Duch używa energii Ognia, Wody i Powietrza na wyższym poziomie, Ziemia używa tych trzech elementów na niższym, gęstszym poziomie. Energia Ziemi stara się zapewnić nam rzeczy, których potrzebujemy, aby nasza materialna, fizyczna egzystencja była szczęśliwa i zadowolona.

Jednak, jak mówi hermetyczny aksjomat, "Jak wyżej, tak niżej" - Kether jest w Malkuth, a Malkuth w Kether. Bóg jest we wszystkim, co widzimy przed nami i w nas - energia Ducha przenika całe istnienie. Dlatego Element Ziemi bezpośrednio łączy się z Duchem, ponieważ Duch ucieleśnia Ziemię. Duch wymaga Elementu Ziemi, aby móc manifestować rzeczywistość w Świecie Materii. Kiedy Duch manifestuje się poprzez Duszę, wynik jest owocny, podczas gdy kiedy działa poprzez Ego, rezultatem jest negatywna Karma.

Element Ziemi skupia się na zaspokajaniu naszych podstawowych potrzeb fizjologicznych niezbędnych do przetrwania, takich jak schronienie oraz zapotrzebowanie na powietrze, wodę, jedzenie i sen. Ćwiczenia fizyczne są również istotne, podobnie jak jakość pożywienia i wody, które dostarczamy do naszych ciał. Element Ziemi zajmuje się również prokreacją i naszym pragnieniem relacji seksualnych. Energia Elementu Ziemi uspokaja nasze umysły i daje nam paliwo do wykonywania codziennych czynności fizycznych, których celem jest utrzymanie nas w ruchu w naszej ziemskiej egzystencji.

PŁASZCZYZNY KOSMICZNE

Proces transformacji Kundalini rozpoczyna się jako płonący, wulkaniczny ogień, który wypala śmieci i nieczystości w różnych Ciałach Subtelnych Jaźni. Każda czakra ma odpowiadające jej Ciało Subtelne, które nowo aktywowane Ciało Światła formuje, ponieważ Światło jest substancją elastyczną. Twoja świadomość wciela się w te różne Ciała Subtelne, aby doświadczyć odpowiadających im Kosmicznych Planów istnienia lub manifestacji. Twoja Dusza doświadcza Kosmicznych Planów poprzez umysł, ponieważ jest on pośrednikiem pomiędzy Duchem a Materią. Działa jak odbiornik, który może dostroić się do tych różnych Planów Kosmicznych.

Niezwykle istotne jest zrozumienie koncepcji Duszy, czym ona jest i czym różni się od Ducha. Dusza jest indywidualną iskrą Światła, którą wszyscy nosimy w sobie. Starożytni twierdzą, że Dusza pochodzi od Słońca. Z tego powodu nazywają Słońce "Sol", od którego pochodzi słowo "Dusza". Przebudzenie Kundalini wyzwala Duszę z ciała fizycznego, aby mogła podróżować w tych wewnętrznych Kosmicznych Planach istnienia. Dusza jest najwyższą częścią ekspresji tego, kim jesteś jako Boska iskra ze Słońca. To, czy Dusza jest specyficzna tylko dla tego Układu Słonecznego, pozostawiamy do dyskusji. Teoretycznie, ponieważ wszystkie gwiazdy przekazują energię Światła, Dusza może być tym, co może podróżować z jednego Układu Słonecznego do drugiego i manifestować się w organicznym ciele na innej planecie.

Duch jest najwyższą esencją Boskiej energii i jest planem wszystkich rzeczy w istnieniu. Duch jest "materiałem myślowym" Boskiego lub Kosmicznego Umysłu, który projektuje znany Wszechświat. Dlatego Duch jest substancją ożywiającą wszystkie rzeczy i jest Uniwersalny, podczas gdy Dusza jest indywidualna i szczególna dla każdego człowieka. Dusza jest Ogniem, natomiast Duch jest ponad Czterema Elementami Ognia, Wody, Powietrza i Ziemi jako ich synteza - świadomość. Medium świadomości jest umysł i mózg, podczas gdy medium Duszy jest serce. Duch jest tym, w czym zarówno Dusza jak i umysł mają swoje istnienie.

Prawdziwe zrozumienie tych rozróżnień może być nieco skomplikowane, głównie dlatego, że słowo Duch i Dusza są w naszym społeczeństwie wymieniane chaotycznie, bez jasnej definicji tego, co każde z nich oznacza i czym się różnią. Większość ludzi wydaje się myśleć, że są to te same rzeczy. Starożytni zrobili wszystko, aby zdefiniować zarówno Duszę jak i Ducha, ale ponieważ przeciętna osoba w dzisiejszych czasach jest na niższym poziomie ewolucji duchowej, zbiorowe zrozumienie jeszcze nie nastąpiło. Dlatego mam nadzieję, że ta bardzo podstawowa definicja każdego z nich pomoże Ci lepiej zrozumieć różnicę.

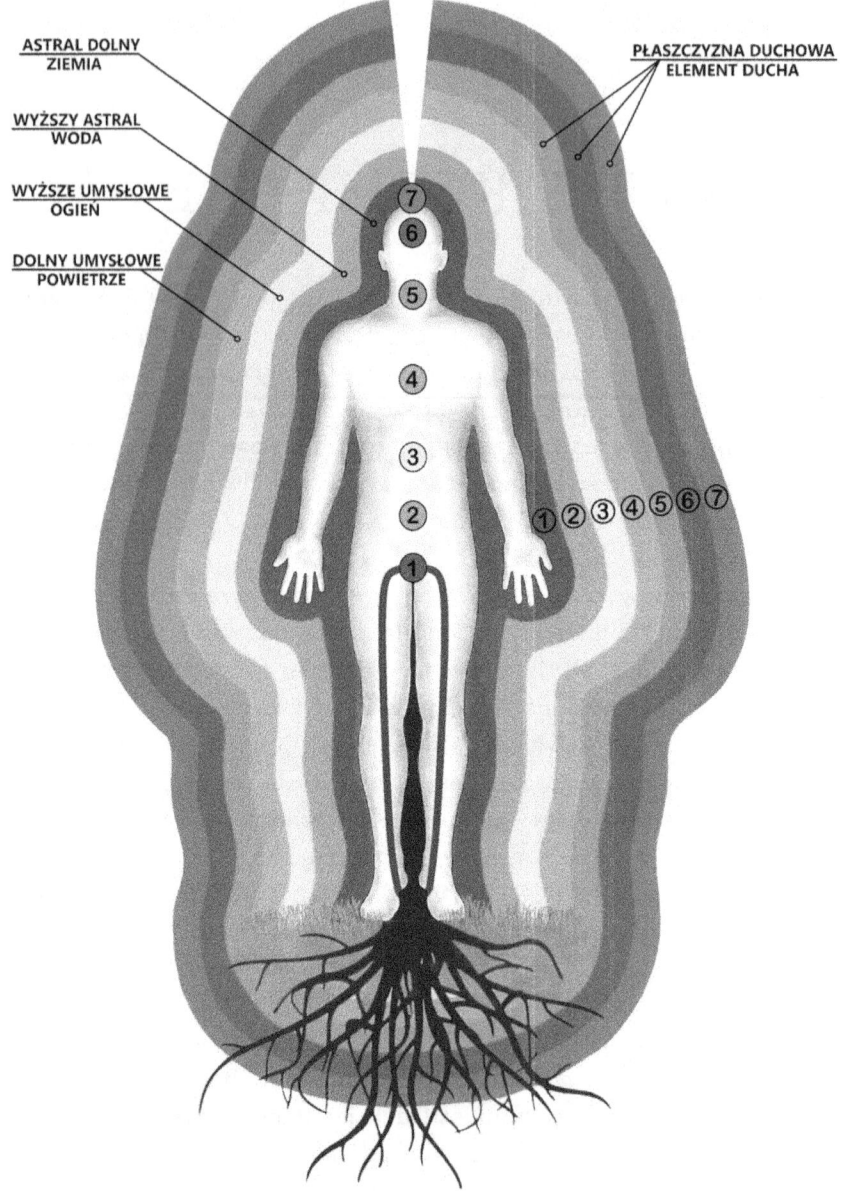

Rysunek 14: Wewnętrzne Płaszczyzny Kosmiczne

W miarę postępu procesu transformacji Kundalini, twoja Dusza będzie stopniowo systematycznie wkraczać na różne Kosmiczne Plany Istnienia i integrować te doświadczenia z Twoją psychiką. Możesz również wywołać określone stany psychiczne poprzez techniki rytuałów Ceremonial Magick, które przywołują jeden z Pięciu

Elementów: Ziemię, Powietrze, Wodę, Ogień i Ducha, jak również Podelementy każdego z nich. Te ćwiczenia rytualne pozwolą Ci na bezpośredni dostęp do Planów Kosmicznych, ponieważ Pięć Elementów odpowiada czakrom. Skonsultuj się z *The Magus: Kundalini and the Golden Dawn* dla tych technik rytualnych.

Kosmiczne płaszczyzny istnienia zajmują tę samą przestrzeń i czas, ale istnieją w różnym stopniu wibracji. Najniższą i najbardziej gęstą wibracją będzie Fizyczny Świat Materii, w którym żyjemy na co dzień. Gdy zwiększysz wibrację, wchodzisz do różnych Planów istnienia, Astralnie, poprzez umysł. Im wyższe tempo lub częstotliwość wibracji, tym wyższa Płaszczyzna. Materia ma najniższą częstotliwość, natomiast Duch wibruje z tak wysoką częstotliwością, że jest praktycznie w spoczynku i niewidoczny dla zmysłów.

Kosmiczne Plany istnieją w Aurze w warstwach (Rysunek 14), tak samo jak warstwy cebuli nałożone jedna na drugą. Wyższe warstwy przenikają się i wpływają na niższe. Obraz na rysunku 14 jest schematem pokazującym kolejność warstw dotyczących Czakr. Nie jest to jednak dokładne przedstawienie samej Aury. W ludzkiej Aurze każda z jej głównych warstw czakr jest bliżej siebie, nałożona na cztery bardziej rozległe warstwy związane z Czakrami Transpersonalnymi. Jako takie, jedenaście podstawowych warstw składa się na Aurę. (Aby uzyskać więcej informacji na temat Aury, zobacz dyskurs zatytułowany "Aura-Toroidalne Pole Energetyczne".)

Należy również pamiętać, że Aura jest dynamiczna w swojej ekspresji i jest w ciągłym stanie przepływu i refluksu, gdy wyraża indywidualną świadomość. W każdym momencie, różne kolory wirują w Aurze w zależności od tego, na jakich treściach skupia się umysł i serce.

Wszystkie Kosmiczne Płaszczyzny istnieją kolejno, emanując z Białego Światła, które znajduje się w Sahasrarze, czakrze korony. Proces manifestacji Boskości filtruje w dół do tych różnych Planów, a jedna płaszczyzna wpływa na drugą - istnieje między nimi symbiotyczny związek. W miarę jak proces manifestacji filtruje w dół, po dotarciu do Płaszczyzny Fizycznej, wznosi się z powrotem do Białego Światła, systematycznie wpływając na każdą płaszczyznę. Proces manifestacji jest więc ciągłym przepływem tam i z powrotem całego tego procesu, nieskończoną ilość razy w skończonej chwili, czego przykładem jest hermetyczny aksjomat "Jak wyżej, tak niżej".

Wykonując działania w świecie fizycznym, wpływasz na te Wewnętrzne Płaszczyzny, tworząc w ten sposób karmę. Energia karmiczna jest sumą Twoich działań i wyrazem ich jakości. Jeśli Twoje działania nie są wykonywane w imię Boga - Boskości, który działa poprzez energię bezwarunkowej miłości, to będą one miały karmiczne konsekwencje. Jako taka, negatywna karma zostanie złożona wewnątrz jednej z płaszczyzn manifestacji, abyś mógł nauczyć się lekcji z tej płaszczyzny i prawidłowo dostroić swoje działania, optymalizując w tym procesie swoje czakry.

Poprzez doświadczanie tych Kosmicznych Planów możesz dowiedzieć się o częściach siebie, które wymagają pracy. I możesz pracować nad tymi częściami siebie poprzez doświadczanie tych Kosmicznych Planów. Na przykład, czasami jednostki demoniczne umieszczają się w jednym lub więcej Planach Kosmicznych i musisz spotkać te demony i "zabić" je. Często czynność ta jest wizualnie widziana w wizji lub we śnie, gdy napełniasz demona Białym Światłem, rozbrajając go. Jednakże zmierzenie się z nimi z odwagą jest zazwyczaj wystarczające, aby je przekształcić i usunąć energię strachu z Płaszczyzny Kosmicznej, na której mieszkają. Z kolei odpowiednia czakra zostanie dostrojona, pozwalając, aby więcej energii Światła przez nią prześwitywało.

Kiedy pracujesz z energią karmiczną, pracujesz przede wszystkim ze strachem, ponieważ strach jest paliwem wszystkich energii demonicznych. Celem wszystkich demonów jest to, żeby Cię jakoś przestraszyć. Ponieważ strach jest policzalny, poprzez pracę z energią karmiczną usuwasz strach ze swojej aury, stopniowo, aż zniknie on w całości. Jednak proces ten trwa wiele lat i wymaga od Ciebie siły umysłu i serca. Musisz stać się odporny i uparty, aby osiągnąć sukces, jeśli chcesz pokonać swoje Demony. Kiedy cały strach zostanie z Ciebie wyciągnięty, Demony nie będą mogły Cię już przestraszyć i w końcu będziesz miał nad nimi ostateczne panowanie. Ten proces jest esencją uzyskania prawdziwej osobistej mocy.

PIĘĆ PŁASZCZYZN KOSMICZNYCH

Płaszczyzna Fizyczna & Dolna Płaszczyzna Astralna (Element Ziemi)

Twoja podróż ku transcendencji zaczyna się na Płaszczyźnie Fizycznej, odpowiadającej Muladharze, Czakrze Podstawy i Elementowi Ziemi. Muladhara jest najniższą z czakr, reprezentującą najgęstszą płaszczyznę istnienia, Świat Materii. Czakra ta wpływa również na Niższą Płaszczyznę Astralną, energetyczny schemat wszystkich rzeczy w istnieniu. Istnieje związek z Płaszczyzną Fizyczną i Niższym Astralem, ponieważ obie te płaszczyzny są częścią Elementu Ziemi i czakry Muladhara. Ciało subtelne odpowiadające tej Wewnętrznej Płaszczyźnie to Dolne Ciało Astralne. Ciało Fizyczne jest ciałem, którego używamy do doświadczania świata Materii. Ten związek jest oczywisty.

Człowiek jest nierozerwalnie połączony z Ziemią poprzez siłę grawitacji. Na poziomie energetycznym, jesteśmy połączeni z Ziemią poprzez czakry stóp i kanały energetyczne w nogach, które łączą się z czakrą Muladhara. To połączenie pozwala nam uziemić nasz system czakr, podczas gdy nerw kulszowy uziemia nasz system nerwowy i ciała fizyczne do Ziemi. System energetyczny człowieka jest jak drzewo z korzeniami głęboko w ziemi. Ziemia pielęgnuje nas poprzez tę dwukierunkową komunikację, która wspiera i podtrzymuje naszą świadomość.

Wyższa Płaszczyzna Astralna (Element Wody)

W miarę jak wznosisz się w górę na płaszczyznach, następną w kolejności jest Wyższa Płaszczyzna Astralna. Jest ona często określana jako Płaszczyzna Emocjonalna, związana z niższymi, bardziej instynktownymi emocjami - nasze działania w Świecie Fizycznym wywołują reakcje emocjonalne mimowolnie. Wyższa Płaszczyzna Astralna jest związana z seksualnością, strachem i Ego, ponieważ odnosi się bezpośrednio do podświadomego umysłu. Odpowiada ona Elementowi Wody i Swadhisthanie, czakrze sakralnej. Ciało subtelne właściwe dla tej płaszczyzny to Wyższe Ciało Astralne.

Po pełnym przebudzeniu Kundalini, gdy tylko świadome i podświadome umysły zostaną zmostkowane, emocjonalny chaos dominuje w psychice przez dość długi czas. Stawienie czoła swojemu Cienistemu Ja może być przerażające, zwłaszcza jeśli jesteś nieprzygotowany na takie doświadczenie. Jakkolwiek trudne to może być, karmiczna energia elementu Wody musi zostać pokonana, abyś mógł ruszyć naprzód w swojej podróży Duchowego Wzniesienia. Oczyszczanie energii strachu może zająć więcej czasu, w zależności od poziomu waszej Duchowej Ewolucji. Z odwagą i determinacją można to jednak osiągnąć, w wyniku czego Czakra Swadhisthana staje się dostrojona, pozwalając świadomości wznieść się ponad jej poziom i wejść na Płaszczyznę ponad nią.

Dolna Płaszczyzna Mentalna (Element Powietrza)
Kiedy skończysz integrować lekcje elementu wody, następną wewnętrzną płaszczyzną, którą musisz się zająć jest Niższa Płaszczyzna Mentalna, odpowiadająca elementowi powietrza i Anahata, czakra serca. Płaszczyzna ta odnosi się do Twoich myśli i racjonalnego myślenia, jak również wyobraźni. Emocje wpływają na myśli i odwrotnie. Ze względu na swoje połączenie z Elementem Ducha, Anahata zajmuje się wyższymi emocjami, takimi jak współczucie i bezwarunkowa miłość. W związku z tym możesz napotkać testy Duszy odnoszące się do tych energii. Ciało subtelne właściwe dla tej Wewnętrznej Płaszczyzny to Niższe Ciało Umysłowe.

Kiedy już wejdziesz na Płaszczyznę Umysłową i Twoja świadomość będzie wibrowała na jej poziomie, zaczniesz świadomie śnić. Ponieważ Anahata jest bezpośrednio połączona z Elementem Ducha w Vishuddhi (czakra powyżej), Twoja świadomość może wydostać się z ciała fizycznego poprzez czakrę Sahasrara i wcielić się w Ciało Światła, jeżeli uzyskałeś pełną aktywację poprzez przebudzenie Kundalini. Z powodu swojej wyższej gęstości, Płaszczyzna Umysłowa jest punktem kontaktowym dla Ciała Światła, aby wejść w świadomy sen. Kiedy się w nie wcielisz, dokonasz projekcji na jeden z wyższych Planów Kosmicznych. W zależności od doświadczenia, jakie masz w tym śnie, jest to albo Plan Duchowy albo Boski. Z chwilą gdy Twoja świadomość znajdzie się w Anahacie, zaczynają się pojawiać Świadome Sny, ponieważ napływ elementu Powietrza pozwala Ci na projekcję z Sahasrary.

W Świadomym Śnie będziesz w pełni świadomy. Doświadczysz tego snu jako rzeczywistego, ponieważ Ciało Światła jest pojazdem świadomości, podobnym do ciała fizycznego, tylko na niższym poziomie gęstości. Sny o jasnej barwie charakteryzują się absolutną wolnością w doświadczaniu tego, czego pragniesz, będąc w stanie śnienia. Kiedy Twoja świadomość zostanie wyrzucona z czakry Sahasrara, sen staje się pełnym doświadczeniem poza ciałem. (Omówię Luźne Sny bardziej szczegółowo w drugiej połowie książki, ponieważ jest to jeden z bardziej znaczących darów otrzymanych po przebudzeniu Kundalini).

Wyższa Płaszczyzna Psychiczna (Element Ognia)

Następną płaszczyzną, przez którą będziesz musiał pracować jest Wyższa Płaszczyzna Umysłowa, odpowiadająca Elementowi Ognia oraz trzeciej czakrze, Manipurze (czakra splotu słonecznego). Manipura odnosi się do Twojej siły woli, przekonań, motywacji i napędu w życiu. To tam leży Twoja Dusza, która filtruje przez świadomy umysł. Twoje przekonania powstają poprzez nawykowe działania i myślenie. To połączenie z Duszą na Płaszczyźnie Umysłowej daje początek Świadomego Śnienia, ponieważ Ciało Światła jest pojazdem Duszy. Pamiętaj, że zarówno Element Ognia jak i Powietrza są połączone z Elementem Ducha, a więc Płaszczyzna Umysłowa jest punktem kontaktowym dla osiągnięcia wyższych sfer kosmicznych.

Wiele z naszych zakorzenionych przekonań uniemożliwia nam wykorzystanie naszego najwyższego potencjału jako duchowych istot ludzkich. Przezwyciężenie negatywnych, ograniczających przekonań jest najważniejsze, aby żyć tak, jak chcesz. Przekonania wpływają również na Twoje marzenia i cele. Celem doświadczania tych płaszczyzn jest oczyszczenie negatywnej karmy przechowywanej w każdej czakrze. Po oczyszczeniu, Twoja świadomość w naturalny sposób wznosi się ponad daną Czakrę, aby nauczyć się dalszych lekcji Duszy w Czakrze powyżej. Ciało subtelne odpowiadające tej Płaszczyźnie to Wyższe Ciało Umysłowe.

Płaszczyzna Duchowa (Element Ducha)

Kiedy już przekroczysz niższe plany egzystencji związane z czterema żywiołami, energia Kundalini sublimuje i przekształca się w kojący, płynny ogień, który jest znacznie przyjemniejszy. Jej jakość jest z Elementu Ducha i kiedy ta transformacja nastąpi, stanie się ona Twoim "modus operandi" na resztę życia. Ta energia Ducha podnosi Twoją świadomość do najwyższych trzech czakr: Vishuddhi (czakra gardła), Ajna (czakra Oka Umysłu) i Sahasrara (czakra korony). Odpowiada Duchowej Płaszczyźnie istnienia doświadczanej przez czakrę Sahasrara i czakrę Bindu. Jest określana jako filozoficzna Merkury Alchemików i kamień filozoficzny.

Ciało subtelne odpowiadające Płaszczyźnie Duchowej to Ciało Duchowe. To Ciało Duchowe jest kolejnym nośnikiem świadomości, z którym nowo aktywowane Ciało Światła stara się trwale zestroić. Podczas stanów sennych, Ciało Światła formuje się w Ciało Duchowe, aby podróżować po Płaszczyźnie Duchowej.

Płaszczyzna Duchowa jest często określana jako "Aethyr" i często pojawiają się odniesienia do Aetheric lub Etheric blueprint wszystkich form Materii. Jest to synonim wspomnianego już schematu astralnego. Ludziom często brakuje języka, aby wyjaśnić tę bardzo szczególną niewidzialną naukę, więc odniesienie do tych terminów oznacza podstawowy energetyczny plan, który wszyscy posiadamy. Nie bądź zdezorientowany, jeśli nie możesz łatwo pojąć, jak to wszystko działa, ale bądź otwarty na naukę, a z czasem, gdy będziesz bardziej wystawiać się na działanie tej niewidzialnej rzeczywistości, Twoje zrozumienie będzie wzrastać.

Istotne jest, aby zrozumieć, że energia Kundalini nigdy nie jest statyczna; jest wiecznie zmieniająca się w swojej ekspresji, funkcji i stanie. Ta ciągła transformacja energii

Kundalini pozwala Ci wejść do tych różnych Planów w sposób naturalny, chyba że zdecydujesz się zrobić to celowo poprzez rytualne techniki inwokacji.

Pamiętaj, że do tej pory opisuję proces wznoszenia się na Wewnętrznych Planach poprzez świadomość. W miarę jak wzrasta wibracja Twojej świadomości, doświadczasz coraz wyższych Planów, aż do osiągnięcia Planu Duchowego. Twoja świadomość może sięgnąć tak wysoko jak Boskie Płaszczyzny, chociaż ich doświadczanie zazwyczaj ma miejsce podczas Luźnych Snów. Rzeczywisty proces manifestacji jest ciągłym cyklem filtrowania Ducha w Materię i z powrotem w górę. Proces ten jest natychmiastowy, nieustający i stały, a wszystkie Płaszczyzny pomiędzy nimi są dotknięte.

BOSKIE PŁASZCZYZNY

Boskie Plany istnienia odnoszą się do Transpersonalnych Czakr powyżej Sahasrary; niższe odnoszą się ogólnie do Czakry Gwiazdy Duszy, natomiast wyższe do Gwiezdnych Wrót. Teoretycznie istnieje nieograniczona ilość Boskich Planów świadomości. Wszelkie próby wyjaśnienia ich rzeczywistej liczby są daremne, ponieważ ludzka świadomość może sięgać tak wysoko jak Umysł Boga, który jest Wielowymiarowy. Ci, którzy próbują zdefiniować Boskie Płaszczyzny, błądzą w swojej ocenie, ponieważ ich doświadczenia nie mogą być sklasyfikowane z jakimkolwiek stopniem ciągłości.

Nie będę wchodził w zbyt wiele szczegółów dotyczących Boskich Planów, ponieważ celem tej pracy jest skupienie się przede wszystkim na siedmiu czakrach, ponieważ początkowe wyzwania po przebudzeniu Kundalini polegają na opanowaniu i oczyszczeniu ich. Doświadczanie wysokiej wibracji energii Boskich Planów w stanach snu lub wizji na jawie jest transcendentalnym doświadczeniem, które nie może być ujęte w słowa, ponieważ robienie tego jest ograniczaniem doświadczenia i sprowadzaniem go do sfery dualności.

Boskie Płaszczyzny są nie-dualne i niewyrażalne, ponieważ są punktem kontaktowym pomiędzy Nieznanym a Znanym. Informacje z Boskich Planów są filtrowane przez Czakrę Przyczynową/Bindu do Sahasrary, Korony, pozwalając istotom z innego świata nawiązać kontakt z Twoją świadomością. Kiedykolwiek masz we śnie doświadczenie "nie z tego świata" i odwiedzasz sfery, których nigdy wcześniej nie widziałeś ani nie doświadczyłeś, pracujesz z czakrami powyżej Sahasrary i "surfujesz" na jednym z Boskich Planów.

Doświadczenie Boskich Planów jest inne dla każdego. W *The Magus* próbowałem wyjaśnić niektóre z moich doświadczeń z tymi źródłami energii, ale uważam, że ograniczyłem przez to te niesamowite doświadczenia. Jeśli obudziłeś Kundalini i doświadczasz niesamowitych snów, czasami Świadomych, to nieodmiennie będziesz kontaktował się z Boskimi Planami istnienia.

Zobaczysz krajobrazy, których nigdy wcześniej nie widziałeś, piękne do podziwiania. Poczujesz się jak na innej planecie w innym Układzie Słonecznym, i w rzeczywistości możesz być. Kiedy Twoja świadomość zostanie uwolniona od ciała fizycznego, możesz ją wznieść poprzez inspirujący pomysł lub myśl. Nieczęsto można doświadczyć Boskich Planów w ciągu dnia, chyba że jesteś w medytacji, ale kiedy otworzysz te drzwi, możesz je odwiedzić w nocy.

Kiedy już nawiążesz kontakt z Boskimi Planami w swojej świadomości, możesz intuicyjnie odczuwać ich obecność, ale w nocy możesz użyć swojego Ciała Światła, aby wejść do nich i ich doświadczyć. W Twojej świadomości następuje podciąganie w górę i kiedy wchodzisz w stan Alfa podczas snu, możesz oficjalnie wejść na Boskie Płaszczyzny za pomocą swojego Ciała Światła. Jeśli czujesz, że jesteś na tym świecie fizycznie, ale Twój umysł jest na innej planecie lub w innym wyższym wymiarze, to są szanse, że doświadczasz Boskich Planów.

ZMIENNOŚĆ W SEKWENCJI WARSTW AURYCZNYCH

Zauważysz, że sekwencja duchowego rozwoju poprzez Żywioły jest zgodna z sukcesją warstw aurycznych dotyczących czakr, z tą różnicą, że zamiast przechodzenia do Ognia po pokonaniu Żywiołu Wody, doświadczyłem, że zamiast tego dochodzi się do Żywiołu Powietrza. Tak więc następuje stopniowy przeskok do wyższej warstwy przed powrotem do niższej. To, albo kolejność warstw w Aurze nie jest zgodna z kolejnością Czakr.

Załóżmy, że podążamy za qabalistycznym systemem Drzewa Życia ewolucji duchowej w kierunku Głowy Boga (Białego Światła Kether). Kiedy wznosimy się ponad Ziemską Płaszczyznę Fizyczną, świadomość doświadcza pozostałych trzech Elementów w dwóch oddzielnych sekwencjach, zanim osiągnie Płaszczyznę Duchową. Po opuszczeniu Malkuth, Ziemi, jednostka osiąga Yesod (niższe Powietrze), następnie Hod (niższa Woda), a potem Netzach (niższy Ogień). Następnie wznosi się do Tiphareth (wyższe Powietrze), po którym następuje Geburah (wyższy Ogień) i wreszcie Chesed (wyższa Woda). Następnie znajdują się u progu Ducha i Płaszczyzny Duchowej, reprezentowanej przez Daath na Drzewie Życia. Nawet na Płaszczyźnie Duchowej pierwsza sefira, Binah, jest przypisana do elementu Wody, podczas gdy druga sefira, Chokmah, jest związana z Ogniem. Binah i Chokmah są uważane za podstawowe źródła Elementów Wody i Ognia, w ujęciu qabalistycznym. Kether, najwyższa sefira, odpowiada Elementowi Powietrza i jest również uważana za jego najwyższe źródło.

Element Powietrza na Drzewie Życia jest uważany za pogodziciela pomiędzy Elementami Ognia i Wody. Z tego powodu znajduje się on ściśle na *Środkowym Filarze Drzewa Życia*, zwanym również Filarem Równowagi. Z drugiej strony, dwa żywioły Woda i Ogień wymieniają się na przeciwległych Filarach Drzewa Życia, Filarze *Surowości* i Filarze *Miłosierdzia*. Tak więc, w moim doświadczeniu wznoszenia się w świadomości i duchowego rozwoju, nie doświadczyłem Czakr kolejno. Wierzę, że ten proces jest uniwersalny. Dlatego albo system qabalistyczny jest poprawny, albo system czakralny, ale nie oba, ponieważ są różne. Bardziej zagłębię się w ten temat później, kiedy opiszę i omówię wschodnią koncepcję Koshas.

IDA, PINGALA I ŻYWIOŁY

Prawidłowy przepływ energii przez Idę i Pingalę ma ogromne znaczenie dla prawidłowego funkcjonowania obwodu Kundalini. Blokady w którejkolwiek z tych Nadis uniemożliwią energii działanie tak jak powinna. Jeśli wystąpią blokady, będziesz przechodził poważne problemy psychiczne i emocjonalne, ponieważ Ida i Pingala regulują czakry i świadomość. Ida i Pingala są zasilane przez myśli i emocje, na które wpływają cztery czakry poniżej Vishuddhi (czakra gardła) oraz żywioły Ziemi, Wody, Powietrza i Ognia.

W tym rozdziale omówię, jak Pięć Elementów wpływa na przepływ Idy i Pingali. Poprzez praktyki duchowe przedstawione w tej książce lub ćwiczenia rytualne Ceremonial Magick przedstawione w *The Magus*, możesz dostroić swoje Czakry. Czynienie tego pozwala prądom energetycznym w Idzie i Pingali płynąć prawidłowo, łagodząc wszelkie psychiczne i emocjonalne trudności, których możesz doświadczać. Jak opisano w *The Magus*, Trzydzieści Enochiańskich Aethyrów bezpośrednio wpływa na Idę i Pingalę, ponieważ wykorzystuje energię seksualną połączoną z Energią Elementarną do pracy na jednym lub obu kanałach jednocześnie. Odkryłem, że ta rytualna operacja jest najlepsza w dostrajaniu obu kanałów Kundalini i pomaganiu im w osiągnięciu najbardziej optymalnego stanu.

Element Ziemi reprezentuje stabilność i jest oznaczany przez Czakrę Korzenia, która znajduje się pomiędzy odbytem a genitaliami. Ta czakra jest bardzo ważna, ponieważ energia musi przez nią prawidłowo przepływać, aby zasilić system Kundalini. Element Ziemi daje Ci środki do skorygowania tej Czakry i jej prawidłowego dostrojenia. Jak wspomniano, linie energetyczne z Czakry Stopy biegną przez nogi aż do Czakry Ziemi, Muladhara. Linie te muszą być w pełni aktywowane i zoptymalizowane po przebudzeniu Kundalini. Ich prawidłowy przepływ pozwala Czakrze Ziemi pracować z maksymalną wydajnością. Ich przepływ zasila również Nadis Ida i Pingala, które mają swój początek w Muladhara, ale otrzymują swoje męskie i żeńskie energie z podstawowych kanałów energetycznych w nogach.

Praca z Elementem Ziemi pozwala się uziemić, maksymalizując przepływ energii w nogach. Element Wody i emocje wpływają na przepływ Idy (żeński), a Element Ognia na przepływ Pingali (męski). Element Powietrza ożywia zarówno kanał Ida jak i Pingala, ponieważ daje życie Elementom Wody i Ognia. Umieszczony jest w Czakrze Serca, Anahata, która zawiera największy zbieg mniejszych Nadis w ciele.

Anahata reguluje wszystkie Czakry, jak również Żywioły w ciele. Ponadto Czakra Serca łączy się z Czakrami Dłoni, które kierują uzdrawiającą energię miłości i służą jako receptory do odczytywania energii wokół Ciebie. Po ustanowieniu prawidłowego przepływu pomiędzy Czakrami Dłoni i Czakrą Serca u w pełni przebudzonych Kundalini osób; skutkuje to dalszym odczuwaniem nieważkości w ciele fizycznym i psychicznym odcięciem się od niego. Energia Ducha musi przeniknąć cały odpowiednik ciała fizycznego, Ciało Światła, aby całkowicie wyzwolić świadomość ze sfery fizycznej.

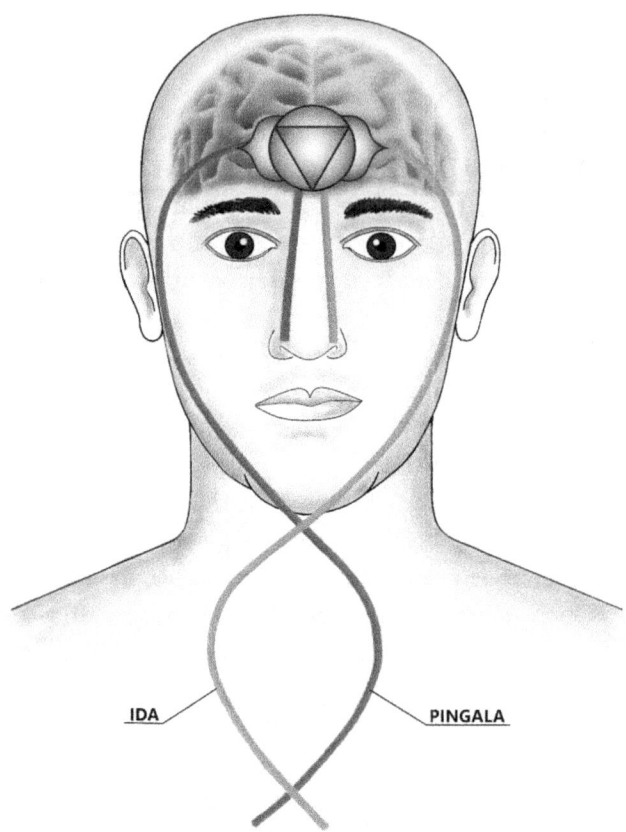

Rysunek 15: Nadis Ida i Pingala oraz Czakra Ajny

Podczas pracy z Elementem Powietrza pracujesz nad stymulacją zarówno Ida jak i Pingala Nadis. Ponieważ te dwie Nadis krzyżują się w każdym z punktów czakr podczas przebudzenia Kundalini, kończą się w czakrze Ajna (Rysunek 15) w środku mózgu w centrum wzgórza. Portalem Ajna Czakry jest Trzecie Oko - pomiędzy i nad brwiami oraz jeden centymetr wewnątrz głowy. Jeśli te dwa kanały nie krzyżują się prawidłowo lub jeśli występuje blokada w ruchu któregoś z nich w centrum Oka Umysłu, cały system Kundalini zostaje wytrącony z równowagi, co wpływa na jego funkcjonowanie. Często skutkuje to obsesyjnymi myślami lub problemami psychicznymi podobnymi do tych występujących u osób cierpiących na schizofrenię lub dwubiegunówkę.

    Problemy psychiczne u osób wynikają z nieprawidłowego przepływu Idy i Pingali oraz braku równowagi w czakrach. Nie możemy jednak tego udowodnić za pomocą współczesnych naukowych narzędzi pomiarowych. Po siedemnastu latach obserwacji moich procesów umysłowych oraz wzlotów i upadków w moich myślach i emocjach, doszedłem do takiego wniosku. Wierzę, że te kwestie są uniwersalne, ponieważ Ida i Pingala są aktywne u wszystkich ludzi, ponieważ regulują świadomość. Jednakże u osób w pełni przebudzonych Kundalini ich przepływ jest zoptymalizowany, ponieważ Trzy Granty są odblokowane, pozwalając sublimowanej energii pranicznej na ciągłe zasilanie systemu, wywołując stan transcendentalny.

LEWA I PRAWA PÓŁKULA MÓZGOWA

    W Qabali dwie najwyższe wewnętrzne zdolności człowieka to Mądrość i Zrozumienie; obie otrzymywane poprzez intuicję. Te dwa aspekty Jaźni istnieją w dualności ze sobą, ponieważ nie można mieć jednego bez drugiego. Oba są związane z Elementem Ducha, ponieważ reprezentują nadprzyrodzoną część Jaźni, która nigdy się nie narodziła i nigdy nie umrze. Na Drzewie Życia są to sfery Chokmah (Mądrość) i Binah (Zrozumienie). Odnoszą się one również do ostatecznego wyrażenia męskich i żeńskich składników Jaźni, które znajdują się w mózgu jako lewa i prawa półkula.

    Lewa półkula mózgu jest pod wpływem Chiah (znajduje się w Sferze Chokmah). Qabalistycznie, Chiah jest naszą Prawdziwą Wolą. Jest to męska, projekcyjna część Jaźni, należąca do Elementu Ognia. Nasz Święty Anioł Stróż i ta część nas samych nieustannie napędza nas do zbliżenia się do Boskości. Chiah jest zasilana przez Pingala Nadi, która w Tantra Jodze jest również związana z lewą półkulą mózgu. Odnosi się do analitycznego myślenia, logiki, rozumu, nauki i matematyki, rozumowania i umiejętności pisania. Chiah jest zasadniczo Archetypowy, co oznacza, że jest do pewnego stopnia poza naszą zdolnością do pełnego zrozumienia go. Możemy używać lewej strony naszego mózgu, ale nie możemy zrozumieć, dlaczego wiemy to, co wiemy, ani źródła tej wiedzy.

    Mniejsza Neschamah znajduje się w Sferze Binah. Jest kobieca i receptywna, należy do Elementu Wody. Mniejsza Neschamah służy jako nasza psychiczna intuicja. Jest to najwyższe dążenie Jaźni i nasza najgłębsza tęsknota lub najbardziej wzniosły stan świadomości. W końcu nasza intuicyjna moc łączy nas bezpośrednio z Boskością. Ida Nadi zasila Mniejszą Neschamah. Wpływa na funkcje prawej półkuli mózgu, takie jak rozumienie, emocje, kreatywność, wyobraźnia, wgląd, myślenie holistyczne oraz świadomość muzyki i form sztuki w ogóle.

NADI SHORT-CIRCUITS

W trakcie Twojej podróży do transformacji Kundalini, możesz napotkać czas, kiedy Ida lub Pingala są zwarte, co oznacza, że przestają działać w danym momencie. Kluczowe jest zrozumienie, że kiedy otworzysz swój obwód Kundalini, pozostanie on aktywny do końca życia, a zwarcia i blokady są tymczasowymi wybojami na drodze. Przy zwarciach musisz odbudować kanały Ida lub Pingala (w zależności od tego, który z nich uległ załamaniu) poprzez przyjmowanie pokarmu, co następuje naturalnie z czasem. W tym czasie Twoja Dusza może Cię nakłaniać do jedzenia więcej niż regularnie, aby to osiągnąć, ponieważ Twoja Dusza rozpozna, co musisz zrobić, aby naprawić problem.

Zwarcia są problemem uniwersalnym i wiele osób przebudzonych w Kundalini zgłaszało, że to im się przydarza. Jeśli Ida ma zwarcie, to jest to zwykle wynik lękliwego wydarzenia w Twoim życiu, które powoduje tak negatywny ładunek emocjonalny, że przeładowuje kanał i zapsuje go negatywną bioelektrycznością. Zwarcie kanału Pingala jest mniej powszechne i zwykle jest wynikiem tego, że ktoś lub coś przejęło Twoje życie i przez dłuższy czas myśli za Ciebie. Jeśli tak się stanie, kanał Pingala, którego zadaniem jest kanalizowanie siły woli, przestanie pełnić swoją funkcję.

Oba kanały mogą być odbudowane z czasem poprzez przyjmowanie pokarmów i wprowadzanie zmian w swoim życiu, które mogą negatywnie wpływać na ich funkcjonowanie. To jak prowadzisz swoje życie niezmiennie wpływa na cały system Kundalini i to jak dobrze funkcjonują czakry, w tym kanały Ida, Pingala i Sushumna.

Sushumna wymaga, aby ośrodki mózgowe były otwarte, a Bindu funkcjonowało prawidłowo, ale wymaga również, aby połączenie z Koroną było dobrze ustanowione. Jeśli Ida lub Pingala, lub obie te rzeczy, przestaną pełnić swoją funkcję i dojdzie do zwarcia, może to spowodować, że Sushumna również nie będzie funkcjonować prawidłowo, szczególnie na wyższym poziomie mózgu. Całkowite zatrzymanie przepływu Sushumny jest niemożliwe, ponieważ jest ona naszym medium do doświadczania rozszerzonej świadomości, która po przebudzeniu nigdy nie może zostać unicestwiona. Kanały pomocnicze Ida i Pingala, które regulują świadomość, mogą być manipulowane, ale nie sama rzeczywista wyższa świadomość.

Dalej omówię zwarcia Kundalini bardziej szczegółowo w "Części X: Kundalini Damage-Control" i przedstawię medytacje w następnej części, które możesz wykorzystać do odbudowy i ponownego wyrównania kanałów w głowie, zamiast czekać, aż stanie się to naturalnie.

CZĘŚĆ III: SYSTEM ENERGII SUBTELNEJ

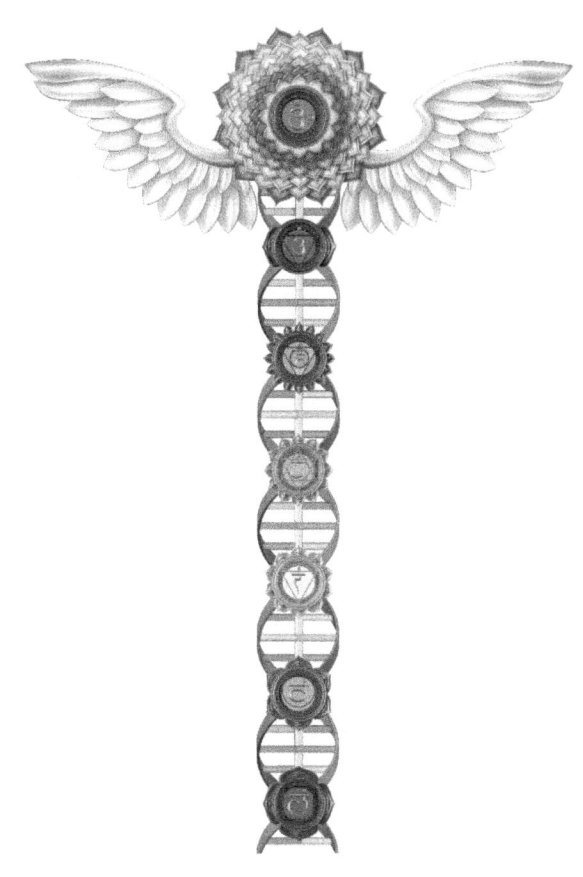

AURA-TOROIDALNE POLE ENERGETYCZNE

Pole elektromagnetyczne to połączenie energii elektrycznej i magnetycznej. Pola elektromagnetyczne są podstawowymi polami, które generują i podtrzymują życie. Aura jest elektromagnetycznym polem energii, które istnieje wokół każdej żywej i nieożywionej rzeczy we Wszechświecie. Ma kształt toroidalny, ponieważ torus jest preferowaną formą, którą Wszechświat wykorzystuje do tworzenia Materii z energii.

Torus składa się z osi centralnej i wirów na każdym końcu, które cyrkulują energię. W przekroju torus przypomina dynamicznego pączka z dziurą w środku, która jest nieskończenie mała. Większość dynamik torusa zawiera aspekty męskie i żeńskie, gdzie energia spiralnie wznosi się w jednym i opada w drugim.

Toroidalne pole energetyczne jest samowystarczalnym systemem, który nieustannie cyrkuluje energię. Symbol nieskończoności jest starożytną dwuwymiarową reprezentacją toroidalnego pola, ponieważ posiada podobne właściwości bycia ciągłym i samobalansującym. Symbol ten reprezentuje również Źródło wszelkiego stworzenia. Źródło stworzyło wszystkie istniejące tori i jest z nimi nierozerwalnie połączone.

Każdy człowiek i zwierzę żyjące na Planecie Ziemia, łącznie z samą Planetą (Rysunek 16), posiada swoją własną Aurę. To samo dotyczy innych Planet, a nawet Galaktyk. Wszystkie Aury we Wszechświecie wpływają na siebie i wzajemnie się zasilają. W końcu wszyscy jesteśmy ze sobą połączeni. Wiele różnych ekosystemów w atmosferze Ziemi, takich jak życie roślinne i zwierzęce, oceany, a nawet ameby i organizmy jednokomórkowe, są połączone ze sobą energetycznie. Poprzez dynamiczną wymianę energii, Uniwersalny system toroidalny łączy każdą komórkę i atom poprzez nasze ciała fizyczne i świadomość.

Na torus oddziałuje ciągły ruch Uniwersalnej energii lub Prany. Jego aktywność jest podobna do tego, jak fala zmienia się wraz z ruchem wody. Energia Praniczna jest wszędzie wokół nas - nieustannie wpływa i wypływa z naszych Aur. Tak długo jak istnieje nasze Słońce, tak długo istnieje Światło i Prana, które dają życie wszystkim żywym istotom w naszym Układzie Słonecznym.

Jednym z podstawowych celów Aury jest wymiana i przetwarzanie sygnałów komunikacyjnych. Aura żywych organizmów biologicznych nieustannie się zmienia w zależności od tego, co otrzymuje od Jaźni, środowiska lub innych żywych istot. Chociaż nieożywione obiekty mają Aurę, to nie zmienia się ona zbytnio poprzez interakcję z innymi żywymi lub nieożywionymi rzeczami. Aura rzeczy nieożywionych jest często określana jako Eteryczna lub ciało energetyczne. Zasadniczo, ciało energetyczne czegokolwiek jest jego Aurą, która jest produktem ciągłego ruchu torusa.

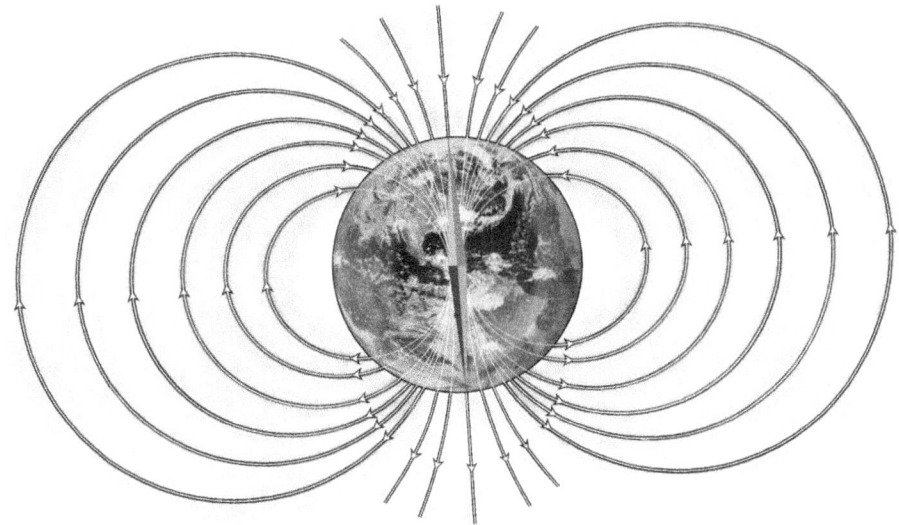

Rysunek 16: Pole Elektromagnetyczne Ziemi

AURA CZŁOWIEKA

Aura pomaga nam wchodzić w interakcje z otaczającym nas światem i przekazywać informacje do naszych ciał fizycznych. Rozciąga się wokół ciała fizycznego, ale również przez nie przepływa. Ciało fizyczne jest holograficzną projekcją indywidualnej świadomości zasilanej przez Aurę.

Opisałem już warstwy Aury w człowieku, które odpowiadają Siedmiu Głównym Czakrom i Kosmicznym Planom istnienia. Każda z warstw w Aurze ma swoją częstotliwość wibracji i przechowuje różne formy informacji. Kolejne cztery warstwy Aury odnoszą się do Transpersonalnych Czakr Gwiazdy Ziemi, Czakry Przyczynowej, Gwiazdy Duszy i Gwiezdnych Wrót. Emanują one kolejno po pierwszych siedmiu warstwach aurycznych.

Warstwa auryczna Czakry Gwiazdy Ziemi wystaje jako pierwsza po warstwie czakry Sahasrara, która służy do uziemienia całego systemu czakr, ponieważ łączy się z Ciałem Eterycznym na niższej płaszczyźnie astralnej. Następna jest warstwa Auryczna Czakry

Przyczynowej, która łączy Plan Duchowy i Boski. Następnie mamy Auryczną warstwę Gwiazdy Duszy, która pozwala nam na dostęp do niższych Boskich Planów, po czym następuje warstwa Gwiezdnych Wrót, reprezentująca te wyższe. Wreszcie, Czakra Hara, część modelu Czakr Transpersonalnych, nie posiada własnej warstwy Aurycznej, ale zamiast tego przenika różne aspekty Aury, ponieważ jest naszym podstawowym centrum pranicznym. Każda z jedenastu warstw Aurycznych ma przepływ toroidalny, który zagnieżdżony razem tworzy kształt gigantycznego jajka energetycznego (Rysunek 17).

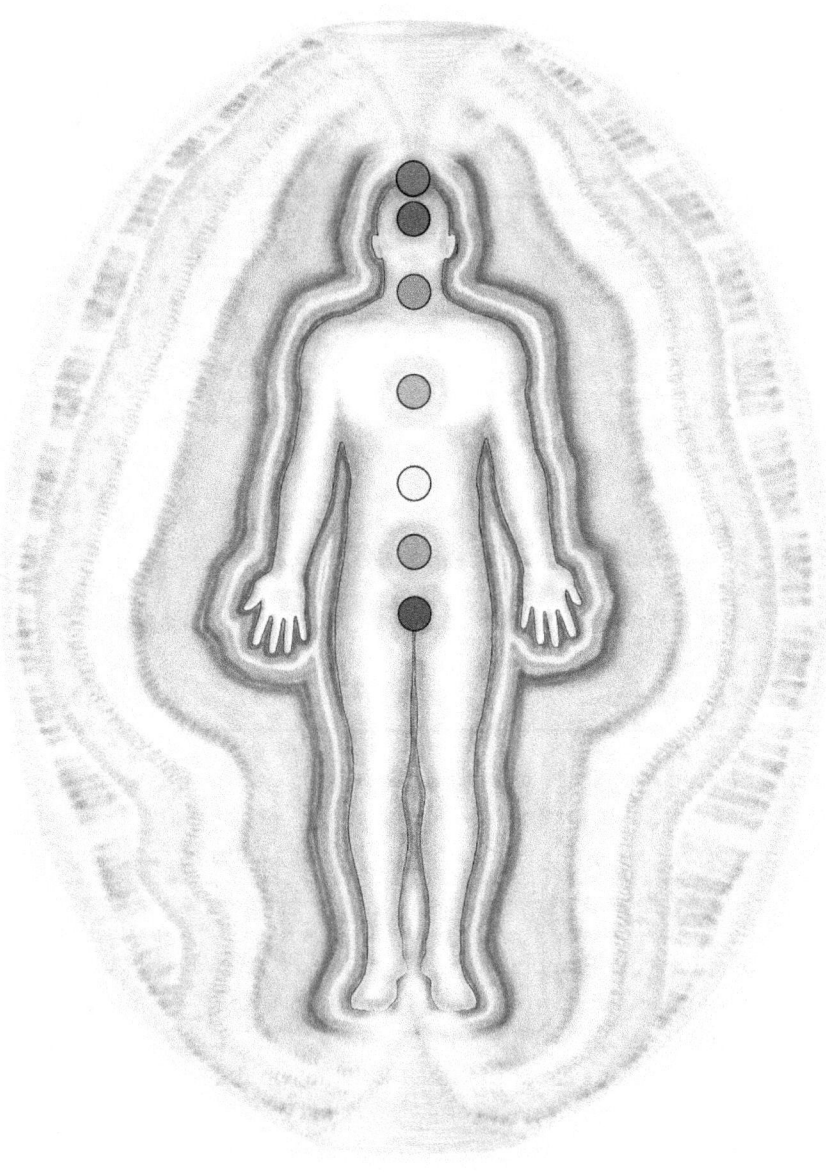

Rysunek 17: Aura Człowieka

Wraz z włączeniem wspomnianych warstw powstaje główny korpus Aury. Ponadto inne subtelne pola wpływają na naszą bioenergię i łączą nas ze sobą, innymi żywymi istotami, Ziemią i całym Wszechświatem. Należą do nich pola elektryczne i magnetyczne, które nie są wykrywane w widmie elektromagnetycznym, a które wpływają na nas fizycznie i psychicznie. Następnie są dźwięki i inne siły elektromagnetyczne, które wpływają na nas, takie jak światło podczerwone, mikrofale, fale radiowe, światło ultrafioletowe, promienie X, promienie Gamma, aby wymienić tylko kilka.

Każda komórka ciała oraz każda myśl i emocja generuje pole energetyczne. W związku z tym istnieją setki, jeśli nie tysiące, subtelnych pól energetycznych, z których niektóre nie zostały jeszcze odkryte. Naukowcy regularnie odkrywają nowe pola energetyczne, co dodatkowo zwiększa nasze zrozumienie wzajemnych powiązań całego istnienia.

U człowieka oś torusa przebiega od korony głowy do pachwiny, obejmując Czakry Główne i Transpersonalne, i ciągnąc się w dół aż do stóp. Energia przepływa przez jeden wir wzdłuż osi i wychodzi z drugiego wiru, gdzie owija się wokół jego obwodu i przechodzi z powrotem przez pierwotny wir. Gdy torus obraca się wokół swojej pionowej osi, sam pierścień również obraca się wokół swojej okrągłej osi. Przybywające cząstki energii, które wchodzą do naszego torusa, podążają spiralną ścieżką.

Centrum torusa jest serce, które posiada własne pole elektromagnetyczne, które rozciąga się dalej od ciała niż pole auryczne. Kiedy ludzie są blisko siebie, w sercu wytwarza się wymiana energii elektromagnetycznej, która zostaje zarejestrowana przez fale mózgowe. (Więcej informacji na ten temat znajduje się w rozdziale "Moc serca".)

W sercu mieści się Dusza. Torus jest w istocie strukturą Duszy do wyrażania się w Świecie Materii. Pozwala on Duszy nawiązać kontakt z innymi istniejącymi Duszami. Ponieważ filozoficznie Dusza wyraża się poprzez umysł, umysł wybrał torus jako najbardziej optymalny kształt w naturze do manifestacji ciała fizycznego. Poprzez umysł, pragnienia Duszy są przekazywane do ciała fizycznego. Ciało nie może istnieć bez umysłu. Kiedy ciało fizyczne ginie, umysł również, co powoduje likwidację torusa. Z drugiej strony Dusza nigdy nie może zostać zgaszona i kontynuuje swoją podróż życiową po śmierci fizycznej.

CHARAKTERYSTYKA AURY

Fotografia aury jest stosunkowo nową technologią (od lat 70-tych), która wykorzystuje system obrazowania biofeedback do rejestrowania i wyświetlania energii elektromagnetycznej osoby. Maszyny do odczytywania aury zazwyczaj pobierają odczyty z dłoni poprzez czujnik, który rejestruje wewnętrzne energie danej osoby i dostarcza kolorowy obraz aktualnego stanu aury.

Urządzenie biofeedback do odczytu Aury, z którym pracuję to AuraFit, stworzone przez Bettinę Bernoth. Integruje ono najnowocześniejszą technologię do wyświetlania Aury w "czasie rzeczywistym" przy użyciu "inteligentnej" bransoletki zamiast czujnika na ręce.

Zrzuty mojej Aury przedstawione w tej książce uzyskałem za pomocą systemu AuraFit. (Aby zobaczyć pełną gamę kolorów w tych obrazach Aury, która jest optymalna dla dalszego zrozumienia tematu, odwiedź moją stronę internetową.) W wyniku zastosowania technologii odczytu Aury, takich jak AuraFit i innych, możemy określić rozmiar Aury, jej dominujące kolory oraz zdrowie Czakr w każdym momencie.

Kiedy patrzymy na pole energetyczne danej osoby, widzimy kolorową energię przepływającą w obrębie Aury. Rodzaj i jakość energii w Tobie zależy od tego, na czym Twoja świadomość skupia swoją uwagę. Może się ona zmieniać z chwili na chwilę, ponieważ Aura podlega ciągłym fluktuacjom dotyczącym przejawów świadomości. Myśli i emocje, o których myślimy i których doświadczamy, wykorzystują odpowiadające im Czakry w tych momentach czasu. Kiedy indywidualna Czakra jest wyrażana w Aurze, jej odpowiednia warstwa będzie dominująca, łącznie z odpowiadającym jej kolorem.

Kolory auryczne ulegają ciągłym zmianom i przesunięciom dotyczącym tego, na czym skupia się świadomość i jakie warstwy są zaangażowane. Jednakże każda osoba posiada w swojej Aurze kolor podstawowy, odzwierciedlający jej osobowość i usposobienie. Kolor podstawowy osoby daje nam pojęcie o jej ogólnym usposobieniu i stanie emocjonalnym, na który wpływają jej przekonania, wartości i zachowania. Poziom rozwoju duchowego danej osoby również wpływa na zakres kolorów, w którym dana osoba wibruje.

Wielkość Aury

Poprzez technologię czytania Aury i potwierdzoną przez jasnowidzów, ustaliliśmy, że obwód zdrowej Aury z dobrze funkcjonującymi Czakrami rozciąga się średnio do sześciu stóp wokół osoby. Jeśli istnieją blokady lub stagnacja energii Światła w Czakrach, osłabi to Aurę, co zmniejszy jej rozmiar obwodu. Niezdrowe Aury mogą skurczyć się do tak niskich rozmiarów jak trzy stopy, a nawet do poziomu tuż przy skórze osoby.

Rozmiar Aury zmienia się i fluktuuje w taki sam sposób jak jej kolory. Na przykład, jeżeli osoba jest kontemplacyjna lub pragnie samotności i odpoczynku, będzie skupiona do wewnątrz i zachowa swoją energię dla siebie, co zmniejszy Aurę. I odwrotnie, jeśli osoba pragnie kontaktu z innymi i przygód, będzie ekstrawertyczna, co rozszerzy Aurę. Ogólnie rzecz biorąc, skupienie się na zewnątrz i dzielenie się swoją miłosną energią z innymi zwiększa Aurę, podczas gdy bycie introwertycznym i skupienie się na miłości do samego siebie kurczy Aurę.

Aura jest jak żywy, oddychający organizm w tym sensie, że rozszerza się lub kurczy w zależności od tego, czy jesteśmy introwertyczni czy ekstrawertyczni oraz od rodzaju energii, które wyrażamy. Na przykład, jeżeli osoba jest zmęczona i pozbawiona energii życiowej, jej Aura będzie się kurczyć, natomiast jeżeli jest naenergetyzowana i ma dużo witalności, będzie miała bardziej ekspansywną Aurę. Stres również wpływa na wielkość Aury, ponieważ sprawia, że kurczy się ona podczas gdy świadomość doświadcza napięcia.

Oddychanie również wpływa na wielkość naszej Aury; ludzie, którzy oddychają z brzucha nieustannie odżywiają swoje Siedem Czakr energią praniczną, utrzymując system energetyczny w równowadze, tym samym rozszerzając Aurę. Ci, którzy oddychają tylko przez klatkę piersiową, utrzymują swoje środkowe i wyższe Czakry aktywowane, podczas gdy ich niższe Czakry pozostają stosunkowo nieużywane. Ci ludzie będą mieli mniejsze Aury i muszą zmienić swoje wzorce oddychania, aby zrównoważyć swoje Czakry i zoptymalizować rozmiar swojej Aury.

Ogólny rozmiar pola aurycznego danej osoby zależy również od tego, gdzie znajduje się ona w procesie Duchowej Ewolucji i jak wiele energii Światła zintegrowała ze swoją Aurą. Ludzie o wyższych wibracjach mają zazwyczaj większe Aury, podczas gdy ci o niższych wibracjach mają mniejsze Aury. Ludzie z większymi Aurami mają potężniejsze zdolności do osiągania swoich celów i marzeń, podczas gdy ci z mniejszymi Aurami mają trudniejszy czas manifestowania życia, którego pragną.

Przebudzone jednostki Kundalini, które zintegrowały energię Światła z czakrami, mają Aury, których obwód znacznie przekracza sześć stóp. Doniesiono, że w pełni oświecone jednostki, Adepci, Mędrcy i urzeczywistnieni Joginii, posiadają promienne Aury, których Światło może wypełnić cały pokój i zrobić wrażenie na wszystkich w ich pobliżu.

Jeżeli ktoś jest ekstrawertyczny, optymistyczny i zaangażowany w dzielenie się energią miłości, a mimo to obwód jego Aury jest znacznie mniejszy niż sześć stóp, jest to wskazówka, że w ciele fizycznym może znajdować się choroba. Zgodnie z Hermetyczną Zasadą Korespondencji, jakość energii w Aurze będzie manifestować się jako ta sama jakość fizycznie i vice versa.

Jeśli ktoś przechodzi przez znaczące zmiany psychiczne, a nawet fizyczne, będzie to widoczne w jego aurze. Na przykład ludzie, którzy są zbyt kosmiczni i potrzebują uziemienia, będą manifestować obfitość energii w obszarze głowy i minimalną energię wokół stóp. Dla zrównoważonego połączenia umysłu, ciała i Duszy, energie powinny być równomiernie rozłożone w obszarze głowy (umysł), stóp (ciało) i serca (Dusza).

Kształt Aury i Intensywność Kolorów

Kiedy patrzymy na Aurę danej osoby w czasie rzeczywistym, w grę wchodzą różne czynniki, które odzwierciedlają wygląd Aury, od jej rozmiaru i kształtu do intensywności koloru. Po pierwsze, Aura powinna być jajowata i symetryczna, odzwierciedlając toroidalny przepływ energii danej osoby. Jajowaty kształt Aury powinien mieć gładką powierzchnię na swojej zewnętrznej skorupie, kiedy jest ona w stanie neutralnym. Rozmyta zewnętrzna powłoka wskazuje na brak osobistych granic. Jeśli Aura ma dziury, rozdarcia lub łzy, nadaje jej kolczasty wygląd, wskazując na łagodne do poważnych problemy energetyczne. Stagnacja energii objawi się jako pewne szczątki lub ciemne plamy koloru w zewnętrznej powłoce.

Jasne i promienne kolory w Aurze odzwierciedlają pozytywne i harmonijne aspekty odpowiadających im Czakr, podczas gdy ciemne kolory odzwierciedlają negatywne, dysonansowe aspekty. Z tego powodu każdy kolor w Aurze może być jaśniejszy lub ciemniejszy.

Wszystkie obszary Aury powinny promieniować z taką samą intensywnością i jasnością. Obszary koloru, które nie są rozłożone równo po obu stronach Aury pod względem intensywności koloru wskazują na brak równowagi czakr.

Zrównoważona energia pokazuje stacjonarne, jaśniejsze kolory, podczas gdy niezrównoważone energie manifestują się jako ciemniejsze kolory. Czerwony, na przykład, reprezentuje surową energię działania, która jest pozytywnym atrybutem czakry Muladhara, podczas gdy ciemna czerwień reprezentuje niepokój i stres.

Kiedy jednostka doświadcza fizycznego, mentalnego lub emocjonalnego stresu, ciemnoczerwony kolor pojawi się po lewej stronie ciała. Jeśli stres będzie się utrzymywał, ciemna czerwień pojawi się w okolicach serca, gardła i głowy, obejmując kilka pierwszych warstw Aury najbliżej ciała.

Kiedy dana osoba odsunie swoją uwagę od tego, co wywoływało u niej niepokój, z własnej woli lub poprzez jakiś zewnętrzny wpływ, napięcie opuści psychikę i ciało, a następnie ciemnoczerwony kolor wyleje się z Aury. Jednakże, jeżeli stres utrzymuje się dalej, będzie on nadal wypełniał pozostałe warstwy auryczne i przenikał całą Aurę, aż do momentu jego rozwiązania (Rysunek 18).

Rysunek 18: Stresująca Energia Wchodząca i Wychodząca z Aury

Jakikolwiek kolor zastępuje ciemną czerwień w Aurze jest często widoczny w lewej części ciała (prawa strona obrazu Aury) zanim przeniknie do obszarów serca, gardła i głowy. Następnie przepłynie do pierwszych kilku warstw Aurycznych, a po nich do pozostałych warstw, jeżeli to na czym skupia się świadomość jest wystarczająco silne. Nowa energia ustabilizuje się w Aurze do czasu, aż nastąpi zmiana świadomości.

Załóżmy, że patrzymy na to doświadczenie w czasie rzeczywistym za pomocą urządzenia do odczytywania Aury. W takim przypadku wygląda to jak fala nowej energii, która wlewa się w obszar serca, rzutując się na zewnątrz, aż w pełni zastąpi wszystkie ciemno czerwone plamy w Aurze. Ostatnie pozostałości głębokiej czerwieni są czasami widoczne po prawej stronie zanim całkowicie znikną.

Kiedy jakaś myśl lub emocja dominuje w naszym polu energetycznym, wygląda to tak, że Aura bierze wdech, natomiast kiedy następuje wewnętrzna zmiana, Aura bierze wydech, tym samym wydalając odpowiedni kolor z systemu.

Kolory, które pojawiają się w Aurze są zawsze wynikiem intencji i uwagi dotyczącej myśli i emocji, na których skupia się świadomość. Możemy je zmienić w każdej chwili, stosując siłę woli. To, o czym myślisz lub na co zwracasz uwagę, określa Twoją rzeczywistość, a jej manifestację możemy zobaczyć w Aurze.

Rysunek 19 pokazuje progresję kolorów aury od stanu stresu do spokojnego i zrównoważonego stanu medytacyjnego. Pierwszy obrazek pokazuje głęboką czerwień, która wypełnia całą Aurę, która zostaje zastąpiona spokojniejszą czerwienią w następnym obrazku, po czym następuje całkowite oczyszczenie w trzecim obrazku z zastosowanego ćwiczenia mindfulness.

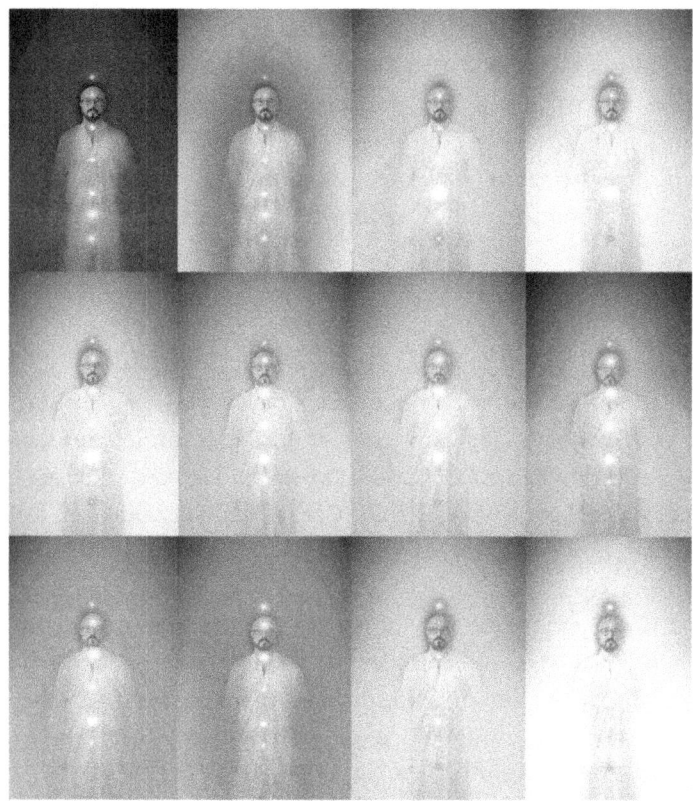

Rysunek 19: Progresja Kolorów Aurycznych od Najniższej do Najwyższej Czakry

Spokojny umysł podnosi wibrację świadomości stopniowo poprzez Czakry. Po pomarańczowym manifestuje w Aurze kolor żółty, a następnie kolejno zielony, niebieski, indygo, fioletowy i lawendowy.

Ostatni biały kolor reprezentuje stan umysłu człowieka, kiedy jest on wolny od wszelkich myśli, pozytywnych i negatywnych, reprezentując najistotniejsze połączenie z Sahasrarą - Boskim Białym Światłem. Biała Aura przynosi Boską błogość, którą możemy odczuć w Czakrze Serca.

ANATOMIA AURY (OBSZARY KOLORU)

Nad Głową

Kolor nad Sahasrara Chakra reprezentuje twoją świadomość i obecną chwilę. Dlatego odnosi się do twoich myśli i tego, co aktualnie jest w twoim umyśle. Twoje myśli są rzutowane z płaszczyzny mentalnej i są bardziej zmienne niż emocje. W związku z tym, kolor nad głową najszybciej ulega zmianie.

Jeżeli pasmo koloru rozciąga się jak łuk przez górną część Aury, wskazuje to na czyjeś nadzieje, cele i dążenia (Rysunek 20). Kolor pasma mówi nam jaki rodzaj aspiracji lub celów dana osoba ma na myśli. Na przykład, jeśli opaska jest w kolorze indygo lub fioletowym, oznacza to, że obecne ambicje danej osoby są duchowe. Niebieskie pasmo wskazuje na aspiracje związane z twórczą ekspresją. Z drugiej strony, czerwone pasmo wskazuje na bardziej pieniężne cele związane z podniesieniem jakości ziemskiego życia.

Wokół Serca

Kolor w okolicy serca wyraża Twój nastrój i ogólne usposobienie. Kolor ten odnosi się do płaszczyzny astralnej, która obejmuje dwie pierwsze warstwy najbliższe ciału. Te dwie warstwy otaczają ciało fizyczne, rozciągając się wokół głowy i obejmując stopy.

Ponieważ to, co czujemy, jest bardziej znaczące i mniej zmienne niż to, o czym myślimy, obszar serca wyraża naszą podstawową osobowość. Reprezentuje on czakrę, z której korzystamy najczęściej w ciągu dnia. Często widzimy ten sam kolor nad głową oraz wokół serca i ciała, ponieważ często myślimy o rzeczach, które są zgodne z naszymi odczuciami.

Kolor obszaru serca jest twoim fundamentem; jest to dominujący kolor w Twojej Aurze reprezentujący Jaźń w tym momencie. W miarę jak zmieniają się Twoje ogólne przekonania i poglądy na życie, zmienia się również kolor Twojego rdzenia. Jeżeli jednostka przechodzi przez zmieniające się w życiu wydarzenie, często dochodzi do radykalnej zmiany koloru rdzenia.

Twój kolor podstawowy zmienia się w ciągu dnia, aby odzwierciedlić zmiany w Twoich emocjach, ale generalnie wraca do swojego neutralnego stanu. Najlepszym sposobem na uzyskanie Twojego koloru podstawowego jest monitorowanie Aury przez krótszy okres czasu. Wykonanie pojedynczej migawki Aury za pomocą urządzenia do odczytu Aury jest niewystarczające do uzyskania koloru podstawowego.

Innym czynnikiem wpływającym na nasz kolor rdzenia jest to, jak dobrze wykorzystujemy naszą czakrę gardła, nasze centrum komunikacji. Kiedy intensywnie wyrażamy siebie werbalnie lub poprzez język ciała, czakra gardła ma tendencję do rozświetlania się, co rozświetla obszar gardła, rozjaśniając nasz kolor rdzenia. Tak więc mówienie swojej prawdy i wyrażanie siebie jest kluczowe dla posiadania zdrowej, niezablokowanej Aury ze swobodnie przepływającą energią i jasnymi kolorami.

Lewa Strona Ciała

Lewa strona ciała reprezentuje kobiecą, pasywną, receptywną, energię Yin, która jest przekazywana do wyobraźni. Kolor obecny po lewej stronie pokazuje nam energię, która napływa do nas, albo jest kultywowana przez nas samych, albo rzutowana na nas przez inną osobę lub nawet bodźce środowiskowe. Jako taka, ta kolorowa energia reprezentuje przyszłość, jeśli ją wchłoniemy i zaakceptujemy oraz pozwolimy jej zawładnąć naszą świadomością.

Jeśli nasze obecne usposobienie jest silniejsze niż energia, która jest na nas wywierana, pozostanie ona na krótko po lewej stronie i całkowicie opuści Aurę. Jeżeli jednak obejmiemy tą energię, to wleje się ona w obszar serca i rozprzestrzeni się na zewnątrz, stając się dominującym kolorem w naszej Aurze, który ogarnął nasze myśli i emocje. Jak jednak wspomniano, jeśli nowa energia, która weszła do naszego centrum nie jest podobna do naszego ogólnego usposobienia, zniknie ona z Aury wkrótce po tym, by zostać zastąpiona przez nasz podstawowy kolor.

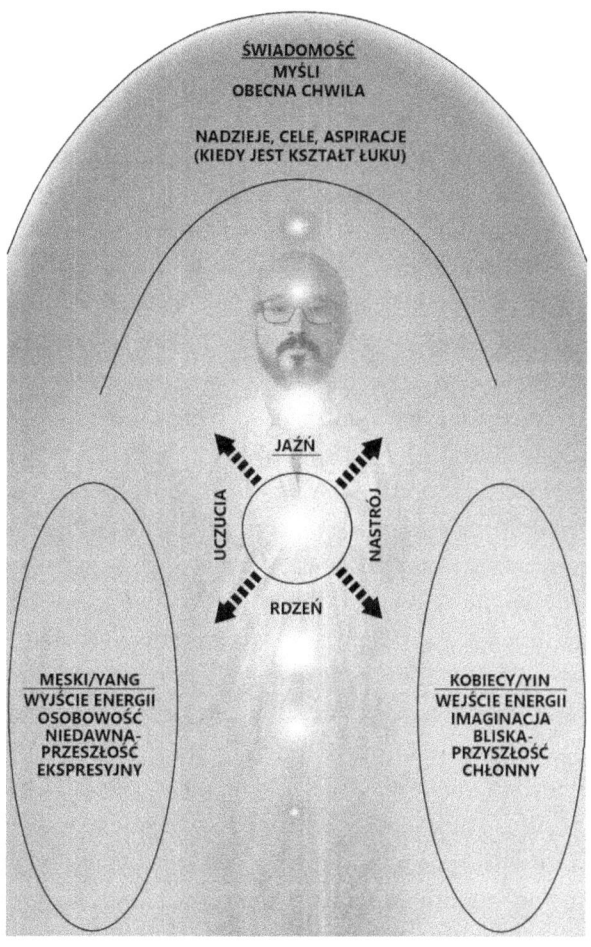

Rysunek 20: Anatomia Aury

Jeśli energia po lewej stronie jest rzutowana do nas przez osobę, z którą mamy kontakt, czy to w sesji uzdrawiania, czy poprzez komunikację werbalną, to często widzimy ten sam kolor jako dominujący w jej Aurze. Pamiętajmy, że nasza wyobraźnia zawsze musi być zasilana siłą woli, albo naszą własną (bo jest optymalna), albo cudzą.

W wielu odczytach Aury, ciemnoczerwony kolor pojawi się w lewej stronie, jeśli osoba jest wyzwalana emocjonalnie lub mentalnie. Pozostanie tam przez kilka chwil, gdy świadomość będzie go przetwarzać. Jeśli system nerwowy danej osoby jest wystarczająco silny, pokonają go i ciemna czerwień wyleje się z Aury. Jeśli pozwolą mu przejąć kontrolę psychicznie lub emocjonalnie, lub jedno i drugie, ciemna czerwień przeniknie Aurę i przejmie ją jako dominujący kolor, co oznacza, że stres w pełni zawładnął świadomością.

Jeżeli kolor po lewej stronie jest taki sam w całej aurze, energia jest odczuwana bardzo silnie, ponieważ jednostka jest zgodna ze swoimi myślami, emocjami i działaniami. Jeżeli kolor po lewej stronie jest taki sam jak kolor po prawej stronie, osoba wykonuje to co myśli, nawet jeżeli tego nie czuje. Abyśmy mogli namacalnie odczuć jakąś energię, musi ona przejąć kolor podstawowy i przeniknąć do obszaru serca i pierwszych kilku warstw Aury.

Prawa Strona Ciała

Prawa strona ciała reprezentuje męską, aktywną, rzutową, energię Yang. Przedstawia niedawną energię, która przeszła przez nas i jest teraz uwalniana i wyrażana. Jest to energia działania, która jest produktem ubocznym tego, co myślimy i czujemy. Ponieważ jest to energia, którą wysyłamy w świat, reprezentuje ona to, jak inni ludzie nas postrzegają - naszą osobowość.

Kiedy coś wyrażamy, robimy wrażenie na planie fizycznym i budujemy wspomnienia. Każdy nasz czyn ma znaczenie, ponieważ albo nas wyzwala, albo wiąże nas dalej z naszym Kołem Karmy. Musimy się upewnić, że energie, które wysyłamy do świata materialnego nie są ciemne i mętne, ponieważ wyrażają one negatywne cechy czakr.

Tak jak kolor po prawej stronie reprezentuje świadome Ja w akcie ekspresji, tak kolor po lewej stronie reprezentuje podświadomość. Jako takie, lewa i prawa strona Aury pokazują nasze introwertyczne i ekstrawertyczne Ja. Jeśli jesteśmy z natury bardzo towarzyscy i ekstrawertyczni, wtedy kolor po prawej stronie będzie się często zmieniał, gdy będziemy wyrażać siebie w świecie. Jeśli jednak jesteśmy bardziej introwertyczni i spędzamy dużo czasu myśląc i kontemplując nasze emocje, wtedy będziemy mieli więcej zmian energii po lewej stronie, z bardzo małym lub żadnym ruchem po prawej stronie.

Na przykład pisarz, który spędza czas na myśleniu i kontemplowaniu pomysłów, będzie miał spójne zmiany kolorów i energii po swojej lewej stronie. Odwrotnie, piosenkarz występujący na koncercie będzie w ciągłym akcie ekspresji, a więc kolory po jego prawej stronie będą się zmieniać i przesuwać w odniesieniu do emocji, które wyraża poprzez swoje piosenki. Nie będzie miał zbyt wiele czasu, aby wejść do środka i stać się introspektywnym, aby świadomie zrobić wrażenie na swojej wyobraźni. Natomiast kolory napływające do jego lewej strony będą odpowiadały energiom rzutowanym na niego przez obecnych fanów.

PROBLEMY ENERGETYCZNE W AURZE

Problemy energetyczne w Aurze manifestują się jako dziury, rozdarcia lub zastój energii (Rysunek 21). Dziury w aurze mogą być znalezione na zewnętrznej powłoce i wyglądają jak próżnie odprowadzające energię; reprezentują one poważne straty energii i podatność na negatywne wpływy. Dziury w aurze mogą szybko stworzyć nierównowagę w systemie energetycznym poprzez wyciek energii na zewnątrz i wpuszczenie niepożądanych energii z zewnątrz.

Dziury w aurze manifestują się kiedy jednostki spędzają zbyt wiele czasu na śnieniu i nie są obecne w swoich ciałach. Każda aktywność, która promuje roztargnienie i nie radzenie sobie z emocjami w miarę ich pojawiania się może potencjalnie zrobić dziury w Aurze. Nadużywanie substancji i alkoholu jest notoryczne w tworzeniu dziur w aurze, podobnie jak codzienne palenie papierosów.

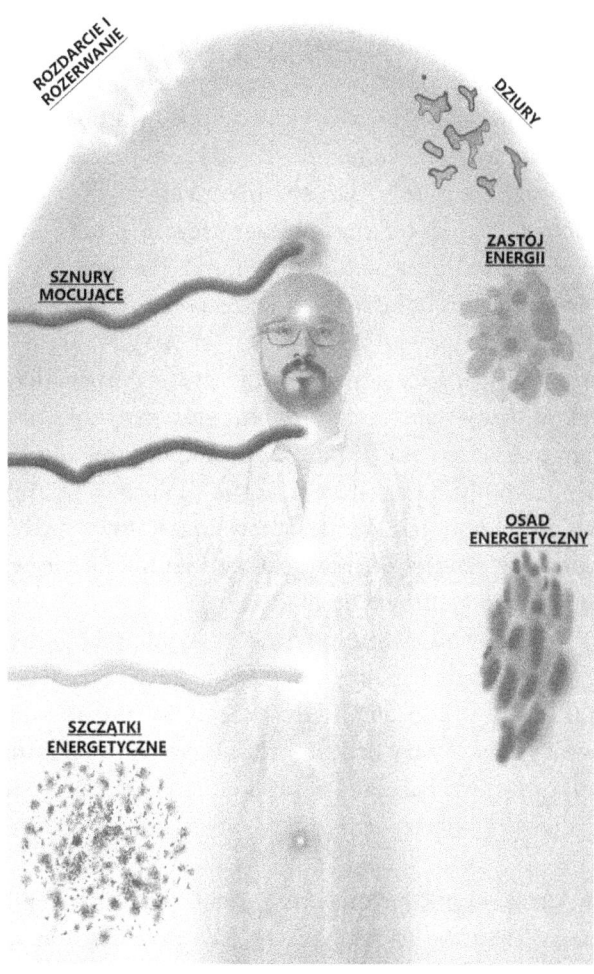

Rysunek 21: Problemy Energetyczne w Aurze

Wysoce porowata Aura jest jak gąbka energetyczna. Bycie nadmiernie wrażliwym na bodźce środowiskowe powoduje z czasem zamieszanie co do własnej tożsamości. Mówiąc wprost, trudno jest ustalić, które myśli i emocje są Twoje, a które innych ludzi. Osoby z dziurami w aurze często zwracają się do ludzi, aby czuć się bezpiecznie w środowisku. Kiedy są wyzwalane lub spotykają się z konfrontacją, zamiast radzić sobie z sytuacją, te lękliwe osoby mają tendencję do świadomego opuszczania swoich ciał, aby uniknąć doświadczania negatywnych emocji.

Wszyscy musimy stawić czoła rzeczywistości, aby rozwijać się psychicznie, emocjonalnie i duchowo. Unikając radzenia sobie z rzeczywistością, pewność siebie i poczucie własnej wartości z czasem ulegają znacznemu pogorszeniu, tworząc kolejne problemy energetyczne.

Szczeliny w zewnętrznej powłoce Aury są oznakami przeszłych fizycznych i psychologicznych urazów, które wyglądają jak rozdarcia w gładkim kawałku materiału. Rozdarcia pozwalają na psychiczną podatność i utratę energii, podobne do dziur w Aurze, ale mniej intensywne. Rozdarcia Aury wskazują na historię nadużyć, czy to fizycznych, seksualnych, psychicznych czy emocjonalnych. Z drugiej strony, szkodliwe nawykowe zachowania danej osoby tworzą dziury w Aurze, chociaż unikanie radzenia sobie z rzeczywistością wskazuje na głęboko zakorzenione podświadome problemy.

Osoba głęboko zraniona stale czuje się zagrożona przez innych. Jest reaktywna i gotowa do konfliktu przez cały czas. Często nieumyślnie rani innych ludzi, nawet gdy próbują jej tylko pomóc. Osoba ta musi zdiagnozować źródło swojego bólu i leczyć je poprzez terapię lub duchowe praktyki uzdrawiania. To pomoże jej odzyskać poczucie tożsamości, naprawiając rozdarcia i dziury w jej Aurze.

Zastój energii w Aurze przejawia się na wiele sposobów. Cząstki gruzu reprezentują zastałą, nieuziemioną energię, która manifestuje się w Aurze lub wzdłuż Ciała Światła. Energetyczne śmieci składają się z brudnych, statycznych cząstek, które są zwykle rozproszone w jednym obszarze i skutkują rozproszonymi myślami i emocjami.

Innym przykładem zastoju energii są ciemne kolorowe plamy wzdłuż zewnętrznej powłoki Aury, które wyglądają jak grube, błotniste kałuże wody. Kiedy zastój energii gromadzi się przez dłuższy czas, staje się gęstszy i zamienia się w energetyczny szlam - grube, olejopodobne plamy o ciemnym wyglądzie.

Stagnacja energii jest spowodowana, gdy osoba trzyma się myśli lub emocji zbyt długo bez wyrażania ich. Z czasem może się to przekształcić w gęste lub ciężkie kieszenie energii, które gromadzą się w częściach Aury, czyniąc umysł ospałym. Kolorowe plamy znajdują się zazwyczaj w tym samym obszarze i obejmują jedną lub więcej odpowiadających im czakr (w zależności od koloru). Chmury energii na wewnętrznej stronie Aury są często odczuwane jako stres, który leży ukryty głęboko w podświadomości.

Ciemne plamy w Aurze są jak psychiczne pozostałości, które oddzielają nas od chwili obecnej. Nie pozwalając sobie na wyrażenie tego, co myślimy i czujemy, odbieramy sobie zdolność do nawiązywania silnych związków z ludźmi. Zamiast polegać na prawdzie i faktach, które mają kierować naszą rzeczywistością, mamy tendencję do życia poprzez skojarzenia i założenia, ponieważ brakuje nam odwagi, by być bardziej wyrazistymi. Brak wystarczającej miłości do siebie osłabia czakrę gardła, która jest zwykle związana ze stagnacją energii w aurze. Ludzie z wieloma ciemnymi punktami w aurze mają tendencję do życia w odosobnieniu, ponieważ czują się bezpieczniej, będąc odizolowanymi od innych.

Wreszcie, niezdrowe przywiązania manifestują się jako sznury energetyczne, które łączą dwie osoby poprzez jedną lub więcej z ich siedmiu czakr. Interakcje, które stale zawierają intensywny strach, gniew lub inne negatywne emocje sugerują istnienie sznura (lub sznurów) przywiązania. Sznury przywiązania są często spotykane w niezdrowych relacjach między członkami rodziny. Często są one wynikiem poczucia winy lub innych nierozwiązanych emocji, które wiążą psychicznie dwie osoby.

Akordy przywiązania mogą być również tworzone przez wspólne traumatyczne wspomnienia między przyjaciółmi lub nieznajomymi. Dwa powszechne przykłady, w których mogą być obecne sznury energetyczne to związki współuzależnione i sadomasochistyczne.

Więzi duchowe są przeciwną wersją negatywnych sznurów przywiązania. Reprezentują one pozytywne przywiązania pomiędzy dwoma osobami, które przekazują kochającą, uzdrawiającą energię od jednej do drugiej. Więzi duchowe są często dzielone pomiędzy osobę i jej zwierzę, szczególnie w przypadku psów, które przekazują swoim właścicielom energię o wysokiej wibracji i są z nimi związane w tym życiu.

AURA I WIBRACJE

Hermetyczna Zasada Wibracji mówi, że wszystkie rzeczy we Wszechświecie wibrują z określoną częstotliwością. Ponieważ nasze ciała składają się głównie z wody, wibracje dźwiękowe w otoczeniu są nieustannie wprowadzane do nas, wpływając bezpośrednio na to, co myślimy i jak się czujemy. Z kolei te stany wibracyjne wpływają na nasze auryczne pole toroidalne i albo je wzmacniają, albo osłabiają. Należy pamiętać, że pole elektromagnetyczne serca danej osoby działa w porozumieniu z jej polem aurycznym, indukując je energią emocjonalną.

Dźwięk jest najbardziej transcendentalnym ze zmysłów i tym, który najbardziej dostraja nas do wyższych Planów Kosmicznych. Przyjemnie brzmiąca muzyka o harmonijnym rytmie wpływa na naszą Aurę, wywołując pozytywny stan emocjonalny. Stawia nas w kontakcie z naszymi Duszami, uzdrawiając nas. Z drugiej strony, muzyka o dysharmonijnych tonach tworzy fale dźwiękowe, które działają dokładnie odwrotnie. Może sprawić, że poczujemy się niespokojni i pobudzeni, wywołując tym samym energię strachu. W pierwszym przypadku nasza Aura rozszerza się, ponieważ przyjemnie brzmiąca muzyka tworzy kochający stan emocjonalny, który sprawia, że nasze serca wibrują radością. W drugim przypadku nasza Aura kurczy się, aby osłonić i ochronić nas przed szkodliwymi wibracjami. Na przykład współczesna muzyka hip-hopowa wykorzystuje automat perkusyjny 808, którego uderzenia o niskiej częstotliwości dostrajają nas do czakry korzenia, Muladhara. Jej gęsta wibracja utrzymuje naszą świadomość związaną z planem materialnym, często wywołując irytację i agresję.

Jesteśmy pod silnym wpływem energii elektromagnetycznej uwalnianej z urządzeń technologicznych w naszych domach, mimo że większość z nas nie zdaje sobie z tego sprawy. Komputery, telefony komórkowe, tablety, a zwłaszcza routery WiFi zakłócają naturalny przepływ naszego pola toroidalnego i mogą powodować zakłócenia. Z tego powodu nierzadko zdarza się, że osoby wrażliwe energetycznie wyłączają swoje telefony komórkowe lub odłączają routery WiFi, kiedy idą spać. Niektórzy posuwają się nawet do wyjęcia wszystkich urządzeń technologicznych z gniazdek elektrycznych, aby zneutralizować energię elektromagnetyczną obecną wokół nich.

Fundamentem wszystkich wyższych energii wibracyjnych jest miłość. Dla kontrastu, wszystkie energie o niższej wibracji są oparte na strachu. Ogólną zasadą, o której należy pamiętać jest to, że pozytywne, pełne miłości energie powodują rozszerzanie się Aury, podczas gdy negatywne, oparte na strachu energie powodują jej kurczenie się. Kurczenie się Aury ma na celu ochronę energii danej osoby, podczas gdy rozszerzanie się jej ma na celu wpuszczenie większej ilości pozytywnych zewnętrznych energii.

Jesteśmy naturalnie przyciągani do kochających, spokojnych ludzi, ponieważ wpływają oni pozytywnie na naszą Aurę. Ile razy słyszeliście powiedzenie: "Ta osoba ma wokół siebie miłą Aurę". Sugeruje się tutaj, że dana osoba posiada obfitość energii Światła, którą chętnie dzieli się z innymi. I odwrotnie, pesymistyczni, wrodzy, źli i ogólnie chaotyczni ludzie są wyzwaniem do przebywania w pobliżu, ponieważ negatywnie wpływają na naszą Aurę. Dlatego naturalnie staramy się trzymać z dala od tych ludzi, chyba że wydobywają z nas coś, co chcemy w sobie uzdrowić.

Sprzyjające dla zdrowia naszego pola aurycznego jest częste spędzanie czasu na zewnątrz i uziemienie z Ziemią. Niezależnie od tego, czy zostałeś wystawiony na działanie częstotliwości elektromagnetycznych, czy też potrzebujesz oczyścić swoją głowę po spotkaniu z negatywną osobą, pomocne jest pójście na spacer, zwłaszcza w naturze. Większość ludzi, których pociąga chodzenie na spacer po wystawieniu na działanie negatywnej energii, świadomie nie zdaje sobie sprawy, że energie Ziemi pomagają w uwalnianiu negatywności z Aury poprzez ułatwianie uziemienia. Dusza porywa świadomość na tyle długo, aby skłonić Cię do spaceru, abyś wystawił się na działanie elementów natury, co pozwoli Ci zresetować i zneutralizować Twoje energie.

Chodzenie boso w przyrodzie w słoneczny dzień jest najlepszym i najszybszym sposobem uziemienia się z Ziemią. Słońce zasila nasze energie Auryczne, podczas gdy torus wyrównuje się z Ziemią. Traktowanie ciała fizycznego wpływa bezpośrednio na nasze energie czakryczne i odwrotnie - As Above, So Below. Poprzez uziemienie i ćwiczenia fizyczne oczyszczamy ciało z negatywnej energii i przeprowadzamy detoks, jednocześnie łagodząc napięcie fizyczne i optymalizując przepływ naszych Nadis. Z kolei nasza witalność wzrasta, a nasza Aura wzmacnia się.

Pomiędzy *The Magus* a *Serpent Rising*, omówiłem potężne praktyki duchowe, takie jak Magia Ceremonialna, Uzdrawianie Kryształami, Uzdrawianie Dźwiękiem Tuning Fork,

Aromaterapia i inne. Wszystkie te praktyki mają na celu uzdrowienie i zrównoważenie czakr, optymalizację aury i duchowy rozwój. Oczywiście, pomaga to połączyć te praktyki z Jogą, ćwiczeniami fizycznymi lub innymi metodami, które działają bezpośrednio na ciało fizyczne i uziemiają je. Kiedy ciało jest zdrowe, zdrowy jest również umysł i odwrotnie.

KUNDALINI I AURA

Twoje pole toroidalne jest autonomicznym akumulatorem zasilanym przez Pranę, która wymaga pożywienia i wody jako paliwa. Kiedy Kundalini przebije czakrę Sahasrara i otworzy Tysiąc-Płatkowy Lotos, świadomość jednoczy się z Kosmiczną Świadomością, rozszerzając i optymalizując Twoje toroidalne pole energetyczne.

W miarę jak czakry są oczyszczane przez Ogień Kundalini, energia Światła przenika dalej do Aury, zasilając i optymalizując czakry. W ten sposób pole auryczne wzmacnia się, ponieważ ilość energii Światła, którą dana osoba przekazuje, bezpośrednio wpływa na to, jak namagnesowana staje się Aura. Z kolei ciało fizyczne osiąga swój najbardziej optymalny, zdrowy stan, a ogólna witalność wzrasta.

Podczas transformacji Kundalini otwierają się czakry dłoni i stóp, pozwalając Duchowi zstąpić i przeniknąć do najgłębszych zakamarków Jaźni. Ponadto przepływ energii z palców rąk i nóg wzmacnia torus i jeszcze bardziej wzmacnia prędkość energii krążącej wewnątrz (Rysunek 22).

Otwierają się również inne kanały energetyczne, które ułatwiają optymalizację torusa. Cały proces przebudzenia Kundalini i następująca po nim transformacja ma na celu umożliwienie jednostce osiągnięcie jej najwyższego potencjału jako Duchowej istoty ludzkiej, co znajduje odzwierciedlenie w rozszerzeniu jej bioenergii, która składa się na pole auryczne.

Nie jest przypadkiem, że osoba przebudzona Kundalini wydaje się wyjątkowa w stosunku do innych. Ponieważ wszyscy jesteśmy połączeni, kiedy nasze pola energetyczne oddziałują na siebie, możemy intuicyjnie zorientować się, kiedy czyjeś pole energetyczne jest bardziej widoczne niż zwykle. Dlatego osoba o wzmocnionym polu energetycznym jest naturalnie atrakcyjna dla każdego, kto wchodzi z nią w kontakt.

Ponieważ centrum torusa jest serce, ludzie, którzy żyją z serca, a nie z głowy, mają naturalnie silniejsze toroidalne pola energetyczne. Są one bardziej namagnesowane i elektryczne, co oznacza, że naturalnie kierują więcej energii Światła niż ktoś, kto żyje wyłącznie poprzez intelekt.

Ludzie, którzy żyją z serca, kochają siebie i innych, ponieważ są w kontakcie ze swoją Duszą. Pamiętaj, że Dusza żyje poprzez serce, podczas gdy Ego żyje poprzez umysł. Osoba, która żyje przez swoje serce, jest w kontakcie ze swoją intuicyjną zdolnością. Czuje energie wokół siebie, zamiast wchodzić w interakcje z otoczeniem poprzez intelekt.

Omijając umysł i Ego, zyskujesz kontakt z chwilą obecną, z Teraz, które jest polem nieskończonych możliwości. Bycie w Teraz i życie poprzez serce i Duszę rozszerza Twoje pole energetyczne, maksymalizując Twój Duchowy potencjał.

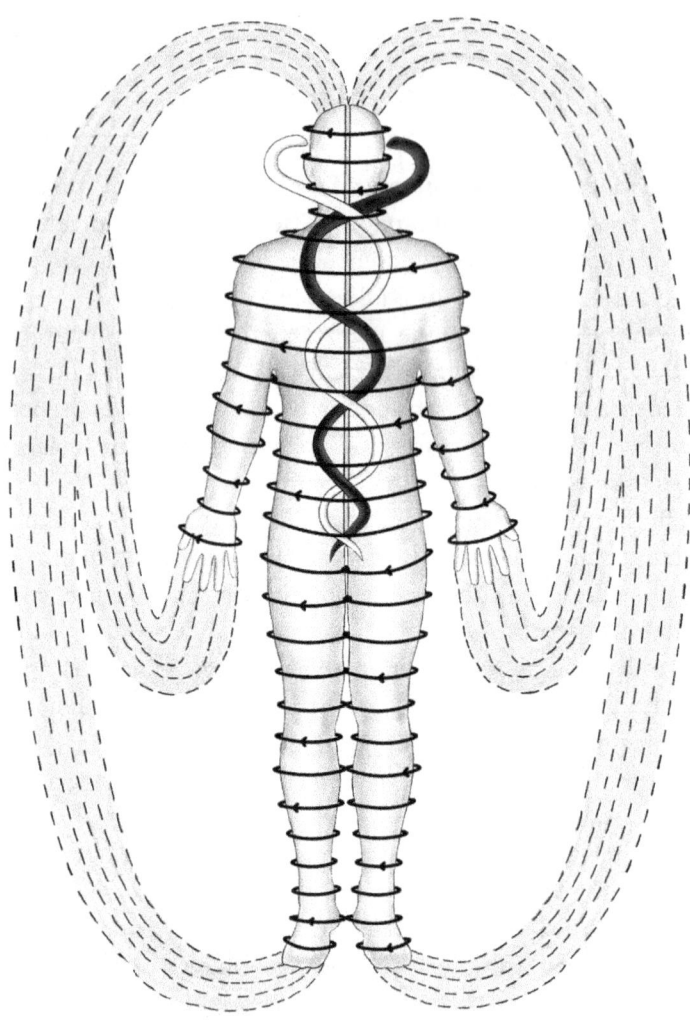

Rysunek 22: Pole Toroidalne Kundalini

SIEDEM GŁÓWNYCH CZAKR

Jeśli przebudziłeś Kundalini i wzniosłeś ją do Sahasrary, siedem czakr, odpowiadających kompletnemu Drzewu Życia, jest teraz w pełni aktywowanych wewnątrz Ciebie. Każda Czakra wyraża się poprzez różne części psychiki i wpływa na funkcje organizmu. Możemy dalej podzielić energie czakr na Pięć Elementów, ponieważ każdy z nich odpowiada albo Ziemi, Wodzie, Ogniowi, Powietrzu lub Duchowi.

Czakry w ramach Ciała Światła oraz odpowiadające im Żywioły i Kosmiczne Plany istnienia zajmują tę samą przestrzeń i czas, co Twoje ciało fizyczne. Wszystkie one istnieją wewnątrz Twojej Aury i tworzą jej warstwy, które w istocie są ze sobą połączone i wzajemnie się przenikają. Im wyższa Czakra lub Element, tym dalej wystaje na zewnątrz.

Czakra Muladhara

Pierwsza czakra, Muladhara, znajduje się pomiędzy kością ogonową a kroczem. Jest najniższą z siedmiu głównych czakr i jest związana z elementem Ziemi i planetą Saturn, najwolniej poruszającą się z siedmiu starożytnych planet, odnoszącą się do karmy i cykli czasowych. Muladhara jest centrum naszej fizycznej energii i uziemienia. Jej modus operandi to bezpieczeństwo i przetrwanie ciała fizycznego. Ponieważ Muladhara jest związana ze Światem Materii, jej energia jest związana z fizyczną ekspresją - wszystkie fizyczne działania wymagają energii Ziemi.

Kundalini leży zwinięta u podstawy kręgosłupa i jest nierozerwalnie połączona z planetą Ziemia poprzez linie energetyczne w naszych nogach, które łączą się z czakrami stóp. Muladhara nazywana jest również Czakrą Korzenia, Podstawową lub Ziemską, ponieważ jest fundamentem jako najniższa z siedmiu głównych czakr. Energia tej czakry jest najbardziej gęsta, wibruje z najniższą częstotliwością ze wszystkich czakr. Zgodnie z hermetycznym aksjomatem "Jak wyżej, tak niżej", Muladhara zajmuje się aspektem manifestacji - niżej.

Muladhara ma cztery płatki lub wiry i jest koloru czerwonego. Pokarmy, które odpowiadają czakrze Muladhara to warzywa korzeniowe, czerwone mięso, czerwone owoce, pieprz, cayenne i papryka. Wyzwania w tej czakrze odnoszą się do rzeczy, które nabywamy w naszym materialnym życiu i ich jakości. Na przykład, czy mamy odpowiednią pracę, dom, pojazd do transportu, partnera życiowego, przyjaciół, czy też brakuje nam stabilności i bezpieczeństwa w tych obszarach?

Otwarta i aktywna czakra korzenia sprawia, że człowiek jest pewny siebie, stabilny i uziemiony. Ma łatwość manifestować życie, którego pragnnie i jest zrównoważony emocjonalnie oraz mentalnie. Nadaktywna czakra korzenia sprawia, że ktoś jest materialistyczny i chciwy. Z drugiej strony, nieaktywna czakra korzenia sprawia, że ktoś jest nadmiernie bojaźliwy i niespokojny. Przez brak emocjonalnej i mentalnej stabilności, jest to pozornie niemożliwe, aby zamanifestować cokolwiek wartościowego w swoim życiu.

Czakra Swadhisthana

Druga czakra, Swadhisthana, znajduje się w podbrzuszu i jest związana z elementem wody i planetą Jowisz, życzliwą planetą miłosierdzia i sprawiedliwości. Swadhisthana zajmuje się emocjami, uczuciami i instynktami rzutowanymi przez podświadomy umysł. Jako związana z podświadomością, Swadhisthana jest źródłem energii strachu, która znacząco wpływa na to, kim stajemy się w życiu.

Swadhisthana jest nazywana czakrą sakralną lub czakrą śledziony. Na podstawowym poziomie ludzkim, czakra sakralna wpływa na naszą ekspresję seksualną, interakcje społeczne i to, jak komfortowo czujemy się ze sobą i innymi. Czakra sakralna jest aspektem osobowościowym świadomości Self-Ego, która kształtuje się z czasem. Ego jest temperowane przez strach, ponieważ unika wszelkich działań, które sprawiają, że ciało i umysł czują się źle, jednocześnie obejmując wszystko, co sprawia, że czuje się dobrze. Ego jest przede wszystkim zainteresowane poszukiwaniem przyjemności, bez względu na to, jak jego działania wpłyną na innych ludzi.

Swadhisthana ma sześć płatków i jest koloru pomarańczowego. Pokarmy, które odpowiadają czakrze Swadhisthana to owoce i warzywa w kolorze pomarańczowym, jajka, tofu, produkty sojowe, masło orzechowe, orzechy, nasiona, miód i wanilia. Wyzwania w Swadhisthanie znajdują się w tym, jakie emocje nosimy w sobie. Czy czujemy dużo strachu i czy ten strach przeszkadza nam w manifestacji pragnień naszej Duszy? Czy mamy radość w naszym życiu, czy też życie jest mdłe i nudne? Czy mamy problemy z intymnością i czy jesteśmy seksualnie ekspresyjni? Czy czujemy się dobrze z tym, kim jesteśmy, czy też ukrywamy się przed światem?

Kiedy Swadhisthana jest otwarta i aktywna, człowiek jest w kontakcie ze swoimi emocjami i jest szczery wobec innych, co pozwala mu tworzyć zdrowe związki. Czują się komfortowo z intymnością i wyrażają swoje wewnętrzne pragnienia. Zrównoważona czakra sakralna zwiększa kreatywność i pozwala iść z prądem życia, nie będąc zbytnio przywiązanym. Umożliwia odczuwanie szczęścia i radości w małych, codziennych czynnościach.

Jeśli Twoja czakra sakralna jest zablokowana lub nieaktywna, stajesz się zamknięty emocjonalnie od innych, naturalnie wycofujesz się i idziesz do środka. W tym stanie osoba staje się introwertyczna i nadmiernie w kontakcie z ich Ego i niepewnością. W przeciwieństwie do tego, nadaktywna czakra sakralna sprawia, że jesteś nadmiernie emocjonalny, przywiązany do innych ludzi i zbyt seksualny, co skutkuje rozwiązłością.

Czakra Manipura

Trzecia czakra, Manipura, znajduje się w splocie słonecznym, nad pępkiem. Jej inna nazwa to czakra splotu słonecznego. Manipura odpowiada elementowi ognia i planecie Mars, dlatego też jest źródłem naszej siły woli. Nasza motywacja, napęd, witalność i poziom kreatywności są regulowane przez Manipurę. Dodatkowo, ta czakra jest odpowiedzialna za naszą pewność siebie, poczucie własnej wartości i zdolność do bycia asertywnym w życiu.

Manipura rządzi trawieniem, które pozwala nam przekształcić pożywienie w cenną energię dla ciała i umysłu. Manipura współpracuje z czakrami powyżej i poniżej, ponieważ jest "Siedzibą Duszy". Dusza rządzi naszym charakterem, podczas gdy Ego rządzi naszą osobowością. Dusza wymaga inteligencji, jasności umysłu i harmonizacji woli z logiką, rozumem i wyobraźnią. Jako taka, Manipura czerpie energię z znajdującej się nad nią czakry powietrza, Anahata. Ogień Manipury aktywuje również twórczy impuls, który wymaga do wyrażenia emocji Swadhisthany.

Manipura ma dziesięć płatków i jest koloru żółtego. Pokarmy, które odpowiadają czakrze Manipura to żółte i złote owoce i warzywa, produkty mleczne, złożone węglowodany i ziarna, musztarda, kurkuma, kminek i imbir. Wyzwania znalezione w tej Czakrze odnoszą się do tego, jak używamy naszej siły woli. Czy jesteśmy odpowiedzialni za nasze własne życie, czy też za innych ludzi? Czy jesteśmy zmotywowani i napędzani do osiągania naszych celów, czy też brakuje nam w tym obszarze? Czy wyrażamy nasze najskrytsze pragnienia, czy też za bardzo zamykamy się w swoich emocjach? Czy umiemy wymierzyć surową karę, gdy inni nas krzywdzą, czy też jesteśmy wycieraczką, którą inni mogą wykorzystać?

Kiedy Manipura jest otwarta i aktywna, dominujemy w naszym życiu i czujemy się pod kontrolą. Mamy zwiększoną moc osobistą i manifestujemy nasze życiowe cele. Manipura współpracuje z czakrą ziemi, Muladhara, aby zrealizować te zadania.

Jeśli Manipura jest nieaktywna, mamy tendencję do bycia pasywnymi, niezdecydowanymi i nieśmiałymi. Jeśli jest nadaktywna, stajemy się dominujący i nadmiernie surowi. Zbyt dużo energii Ognia może skutkować tyranią i opresją nad innymi ludźmi. Siła woli potrzebuje do równowagi emocji, które dostarcza Swadhisthana. Jeśli Czakra Wody nie równoważy naszej Czakry Ognia, możemy stać się nadmiernie agresywni, aby uzyskać to, czego chcemy i wrogo nastawieni. Siła woli potrzebuje miłości, która ją prowadzi; w przeciwnym razie czyjeś działanie zawiera karmiczne konsekwencje. W związku z tym Manipura polega na Anahacie w kwestii przewodnictwa.

Czakra Anahata

Czwarta czakra, Anahata, znajduje się pomiędzy dwiema piersiami w centrum klatki piersiowej. Inaczej znana jako czakra serca, Anahata odpowiada elementowi powietrza i planecie Wenus. Anahata jest naszym centrum miłości, które zajmuje się współczuciem, uczuciem, altruizmem, dobrocią i inspiracją. Pobudza naszą wyobraźnię, myśli, a także fantazje. Wyzwaniem Anahaty jest pokonanie Karm z dolnych trzech Czakr, abyś mógł dostroić się do energii bezwarunkowej miłości.

Anahata jest naszym duchowym centrum, ponieważ otrzymuje energię wyższych trzech czakr. Jest to centrum, w którym czujemy jedność ze wszystkimi rzeczami poprzez wiążącą moc miłości. Anahata jest centrum świadomości grupowej.

Anahata jest połączona z naszymi czakrami dłoni, które pozwalają nam odczuwać energię wokół nas jako kwantową esencję i uzdrawiać innych. Uzdrawianie ręczne wymaga od nas skierowania energii miłości z Anahaty poprzez nasze Czakry Dłoni i wyeksponowania jej na obszary, które potrzebują uzdrowienia. Energia miłości jest ostatecznym uzdrowicielem umysłu, ciała i Duszy.

W Anahacie rozumiemy nasze życiowe dzieło i cel. Ponieważ istotą Elementu Powietrza jest myśl, Anahata zasila zarówno Element Ognia jak i Wody i daje im życie. Jeśli ta Czakra jest nieaktywna, zwracamy się ku egoizmowi i zaspokajaniu Ego.

Anahata ma dwanaście płatków, a jej kolor jest zielony. Pokarmy, które odpowiadają czakrze Anahata to szeroka gama owoców, warzyw i ziół o zielonym kolorze oraz zielenina liściasta. Wyzwania w tej Czakrze odnoszą się do jasności myśli. Czy jesteśmy pochłonięci zbytnio fantazją i myśleniem iluzorycznym, czy też nasze myśli oparte są na prawdzie? Czy używamy naszej wyobraźni, aby pomóc nam osiągnąć nasze cele? Czy nasze myśli są wyższej natury w kierunku pomocy innym, czy niższej jakości, gdzie skupiamy się tylko na sobie?

Kiedy Anahata jest otwarta i aktywna, jesteśmy współczujący i przyjaźni wobec innych, co pozwala nam na harmonijne relacje. Mamy zrozumienie naszej duchowej natury, co czyni nas cnotliwymi i etycznymi w naszych słowach i działaniach. W związku z tym stajemy się wyrozumiali, uprzejmi i dobroczynni. Zasadniczo nasze zachowanie staje się motywowane bezwarunkową miłością, w przeciwieństwie do miłości do samego siebie.

Kiedy Anahata jest nieaktywna, mamy tendencję do bycia emocjonalnie zimnymi i zdystansowanymi. Za bardzo zakorzeniamy się w niższych czakrach, co sprawia, że zamiast wywyższać naszą duchową naturę, jesteśmy egoistami. Mamy tendencję do zajmowania się sobą, swoimi potrzebami i pragnieniami bez względu na innych ludzi. Jeśli ta Czakra jest nadaktywna, z drugiej strony, tłamsimy innych miłością, często z egoistycznych powodów.

Vishuddhi Chakra

Piąta czakra, Vishuddhi, znajduje się w centrum szyi; stąd nazywana jest czakrą gardła. Vishuddhi jest z Elementu Ducha (Aethyr); działa w połączeniu z następującymi dwoma Czakrami powyżej i Czakrami poniżej. Vishuddhi jest związana z werbalnym, subtelnym i pisemnym wyrażaniem swoich myśli. Odpowiada planecie Merkury, która rządzi komunikacją i szybkością myśli. Vishuddhi generuje wibrację wypowiadanego słowa na poziomie energetycznym i fizycznym.

Vishuddhi kontroluje również rozeznanie i intelekt. Ma szesnaście płatków, a jej kolor to niebieski. Czakra Vishuddhi rządzi wszystkimi płynami, które wnosimy do ciała. Pokarmy, które odpowiadają tej czakrze to owoce i warzywa o niebieskim kolorze, sól, szałwia i mięta pieprzowa. Wyzwania w Vishuddhi dotyczą tego czy wyrażamy to co mamy w głowie i jak dobrze komunikujemy się z innymi. Czy mówimy za dużo, czy to co mówimy ma treść? Kiedy mówimy, czy nadajemy siłę naszym strunom głosowym, czy też sprawiamy wrażenie potulnych i nieśmiałych?

Kiedy Vishuddhi jest otwarte i aktywne, mówimy naszą prawdę do innych w sposób kreatywny. Jesteśmy Samoekspresyjni i używamy słów jako kotwic, aby przekazać naszą rzeczywistość innym. Jesteśmy nie tylko świetnymi mówcami, ale także słuchaczami, ponieważ komunikacja działa w obie strony.

Kiedy Vishuddhi jest nieaktywne, mamy tendencję do bycia cichymi i ogólnie introwertycznymi. Brakuje nam pewności siebie w mówieniu naszej prawdy, co może wynikać z problemów z czakrą splotu słonecznego. Jeśli nie przekazujemy naszej prawdy, ponieważ czujemy się niegodni, możemy mieć problemy z Anahata. Mówienie naszej wewnętrznej prawdy łączy nas z Boskością, podczas gdy kłamstwo łączy nas z niższymi, demonicznymi bytami.

Kiedy Vishuddhi jest nadaktywne, mamy tendencję do mówienia za dużo, co zaciemnia naszą zdolność do słuchania innych ludzi. Taka sytuacja zazwyczaj ma miejsce z powodu chęci Ego do dominacji nad innymi z powodu niezrównoważonej czakry Manipura. Jeśli stajemy się gadułami i brakuje nam treści w naszych wypowiedziach, inni ludzie zazwyczaj się od nas dystansują. Dlatego ważne jest, aby mieć zrównoważoną czakrę gardła, jeśli chcemy rozwijać się w życiu i mieć znaczące związki.

Czakra Adżny

Szósta czakra, Adżna, znajduje się w centrum mózgu, w trzeciej komorze. (Więcej o Trzeciej Komorze w późniejszym rozdziale) Jej bardziej bezpośredni punkt dostępu znajduje się nieco powyżej środka brwi. Adżna jest często nazywana czakrą oka umysłu, trzecim okiem lub czakrą brwi. Odnosi się do Elementu Ducha lub Aethyr.

Ajna odpowiada Księżycowi. Chociaż Księżyc jest sklasyfikowany jako satelita, podczas gdy Słońce jest naszą centralną Gwiazdą, starożytni włączyli obie jako część swoich Siedmiu Starożytnych Planet, odnosząc się do nich jako do planet. Księżyc jest naszym centrum jasnowidzenia i intuicji. Daje nam wgląd w Nieznane, ponieważ otrzymuje informacje z Wyższych Sfer powyżej, poprzez Sahasrarę, czakrę korony. Adżna jest naszym centrum psychicznym. Daje nam mądrość i zrozumienie dotyczące tajemnic Wszechświata. Uzyskujemy tę wiedzę poprzez Gnozę, naszą zdolność do bezpośredniego przekazywania informacji z Boskich energii. Ta szósta czakra daje nam szósty zmysł poznania poza Jaźnią.

Adżna jest zasadniczą czakrą dotyczącą świata duchowego i astralnego. Jako taka, jest ona centrum śnienia. Poprzez tę czakrę docieramy do Korony/Sahasrary i wychodzimy z naszych ciał fizycznych, aby podróżować do innych wymiarów Czasu i Przestrzeni. Te podróże w ramach Mądrych Snów odbywają się w Wewnętrznych Światach lub Planach - używamy naszego Ciała Świetlnego jako pojazdu.

Ajna ma dwa płatki i jest koloru indygo. Pokarmy, które odpowiadają czakrze Ajna to owoce i warzywa w kolorze indygo lub ciemnoniebieskim, czerwone wino, kofeina, czekolada, jałowiec i lawenda. Wyzwania w tej czakrze dotyczą tego, czy otrzymujemy wyższe informacje z Sahasrary, czy też nasze Oko Umysłu jest zamknięte? Czy spędzamy zbyt wiele czasu w naszych głowach, skupiając się na naszym intelekcie, który nas prowadzi, czy też jesteśmy w kontakcie z naszą intuicją? Czy nasze sny są żywe i wypełnione życiem, czy też nijakie i bezbarwne?

Kiedy czakra Ajny jest otwarta i aktywna, mamy dobrą intuicję, która służy nam jako siła przewodnia w życiu. Kiedy nasza intuicja jest silna, tak samo jak nasza wiara, ponieważ możemy postrzegać rzeczywistość poza trzecim wymiarem. Silna intuicja jest zwykle związana z byciem świadomą duchową istotą ludzką.

Kiedy Ajna jest nieaktywna, mamy tendencję do utraty kontaktu z duchową rzeczywistością. W związku z tym zaczynamy za bardzo polegać na naszym intelekcie i Ego, które mają nas prowadzić w życiu. Pojawia się zamęt co do naszej prawdziwej istoty, co sprawia, że szukamy egzystencjalnych odpowiedzi u ludzi z autorytetem.

Kiedy Ajna jest nadaktywna, mamy tendencję do życia w świecie fantazji. Tracimy kontakt z rzeczywistością, którą jesteśmy i możemy nawet doświadczyć psychozy. Ktoś, kto zbyt często używa narkotyków halucynogennych, nieodmiennie będzie nadmiernie stymulował swoją czakrę Ajna.

Czakra Sahasrara

Siódma czakra, Sahasrara, znajduje się na szczycie, w centrum głowy. Jako taka, jest inaczej znana jako czakra korony. Sahasrara jest naszym źródłem oświecenia, jedności, prawdy oraz duchowej mądrości i zrozumienia. Odpowiada Słońcu, gwieździe naszego Układu Słonecznego. Czakra Korony jest najwyższą czakrą elementu Ducha/Aetr i służy jako brama do Boskich Planów reprezentowanych przez Transpersonalne Czakry nad głową.

Sahasrara jest najwyższym w ludzkiej świadomości i ostatecznym w zrozumieniu i wiedzy o Wszechświecie. Tradycyjnie centrum to opisywane jest jako koło z tysiącem (niezliczoną ilością) płatków lub wirów. Kiedy wszystkie płatki są otwarte, jednostka uzyskuje trwałe połączenie z Kosmiczną Świadomością, osiągając transcendencję.

Ponieważ Sahasrara jest źródłem wszystkiego, jest również źródłem wszystkich mocy i ich całości. Kolor Sahasrary jest biały, ponieważ biel jest źródłem wszystkich kolorów. Innym jej kolorem jest fiolet, jako pierwszy kolor w spektrum Białego Światła, oraz następujący po nim indygo. Pokarmy, które odpowiadają Sahasrarze to biały, fioletowy i lawendowy kolor. Również oczyszczona woda, świeże powietrze i światło słoneczne wyrównują nas z energią Sahasrary, jak również post, detoksykacja, techniki oddechowe i medytacyjne.

Białe Światło wchodzi do Ciała Światła poprzez Sahasrarę i w zależności od tego, jak dużo karmy jest w niższych czakrach, to Światło staje się ciemniejsze. Dlatego im ciemniejsze są czakry poniżej Sahasrary, tym bardziej obecne jest Ego, a mniej Wyższe Ja.

Źródłem Wyższej Jaźni jest Sahasrara. Przebudzenie Kundalini i wzniesienie jej do Sahasrary pozwoli Ci uzyskać bezpośrednie połączenie z Twoim Wyższym Ja. Raz osiągnięte Wyższe Ja staje się Twoim własnym mistrzem i nauczycielem na resztę życia.

Nigdy więcej nie będzie potrzeby korzystania z zewnętrznego nauczyciela, ponieważ będziesz nauczycielem i uczniem w jednym. Wyzwaniem jest jednak oczyszczenie czakr, abyś mógł łatwo być prowadzony i nauczany przez swoje Wyższe Ja.

Otwarte i aktywne centrum Sahasrara daje nam zrozumienie, że jesteśmy istotami duchowymi żyjącymi ludzką egzystencją, a nie odwrotnie. Objęcie naszej Duchowości pozwala nam rozpoznać, że fizyczna rzeczywistość jest tylko iluzją. Naszą istotą jest Dusza i świadomość, które są Wieczne i nie mogą zostać unicestwione. Osoby Duchowe nie traktują śmierci fizycznej jako końca, ale jedynie początek czegoś nowego i innego. Duchowy światopogląd tworzy rodzaj oderwania od zbyt poważnego traktowania tej rzeczywistości, co przynosi radość i szczęście towarzyszące ludziom, którzy przyjęli w sobie energię Ducha.

Jeśli jesteś zamknięty na duchową rzeczywistość rzeczy, Twój ośrodek Sahasrara jest najprawdopodobniej nieaktywny. Dbasz jedynie o ciało fizyczne, co sprawia, że zestrajasz się z Ego oraz jego potrzebami i pragnieniami. Obejmowanie Ego przy jednoczesnym negowaniu Duszy przyciąga niższe, demoniczne byty, które żywią się naszą energią. Świadomość zostaje porwana i pozostaje taka dopóki nie rozpoznamy, że nie jesteśmy oddzieleni od świata i że istnieje Duchowa rzeczywistość, która leży u podstaw wszystkiego.

Z drugiej strony, nadaktywna Sahasrara może skutkować ignorowaniem potrzeb ciała i przeintelektualizowaniem. Jeśli Światło wlewa się tylko do wyższych czakr, nie ma uziemienia, a jednostka staje się bardzo mózgowa. Pamiętaj, że ten świat jest iluzją, ale musimy go szanować, ponieważ nasze ciało fizyczne jest naszym pojazdem do manifestowania rzeczywistości, której pragniemy. Równowaga umysłu, ciała i Duszy jest kluczem do Oświecenia, a nie odrzucanie jednego aspektu na rzecz drugiego.

SIEDEM CZAKR I UKŁAD NERWOWY

Kanał Sushumna przenosi energię Kundalini przez rdzeń kręgowy i do mózgu. Rdzeń kręgowy i mózg tworzą Centralny Układ Nerwowy (CNS). Z rdzenia kręgowego wychodzą nerwy, które sięgają na zewnątrz jak gałęzie drzewa, gdzie Sushumna pełni rolę centralnego pnia. Te włókna nerwowe tworzą Sympatyczny Układ Nerwowy (SNS) i Parasympatyczny Układ Nerwowy (PNS), które są częścią Autonomicznego Układu Nerwowego (ANS).

Autonomiczny Układ Nerwowy działa głównie nieświadomie i reguluje podstawowe procesy, takie jak oddychanie, trawienie i bicie serca. Na przykład, podczas Duchowego przebudzenia, serce zaczyna się ścigać, angażując w ten sposób Autonomiczny Układ Nerwowy, który jest regulowany przez sieci emocjonalne w mózgu.

Sympatyczny Układ Nerwowy i Parasympatyczny Układ Nerwowy robią przeciwne rzeczy w większości przypadków - Sympatyczny Układ Nerwowy przygotowuje ciało do działania i aktywności, podczas gdy Parasympatyczny Układ Nerwowy umożliwia ciału relaks. Autonomiczny Układ Nerwowy jest odpowiedzialny za stworzenie zdrowej równowagi pomiędzy tymi dwoma, promując spokojny i cichy umysł.

Obszary, w których spotykają się współczulny i przywspółczulny układ nerwowy, znajdują się wokół głównych organów ciała i gruczołów dokrewnych. Określane jako "sploty", te obszary zbieżne w jamach ciała tworzą najbardziej istotne zgrupowanie komórek nerwowych. Sploty łączą ważne narządy ciała z rdzeniem kręgowym. Są to również obszary, w których znajdują się główne czakry w przedniej części ciała.

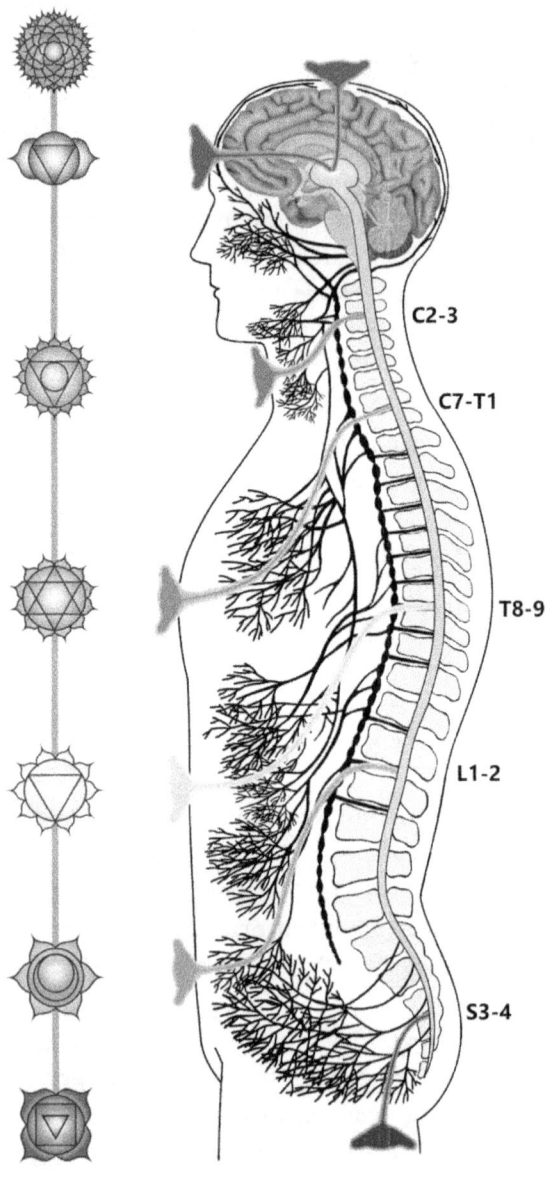

Rysunek 23: Siedem Czakr i Splotów Nerwowych

Główne Czakry oddziałują na ciało fizyczne poprzez system nerwowy oraz gruczoły i organy dokrewne. Każda czakra związana jest z określonymi funkcjami ciała, kontrolowanymi przez jej splot nerwowy oraz związane z nim gruczoły dokrewne i narządy.

W centrum każdej z głównych czakr znajduje się kanał w kształcie łodygi (Rysunek 23). Każdy kanał rozciąga się w kierunku rdzenia kręgowego i łączy się z nim - Sushumna zasila każdą z głównych czakr, dostarczając im energii życiowej. Pnie czakr zginają się w dół w pobliżu splotu gardłowego (Gardło), splotu sercowego i płucnego (Serce), splotu śledzionowego i celiakalnego (Słońce), splotu miednicznego (Kość) oraz splotu kulszowego i krzyżowego (Korzeń). Powyżej splotu szyjnego (Oko Umysłu), rdzeń czakralny wygina się ku górze, natomiast w przypadku czakry Sahasrara wznosi się do czubka głowy poprzez Korę Mózgową.

Splot gardłowy "unerwia" (zaopatruje organy lub inne części ciała w nerwy) nasze podniebienie i struny głosowe. Ponieważ czakra Vishuddhi (gardła) rządzi komunikacją i ekspresją, nic dziwnego, że gardło i wnętrze ust są przez nią zasilane. Jej kanał czakralny rozciąga się od rdzenia kręgowego pomiędzy drugim i trzecim kręgiem szyjnym (C2-3) do centrum gardła.

Splot płucny jest w ciągłości ze splotem sercowym - zlokalizowanym powyżej aorty serca, mniej więcej w połowie klatki piersiowej. Splot sercowy unerwia serce, organ związany z naszą zdolnością do miłości i współczucia oraz z naszym połączeniem ze wszystkimi żywymi i nieżywymi istotami. To wszystko są atrybuty czakry Anahata (Serca), która go zasila. Kanał czakry Anahata w kształcie łodygi rozciąga się od rdzenia kręgowego pomiędzy siódmym kręgiem szyjnym i pierwszym kręgiem piersiowym (C7-T1) do centrum klatki piersiowej.

Gałęzie od splotu słonecznego i nerwu błędnego tworzą splot celiakalny. (Więcej o znaczeniu nerwu błędnego w późniejszym rozdziale) Znany jako splot słoneczny w kręgach naukowych i duchowych, splot celiakalny znajduje się u podstawy żeber w pobliżu żołądka. Jego nerwy unerwiają trzustkę, pęcherzyk żółciowy, górne jelita, wątrobę i żołądek. Manipura (Solar Plexus) Czakra rządzi naszą siłą woli, witalnością i trawieniem, zasilana przez organy wymienione powyżej. Jej kanał czakralny rozciąga się od rdzenia kręgowego pomiędzy ósmym i dziewiątym kręgiem piersiowym (T8-9) do centrum górnej części brzucha.

Splot miedniczny reguluje funkcje eliminacyjne i reprodukcyjne i składa się z górnego i dolnego splotu hipogastrycznego. Górny splot podbrzuszny unerwia jajniki u kobiet i jądra u mężczyzn. Jego lokalizacja znajduje się w podbrzuszu i jest skorelowana z czakrą Swadhisthana (sakralną), która jest związana z reprodukcją i płodnością.

Podrzędny splot podbrzuszny jest kontynuacją nadrzędnego, znajduje się tuż pod nim w okolicy miednicy mniejszej. Unerwia macicę i szyjkę macicy u kobiet oraz prostatę u mężczyzn. Jest również połączony z odbytnicą i pęcherzem moczowym. Kanał czakry Swadhisthana rozciąga się od rdzenia kręgowego pomiędzy pierwszym i drugim kręgiem lędźwiowym (L1-2) do dolnego ośrodka brzucha.

Splot ogonowy składa się z nerwu ogonowego i piątego nerwu krzyżowego, unerwiających skórę w okolicy kości ogonowej. Splot krzyżowy to sieć nerwów, które wychodzą z dolnych kręgów lędźwiowych i krzyżowych i zapewniają kontrolę motoryczną oraz odbierają informacje sensoryczne z większości miednicy i nóg. Największym nerwem w splocie krzyżowym jest nerw kulszowy, który unerwia udo, podudzie i stopę.

Łodygowy kanał czakry Muladhara rozciąga się od kości krzyżowej pomiędzy trzecim i czwartym kręgiem krzyżowym (S3-4) i opada w dół do obszaru pomiędzy kroczem a kością ogonową. Czakra Korzenia wskazuje w dół w kierunku Ziemi, ponieważ jej zadaniem jest uziemienie naszego systemu czakralnego. Kanały energetyczne w nogach stanowią nasze energetyczne połączenie z Czakrą Gwiazdy Ziemi pod stopami. Zasilają one również Nadis Ida i Pingala, które zaczynają się w Muladhara, ale otrzymują swoje kobiece i męskie prądy poprzez każdy z kanałów energetycznych nóg.

OCZYSZCZANIE CZAKR

Po pełnym i trwałym przebudzeniu Kundalini, gdy Ciało Światła zostało zbudowane poprzez przyjmowanie pokarmu, następnym krokiem jest dostrojenie Twojej świadomości do jej najwyższego aspektu, Ciała Duchowego. Ta część jest wymagająca, ponieważ najpierw będziesz musiał oczyścić swoje niższe Czakry, co pozwoli Twojej świadomości naturalnie się wznieść. Twoja świadomość będzie obciążona karmiczną energią w niższych Czakrach, dopóki tego nie zrobisz. Ten proces Duchowego Wzniesienia jest pod tym względem systematyczny.

Najniższe i najbardziej gęste energie muszą zostać pokonane, zanim wyższe energie wibracyjne będą mogły przeniknąć do Jaźni. Negatywna karmiczna energia strachu jest częścią, która utrzymuje większość z nas w wibracji na niższej częstotliwości. Ponieważ energia strachu wiąże Ego z niższymi czterema elementami, elementy te muszą zostać oczyszczone i poświęcone, aby umożliwić Twojej świadomości wzniesienie się i działanie z wyższych trzech duchowych czakr - Vishuddhi, Ajna i Sahasrara.

Kiedy Twoje Ciało Światła zostanie zbudowane, będziesz miał okazjonalne doświadczenia tych uniesień w pewnych momentach, w których stracisz z oczu swoje Ego. Ponieważ jednak musisz usunąć szpony Ego, aby w pełni zintegrować Ciało Duchowe i wchłonąć w nie swoją świadomość, należy przepracować Cztery Czakry Elementarne znajdujące się poniżej Czakr Duchowych. Nie ma innej drogi i w tym procesie nie można iść na skróty. Może on zająć wiele lat i w większości przypadków tak jest, ale musi zostać zrealizowany.

W książce *The Magus: Kundalini and the Golden Dawn*, oferuję ćwiczenia rytualne Ceremonial Magick do pracy nad najniższymi czterema Czakrami Muladhara, Swadisthana, Manipura i Anahata. Ktokolwiek potrzebuje pracy nad swoimi Czakrami znajdzie tę pracę nieocenioną w swojej podróży ku Duchowemu Wzniesieniu. *Mag* skupia się na pracy ze wszystkimi Czakrami i oczyszczaniu ich poprzez szczególne ćwiczenia rytualne, które przywołują Energie Elementarne Ziemi, Wody, Ognia, Powietrza, w tym Ducha.

Po rozbiciu części niższego Ja poprzez pracę z czterema Elementami, dostroisz odpowiadające im aspekty swojej psychiki. Następnym krokiem jest ponowne zintegrowanie tych części Jaźni poprzez Element Ducha. Te rytualne techniki inwokacyjne służą jako potężne narzędzia do dostrojenia siedmiu czakr i podniesienia Twojej świadomości, tak abyś kierował maksymalną ilość energii Światła do swojej Aury.

Celem pracy rytualnej z Ceremonial Magick jest uzyskanie wiecznego połączenia z Twoim Świętym Aniołem Stróżem, co jest innym określeniem Wyższego Ja. Jest to ta część Ciebie, która jest z Boga - Boska. Poprzez oczyszczanie swoich czakr, dostosowujesz się do swojego Wyższego Ja i oddalasz się od swojego Niższego Ja - Ego.

Pełne przebudzenie Kundalini (niezależnie od tego, czy nastąpiło to wszystko naraz, czy też stopniowo) i trwałe zlokalizowanie energii Kundalini w mózgu jest uważane za najwyższy osiągalny stan Duchowego przebudzenia. Nie ma innej formy Duchowego przebudzenia lub inicjacji, która byłaby wyższa lub miała większy zakres. Ale przebudzenie Kundalini jest tylko początkiem Twojej podróży ku Oświeceniu. Następnym krokiem jest oczyszczenie Twoich czakr i podniesienie wibracji Twojej świadomości. Aby zrobić to skutecznie w krótszym czasie, będziesz potrzebował jakiejś formy duchowej praktyki, która pomoże Ci w Twojej podróży.

ROZBUDOWA MÓZGU

Sześć czakr: Muladhara, Swadisthana, Manipura, Anahata, Vishuddhi i Adżna mają różne odpowiedniki w odpowiednich obszarach mózgu (Rysunek 24). Oznacza to, że kiedy czakra zostaje całkowicie otwarta poprzez przebudzenie Kundalini, część mózgu związana z tą czakrą zostaje trwale aktywowana. Aktywacja mózgu jest niezbędna do ułatwienia ekspansji świadomości. Ponadto, w miarę otwierania się różnych obszarów mózgu, zacznie on odczuwać przejrzystość i nieważkość, tak jakbyś tracił kontakt z Materią, która się na niego składa. W miarę jak efekt Materii opada w Twojej świadomości, Twój mózg staje się anteną odbierającą wibracje z zewnętrznego Wszechświata poprzez znajdującą się tuż nad nim czakrę korony, Sahasrarę.

W miarę jak ten efekt odrętwienia pojawia się w mózgu, zaczynasz odczuwać połączenie z Kosmiczną Świadomością. Światło wewnątrz Twojej głowy jest odczuwane jako policzalna esencja. Twoje wewnętrzne Światło jest połączone z Wielkim Białym Światłem, które jest podstawą wszelkiego istnienia i jest esencją Kosmicznej Świadomości. To dzięki temu połączeniu rozwijają się Twoje moce psychiczne.

W miarę jak Twoje Ciało Światła optymalizuje się z czasem, otwierają się małe kieszenie energii w różnych obszarach mózgu, które będą odczuwane jako płynna substancja, która przemieszcza się przez Twój mózg. Ta substancja to płynna energia Ducha, która aktywuje i oświeca różne obszary Twojego mózgu. Kiedy wprowadzasz jedzenie do swojego systemu, przekształca się ono w energię Światła, która staje się płynną substancją w obszarze mózgu. W związku z tym będziesz czuł, jak Twoja świadomość i Twój mózg rozszerzają się codziennie. Proces ten jest podobny do rośliny, która otrzymuje swoje składniki odżywcze z ziemi i z czasem rozwija się i rośnie. Jej wzrost i rozwój zależy całkowicie od składników odżywczych, które otrzymuje z ziemi. Czasami występuje duże ciśnienie w różnych częściach mózgu i głowy, ponieważ ten proces rozwoju występuje, co powoduje bóle głowy. Jeśli tak się dzieje, jest to znak, że nie dostarczasz do swojego systemu wystarczającej ilości odżywczych pokarmów lub nie jesz wystarczająco często.

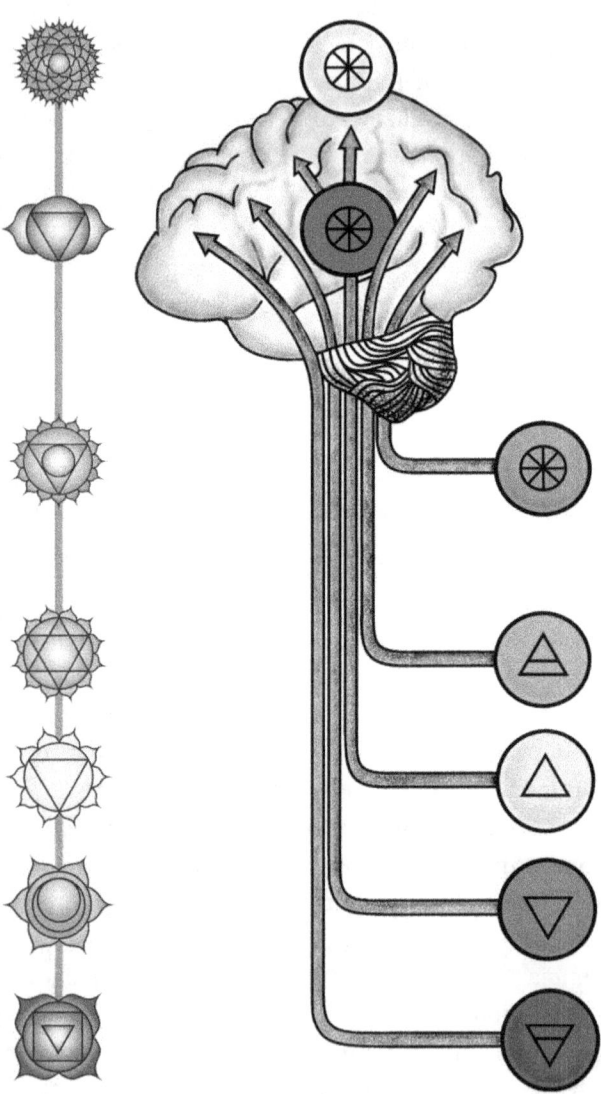

Rysunek 24: Ekspansja Mózgu i Korelacje Czakr

Proces ten jest podobny do rośliny, która otrzymuje swoje składniki odżywcze z ziemi i z czasem rozwija się i rośnie. Jej wzrost i rozwój zależy całkowicie od składników odżywczych, które otrzymuje z ziemi. Czasami występuje duże ciśnienie w różnych częściach mózgu i głowy, ponieważ ten proces rozwoju występuje, co powoduje bóle głowy. Jeśli tak się dzieje, jest to znak, że nie dostarczasz do swojego systemu wystarczającej ilości odżywczych pokarmów lub nie jesz wystarczająco często.

Pamiętaj, że to, co opisuję, dzieje się tylko wtedy, gdy miałeś trwałe przebudzenie Kundalini, co oznacza, że ta energia wzniosła się do Twojego mózgu i przebywa tam teraz na stałe. Jak tylko to nastąpi, mózg zaczyna być przemodelowany przez to nowo odkryte Światło przenikające go. I jak wspomniano, towarzyszyć temu będzie również wibracyjny dźwięk słyszany wewnątrz Twojej głowy, którego poziom wysokości zależy od pożywienia, które wprowadzasz do swojego ciała. Dzieje się tak dlatego, że jesteś teraz jak bateria energii Boskiego Światła, która jest bioelektryczna.

ZJAWISKA EKSPANSJI ŚWIADOMOŚCI

W miarę jak mózg się rozszerza, rozwija się kolejny zmysł - świadomość Cichego Świadka, który z chwili na chwilę rejestruje rzeczywistość. Cichy Świadek to ta część Jaźni, która stoi poza świadomością i obserwuje działania ciała fizycznego jako bezstronny świadek. Może odczytywać energię tworzoną przez język ciała jako policzalną esencję i informować Cię o tym, co wysyłasz w świat swoimi działaniami jak superkomputer.

Cichy Świadek rozwija się w miarę jak energia Kundalini rozszerza mózg. Ta nowa zdolność postrzegania rzeczywistości skutkuje całkowitym oderwaniem od Ego, ponieważ doświadczasz siebie radykalnie inaczej niż przed przebudzeniem Kundalini. Wierzę, że jednym z głównych celów transformacji Kundalini jest wywyższenie cichego obserwatora wewnątrz, Prawdziwego Ja, i umożliwienie mu wzniesienia się z ciała fizycznego poprzez aktywowany obwód Kundalini i zawiśnięcie nad Tobą, rejestrując Twoje ruchy.

Cichy obserwator, czyli Cichy Świadek, to ta część Ciebie, która jest Duchem, która jest Bogiem. Jest to ta część Ciebie, która jest czystą, niezróżnicowaną świadomością, która stanowi część Kosmicznej Świadomości. W rzeczywistości wszyscy jesteśmy Jednością, a ta część nas, która stoi z boku i w milczeniu obserwuje nasze działania jest taka sama dla wszystkich; to Bóg. Jednak wraz z przebudzeniem Kundalini następuje niesamowite rozróżnienie pomiędzy tą częścią Ciebie a Twoim Ego. Stajesz się bardziej dostrojony do aspektu cichego obserwatora swojej istoty niż do Ego, ponieważ umożliwia on kontrolowanie rzeczywistości i manifestowanie swoich pragnień.

Cichy Świadek obserwuje i podpowiada Ci, jak masz spędzać dzień i wykonywać codzienne zadania, prawie jak reżyser, który kieruje filmem głównego bohatera - Ciebie. Twoje pojęcie lub koncepcja Jaźni wykorzystuje ciało fizyczne do osiągnięcia pożądanego celu Cichego Świadka.

Kiedy rozwinąłem ten zmysł, zacząłem widzieć poza sobą, a świat wokół mnie zaczął wydawać się grą wideo, ze mną jako głównym bohaterem. To zjawisko trwa i będzie obecne do końca mojego życia. Umożliwia mi to obserwowanie mojej mimiki i energii, którą wywołuje u innych, a na podstawie tego postrzegania mogę mieć całkowitą kontrolę nad rodzajem wibracji, które wysyłam do Wszechświata. W ten sposób mam wysoki stopień kontroli nad tym, co inni czują w mojej obecności, ponieważ nawiguję ich emocjami za pomocą języka ciała i energii, którą wysyłam. Kiedy jestem w tym stanie, jestem ogólnie neutralny w swoich uczuciach, gdzie nic mnie nadmiernie nie ekscytuje ani nie dołuje, ale jestem w spokojnym i zrównoważonym stanie umysłu.

Będąc w tym podwyższonym stanie umysłu, czuję silny związek z dźwiękiem, gdzie wszystko, co słyszę, wywiera wrażenie na mojej świadomości. Przyzwyczajenie się do tego zajęło trochę czasu i musiałem na nowo nauczyć się jak się koncentrować, kiedy skupiam się na zrobieniu czegoś ważnego, aby nie dać się omotać dźwiękom dochodzącym z mojego otoczenia. Musiałem również wdrożyć zatyczki do uszu na początku mojego procesu transformacji Kundalini, ponieważ trudno było wywołać sen z powodu tego potężnego połączenia z dźwiękiem. Nauczyłem się wchodzić do środka, kiedy to konieczne, zamiast pozwalać mojej świadomości na rzutowanie na zewnątrz, co jest teraz moim naturalnym stanem.

Z upływem lat moja świadomość nadal się rozszerzała, podobnie jak moja zdolność do widzenia więcej spoza siebie. Doszedłem do punktu, w którym mogłem projektować wysoko w chmurach i patrzeć na świat pode mną z punktu widzenia ptaków. Żeby było jasne, opuszczam swoje ciało fizyczne tylko w Duchu. Ponieważ moja świadomość rozszerzyła się i nie ma teraz żadnych ograniczeń ani barier, jeśli chodzi o rozmiar, mogę skierować swoją uwagę na cokolwiek, co widzę przed sobą, nieważne jak daleko, i połączyć się z tym poprzez mojego Ducha. W tym momencie moja świadomość wyjdzie z mojego ciała fizycznego i przeniesie się do tego miejsca. Gdy to zrobi, wysoki poziom histaminy uwolni się do mojego ciała, znieczulając je tymczasowo i pozwalając mojej świadomości opuścić ciało.

Nawet jeśli moja świadomość znajduje się poza ciałem fizycznym, nadal mam nad nią pełną kontrolę i w każdej chwili mogę opuścić transcendentalny stan, w którym się znajduję. Jest to mistyczne przeżycie, gdy projektuję swoją świadomość w taki sposób, ponieważ czuję poczucie jedności ze wszystkim, co widzę przed sobą. Obok dostrzegania Światła we wszystkim, na co patrzę, jest to ulubiony dar, jaki otrzymałem od Boskości po przebudzeniu energii Kundalini.

CZAKRY GŁOWY

Głowa zawiera mniejsze czakry, które są oddzielone od siedmiu głównych czakr. Ze względu na to, gdzie znajdują się te mniejsze czakry, tworzą one na głowie wzór korony. Nie jest przypadkiem, że reprezentacje postaci duchowych często noszą korony na głowach w wielu tradycjach. Na przykład w chrześcijaństwie Jezus Chrystus jest często przedstawiany w koronie, która nawiązuje do tego, że jest Królem Nieba. Jak powiedział, wszyscy możemy być Królami i Królowymi Nieba, co oznacza, że wszyscy możemy nosić tę metaforyczną koronę, kiedy osiągniemy ją poprzez rozwój duchowy. Korona reprezentuje również osiągnięcie czakry korony, Sahasrara, najwyższej głównej czakry i nasze połączenie z Boskim Światłem.

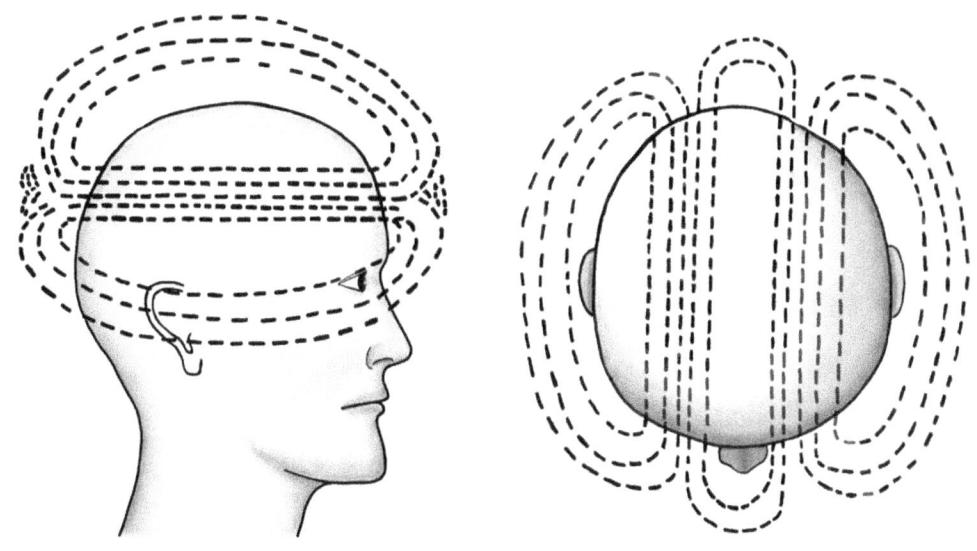

Rysunek 25: Halo Wokół Głowy

Symboliczna korona reprezentuje przebudzone czakry w głowie i tym samym ekspansję świadomości. Aureola wokół głowy Jezusa, świętych i innych znaczących postaci duchowych oznacza, że duchowa korona została aktywowana - czakra Sahasrara jest całkowicie otwarta, a indywidualna świadomość została rozszerzona. Światło w, nad i wokół głowy reprezentuje kogoś, kto jest oświecony (Rysunek 25). Sam termin "Oświecony" pochodzi od tego procesu manifestacji Światła i przenikania obszaru wokół głowy.

Na poniższym diagramie (Rysunek 26) czakra 1 znana jest jako siódme oko. Jest to ważna, mniejsza czakra na głowie, która wraz z Bindu (czakra 6) zasila obwód Kundalini w Ciele Światła. Te dwie czakry niosą energię, która łączy Jaźń z Wiecznością i Nie-Jednością, pozwalając przebudzonej jednostce odczuć uniesienie Duchowej Krainy i połączenie z Boskością. Ponadto, ponieważ sfera duchowa jest punktem kontaktowym dla znajdującej się ponad nią sfery boskiej, nie jest niczym niezwykłym mieć doświadczenia z innego świata, kiedy czakry 1 i 6 są aktywne i funkcjonują z maksymalną wydajnością.

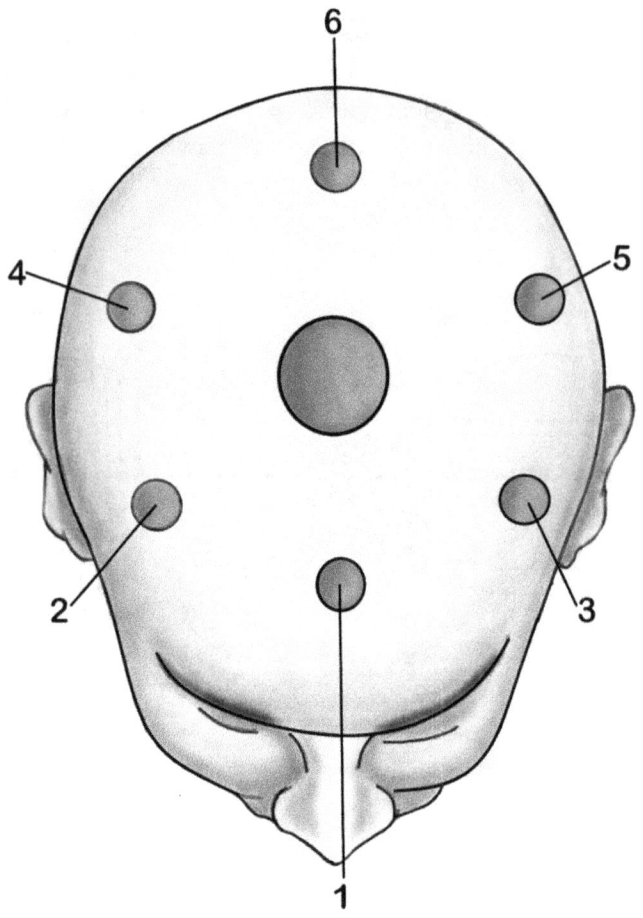

Rysunek 26: Mniejsze Czakry Głowy (Korona)

Bindu jest porównywane do "Pustki" lub Otchłani. W Qabali, Otchłań jest jedenastą sferą Daath na Drzewie Życia, reprezentującą śmierć - śmierć Ego. Wkraczając w Pustkę, Jaźń odnajduje swoje Prawdziwe lub Duchowe Ja, a dualność umysłu przestaje istnieć. Pustka Bindu jest naszym wejściem na Duchową Płaszczyznę Jedności. Bindu jest jak "Jezioro Ognia", które jednoczy wszystkie przeciwieństwa i oczyszcza wszystkie zanieczyszczenia. Umysł doświadcza dualności myśli i idei, a poprzez tę dualność powstaje ból oddzielenia. W czakrze Bindu wszystkie podwójne myśli lub idee są godzone przez swoje przeciwieństwa. Proces ten pozwala nam ominąć umysł i doświadczyć czystości i Jedności sfery duchowej. Ten energetyczny mechanizm został pozostawiony w nas przez naszego Stwórcę. Oznacza on kolejny etap naszej Duchowej Ewolucji i nasz powrót do Rajskiego Ogrodu.

Czakra 3 na diagramie jest bezpośrednio połączona z Idą, żeńskim kanałem w ciele, podczas gdy czakra 2 jest połączona z Pingalą, kanałem męskim. Gdy Czakra 2 zostanie całkowicie otwarta, zaczynasz odczuwać połączenie z prawą stroną ciała, przez którą przepływa kanał Pingali. Z czasem budzi się Duchowe Serce, które odczuwa się jako kulistą kieszeń energii, przez którą przepływa Pingala. Jego lokalizacja znajduje się na prawo od serca fizycznego. Zawiera ono kojący płomień, ponieważ Pingala Nadi jest związane z Ognistym Elementem Duszy. Tak jak serce fizyczne reguluje krążenie krwi w ciele fizycznym, tak Serce Duchowe reguluje przepływ energii pranicznej w Ciele Światła. Duchowe Serce jest transcendentalne i reguluje myśli i emocje, które są jakości Nie-Dualnej.

Czakra 3, gdy jest w pełni otwarta, tworzy połączenie z lewą stroną ciała oraz uczucie otwartości i ekspansji w fizycznym sercu. Charakteryzuje ją poczucie spokoju w Twoich emocjach, które należą do Elementu Wody. Posiadanie otwartego serca czyni Cię lepszym odczuwającym i odbierającym wibracje ze świata zewnętrznego. Ponadto zwiększa Twoją zdolność do empatii.

Czakry 4 i 5 są kolejnymi, które otwierają się podczas sublimacji/transformacji Światła, czyli energii pranicznej w ciele. Dają one silniejsze połączenie z Bindu (czakra 6) i pozwalają świadomości jednostki opuścić ciało fizyczne podczas medytacji. Posiadanie tych dwóch czakr w pełni otwartych umożliwia w pełni przebudzonej osobie Kundalini wchłonięcie się w cokolwiek, co widzi swoimi fizycznymi oczami, gdy poświęci temu swoją uwagę. Te dwie czakry pomagają indywidualnej świadomości osiągnąć Jedność.

Możesz wiedzieć, że sześć mniejszych czakr w głowie otwiera się i wyrównuje, kiedy czujesz płynną substancję przemieszczającą się przez Twój mózg w wężowych wzorach. Wlewa się ona do kanałów, które łączą się z każdą z sześciu mniejszych czakr w głowie. Zjawisko to charakteryzuje się przyjemnym, spokojnym uczuciem w mózgu, gdy występuje.

Możesz wiedzieć, że Bindu wyrównuje się i otwiera bardziej, kiedy otwierają się Czakry 4 i 5. W konsekwencji, kiedy otwierają się Czakry 2 i 3, następuje wyrównanie w Siódmym Oku (Czakra 1). Jedna trójca czakr pracuje razem, podczas gdy druga trójca również pracuje razem. Z tego powodu Adepci w Zachodnich Misteriach często noszą na głowie kipę, zawierającą wizerunek Heksagramu, lub Gwiazdy Dawida, jak nazywają ją Hebrajczycy. Trójkąty w górę i w dół Heksagramu reprezentują dwie trójcy pomniejszych Czakr w głowie.

CZAKRY STÓP

Wraz z siedmioma głównymi czakrami, które biegną pionowo przez ciało, mamy sieć pomocniczych centrów energetycznych, lub mniejszych czakr w stopach i dłoniach, które zapewniają szerokie spektrum napływu energii do naszego systemu. Niestety, mniejsze czakry w stopach i dłoniach są często ignorowane i zaniedbywane przez nauczycieli duchowych, mimo że pełnią kluczową rolę w energetycznych ramach naszego ciała.

Każdy palec, w tym środek stopy i obszar pięty, jest zarządzany przez jedną z Głównych Czakr (Rysunek 27). Duży palec odpowiada Manipurze, wskazujący - Anahacie, środkowy - Vishuddhi, czwarty - Ajnie, mały - Swadhisthanie, środek podeszwy - Sahasrarze, a tył pięty - Muladharze.

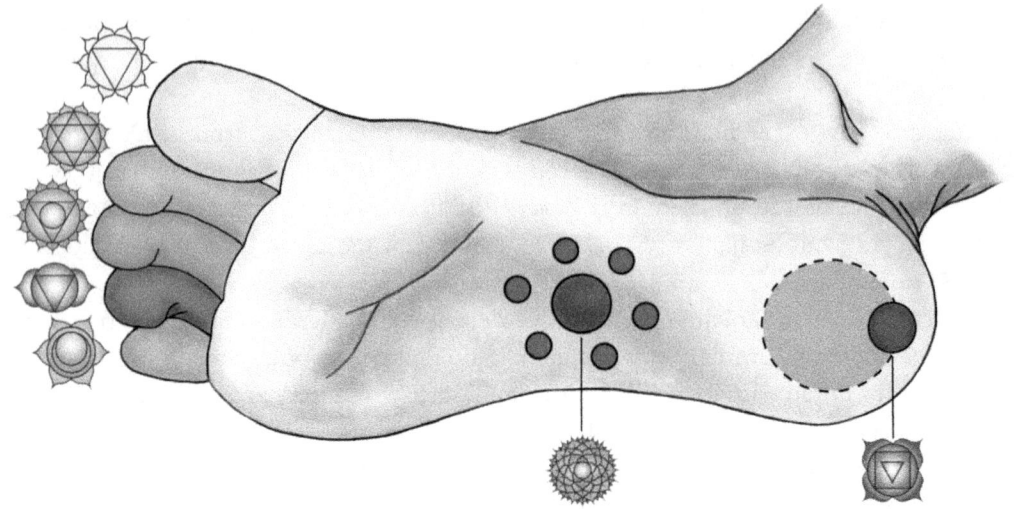

Rysunek 27: Czakry Stóp

Jedną z funkcji palców jest rozładowanie nadmiaru energii, która została zgromadzona w Głównych Czakrach poprzez nasze zwykłe, codzienne czynności i funkcje ciała. Ta nadwyżka energii jest uwalniana i przekazywana do Ziemi, ułatwiając uziemienie w naszej świadomości. Kiedy Mniejsze Czakry w stopach funkcjonują dobrze i są w harmonii z Głównymi Czakrami, istnieje stałe połączenie i przepływ komunikacji pomiędzy siatkami energetycznymi Ziemi i naszymi energiami.

Ze względu na swoje położenie i połączenie z Ziemią, czakry stóp służą również do przekazywania energii z Transpersonalnej Czakry Gwiazdy Ziemi (poniżej stóp) i przekazywania jej do Głównych Czakr poprzez kanały energetyczne w nogach. W tym przypadku czakry stóp służą jako kanały energetyczne lub łączniki, które umożliwiają Gwieździe Ziemi bezpośrednią komunikację nie tylko z czakrą Muladhara, ale również z innymi Głównymi Czakrami.

Czakry stóp ułatwiają również równoważenie i przyswajanie energii Kundalini, która pochodzi z Ziemi poprzez jej prądy magnetyczne. Działają one jako transformatory energii, regulując ilość i intensywność energii napływającej do Ciała Świetlistego z Ziemi.

Czakra "Podeszwy" znajduje się w środkowej części stopy i jest związana z Sahasrarą, czyli Koroną. Czakra Podeszwy jest najważniejszą z czakr stopy. Jeśli zbadamy jej strukturę, zobaczymy, że jej sześć drugorzędnych punktów bezpośrednio odzwierciedla mniejsze czakry w głowie, związane z Sahasrarą.

Związek pomiędzy Czakrą podeszwy a i Sahasrarą najlepiej opisuje aksjomat "Jak wyżej, tak niżej". Te dwa zestawy Czakr pozwalają inicjowanemu mieć jednocześnie stopy na Ziemi i głowę w Niebie. Co ciekawe, stopy symbolizują dwoistość Świata Materii, podczas gdy głowa reprezentuje pojedynczość Królestwa Duchowego.

Inną ważną Czakrą Stopy jest Czakra Pięty, związana z Muladhara. Ta mniejsza czakra pomaga nam czuć się uziemionym, ponieważ nasze pięty są pierwszymi, które dotykają ziemi za każdym razem, gdy robimy krok. Czakra pięty jest bezpośrednio połączona z Muladharą poprzez kanały energetyczne w nogach. Podstawowe kanały energetyczne w nogach zasilają żeńskie i męskie Nadis Ida i Pingala, które zaczynają się w Muladhara. U mężczyzn Ida i Pingala są zasilane przez jądra, a u kobiet przez jajniki. Liczne inne Nadis biegną wzdłuż głównych kanałów energetycznych w nogach, łącząc palce stóp z innymi Głównymi Czakrami.

CZAKRY DŁONI

Siedem głównych czakr znajduje swoje odpowiedniki w stopach, ale także w dłoniach (Rysunek 28). Kciuk odpowiada Manipurze, palec wskazujący Anahacie, środkowy Vishuddhi, palec serdeczny Muladharze, mały palec Swadhisthanie, środek dłoni Sahasrarze, a punkt nadgarstka czakrze Adżny.

Czakry są doskonale zrównoważone na dłoni, ponieważ palce serdeczny i mały są kobiece, podczas gdy kciuk i palec wskazujący są męskie. Co więcej, centralna linia biegnie od punktu nadgarstka przez środek dłoni aż do środkowego palca, odpowiadając Elementowi Ducha, który godzi przeciwstawne zasady płci.

Czakry dłoni są niezbędne do uzdrawiania i otrzymywania energetycznych informacji z Wszechświata. Nasze ręce pozwalają nam na interakcję ze światem zarówno na poziomie fizycznym jak i energetycznym. Palce służą jako czujniki, podczas gdy dłonie służą do przekazywania uzdrawiającej energii. Twoja dominująca ręka wysyła energię, podczas gdy niedominująca ją odbiera.

Podczas gdy stopy odnoszą się do elementu Ziemi i ciała fizycznego, dłonie odpowiadają elementowi Powietrza i umysłowi, ponieważ są dosłownie zawieszone w powietrzu przed nami. Jako takie, czakry dłoni bardzo wpływają na informacje, które docierają do naszych umysłów.

Z tego powodu społeczeństwo przyjęło uścisk dłoni jako podstawowe powitanie między ludźmi. Podając komuś dłoń, wasze dłonie dotykają się, co pozwala wam wczuć się w to, kim jest dana osoba jako osoba, ponieważ nawiązujecie bezpośredni kontakt z jej energią.

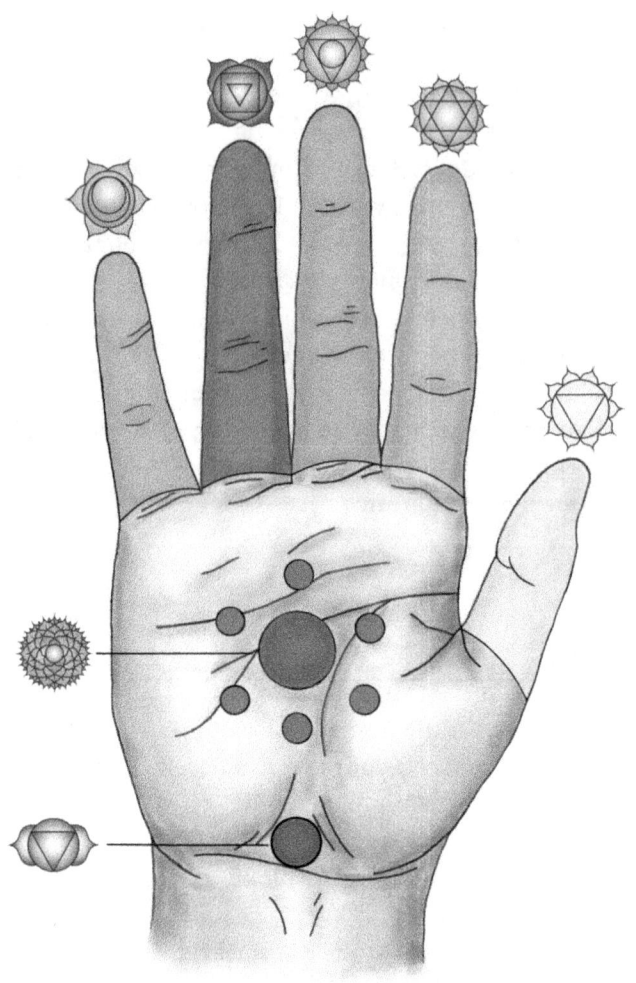

Rysunek 28: Czakry Dłoni

Środek dłoni zawiera istotną Mniejszą Czakrę, która jest związana z Sahasrarą, Koroną. Inaczej zwana Czakrą Dłoni, jest najważniejszą z naszych Czakr Dłoni, ponieważ jest używana do celów uzdrawiania. Zauważysz, że czakra dłoni odzwierciedla czakrę podeszwy, która odzwierciedla mniejsze czakry na czubku głowy. Wszystkie trzy zestawy czakr odpowiadają Sahasrarze i Elementowi Ducha. Ich funkcja jest kluczowa w procesie transformacji Kundalini, ponieważ wprowadzają one energię Ducha do ciała.

Czakry dłoni są połączone z czakrą gardła, Vishuddhi, poprzez kanały energetyczne w ramionach. Dlatego, aby w pełni otworzyć Czakry Ręki i zmaksymalizować ich zdolności funkcjonalne, należy obudzić Czakrę Gardła, ponieważ jest to pierwsza Czakra Elementu Ducha. Element Ducha obejmuje również dwie czakry powyżej Vishuddhi, Ajna i Sahasrara.

Energia uzdrawiająca jest generowana w Anahata, która jest wysyłana przez czakry dłoni poprzez Vishuddhi (Rysunek 29). Czakra Gardła służy do intuicji wrażeń energetycznych wokół Ciebie ze względu na jej połączenie z czakrą Ajna, centrum psychicznym, które ma odpowiadający jej punkt energetyczny w okolicy nadgarstka. Wrażenia te są często odbierane poprzez Czakry Dłoni, których możemy używać jak czujników energii poprzez samą intencję.

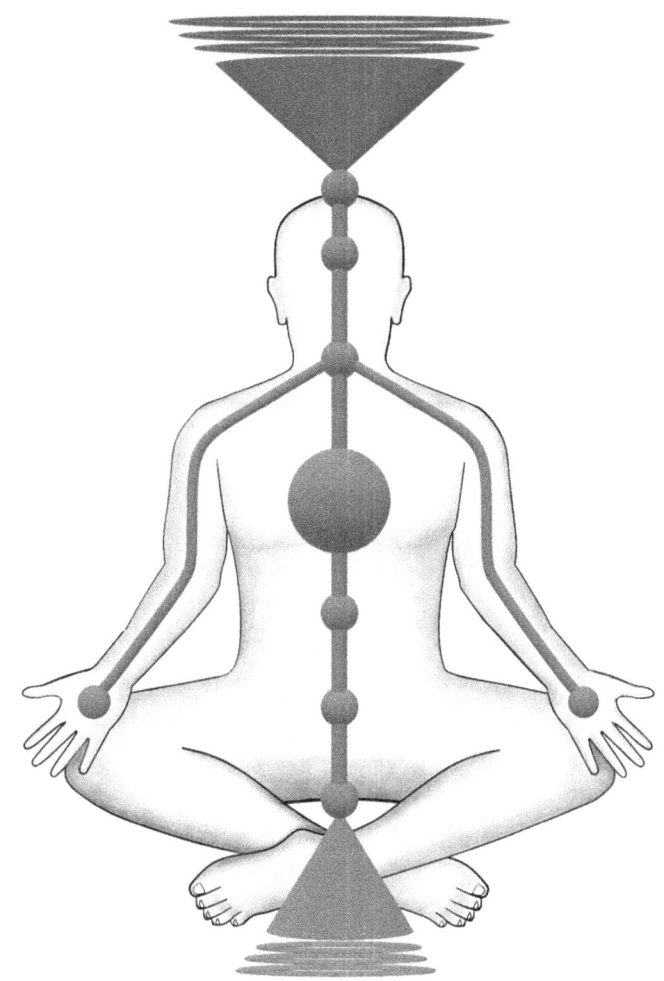

Rysunek 29: Wytwarzanie i Przesyłanie Energii Leczniczej (Palmy)

Świadomość i aktywacja czakr dłoni może w znacznym stopniu wpłynąć na jakość Twojego życia. Przeciętny człowiek ma w pewnym stopniu otwarte mniejsze czakry w swoich dłoniach, co oznacza, że uzdrawiająca energia nieustannie do nich wpływa i z nich wypływa. Tylko ludzie, którzy są całkowicie zwróceni ku złu, będą całkowicie odcięci od uzdrawiającej energii, dopóki nie będą mogli ponownie otworzyć swoich serc na miłość i dobro. Są też tacy ludzie, którzy wyprzedzili masy w kwestii ewolucji duchowej. Ci ludzie mają w pełni otwarte czakry serca i gardła. Ich świadomość jest znacznie wyższa w stopniu wibracji, co oznacza, że ich Czakry Dłoni są optymalnie funkcjonujące i wysyłają i odbierają uzdrawiającą energię.

W pełni przebudzona osoba będzie miała otwarte wszystkie swoje czakry, w tym czakrę dłoni i stopy. Będzie naturalnym uzdrowicielem, empatem i telepatem. Wiele informacji z zewnątrz docierać będzie do niego poprzez dłonie. Sam akt dotknięcia obiektu spowoduje otrzymanie energetycznej wiedzy o tym obiekcie. Kiedy czakry dłoni są w pełni otwarte, opuszki palców stają się wyjątkowo wrażliwe na odbieranie informacji i wysyłanie ich do ciała w celu oceny.

UZDRAWIANIE ZA POMOCĄ RĄK

Czakry dłoni mogą być używane do otrzymywania energii, ale także do jej wysyłania; wszystko zależy od Twojej intencji. Kiedy odbierasz energię, zaangażowane są opuszki palców, natomiast kiedy wysyłasz ją na zewnątrz, robisz to głównie poprzez czakry dłoni (Rysunek 30).

Najczęstszym zastosowaniem funkcji odbioru w Czakrach Ręki jest skanowanie Aury danej osoby i szukanie "gorących punktów" oraz innych informacji, które mogą pomóc w intuicyjnym określeniu stanu jej ogólnej energii. Czakry Ręki mogą być chętnie używane jako czujniki, które informują Cię, jaka jest energia w Twoim otoczeniu.

Możesz użyć funkcji wysyłania Czakr Ręki, aby skierować uzdrawiającą energię do kogoś, oczyścić pokój ze stagnującej energii, naładować kryształ lub inny obiekt, a nawet pobłogosławić lub zaoferować ochronę osobie lub grupie ludzi. Możesz również użyć swojej energii do uzdrowienia siebie i swoich czakr, chociaż może to być drenujące. Pomaga to uzdrawiać się za pomocą kamienia szlachetnego, na przykład.

Chociaż jest bardzo ważne, aby wiedzieć, jak budować chi w czakrze Hara (więcej na ten temat w następnym rozdziale o czakrach transpersonalnych), o wiele bardziej skuteczne w pracy uzdrawiającej jest nauczenie się, jak sprowadzić energię duchową i pozwolić jej przepłynąć przez Ciebie. Tak długo jak pochodzisz z mentalnego miejsca bezwarunkowej miłości (co jest cechą charakterystyczną czakry Anahata), sama intencja powinna wystarczyć, abyś mógł przywołać energię duchową i skierować ją przez czakrę dłoni w celach uzdrawiających.

Ważne jest, aby pozostać neutralnym w stosunku do konkretnych wyników sesji uzdrawiającej i nie narzucać swojej woli. Przez większą część sesji uzdrawiania stajesz się tylko kanałem, przewodnikiem energii duchowej. Dlatego przy przesuwaniu i usuwaniu blokad energetycznych powinieneś angażować tylko swoją Wyższą Wolę. Aby to zrobić, możesz albo przeczesać obszar w Aurze, który zawiera negatywną energię, albo wypchnąć tę negatywną energię uzdrawiającą energią z czakr dłoni. W tym drugim przypadku możesz wzmocnić wielkość uzdrawiającej energii kierowanej przez Czakry Dłoni poprzez wykorzystanie swojej siły woli i skupionej uwagi.

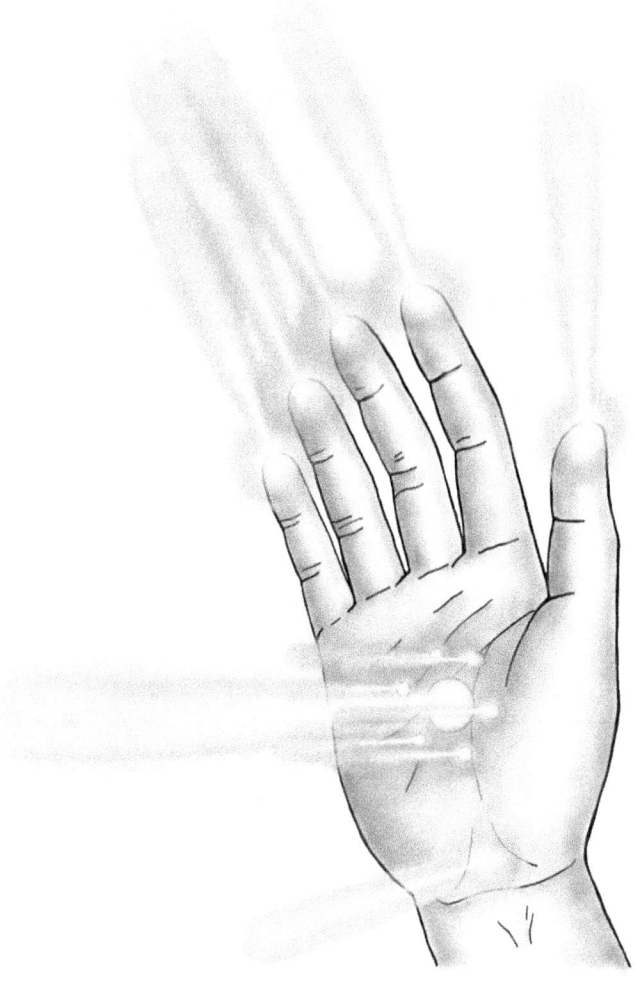

Rysunek 30: Uzdrawiająca Energia z Dłoni

INFUZJA ENERGII DUCHA

Celem procesu oczyszczania Kundalini jest uczynienie Twojego ciała naczyniem dla Ducha. Oczywiście w trakcie tego procesu nic nie dzieje się z Twoim ciałem fizycznym, choć dla Twojej świadomości ma się wrażenie, że tak jest. Kundalini pozwala Twojej świadomości wznieść się tak wysoko jak Ciało Duchowe i zestroić się z jego wibracją poprzez oczyszczenie Czakr.

Ciało musi być napełnione energią Ducha, którą przenoszą Czakry Podeszwy i Dłoni. Te mniejsze czakry stają się w pełni aktywowane, kiedy Kundalini osiągnie Sahasrarę w procesie przebudzenia. Zazwyczaj potrzeba trochę czasu, aby świadomość przygotowała się na napływ Ducha, ponieważ czakry wymagają oczyszczenia. Kiedy jednak jest gotowa, energia Ducha wznosi się do ciała poprzez czakry podeszwy i dłoni. To doświadczenie sprawia wrażenie, jakby podmuch wiatru wdarł się do kończyn i uczynił je przezroczystymi. Ten Boski oddech może wtedy całkowicie przeniknąć do tułowia, umożliwiając indywidualnej świadomości odczucie nieważkości ciała, szczególnie rąk i nóg. Doświadczający ma wrażenie, że ciało fizyczne stało się puste od wewnątrz.

Kiedy Duch wchodzi do ciała, jednostka zaczyna doświadczać ogólnego odrętwienia całego ciała. Ponownie potrzeba trochę czasu, aby ta część transformacji Kundalini zamanifestowała się. Jak już wspomniałem, dla mnie miało to miejsce w siódmym roku przebudzenia. Czułem się tak, jakby ciało fizyczne otrzymało stały zastrzyk Novocainy, środka odrętwiającego.

Uczucie odrętwienia pojawia się po to, by świadomość mogła stracić połączenie z ciałem fizycznym, co ułatwia jej pełną lokalizację w Ciele Światła. Poprzez utratę świadomości ciała fizycznego, Dusza zostaje ostatecznie uwolniona z kajdan. Indywidualna świadomość jednoczy się z Kosmiczną Świadomością, kończąc ból podziału między nimi.

PSYCHICZNE OCZY

Oprócz dwóch fizycznych oczu, w naszych głowach znajduje się pięć dodatkowych duchowych oczu (Rysunek 31), które dają nam rozszerzoną świadomość, kiedy nasza świadomość jest podwyższona. Ponadto, dwoje fizycznych oczu ma funkcje wykraczające poza zwykłe zdolności widzenia, o których warto wspomnieć. Prawe oko służy przede wszystkim do postrzegania form przedmiotów; pomaga w dostrzeganiu szczegółów. Lewe oko odnosi się do naszego emocjonalnego Ja. Daje nam poczucie związku pomiędzy obiektami poprzez ich kolor i fakturę.

Trzecie oko, czyli Oko Umysłu, znajduje się nieco powyżej i pomiędzy brwiami. Służy jako portal energetyczny, który umożliwia nam intuicyjną formę energetyczną obiektów w naszym trzecim wymiarze. Trzecie oko daje nam wgląd w Nieznane jako nasze okno do Świata Astralnego. Rzeczywista lokalizacja czakry Ajna znajduje się jednak w centrum mózgu, w obszarze trzeciej komory, co zostanie omówione w późniejszym rozdziale. Opisane poniżej oczy psychiczne pełnią funkcje pomocnicze wobec Oka Umysłu. Służą one jako portale energetyczne, każdy z nich posiada specyficzne moce, które po przebudzeniu dają nam rozszerzoną świadomość i zrozumienie, ponieważ są one odrębnymi składnikami Ajna Czakry jako całości.

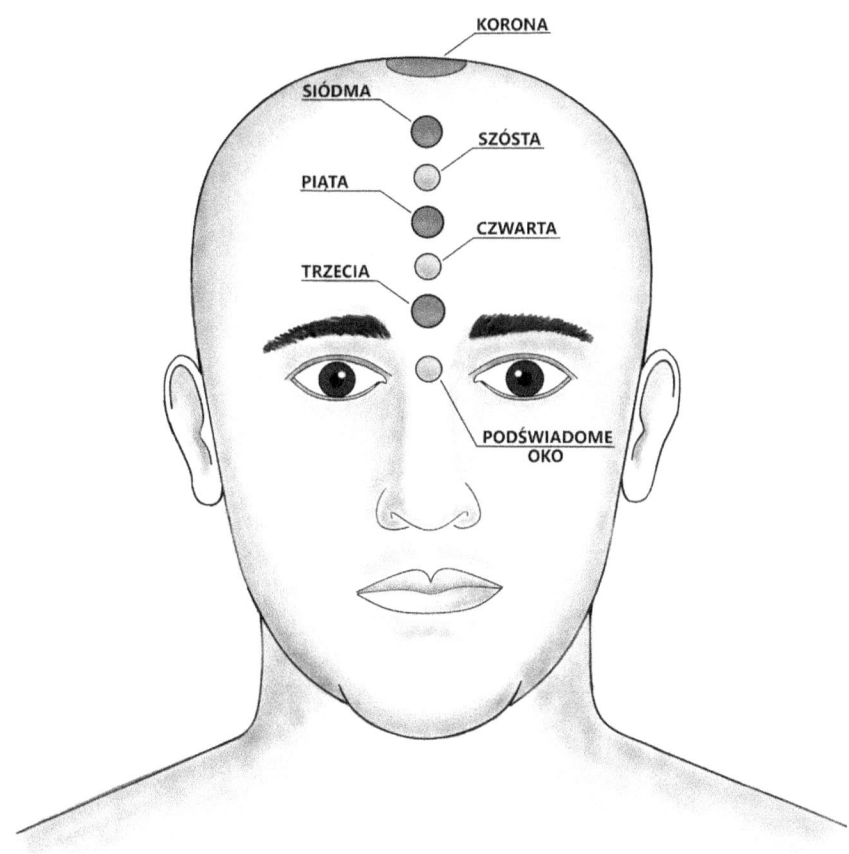

Rysunek 31: Lokalizacja Oczu Psychicznych

Czwarte oko znajduje się tuż nad trzecim okiem i pozwala nam zrozumieć związki między ludźmi, jednocześnie wspierając wiarę w Stwórcę. Jest to wyższy zmysł tego, co postrzega lewe oko fizyczne, ponieważ pozwala nam zrozumieć Źródło Stworzenia. Czwarte oko jest budowniczym wiary.

Piąte oko znajduje się w samym środku czoła i pomaga nam w zrozumieniu uniwersalnych prawd i ideałów. Dzięki niemu otrzymujemy koncepcje działania Uniwersalnych Praw, które rządzą rzeczywistością. Pozwala nam widzieć większy obraz życia i nasze miejsce w nim. Piąte oko aktywuje wyższy umysł i nasze kreatywne myślenie. Pozwala nam również zobaczyć nasze poprzednie życia.

Szóste oko znajduje się tuż nad piątym okiem, a jego funkcją jest zapewnienie nam prawdziwego wewnętrznego wzroku i zrozumienia celu naszej Duszy. Siódme oko znajduje się dokładnie w miejscu linii włosów, po przeciwnej stronie Bindu. Pomaga ono w zrozumieniu całości i celu Wszechświata jako całości. Możemy przez nie komunikować się z Anielskimi Istotami z Boskiego Planu Istnienia.

Siódme oko jest najważniejsze w procesie transformacji Kundalini, ponieważ działa jako punkt wyjścia Kundalini, tak samo jak Bindu. Siódme oko i Bindu działają jak lejki dla obwodu Kundalini, kiedy są w pełni aktywne i zintegrowane. Jeżeli istnieje blokada w siódmym oku, obwód Kundalini staje się nieaktywny, a człowiek traci kontakt z Bindu oraz duchowymi i boskimi planami istnienia.

Kluczowe jest zrozumienie, że wszystkie oczy psychiczne rozwijają się z czasem, kiedy przechodzą transformację Kundalini po pełnym przebudzeniu. Kiedy wszystkie są już stworzone i świadomość uzyskuje zdolność do wykorzystania ich funkcji, Piąte Oko staje się "centrum dowodzenia" świadomości, zamiast Trzeciego Oka, ponieważ jest środkowym z pięciu psychicznych oczu i może odbierać wrażenia z każdego z nich.

Istnieje jeszcze jeden ośrodek psychiczny zwany "Okiem Podświadomości" i leży on dokładnie pomiędzy dwoma fizycznymi oczami, na mostku nosa. Podświadomy umysł jest centrum naszego prymitywnego i podstawowego życia oraz uczuć na poziomie jelit. Jego funkcją jest przetrwanie, a więc odnosi się do potrzeb życiowych, takich jak jedzenie, woda i schronienie. Strach odgrywa również kluczową rolę w przetrwaniu, ponieważ uczymy się unikać tych rzeczy, które mogą nas zranić, zarówno fizycznie, jak i emocjonalnie. Podświadomy umysł staje się magazynem wszystkich tych rzeczy, które z czasem sprawiły nam ból, zawierając energię strachu, która ogranicza nas w życiu.

Kiedy Kundalini wejdzie do mózgu i przebije Czakrę Adżny, Podświadome Oko zostaje w pełni obudzone. Ponieważ pełne przebudzenie Kundalini łączy umysł świadomy i podświadomy, cała negatywna energia przechowywana w podświadomości zostaje uwolniona, aby można było się nią zająć i przekształcić. W związku z tym, Oko Podświadomości pozwala nam zobaczyć wszystko, co wcześniej było przed nami ukryte pod względem psychicznym.

Oko Podświadomości pozwala nam zobaczyć działanie podświadomego umysłu, aby stać się bardziej efektywnymi Współtwórcami z naszym Stwórcą. Kiedy już pokonamy negatywną energię zgromadzoną w podświadomym umyśle, możemy wykorzystać to psychiczne centrum do kształtowania naszych myśli, czyniąc nas panami naszej rzeczywistości. Jednak Oko Podświadomości jest jedynie oknem lub portalem do podświadomego umysłu, którego lokalizacja znajduje się z tyłu głowy. Dla kontrastu, świadoma część umysłu znajduje się z przodu głowy.

CZAKRY TRANSPERSONALNE

Według wielu duchowych szkół myślenia, oprócz Czakr Głównych i Mniejszych, istnieją również Czakry Transpersonalne. Są to czakry poza Ciałem Świetlnym, z którymi człowiek jest połączony energetycznie. Transpersonalne oznacza, że przekraczają one sferę wcielonej osobowości. Ponadto, w nauce o czakrach, dodają one drugi, kluczowy element układanki, obok głównych i mniejszych czakr, w zrozumieniu naszego energetycznego makijażu.

Głównym celem czakr transpersonalnych jest połączenie ciała fizycznego oraz głównych i mniejszych czakr z innymi ludźmi, istotami eterycznymi oraz innymi źródłami boskich i wyższych energii. Większość duchowych szkół myśli, że jest pięć Czakr Transpersonalnych, chociaż ta liczba może się różnić. Powszechne jest również, że wiele systemów czakralnych używa tylko dwóch przeciwstawnych Czakr Transpersonalnych, Gwiazdy Duszy i Gwiazdy Ziemi.

Czakry Transpersonalne istnieją wzdłuż linii Hara, która jest energetyczną kolumną zawierającą siedem podstawowych czakr. Kiedy rozszerzamy tę energetyczną kolumnę w górę i w dół, poza siedem podstawowych czakr, napotykamy różne czakry transpersonalne powyżej Sahasrary i jedną poniżej Muladhary, zwaną czakrą Gwiazdy Ziemi (Rysunek 32).

Czakry Transpersonalne przechowują klucze do rozwoju duchowego i zrozumienia dynamiki Stworzenia. Poprzez czakry powyżej Sahasrary możemy połączyć się z bardziej subtelnymi wibracjami w Kosmosie. W *The Magus* odniosłem się do tych wyższych wibracyjnych stanów świadomości jako Boskich Planów istnienia.

Z punktu widzenia qabalistycznego Drzewa Życia, Czakry Transpersonalne wokół i nad głową są częścią Sefiry Kether, a nie w obrębie Trzech Zasłon Negatywnego Istnienia (Ain Soph Aur). A ponieważ Kether jest Białym Światłem, te czakry transpersonalne zajmują się tym, jak to Światło filtruje do Ciała Światła i siedmiu głównych ośrodków czakr.

Jeśli Twoje siedem głównych czakr nie jest odpowiednio zrównoważone, a Twoja wibracja nie jest podwyższona, wysoce odradzam Ci próby pracy z trzema najwyższymi czakrami transpersonalnymi. Próby korzystania z tych potężnych źródeł mocy przed uczynieniem siebie odpowiednim przewodnikiem będą daremne, ponieważ nie będziesz w stanie uzyskać dostępu do ich mocy. W związku z tym, zachowaj pracę z tymi wyższymi czakrami na czas, kiedy już wystarczająco rozwiniesz się duchowo. Jedyną

Transpersonalną Czakrą, z którą możesz bezpiecznie pracować jest Gwiazda Ziemi, ponieważ ta Czakra odnosi się do uziemienia.

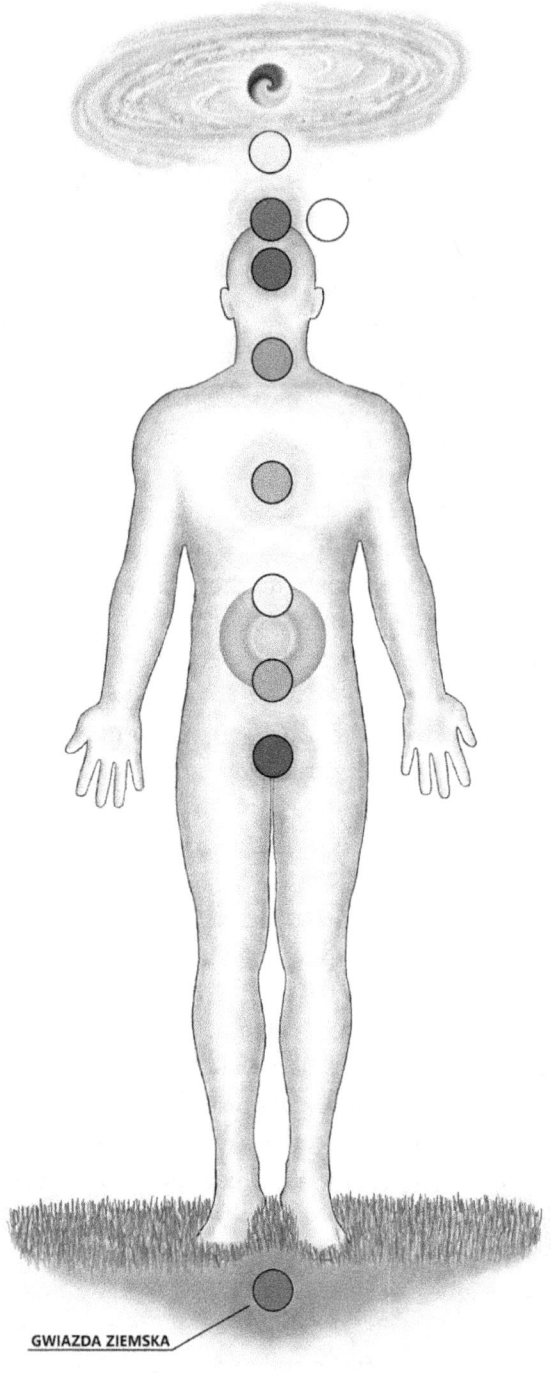

Rysunek 32: Czakry Transpersonalne

CZAKRA GWIAZDY ZIEMI

Czakra Gwiazdy Ziemi, Vasundhara (sanskryt dla "Córki Ziemi"), znajduje się około sześciu cali poniżej stóp. Inaczej nazywana "Superkorzeniem", czakra ta pomaga w uziemieniu i połączeniu nas z Planetą Ziemią, ponieważ ma bezpośredni kontakt z ziemią. Gwiazda Ziemi działa jako pomost pomiędzy naszą świadomością a zbiorową świadomością planety Ziemi. Dlatego też ta czakra zajmuje się świadomością natury. Czakry stóp są medium komunikacji pomiędzy głównymi czakrami a Gwiazdą Ziemi.

Gwiazda Ziemi umożliwia nam również połączenie z gęstszymi energiami ziemskimi naszej Planety. Energia ziemska/teleuryczna wznosi się kanałami energetycznymi nóg poprzez czakry stóp aż do czakry korzenia, Muladhara. Czakra Muladhara jest podstawą naszego systemu czakralnego, jego korzeniem - stąd nazwa tej czakry. Muladhara i Gwiazda Ziemi mają bezpośredni związek - obie są związane z Elementem Ziemi i służą do kanalizowania jego energii. Qabalistycznie, ich funkcja odpowiada sefirze Malkuth, umieszczonej bezpośrednio u stóp. Jednakże Gwiazda Ziemi reprezentuje duchowy aspekt Ziemi, wibrując w Czwartym Wymiarze Wibracji lub Energii.

Gwiazda Ziemi jest niezbędna do zakotwiczenia nas na Fizycznej Płaszczyźnie Istnienia. Jedną z funkcji Gwiazdy Ziemi jest zakorzenienie osobistych i transpersonalnych części Duszy do magnetycznego rdzenia Planety Ziemia poprzez jej pole elektromagnetyczne. Ponieważ system energetyczny człowieka można porównać do drzewa, Gwiazda Ziemi służy jako jego korzeń.

Gwiazda Ziemi pozwala nam pozostać uziemionymi pomimo wszystkich codziennych czynności, które nas rozpraszają. Solidne połączenie z tą czakrą pozwala nam pozostać twardo przy naszym życiowym celu i nie dać się podporządkować myślom i emocjom innych ludzi wokół nas. Te zewnętrzne energie są usuwane z naszej aury, kiedy nasze połączenie z Gwiazdą Ziemi jest silne. Nasz związek z Gwiazdą Ziemi daje naszej Duszy bezpieczeństwo, aby mogła wyrazić siebie i swój cel.

Gwiazda Ziemi ma swoją własną warstwę Auryczną rozciągającą się poza warstwę czakry Sahasrara. Służy ona jako eteryczny projekt łączący warstwy auryczne z naszym Dolnym Ciałem Astralnym (Ciałem Eterycznym), pierwszym Ciałem Subtelnym poza planem fizycznym. Ze względu na umiejscowienie pod stopami, czakra ta uziemia ciała subtelne i cały system czakr, w tym czakry transpersonalne powyżej Sahasrary.

Gwiazda Ziemi jest również bezpośrednio zaangażowana w pobudzanie Kundalini do aktywności ze względu na jej związek z Muladharą. Bez jej pomocy proces przebudzenia byłby niemożliwy, ponieważ ludzka świadomość jest nierozerwalnie związana ze świadomością Ziemi. Zmiany w świadomości Ziemi wpływają na ludzką świadomość na poziomie zbiorowym i osobistym.

Aby nastąpiło przebudzenie Kundalini, musimy stworzyć potężny prąd energii w czakrze Muladhara. Tworzenie tej energii zaczyna się w Gwieździe Ziemi, ponieważ te dwie Czakry Elementu Ziemi działają razem. Innymi słowy, energia w Muladhara jest generowana z czakry Gwiazdy Ziemi. Gwiazda Ziemi działa jak bateria dla Muladhary;

wysyła do niej energie planetarne poprzez pozytywne i negatywne prądy reprezentowane przez dwa kanały energetyczne w nogach.

Nasza historia życia jest zapisana wewnątrz matrycy naszej Gwiazdy Ziemi. Ta czakra jest odpowiedzialna za nasz rozwój osobisty na planie materialnym i ścieżki, które obieramy, aby iść do przodu w życiu. Obejmuje ona całą historię naszych przodków i wzorce DNA. Czakra ta jest również rejestratorem wszystkich poprzednich wcieleń i udzielonych lekcji karmicznych.

Gwiazda Ziemi łączy nas z całą ludzkością na poziomie ziemskim. Kiedy jest zrównoważona, ta czakra pozwala nam poczuć głębokie połączenie z naszymi wewnętrznymi mocami i pracować dla większej sprawy. Ostatecznym celem Gwiazdy Ziemi jest rozwijanie zbiorowej świadomości naszej planety i wszechświata, którego jesteśmy częścią. Zrównoważona Gwiazda Ziemi pozwala nam również czuć się uziemionym, chronionym i bezpiecznym, ponieważ nasze boskie połączenie z Matką Ziemią (Gaja) jest wzmocnione.

Niezrównoważona Gwiazda Ziemi tworzy psychiczną i emocjonalną niestabilność w życiu. Przez brak uziemienia z Matką Ziemią, tracimy kontakt z naszą duchowością, przez co z czasem tracimy poczucie celu. Na poziomie fizycznym, niezrównoważona Gwiazda Ziemi może powodować problemy z nogami, kolanami, kostkami i biodrami, ponieważ te części naszego ciała uziemiają nas z Matką Ziemią.

Kolor Gwiazdy Ziemi to czarny, brązowy lub magenta (gdy jest aktywowana). Kamienie szlachetne przypisane do tej czakry to Kwarc dymny, Onyks, Czarny Obsydian i Magnetyt (Lodestone).

CZAKRA HARA (NAVEL)

Hara to japońskie słowo, które oznacza "morze energii". Jej nazwa jest odpowiednia, ponieważ czakra Hara działa jako brama do Płaszczyzny Astralnej. Poprzez tę płaszczyznę można uzyskać dostęp do wszystkich wewnętrznych płaszczyzn kosmicznych. Jako taka, Hara Czakra jest naszym dostępem do nieskończonego oceanu energii we Wszechświecie. Nie jest ona konieczna jako czakra, ale stanowi własną ligę ze względu na swój rozmiar i zakres. Hara jest jednak częścią modelu Czakr Transpersonalnych w wielu systemach czakr New Age. Jej lokalizacja znajduje się pomiędzy Swadhisthaną i Manipurą, przy pępku (Rysunek 33), około dwóch cali do wewnątrz.

Wokół Hary znajduje się Eteryczna kula energii, wielkości piłki nożnej, zwana "Dantian" lub "Tan Tien". Energia Dantianu to chi, qi, mana, Prana, czyli Energia Życia. Ta piłka energii oddziałuje na pobliskie organy biorące udział w przetwarzaniu pokarmu, ponieważ spożyty pokarm przekształca się w energię Życia, której esencją jest energia Światła. Energia ta wypełnia się z Hara, gdyż to jest jej centrum. Kiedy Energia Światła zostanie wytworzona w Dantian poprzez czakrę Hara, jest następnie rozprowadzana po całym ciele.

Czakra Hara ma bezpośredni związek ze Swadhisthaną, ponieważ działa jako portal do płaszczyzny astralnej i generator energii życiowej. Różnica pomiędzy nimi polega na tym, że funkcją Swadhisthany jest generowanie energii seksualnej (wraz z Muladharą), natomiast Hara generuje energię życiową. W rzeczywistości jednak obie pracują razem jako bateria, tak jak Muladhara współpracuje z czakrą Gwiazdy Ziemi. Na Drzewie Życia funkcja czakr Hara i Swadhisthana odpowiada sefirze Yesod.

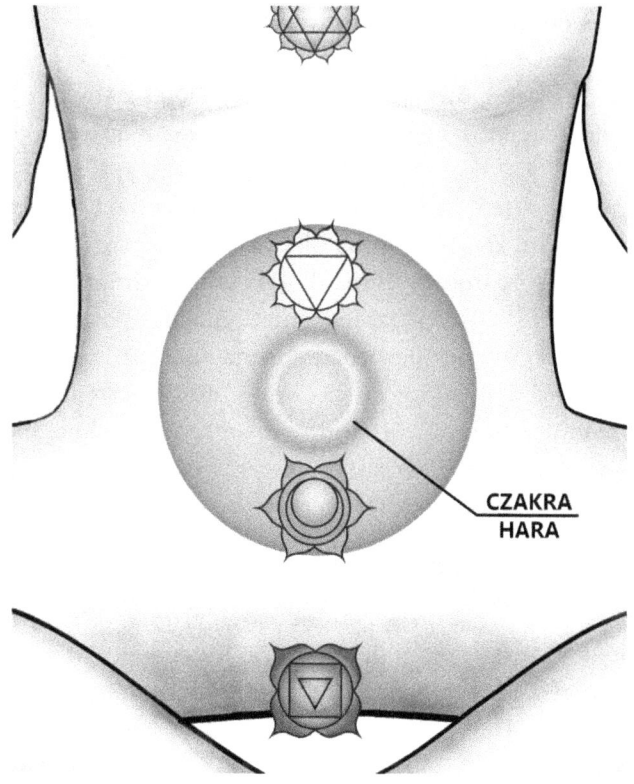

Rysunek 33: Czakra Hara (Navel)

Czakra Hara daje nam utrzymanie i siłę, która jest zależna od tego, czy Muladhara i Gwiazda Ziemi są wystarczająco uziemione. Nasze źródło mocy znajduje się w Hara i naszej zdolności regeneracyjnej. Podczas gdy Gwiazda Ziemi i czakry Muladhara czerpią energie Ziemi, Hara wykorzystuje energię seksualną Swadhisthany do zasilania woli. Aby to osiągnąć, wykorzystuje surową energię Ognia Manipury, która leży bezpośrednio nad nią. Manipura jest bezpośrednio zaangażowana w proces przekształcania spożytego pokarmu w energię Światła. Wiele tradycji duchowych uznaje istnienie czakry Hara, ale nie potrafi rozróżnić, czy jest ona związana ze Swadhisthaną, czy z Manipurą, czy z obiema - jak w tym przypadku.

Efektywność Czakry Hara zależy również od tego, jak dobrze uziemione są Gwiazda Ziemi i Czakra Korzenia. Te dwie czakry pobierają energie Ziemi, podczas gdy Hara używa tej energii, wraz z energią z czakr Swadhisthana i Manipura, do zasilania całego systemu energetycznego. Czakra Hara jest w zasadzie naszym rdzeniem i fundamentem. Jej kolor to bursztyn, ponieważ jest mieszanką żółci Manipury i pomarańczy Swadhisthany.

Chociaż Swadhisthana jest często określana jako czakra pępka w tradycjach duchowych, to Hara jest rzeczywistą czakrą pępka ze względu na jej umiejscowienie i funkcję. Jako płód, wszyscy byliśmy karmieni przez pępek, kiedy nasze ciała subtelne były formowane. Kiedy się urodziliśmy i pępowina została przecięta, zostaliśmy odcięci od Eterycznego źródła energii. W związku z tym przestaliśmy czerpać energię przez Harę. Poprzez warunkowanie i formowanie Ego, straciliśmy z oczu ten portal i zaczęliśmy kierować energię do naszych głów z nadmiernego myślenia. Aby to naprawić, powinniśmy skupić się na naszym rdzeniu i czerpać energię poprzez naszą czakrę Hara, co rozszerzy nasze Dantian.

Hara i Dantian (Tan Tien) są często przywoływane w Qigongu, Tai Chi i innych sztukach walki. Wszystkie dyscypliny sztuk walki, które próbują pracować z energią, zdają sobie sprawę z mocy ośrodka Hara i budowania Dantian, który uważają za środek ciężkości. Jednak aby to zrobić, trzeba mieć mocne połączenie ze swoim Ciałem Eterycznym; w przeciwnym razie nie będzie można ukierunkować swoich wewnętrznych energii. W wielu z tych systemów sztuk walki, Hara jest tylko jednym z Dantian, określanym jako Dolny Dantian. Środkowy Dantian znajduje się w obszarze serca (Anahata), natomiast Górny Dantian znajduje się w obszarze głowy, na poziomie czakry Ajna. Ten podział na trzy główne centra energetyczne w ciele człowieka pozwala artystom sztuk walki na najlepsze wykorzystanie naturalnego przepływu energii w celu optymalizacji siły walki.

Czakra Hara musi być otwarta, a Dantian (dolny) pełen energii, jeżeli chcemy mieć dobre zdrowie i obfitość witalności. Jeżeli Hara jest zamknięta lub nieaktywna, może powodować wiele uzależnień, szczególnie od jedzenia. Objadanie się jest próbą poczucia sytości pomimo tego, że Hara jest zablokowana, a Dantian pusty. Praktyka seksu tantrycznego jest jednym ze sposobów na otwarcie Hary i uświadomienie sobie swojego Dantian. Seks tantryczny skupia energię w brzuchu, wykorzystując naszą energię seksualną i siłę woli, angażując w ten sposób czakry Swadhisthana i Manipura.

CZAKRA PRZYCZYNOWA (BINDU)

Bindu służy jako brama do Czakry Przyczynowej, która jest oddalona o około dwa do trzech cali od szczytu tyłu głowy, kiedy rzutuje się linię prostą ze Wzgórza (Rysunek 34). Następnie łączy się ona z czakrą Sahasrara, która leży bezpośrednio przed nią. Czakra Przyczynowa jest jedną z trzech Transpersonalnych Niebiańskich Czakr wokół obszaru głowy, łącznie z Gwiazdą Duszy i Gwiezdną Bramą.

Bindu w górnej części czaszki (od wewnątrz) działa jako drzwi do Czakry Przyczynowej. Bindu to drzwi, a Czakra Przyczynowa to dom. Nie można jednak mieć drzwi bez domu, ani domu bez drzwi - te dwie rzeczy idą ze sobą w parze. Z tego powodu cechy czakry Bindu odzwierciedlają cechy czakry przyczynowej w modelu czakr transpersonalnych.

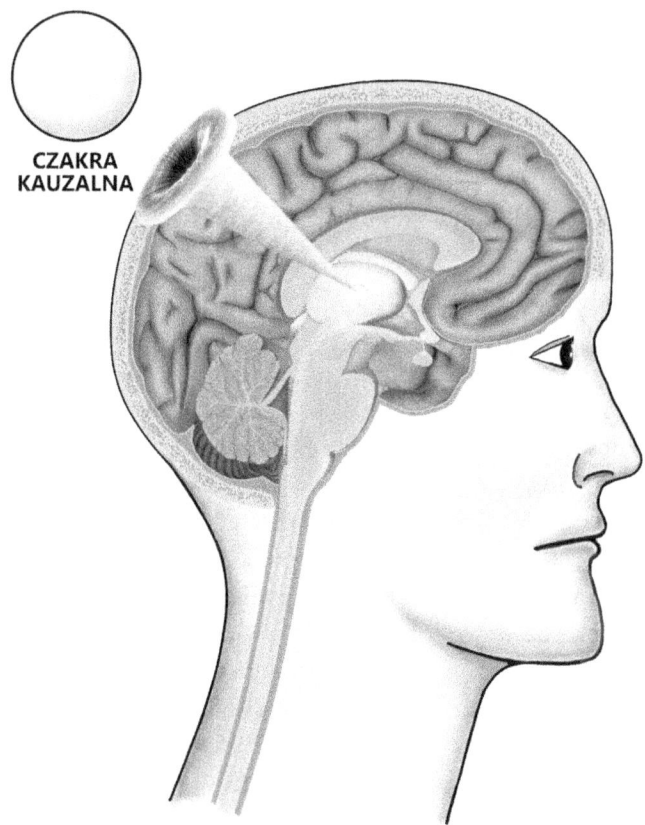

Rysunek 34: Czakra Przyczynowa/Bindu

Czakra Przyczynowa zajmuje się likwidacją Ego i transformacją osobowości. Daje nam pojęcie o ciągłości życia poza fizyczną śmiercią. Jesteśmy Wiecznymi Istotami Światła, które będą kontynuować życie po tej chwilowej fizycznej egzystencji. Czakra ta służy do wyciszenia Ego i uczynienia umysłu nieruchomym, co umożliwia jednostce badanie Płaszczyzny Duchowej i Boskich Planów.

Czakra Przyczynowa jest punktem wejścia do Boskich Planów, których można doświadczyć poprzez Gwiazdę Duszy i Czakry Gwiezdnych Wrót, które leżą powyżej Czakry Korony. Czakra Przyczynowa pomaga również w wyższych aktywacjach Czakr Duchowych (Korona, Oko Umysłu i Gardło), które ułatwiają eksplorację Płaszczyzny Duchowej.

Ponieważ czakra Przyczynowa/Bindu jest określana jako czakra Księżyca, ma ona kobiecą jakość. Kiedy jest przebudzona, kobiece cechy miłości, współczucia, kreatywności i intuicji są wzmocnione u danej osoby. Czakra ta absorbuje i promieniuje Światło

Księżyca, rozświetlając w ten sposób myśli, które otrzymujemy bezpośrednio od Kosmicznej Świadomości.

Poprzez Czakrę Przyczynową otrzymujemy informacje z Boskich Planów i wyższej płaszczyzny duchowej; informacje, które mogą być dostępne tylko wtedy, gdy jesteśmy oderwani od naszego Ego i osobowości. W związku z tym, jedną z głównych właściwości tej czakry jest to, że pozwala nam ona zgłębiać wyższą mądrość i tajemnice Kosmosu.

Czakra Przyczynowa wibruje w Czwartym Wymiarze, wymiarze wibracji lub energii. Odbiera energie z dwóch czakr piątego wymiaru znajdujących się nad głową (Gwiazda Duszy i Gwiezdne Wrota) i filtruje je do Aury. Czakra Przyczynowa/Bindu jest naszym łącznikiem z tymi dwoma czakrami o wyższej częstotliwości, ponieważ pozwala nam przyjąć stopniowane dawki Białego Światła, które emitują Boskie Płaszczyzny.

Wyższe Istoty Duchowe z Boskich Sfer mogą komunikować się z nami poprzez Czakrę Przyczynową. Gdy informacja dociera przez tę czakrę, jest przenoszona do niższych czakr, gdzie możemy uzyskać do niej dostęp poprzez Ciała Subtelne odpowiadające poszczególnym planom.

Czakra Przyczynowa odgrywa najbardziej kluczową rolę w procesie przebudzenia Kundalini, ponieważ jej otwarcie powoduje zwiększoną jasność komunikacji psychicznej i telepatycznej. Umożliwia ona jednostce "czytanie" energii wokół siebie poprzez zdolności intuicyjne. Czakra Przyczynowa/Bindu współpracuje z Czakrą Adżny, aby dokonać tego wyczynu. Osoba używa różnych portali oka umysłu, aby "zobaczyć" informacje, które są kierowane do czakry przyczynowej z kosmicznej świadomości.

Czakra Przyczynowa/Bindu naturalnie otwiera się i pozostaje otwarta jako część procesu transformacji Kundalini. Kiedy ta czakra jest odblokowana, a umysł i Ego są wyciszone, nasze Wyższe Boskie Ja może się z nami bezpośrednio komunikować. Ta komunikacja jest natychmiastowym procesem, który nie wymaga żadnego świadomego wysiłku. Jednostka zostaje pochłonięta w medytacji z jednej chwili przebudzenia na drugą i staje się żywym wcieleniem jedności wszelkiego istnienia. Jednak to doświadczenie ma miejsce tylko wtedy, gdy Kundalini została obudzona i podniesiona do czakry Sahasrara.

Chociaż możesz uzyskać dostęp do energii Czakry Przyczynowej/Bindu poprzez różne praktyki duchowe (takie jak używanie kamieni szlachetnych), jedynym sposobem na jej otwarcie i utrzymanie na stałe jest przebudzenie Kundalini. Jak wspomniano, dwa punkty wyjścia Kundalini to Bindu i centrum Siódmego Oka. Kiedy system Kundalini jest aktywny w Ciele Światła po przebudzeniu, Bindu reguluje energię Światła, która krąży w nim, odżywiając Siedemdziesiąt Dwa Tysiące Nadis lub kanałów energetycznych. Gdy kanały te zostają napełnione energią Światła, świadomość rozszerza się. Bindu otwiera się dalej, pozwalając jednostce na przepływ większej ilości informacji z Płaszczyzny Duchowej i Boskich Planów powyżej.

Czakra Przyczynowa/Bindu jest biała, co sugeruje głębokie i intymne połączenie z Elementem Ducha i Księżycem. Kamienie szlachetne przypisane do tej czakry to kamień księżycowy, kwarc Aura Anioła, Celestyt, Kyanite i Herderyt.

CZAKRA GWIAZDY DUSZY

Czakra Gwiazdy Duszy, Vyapini (sanskryt oznacza "Wszechprzenikająca"), znajduje się około sześciu cali nad czubkiem głowy, ustawiając się bezpośrednio z Czakrą Korony pod nią (Rysunek 35). Kolor tej czakry jest złoto-biały. Gwiazda Duszy służy jako nasze połączenie z kosmicznymi energiami naszego Układu Słonecznego, podczas gdy Gwiezdne Wrota służą jako nasze połączenie z Galaktyką Drogi Mlecznej jako całością. Gwiazda Duszy moderuje również bardzo wysoką energię wibracyjną z Gwiezdnej Bramy i przekazuje ją (poprzez Czakrę Przyczynową) do siedmiu głównych czakr w Ciele Światła. Dzięki temu jesteśmy w stanie przyswoić te galaktyczne energie do naszej fizycznej egzystencji.

Czakra Gwiazdy Duszy jest częstotliwością piątego wymiaru, reprezentuje energię miłości, prawdy, współczucia, pokoju oraz duchowej mądrości i świadomości. Odpowiada ona najniższej Boskiej Płaszczyźnie istnienia. Zgodnie z naukami o Wzniesieniu, Ziemia i ludzkość są w trakcie przechodzenia na zupełnie nowy poziom rzeczywistości, którym jest Piąty Wymiar.

Możemy doświadczyć kosmicznych energii Piątego Wymiaru tylko poprzez zjednoczenie indywidualnej świadomości z Kosmiczną Świadomością. Kiedy ktoś osiągnie to połączenie, uzyskuje dostęp do zapisów Akaszy, banku pamięci w Kosmicznej Świadomości, który zawiera wszystkie ludzkie wydarzenia, myśli, emocje i intencje z przeszłości, teraźniejszości i przyszłości. Jako taki, człowiek staje się jasnowidzem, medium lub widzącym. Dlatego częścią procesu transformacji Kundalini jest pełna aktywacja czakry bindu/kasalnej, która łączy nas z Gwiazdą Duszy i Gwiezdnymi Wrotami, pozwalając nam stać się jednością z Kosmiczną Świadomością.

Czakra Gwiazdy Duszy jest miejscem, w którym łączymy się z naszą Wyższą Boską Jaźnią. Połączenie to jest jednak zintegrowane poprzez Czakrę Przyczynową/Bindu i Czakry Ducha (Vishuddhi, Ajna i Sahasrara). Te czakry służą do uziemienia doświadczenia połączenia z naszym Wyższym Ja. Ponieważ Gwiazda Duszy reprezentuje Boskość we wszystkich jej formach, jest ona częścią bezwarunkowej miłości, duchowej bezinteresowności i współczucia oraz jedności we wszystkich rzeczach. Jest to początek naszego dążenia do Wzniesienia i Oświecenia.

Ponieważ Czakra Przyczynowa/Bindu jest określana jako Czakra Księżyca, Gwiazda Duszy byłaby naszą Czakrą Słońca, ponieważ jest ona źródłem naszej Duszy. Ma ona intymne połączenie z Gwiazdą naszego Układu Słonecznego (Słońcem) i czakrą Manipura, Siedzibą Duszy i Słońcem Ciała Świetlistego. Stąd też Gwiazda Duszy otrzymuje złoty aspekt swojego koloru, który jest wyższą wibracją żółtego koloru Manipury.

Ponieważ Gwiazda Duszy odpowiada Boskiej Płaszczyźnie, jest ponad energią karmiczną, gdyż Karma należy do niższych planów egzystencji. Gwiazda Duszy reguluje jednak karmę duszy, udzielając niezbędnych lekcji życiowych poprzez czakrę Manipura i element ognia. Te karmiczne energie gromadziły się przez wiele żyć i blokują nas przed manifestacją naszych pragnień. Dlatego rozwijając naszą siłę woli, oświecamy czakrę Manipury i zyskujemy silniejsze połączenie z naszą Gwiazdą Duszy.

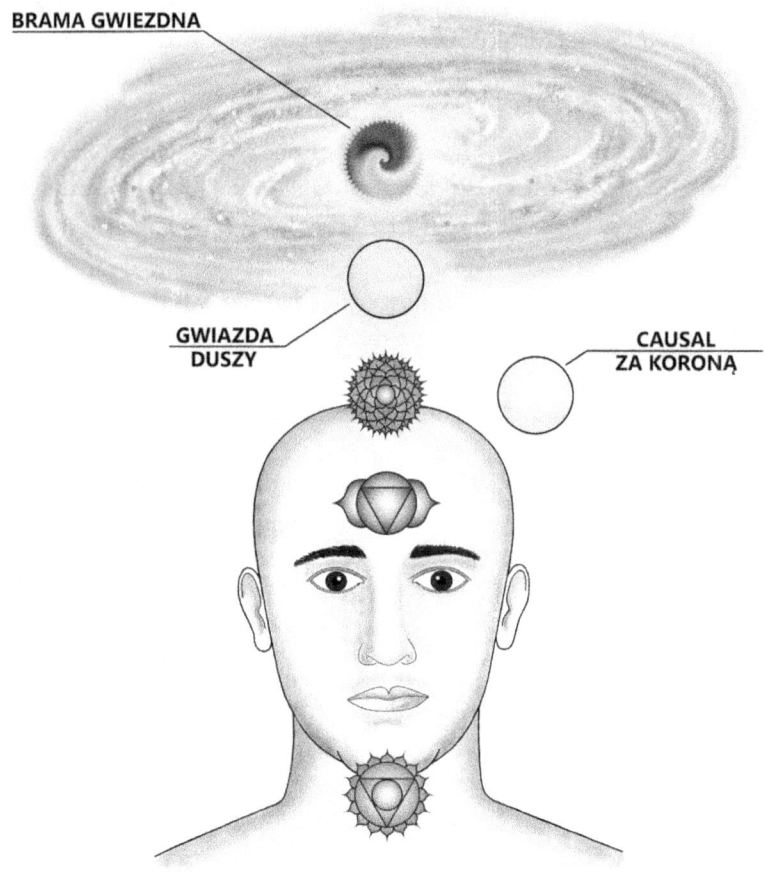

Rysunek 35: Czakry Transpersonalne Powyżej Korony

Gwiazda Duszy współpracuje z Gwiezdną Bramą, pozwalając nam dostrzec kosmiczne połączenie między nami a Wszechświatem, w którym żyjemy. Kiedy Gwiazda Duszy jest w harmonii z poniższymi czakrami, czujemy silne poczucie celu i radość życia. Gwiazda Duszy jest naszą Prawdziwą Wolą w życiu i mostem pomiędzy naszą bezosobową esencją a osobistą, fizyczną rzeczywistością.

Aby uniknąć rozproszenia i braku uziemienia, należy aktywować Gwiazdę Ziemi przed rozpoczęciem pracy z Gwiazdą Duszy. Ci, którzy spędzają zbyt wiele czasu pracując nad swoimi wyższymi Czakrami Transpersonalnymi, a jednocześnie ignorują Gwiazdę Ziemi, będą zbyt kosmiczni i eteryczni. Gwiazda Duszy i Gwiazda Ziemi funkcjonują razem, aby wykonać pracę centralnej gwiazdy naszego Układu Słonecznego - Słońca. Kamienie przypisane do Gwiazdy Duszy to Selenit, Kyanit, Kwarc Nirwany i Danburyt.

GWIEZDNE WROTA

Czakra Bramy Gwiezdnej, Vyomanga (Sanskryt dla "Niebiańskiej Istoty"), znajduje się około dwanaście cali nad czubkiem głowy, bezpośrednio nad Gwiazdą Duszy i Czakrą Korony (Rysunek 35). Kolor tej Czakry to czyste złoto lub tęcza (gdy jest aktywowana). Gwiezdne Wrota, jak sama nazwa wskazuje, są drzwiami lub portalem do Gwiazd Galaktyki Drogi Mlecznej. Mówiąc najprościej, jest to Czakra Kosmicznej Świadomości. Gwiezdna Brama jest najwyższą w wibracji ze wszystkich Czakr Transpersonalnych. Jest to najwyższa z czakr Piątego Wymiaru i nasze ostateczne połączenie ze źródłem całego Stworzenia. Gwiezdne Wrota odpowiadają wyższym Boskim Planom istnienia.

Piąty wymiar reprezentuje świadomą Jedność ze Stwórcą (Godhead). Gwiazda Duszy daje nam zrozumienie, że mamy Wieczne Dusze, które pochodzą z centralnej Gwiazdy (Słońca) w naszym Układzie Słonecznym. Jednakże Gwiezdna Brama daje nam zrozumienie, że nasze Wieczne Dusze pochodzą z tego samego źródła, co inne Dusze z innych Układów Słonecznych w naszej Galaktyce Drogi Mlecznej. Tak więc Gwiezdne Wrota reprezentują najwyższy poziom Piątego Wymiaru, który jest Jednością ze wszystkimi Iskrami Światła w Galaktyce.

Piąty Wymiar jest źródłem Białego Światła, którego wszyscy jesteśmy uczestnikami. Łączy nas ono nie tylko z Istotami Ziemskimi, ale również z Istotami Pozaziemskimi. Nieważne z jakiego Układu Słonecznego pochodzisz, wszyscy jesteśmy Jednością, ponieważ nasz Stwórca jest taki sam, podobnie jak Kosmiczny Hologram, w którym wszyscy uczestniczymy. Jako taki, Piąty Wymiar odnosi się do ostatecznego pokoju i harmonii pomiędzy wszystkimi rzeczami oraz Boskiej energii miłości, która łączy wszystko.

Gwiezdna Brama jest duchowym barometrem, który łagodzi intensywność Białego Światła, które wlewa się do naszej Aury. Gwiazda Duszy jest filtrem, przez który mierzone jest to Światło, podczas gdy Gwiazda Ziemi łączy to Światło i naszą świadomość ze świadomością planety Ziemi.

Gwiezdne Wrota to międzygwiezdne połączenie ludzkości, które jest ponadczasowe. Ponieważ jest ono ponadczasowe, przechowuje wszystkie nasze doświadczenia z wszystkich poprzednich żyć. Tak więc za każdym razem, gdy przypominasz sobie przeszłe życie, łączysz się z czakrą Gwiezdnej Bramy.

Gwiezdna Brama jest szczytem doświadczenia transformacji Kundalini i najwyższym stanem świadomości osiągalnym przez istoty ludzkie. Czakra ta emituje najwyższe energie wibracyjne, na których zbudowane są ludzkie cnoty. Oświecenie jest osiągalne tylko wtedy, gdy jednostka w pełni połączy się z czakrą Gwiezdnej Bramy. Kamienie szlachetne przypisane do Gwiezdnej Bramy to Moldavite, Stellar Beam Calcite, Azeztulite i Selenite.

LINIA HARA

Linia Hara jest głównym przewodnikiem energetycznym łączącym kolumnę Czakr Transpersonalnych. Jest to kanał, który pozwala energii Światła przejść z Gwiezdnej Bramy do Gwiazdy Duszy, do Czakry Przyczynowej, w dół do Czakry Hara i połączyć się z Gwiazdą Ziemi pod stopami. Energia ta przechodzi przez centralną część ludzkiego ciała, wzdłuż kanału Sushumna, gdzie znajduje się siedem głównych czakr.

Linia Hara ma na celu wniesienie Światła do siedmiu głównych czakr poprzez czakrę przyczynową i do Sahasrary. Światło to jest następnie rozprowadzane w dolnych sześciu głównych czakrach. Wreszcie, czakra Hara zbiera to Światło i wysyła je w dół przez krocze (czakra Muladhara) do Gwiazdy Ziemi, łącząc w ten sposób główne czakry z czakrami transpersonalnymi.

Linia Hara kieruje również przepływem energii w Głównych Czakrach. Ponieważ każda z naszych siedmiu głównych czakr przyjmuje i oddaje energię do czakr znajdujących się powyżej i poniżej, linia Hara służy jako niewidzialna oś, która subtelnie kieruje i rozprowadza przepływ tej energii.

Czakra Hara służy jako centrum przewodnika energii Linii Hara, ponieważ jest pojemnikiem energii życiowej (Prana, chi, qi, mana). Linia Hara jest całkowicie aktywowana i ożywiona, kiedy Kundalini zostaje obudzona i wznosi się do czakry korony. Kundalini służy jako siła łącząca Czakry Transpersonalne z Czakrami Głównymi. To połączenie jest następnie zakotwiczone do Matki Ziemi (Gai) poprzez Gwiazdę Ziemi.

Ponieważ Linia Hara zajmuje się kierowaniem energii Światła do Głównych Czakr, a następnie jej rozprowadzaniem, jest ona esencją naszej Boskości. Ta energia Światła jest kierowana przez Czakrę Gwiazdy Duszy, naszą Boską esencję. Dusza używa osi Linii Hara jako autostrady, wznosząc się i opadając energię Światła z jednej czakry do następnej. Gwiazda Duszy służy jako centrum dowodzenia (kontroli), aby wykonać to zadanie.

Kiedy Czakry Transpersonalne i Siedem Głównych Czakr są odpowiednio zrównoważone, następuje zjawisko alchemiczne, w którym wszystkie Czakry są zjednoczone i stopione jako jedno. To zdarzenie na poziomie energetycznym reprezentuje najwyższy punkt oświecenia. Aby to doświadczenie miało miejsce, zarówno Gwiazda Duszy jak i Gwiazda Ziemi muszą być aktywowane i pracować razem. Te dwie Transpersonalne Czakry działają jak negatywny i pozytywny biegun baterii, gdzie energia świetlna jest odbijana tam i z powrotem pomiędzy nimi.

PIĄTY WYMIAR

Większość religii i tradycji duchowych zgadza się, że Piąty Wymiar jest najwyższą sferą, jaką może osiągnąć Dusza i ostateczną granicą ludzkiej świadomości. Piąty Wymiar to wymiar Białego Światła, który leży u podstaw całego przejawionego Stworzenia. Jest to "Umysł Boga", zwany inaczej Kosmiczną Świadomością. Nasz przejawiony Wszechświat istnieje wewnątrz tego Białego Światła, które jest nieograniczone, ponadczasowe i wieczne.

Białe Światło jest Pierwszym Umysłem, podczas gdy przejawiony Wszechświat jest Drugim Umysłem. W rzeczywistości te dwa umysły są jednym, ponieważ formy w Drugim Umyśle zależą od Siły rzutowanej z Pierwszego Umysłu, aby dać im życie. Białe Światło jest sefirą Kether na Drzewie Życia, która zależy od Chokmah (Siły) i Binah (Formy), aby stworzyć manifestację. Te dwie sefiry manifestują Duszę i świadomość we Wszechświecie.

Białe Światło jest Źródłem miłości, prawdy i mądrości. Wcielamy się na tej planecie jako świetliste Istoty Światła, ale z czasem, gdy nasze Ego rozwija się, tracimy kontakt z naszą Duszą i naszymi duchowymi mocami. W miarę jak nasza świadomość ulega dewolucjom, staje się konieczne, abyśmy ponownie nawiązali kontakt z naszą Duszą, abyśmy mogli duchowo wznieść się ponownie i zrealizować nasz pełny potencjał. Przebudzenie Kundalini jest naszą metodą osiągnięcia Duchowego Urzeczywistnienia. Nasz Stwórca pozostawił w nas wyzwalacz Kundalini z założenia. Większość ludzi nie jest świadoma tego faktu, dlatego ludzie tacy jak ja służą jako posłańcy istnienia i potencjału energii Kundalini.

Pełne przebudzenie Kundalini aktywuje Siedem Głównych Czakr, z których każda rezonuje z wibracją jednego z kolorów tęczy. Znajdujemy te kolory tęczy, kiedy świecimy Białym Światłem przez pryzmat. Mamy kolejno: czerwony, pomarańczowy, żółty, zielony, niebieski, indygo i fioletowy.

Kiedy Kundalini wznosi się przez kręgosłup i do mózgu, dąży do osiągnięcia czakry korony i rozbicia Kosmicznego Jajka. Czyniąc to, aktywuje siedemdziesiąt dwa tysiące Nadis Ciała Światła, budząc w ten sposób cały jego ukryty potencjał. Gdy wszystkie płatki Sahasrary otwierają się wraz ze wznoszeniem się Kundalini, indywidualna świadomość zostaje rozszerzona do poziomu kosmicznego. Ponieważ Sahasrara jest bramą do wyższych Czakr Transpersonalnych, przebudzona osoba z czasem uzyskuje dostęp do ich mocy.

Pełne przebudzenie Kundalini rozpoczyna proces Duchowej transformacji, który ma na celu zestrojenie naszej świadomości z dwoma Czakrami Piątego Wymiaru nad głową, Gwiazdą Duszy i Gwiezdną Bramą. Kiedy mamy dostęp do tych Czakr, wznosimy się ponad fizyczny ból, strach i ogólnie pojętą dualność. Zaczynamy w pełni funkcjonować w oparciu o intuicję i żyć w chwili obecnej, w Teraz. Gdy umysł zostanie ominięty, Ego zostaje pokonane, ponieważ istnieje tylko w umyśle.

Poprzez transformację Kundalini ból oddzielenia zostaje przezwyciężony, ponieważ uczestnicząc w Piątym Wymiarze doświadczamy Jedności całego Stworzenia. Wszystkie nasze działania oparte są na miłości i prawdzie, co z czasem buduje mądrość. Uzyskujemy dostęp do nieograniczonej wiedzy o tajemnicach Stworzenia, otrzymanej poprzez Gnozę.

Wraz z pełną aktywacją naszego Ciała Światła, zyskujemy Nieśmiertelność. Zdajemy sobie sprawę, że umrzemy fizycznie, owszem, gdyż nie możemy tego uniknąć, ale wiemy wewnętrznie, że to życie jest jednym z wielu, gdyż nasze Dusze nigdy nie mogą zostać unicestwione.

MERKABA - POJAZD ŚWIATŁA

Słowo "Merkaba" wywodzi się ze starożytnego Egiptu. Odnosi się do indywidualnego pojazdu Światła, który pozwala na podróże międzywymiarowe i międzyplanetarne. "Mer" odnosi się do dwóch przeciwbieżnych pól Światła wirujących w tej samej przestrzeni, podczas gdy "Ka" odnosi się do indywidualnego Ducha, a "Ba" do ciała fizycznego. Dwa przeciwległe Czworościany wewnątrz siebie reprezentują dwa bieguny lub aspekty Stworzenia, Ducha i Materię, w całkowitej równowadze.

Merkaba zajmuje ważne miejsce również w mistyce żydowskiej. W języku hebrajskim słowo "Merkaba" (Merkavah lub Merkava) oznacza "rydwan" i odnosi się do Boskiego rydwanu opisanego przez proroka Ezechiela w jednej z jego wizji (*Stary Testament*). Wizje Ezechiela przypominają nawiedzenia przez istoty z innych wymiarów lub innego świata, opisane za pomocą metafor zawierających symboliczne wyobrażenia.

W swojej wizji Ezechiel opisuje Boski pojazd, który miał "koła w kołach", które lśniły jak "diamenty w słońcu" i obracały się wokół siebie jak żyroskop. Żydowscy mistycy i osoby duchowe interpretują wizję Ezechiela jako odniesienie do własnego międzywymiarowego pojazdu Światła - Merkaby. W kręgach duchowych wiadomo, że Wywyższeni Mistrzowie i Istoty spoza naszych sfer i wymiarów manifestują się w naszej rzeczywistości poprzez swoje Merkaby.

Merkaba jest geometrycznym przedstawieniem zoptymalizowanego torusa, naszego "dynamicznego pączka", który obejmuje pole auryczne i pole elektromagnetyczne serca. Jak wspomniano, torus ma centralną oś z północnym i południowym biegunem, który krąży energię w sposób spiralny. Po pełnym przebudzeniu Kundalini, energia zaczyna krążyć w torusie z większą prędkością, wpływając na tempo obrotu Merkaby.

Merkaba staje się w pełni aktywna, gdy torus staje się optymalny, umożliwiając podróż przez świadomość. Sześcian Metatrona to symbol, który zawiera każdy znany święty kształt geometryczny we Wszechświecie. Przypisywany Archaniołowi Metatronowi, przedstawicielowi Elementu Ducha, Sześcian Metatrona służy jako metafora przejawionego Wszechświata oraz harmonii i wzajemnych powiązań wszystkich rzeczy. Wśród niezliczonych kształtów geometrycznych, które możemy znaleźć w Sześcianie Metatrona, jest Merkaba, oglądana wzdłuż płaszczyzny pionowej z góry lub z dołu (Rysunek 36).

Rysunek 36: Sześcian Metatrona i Merkaba

Gdy patrzy się na Merkabę z boku, wzdłuż płaszczyzny poziomej, dwa czworościany przecinają się w środku i wskazują w przeciwnych kierunkach - jeden wskazuje w górę, a drugi w dół. Tetraedr skierowany do góry w Merkabie to męska zasada Słońca, związana z żywiołami Ognia i Powietrza oraz energią elektryczną. Tetraedr skierowany w dół to żeńska zasada Ziemi, związana z żywiołem Wody i Ziemi oraz energią magnetyczną. Razem, te dwa przeciwległe, splecione czworościany tworzą "Gwiezdny Czworościan", ośmioramienny obiekt, który jest trójwymiarowym rozszerzeniem heksagramu, Gwiazdy Dawida.

Tetraedr Słońca obraca się zgodnie z ruchem wskazówek zegara, podczas gdy Tetraedr Ziemi obraca się w kierunku przeciwnym do ruchu wskazówek zegara. U mężczyzn, ponieważ dominuje energia męska, czworościan Słońca jest zorientowany na przód ciała, podczas gdy czworościan Ziemi jest zorientowany na tył. U kobiet orientacja jest odwrotna, a czworościan Ziemi skierowany jest do przodu (Rysunek 37).

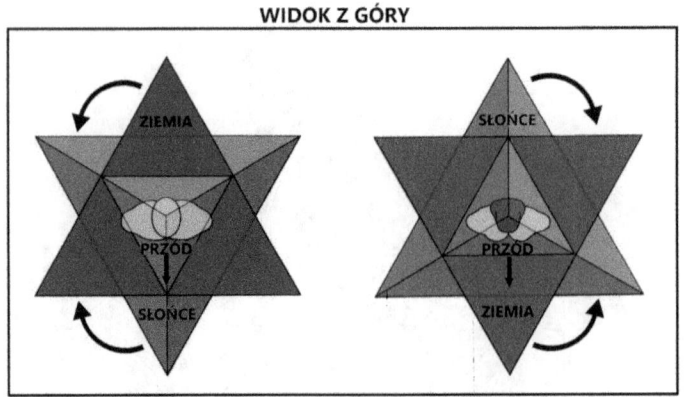

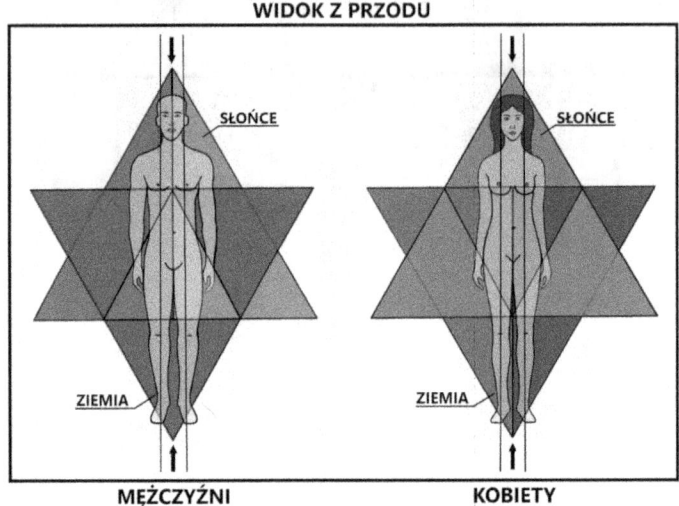

Rysunek 37: Orientacja Tetrahedronów u Mężczyzn i Kobiet

Czworościan Słońca jest zasilany przez Czakrę Gwiazdy Duszy, sześć cali nad głową w jej wierzchołku. I odwrotnie, odwrócony Czworościan Ziemi jest zasilany przez Czakrę Gwiazdy Ziemi, która znajduje się sześć cali poniżej stóp. Czakra Gwiazdy Ziemi jest wierzchołkiem odwróconego Czworościanu Ziemi. Energia świetlna odbija się tam i z powrotem pomiędzy Gwiazdą Duszy i Gwiazdą Ziemi, wzdłuż linii Hara, zasilając dwa czworościany Merkaby i sprawiając, że obracają się one w przeciwnych kierunkach.

Kiedy Merkaba jest zoptymalizowana, pole Światła generowane wokół jej wirującego kulistego kształtu może rozciągać się na 50-60 stóp średnicy, proporcjonalnie do czyjegoś wzrostu. Gdybyś spojrzał na szybko wirującą Merkabę za pomocą odpowiednich instrumentów, zobaczyłbyś wokół osoby kształt podobny do spodka, który rozszerza się w poziomie. To nie sama Merkaba jest tak duża, ale emitowane przez nią Światło tworzy jej rozciągniętą formę, rozpraszając się wzdłuż płaszczyzny poziomej.

Rysunek 38: Merkaba: Pojazd Światła (u Mężczyzn)

Centrum systemu czakr znajduje się w Czakrze Serca, Anahata; dwa przeciwnie obracające się Czworościany Merkaby są zawieszone na jej poziomie (Rysunek 38). Światło emanujące z Czakry Serca powoduje wirowanie Czworościanów Merkaby. Z tego powodu istnieje korelacja pomiędzy aktywacją Merkaby a tym, że czyjaś Istota rezonuje z energią bezwarunkowej miłości. Innymi słowy, im więcej miłości nosisz w swoim sercu, tym szybciej wiruje twoja Merkaba.

Ludzie, którzy kochają bezwarunkowo, mają zwiększone zdolności twórcze, w tym zdolności psychiczne, takie jak transponowanie swojego Ducha na przedmioty i innych ludzi. Ich szybko wirująca Merkaba pozwala im przekraczać bariery ciała fizycznego poprzez wyobraźnię.

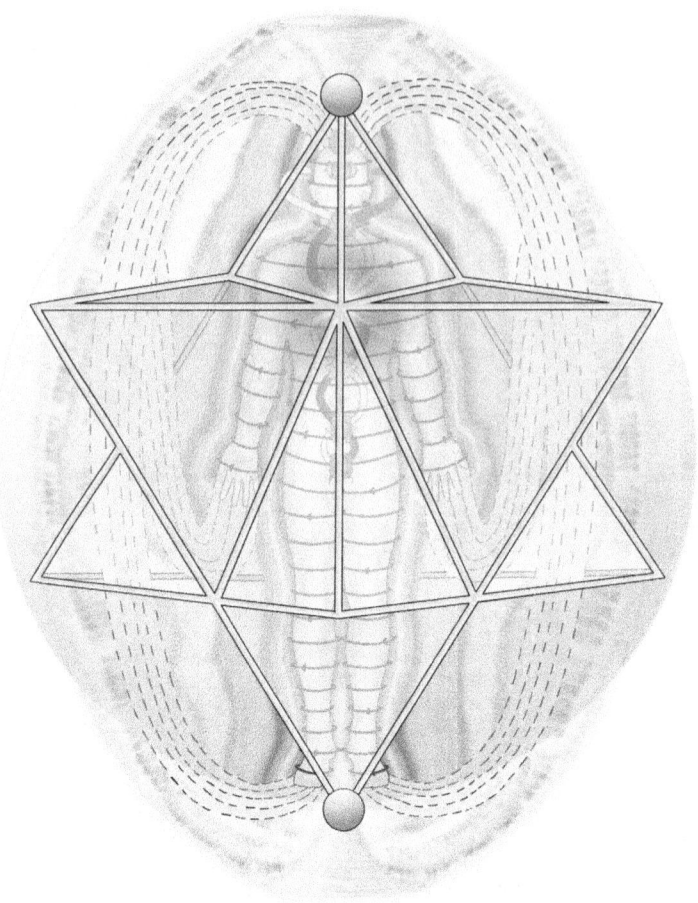

Rysunek 39: Przebudzenie Kundalini i Optymalizacja Merkaby

Czakra Serca jest centrum naszej Istoty, które otrzymuje energię Światła z Gwiazdy Duszy i rozprowadza ją do niższych czakr przed uziemieniem w Gwieździe Ziemi. Nasze fizyczne i eteryczne serca łączą się ze światem wokół nas jako odbiorniki energii. Jak opiszę w następnym rozdziale o Kundalini i anatomii, serce pracuje w tandemie z mózgiem, aby kierować naszą rzeczywistością.

Kiedy Kundalini zostaje obudzona, podróżuje w górę przez kanał Sushumna. Natomiast Ida i Pingala podróżują wzdłuż kręgosłupa w sposób spiralny, naprzeciw siebie, przypominając podwójną helisę cząsteczki DNA. Kiedy Kundalini osiąga szczyt głowy w Sahasrarze, rozszerza to centrum wykładniczo, pozwalając energii Światła z Gwiazdy Duszy wlać się do naszego systemu czakr poniżej. W miarę jak każda z czakr zostaje napełniona Światłem, toroidalne pole energetyczne ulega optymalizacji, aktywując ukryty potencjał Merkaby.

Pełne przebudzenie Kundalini energetyzuje Ciało Światła, maksymalizując pojemność Merkaby (Rysunek 39). Kiedy Światło jest wpompowane w Aurę, przeciwnie obracające się tetraedry Merkaby zaczynają wirować szybciej, tworząc Sferę Światła wokół ciała fizycznego. Dusza, która również jest kulista, ma teraz pojazd, który podtrzymuje jej kształt i dzięki któremu może opuścić ciało fizyczne, aby podróżować w innych wymiarach Czasu i Przestrzeni. Widzenie Świetlnych orbów jest powszechnym Duchowym zjawiskiem patrzenia na wirujące Merkaby Istot spoza Trzeciego Wymiaru, które chcą współdziałać z istotami ludzkimi poprzez świadomość.

Jedną z głównych funkcji Merkaby jest umożliwienie jednostce zbadania głębszych znaczeń i warstw życia we Wszechświecie. Optymalizując swoją funkcję Merkaby, stajesz się Piątym Wymiarowym Bytem Światła, który może wykorzystywać wyższe Czakry Transpersonalne na swoją korzyść.

POWRÓT DO RAJSKIEGO OGRODU

Kształt torusa uderzająco przypomina jabłko, co jest interesującą korelacją, która prowadzi nas z powrotem do historii o Ogrodzie Eden ze *Starego Testamentu* i zdobywaniu wiedzy przez ludzkość. Złośliwy wąż jest tym, który wystąpił przeciwko Bogu - Stwórcy, kusząc Ewę do zrobienia jednej rzeczy, której ona i Adam mieli nie robić - zjedzenia z drzewa poznania dobra i zła.

Wąż powiedział, że jeśli Adam i Ewa nie będą posłuszni Bogu, staną się "jak Bogowie i poznają dwoistość" (Rdz 3,4-5). Wiedzę otrzymuje się poprzez doświadczenie życiowe w Świecie Materii, zbudowanym na dualności Światła i Ciemności, dobra i zła.

Adam i Ewa jedzący zakazane jabłko z Drzewa Poznania Dobra i Zła mogą być postrzegani jako odniesienie do uzyskania przez ludzkość toroidalnego pola energetycznego, które pozwala naszej świadomości doświadczać Świata Materii. Materializując się w Trzecim Wymiarze, nasza świadomość została zakorzeniona w Materii, przez co straciliśmy kontakt z Płaszczyzną Duchową, naszym wrodzonym prawem.

Rajski Ogród jest metaforycznym przedstawieniem Płaszczyzny Duchowej, źródła naszej pierwotnej niewinności. Jak wspomniano wcześniej, wszystko co ma formę w Świecie Materii ma wokół siebie toroidalne pole energetyczne. Toroidalne pole energetyczne podtrzymuje istnienie Materii w Trzecim Wymiarze Przestrzeni/ Czasu.

Torus składa się z Głównych i Transpersonalnych Czakr, które tworzą nasz Wewnętrzny Świat i dają nam funkcje poznawcze, aby uczyć się z doświadczeń i wzrastać w intelekcie. Pozwala nam również kontemplować Boskie Stworzenie i tajemnice Wszechświata poprzez wewnętrzne kosmiczne płaszczyzny i wymiary odpowiadające czakrom.

Po wyrzuceniu z Ogrodu Eden za akt nieposłuszeństwa, Bóg-Stwórca powiedział, że Adam i Ewa mogą wrócić do Ogrodu tylko wtedy, gdy "zjedzą owoc z Drzewa Życia", który da im życie wieczne. Jak zostało to opisane w mojej poprzedniej książce, zjedzenie owocu z Drzewa Życia odnosi się do obudzenia energii Kundalini i postępu w górę poprzez Czakry, aby osiągnąć Duchowe Oświecenie. W związku z tym wąż, symbol energii Kundalini, jest również zaangażowany w proces "powrotu do domu". Znajduje się on w przyczynie, ale i skutku.

Budząc całe Drzewo Życia w sobie poprzez Wężową Moc, Kundalini, integrujesz Światło w swojej Istocie. Czyniąc to, optymalizujesz tempo wirowania przeciwbieżnych tetraedrów Twojej Merkaby, które zapewniają Twojej Duszy podróż w innych wymiarach Czasu i Przestrzeni. Co ważniejsze jednak, poprzez zjednoczenie pozytywnych i negatywnych energii w sobie, odzyskujesz wejście do Ogrodu Eden i stajesz się nieśmiertelny i wieczny, jak Bogowie.

WYDARZENIE SOLAR FLASH

Wiele opowieści o Wzniesieniu pochodzących ze Starożytnych tradycji i pism religijnych mówi, że nadejdzie czas, kiedy Ziemia, wraz ze wszystkimi jej mieszkańcami, przekształci się w Piątowymiarowe Ciało Światła. Mówią one, że nasza Planeta będzie miała fizyczną zmianę, która przekształci jej gęste materialne ciało w Ciało Światła. Niektórzy ludzie wierzą, że Ziemia stanie się Gwiazdą, ale ja tak nie myślę. Zamiast tego myślę, że Ziemia zachowa swoje właściwości, które będą tylko wzmocnione w miarę jak wibracja jej świadomości będzie wzrastać. I, oczywiście, wraz z tym przesunięciem w świadomości Ziemi, wpłynie to na ludzką świadomość.

Po wielu latach badań i jednym potężnym proroczym śnie na początku 2019 roku, doszedłem do wniosku, że wydarzenie Wzniesienia nastąpi w naszej najbliższej przyszłości. Będzie to rzeczywisty moment w czasie, kiedy coś znaczącego wydarzy się na poziomie Kosmicznym. Zgodnie z tradycją i przepowiednią Majów, miało to nastąpić w 2012 roku. Jednak wielu kosmicznych insiderów, którzy twierdzą, że kontakt z Istotami Pozaziemskimi zainwestowanymi w naszą Ewolucję Duchową, uważa, że ludzkość nie była wtedy gotowa i wydarzenie zostało opóźnione. Jeśli więc miałbym przewidzieć rzeczywisty rok, powiedziałbym, że będzie to okres pomiędzy 2022-2025, ale to naprawdę zależy od tego, jak bardzo ludzkość będzie przygotowana.

Słońce będzie siłą aktywującą to wielkie wydarzenie, które wprowadzi ludzkość w tak bardzo oczekiwany Złoty Wiek. Słońce dokona pewnego rodzaju aktywacji od wewnątrz, która zmieni częstotliwość jego Światła. W jednej chwili, gdy nastąpi aktywacja, Słońce wyemituje błysk, który może być katastrofalny dla powierzchni Ziemi, ponieważ wybije naszą sieć elektromagnetyczną i spowoduje masowe pożary lasów. Niezależnie od swoich fizycznych konsekwencji, wydarzenie to spowoduje znaczące przesunięcie w świadomości Ziemi, skutkujące masowymi przebudzeniami Kundalini dla całej ludzkości.

Gdy nasze społeczeństwo ustabilizuje się po tym wydarzeniu, rozpocznie się dla nas wszystkich nowy sposób życia. Zło zostanie wyeliminowane na masową skalę, a dobro zwycięży. Ponieważ sam przeszedłem przez przebudzenie Kundalini, mogę śmiało powiedzieć, że kiedy tego doświadczysz, nie masz już wyboru, jak tylko zwrócić się ku Światłu. A gdy to zrobisz, ciemność w Tobie spłonie dzięki transformującemu ogniowi Kundalini.

Wierzę, że niektórzy ludzie, którzy byli tak źli przez całe swoje życie, powtarzający się mordercy i gwałciciele, na przykład, zostaną całkowicie pochłonięci przez ten ogień i nie przeżyją fizycznie. Nagła zmiana świadomości będzie dla nich zbyt duża do zintegrowania, a kiedy będą próbowali trzymać się swoich złych sposobów, ogień będzie pożerał ich serca. Z drugiej strony, większość ludzi, którzy tylko otarli się o ciemność, ale nie pozwolili jej przejąć całkowitej kontroli nad ich duszami, zostaną oczyszczeni przez Święty Ogień Kundalini.

Chociaż moje przekonanie może brzmieć chrześcijańsko, zrozum, że Jezus Chrystus był przebudzoną jednostką Kundalini, prototypem doświadczenia, które inni mieli naśladować. Inne centralne postacie religijne, takie jak Mojżesz w judaizmie i Budda w buddyzmie również były przebudzone Kundalini. Ze względu na mój rodowód i wychowanie, sprzymierzyłem się z Jezusem Chrystusem i jego naukami, ale studiowałem je z perspektywy ezoterycznej, a nie religijnej. Z tego powodu często wspominam o naukach Jezusa.

Nie myl jednak mojego programu i nie myśl, że promuję chrześcijaństwo lub katolicyzm. Przeciwnie, wierzę, że wszystkie centralne postacie religii mają ezoteryczną naturę, która ujawnia istotę ich rzeczywistych nauk, zanim zostaną zanieczyszczone przez dogmatyczne poglądy ich odpowiednich religii. To właśnie te nauki zawsze mnie interesowały, gdyż każda z nich zawiera jakieś jądro prawdy o naszym istnieniu.

Proroctwo o Drugim Przyjściu Jezusa jest metaforą czasu w przyszłości, kiedy ludzkość zintegruje jego Świadomość Chrystusową jako swoją własną i stanie się tak jak on, Istotą Światła. Drugie Przyjście Jezusa jest zgodne z proroctwami starożytnych, które mówią o zbiorowym ludzkim Wniebowstąpieniu. Nie oznacza to, że Jezus pojawi się ponownie w formie fizycznej, czy w ogóle istniał, czy nie, co jest debatą pozostawioną na inny czas.

Słowo "Chrystus" oparte jest na greckim tłumaczeniu "Mesjasza". Jako taki, Jezus z Nazaretu otrzymał tytuł "Chrystus", aby zaznaczyć swoją boskość. Świadomość Chrystusowa reprezentuje stan świadomości naszej prawdziwej natury, jako Synów i Córek Boga - Stwórcy. W tym stanie następuje integracja Ducha z Materią i równowaga pomiędzy nimi, doświadczana poprzez napływ energii miłości przez rozszerzoną Czakrę Serca.

Świadomość Chrystusowa jest zbliżona do Świadomości Kosmicznej, Piątego Wymiaru, który jest ostatecznym przeznaczeniem rasy ludzkiej. I kiedy ludzkość nauczy się funkcjonować na poziomie Piątego Wymiaru, miłość, prawda i mądrość będą naszą siłą przewodnią. Nie będziemy potrzebować rządów i innych struktur kontrolnych, ale będziemy kierowani przez nowo przebudzone Światło w nas. Zamiast krajów walczących ze sobą, zjednoczymy się i skupimy nasze energie na badaniu przestrzeni kosmicznej, gdy staniemy się prawdziwymi Istotami Międzygalaktycznymi.

CZĘŚĆ IV: ANATOMIA I FIZJOLOGIA KUNDALINI

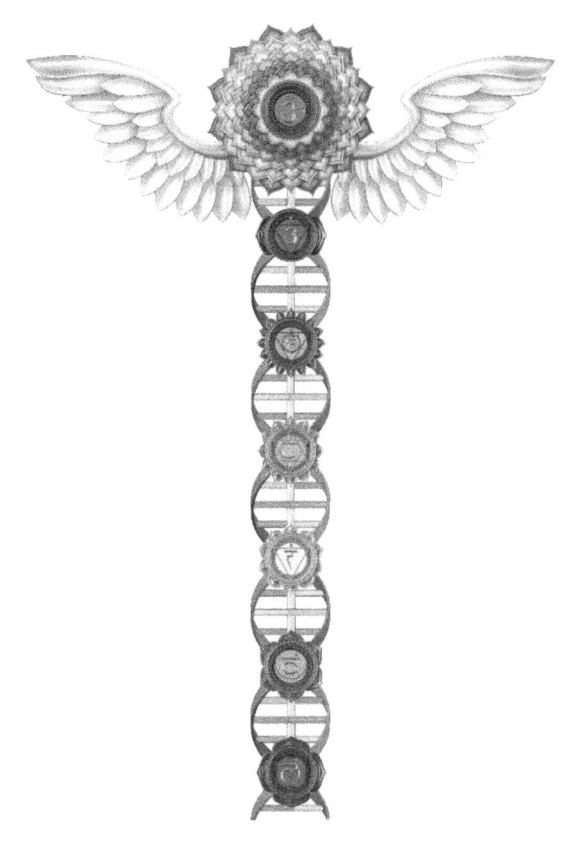

PRZEBUDZENIE OKA UMYSŁU

Oko Umysłu lub trzecie oko jest portalem energetycznym lub "drzwiami" w mózgu, które zapewniają postrzeganie poza zwykłym wzrokiem. Jest to niewidzialne oko lub okno do wewnętrznych Planów Kosmicznych i wyższych stanów świadomości. Oko Umysłu jest często kojarzone z jasnowidzeniem, zdolnością do widzenia wizji, obserwowania aury, prekognicją, a nawet doświadczeniami poza ciałem. Osoby, które twierdzą, że mają zdolność korzystania z oka umysłu są znane jako "widzący". Przebudzenie lub aktywacja Oka Umysłu idzie w parze z Ewolucją Duchową i ścieżką ku Oświeceniu.

Jak opisano w *The Magus*, Oko Umysłu znajduje się pomiędzy brwiami, tuż nad poziomem oczu, w odległości około 1/5 drogi w kierunku linii włosów. Znajduje się w nim mały, okrągły portal, którego położenie znajduje się jeden centymetr wewnątrz głowy, gdy patrzymy na ten punkt z zamkniętymi oczami. Kiedy skupiamy się na nim, pojawia się przyciąganie magnetyczne, które wprowadza nas w spokojny, medytacyjny stan. Utrzymując naszą uwagę na portalu Oka Umysłu, Ego staje się ciche, a my zaczynamy otrzymywać wizje i obrazy przepływające przez ten obszar jak na ekranie filmowym.

Chociaż portal Oka Umysłu znajduje się nieco powyżej środka brwi, rzeczywista lokalizacja czakry Adżny znajduje się w trzeciej komorze mózgu. Ajna nie jest pojedynczą czakrą, ale układem centrów energetycznych w mózgu i wzdłuż czoła. Czakra Ajna jest często nazywana Okiem Umysłu lub Trzecim Okiem, chociaż te ostatnie określenia insynuują portal Ajny, podczas gdy rzeczywista lokalizacja czakry znajduje się w centrum mózgu.

Ajna jest najlepiej opisana jako projektor filmowy, podczas gdy ekranem filmowym jest Oko Umysłu. Dlatego nazwa "trzecie oko" kojarzy się z trzecią komorą Ajny, ale także z jej położeniem, pomiędzy dwoma fizycznymi oczami, w centrum mózgu. Ponadto, trzecie oko daje nam możliwość postrzegania naszej rzeczywistości psychicznie, za pomocą naszego umysłu, omijając w ten sposób zwykły fizyczny wzrok; dlatego też nazywane jest Okiem Umysłu.

Chociaż niektóre starożytne tradycje twierdzą, że czakra Adżny to wzgórze, moje badania doprowadziły mnie do odkrycia, że wzgórze, podwzgórze, szyszynka i przysadka mózgowa przyczyniają się do funkcjonowania Adżny. Te cztery podstawowe endokrynologiczne i neurologiczne centrale mózgu pracują w synchronizacji ze sobą.

Trzecia komora wypełniona jest płynem mózgowo-rdzeniowym (CSF), który pełni rolę nośnika informacji z jednej części mózgu do drugiej. Kość krzyżowa pompuje płyn mózgowo-rdzeniowy w górę rdzenia kręgowego i do mózgu. Kość krzyżowa jest również odpowiedzialna za przebudzenie Kundalini, która leży zwinięta w kości ogonowej. Bioelektryczny prąd Kundalini ładuje się w górę kręgosłupa i do mózgu poprzez CSF jako medium. Rolę CSF i sacrum opiszę bardziej szczegółowo w dalszej części tego rozdziału.

Tradycja hinduistyczna mówi szeroko o związku Oka Umysłu z Sahasrarą, Koroną, zwaną inaczej Tysiącpłatkowym Lotosem. To pierwsze jest odbiornikiem energii doświadczanych i rzutowanych z tego drugiego. Qabalistycznie rzecz ujmując, Kether (Białe Światło) może być doświadczone tylko wtedy, gdy Chokmah (Siła) rzutuje swoją wszechmocną moc na Binah (Forma). Binah służy jako żeński odbiornik, komponent "Ja", który otrzymuje swój impuls od męskiego projektora, "Ja". Ponieważ Binah odnosi się do intuicji i zrozumienia, Chokmah jest Wszechwiedzącą siłą, która rzutuje na nią, aby dać nam mądrość. Działanie Chokmah i Binah stanowi działanie Czakry Adżny, podczas gdy Kether odpowiada Sahasrarze. Trzy Nadprzyrodzone Sefiroty działają razem i nie mogą być od siebie odjęte.

W systemie Tantra Jogi, Oko Umysłu jest związane z dźwiękiem "Om". Dźwięk Om jest pierwotnym dźwiękiem Wszechświata, który odnosi się do Atmana (Duszy) i Brahmana (Ducha) jako Jednego. Jednak przy prawidłowym wymawianiu brzmi on bardziej jak "Aum", którego trzy litery uosabiają boską energię Shakti i jej trzy główne cechy: tworzenie, zachowanie i wyzwolenie. W końcu czakra Ajna ma naturę kobiecą, dlatego też odnosi się do Księżyca.

Taoizm uczy, że poprzez ćwiczenia Oka Umysłu można dostroić się do właściwej wibracji Wszechświata i zyskać solidne podstawy, na których można osiągnąć bardziej zaawansowane poziomy medytacji. Nauczają, że portal oka umysłu rozszerza się aż do środka czoła, kiedy otwiera się ośrodek piątego oka. Jest to jeden z podstawowych ośrodków energetycznych ciała, stanowiący część głównego meridianu, który oddziela lewą i prawą półkulę ciała i mózgu.

Czakra Adżny jest księżycowym magazynem Prany, natomiast Manipura jest depozytariuszem Prany Słonecznej. Ajna Czakra jest żeńska i pielęgnująca, a jej głównym sposobem działania jest służenie jako receptor wyższych wibracyjnych energii rzutowanych z Sahasrary. Ajna, podobnie jak Vishuddhi, jest sattwiczna, co oznacza, że zawiera cechy pozytywności, prawdy, dobroci, spokoju, cnoty, inteligencji i równowagi. Attyckie cechy przyciągają jednostkę w kierunku Dharmy (co w buddyzmie oznacza "kosmiczne prawo i porządek") i Jnany (wiedzy).

Ponieważ Adżna ma dwa płatki, wskazuje to na liczbę głównych Nadis, które kończą się w tej Czakrze. Ajna ma najmniejszą liczbę Nadis, ale najważniejsze dwa, Ida i Pingala. Sushumna jest wykluczona, ponieważ jest środkowym kanałem energetycznym, który zasila Centralny Układ Nerwowy i podtrzymuje wszystkie Czakry.

Ida jest kanałem Księżycowym zasilającym prawą półkulę mózgu i Przywspółczulny Układ Nerwowy (PNS). Pingala to kanał słoneczny, który zasila lewą półkulę mózgu i współczulny układ nerwowy (SNS). PNS powstrzymuje ciało przed przepracowaniem i przywraca mu spokój i opanowanie - wszystkie cechy elementu wody, które przynosi chłodząca Ida Nadi. SNS przygotowuje ciało do aktywności i przygotowuje je do reakcji "walcz lub uciekaj", kiedy rozpoznane zostanie potencjalne zagrożenie. SNS jest charakterystyczny dla Elementu Ognia i ciepła, wywołanego przez Pingala Nadi.

SIEDEM CZAKR I GRUCZOŁY DOKREWNE

Każda z głównych czakr jest połączona z gruczołem (gruczołami) dokrewnym (dokrewnymi) i kieruje ich funkcjami (Rysunek 40). W wielu przypadkach poszczególne czakry wpływają również na organy otaczające te gruczoły. Układ endokrynny jest częścią podstawowego mechanizmu kontrolnego ciała. Składa się z kilku bezkanałowych gruczołów produkujących hormony, które służą jako chemiczne posłańce ciała, oddziałujące na różne czynności i procesy w ciele. Obejmują one funkcje poznawcze i nastrój, rozwój i wzrost, utrzymanie temperatury ciała, metabolizm żywności, funkcje seksualne itp.

Układ endokrynny działa w celu regulacji poziomu hormonów w organizmie. Hormony są wydzielane bezpośrednio do krwiobiegu i przenoszone do narządów i tkanek, aby stymulować lub hamować ich procesy. Równowaga hormonalna jest procesem delikatnym, a niewielki brak lub nadmiar hormonów może prowadzić do stanów chorobowych w organizmie. Jeśli ktoś doświadcza jakichkolwiek dolegliwości fizycznych, oznacza to, że problemy istnieją albo z gruczołami dokrewnymi, albo z Czakrami, które nimi rządzą, albo z jednym i drugim. Nigdy nie zapominaj, że wszystkie fizyczne przejawy wynikają z energetycznych zmian na Wewnętrznych Planach - jak wyżej, tak niżej. Ta Hermetyczna Zasada lub Prawo jest uniwersalna i zawsze działa.

Muladhara/Gruczoły Nadnercza

Czakra Korzenia, Muladhara, zarządza nadnerczami, które znajdują się na szczycie nerek i pomagają w funkcji samozachowawczej tej czakry. Nadnercza produkują hormony adrenaliny i kortyzolu, które wspierają nasz mechanizm przetrwania poprzez stymulowanie reakcji "walcz lub uciekaj", kiedy mamy do czynienia z sytuacją stresową. Ponadto, nadnercza produkują również inne hormony, które pomagają regulować nasz metabolizm, układ odpornościowy, ciśnienie krwi i inne istotne funkcje życiowe.

Ponieważ czakra korzenia zajmuje się uziemieniem, rządzi wsparciem ciała fizycznego, w tym pleców, bioder, stóp, kręgosłupa i nóg. Reguluje również odbytnicę i gruczoł krokowy (u mężczyzn). Niezrównoważona czakra Muladhara może prowadzić do takich problemów jak rwa kulszowa, ból kolan, zapalenie stawów, zaparcia i problemy z prostatą u mężczyzn.

Swadhisthana/Gruczoły Rozrodcze

Czakra sakralna, Swadhisthana, rządzi gruczołami rozrodczymi, w tym jądrami u mężczyzn i jajnikami u kobiet. Gruczoły rozrodcze regulują nasz popęd płciowy i wspierają rozwój seksualny. Jajniki produkują jaja, a jądra plemniki, z których oba są niezbędne do prokreacji. Ponadto jajniki produkują żeńskie hormony estrogen i progesteron, które są odpowiedzialne za pomoc w rozwoju piersi w okresie dojrzewania, regulację cyklu miesiączkowego i wspieranie ciąży. Jądra produkują męski hormon testosteron, który jest odpowiedzialny za pomoc mężczyznom w rozwoju włosów na twarzy i ciele w okresie dojrzewania oraz za stymulację wzrostu penisa podczas podniecenia seksualnego.

Czakra Swathisthana rządzi również innymi organami płciowymi, jelitami, pęcherzem, prostatą, dolnym odcinkiem jelita i nerkami. Jako takie, problemy z tymi organami i ich działaniem są związane z niezrównoważoną lub nieaktywną czakrą sakralną. Zauważcie, że w wielu systemach duchowych te zależności są odwrotne - czakra Muladhara rządzi gruczołami rozrodczymi, podczas gdy czakra Swadhisthana rządzi nadnerczami. Wiarygodne argumenty mogą być wykonane dla każdego przypadku. Jajniki i nadnercza są u kobiet połączone. Jeśli cykl menstruacyjny kobiety jest dotknięty, może to być oznaką zmęczenia nadnerczy.

Manipura/Trzustka

Czakra splotu słonecznego, Manipura, rządzi trzustką, która reguluje układ trawienny. Organy i części ciała rządzone przez Manipurę to wątroba, woreczek żółciowy, górna część kręgosłupa, górna część pleców, górne jelita i żołądek. Trzustka znajduje się za żołądkiem w górnej części brzucha. Produkuje enzymy, które rozkładają cukry, tłuszcze i skrobie, aby wspomóc trawienie. Produkuje również hormony, które pomagają regulować poziom glukozy (cukrów) we krwi. Cukrzyca jest oznaką nieprawidłowego funkcjonowania trzustki, wynikającego z niezrównoważonej czakry Manipura. Kiedy Manipura jest nadmiernie pobudzona, może pojawić się nadmiar glukozy we krwi, co powoduje cukrzycę. Kiedy Manipura jest niedostatecznie pobudzona, może wystąpić hipoglikemia (niski poziom glukozy we krwi), jak również wrzody żołądka. Niezrównoważona czakra Manipura może również prowadzić do problemów z trawieniem i pęcherzykiem żółciowym.

Anahata/Gruczoł Grasujący

Czakra Anahata rządzi gruczołem grasicy i reguluje układ odpornościowy. Gruczoł grasicy znajduje się w górnej części klatki piersiowej - za mostkiem i przed sercem. Grasica jest kluczowa dla utrzymania prawidłowego funkcjonowania naszego systemu odpornościowego. Jej zadaniem jest produkcja białych krwinek (limfocytów T), które służą jako system obronny organizmu przed wirusami, bakteriami i komórkami nowotworowymi. Ponadto, białe krwinki zwalczają infekcje i niszczą nieprawidłowe komórki.

Anahata Chakra reguluje również funkcje serca, płuc i krążenia krwi. Znana również jako czakra "Serca", Anahata jest związana z uzdrowieniem duchowym i fizycznym. Uważa się ją za centrum naszej istoty, ponieważ wytwarza energię miłości, która uzdrawia nas na wszystkich poziomach, umysłu, ciała i Duszy. Uczucia współczucia i bezwarunkowej miłości są wyrażane poprzez Czakrę Serca. Z drugiej strony, nasza Czakra Serca słabnie, kiedy angażujemy się w negatywne emocje, takie jak złość, nienawiść, zazdrość i smutek, co wpływa na gruczoł grasicy, obniżając zdolność układu odpornościowego do zwalczania chorób. Niezrównoważona czakra serca może prowadzić do wysokiego ciśnienia krwi, słabego krążenia, trudności w oddychaniu, problemów z sercem i obniżonego systemu odpornościowego.

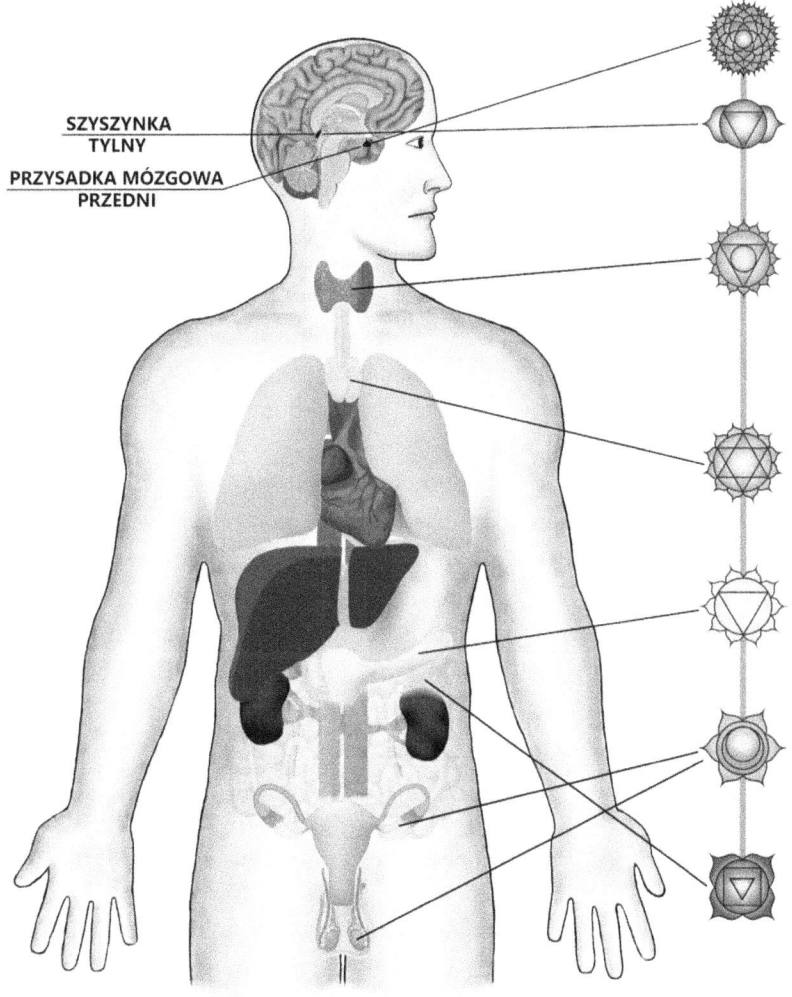

Rysunek 40: Gruczoły Dokrewne w Organizmie

Vishuddhi/Tarczyca

Czakra gardła, Vishuddhi, rządzi gruczołem tarczycy, znajdującym się u podstawy szyi. Tarczyca wydziela hormony, które kontrolują metabolizm, czyli tempo, w jakim organizm przekształca jedzenie w energię użytkową. Hormony te regulują również temperaturę ciała, funkcje oddechowe, rytm serca, poziom cholesterolu, procesy trawienne, napięcie mięśni i cykle menstruacyjne u kobiet. Jako takie, tarczyca jest jednym z istotnych gruczołów w organizmie.

Dysfunkcja tarczycy powoduje znaczące problemy, takie jak wyniszczające zmęczenie, słabe mięśnie, przyrost lub utrata wagi, zaburzenia pamięci i nieregularne cykle menstruacyjne (u kobiet). Funkcja czakry gardła kontroluje również struny głosowe, oskrzela i wszystkie obszary jamy ustnej, w tym język i przełyk. Niezrównoważona czakra gardła może prowadzić do bólu gardła lub zapalenia krtani, bólu szczęki, problemów z płucami, bólu lub sztywności w szyi oraz problemów ze strunami głosowymi.

Ajna/Gruczoł Szyszynki

Czakra Oka Umysłu, Ajna, zarządza Szyszynką, która reguluje cykle biologiczne. Oprócz wydzielania hormonu melatoniny, który jest odpowiedzialny za to, że jesteśmy senni, Szyszynka wydziela również serotoninę, "szczęśliwą" substancję chemiczną organizmu.

Szyszynka znajduje się w tylnej części mózgu, bezpośrednio za wzgórzem i nieco powyżej poziomu oczu. Szyszynka jest wielkości ziarnka ryżu (5-8mm) u ludzi i ma kształt szyszki (stąd jej nazwa). Reguluje i hamuje funkcje przysadki mózgowej. Te dwa gruczoły współpracują ze sobą w celu osiągnięcia ogólnej równowagi w organizmie. Stworzenie zdrowej równowagi pomiędzy szyszynką a przysadką mózgową ułatwia otwarcie czakry Ajna - trzeciego oka.

Ajna jest naszym centrum psychicznym, ponieważ daje nam wewnętrzną wizję. Zaburzenia psychiczne i emocjonalne, takie jak bezsenność, dwubiegunowość, schizofrenia, zaburzenia osobowości i depresja wynikają z niezrównoważonej czakry Ajny i nadmiernej lub niedostatecznej stymulacji szyszynki. Ajna kontroluje również funkcje rdzenia kręgowego, pnia mózgu, ośrodków bólu i nerwów. Dlatego też niezrównoważona czakra Ajna może być również odpowiedzialna za napady padaczkowe i inne zaburzenia neurologiczne.

Sahasrara/Przysadka Mózgowa

Czakra korony, Sahasrara, rządzi przysadką mózgową i produkuje hormony, które kontrolują resztę układu hormonalnego. Przysadka mózgowa jest nazywana "głównym gruczołem organizmu". Jest ona nieco większa od ziarna grochu i znajduje się w kostnym zagłębieniu, tuż za mostkiem nosa. Znajduje się ona w przedniej części mózgu i jest połączona z podwzgórzem za pomocą cienkiej łodygi. Przysadka łączy się z Centralnym Układem Nerwowym poprzez Podwzgórze. Organy regulowane przez Sahasrara to oczy i mózg.

Problemy takie jak bóle głowy, wizja i niektóre problemy neurologiczne są związane z niezrównoważoną czakrą Sahasrara. Zauważ, że w niektórych systemach duchowych szyszynka jest związana z Sahasrara, podczas gdy przysadka mózgowa odnosi się do Ajna. Ponieważ szyszynka znajduje się z tyłu mózgu, odnosi się do podświadomości, Księżyca i elementu wody (żeńskiego), które są związane z czakrą Adżna. Przysadka mózgowa znajduje się w przedniej części mózgu, która odnosi się do świadomego Ja, Słońca i Elementu Ognia (męskiego). Dlatego uważam, że są to prawidłowe odpowiedniki przysadki mózgowej i szyszynki. (Więcej na temat Szyszki i Przysadki oraz ich różnych funkcji w późniejszym rozdziale.)

***

Ponieważ każda z Czakr jest związana z jednym z Planów Subtelnych, negatywna energia w tych Planach przejawia się jako zaburzenia w odpowiednich gruczołach i organach. Wszystkie objawy fizyczne są przejawami jakości energii czakr. Ponieważ Czakry są centrami energetycznymi, które wpływają na naszą Istotę na wielu poziomach, musimy utrzymywać je w równowadze, jeśli chcemy być zdrowi w umyśle, ciele i Duszy.

Fizyczne dolegliwości mogą pojawić się zawsze wtedy, gdy jedno z naszych centrów energetycznych jest wypełnione negatywną energią lub jest zablokowane. Dostrojenie czakr ma więc kluczowe znaczenie dla naszego fizycznego samopoczucia. Moja pierwsza książka, *The Magus,* skupia się na pracy z energią poprzez Ceremonial Magick, zachodnią metodę uzdrawiania czakr. W *Serpent Rising* skupiam się na wschodnich technikach takich jak Joga, Tattwa, Mantry, jednocześnie wdrażając praktyki New Age takie jak kamienie szlachetne (kryształy), Aromaterapia i Tuning Forks.

Należy zrozumieć, że negatywna energia w jednej Czakrze jest odczuwana na poziomie tej konkretnej Czakry i innych Czakr związanych z jej funkcją. Przecież nasze myśli wpływają na nasze emocje i odwrotnie. A te z kolei wpływają na naszą siłę woli, wyobraźnię, poziom inspiracji itp.

UZDRAWIANIE CZAKR I GRUCZOŁY DOKREWNE

Gruczoły dokrewne są pomocnymi punktami odniesienia dla uzdrawiania czakr, ponieważ reprezentują połączenie pomiędzy energią czakr a fizycznymi i fizjologicznymi funkcjami ciała. Układ nerwowy i jego liczne węzły są również związane z gruczołami i organami. Dlatego wiedza o układzie nerwowym i jego częściach jest kluczowa, ponieważ może pomóc w sesjach uzdrawiania. Z tego powodu zawarłem w tej książce rozdział poświęcony temu zagadnieniu. Rozluźnienie i zrównoważenie układu nerwowego pozwala na skuteczniejsze uzdrowienie gruczołu lub określonego regionu ciała.

Istnieją różne metody optymalizacji funkcji czakr. Jedną z takich metod, której poświęcony jest cały rozdział w tej pracy, jest wschodnia praktyka Jogi. Joga składa się z pozycji (Asana), technik oddechowych (Pranayama), śpiewów (Mantra), medytacji

(Dhyana), jak również wykonywania określonych gestów fizycznych w celu manipulacji energią (Mudry). Niektóre z tych gestów angażują całe ciało, inne tylko ręce. Oprócz równoważenia systemu energetycznego, Joga jest doskonałą formą ćwiczeń fizycznych, dzięki którym będziesz czuć się i wyglądać świetnie.

Dieta jest również istotnym elementem w praktyce jogicznej. W końcu jesteś tym, co jesz. Ciało fizyczne wymaga pewnych składników odżywczych przez cały dzień, aby funkcjonować i działać na najbardziej optymalnym poziomie. Poprzez wspieranie dobrego stanu zdrowia poprzez dietę i ćwiczenia, czakry zostają uzdrowione na subtelnym poziomie. To z kolei pozytywnie wpływa na nasze myśli, emocje i ogólne samopoczucie duchowe. Ponadto, pracując nad jedną czakrą, oddziałuje się na inne czakry, ponieważ cały system jest współzależny od jego różnych składników.

PRZEBUDZENIE DUCHOWE I ANATOMIA MÓZGU

PRZYSADKA MÓZGOWA

Dwa gruczoły, które regulują ogólną funkcję gruczołową i biologiczną organizmu to przysadka mózgowa i szyszynka. Są to dwa najbardziej istotne gruczoły w organizmie człowieka. Orkiestrują one i kontrolują cały układ hormonalny.

Podstawową funkcją przysadki mózgowej jest regulacja składu chemicznego organizmu. Podobnie jak Szyszynka wyraża swoją dwoistą naturę poprzez kontrolowanie cyklu dzień/noc, dwoista natura przysadki mózgowej wyraża się w dwóch płatach, z których się ona składa (Rysunek 41). Płat czołowy (przedni) stanowi 80% masy przysadki i jest płatem dominującym.

Różne starożytne tradycje twierdzą, że płat przedni jest związany z umysłem intelektualnym, logiką i rozumem. Natomiast płat tylny (posterior) odnosi się do umysłu emocjonalnego i wyobraźni.

Jak wspomniano, przysadka mózgowa kontroluje aktywność większości innych gruczołów wydzielających hormony, w tym tarczycy, nadnerczy, jajników i jąder. Wydziela ona hormony z płatów przednich i tylnych, których zadaniem jest przenoszenie wiadomości z jednej komórki do drugiej poprzez nasz krwiobieg. Ze względu na jej ogromną rolę w naszym życiu, powiedziano, że usunięcie przysadki mózgowej z mózgu spowoduje śmierć fizyczną w ciągu trzech dni.

Podwzgórze znajduje się bezpośrednio nad przysadką mózgową i jest z nią połączone. Bezpośrednio przed nim znajduje się skrzyżowanie optyczne, które przekazuje informacje wzrokowe z nerwów wzrokowych do płata potylicznego w tylnej części mózgu.

Podwzgórze rządzi przysadką mózgową poprzez wysyłanie wiadomości lub sygnałów. Sygnały te regulują produkcję i uwalnianie dodatkowych hormonów z Przysadki, które z kolei wysyłają wiadomości do innych gruczołów lub narządów w organizmie. Podwzgórze jest rodzajem centrum komunikacyjnego dla przysadki mózgowej.

Podwzgórze współpracuje z rdzeniem przedłużonym (Medulla Oblongata). Medulla i Hypothalamus kontrolują mimowolne, autonomiczne procesy w organizmie, takie jak regulacja bicia serca, oddychania i temperatury ciała. Ponadto, Medulla jest niezbędna w przekazywaniu impulsów nerwowych pomiędzy rdzeniem kręgowym a wyższymi ośrodkami mózgu. Jest to w zasadzie brama pomiędzy rdzeniem kręgowym a mózgiem.

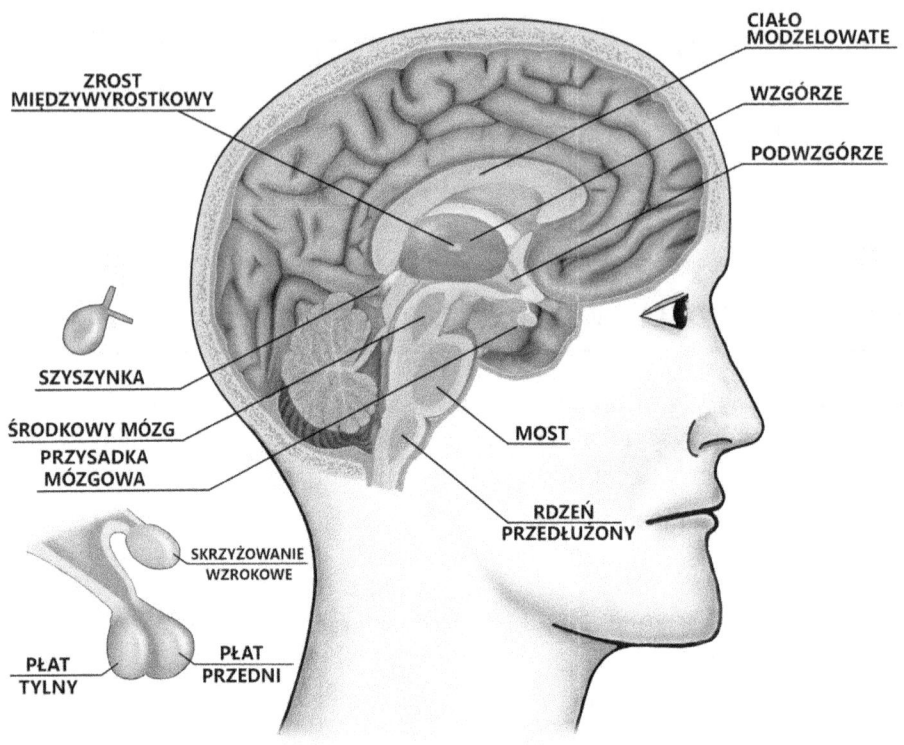

Rysunek 41: Główne Ośrodki Mózgu

SZYSZYNKA

Szyszynka znajduje się w ośrodku geometrycznym, głęboko w mózgu. Produkuje hormon serotoninę i jego pochodną melatoninę, niezbędne dla naszego funkcjonowania i dobrego samopoczucia. Serotonina to substancja chemiczna i neuroprzekaźnik, który kontroluje nasze nastroje, zachowania społeczne, apetyt i trawienie, pamięć oraz pożądanie i funkcje seksualne. Serotonina przyczynia się do naszego poziomu szczęścia i dobrostanu psychicznego i emocjonalnego-niskie poziomy serotoniny zostały powiązane z depresją, lękiem i innymi zaburzeniami psychicznymi i emocjonalnymi. W przypadku niektórych z tych problemów, lekarze zazwyczaj przepisują leki antydepresyjne (SSRI), które mają na celu zwiększenie poziomu serotoniny w mózgu.

W ciągu dnia, w odpowiedzi na światło słoneczne odbierane przez oczy, szyszynka wydziela i przechowuje dużą ilość serotoniny. Kiedy nadchodzi noc i nastaje ciemność, Szyszynka zaczyna przekształcać zmagazynowaną serotoninę w hormon melatoninę, która jest uwalniana do mózgu i krwi, wywołując senność przez całą noc. Melatonina jest jedynym hormonem syntetyzowanym przez Szyszynkę i wpływa na nasze wzorce czuwania/spania oraz funkcje pór roku. Jako taki, jest często określany jako "hormon ciemności".

Wokół Przesilenia Letniego (najdłuższy dzień w roku) ludzie doświadczają najwięcej światła słonecznego i są najszczęśliwsi i najbardziej radośni, ponieważ ich Szyszynka wydziela najwięcej serotoniny. I odwrotnie, w czasie przesilenia zimowego (najciemniejszy dzień w roku), jest najmniej światła słonecznego, co oznacza, że szyszynka otrzymuje najmniejszą ilość serotoniny, co prowadzi do "zimowego bluesa", czasu na świecie, kiedy ludzie są najbardziej przygnębieni i przygnębieni.

Stan hipnagogiczny, inaczej zwany "stanem transu" lub "stanem Alfa", powstaje, gdy świadomość znajduje się w punkcie pomiędzy jawą a snem. Człowiek jest jednocześnie świadomy i nieświadomy, ale czujny. Aktywność mózgu spowalnia, ale nie na tyle, żebyś zasnął. Ostatecznym celem medytacji jest osiągnięcie tego stanu, ponieważ Oko Umysłu jest wykorzystywane podczas niego, co skutkuje możliwością widzenia wizji i mistycznych doświadczeń. Stan Alfa jest również znany z tego, że jeśli ktoś osiągnie go w trakcie cyklu snu, może wywoływać tzw. świadomy sen.

Starożytni chętnie wykorzystywali stan hipnagogiczny do kontaktu ze Światem Duchów i otrzymywania wiadomości od Boskości. My możemy do niego dotrzeć za pomocą praktyk i metod spirytystycznych, ale także poprzez stosowanie niektórych leków.

DMT (Dimetylotryptamina) jest również produkowana z szyszynki poprzez podobne ścieżki jak melatonina. Często nazywana "cząsteczką ducha", DMT jest szeroko rozpowszechniona w całym królestwie roślin, ale śladowe jej ilości występują również u ssaków.

Rośliny zawierające DMT, takie jak ayahuasca, są powszechnie stosowane w rytuałach szamańskich. Jej użycie może wywołać potężne, mistyczne, psychodeliczne i bliskie śmierci doświadczenia. Jest hipotezą, że DMT jest uwalniane przy narodzinach, śmierci i świadomych snach. DMT znajduje się u ludzi we krwi, moczu, kale, płucach i nerkach. Jego największe ilości znajdują się jednak w płynie mózgowo-rdzeniowym.

SZYSZYNKA I DUCHOWOŚĆ

Słowo "szyszynka" pochodzi od łacińskiego słowa "pinealis", odnoszącego się do szyszki, kształtu gruczołu. Starożytne tradycje szeroko przedstawiały Szyszynkę w swojej sztuce i rzeźbie. Jednak jej znaczenie i rola były ukryte przed profanami poprzez symbolikę, tak jak większość ezoterycznej wiedzy przekazywanej przez wieki. Badając symbole starożytnych związane z Szyszynką (przede wszystkim z szyszką), możemy lepiej zrozumieć jej duchową rolę w naszym życiu.

Zainteresowanie gruczołem szyszynki może być śledzone w starożytnych Chinach podczas panowania Żółtego Cesarza, Huangdi, najstarszego z pięciu legendarnych chińskich cesarzy. W starożytnych pismach hinduskich, *Wedach*, Szyszynka była jednym z siedmiu punktów czakry, rzekomo połączonych z Sahasrarą, Koroną. Ten punkt widzenia ewoluował z czasem, gdy inni Jogini i Mędrcy zaczęli odnosić Szyszynkę do Czakry Adżny. Jak wspomniano, w zależności od szkoły myślenia, Ajna i Sahasrara odpowiadają szyszynce i przysadce mózgowej. Więc miej to na uwadze czytając o anatomii mózgu i czakrach.

Starożytni greccy filozofowie i naukowcy prawdopodobnie wywarli najbardziej znaczący wpływ na nasze zrozumienie duchowej funkcji Szyszynki. Ich podróż odkrywcza rozpoczęła się od filozoficznych i teologicznych debat na temat Siedziby Duszy, w odniesieniu do obszaru ciała, z którego działa Dusza. Odnosili się do tej koncepcji jako "Phren", starożytne greckie słowo oznaczające miejsce myśli lub kontemplacji.

Ponad 2000 lat temu Platon i Arystoteles pisali o Duszy i zgodzili się, że Dusza działa z serca, ale nie rezyduje w ciele. Wyróżnili trzy rodzaje Duszy: odżywczą, rozumną i racjonalną i stwierdzili, że serce jest ich centrum sterowania. Hipokrates obalił to twierdzenie i uważał, że Dusza rezyduje w ciele i działa z mózgu, a nie z serca, ponieważ mózg zajmuje się logiką, rozumem i uczuciami.

Następnie przyszedł grecki lekarz Herophilus, przez wielu uważany za ojca anatomii. Był on pierwszym naukowcem, który odkrył szyszynkę w mózgu, ponieważ jako pierwszy systematycznie przeprowadzał naukowe sekcje ludzkich zwłok. Był również pierwszym, który opisał komory mózgowe i uważał je za "Siedzibę Umysłu". Co więcej, doszedł do wniosku, że Szyszynka reguluje przepływ psychicznej "Pneumy", starożytnego greckiego słowa oznaczającego "oddech", przez te komory mózgu.

Pneuma odnosi się również do Ducha i Duszy z perspektywy teologicznej i religijnej. Jest to eteryczna substancja w postaci powietrza, która przepływa z płuc i serca do mózgu. Pneuma jest niezbędna do systemowego funkcjonowania organów witalnych. Ponadto jest to materiał, który podtrzymuje świadomość ciała - określany jako "pierwszy instrument Duszy". Herofil wierzył, że Szyszynka reguluje myśli i wspomnienia człowieka w postaci psychicznej Pneumy.

Galen, grecki filozof i lekarz, obalił Herophilusa i powiedział, że Szyszynka jest po prostu gruczołem regulującym przepływ krwi i niczym więcej. Zamiast tego opowiedział się za tym, że vermis Cerebellum kontroluje psychiczne Pneuma w komorach mózgowych. Ponieważ Galen był najwyższym autorytetem medycznym aż do XVII wieku, jego poglądy i przekonania na temat natury Szyszynki pozostawały stosunkowo niepodważalne, aż Rene Descartes, francuski matematyk i filozof, zaczął badać te tematy.

Kartezjusz doszedł do wniosku, że Szyszynka jest medium między Duszą a ciałem i źródłem wszelkiej myśli. Obalił Galena i stwierdził, że skoro Szyszynka jest jedyną strukturą w mózgu, która nie została powielona, to jest ona Siedzibą Duszy. Jego stanowisko utrzymywało, że skoro półkula Móżdżku ma dwie połowy, to nie może być odpowiednim kandydatem do tego zadania. Kartezjusz uważał, że Dusza jest poza dualnością i musi mieć jeden odpowiednik symbolizujący jej funkcję.

Kartezjusz uważał, że umysł może być oddzielony od ciała, ale może przejąć zwierzęce instynkty poprzez Szyszynkę. Dusza kontroluje umysł, który z kolei rządzi systemem działań wykonywanych przez ciało za pośrednictwem Szyszynki. Kartezjusz wierzył, że Szyszynka to Dusza w fizycznej formie. Ponieważ społeczność naukowa powszechnie szanowała Kartezjusza, większość nie odważyła się zakwestionować jego poglądów i tak idea, że Szyszynka jest siedzibą Duszy pozostała nienaruszona przez następne trzy stulecia.

W ostatnich latach naukowcy ustalili, że Szyszynka jest organem endokrynnym ściśle związanym z postrzeganiem Światła przez organizm. Jednak jej Duchowa funkcja nadal pozostaje przedmiotem debaty, choć większość uczonych nadal zgadza się, że odgrywa ona znaczącą rolę.

W *książce "Mag"* odniosłem się do Siedziby Duszy, która znajduje się w Manipurze, czakrze splotu słonecznego, jako źródłowej energii Duszy. Manipura jest źródłem naszej siły woli - najwyższej ekspresji Duszy. Dodatkowo, Dusza potrzebuje do istnienia energii pranicznej, którą otrzymuje poprzez trawienie pokarmu (związane z Manipurą) oraz oddychanie/przyjmowanie tlenu (związane z Anahata). Jako taka, Dusza jest usytuowana (usadowiona) w naszym centrum słonecznym, sferze Tiphareth, znajdującej się pomiędzy czakrami Manipura i Anahata.

Z drugiej strony, Szyszynka może być fizycznym połączeniem Duszy z ciałem. Jednakże moje badania i intuicyjny wgląd doprowadziły mnie do wniosku, że dynamika pomiędzy szyszynką i przysadką mózgową a wzgórzem i podwzgórzem reguluje świadomość i Duchowość, a nie jeden gruczoł czy ośrodek mózgu w szczególności.

WZGÓRZE

Wzgórze znajduje się w centrum mózgu, na szczycie pnia mózgu, pomiędzy korą mózgową a śródmózgowiem, z rozległymi połączeniami nerwowymi z oboma tymi organami, które umożliwiają wymianę informacji w formie węzła. Wzgórze jest naszym centralnym systemem kontroli, centrum dowodzenia świadomością, regulującym sen, czujność i poznanie. Jego nazwa pochodzi z języka greckiego i oznacza "wewnętrzną komorę".

Wzgórze działa jak stacja przekaźnikowa, która filtruje informacje między mózgiem a ciałem. Odbiera wibracje (dane) ze świata zewnętrznego poprzez wszystkie receptory zmysłowe (z wyjątkiem węchu) i przekazuje je do różnych części mózgu. Wzgórze wpływa na ruchy dobrowolne poprzez przekazywanie sygnałów motorycznych do Kory Mózgu. Przekazuje również informacje dotyczące pobudzenia i bólu fizycznego.

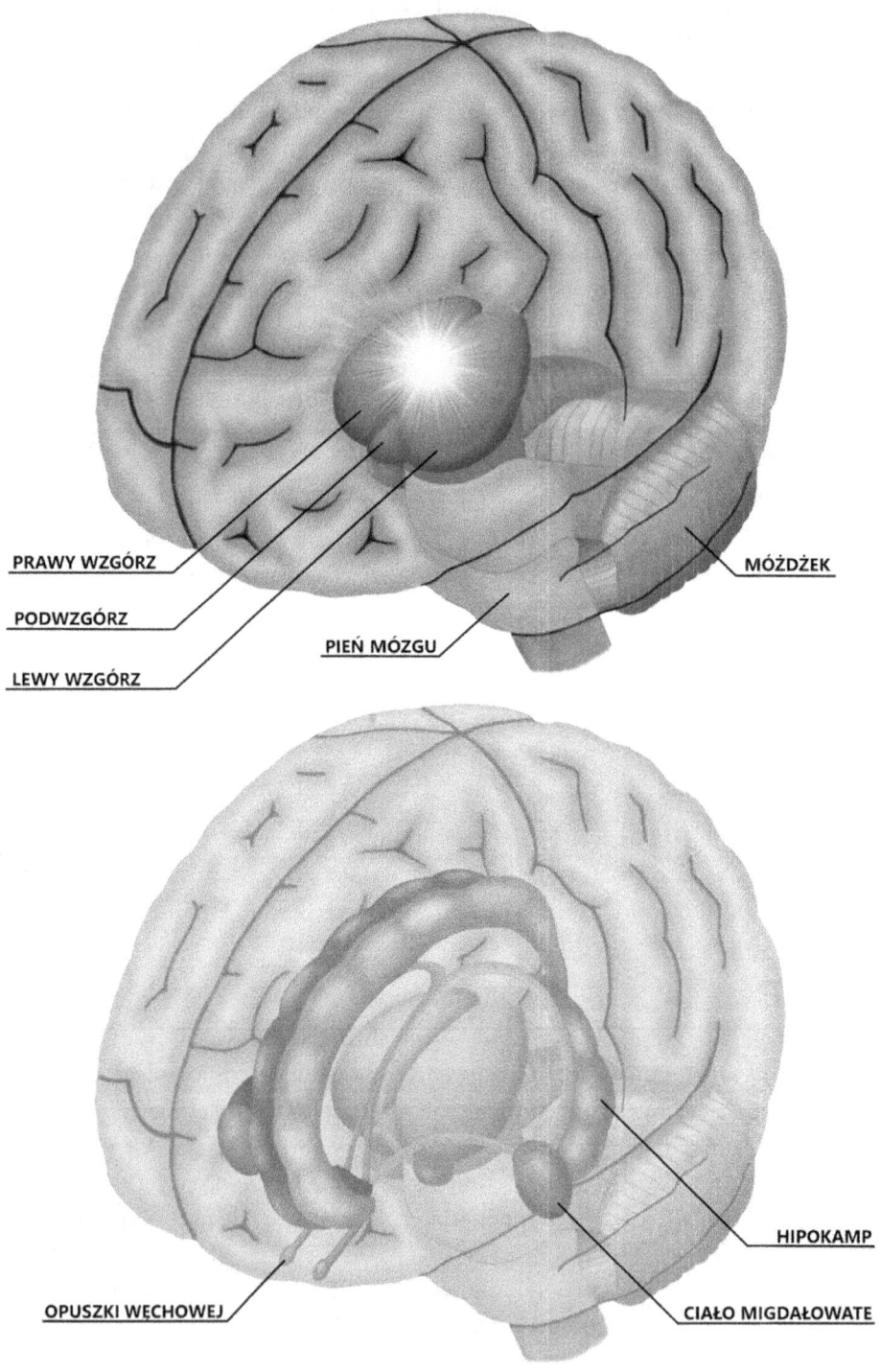

Rysunek 42: Układ Limbiczny (Limbic System)

Wraz z Podwzgórzem, Amygdalą i Hipokampem, Wzgórze jest częścią Układu Limbicznego (Rysunek 42), który reguluje emocje i pamięć. Układ limbiczny reguluje funkcje autonomiczne i endokrynologiczne, które dotyczą reakcji na bodźce emocjonalne, takie jak "walcz lub uciekaj". Układ limbiczny jest często określany jako "Mózg Reptilian", ponieważ rządzi naszymi reakcjami behawioralnymi i motywacją do przetrwania. Nasz zmysł węchu bezpośrednio wpływa na układ limbiczny; zapachy są odbierane przez cebulki węchowe, które rejestrują dane neuronowe wykrywane przez komórki w jamach nosowych.

Co ciekawe, wzgórze nie rozróżnia tego, co jest na zewnątrz, od tego, co jest wewnątrz nas. Nadaje emocjonalne znaczenie wszystkiemu, co odbieramy za pomocą zmysłów, w tym naszej duchowości i pojęciom Boga-Stwórcy. W istocie wzgórze jest naszym interfejsem z otaczającą nas rzeczywistością. Przekazuje nam nasze wrażenie tego, co przyjmujemy za prawdziwe.

Wzgórze ma dwa płaty, znane jako "Ciała wzgórza", które wyglądają jak mniejsza wersja dwóch półkul mózgowych. Można je również porównać do dwóch małych jaj połączonych razem. Stosując Hermetyczną Zasadę Korespondencji (As Above, So Below), znajdujemy odzwierciedlenie Ciał Wzgórza w jądrach mężczyzny i jajnikach kobiety, które również są podwójne i mają kształt jajka. Podczas gdy Wzgórze przyczynia się do tworzenia naszej mentalnej rzeczywistości (Powyżej), jądra i jajniki mają za zadanie stworzyć nasze potomstwo na Płaszczyźnie Ziemi (Poniżej). Jako takie, kształt jajka odnosi się do tworzenia na wszystkich poziomach rzeczywistości.

W 70-80% ludzkich mózgów dwa płaty wzgórza połączone są spłaszczonym pasmem tkanki zwanej Massa Intermedia lub zrostem międzypłatowym (Rysunek 41). Tkanka ta zawiera komórki i włókna nerwowe. Wokół Massa Intermedia oba ciała wzgórza są oddzielone trzecią komorą, która nieustannie pompuje płyn mózgowo-rdzeniowy do tego obszaru mózgu.

Wzgórze jest jądrem naszego mózgu, medium komunikacji pomiędzy poszczególnymi częściami neocortexu. Naukowcy i neurolodzy uważają, że Wzgórze jest centrum naszej świadomości. Według badań naukowych, jeśli Wzgórze zostanie uszkodzone, wybija świadomość, prowadząc do trwałej śpiączki.

Wiele starożytnych tradycji, w tym Egipcjanie, uważało wzgórze za centrum trzeciego oka. Kiedy Kundalini wznosi się w górę kręgosłupa (Sushumna), dociera do wzgórza na szczycie pnia mózgu. Według Jogi i Tantry, Nadis Ida i Pingala spotykają się w trzecim oku i jednoczą się. Ich zjednoczenie reprezentuje całkowite otwarcie trzeciego oka. Kaduceusz Hermesa reprezentuje tę samą koncepcję, a mianowicie dwie głowy węża zwrócone do siebie w górnej części laski. Kaduceusz jest uniwersalnym symbolem ludzkości reprezentującym proces budzenia się energii Kundalini. Jednak większość ludzi nie zna głębokiego ezoterycznego znaczenia tego symbolu i łączy go jedynie z medycyną.

W tradycjach jogicznych centralny obszar mózgu, gdzie leży wzgórze, odgrywa zasadniczą rolę w przebudzeniu duchowym. Masywne wiązki nerwów wychodzące z kręgosłupa i pnia mózgu przechodzą przez wzgórze, zanim zostaną rozprowadzone przez ciało modelowate. Ciało modelowate (Rysunek 41) to duża wiązka włókien nerwowych w kształcie litery C, znajdująca się pod korą mózgową i łącząca lewą i prawą półkulę mózgu. Zawarte w nim włókna nerwowe rozgałęziają się w górę w całej korze mózgowej, aż do szczytu głowy. Miliony neuronów wzdłuż korony głowy korelują z czakrą Sahasrara i jej określeniem jako Lotos o tysiącu płatków.

Obok Wzgórza znajdują się Przysadka i Szyszynka oraz Podwzgórze, które odgrywają centralną rolę w praktykach medytacyjnych i przebudzeniu duchowym. Podczas medytacji Światło z Sahasrary jest wciągane do centrum mózgu, co powoduje znaczącą i trwałą zmianę w postrzeganiu siebie i świata. Wzgórze jest zasadniczo naszym centrum Duchowej transformacji i ekspansji świadomości.

Ponieważ wzgórze skupia naszą uwagę, bierze udział w procesie filtrowania licznych impulsów, które w każdej chwili napływają do naszego mózgu. Działa jak zawór, który nadaje priorytet wibracyjnym wiadomościom, które nasz mózg otrzymuje ze świata zewnętrznego. Z tego powodu, kiedy osoba przechodzi przebudzenie Kundalini, jej wzgórze staje się zoptymalizowane tak, że więcej informacji może być odbieranych i przetwarzanych jednocześnie.

Przemiana wzgórza powoduje, że człowiek otrzymuje i doświadcza podwyższoną wersję rzeczywistości poprzez wzmocnione zmysły. Moce parapsychiczne, takie jak jasnowidzenie i jasnosłyszenie, stają się częścią codziennego życia. W miarę optymalizacji Wzgórza, aktywowane jest ukryte DNA w Jaźni, co prowadzi do trwałej transformacji świadomości na poziomie komórkowym.

Wzgórze jest również bramą pomiędzy świadomą i podświadomą częścią Jaźni, filtrem, który trzyma nasze karmiczne energie na dystans. Kiedy osoba przechodzi pełne przebudzenie Kundalini i Światło wchodzi na stałe do mózgu, tworzy się most pomiędzy świadomym i podświadomym umysłem, pozwalając naszym negatywnym, tłumionym energiom na przepływ do świadomości. Zamiast służyć jako filtr, wzgórze nie działa już jako takie. Zamiast tego, jego funkcja przechodzi w hipernapęd, pozwalając naszej świadomości doświadczyć wszystkich energii w nas naraz. Częściowo powodem tego zjawiska jest pełne otwarcie naszej świadomości, abyśmy mogli oczyścić nasze karmiczne energie poprzez Ogień Kundalini i rozwijać się duchowo.

FORMACJA SIATKOWA

Twór siatkowaty (Rysunek 43) to skomplikowana sieć neuronów i włókien nerwowych, która rozciąga się od rdzenia kręgowego do dolnej części pnia mózgu, przez śródmózgowie i wzgórze, rozdzielając się na wiele promieni do różnych części kory mózgowej. Twór siatkowaty jest przewodnikiem przekazującym informacje z różnych dróg zmysłowych i przesyłającym je do części mózgu poprzez Wzgórze. Jego inna nazwa to Reticular Activating System, czyli w skrócie RAS.

Formacja Siatkowata jest krytyczna dla istnienia świadomości, ponieważ pośredniczy we wszystkich naszych świadomych działaniach. Tak jak Wzgórze jest naszą centralną skrzynką kontrolną, Układ Siatkowaty jest przewodem, który łączy tę skrzynkę z pniem mózgu poniżej i korą mózgową powyżej. Jest on zaangażowany w wiele stanów świadomości, które angażują Wzgórze.

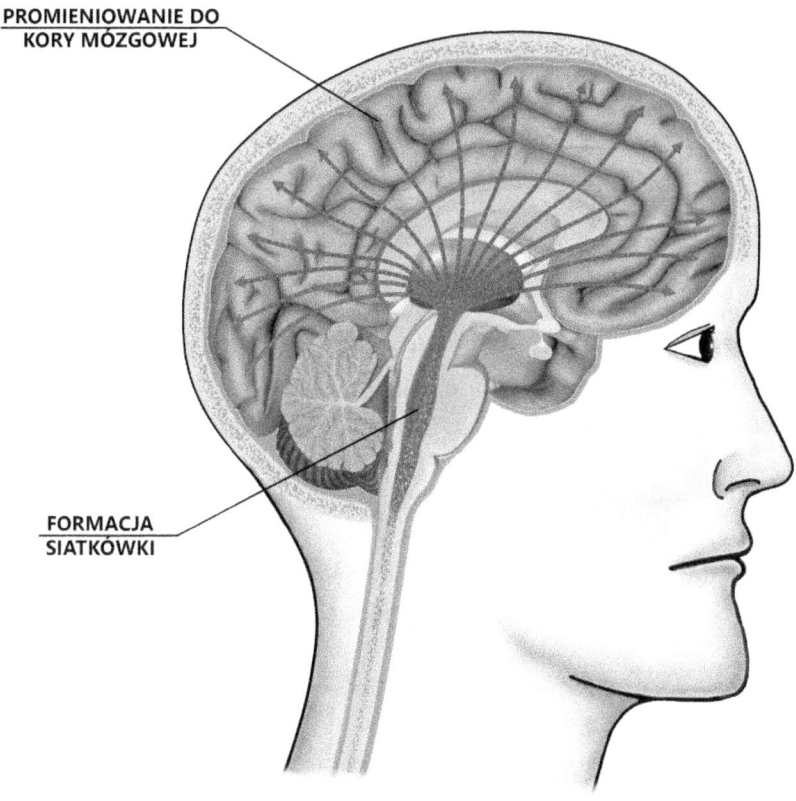

Rysunek 43: Formacja Siatkowa (Reticular Formation)

Formacja Siatkowa pozwala Wzgórzu, Podwzgórzu i Korze Mózgowej kontrolować, które sygnały sensoryczne docierają do Mózgu (najwyższej części mózgu) i trafiają do naszej świadomej uwagi. Jako taki, jest to mechanizm skupiający nasze umysły.

Twór siatkowaty jest również zaangażowany w większość działań Centralnego Układu Nerwowego. Na przykład wrażenia bólowe, zanim dotrą do mózgu, muszą przejść przez twory siatkowate. Ponadto, Autonomiczny Układ Nerwowy, który zajmuje się zautomatyzowanymi zachowaniami, takimi jak oddychanie, bicie serca i pobudzenie, jest również regulowany przez Formację Siatkowatą.

Medytacja zmienia naszą świadomość, aby umożliwić wyższym regionom mózgu kontrolowanie impulsów sensorycznych i bodźców środowiskowych. Podczas medytacji, podwzgórze i twory siatkowate stają się częściowo zahamowane, co wyjaśnia niektóre z fizjologicznych efektów medytacji, takich jak spadek ciśnienia krwi i szybkości oddychania.

Kiedy możemy zawiesić działanie Formacji Siatkowej i zatrzymać przepływ rozpraszających i nieistotnych informacji sensorycznych, mózg zaczyna emitować fale Alfa, co skutkuje spokojnym i zrelaksowanym stanem umysłu. W związku z tym przezwyciężenie skutków Formacji Siatkowej wiąże się ze świadomą świadomością i uważnością.

Formacja Siatkowata kieruje naszymi wrażeniami dotyczącymi życia i jego aktywności, co skutkuje samoidentyfikacją z tymi wrażeniami. Jaźń zakotwicza się w doznaniach ciała fizycznego, czy to dobrych czy złych, a nasza świadomość spada do poziomu Ego. Z czasem świadomość zostaje porwana przez Ego. Dostosowując się do niego, tracimy kontakt z Duszą znajdującą się na przeciwległym krańcu spektrum.

Po pełnym przebudzeniu Kundalini, wraz ze wzrostem napięcia bioelektrycznego, Wzgórze staje się zoptymalizowane, a Formacja Siatkowa zostaje trwale wyłączona. To doświadczenie skutkuje odczuwaniem blasku Ciała Światła przez wszystkie komórki ciała naraz, zamiast pojedynczych duchowych momentów czy spotkań. Omijając umysł i Ego, jednostka zaczyna działać poprzez serce, co pozwala jej na bardziej znaczące doświadczenie pola energii wokół niej.

Czaszka znajduje się na szczycie Atlasu, pierwszego kręgu szyjnego (C1). Atlas to także nazwa tytana z mitologii greckiej, który podtrzymuje niebiosa lub niebo. Wizualne obrazy Atlasa przedstawiają go jako trzymającego planetę Ziemię na swoich ramionach. Widzimy tu połączenie pomiędzy czaszką i mózgiem, światem i niebem. Szyjny Atlas podtrzymuje głowę, która zawiera mózg regulujący nasze pojęcie rzeczywistości. Nasz mózg jest również łącznikiem z Niebiosami, czyli Bogiem-Stwórcą, popularnie przedstawionym przez artystę Michała Anioła na fresku "Stworzenie Adama", stanowiącym część sufitu Kaplicy Sykstyńskiej.

Pierwsze zgrupowanie neuronów w Formacji Siatkowej zaczyna się w obszarze pomiędzy Medulla Oblongata a szczytem rdzenia kręgowego, reprezentowanym przez Atlas. Obszar ten jest podstawowym punktem wejścia energii pranicznej do ciała dla przebudzonych osób Kundalini. Najwyższa koncentracja Siły Życia jest przechowywana w Sahasrarze, naszym centrum Białego Światła, głównym zbiorniku Prany u tych osób, których świadomość jest rozszerzona. Energia praniczna płynie w dół z Sahasrary do znaczących ośrodków mózgowych, zasilając je w ten sposób. Następnie przemieszcza się w dół kręgosłupa i do systemu nerwowego, a w następnej kolejności do organów i mięśni. W ten sposób ciało zostaje odżywione przez energię Światła. Z tego powodu osoby duchowo przebudzone nie potrzebują dużo energii pranicznej z pożywienia i Słońca, jak osoby nie przebudzone - wszystko, czego potrzebują, otrzymują z czakry Sahasrara.

W konsekwencji, ten sam obszar, gdzie zaczyna się formacja siatkowa, jest miejscem, gdzie znajduje się kluczowa i tajemnicza ukryta czakra, zwana Lalana lub Talu Czakra. Kundalini musi przebić czakrę Lalana w swoim wznoszeniu się w górę, zanim wejdzie do mózgu. Następnie, z pełną aktywacją Lalana Chakra, Kundalini może osiągnąć Ajna w centrum mózgu, a następnie Sahasrara na szczycie głowy.

Lalana jest główną centralą, która kontroluje wejście, przechowywanie i dystrybucję energii pranicznej. Siła Życia musi przejść przez Lalanę, zanim dotrze do pięciu znajdujących się pod nią Czakr, przekazując moc praniczną do głównych organów i gruczołów dokrewnych poprzez Obwodowy Układ Nerwowy (PNS). W porównaniu z Lalaną, niższe Czakry są tylko małymi centrami dystrybucji Siły Życia. Lalana łączy się z czakrą Hara w pępku, reprezentując miejsce, w którym Jaźń po raz pierwszy zakotwiczyła się w ciele fizycznym w momencie poczęcia.

Lalana jest ezoterycznie nazywana "Ustami Boga" lub "Złotym Kielichem" jako nasza czakra wniebowstąpienia - odnosi się ona do "Potrójnego Płomienia Duszy" (hebrajska litera Szin). Po przebiciu Lalany, Kundalini nadal wznosi się w kierunku centrum mózgu, gdzie trzy kanały Ida, Pingala i Sushumna jednoczą się w jedno źródło energii. Ich zjednoczenie powoduje energetyczne połączenie szyszynki i przysadki mózgowej oraz wzgórza i podwzgórza. Wpływ Formacji Siatkowej na świadomość odłącza się, gdy jednostka zaczyna działać z energii Źródła obecnej w centrum jej mózgu.

Kiedy czakry Adżna i Sahasrara są w pełni otwarte, świadomość rozszerza się do poziomu Kosmicznego, co skutkuje trwałym doświadczeniem rzeczywistości Duchowej. Po pełnej aktywacji Ciała Światła, z czasem następuje przewijanie mózgu, budząc jego ukryty potencjał. Przemieniona osoba staje się odbiorcą Kosmicznej Mądrości, ponieważ jej inteligencja zostaje rozszerzona. Po zestrojeniu się z tymi wyższymi wibracjami, jednostka stopniowo odłącza się od ciała fizycznego, co zmniejsza kontrolę Ego nad świadomością.

Kiedy formacja siatkowa zostanie odłączona, Jaźń może znacznie łatwiej pokonać Ego, ponieważ świadomość jest naturalnie podniesiona na wyższy poziom. Ból fizyczny jest jednym z krytycznych czynników, które wyrównują Jaźń z ciałem fizycznym. Po pełnym przebudzeniu Kundalini, świadome połączenie z bólem fizycznym zostaje trwale przerwane. Jak już wcześniej opisywałem to zjawisko, człowiek może nadal odczuwać ból, ponieważ niemożliwe jest jego pełne przezwyciężenie żyjąc w ciele fizycznym. Zamiast tego rozwijają zdolność świadomego odcięcia się od doświadczania negatywnej energii bólu poprzez wzniesienie się na znacznie wyższą Płaszczyznę Kosmiczną niż Płaszczyzna Fizyczna, na której występuje ból.

CZĘŚCI MÓZGU

Mózg jest podzielony na trzy główne części: Mózgowie, Móżdżek i Pień Mózgu. Omówiłem już Pień Mózgu, który obejmuje Śródmózgowie, Pons i Medulla Oblongata. Śródmózgowie jest ciągłe z Diencefalonem, naszym "międzymózgowiem", składającym się ze Wzgórza, Podwzgórza, Przysadki mózgowej (część tylna) i Szyszki. Diencephalon zamyka trzecią komorę serca.

Cerebrum jest największą częścią mózgu i składa się z prawej i lewej półkuli mózgowej, połączonych ze sobą przez ciało modzelowate. Prawa połowa mózgu kontroluje lewą stronę ciała, natomiast lewa połowa kontroluje prawą stronę. Każda półkula zawiera na swojej zewnętrznej powierzchni cztery płaty: Frontal, Parietal, Temporal i Occipital Lobes (Rysunek 44). Zewnętrzna warstwa mózgu nazywana jest korą mózgową, która tworzy istotę szarą mózgu, natomiast warstwa wewnętrzna to istota biała.

Każdy z czterech płatów jest związany z zestawem funkcji. Na przykład Płat czołowy znajduje się w przedniej części mózgu. Kora przedczołowa to kora mózgowa, która pokrywa przednią część płata czołowego. Płat czołowy zajmuje się wyższymi funkcjami poznawczymi, takimi jak przywoływanie pamięci, ekspresja emocjonalna, zmiany nastroju, język i mowa, kreatywność, wyobraźnia, kontrola impulsów, interakcje i zachowania społeczne, rozumowanie i rozwiązywanie problemów, uwaga i koncentracja, organizacja i planowanie, motywacja oraz ekspresja seksualna.

Płat czołowy odpowiada również za podstawowe funkcje motoryczne i koordynację ruchową. Jest najbardziej widocznym płatem w mózgu i jest najczęściej używany przez Ja codziennie. Ponieważ znajduje się z przodu głowy, bezpośrednio za czołem, Płat czołowy jest najczęstszym regionem urazu mózgu z potencjalnie najgorszymi skutkami ubocznymi, ponieważ wpływa na zdolności poznawcze i funkcje motoryczne. Ponadto, uszkodzenie płatów czołowych może uruchomić reakcję łańcuchową, która może negatywnie wpłynąć na inne obszary mózgu.

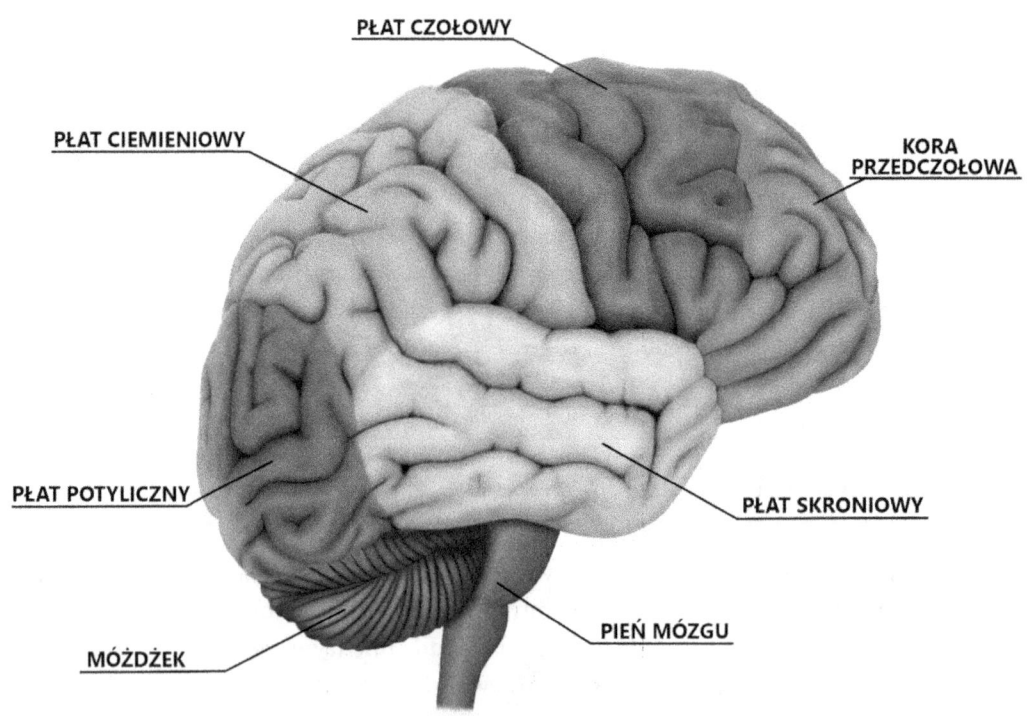

Rysunek 44: Części Mózgu

Płat ciemieniowy znajduje się w pobliżu centrum mózgu, za płatem czołowym. Ten obszar mózgu jest głównym obszarem sensorycznym, gdzie impulsy ze skóry związane z temperaturą, bólem i dotykiem są przetwarzane i interpretowane. Lewy płat ciemieniowy zajmuje się obsługą symboli, liter i liczb oraz interpretacją informacji Archetypowych. Prawy płat ciemieniowy ma za zadanie interpretację odległości przestrzennej w obrazach.

Płat ciemieniowy zajmuje się wszystkimi informacjami przestrzennymi, umożliwiając nam ocenę wielkości, odległości i kształtów. Zapewnia nam świadomość Jaźni i innych ludzi w przestrzeni przed nami. Co ciekawe, neurobiolodzy stwierdzili, że osoba doświadcza zwiększonej aktywności w Korze Ciemieniowej podczas doświadczenia duchowego. Granica pomiędzy jaźnią a przedmiotami i ludźmi wokół nas zostaje przerwana, ponieważ większość doświadczeń duchowych zawiera element "poza ciałem". Kiedy jednostka doświadcza poczucia jedności z otoczeniem, przekracza swoje fizyczne otoczenie.

Płat skroniowy znajduje się za uszami i skroniami głowy. Znajduje się w nim pierwotna kora słuchowa, która zajmuje się przetwarzaniem dźwięku i kodowaniem pamięci. Odgrywa również istotną rolę w przetwarzaniu emocji, języka i niektórych aspektów percepcji wzrokowej. Płat skroniowy składa się ze struktur niezbędnych dla świadomej pamięci dotyczącej faktów i wydarzeń. Komunikuje się z Hipokampem i jest modulowany przez Amygdala.

Płat potyliczny znajduje się w tylnej części górnej części mózgu. Zawiera on Pierwotną Korę Wzrokową, region mózgu, który otrzymuje informacje z oczu. Płat potyliczny ogólnie zajmuje się interpretacją odległości, kolorów, postrzeganiem głębi, rozpoznawaniem obiektów i twarzy, ruchów i informacji o pamięci.

Móżdżek znajduje się z tyłu głowy i kontroluje koordynację aktywności mięśniowej. Pomaga nam utrzymać postawę, równowagę i równowagę poprzez koordynację czasu i siły różnych grup mięśniowych w celu wytworzenia płynnych ruchów ciała. Móżdżek koordynuje również ruchy oczu oraz mowę.

Twórca psychoanalizy, Zygmunt Freud, powiązał Móżdżek z osobistą nieświadomością, czyli stłumioną częścią Jaźni, która jest ukryta przed świadomym umysłem. Chociaż Freud ukuł termin "nieświadomy" umysł, często zamieniał go z "podświadomym" umysłem, przy czym ten pierwszy był głębszą warstwą tego drugiego. Zgadza się to z naukami starożytnej mądrości, które kojarzą podświadomy umysł z tyłem głowy i Księżycem. Jednak zakres podświadomego umysłu obejmuje większość części mózgu, w tym układ limbiczny. Wyłączona jest Kora Przedczołowa, która reprezentuje świadomy umysł i Słońce.

Przy pełnym przebudzeniu Kundalini, kiedy energia wznosi się przez rdzeń kręgowy, duże ilości wysokooktanowej energii docierają do mózgu. Energia ta przepływa z tworu siatkowego do wzgórza i do kory mózgowej, budząc uśpione, nieaktywne części mózgu, szczególnie w płacie czołowym. Następnie cały mózg zaczyna pulsować jako spójna jednostka, generując spójne fale mózgowe o wysokiej amplitudzie we wszystkich pasmach częstotliwości. Ten proces powiększania mocy mózgu jest połączony z rozszerzaniem świadomości, gdy Kundalini przebije czakrę Sahasrara.

Pasmo częstotliwości Alfa osiąga maksymalną amplitudę w płacie potylicznym, tworząc zmiany w postrzeganiu otaczającego nas świata. Rzeczy, które do tej pory wydawały się jednokierunkowe, ulegają transformacji na Twoich oczach, gdy potencjał płata potylicznego zostanie maksymalnie wykorzystany w połączeniu z napływem Światła Astralnego w głowie.

Zwiększona aktywność mózgu jednoczy świadome i podświadome umysły, reprezentowane alchemicznie jako energie Słońca i Księżyca połączone w Świętym Małżeństwie. Móżdżek jest również dotknięty zwiększoną aktywnością mózgu, ponieważ jednostka uzyskuje dostęp do stłumionych uczuć, myśli, pragnień i ukrytych wspomnień, które mają być zintegrowane i przekształcone.

Duże ilości aktywności elektrycznej występują w pasmach częstotliwości Beta i Gamma w płacie czołowym, maksymalizując potencjał kory przedczołowej i innych istotnych części. W rezultacie, przebudzona przez Kundalini osoba rozwija zdolność do kontrolowania swoich myśli, emocji i zachowań, co pozwala jej na panowanie nad swoją rzeczywistością. Ponadto jej zdolności poznawcze, w tym wyobraźnia, kreatywność, inteligencja, komunikacja, krytyczne myślenie i siła koncentracji, są znacznie wzmocnione, co pozwala jej stać się potężnym i skutecznym Współtwórcą ze Stwórcą, któremu jest przeznaczona.

UKŁAD NERWOWY

Układ nerwowy składa się z wszystkich komórek nerwowych, które ktoś ma w swoim ciele. Używamy naszego układu nerwowego do komunikacji ze światem zewnętrznym i kontrolowania różnych mechanizmów naszego ciała. Układ nerwowy przyswaja informacje za pośrednictwem zmysłów i przetwarza je, wywołując w ten sposób reakcje w organizmie. Działa w połączeniu z układem hormonalnym, aby reagować na wydarzenia życiowe.

Układ nerwowy łączy mózg z każdym innym organem, tkanką i częścią ciała. Zawiera on miliardy komórek nerwowych zwanych neuronami. Sam mózg ma 100 miliardów neuronów, które działają jak posłańcy informacji. Neurony te wykorzystują sygnały chemiczne i impulsy elektryczne do przekazywania informacji między różnymi częściami mózgu, a także między mózgiem a resztą układu nerwowego.

Układ nerwowy składa się z dwóch części z trzema wyraźnymi podziałami. Po pierwsze i najważniejsze, mamy Centralny Układ Nerwowy (OUN), który kontroluje odczuwanie i funkcje motoryczne. Centralny Układ Nerwowy obejmuje mózg, dwanaście par nerwów czaszkowych, rdzeń kręgowy i trzydzieści jeden par nerwów rdzeniowych. Wszystkie nerwy Centralnego Układu Nerwowego są bezpiecznie zamknięte w czaszce i kanale kręgowym.

Dwa rodzaje nerwów obsługują mózg: nerwy ruchowe (eferentne), które wykonują reakcje na bodźce, oraz nerwy czuciowe (aferentne), które przekazują informacje i dane czuciowe z ciała do Centralnego Układu Nerwowego. Nerwy rdzeniowe pełnią obie funkcje, dlatego nazywane są nerwami "mieszanymi". Nerwy rdzeniowe są połączone z rdzeniem kręgowym poprzez zwoje, które działają jak stacje przekaźnikowe dla Centralnego Układu Nerwowego.

Głowa i mózg służą jako narządy Duszy i Wyższego Ja. Ponieważ znajduje się na szczycie ciała, głowa jest najbliżej Niebios powyżej. Mózg pozwala nam doświadczać otaczającego nas świata poprzez pięć zmysłów: wzrok, dotyk, smak, zapach i dźwięk. Pozwala nam również doświadczać rzeczywistości poprzez szósty zmysł psychiki, odbierany przez Oko Umysłu.

Obwodowy Układ Nerwowy (PNS) łączy nerwy wychodzące z Centralnego Układu Nerwowego z kończynami i organami. Wszystkie nerwy poza mózgiem i kręgosłupem są częścią obwodowego układu nerwowego (Rysunek 45). Obwodowy Układ Nerwowy dzieli się dalej na trzy odrębne podsystemy: Somatyczny Układ Nerwowy (SNS), Jelitowy Układ Nerwowy (ENS) i Autonomiczny Układ Nerwowy (ANS).

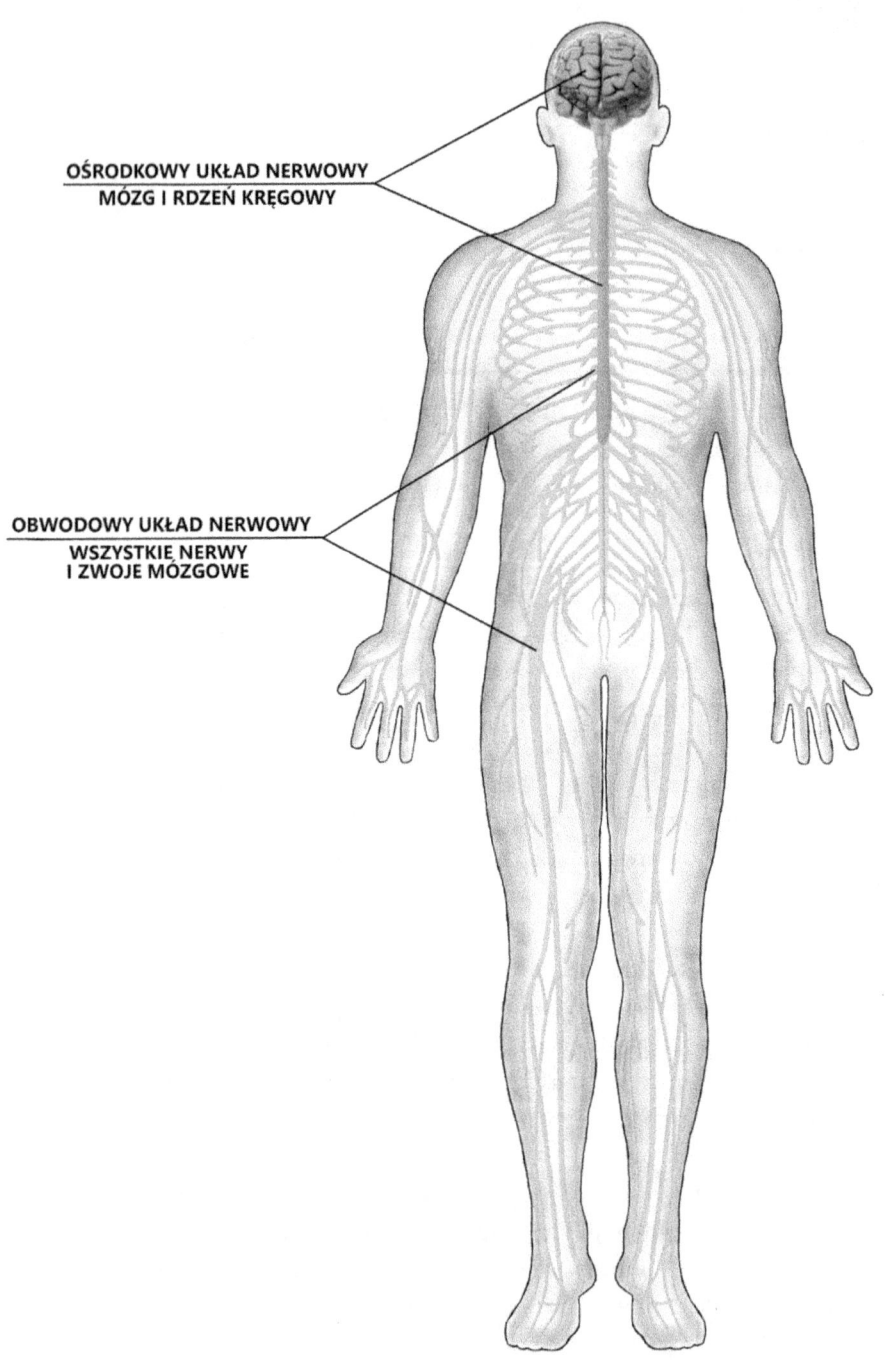

Rysunek 45: Centralny i Obwodowy Układ Nerwowy

Układ Nerwowy Somatyczny to dobrowolny układ nerwowy, którego nerwy czuciowe i ruchowe pełnią rolę medium przekazu impulsów pomiędzy Centralnym Układem Nerwowym a układem mięśniowym. Somatyczny Układ Nerwowy kontroluje wszystko, co dotyczy naszego ciała fizycznego, na co możemy świadomie wpływać. Jelitowy Układ Nerwowy działa mimowolnie, a jego funkcją jest kontrola układu pokarmowego. Jest to autonomiczny układ nerwowy, który reguluje motorykę jelit w procesie trawienia.

Autonomiczny Układ Nerwowy jest również układem mimowolnym, który działa w większości nieświadomie. Reguluje on rytm serca, oddychanie, metabolizm, trawienie, podniecenie seksualne, oddawanie moczu i rozszerzanie/zwężanie źrenic. Zarówno Autonomiczny Układ Nerwowy jak i Jelitowy Układ Nerwowy są zawsze aktywne, niezależnie od tego czy jesteśmy obudzeni czy śpiący. Mimowolny układ nerwowy szybko reaguje na zmiany w organizmie, umożliwiając mu przystosowanie się poprzez zmianę procesów regulacyjnych.

Autonomiczny Układ Nerwowy jest kontrolowany przez Podwzgórze i może być podzielony na Sympatyczny Układ Nerwowy (SNS) i Przywspółczulny Układ Nerwowy (PNS). Sympatyczny Układ Nerwowy i Przywspółczulny Układ Nerwowy zazwyczaj robią przeciwne rzeczy w organizmie. Sympatyczny Układ Nerwowy jest zasilany przez męską (Yang) energię ciała, podczas gdy Parasympatyczny Układ Nerwowy jest zasilany przez żeńską (Yin) energię.

Sympatyczny Układ Nerwowy przygotowuje ciało do aktywności umysłowej i (lub) fizycznej. Jest aktywowany w sytuacjach awaryjnych (walka lub ucieczka), aby stworzyć energię użytkową. Zwiększa tętno, rozszerza źrenice, otwiera drogi oddechowe, aby łatwiej oddychać, zwiększa dopływ krwi do mięśni, hamuje trawienie i pobudzenie seksualne. Z kolei przywspółczulny układ nerwowy jest bierny. Uaktywnia się, gdy ciało i umysł znajdują się w stanie relaksu. Przywspółczulny Układ Nerwowy obniża tętno, zwęża źrenice, pobudza trawienie i oddawanie moczu, uruchamia różne procesy metaboliczne, sprzyja podnieceniu seksualnemu.

SILNY/SŁABY UKŁAD NERWOWY

Stres i niepokój są powszechnymi problemami w dzisiejszym szybkim tempie społeczeństwa. Dlatego ludzie często mówią o znaczeniu posiadania silnego układu nerwowego w obliczu przeciwności w życiu. Osoba z solidnym i odpornym układem nerwowym stawia czoła rzeczywistości, dobrej i złej. W kontraście, ktoś z słabym układem nerwowym daje się zastraszać łatwo i osłania się od rzeczywistości unikając negatywności.

Jako Współtwórca ze Stwórcą nie możesz kontrolować tego, co przychodzi na Twoją drogę w 100%, ponieważ zawsze istnieją czynniki zewnętrzne, o których nawet najbardziej bystre umysły nie są w stanie pomyśleć, ale możesz wybrać poprzez Wolną Wolę, czy pozwolić sobie na zmierzenie się ze wszystkim, co przychodzi na Twoją drogę.

Ten wybór często zależy od tego, jak radzisz sobie z energią strachu, która z czasem albo wzmacnia, albo osłabia Twój system nerwowy.

Myśli o układzie nerwowym jako o pojemniku. Ludzie z słabymi układami nerwowymi mają małe pojemniki ponieważ tam jest limit ile niepokój, stres lub fizyczny ból mogą wytrzymać. Ludzie z silnymi układami nerwowymi mają znacznie większe pojemniki i mogą poradzić sobie z tym, co przychodzi ich drogą. Doświadczają i przetwarzają niekorzystne wydarzenia dużo szybciej i no są chwiejni w ich opanowaniu. Ludzie z solidnymi układami nerwowymi mają postawę stawiania czoła strachowi i przeciwnościom, bez względu na to jak straszne rzeczy mogą wydawać się powierzchniowo. Wynikiem powinno być zostanie mistrzem manifestacji Twojej rzeczywistości i maksymalizowanie Twojego osobistego potencjału. Ludzie z silnymi układami nerwowymi żyją ich marzeniami i dostają najwięcej z życia.

Siła Twojego systemu nerwowego zależy od tego, jak dobrze używasz swojej siły woli i jak bardzo potrafisz przezwyciężać swoje emocje. Emocje są płynne; wciąż wahają się od pozytywnych do negatywnych. Czasami potrzeba czasu aby sytuacja przybrała negatywny odbiór, ale nieuchronnie tak się dzieje, i ostatecznie, wszystko ponownie staje się pozytywne.

Zasada Rytmu (z *Kybalionu*) mówi, że wahadło rytmu manifestuje swoje wahanie pomiędzy wszystkimi przeciwieństwami występującymi w naturze, w tym emocjami i myślami. Dlatego nic nigdy nie pozostaje statyczne, a wszystkie rzeczy nieustannie przechodzą proces zmian i transformacji z jednego stanu w drugi. Zasada ta jest zawsze aktualna. Nie możesz jej pokonać, chyba że nauczysz się tak silnie wibrować swoją siłą woli, że wzniesiesz się ponad płaszczyznę astralną, na której zachodzi emocjonalna huśtawka, na płaszczyznę mentalną.

Kolejnym kluczem do solidnego układu nerwowego jest nauka relaksowania ciała i umysłu w obliczu stresującej sytuacji. Stres i niepokój natychmiast aktywują Współczulny Układ Nerwowy, który wprowadzi Cię w tryb przetrwania - stosując uważność i techniki oddychania pod presją i nie pozwalając emocjom rządzić Tobą, wyłączysz SNS i uruchomisz Przywspółczulny Układ Nerwowy. W ten sposób, nawet gdy masz do czynienia z niekorzystną sytuacją, możesz zachować spokój i opanowanie, co zwiększy Twoje umiejętności rozwiązywania problemów i zapewni najlepszy wynik w każdej sytuacji.

Pozwolenie emocjom być siłą przewodnią w Twoim życiu zawsze przyniesie chaos i rozpacz, podczas gdy jeśli dostroisz się do swojej siły woli i pozwolisz jej prowadzić, zatriumfujesz w życiu. Emocje są dwoiste i pozbawione logiki i rozumu. Na Drzewie Życia należą one do sfery Netzach, podczas gdy logika i rozum odpowiadają jej przeciwieństwu - Hod. Emocje są naturalnie przeciwstawne logice i rozumowi, dopóki nie nauczymy się wykorzystywać ich wyższych sefirotów. Poprzez zastosowanie siły woli (Geburah) i wyobraźni (Tiphareth), złagodzonej pamięcią (Chesed), możesz wznieść się w świadomości i kontrolować swoją rzeczywistość znacznie skuteczniej niż będąc niewolnikiem swoich emocji.

Aby wznieść się jeszcze wyżej na Drzewie Życia, musisz całkowicie ominąć dualność, co oznacza, że Twoja świadomość musi być dostrojona do intuicji. Intuicja należy do czakry Ajna, która jest zasilana przez Binah (Zrozumienie) i Chokmah (Mądrość). Aby w pełni funkcjonować poprzez intuicję, musisz albo mieć trwałe przebudzenie Kundalini, albo opanować medytację i zdobyć umiejętność rezonowania z płaszczyzną duchową według własnego uznania. Jak wspomniano, przebudzenie Kundalini z czasem naturalnie dostroi Cię do Płaszczyzny Duchowej. Dlatego jest to pożądane doświadczenie dla wszystkich, którzy wiedzą o transformacyjnej mocy Kundalini.

JOGA A UKŁAD NERWOWY

Sympatyczny i Parasympatyczny Układ Nerwowy przełączają się z jednego do drugiego wiele razy w ciągu dnia, szczególnie u ludzi, u których emocje dominują w ich życiu. Tak więc, aby ktoś był zrównoważony w umyśle, ciele i duszy, musi mieć zrównoważony Autonomiczny Układ Nerwowy. Kiedy jedna połowa Autonomicznego Układu Nerwowego jest nadmiernie dominująca, powoduje problemy dla drugiej połowy.

Ludzie, którzy są podatni na stres, na przykład, wykorzystują Sympatyczny Układ Nerwowy w większej skali niż skala zdrowa dla umysłu i ciała, co powoduje z czasem szkodę dla Parasympatycznego Układu Nerwowego. Taka osoba jest zawsze spięta i pod presją psychiczną, niezdolna do relaksu i trwania w spokoju.

Psychologiczny stres wpływa również na układ odpornościowy, więc jakość naszego Autonomicznego Układu Nerwowego ma wpływ na to, jak bardzo jesteśmy podatni na choroby. Przewlekłe choroby zwyrodnieniowe, takie jak choroby serca, wysokie ciśnienie krwi, wrzody, zapalenie błony śluzowej żołądka, bezsenność i wyczerpanie nadnerczy wynikają z niezrównoważonego Autonomicznego Układu Nerwowego.

To, jak zarządzamy dwiema uzupełniającymi się połówkami Autonomicznego Układu Nerwowego, zależy od diety i odżywiania, ale także od stylu życia i nawyków życiowych. Musimy nauczyć się utrzymywać równowagę między aktywnością i odpoczynkiem, snem i czuwaniem oraz naszymi myślami i emocjami.

Joga pomaga regulować i wzmacniać Autonomiczny Układ Nerwowy poprzez swój wpływ na podwzgórze. Joga bardzo skutecznie pomaga zrelaksować się ciału i umysłowi poprzez ćwiczenia oddechowe (Pranajama) i medytację. Oddech jest interfejsem pomiędzy Centralnym Układem Nerwowym a Autonomicznym Układem Nerwowym. Poprzez praktykę Pranajamy można nauczyć się kontrolować swoje funkcje autonomiczne. Kontrolując płuca, zyskujemy kontrolę nad sercem. Jogiczne pozycje (Asany) mają na celu zrównoważenie męskiej i żeńskiej energii w sobie, co sprzyja zdrowemu i silnemu systemowi nerwowemu.

Anulom Vrilom (Alternate Nostril Breathing), na przykład, działa bezpośrednio na Sympatyczny Układ Nerwowy lub Parasympatyczny Układ Nerwowy, w zależności od tego, przez które nozdrze oddychasz. Kiedy oddychasz przez prawe nozdrze, zwiększa się metabolizm, a umysł staje się skoncentrowany na zewnątrz. Kiedy oddychasz przez lewe nozdrze, metabolizm zwalnia, a umysł zwraca się do wewnątrz, co zwiększa koncentrację.

PRZEBUDZENIE KUNDALINI A UKŁAD NERWOWY

Impuls nerwowy jest zjawiskiem elektrycznym, tak jak uderzenie pioruna. Więc kiedy w ciele jest obfitość bioelektryczności po pełnym przebudzeniu Kundalini, stawia to cały system nerwowy w nadbieg. Całkowita transformacja następuje z czasem, gdy system nerwowy powiększa się, budując codziennie nowe obwody, aby dostosować się do wewnętrznych zmian.

Po pierwsze, kiedy Światło Kundalini aktywuje i ożywia wszystkie ukryte nerwy, Centralny Układ Nerwowy zaczyna działać z maksymalną wydajnością. Wyższe poziomy aktywności są widoczne w mózgu, ponieważ pracuje on wyjątkowo ciężko, aby zarejestrować impulsy wibracyjne przychodzące z hiperaktywnego obwodowego i autonomicznego systemu nerwowego. Poza dostosowaniem się do rozszerzonej świadomości, mózg musi również pracować nad budową nowych ścieżek neuronowych, aby dostosować się do tej ekspansji bioenergetycznej i zsynchronizować się z resztą systemu nerwowego.

Początkowe etapy odbudowy Twojego systemu nerwowego są obciążające dla umysłu i ciała. Ponieważ cały proces jest nowy do świadomości, ciało włącza tryb "walkę lub ucieczkę" by uchronić się przed potencjalną krzywdą. Sympatyczny Układ Nerwowy dominuje, a energia strachu jest obecna. Jak wiele osób przebudzonych przez Kundalini wie z własnych doświadczeń, wyczerpanie nadnerczy ze stresu jest powszechne w tych początkowych etapach.

Jednak w ostatnich etapach procesu odbudowy, po zbudowaniu nowych ścieżek neuronowych, umysł staje się bardziej akceptujący dla tego procesu, co pozwala mu się zrelaksować. W rezultacie Sympatyczny Układ Nerwowy wyłącza się, a przejmuje go Parasympatyczny Układ Nerwowy. Nerw błędny również odgrywa rolę podczas tego procesu, ponieważ przyczynia się do przywrócenia spójności ciała. Chociaż całkowita transformacja może potrać wiele lat, jej rezultatem będzie znacząco silniejszy system nerwowy, który pozwoli osobie nawigować potencjalnie stresujące sytuacje w bezprecedensowy sposób.

FUNKCJA NERWU BŁĘDNEGO

Dwanaście nerwów czaszkowych występuje parami i pomaga połączyć mózg z innymi obszarami ciała, takimi jak głowa, szyja i tułów. Nerw błędny (Rysunek 46) jest najdłuższym z nerwów czaszkowych (nerw dziesiąty), ponieważ biegnie od pnia mózgu do części okrężnicy. Pełni on zarówno funkcje motoryczne, jak i czuciowe.

Słowo "Vagus" oznacza po łacinie "wędrówkę", co jest właściwe, ponieważ jest to kręta, przypominająca serpentynę wiązka włókien motorycznych i czuciowych, która łączy przede wszystkim pień mózgu z sercem, płucami i jelitami. Jelita to układ trawienny (przewód pokarmowy), który składa się z jamy ustnej, przełyku, żołądka, wątroby, jelita cienkiego, jelita grubego i odbytu.

Nerw błędny aktywuje przywspółczulny układ nerwowy, który kontroluje nieświadome funkcje organizmu "odpoczywaj i traw". Nerw błędny służy do uspokojenia ciała po jedzeniu, abyśmy mogli łatwiej przetwarzać pokarm. Jedną z jego kluczowych ról jest jednak działanie jako przycisk "reset", który przeciwdziała naszemu automatycznemu, wewnętrznemu systemowi alarmowemu, reakcji "walcz lub uciekaj" współczulnego układu nerwowego.

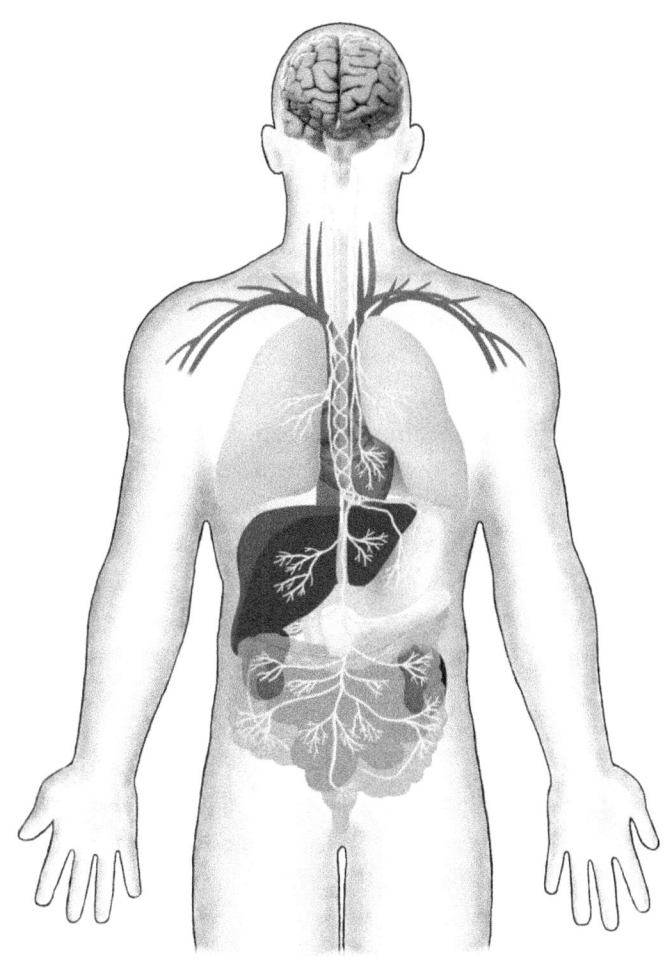

Rysunek 46: Nerw Błędny (Vagus Nerve)

Neuroprzekaźnik, który nerw błędny wykorzystuje do komunikacji z ciałem, acetylocholina, jest odpowiedzialny za uczucia spokoju, pokoju, relaksu oraz funkcje uczenia się i pamięci. Ludzie, których nerw błędny jest nieaktywny są nękani przez przewlekły niepokój i mają słabe zdolności uczenia się i przywoływania pamięci. Dla tych osób kluczowe jest stymulowanie nerwu błędnego, albo w sposób naturalny, albo za pomocą sztucznego urządzenia elektrycznego. Czynienie tego może prowadzić do pozytywnych korzyści zdrowotnych, w tym przezwyciężenie stresu i depresji oraz zmniejszenie stanu zapalnego spowodowanego przez ból emocjonalny.

Tonację wagalną mierzy się poprzez śledzenie rytmu serca wraz z rytmem oddychania. Podczas wdechu tętno przyspiesza, a podczas wydechu zwalnia. Osoby z wysokim tonem wagalnym mają bardziej wydłużony okres pomiędzy wdechami i wydechami serca, co oznacza, że ich organizm może się szybciej zrelaksować po stresującym wydarzeniu. Wysoki ton wagalny poprawia funkcjonowanie wielu systemów organizmu - zmniejsza ryzyko udaru mózgu poprzez obniżenie ciśnienia krwi, wspomaga trawienie i regulację poziomu cukru we krwi oraz poprawia ogólny nastrój i odporność na stres. Niski ton wagalny, z drugiej strony, robi coś przeciwnego dla ciała, jest związany z chorobami układu krążenia, cukrzycą, zaburzeniami poznawczymi, przewlekłym niepokojem i depresją. Niski ton wagalny sprawia również, że ciało jest bardziej podatne na choroby autoimmunologiczne wynikające z wysokiego stanu zapalnego.

Nerw błędny jest znany z promowania miłości, współczucia, zaufania, altruizmu i wdzięczności, a wszystko to daje ogólne szczęście w życiu. Jedną z najbardziej skutecznych, naturalnych metod stymulacji nerwu błędnego i poprawy tonu błędnego jest technika Pranajamy - Oddychania Przeponowego. Kiedy oddychasz powoli i rytmicznie przez brzuch, przepona otwiera się, wpuszczając więcej tlenu do organizmu. W rezultacie aktywuje się przywspółczulny układ nerwowy, uspokajając umysł.

Oddychanie przeponowe obejmuje cały system nerwowy i siedem głównych czakr, pozwalając nam uziemić nasze energie, zamiast pozwalać im na szaleńczy bieg w obszarze klatki piersiowej, powodując niepotrzebny stres i niepokój. (Aby uzyskać pełny opis techniki Przeponowego Oddychania i jej korzyści, przejdź do "Ćwiczeń Pranajamy" w dziale Joga.)

Ponieważ nerw błędny jest połączony ze strunami głosowymi, śpiewanie, nucenie i intonowanie jest również związane z poprawą tonu nerwu błędnego. Komunikacja ustna jest korzystna, a ludzie, którzy dużo mówią, są na ogół dobrego usposobienia. Komunikowanie się z innymi sprzyja pozytywnym emocjom i przynosi bliskość społeczną, co poprawia napięcie nerwu błędnego.

Badania wykazały, że Joga zwiększa napięcie nerwu błędnego, redukuje stres i poprawia regenerację po urazach emocjonalnych i psychicznych. Pranajama i medytacja aktywują Przywspółczulny Układ Nerwowy i uspokajają umysł, stymulując nerw błędny. Asany (pozycje jogiczne) równoważą męskie i żeńskie części Jaźni, tworząc harmonię w ciele i promując uważność. Inne techniki Jogiczne mają również ogromne korzyści dla zdrowia fizycznego i duchowego. Z tego powodu poświęciłem cały rozdział nauce, filozofii i praktyce Jogi.

NERW BŁĘDNY I KUNDALINI

Istnieją interesujące podobieństwa pomiędzy nerwem błędnym a Kundalini warte zbadania. Po obejrzeniu powiązań stanie się oczywiste, że nerw błędny uzupełnia proces przebudzenia Kundalini i może być nawet fizyczną reprezentacją samego Kundalini.

Po pierwsze, nerw błędny biegnie z obszaru okrężnicy (Muladhara) do mózgu (Sahasrara). Natomiast Kundalini leży zwinięta u podstawy kręgosłupa w Muladharze, tuż obok odbytu. Po przebudzeniu wznosi się w górę do centrum mózgu i wreszcie do czubka głowy, aby zakończyć proces.

Ludzie odnoszą się do nerwu błędnego jako jednego, ale w rzeczywistości są to dwa nerwy, które działają jako jeden. Tutaj widzimy korelację z Ida i Pingala Nadis, podwójnymi wężami, które, gdy są zrównoważone, funkcjonują jako jeden kanał (Sushumna).

Nerw błędny oddziałuje bezpośrednio na wszystkie narządy i gruczoły w organizmie. Jego rolą jest zbieranie informacji z narządów i gruczołów i przenoszenie ich do mózgu w celu zbadania. Podobnie Kundalini łączy się z organami i gruczołami w ciele i przekazuje ich stan do mózgu poprzez system nerwowy.

Kundalini porusza się przez rdzeń kręgowy, podczas gdy nerw błędny biegnie bardziej centralnie przez ciało. Kiedy aktywujemy Kundalini, wszystkie narządy i gruczoły zaczynają pracować synchronicznie ze sobą, wprowadzając spójność do ciała. Nerw błędny również, gdy jest stymulowany, tworzy efekt jednoczący w organach i gruczołach, gdzie zaczynają one funkcjonować w harmonii ze sobą.

Ponieważ nerw błędny łączy się z systemem trawiennym, upośledzenie nerwu błędnego spowoduje problemy żołądkowe. Z kolei centrum mocy Kundalini znajduje się w Manipurze i kiedy nie jest aktywowane lub jego energia jest zablokowana, pojawią się problemy trawienne i żołądkowe.

Serce i mózg są ściśle połączone i komunikują się w dużym stopniu poprzez nerw błędny. Czakra Serca jest również w bezpośredniej komunikacji z dwoma najwyższymi czakrami w mózgu, Ajna i Sahasrara. W systemie Kundalini, Czakra Serca jest centrum Jaźni, tą częścią nas, która asymiluje i harmonizuje energie z innych Czakr. Na poziomie fizycznym serce jest najpotężniejszym generatorem energii elektromagnetycznej w ciele i naszym podstawowym interfejsem z otoczeniem (Więcej szczegółów na ten temat znajduje się w rozdziale "Moc serca").

Temat Kundalini wywodzi się ze Wschodu i jest częścią praktyk Jogicznych i Tantrycznych. Zarówno Joga jak i Tantra obejmują Pranajamę, Asany, medytację i inne techniki, które angażują reakcję nerwu błędnego w celu zrelaksowania ciała i uspokojenia umysłu. Wielu Joginów uznaje rolę i moc nerwu błędnego w ciele i umyśle i uważa go za anatomiczny odpowiednik Sushumna Nadi. Jako taki, nerw błędny wymaga naszej największej uwagi.

DWANAŚCIE PAR NERWÓW CZASZKOWYCH

Dwanaście par nerwów czaszkowych (Rysunek 47) łączy mózg z różnymi częściami głowy, szyi i tułowia. Przekazują one informacje między mózgiem a częściami ciała, zwłaszcza do i z okolic głowy i szyi. Nerwy czaszkowe odpowiadają za wzrok, węch, słuch, ruchy oczu, czucie w twarzy, równowagę i połykanie. Funkcje dwunastu par nerwów czaszkowych są sensoryczne, motoryczne lub obie. Nerwy czuciowe zajmują się widzeniem, słyszeniem, wąchaniem, smakowaniem i dotykaniem. Z drugiej strony, nerwy ruchowe pomagają kontrolować ruchy w regionie głowy i szyi.

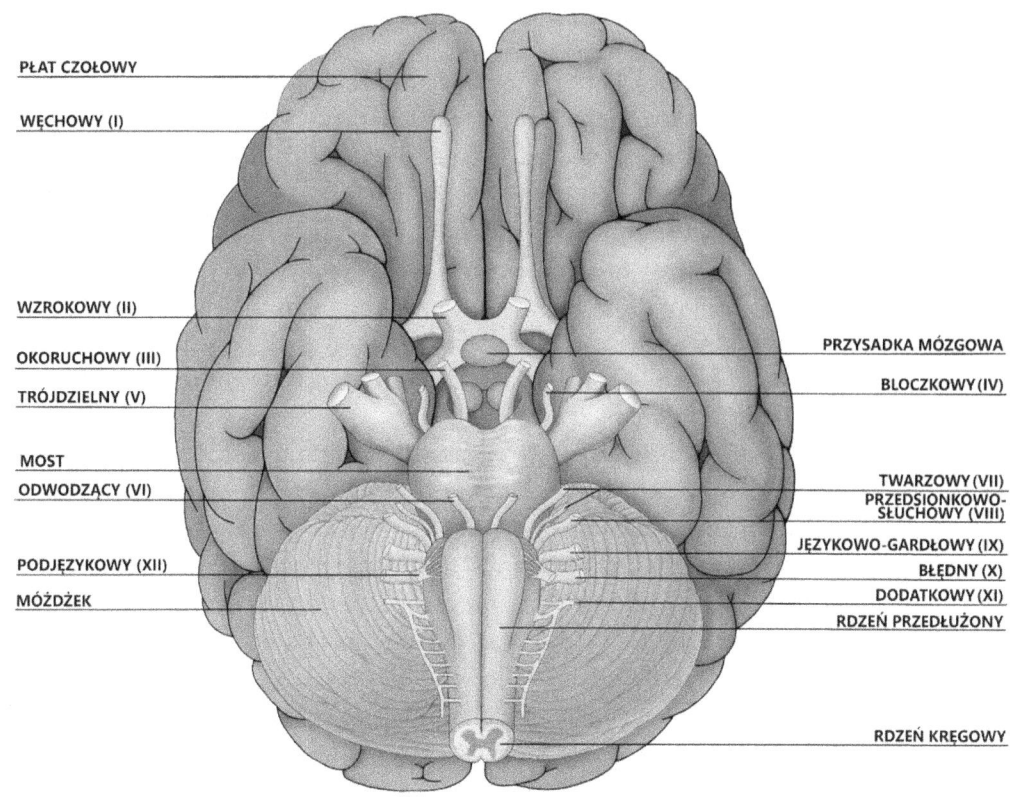

Rysunek 47: Dwanaście Par Nerwów Czaszkowych

Każdej z dwunastu par nerwów czaszkowych odpowiadają cyfry rzymskie od I do XII, w zależności od ich położenia od przodu do tyłu. Należą do nich: nerw węchowy (I), nerw wzrokowy (II), nerw okoruchowy (III), nerw ślimakowy (IV), nerw trójdzielny (V), nerw obojczykowy (VI), nerw twarzowy (VII), nerw przedsionkowo-ślimakowy (VIII), nerw językowo-gardłowy (IX), nerw błędny (X), nerw dodatkowy kręgosłupa (XI), nerw podogonowy (XII). Nerw węchowy i nerw wzrokowy wychodzą z móżdżku, natomiast pozostałe dziesięć par wychodzi z pnia mózgu.

Nerw węchowy przekazuje do mózgu informacje dotyczące zmysłu węchu, natomiast nerw wzrokowy przekazuje informacje dotyczące wzroku. Nerwy okoruchowy, ślimakowy i Abducensa odpowiadają za ruchy oczu. Nerw trójdzielny odpowiada za czucie i funkcje motoryczne w obrębie twarzy i ust. Nerw twarzowy kontroluje mięśnie mimiczne i przekazuje wrażenia smakowe z języka. Nerw przedsionkowo-ślimakowy przekazuje dźwięk i równowagę z ucha wewnętrznego do mózgu. Nerw Głośnikowy zajmuje się zmysłem smaku odbieranym z części języka i obszaru gardła. Nerw błędny pełni wiele funkcji, które już opisałem. Nerw Dodatkowy Kręgowy kontroluje mięśnie ramion i szyi. I wreszcie, Nerw Hipoglosowy kontroluje ruchy języka dotyczące mowy i połykania pokarmu.

Dwanaście par nerwów czaszkowych odpowiada dwunastu konstelacjom zodiaku. Stanowią one przykład Hermetycznej zasady "Jak wyżej, tak niżej". Jest dwanaście "par", ponieważ żyjemy w świecie Dwoistości, gdzie wszystko jest podwójne. Świat Dwoistości, świat materialny, odzwierciedla Jedność Świata Duchowego, który zasila Dwanaście Konstelacji Zodiakalnych (zgrupowań gwiazd) emitując przez nie swoje Białe Światło.

Pamiętaj, że Słońce naszego Układu Słonecznego jest tylko jedną z takich gwiazd, a w samej Drodze Mlecznej znajdują się miliony gwiazd z własnymi Układami Słonecznymi. Starożytni nazwali te, które widzimy na naszym nocnym niebie zgodnie z kształtami i obrazami, jakie tworzyły ich grupy, dając nam zespół Dwunastu Zodiaków. W konsekwencji Dwanaście Konstelacji Zodiakalnych znajduje odzwierciedlenie w Dwunastu Parach Nerwów Czaszkowych, co jest albo wielkim zbiegiem okoliczności, albo częścią większej tajemnicy. Ten główny plan ma wiele wspólnego z naszą Ewolucją Duchową i optymalizacją naszej osobistej mocy.

Nerwy Czaszkowe informują ludzki umysł (Poniżej) o wszystkim, co dzieje się w przejawionym Wszechświecie, którego są częścią (Powyżej). Odpowiadają za to, jak wchodzimy w interakcje z rzeczywistością materialną i jak ją interpretujemy. Jako nasz interfejs ze światem zewnętrznym, dwanaście par nerwów czaszkowych pomaga zdefiniować naszą rzeczywistość. Pozwalają nam odbierać informacje zewnętrzne i wyrażać nasze reakcje na te informacje poprzez język ciała, w tym mimikę twarzy i ruchy oczu.

Nerwy Czaszkowe wpływają na to jak inni nas postrzegają, wpływając na nasze reakcje organizmu na bodźce zewnętrzne. Ponieważ 93% naszej komunikacji jest niewerbalna, nerwy czaszkowe mają za zadanie wyrażać nasze wewnętrzne energie, chociaż większość tej komunikacji odbywa się na poziomie podświadomym.

Kiedy osoba przechodzi pełne przebudzenie Kundalini i optymalizuje swoje czakry, zyskuje pełną kontrolę nad swoimi wibracjami i sygnałami, które wysyła do wszechświata poprzez język ciała. W miarę jak budzi się Cichy Świadek własnego Ja, umożliwia to przebudzonej osobie zobaczenie siebie z punktu trzeciej osoby. Wierzę, że ten dar przebudzenia jest związany z rozszerzeniem promienia wewnętrznego portalu Oka Umysłu, pozwalając jednostce na dowolne opuszczenie ciała i obserwowanie jego procesów, w tym gestów twarzy i ruchów oczu, które ujawniają jego stan wewnętrzny. Uzyskując świadomą kontrolę nad mimowolnymi funkcjami Dwunastu Par Nerwów Czaszkowych, jednostka jest na dobrej drodze do Samopanowania.

PŁYN MÓZGOWO-RDZENIOWY (CSF)

Płyn mózgowo-rdzeniowy (w skrócie CSF) jest przejrzystą, płynną substancją, która otacza przestrzenie wewnątrz i wokół rdzenia kręgowego, jak również pnia mózgu i mózgu. Odgrywa on kluczową rolę w podtrzymywaniu świadomości, koordynowaniu wszystkich aktywności fizycznych i ułatwianiu procesu przebudzenia Kundalini.

W normalnym organizmie dorosłego człowieka znajduje się około 100-150 ml płynu mózgowo-rdzeniowego (średnio), co stanowi około 2/3 filiżanki. Sam organizm produkuje około 450-600 ml CSF na dobę. CSF jest stale produkowany, i cały jest wymieniany co sześć do ośmiu godzin.

Jamy w mózgu są zbiornikami płynu zwanymi "komorami", które tworzą płyn mózgowo-rdzeniowy. Komory mózgu służą jako przejścia lub kanały dla świadomości. Kiedy te drogi są zablokowane, następuje utrata przytomności. Najważniejszą komorą mózgu jest trzecia komora, która obejmuje centralny obszar mózgu, w którym znajdują się szyszynka i przysadka mózgowa, wzgórze i podwzgórze. Płyn mózgowo-rdzeniowy obmywa również zewnętrzną część mózgu, zapewniając pływalność i amortyzację wstrząsów.

Po obsłużeniu mózgu i pnia mózgu płyn mózgowo-rdzeniowy wędruje w dół przez kanał centralny rdzenia kręgowego, a także na zewnątrz niego (ryc. 48). Kanał centralny jest pustą przestrzenią wypełnioną płynem mózgowo-rdzeniowym, która biegnie przez całą drogę w dół kręgosłupa. Mimo że rdzeń kręgowy kończy się między pierwszym a drugim kręgiem lędźwiowym (L1-2), tuż nad obszarem talii, płyn mózgowo-rdzeniowy schodzi w dół przez kość krzyżową. Po dotarciu do dolnej części kręgosłupa, płyn mózgowo-rdzeniowy zostaje wchłonięty do krwiobiegu.

Centralny Układ Nerwowy zawarty jest w mózgu i rdzeniu kręgowym. Przez cały czas jest zanurzony w płynie mózgowo-rdzeniowym. Służy jako medium, przez które mózg komunikuje się z Centralnym Układem Nerwowym. Właściwy obwód to istota biała i szara (kształt motyla), które tworzą rdzeń kręgowy. Gdy Centralny Układ Nerwowy zintegruje informacje z mózgu, wysyła je do różnych części ciała.

Płyn mózgowo-rdzeniowy znajduje się w przestrzeniach podpajęczynówkowych w mózgu i rdzeniu kręgowym. Mózg i rdzeń kręgowy są chronione przez trzy błony (opony mózgowe): pia mater, przestrzeń pajęczynówkową i oponę twardą. Obszar podpajęczynówkowy to tkanka łączna pomiędzy pia mater a przestrzenią pajęczynówki. Ma ona wygląd przypominający pajęczynę i służy jako amortyzacja dla Centralnego Układu Nerwowego, rdzenia kręgowego i mózgu. Co najważniejsze, służy jako kanał dla płynu mózgowo-rdzeniowego.

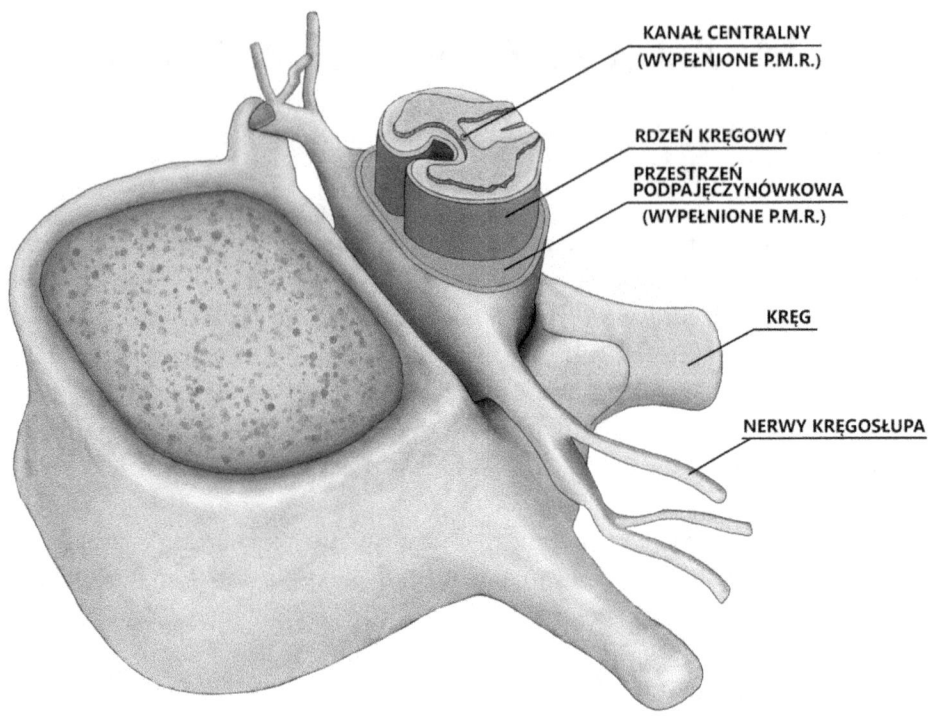

Rysunek 48: Rdzeń Kręgowy (Przekrój Poprzeczny)

CSF może przekazywać Światło, wibracje, ruch i cząsteczki. Transportuje składniki odżywcze i hormony do całego układu nerwowego i mózgu. CSF służy do ochrony ich obu oraz rdzenia kręgowego. Eliminuje również wszelkie odpady z tych trzech części ciała. Na bardziej podstawowym poziomie, CSF reguluje rytmy okołodobowe i apetyt.

Płyn mózgowo-rdzeniowy jest niezbędny do utrzymania ciała fizycznego w stanie żywym, zdrowym i zrównoważonym. Ponadto ułatwia swobodne poruszanie się kręgosłupa i głowy, zapewniając mobilność.

Płyn mózgowo-rdzeniowy dostarcza niezbędnych czynników wzrostu i przeżycia do mózgu, od jego embrionalnej fazy do dorosłości. Ma on kluczowe znaczenie dla namnażania się komórek macierzystych, ich wzrostu, migracji, różnicowania i naszego ogólnego przetrwania.

KOMORY MÓZGOWE

Trzecia komora (ryc. 49) jest strukturą o idealnie środkowej linii, która zawiera przysadkę mózgową na przednim końcu i szyszynkę na tylnym. W jej środku znajdują się Wzgórze i Podwzgórze. Jest to punkt łączący racjonalne górne części mózgu z opartymi na przetrwaniu funkcjami dolnej części mózgu.

Starożytni od niepamiętnych czasów czcili przestrzeń pomiędzy trzecią komorą serca ze względu na jej duchowe właściwości. Daoiści nazywali ją "Kryształowym Pałacem", podczas gdy Hindusi określali ją jako "Jaskinię Brahmy". "Trzecia komora serca jest zasadniczo podstawą połączenia umysł-ciało-Duch. Głębokie uczucia błogości, spokoju i Jedności ze Źródłem mają swoje źródło w Trzeciej Komorze, która służy nam jako portal do Uniwersalnej wiedzy.

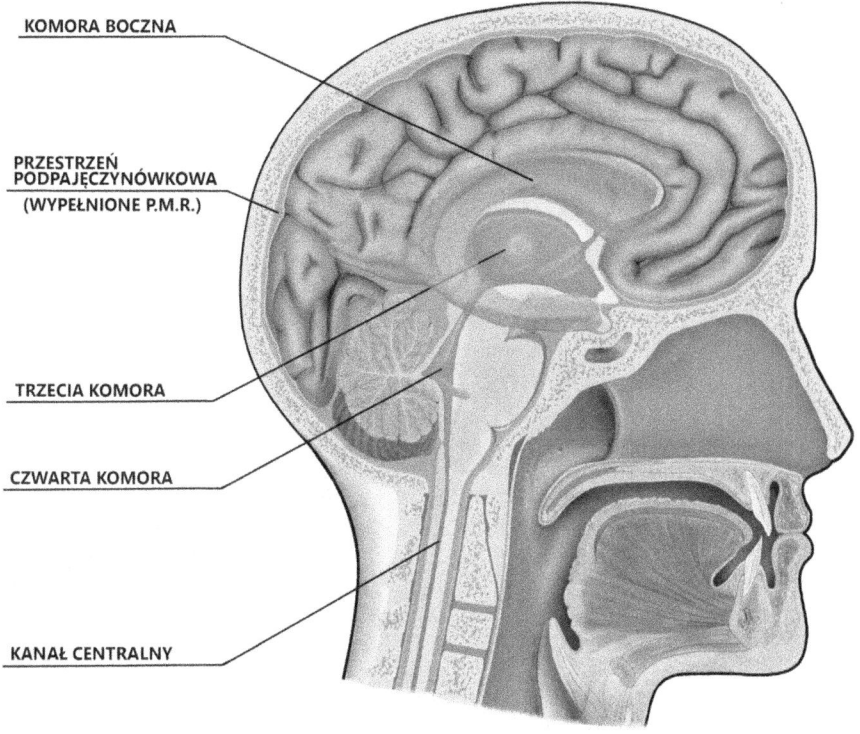

Rysunek 49: Płyn Mózgowo-Rdzeniowy i Komory Mózgu (Widok z Boku)

Jaskinia mózgowa Trzecia Komora jest przestrzenią, która daje nam zjednoczoną świadomość naszej prawdziwej istoty. Wielu ludzi wierzy, że płyn mózgowo-rdzeniowy w mózgu przekazuje energię Ducha po aktywacji szyszynki i przysadki mózgowej oraz wzgórza. Trzecia Komora umożliwia transformację świadomości.

Komora boczna zawiera dwa rogi (Rycina 50), które stykają się z płatem czołowym, płatem ciemieniowym, płatem potylicznym i płatem skroniowym. Róg tylny styka się z obszarami wzrokowymi mózgu.

Komora czwarta styka się z móżdżkiem, pniem mózgu i rdzeniem kręgowym. Znajduje się ona pomiędzy Trzecią Komorą a kanałem centralnym w obrębie pnia mózgu i rdzenia kręgowego. Płyn mózgowo-rdzeniowy wytwarzany i (lub) napływający do komory czwartej znajduje się w przestrzeni podpajęczynówkowej w dolnej części czaszki, gdzie kanał centralny wchodzi do pnia mózgu.

CSF służy jako pojazd do przekazywania informacji do mózgu. Pochłania, przechowuje i przekazuje wibracje ze świata zewnętrznego do różnych receptorów mózgu. Z tego powodu wszystkie obszary kontrolne mózgu, w tym rdzeń kręgowy (Centralny Układ Nerwowy), są przez cały czas zanurzone w płynie mózgowo-rdzeniowym.

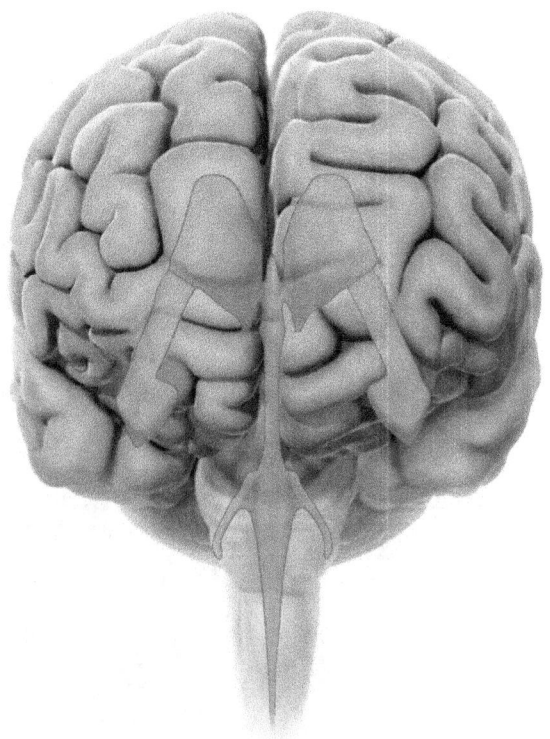

Rysunek 50: Komory Mózgowe (Widok z Przodu)

CSF I PRZEBUDZENIE KUNDALINI

Trzy Nadis: Ida, Pingala i Sushumna spotykają się w Trzeciej Komorze, tej wypełnionej płynem mózgowo-rdzeniowym promieniującej przestrzeni w środku głowy. Kiedy Kundalini i aktywowane Nadis wejdą w obszar trzeciej komory serca, szyszynka i przysadka mózgowa zostają naelektryzowane poprzez płyn mózgowo-rdzeniowy jako medium. Przebudzenie Kundalini i aktywacja czakr odbywa się na subtelnym, eterycznym poziomie, podczas gdy naelektryzowany płyn mózgowo-rdzeniowy pobudza system nerwowy i aktywuje ukryty potencjał w głównych ośrodkach mózgu.

Ponieważ szyszynka i przysadka mózgowa reprezentują żeńskie i męskie składniki Jaźni, emocje i rozum, ich jednoczesna aktywacja oznacza zjednoczenie prawej i lewej półkuli mózgu. W ten sposób wzgórze zaczyna funkcjonować na wyższym poziomie, ułatwiając otwarcie i optymalizację czakry Ajna.

Sushumna działa poprzez CSF w rdzeniu kręgowym. W miejscu, gdzie rdzeń kręgowy kończy się pomiędzy pierwszym a drugim kręgiem lędźwiowym (L1-2), zwanym Conus Medullaris, rozpoczyna się delikatne włókno zwane Filum Terminale, które kończy się na kości ogonowej (Rysunek 51). Ma ono długość około 20 cm i jest pozbawione tkanki nerwowej. Jednym z celów Filum Terminale jest transport CSF do dolnej części kręgosłupa.

Naukowcy uważają, że przez kanał centralny w rdzeniu kręgowym przebiega jeszcze jedno maleńkie włókno, które jest zbudowane ze skondensowanego białka płynu mózgowo-rdzeniowego. To włókno służy jako żarnik, który świeci, gdy jest naładowany elektrycznie. Ponieważ jednym z celów CSF jest przenoszenie energii Światła, służy on jako przewód, przez który przebudzona Kundalini podróżuje w górę kręgosłupa i do mózgu.

Sushumna zaczyna się w kości ogonowej i biegnie w górę Filum Terminale, aż osiągnie Conus Medullaris. Dalej biegnie przez włókno w kanale centralnym, mija Czwartą Komorę i kończy się w obszarze Trzeciej Komory, czyli wzgórza i łączącego się z nim podwzgórza. CSF zostaje naładowany elektrycznie przez rozbudzoną energię Kundalini, która wznosi się w górę rdzenia kręgowego, systematycznie aktywując Główne Czakry, aż do momentu dotarcia do wyższych ośrodków mózgu. Płyn mózgowo-rdzeniowy jest kluczem do zmian anatomicznych, które zachodzą w mózgu po przebudzeniu Kundalini. System nerwowy również ulega transformacji poprzez ożywienie nerwów rdzeniowych. Organy są pod wpływem tego napływu energii Światła, co wyjaśnia, dlaczego tak wiele osób przebudzonych przez Kundalini zgłasza zmiany anatomiczne w swoich wnętrzach.

Kiedy Kundalini wchodzi do mózgu przez kanał Sushumna, kończy się we Wzgórzu, energetyzując je. Równocześnie Nadis Ida i Pingala energetyzują szyszynkę i przysadkę mózgową. Ponieważ Ida i Pingala kończą się w Szyszynce i Przysadce, ich aktywacja tworzy efekt magnetyczny, który wysyła wibracyjny strumień energii w kierunku Wzgórza. Zjednoczenie tych męskich (Yang) i żeńskich (Yin) sił we Wzgórzu umożliwia pełne otwarcie czakry Adżny, a następnie Sahasrary na szczycie głowy.

Gdy Kundalini dotrze do Korony, w naszej świadomości budzi się składnik "Ja Jestem", czyli Wyższe Ja. Potencjał Wzgórza zostaje maksymalnie wykorzystany, czyniąc ten ośrodek mózgu doskonałą anteną dla zewnętrznych wibracji. Świadomość rozszerza się do poziomu Kosmicznego i zamiast przyjmować tylko 10% bodźców z otoczenia, może teraz doświadczać pełnych 100%.

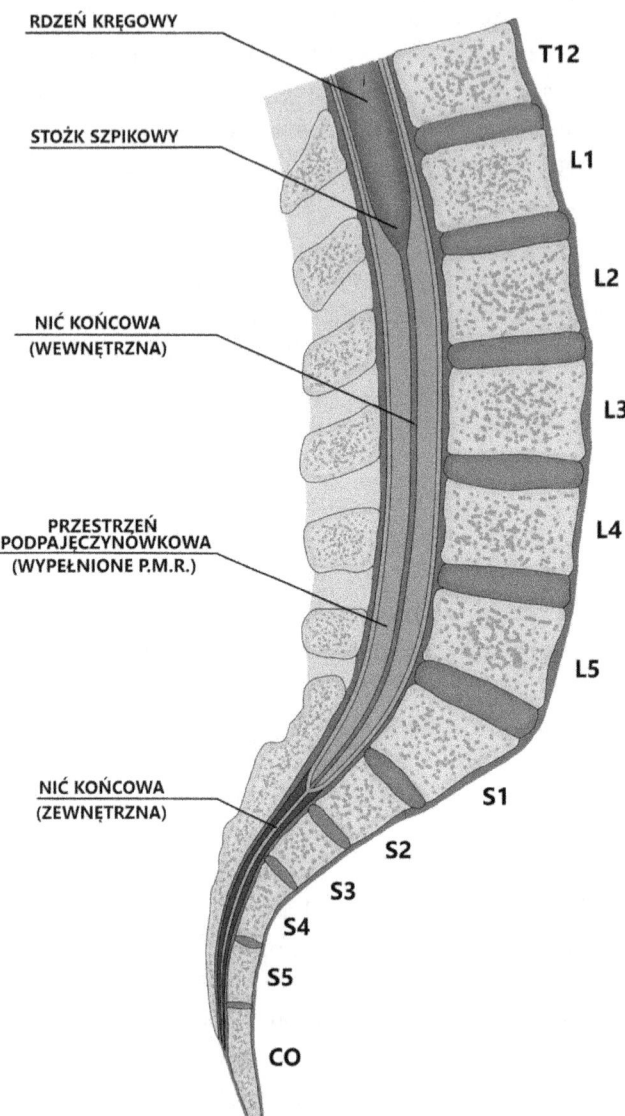

Rysunek 51: Conus Medullaris i Filum Terminale

MULADHARA I KUNDALINI

KOŚĆ KRZYŻOWA I KOŚĆ OGONOWA

Kość krzyżowa i kość ogonowa (Rysunek 52) odgrywają znaczącą rolę w procesie przebudzenia Kundalini. Kość krzyżowa, czyli kręgosłup krzyżowy, zawiera pięć połączonych kręgów. Jest to duża trójkątna kość pomiędzy kośćmi biodrowymi a ostatnim kręgiem lędźwiowym (L5). W języku łacińskim słowo "sacrum" oznacza "święty". Rzymianie nazywali tę kość "os sacrum", podczas gdy Grecy określali ją "hieron osteon", znaczenie obu to "święta kość".

Co ciekawe, słowo "hieron" w języku greckim tłumaczy się również jako "świątynia". Sacrum było uważane za święte, ponieważ w obrębie jego kostnej wklęsłości leżały jajniki i macica u kobiet. Starożytni wierzyli, że żeńskie narządy rozrodcze są boskie, ponieważ łono jest źródłem stworzenia.

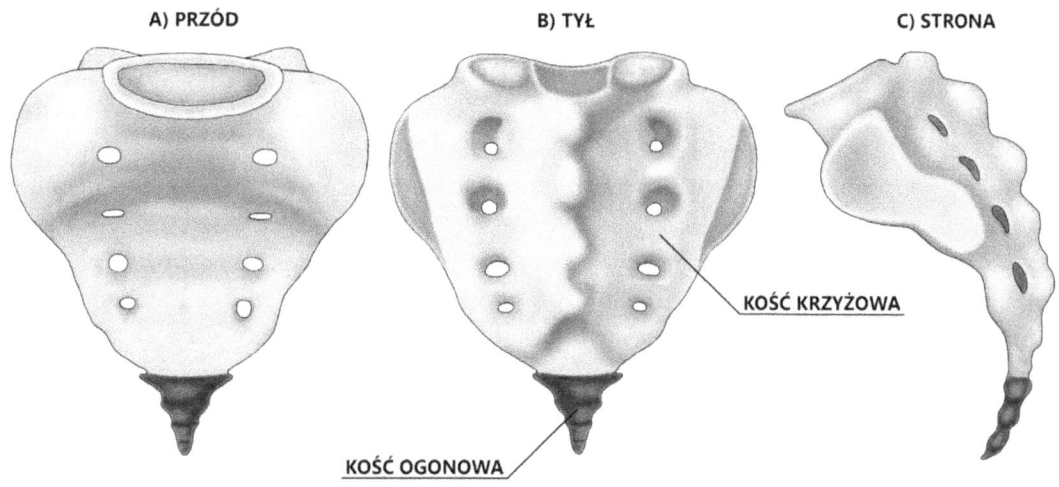

Rysunek 52: Kość Krzyżowa i Kość Ogonowa

Sacrum jest naszą Świętą Świątynią, ponieważ mieści i chroni narządy płciowe, sploty i niższe subtelne centra energetyczne, z których wszystkie są zaangażowane w aktywację procesu przebudzenia Kundalini. Sacrum jest również odpowiedzialne za pompowanie płynu mózgowo-rdzeniowego w górę do mózgu. Płyn ten podtrzymuje świadomość i odgrywa kluczową rolę w aktywacji wyższych ośrodków mózgu podczas Duchowego przebudzenia.

W tradycji egipskiej sacrum było święte dla Ozyrysa, boga świata podziemnego. Egipcjanie wierzyli, że kręgosłup Ozyrysa, zwany filarem Djed, reprezentował energię Kundalini, której proces przebudzenia rozpoczynał się w kości krzyżowej. Kość ogonowa (coccyx) jest kolejną małą trójkątną kością połączoną z dolną częścią kości krzyżowej.

Jak wspomniano, w stanie potencjału Kundalini jest zwinięta trzy i pół razy w kokcyli. Czakra Muladhara, źródłowa czakra energii Kundalini, znajduje się pomiędzy kością ogonową a kroczem. Kiedy energia Kundalini zostaje uwolniona, podróżuje przez pustą rurę rdzenia kręgowego jak wąż (Rysunek 53), czemu towarzyszy syczący dźwięk, jaki wydaje wąż, kiedy się porusza lub ma zamiar uderzyć.

Przypadkowo, kość ogonowa składa się z trzech do pięciu połączonych kręgów ogonowych lub kości kręgosłupa. Kość ogonowa jest pozostałością śladowego ogona na poziomie fizycznym. W kontekście ewolucji człowieka uważa się, że wszyscy ludzie mieli w pewnym momencie ogon, tak jak większość ssaków dzisiaj.

Słowo "coccyx" pochodzi od greckiego "cuckoo", ponieważ sama kość ma kształt dzioba kukułki. Co ciekawe, kukułka jest ptakiem znanym z tego, że jej dźwięk przynosi zmiany w życiu człowieka. Jej wołanie symbolizuje nowy los lub wydarzenie, które rozwija się w naszym życiu. Pamiętaj, że Kaduceusz Hermesa, symbolizujący proces przebudzenia Kundalini, pochodzi z Grecji - Grecy byli świadomi duchowego potencjału kości ogonowej, ponieważ wiedzieli, że mieści ona transformującą energię Kundalini.

W tradycji egipskiej bóg mądrości, Thoth (Tehuti), ma głowę ptaka Ibis z długim dziobem, którego kształt przypomina kość ogonową. Thoth jest egipskim odpowiednikiem greckiego Hermesa i rzymskiego Merkurego. Ci trzej bogowie mają niemal identyczne atrybuty i odpowiedniki, a wszyscy trzej są związani z energią Kundalini i procesem przebudzenia.

W *Koranie* (pisanym również jako *Quran*) prorok Mahomet stwierdził, że kość ogonowa nigdy nie ulega rozkładowi i jest kością, z której ludzie zostaną wskrzeszeni w Dniu Sądu Ostatecznego. Hebrajczycy wyznawali tę samą ideę, ale zamiast kości ogonowej wierzyli, że to sacrum jest niezniszczalne i stanowi zalążek zmartwychwstania ludzkiego ciała. Kość krzyżową określali mianem kości "Luz" (po aramejsku "orzech"). Kość krzyżowa ma wzór wgłębień, który wraz z ogólnym kształtem przypomina skorupkę migdała. W *Zoharze*, księdze żydowskich nauk ezoterycznych i mistycznych, Luz jest kością kręgosłupa, która wygląda jak głowa węża. Biorąc pod uwagę, że zarówno kość ogonowa jak i kość krzyżowa mają kształt trójkąta, niektórzy rabini uważają, że to kość krzyżowa jest święta, podczas gdy inni uważają, że to kość ogonowa.

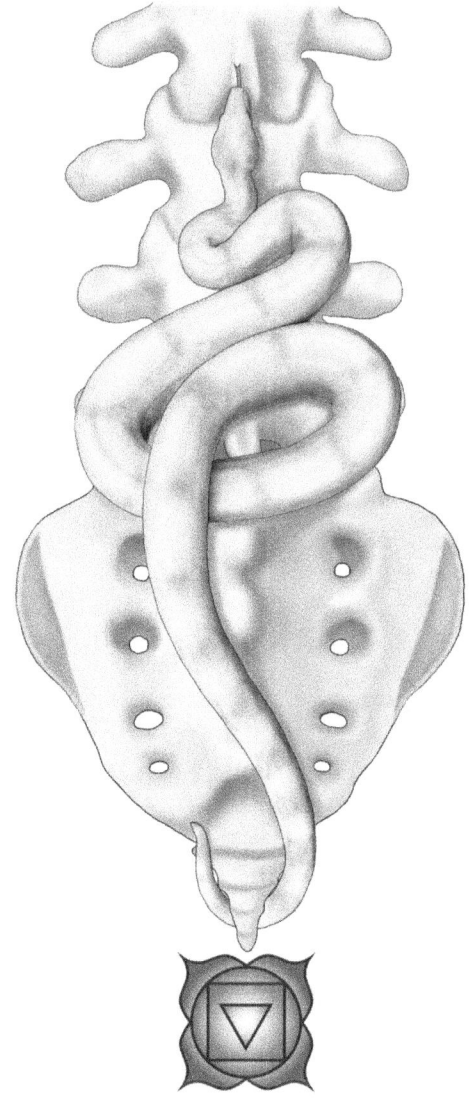

Rysunek 53: Niezwinięta Kundalini

SPLOT KRZYŻOWY I NERW KULSZOWY

Kolejne dwa istotne czynniki w procesie przebudzenia Kundalini to splot krzyżowy i nerw kulszowy (Rysunek 54). Splot krzyżowy jest splotem nerwowym, który wychodzi z dolnego kręgu lędźwiowego i kręgu krzyżowego (L4-S4). Dostarcza on nerwów ruchowych i czuciowych dla tylnej części uda, miednicy oraz większości dolnej części nogi i stopy.

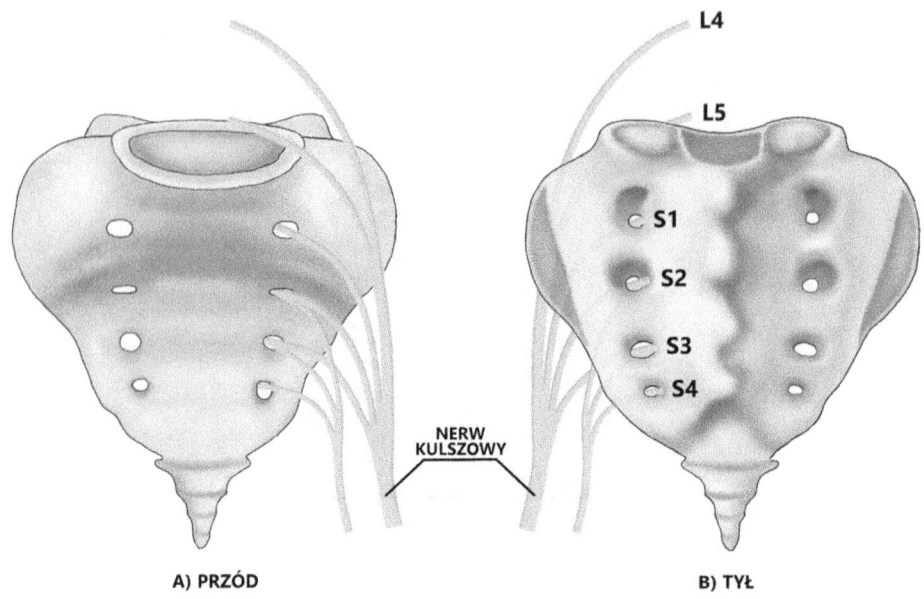

Rysunek 54: Splot Krzyżowy (Sacral Plexus)

Poniżej splotu krzyżowego znajduje się czakra Muladhara, położona pomiędzy kością ogonową a kroczem. Kwiatowa główka Muladhary skierowana jest ku ziemi i znajduje się w pobliżu splotu krzyżowego. Łodyga czakry Muladhary pochodzi jednak z obszaru pomiędzy trzecim i czwartym kręgiem krzyżowym (S3-4), co stanowi część splotu krzyżowego.

Splot miednicowy znajduje się w okolicy brzucha, tuż przed splotem krzyżowym. Splot miedniczny unerwia organy związane z czakrami Swadhisthana i Muladhara, czyli nasze narządy płciowe.

Istnieje związek pomiędzy Elementami Ziemi i Wody a planetą Ziemia pod naszymi stopami. Nie jest przypadkiem, że nasze najniższe dwie główne czakry, Muladhara i Swadhisthana, odnoszą się do jedynych dwóch pasywnych Elementów zajmujących się otrzymywaniem energii. Tak jak Muladhara jest odbiornikiem energii Ziemi generowanej przez Gwiazdę Ziemi pod stopami, tak Swadhisthana jest naszym emocjonalnym pojemnikiem, czakrą podświadomego umysłu i instynktów.

Swadhisthana reprezentuje emocje, w tym naszą energię seksualną, która napędza kreatywność. Udowodniono, że energia seksualna, gdy jest skierowana do wewnątrz, ma transformujący wpływ na świadomość. W moim osobistym doświadczeniu, generowałem ogromną ilość energii seksualnej poprzez nieumyślnie wykonywaną tantryczną praktykę seksualną, co doprowadziło do ciągłych wewnętrznych orgazmów, których kulminacją było pełne przebudzenie Kundalini.

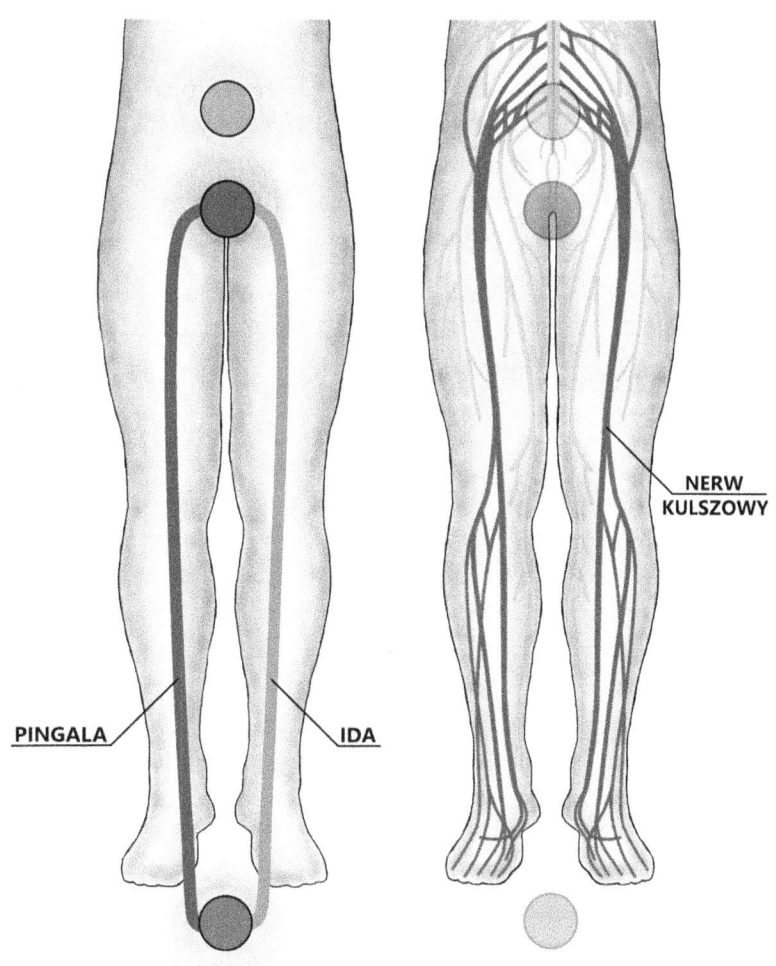

Rysunek 55: Nerwy Kulszowe i Kanały Energetyczne w Nogach

Nerw kulszowy jest największym nerwem obwodowym w organizmie człowieka, powstałym z połączenia pięciu korzeni nerwowych ze splotu krzyżowego. Ma średnicę 2 cm i przebiega przez udo i nogę, aż do podeszwy. Nerw kulszowy pełni funkcję korzenia dla układu nerwowego uziemiając nas do planety Ziemia. Ponieważ są dwie nogi, dwa nerwy kulszowe biegną przez nie. Nerw kulszowy rozdziela się na dwie główne gałęzie w okolicy kolana (nerw piszczelowy i wspólny nerw skokowy).

Tak jak nerw błędny jest fizyczną reprezentacją energii Kundalini, nerwy kulszowe są biologicznym odpowiednikiem kanałów energetycznych nóg, które łączą nas z Gwiazdą Ziemi poprzez czakry stóp (Rysunek 55). Chociaż Ida i Pingala Nadis mają swój początek w Muladhara, ich źródło energii pochodzi z dwóch prądów energetycznych w nogach, negatywnego i pozytywnego.

Ida jest przypisana do lewej strony ciała i otrzymuje swój negatywny prąd energetyczny z lewej nogi, podczas gdy Pingala przebiega przez prawą stronę ciała, otrzymując swój pozytywny prąd energetyczny z prawej nogi. Te dwie nogi przenoszą żeńskie i męskie energie z Gwiazdy Ziemi do Muladhary, zasilając w ten sposób cały system czakr tymi podwójnymi siłami. Jak wspomniano, Gwiazda Ziemi działa jak bateria dla Muladhary - kanały energetyczne w nogach służą jako ujemny i dodatni prąd, który przekazuje energie Ziemi z naszej planety.

ŁĄCZENIE WSZYSTKIEGO W CAŁOŚĆ

Aby pobudzić Kundalini do aktywności i obudzić ją z drzemki, musimy wytworzyć potężny prąd energetyczny w Muladharze, co wymaga współdziałania wielu czynników. Stymulacja Nadis Ida i Pingala rozpoczyna się w Gwieździe Ziemi, korzeniu naszego ogólnego systemu energetycznego, reprezentowanego przez linię Hara. Kiedy Gwiazda Ziemi zostaje naenergetyzowana, poprzez medytację lub inne praktyki, wysyła energetyczny prąd przez kanały energetyczne w nogach poprzez czakry pięty. Równocześnie stymulowany jest nerw kulszowy, który energetyzuje obszar splotu krzyżowego, gdzie zaczyna się rdzeń czakry Muladhara.

Jak opiszę bardziej szczegółowo w części poświęconej naukom jogicznym, musimy pobudzić zarówno Muladharę, jak i Swadhisthana, aby obudzić Kundalini. Pień czakry Swadhisthana zaczyna się pomiędzy pierwszym a drugim kręgiem lędźwiowym (L1-2), co odpowiada miejscu, gdzie kończy się rdzeń kręgowy i zaczyna Filum Terminale. Proces przebudzenia Kundalini ma wiele wspólnego z energetyzowaniem CSF, który zaczyna się w Filum Terminale i biegnie przez rdzeń kręgowy aż do trzeciej komory serca oraz centralnego wzgórza i podwzgórza. Energetyzując trzecią komorę, stymulowane są również otaczające ją płaty mózgu. Cały proces rozszerzania mocy mózgu obejmuje trzecią komorę i naelektryzowany płyn mózgowo-rdzeniowy.

Przebudzenie Kundalini w Muladharze wiąże się z Pięcioma Pranowymi Wajami, pięcioma ruchami lub funkcjami Prany, Siły Życia. Kiedy trzy z tych Prana Vayus zmieniają swoją siłę kierunkową, aby spotkać się w Hara Chakra, następuje aktywacja, która wiąże się z wytworzeniem ciepła w centrum Navel. Temu ogromnemu ciepłu towarzyszy uczucie ekstazy w brzuchu, przypominające wzmożone podniecenie seksualne, które następnie elektryzuje Sushumna Nadi, sprawiając, że świeci się ona jak żarówka. Kiedy Sushumna zapala się, u podstawy kręgosłupa budzi się Kundalini. (Tę część procesu wyjaśnię bardziej szczegółowo w rozdziale "The Five Prana Vayus").

W moim doświadczeniu przebudzona Kundalini manifestowała się jako kula energii Światła, emanująca polem elektrycznym wielkości mniej więcej piłki golfowej. Kiedy się przebudziła, wytworzyła ciśnienie w dolnej części kręgosłupa, które nie było fizyczne, ale można je było odczuć niezależnie od tego na poziomie subtelnym. Kula Światła Kundalini podróżuje w górę przez CSF w rdzeniu kręgowym. Jednocześnie Gwiazda Ziemi generuje ogromną energię, która zostaje przekazana w kierunku czakry Muladhara poprzez kanały energetyczne nóg, energetyzując w ten sposób Nadis Ida i Pingala.

Na poziomie fizycznym jądra (mężczyźni), jajniki (kobiety) i nadnercza są zaangażowane w proces przebudzenia Kundalini, ponieważ generują energię seksualną potrzebną do zasilenia Idy i Pingali i spowodowania ich wzlotu. Ida odpowiada lewemu jądru i jajnikowi, natomiast Pingala odnosi się do prawego. Kiedy Kundalini zaczyna wznosić się przez Sushumnę, Ida i Pingala, zasilane energią seksualną, wznoszą się w falującym ruchu, przylegając do rdzenia kręgowego, przecinając się w każdym z punktów czakr wzdłuż kręgosłupa.

Gdy kula energii Światła Kundalini systematycznie dociera do każdej z łodyg czakr, łączy się ze zrównoważonymi żeńskimi i męskimi prądami z Idy i Pingali, elektryzując i wysyłając wiązkę energii Światła przez każdą z łodyg kwiatów czakr. Kiedy każda łodyga czakralna zostaje napełniona energią Światła, kwiat czakralny z przodu ciała zaczyna wirować szybciej, w pełni budząc każdą czakrę i optymalizując jej przepływ.

Po przebiciu Brahma i Vishnu Granthis i obudzeniu pierwszych pięciu Czakr, energia Kundalini wkracza do centrum mózgu, kończąc się we Wzgórzu, które rozświetla się od wewnątrz. I odwrotnie, naelektryzowane Ida i Pingala Nadis kończą się w Szyszynce i Przysadce. Po pełnej aktywacji Szyszynka i Przysadka mózgowa zostają namagnesowane i wysyłają prąd elektryczny, który jednoczy się w centralnym Wzgórzu jako pojedyncze źródło Światła. Gdy Wzgórze otrzymuje energie Idy i Pingali, rozświetla się bardziej niż kiedykolwiek poprzez Szyszynkę i Przysadkę, gdyż trzy główne Nadis stają się zintegrowane.

Zjednoczenie Nadis Sushumna, Ida i Pingala we Wzgórzu wysyła strumień energii Światła przez łodygę czakry Ajna, aż do osiągnięcia jej kwiatowej głowy, która leży w centrum brwi (nieco powyżej). Jeżeli strumień energii świetlnej wysyłany ze wzgórza jest wystarczająco silny, rozszerzy on portal oka umysłu Ajny. Porównałem tę część procesu do okrągłego portalu Ajny rosnącego z rozmiaru pączka do opony samochodowej. Jak jednak wspomniałem, ta część procesu nie jest uniwersalna, co oznacza, że zdarza się tylko tym jednostkom, które generują wyjątkową ilość energii Światła w centrum swoich mózgów, jak to miało miejsce w moim przypadku.

Kolejna faza procesu budzenia Kundalini polega na tym, że zjednoczony prąd Światła Idy, Pingali i Sushumny Nadis wznosi się przez korę mózgową do szczytu, centrum głowy. Po drodze zostaje przebita Rudra Granthi, co jest niezbędne do przebudzenia Sahasrary, ponieważ jest to ostateczny węzeł wiążący świadomość z dualnością. (Więcej o Granthi i ich roli w procesie przebudzenia Kundalini w rozdziale "Trzy Granthi".)

Jeśli prąd Kundalini jest wystarczająco silny po dotarciu do czubka głowy, Kosmiczne Jajo rozsadza się, powodując zjawisko "porażenia prądem", które polega na wlewaniu energii Światła do Siedemdziesięciu Dwóch Tysięcy Nadis. To doświadczenie reprezentuje pełną aktywację Ciała Światła. Następnym i ostatnim krokiem procesu przebudzenia Kundalini jest pełne otwarcie Tysiąc-Płatkowego Lotosu Sahasrary, optymalizacja toroidalnego pola energetycznego danej osoby i zjednoczenie jej świadomości z Kosmiczną

Świadomością. (Rysunek 56 jest symbolicznym przedstawieniem procesu przebudzenia Kundalini i jego powiązania z Kaduceuszem Hermesa i Podwójną Spiralą DNA.)

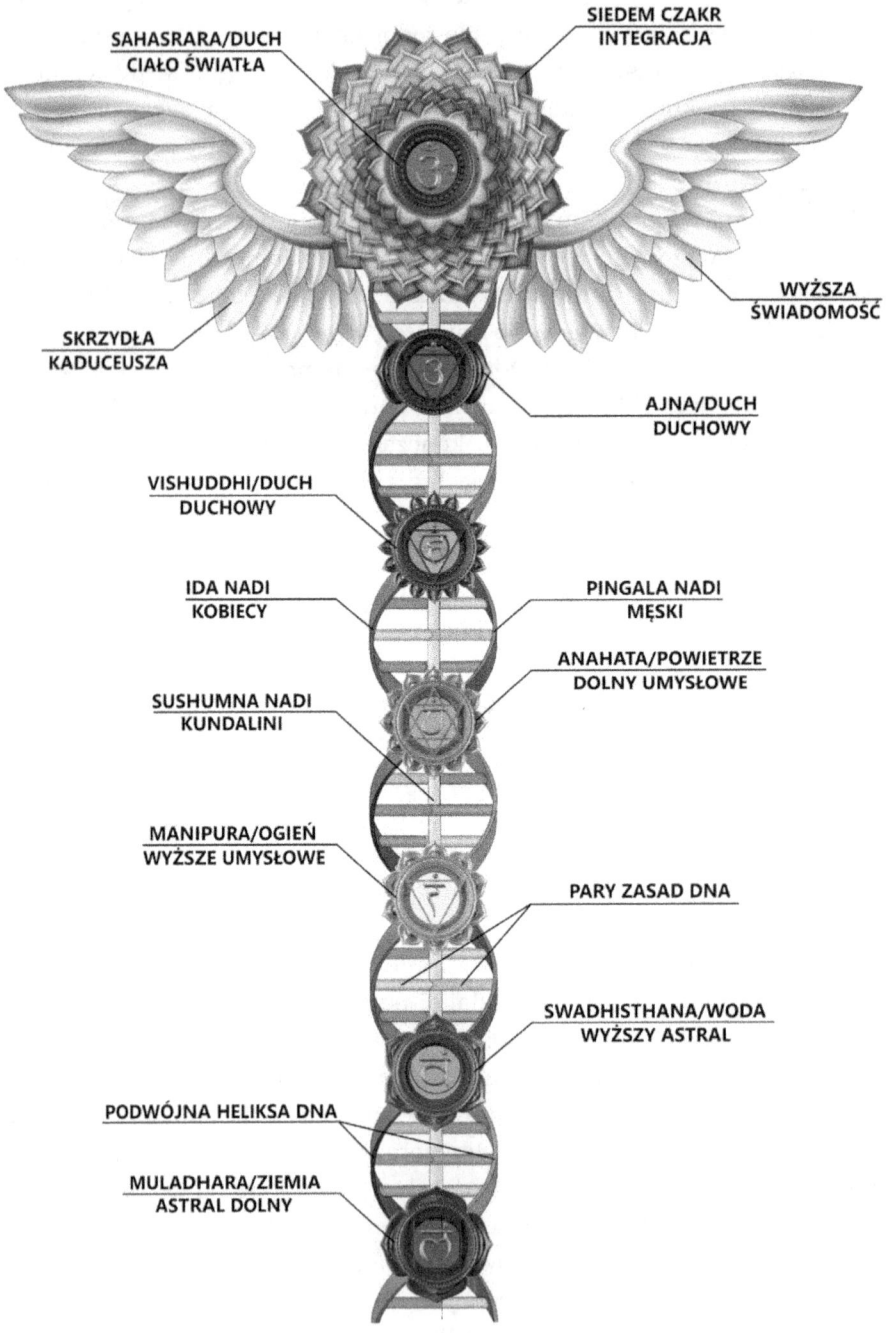

Rysunek 56: Kundalini/ Caduceus Hermesa/ Podwójna spirala DNA

SIŁA SERCA

Instytut HeartMath od dwóch dekad prowadzi badania nad mocą ludzkiego serca. Ustalili oni, że serce jest najpotężniejszym generatorem energii elektromagnetycznej w ludzkim ciele. Jego pole elektryczne ma około 60 razy większą amplitudę niż pole mózgu. Pole magnetyczne serca jest z kolei 5000 razy silniejsze niż pole generowane przez mózg.

Pole elektromagnetyczne serca (EMF) ma kształt toroidalny (Rysunek 57) i obejmuje każdą komórkę ludzkiego ciała. EMF naszego serca rozciąga się we wszystkich kierunkach i bezpośrednio wpływa na fale mózgowe innych ludzi, którzy znajdują się w odległości od ośmiu do dziesięciu stóp (średnio) od miejsca, w którym się znajdujemy. Ludzie znajdujący się dalej (do 15 stóp) są również dotknięci, ale w bardziej subtelny sposób. EMF serca, podobnie jak pole auryczne, zmienia swoją wielkość wzdłuż płaszczyzny poziomej, rozszerzając się i kurcząc jak żywy, oddychający organizm.

Ponieważ odkrycia HearthMath dotyczące mocy serca są stosunkowo nowe, wielu badaczy sugerowało, że EMF serca i pole auryczne są tym samym, ponieważ oba mają toroidalny kształt i oba wyrażają nasze energie elektromagnetyczne. Moje przekonanie, ukształtowane przez rozległe badania i Boskie przewodnictwo, jest takie, że są to dwa oddzielne, ale połączone ze sobą pola elektromagnetyczne.

Pole auryczne jest kompozycją różnych subtelnych energii wyrażających Czakry Główne i Transpersonalne, które wibrują z różnymi częstotliwościami elektromagnetycznymi. Pole auryczne zawiera również inne subtelne pola, które łączą nas z innymi żywymi istotami, planetą Ziemią i Wszechświatem. Ponieważ pole auryczne rozciąga się na około pięć do sześciu stóp, a EMF serca jest znacznie większe, wyraźnie mówimy o dwóch różnych rzeczach.

Uważam, że pole auryczne siedzi wewnątrz EMF serca i są to dwie części do całości. Zadaniem EMF serca jest rejestrowanie wibracji z otoczenia i wysyłanie ich do mózgu i reszty ciała. W rezultacie oddziałuje na wewnętrzne płaszczyzny kosmiczne, wpływając na energie czakr. Czakry z kolei wywołują określone reakcje w świadomości na podstawie odpowiadających im wewnętrznych zdolności. Z tego powodu EMF serca wpływa na nas na wszystkich poziomach, duchowym, mentalnym, emocjonalnym i fizycznym. Działa jako nasz interfejs z otoczeniem, wysyłając informacje do pola aurycznego, które zasila świadomość.

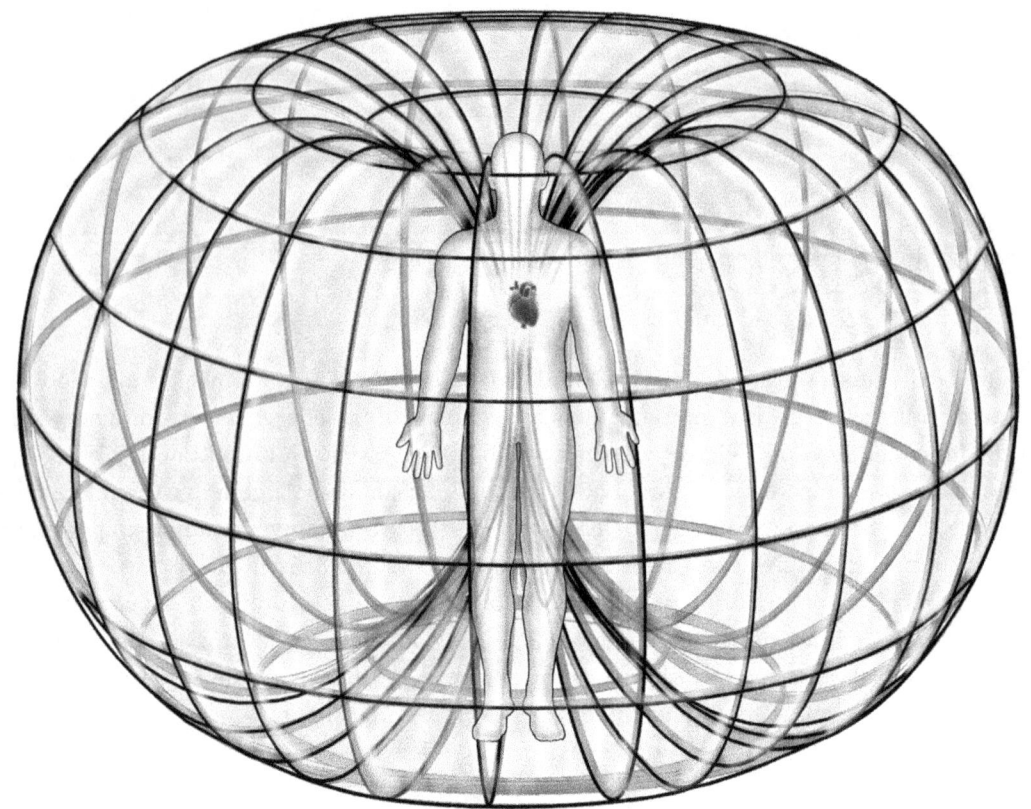

Rysunek 57: Pole Elektromagnetyczne Serca

EMF serca jest związany z Czakrą Serca, która odpowiada Elementowi Powietrza i Niższej Płaszczyźnie Psychicznej. Ze względu na swoje umiejscowienie, EMF serca działa jako pośrednik pomiędzy wyższymi i niższymi Planami Kosmicznymi. Subtelne wibracje z otoczenia są odbierane i przekazywane na Wyższe Płaszczyzny Umysłowe i Duchowe powyżej oraz na Płaszczyzny Astralne i Fizyczne poniżej.

Czakra Serca jest czwartą główną czakrą znajdującą się pomiędzy trzema wyższymi czakrami elementu Ducha i trzema niższymi czakrami (Ognia, Wody i Ziemi). Element Powietrza jest ezoterycznie znany jako pośrednik pomiędzy Duchem a Materią, w porównaniu do tego, jak atmosfera zawierająca powietrze oddziela Niebo powyżej i Ziemię poniżej. Powietrze odnosi się do oddechu i tlenu, podtrzymując całe życie. Nie możemy przeżyć dłużej niż kilka minut bez aktu oddychania, ponieważ jest on niezbędny do naszego przetrwania. W ten sposób EMF serca służy Duszy i umysłowi, pośrednikom między Duchem a Materią.

POŁĄCZENIE SERCE-MÓZG

W rozwoju płodowym serce jest pierwszym organem, który się formuje - zaczyna bić, zanim jeszcze rozwinie się mózg. Serce jest centralną częścią Jaźni, fundamentem, na którym w łonie matki tworzy się reszta ciała. Neurokardiolodzy ustalili, że serce zawiera wiele elementów podobnych do mózgu, co pozwala na dynamiczny, ciągły, dwukierunkowy dialog.

Około 60-65% komórek serca to komórki nerwowe, bardzo podobne do tych w mózgu. Te 40 000 neuronów jest skupionych w grupach w taki sam sposób, jak zgrupowania neuronalne w mózgu i zawiera te same zwoje, neuroprzekaźniki, białka i komórki podporowe. "Serce-mózg", jak się je powszechnie nazywa, umożliwia sercu działanie niezależne od mózgu czaszkowego. Przetwarzając emocjonalnie wydarzenia życiowe, serce rozwija zdolności decyzyjne i pamięć. Z czasem serce rozwija swoją własną inteligencję emocjonalną, która pomaga nam w życiu.

Serce i mózg komunikują się neurologicznie (poprzez układ nerwowy) i energetycznie (poprzez swoje EMF). Komunikują się również hormonalnie i poprzez fale pulsacyjne (biofizycznie). Energie wibracyjne, które stale przepływają między sercem a mózgiem, wspomagają przetwarzanie zdarzeń i reakcji emocjonalnych, doświadczenia zmysłowe, rozumowanie i pamięć.

Serce jest naszym głównym interfejsem z otaczającym nas światem, który działa w unisonie ze wzgórzem i mózgiem. Mózg i serce odnoszą się do Umysłu i Duszy, które są partnerami w utrzymywaniu i zarządzaniu świadomością. Tak jak mózg zawiera komory, które kierują energię Ducha i świadomość, tak samo serce posiada subtelne przejścia, które realizują to samo. Jeśli nastąpi zakłócenie w harmonijnym przepływie komunikacji Ducha i świadomości pomiędzy mózgiem i sercem, może to spowodować utratę świadomości.

Nasze serce EMF nieustannie odbiera sygnały z otoczenia, ale większość tych informacji nigdy nie dociera do świadomego umysłu. Zamiast tego dane te są przechowywane w podświadomości. Podświadomy umysł jest związany z 90% aktywności neuronowej mózgu i znacząco wpływa na nasze zachowanie, w większym stopniu niż umysł świadomy. Z tego powodu większość naszych instynktownych reakcji, takich jak ekspresja języka ciała, jest automatyczna bez naszej świadomej świadomości, że je zainicjowaliśmy.

Świadomy umysł wykorzystuje do przetwarzania informacji Korę Przedczołową mózgu. Może ona przetwarzać i zarządzać tylko 40 impulsami nerwowymi na sekundę. Dla porównania, podświadomy umysł działający z tylnej części mózgu może przetwarzać 40 milionów impulsów nerwowych na sekundę - procesor podświadomego umysłu jest 1 milion razy potężniejszy niż procesor świadomego umysłu.

Po pełnym przebudzeniu Kundalini, kiedy wewnętrzne Światło wchodzi do centrum mózgu i lokalizuje się tam na stałe, świadome i podświadome umysły stają się jednym, co skutkuje trwałą aktualizacją procesora. W ten sposób jednostka uzyskuje pełny dostęp do wszystkich informacji odczytywanych przez EMF serca, co zwiększa jej świadomość, optymalizując zdolności decyzyjne.

SPÓJNOŚĆ CIAŁA

Serce człowieka to pusty mięsień, wielkości pięści, który bije z prędkością 72 uderzeń na minutę i stanowi centrum układu krążenia (Rysunek 58). Serce znajduje się na wysokości centrum głowy i tułowia, na środku klatki piersiowej (lekko przesunięte w lewo), co pozwala na najbardziej optymalne połączenie z każdym organem zasilającym organizm.

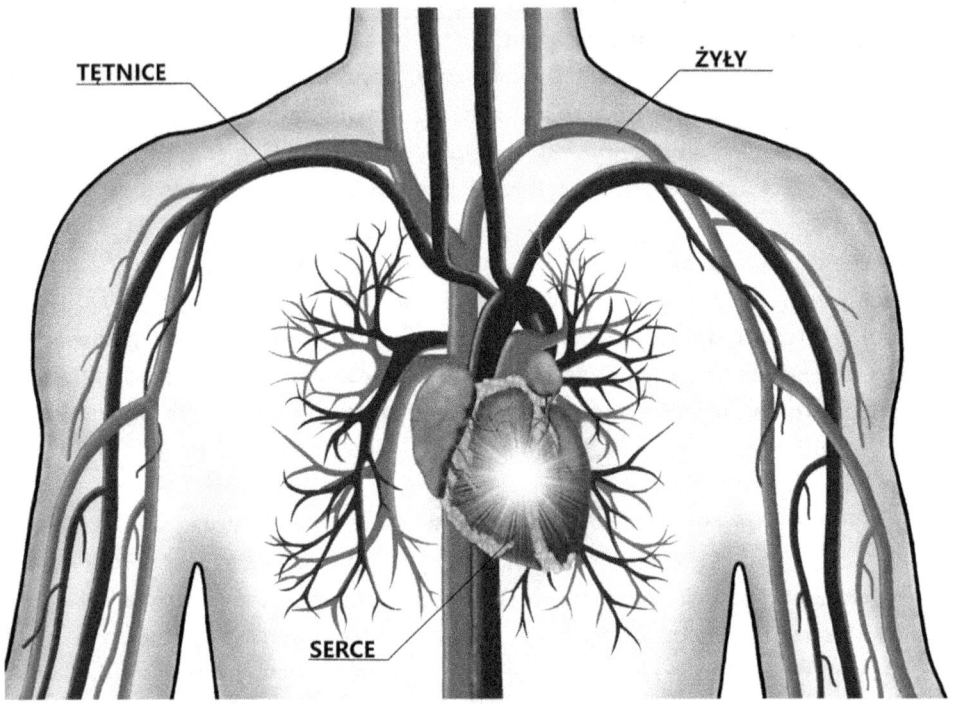

Rysunek 58: Serce Człowieka i Układ Krążenia

Układ krążenia składa się z naczyń krwionośnych (tętnic), które odprowadzają krew od serca i kierują ją w jego stronę. Prawa strona serca otrzymuje ubogą w tlen krew z żył i pompuje ją do płuc, gdzie pobiera ona tlen i usuwa dwutlenek węgla. Lewa strona serca otrzymuje bogatą w tlen krew i pompuje ją przez tętnice do reszty ciała, w tym do mózgu. Ze wszystkich narządów, mózg jest jednym z najbardziej znaczących konsumentów krwi bogatej w tlen, a niewystarczające zaopatrzenie czaszki może spowodować znaczne zmęczenie mózgu.

Serce ma znaczący wpływ na ciało fizyczne na poziomie komórkowym. Serce nie tylko pompuje tlen i składniki odżywcze do każdej komórki ciała poprzez układ krwionośny, ale również produkuje hormony, które wpływają na fizjologiczne funkcje ciała i mózgu. Jak wspomniano, jednym ze sposobów komunikacji serca i mózgu jest komunikacja hormonalna, a to dlatego, że serce służy jako gruczoł dokrewny.

Poprzez częstotliwości elektromagnetyczne i uwalnianie substancji chemicznych, nasze serce reguluje rytmy mózgu, wraz z różnymi systemami w organizmie (oddechowym, immunologicznym, trawiennym, krążenia, endokrynologicznym, itd.) Spójność ciała jest osiągana, gdy harmonijne i zrównoważone interakcje są tworzone we wszystkich systemach ciała.

Jeśli doświadczamy pozytywnych, kochających emocji, następuje koherencja ciała, spowalniając fale mózgowe i równoważąc Parasympatyczny i Sympatyczny Układ Nerwowy. Nasze bicie serca zwalnia i staje się płynne i zrównoważone. Nasze umysły stają się jasne, co pozwala nam dostroić się do wewnętrznego światła naszych dusz. W ten sposób nasza kreatywność, wyobraźnia, intuicja i inspiracja stają się większe, umożliwiając nam wykorzystanie naszego najgłębszego potencjału jako duchowych istot ludzkich.

I odwrotnie, jeśli doświadczamy negatywnych, lękowych emocji, nasze ciało wypada z harmonii, a stres i niepokój wkraczają do akcji. Nasze fale mózgowe przyspieszają, dzięki czemu jesteśmy bardziej czujni. Bicie serca również przyspiesza, a my często doświadczamy rytmicznych skurczów wynikających z przetwarzania przez nasz umysł negatywnych emocji. Nasz współczulny układ nerwowy przeważa nad przywspółczulnym i tracimy kontakt z naszą duszą, co przerywa nasze połączenie z inspiracją i kreatywnością. Nasza zdolność myślenia staje się zamglona przez negatywny stan, w którym się znajdujemy, i polegamy na naszym ego, aby zracjonalizować nasze istnienie.

Oddychanie przez brzuch poprzez rozszerzenie przepony (Diaphragmatic Breathing) jest prawdopodobnie najbardziej użytecznym sposobem neutralizacji negatywnej energii i uspokojenia wnętrza. Ta jogiczna technika oddychania (Pranayama) pozwala odzyskać kontrolę nad rytmami ciała i ponownie osiągnąć spójność ciała. Oddychanie przeponowe jest warunkiem wstępnym dla medytacji, która jest kolejną metodą podnoszenia wibracji świadomości optymalizującej zdrowie ciała.

SERCE I WIBRACJE

Zgodnie z Hermetyczną Zasadą Wibracji, wszystkie rzeczy we Wszechświecie (w tym organizmy żywe, myśli, emocje, itp.) znajdują się w stanie ruchu wibracyjnego na poziomie subatomowym. Fizyka kwantowa potwierdza obecnie również to, co starożytni mówili od tysięcy lat. Nie tylko Materia składa się z wibrujących energii, ale wibracja jest podstawą wszelkiej komunikacji we Wszechświecie, czy to ustnie, czy poprzez bardziej subtelne poziomy - wszyscy nieustannie nakłaniamy się nawzajem poprzez nasze wibracje.

Rezonanse magnetyczne Ziemi wibrują z tą samą częstotliwością co nasze rytmy serca i fale mózgowe - As Above, So Below. Wszystkie żywe organizmy nadają unikalne energie wibracyjne, a serce jest odbiornikiem, który "odczytuje" pola energetyczne wokół nas. EMF naszego serca stale odbiera sygnały wibracyjne z otoczenia, co pozwala naszym komórkom na interakcję ze światem zewnętrznym. Analiza naukowa ujawnia, że serce, a nie mózg, inicjuje pierwszą reakcję na przychodzące informacje z zewnątrz. Z tego powodu często słyszy się, jak ludzie mówią: "Lubię wibracje tej osoby", odnosząc się do swojego wrażenia o niej odbieranego poprzez serce.

Co ciekawe, przy natłoku bodźców obecnych w danym momencie, serce rejestruje przede wszystkim informacje, które rezonują z naszymi wewnętrznymi wibracjami. Zjawisko to jest przejawem Prawa Przyciągania, które mówi, że pozytywne lub negatywne myśli i emocje przynoszą pozytywne lub negatywne doświadczenia w życiu człowieka. Innymi słowy, doświadczamy tego, na czym skupiają się nasze umysły i serca.

Na przykład osoba, która zajmuje swoje umysły i serca myślami i uczuciami miłości, dostroi się do informacji z otoczenia, które dotyczą energii miłości. Ich EMF serca skupi się na i wzmocni wszystkie sygnały z otoczenia związane z miłością. Ktoś, kto myśli tylko o strachu i doświadcza lękowych emocji, będzie miał dostęp do danych ze środowiska odnoszących się do strachu. I nawet jeśli myślimy o tym, żeby czegoś nie myśleć, to niezależnie od tego skupiamy się na tym czymś, co manifestuje się w naszych umysłach i sercach. W ten sposób stale rejestrujemy i słyszymy to, na co jesteśmy zaprogramowani.

Serce każdego człowieka ma wzór fal elektromagnetycznych tak unikalny jak jego odcisk palca. Zawiera on nie tylko dane o aktualnym stanie organizmu, ale także ma zakodowane wspomnienia przechowywane w obrębie dwóch odrębnych sieci nerwów serca. Dowód na istnienie zjawiska pamięci serca można znaleźć u biorców przeszczepów serca. U osób, które otrzymały serce innej osoby, często dochodzi do zmian w osobowości, upodobaniach i preferencjach, wywołanych przez stare wspomnienia przechowywane w sercu.

SERCE I ZWIĄZKI

Przy spotkaniu z kimś, przechodzimy synchronizację serca i mózgu z tą osobą. Nasz stan psychiczny i emocjonalny natychmiast wywołuje drugą osobę, ponieważ psychicznie odczytuje ona nasze intencje na poziomie energetycznym. Na przykład, gdy przychodzimy z miejsca miłości, prawdy i szacunku, wtedy serce innej osoby naturalnie otworzy się na nas, a oni odwzajemnią nasze dobre intencje. Jeśli pochodzimy z miejsca Ego, a nasze intencje nie są czyste, np. gdy próbujemy manipulować kimś dla samolubnych korzyści, wtedy druga osoba naturalnie przejdzie do obrony. Ich serca pozostaną zamknięte na nas, a zamiast tego ich mózgi przejmą kontrolę, aby spróbować zracjonalizować sytuację.

Jeżeli jesteśmy pod stresem i wzburzeni, naturalnie odpychamy innych ludzi wokoło nas podczas gdy przyciągamy ich gdy jesteśmy spokojni. Ludzie przyciągani są do pozytywności, ponieważ intuicyjnie wiemy, że nieustannie komunikujemy się telepatycznie i wywołujemy siebie nawzajem naszymi myślami i emocjami. Ta wiedza jest czymś, z czym się rodzimy, nawet jeśli nie rozpoznajemy jej poprzez nasze Ego.

Biorąc pod uwagę elektromagnetyczną moc serca i wpływ, jaki kochająca, pozytywna energia wywiera na ludzi, których spotykamy, nie jest dziwne, dlaczego naturalnie pragniemy być społeczni i tworzyć więzi z innymi. Odżywiamy i uzdrawiamy się nawzajem, gdy nasze serca są otwarte i gdy nasze intencje są dobre. Dzięki samym dobrym intencjom możemy przeniknąć przez barierę Ego i osobowości i dotrzeć do Duszy innego człowieka. I odwrotnie, gdy nasze intencje są egoistyczne, wyzwalamy się nawzajem emocjonalnie i możemy wyrządzić krzywdę na głębokim poziomie. W tym drugim przypadku Ego bierze górę i nie dochodzi do wymiany uzdrawiających Duszę energii.

Kiedy jesteś w kłótni z kimś, najlepszym sposobem na rozwiązanie różnic jest mówienie z serca do tej osoby, która najczęściej odwzajemni to działanie. Prawda to sposób na usunięcie wszystkich przeszkód, ponieważ neutralizuje całą negatywną energię, dzięki czemu można dotrzeć do "sedna sprawy", jak mówi przysłowie. Kiedy istnieje otwartość serca między dwojgiem ludzi, nie tylko różnice zostają rozwiązane, ale także miłosna więź między nimi staje się silniejsza. Z tego powodu, życie z serca i bycie uczciwym przez cały czas pozwala nigdy nie żałować i żyć z czystym sumieniem.

Izolowanie się od innych i brak kontaktu z ludźmi na poziomie fizycznym i emocjonalnym jest bolesne i często odrętwiające, jeśli upłynie zbyt wiele czasu. Potrzebujemy ludzkich związków, w tym przyjaźni i intymności, aby pomóc nam na naszej ścieżce Duchowej Ewolucji. Romantyczne związki są najbardziej uzdrawiające, zwłaszcza jeśli dotyczą seksu, ponieważ seks jest fizycznym aktem zjednoczenia, który tworzy najpotężniejszą więź, gdy stosuje się otwarte serce i kochające intencje.

ZACHOWANIA LUDZKIE ORAZ PRZYCZYNY I SKUTKI

Jak opisałem w *The Magus*, jeśli chcesz rozwinąć prawdziwą osobistą moc, musisz znać swoje Demony, abyś mógł produktywnie wykorzystać ich energie, gdy wymaga tego sytuacja. Na przykład, kiedy ktoś próbuje Tobą manipulować, rozpoznasz jego intencję, zamiast być na nią ślepym i będziesz mógł wywołać równą i przeciwną reakcję, aby zneutralizować Prawo Karmy.

Kiedy mówię o demonach, odnoszę się do negatywnej energii strachu, która sama w sobie nie jest ze Światła, ale może wspierać agendę Światła. Chociaż to, co mówię, może brzmieć sprzecznie z intuicją (ponieważ wielu z was było uczonych, że energie demoniczne są złe), to tak nie jest. Negatywna energia nie jest czymś, przed czym powinniście uciekać, ale co powinniście starać się oswoić w sobie. Poprzez zastosowanie

Wolnej Woli, możecie łatwo wykorzystać negatywną energię do uzyskania pozytywnego wyniku. Robiąc to, metaforycznie rzecz ujmując, dodajesz swoim demonom skrzydeł.

Znajomość swoich demonicznych energii pozwala Ci uświadomić sobie, kiedy jesteś energetycznie atakowany przez innych, zważyć rodzaj ataku i zmobilizować swoje wewnętrzne siły, aby przejść do ataku. Pamiętaj, że musimy karać wszelkie zło; w przeciwnym razie stajemy się wspólnikami zła. Prawo Karmy wymaga od nas, abyśmy byli czujni i silni w obliczu każdej przeciwnej energii i dokładali surowości, kiedy jest to od nas wymagane. Czyniąc to, subtelnie uczymy innych, jak zachowywać się prawidłowo, zgodnie z Uniwersalnymi Prawami. Każdy z nas ma święty obowiązek wobec naszego Stwórcy, aby traktować siebie nawzajem z miłością i szacunkiem oraz chronić się nawzajem przed wszelkim złem.

Jeśli uciekamy przed negatywnymi energiami, nie udaje nam się zbudować naszej osobistej mocy, co z czasem odbiera nam nasze dane przez Boga zdolności. Za każdym razem, gdy nie karzemy zła ze strachu przed konfrontacją, ten strach powiększa się w nas, odcinając nas coraz bardziej od Światła w naszych duszach. A ponieważ Prawo Karmy jest cykliczne, wciąż stawiamy czoła tym samym wyzwaniom, raz za razem, aż w końcu uda nam się to zrobić.

Prawo Mojżesza "Oko za oko" z *Tory (Starego Testamentu)* zawiera podstawową zasadę, że kara musi odpowiadać przestępstwu. Jest to zgodne z Trzecim Prawem Przyczyny i Skutku Newtona, opartym na znacznie wcześniejszym Hermetycznym Prawie Przyczyny i Skutku, "Dla każdej akcji (Siły) w przyrodzie istnieje równa i przeciwna reakcja". Przyczyna i Skutek jest podstawą Prawa Karmy i zasadniczo zakłada, że to, co wyłożysz we Wszechświecie, otrzymasz z powrotem.

"Zbierasz to, co siejesz", jak mówi powiedzenie - jeśli robisz złe rzeczy, złe rzeczy przydarzą się Tobie, podczas gdy jeśli robisz dobre rzeczy, to dobre rzeczy przydarzą się Tobie. Z perspektywy relacji międzyludzkich, jeśli jesteś pozytywny i kochający dla innych ludzi, otrzymasz to z powrotem od nich, podczas gdy jeśli jesteś samolubny i zły, inni odwdzięczą się tym samym. Wszyscy z natury mamy za zadanie wyrażać Prawo Przyczyny i Skutku i być skutkiem przyczyn innych ludzi.

Podobna maksyma o tej samej energii pochodzi od Jezusa, który powiedział: "Mieczem wojujecie, mieczem giniecie", co oznacza, że jakość Twojego życia i wybory, których dokonujesz, określą Twoją drogę życiową. Na jeszcze głębszym poziomie, powiedzenie Jezusa sugeruje, że przyciągasz taki rodzaj życia, który odpowiada jakości Twojego serca. Jeżeli wykazujesz się odwagą, siłą i męstwem, możesz żyć zgodnie ze swoim potencjałem jako duchowa istota ludzka. Jeśli natomiast żyjesz w strachu, nigdy nie będziesz zadowolony z jakości swojego życia, będziesz ciągle szukał wymówek i czuł się ofiarą. A najbardziej optymalnym sposobem na okiełznanie energii strachu jest stawienie mu czoła, zamiast ucieczki przed nim. Dlatego musimy stać się odpowiedzialnymi Współtwórcami z naszym Stwórcą i zintegrować w sobie zarówno Anielskie jak i Demoniczne moce i opanować je.

Zwrot Jezusa "Nadstaw drugi policzek" z Kazania na Górze (Nowy Testament) odnosi się do reagowania na zranienie bez zemsty lub dopuszczania do większej krzywdy. Na bardziej subtelnym poziomie, odnosi się do wybaczania przewinień innych i nie stawania w obronie własnej, ponieważ "Bóg się tym zajmie". To zdanie stało się trzonem tego, jak Kościół chrześcijański nauczał swoich wyznawców, by się zachowywali. Z perspektywy czasu jednak, Kościół wprowadził je w życie z powodów politycznych.

Stało się jasne, że Kościół chrześcijański indoktrynował swoich wyznawców, aby miał władzę i kontrolę nad nimi, a jednocześnie nie miał żadnych reperkusji za swoje złe czyny w dużej części ciemnych wieków i dalej. Kościół opodatkował swoich ludzi niemoralnie i inaczej ich uciskał, paląc przy tym na stosie tych, którzy sprzeciwiali się jego prawom. Utrzymywał ludzi w stanie otępienia, prowadząc jednocześnie wojny religijne i niszcząc pogańskie obszary, aby siłą nawrócić ich na chrześcijaństwo.

Zwrot "nadstaw drugi policzek", błędnie używany przez Kościół chrześcijański jako prawo uniwersalne, tworzy słabych i nieśmiałych ludzi, którzy są "wycieraczkami" dla innych, ponieważ są uczeni, że nigdy nie będą bronić swojego honoru i karać zła, które się im wyrządza. Pozostawia wszystkie działania w rękach Boga - Stwórcy, z nadzieją, że sprawiedliwość przyjdzie naturalnie i że nie musimy brać udziału w jej wymierzaniu.

Kościół chrześcijański nauczał swoich wyznawców, że Jezus jest Zbawicielem, podczas gdy pierwotne nauki Jezusa mówiły, że każdy z nas jest swoim własnym Zbawicielem. Innymi słowy, jesteśmy świadomymi Współtwórcami ze Stwórcą i ponosimy odpowiedzialność za manifestowanie Stworzenia poprzez używanie naszych danych nam przez Boga mocy i przestrzeganie Prawa Przyczyny i Skutku. Błędna interpretacja Kościoła polegała ponownie na tym, że z powodów politycznych chciał on odebrać ludziom osobistą władzę i uczynić siebie jedyną siłą rządzącą.

Zgodnie z naukami qabalistycznymi, należy zawsze zachować odpowiednią równowagę pomiędzy Miłosierdziem i Surowością. Niezrównoważone Miłosierdzie powoduje słabość umysłu, a niezrównoważona Surowość tworzy tyranię i ucisk. Chociaż błędnie przedstawiano go jako filar miłosierdzia, Jezus w razie potrzeby stosował surowość. Nie zapominajmy, że kiedy wszedł do świątyni w Jerozolimie i zobaczył kupców i handlarzy pieniędzy, którzy używali jej dla zysku finansowego, w przypływie gniewu przewrócił ich stoły, aby dać do zrozumienia, że świątynia jest miejscem świętym.

Prawo Jezusa "Nadstaw drugi policzek" może być skutecznie stosowane, jak to pokazał nam Mahatma Gandhi, który użył niestosowania przemocy, aby wyprowadzić wrogich Brytyjczyków z Indii. Ideą Prawa Jezusa jest to, że negatywna energia, gdy jest rzutowana, odbija się z powrotem do Ciebie, jeśli druga osoba staje się neutralna poprzez zastosowanie energii miłości i wybaczenie przekroczenia w trakcie jego trwania. Człowiek ma stać się produktem swojej własnej negatywności, jeśli inni ludzie energetycznie zneutralizują jego niemoralne traktowanie.

Prawo Jezusa może przynieść pożądany efekt, jeśli osoba je stosująca jest wysoko rozwiniętą duchowo Istotą, taką jak Jezus i Gandhi, którzy nie ulegają emocjonalnemu spustowi, gdy ktoś ich lekceważy. Jednak jest to niemożliwe dla zwykłych ludzi, ponieważ ich emocje są instynktowne, a ich świadomość doświadcza dwoistości. Dlatego zwykły człowiek musi zawsze równoważyć Miłosierdzie z Surowością i stosować każdą z tych sił, gdy jest to konieczne. Karząc zło, utrzymujemy integralność Światła na świecie, co sprzyja Duchowej Ewolucji całej ludzkości. Wszyscy jesteśmy dla siebie nawzajem sędziami, uzdrowicielami i nauczycielami, a to dlatego, że wszyscy jesteśmy połączeni na najgłębszym poziomie poprzez elektromagnetyczną moc naszych serc.

OTWIERANIE CZAKRY SERCA

Przez całą starożytną historię mistycy, mędrcy, jogini, adepci i duchowo zaawansowani ludzie uważali serce fizyczne za centrum Duszy. Nasza Dusza jest naszym wewnętrznym światłem przewodnim, które jest powiązane z ognistą gwiazdą naszego Układu Słonecznego, Słońcem. Chociaż Element Ognia odpowiada czakrze splotu słonecznego, to współdziałanie czakr Manipura i Anahata inicjuje świadomość Solarną. W Qabalah, świadomość solarna jest reprezentowana przez Tiphareth Sephira, której lokalizacja znajduje się pomiędzy czakrami Serca i Splotu Słonecznego, jako że dzieli ona korespondencje z obiema.

Fizyczne serce odpowiada czakrze serca, Anahata, znajdującej się w środku klatki piersiowej. Czakra Serca jest naszym centrum wewnętrznego spokoju, bezwarunkowej miłości, współczucia, prawdy, harmonii i mądrości. Jest naszym centrum uzdrawiającej energii, która może być stosowana na zewnątrz poprzez praktyczne praktyki uzdrawiania, takie jak Reiki i Ruach Healing. Uzdrawiająca energia jest gromadzona w czakrze serca, ale jest wysyłana na zewnątrz poprzez czakrę gardła, która łączy się z kanałami energetycznymi w ramionach, które promieniują do czakry dłoni.

Czakra Serca jest naszym duchowym centrum, poprzez które możemy uzyskać dostęp do wyższych energii wibracyjnych. Ponieważ Czakra Serca znajduje się pomiędzy wyższymi Czakrami Ducha a niższymi, Elementalnymi Czakrami, szerokie spektrum tych wyższych wibracyjnych energii staje się dla nas w pełni dostępne, kiedy nasze niższe i wyższe ośrodki czakr są w pełni aktywowane, oczyszczone i zrównoważone. Na przykład, jeśli wyższe ośrodki są nadal stosunkowo zamknięte, mniej Światła będzie wlewać się do niższych czakr z Sahasrary, uniemożliwiając im funkcjonowanie na ich optymalnym poziomie. W rezultacie będziesz miał na przykład dostęp do bezwarunkowej miłości, ale nie będziesz w stanie odczuwać jej na najgłębszych poziomach swojej Istoty.

Czakra Serca jest centrum siedmiu głównych czakr, które harmonizują nasze męskie i żeńskie energie. Jest to nasza pierwsza czakra nie-dualności, poprzez którą możemy doświadczyć Cichego Świadka wewnątrz nas, który jest naszym Wyższym Ja lub Świętym Aniołem Stróżem. Święty Anioł Stróż rezyduje w Sahasrarze, ale może być doświadczany poprzez Czakrę Serca, jeśli Vishuddhi i Ajna są otwarte.

Mimo, że Manipura (Element Ognia) jest siedzibą Duszy, to jeśli Anahata (Element Powietrza) nie zostanie przebudzona, Dusza może doświadczać jedynie niższych wibracji energii Swadhisthany (Element Wody) i Muladhary (Element Ziemi). Jako taka, Dusza staje się zbyt zakorzeniona w Materii, przyciemniając swoje Światło i pozwalając Ego przejąć kontrolę. Kiedy Anahata zostaje przebudzona, Dusza uzyskuje dostęp do

Elementu Ducha, co pozwala jej przejść Duchową transformację, jeśli wyższe centra czakr są otwarte.

Jeśli przetransponujemy model Czakr Transpersonalnych i Siedmiu Głównych Czakr, to zobaczymy, że Czakra Serca jest centrum całego systemu czakr. Naszym kosmicznym źródłem energii jest Gwiezdna Brama, która odnosi się do Galaktyki Drogi Mlecznej, która zawiera nasz Układ Słoneczny wśród dziesiątek miliardów innych Układów Słonecznych. Galaktyka Drogi Mlecznej jest galaktyką spiralną, podobnie jak ponad dwie trzecie wszystkich obserwowanych galaktyk we Wszechświecie.

Kosmiczna energia emanuje z Gwiezdnej Bramy spiralnie (Rysunek 59), obejmując Gwiazdę Ziemi i Gwiazdę Duszy, zanim dotrze do Głównych Czakr. Cały nasz system czakr odzwierciedla naszą energię Źródła, którą jest Gwiezdna Brama i Galaktyka Drogi Mlecznej. Podłączamy się do tej Piątej Wymiarowej Energii Źródłowej poprzez Czakrę Serca znajdującą się w centrum spirali.

Rysunek 59: Centrum Czakry Serca

Kiedy nasza czakra serca jest otwarta, przypominamy sobie o naszej boskości, która jest głęboko zakorzeniona. Rozpoznajemy również boskość we wszystkich żywych istotach wokół nas, w tym w innych ludziach, zwierzętach i roślinach, i rozwijamy świadomość jedności. Każda żywa istota ma Duszę, indywidualną komórkę w ciele ogromnej Kosmicznej Istoty, która wyraża się poprzez nasz Układ Słoneczny ze Słońcem jako jego centrum. W Qabali nazywamy tę wielką Istotę *Adamem Kadmonem*, podobnym do Kosmicznej Świadomości. Adam Kadmon jest sumą wszystkich Dusz przejawionych na Ziemi jako wyższa świadomość, która nas łączy.

Z otwartą czakrą serca zdajemy sobie sprawę, że nasze obecne istnienie jest częścią niekończącego się łańcucha żyć, ponieważ nasze dusze są wieczne i będą kontynuować życie po śmierci fizycznej. Żyliśmy już w wielu różnych życiach i będziemy to robić nadal, gdy nasze ciało fizyczne zginie. Urodziliśmy się z tą wiedzą, która pozwala nam na ponowne włączenie wiary jako części naszej egzystencji, gdy zostanie ona ponownie aktywowana. A kiedy ktoś ma wiarę i miłość, natychmiast ujarzmia strach, ponieważ strach jest brakiem wiary i miłości.

Zdrowe, zrównoważone związki wymagają od nas otwartości wobec siebie. Otwarta czakra serca sprawia, że jesteśmy szczodrzy i życzliwi w słowach i czynach, ponieważ w swej istocie jesteśmy duchowymi istotami ludzkimi. Doświadczając energii Ducha poprzez czakrę serca, rozwijamy szczere zrozumienie dla trudności innych ludzi, co pozwala nam stać się miłosiernymi i wyrozumiałymi. I odwrotnie, otwarta Czakra Serca daje nam odwagę, by wymierzyć surowość, gdy wymaga tego sytuacja, co nazywamy "twardą miłością". Jeśli widzimy, że ktoś angażuje się w niemoralne działania, które sprowadzają go ze ścieżki duchowej, naturalnie chcemy mu pomóc, co wymaga od nas użycia miłosierdzia lub surowości, w zależności od sytuacji.

Stając się Duchowymi, wnosimy do naszego życia radość i błogość. Uczymy się również kochać i akceptować siebie, tych dobrych i tych złych, co jest pierwszym krokiem do osobistej transformacji. Jeśli ukrywamy się przed tym, kim jesteśmy, tracimy poczucie tożsamości, co sprawia, że tracimy kontakt z naszą Duszą. W związku z tym utożsamiamy się z Ego i działamy wyłącznie poprzez jego niskopoziomową świadomość.

Ego reprezentuje tę część nas, która jest oddzielona od świata. Brakuje mu empatii i angażuje się w wady, podczas gdy Dusza jest cnotliwa, ponieważ jest częścią Jedności całego istnienia. Otwierając czakrę serca, odzyskujemy połączenie ze stanem Jedności, aktywując uzdrowienie wewnątrz. W ten sposób wszystkie osobiste traumy, w tym porzucenie, odrzucenie, zdrada, fizyczne i emocjonalne nadużycie, zaczynają być oczyszczane, aby zintegrować duchową świadomość w naszych sercach.

Poprzez uzdrawianie naszych wewnętrznych energii, uzdrawiamy również problemy z ciałem fizycznym, ponieważ choroby są przejawem blokad energetycznych w czakrach. Możemy świadomie wysyłać uzdrawiającą energię z Czakry Serca do każdej części ciała, aby uzdrowić wszelkie nierówności. Kiedy doświadczamy problemów fizycznych, jest to znak, że nasze serca nie są wystarczająco otwarte; albo nie kochamy siebie wystarczająco, albo nie jesteśmy wystarczająco kochający wobec innych ludzi. Zamiast koncentrować się na chorobie lub dolegliwościach, musimy skupić się na kierowaniu energii miłości i stawaniu się latarnią Światła w świecie.

Otwarcie czakry serca pozwala nam wykazać się cierpliwością i nie oczekiwać natychmiastowych nagród za nasze działania. Cierpliwość jest znakiem, że wiara pojawiła się w naszym życiu i podążamy wyższą ścieżką. Uczciwość, etyka i kompas moralny stają się naszą siłą przewodnią zamiast być prowadzonym przez Ego i jego pragnienia. Kiedy nasze serca nas prowadzą, idziemy ścieżką Światła z naszą wewnętrzną prawdą jako naszym największym sprzymierzeńcem. Budzi się wewnętrzna mądrość, która odciąga nas od zwykłej logiki i rozumu, aby zracjonalizować nasze istnienie. Zamiast tego widzimy szerszy obraz: naszym ostatecznym celem na Ziemi jest duchowy rozwój i dostrojenie naszych wibracji do Kosmicznej Świadomości Boga-Stwórcy.

KUNDALINI I EKSPANSJA SERCA

Kiedy Kundalini otwiera Czakrę Serca podczas jej wznoszenia się, maksymalizuje EMF serca, co sprawia wrażenie, że Jaźń rozszerzyła się we wszystkich kierunkach. Natychmiastowym efektem jest zwiększone poczucie percepcji i przebudzenie nieporuszonego dźwięku ciszy.

Wewnętrzny dźwięk ciszy to leżący u podstaw spokój porównywany do białego szumu, jednostajnego szumu. Jest to dźwięk nicości, pustki przestrzeni, który jest uspokajający i relaksujący, kiedy się do niego dostroimy. Dostrajamy się do dźwięku ciszy, kiedy jesteśmy głęboko w medytacji, chociaż z przebudzeniem czakry serca staje się on bardziej dostępny.

Jak wspomniano, Czakra Serca jest pierwszą Czakrą Nie-dualności - kiedy Kundalini w nią wchodzi, stajemy się przebudzeni do chwili obecnej, do Teraz. To doświadczenie natychmiast wyprowadza nas z głowy i przenosi do serca. Rozwijamy wyższe poczucie świadomości, które na początku jest dość transcendentalne, ale z czasem przyzwyczajamy się do niego.

Jeśli Kundalini wzniesie się do Czakry Serca, ale nie wyżej, opadnie z powrotem do Muladhary, tylko po to, aby w przyszłości wznieść się ponownie, aż przebije wyższe Czakry i zakończy proces przebudzenia. Kiedy nastąpi pełne przebudzenie Kundalini, a energia przeniknie przez Sahasrarę, pole toroidalne danej osoby zostanie zmaksymalizowane, co spowoduje ekspansję świadomości i całkowitą przebudowę umysłu, ciała i Duszy. Ponieważ serce i mózg są partnerami w zarządzaniu i utrzymywaniu świadomości, następuje transformacja w obu.

Mówiłem już o procesie aktywacji mocy mózgu, gdy Kundalini trwale wzniesie się do jego centralnego obszaru. Mózg ma wrażenie, że otwiera się od wewnątrz, budząc utajone jego części. W naszym procesorze następuje kompletny proces modernizacji, gdy główne ośrodki mózgowe zaczynają funkcjonować na wyższym poziomie. Uczucie przejrzystości i nieważkości towarzyszy temu procesowi, które sprawia wrażenie, jakby głowa rozszerzyła się we wszystkich kierunkach.

Rozszerzenie serca następuje w momencie, gdy do serca wkracza intensywna błogość i miłość. Zazwyczaj nie jest to proces natychmiastowy, ponieważ najpierw muszą zostać oczyszczone niższe czakry. Jeśli ktoś doświadczy spontanicznego przebudzenia Kundalini, wewnętrzny ogień z czasem naturalnie oczyści niższe czakry, pozwalając energii duchowej zejść do serca.

Rozszerzenie serca rozluźnia mięśnie i system nerwowy, co może powodować uczucie mdłości w dole brzucha oraz osłabienie w rękach i nogach. Pole elektromagnetyczne serca może wydawać się tak duże, ponieważ koncepcja Kosmicznej Świadomości nie jest już ideą, ale stałą częścią rzeczywistości. Dusza czuje, że nie jest już w ciele, ale jest obecna wszędzie. Człowiek rozwija podwyższoną świadomość i obecność środowiska, w którym się znajduje. W momencie, kiedy skupia swoją uwagę na zewnętrznym obiekcie, staje się nim zaabsorbowany i może psychicznie odczytywać jego energię. Zjawisko to wynika z tego, że pole elektromagnetyczne serca rozszerza się wykładniczo, co umożliwia mu odbieranie znacznie większej ilości informacji z otoczenia.

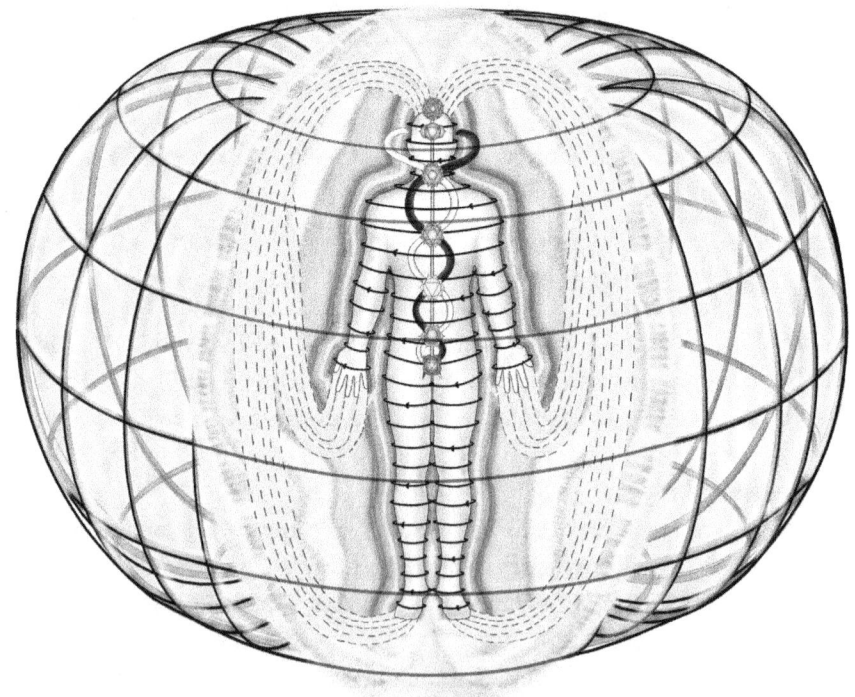

Rysunek 60: Przebudzenie Kundalini i EMF Serca

Zwiększone EMF serca powoduje transfigurację w ciele, aktywując utajone DNA. Z czasem, gdy ciało dostosuje się do wewnętrznych zmian zachodzących w świadomości, EMF serca stabilizuje się, ale teraz stale funkcjonuje na wyższym poziomie (Rysunek 60).

Bicie serca staje się mocniejsze, ponieważ ciało i mózg przetwarzają więcej informacji i pracują w nadgodzinach, aby wspierać nowo rozszerzoną świadomość. Podczas ekspansji serca i mózgu oraz modernizacji pomagocne jest uziemienie swojego pola elektromagnetycznego z polem energetycznym Ziemi. Przebywanie w domu może być szkodliwe, ponieważ odcina nas od natury i promieni słonecznych, które zwiększają naszą witalność i zdolności lecznicze organizmu. Chodzenie boso w naturze pod gołym niebem, leżenie na trawie i przebywanie obok zbiornika wodnego są korzystne w zapobieganiu zmęczeniu fizycznemu i wspomaganiu płynnego procesu transformacji.

Właściwe odżywianie jest kluczowe, ponieważ należy włączyć do swojej diety owoce i warzywa, aby zestroić je z energiami planety. Co więcej, wszystko co naturalne i organiczne powinno być przyjmowane, podczas gdy to co nie jest, powinno być unikane.

Stymulanty takie jak alkohol i narkotyki spowodują brak równowagi w systemie nerwowym i należy ich unikać. Przyjmowanie kawy też rozregulowywuje system, nawet jeśli filiżanka na dzień może pomagać w uziemieniu.

Gruczoł grasicy odgrywa znaczącą rolę w budzeniu Czakry Serca i ekspansji serca. Jak wspomniano, grasica stanowi część naszego systemu limfatycznego i znajduje się pomiędzy sercem a mostkiem. Kiedy otwiera się Czakra Serca, nasz system odpornościowy zostaje pobudzony, optymalizując zdolność naszego ciała do walki z chorobami. Ciało nie musi już wydawać dodatkowych rezerw energetycznych na leczenie siebie, ale może wykorzystać tę energię do oczyszczenia systemu duchowego.

Gruczoł grasicy budzi się znacząco podczas ekspansji serca, często powodując ogromny ucisk w klatce piersiowej. Możemy złagodzić ten ucisk, po prostu rytmicznie dotykając grasicy. Ponieważ serce doświadcza napływu energii Ducha, relaks i euforia ogarniają ciało, często przychodząc w falujących falach. Ciśnienie krwi w takich przypadkach spada, a poziom histaminy i serotoniny wzrasta. Sytuacja ta sygnalizuje nam czas, w którym możemy oderwać się od codzienności i zająć się sobą i swoimi potrzebami. Oczekiwanie, że będziemy działać na 100% będzie niemożliwe, dlatego zamiast walczyć z tym procesem, najlepiej jest go zaakceptować i odpowiednio dostosować.

Rozszerzenia serca zwykle przychodzą w fazach i mogą trwać tygodniami, czasem miesiącami. Mogą wystąpić raz podczas procesu transformacji Kundalini, choć częściej zdarza się, że pojawiają się wielokrotnie. Po ekspansjach serca następuje faza równowagi organizmu. Układ nerwowy równoważy się poprzez podniesienie poziomu adrenaliny, dopaminy i serotoniny oraz zwiększenie częstości akcji serca, ciśnienia krwi i glukozy we krwi.

Cokolwiek dzieje się z Twoim ciałem i niezależnie od tego, gdzie jesteś w procesie Duchowej transformacji, zawsze pamiętaj, że najlepiej jest się temu poddać. Bycie zrelaksowanym w umyśle, ciele i Duszy podczas tego procesu jest koniecznością, ponieważ daremne jest racjonalizowanie czy kontrolowanie go. Całkowite i absolutne poddanie się pomoże nam dotrzeć do mety w jak najkrótszym czasie i ułatwi najłagodniejszą jazdę.

CZĘŚĆ V: SPOSOBY UZDRAWIANIA SIEDMIU CZAKR

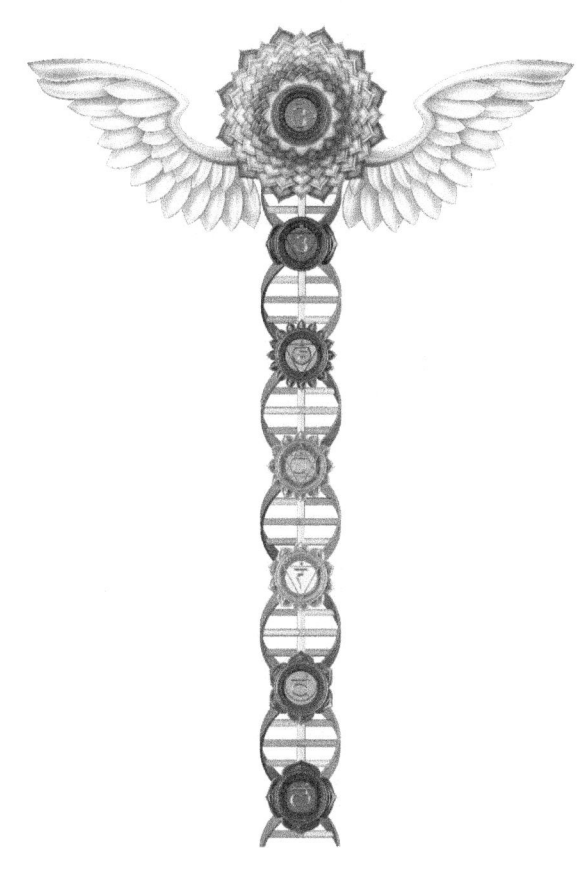

CZAKRY MĘSKIE I ŻEŃSKIE

Zasada Płci z *Kybalionu* mówi: "Płeć jest we wszystkim; wszystko ma swoje Zasady Męskie i Kobiece, Płeć przejawia się na wszystkich Planach". Zasada ta implikuje, że każda istota ludzka posiada dynamikę podwójnej energii, męski i żeński komponent - wyrażony poprzez ich siedem głównych czakr.

Każda z głównych czakr jest związana z męską lub żeńską energią, reprezentującą jakość ich istoty. Męskie (Yang) energie reprezentują aktywną, projekcyjną energię, podczas gdy żeńskie (Yin) reprezentują pasywną i receptywną energię. Te binarne energie są manifestacją Śiwy i Śakti, boskiego źródła zasad męskich i żeńskich. W sensie naukowym męska energia składa się z protonów, a żeńska z elektronów.

Podobnie, jak wszystkie Istoty we Wszechświecie posiadają męski i żeński komponent (niezależnie od płci ich Duszy), tak samo jest z Czakrami. Innymi słowy, Czakra nigdy nie jest w pełni męska lub żeńska, ale zawiera aspekty obu. Jednakże każda z siedmiu czakr dominuje w jednej z płci, ponieważ wyraża pozytywny lub negatywny biegun. Dwa bieguny płciowe określają naturę i funkcję Czakry, które są odwrócone w systemie Czakry męskiej i żeńskiej Duszy. Rozróżniam płeć Dusz i ciał, ponieważ w naszym współczesnym społeczeństwie nierzadko zdarza się, że żeńska Dusza rodzi się w męskim ciele i odwrotnie.

Rysunek 61 jest schematem opisującym system siedmiu czakr oraz jego różne części i funkcje. Centralna kolumna energetyczna wewnątrz ciała kanalizuje Światło i przekazuje je tam i z powrotem pomiędzy Sahasrarą i Muladharą. Sahasrara kieruje się ku górze w stronę Gwiazdy Duszy, a Muladhara ku dołowi w stronę Gwiazdy Ziemi.

Każda czakra pomiędzy Sahasrara i Muladhara ma przednią i tylną część, która rzutuje na zewnątrz. Gdy Czakra dobrze pracuje, rzutuje dalej na zewnątrz, natomiast gdy jej energia jest w stagnacji, jej projekcja sięga na mniejszą odległość. Czakra zatrzymuje swoje wirowanie, gdy jest zablokowana, a jej projekcja znajduje się bliżej ciała. Użyj schematu z rysunku 61 jako odniesienia do metod Uzdrawiania Duchowego w tym dziale, czyli pracy energetycznej z Kryształowymi Różdżkami i Widełkami Dostrajającymi.

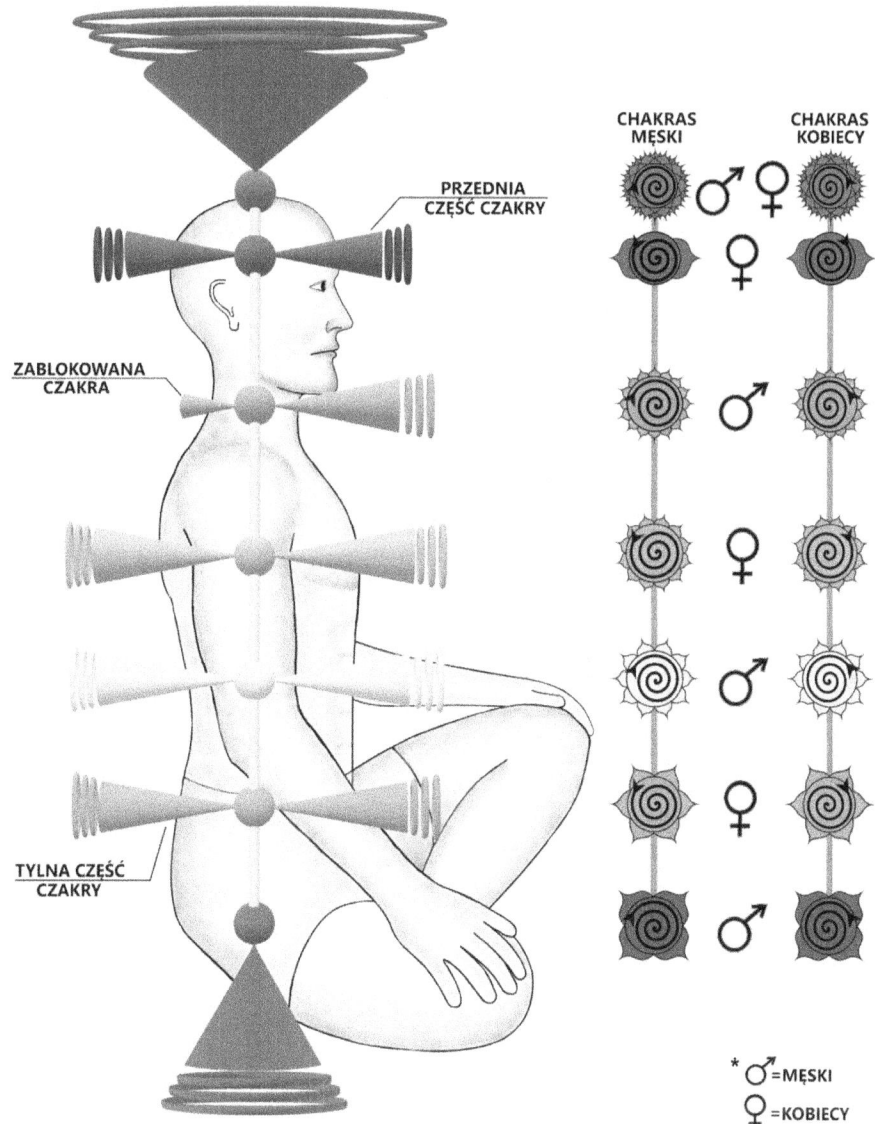

Rysunek 61: Siedem Czakr Męskich i Żeńskich

Ponieważ każda czakra jest kołem wirującej energii, może obracać się zgodnie z ruchem wskazówek zegara lub przeciwnie do ruchu wskazówek zegara, spiralnie na zewnątrz pod kątem dziewięćdziesięciu stopni w stosunku do ciała. Kierunek, w którym wiruje Czakra, jest czymś nieodłącznym w nas od urodzenia. Pochodzenie przeciwnych spinów męskich i żeńskich czakr zaczyna się w Sahasrara, naprzemiennie w miarę jak schodzimy w dół przez czakry. W związku z tym każdy z nas jest albo pozytywny albo negatywny, dominuje w nim męska lub żeńska energia. Mężczyźni rezydują bardziej w swojej Pierwszej, Trzeciej i Piątej Czakrze, w której są dominujący, podczas gdy kobiety działają ze swojej Drugiej, Czwartej i Szóstej Czakry.

Pamiętaj jednak, że kierunek wirowania naszych męskich i żeńskich czakr nie jest stały. Każda czakra może być w akcie projekcji lub odbioru, co wpływa na jej kierunek wirowania. Czakry są jak trybiki w maszynie, gdzie każde koło odnosi się do każdego innego koła. Pracują razem jak części silnika lub zegara, gdzie każdy element maszyny wpływa na każdy inny składnik i wszystko musi być zsynchronizowane, aby urządzenie działało. Podobnie każda Czakra musi kręcić się płynnie i z podobną prędkością jak każda inna Czakra, aby nadać spójność całemu systemowi energetycznemu.

Wyzwaniem dla mężczyzn i kobiet jest doprowadzenie ich Czakr do równowagi poprzez pracę z ich niedominującymi Czakrami. Możemy osiągnąć równowagę czakr poprzez metody Duchowego Uzdrawiania, ale także poprzez zakochanie się. Kiedy dwoje ludzi o przeciwnych polaryzacjach Duszy zakochuje się w sobie, ich uzupełniające się energie pozwalają im osiągnąć zjednoczenie w ich męskich i żeńskich polaryzacjach, dając początek wyższemu stanowi świadomości. Zakochanie jest bardzo korzystne dla duchowej ewolucji człowieka, co wyjaśnia, dlaczego jest tak poszukiwane w naszym społeczeństwie.

Niezależnie od tego, czy czakra jest rodzaju męskiego czy żeńskiego, jej moc zostaje zoptymalizowana, kiedy spędza więcej czasu wirując zgodnie z ruchem wskazówek zegara. Jak widać na rysunku 61, czakra jest dominująca, kiedy wiruje w kierunku zgodnym z ruchem wskazówek zegara. Energia wystaje na zewnątrz podczas wirowania zgodnie z ruchem wskazówek zegara, pozwalając wewnętrznemu Światłu na bardziej efektywny przepływ przez system czakr. Wewnętrzne światło jest zasadniczo tym, co zasila czakrę - im więcej światła ktoś niesie, tym potężniejsze będą jego czakry. I odwrotnie, kiedy czakra otrzymuje energię, obraca się w kierunku przeciwnym do ruchu wskazówek zegara. W tym przypadku jej moc nie jest w pełni wykorzystywana, ponieważ czerpie ona energię z otoczenia zamiast korzystać z własnego źródła energii.

Aby czakry były zdrowe i zrównoważone, nigdy nie należy spędzać zbyt wiele czasu wciągając energię z zewnątrz, ponieważ nieznane, obce energie mogą łatwo zablokować czakrę, zwłaszcza jeśli mają niską częstotliwość wibracji. Zablokowana czakra powoduje stagnację w przepływie energii w aurze i może nawet z czasem spowodować chorobę fizyczną. I odwrotnie, ciągłe wysyłanie energii na zewnątrz bez poświęcenia niezbędnego czasu na uziemienie i autorefleksję może pozbawić naszą Aurę witalnej energii pranicznej, wyczerpując umysł, ciało i Duszę.

Jednak w przypadku pełnego przebudzenia Kundalini, kiedy osoba ustanowiła trwałe połączenie z Sahasrarą, kieruje większą ilość energii Światła do swoich zoptymalizowanych sześciu czakr poniżej, co pozwala jej być naturalnym uzdrowicielem dla innych. Jednostki są naturalnie przyciągane do osób przebudzonych przez Kundalini - ktoś jest uzdrawiany po prostu będąc w ich obecności.

Na marginesie, aby utrzymać zdrowe relacje, zawsze powinno występować dawanie i branie energetyczne na równym poziomie. Powinniśmy czuć się odmłodzeni poprzez spędzanie czasu z innymi, zamiast czuć się wyczerpani. Ludzie, którzy biorą zbyt wiele energii, nie dając nic w zamian (niezależnie od tego, czy robią to świadomie, czy nie) są określani mianem "wampirów energetycznych". Koncepcja wampiryzmu wzięła się z tego typu samolubnej wymiany energii między ludźmi; jeśli jesteśmy otwarci na przyjmowanie energii miłości od innych, powinniśmy być otwarci na dawanie im również naszej energii miłości.

CHARAKTERYSTYKA PŁCIOWA CZAKR

Jako źródło surowej energii fizyczności i działania, Muladhara, Czakra Korzenia, jest męska (pozytywna) w swojej naturze, obraca się zgodnie z ruchem wskazówek zegara u mężczyzn i przeciwnie do ruchu wskazówek zegara u kobiet. U kobiet Muladhara jest w trybie przyjmowania; u mężczyzn natomiast jest w akcie wydawania energii. Z tego powodu mężczyźni są zazwyczaj bardziej dominującą płcią zaangażowaną w działania fizyczne, takie jak praca fizyczna i sporty wyczynowe.

Swadhisthana, czakra sakralna, źródło emocji, ma naturę kobiecą (negatywną); obraca się w kierunku przeciwnym do ruchu wskazówek zegara u mężczyzn i zgodnie z ruchem wskazówek zegara u kobiet. Swadhisthana znajduje się w trybie receptywnym u mężczyzn i w trybie projekcyjnym u kobiet. Ponieważ Swadhisthana jest bardziej dominująca u kobiet, nic dziwnego, że są one generalnie bardziej emocjonalne z obu płci.

Jako źródło siły woli, Manipura, czakra splotu słonecznego, jest męską (pozytywną) energią, obracającą się zgodnie z ruchem wskazówek zegara u mężczyzn i przeciwnie do ruchu wskazówek zegara u kobiet. Manipura jest w trybie przyjmowania u kobiet, podczas gdy u mężczyzn rozdaje energię. Dominacja Manipury u mężczyzn doprowadziła do obsesji władzy i kontroli, jak pokazano historycznie w historii wojen, które mężczyźni toczyli między sobą. W pozytywnym sensie, męska energia wojownika uczyniła ich obrońcami i dostawcami w rodzinnym domu od niepamiętnych czasów.

Źródło współczucia i miłości, Anahata, czakra serca, jest żeńska (negatywna) w naturze i obraca się w kierunku przeciwnym do ruchu wskazówek zegara u mężczyzn i zgodnie z ruchem wskazówek zegara u kobiet. Anahata jest w akcie otrzymywania dla mężczyzn i trybie rzutowania dla kobiet. Kobiety są związane z pielęgnowaniem i opieką. Mogą iść z prądem życia zamiast kontrolować każdy aspekt swojego istnienia. Ponieważ kobiety dominują w czakrach serca i sakralnej, intymność jest dla nich o wiele bardziej dostępna niż dla mężczyzn. Większość kobiet jest zazwyczaj sercem swoich romantycznych relacji, podczas gdy mężczyźni zmagają się ze swoimi uczuciami.

Vishuddhi, czakra gardła, centrum ekspresji, jest męską (pozytywną) energią; obraca się zgodnie z ruchem wskazówek zegara u mężczyzn i przeciwnie do ruchu wskazówek zegara u kobiet. Ponieważ mężczyźni dominują w czakrze gardła, nierzadko zdarza się, że są bardziej zestrojeni z celem i ekspresją niż kobiety, które mają tendencję do bycia bardziej introwertycznymi.

Będąc centrum intuicji, Ajna, Oko Umysłu, ma naturę żeńską (negatywną), obraca się w kierunku przeciwnym do ruchu wskazówek zegara u mężczyzn i zgodnie z ruchem wskazówek zegara u kobiet. U mężczyzn, Ajna jest w akcie otrzymywania, podczas gdy u kobiet jest w trybie wydawania. Kobiety są znane z posiadania wyższych zmysłów psychicznych niż mężczyźni. W całej historii nie dziwi fakt, że kobiety były jasnowidzami i wyroczniami, ponieważ były lepszym kanałem dla energii z wyższych planów.

Sahasrara jest neutralna pod względem płci, ponieważ jest źródłem Boskiego Światła. Pozytywne i negatywne bieguny łączą się w jedną zunifikowaną energię, co czyni Sahasrarę jedyną główną czakrą, która nie jest dualna. U mężczyzn czakra ta obraca się zgodnie z ruchem wskazówek zegara, natomiast u kobiet w kierunku przeciwnym. Sahasrara jest źródłem energii Boskiej Męskiej i Boskiej Kobiecej. U obu płci, Sahasrara jest w akcie dawania energii Boskiego Światła i rzutowania jej do czakr poniżej.

Wspomniane powyżej role i oznaczenia pomiędzy płciami nie są w żaden sposób stałe, ani nie określają mocnych i słabych stron człowieka. Wiele osób płci męskiej i żeńskiej zoptymalizowało czakry, w których nie są naturalnie dominujące i rozwijają się w obszarach, które są mniej powszechne dla ludzi ich płci. Wolna wola zastępuje wszystkie energetyczne dyspozycje i społeczne uwarunkowania; z koncentracją i determinacją istoty ludzkie mogą rozwinąć się w cokolwiek zechcą.

RÓWNOWAŻENIE CZAKR

Jeśli chodzi o Uzdrawianie Duchowe, pomocna jest wiedza, w których Czakrach jesteśmy naturalnie dominujący. Dzięki tej wiedzy możemy rozwijać nasze niedominujące czakry i osiągnąć większą równowagę w naszym ogólnym systemie energetycznym. Po tym wszystkim, kluczem do maksymalizacji swojego potencjału jest zrównoważenie męskich i żeńskich energii w ciele. Mając to na uwadze, podczas pracy z Czakrami poprzez praktyki Duchowego Uzdrawiania, kobiety powinny skupić się na męskich, nieparzystych Czakrach (Pierwsza, Trzecia, Piąta), podczas gdy mężczyźni powinni skupić się na kobiecych, parzystych Czakrach (Druga, Czwarta, Szósta).

Kiedy czakra jest nadaktywna (nadmiar energii) lub kiedy czakra jest niedostatecznie aktywna i ma niedobór energii, możemy zastosować męskie i żeńskie zasady, aby doprowadzić tę czakrę do równowagi. Na przykład, ponieważ czakra Swadhisthana ma energię żeńską, brak równowagi w tej czakrze oznacza, że ktoś ma albo nadmierną ilość energii żeńskiej albo niedobór energii męskiej. Jeśli osoba czuje się nadmiernie emocjonalnie, musi zastosować męską energię w swojej czakrze sakralnej dla równowagi. Jeśli są zimni, zdystansowani i nie mają kontaktu ze swoimi emocjami, powinni zastosować energię żeńską.

Ponieważ czakra Manipura ma męską jakość, jeśli osoba czuje nadmiar energii, która sprawia, że jest wzburzona i zła, jest to znak, że czakra jest nadaktywna i potrzebuje kobiecej energii, aby doprowadzić ją do równowagi. I odwrotnie, jeśli osoba nie ma kontaktu ze swoją siłą woli, musi użyć męskiej energii, aby przywrócić jej równowagę.

Niezależnie od tego czy jest to czakra męska czy żeńska, każda czakra obraca się w kierunku zgodnym z ruchem wskazówek zegara, kiedy jest nadaktywna i w kierunku przeciwnym, kiedy jest niedostatecznie aktywna. Dlatego, aby zoptymalizować czakrę, musimy znaleźć właściwą równowagę pomiędzy jej funkcjami projekcyjnymi i recepcyjnymi. Jednakże, jak wspomniano, aby osoba mogła kierować swoje wewnętrzne Światło, czakry powinny bardziej projektować energię niż ją odbierać. W ten sposób wzmocnimy połączenie z Duszą.

ASTROLOGIA I SIEDEM CZAKR

Astrologia to starożytna nauka, która bada ruchy i względne pozycje ciał niebieskich (planet) w naszym Układzie Słonecznym. Astrologia była w sercu wszystkich nauk, filozofii, medycyny i magii dla naszych wczesnych przodków. Według nich, zewnętrzny Wszechświat (Makrokosmos) był odzwierciedlony w ludzkim doświadczeniu (Mikrokosmos) - Jak wyżej, tak niżej. Wierzyli, że studiując konstelacje gwiezdne i planety, mogą wróżbić ludzkie sprawy, uzdrawiać ciało, a nawet przewidywać wydarzenia tu na Ziemi.

Astrologowie wierzą, że każdy człowiek jest pod wpływem planet i znaków zodiaku, w których się urodził. Nazywają oni schemat tych energetycznych wpływów naszym Horoskopem lub Kartą Urodzeń. Nasz Horoskop daje nam mapę energii, które składają się na nasze ogólne Ja. W momencie narodzin, zodiakalne energie zostają zamknięte w naszej aurze, zasilając czakry i wpływając na nasze pragnienia, aspiracje, motywacje, upodobania i skłonności do zachowań. Gwiazdy dostarczają nam lekcji karmicznych, których potrzebujemy, aby rozwijać się duchowo w tym życiu.

Istota astrologii polega na zrozumieniu znaczenia planet, ponieważ rządzą one znakami zodiaku i dwunastoma domami. Innymi słowy, siły konstelacji gwiezdnych manifestują się poprzez planety. Każdy człowiek składa się z różnych kombinacji i stopni energii planet. Siedem Starożytnych Planet działa jako stacje przekaźnikowe dla odbioru i transmisji energii gwiezdnych. Odpowiadają one siedmiu czakrom, podczas gdy dwanaście znaków zodiaku reprezentuje męskie i żeńskie, dzienne (słoneczne) i nocne (księżycowe) aspekty siedmiu starożytnych planet (Rysunek 62). Dlatego też, mierząc nasz wykres urodzenia, możemy określić cechy naszych Czakr, które kształtują nasz charakter i osobowość.

Karta urodzenia jest migawką w czasie, planem tego, kim jesteśmy i kim możemy się stać. Badając Kartę Urodzeń, należy zwrócić szczególną uwagę na znaki Słońca, Księżyca i Ruchu (Ascendentu). Te trzy znaki dają nam niezwykły wgląd w nasze czakryczne skupienie w życiu, mocne strony, na których możemy się oprzeć oraz słabości i ograniczenia, które możemy poprawić i pokonać, aby rozwijać się duchowo.

Podział na żywioły w karcie urodzenia określa również, jak wiele męskiej lub żeńskiej energii uosabia dana osoba, co wpływa na jej psychikę. Jednakże na wygląd fizyczny wpływa Ascendent i planety znajdujące się w pierwszym domu. Na przykład, jeśli ktoś ma Jowisza w pierwszym domu, może zmagać się z przyrostem masy ciała, podczas gdy jeśli ma Marsa, jego ciało fizyczne będzie stonowane i umięśnione. Te skojarzenia mają wiele wspólnego z rządzącymi czakrami planet, które zostaną szczegółowo zbadane w tym rozdziale.

ASTROLOGIA ZACHODNIA VS. ASTROLOGIA WEDYJSKA

Od czasu pojawienia się astrologii, która jest tak stara jak sama ludzkość, wymyślono wiele systemów astrologicznych, aby badać i wróżbić z gwiazd. Jednak dwa najbardziej godne uwagi, które przetrwały próbę czasu to Astrologia Zachodnia i Astrologia Wedyjska.

Astrologia wedyjska, hinduska lub indyjska, zwana inaczej "Jyotish Shastra" ("Nauka o świetle" w sanskrycie), jest inna i bardziej złożona niż astrologia zachodnia. Astrologia wedyjska jest zakorzeniona w Wedach i ma co najmniej 5000 lat. Wykorzystuje ona zodiak boczny, który opiera się na pozycji konstelacji gwiezdnych na nocnym niebie, które służą jako tło dla poruszających się planet. Starożytne kultury takie jak Egipcjanie, Persowie i Majowie używały systemu Sidereal do dokładnego przewidywania przyszłych wydarzeń.

W przeciwieństwie do tego, Astrologia Zachodnia opiera się na Zodiaku Tropikalnym, który jest geocentryczny; podąża za orientacją Ziemi względem Słońca, gdzie znaki zodiaku są ustawione na ekliptyce. Astrologia zachodnia jest dostosowana do zmian w porach roku; Baran jest pierwszym zodiakiem, ponieważ zbiega się z pierwszym dniem wiosny w równonocy wiosennej, kiedy Słońce przekracza równik niebieski idąc na północ. Tak więc Baran rozpoczyna rok słoneczny, podczas gdy Ryby kończą go rok w rok. Większość współczesnego świata przyjęła kalendarz tropikalny lub słoneczny do liczenia czasu ze względu na jego spójność w dopasowaniu do zmian w porach roku.

Dlatego Astrologia Zachodnia ocenia narodziny danej osoby używając wyrównania gwiazd i planet z perspektywy Ziemi, a nie w przestrzeni jak w Astrologii Wedyjskiej. Astrologia zachodnia powstała w starożytnej Grecji u Ptolemeusza około 2000 lat temu. Była ona jednak kontynuacją tradycji hellenistycznych i babilońskich.

Ponieważ Ziemia chwieje się i przechyla około 23,5 stopnia od równika, powoduje to przesunięcie o 1 stopień co 72 lata, co określamy jako "Precesję Równonocy". Oznacza to, że równonoc wiosenna przychodzi 20 minut wcześniej każdego roku i jeden dzień wcześniej co 72 lata. Podczas gdy Astrologia Wedyjska uwzględnia tę wariancję, Astrologia Zachodnia nie. Tak więc, podczas gdy Astrologia Wedyjska jest ruchoma i daje wyniki w zasadzie w "czasie rzeczywistym" konfiguracji konstelacji gwiazd, Astrologia Zachodnia jest stała i nie uwzględnia tych zmian na nocnym niebie.

Tutaj jednak sprawa robi się skomplikowana. Chociaż oba systemy zostały wyrównane w momencie pojawienia się Zodiaku Tropikalnego około 2000 lat temu, daty znaków słonecznych zmieniały się przez lata w Astrologii Wedyjskiej, podczas gdy w Astrologii Zachodniej pozostawały takie same. Tak więc, na przykład, obecnie Baran zaczyna się 13 kwietnia (ta liczba jest różna) w zodiaku bocznym, podczas gdy w zodiaku tropikalnym Baran utrzymuje swoje przybycie na 21 marca.

Dlatego też, chociaż Dwanaście Znaków Zodiaku posiada te same cechy i właściwości, ponieważ ich daty różnią się, możesz otrzymać zupełnie inny odczyt w swoim Wykresie Urodzenia. Również, chociaż nie jest to oficjalna część żadnego z systemów, ponieważ jego konstelacja dotyka ekliptyki, Ophiuchus - "Niosący Węża" był czasami sugerowany jako trzynasty znak zodiaku w astrologii bocznej. Wpada między Skorpiona i Strzelca od 29 listopada do 18 grudnia.

Kolejną istotną różnicą pomiędzy tymi dwoma systemami jest to, że Astrologia Zachodnia wykorzystuje trzy zewnętrzne planety w naszym Układzie Słonecznym, Urana, Neptuna i Plutona, jako część ram planetarnych. W przeciwieństwie do tego, Astrologia Wedyjska (odzwierciedlająca Starożytną Alchemię i Hermetyczną Qabalah) skupia się tylko na siedmiu Starożytnych Planetach. Jednakże, zawiera ona północne i południowe węzły Księżyca (Rahu i Ketu), co daje w sumie dziewięć ciał niebieskich (Bóstw), zwanych "Navagrahas" (sanskryt dla "Dziewięciu Planet"). Według wierzeń hinduistycznych, Navagrahas wpływają na ludzkość zbiorowo i indywidualnie. Dlatego nie jest niczym niezwykłym widzieć Hindusów czczących Navagrahas w swoich domach, aby pokonać przeciwności lub nieszczęścia wynikające z przeszłej karmy.

Astrologia zachodnia kładzie nacisk na pozycję Słońca w konkretnym znaku słonecznym. W tym samym czasie Astrologia Wedyjska kładzie nacisk na pozycję Księżyca i Ascendentu (Lagna w sanskrycie). Ponadto zawiera "Nakshatras" (Lunar Mansions), co jest unikalne dla tego systemu. Ponadto Dwanaście Domów jest częścią Wedyjskiego Wykresu Narodzin, podczas gdy w Astrologii Zachodniej są one drugorzędne. Oparty na Słońcu system Astrologii Zachodniej jest prawdopodobnie lepszy w ocenie osobowości i cech charakterystycznych osoby oraz wpływów planetarnych na zachowanie i postrzeganie. W przeciwieństwie do tego, oparty na Księżycu system Astrologii Wedyjskiej jest lepszy w dawaniu wglądu w ich przeznaczenie i los, ze względu na jego dokładność w przewidywaniu przyszłości. Innymi słowy, zachodni astrolog jest bardziej psychologiem, podczas gdy wedyjski astrolog jest bardziej jasnowidzem lub wróżbitą.

Jako ostatnia uwaga na ten temat, studiując Astrologię Zachodnią przez całe moje życie, mogę zaświadczyć o jej ważności i dokładności w odniesieniu do moich własnych cech osobowości i charakterystyki oraz innych ludzi, z którymi się zetknąłem. Ponadto, ponieważ Hermetyzm jest głównym wpływem na całą moją pracę, uznaję znaczenie Światła słonecznego i jego wpływu na życie na Ziemi oraz naszą wewnętrzną duchową naturę i nadaję mu pierwszeństwo przed wszystkimi innymi rzeczami. Z tego powodu sezonowe przypisanie znaków zodiaku zawsze miało dla mnie sens, ponieważ ich rozmieszczenie odzwierciedlało metaforyczne życie, śmierć i odrodzenie Słońca z punktu widzenia Ziemi.

Moje zainteresowanie Astrologią zawsze było formą psychologii transpersonalnej zamiast przewidywania przyszłych wydarzeń w moim życiu. Jako taka, Zachodnia Astrologia była dla mnie bardzo korzystna. Jeśli jednak Twoje zainteresowanie astrologią jest przede wszystkim formą wróżenia, Astrologia Wedyjska będzie dla Ciebie bardziej korzystna. Powiedziawszy to, myślę, że żaden z systemów nie ma ostatecznych odpowiedzi. Dlatego, aby w pełni zrozumieć Astrologię, powinieneś zapoznać się z obydwoma systemami, co robi wielu szczerych astrologów.

SIEDEM STAROŻYTNYCH PLANET

Siedem głównych czakr odpowiada siedmiu starożytnym planetom w następujący sposób: Muladhara odnosi się do Saturna, Swadhisthana do Jowisza, Manipura do Marsa, Anahata do Wenus, Vishuddhi do Merkurego, Ajna do Księżyca, a Sahasrara do Słońca (Rysunek 62).

Umieszczając planety w ich pozycjach czakrycznych, otrzymujemy niemal dokładny ciąg ich kolejności w naszym Układzie Słonecznym. Jedynym odstępstwem jest Księżyc, umieszczony jako drugi po Słońcu, zamiast być pomiędzy Wenus i Marsem, obok Ziemi.

Na qabalistycznym Drzewie Życia Księżyc jest pierwszą sefirą (Yesod), którą napotykamy wchodząc do środka. Ponieważ odbija on Światło Słońca, odpowiada wizualnym myślom wyświetlanym przez Oko Umysłu - nasze drzwi lub portal do wewnętrznych Kosmicznych Planów lub Sfer. Księżyc reprezentuje płaszczyznę astralną, odzwierciedlając duchową rzeczywistość, którą Słońce generuje na drugim końcu spektrum.

W symbolice alchemicznej Księżyc i Słońce zawsze były przedstawiane razem jako przedstawiciele uniwersalnych energii żeńskich i męskich. Wzajemne oddziaływanie energii Słońca i Księżyca znajduje się u podstaw całego Stworzenia jako Dusza i świadomość - żywioły Ognia i Wody.

W konsekwencji, rozmieszczenie siedmiu starożytnych planet na drzewie czakr prawie odzwierciedla ich rozmieszczenie na qabalistycznym drzewie życia, chociaż w odwrotnej kolejności. Jeśli zastąpimy planetę Ziemia w miejsce Słońca, to następny będzie Księżyc, a następnie Merkury, Wenus, Mars, Jowisz i Saturn.

Jak już wspomniano, Światło Słońca jest źródłem naszych Dusz. Związek między Ziemią a Słońcem sugeruje, że rzeczywistość Duchowa znajduje swoje odbicie w rzeczywistości materialnej i odwrotnie. Te dwie rzeczy są jedynie przeciwnymi aspektami Jednego.

Jeśli Słońce reprezentuje Duszę, to planety są wyższymi mocami Duszy, które manifestują się poprzez powiązane z nimi Czakry. Są one różnymi składnikami wewnętrznego Ja i źródłem wszystkich cnót, moralności i etyki, które składają się na nasz charakter. Jak stwierdzono w *The Magus*, poprzez nasze połączenie z planetami i ich cyklami wokół Słońca, jesteśmy "doskonałym Mikrokosmosem Makrokosmosu - Mini Układem Słonecznym, który odzwierciedla wielki Układ Słoneczny, w którym mamy naszą fizyczną egzystencję".

Ponieważ każda z siedmiu starożytnych planet odpowiada jednej z siedmiu czakr, każda czakra pokazuje naturę rządzącej nią planety. To powiązanie jest pomocne przy badaniu naszego Horoskopu lub Wykresu Urodzeniowego. Ponieważ życie jest ciągłe, ustawienie planet odzwierciedla wymagane siły, których potrzebujemy, aby pokonać naszą karmiczną energię z poprzednich żyć.

W zależności od tego, w którym znaku zodiaku dana planeta była wyrównana w momencie narodzin, niektóre planety są niekorzystne, podczas gdy inne są łagodne w karcie urodzenia. Wynika to z relacji pomiędzy planetami a władcami znaków zodiaku, w których się znajdują. Planety są silne w znakach swoich przyjaciół, podczas gdy są neutralne w sile w znakach neutralnych. I odwrotnie, są słabe w znakach swoich wrogów. Planetarne, kosmiczne promieniowanie może pozytywnie lub negatywnie wpływać na powiązane z nimi czakry w Ciele Światła. Jeżeli któraś z naszych planet jest słaba w naszym wykresie urodzenia, odpowiadająca jej czakra również będzie słaba. Kiedy Czakry są słabe i (lub) zablokowane, pojawiają się problemy zdrowotne związane z tą Czakrą.

Na koniec, większość zachodnich astrologów włącza zewnętrzne planety do swoich modeli horoskopu. Utożsamiają oni Plutona z żeńską stroną czakry Marsa (Skorpion), Neptuna z żeńską stroną czakry Jowisza (Ryby), a Urana z męską stroną czakry Saturna (Wodnik).

Północne i Południowe Węzły Księżyca często są również uwzględniane. Nazywane są one po łacinie Caput i Cauda Draconis - Głowa i Ogon Smoka. Ogólnie mówiąc, Węzeł Północny odnosi się do naszego losu i przeznaczenia w tym życiu, podczas gdy Węzeł Południowy odnosi się do karmy, którą wnosimy do tego wcielenia z poprzednich żyć.

Poniżej znajduje się opis mocy planetarnych w odniesieniu do powiązanych z nimi czakr. Aby uzyskać bardziej szczegółowe omówienie korespondencji planetarnych i zodiakowych w Astrologii Zachodniej, zajrzyj do książki *The Magus*. Przedstawiona tu wiedza astrologiczna uzupełnia informacje na ten sam temat, które są zawarte w mojej poprzedniej książce.

Saturn/Muladhara

Saturn (Shani w sanskrycie) jest najwolniej poruszającą się planetą w naszym Układzie Słonecznym, dlatego też jest kojarzony z lekcjami życiowymi, które odnoszą się do upływu czasu. Jest planetą samokontroli, odpowiedzialności, staranności i dyscypliny, które nadają strukturę naszemu życiu. Jego energia jest uziemiająca, tak jak element Ziemi, który reprezentuje. Saturn reprezentuje męską czakrę Muladhara.

Saturn pozwala nam dostrzec prawdę o sprawie i dostosować się do niej. Bardzo dba o uczciwość. Energia Saturna wpływa na naszą zdolność do manifestacji naszych życiowych marzeń i celów, inspirując nas do stawienia czoła światu. Wpływa również na nasze granice i ograniczenia, pozwalając nam żyć w ramach ograniczeń społecznych w zdrowy, ale produktywny sposób.

Saturn zawiera jakość Powietrza; stymuluje intuicję i głęboką wiedzę o wyższej rzeczywistości, która rządzi Wszechświatem. W końcu jest to planeta wiary i karmy. Silny wpływ energii Saturna pozwala nam przedkładać naszą Ewolucję Duchową nad korzyści materialne.

Jeśli chodzi o ciało, Saturn rządzi wszystkimi rzeczami związanymi z naszą fizyczną strukturą, w tym układem kostnym, zębami, chrząstkami, gruczołami, włosami i skórą. Zbyt mała ilość energii Saturna w Muladharze sprawi, że staniemy się nieziemscy i nie będziemy w stanie się utrzymać. Brak dyscypliny i ambicji może uczynić nas bezwładnymi i wewnętrznie skłóconymi, uniemożliwiając osiągnięcie celów, które sobie stawiamy. Z drugiej strony, zbyt wiele Saturna i osoba może stać się nadmiernie ambitna, samolubna, nieelastyczna i pesymistyczna.

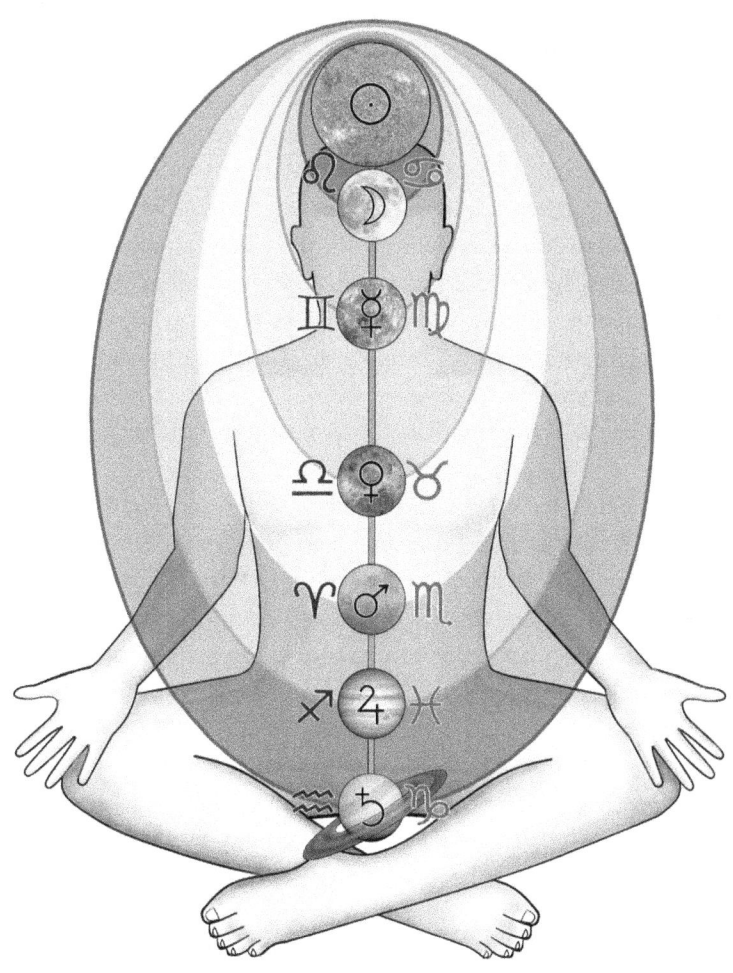

Rysunek 62: Pozycje Czakryczne Siedmiu Starożytnych Planet

Saturn ma przyjazne stosunki z Merkurym i Wenus, podczas gdy jest wrogiem Marsa i neutralnym Jowiszem. Ponadto rządzi dwoma niezłomnymi i godnymi zaufania znakami zodiaku, Wodnikiem (Kumbha w sanskrycie) i Koziorożcem (Makara w sanskrycie). Wodnik reprezentuje męską energię Saturna, podczas gdy Koziorożec reprezentuje jego kobiecą energię. Podczas gdy Wodnik zajmuje się ekspresją konserwatywnej siły w życiu, Koziorożec zajmuje się jej stabilizacją.

Jeśli któryś z tych dwóch znaków jest widoczny w Twoim wykresie urodzenia, głównie jeśli jest to Twój znak słoneczny, znak księżyca lub znak wschodzący (ascendent), powinieneś zwrócić uwagę na czakrę Muladhara. Wodnik i Koziorożec często otrzymują albo za dużo albo za mało energii Saturna i wymagają pracy duchowej nad Muladharą aby ją zrównoważyć.

Jowisz/Swadhisthana

Planeta Jowisz (Brihaspati lub Guru w sanskrycie) jest ekspansywną i obfitą planetą, która przynosi szczęście, obfitość i sukces. Jest związana z Elementem Wody i reprezentuje wyższe cechy świadomości, której podstawową energią jest bezwarunkowa miłość. Jowisz odpowiada kobiecej czakrze Swadhisthana.

Dobroczynna energia Jowisza inspiruje pewność siebie, optymizm, współpracę z innymi i impuls ochronny. Energia Jowisza buduje cnoty, które kształtują nasz charakter i łączą z naszą Wyższą Jaźnią. Daje nam silne poczucie moralności i etyki oraz pozwala nam rozwijać się w społeczeństwie i być wartością dla innych. Jowisz zaszczepia w nas poczucie współczucia, miłosierdzia i hojności, czyniąc nas sprawiedliwymi i honorowymi w naszych słowach i czynach. Szczęście, radość i dobre zdrowie to aspekty Jowisza. Rządzi on wzrostem ciała fizycznego, w tym rozwojem komórek i zachowaniem tkanek miękkich.

Jowisz jest nauczycielem, który daje nam wewnętrzną mądrość i inspiruje nas do rozwijania filozoficznego spojrzenia na życie. Jego pozytywna energia sprawia, że jesteśmy przyjaźni, pogodni i ogólnie lubiani przez innych. Pozwala nam widzieć pozytywy we wszystkich sytuacjach, co daje sukces w przedsięwzięciach biznesowych.

Jeśli w Swadhisthanie brakuje energii Jowisza, następuje tłumienie emocji i seksualności, co negatywnie wpływa na kreatywność, pewność siebie i poczucie osobistej tożsamości. Zbyt mało energii Jowisza może sprawić, że będziemy pesymistyczni, nieuczciwi, nieśmiali i ogólnie nie będziemy mieli szczęścia w życiu. I odwrotnie, zbyt dużo Jowisza może sprawić, że będziemy ślepo optymistyczni, ekstrawertyczni i leniwi. Wadą zbyt łatwych rzeczy w życiu jest to, że nie możemy rozwinąć siły charakteru.

W wykresie urodzeniowym Jowisz jest przyjacielem Słońca, Księżyca i Marsa, wrogiem Merkurego i Wenus, a neutralnym Saturnem. Ponadto, Jowisz rządzi Strzelcem (Dhanus w sanskrycie) i Rybami (Mina w sanskrycie), obydwoma wysoce moralnymi znakami. Strzelec reprezentuje męską energię Jowisza, podczas gdy Ryby reprezentują jego energię żeńską. Podczas gdy Strzelec manifestuje twórczą energię w życiu, Ryby ją wyrażają. Ludzie, którzy mają któryś z tych dwóch znaków w swojej karcie urodzenia powinni zwrócić uwagę na czakrę Swadhisthana i jej funkcjonowanie. Jeśli są niezrównoważeni w przyjmowaniu energii Jowisza, mogą wymagać pracy duchowej w celu optymalizacji tej czakry.

Mars/Manipura

Planeta Mars (Mangals, Angaraka lub Kuja w sanskrycie) jest paliwem siły woli, która inicjuje działania i zmiany. Reprezentuje element ognia, odpowiadający męskiej czakrze Manipura. Mars jest planetą energii fizycznej, która rządzi popędem seksualnym. Jest źródłem naszej osobistej mocy, która zapewnia siłę i odwagę umysłowi, ciału i Duszy.

Mars jest ekscytujący i dynamiczny; daje nam hart ducha i czyni nas konkurencyjnymi w stosunku do innych istot ludzkich. Ponadto, ponieważ jest to Element Ognia, pozwala nam budować silne przekonania, które pomagają w znalezieniu naszego życiowego celu i napędu do jego realizacji.

Mars daje nam również entuzjazm, pasję oraz zdolność do podejmowania wyzwań w życiu i pokonywania ich dzięki determinacji i wytrwałości. Ułatwia wewnętrzny wzrost i zmiany niezbędne do kontynuowania ewolucji. Energia Marsa jest silnie skoncentrowana na wewnętrznej transformacji, ponieważ element ognia pochłania stare, aby zrobić miejsce dla nowego.

Jako Czerwona Planeta, Mars rządzi czerwonymi komórkami krwi i utlenianiem w ciele. Jeśli Manipura otrzyma zbyt wiele marsjańskiej energii, jednostki mogą stać się destrukcyjne dla siebie i innych. Jako takie, mogą zwrócić się ku gniewowi, wściekłości, tyranii, opresji a nawet przemocy. Dlatego Jowisz powinien zawsze równoważyć Marsa - Ego musi być trzymane w ryzach przez Duszę i jej wyższe aspiracje. I odwrotnie, zbyt mało energii Marsa skutkuje byciem zastraszonym, bojaźliwym, tchórzliwym, wątpiącym, zbyt zmiennym w osobistych przekonaniach, pozbawionym pasji i napędu, i ogólnie obojętnym na wyniki życia.

W karcie urodzenia Mars ma przyjazne relacje ze Słońcem, Księżycem i Jowiszem, podczas gdy jest wrogiem Merkurego i jest neutralny w stosunku do Wenus i Saturna. Dodatkowo, dwa bardzo ambitne i napędzane działaniem znaki, Baran (Mesha w sanskrycie) i Skorpion (Vrishchika w sanskrycie), są rządzone przez Marsa. Baran reprezentuje męską energię Marsa, podczas gdy Skorpion reprezentuje jego kobiecą energię. Podczas gdy Baran rządzi naszą projekcją witalności, Skorpion wpływa na jej zachowanie. Jeśli któryś z tych dwóch znaków jest widoczny w Twojej Karcie Urodzenia, powinieneś zwrócić uwagę na czakrę Manipura i sprawdzić jej poziom funkcjonowania. Aby zoptymalizować Manipurę, będziesz potrzebował zrównoważonego promienia energii marsjańskiej.

Wenus/Anahata

Planeta Wenus (Shukra w sanskrycie) jest planetą miłości, pożądania i przyjemności. Wenus jest radosną i łagodną planetą, która przynosi szczęście w przyjaźni i romantycznych związkach. Rządzi ona naszą zdolnością do przyjmowania i wyrażania uczuć oraz cieszenia się pięknem. Jej energia daje nam seksapil, ponieważ rządzi sztuką uwodzenia. Ponieważ miłość wpływa na nasz poziom inspiracji i wyobraźni, Wenus napędza prawomózgowe, abstrakcyjne myślenie. Rządzi artystyczną ekspresją, taką jak muzyka, sztuki wizualne, taniec, dramat i poezja.

Wenus odnosi się do żeńskiej czakry Anahata i elementu powietrza, który rządzi naszymi myślami. Pragnienia są albo produktem ubocznym niżej wibrujących myśli Ego albo wyżej wibrujących myśli Duszy. Wenus ma powinowactwo do Elementu Ognia; pragnienie może łatwo przekształcić się w pasję, która napędza kreatywność. Ma również powinowactwo do Elementu Wody, ponieważ miłość jest potężną emocją. Pamiętaj, że Powietrze zasila zarówno Element Ognia jak i Wody i daje im życie.

Ponieważ Anahata jest mostem pomiędzy niższymi trzema Czakrami Żywiołów a wyższymi trzema Czakrami Ducha, Wenus uczy nas kochać bez przywiązania, aby przekroczyć naszą indywidualność i połączyć się z Duchem, którego esencją jest Boska Miłość. Energia Wenus pozwala nam oczyścić emocjonalne przywiązania do pieniędzy, seksu i władzy stworzone przez niższe trzy Czakry. Ułatwia to eksplorację ekspansywnych właściwości Elementu Ducha, których możemy doświadczyć poprzez wyższe trzy Czakry, co daje nam głębsze poziomy zrozumienia.

Wenus jest planetą dotykową, więc rządzi organami zmysłowymi ciała. Mała dawka energii weneckiej w czakrze Anahata skutkuje niezdrowymi związkami, skrajnym przywiązaniem do rzeczy światowych, samozadowoleniem i blokadami twórczymi. Niedobór energii weneckiej wywołuje lęk przed brakiem miłości, przez co stajemy się niepewni siebie.

Kiedy wyższe czakry są wykorzystywane, jednostka może kochać bezwarunkowo. Jednakże, kiedy niższe czakry są dominujące, miłość zamienia się w pożądanie, które może być destrukcyjne dla duszy, jeśli nie jest zrównoważone przez Merkurego i jego zdolności rozumowania.

W karcie urodzenia Wenus jest zaprzyjaźniona z Merkurym i Saturnem, będąc wrogiem Słońca i Księżyca oraz neutralna z Marsem i Jowiszem. Ponadto, dwa społeczne i zorientowane na przyjemności znaki, Waga (Tula w sanskrycie) i Byk (Vrishabha w sanskrycie) są rządzone przez Wenus. Waga reprezentuje męską energię Wenus, podczas gdy Byk reprezentuje kobiecą energię. Podczas gdy Waga reprezentuje naszą zdolność do wyrażania emocji, Byk rządzi naszą emocjonalną receptywnością. Jeśli któryś z tych dwóch znaków jest wpływowy w Twojej karcie urodzenia, zwróć uwagę na czakrę Anahata, aby upewnić się, że otrzymuje ona zrównoważony promień energii Wenus.

Merkury/Vishuddhi

Merkury (Budha w sanskrycie) jest planetą logiki, rozumu i komunikacji, odpowiadającą męskiej czakrze Vishuddhi i Elementowi Ducha. Ponieważ odnosi się do procesów myślowych, Merkury ma powinowactwo do elementu powietrza; jego prawidłowe określenie to Powietrze Ducha. Merkury rządzi również podróżami i pragnieniem doświadczania nowych środowisk.

Ponieważ Merkury rządzi inteligencją, wpływa na to, jak dana osoba myśli i jakie są cechy jej umysłu. Merkury temperuje Wenus i nadaje strukturę kreatywnym myślom i pomysłom. Obie półkule mózgu są dotknięte przez Merkurego, chociaż jest on dominujący w lewej półkuli, która zajmuje się liniowym myśleniem poprzez logikę i rozum.

Merkury rządzi mózgiem, nerwami i układem oddechowym. Ponieważ rządzi komunikacją werbalną i niewerbalną, taką jak język ciała, Merkury wpływa na naszą zdolność do wyrażania myśli. Silny wpływ Merkurego daje nam dobrą pamięć i doskonałe umiejętności mówienia i pisania. Zmienia nas w porywających gawędziarzy oraz sprytnych i przebiegłych negocjatorów. Ponieważ rządzi głosem, daje nam moc przemawiania i występowania publicznie.

Merkury odzwierciedla to jak widzimy, słyszymy, rozumiemy i przyswajamy informacje. Zbyt mało energii Merkurego sprawia, że Vishuddhi staje się nieaktywne, zamykając się na subtelne, intuicyjne informacje przekazywane nam przez wyższe czakry. Osoby o niskim poziomie energii Merkurego tracą zdolność do wyrażania swojej wewnętrznej prawdy, przez co tracą kontakt z rzeczywistością i żyją w iluzji.

Niedobór energii Merkurego często skutkuje podejmowaniem złych decyzji, ponieważ musimy myśleć inteligentnie przed podjęciem działania. Ponadto, jeśli nie zrównoważymy naszych emocji logiką i rozsądkiem, może dojść do neurotycznych zachowań. Nasza zdolność do planowania rzeczy w naszych umysłach wpływa na to, jak dobrze możemy manifestować nasze cele i marzenia oraz czy nasze wyniki będą owocne.

I odwrotnie, zbyt dużo Merkurego może sprawić, że osoby będą sarkastyczne, kłótliwe, manipulujące i nadmiernie krytyczne wobec siebie i innych. Kłamstwa i oszustwa wskazują na niezrównoważonego Merkurego, który blokuje czakrę Vishuddhi, podczas gdy mówienie prawdy optymalizuje ją.

W astrologii Merkury ma przyjazne stosunki ze Słońcem i Wenus, podczas gdy jest wrogo nastawiony do Księżyca i neutralny do Marsa, Jowisza i Saturna. Ponadto, Merkury rządzi dwoma wysoce komunikatywnymi znakami Bliźnięta (Mithuna w sanskrycie) i Panna (Kanya w sanskrycie). Bliźnięta reprezentuje męską energię Merkurego, podczas gdy Panna reprezentuje jego kobiecą energię. Podczas gdy Bliźnięta są zaangażowane w wyrażanie idei, Virgo rządzi naszym przyjmowaniem wrażeń. Zwróć uwagę na czakrę Vishuddhi, jeśli masz któryś z tych dwóch znaków w swojej karcie urodzenia. Wskazuje ona na wykorzystanie energii Merkurego i potrzebę równowagi tej czakry.

Księżyc/Ajna

Planeta Księżyc (Chandra w sanskrycie) jest planetą instynktów, złudzeń i mimowolnych emocji, które są wyświetlane przez podświadomość. Ma duży wpływ na wyższe zdolności umysłowe, takie jak introspekcja, kontemplacja, badanie siebie i intuicja, ponieważ odzwierciedla głębokie myśli i emocje. Księżyc wpływa na nasze postrzeganie rzeczywistości, ponieważ wszystko, co przyjmujemy, musi przejść przez podświadomy umysł. Jego wpływ wpływa na pięć zmysłów: wzrok, słuch, smak, zapach i dotyk.

Księżyc odpowiada żeńskiej czakrze Ajna i Elementowi Ducha. Jednakże jest on powiązany z Elementem Wody - jego prawidłowe określenie to Woda Ducha. Ajna ma intymny związek ze Swadhisthaną, ponieważ obie pełnią funkcje podświadomego umysłu, który kontroluje dobrowolne i mimowolne emocje.

Księżyc rządzi nocą, tak jak Słońce rządzi dniem. Rządzi snami, dając jasność obrazom wizualnym. W związku z tym wpływa na naszą wyobraźnię i kreatywne myślenie. Księżyc jest opiekuńczy i ma silny wpływ na wzrost, płodność i poczęcie. Jest bardzo zmienny; w jednej chwili możemy być zimni i powściągliwi, gdy jesteśmy pod jego kontrolą, a w następnej stać się intensywnie namiętni.

W horoskopie znak Księżyca odzwierciedla nasze wewnętrzne, emocjonalne Ja i jest drugim co do ważności po znaku Słońca. Tak jak Słońce wyraża nasz charakter, tak Księżyc wyraża naszą osobowość. Ponieważ Księżyc reguluje przypływy i odpływy wszystkich zbiorników wodnych, rządzi on wszystkimi płynami ustrojowymi i wpływa na wahania emocji.

Księżyc jest naszym wewnętrznym jądrem, które doświadcza emocjonalnych reakcji na bodźce środowiskowe. Ponieważ reprezentuje podświadomość, Księżyc jest tą częścią naszej osobowości, którą możemy uznać za niepokojącą w nas samych. Rodzi on dziwne, często niemoralne fantazje i marzenia dzienne oraz wywołuje instynktowne reakcje, takie jak nienawiść i zazdrość. Z drugiej strony Księżyc wpływa również na nasze powołanie do spontaniczności i pragnienie zmysłowych przyjemności. Jako dwie kobiece planety, Księżyc i Wenus mają powinowactwo.

Jeżeli czakra Ajna danej osoby jest uboga w energię Księżyca, jej myśli wizualne stają się niewyraźne i niejasne, co negatywnie wpływa na wyobraźnię, kreatywność i poziom inspiracji. Słabo zasilana czakra Ajna przerywa połączenie z intuicją i głębokimi emocjami, pozwalając na przejęcie strachu i niepokoju. Osoba nie ma już wewnętrznego przewodnictwa, co czyni ją niezdolną do uczenia się z doświadczeń życiowych, przynosząc ogólne poczucie beznadziei i depresji. Niska energia Księżyca w czakrze Ajna ma również negatywny wpływ na sny, które stają się nudne, zamazane i w inny sposób niejasne. Skuteczną metodą otrzymania energii Księżyca jest spędzanie czasu na zewnątrz podczas pełni Księżyca.

W astrologii Księżyc jest przyjazny ze Słońcem i Merkurym, natomiast neutralny z Wenus, Marsem, Jowiszem i Saturnem. Nie ma wrogów. Księżyc rządzi intuicyjnym i wrażliwym znakiem Raka (Kataka w sanskrycie), który ma kobiecą jakość energii. Jeśli Rak jest widoczny w Twojej karcie urodzenia, zwróć uwagę na czakrę Ajna i jej funkcjonowanie. Może ona wymagać zrównoważenia promienia energii Księżyca poprzez praktyki Duchowego Uzdrawiania.

Słońce/Sahasrara

Planeta Słońce (Surya w sanskrycie) jest planetą wyobraźni, inspiracji, Duchowości i transcendencji. Słońce jest źródłem energii pranicznej, która daje życie, światło i ciepło wszystkim żywym istotom w naszym Układzie Słonecznym. Wszystkie Dusze w naszym Układzie Słonecznym emanują ze Słońca i polegają na nim w kwestii utrzymania.

Słońce odpowiada niedualnej czakrze Sahasrara i Elementowi Ducha. Tak jak Słońce jest źródłem światła dla naszego Układu Słonecznego, tak Sahasrara jest naszym czakralnym źródłem światła. Białe Światło jest naszym źródłem Jedności, prawdy i

Uniwersalnej mądrości. Reprezentuje ono świadomy umysł, tak jak Księżyc reprezentuje podświadomość.

Słońce nie tylko generuje Światło, ale także ciepło. Dlatego jest związane z Elementem Ognia; jego prawidłowe określenie to Ogień Ducha, co sugeruje, że chociaż jest poza dualnością, ma skłonność do projekcyjnej, męskiej zasady.

Energia miłości generuje spokojne i stałe ciepło, którego esencją jest Białe Światło. Dlatego, gdy używamy terminu "Świadomość Kosmiczna", odnosimy się do Świadomości Słońca jako źródła miłości, Światła, życia i Boskiej błogości w naszym Układzie Słonecznym.

Słońce jest podstawowym wyrazem tożsamości jednostki - ja. Jest najbardziej krytycznym wpływem w naszym Horoskopie. Reprezentuje to, kim jesteśmy i esencję naszej Duszy. Dlatego też, znak Słońca jest naszą fundamentalną energią, która wpływa na nasz charakter i najwyższe aspiracje.

Słońce daje doskonałe zdolności przywódcze. Rządzi sercem, regulując nasz układ krążenia. Słońce daje nam również witalność, harmonię i równowagę, ponieważ równoważy wszystkie przeciwne energie w ciele. Jeśli mamy niedobór energii Słońca, doświadczamy blokad w Sahasrarze, co negatywnie wpływa na cały nasz system czakr. Niski poziom energii Światła w systemie czakralnym spowalnia obroty czakr, manifestując problemy psychiczne, emocjonalne i fizyczne.

Idealnym sposobem na otrzymanie energii słonecznej jest spędzenie czasu na zewnątrz w słoneczny dzień i pozwolenie, aby promienie słoneczne odżywiały Twoje czakry, zasilając Twoją Aurę energią praniczną. Słońce jest źródłem baterii naszego systemu energetycznego; bez niego zginęlibyśmy. Pełne przebudzenie Kundalini optymalizuje Czakrę Sahasrara, maksymalizując nasze połączenie ze Słońcem, pozwalając nam na dostęp do pełnego potencjału naszego Znaku Słońca.

W zodiaku Słońce ma przyjazne relacje z Księżycem, Marsem i Jowiszem, wrogie z Wenus i Saturnem oraz neutralne z Merkurym. Słońce rządzi autorytatywnym znakiem Leo (Simha w sanskrycie), którego podstawowa energia jest męska. Rak i Lew, znaki Księżyca i Słońca, reprezentują podstawową biegunowość umysłu w zakresie emocji i rozumu, podświadomego i świadomego Ja. Zauważ czy masz Leo w swojej karcie urodzenia i jak energia słoneczna wpływa na czakrę Sahasrara. Możesz potrzebować uzdrowienia duchowego, aby zrównoważyć swój prąd solarny i zoptymalizować tę istotną czakrę.

UZDROWIENIE DUCHOWE I EWOLUCJA

Wchodząc w Erę Wodnika, Duchowa Ewolucja (Rysunek 63) stała się niezwykle ważna dla ludzkości. Od czasu pojawienia się Internetu i swobodnej wymiany informacji, nasza zbiorowa świadomość rozwinęła się, aby zrozumieć, że Bóg nie jest na zewnątrz nas, ale wewnątrz. W rezultacie pytania egzystencjalne, które dotyczą naszego celu w życiu i tego, jak osiągnąć prawdziwe i trwałe szczęście, wzięły górę nad naszym dążeniem do gromadzenia bogactwa materialnego.

Główne religie świata stały się przestarzałe, jak wszystkie religie po pewnym czasie. Nie zawierają już odpowiedzi dla nowej generacji ludzi i wielu szuka alternatywnych duchowych metod i technik, aby połączyć się z Bogiem - Stwórcą. Niezależnie od tego, w jakiej religii się urodzili, ludzie stali się otwarci na wypróbowanie nowych i starych praktyk uzdrawiania duchowego, tak długo jak te praktyki zapewniają rezultaty, których szukają.

Te alternatywne techniki terapeutyczne, zaliczane do "modalności uzdrawiania", mają na celu zrównoważenie umysłu, ciała i Duszy w sposób integracyjny, przy jednoczesnym promowaniu Ewolucji Duchowej. Dlatego są one bardzo atrakcyjne dla osób duchowych i tych, którzy szukają alternatywnych metod leczenia problemów zarówno na poziomie energetycznym jak i cielesnym.

Mimo, że wszyscy mamy ten sam fundament energetyczny, mamy różne skłonności. Niektórzy z nas są przyciągani do pewnych duchowych praktyk uzdrawiania, podczas gdy inni są odpychani przez inne. Nasza energia rodowa ma wiele wspólnego z tą skłonnością, podobnie jak nasze uwarunkowania środowiskowe. Z tego powodu moim celem przez ostatnie cztery lata było przedstawienie w *Serpent Rising* i *The Magus* najbardziej optymalnych zachodnich i wschodnich metod uzdrawiania duchowego. Chciałem dać ludziom opcje i dać im najbardziej praktyczne instrukcje dotyczące stosowania tych duchowych praktyk w ich codziennym życiu.

Zanim omówię naukę i filozofię Jogi, chcę się skupić na innych praktykach duchowych, które rekalibrują główne czakry. Poprzez uzdrawianie czakr na głębokim poziomie, optymalizujesz ich przepływ energii, maksymalizując ilość energii Światła, którą może pomieścić Aura. Im więcej Światła jest obecne, tym wyższa jest wibracja świadomości, co poprawia jakość umysłu, ciała i Duszy oraz pogłębia Duchową Ewolucję.

Cztery uzdrawiające modalności, na których skupię się w tym rozdziale to kamienie szlachetne (kryształy), widełki strojeniowe, aromaterapia i Tattwy. Są to metody uzdrawiania, które najbardziej mnie pociągały w pracy i nauce podczas mojej duchowej podróży i które miały na mnie największy wpływ. Inne metody uzdrawiania to między innymi Reiki, Akupunktura, Qigong, Tai Chi, Refleksologia, Biofeedback, Uzdrawianie Ruach, Regresja Przeszłych Żyć, Hipnoza, Medytacja Transcendentalna i Programowanie Neuro-Lingwistyczne.

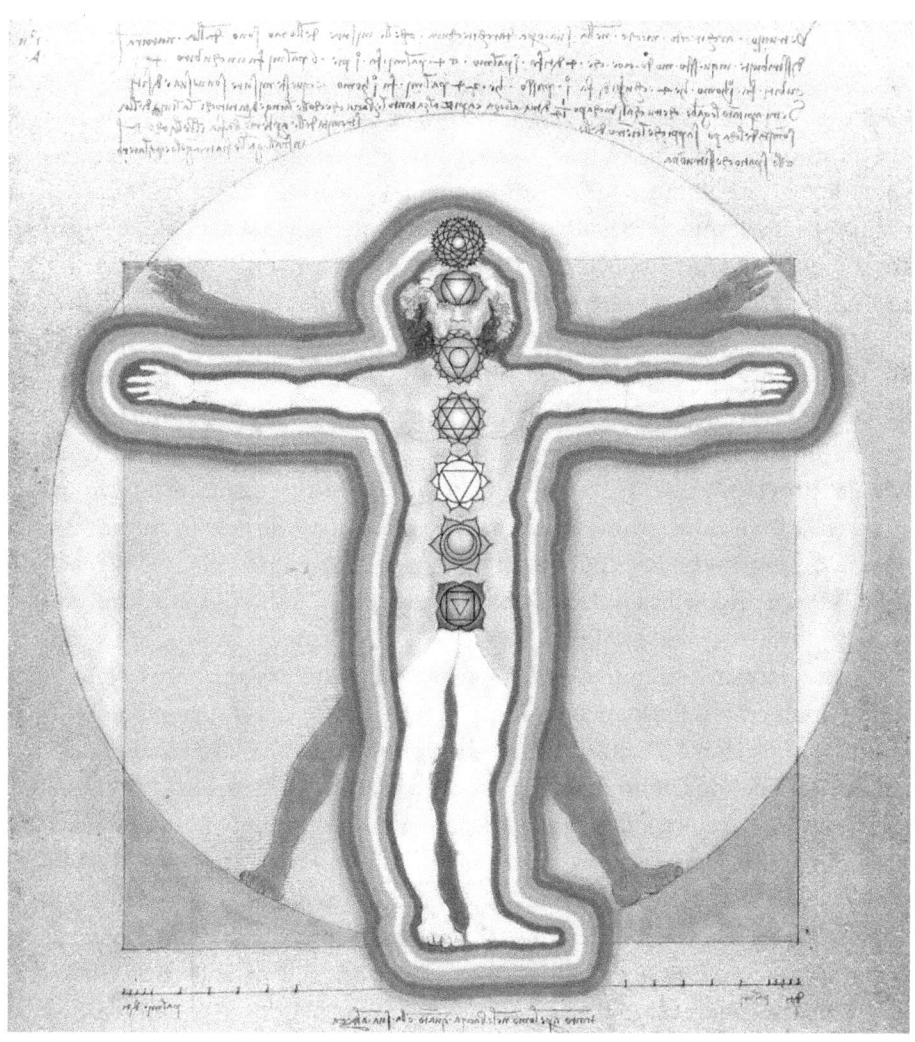

Rysunek 63: Ewolucja Duchowa

KAMIENIE SZLACHETNE (KRYSZTAŁY)

Powstałe w sercu Ziemi w ciągu eonów czasu, kamienie szlachetne (kryształy) ucieleśniają intensywne koncentracje energii. Ich terapeutyczne zastosowanie datuje się na około 5000 lat temu; stare chińskie teksty dotyczące tradycyjnej medycyny wspominają o kamieniach szlachetnych, podobnie jak teksty ajurwedyjskie z Indii. Znajdujemy dowody na stosowanie Kamieni Szlachetnych jeszcze przed powstaniem historii - nawet *Biblia* zawiera ponad 200 odniesień do Kamieni Szlachetnych oraz ich właściwości leczniczych i ochronnych.

Wiele starożytnych cywilizacji i tradycji, w tym Olmekowie z Mezoameryki i Egipcjanie, używali kamieni szlachetnych w swoich świętych miejscach, gdzie znaleźliśmy dowody na wytwarzanie i manipulowanie energią. Praktyka używania Kamieni Szlachetnych do uzdrawiania umysłu, ciała i Duszy oraz ochrony Aury przed negatywnymi wpływami energetycznymi trwa do dziś, ponieważ są one nadal używane jako forma alternatywnego uzdrawiania przez praktyków duchowych.

Kamień szlachetny to szlachetny lub półszlachetny kamień wytworzony przez naturę, występujący w formacjach skalnych. Są one DNA Ziemi, zawierającym zapisy rozwoju Ziemi na przestrzeni milionów lat. Większość kamieni szlachetnych to kryształy mineralne - kamienie półszlachetne, które występują w przyrodzie częściej niż kamienie szlachetne. Aby wyjaśnić, kamienie szlachetne (Rubin, Szafir, Diament i Szmaragd) są uważane za kamienie szlachetne, ale nie za Kryształy, podczas gdy wszystkie istniejące Kryształy mogą być określane jako Kamienie szlachetne. Ponadto, istnieją pewne okazjonalne materiały organiczne, które nie są minerałami (Bursztyn, Jet, Koral i Perła), ale również są uważane za Kamienie Szlachetne. Ze względu na swoją rzadkość, kolor i skład, kamienie szlachetne są znacznie droższe na rynku niż kamienie półszlachetne.

"Kryształowe uzdrawianie" to termin używany w społeczności duchowej do terapeutycznego wykorzystania Kryształów - półszlachetnych kamieni szlachetnych. Wiele kryształów ma swoje cząsteczki ułożone w taki sposób, że tworzą geometryczny wzór w pewien sposób, co czyni je świetnymi generatorami i przewodnikami energii do wykorzystania w sesjach uzdrawiania. Jedna sesja uzdrawiania może mieć pozytywne efekty, które trwają przez wiele dni, w tym podwyższoną świadomość, wewnętrzny spokój, zwiększoną intuicję, empatię, zdolności intelektualne oraz poczucie miłości i akceptacji dla siebie i innych.

Kamienie szlachetne są ogólnie łatwe w użyciu, co czyni je dość atrakcyjnymi dla początkujących w dziedzinie uzdrawiania duchowego. Jednakże, trzeba poprawnie zrozumieć korespondencje każdego kamienia, aby uzyskać z nich jak najwięcej korzyści, ponieważ wiele kamieni szlachetnych odnosi się do wielu Czakr. Z tego powodu nierzadko można spotkać autorów przedstawiających niespójne relacje pomiędzy kamieniami szlachetnymi a czakrami.

Jak wspomniano, istnieją setki Kamieni Szlachetnych, a każdy z nich ma swoją unikalną wibrację i specyficzne właściwości energetyczne określone przez jego kolor i inne czynniki. Poznając odmiany Kamieni szlachetnych i ich zastosowanie, można wykorzystać ich pełny potencjał leczniczy. Medycyna energetyczna Kamieni szlachetnych wykorzystuje wrodzoną siłę uzdrawiającą organizmu do odżywiania i uzdrawiania energii w Aurze. Po umieszczeniu na ciele, wibracja kryształu wywołuje osłonę Dolnego Ciała Astralnego (Ciała Eterycznego) - najniższego i najbardziej gęstego ciała subtelnego po ciele fizycznym, które łączy nas z wyższymi ciałami subtelnymi żywiołów wody, ognia, powietrza i ducha.

Ciało Fizyczne i Dolne Ciało Astralne odnoszą się do Elementu Ziemi - punktu kontaktowego dla energii Kryształów, które wchodzą do naszej Aury. Wydobywane z głębi naszej planety, wszystkie Kryształy mają ziemski komponent, nawet jeśli ich właściwości odnoszą się do innych Elementów. Z tego powodu praca z Kryształami jest bardzo skuteczna w leczeniu dolegliwości związanych z ciałem fizycznym. Jednakże, chociaż możemy używać Kryształów i innych kamieni do leczenia problemów psychicznych, zaburzeń emocjonalnych lub ostrych chorób, ich ostatecznym celem jest pomoc w osiągnięciu naszego najwyższego potencjału jako Duchowych istot ludzkich.

Ponieważ nasze czakry wibrują z określoną częstotliwością, sprawia to, że jesteśmy naturalnie podatni na wibracje kamieni szlachetnych, ponieważ możemy wyrównać nasze wibracje z ich wibracjami. Kamienie szlachetne mają najsilniejszy efekt wibracyjny, kiedy są umieszczone bezpośrednio na ciele w miejscach, które odpowiadają głównym czakrom. Energia emitowana przez kamień szlachetny wpływa bezpośrednio na czakrę, usuwając w ten sposób wszelkie blokady i zastoje w jej obrębie. W ten sposób Czakry odzyskują swoje optymalne funkcjonowanie, co z kolei ułatwia swobodny przepływ energii w Nadis. W zasadzie tak właśnie działa praktyka Kryształowego Uzdrawiania.

Używanie kamieni szlachetnych nie zaczyna się i kończy na uzdrawianiu duchowym. Możemy również włączyć kamienie szlachetne, aby wzmocnić moc innych metod uzdrawiania energetycznego, a nawet pomóc nam zamanifestować pragnienie lub cel. Na przykład, jeśli chcesz uzyskać zastrzyk energii podczas medytacji, po prostu trzymaj w ręku kamień szlachetny o odpowiednich właściwościach, które chcesz wprowadzić do swojej aury. Lub, jeśli pragniesz przyciągnąć romantyczną miłość lub chcesz nowej pracy lub kariery, możesz opracować rytuał, w którym natchniesz swój zamiar kamieniem szlachetnym o właściwościach, które mogą przyciągnąć te rzeczy do Ciebie. W rzeczywistości, ponieważ odnoszą się do elementu ziemi, kryształy są potężnymi narzędziami pomagającymi w manifestacji.

Kamienie szlachetne są w zasadzie jak baterie o różnych właściwościach, które możemy wykorzystać na różne sposoby. Innym przykładem ich zastosowania jest zabezpieczenie pomieszczenia lub wlanie do niego pozytywnej energii, czyniąc go świętą przestrzenią. Aby podnieść wibrację danego obszaru, umieść kamienie szlachetne o określonych właściwościach w danych częściach pomieszczenia, zwłaszcza w rogach lub przed oknem, gdzie wpada światło. Uważaj jednak z przezroczystym kwarcem przy oknie, ponieważ skupia on promienie słoneczne i może wywołać pożar.

Umieszczenie różnych kamieni szlachetnych wokół przestrzeni tworzy siatkowy wzór energetyczny, który je łączy, przekazując energię tam i z powrotem, aby zapewnić pożądane efekty i wpłynąć na każdego, kto znajdzie się w tej przestrzeni. Takie wykorzystanie kamieni szlachetnych istnieje od niepamiętnych czasów, dlatego znajdujemy je strategicznie umieszczone w wielu starożytnych miejscach z różnych kultur i tradycji.

Chociaż kamienie szlachetne mają wiele zastosowań, w tej części skupimy się przede wszystkim na uzdrawianiu czakr i używaniu kryształów do pomocy w procesie ewolucji duchowej. Pamiętaj, że poprzez uzdrawianie energii na głębokim poziomie, poprawia się stan psychiczny, emocjonalny i fizyczny oraz zdolność do manifestowania życia, którego pragniemy.

FORMACJE I KSZTAŁTY KRYSZTAŁÓW

Kryształy można znaleźć w wielu kształtach i formach z wieloma naturalnymi formacjami, takimi jak geody, klastry, kryształy swobodne i inne, które ludzie wydobywają i tną w określone kształty (Rysunek 64). Geody to zaokrąglone formacje skalne, które po przełamaniu na pół odsłaniają piękne krystaliczne wnętrze. Klastry natomiast to grupy kryształów wydobytych z geod. Każdy Klaster jest wyjątkowy i niepowtarzalny, co sprawia, że nie ma dwóch takich samych Klastrów.

Zarówno geody jak i klastry mają potężną energię wibracyjną, ponieważ zawierają wiele połączonych punktów krystałowych. Jednak w przeciwieństwie do Klastrów, Geody mają wszystkie swoje zakończenia umieszczone wewnątrz. Obie odmiany występują w różnych kształtach i rozmiarach i są często używane do dekoracji ze względu na ich atrakcyjność wizualną. Klastry są częściej używane podczas sesji uzdrawiania w celu wzmocnienia i skupienia ich naturalnej energii.

Freeform Crystals, lub "Rough" Crystals, jak są nazywane, są nieregularnie ukształtowanymi, niepolerowanymi kawałkami kamienia półszlachetnego. Zostały one wycięte i wyrzeźbione, a nie wypolerowane, aby pokazać naturalne piękno poszczególnych kryształów. Mniejsze cięte Kryształy Freeform mogą być używane w sesjach uzdrawiania. Natomiast te większe są częściej używane do dodawania pozytywnej, ochronnej energii do przestrzeni lub po prostu jako elementy dekoracyjne.

Rysunek 64: Kształty i Formacje Kryształów

Naturalne kamienie są standardowo cięte i polerowane na kształt kryształów na rynku, z formami, które różnią się wielkością i kształtem. Ogólnie rzecz biorąc, są one jednak mniejsze, mają średnicę do jednego cala, co czyni je użytecznymi dla Uzdrawiania Kryształami, ponieważ mogą być umieszczone bezpośrednio na ciele do generowania i manipulowania energią.

Następnie mamy kryształy, które są rzeźbione i polerowane w różne geometryczne i symboliczne kształty. Ten zwyczaj istnieje od tysięcy lat w różnych starożytnych tradycjach i kulturach. Ponieważ wszystkie kształty geometryczne kierują energię w różny sposób, rzeźbiąc Kryształ w dany kształt, zmieniamy jego energię wyjściową i wzmacniamy określone właściwości, co pozwala nam pracować z kamieniem na więcej sposobów. Niektóre z bardziej powszechnie produkowanych kształtów kryształów to Kryształowe Punkty, Różdżki, Serca, Kule, Jaja, Piramidy i Odłamki. Inne, rzadziej produkowane kształty kryształów to pręty i płyty, by wymienić tylko kilka.

Kryształowe Punkty (Wieże) są generalnie większymi kamieniami, które kończą się w punkcie, generując bardziej ukierunkowaną energię. Często są one sześcio- lub ośmioboczne i mają kształt Kryształowych Różdżek, ale są większe. Kryształowe punkty występują naturalnie w wielu rodzajach klastrów, w tym w Ametystach, Czystych Kryształach i Cytrynie. Są one zwykle cięte u podstawy, aby stać pionowo i poszukiwane przez uzdrowicieli energii, ponieważ niosą więcej naturalnej energii. Większe kawałki Szorstkich Kryształów mogą być również cięte na punkt, aby skierować energię. Są one mniej kosztowne niż wieże, co czyni je bardziej pożądanymi przez uzdrowicieli energetycznych.

Kryształowe różdżki występują w różnych kształtach, rozmiarach i typach. Podobnie jak punkty kryształowe, różdżki są cięte do punktu, aby pomóc wzmocnić i skierować energię kryształu. Niektóre różdżki są podwójnie zakończone, z punktem na każdym końcu kryształu. Natomiast Różdżki do Masażu są całkowicie zaokrąglone i gładkie na każdym końcu. Kryształowe Różdżki są zazwyczaj używane do uzdrawiania różnych części Aury. Możemy również użyć ich do optymalizacji obrotu czakry, co zostanie przedstawione w technice uzdrawiania czakry na końcu tego rozdziału.

Kryształowe serca to kamienie w kształcie serca, które występują w różnych rozmiarach. Ogólnie rzecz biorąc, mają właściwości, które odnoszą się do czakry serca, są to Różowy Kwarc, Malachit i Zielony Awenturyn. Emitują energię w sposób pełen miłości i łagodny, dając nam poczucie spokoju i harmonii. Kryształowe Serca symbolicznie przypominają nam o zrównoważeniu i skupieniu siebie poprzez dostrojenie się do czakry Anahata i pozwolenie naszej Duszy na prowadzenie nas w życiu. Kiedy używamy go w sesji uzdrawiania, Kryształowe Serce staje się centralnym punktem, ponieważ służy do infuzji Ducha do niższych Elementów, przynosząc całkowitą transformację umysłu, ciała i Duszy.

Kryształowa kula jest trójwymiarowym obiektem, w którym każdy punkt na jej powierzchni znajduje się w tej samej odległości od środka. Kule są refleksyjne, emanują energię na zewnątrz w równych kierunkach, co czyni je doskonałymi narzędziami do wróżenia, inaczej zwanego "wpatrywaniem się w kryształy". Celem wróżenia jest otrzymanie Boskich podpowiedzi lub wizji rzeczy, które wydarzą się w przyszłości bądź uzyskanie informacji dotyczących czegoś, co dzieje się właśnie teraz, a czego nie jesteśmy świadomi.

Kryształowe Jaja są podobne do Kryształowych Kul, ponieważ emitują energię ze wszystkich stron, ale z punktem centralnym na górze. Kryształowe Jaja zawierają symboliczny komponent, który odnosi się do osobistej transformacji i odnowy. Pomagają one dostroić się do naszej kobiecej energii, naszej receptywnej, pasywnej strony Bycia połączonej z Elementem Wody. Kryształowe Jaja są znane z dostrajania nas do naszego podświadomego umysłu, gdzie najpierw zaczyna się duchowa przemiana.

Piramidy kryształowe to trójwymiarowe figury o płaskiej podstawie i czterech bokach, które spotykają się w jednym punkcie. Pobierają one energię z Ziemi i rzutują ją w górę poprzez punkt końcowy. Mogą być wykonane z jednego rodzaju kryształu lub z kombinacji różnych kryształów, jak np. w piramidach orgonitowych, które są często używane do pochłaniania i osłaniania przed promieniowaniem elektromagnetycznym.

Kryształowe odłamki są lepkimi mniejszymi kawałkami surowego kryształu, najczęściej używanymi do dodawania energii do innych kamieni podczas sesji uzdrawiania. Trzy najbardziej powszechne rodzaje kryształowych odłamków to Czysty Kryształ, Ametyst i Różowy Kwarc. Kryształowe Pręty (Sticks) są niepolerowanymi i surowymi kawałkami kryształu pociętymi na kształt laski, które różnią się wielkością. Ponieważ Selenit jest dość kruchy i trudny do kształtowania przez maszyny, jest zwykle sprzedawany w tej formie. I wreszcie, Płyty Kryształowe są ciętymi i polerowanymi plastrami kryształu z szorstkimi stronami, które zachowują naturalny wygląd kamienia. Większe rozmiary są zazwyczaj używane w dekoracji, natomiast mniejsze (do 2" średnicy) możemy wykorzystać do celów leczniczych.

DWADZIEŚCIA CZTERY ZNACZĄCE RODZAJE KAMIENI SZLACHETNYCH

Bursztyn

Kamień ten powstaje ze skamieniałej żywicy starożytnych drzew; występuje w różnych odcieniach żółci, złota i brązu. Bursztyn ma właściwości elementu ognia, co czyni go potężnym uzdrowicielem i oczyszczaczem ciała, umysłu i ducha. Odnawia system nerwowy, jednocześnie równoważąc nasze wewnętrzne energie. Pochłania również negatywną energię podczas uziemiania i łączenia nas z pradawną mądrością. Bursztyn jest związany z czakrą Manipura i planetą Słońca. Odnosi się do znaków zodiaku Byk i Lew. Bursztyn pomaga nam pokonać depresję, jednocześnie stymulując intelekt i promując pewność siebie, altruizm, zaufanie do siebie, podejmowanie decyzji i wewnętrzny spokój. Ten kamień daje nam również odwagę do ustanowienia zdrowych granic w naszych związkach, chroniąc nas przed ludźmi, którzy drenują naszą energię.

Ametyst

Przezroczysty fioletowy kamień, który zwiększa duchową świadomość poprzez odblokowanie wyższego poziomu świadomości. Wibrując z wysoką częstotliwością, Ametyst ma właściwości elementu duchowego, który tworzy pierścień ochronny wokół aury, blokując niższe częstotliwości i energie. Ametyst pomaga również w medytacji, zwiększając intuicję, wewnętrzne przewodnictwo i mądrość. Zwiększa nasze zdolności psychiczne poprzez stymulację czakr trzeciego oka i korony. Ponadto Ametyst wspiera równowagę emocjonalną i umysłową poprzez usuwanie negatywnych emocji i zamieszania. Znany jest z odpędzania koszmarów i zachęcania do pozytywnych snów. Ametyst jest związany z astrologicznymi znakami Wodnika i Ryb z powinowactwem do planet Uran i Neptun oraz elementów Powietrza i Wody.

Akwamaryn

Ten zielono-niebieski, przezroczysty lub nieprzezroczysty kamień ma uspokajającą energię, która redukuje stres, wycisza umysł i przynosi duchową świadomość. Łączy nas z mocami wody i powietrza, ponieważ jest związany z planetą Jowisz, a jednocześnie ma powinowactwo z Uranem i Neptunem. Akwamaryn jest znany z tego, że zwiększa moc mózgu i intelekt. Odnosząc się bezpośrednio do czakry Vishuddhi, kamień ten poprawia nasze zdolności komunikacyjne, dając nam odwagę do wyrażania naszej wewnętrznej prawdy. Łagodzi nasze lęki i zwiększa naszą wrażliwość na energie w naszym środowisku. Akwamaryn wyostrza naszą intuicję, jednocześnie usuwając blokady twórcze. Pomaga nam budować tolerancję i odpowiedzialność, jednocześnie poprawiając nasze zdolności rozwiązywania problemów. Kamień ten wyrównuje czakry, jednocześnie osłaniając Aurę przed negatywnymi energiami. Oczyszcza świadomość z emocjonalnie naładowanych myśli, promując harmonię i równowagę, co czyni go doskonałym narzędziem do medytacji. Akwamaryn odnosi się do znaków zodiaku Bliźnięta, Skorpion i Ryby.

Czarny Obsydian

Ten ciemny, czarny, odbijający światło kamień pochodzi ze stopionej lawy, która ostygła tak szybko, że nie miała czasu się skrystalizować. Związany z Elementem Ziemi, kamień ten ma uziemiający i uspokajający wpływ na umysł i emocje, pomagając nam pozostać skupionym i skoncentrowanym na zadaniu. Jego czarny kolor przyciąga użytkownika do wewnątrz, do pustki przestrzeni, gdzie leży nasza wewnętrzna prawda. Ten wzmacniający prawdę kamień ma właściwości odbijające, które odsłaniają nasze blokady, słabości i wady. Działa jak lustro dla Duszy, które daje nam witalność, aby znaleźć nasz życiowy cel. Energetyczne właściwości Czarnego Obsydianu utrzymują negatywne myśli na dystans, promując pozytywne spojrzenie na życie. Możemy go również używać do odbijania negatywnych energii innych i usuwania niechcianych wpływów duchowych. Kamień ten odnosi się do Czakry Gwiazdy Ziemi i Planety Ziemia, z powinowactwem do Plutona i Elementu Ognia. Jego energia jest również charakterystyczna dla znaku zodiaku Skorpion.

Krwawnik

Ten ciemnozielony do czarnego kamień z czerwonymi, przypominającymi krew plamkami pomaga usunąć blokady energetyczne z Aury, jednocześnie zwiększając witalność, motywację, odwagę, kreatywność, wytrzymałość i ogólną energię. Związany z Planetą Mars i Elementem Ognia, Kamień Krwi oczyszcza dolne trzy Czakry Elementarne podczas wyrównywania Czakry Serca. Ma właściwości uziemiające, zmniejszające stres, drażliwość, niecierpliwość i agresję, pozwalając nam żyć w chwili obecnej. Chroni również przed szkodliwą energią otoczenia, taką jak zakłócające częstotliwości elektromagnetyczne. Ponadto, kamień ten jest doskonały do poprawy krążenia krwi i równoważenia hormonów, przynosząc spójność do ciała fizycznego. Starożytni żołnierze używali Krwawnika do odpędzania zła i przywoływania energii wojownika. Kamień Krwi jest związany z Baranem i Rybami, dwoma znakami zodiaku rządzonymi przez Marsa. Ma powinowactwo z elementem ziemi.

Karneol

Ten półprzezroczysty pomarańczowy do brązowo-czerwonego kamień stymuluje kreatywność i wyobraźnię, pomagając nam tworzyć nowe projekty. Karneol ma silny wpływ na emocje, więc jest bezpośrednio związany z czakrą Swadhisthana. Znany jako kamień działania i posuwania się do przodu w życiu, karneol pomaga nam w znalezieniu rozwiązań, gdy doświadczamy emocjonalnych blokad. Posiada właściwości elementu ognia, motywując nas do osiągnięcia sukcesu w biznesie i innych sprawach. Pomaga nam również w przetwarzaniu negatywnych emocji, takich jak złość, zazdrość, strach, smutek, zamieszanie, samotność, jednocześnie chroniąc nas przed negatywnymi energiami innych ludzi. Karneol może być również używany jako narzędzie do zaangażowania nas w twórczą ekspresję, taką jak sztuka wizualna, muzyka, taniec lub pisanie. Kamień ten jest związany z znakami zodiaku Baran, Lew i Panna. Dodatkowo ma powinowactwo z Marsem i Słońcem.

Cytryn

Ten przezroczysty, żółto-pomarańczowy kamień przynosi witalność, pewność siebie, odwagę, szczęście i radość w życiu. Ponieważ odnosi się do Hara i czakry splotu słonecznego, cytryn jest bardzo energetyzującym kamieniem, zwiększającym energię praniczną, kreatywność, motywację i umiejętności rozwiązywania problemów. Cytryn działa dobrze na szacunek do samego siebie, promując jednocześnie wyrażanie naszej wewnętrznej prawdy. Ma właściwości związane z żywiołem Powietrza i Ognia. Jego złote promienie świetlne wyciągają niepewność wynikającą z negatywnego nastawienia i zastępują ją pozytywnością. Kamień ten odnosi się również do znaku astrologicznego Bliźnięta i planety Merkury. Ma powinowactwo ze Słońcem, dlatego możemy go używać do energetyzowania wszystkich czakr.

Czysty Kwarc

Ten przezroczysty kamień nosi w sobie pełne spektrum Światła, co czyni go mistrzem uzdrawiania na wszystkich poziomach. Odnosząc się bezpośrednio do Elementu Ducha, Kwarc Przezroczysty może być używany do medytacji, channelingu, pracy nad snami, uzdrawiania energii, łącząc nas z naszą Wyższą Jaźnią. Ze względu na swoje głębokie właściwości oczyszczające, Czysty Kwarc usuwa z Aury wszelkie zastoje i negatywną energię. Promuje pozytywność, jasność umysłową i emocjonalną oraz koncentrację. Kwarc przezroczysty wzmacnia zdolności metafizyczne i dostraja nas do naszego duchowego celu i prawdziwej woli. Ponieważ jego zastosowania lecznicze są szerokie, kamień ten działa na wszystkie czakry. Jednakże, ponieważ jest to kamień o bardzo wysokiej wibracji, Czysty Kwarc działa najlepiej na Czakrę Sahasrara i Czakry Transpersonalne powyżej głowy. Jego energia wzmacnia również pozytywne aspekty wszystkich znaków astrologicznych. Możemy użyć Czystego Kwarcu do oczyszczenia i wzmocnienia energii innych Kryształów. Ponieważ jest on łatwo programowalny za pomocą intencji i myśli, może być również używany jako talizman, aby przyciągnąć to, czego się pragnie.

Fluoryt

Ten przezroczysty kamień jest mieszanką kolorów fioletowego, niebieskiego, zielonego i przezroczystego. Jest doskonały do neutralizowania negatywnej energii, detoksykacji umysłu i wprowadzania harmonii do umysłu, ciała i Duszy. Fluoryt wydobywa z człowieka jego wewnętrzny geniusz poprzez stabilizację Aury i zwiększenie koncentracji. Związany z czakrą Ajna, kamień ten uziemia i integruje duchowe energie, zwiększając siły psychiczne i intuicję. Ponieważ podnosi świadomość na płaszczyznę duchową, Fluoryt jest dobrym kamieniem do medytacji i głębokiego snu. Jego właściwości odnoszą się do żywiołów Powietrza, Wody i Ducha, przywoływanych przez jego kolory: jego zielona energia przenika do żywiołu Powietrza, oczyszczając serce, niebieska wprowadza żywioł Wody, uspokajając umysł, podczas gdy fioletowy kolor integruje metafizyczne właściwości żywiołu Ducha. Czysta, przejrzysta energia, będąca siłą przewodnią kamienia, łączy wszystkie czakry i żywioły w zintegrowaną całość, umożliwiając funkcjonowanie psychiczne, emocjonalne i fizyczne na optymalnym poziomie. Oprócz głębokich właściwości leczniczych, Fluoryt jest jednym z najbardziej olśniewających kryształów na rynku, co czyni go popularnym kamieniem w gospodarstwach domowych.

Granat

Ten przezroczysty do półprzezroczystego rubinowo-czerwony kamień zwiększa witalność, odwagę, kreatywność, determinację, zmiany i zdolność do manifestowania swoich celów. Związany z Marsem i Elementem Ognia, Granat oczyszcza wszystkie czakry podczas ponownego ich zasilania. Aktywuje i wzmacnia instynkt przetrwania, jednocześnie wywołując bezwarunkową miłość, pasję i duchowe oddanie. Uzasadnia chaotyczną energię, równoważąc emocje i tworząc rozszerzoną świadomość siebie i otoczenia. Jest to kamień duchowego przebudzenia, którego energia jest znana z pobudzania Kundalini do aktywności, gdy jest stosowany obok praktyk jogicznych mających na celu obudzenie tej energii. Granat ma również silne powiązania z przysadką mózgową, ponieważ promuje regenerację ciała, jednocześnie zwiększając metabolizm, system odpornościowy i popęd seksualny. Ten kamień jest związany z Baranem, Skorpionem i Koziorożcem.

Zielony Awenturyn

Ten półprzezroczysty zielony kamień jest znany z manifestowania dobrobytu i bogactwa. Wzmacnia on intencje stworzenia większej obfitości w życiu. Związany z czakrą serca i planetą Wenus, zielony awenturyn przynosi harmonię wszystkim aspektom bytu. Równoważy męską i żeńską energię, promując dobre samopoczucie. Wzmacnia również cechy przywódcze i stanowczość, jednocześnie wspierając współczucie i empatię. Zielony awenturyn zwiększa kreatywność, pozwalając dostrzec różne alternatywy i możliwości. Stabilizuje umysł, uspokajając emocje i wyciszając irytację i gniew. Kamień ten chroni przed psychicznymi wampirami. Ponieważ pomaga w manifestacji, zielony awenturyn ma potężne właściwości elementu ziemi.

Hematyt

Ten metalicznie czarny do stalowoszarego kamień zapewnia uziemiającą i równoważącą energię, która pomaga rozpuścić ograniczenia umysłowe. Hematyt wykorzystuje magnetyczne właściwości naszych energii Yin-Yang, aby zrównoważyć Nadis i przynieść stabilność systemowi nerwowemu. Usuwa chaotyczne energie z Aury, jednocześnie odpychając negatywne myśli od innych ludzi. Daje nam również poczucie bezpieczeństwa, jednocześnie zwiększając poczucie własnej wartości, odwagę i siłę woli. Uspokajające wibracje Hematytu czynią go idealnym kamieniem dla osób cierpiących na niepokój, stres i nerwowość. Kamień ten jest znany z tego, że pomaga pokonać kompulsje i uzależnienia. Jego relaksujący wpływ na ciało fizyczne wzmacnia nasze połączenie z Planetą Ziemią. Hematyt jest związany z czakrą Muladhara i Elementem Ziemi z powinowactwem do Marsa i Elementu Ognia. Ponieważ stymuluje koncentrację, skupienie i oryginalne myśli, Hematyt ma specyficzne właściwości zbliżone do znaków zodiaku Barana i Wodnika.

Cyjanit

Ten głęboko niebieski kamień natychmiast wyrównuje wszystkie czakry i ciała subtelne. Związany z Czakrami Przyczyny i Gwiazdy Duszy, Cyjanit równoważy nasze energie Yin-Yang podczas usuwania blokad i przywracania Prany do ciała. Cyjanit przynosi pokój i spokój; eliminuje wszelkie zamieszanie i stres oraz poprawia komunikację i intelekt. Cyjanit równoważy również czakrę gardła, ponieważ zachęca do wyrażania siebie, a jednocześnie wyrównuje nas do naszej wewnętrznej prawdy. Pobudza nasze psychiczne zdolności, aktywując naszą wrodzoną zdolność do komunikacji telepatycznej. Kojący niebieski kolor cyjanitu otwiera nas na duchowe i boskie sfery, pozwalając nam na kontakt z naszymi przewodnikami duchowymi, czy to poprzez medytację czy sny. Jego energia jest piątowymiarowa i ma pewne właściwości zbliżone do elementu powietrza. Cyjanit jest potężnym przekaźnikiem i wzmacniaczem energii o wysokiej częstotliwości, która budzi nas do naszego Prawdziwego Ja i celu w życiu. Kamień ten nigdy nie wymaga energetycznego oczyszczenia, ponieważ nie jest w stanie zatrzymać negatywnych wibracji.

Lapis Lazuli

Ten nieprzejrzysty, ciemnoniebieski kamień z metalicznymi złotymi plamkami otwiera trzecie oko, poprawiając intuicję, duchowy wgląd, wewnętrzne przewodnictwo i zdolności parapsychiczne. Medium często używają Lapis Lazuli do kontaktowania się z wyższymi planami kosmicznymi i wzmocnienia swoich zdolności channelingowych. Ten kamień jest odpowiedni do poprawy pamięci i jest często używany w pracy nad snami. Lapis Lazuli posiada właściwości elementu wody, które mają uspokajający wpływ na system nerwowy, poprawiając koncentrację i skupienie. Jego użycie jest korzystne przy studiowaniu i uczeniu się, ponieważ zwiększa zdolność przyswajania wiedzy i głębokiego rozumienia rzeczy. Można również użyć go do przezwyciężenia uzależnień i traumy, ponieważ promuje emocjonalne uzdrowienie. Ponieważ harmonizuje wszystkie aspekty jaźni, Lapis Lazuli pomaga przezwyciężyć stres i niepokój, ułatwiając osiągnięcie wewnętrznego spokoju i promując głęboki sen. Lapis Lazuli jest związany z czakrą Ajna i planetą Jowisz.

Malachit

Ten nieprzejrzysty ciemnozielony kamień z jasno- i ciemnozielonymi oraz niebiesko-zielonymi pasmami chroni przed negatywnymi energiami, uwalniając niezdrowe wzorce emocjonalne, które uniemożliwiają naszej duszy dalszy rozwój. Związany z czakrą serca i planetą Wenus, malachit wyrównuje umysł z sercem, pomagając nam rozwijać się duchowo. Przywołuje miłość, współczucie i życzliwość do naszego życia, uzdrawiając przeszłą traumę i podnosząc nasze zdolności empatyczne. Malachit uczy nas brać odpowiedzialność za nasze działania, myśli i uczucia, jednocześnie zachęcając do podejmowania ryzyka i zmian. Jest znany z tego, że chroni przed promieniowaniem, jednocześnie oczyszczając z zanieczyszczeń elektromagnetycznych. Malachit ma ziemski, uziemiający komponent; ma powiązanie ze znakiem zodiaku Koziorożca.

Mołdawit

Ten oliwkowozielony lub matowo zielony kamień przenosi nas poza nasze ograniczenia i granice do innych wymiarów świata. Technicznie jest to Tektyt, który jest grupą naturalnych szkieł powstałych w wyniku uderzeń meteorytów. Mołdawit jest dosłownie nie z tego świata. Jego właściwości energetyczne są Piątym Wymiarem; odnoszą się do wyższych Boskich Planów świadomości, z którymi możemy się skontaktować poprzez całkowitą transcendencję. Mołdawit pozwala nam na komunikację z naszymi Wyższymi Jaźniami, Wniebowstąpionymi Mistrzami i innymi wysokowibracyjnymi Istotami. Ten kamień podobno otwiera nas na kontakt z Istotami Pozaziemskimi poprzez świadomość.

Związany z najwyższą czakrą transpersonalną, Gwiezdną Bramą, metafizyczne właściwości Mołdawitu umożliwiają nam przekroczenie czasu i przestrzeni. Może być używany do uzyskania wiedzy związanej z naszymi poprzednimi życiami i do oczyszczenia wszelkich niepożądanych bagaży, które przenieśliśmy do tego wcielenia. Na bardziej doczesnym poziomie, Mołdawit pomaga nam odkryć emocje, które sprawiają, że utknęliśmy w nieszczęśliwych sytuacjach życiowych. Pozwala nam iść do przodu w kierunku odkrycia celu naszej Duszy.

Kamień Księżycowy

Ten mlecznobiały kamień z luminescencyjnym blaskiem jest świetny do wzmocnienia kobiecej energii, wzmocnienia intuicji, zdolności parapsychicznych i zrównoważenia naszych emocji. Jest związany z dwiema głównymi czakrami żeńskimi, Swadhisthana i Ajna, a jednocześnie bezpośrednio połączony z czakrą przyczynową/Bindu. Z właściwości Elementu Wody, Kamień Księżycowy utrzymuje nas w emocjonalnej równowadze, umożliwiając nam kroczenie z prądem życia bez zbytniego przywiązania. Przywołuje bierność, receptywność i refleksję, pozwalając nam postrzegać świat wokół nas bez osądu. Kamień księżycowy jest również znany z tego, że poprawia negatywne wzorce przekonań, jednocześnie zwiększając nasze zdolności empatyczne. Jego użycie promuje wyższe poczucie świadomości i duchowego wzrostu. Kamień Księżycowy jest związany ze znakiem zodiaku Rak i planetą Księżyc, jego energia jest silniejsza, gdy Księżyc przyrasta (wzrost) niż słabnie (maleje). Kamień księżycowy jest znany z wywoływania jawnych snów kiedy jest pełnia księżyca. Starożytni ludzie używali kamienia księżycowego, aby pomóc w problemach z żeńskim układem rozrodczym.

Czerwony Jaspis

Ten czerwony kamień jest doskonały do zapewnienia ochrony i stabilności Aury podczas pochłaniania negatywnej energii. Może neutralizować promieniowanie i inne formy zanieczyszczeń elektromagnetycznych jak również i środowiskowych. Jego rozgrzana do czerwoności wibracja zwiększa nasz poziom energii, inspirując pozytywne nastawienie, jednocześnie uziemiając wszystkie niepożądane energie. Czerwony Jaspis zapewnia odwagę, aby być asertywnym i wytrzymałość psychiczną, aby ukończyć wszelkie zadania. Ma cechy elementu ognia; Czerwony Jaspis jest związany z czakrą Muladhara i znakiem zodiaku Baran, z powinowactwem do Saturna. Ten kamień podtrzymuje i wspiera nas w stresujących czasach, przynosząc emocjonalną stabilność i spokój umysłu. Stymuluje naszą wyobraźnię, motywując nas do wprowadzania naszych pomysłów w czyn. Ponieważ rozpala nasz system energetyczny, Czerwony Jaspis również regeneruje i odmładza nasze pasje i popęd seksualny.

Kwarc Różowy

Przezroczysty do półprzezroczystego kamień o różowej barwie, który równoważy czakrę serca swoją pełną miłości i spokoju energią. Przywołuje do Aury Boską Miłość, miłosierdzie, współczucie, tolerancję i życzliwość. Wibracja różowego koloru kamienia aktywuje most pomiędzy górnymi trzema Czakrami Ducha i dolnymi trzema Czakrami Elementalnymi. Stworzenie tego mostu jest kluczowe dla syntezy Duchowego Ja z ludzkim fizycznym Ja. Dzięki właściwościom elementu wody, kwarc różowy czyni człowieka otwartym, ucząc kochać siebie i innych poprzez zaufanie, przebaczenie i akceptację. Jego użycie jest korzystne w traumatycznych momentach, ponieważ łagodzi emocje na głębokim poziomie. Jest uspokajający dla całego systemu nerwowego, redukując stres i niepokój. Różowy Kwarc jest idealnym kamieniem, gdyż pomaga przyciągnąć romantycznego partnera do swojego życia, ponieważ zwiększa poziom bezwarunkowej miłości w czakrze serca. Jest związany z astrologicznymi znakami Waga i Byk oraz planetą Wenus. Różowy Kwarc może być również stosowany jako środek wspomagający sen i leczący wszelkie problemy związane z fizycznym sercem.

Selenit

Ten odbijający światło, mlecznobiały kamień jest potężnym narzędziem do dostrojenia nas do duchowych i boskich planów świadomości. Jego użycie dostarcza eterycznej energii, która łączy nas z naszym Ciałem Światła, które możemy wykorzystać do kontaktu z wysoko wibrującymi Istotami, takimi jak Anioły, Archanioły i Wniebowstąpieni Mistrzowie w Niebiańskich Sferach. Związany z grecką boginią Księżyca, Selene, ten uspokajający kamień o właściwościach elementu duchowego leczy nas na wszystkich poziomach: fizycznym, emocjonalnym i mentalnym. Przypisany jest do czakry Sahasrara i czakry Gwiazdy Duszy, można użyć Selenitu do połączenia się ze swoim Boskim celem i zakotwiczenia go w swojej niższej świadomości. Ponadto możemy użyć tego kamienia, aby dostroić się do naszej wrodzonej mądrości i ułożyć naszą świadomość z miłością i Światłem. Selenit łączy nas z cyklem Księżyca oraz naszymi Aniołami Stróżami i Przewodnikami Duchowymi.

Kwarc Dymny

Ten półprzezroczysty kamień o barwie od jasnej do ciemnobrązowej utrzymuje energię ochronną, jednocześnie odbijając negatywne wibracje. Kwarc dymny jest znany z tworzenia ochronnego kręgu wokół siebie podczas duchowych ceremonii i rytuałów. Możemy go również używać do odbijania częstotliwości elektromagnetycznych emitowanych przez elektronikę. Dzięki właściwościom Elementu Ziemi i Powietrza, Kwarc Dymny uziemia wszystkie myśli, podnosząc jednocześnie koncentrację, co czyni go idealnym towarzyszem medytacji. Kamień ten pomaga wyeliminować strach, nerwowość i niepokój, dając nam poczucie bezpieczeństwa. Jest znany ze wzmacniania męskiej energii i instynktów przetrwania. Kwarc dymny jest często zalecany w leczeniu depresji i stresu emocjonalnego, ponieważ wypędza ciemność, jednocześnie wnosząc pozytywną energię. Kwarc dymny jest związany z czakrą Gwiazdy Ziemi i planetą Saturn. Odnosi się również do znaku zodiaku Koziorożca.

Sodalit

Ten nieprzejrzysty, ciemnoniebieski z białymi i czarnymi smugami kamień jest doskonały do poprawy intuicji, psychizmu, kreatywnej ekspresji i komunikacji. Związany z czakrami Vishuddhi i Ajna, Sodalit podnosi świadomość na płaszczyznę duchową, co sprowadza wyższy umysł na poziom fizyczny. Poprzez podniesienie duchowej percepcji, wróżenie i praktyki medytacyjne stają się bardziej intensywne. Dzięki właściwościom związanym z żywiołami Powietrza i Wody, Sodalit jest dobrym pomocnikiem w nauce, ponieważ usuwa zamęt umysłowy, zwiększając koncentrację, skupienie i zdolność do przypominania sobie informacji. Ponadto zwiększa zdolności rozumowania, obiektywizm i rozeznanie. Sodalit stabilizuje również emocje, przynosząc wewnętrzny spokój, co czyni go dobrym narzędziem do pokonywania ataków paniki. Ponadto zwiększa poczucie własnej wartości, samoakceptację i zaufanie do siebie. Ma powinowactwo z planetą Jowisz i znakiem zodiaku Strzelec.

Tygrysie Oko

Ten nieprzejrzysty brązowo-złoty kamień z jaśniejszymi pasmami tych dwóch kolorów łączy energie Słońca i Ziemi, aby przywołać pewność siebie, odwagę, motywację, ochronę i równowagę emocjonalną. Tygrysie Oko wspiera integralność, dumę, bezpieczeństwo i pomaga nam w osiąganiu naszych celów i marzeń. Jest związane z czakrą Swadhisthana, a jednocześnie ma powinowactwo z czakrami Muladhara (Ziemia) i Manipura (Ogień) oraz żywiołami, które nimi rządzą. Ponieważ jego energia jest bezpośrednio związana ze Słońcem, Tygrysie Oko pobudza wyobraźnię, jednocześnie utrzymując nas na ziemi w naszych duchowych i materialnych aspiracjach i dążeniach. Łączy nas z naszymi duszami, co wzmacnia nas i otwiera na nasz najpełniejszy potencjał. Jego użycie rozjaśnia nasze spojrzenie na życie, przynosząc jasność umysłu i pozytywność, nawet w obliczu przeciwności. Tygrysie Oko pomaga nam opanować nasze emocje, uwalniając negatywne uczucia wobec innych, takie jak zazdrość. Ma powinowactwo ze znakami zodiaku Koziorożec i Lew.

Turkus

Ten nieprzejrzysty, niebiesko-zielony do zielonkawo-niebieskiego kamień jest doskonały do komunikacji, ponieważ pomaga w wyrażaniu wewnętrznych uczuć i usuwa blokady w wyrażaniu siebie. Odnosi się do Vishuddhi, czakry gardła, gdzie męskie i żeńskie energie stają się zrównoważone poprzez element Ducha. Turkus jest korzystny dla połączenia nas z naszą wewnętrzną prawdą, jednocześnie chroniąc nas przed negatywnymi emocjami ludzi. Dzięki właściwościom elementów Powietrza, Wody i Ognia, turkus równoważy wahania nastroju i zwiększa inspirację, która wspomaga nas psychicznie, gdy doświadczamy blokad twórczych. Dodatkowo pomaga w kierowaniu wyższej mądrości i wyrażaniu jej ustnie lub poprzez słowo pisane. Turkus jest związany z planetami Jowisz i Merkury oraz znakami zodiaku Bliźnięta, Panna i Strzelec. Był on dominującym kamieniem używanym w biżuterii na przestrzeni wieków ze względu na jego uderzający kolor i właściwości energetyczne. Zwłaszcza rdzenni Amerykanie noszą go od tysięcy lat, aby połączyć się z kosmicznymi energiami.

OCZYSZCZANIE KAMIENI SZLACHETNYCH

Kamienie szlachetne z czasem programują się energią. Jest to ich natura, głównie jeśli były one obsługiwane przez innych ludzi lub nawet przez nas samych, gdy byliśmy w niezrównoważonym stanie umysłu. Dlatego też, przed użyciem kamieni szlachetnych do celów leczniczych, ważne jest, aby "oczyścić" je z wszelkich pozostałości energii. Oczyszczenie kamienia szlachetnego przywróci go do optymalnego, neutralnego stanu, co jest niezbędne, zwłaszcza gdy wykonujesz sesję uzdrawiania na kimś nowym. Ale nawet jeśli wykonujesz uzdrowienie na sobie, pomaga to oczyścić kamienie szlachetne często, ponieważ są one najsilniejsze, gdy ich energie są resetowane.

Omówię kilka metod, które według mnie najlepiej sprawdzają się w oczyszczaniu kamieni szlachetnych. Pamiętaj, że jeśli wiesz jak oczyścić energię kart Tarota, jak opisano w *The Magus,* możesz wykorzystać te same metody do oczyszczenia kamieni szlachetnych. Oczyszczanie przy pełni Księżyca jest szczególnie przydatne, ponieważ promienie Księżyca są bardzo skuteczne w usuwaniu starych energii z kamieni szlachetnych i przywracaniu ich do optymalnej wibracji.

Najszybszym, najbardziej popularnym i być może najbardziej skutecznym sposobem na oczyszczenie kamienia szlachetnego jest umieszczenie go w słonej wodzie. Woda sama w sobie, zwłaszcza z naturalnego strumienia, działa dobrze, aby oczyścić kamień szlachetny, ale kiedy przelejesz ją do szklanki (nie metalowej lub plastikowej) i dodasz do niej sól morską, sprawi, że oczyszczenie będzie jeszcze silniejsze. Pamiętaj, aby używać wyłącznie soli morskiej, ponieważ sól kuchenna zawiera aluminium i inne substancje chemiczne.

Upewnij się, że Kamień Szlachetny jest całkowicie zanurzony w wodzie i pozostaw go tam przez 24 godziny, a więc na czas, aby zresetować go całkowicie. Kamień szlachetny, który wymaga znacznie głębszego i dokładnego oczyszczenia może być pozostawiony tam do jednego tygodnia. Po tym czasie wypłucz swoje kamienie w chłodnej, bieżącej wodzie, aby usunąć resztki soli. Zaleca się, aby pozbyć się słonej wody po, ponieważ wchłonęła ona negatywne, niepożądane energie.

Należy pamiętać, że chociaż słona woda jest najbardziej optymalną metodą oczyszczania kamieni szlachetnych, może mieć szkodliwy wpływ na niektóre kamienie szlachetne, a nawet zmienić ich wygląd i właściwości. Na przykład porowate kamienie, które zawierają metal lub mają w sobie wodę, nie powinny być pozostawione w słonej wodzie. Kamienie szlachetne, które powinny być trzymane z dala od soli to Opal, Lapis Lazuli, Piryt i Hematyt, aby wymienić tylko kilka.

PROGRAMOWANIE KAMIENI SZLACHETNYCH

Poza wykorzystaniem do uzdrawiania energetycznego, kamienie szlachetne mogą być również zaprogramowane z określoną intencją, aby zamanifestować cel. Kamienie szlachetne są znane w historii jako narzędzia pomagające połączyć świadome myśli z ciałem. Myśli są potężne, ponieważ kierują energią. Kiedy ktoś używa zaprogramowanego kamienia szlachetnego, jego częstotliwość pomaga powiększyć myśli i intencje, wspomagając w ten sposób proces manifestacji.

Chociaż wielu ludzi używa kamieni szlachetnych do manifestowania rzeczy materialnych, takich jak nowa dziewczyna czy samochód, zawsze wierzyłem, że skupienie się na swojej duchowej transformacji będzie bardziej korzystne w dłuższej perspektywie. W końcu przyciąganie do siebie czegoś, czego chce Twoje Ego, ale co nie przyczynia się do postępu Twojej Duszy, spowoduje stagnację postępu Twojej Duchowej Ewolucji, ponieważ będziesz musiał w końcu odrzucić tę rzecz, aby iść do przodu. Dlatego też, jeśli skupisz się na Oświeceniu i zaprogramujesz kamienie szlachetne, aby osiągnąć ten cel, Twoje życie materialne znajdzie się na swoim miejscu w odpowiednim czasie.

Możesz zaprogramować kamień szlachetny tak, aby skupiał swoją energię na czymś, co chcesz osiągnąć lub zmienić w sobie, powiększając w ten sposób swoją intencję. W ten sposób kamień szlachetny staje się talizmanem, samogenerującym się urządzeniem energetycznym (baterią), które dodaje niezbędnego paliwa do siły woli, aby osiągnąć swój cel.

Znajdź miejsce, w którym możesz być sam dla tego ćwiczenia. Przed rozpoczęciem procesu programowania kamienia szlachetnego, musisz jasno określić swoją intencję lub cel, jaki chcesz osiągnąć za jego pomocą. Skonstruuj proste zdanie z Twoim pragnieniem zakorzenionym w nim, ujętym w ramy z afirmatywnego punktu widzenia. Jeśli chcesz pomocy w rozwijaniu lepszej pamięci, na przykład, lub zwiększeniu kreatywności lub inspiracji, wyraź swoją intencję w swoim zdaniu. Odnieś się do Tabeli 1 na końcu tego rozdziału, aby zapoznać się z korespondencją pomiędzy kamieniami szlachetnymi a ludzkimi wyrażeniami/mocami.

Musisz wtedy oczyścić kamień szlachetny i usunąć z niego wszelkie zaprogramowane energie. Aby to zrobić, wykonaj jedną z technik oczyszczania, o których była mowa wcześniej. Następnie trzymaj Kamień w dłoni i połącz się z nim wchodząc w stan medytacyjny. Poczuj jak jego energia wlewa się do Twojej Czakry Serca, poprzez Twoje dłonie stań się z nim jednością. Kiedy już nawiążesz połączenie, możesz zacząć go programować.

Mów do kamienia na głos, jak do przyjaciela. Wyraźnie powiedz, w czym potrzebujesz pomocy. Jeśli czujesz, że jego energia staje się negatywna w stosunku do tego, o co go prosisz, będziesz musiał znaleźć inny kamień. Aby to zadziałało, połączenie pomiędzy Tobą a kamieniem musi być pozytywne.

Teraz zacznij powtarzać swoje zdanie, którego będziesz używał jak mantry. Twoje zdanie jest magiczne, ponieważ użyjesz go do zamanifestowania rzeczywistości, której pragniesz. Powtarzaj Mantrę przez kilka minut i poczuj jak kamień ogrzewa się w Twojej dłoni podczas ładowania go. Kiedy poczujesz, że naładowałeś kamień wystarczająco swoją siłą woli, zakończ ćwiczenie.

Masz teraz potężne urządzenie, które pomoże Ci osiągnąć cokolwiek, z czym potrzebujesz pomocy. Przechowuj kamień w białym płótnie i noś go ze sobą, dopóki nie urzeczywistni się to, o co go poprosiłeś. Jeśli czujesz, że musisz przeprogramować kamień lub dodać do niego więcej ładunku, zawsze możesz trzymać go w dłoni, nawiązać połączenie i powtórzyć swoją mantrę, aby go dalej zaprogramować.

UZDRAWIANIE CZAKR ZA POMOCĄ KAMIENI SZLACHETNYCH

Poniższa technika uzdrawiania kryształami może być wykonana na Tobie lub na innych osobach. Kiedy wykonujesz ją na sobie, stwórz przestrzeń, w której możesz się zrelaksować i medytować bez przeszkód. Jeśli chciałbyś zapalić kadzidło, aby wprowadzić siebie w odpowiedni stan umysłu, to zrób to. Potrzebujesz położyć się wygodnie dla tego ćwiczenia, więc użyj poduszki jeżeli sobie tego życzysz. Powinieneś być w zrelaksowanym i medytacyjnym stanie umysłu, praktykując uważność.

Kontrola oddechu jest jednym z podstawowych elementów wchodzenia w medytacyjny stan umysłu, który jest warunkiem wstępnym podczas pracy ze wszystkimi modalnościami Duchowego Uzdrawiania. Dla optymalnych rezultatów użyj techniki Czterokrotnego Oddechu (Sama Vritti), którą znajdziesz w rozdziale "Ćwiczenia Pranajamy" w sekcji Joga tej książki. To ćwiczenie oddechowe uspokoi Twoje wewnętrzne energie i podniesie wibrację Twojej świadomości, otwierając Cię na przyjęcie uzdrowienia. Możesz je stosować w odosobnieniu przez kilka minut przed sesją uzdrawiania i podczas niej, aby utrzymać siebie w równowadze.

Jeśli wykonujesz uzdrawianie kryształami na kimś innym, możesz włączyć do tego ćwiczenia komponent uzdrawiania dłońmi dla uzyskania optymalnych rezultatów. Byłoby jednak pomocne, gdybyś określił, które czakry wymagają dodatkowej uwagi przed rozpoczęciem ćwiczenia uzdrawiania czakr. Ta informacja może być również zastosowana, jeśli chcesz dodać użycie Kryształowych Różdżek, aby zoptymalizować spinanie Czakr.

Skanuj każdą czakrę za pomocą dłoni niedominującej, aby wyczuć, czy funkcjonuje ona dobrze, czy też jej energia jest w stanie stagnacji. Dobrze funkcjonujące czakry mają kulę energii ze stałym ciepłem emanującym z nich, które możesz poczuć na swojej skanującej dłoni, ponieważ nacisk wzmaga się im bardziej świadomie nawiązujesz z nimi kontakt. Jednak czakry, które są w stanie stagnacji, będą wytwarzać bardzo mały lub żaden nacisk na Twoją rękę skanującą.

Metoda Uzdrawiania Czakr za Pomocą Kamieni Szlachetnych (z Opcjonalnymi Dodatkowymi Elementami)

Aby rozpocząć ćwiczenie, umieść odpowiedni kamień szlachetny na każdym z siedmiu głównych punktów czakry (z przodu ciała) podczas leżenia. (Aby uzyskać odpowiednie informacje, skorzystaj z tabeli 1.) W przypadku Sahasrara, umieść kamień szlachetny nad głową. Dla Muladhara, możesz umieścić kamień szlachetny na genitaliach lub tuż poniżej, w obszarze pomiędzy kroczem a kością ogonową. Jeśli pracujesz z czakrami transpersonalnymi, umieść Kryształ Gwiazdy Duszy sześć cali nad czubkiem głowy, podczas gdy Kryształ Hara umieść bezpośrednio na szczycie pępka (Rysunek 65). Kryształ Gwiazdy Ziemi powinien być umieszczony sześć cali poniżej stóp. Jeśli wykonujesz to ćwiczenie samodzielnie i umieszczenie kryształów na ciele stanowi dla Ciebie wyzwanie, możesz skorzystać z pomocy innej osoby.

Po umieszczeniu kamieni szlachetnych zamknij oczy i zrelaksuj się, wyciszając umysł na 10-30 minut. Im dłużej będziesz wykonywać to ćwiczenie, tym więcej uzdrawiającej energii uzyskasz. Istotne jest, aby trwało co najmniej 10 minut, aby energia zawarta w Kamieniach Szlachetnych skutecznie przeniknęła do Czakr. To ćwiczenie ma wymierny efekt, co oznacza, że im dłużej je wykonujesz, tym więcej uzdrowienia otrzymasz. Na początek najlepiej zacząć od krótszego czasu, a następnie wydłużać czas w miarę powtarzania ćwiczenia. Najlepiej byłoby, gdybyś powtarzał to ćwiczenie codziennie. Pozwól swojemu Wyższemu Ja poprowadzić Cię w tym procesie.

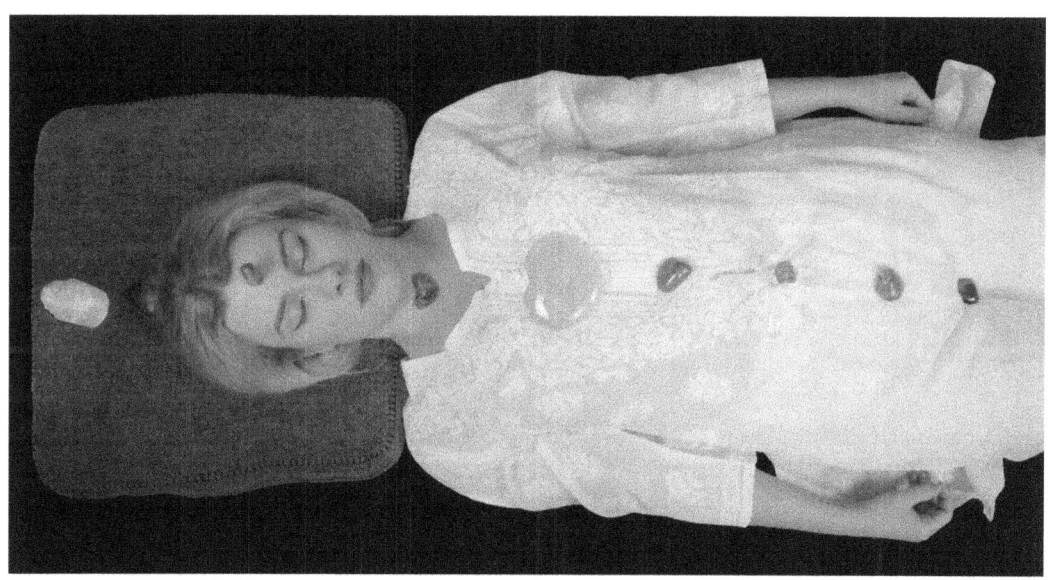

Rysunek 65: Umiejscowienie Kamieni Szlachetnych na Czakrach

Podczas sesji uzdrawiającej ćwicz uświadamianie sobie wszelkich reakcji ciała na leczenie. Twoja uwaga może być zwrócona na jeden lub więcej kamieni szlachetnych, które mogą być gorące lub zimne, ciężkie lub lekkie. Możesz doświadczyć mrowienia lub wyładowań elektrycznych, zazwyczaj w miejscach, gdzie umieszczony jest kamień, ale także w innych częściach ciała. Po prostu zauważ je i pozwól im odejść. Nie koncentruj się na tym, czego doświadczasz. To ćwiczenie powinno sprawić, że poczujesz się spokojny i zrelaksowany, ale także uziemiony. Energia kamienia szlachetnego będzie stymulować Twoje myśli i emocje. Niezależnie od tego, skup swoją uwagę na utrzymaniu umysłu w bezruchu.

Opcja#1-Crystal Shards

Potężną techniką wzmacniającą uzdrowienie w określonej czakrze (lub czakrach) jest dodanie czterech, ośmiu lub dwunastu kryształów czystego kwarcu wokół kamienia szlachetnego czakry, aby zintensyfikować jego właściwości lecznicze. Im więcej kryształów kwarcu dodasz, tym większy będzie efekt. Możesz użyć tej części ćwiczenia na sobie lub innych ludziach. Każdy odłamek kryształu kwarcu powinien być skierowany w stronę centralnego kamienia szlachetnego, co spowoduje skupienie energii do wybranej czakry bardziej efektywnie, znacznie wzmacniając i intensyfikując moc uzdrawiania.

Na przykład, możesz zwiększyć moc kryształu umieszczonego na Czakrze Serca, takiego jak Kwarc Różany lub Malachit, ponieważ jest to Czakra Elementu Powietrza, która harmonizuje niższe trzy Czakry Ognia, Wody i Ziemi, jednocześnie nasycając Element Ducha. Używanie kryształu serca do tego celu może być korzystne, zwłaszcza większego, który staje się głównym punktem sesji uzdrawiania kryształem. Korzystne może być również wzmocnienie mocy kryształu czakry Hara (Rysunek 66), takiego jak cytryn czy kamień słoneczny. W ten sposób zwiększysz ilość Prany w swoim ciele, która może być wykorzystana do różnych celów, takich jak zasilanie umysłu czy uzdrawianie ciała.

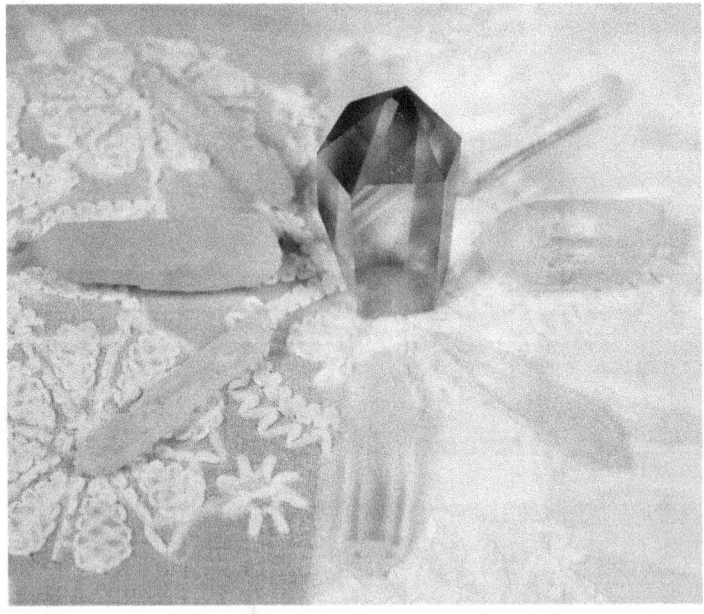

Rysunek 66: Wzmacnianie Kryształu za Pomocą Odłamków Kwarcu Czystego

Opcja#2-Uzdrawianie Przez Ręce

Jeżeli wykonujesz Kryształowe Uzdrawianie na kimś innym, możesz wykorzystać czas, kiedy ta osoba leży w ciszy, aby praktykować uzdrawianie dłońmi na jej czakrach (Rysunek 67). Używając czakr dłoni, możesz celowo wysłać uzdrawiającą energię do każdej czakry, która wymaga pracy lub do wszystkich czakr, poświęcając kilka minut na każdą z nich, jeżeli Twoim celem jest ich zrównoważenie.

Podczas uzdrawiania dłońmi konieczne jest wytworzenie energii pranicznej w klatce piersiowej, co wymaga zwrócenia uwagi na jej centrum i oddychania z płuc. Przeprowadź teraz tę energię przez swoje dłonie, wyobrażając sobie, że uzdrawiająca energia bije z czakry dłoni i napełnia docelową czakrę. Jeśli robisz to dobrze, powinieneś poczuć ciepło płynące z dłoni i sporadyczne błyski na powierzchni dłoni.

Rysunek 67: Wysyłanie Uzdrawiającej Energii Przez Dłonie

Opcja#3-Kryształowe Różdżki

Potężną metodą optymalizacji spinu Czakr jest użycie Kryształowych Różdżek. Technika ta może być stosowana na Tobie lub innych ludziach. Jeśli robisz sesję Kryształowego Uzdrawiania na kimś innym, możesz włączyć tę technikę na Czakrach, które potrzebują dodatkowej uwagi. Pomaga, jeśli przeskanowałeś każdą z czakr przed rozpoczęciem ćwiczenia. Ponieważ będziesz musiał poruszać Kryształową Różdżką okrężnie, aby zoptymalizować obrót czakry, musisz również określić, czy czakra, nad którą chcesz pracować, obraca się w kierunku zgodnym czy przeciwnym do ruchu wskazówek zegara. (Użyj diagramu na Rysunku 61, aby uzyskać tę informację).

Umieść kryształową różdżkę przed kryształem, który leży na szczycie ciała nad docelową czakrą. Upewnij się, że właściwości Kryształowej Różdżki odpowiadają tej czakrze lub użyj takiej, która może być używana na wszystkich czakrach, jak różdżka z czystego kwarcu. Teraz zacznij poruszać nią zgodnie lub przeciwnie do ruchu wskazówek zegara. Kiedy pracujesz bliżej ciała, Twoje kręgi powinny mieć mniejszą średnicę niż kiedy pracujesz dalej, ponieważ każda czakra wystaje na zewnątrz w sposób przypominający stożek. Możesz również wyciągnąć je na zewnątrz w sposób przypominający spiralę, śledząc zewnętrzną stronę wystającej czakry.

Nawiązując kontakt z kwiatem Czakry, tworzysz w Aurze wir energii, którego ruch optymalizuje obrót tej konkretnej Czakry. Aby uzyskać najlepsze rezultaty, poświęć pięć do dziesięciu minut na każdą Czakrę, która wymaga pracy. O ile nie wykonujesz tej techniki na sobie, możesz pracować na dwóch Czakrach jednocześnie (Rysunek 68).

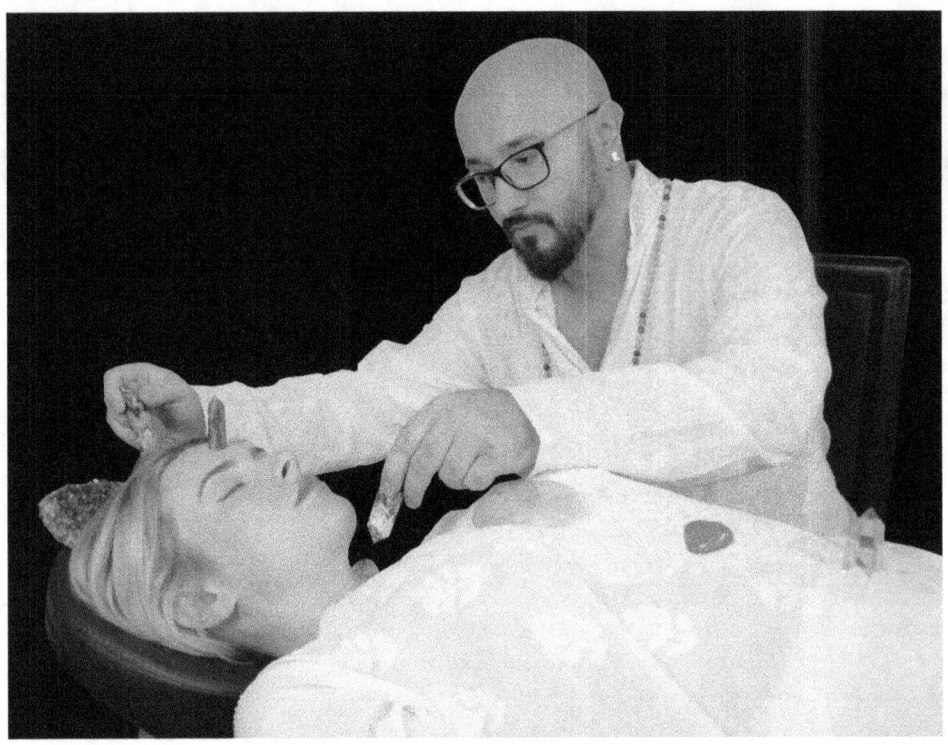

Rysunek 68: Optymalizacja Spinu Czakr za Pomocą Kryształowych Różdżek

Po zakończeniu ćwiczenia uzdrawiania kryształami, usuń kamienie szlachetne ze swojego ciała. Twoje czakry zostaną napełnione nową energią, którą możesz odczuwać silnie przez resztę dnia. Jakikolwiek nadmiar energii rozproszy się podczas snu, podczas gdy Twoje czakry zatrzymają część energii na następny dzień lub dwa. Twoja świadomość może zauważyć zmianę w energii natychmiast, w zależności od tego, jak bardzo jesteś wrażliwy psychicznie. Biorąc pod uwagę, że w tym ćwiczeniu dostrajasz siedem głównych czakr, staniesz się zrównoważony w umyśle, ciele i duszy. Efekt ten jest jednak tylko tymczasowy, dlatego radzę Ci wykonywać to ćwiczenie często.

KAMERTONY DO STROJENIA

Przez tysiące lat wszystkie kultury i tradycje mówiły o Uniwersalnym Polu Energii, które łączy wszystko co istnieje. *Kybalion* odnosi się do niego jako do "Wszystkiego" i dodaje, że wszystko w tym wszechogarniającym Polu jest w ciągłej wibracji i ruchu. *Biblia Święta* odnosi się do wibracji Wszechświata jako "Słowo", podczas gdy w hinduizmie brzmi ona jako święta Mantra "Om".

W naszym Układzie Słonecznym i poza nim, wszystko jest zasadniczo złożone ze Światła i dźwięku. Pitagoras nauczał, że wszystkie planety tworzą melodię dźwięku w swoim ruchu obrotowym, wibrację, którą nazwał "Muzyką Sfer". Podczas gdy Światło składa się z fal elektromagnetycznych, dźwięk składa się z fal mechanicznych. Fala mechaniczna to wibracja w Materii, która przekazuje energię poprzez materiał, taki jak Kamerton Strojeniowy, który emanuje doskonałe sinusoidalne wzory dźwiękowe.

Kamertony zostały wynalezione na początku 1700 roku, ale w początkowym okresie były używane do strojenia instrumentów muzycznych. Jednak dopiero w latach 60-tych XX wieku naukę o kamertonach zaczęto stosować w odniesieniu do ludzkiego ciała i jego energii. W ten sposób kamertony stały się potężną metodą wykorzystywaną w uzdrawianiu dźwiękiem.

Terapia dźwiękiem opiera się na zasadzie rezonansu współczulnego - jeden wibrujący obiekt wysyła impulsy w powietrzu, powodując tym samym, że inne obiekty w jego pobliżu wibrują w harmonii z nim. Kamertony strojące są używane głównie na ciele lub wokół niego, wysyłając fale dźwiękowe do określonych obszarów. W przypadku uzdrawiania czakralnego koncentrujemy się na przedniej części ciała, gdzie znajdują się czakralne centra energetyczne, lub na tylnej części wzdłuż kręgosłupa, ponownie skupiając się na punktach czakralnych. Tak się składa, że centra energii czakr znajdują się w miejscu, gdzie wzdłuż kręgosłupa znajdują się ośrodki nerwowe, które wysyłają impulsy do różnych organów ciała. Z tego powodu, poprzez energetyzowanie centrów czakr, stymulujemy również organy i optymalizujemy ich zdrowie.

Nasz zmysł słuchu, który wykrywa dźwięk jest związany z Elementem Ducha lub Aethyr. Z tego powodu użycie Kamertonów Dostrajających w Uzdrawianiu Dźwiękiem ma natychmiastowy wpływ na naszą świadomość, w przeciwieństwie do użycia innych modalności uzdrawiania wymienionych w tym dziale, które wymagają bardziej wydłużonego okresu stosowania, aby odczuć ich energetyczne efekty.

Czas, jakiego potrzebuje metoda uzdrawiania, aby wpłynąć na świadomość, zależy od tego, przez który z pięciu zmysłów jest filtrowana i od poziomu Płaszczyzny Kosmicznej odpowiadającego jej Elementu. Na przykład kryształy, ponieważ są związane z Elementem Ziemi, wymagają dłuższego czasu użycia podczas jednej sesji uzdrawiania, aby wpłynąć na świadomość niż Aromaterapia, która jest związana z Elementami Wody i Powietrza, które są wyżej na skali. I odwrotnie, użycie Tattw ma jeszcze bardziej bezpośredni wpływ na świadomość niż Kryształy i Aromaterapia, ponieważ jest związane z Elementami Ognia i Powietrza.

Na rynku istnieje wiele Kamertonów Strojeniowych i zestawów używanych do uzdrawiania duchowego. Każdy Kamerton Tuningowy jest skalibrowany tak, aby emitował określoną częstotliwość dźwięku, która odnosi się do naszego fizycznego, umysłowego, emocjonalnego i duchowego dobrostanu. Niektóre z szerzej stosowanych zestawów Kamertonów Tuningowych obejmują Święte Solfeggio, aktywację DNA, Drzewo Życia Sephiroth i energie planetarne. We wszystkich przypadkach zestawy Kamertonów są kalibrowane tak, aby dopasować się do konkretnych energii, które mają wytwarzać. Używanie tych specyficznych dźwięków zmienia nasze wewnętrzne wibracje, umożliwiając głębokie uzdrowienie komórkowe.

RODZAJE I ZASTOSOWANIE KAMERTONÓW

Istnieją ważone i nieważone wersje wszystkich zestawów kamertonów. Kamertony z ciężarkami posiadają okrągły ciężarek na końcu każdej końcówki. Im cięższy kamerton, tym silniejsze lub cięższe są jego wibracje. Kamertony z ciężarkami mają silniejsze wibracje i mogą być używane wokół ciała i bezpośrednio na nim, z końcem kamertonu, trzonem, siedzącym w pozycji pionowej. Nieważone Kamertony nie zapewniają tej samej częstotliwości co ważone i są najlepiej używane wokół ciała i uszu.

Zestawy Kamertonów, którymi zajmiemy się w tej książce, odnoszą się bezpośrednio do Czakr Głównych i Transpersonalnych. Proces uzdrawiania czakr za pomocą Kamertonów jest prosty. Wystarczy uderzyć w kamerton i umieścić go na odpowiadającym mu obszarze. Następnie, poprzez wsłuchiwanie się w wibracje kamertonu, aż do ich wygaśnięcia, związana z nim czakra zostaje połączona z jego dźwiękiem, powracając tym samym do optymalnego, zdrowego stanu.

Ponieważ Kamertony są formą Uzdrawiania Dźwiękiem, konieczne jest niezakłócone słyszenie ich wibracji, szczególnie jeśli używasz Kamertonów bez obciążenia. Odkryłem jednak, że nawet jeśli nosisz zatyczki do uszu, kiedy znajdujesz się w pobliżu wibrujących Kamertonów, fala dźwiękowa indukuje Aurę i powoduje wewnętrzną zmianę. Jej intensywność jest jednak mniejsza niż byłaby, gdybyś również słuchał wibracji.

Z mojego doświadczenia wynika, że nie ma innej tak potężnej i skutecznej metody równoważenia czakr jak praca z Kamertonami. A to dlatego, że Uzdrawianie Dźwiękiem bezpośrednio wpływa na Płaszczyznę Duchową, która wpływa na Płaszczyzny poniżej.

Ćwiczenia rytualne Ceremonial Magick z *The Magus* są najbardziej efektywną praktyką izolowania każdej Czakry i pracy nad nią. Jednocześnie Kamertony są najbardziej optymalne do równoważenia wszystkich Czakr jednocześnie.

Kamertony do strojenia czakr zapewniają również odnowioną witalność i poczucie dobrego samopoczucia, jednocześnie uspokajając i relaksując system nerwowy. Balansowanie czakr wycisza Ego, ponieważ impulsy z niższych części Jaźni są neutralizowane. Ze zrównoważonymi czakrami uzyskuje się spokój umysłu. Z kolei ten zrównoważony stan umysłu pozwala świadomości połączyć się z Wyższym Ja, przynosząc inspirację, kreatywność i cel istnienia do swojego życia.

Połączenie z Wyższą Jaźnią umożliwia życie w chwili obecnej, poprawiając zdolności poznawcze i zwiększając świadomość otoczenia. Życie w Teraz to porywający proces, który pozwala nam wykorzystać nasz najwyższy potencjał jako Duchowe istoty ludzkie.

ZESTAWY KAMERTONÓW DO STROJENIA CZAKR

Na rynku istnieją dwa zestawy Kamertonów do strojenia Czakr, które omówię. Oba zestawy działają na rzecz zrównoważenia i dostrojenia Głównych Czakr, chociaż uzyskiwane efekty są nieco inne. Pierwszy z nich to Zestaw Siedmiu Czakr (Rysunek 69), który często zawiera kamertony Gwiazdy Duszy i Gwiazdy Ziemi. Ten zestaw widelców ma za zadanie kontaktować się z wyższymi planami kosmicznymi, w tym z wewnętrzną energią duchową. Poprzez Hermetyczną Zasadę Korespondencji (As Above, So Below), niższe Płaszczyzny zostaną dotknięte, włączając w to emocje i myśli. Zestaw Kamertonów Tuningowych Siedmiu Czakr oparty jest na rotacji planet wokół Słońca.

Zestaw Siedmiu Czakr wykorzystuje precyzyjne formuły matematyczne cykli planetarnych naszego Układu Słonecznego, łącząc się z naszymi Kosmicznymi Wielowymiarowymi Jaźniami. Zasadniczo pozwala nam to na połączenie się z naszym Wyższym Ja i wykorzystanie jego mocy. Praca z tymi Kamertonami dostrajającymi równoważy czakry i neutralizuje Ego. Natychmiastowym rezultatem jest natchniony stan umysłu i jasność myśli. Możliwość dostrojenia czakr transpersonalnych Gwiazdy Duszy i Gwiazdy Ziemi pozwala na uziemienie całego systemu czakr, co wyrównuje świadomość z Wyższą Wolą. Pozwala to na istnienie w harmonii z Planetą Ziemią.

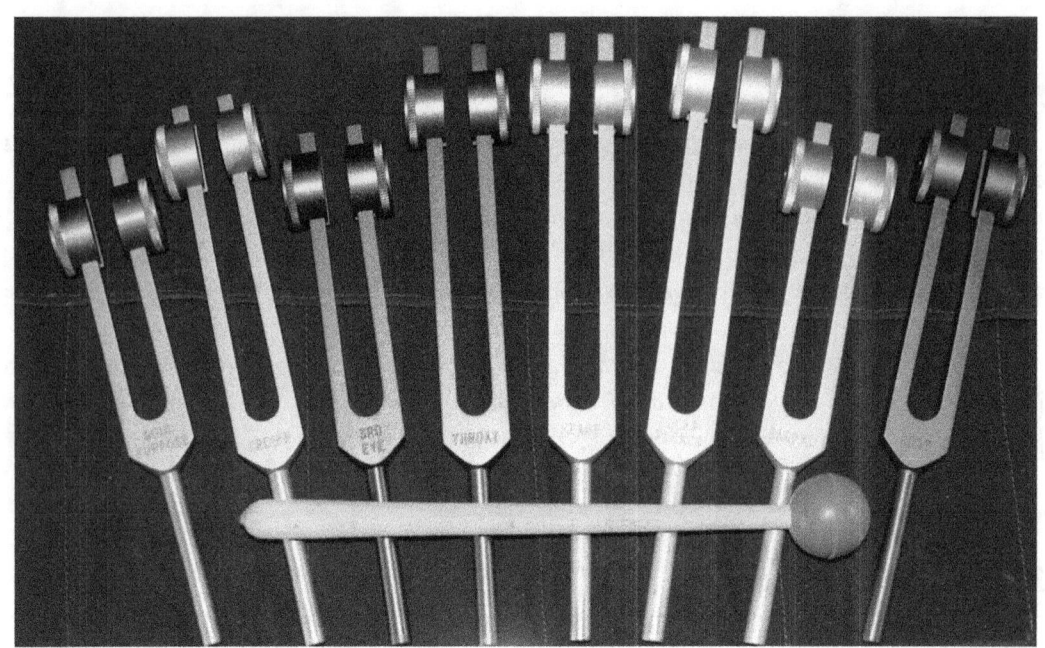

Rysunek 69: Zestaw Kamertonów do Strojenia Siedmiu Czakr z Gwiazdą Duszy

Drugi zestaw Kamertonów do strojenia czakr nazywany jest zestawem Kamertonów harmonicznych (Rysunek 70). Jest to kompletna oktawa ośmiu Widełek Strojeniowych (C,D,E,F,G,A,B,C) wywodzących się z matematyki pitagorejskiej, która jest zasadniczo wznoszącą się skalą muzyczną. W porównaniu z Zestawem Siedmiu Czakr, Zestaw Spektrum Harmonicznego działa bardziej na poziomie fizycznym, bezpośrednio wpływając na funkcje poznawcze. Ponieważ Płaszczyzna Fizyczna jest gęstsza i ma niższe wibracje niż Płaszczyzna Duchowa, najpierw oddziałuje na ciało fizyczne, a następnie na wewnętrzne Płaszczyzny Kosmiczne poprzez Zasadę Korespondencji.

Zestaw Spektrum Harmonicznego jest bardziej skupiony wokół pięciu ludzkich zmysłów; tkanki, płyny, organy, kości, itp., ciała fizycznego, są dotknięte. Są to tradycyjne częstotliwości czakr z tradycji hinduskiej z dwoma nutami C odpowiadającymi czakrze korzenia, D czakrze sakralnej, E splotowi słonecznemu, F czakrze serca, G czakrze gardła, Ajna czakrze i B koronie.

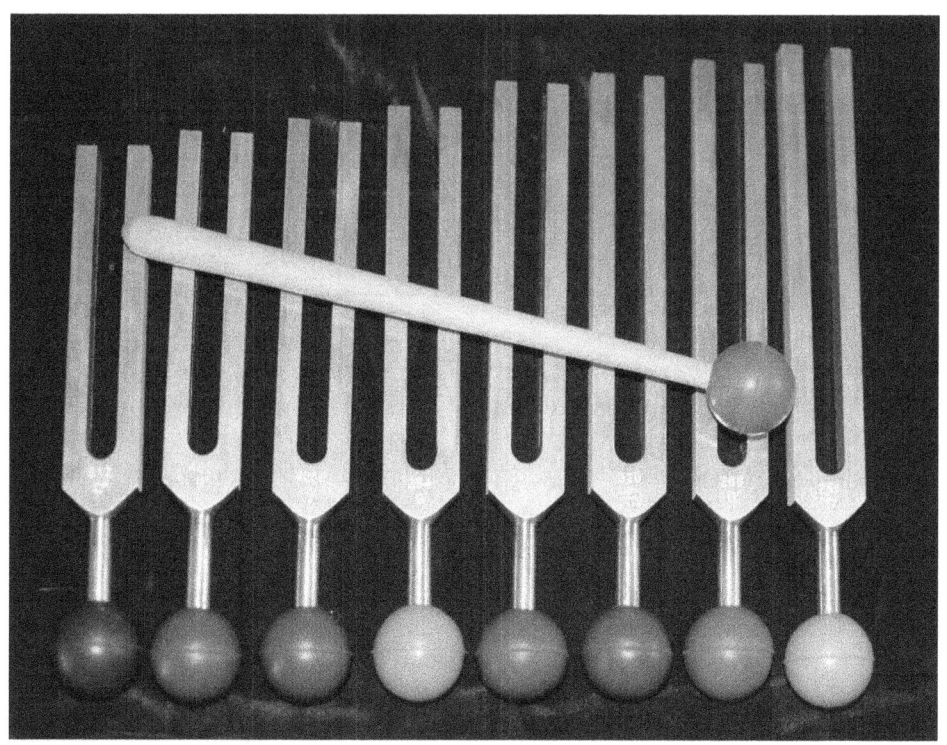

Rysunek 70: Widmo Harmoniczne Zestaw Kamertonów (Nieważone)

UZDRAWIANIE CZAKR KAMERTONEM

Możesz wykonać uzdrawianie za pomocą Kamertonów na sobie, jeżeli chcesz skupić się na punktach czakralnych z przodu ciała (Rysunek 72). W przypadku punktów czakralnych wzdłuż kręgosłupa potrzebna będzie pomoc drugiej osoby. Pamiętaj, że osoba pomagająca Ci będzie również odbiorcą uzdrowienia, ponieważ Kamertony dostrajające działają poprzez fale dźwiękowe - wystarczy, że ktoś posłucha dźwięku, jaki wydają Kamertony dostrajające lub będzie znajdował się w tej samej okolicy, a wibracje wzbudzą jego aurę.

Jeżeli wykonujesz uzdrawianie Kamertonami na sobie, powinieneś siedzieć wygodnie w pozycji lotosu lub na krześle. Upewnij się, że masz trochę prywatności podczas wykonywania uzdrawiania czakr metodą Kamertonów Dostrajających. Tak jak w przypadku wszystkich praktyk i ćwiczeń duchowych, relaks, skupienie i spokój umysłu są najważniejsze. W związku z tym każdą sesję powinieneś rozpocząć od wykonania Czterokrotnego Oddechu przez kilka minut z zamkniętymi oczami, aby uspokoić swoje wnętrze i wejść w medytacyjny stan umysłu. Pamiętaj, aby nadal stosować tę technikę oddychania również podczas sesji uzdrawiania, aby uzyskać optymalne rezultaty.

Uzdrawianie przez Kamertony najlepiej jest wykonywać na pusty żołądek, ponieważ wtedy Ego jest najmniej aktywne, a umysł najbardziej skupiony. Ponadto uczę moich uczniów, aby nigdy nie pracowali z ćwiczeniami przywołującymi energię lub równoważącymi tuż przed snem, ponieważ w wielu przypadkach trudno jest potem wywołać sen. W przypadku Kamertonów uzdrawiających czakry, zauważysz, że Twoja witalność i ogólna surowa energia wzrośnie po ćwiczeniu, co sprawi, że nie będziesz mógł zasnąć przez co najmniej kilka godzin. Najlepiej jest wykonywać tę praktykę rano przed posiłkiem i nadać ton całemu dniu będąc zrównoważonym energetycznie.

Kamertonowe Uzdrawianie Czakr - Metoda Podstawowa

Rozpocznij ćwiczenie od najniższej czakry, Gwiazdy Ziemi, jeśli masz odpowiadające jej Kamertony. Jeśli nie, zacznij od czakry korzenia, Muladhara, i uderz w widełki gumowym młotkiem, który był dołączony do zestawu. Jeżeli nie otrzymałeś gumowego młotka, możesz użyć krążka hokejowego. Wielu praktykujących woli używać krążka hokejowego, ponieważ jest on bardziej uniwersalny.

W tej podstawowej metodzie uzdrawiania zastosujesz dwie techniki na każdej czakrze. Pierwsza technika polega na użyciu wibrującej części Kamertonu, wtyczki, w Kamertonach nieważonych a okrągłego ciężarka w Kamertonach ważonych i umieszczeniu go około pół cala od ciała nad czakrą. Inną metodą, którą możesz zastosować tylko w przypadku Kamertonów ważonych, jest postawienie ich na łodydze (części końcowej) i umieszczenie w pozycji pionowej bezpośrednio na czakrze, tak aby wibracje indukowały ciało. (Upewnij się, że nie dotykasz wtyków Kamertonu, aby nie zakłócać jego wibracji).

Kamertony należy trzymać w pozycji i słuchać przez dwadzieścia sekund. Trzeba będzie uderzyć w widełki dwa, może trzy razy, ponieważ dźwięk zamiera po około dziesięciu sekundach. Rysunek 71 pokazuje ustawienie Kamertonów w uzdrawianiu czakrycznym, zarówno ważonym jak i nieważonym.

Kamertony do dostrajania Gwiazdy Ziemi powinny być umieszczone sześć cali poniżej stóp lub przy stopach, jeśli stoisz, natomiast w przypadku Gwiazdy Duszy, kamerton powinien być umieszczony sześć cali powyżej górnej części głowy. W przypadku czakry korzenia należy umieścić Kamerton na lub bezpośrednio pod kroczem, natomiast w przypadku czakry korony należy umieścić go na lub bezpośrednio nad górnym środkiem głowy. Ideą tej pierwszej techniki uzdrawiania, niezależnie od tego, czy używasz Kamertonów Dostrajających na ciele, czy w odległości cala od niego, jest umożliwienie wibrującemu Kamertonowi wzbudzenie Czakry i sprawienie, by wibrowała w rezonansie z nim.

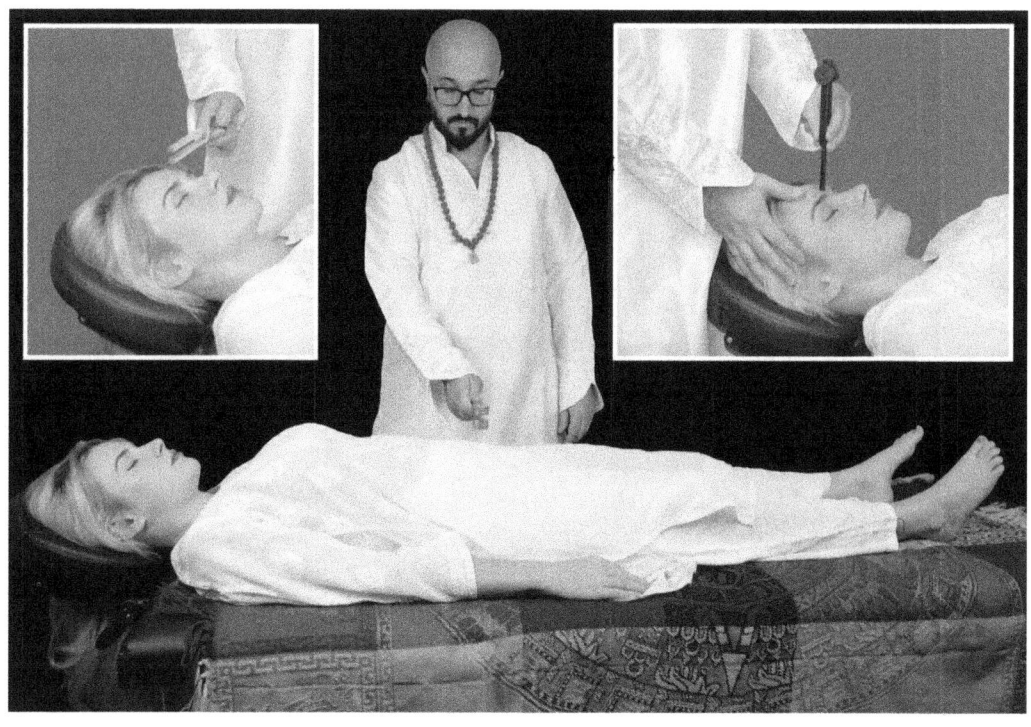

Rysunek 71: Umieszczenie Kamertonów w Uzdrawianiu Czakrycznym

Druga technika jest podobna do metody Kryształowych Różdżek, polegającej na optymalizacji obrotu Czakry. Przy tej metodzie skupisz się tylko na siedmiu głównych Czakrach. W zależności od płci Twojej Duszy, określ kierunek ruchu kwiatu Twojej Czakry Korzenia. (Ponownie użyj rysunku 61 z poprzedniego rozdziału, aby dowiedzieć się, które z Twoich czakr kręcą się zgodnie z ruchem wskazówek zegara, a które przeciwnie). Następnie użyj Kamertonów Dostrajających Czakrę Korzenia i stopniowo poruszaj nimi okrężnie w tym samym kierunku, w którym kręci się odpowiednia czakra. Możesz trzymać widełki równolegle do ciała lub ustawić je pod kątem 45 stopni. Podczas okrążania widełek, przesuwaj je na zewnątrz ruchem ciągnącym dla czakr, które są prostopadłe do ciała. Natomiast w przypadku czakr korony i korzenia, które są równoległe do ciała, krążą one w górę i w dół w sposób spiralny. Pamiętaj, aby zawsze skupiać się na centrum miejsca, z którego emanuje energia czakry.

Możesz użyć obu technik uzdrawiania za pomocą Kamertonów i stosować je zamiennie, poświęcając około dwóch do trzech minut na pracę nad każdą czakrą. Pamiętaj, że to ćwiczenie ma efekt kumulacyjny. Im dłużej spędzisz nad każdą czakrą, tym bardziej będziesz ją dostrajał. Jeśli chcesz spędzić więcej niż trzy minuty na każdej czakrze, wybór należy do Ciebie. Pamiętaj o tym, aby być konsekwentnym w stosunku do wszystkich Czakr - jeśli poświęcasz określoną ilość czasu na jedną Czakrę, to poświęć taką samą ilość czasu na wszystkie pozostałe, ponieważ celem tego ćwiczenia jest dostrojenie Czakr, ale także ich zrównoważenie.

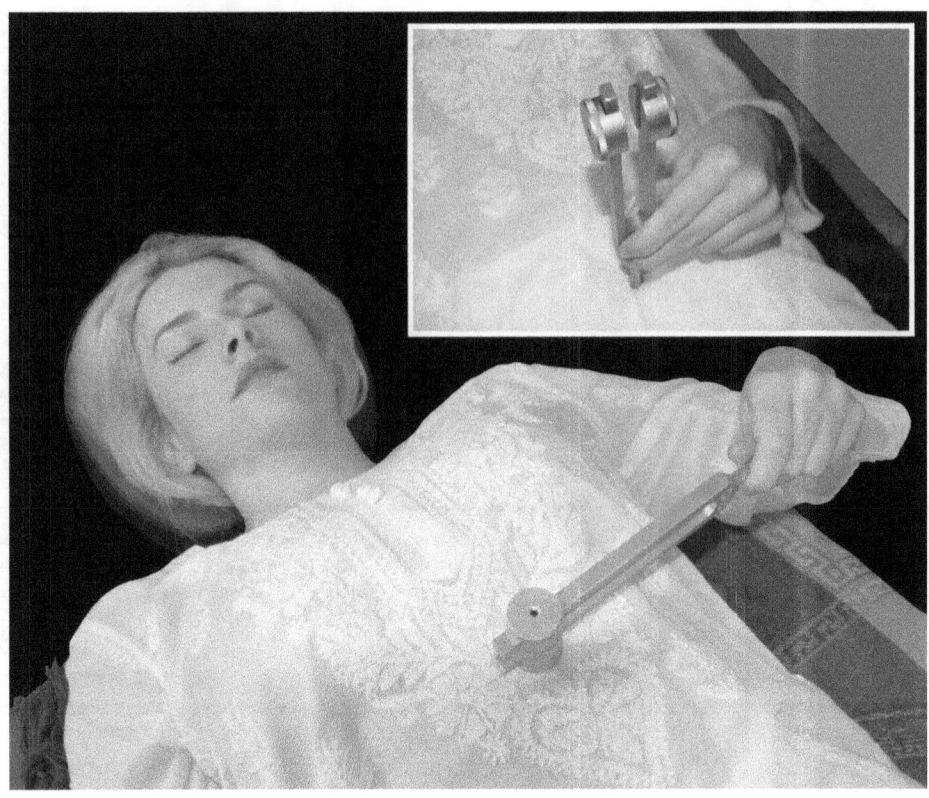

Rysunek 72: Stosowanie Kamertonów Ważonych na Sobie

Następnie podnieś Kamertony do dostrajania Czakry Sakralnej, Swadhisthany, i wykonaj tę samą procedurę. Pamiętaj, że jeżeli Twoja Czakra Korzenia obraca się zgodnie z ruchem wskazówek zegara, to Twoja Czakra Sakralna obraca się w kierunku przeciwnym do ruchu wskazówek zegara i odwrotnie. Dlatego też, kiedy już uzyskasz kierunek wirowania Twojej Czakry Korzenia, Czakra powyżej będzie wirować w przeciwnym kierunku, zmieniając się w miarę jak będziesz szedł w górę, aż osiągniesz Sahasrarę.

Bądź konsekwentny w swoich odmianach techniki, będąc przy tym trzeźwo myślącym i skupionym na zadaniu. Pozwól, aby wszystkie zewnętrzne myśli rozproszyły się i opuściły Twoją Aurę bez przywiązywania się do nich. Kluczem jest utrzymanie umysłu w ciszy i skupienie się tylko na energii wewnątrz Ciebie, gdy dostrajasz swoje czakry. Robienie tego pozwoli na najbardziej optymalne uzdrowienie.

Następnie podnieś Kamertony dostrajające dla czakry Splotu Słonecznego, Manipury, i powtórz tę samą procedurę z dwoma technikami wymienionymi powyżej. Następnie zrób to samo dla innych czakr. Zauważ, że jeśli pracujesz z czakrami Gwiazdy Ziemi i Gwiazdy Duszy, powinieneś zacząć od Gwiazdy Ziemi i zakończyć na Gwieździe Duszy, ponieważ są to najniższa i najwyższa czakra, z którymi pracujesz. Również w przypadku pracy z czakrami transpersonalnymi należy zastosować tylko pierwszą technikę uzdrawiania, ponieważ te czakry emanują na zewnątrz ze swojego centrum, a nie wystają poziomo lub pionowo.

Po zakończeniu ćwiczenia spędź kilka minut medytując nad swoją energią i pozwalając, aby uzdrowienie przeniknęło wszystkie poziomy Twojej świadomości. Przekonasz się, że uzdrawianie czakr Kamertonem Tuningowym nie tylko dostroi i zrównoważy czakry, ale także połączy Cię z Twoim Wyższym Ja. Jako rezultat, Twoja inspiracja i kreatywność będzie wzrastać, jak i neutralność w Twoim emocjonalnym stanie. Nie ma bardziej skutecznego sposobu na zrównoważenie swoich czakr niż za pomocą Kamertonów strojeniowych.

Kamertonowe Uzdrawianie Czakr - Metoda Zaawansowana

Bardziej zaawansowana metoda wykonywania uzdrawiania czakr Kamertonami dostrajającymi polega na użyciu wielu Kamertonów jednocześnie (Rysunek 73). Ideą tej techniki jest połączenie dwóch kolejnych czakr. Technikę tę jest najlepiej wykonywać na Głównych Czakrach, chociaż możesz ją również wykonać, aby połączyć Gwiazdę Ziemi z Muladharą i Gwiazdę Duszy z Sahasrarą.

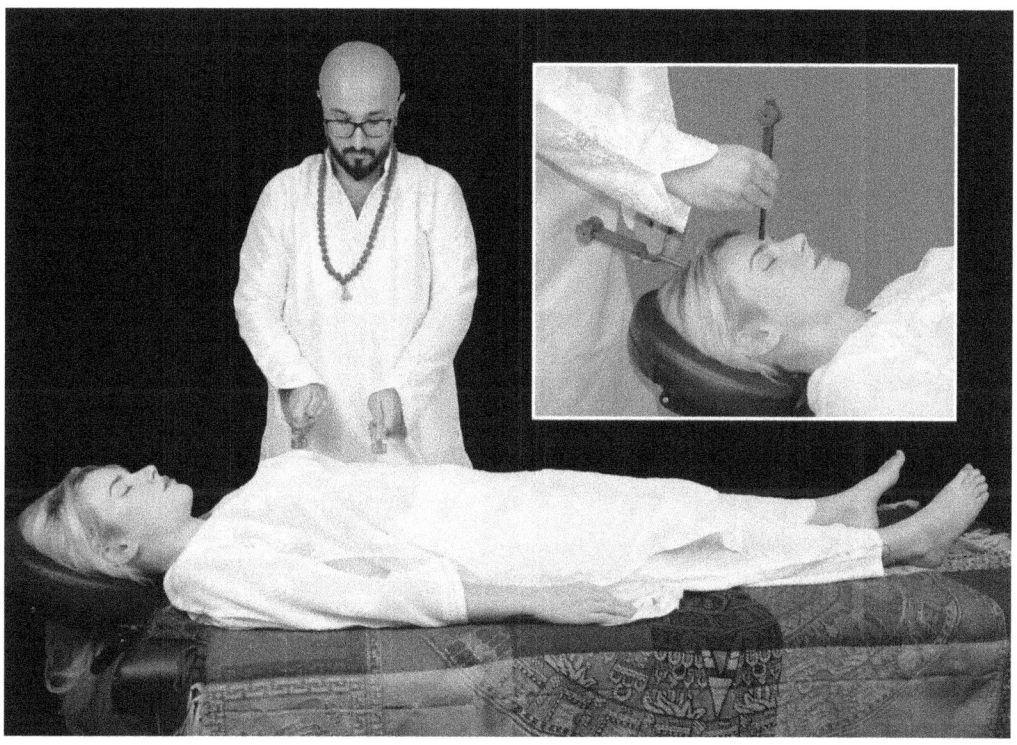

Rysunek 73: Jednoczesna Praca z Dwoma Kamertonami

Jeżeli pracujesz tylko nad głównymi czakrami, weź Kamertony do strojenia Czakry Korzenia i Sakralnej w jedną rękę i uderz w każdą z nich. Podczas gdy one wibrują, włóż jeden z Kamertonów do drugiej ręki i umieść każdy z nich nad odpowiednią czakrą. Po około pięciu sekundach weź Kamerton do Czakry Sakralnej i przesuń go do Czakry Korzenia, wykonując ruch szczotkujący. Następnie przesuń go z powrotem do obszaru Czakry Sakralnej, ponownie wykonując ruch szczotkowania. Powtórz ten proces kilka razy z Kamertonem do strojenia Czakry Sakralnej, idąc w górę i w dół, trzymając Kamerton do strojenia Czakry Korzenia w miejscu.

Następnie weź oba Kamertony do jednej ręki i uderz w każdy z nich gumowym młotkiem lub krążkiem hokejowym. Powtórz ten sam proces, tylko tym razem trzymaj Kamerton do dostrajania Czakry Sakralnej w miejscu, podczas gdy Kamerton do dostrajania Czakry Korzenia przesuwaj w górę i w dół w ruchu szczotkowania. Powtórz tę procedurę kilka razy, spędzając około trzech do pięciu minut na każdym zestawie czakr.

Teraz odłóż Kamerton do strojenia Czakry Korzenia i podnieś Kamerton do Splotu Słonecznego. Powtórz tę samą procedurę dla Czakry Sakralnej i Splotu Słonecznego, spędzając tyle samo czasu na tym zestawie czakr, co na pierwszym zestawie. Następnie odłóż Kamerton do strojenia Czakry Sakralnej i podnieś Kamerton do Czakry Serca. Powtórz ten sam proces. Zrób to dla pozostałych czakr, upewniając się, że pracujesz konsekwentnie z każdą parą. Kiedy skończysz, spędź kilka minut w ciszy medytując nad przywoływanymi energiami, zanim zakończysz ćwiczenie.

ŚWIĘTE KAMERTONY SOLFEGGIO

Święte częstotliwości Solfeggio sięgają setek lat wstecz. Uważa się, że pochodzą one od mnichów gregoriańskich, którzy skandowali te częstotliwości w harmonii podczas mszy religijnych, aby doprowadzić do duchowego przebudzenia. Te częstotliwości dźwiękowe tworzą sześciotonową skalę, w której każda częstotliwość dostraja różne części Jaźni na poziomie fizycznym, emocjonalnym i duchowym.

Ponieważ istnieje sześć oryginalnych częstotliwości, w ostatnich czasach dodano jeszcze trzy brakujące nuty, aby uzupełnić całą skalę. Razem, Święte częstotliwości Solfeggio uzdrawiają i równoważą cały system czakr. Siedem z dziewięciu częstotliwości jest przypisanych do jednej z siedmiu głównych czakr, podczas gdy pozostałe dwa Kamertony odpowiadają czakrom Gwiazdy Ziemi i Gwiazdy Duszy (Rysunek 75).

Podczas uzdrawiania dźwiękiem, Święte Kamertony Solfeggio najlepiej stosować w odległości 0,5-1 cala od uszu, dzięki czemu uzyskuje się bezpośredni kontakt z płaszczyzną eteryczną, pierwszą warstwą auryczną od ciała związaną z Gwiazdą Ziemi i Czakrą Muladhara. Gwiazda Ziemi posiada również warstwę Transpersonalną, która jest jak Eteryczny schemat zawierający cały system czakr, łącząc się jednocześnie z energiami trzech najwyższych Czakr Transpersonalnych. Tak więc, poprzez ukierunkowanie najniższej warstwy aurycznej, Płaszczyzny Eterycznej, możemy wywołać każdą z wyższych od niej warstw zawartych w tym Eterycznym planie. Pamiętaj, że wyższe warstwy przenikają się z niższymi - jak wyżej, tak niżej.

Każda warstwa auryczna Głównych Czakr jest oddalona o około 1 cal szerokości od tej, która jest przed lub po niej (Rysunek 74). (Ta liczba zmienia się w zależności od szkoły myślenia.) Cztery warstwy auryczne Czakr Transpersonalnych są bardziej obszerne niż siedem Głównych Czakr. Każda z nich ma co najmniej 3-4 cale szerokości lub więcej.

Chociaż Czakra Przyczynowa/Bindu ma swoją własną warstwę Auryczną, umieszczoną pomiędzy Eterycznym Projektem Gwiazdy Ziemi a Gwiazdą Duszy, to generalnie służy ona jako nasz punkt kontaktowy pomiędzy Planem Duchowym i Boskim. Następnie mamy warstwę Auryczną Gwiezdnej Bramy i inne subtelne pola nakładające się na nią. Jednakże używając Świętych Kamertonów Solfeggio, będziemy pracować tylko z pierwszymi siedmioma warstwami aurycznymi związanymi z Planem Fizycznym, Astralnym, Mentalnym i Duchowym, podczas gdy używamy Kamertonu Gwiazdy Duszy, aby otworzyć naszą świadomość na wysokie wibracje Planu Boskiego.

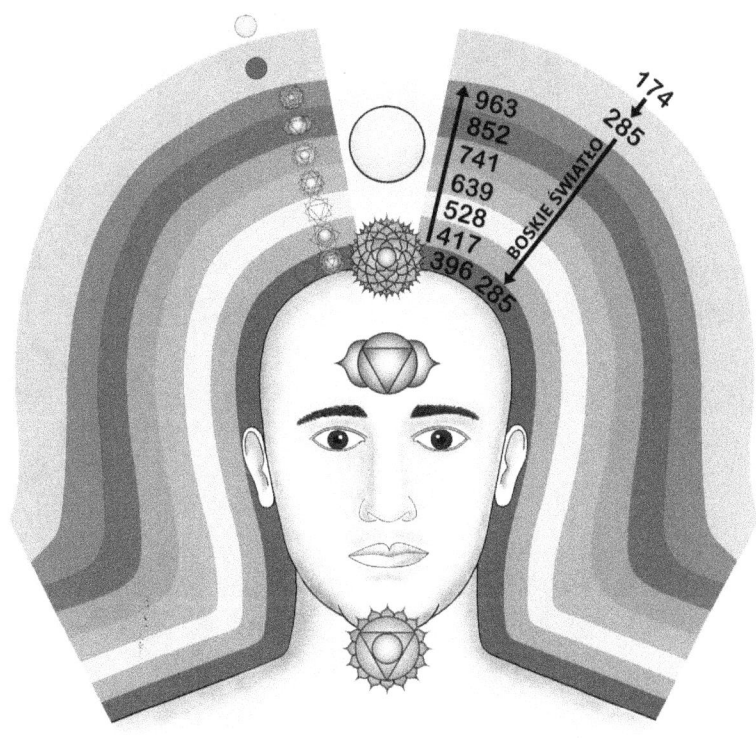

Rysunek 74: Święte Częstotliwości Solfeggio i Warstwy Aury

Kiedy używasz Kamertonów do Świętych Częstotliwości Solfeggio (Rysunek 76), zaczynasz od najniższej częstotliwości, 174Hz (Gwiazda Duszy), a następnie 285Hz (Gwiazda Ziemi). Niska częstotliwość Kamertonu Gwiazdy Duszy nie łączy Cię z Boską Płaszczyzną poprzez podniesienie wibracji Twojej świadomości do niej. Zamiast tego, uspokaja Twoją świadomość tak, że stajesz się otwarty na kochającą energię Piątego Wymiaru, która projektuje w dół od Gwiazdy Duszy. Następnie Widelec Gwiazdy Ziemi odbiera tę wysoką wibrację, uziemia ją i zakotwicza głęboko w Aurze. Następnie stopniowo zaczynasz przechodzić na zewnątrz przez siedem warstw aury w kolejności, wykorzystując odpowiadające im częstotliwości związane z siedmioma głównymi czakrami. Masz zakończyć progresję z końcową częstotliwością 964Hz, związaną z Czakrą Sahasrara.

W porównaniu z dwoma zestawami, które wcześniej opisałem, Święte Częstotliwości Solfeggio mają znacznie wyższą i bardziej eteryczną wibrację. Otwierają umysł na Boską Płaszczyznę i pozwalają jej Światłu wlać się do świadomości. Dają namiastkę duchowego lub religijnego doświadczenia Boga. Poniżej opiszę każdą z dziewięciu Świętych Częstotliwości Solfeggio oraz ich atrybuty i moce.

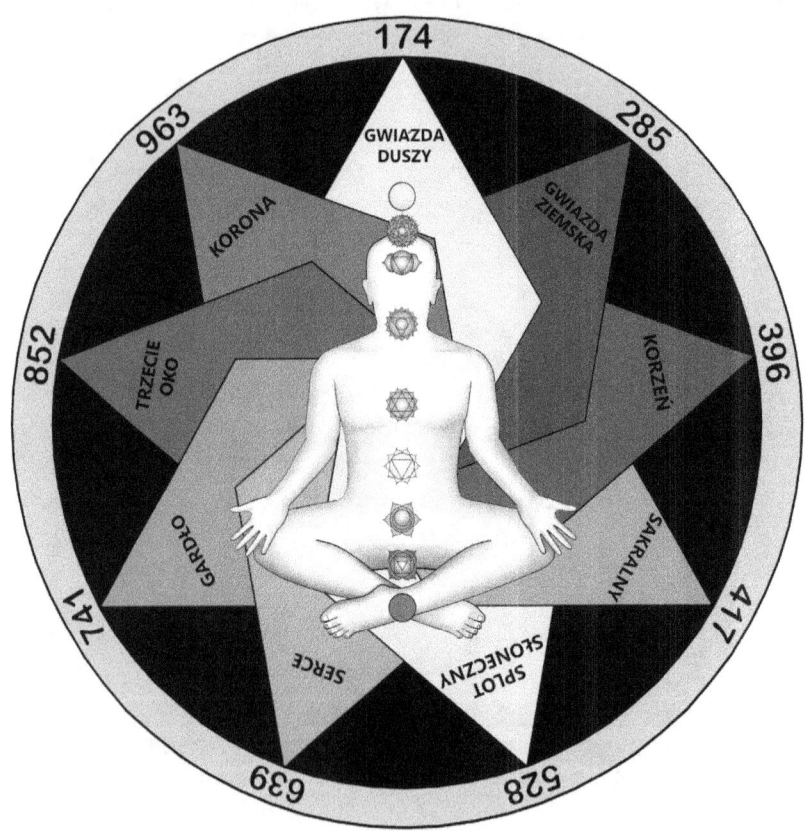

Rysunek 75: Święte Częstotliwości Solfeggio i Czakry

174 Hz/Gwiazda Duszy

Jako najniższa wibracja w skali Świętych Częstotliwości Solfeggio, wibracja 175 Hz działa jak energetyczny środek znieczulający - każdy ból w ciele fizycznym lub Aurze zostanie przez nią rozproszony. Jej niska kojąca wibracja daje naszym organom poczucie bezpieczeństwa, pewności i miłości oraz przywraca je do optymalnego stanu. Sprawia, że czujemy się pocieszeni i pokrzepieni poprzez zwiększenie naszego połączenia z czakrą Gwiazdy Duszy.

285 Hz/Gwiazda Ziemi

Częstotliwość 285 Hz uziemia świadomość do Matki Ziemi, ponieważ ma intymny związek z Czakrą Gwiazdy Ziemi. Ta konkretna częstotliwość adresuje wszelkie dziury w Aurze i nierówności w Czakrach. Pomaga naprawić uszkodzoną tkankę, wysyłając wiadomości do odpowiednich pól energetycznych, nakazując im restrukturyzację tkanki i przywrócenie jej do pierwotnej formy. 285 Hz jest częstotliwością z wyboru dla wielu uzdrowicieli energetycznych.

396 Hz/Muladhara

Ponieważ jest ona związana z Muladhara, czakrą korzenia, częstotliwość 396 Hz jest wykorzystywana do realizacji naszych celów w życiu. Jej energia dostraja nas do Elementu Ziemi, którego świadomość używa do manifestacji naszych pragnień w rzeczywistość. Ponieważ uziemia emocje i myśli, Element Ziemi uziemia również nasze poczucie winy, strach i traumę. 396 Hz jest częstotliwością wyzwalającą, która tworzy potężne pole magnetyczne, które oczyszcza wszelkie przeszkody na drodze do realizacji.

417 Hz/Swadhisthana

Ta szczególna częstotliwość łagodzi napięcie i stres oraz ułatwia pozytywne zmiany i kreatywność. Jest ona związana z Swadhisthana, Czakrą Sakralną, odpowiadającą elementowi wody. Ma oczyszczający wpływ na emocje, ponieważ usuwa destrukcyjne wpływy z przeszłych wydarzeń przechowywanych w podświadomości. 396 Hz restrukturyzuje DNA, aby funkcjonowało najbardziej optymalnie poprzez usuwanie ograniczających przekonań, które powstrzymują nas przed byciem najlepszą wersją siebie. Na poziomie fizycznym częstotliwość ta zwiększa mobilność fizyczną poprzez łagodzenie napięcia w stawach i mięśniach, ponieważ otrzymujemy napływ energii elementu wody. 417 Hz to oczyszczacz duszy, który rozpoczyna proces dostrajania nas do Światła.

528 Hz/Manipura

Ponieważ jest ona związana z Czakrą Splotu Słonecznego (Manipura) i elementem ognia, częstotliwość 528 Hz dotyczy transformacji na wszystkich poziomach. Poprzez optymalizację naszej energii życiowej i witalności, częstotliwość ta przynosi zwiększoną świadomość, jasność umysłu, inspirację i wyobraźnię. Daje nam surową energię do twórczej ekspresji i sprawia, że jesteśmy podekscytowani możliwościami życia. Częstotliwość 528 Hz została powiązana z naprawą DNA i przewijaniem ścieżek neuronowych w mózgu. Otwiera nasze serca dalej na moc Światła i przynosi głębokie duchowe doświadczenia i cuda w naszym życiu. Częstotliwość ta pomaga neutralizować niepokój i ból fizyczny, ułatwiając jednocześnie utratę wagi.

639 Hz/Anahata

Ta częstotliwość jest związana z Anahata, Czakrą Serca i elementem powietrza. Najlepiej znana jako częstotliwość miłości i uzdrawiania, 639 Hz pomaga nam tworzyć harmonijne relacje międzyludzkie w naszym życiu, czy to z rodziną, przyjaciółmi, czy romantycznymi partnerami. Częstotliwość ta inspiruje współczucie, tworząc głębokie połączenia z innymi. Wzmacnia tolerancję, cierpliwość, zrozumienie i komunikację. W związkach romantycznych częstotliwość 639 Hz pozwoli nam stać się wrażliwymi, co poprawia intymność. Na poziomie mentalnym i emocjonalnym, częstotliwość ta jest bardzo uzdrawiająca, ponieważ pozwala nam dostroić się do naszej Duszy z dala od Ego i jego zahamowań.

741 Hz/Vishuddhi

Ta częstotliwość dotyczy wzmacniania pozycji i mówienia swojej prawdy. Ponieważ jest ona związana z Vishuddhi, czakrą gardła, częstotliwość 741 Hz poprawia komunikację poprzez ułatwienie jasnego myślenia i mówienia, co zwiększa pewność siebie. Ponadto częstotliwość ta przynosi napływ elementu Ducha, który pozwala nam dostroić się do naszej intuicji i naszego Wyższego Ja. Prowadzi to do prostszego i zdrowszego życia wypełnionego nowymi możliwościami. Na poziomie fizycznym, częstotliwość 741 Hz przynosi zmianę diety w odniesieniu do żywności zawierającej szkodliwe toksyny. Ponadto, częstotliwość ta jest znana z oczyszczania wszelkich infekcji bakteryjnych, wirusowych i grzybiczych w organizmie.

852 Hz/Ajna

Ponieważ jest związana z czakrą Ajna, Okiem Umysłu, częstotliwość ta ma związek z wewnętrznym widzeniem, intuicją, głębokimi snami (często świadomymi), świadomością i przecinaniem iluzji. Przynosząc napływ Elementu Ducha, częstotliwość 852 Hz pozwala nam ponownie połączyć się z duchowym myśleniem i mistycznymi doświadczeniami. Wprowadza ona porządek do naszego życia poprzez ustanowienie połączenia z Wyższym Ja, tak aby mogło ono łatwo komunikować się z naszą świadomością. Częstotliwość 852 Hz daje nam głębsze zrozumienie tajemnic Stworzenia. Przekształca DNA i podnosi jego wibrację, tym samym w pełni dostrajając nas do Światła i naszych Dusz.

963 Hz/Sahasrara

Ta szczególna częstotliwość odpowiada Sahasrarze, czakrze korony, i dotyczy Jedności. Łączy nas z Kosmiczną Świadomością i Piątym Wymiarem, co skutkuje bezpośrednimi doświadczeniami na planie duchowym i boskim. Tak jak częstotliwość 852 Hz dała nam zrozumienie wewnętrznych prawd dotyczących naszej rzeczywistości, tak częstotliwość 963 Hz przekazuje nam Uniwersalną mądrość i wiedzę. Poprzez tę częstotliwość Wywyższeni Mistrzowie mogą nawiązać kontakt z naszą świadomością i uczyć nas poprzez Gnozę. Nierzadko zdarza się również, że kanalizujemy informacje otrzymane z wyższych planów. Częstotliwość 963 Hz daje nam najbardziej znaczące połączenie z naszym Wyższym Ja, zbliżając nas do Umysłu Stwórcy.

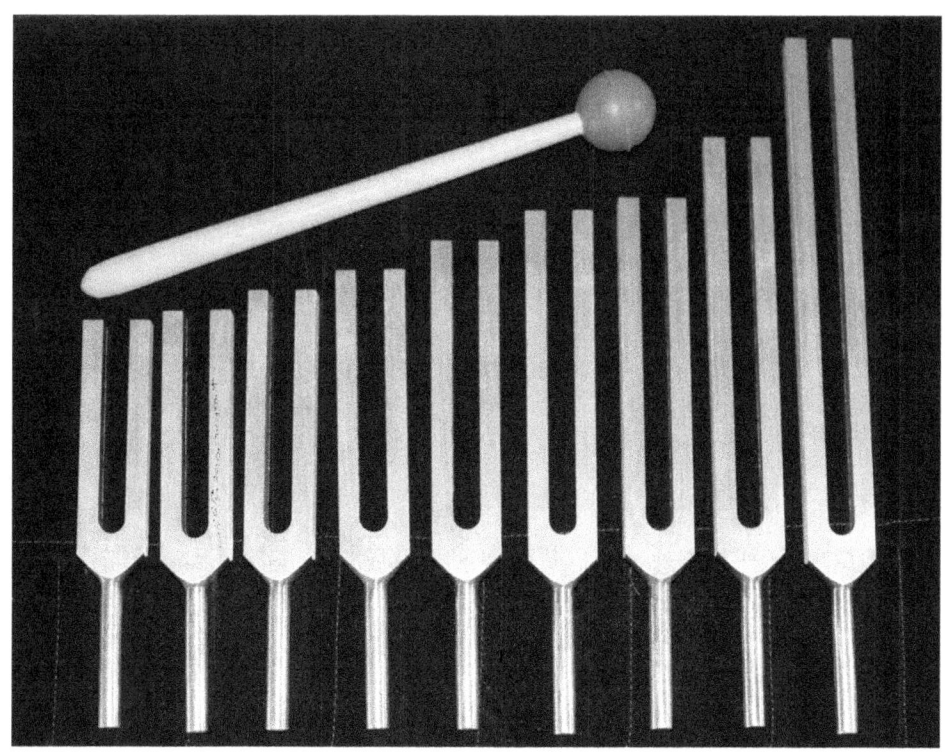

Rysunek 76: Kamertony Świętych Częstotliwości Solfeggio (Nieważone)

Metoda Uzdrawiania Kamertonami Świętych Częstotliwości Solfeggio

Poniższe ćwiczenie należy stosować z nieważonymi Kamertonami Świętych Częstotliwości Solfeggio, chociaż możesz użyć dowolnego nieważonego zestawu Kamertonów ze skalą zstępującą, jak opisany przeze mnie zestaw Harmonic Spectrum. Ideą jest rozpoczęcie od najniższej częstotliwości i przesuwanie się w górę skali, aż do zakończenia z najwyższą częstotliwością. Ta metoda uzdrawiania jest prosta do wykonania, ponieważ wymaga jedynie wsłuchania się w wibracje Kamertonów (Rysunek 77).

To ćwiczenie można wykonać na sobie lub na kimś innym. Osoba przyjmująca uzdrowienie powinna siedzieć lub leżeć. Rozpocznij od uspokojenia swoich wewnętrznych energii i wejścia w medytacyjny stan umysłu. Ta metoda uzdrawiania ma dwie różne sekwencje, które mogą być wykonywane wielokrotnie w ciągu dnia, choć nie jednocześnie.

W pierwszej sekwencji należy słuchać każdej Świętej Częstotliwości Solfeggio po kolei, od najniższej (174Hz) do najwyższej (963Hz). Umieść wibrujący Kamerton najpierw przy lewym uchu (w odległości 0,5-1 cala) i słuchaj jego dźwięku bez zakłóceń przez dwadzieścia sekund. Będziesz musiał uderzyć w Kamerton co najmniej dwa razy, ponieważ dźwięk zamiera po dziesięciu sekundach. Następnie umieść wibrujący Kamerton obok prawego ucha i słuchaj przez dwadzieścia sekund, zanim przejdziesz do następnego z kolei Kamertonu. Pracuj w skali rosnącej, powtarzając ten sam proces, aż do momentu, gdy zakończysz pracę z częstotliwością 963Hz, kończąc w ten sposób skalę.

W drugiej sekwencji słuchasz jednocześnie dwóch Kamertonów, po jednym przy każdym uchu, zachowując ich kolejność w skali. Zacznij od 174Hz i 285Hz, umieszczając jeden przy lewym uchu, a drugi przy prawym. Później zamień uszy. Następnie podnieś 285Hz i 396Hz i powtórz proces. I tak dalej, aż skończysz z częstotliwościami 963Hz i 174Hz, kończąc w ten sposób cykl. Spędź kilka minut w ciszy po każdej sekwencji, medytując nad energiami, które przywołałeś, zanim zakończysz ćwiczenie.

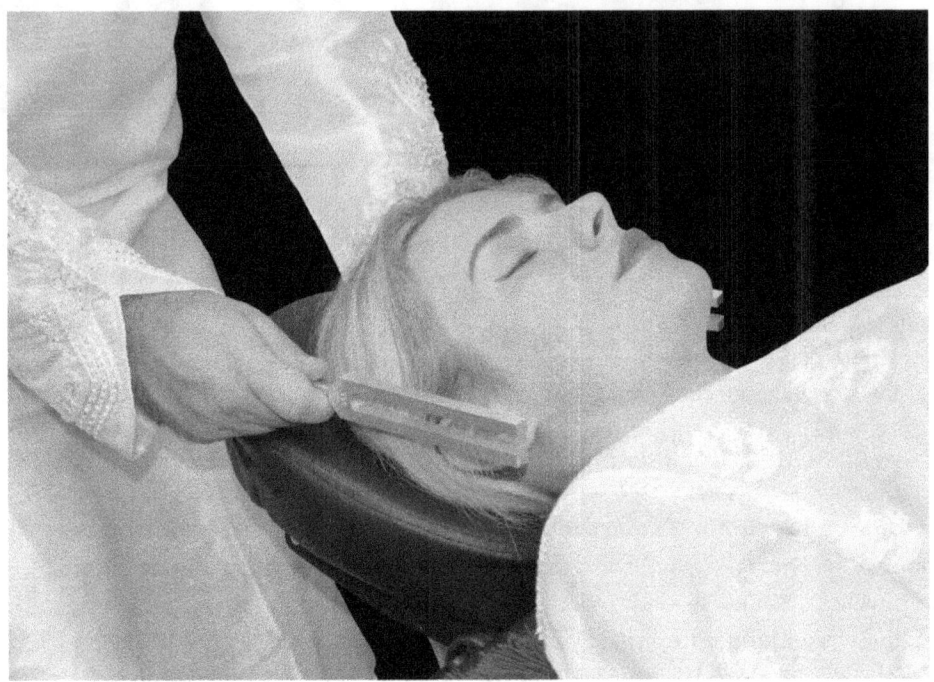

Rysunek 77: Umieszczanie Kamertonów przy Uszach

***

Nierzadko zdarza się, że nierozwiązane problemy wychodzą na powierzchnię, by móc zająć się nimi, jak w przypadku każdego uzdrawiania energetycznego. Pamiętaj, że dostrajasz swoje Czakry, co oznacza, że musisz uzdrowić energię karmiczną, którą one niosą. Ten proces może być nieprzyjemny dla niektórych i przyjazny dla innych, którzy są zdeterminowani, aby przez niego przejść. Skup się na stawianiu czoła swoim problemom, zamiast uciekać od nich. Trwałe uzdrowienie następuje tylko wtedy, gdy zaakceptowałeś coś w sobie i jesteś gotowy do dokonania zmiany.

Najlepiej byłoby, gdybyś stał się elastyczny na zmiany swoich przekonań o sobie i świecie, w którym żyjesz. W przeciwnym razie każda sesja uzdrawiania będzie dla Ciebie tylko tymczasowa, aż wpadniesz z powrotem w swoje stare programowanie. Twoja świadomość musi zrównać się z Twoim Wyższym Ja, które jest ze Światła, jeśli chcesz realizować się i żyć swoim prawdziwym duchowym potencjałem w tym życiu.

TABELA 1: Dwanaście Czakr i Ich Odpowiednik

Nazwa Czakry (Sanskryt & Polski)	Lokalizacja i Kolor	Element, Płaszczyzna Kosmiczna	Wyrażenia/ Powers	Kamerton Hz - Kosmiczny / Muzyczny	Kamienie Szlachetne
Gwiazda Ziemi, Super-Korzeń	6 Cali Poniżej Stóp, Czarny, Brązowy, Magenta	Wszystkie żywioły, Eteryczny Blueprint/Dolny Astral (Eteryczny)	Energetyczny Fundament, Przeszłe Życia, Świadomość Natury, Zapisy Karmiczne	68.05, -	Kwarc Dymny, Onyks, Czarny Obsydian, Magnetyt
Muladhara, Korzeń lub Podstawa	Między Kroczem a Kością Ogonową, Czerwony	Element Ziemi, Dolna Płaszczyzna Astralna (Eteryczna)	Przetrwanie, Uziemienie, Bezpieczeństwo, Fizyczność, Kundalini (Pochodzenie)	194.18, 256.0 & 512.0	Hematyt, Czarny Turmalin, Czerwony Jaspis, Obsydian Śnieżny
Swadhisthana, Czakra Sakralna lub Śledziony	Dolna Część Brzucha, Pomarańczowa	Element Wody, Wyższa Płaszczyzna Astralna (Emocjonalna)	Emocje, Energia Strachu, Podświadomy Umysł, Seksualność, Osobowość (Ego)	210.42, 288.0	Karneol, Pomarańczowy Kalcyt, Tygrysie Oko, Septarian
Hara, Pępek	Navel, Amber	Wszystkie Żywioły, Płaszczyzna Astralna	Brama Astralna, Źródło Praniczne, Utrzymanie, Regeneracja	-	Agat Ognisty, Cytryn, Kamień Słoneczny
Manipura, Splot Słoneczny	Splot Słoneczny, Żółty	Element Ognia, Wyższa Płaszczyzna Psychiczna	Siła Woli, Kreatywność, Witalność, Motywacja, Samoocena, Świadomy Umysł, Charakter (Dusza)	126.22, 320.0	Bursztyn, Żółty Cytryn, Złoty Topaz, Żółty Jaspis i Opal
Anahata, Serce	Między Piersiami (Centrum), Zielony	Element Powietrza, Niższa Płaszczyzna Mentalna	Myśli, Wyobraźnia, Miłość, Współczucie, Uczucie, Życzliwość, Uzdrowienie, Harmonia, Świadomość Grupowa	136.10, 341.3	Zielony Awenturyn, Zielony Jadeit, Malachit, Kwarc Różowy
Vishuddhi, Gardło	Gardło, Niebieski	Element Ducha, Płaszczyzna Duchowa	Komunikacja, Inteligencja, Samoekspresja, Prawda, Rozeznanie	141.27, 384.0	Amazonit, Akwamaryn, Niebieski Agat Koronkowy, Niebieski Topaz, Turkus, Sodalit, Angelit
Ajna, Brew, Oko Umysłu, Trzecie Oko	Między Brwiami (Nieco Powyżej), Indigo	Element Ducha, Płaszczyzna Duchowa	Jasnowidzenie, Intuicja, Zmysły Psychiczne, Śnienie, Gnoza	221.23, 426.7	Lapis Lazuli, Szafir, Azuryt, Sodalit, Fluoryt, Labradoryt

Sahasrara, Korona	Wierzch Głowy (Środek), Fioletowy Lub Biały	Element Ducha, Płaszczyzna Duchowa	Jedność, Boska Jaźń i Świadomość Kosmiczna (Link), Transcendencja, Zrozumienie, Mądrość	172.06, 480.0	Ametyst, Diament, Kwarc Jasny, Kwarc Rutylowy, Selenit, Azeztulit
Przyczynowe/ Bindu	Góra i Tył Głowy (2-3 cale na Zewnątrz), Biały	Wszystkie Żywioły, Płaszczyzna Duchowa/Boska	Unia, Śmierć Ego, Ciągłość Życia, Eksploracja Kosmosu, 4ty Wymiar	-	Kamień Księżycowy, Kwarc Aura Anioła, Celestyt, Cyjanit, Herderyt
Gwiazda Duszy	6 Cali Powyżej Czubka Głowy, Złoto-Biały	Wszystkie Żywioły, Płaszczyzna Boska	Słoneczne Ja, Świadomość Duchowa, Cel Życia, Prawdziwa Wola	272.2,-	Selenit, Cyjanit, Kwarc Nirwany, Danburyt
Gwiezdne Wrota	12 Cali nad Głową, Złoty Lub Tęczowy	Wszystkie Żywioły, Płaszczyzna Boska	Galaktyczne Ja, Kosmiczna Świadomość i Boska Jaźń (Źródło), Boskość, Wieczność, 5ty Wymiar	-	Mołdawit, Kalcyt Gwiaździsty, Azeztulit, Selenit

AROMATERAPIA

Aromaterapia wykorzystuje naturalne ekstrakty roślinne do tworzenia olejków eterycznych, kadzideł, sprayów i mgiełek, które możemy stosować duchowo, terapeutycznie, rytualnie i w celach higienicznych. Praktyka ta jest stosowana od tysięcy lat w różnych starożytnych kulturach i tradycjach - pisemne zapisy sięgające około 6000 lat wstecz wspominają o stosowaniu olejków eterycznych.

W starożytnej Mezopotamii, kolebce cywilizacji, Sumerowie używali olejków eterycznych w ceremoniach i rytuałach. Zaraz po nich starożytni Egipcjanie opracowali pierwsze maszyny destylacyjne do pozyskiwania olejków z roślin i wykorzystywali je w procesie balsamowania i mumifikacji. Egipcjanie byli również pierwszymi, którzy tworzyli perfumy z olejków eterycznych, co do dziś robimy w przemyśle kosmetycznym.

Szeroki wachlarz zapachów olejków eterycznych ma nie tylko przyjemne zapachy, ale również wydziela specyficzne wibracje o właściwościach leczniczych, które wpływają na naszą świadomość, gdy są wdychane przez kanał węchowy lub nakładane bezpośrednio na skórę. Starożytna medycyna chińska jako pierwsza stosowała olejki eteryczne holistycznie, natomiast starożytni Grecy używali olejków eterycznych miejscowo do zwalczania chorób i uzdrawiania ciała. Nawet starożytni Rzymianie używali olejków eterycznych dla ich zapachu, jako części higieny osobistej.

Aromaterapia jest doskonałą metodą wykorzystania elementów świata przyrody do uzdrawiania umysłu, ciała i duszy. Jej korzyści zdrowotne obejmują łagodzenie stresu, niepokoju i bólu fizycznego, poprawę snu, zwiększenie witalności oraz wzmocnienie uczucia relaksu, spokoju i szczęścia.

Olejki eteryczne to najczęściej stosowane w aromaterapii ekstrakty roślinne, skoncentrowane nalewki z kwiatów, ziół i elementów drzew, takich jak kora, korzenie, skórki i płatki. Komórki, które nadają roślinie jej zapach, są uważane za jej "esencję", która staje się olejkiem eterycznym po wyekstrahowaniu z rośliny. Trzy główne metody ekstrakcji olejków eterycznych z ekstraktów roślinnych to destylacja, tłoczenie na zimno i ekstrakcja nadkrytyczna CO_2.

Na subtelnym poziomie, olejki eteryczne mają uzdrawiający wpływ na Aurę i siedem czakr. Mogą być używane niezależnie lub w połączeniu z kryształami, kamertonami, mudrami, mantrami i innymi narzędziami podanymi w tej sekcji do przywoływania/manipulacji energią.

STOSOWANIE OLEJKÓW ETERYCZNYCH

Aromaterapia to uzdrawianie wibracyjne oparte na zasadach metafizycznych oraz fizjologicznych i fizycznych korzyściach płynących z chemicznych składników każdego zapachu. Podczas gdy kryształy wpływają na naszą świadomość poprzez kontakt fizyczny (dotyk), a Kamertony działają poprzez dźwięk, olejki eteryczne działają poprzez nasz zmysł węchu, aby wpłynąć na nasze wewnętrzne energie.

Trzy najbardziej popularne metody stosowania olejków eterycznych to stosowanie miejscowe, dyfuzja i inhalacja. Stosowanie miejscowe wymaga zmieszania olejków eterycznych z balsamami lub olejkami nośnymi i nałożenia ich bezpośrednio na skórę. Olejki eteryczne posiadają silne składniki chemiczne o właściwościach antyseptycznych, antybakteryjnych i antywirusowych, które są wykorzystywane od wieków do zapobiegania chorobom i ich leczenia, gdy są stosowane bezpośrednio na skórę.

Dyfuzja i inhalacja wymagają, abyś użył swojego nosa do wdychania zapachu olejku eterycznego, aby uzyskać efekt leczniczy. Kiedy używasz olejków eterycznych ze względu na ich subtelne właściwości, będziesz potrzebował ich znacznie mniej niż w przypadku stosowania miejscowego. Ogólnie rzecz biorąc, im mniejsza ilość olejku jest używana, tym silniejsze jest jego subtelne działanie.

W dyfuzji łączy się krople olejków eterycznych z zimną wodą w urządzeniu dyfuzyjnym (Rysunek 78), stopniowo uwalniając mgiełkę do otoczenia. W trakcie dyfuzji szeroki wachlarz zapachów nie tylko wpływa na nasz stan psychiczny i emocjonalny, ale także pomaga usunąć niepożądane zapachy z otaczającej atmosfery i oczyścić ją ze szkodliwych zanieczyszczeń.

Stosowanie olejków eterycznych jest na ogół bezpieczne, choć mogą wystąpić pewne skutki uboczne, w tym podrażnienia oczu, skóry i nosa. Są to "skoncentrowane" ekstrakty, gdzie potrzeba ogromnej ilości materii roślinnej, aby stworzyć tylko jedną kroplę olejku eterycznego, a każda kropla zawiera skondensowane składniki chemiczne wszystkich roślin, które weszły w jego skład. Dlatego stosowanie zbyt dużej ilości olejku eterycznego może wywołać niepożądane skutki, podobnie jak stosowanie zbyt dużej ilości leków.

Ponadto niektóre substancje zapachowe mogą wywoływać łagodne reakcje alergiczne u osób z wrażliwością na rośliny. W związku z tym, inhalacja bezpośrednio z butelki jest najczęściej stosowaną metodą przez praktyków lecznictwa, gdzie wymagane jest wąchanie olejku eterycznego, w celu uzyskania pożądanych efektów. Daje ona pełną kontrolę nad tym, ile zapachu chcemy wdychać, co czyni ją najmniej ryzykowną metodą stosowania olejków eterycznych podczas sesji uzdrawiania. Na przykład, jeśli ktoś miałby mieć reakcję alergiczną na działanie dyfuzora, może trzeba będzie opuścić przestrzeń całkowicie, a tym samym sesja zostanie zatrzymana lub nawet wystąpi konieczność zakończenia sesji uzdrawiania.

Olejki eteryczne mogą być również wykorzystywane do przygotowania aromatycznej kąpieli, jako części rytualnego procesu oczyszczania. Do kąpieli rytualnych używaj tylko sześciu do ośmiu kropli olejku eterycznego i połącz z płonącymi świecami w kolorach odpowiadających efektowi, który próbujesz uzyskać. Pamiętaj, że intencja jest podstawą, więc starannie wybierz olejek eteryczny i praktykuj uważność podczas kąpieli. Kąpiele rytualne są doskonałym sposobem na oczyszczenie energii i powinny być wykonywane często, zwłaszcza jako prekursor medytacji, magii ceremonialnej, jogi i innych praktyk uzdrawiania duchowego.

Istnieją pewne środki ostrożności, o których należy pamiętać przy stosowaniu olejków eterycznych. Po pierwsze, olejki eteryczne nigdy nie powinny być połykane. Niektóre olejki są uważane za toksyczne po połknięciu, co może spowodować uszkodzenie ciała i narządów. Z tego powodu, upewnij się, że trzymasz wszystkie swoje olejki eteryczne poza zasięgiem dzieci. Po drugie, kobiety w ciąży powinny unikać stosowania olejków eterycznych, zwłaszcza w pierwszym trymestrze. To samo dotyczy dzieci poniżej szóstego roku życia. I wreszcie, nie zaleca się stosowania olejków eterycznych na zwierzętach, ponieważ mogą one mieć niepożądane reakcje na moc niektórych substancji zapachowych, a nawet mogą z tego powodu umrzeć. Na przykład stosowanie olejków eterycznych na ptakach może okazać się w wielu przypadkach śmiertelne.

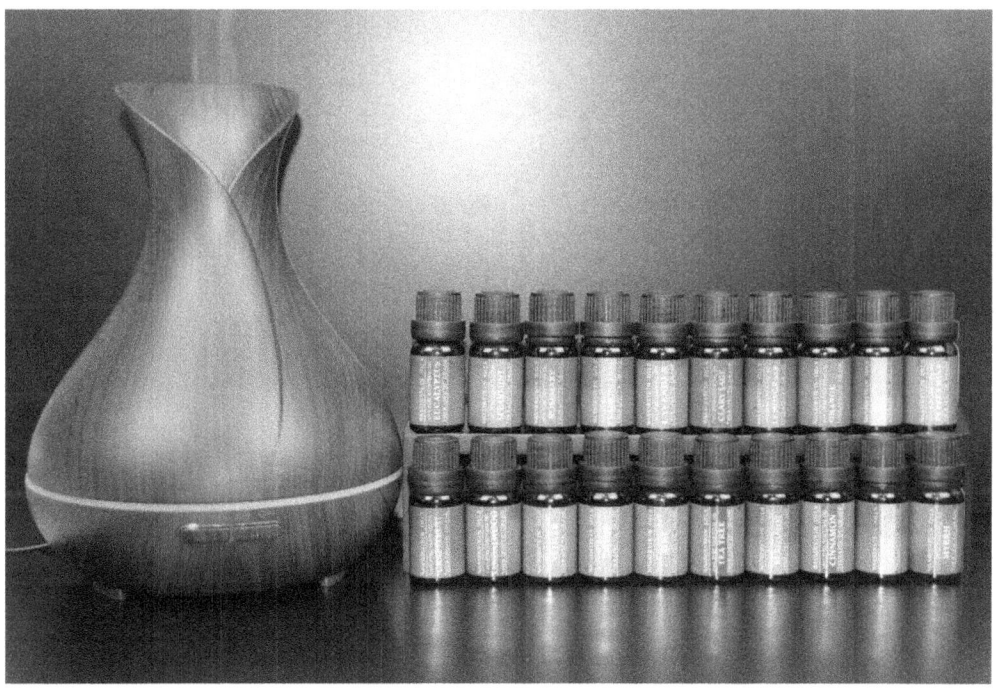

Rysunek 78: Olejki Eteryczne i Dyfuzor

JAK DZIAŁAJĄ OLEJKI ETERYCZNE

Olejki eteryczne wykorzystują otaczające nas powietrze jako medium transmisyjne do przenoszenia cząsteczek do nosa (Rysunek 79), wywołując w ten sposób reakcję emocjonalną. Jednocześnie cząsteczki olejku eterycznego są dostarczane z każdym oddechem do płuc, gdzie dostają się do krwiobiegu, bezpośrednio wpływając na układ nerwowy i inne organy. Aromaterapia jest bezpośrednio związana z Elementem Powietrza. Jednakże, ponieważ nasz zmysł węchu jest powiązany z naszym Układem Limbicznym, który reguluje emocje, zachowania, wspomnienia i pamięć, Aromaterapia ma również związek z Elementem Wody.

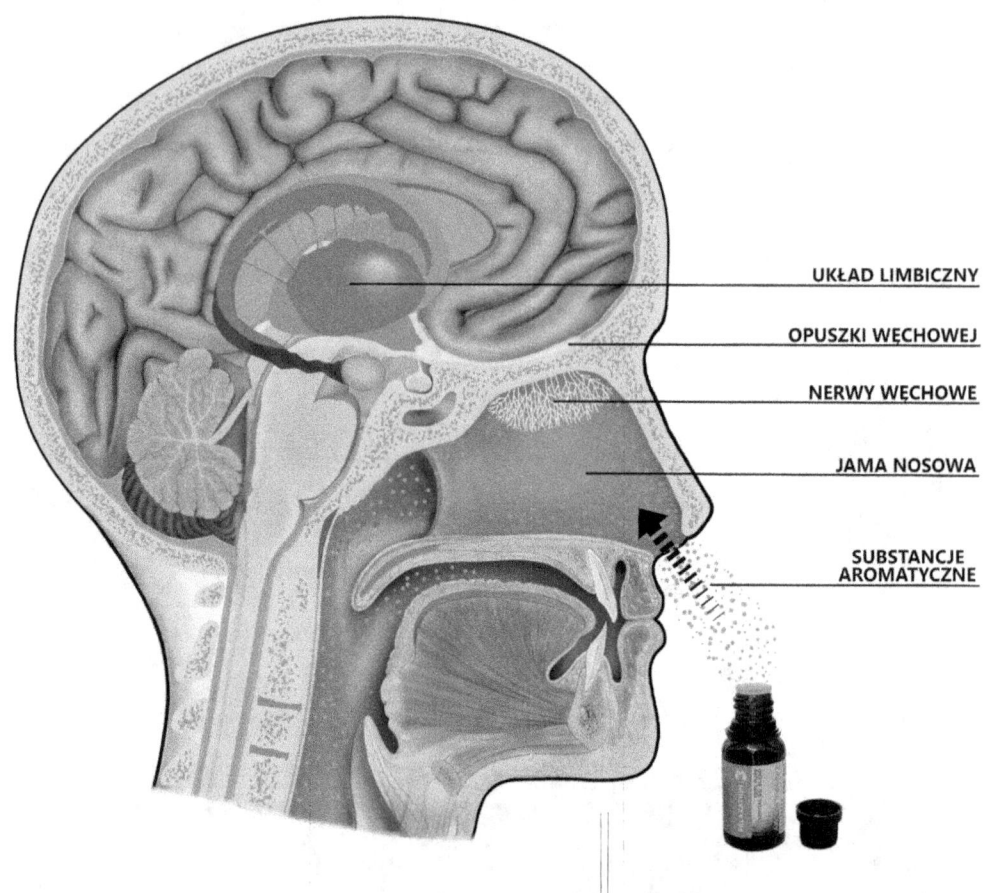

Rysunek 79: Aromaterapia i Układ Limbiczny

Istnieje symbiotyczna relacja pomiędzy Elementami Wody i Powietrza, widoczna w procesach zachodzących w przyrodzie. Na przykład, cząsteczka wody (H_2O) zawiera element tlenu. Ten ścisły związek występuje również w naszych procesach psychicznych, ponieważ za każdym razem, gdy doświadczamy uczucia (Element Wody), poprzedza je myśl (Element Powietrza).

W szkole Samkhya (pisanej również Sankhya) filozofii indyjskiej, zmysł węchu jest związany z Elementem Ziemi, co pasuje w tym przypadku, ponieważ rośliny są organicznymi ciałami stałymi, które pochodzą z Ziemi. Możemy jednak zmienić stan stały roślin za pomocą ciepła i przekształcić je w formy płynne, aby stworzyć nalewki z olejków eterycznych. Nie możemy jednak zmienić stanu stałego Kryształów, dlatego ich energie są gęstsze niż energie zapachów Aromaterapii.

Zapachy w aromaterapii są znane z aktywowania starych wspomnień i przywracania naszych emocji do spokojnego stanu. Wiele zapachów jest również znanych z możliwości poprawy naszego ogólnego nastroju, ponieważ stymulują one podwzgórze do wysyłania wiadomości do przysadki mózgowej, aby stworzyć dobre chemikalia w mózgu, takie jak serotonina. Kiedy jesteśmy spokojni i szczęśliwi, umysł staje się spokojny, podnosząc wibracje naszej świadomości. Z tego powodu palenie kadzidełek lub dyfuzja olejków jest korzystna przed rozpoczęciem medytacji, ponieważ oczyszcza przestrzeń i uspokaja nas, pozwalając nam wejść głębiej w siebie.

Kiedy stosujemy olejki eteryczne miejscowo, podczas gdy zapach dostaje się do płuc i nozdrzy, jeszcze więcej cząsteczek jest wchłanianych bezpośrednio przez skórę, zapewniając natychmiastowe korzyści fizyczne. Ponadto, możemy stosować miejscowo olejki eteryczne do leczenia problemów związanych ze skórą, w tym gojenia wysypki lub drobnych ran, powstrzymywania infekcji, łagodzenia bólu po oparzeniach słonecznych lub łagodzenia swędzenia po ukąszeniach owadów. Masażyści lubią stosować olejki eteryczne bezpośrednio na skórę, aby rozluźnić mięśnie i opanować ból.

OLEJKI ETERYCZNE DLA SIEDMIU CZAKR

Każda Czakra ma unikalne właściwości, które odpowiadają określonym olejkom eterycznym. Dlatego możemy używać olejków eterycznych na ciele, aby promować zrównoważone funkcjonowanie Czakr. Opisana poniżej metoda może być stosowana na jednej czakrze naraz, aby zoptymalizować jej przepływ energii lub na wielu czakrach, które wymagają uzdrowienia. Możesz również zastosować tę metodę na wszystkich siedmiu czakrach jednocześnie, aby doprowadzić do wyrównania całego systemu czakr. Jednakże, ponieważ olejki eteryczne muszą być nakładane na ciało, w którym znajdują się czakry, nie możemy zastosować tej metody na czakry transpersonalne.

Kiedy używasz olejków eterycznych do uzdrawiania i równoważenia czakr, nigdy nie stosuj ich bezpośrednio na skórę bez rozcieńczenia ich najpierw olejem nośnym. Mieszanki olejków eterycznych wzmacniają i maksymalizują efekty terapeutyczne i lecznicze. Istnieje wiele różnych olejów nośnych, które można wykorzystać do tworzenia mieszanek eterycznych dla czakr, w tym olej jojoba lub frakcjonowany olej kokosowy. Stosunek, o którym należy pamiętać to dwie do trzech kropli olejku eterycznego na jedną łyżeczkę oleju nośnego. Mieszanki olejków eterycznych najlepiej stosować za pomocą standardowej butelki roll-on o pojemności 10 ml. Jeśli używasz innego typu butelki, możesz użyć palca do nałożenia olejku.

Aby zastosować mieszankę olejków eterycznych, wetrzyj jej część w przednią lub tylną część ciała, gdzie znajduje się czakra. Użyj tylko tyle, aby pokryć obszar o średnicy około 1,5"-2". Po nałożeniu możesz pozostawić ją na ciele przez cały dzień, aby uzyskać maksymalne efekty terapeutyczne. Jedynym sposobem na zatrzymanie ciągłego wpływu leczniczego mieszanki (mieszanek) jest zmycie jej z ciała silnym mydłem, chociaż część mieszanki zwykle utrzymuje się na powierzchni skóry.

Pamiętaj, że po zastosowaniu mieszanki olejków eterycznych przez ponad godzinę, zmiany w Twojej energii już nastąpiły, chociaż Twoja świadomość może potrzebować więcej czasu, aby je zintegrować. Dlatego pomaga medytacja zaraz po aplikacji, aby przyspieszyć proces integracji.

Skorzystaj z Tabeli 2, aby znaleźć najbardziej odpowiedni olejek lub olejki eteryczne do użycia na każdej czakrze. Niektóre olejki eteryczne mają energetyzujący wpływ na czakrę, podczas gdy inne mają działanie uspokajające. Olejki równoważące są dobre do doprowadzenia czakr do równowagi, niezależnie od tego czy są one niedostatecznie aktywne czy nadaktywne. Kiedy Czakra jest nieaktywna, wibracja emitowana przez wybrany olejek eteryczny przyspieszy obrót Czakry, przywracając jej optymalną prędkość. Gdy jest ona nadaktywna, wibracja spowolni wirowanie Czakry i wprowadzi ją w stan równowagi.

Użyj oleju nośnego, aby zrobić mieszankę olejków eterycznych dla każdej Czakry, nad którą chcesz pracować. Najważniejsza jest Twoja intencja, gdyż należy być konsekwentnym i postępować zgodnie z zaleceniami podanymi w Tabeli 2. Możesz w ten sposób zrobić kolekcję mieszanek olejków eterycznych do uzdrawiania Czakr, które będziesz mógł wykorzystać w przyszłych sesjach uzdrawiania.

Możesz również zrobić pojedyncze mieszanki z wielu olejków, tak długo, jak długo odpowiadają one czakrze, na którą się nastawiasz i czy próbujesz ją naenergetyzować, uspokoić lub zrównoważyć. Na przykład, jeśli robisz 10ml mieszankę olejków (dwie łyżeczki), aby zrównoważyć nadaktywną czakrę Muladhara, powinieneś użyć cztery do sześciu kropli olejku eterycznego z kombinacji uspokajających olejków odnoszących się tylko do tej czakry. Eksperymentuj z mieszaniem mieszanek olejków eterycznych używając poniższej tabeli jako odniesienia.

TABELA 2: Olejki Eteryczne dla Siedmiu Czakr

Nazwa Czakry (Sanskryt & Polski)	Olejki Energetyzujące	Olejki Uspokajające	Olejki Równoważące	Aplikacja na Ciało (Przód/Tył)
Muladhara, Korzeń lub Podstawa	Cynamon, Kardamon, Czarny Pieprz, Imbir, Cyprys	Wetiwer, Paczula, Drzewo Cedrowe, Mirra, Bazylia.	Drzewo Sandałowe, Kadzidło, Geranium	Między Kroczem a Kością Ogonową, Spodem Stopy lub Oboma
Swadhisthana, Czakra Sakralna lub Śledziona	Pomarańcza, Mandarynka, Cytryna, Bergamotka	Drzewo Różane, Ylang-Ylang, Szałwia Muszkatołowa, Neroli	Neroli, Jaśmin, Kocanka, Drzewo Sandałowe, Elemi	Dolna Część Brzucha (Poniżej Pępka), Dolna Część Pleców lub obie te części
Manipura, Splot Słoneczny	Grejpfrut, Cytryna, Trawa Cytrynowa, Imbir, Limonka, Jałowiec	Wetiwer, Bergamotka, Koper Włoski, Rozmaryn	Czarny Pieprz, Spikenard, Helichrysum	Splot Słoneczny, Środek Pleców lub Oba
Anahata, Serce	Palmarosa, Sosna, Drzewo Różane, Bergamotka	Róża, Majeranek, Drzewo Cedrowe, Eukaliptus	Jaśmin, Melisa, Drzewo Sandałowe, Geranium	Między Piersiami (Środek), Górna Część Pleców lub Obie Części
Vishuddhi, Gardło	Mięta Pieprzowa, Cyprys, Cytryna, Mięta, Szałwia	Rumianek Rzymski, Bazylia, Rozmaryn, Bergamotka	Kolendra, Geranium, Eukaliptus	Środek Gardła, Tył Szyi lub oba te miejsca
Ajna, Brew, Oko Umysłu, Trzecie Oko	Szałwia Muszkatołowa, Sosna, Lawenda, Mirra Drzewo Sandałowe, Jałowiec	Rumianek Niemiecki, Bazylia, Patchouli, Drzewo Cedrowe, Tymianek	Kadzidło, Helichrysum, Jaśmin	Pomiędzy Brwiami, z Tyłu Głowy lub w obu miejscach. Także Środek Czoła (Piąte Oko)
Sahasrara, Korona	Lawenda, Szafran, Palo Santo	Drzewo Różane, Tymianek, Drzewo Cedrowe, Neroli, Lotos	Kadzidło, Mirra, Helichrysum, Drzewo Sandałowe	Wierzchołek Głowy (Środek)

TATTWA

Tattva, lub Tattwa, to sanskryckie słowo oznaczające "zasadę, "prawdę" lub "rzeczywistość". " Oznacza ono "thatness", co można rozumieć dalej jako "esencję, która tworzy poczucie istnienia. W *Wedach*, Tattwy są świętymi formułami lub zasadami rzeczywistości, które oznaczają tożsamość indywidualnej Jaźni i Boga - Stwórcy. Reprezentują one ciało Boga, którym jest sam Wszechświat, oraz nasze własne ciało, które doświadcza natury poprzez świadomość.

Istnieje pięć podstawowych Tattw (Rysunek 80), reprezentujących esencję natury, która przejawia się jako Pięć Elementów. Pięć Tattw znanych jest jako Akasha (Duch), Vayu (Powietrze), Tejas (Ogień), Apas (Woda) i Prithivi (Ziemia). Pierwsze cztery Tattwy (Prithivi, Apas, Tejas, Vayu) reprezentują tryby lub jakości energii słonecznej Prany w różnych stopniach wibracji. Są one konsekwencją emanacji Światła i dźwięku, które łączą się w ostatnią Tattwę, czyli zasadę-Akashę, Element Ducha/Aetr.

Tattwy są pierwotne i proste w formie; przyjmują pięć głównych kształtów w zasięgu ludzkiej percepcji - kwadrat, półksiężyc, trójkąt, koło i jajko. Tattwy są przedstawione na kartach z białym tłem, które wydobywa ich kształt i kolor. Są one klasyfikowane jako "Jantry" - narzędzia do umysłowej koncentracji i medytacji. Jantry to mistyczne diagramy z tradycji tantrycznej i religii indyjskiej, które występują w wielu geometrycznych kształtach i konfiguracjach, często bardzo złożonych. Oprócz używania ich jako narzędzi medytacyjnych, Hindusi często używają Jantr do oddawania czci Bóstwom w świątyniach lub w domu. Używają ich również jako talizmanów dla ochrony lub w celu przyniesienia szczęścia.

Tattwy są prawdopodobnie najprostszymi Jantrami jakie istnieją. W prostocie ich kształtów i kolorów tkwi jednak potencjał nawiązania potężnego połączenia z pierwotnymi Pięcioma Elementami, które istnieją na poziomie mikrokosmicznym. W ten sposób możemy uzyskać połączenie z poziomem makrokosmicznym - jak wyżej, tak niżej. Dlatego też, poprzez opanowanie Elementów w nas samych, rozwijamy zdolność do zmiany rzeczywistości za pomocą naszych myśli, stając się mistrzami manifestacji.

Kundalini Shakti jest najsubtelniejszą formą energii (żeńskiej) i nierozerwalną częścią czystej świadomości (męskiej) - reprezentowanej przez Pana Shivę, konsorta Shakti. Chociaż energia i świadomość rozdzieliły się i zróżnicowały, aby dać początek Stworzeniu, zawsze dążą do ponownego połączenia. Przykładem tego procesu jest energia Kundalini wznosząca się od dołu kręgosłupa do szczytu (korony) głowy.

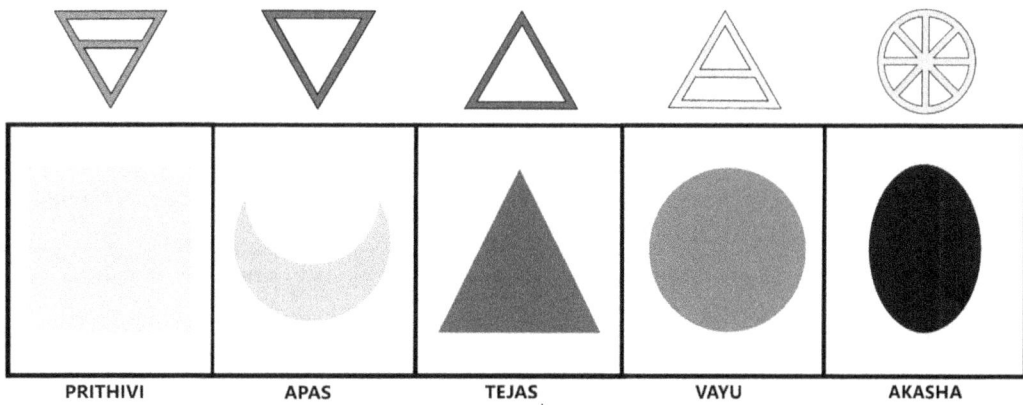

Rysunek 80: Pięć Głównych Tattw

Celem przebudzenia Kundalini jest nie tylko oświecenie osoby, w której ciele ten proces zachodzi, ale także ponowne doświadczenie przez Śakti i Śiwę kosmicznej jedności, z której wyewoluowali. Jednakże, kiedy Kundalini wznosi się, osoba doświadcza pełnego przebudzenia i infuzji Światła do siedmiu czakr, których energie mogą być podzielone na Pięć Elementów, reprezentowanych przez pięć podstawowych Tattw. W związku z tym, pracując z Tattwami, pracujesz nad dostrojeniem swoich Czakr i uzdrowieniem zawartej w nich energii karmicznej.

PROCES TWORZENIA

Podczas procesu tworzenia, nieskończone Białe Światło stopniowo obniżało swoje wibracje, manifestując w kolejnych etapach Pięć Elementów. Każda z pięciu podstawowych Tattw reprezentuje jeden z procesów twórczych, zaczynając od Ducha, poprzez Powietrze, Ogień, Wodę, a następnie Ziemię jako ostateczną materializację Stworzenia. Według wschodnich i zachodnich Tajemnic Ezoterycznych dotyczących tego tematu, każdy Element (Tattwa) jest częścią połączonej serii, w której każdy kolejny Element (Tattwa) wywodzi się ze swojego poprzednika. Również wszystkie Tattwy powinny być traktowane jako rozszerzenie czystej świadomości, a nie jako indywidualne zasady, które istnieją oddzielnie.

Pierwsza Tattwa, Akasha (Duch), jest amalgamacją energii i Materii, która zawiera nieskończoną ilość potencjalnej energii w Morzu Świadomości. Gdy energia Akaszy zaczęła wibrować w procesie ewolucji, wytworzyła ruch, który zamanifestował Tattwę Vayu (Powietrze). Cząstki Vayu mają maksymalną swobodę ruchu, ponieważ Powietrze jest najmniej podatnym na rozciąganie z niższych Czterech Elementów. W miarę kontynuowania procesu twórczego, nieustanny ruch Vayu wygenerował ciepło, powodując pojawienie się następnej Tattwy, Tejas (Ogień).

Ponieważ ruch energii Tejas był mniejszy niż Vayu, umożliwiło to wydalenie części jej promieniującego ciepła, które ochłodziło się tworząc Apas Tattwa (Woda). Wraz z Apas, cząstki Ducha, Powietrza i Ognia stały się zamknięte w zwężonej przestrzeni, z ograniczonym, ale płynnym ruchem. Kiedy jednak wibracja manifestacji Stworzenia dalej się obniżała, Apas zestalił się w Tattwę Prithivi (Ziemia), następny i ostatni etap w procesie Stworzenia. Prithivi jest odpowiednikiem sefiry Malkuth na Drzewie Życia, reprezentuje Świat Materii, fizyczną rzeczywistość.

Należy zauważyć, że podczas procesu twórczego stany subtelne dały początek stanom brutto, gęstszym, które są niższe w wibracji od stanu poprzedzającego. Im wyższa wibracja, tym wyższy stan świadomości i Element, któremu odpowiada. Należy również pamiętać, że przyczyna jest istotną częścią skutku. Ziemia zawiera Elementy Wody, Ognia, Powietrza i Ducha, ponieważ z nich wyewoluowała, natomiast Duch nie, ponieważ poprzedza wszystkie Elementy.

Opisałem w *The Magus*, że kiedy pracujesz z energią jednego Żywiołu, do czasu zakończenia jego procesu Duchowej Alchemii, następny Żywioł w kolejności odsłania się przed Tobą. Dlatego nie ma cienkiej linii, gdzie kończy się jeden Element, a zaczyna drugi, ale wszystkie pięć jest połączonych, jako część jednej sekwencji.

Zauważysz, że wschodnia sekwencja emanacji Elementów jest nieco inna niż zachodnia - Element Powietrza pojawia się zaraz po Duchu, zamiast Elementu Ognia. Według wschodniego systemu duchowego, Element Powietrza jest mniej gęsty i bardziej eteryczny niż Ogień, dlatego starożytni Riszi umieścili Powietrze przed Ogniem w sekwencji manifestacji Stworzenia. Tę różnicę pomiędzy systemami wschodnim i zachodnim omówię dogłębnie w dalszej części rozdziału poświęconego Jodze, a konkretnie w rozdziale "Pięć Kosh".

SYSTEM TRZYDZIESTU TATTW

Każda z pięciu Tattw posiada pięć Sub-Tattw, które odnoszą się do różnych płaszczyzn głównej Tattwy, do której się odnoszą. Na przykład, Tattwa Ognia ma pięć Podelementów: Ogień z Ognia, Duch z Ognia, Woda z Ognia, Powietrze z Ognia i Ziemia z Ognia. Pracując z Subelementami Tattwy, mamy bardziej precyzyjny sposób na dostrojenie się do dokładnie tej energii, której pragniemy.

Główne energie, które wpływają na nasz Układ Słoneczny, planetarny i zodiakalny, mogą być podzielone na Subelementy, odpowiadające różnym częściom Jaźni. Odnoszą się one do ścieżek łączących Drzewo Życia (Karty Tarota) i energii, które filtrują jeden stan świadomości w drugi. Tych stanów świadomości jest dziesięć, reprezentowanych przez dziesięć Sfer Drzewa Życia w Qabalah.

W Indiach istnieje sześć głównych szkół myślenia o filozofii Tattwy. Oryginalny system Tattwy został opracowany przez wedyjskiego mędrca Kapilę w szóstym wieku p.n.e. jako część jego filozofii Samkhya, która silnie wpłynęła na naukę Jogi. Filozofia Samkhya używa systemu dwudziestu pięciu Tattw, podczas gdy Shaivizm uznaje trzydzieści sześć Tattw. Hermetyczny Zakon Złotego Brzasku używa systemu trzydziestu Tattw, ponieważ ten szczególny podział odpowiada Elementom i Podelementom znajdującym się na qabalistycznym Drzewie Życia. System ten obejmuje pięć podstawowych Tattw i dwadzieścia pięć Tattw Podelementowych (Rysunek 81). Biorąc pod uwagę, że mam największe doświadczenie z tym konkretnym systemem, to właśnie jego będę się trzymał w tej książce.

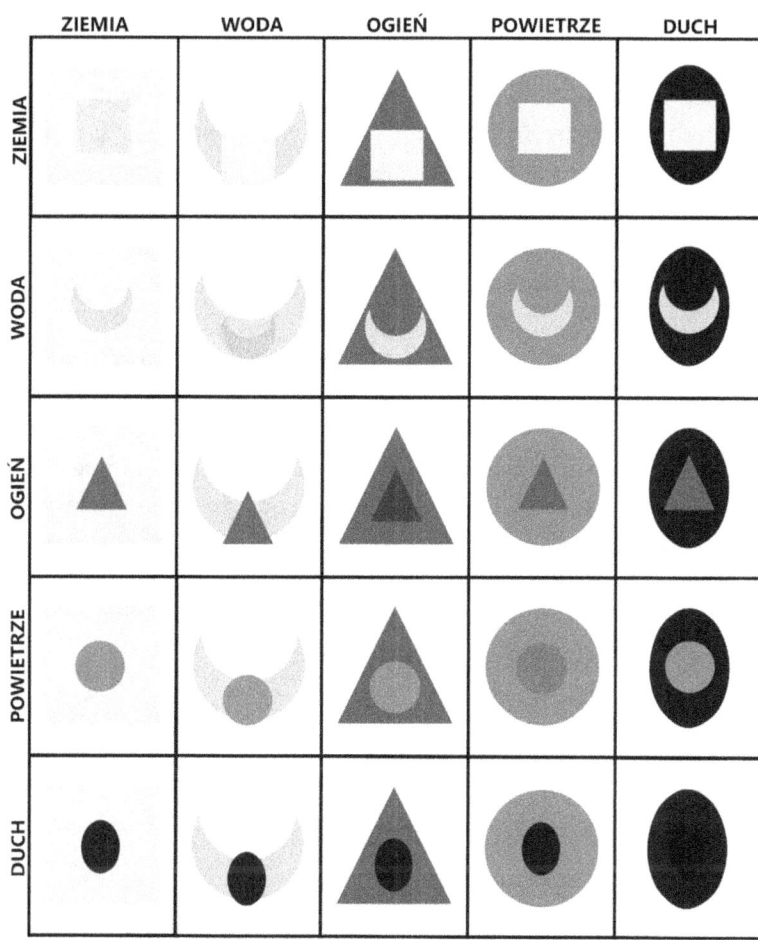

Rysunek 81: Dwadzieścia Pęć Subelementowych Tattw.

Ponieważ praca z Tattwami wymaga naszego zmysłu wzroku, który odbiera kolory i kształty w otoczeniu, ta wibracyjna modalność uzdrawiania związana jest z Elementem Ognia i Wyższą Płaszczyzną Psychiczną. Dzięki temu pozwala nam wejść głębiej w siebie niż w przypadku innych modalności uzdrawiania przedstawionych w tej książce. A ponieważ Ogień opiera się na Powietrzu, istnieje element Powietrza również w pracy z Tattwami, odpowiadającymi Niższej Płaszczyźnie Umysłowej.

Dlatego też Płaszczyzna Umysłowa, która wykorzystuje naszą siłę woli i myśli, jest naszym punktem kontaktowym dla osiągnięcia Wyższych i Niższych Planów Kosmicznych, reprezentowanych przez Tattwy. Co więcej, ten symbiotyczny związek pomiędzy Elementami Ognia i Powietrza jest widoczny w procesach natury. Na przykład, fizyczny ogień, lub płomień, wymaga tlenu do utrzymania się; bez niego umiera. W ten sam sposób intencja i siła woli nie mogą odnieść sukcesu w żadnym przedsięwzięciu bez myśli i wyobraźni.

Jak wspomniano wcześniej, praca z Tattwami jest podobna do pracy z Żywiołami poprzez ćwiczenia rytualne Magii Ceremonialnej przedstawione w *The Magus*. Jednakże Ceremonial Magick zajmuje się głównie inwokacjami, czyli przywoływaniem konkretnych energii z zewnętrznego Wszechświata do Twojej Aury, podczas gdy praca z Tattwami stanowi ewokację, co oznacza, że uzyskujesz dostęp lub "wyciągasz" konkretny rodzaj energii w sobie w celu introspekcji.

Stąd też ćwiczenia rytualne Ceremonial Magick przywołują do Aury bardziej znaczącą ilość energii Elementarnej, podczas gdy Tattwy pracują tylko z naszymi wewnętrznymi, naturalnymi energiami.

Jednakże zaletą Tattw w stosunku do ćwiczeń rytualnych w Magii Ceremonialnej jest to, że możesz bez wysiłku wyzerować Subelementy używając ich odpowiednich kart Tattwa (Yantras). W przeciwieństwie do tego, jedynymi ćwiczeniami rytualnymi w Ceremonial Magick, które umożliwiają osiągnięcie tego samego celu są Klucze Enochiańskie, które są bardzo zaawansowane i niosą ze sobą wiele energii karmicznej specyficznej dla tego egregore. Na wielu stronach *The Magus* pozostawiłem uwagi ostrzegawcze dotyczące pracy z Enochian Magick, ponieważ wymaga ona kilkunastu miesięcy przygotowań z innymi, bardziej podstawowymi inwokacjami Elementalnymi. Z Subelementarnymi Tattwami, możesz działać od razu.

PIĘĆ GŁÓWNYCH TATTW

Akasha Tattwa (Element Ducha)

Pierwsza Tattwa, Akasha, odpowiada Elementowi Ducha. Akasha reprezentuje pustą przestrzeń, Aethyr, symbolizowaną przez czarny lub indygo owal lub jajko. Duch i Aethyr to zamienne terminy, które oznaczają tę samą rzecz - Akaszę. Czarny kolor Akaszy odzwierciedla ciemność pustki, którą możemy dostrzec w ogromnej przestrzeni pomiędzy ciałami niebieskimi (Gwiazdami i Planetami) we Wszechświecie. Kiedy zamykamy oczy, również mentalnie widzimy tę samą ciemność przestrzeni przed nami, co sugeruje, że Akasza jest również w nas. Chociaż czerń jest brakiem Światła, zawiera w sobie wszystkie kolory widma. Jest nieskończona w potencjale i zakresie. Na przykład, jedna czarna dziura we Wszechświecie zawiera więcej masy niż miliony Gwiazd razem wziętych.

Akasha jest utożsamiana z zasadą Białego Światła, która rozciąga się nieskończenie we wszystkich kierunkach. Hermetycy określają ją mianem Pierwszego Umysłu Boga -

Stwórcy (Wszystkiego). Inna nazwa to "Monada", co po grecku oznacza "pojedynczość". Ciemność przestrzeni jest jedynie odbiciem Białego Światła na poziomie fizycznym, manifestowanego przez Drugi Umysł, który został wygenerowany (zrodzony) przez Pierwszy Umysł w procesie różnicowania. Chociaż nie możemy wejść do Pierwszego Umysłu za życia, możemy doświadczyć jego potencjału poprzez przebudzenie Kosmicznej Świadomości w nas (poprzez Kundalini), która stanowi pomost pomiędzy Pierwszym i Drugim Umysłem.

Przejawiony Wszechświat, w tym wszystkie istniejące Galaktyki i Gwiazdy, zawarte są w Drugim Umyśle. Materia jest produktem ubocznym Duchowej energii, która jest niewidoczna dla zmysłów, ale przenika wszystkie rzeczy. Jako esencja wszystkiego, wibracja Akaszy jest tak wysoka, że wydaje się nieruchoma, w przeciwieństwie do pozostałych Czterech Elementów, które są w ciągłym ruchu i mogą być doświadczane poprzez zmysły fizyczne. Akasza jest niezróżnicowaną Materią zawierającą nieskończoną ilość potencjalnej energii. Innymi słowy, Materia i energia istnieją w swoim uśpionym stanie potencjalnym wewnątrz Elementu Ducha w samym sercu Stworzenia. Akasza nigdy się nie narodziła i nigdy nie umrze. Nie można jej odjąć ani do niej dodać.

Duchowa energia Pierwszego Umysłu manifestuje się w Drugim Umyśle poprzez Gwiazdy jako widzialne Światło. Mówi się jednak, że Duch podróżuje szybciej niż prędkość Światła, mając największą prędkość znaną ludzkości. To wyjaśniałoby, dlaczego informacje kierowane przez Kosmiczną Świadomość są natychmiastowo przekazywane gdziekolwiek we Wszechświecie. I dlaczego duchowo rozwinięci ludzie muszą tylko pomyśleć o jakimś przedmiocie lub miejscu, a natychmiast doświadczają jak to jest być tym przedmiotem lub być w tym miejscu poprzez myśl.

Ponieważ podróżuje szybciej niż prędkość światła, energia duchowa przekracza przestrzeń i czas zgodnie z Teorią Względności Einsteina. Nie jest niczym niezwykłym dla duchowo przebudzonych ludzi rozwinięcie zmysłu prekognicji lub przedwiedzy, umożliwiając im widzenie przyszłości poprzez szósty zmysł (psychizm). Świadomość duchowa pozwala na dostęp do Zapisów Akaszy.

W Hermetycznej Alchemii, Akasha jest Kwintesencją. Jest wszechprzenikająca, ponieważ wszystko co istnieje wyewoluowało z Akaszy i do Akaszy wszystko w końcu powróci. Akasha odnosi się do zasady wibracji dźwięku. Zapewnia medium dla dźwięku, aby podróżować przez przestrzeń. Akasha jest źródłem pozostałych Czterech Elementów, które ewoluowały w procesie manifestacji Stworzenia.

Planetarna energia Saturna wpływa na Akaszę, czego przykładem są kolory indygo i czarny, które odpowiadają obu. W Qabalah, Saturn odnosi się do sefiry Binah, jednego z Supernowych reprezentujących Element Ducha. Binah jest astralnym projektem wszystkiego co istnieje, subtelnymi, eterycznymi formami wszystkich rzeczy, które są niewidoczne dla zmysłów fizycznych, ale których możemy doświadczyć poprzez Oko Umysłu. Wibracja Akaszy może być dostępna tylko wtedy, gdy umysł jest wyciszony, a Ego przekroczone. W filozofii jogicznej i hinduistycznej, jej sfera doświadczenia to płaszczyzna świadomości, określana jako "Jana Loka", siedziba wyzwolonych śmiertelników, którzy mieszkają w Niebiańskiej Krainie.

Akasha jest przypisana do trzech czakr Vishuddhi, Ajna i Sahasrara (Rysunek 82). Na poziomie Sahasrary, Akasha jest najlepiej wyrażona przez symbol Nieskończoności, figurę osiem na boku, reprezentującą koncepcję Wieczności i bezgraniczności. Na poziomie Ajny, Akasza jest najlepiej symbolizowana przez taoistyczny symbol Yin/Yang, reprezentujący dwoistość, siły żeńskie i męskie, Ida i Pingala, które jednoczą się w czakrze Ajny. Vishuddhi jest tradycyjnym przedstawicielem Akasha Tattwa w Tantrze i Jodze, na jej najbardziej dostępnym poziomie, który łączy ją z niższymi Elementami i Czakrami.

Bija Mantra Akaszy to "Yam". (Więcej o Bija Mantrach w następnym rozdziale o Jodze.) Doświadczanie energii Akashy Tattwa przypomina efekt rytualnych inwokacji Elementu Ducha i energii Saturna, chociaż ta ostatnia może być najlepiej opisana jako ziemski aspekt Akashy. Podelementy Akaszy to Duch Ducha, Ogień Ducha, Woda Ducha, Powietrze Ducha i Ziemia Ducha.

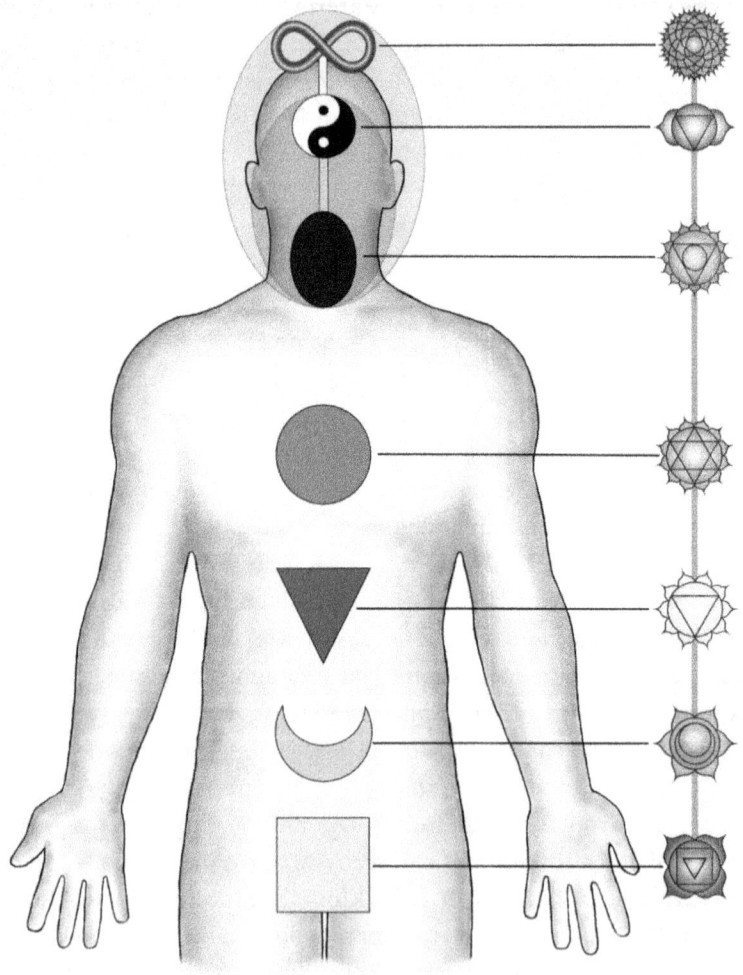

Rysunek 82: Tattwy i Czakry

Vayu Tattwa (Element Powietrza)

Hinduskie teksty religijne, *Upaniszady*, uczą, że pierwszą zasadą lub Tattwą, która wyewoluowała z Akaszy jest Vayu, symbolizowana przez niebieskie koło. "Vayu" pochodzi od tego samego sanskryckiego słowa głównego oznaczającego "ruch" i w konsekwencji jest przypisane do Elementu Powietrza. Mając naturę wiatru, Vayu przyjmuje niebieski kolor czystego nieba.

Ponieważ pustka Akaszy uległa wpływowi ruchu podczas procesu twórczego, powstała energia Światła, manifestując Vayu Tattwę. Jednakże Vayu nie jest fizycznym Światłem, ale energią kinetyczną w jej różnorodnych formach: elektrycznej, chemicznej i energii życiowej (Prana). Tak jak Akasza była nieruchoma, Vayu jest wszechogarniającym ruchem.

Wszystkie gazy w ziemskiej atmosferze, w tym tlen, zawierają Vayu Tattwę. Chociaż niewidzialna gołym okiem, Vayu jest pierwszą Tattwą, którą można odczuć na skórze. Odnosi się do zmysłu dotyku. Esencja Vayu wyraża się poprzez kurczenie i rozszerzanie. W ciele fizycznym, Vayu kontroluje pięć witalnych "powietrza" zwanych Prana Vayus: Prana, Apana, Samana, Udana, Vyana.

Vayu jest przypisany do Anahata, czakry serca. Odnosi się do umysłu, myśli i wyobraźni, napędzanych przez proces oddychania - wnosząc energię praniczną do ciała. Ciągły ruch Vayu Tattwa tworzy zmiany, powodując niestabilność, niespójność, zmienność i kapryśność w jednostce i środowisku. Taka jest natura elementu Powietrza. Jego sfera doświadczenia to płaszczyzna świadomości, zwana "Maha Loka", dom wielkich mędrców i riszich.

Bija Mantra Vayu Tatva to "Yam". Jej energia jest porównywalna z inwokacjami rytualnymi Elementu Powietrza oraz inwokacjami Planety Merkury z aspektami energii Słońca. W końcu Vayu jest przedłużeniem energii pranicznej, której źródłem jest Słońce. Podelementy Vayu to Powietrze z Powietrza, Duch z Powietrza, Ogień z Powietrza, Woda z Powietrza i Ziemia z Powietrza. Subelement Powietrze jest zbliżony do energii zodiaku Wodnik, Ogień Powietrza jest podobny do Wagi, a Woda Powietrza do Bliźniąt.

Tejas Tattwa (Element Ognia)

Tejas, lub Agni (ogień), jest Tattwą Elementu Ognia. Tejas oznacza w sanskrycie "ostry"; jego znaczenie przekłada się na "ciepło" lub "iluminację". Tejas Tattwa jest symbolizowana przez uniesiony do góry czerwony trójkąt, którego kolor jest związany z jego Archetypową energią. Jednak po umieszczeniu na ciele, trójkąt wskazuje w dół, w kierunku Elementu Apas (Woda) (Rysunek 82). Koncepcja "Woda w górę, Ogień w dół" wyjaśnia naturalny przepływ energii naszego ciała.

Ponieważ Ogień jest źródłem ciepła i Światła, jest pierwszą zasadą, której forma jest widoczna gołym okiem. W końcu to poprzez pojawienie się Światła postrzegamy formy w naszym otoczeniu. Tak więc Tejas jest jakością, która nadaje definicję lub strukturę różnym przejawom energii kinetycznej reprezentowanej przez Vayu Tatva, z której wyewoluował Tejas.

Narodziny formy są ściśle związane z pojawieniem się Ego - antytez Duszy. Ego narodziło się, gdy po raz pierwszy rozpoznaliśmy coś poza sobą. W miarę jak aklimatyzowaliśmy się do świata materialnego w naszych wczesnych latach, przywiązywaliśmy się do form, które widzieliśmy w otoczeniu, co pozwalało Ego rosnąć, przejmując mocną kontrolę nad świadomością. W ten sposób z czasem rozwinęły się samskary, sanskrycki termin oznaczający wrażenia umysłowe, wspomnienia i odciski psychologiczne. Samskary są korzeniem energii karmicznej, która powstrzymuje nas przed duchowym rozwojem, dopóki jej nie pokonamy.

Rozwój Ego trwa do wieku nastoletniego, kształtując z czasem naszą osobowość. Ego nie przestaje rosnąć i rozszerzać się przez resztę naszego życia tutaj na Ziemi, ponieważ jest związane z ciałem fizycznym i jego przetrwaniem. Jedynym sposobem na zatrzymanie wzrostu Ego jest rozpoznanie i przyjęcie głębszej duchowej rzeczywistości, która leży u podstaw fizycznej - takiej, która jest pusta, a więc pozbawiona formy. Kiedy nasza uwaga skupia się na ewolucji duchowej zamiast karmienia Ego, Dusza w końcu przejmuje kontrolę i zaczynamy budować charakter, który wykracza poza naszą materialną egzystencję.

Jak wspomniano wcześniej, Ego i Dusza nie mogą współistnieć jako kierowcy świadomości; zawsze ktoś musi zająć miejsce pasażera. Ten wybór zależy od nas i od tego, któremu aspektowi Jaźni poświęcamy uwagę w danym momencie, ponieważ mamy Wolną Wolę. Dlatego Tejas odnosi się zarówno do Duszy jak i Ego. Element Ognia to siła woli, której używamy, aby wyrazić naszą zasadę Wolnej Woli w dowolnym kierunku, zasilana przez Manipurę, czakrę splotu słonecznego. Jego sfera doświadczenia to płaszczyzna świadomości, zwana "Swar Loka", region pomiędzy Słońcem a Gwiazdą Polarną, niebo hinduskiego boga Indry.

Tejas Tattwa jest często opisywana jako pożerająca siła, która pochłania wszystko na swojej drodze. Jednak zniszczenie jest katalizatorem transformacji, ponieważ nic nigdy nie umiera, a jedynie zmienia swój stan. Element Ognia jest kluczowy dla Duchowej Ewolucji, ponieważ umożliwia nam zmianę naszych przekonań o sobie i świecie, pozwalając nam wykorzystać nasz najwyższy potencjał. Zniszczenie Tejasa skutkuje więc nowymi kreacjami sprzyjającymi rozwojowi Duszy.

Bija Mantra Tejasa to "Ram". Energia tej Tattwy jest porównywalna do rytualnej inwokacji elementu ognia i energii planety Mars z aspektami energii Słońca. Tejas jest męski i aktywny, ponieważ stymuluje indywidualny napęd i siłę woli. Podelementy Tejas to Ogień z Ognia, Duch z Ognia, Powietrze z Ognia, Woda z Ognia i Ziemia z Ognia. Subelement Ogień jest zbliżony do energii zodiaku Barana, podczas gdy Powietrze Ognia jest podobne do Lwa, a Woda Ognia do Strzelca.

Apas Tattwa (Element Wody)

Następną Tattwą w sekwencji manifestacji jest Apas, symbolizowany przez srebrny półksiężyc. Apas jest intensywnie aktywną Materią, która wyłoniła się z Elementu Ognia z powodu zmniejszonego ruchu i kondensacji. Jest ona zamknięta w określonej przestrzeni, będąc jednocześnie w stanie płynności.

Apas jest fizycznym Wszechświatem wciąż układającym się przed zmaterializowaniem się jako następna Tattwa. Reprezentuje on porządek wyłaniający się z chaosu. Układ atomów i cząsteczek w Apas zajmuje bardzo mało miejsca z ograniczoną swobodą ruchu, w przeciwieństwie do żywiołów Ognia, Powietrza i Ducha. Na przykład, wodór i tlen zachowują się inaczej niż te same cząsteczki w parze.

Apas jest żeński i pasywny; przypisany jest do Swadhisthany, czakry sakralnej. Apas odnosi się do wpływu Księżyca na pływy morskie i Elementu Wody w nas. Biorąc pod uwagę, że nasze ciało fizyczne składa się w 60% z wody, znaczenie Elementu Wody dla naszego systemu biologicznego jest oczywiste.

Ponieważ Apas jest Materią, która wciąż jest tworzona, reprezentuje twórczy impuls w naszej psychice. Odnosi się do emocji, które są płynne i zmienne, jak reprezentujący je Element Wody. Nasza seksualność jest również wyrażana emocjonalnie jako pożądanie, służąc jako potężny motywator w naszym życiu. Cykle Księżyca mają nie tylko silny wpływ na nasze emocje, ale także na naszą seksualność.

Apas posiada jakość skurczu i zasadę smaku. Jego Bija Mantra to "Vam". Doświadczenia z Apasem są podobne do rytualnych inwokacji elementu wody. Jego planetarna korespondencja jest z Księżycem i Jowiszem oraz aspektami Wenus, ponieważ wszystkie trzy planety są związane z emocjami i uczuciami.

Podelementy Apas to Woda z Wody, Duch z Wody, Ogień z Wody, Powietrze z Wody i Ziemia z Wody. Podelement Wody jest zbliżony do energii zodiaku Ryby, Ogień Wody jest podobny do Raka, a Powietrze Wody do Skorpiona. Sfera doświadczeń Apasa to płaszczyzna świadomości określana jako "Bhuvar Loka", obszar pomiędzy Ziemią a Słońcem i dom dla niebiańskich istot znanych jako Siddhas.

Prithivi Tattwa (Element Ziemi)

Piątą i ostatnią Tattwą jest Prithivi, symbolizowana przez żółty kwadrat i związana z Elementem Ziemi. Ostatni Element, który ewoluuje w procesie Tworzenia, jest wynikiem dalszego spadku wibracji, który powoduje, że Element Wody krzepnie i staje się nieruchomy. Prithivi jest najgęstszą ze wszystkich Tattw, ponieważ reprezentuje konkretny Świat Materii, którego cząsteczki są przytwierdzone do miejsca. Reprezentuje cechy solidności, wagi i spójności, przynosząc stabilność i trwałość na wszystkich poziomach.

Chociaż kolor żółty typowo reprezentuje w zachodnich misteriach Element Powietrza, w systemie Tattvic jest on związany z Ziemią. Żółty odnosi się do żółtego Światła Słońca, które pozwala nam postrzegać Świat Materii. Prithivi odpowiada czakrze Korzenia lub Muladhara i zmysłowi węchu. Jej Bija Mantra to "Lam".

Energia Prithivi jest podobna do rytualnych inwokacji Elementu Ziemi. Podelementy Prithivi to Ziemia z Ziemi, Duch z Ziemi, Ogień z Ziemi, Woda z Ziemi i Powietrze z Ziemi. Energia Podelementu Ognia Ziemi jest zbliżona do zodiaku Koziorożca, Woda Ziemi jest podobna do Panny, a Powietrze Ziemi można porównać do Byka. Sfera doświadczenia Prithivi jest płaszczyzną świadomości zwaną "Bhu Loka", fizycznym światem grubej materii.

WRÓŻENIE TATTVA

Tattwy są łatwe w użyciu i bardzo skuteczne w dostrajaniu się do pożądanych Energii Elementalnych. Wystarczy trzymać Tattwę w ręku i "wczuwać się" w nią poprzez wpatrywanie się lub patrzenie głęboko na nią, aby odblokować jej moc. Wróżenie Tattw jest kluczowe dla rozwoju mocy psychicznych, takich jak jasnowidzenie. Jest to jedna z najprostszych, najszybszych i najbardziej efektywnych metod ćwiczenia i doskonalenia zdolności jasnowidzenia.

Metoda Tattva Scrying może również ułatwić pełne Doświadczenie poza Ciałem, ponieważ zawiera komponent Projekcji Astralnej, której technika jest zbliżona do szamańskich podróży i pathworking. Jednakże, musisz być ostrożny przy próbach Projekcji Astralnej, szczególnie jeśli cierpisz na niepokój lub nerwowość. Może to być dość wstrząsające dla umysłu, aby doświadczyć rzeczy poza fizycznymi, zwłaszcza po raz pierwszy. Dlatego też powinieneś być wystarczająco zrównoważony energetycznie przed próbą Projekcji Astralnej, co możesz osiągnąć stosując sposoby Duchowego Uzdrawiania przedstawione w tej książce.

Przed rozpoczęciem tego ćwiczenia, musisz wydrukować kolorowe karty Tattwa z mojej strony internetowej www.nevenpaar.com poprzez link "Tattva Cards" w głównej nawigacji. Karty w dokumencie PDF mają wymiary pięć na sześć cali, co jest ich idealnym rozmiarem do wróżenia, z symbolami o wysokości około trzech do czterech cali. Jeśli posiadasz już karty Tattwy, możesz z nimi pracować, o ile mieszczą się w podanych parametrach.

Jednak najbardziej optymalne karty Tattwy powinny być samodzielnie skonstruowane z kartonu. Powinieneś wyciąć osobno symbole, pomalować je ręcznie i przykleić na karty, aby zapewnić trójwymiarową perspektywę. Rysunek 83 pokazuje karty Tattwy, które skonstruowałem wiele lat temu, kiedy byłem w Zakonie Złotego Świtu.

Istnieją dwie części metody Tattva Scrying przedstawionej przez Hermetyczny Zakon Złotego Świtu. Pierwsza część nazywa się "Wróżenie w Wizji Duchowej" i polega na dostrojeniu się do Elementarnej i Subelementalnej energii w Twojej aurze, która izoluje Twoje czakry, abyś mógł z nimi pracować. Druga część jest opcjonalna i jest kontynuacją pierwszej, zwanej "Podróżowaniem w Wizji Ducha". Po przywołaniu Energii Elementalnej lub Subelementalnej i wzmocnieniu jej w Twojej Aurze, Twoja świadomość zostaje w niej zanurzona. Jest to doskonała okazja do wykonania Projekcji Astralnej na jej Kosmiczną Płaszczyznę przy użyciu techniki wizualizacji, która angażuje Twoją wyobraźnię i siłę woli.

Przed rozpoczęciem ćwiczenia Tattva Scrying, znajdź spokojną przestrzeń, w której nie będziesz zakłócony podczas jego wykonywania. Ponieważ praktyka ta wiąże się z wchodzeniem do wewnątrz, warto spalić jakieś kadzidło, aby oczyścić swoją przestrzeń z negatywnych energii i uczynić ją świętą. Jeśli znasz ćwiczenia Rytuału Magii Ceremonialnej z mojej pierwszej książki, wykonaj Mniejszy Rytuał Wygnania Pentagramu i Rytuał Wygnania Heksagramu, aby wygnać niekorzystne wpływy energetyczne i skupić się.

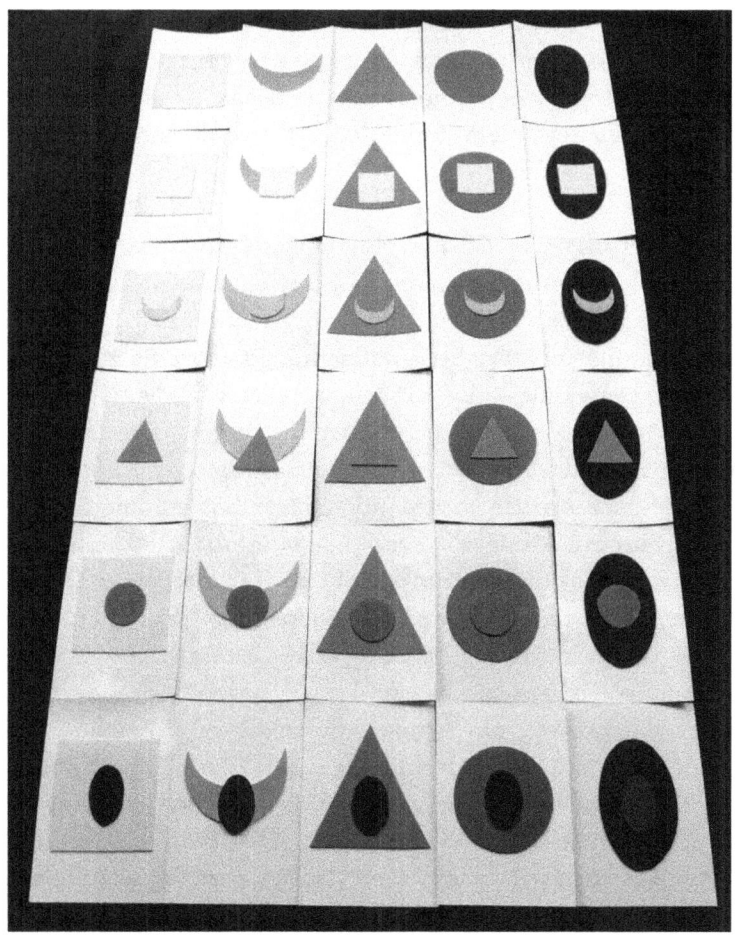

Rysunek 83: Karty Tattwy Autora.

Te dwa rytualne ćwiczenia są instrumentalne dla ochrony podczas wykonywania pracy astralnej, włączając w to projekcję astralną, która otwiera świadomość na bezpośredni kontakt z Duchowymi Inteligencjami w wewnętrznych Planach Kosmicznych. Poza podstawowymi Elementalami, mogą to być Anielskie lub Demoniczne byty lub Duchy, które złożyły się w warstwach Twojej Aury i ich odpowiednich Czakrach kiedyś w przeszłości. Są one odpowiedzialne za wiele naszych nastrojów i uczuć, czy to pozytywnych i konstruktywnych, jak w przypadku Aniołów, czy też negatywnych i destrukcyjnych, jak pod wpływem Demonów.

Demony są bardziej nieuchwytne niż Anioły, ponieważ ludzie zazwyczaj unikają kontaktu z nimi. Często zostają one zamknięte głęboko w podświadomym umyśle ze strachu przed koniecznością stawienia im czoła. Jednak Demony pozostaną do Ciebie przywiązane, dopóki nie stawisz im czoła z odwagą i nie poznasz ich prawdziwej natury, a tym samym nie zintegrujesz w pełni ich mocy i nie uwolnisz ich z powrotem do

Wszechświata. W ten sposób uzdrawiasz i optymalizujesz czakry, jednocześnie opanowując odpowiadające im elementy w swojej psychice. Pamiętaj, że niezależnie od tego, jaką Duchową Inteligencję napotkasz podczas swojej sesji wróżeniowej, jeśli skonfrontujesz ją z opanowaniem i miłością w swoim sercu, będzie ona do Twojej dyspozycji.

Metoda Tattva Scrying-Część 1 (Scrying w Wizji Duchowej)

Rozpocznij ćwiczenie siedząc wygodnie w pozycji Lotosu lub na krześle, zwrócony twarzą w kierunku kardynalnym Elementu, który wzywasz. (Użyj Tabeli 3, aby uzyskać wszystkie istotne informacje, które będą potrzebne do wróżenia z Tattw). Powinieneś mieć przed sobą białą powierzchnię, taką jak ściana, ekran lub jakiś rodzaj tła, ponieważ w ramach ćwiczenia będziesz musiał przetransponować na nią astralny odcisk Tattwy. Biała powierzchnia zapewnia również brak rozproszenia umysłu podczas koncentracji na karcie Tattwy. Jeśli masz wiszące obrazy lub meble w pobliżu miejsca pracy, usuń je.

Wykonuj Czterokrotny Oddech przez kilka minut z zamkniętymi oczami, aby wprowadzić się w medytacyjny stan umysłu, który jest niezbędny do osiągnięcia sukcesu w tej pracy. Następnie otwórz oczy i weź do ręki Tattwę. Trzymaj ją w dłoni na wysokości ramienia, tak aby obraz znajdował się na wysokości oczu. Zacznij wpatrywać się w nią wygodnie, mrugając jak najmniej. Upewnij się, że widzisz kartę Tattwy i białe tło przed sobą i nic więcej. Nie pozwól, aby Twoje oczy wędrowały. Zamiast tego, wchłoń się w Tattwę, utrzymując umysł pusty od wszelkich myśli. Pozwól, aby jej obraz wypełnił Twoją świadomość, wyobrażając sobie, że jesteś przesiąknięty energią związanego z nią Elementu lub Podelementu.

Na początku powinieneś wpatrywać się w Tattwę przez dwadzieścia sekund do jednej minuty, a następnie wydłużać ten czas, w miarę jak będziesz stawał się coraz bardziej biegły w tym ćwiczeniu. Upewnij się, że w żadnym momencie nie nadwyrężasz swoich oczu. Po pewnym czasie Tattwa zacznie "migać" z symbolu, na który patrzysz, tak jakbyś widział jej energetyczny odcisk lub Aurę. Doświadczenie nauczy Cię jak długo trwa dojście do tego punktu.

Następnym krokiem jest odłożenie karty Tattwy i płynne przeniesienie wzroku na gładką, białą powierzchnię przed tobą. Zauważysz przeniesienie symbolu na jego "migający" lub uzupełniający kolor do Tattwy. Na przykład, jeśli wertujesz Prithivi, jego kolorem uzupełniającym będzie fiolet. Jeśli wertujesz Sub-elementalną Tattwę, zobaczysz przed sobą dwa uzupełniające się kolory.

Wpatruj się teraz w migający symbol przed sobą. Jeśli zacznie dryfować, przywróć mu ostrość przed sobą. Kiedy zniknie w Twoim fizycznym wzroku, zamknij oczy i skup się na tym, co pozostało z jego mentalnego odcisku. Pozwól, aby Twoje fizyczne widzenie przeszło w widzenie astralne, tak jakby tył Twoich powiek był ekranem filmowym odtwarzającym obraz z powrotem do Ciebie.

Zaleca się przećwiczenie przeniesienia karty Tattwy wizualnie na białe tło trzy do czterech razy, ponieważ ta część ćwiczenia jest najważniejsza dla następnego etapu Projekcji Astralnej. Jednakże, po prostu poprzez wpatrywanie się w Tattwę, odblokowujesz związaną z nią energię w swojej Aurze, którą powinieneś natychmiast odczuć (jeśli jesteś wrażliwy na energie) jako kwantową esencję. Zauważ, że im dłużej wpatrujesz się w Tattwę, tym więcej odpowiadającej jej energii przenika do Aury.

Metoda Tattva Scrying-Część 2 (Podróżowanie w Wizji Duchowej)

Po zniknięciu astralnego obrazu, użyj swojej wyobraźni, aby przywołać go w Oku Umysłu w kolorze uzupełniającym Tattwę, z którą pracujesz. Wyobraź sobie, że obraz powiększa się do rozmiarów drzwi. Następnie zwizualizuj swoją formę astralną i zobacz ją stojącą tuż przed tymi drzwiami. Poświęć chwilę na zanotowanie wszystkich szczegółów swojej Astralnej Jaźni, łącznie z garderobą, wyrazem twarzy itp. Jeżeli to pomaga w wizualizacji, wyobraź sobie siebie w tych samych ubraniach, które masz na sobie podczas wykonywania ćwiczenia. Zauważ, że w tej części ćwiczenia powinieneś patrzeć na siebie w trzeciej osobie w swoim umyśle, tak jakbyś był zarówno reżyserem jak i gwiazdą filmu w jednej osobie.

Następnie musisz przenieść swoje ziarno świadomości do swojej Astralnej Jaźni. Ta część jest trudna i większość uczniów potrzebuje praktyki. Aby zrobić to z powodzeniem, musisz przestać postrzegać siebie w trzeciej osobie i przełączyć swoją perspektywę na pierwszą. Wyobraź sobie, że cała Twoja esencja wchodzi do Twojej Astralnej Jaźni, gdy opuszczasz swoje fizyczne ciało, które pozostaje siedząc cicho z zamkniętymi oczami. Poświęć teraz chwilę, otwierając oczy jako Twoje Astralne Ja i obserwuj swoje dłonie i stopy, tak jakbyś właśnie obudził się w środku Świadomego Snu. Następnie spójrz na drzwi przed Tobą, Twój portal do innego wymiaru. Kiedy będziesz gotowy, przejdź przez drzwi. Jeśli jesteś zaznajomiony z ćwiczeniami rytualnymi z książki "*Mag*", możesz dokonać projekcji swojej Astralnej Jaźni przez drzwi za pomocą Znaku Wchodzącego, jednocześnie zamykając się w odpowiedniej Płaszczyźnie Kosmicznej za pomocą Znaku Ciszy. Jeśli nie znasz tych gestów, po prostu przejdź przez drzwi.

W momencie, kiedy wejdziesz na projektowaną płaszczyznę kosmiczną, pozwól swojej wyobraźni przejść na autopilota. Ta część jest kluczowa dla sukcesu z Projekcją Astralną, ponieważ wszystko do tego momentu było kierowaną wizualizacją wykorzystującą Twoją siłę woli i wyobraźnię. Teraz musisz przestać kontrolować doświadczenie, tak aby Twoja wyobraźnia odbierała wrażenia z Elementalnej lub Subelementalnej energii, którą wzmocniłeś w swojej aurze za pomocą techniki wpatrywania się w Tattwę. Jeśli zrobisz to poprawnie, powinieneś otrzymać wizję Płaszczyzny Kosmicznej.

Obserwuj scenerię wokół siebie, zauważając każdy najmniejszy szczegół, który możesz dostrzec. Użyj swoich astralnych zmysłów, aby wchłonąć widoki, dźwięki, smaki, zapachy i wrażenia dotykowe z Płaszczyzny Kosmicznej. Jeżeli wszystko wydaje się nudne i jednomyślne, możesz wibrować Boskie Imiona odpowiedniego Elementu po trzy lub cztery razy, zgodnie z Tabelą 3. Kolejność jest następująca: Imię Boga, Archanioł i Anioł. Powinno to spowodować, że rzeczy nabiorą żywych kolorów i ruchu. Jeśli tak nie jest, to być może potrzebujesz więcej praktyki w przenoszeniu swojej świadomości do swojej Astralnej Jaźni i pozwalaniu sobie na "odpuszczenie" na tyle długo, żeby doświadczyć wizji na Płaszczyźnie Astralnej. Nie rozpaczaj, jeśli nie uda się to za pierwszym razem;

większość ludzi potrzebuje więcej praktyki z Częścią 1 Metody Skryningu Tattwy, zanim zaangażuje się w Część 2.

TABELA 3: Korespondencje Tattwy

Element (Polski i Sanskryt)	Kierunek	Elementale	Imię Boga (Hebrajskie)	Archanioł	Angel
Ziemia, Prithivi	Północny	Gnomy	Adonai ha-Aretz	Auriel	Phorlakh
Woda, Apas	Zachodni	Undine	Elohim Tzabaoth	Gabriel	Taliahad
Ogień, Tejas	Południowy	Salamandry	YHVH Tzabaoth	Michael	Aral
Powietrze, Vayu	Wschodni	Sylfy	Shaddai El Chai	Raphael	Chassan
Duch, Akasha	Góra/Dół, Wschód (Domyślnie)	-	Eheieh	Metatron	Chayoth ha-Qadesh

Po wibrowaniu odpowiednich Boskich Imion nierzadko pojawia się przed Tobą duchowy przewodnik. Ta istota jest często Elementalem, którego cechy reprezentują właściwości Elementu, który odwiedzasz. Możesz również przywołać przewodnika, aby pomógł Ci zbadać miejsce, co jest zalecane, szczególnie jeśli jesteś nowy w tej praktyce.

Obserwuj wygląd istoty i sprawdź ją, pytając o cel jej pomocy, co pomoże Ci określić, czy jest ona życzliwa czy złośliwa. Czasami możesz nie widzieć istoty, ale czuć jej obecność, co często może być bardziej godne zaufania niż użycie wzroku astralnego lub innych zmysłów.

Jeśli istota wydaje się złowroga, możesz użyć Boskich Imion Elementu, z którym pracujesz, aby ją wygnać. Możesz również narysować wyganiający Pentagram Ziemi (zgodnie z instrukcją w *The Magus*), aby oddalić istotę, chyba że pracujesz z Prithivi Tattwa, co spowoduje wygaszenie zarówno pozytywnych jak i negatywnych aspektów Ziemi. Jeśli z jakiegoś powodu nie chcesz pomocy przewodnika, możesz użyć banującego Pentagramu Elementu, z którym pracujesz, aby go odesłać, co działa w większości przypadków.

Zakładając, że Twój przewodnik jest pozytywnym Duchem, który chce Ci pomóc, pozwól mu prowadzić Cię dookoła, abyś mógł zbadać scenerię. Zadawaj swojemu przewodnikowi wszelkie pytania dotyczące tego, co widzisz podczas swojej podróży lub natury Elementu odnoszącego się do Płaszczyzny Kosmicznej, którą badasz. W końcu praca ta ma na celu rozwinięcie wiedzy i opanowanie Elementów, które są częściami Twojej psychiki.

Podczas eksploracji Sub-elementalnych Planów Kosmicznych nie jest rzadkością zostanie przekazanym drugiemu przewodnikowi, który oprowadzi Cię po zupełnie innej scenerii. W tym przypadku musisz ponownie przetestować go, aby określić jakość jego Istoty, włączając w to wibrację Boskich Imion drugorzędnej Tattwy, którą odwiedzasz. Kiedy zostawiasz pierwszego przewodnika za sobą, daj mu uprzejmość pożegnania, szczególnie jeśli traktował Cię z szacunkiem.

Jeśli czujesz, że środowisko stało się chaotyczne z powodu Twojej obecności, możesz użyć Boskich Imion, aby przynieść harmonię i pokój na plan kosmiczny, który odwiedzasz i przywrócić jego pierwotną konstytucję. Pamiętaj, żeby zawsze odnosić się z szacunkiem, ale stanowczo do swoich przewodników i nie pozwalać im się wymykać, ponieważ są tam po to, żeby Ci pomagać. Musisz zawsze zachować opanowanie i kontrolę nad sytuacją.

Metoda opuszczania Płaszczyzny Kosmicznej i powrotu do zwykłej, budzącej się świadomości jest dokładnym odwróceniem procesu początkowego. Po pierwsze, podziękuj przewodnikowi i pożegnaj się z nim. Następnie musisz cofnąć swoje kroki do drzwi, z których przyszedłeś. Kiedy przejdziesz przez te drzwi, Twoja podróż będzie zakończona. Jeśli użyłeś Znaku Wchodzącego i Znaku Ciszy, aby wejść do drzwi, użyj ich ponownie, aby je opuścić.

Następnie musisz przenieść swoje ziarno świadomości z Twojego Astralnego Ja do Twojego fizycznego Ja. Czyniąc to, poczuj, jak Twoja Istota zmienia się z perspektywy wewnętrznej na zewnętrzną, gdy przenosisz swoją uwagę ze zmysłów astralnych na fizyczne. Weź teraz kilka głębokich oddechów i skup się na słuchaniu wszelkich dźwięków w swoim otoczeniu. Kiedy jesteś gotowy do zakończenia doświadczenia Tattva Scrying, powoli otwórz oczy. Jeśli rozpocząłeś to ćwiczenie od Mniejszego Rytuału Wypędzającego Pentagramu i Rytuału Wypędzającego Heksagramu, powtórz je, aby się skoncentrować i wypędzić wszelkie niepożądane wpływy.

Istotne jest, aby nigdy nie kończyć doświadczenia przez otwarcie fizycznych oczu, podczas gdy Twoje Astralne Ja znajduje się nadal na Płaszczyźnie Kosmicznej, którą odwiedzasz. Nigdy nie powinno się łączyć Płaszczyzny Żywiołów z Fizyczną płaszczyzną świadomości, ponieważ może to być szkodliwe dla psychiki. Natychmiastowe efekty uboczne to uczucie zdezorientowania i rozproszenia. Bardziej trwałe skutki uboczne to chaotyczne i destrukcyjne manifestacje w Twoim życiu, które mogą trwać tygodniami, miesiącami, a nawet latami, dopóki nie zostaną rozwiązane. Dlatego nie spiesz się z tym procesem "powrotu do domu" i wykonuj wszystkie kroki, nawet jeśli robisz to w przyspieszonym tempie.

Jako początkujący, zacznij od praktyki z podstawowymi Tattwami Prithivi, Apas, Tejas, Vayu i Akasha, w tej kolejności. Skup się na pierwszych czterech, aż zdobędziesz trochę doświadczenia przed przejściem do Akaszy Tattwy. Wykonuj każdą sesję scryingową z poszczególnymi kartami Tattwy raz dziennie, nie więcej. Możesz wykonywać to ćwiczenie o każdej porze, choć najlepsze są poranki i popołudnia, najlepiej na pusty żołądek. Jeżeli scryfikujesz Tattwy tuż przed snem, miej na uwadze, że czynność ta będzie miała wpływ na treść Twoich snów.

Po kilku tygodniach eksperymentowania z podstawowymi Tattwami i po uzyskaniu zadowalających rezultatów w Projekcji Astralnej, możesz przejść do Programu Alchemii

Duchowej, który opracowałem dla bardziej ambitnych aspirantów tej pracy. Ta zaawansowana operacja Tattwy zapewni optymalne rezultaty podczas badania Żywiołów, Podelementów i odpowiadających im Czakr. Podąża ona za sekwencją wchodzenia w warstwy Aury od Niższego Astralu (Ziemia) do Wyższego Astralu (Woda), następnie Niższego Umysłowego (Powietrze), do Wyższego Umysłowego (Ogień) i w końcu do Płaszczyzny Duchowej (Duch).

Przedstawiam zachodnią sekwencję emanacji Żywiołów, która umieszcza Żywioł Ognia po Żywiole Powietrza, a nie przed, jak to jest w systemie wschodnim. Z mojego doświadczenia wynika, że ta sekwencja stopniowej pracy z Planami Kosmicznymi od najniższego do najwyższego jest najbardziej skuteczna w Uzdrawianiu Duchowym i podnoszeniu wibracji świadomości. Cały Program Duchowej Alchemii z Tattwami zajmie Ci jeden miesiąc. Po tym czasie możesz powtórzyć cykl lub pracować z poszczególnymi Elementami i Podelementami, aby opanować te części Jaźni. Możesz również powrócić do konkretnych Planów Kosmicznych, które uznałeś za najbardziej ekscytujące i odkrywcze, które wzywały Cię, lub które uważałeś za wymagające dalszej eksploracji. Praca z Tattwami jest doskonałą okazją do używania Magicznego Dziennika, notatnika lub pamiętnika do zapisywania swoich doświadczeń. Jest to niezbędne do poprawy Twoich zdolności scryingowych i przypomnienia sobie pamięci oraz do uzyskania wglądu w poszczególne symbole, liczby i wydarzenia, których doświadczyłeś podczas sesji. Dokumentując swoje doświadczenia w czasie, zaczniesz rozpoznawać wzorce i wyciągać metaforyczne znaczenia z sesji, które są częścią większego obrazu tego, kim jesteś i nad czym musisz pracować, aby kontynuować swoją Duchową Ewolucję.

Podsumowując, pamiętaj, aby być cierpliwym, zdecydowanym i wytrwałym w tej pracy, zwłaszcza gdy zaczynasz. Łatwo jest zniechęcić się do komponentu Projekcji Astralnej tej praktyki, kiedy nie otrzymujesz rezultatów, które przewidujesz. Pamiętaj jednak, że rozwój wewnętrznego jasnowidzenia nie jest łatwym zadaniem. Tattva Scrying jest ciężką, mozolną pracą, która często zajmuje miesiące lub nawet lata, aby stać się biegłym. Ale z wytrwałością, Twoje wizje będą rosły od mglistych, lekko nieodróżnialnych obrazów do żywych, dynamicznych i potężnych magicznych doświadczeń.

Program Duchowej Alchemii z Tattwami

Dolna Płaszczyzna Astralna—Ziemia/Muladhara:
Dzień 1—Ziemia/Pierwotna Ziemia
Dzień 2—Ziemia/Ziemia Ziemi
Dzień 3—Ziemia/Woda Ziemi
Dzień 4—Ziemia/Powietrze Ziemi
Dzień 5—Ziemia/Ogień Ziemi
Dzień 6—Ziemia/Duch Ziemi

Wyższa Płaszczyzna Astralna—Woda/Swadhisthana:
Dzień 7—Woda/ Pierwotna Woda
Dzień 8—Woda/Ziemia Wody
Dzień 9—Woda/Woda z Wody
Dzień 10—Woda/Powietrze Wody
Dzień 11—Woda/Ogień Wody
Dzień 12—Woda/Duch Wody

Niższa Płaszczyzna Mentalna—Powietrze/Anahata:
Dzień 13—Powietrze/Pierwotne Powietrze
Dzień 14—Powietrze/Ziemia Powietrza
Dzień 15—Powietrze/Woda Powietrza
Dzień 16—Powietrze/Powietrze Powietrza
Dzień 17—Powietrze/Ogień Powietrza
Dzień 18—Powietrze/Duch Powietrza

Wyższa Płaszczyzna Umysłowa—Ogień/Manipura:
Dzień 19—Ogień/Pierwotny Ogień
Dzień 20—Ogień/Ziemia Ognia
Dzień 21—Ogień/Woda Ognia
Dzień 22—Ogień/Powietrze Ognia
Dzień 23—Ogień/Ogień ognia
Dzień 24—Ogień/Spirit of Fire

Płaszczyzna Duchowa—Duch/Vishuddhi, Ajna, Sahasrara:
Dzień 25—Duch/Pierwotny Duch
Dzień 26—Duch/Ziemia Ducha
Dzień 27—Duch/Woda Ducha
Dzień 28—Duch/Powietrze Ducha
Dzień 29—Duch/Ogień Ducha
Dzień 30—Duch/Duch

CZĘŚĆ VI: NAUKA O JODZE (Z AJURWEDĄ)

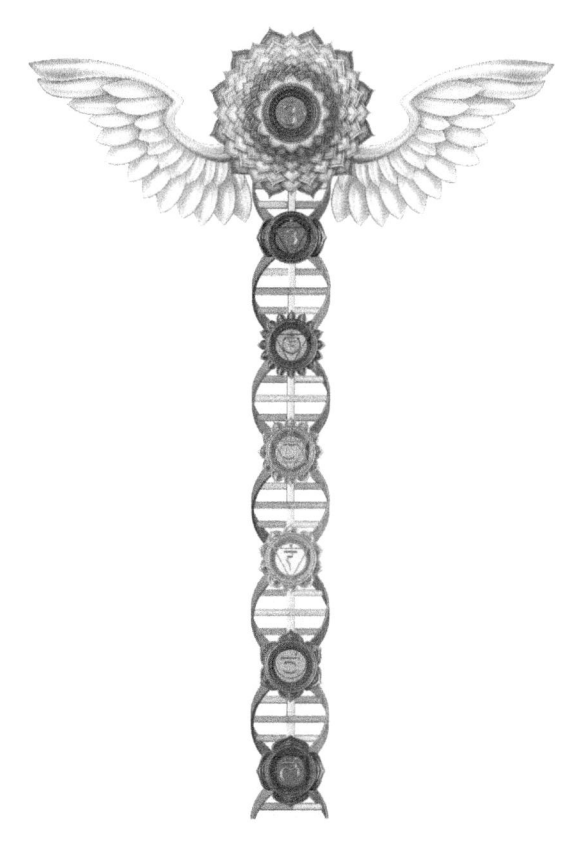

CEL JOGI

Joga to grupa fizycznych, umysłowych i duchowych praktyk, dyscyplin i technik, które powstały w starożytnych Indiach około 5000 lat temu. Joga została wspomniana w starożytnych hinduskich tekstach, *The Rig Veda* i *The Upanishads,* chociaż jej rzeczywisty rozwój nastąpił dopiero w piątym i szóstym wieku przed naszą erą. *Jogasutry Patańdżalego*, najbardziej wpływowy hinduski tekst o jodze, datowany jest na około drugi wiek przed naszą erą. W XX wieku tekst ten został przetłumaczony na język angielski, co wywołało duże zainteresowanie jogą w świecie zachodnim.

Chociaż większość ludzi na Zachodzie uważa, że Joga jest zwykłym ćwiczeniem fizycznym składającym się z pozycji ciała (Asan), nie może to być dalsze od prawdy. Asany są fizycznym aspektem głębokiej nauki o rozwijaniu duchowego potencjału człowieka. W dawnych czasach było bardzo mało praktyki asan jako części Jogi. Jej pierwotne formy miały głównie charakter transcendentalny i medytacyjny. Joga dotyczyła osiągania stanów czystej świadomości i błogości (Samadhi) oraz pokonywania obciążeń materialnej rzeczywistości. Praktyka asan, która jest rdzeniem Hatha Jogi, wywodzi się z Tantry sprzed 1000 lat.

Słowo "joga" w sanskrycie oznacza "zjednoczenie" i odnosi się do zjednoczenia indywidualnej świadomości z Kosmiczną Świadomością. Aby jednak mogło dojść do zjednoczenia między nimi, najpierw musi nastąpić rozdzielenie. W rzeczywistości nigdy go nie było. Oddzielenie jest iluzją, która pojawia się w umyśle wraz z narodzinami i rozwojem Ego. Joga ma na celu przekroczenie Ego i stanie się Samourzeczywistnioną istotą ludzką. Poprzez praktykowanie sprawdzonego w czasie systemu pracy ze swoim polem energetycznym, jednostka może pokonać ograniczenia swojego umysłu i osiągnąć najwyższy potencjał duchowy.

Według Patańdżalego Joga wymaga zaprzestania wahań umysłu, co skutkuje zjednoczeniem obserwatora, obserwującego i obserwowanego. Ostatecznym celem Jogi jest Oświecenie i integracja Ducha w ciele. Aby doprowadzić tam swoich praktyków, Joga dąży do zrównoważenia systemu energetycznego i stopniowego przebudzenia Kundalini u podstawy kręgosłupa. Kiedy Kundalini Shakti wznosi się w górę kręgosłupa, aby spotkać się z Shivą w Koronie, dochodzi do Boskiego Małżeństwa, rozszerzającego indywidualną świadomość. Kiedy dwie przeciwstawne siły męska i żeńska stają się jednym, Dusza zostaje uwolniona z ciała i wywyższona ponad Ego. Jednostka staje się Joginem lub wyzwoloną Duszą, Bogiem-człowiekiem. Przekracza ona dualność i żywioły w sobie, reprezentowane przez niższe Kosmiczne Płaszczyzny i dostraja swoją świadomość do Płaszczyzny Duchowej, która jest Nie-Dualna.

Ponieważ Joga jest naszą najbardziej starożytną metodą równoważenia systemu energetycznego i budzenia energii Kundalini, postanowiłem poświęcić cały rozdział jej nauce. Chociaż rozdział ten jest zaledwie wprowadzeniem do Jogi, z przedstawionych tu praktyk można wiele wynieść, a stanowią one część systemu Duchowości Wschodu.

RODZAJE JOGI

Praktyka Jogi jest bardzo różnorodna, gdyż istnieje wiele jej gałęzi. Wszystkie z nich mają ostatecznie prowadzić do doświadczenia zjednoczenia z Bogiem. Poniżej znajdują się główne gałęzie Jogi, choć istnieje wiele innych, które nie zostały tu wymienione. Niektóre z nich są uważane za część tych głównych, choć same w sobie są wyjątkowe.

Hatha Joga

Tantra pojawiła się około szóstego do ósmego wieku naszej ery i to właśnie jej historyczny rozwój w praktyce doprowadził później do powstania Hatha Jogi (XIV wiek). Hatha Joga jest typem, który jest ogólnie praktykowany w społeczeństwie zachodnim. Istnieją niewielkie różnice w filozofii, praktykach i terminologii, które pozwalają różnym szkołom Jogi na Zachodzie dopasować się do indywidualnych praktyków, ale wszystkie obejmują praktykę Asan (postaw fizycznych) i Pranajamę (znaną jako techniki oddechowe, ale dokładniej przeznaczoną do rozszerzania Prany).

Słowo "Hatha" jest tłumaczone z sanskrytu na "słońce i księżyc", gdzie "ha" oznacza energię słońca, a "tha" energię księżyca. Hatha Joga oznacza harmonię lub równowagę pomiędzy Słońcem i Księżycem, Pingala i Ida Nadis, dwoma przeciwnymi i uzupełniającymi się aspektami naszej Istoty. Wyższym celem Hatha Jogi jest optymalizacja zdrowia poprzez oczyszczanie kanałów energetycznych w ciele i maksymalizację funkcji czakr. Próbuje zharmonizować ciało fizyczne tak, aby można było je przekroczyć. Hatha Joga daje również kontrolę nad stanami wewnętrznymi, dzięki czemu człowiek zyskuje lepszą świadomość i koncentrację w celu rozwijania i doskonalenia medytacyjnych praktyk jogi, określanych jako Dharana i Dhyana. Medytacja jest kluczowym elementem wszystkich praktyk duchowych, w tym Jogi.

Mudry i Bandhy są również klasyfikowane jako część Hatha Jogi. Mudry to fizyczne gesty lub pozycje ciała, które wywołują psychiczne i mentalne zmiany w naszym Byciu. Bandhy są fizycznymi blokadami energii, które pełnią tę samą funkcję co mudry. Bandhy są przede wszystkim używane do przebicia Trzech Granthis, czyli psychicznych węzłów, które leżą wzdłuż Sushumna Nadi. Ostatecznym celem Hatha Jogi jest obudzenie Kundalini i osiągnięcie Samadhi. W Hatha Jodze istnieje wiele metod i technik pozwalających osiągnąć ten cel. Wiele z nich zostało przedstawionych w tej pracy.

Joga Kundalini

System Jogi skupiony na przebudzeniu ośrodków czakralnych w celu wywołania wyższego stanu świadomości. Kundalini Joga obejmuje powtarzalne ruchy ciała, zsynchronizowane z oddechem, połączone z intonowaniem i medytacją. Ma na celu utrzymanie umysłu zajętego poprzez połączenie kilku praktyk jogicznych jednocześnie. Ostatecznym celem Jogi Kundalini jest obudzenie energii Kundalini u podstawy kręgosłupa, która aktywuje główne czakry podczas jej wznoszenia. Jej dyscyplina obejmuje proste asany, które pozwalają praktykującemu skupić się na energii i mieć optymalną świadomość swojego ciała i umysłu. Kundalini Joga zawiera specyficzne techniki z Krija Jogi, Hatha Jogi, Bhakti Jogi, Radża Jogi i Shakti Jogi.

Karma Joga

"Joga działania". Karma Joga jest systemem osiągania Samoświadomości poprzez aktywność. Jej ideały są altruistyczne, ponieważ obejmują bezinteresowną służbę innym, jako część większej jaźni, pozbawioną przywiązania do wyników - jednostka dąży do zestrojenia swojej siły woli z Wolą Boga. W związku z tym wszystkie jej działania są wykonywane z wyższego poczucia świadomości. Karma Joga polega na zaangażowaniu w bieżącą chwilę, co pozwala na przekroczenie Ego. Pomaga w uczynieniu umysłu bardziej spokojnym i opanowanym poprzez przezwyciężenie osobistych emocji. Ponieważ Karma Joga jest bardziej sposobem na życie niż czymkolwiek innym, w przeszłości było wiele znaczących osób, które były Karma Jogami, nawet nieświadomie. Jezus Chrystus, Kriszna, Mahatma Gandhi, Matka Teresa, Rumi to tylko kilka przykładów.

Mantra Joga

"Joga dźwięku". Wibracje dźwiękowe mają niesamowity wpływ na umysł, ciało i Duszę, a także mogą wywołać zmiany w świecie materialnym. Mantra Joga wykorzystuje moc dźwięku do wywołania odmiennych stanów świadomości poprzez proces powtarzania pewnych Uniwersalnych dźwięków, co staje się Mantrą. Te uniwersalne dźwięki należy wibrować lub "intonować" za pomocą naszych strun głosowych, aby uzyskać dodatkowy efekt. Mantry występują w każdej tradycji i często zawierają imiona i moce Bogów, Bogiń, Duchów i innych Bóstw. Używanie Mantr przywołuje/wywołuje energię do Aury, która wpływa na świadomość. Wiele Mantr ma na celu wytworzenie umysłowego i emocjonalnego spokoju, podnosząc tym samym świadomość wewnętrznych procesów umysłu. Sama nazwa, "Mantra", oznacza "przekroczenie pracującego umysłu". " Istnieją trzy sposoby intonowania Mantr: Bhaikari (Normalna słyszalna intonacja - dźwięczna), Upanshu (Miękka słyszalna intonacja - szept) i Manasik (Nie słyszalna - cicha/mentalna). Mantra Joga jest potężną metodą introspekcji, jak również zestrojenia świadomości z Boskimi siłami. Dzięki niej można osiągnąć ostateczny cel Jogi (zjednoczenie z Bogiem).

Jnana (Gyana) Joga

Joga lub ścieżka Samozapoznania, znana również jako ścieżka Wiedzy Intuicyjnej. Chociaż wiele osób uważa, że Jnana Joga jest ścieżką intelektu, postrzeganie odbywa się głównie poprzez Vijnanamaya Kosha (umysł intuicyjny), a nie Manomaya Kosha (intelekt racjonalny), który jest bezpośrednim doświadczeniem Boskości i rozwija Gnozę. Jnana Joga ma na celu rozwinięcie świadomości swojego Wyższego Ja, aby osiągnąć iluminacyjną wiedzę o tajemnicach Wszechświata. Dąży do rozróżnienia między Majami (iluzją) a prawdziwym światem Ducha. Składniki Jnana Jogi obejmują studiowanie świętych tekstów, introspekcję, filozoficzne dyskusje i debaty. Znani Jnana Jogini to Swami Vivekananda, Sri Yukteswar Giri (guru Joganandy) i Ramana Maharshi, by wymienić tylko kilku. Niektórzy z greckich filozofów, w tym Sokrates i Platon, byli również Jnana Joginami.

Bhakti Joga

Joga oddania. Bhakti Joga skupia miłość do Boskości poprzez rytuały oddania. Przykłady praktyk zaangażowanych w Bhakti Jogę to modlitwa, śpiew, taniec, ceremonie i uroczystości. Dla emocji należy znaleźć ujście zamiast tłumić je lub rozpraszać w różnych kierunkach. Stając się całkowicie zaabsorbowanym obiektem oddania, Bhakti przekracza swoje Ego. Gdy niższe emocje ulegają zmniejszeniu, znikają problemy psychiczne. W ten sposób wzrasta koncentracja i świadomość, co prowadzi do samorealizacji.

Radża Joga

Joga polegająca na introspekcji poprzez medytację. Radża Joga jest ścieżką królewską, gdyż "raja" oznacza króla. Obejmuje ona esencję wielu innych ścieżek jogi, mianowicie Karma, Bhakti i Jnana Joga. Radża Joga skupia się na wewnętrznej analizie pracy umysłu w celu jego wyciszenia i wyjścia poza niego. Próbuje przekroczyć Ego i zewnętrzne środowisko ciała fizycznego i dostroić się do wewnętrznego Ja Duszy i Ducha. Jest to ścieżka ku Oświeceniu.

Joga Patańdżalego

Joga Patańdżalego jest często utożsamiana bezpośrednio z radżajogą, ponieważ jest introspektywna. System Patańdżalego składa się z ośmiu kończyn (sanskrycki termin "asztanga") lub kroków jogi (Rysunek 84), które jednostka musi opanować na swojej ścieżce do samorealizacji. Pomyśl o ośmiu kończynach jako o częściach wielkiego drzewa Jogi, gdzie każda kończyna (gałąź) łączy się z pniem. Każda kończyna ma liście, które wyrażają jej życie i są technikami nauki Jogi. Osiem kończyn lub kroków Jogi jest przedstawionych w *Sutrach Jogi*, które zostały skompilowane przez mędrca Patańdżalego. Są to Yamas (samoograniczenia), Niyamas (samoobserwacja), Asana (postawy), Pranayama (oddychanie), Pratyahara (wycofanie zmysłów), Dharana (koncentracja), Dhyana (medytacja) i Samadhi (samoidentyfikacja z Kosmiczną Świadomością).

Rysunek 84: Osiem Kończyn Jogi

Krija Joga

Sanskryckie słowo "krija" oznacza "działanie" lub ruch". Krija Joga jest nauką o kontrolowaniu Prany w organizmie. Jednym z jej celów jest dekarbonizacja ludzkiej krwi i naładowanie jej tlenem, co ma na celu odmłodzenie mózgu i ośrodków rdzeniowych. Starożytny system Krija Jogi składa się z wielu poziomów Pranajamy, Mantry i Mudry, opartych na technikach mających na celu gwałtowne przyspieszenie ewolucji duchowej i doprowadzenie do komunii z wyższym, boskim Ja. Krija Joga zyskała popularność na świecie dzięki książce Paramahamsy *Joganandy "Autobiografia Jogina"*.

Dhyana Yoga

Joga polegająca na medytacji. Dhyana Yoga obejmuje przede wszystkim siódmą kończynę jogi wymienioną w Jogowych *Sutrach Patańdżalego*. Zajmuje się ona wyciszeniem umysłu i umożliwieniem większego skupienia i świadomości, co osiąga się poprzez praktyki Asany, Pranajamy, Mantry i Dharany (koncentracji). Dhyana Yoga uczy, jak oderwać umysł od zbędnych rzeczy w życiu i skoncentrować się na tym, co ważne. Medytacja przecina iluzję, prowadząc do prawdy o rzeczywistości, umożliwiając samoświadomość.

***

Podsumowując, wiele innych form Jogi to doskonałe systemy same w sobie, ale mieszczące się w jednej z wymienionych podstawowych grup. Należą do nich Siddha Joga, Shiva Joga, Buddhi Joga, Sannyasa Joga, Maha Joga i inne. Ponieważ istnieje wiele stylów lub rodzajów Jogi, z których każdy nieco różni się od drugiego, przeciętna osoba ma do wyboru wiele opcji, które najlepiej pasują do jej psychicznego i fizycznego charakteru. Jednak większość rodzajów Jogi zawiera te same elementy i praktyki, które szczegółowo przeanalizuję w tym rozdziale.

PIĘĆ KOSHAS

Według Jogi i Ajurwedy system energetyczny człowieka składa się z pięciu ciał subtelnych lub "powłok", zwanych Koszami (Rysunek 85), które pokrywają i ukrywają naszą istotną naturę - Atman, Uniwersalną Jaźń (Duszę). Kosze są w zasadzie bramami do Duszy. Odpowiadają one za różne wymiary i wibracyjne stany świadomości, w których uczestniczy człowiek. Kosze odnoszą się do Pięciu Elementów (Tattw) i Siedmiu Głównych Czakr, z najwyższą Koszą (Anandamaya) obejmującą trzy Czakry Ducha. (Zauważ, że Rysunek 85 jest abstrakcyjnym schematem Pięciu Kosh, a nie ich rzeczywistym przedstawieniem w Aurze.)

Kosze są synonimem Ciał Subtelnych wewnętrznych Planów Kosmicznych Zachodniej Tradycji Tajemnej. Jednakże zamiast siedmiu, w systemie Jogicznym istnieje pięć warstw Aury, które są ze sobą połączone, nieustannie oddziałując na siebie. Kosze emanują kolejno, zaczynając od najgęstszej, przy czym każda kolejna warstwa jest bardziej subtelna i wyższa w wibracji od tej, która ją poprzedzała.

Annamaya Kosha

Pierwsza warstwa lub powłoka nazywana jest Annamaya Kosha i odnosi się do świadomego umysłu i ciała fizycznego. Jest to najgrubsza i najbardziej gęsta Kosza, z którą najbardziej się identyfikujemy. Zbudowana przez jedzenie, które spożywamy, Annamaya Kosha odpowiada pierwszej czakrze Muladhara i Elementowi Ziemi (Prithivi Tattwa). Regularna praktyka asan i zdrowa dieta mogą utrzymać nasze ciało fizyczne w optymalnym stanie, dzięki czemu możemy doświadczyć życia wolnego od chorób.

Pranamaya Kosha

Drugą osłoną jest Pranamaya Kosha; ciało energii życiowej, składające się z energii życiowej. Pranamaya Kosha, jak sama nazwa mówi, zajmuje się Praną w ciele; stąd można ją nazwać naszym Ciałem Pranicznym, które jest wchłaniane przez oddech, pożywienie i Uniwersalną Siłę Życia, która nas otacza, przenikając naszą Aurę. Przepływa ona przez skomplikowany system Nadisów w ciele, których podobno jest siedemdziesiąt dwa tysiące. Pranamaya Kosha może być kontrolowana przez oddech, chociaż jest to bardziej subtelna siła niż powietrze, którym oddychamy. Odnosi się do drugiej czakry, Swadhisthany i elementu wody (Apas Tattwa). Pranamaya Kosha łączy Annamaya i Manomaya Koshas, ponieważ odnosi się zarówno do ciała jak i umysłu. Praktyka

Pranajamy pomaga utrzymać swobodny przepływ Siły Życia w Pranamaya Kosha, utrzymując ciało i umysł w zdrowiu.

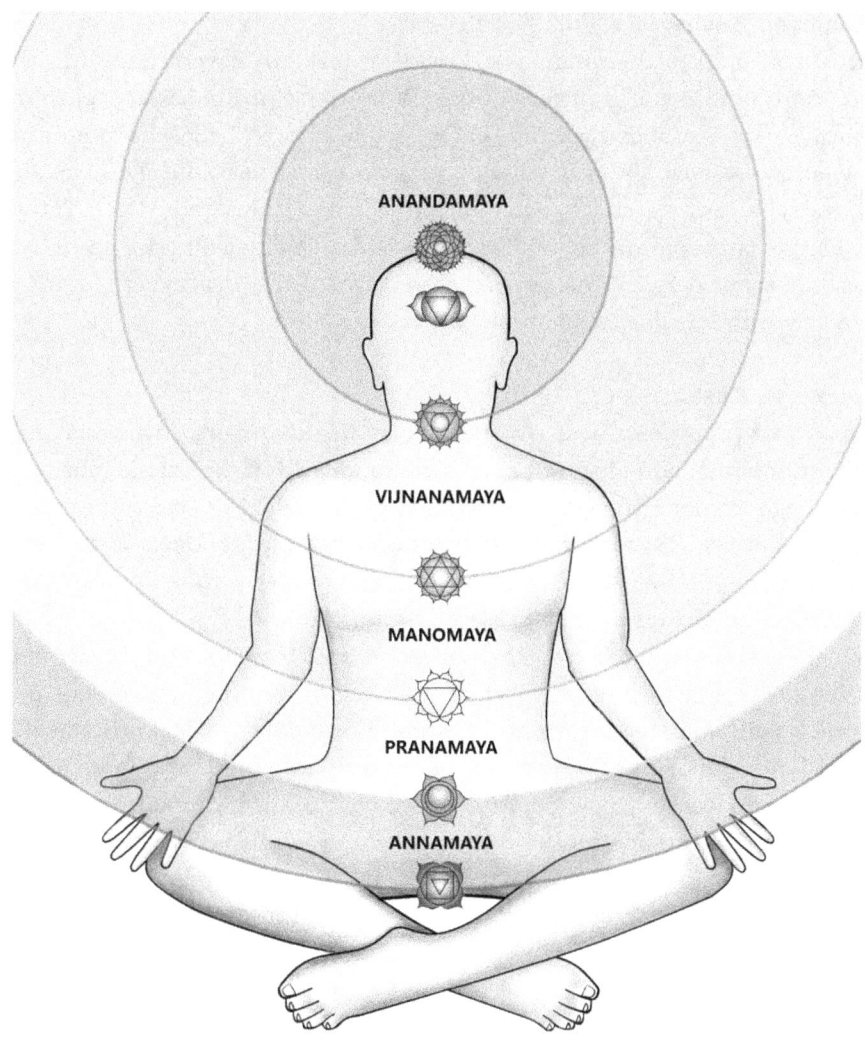

Rysunek 85: Pięć Koshas

Manomaya Kosha

Trzecią powłoką jest Manomaya Kosha, ciało mentalne/emocjonalne w systemie jogicznym, związane z podświadomym umysłem. Manomaya Kosha obejmuje wzorce myślowe i uczucia, przenikając powłoki witalne i pokarmowe. Odpowiada trzeciej czakrze, Manipurze, i Elementowi Ognia (Tejas Tattwa). Stawanie się świadomym naszych codziennych myśli i emocji oraz rozpuszczanie ich poprzez wycofywanie zmysłów

(Pratyahara) i jednopunktową koncentrację (Dharana) może pomóc utrzymać nasz umysł czystym i nieobciążonym bólem dualności.

Vijnanamaya Kosha

Czwarta powłoka to Vijnanamaya Kosha i jest to psychiczne lub wyższe ciało mentalne, które umożliwia intuicję. W Jodze Vijnanamaya Kosha jest "ciałem mądrości", które ujawnia osobiste spostrzeżenia. Łączy podświadome i nieświadome umysły, dając nam wewnętrzną wiedzę, w tym jelitowe reakcje na wydarzenia życiowe. Vijnanamaya Kosha wiąże się z czwartą czakrą Anahata i elementem powietrza (Vayu Tattwa). Poprzez praktykę Yamas (samoograniczenia) i Niyamas (samoobserwacji) oraz przy użyciu praktyk jogicznych, możemy oczyścić nasze umysły i serca, aby połączyć się z naszą intuicją, umożliwiając nam szczęśliwsze i bardziej duchowe życie.

Anandamaya Kosha

Wreszcie piątą powłoką jest Anandamaya Kosha, która uważana jest za ciało transcendentalne lub ciało błogości, ciało światła. Jego doświadczenie można opisać, jako stan całkowitego wchłonięcia w błogi stan, osiągnięty dzięki wyciszeniu umysłu. Słodycz i piękno życia, których doświadczamy, gdy umysł jest nieruchomy, znane jest jako Sat-Chit-Ananda (Prawda-Świadomość-Bliss w sanskrycie), subiektywne doświadczenie ostatecznej niezmiennej rzeczywistości-Brahmana.

Ananadamaya Kosha może być doświadczona poprzez codzienną medytację (Dhyana) lub poprzez pełne przebudzenie Kundalini. Chociaż Anandamaya Kosha pozwala nam doświadczyć nadświadomego stanu Samadhi, nadal istnieje dualność pomiędzy podmiotem i przedmiotem. Dlatego, aby stać się jednym z Brahmanem (Wszystkim), musimy dotrzeć do warstwy powyżej Ananadamaya Kosha, bezimiennej warstwy Boskiej.

W Upaniszadach, Anandamaya Kosha jest znana jako Ciało Przyczynowe. Odnosi się do nieświadomego umysłu, rezerwuaru uczuć, myśli, wspomnień i popędów poza naszą świadomością i podświadomością. Nieświadomy umysł kontroluje wiele automatycznych procesów w ciele, które zapewniają nam fizyczne przetrwanie. Anandamaya Kosha odpowiada Duchowi/Elementowi (Akasha Tattwa) i trzem najwyższym czakrom Vishuddhi, Ajna i Sahasrara. Jest to stan świadomości, w którym przebywa nasz Święty Anioł Stróż, nasze Wyższe Ja.

CIAŁA SUBTELNE NA WSCHODZIE I ZACHODZIE

Pięć Koszy Wschodniego Duchowego Systemu Jogi odpowiada Ciałom Subtelnym wewnętrznych Planów Kosmicznych Zachodniego Systemu Ezoterycznego: Fizycznemu, Astralnemu, Mentalnemu i Duchowemu, przy czym Astralny i Mentalny zawierają aspekty Niższy i Wyższy. Jednakże jedna drobna różnica pomiędzy tymi dwoma systemami wymaga naszej uwagi.

W nauce i filozofii Jogi, Ciała Subtelne emanują w odniesieniu do sekwencji pierwszych pięciu Głównych Czakr, zaczynając od Muladhary, a kończąc na Vishuddhi. Jak wspomniano, trzem Czakrom Ducha przypisana jest jedna warstwa Auryczna, co daje w sumie Pięć Kosh. W przeciwieństwie do tego, Zachodnia Tradycja Tajemna, której fundamentem jest Qabalistyczne Drzewo Życia, podąża za sekwencją emanacji Boskiego Światła Ain Soph Aur (Bezgraniczne Światło) w odniesieniu do Pięciu Elementów. W Qabali Boskie Światło przejawia się jako Duch, Ogień, Powietrze, Woda, Ziemia, gdzie każdy kolejny Element jest mniejszy w jakości duchowej niż ten przed nim.

Jak widać, oba systemy są niemal identyczne w tym temacie, z jednym wyjątkiem. W Jodze elementy Ognia (Manomaya Kosha) i Powietrza (Vijnanamaya Kosha) są zamienione, ponieważ czakra Manipura znajduje się poniżej Anahata w systemie czakr. W filozofii qabalistycznej Ogień jest pierwszym Elementem, który zamanifestował się z Ducha i jest wyższej jakości duchowej niż Element Powietrza, niezależnie od jego umiejscowienia w systemie czakr. Zachodnie Szkoły Tajemnic uczą, że siła woli (Ogień) jest wyższa niż myśl (Powietrze) w procesie manifestacji.

Oba systemy duchowe podają przekonujące argumenty na ten temat. System zachodni twierdzi, że nasze Słowo, które łączy nas ze Stwórcą, jest poruszane przez siłę woli. Jego środkiem wyrazu jest umysł (myśli), ale jego impulsem jest Siła pochodząca z Duszy głęboko wewnątrz. Dusza jest Ogniem, a jej źródłem jest nasze Słońce (Sol).

Teozofowie, należący do Zachodniej Tradycji Tajemnej, określają Płaszczyznę Duszy jako Płaszczyznę Buddyzmu, którą umiejscawiają pomiędzy Planem Psychicznym a Duchowym. Przypisują jej Element Ognia. Duży wpływ na teozofów miał hermetyzm i jego gałąź Alchemia, na którą wpływ miały dzieła Platona i Arystotelesa. Dlatego teozofowie przyjęli wschodni system czakr, ale zmodyfikowali go zgodnie ze swoimi psychicznymi doświadczeniami z Planów Subtelnych. Ich zdaniem Duchowa Alchemia wyraźnie określa Element Ognia jako wyższy w jakości duchowej od Elementu Powietrza.

Chociaż Powietrze jest bardziej subtelne niż Ogień, ponieważ jest niewidzialne jak Duch, Hermetycy wierzą, że Element Powietrza wibruje pomiędzy Elementem Ognia i Elementem Wody, ponieważ obydwa elementy biorą w nim udział i potrzebują go do utrzymania. Zgodnie z jego umiejscowieniem w systemie czakr, Element Powietrza emanuje z Ducha. Jednak jego umiejscowienie w ekspresji subtelnej energii w naszej Aurze znajduje się pomiędzy Wyższą Płaszczyzną Umysłową (Ogień) a Wyższą Płaszczyzną Astralną (Woda). Z tego powodu Element Powietrza jest bardziej używany przez Ego, podczas gdy Dusza używa Elementu Ognia do wyrażania siebie.

Ego również używa Elementu Ognia, ale filtruje go przez umysł, uczestnicząc w dualności. Element Ognia sięga jednak do Nie-Dualności Ducha, ponieważ godzi wszystkie przeciwieństwa w sobie w taki sam sposób jak spalanie, Ogień w swoim fizycznym stanie, pochłania wszystkie rzeczy. Z tego powodu Ogień jest Elementem działania, ponieważ omija umysł i zajmuje się ściśle stosowaniem siły woli.

Siła woli wymaga jednak wyobraźni, która w Qabali związana jest z sefirą Tiphareth, znajdującą się pomiędzy ośrodkami Serca i Splotu Słonecznego i odpowiadającą Elementowi Powietrza. Widzisz więc, że zgodnie z filozofią qabalistyczną zarówno emocje

(Woda), jak i siła woli (Ogień) wymagają Powietrza (myśli), aby się zamanifestować. Obydwie z niego korzystają, dlatego w modelu Planów Kosmicznych jego energetyczna osłona, czyli Ciało Subtelne, leży pomiędzy nimi, a nie nad nimi.

Kolejnym argumentem za filozofią qabalistyczną jest to, że zgodnie z modelem Czterech Światów (YHVH), Element Ognia to Atziluth, najwyższy ze światów. Świat ten odnosi się do Archetypów, jako najwyższej Płaszczyzny poniżej Ducha, podczas gdy Element Powietrza jest trzecim Światem (Yetzirah), odnoszącym się do wizualnych obrazów, które tworzą nasze umysły. Według Qabalistów, Atziluth (Ogień) jest bezkształtny, podczas gdy Yetzirah (Powietrze) ma formę.

Element Ognia jest odpowiedzialny za myślenie abstrakcyjne, natomiast Element Powietrza jest odpowiedzialny za myślenie logiczne lub racjonalne. Abstrakcyjne myśli wykazują wyższą inteligencję niż myśli logiczne. Na przykład Ego używa logiki i rozumu, aby odnieść się do otaczającego go świata, gdzie jego głównym bodźcem jest przetrwanie i strach przed śmiercią. Z drugiej strony Dusza używa abstrakcyjnego myślenia, jak również tego, co nazywamy intuicją, która jest wewnętrznym rozpoznaniem prawdy w rzeczywistości. Nie wiemy, jak i dlaczego wiemy to, co wiemy, ale jesteśmy pewni, że to wiemy.

Abstrakcyjne myślenie i intuicja są motywowane przez bezwarunkową miłość, która jest wyrazem działania Elementu Ognia na Element Wody. Z tego powodu, gdy doświadczamy miłości w naszych sercach, towarzyszy jej ciepło. A według większości światowych religii i filozofii najwyższą koncepcją Boga - Stwórcy dla ludzkości jest bezwarunkowa miłość. Stąd też najwyższym z czterech niższych Elementów i najbliższym Bogu jest Element Ognia, a nie Element Powietrza.

Chociaż jestem Qabalistą, a w pierwszej kolejności Joginem, moje myśli w naturalny sposób są zbieżne z Zachodnią Tradycją Misteriów, podobnie jak moje przekonania. Magia Ceremonialna, duchowa praktyka Zachodnich Tajemnic, dostarczyła mi przez wiele lat bezpośrednich doświadczeń z energiami Elementarnymi i byłem świadkiem z pierwszej ręki dokładności systemu qabalistycznego. Podobnie, moje doświadczenia z Magią Enochiańską, szczególnie operacja Trzydziestu Aethyrs, która systematycznie wnika w warstwy Aury, dała mi gnostycki wgląd, który waliduje i wspiera twierdzenia Zachodniej Tradycji o Żywiołach w kategoriach Duchowego postępu.

Niezależnie od tego, muszę zachować szacunek dla Jogina, który praktykuje Wschodni System Duchowy przez ponad 20 lat, który może mieć takie samo poczucie pewności, co do jego ważności. Na przykład emanacja wschodnich Tattw odbywa się według sekwencji Ziemia, Woda, Ogień, Powietrze, Duch. W wyjaśnieniach dotyczących Tattw i tego jak każda z nich powstała, widać, że Element Powietrza jest bardziej eteryczny i dlatego mniej gęsty niż Element Ognia. Jest niewidoczny dla zmysłów, podczas gdy Ogień jest widoczny jako spalanie lub płomień. Nie można również negować kolejności manifestacji Czakr, ich korespondencji i ich lokalizacji w ciele. Tak więc uznaję, że można przedstawić argumenty dla zachodnich i wschodnich systemów dotyczących tego tematu.

Czy ciało subtelne związane z elementem Ognia pojawia się przed ciałem subtelnym związanym z elementem Powietrza, czy po nim? Możemy dyskutować na ten temat do znudzenia i nie dojdziemy do niczego, ponieważ zarówno system wschodni, jak i zachodni, wysuwają uzasadnione twierdzenia ze swoich punktów widzenia. Ale ponieważ *Serpent Rising* jest moim pomysłem i mogę mówić tylko o tym, czego doświadczyłem, aby być dokładnym, filozofia dotycząca emanacji i kolejności Planów Kosmicznych pozostanie zgodna z systemem Qabalistycznym, dopóki nie zostanę przekonany, że jest inaczej.

ASANA

Według *Sutr Jogi Patańdżalego*, Asana jest zdefiniowana jako "ta pozycja, która jest stabilna i wygodna". W sanskrycie słowo "asana" oznacza "siedzenie", postawę siedzącą lub siedzenie medytacyjne. Jego najbardziej dosłowne znaczenie to "postawa", czy to postawa siedząca czy stojąca. Z tego powodu Asany nazywane są w języku angielskim "Yoga poses" lub "Yoga postures".

Asana ma na celu rozwinięcie zdolności do wygodnego siedzenia lub stania w jednej pozycji przez dłuższy czas. Celem Asan jest wpływanie, integrowanie i harmonizowanie wszystkich poziomów naszego Istnienia, w tym fizycznego, umysłowego, emocjonalnego i duchowego. Chociaż na początku może się wydawać, że Asany dotyczą głównie ciała fizycznego, mają one głębokie skutki na każdym poziomie istnienia, jeśli praktykuje się świadomość podczas procesu.

Asana jest jedną z ośmiu kończyn jogi. Na poziomie subtelnym asany służą do otwierania kanałów energetycznych i ośrodków psychicznych. Ich stosowanie ułatwia swobodny przepływ Prany przez Nadis ciała subtelnego, stymulując w ten sposób czakry i energię Kundalini. Asany znacznie pomagają w rozwoju duchowym jednostki. Jednym z bardziej bezpośrednich rezultatów jest poprawa elastyczności i siły oraz redukcja stresu i związanych z nim stanów psychicznych i emocjonalnych.

Rozwijając kontrolę nad ciałem, zyskujemy również kontrolę nad umysłem - jak wyżej, tak niżej. Tak więc praktyka asan integruje i harmonizuje ciało fizyczne i umysł. Uwalnia napięcia i węzły w obu przypadkach. Stresy psychiczne są uwalniane poprzez radzenie sobie z nimi na poziomie fizycznym poprzez utrzymywanie pozycji fizycznych. Napięcia fizyczne, takie jak węzły mięśniowe, jest również eliminowane, co przywraca zdrowie ciała. Już po jednej sesji Jogi Asan, praktykujący ma więcej witalności, wigoru i siły, a umysł jest bardziej radosny, kreatywny i zainspirowany.

Piętnastowieczna *Hatha Joga Pradipika*, centralny tekst Hatha Jogi, określa 84 asany, które zapewniają zarówno duchowe jak i fizyczne korzyści. Ze względu na ich moc jako narzędzia rozwoju wyższej świadomości, praktyka asan jest wprowadzana jako pierwsza w praktyce Hatha Jogi, po niej następuje Pranajama, a następnie Mudry itd. Podczas praktyki asan, osoba powinna zawsze oddychać przez nos, chyba że otrzyma konkretne instrukcje, aby robić to inaczej. Oddech powinien być zawsze skoordynowany z praktyką asan.

Udowodniono, że praktyka jogicznych pozycji (asan) zwiększa poziom substancji chemicznych poprawiających samopoczucie w mózgu, takich jak serotonina, dopamina i endorfiny. Wraz ze spadkiem hormonu stresu - kortyzolu, przywracane jest odprężenie psychiczne, zwiększa się świadomość i koncentracja. Dzięki połączeniu ćwiczeń fizycznych i medytacji, metabolizm organizmu staje się zrównoważony. Praktyka asan wzmacnia i tonizuje mięśnie, co skutkuje nie tylko dobrym samopoczuciem wewnętrznym, ale i świetnym wyglądem zewnętrznym.

TRZY ASANY MEDYTACYJNE

Celem asan medytacyjnych jest umożliwienie człowiekowi siedzenia przez dłuższy okres czasu bez ruchu ciała lub dyskomfortu. Kiedy ciało fizyczne zostanie ominięte poprzez zastosowanie asan medytacyjnych i jednopunktowego skupienia umysłu, można doświadczyć głębszego stanu świadomości.

Kiedy jesteś w asanie medytacyjnej, Twój kręgosłup powinien być prosty, co pozwoli Pranie krążyć przez Nadis i Czakry najbardziej optymalnie. Ponadto, ponieważ łatwo jest stracić kontrolę nad mięśniami podczas głębokiej medytacji, najlepiej jest, gdy nogi są w jakiś sposób unieruchomione, podczas gdy tułów ma kontakt z podłożem.

Sukhasana, Siddhasana i Padmasana (Rysunek 86) są praktykowane najczęściej, gdy chcemy wejść w głęboką medytację. Pozy te, to siedzące, skrzyżowane asany, w których powszechnie przedstawiani są starożytni bogowie ze Wschodu. Mechanika każdej z tych medytacyjnych asan zostanie opisana poniżej.

Leżenie w pozycji, którą jogini nazywają Shavasana (Rysunek 94), czyli pozycją trupa, nie jest zalecane do medytacji, ponieważ istnieje tendencja do odpływania w sen. Sukhasana, Siddhasana i Padmasana spełniają wszystkie wymagania medytacji, a jednocześnie sprawiają, że osoba jest czujna i skupiona na zadaniu. Te trzy medytacyjne asany pozwalają również na kontakt dolnej części kręgosłupa z podłożem, co pozwala na właściwe uziemienie wewnętrznych energii. W ten sposób można przezwyciężyć gadaninę umysłu.

Kiedy praktykujący może siedzieć w asanie medytacyjnej przez pełne trzy godziny bez wstrząsów czy drżenia ciała, osiągnie nad nią mistrzostwo. Tylko wtedy może praktykować wyższe etapy Pranajamy i Dhyany. Niezbędne jest osiągnięcie stabilnej asany medytacyjnej, jeżeli chce się osiągnąć postęp w praktyce medytacyjnej. Jeśli osoba ma odnaleźć swoją wewnętrzną błogość, musi pokonać gadatliwość Ego i uspokoić umysł.

Osiągnięcie mistrzostwa w medytacyjnej asanie jest tylko jedną częścią procesu wchodzenia w głęboką medytację. Inną częścią tego procesu jest zamknięcie oczu i skupienie się na przestrzeni pomiędzy brwiami, co aktywuje Oko Umysłu. Oko Umysłu jest bramą lub punktem wejścia do Sahasrary, która reprezentuje wyższy stan świadomości. Sahasrara jest w rzeczywistości naszym punktem kontaktowym z Kosmiczną Świadomością.

Przed rozpoczęciem asany medytacyjnej pomagocne jest wykonanie kilku podstawowych ćwiczeń rozciągających. Pozwoli to praktykującemu uniknąć skurczów mięśni i bólu stawów, które mogą odciągnąć od wykonywanego zadania. Pomaga to również uniknąć medytacji na pełnym żołądku, ponieważ może być zbyt wiele ruchu wewnętrznych energii, gdy jedzenie jest syntetyzowane.

Rysunek 86: Trzy Asany Medytacyjne

Sukhasana

Jest to standardowa pozycja siedząca z nogami skrzyżowanymi. Nazywana jest "Łatwą pozą", ponieważ każdy może ją wykonać raczej bez wysiłku. Plecy powinny być proste, a ramiona rozluźnione. Ręce są umieszczone na kolanach, palce wskazujące i kciuki dotykają się w Jnana lub Chin Mudra. (By wiedzieć, jak wykonywać Jnana i Chin Mudra, przejdź do rozdziału "Mudra: Hasta (Mudry rąk)"). Podczas medytacji, oczy powinny być zamknięte i należy skupić się na punkcie pomiędzy brwiami, który jest lokalizacją Oka Umysłu.

Chociaż ta pozycja jest uważana za najłatwiejszą z asan medytacyjnych, jeśli nie jest wykonywana prawidłowo, może pojawić się ból pleców. Konieczne jest, aby kolana były trzymane blisko lub na ziemi, a kręgosłup był prosty. Często widzi się, jak praktykujący umieszczają poduszkę pod pośladkami dla wsparcia.

Zauważ, że dobrze jest zacząć medytacje od Sukhasany, ale nie robić z niej celu końcowego. Zamiast tego, najlepiej byłoby, gdybyś awansował do tego, by być w stanie osiągnąć Siddhasanę, a nawet Padmasanę, ponieważ oferują one więcej wsparcia dla Twojego ciała i są optymalne dla długotrwałych medytacji.

Siddhasana

Jako bardziej zaawansowana siedząca poza na krzyż, Siddhasana jest inaczej nazywana "Accomplished Pose". W Siddhasanie musisz dotknąć stopy do ud (trzymać je między udami a łydkami), więc Twoje genitalia będą między dwoma piętami. Twoje stopy będą obok siebie, dzięki czemu kolana będą szeroko rozstawione. Plecy mają być proste, a ręce ułożone na kolanach w Jnana lub Chin Mudra. Ta pozycja nazywana jest "Wybitną", ponieważ jest bardziej zaawansowana niż Sukhasana i wymaga od praktykującego większej elastyczności, aby jego biodra były otwarte.

Siddhasana kieruje energię z dolnych czakr do góry przez kręgosłup, stymulując w ten sposób mózg i uspokajając cały system nerwowy. Gdy dolna stopa jest dociskana do krocza, aktywowana jest czakra Muladhara, co umożliwia Mula Bandha. Również nacisk na kość łonową przesuwa punkt spustowy dla Swadhisthany, automatycznie wyzwalając Vajroli Mudrę. Te dwie psycho-mięśniowe blokady przekierowują seksualne impulsy nerwowe z powrotem w górę kręgosłupa i do mózgu. Dają one praktykującemu kontrolę nad jego hormonami rozrodczymi, co pozwala mu na praktykowanie seksualnej ciągłości lub abstynencji. (Opis Mula Bandha i Vajroli Mudra znajduje się w rozdziałach "Mudra: Bandha (Mudry Śluzy)" i "Mudry: Adhara (Mudry krocza)").

Padmasana

Najbardziej zaawansowana siedząca poza medytacyjna na krzyż, Padmasana, jest powszechnie nazywana "Pozą Lotosu". Mimo, że słyszałeś termin "Pozycja Lotosu", ponieważ często używany jest w kręgach medytacyjnych, Padmasana jest jedyną poprawną pozą Lotosu, podczas gdy poprzednie dwie są jej mniej zaawansowanymi odmianami. W Padmasanie masz siedzieć ze stopami na wierzchu ud, schowanymi blisko bioder. Jest to pozycja z zamkniętymi kolanami, którą można wykonać z powodzeniem tylko wtedy, gdy biodra są bardziej otwarte niż w pozostałych dwóch asanach medytacyjnych. Nie powinno się próbować Padmasany, dopóki nie rozwinie się wystarczająca elastyczność kolan.

Padmasana pozwala na utrzymanie ciała w całkowitym bezruchu przez dłuższy czas. Kiedy ciało jest już ustabilizowane, umysł może się uspokoić. Padmasana kieruje przepływ Prany z czakr Muladhara do Sahasrara, zwiększając doświadczenie medytacji. Uciskanie dolnej części kręgosłupa w tej pozycji ma również relaksujący wpływ na układ nerwowy. Obniża się ciśnienie krwi, zmniejsza się napięcie mięśniowe, a oddech staje się powolny i miarowy.

HATHA JOGA A VINYASA JOGA

Hatha Joga jest terminem zbiorczym dla wielu najbardziej powszechnych form praktyki asan nauczanych na Zachodzie. Hatha Joga kładzie nacisk na kontrolowany oddech i postawę, co buduje siłę rdzenia, zapewniając jednocześnie korzyści psychologiczne związane z praktyką asan. W Hatha Jodze poruszasz się powoli i świadomie z jednej pozycji do drugiej, skupiając się na uważności i relaksie.

Vinyasa to podejście do jogi, w którym płynnie przechodzisz z jednej pozy w drugą. W sesji Vinyasa występuje przepływ, w którym przejścia są skoordynowane z Twoim oddechem, co daje Ci poczucie, że Twój oddech porusza się wraz z Twoim ciałem. Szybkie sesje Vinyasa są fizycznym wyzwaniem. Zapewniają trening cardio, który sprawia, że bardziej się pocisz i jest bardziej wymagający fizycznie niż sesje Hatha Jogi.

Hatha i Vinyasa to dwa różne style lub podejścia do praktyki asan, które zawierają te same pozy i są korzystne na swój sposób. Podczas gdy Hatha jest bardziej statycznym podejściem, Vinyasa jest dynamiczna. Ponieważ Vinyasa porusza się w szybszym tempie od jednej pozycji do drugiej, wymaga większej kontroli oddechu niż Hatha Joga. Z drugiej strony, Hatha Joga pozwala na więcej rozciągania i medytacji, ponieważ pozy są utrzymywane dłużej.

Podczas gdy Hatha Joga jest lepsza do redukcji stresu, Vinyasa zapewnia lepszy trening siłowy i cardio. Możesz zastosować oba podejścia do swojej praktyki asan, aby uzyskać różne rezultaty. Jednak dla uzyskania optymalnych rezultatów najlepiej będzie określić swoją specyficzną konstytucję umysłu/ciała, czyli Dosha, aby wiedzieć, który styl jest dla Ciebie najlepszy. Wskazówki dotyczące praktyk jogicznych, w tym asan, oraz określenia, która z trzech Dosh jest dominująca w Twoim życiu, znajdują się w rozdziale o Ajurwedzie w drugiej części tego rozdziału.

PRZYGOTOWANIE DO PRAKTYKI ASAN

Przed rozpoczęciem praktyki asan, wyznacz konkretny czas w ciągu dnia na ich wykonywanie. Na przykład świt i zmierzch są tradycyjnie najlepszymi porami dnia do praktyki jogi ze względu na naturalne połączenie naszego ciała i umysłu z energią Słońca. Jeśli jednak uważasz, że praktyka w tym czasie jest niemożliwa, to znajdź inną porę dnia i bądź z nią konsekwentny przez cały tydzień, kiedy planujesz swoje sesje jogi.

Jeżeli zdecydujesz się ćwiczyć jogę rano, aby przygotować swoje ciało i umysł do dnia, pamiętaj, że Twoje mięśnie i kości będą sztywniejsze niż później w ciągu dnia. Dlatego zachowaj ostrożność przy wchodzeniu w pozycje i nie przeciążaj się. Z drugiej strony, wieczorna praktyka pozwala na zrelaksowanie się po wykonaniu codziennych obowiązków. Ponadto, wieczorami ciało jest bardziej elastyczne, co pozwala na głębsze wchodzenie w pozycje z mniejszym oporem.

Znajdź miejsce, w którym nie będziesz niepokojony przez cały czas trwania praktyki asan. Powinno to być miejsce, które ma równą, płaską powierzchnię. Upewnij się, że masz wystarczająco dużo miejsca do poruszania się, ponieważ wiele póz wymaga, abyś swobodnie wyciągnął ręce i nogi. Najlepiej jest ćwiczyć asany w otwartym otoczeniu, aby uniknąć rozproszenia uwagi przez pobliskie przedmioty.

Jeśli ćwiczysz w domu, jak większość ludzi, upewnij się, że pomieszczenie jest dobrze wentylowane i ma komfortową temperaturę. Pamiętaj, że Twoje ciało generalnie będzie się nagrzewać, więc upewnij się, że nie ma przeciągu, albo że pomieszczenie nie jest zbyt zimne, ponieważ zimne powietrze wpływa na Twoje mięśnie i stawy i czyni je sztywniejszymi. Z tego powodu często zdarza się, że zajęcia jogi odbywają się w gorącym otoczeniu, ale nigdy w zimnym.

Świeże powietrze dodaje dodatkowe korzyści do komponentu oddechowego wykonywania asan. W końcu oddychanie jest jednym z kluczy do udanej praktyki jogi. Jeśli palisz kadzidło lub rozpylasz olejki eteryczne, aby pomóc w podniesieniu umysłu i osiągnięciu stanu medytacji, upewnij się, że nie przesadzasz z tym w taki sposób, że będzie to przeszkadzać w jakości powietrza i oddychaniu. Chociaż olejki eteryczne i kadzidła były integralną częścią wielu zajęć jogi przez lata, niektórzy praktykujący unikają ich, ponieważ zapach może rozpraszać.

Ta sama zasada dotyczy odtwarzania muzyki podczas sesji jogi. Relaksująca, uspokajająca muzyka w tle może pomóc Ci wejść w odpowiedni nastrój, ale może też rozpraszać. Jeśli zdecydujesz się na odtwarzanie muzyki, upewnij się, że nie jest ona zbyt głośna, ponieważ podczas praktyki powinieneś skupić się na wchodzeniu do środka.

Tak jak w przypadku wszystkich praktyk przywołujących lub manipulujących energią, włączając w to sposoby Duchowego Uzdrawiania opisane w tej książce, unikaj praktykowania Jogi na pełnym żołądku. Innymi słowy, daj sobie co najmniej godzinę po przekąsce lub dwie do trzech godzin po obfitym posiłku przed rozpoczęciem praktyki Jogi. Po praktyce zaleca się wypicie koktajlu proteinowego lub zjedzenie kompletnego, dobrze zbilansowanego posiłku, aby mięśnie mogły zacząć się naprawiać. Możesz również wypić smoothie zastępujące posiłek, aby dostarczyć do organizmu składniki odżywcze.

Upewnij się, że masz pod ręką butelkę z wodą, aby uniknąć odwodnienia. Zaleca się nie pić wody podczas praktyki asan, aby nie stracić koncentracji, ale jeśli stwierdzisz, że jesteś spragniony, możesz to zrobić. W końcu bycie odwodnionym może być bardziej rozpraszające niż wzięcie kilku łyków wody. Najlepiej jednak pić wodę przed i po sesji jogi.

Należy nosić luźne, wygodne, lekkie ubrania z naturalnych włókien, takich jak bawełna. Ubranie nie powinno ograniczać Twoich ruchów. Zdejmij biżuterię i ozdoby oraz buty i skarpetki, ponieważ Jogę praktykuje się z gołymi stopami. Prosimy również o wyłączenie telefonu i umieszczenie go z dala od siebie, aby nie rozpraszał uwagi.

Na koniec zaopatrz się w matę do jogi, która zapewnia wyściółkę i antypoślizgową powierzchnię do ćwiczeń. Twoja mata do jogi stanie się Twoim unikalnym rytualnym przedmiotem, który będzie zawierał Twoją energię, więc upewnij się, że nie dzielisz się nią z innymi. Kup poduszkę i miej ją pod ręką, jeżeli potrzebujesz dodatkowego wsparcia podczas wykonywania asan medytacyjnych. Asany medytacyjne są warunkiem wstępnym dla większości innych praktyk jogicznych, takich jak Pranajama, Mudra, Mantra i medytacja.

Chociaż powyższe wskazówki dotyczące przygotowania dotyczą praktyki asan, odnoszą się również do innych praktyk Jogi. Dla kompletnej sesji, która daje najbardziej optymalne rezultaty duchowe, powinieneś ułożyć swoją praktykę Jogi tak, aby zawierała kombinację asan, pranajam, mudr, mantr i medytacji.

WSKAZÓWKI DOTYCZĄCE PRAKTYKI ASAN

Przed rozpoczęciem praktyki asan należy wykonać podstawową rozgrzewkę, aby przygotować ciało do aktywności fizycznej i zapobiec ryzyku kontuzji. Zacznij od rolowania stawów w sposób okrężny przez kilka minut, zgodnie z ruchem wskazówek zegara i przeciwnie do ruchu wskazówek zegara, aby obudzić ciało i zapewnić naturalne smarowanie dla lepszej mobilności. Możesz wykonywać rolowanie głowy, nadgarstków, kostek i ramion na ziemi, siedząc na macie. Następnie wstań na matę i przejdź do rolowania ramion, nóg i dolnej części pleców.

Następnie przez kilka kolejnych minut powinieneś wykonać kilka podstawowych odcinków, aby mieć pewność, że nie naciągniesz mięśnia podczas treningu. Zacznij od rozciągania pleców podczas wstawania. Następnie, gdy usiądziesz z powrotem, przejdź do rozciągania ramion, rąk, nóg i głowy. Cała Twoja rozgrzewka powinna zająć od pięciu do siedmiu minut.

Rozpocznij i zakończ każdą praktykę asan leżąc w Shavasanie, czyli Pozycji Ciała. Możesz na przykład zrobić krótszą Shavasanę na początek i dłuższą po zakończeniu sekwencji asan. Kiedy zaczynasz asany, pamiętaj, żeby zawsze przechodzić z jednej pozycji do drugiej spokojnie i świadomie. W tym czasie koordynuj swój oddech tak, aby robić wdech podczas wchodzenia do asany i wydech podczas wychodzenia z niej.

Chociaż istnieją mieszane myśli na ten temat, nie ma ostatecznej ilości czasu, w którym dana asana powinna być stosowana. Powinieneś trzymać ją tak długo, jak jest to wygodne i nie powoduje bólu lub dyskomfortu. Dobrze się rozciągnij i pracuj nad każdą częścią ciała, w którą celuje asana. Jako początkujący, nie przeciążaj się, ale stopniowo zwiększaj czas trwania z czasem. Na przykład, możesz zacząć od 20-60 sekundowych interwałów podczas praktyki głębokiego oddychania. Średni czas dla optymalnych rezultatów to około jednej do trzech minut na każdą asanę.

Aby zapobiec urazom pleców, praktykuj taką samą liczbę asan, które wyginają plecy do przodu, jak i tych, które wyginają je do tyłu. Jeżeli Twoje plecy stają się napięte lub jeżeli w plecach, szczególnie w dolnej części pleców, pojawia się ból, możesz przyjąć Balasanę (Pozycję Dziecka), aby uzyskać ulgę. Również, kiedy czujesz się zmęczony lub słaby podczas praktyki asan, połóż się w Shavasanie lub Balasanie na krótki czas, aby odpocząć. Następnie możesz wznowić praktykę.

Pamiętaj, aby wszystkie asany wykonywać powoli i z kontrolą. Będziesz robił dużo szybsze postępy w swojej praktyce jogi, jeśli będziesz robił wszystko powoli, koncentrując się na oddechu i uważności. Naucz się również odpuszczać wszelkie napięcia, stresy i negatywne myśli. Kluczem do odblokowania mocy jogi w Twoim życiu jest bycie konsekwentnym i zdeterminowanym w swojej praktyce, jednocześnie wykazując się cierpliwością i nie oczekując natychmiastowych rezultatów. Słuchaj swojego ciała i pozwól mu się prowadzić, nigdy nie zmuszając go do niczego. Wreszcie, baw się i ciesz się procesem. Joga przyniesie więcej szczęścia do Twojego życia, jeśli tylko na to pozwolisz.

ASANY DLA POCZĄTKUJĄCYCH

Rysunek 87: Asany dla Początkujących (Część I)

Rysunek 88: Asany dla Początkujących (Część II)

Rysunek 89: Asany dla Początkujących (Część III)

ASANY POŚREDNIE

Rysunek 90: Asany Pośrednie (Część I)

Rysunek 91: Asany Pośrednie (Część II)

ASANY ZAAWANSOWANE

Rysunek 92: Asany Zaawansowane (Część I)

Rysunek 93: Asany Zaawansowane (Część II)

PRANAYAMA

Pranajama to termin używany dla różnych technik oddechowych, które pracują z energią praniczną w ciele. Składa się z dwóch słów: "prana" i "ajama". Prana to energia witalna lub Siła Życia, która jest w ciągłym ruchu i która istnieje w każdej ożywionej i nieożywionej rzeczy we Wszechświecie. Choć jest ściśle związana z powietrzem, którym oddychamy, Prana jest bardziej subtelna niż zwykły tlen, choć my jako istoty ludzkie możemy nią manipulować poprzez techniki oddechowe.

"Ayama" oznacza "rozszerzenie" lub "ekspansję". Słowo "Pranajama" może więc oznaczać "rozszerzenie lub ekspansję Prany". Istotą lub celem Pranajamy jest wykorzystanie metod oddechowych do wpływania na przepływ Prany przez różne Nadis w Ciele Świetlistym. W miarę zwiększania ruchu Prany w Ciele Świetlistym, optymalizowana jest funkcja Czakr.

Zarówno Joga jak i Tantra mówią, że podstawa istnienia zależy od sił Śiwy (świadomości) i Śakti (energii). Ostatecznie, zamiast dwóch, istnieje tylko jedna siła, gdyż Shakti jest siłą twórczą lub energią Shivy. Shakti jest również bezpośrednim odniesieniem do energii Kundalini, która jest sublimowaną Praną. Ostatecznym celem Hatha Jogi jest urzeczywistnienie Śiwy lub Kosmicznej Świadomości poprzez manipulowanie swoją Śakti. Podniesienie energii Kundalini do Czakry Korony jest celem wszystkich istot ludzkich, co jest równoznaczne z tym, że Śakti i Śiwa stają się jednym w Boskim Małżeństwie w Koronie.

Pranajama jest uważana za jedną z ośmiu kończyn jogi. W Hatha Jodze, Pranajama rozpoczyna się po uregulowaniu ciała poprzez praktykę asan i umiarkowaną dietę. Jedzenie jest bezpośrednim środkiem do uzyskania Prany w ciele. Wszystkie pokarmy zawierają różne wibracje praniczne, a jakość jedzenia, które spożywamy ma bezpośredni wpływ na nasze ciało i umysł.

Praktyka Pranajamy pracuje przede wszystkim z ciałem energii życiowej, zwanym inaczej Pranamaya Kosha, na płaszczyźnie astralnej. Wpływa bezpośrednio na Pięć Wajów Prany, które z kolei wpływają na Nadis i Czakry. Umysł podąża za oddechem, a ciało za umysłem. Kontrolując ciało energetyczne poprzez oddech, zyskujemy kontrolę nad naszymi umysłami i ciałami fizycznymi - jak wyżej, tak niżej.

Pranajama korzystnie wpływa na regulację fal mózgowych oraz uspokojenie umysłu i emocji. Poprzez Pranajamę możemy uspokoić nasze umysły i stworzyć medytacyjny stan świadomości, który da nam jasność umysłu i zwiększy koncentrację i skupienie. To właśnie z tego powodu techniki oddechowe są warunkiem wstępnym w większości prac rytualnych.

Energia praniczna zapewnia witalność wszystkim systemom, które wspierają naszą świadomość. Poprzez zwiększenie zapasów Prany w ciele poprzez metody oddechowe, nasz umysł jest podniesiony i możemy osiągnąć wyższe wibracyjne stany świadomości. Jej bardziej fizyczne cele to pomoc w wyzdrowieniu z choroby oraz utrzymanie zdrowia i dobrego samopoczucia.

ĆWICZENIA PRANAYAMA

Naturalne Oddychanie

Naturalne oddychanie to w zasadzie świadomość oddechu. Jest to najbardziej podstawowe ćwiczenie Pranajamy, które wprowadza praktyków do ich wzorców oddechowych i układu oddechowego. Świadomość procesu oddychania wystarczy, aby zwolnić tempo oddychania i zainicjować spokojniejszy rytm. Jest to relaksujące dla umysłu i wprowadza w stan medytacji. Naturalne Oddychanie może być praktykowane w każdej chwili, niezależnie od tego gdzie jesteś i co robisz.

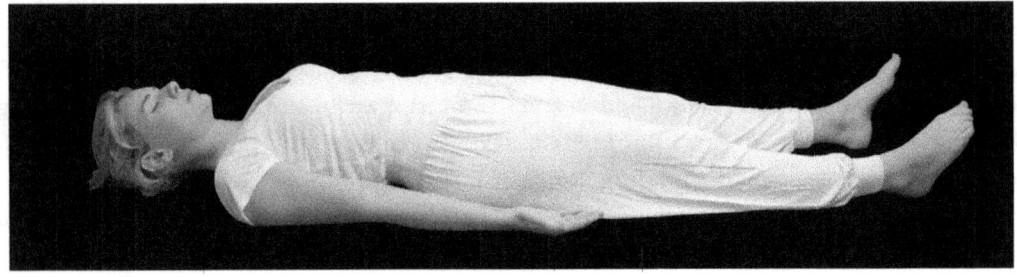

Rysunek 94: Shavasana

Aby rozpocząć ćwiczenie, usiądź w wygodnej asanie medytacyjnej lub połóż się w Shavasanie (Rysunek 94). Zamknij oczy i pozwól swojemu ciału się zrelaksować. Wejdź w głąb umysłu i stań się świadomy swojego naturalnego oddechu. Poczuj jak oddech wpływa i wypływa przez nos, trzymając usta zamknięte przez cały czas. Zauważ, czy oddech jest płytki czy głęboki i zbadaj, czy oddychasz z klatki piersiowej czy z brzucha. Zauważ, czy podczas oddechu wydobywa się jakiś dźwięk i uświadom sobie jego temperaturę podczas wchodzenia i wychodzenia. Oddech powinien być chłodniejszy na wdechu i gorętszy na wydechu.

Bądź świadomy, że płuca rozszerzają się i kurczą podczas oddychania. Zauważ, jaki wpływ na Twoje ciało ma Twój sposób oddychania i czy powoduje on jakieś napięcia.

Obserwuj jego rytm z całkowitym dystansem. Kluczem do tego ćwiczenia jest świadomość i uważność. Nie próbuj w żaden sposób kontrolować swojego oddechu, ale rozwijaj całkowitą i absolutną świadomość tego oddechu poprzez wejście do środka. Wykonuj to ćwiczenie tak długo jak chcesz. Następnie zakończ je, przenosząc swoją świadomość z powrotem do całego ciała i otwierając oczy.

Oddychanie Brzuszne/Diafragmatyczne

Oddychanie brzuszne jest najbardziej naturalnym i efektywnym sposobem oddychania. Wykorzystanie go i uczynienie naturalną częścią codziennego życia poprawi Twoje fizyczne i psychiczne samopoczucie. Celem oddychania brzusznego lub przeponowego jest zwiększenie wykorzystania przepony i zmniejszenie wykorzystania żeber.

Przepona jest cienkim mięśniem szkieletowym znajdującym się u podstawy klatki piersiowej, który oddziela brzuch od klatki piersiowej. Podczas wdechu przepona porusza się w dół, co powoduje wpychanie powietrza do jamy brzusznej, a tym samym jej rozszerzanie. Podczas wydechu przepona porusza się w górę, co powoduje opróżnienie brzucha z powietrza, a tym samym jego skurczenie. Płuca naturalnie nadmuchują się i opróżniają podczas wdechu i wydechu.

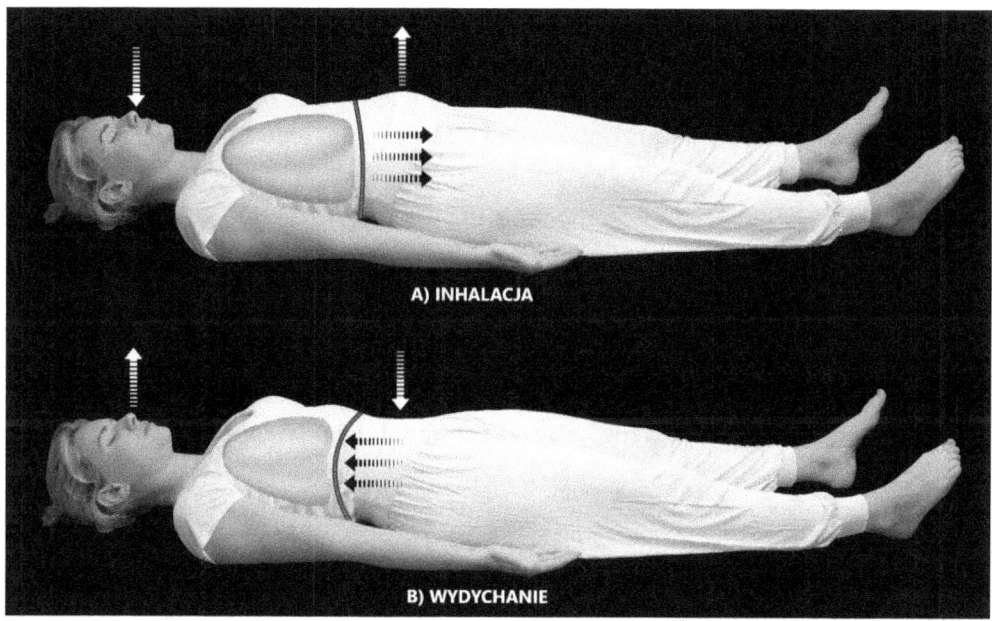

Rysunek 95: Oddychanie Brzuszne/Diafragmatyczne

Na początek usiądź w wygodnej medytacyjnej Asanie lub połóż się w Shavasanie, aby rozluźnić ciało. Zamknij oczy i wejdź w spokojny, medytacyjny stan. Połóż prawą rękę na brzuchu tuż nad pępkiem, a lewą nad środkiem klatki piersiowej. Obserwuj swój naturalny oddech, nie próbując go w żaden sposób kontrolować. Zauważ, czy oddychasz z klatki piersiowej czy z brzucha.

Teraz przejmij kontrolę nad procesem oddychania, wykonując głęboki wdech przez nos i przesyłając oddech do brzucha, co powoduje jego rozszerzenie na zewnątrz. Podczas wydechu przez nos, brzuch przesuwa się w dół, aż do opróżnienia go z powietrza (Rysunek 95). Poczuj się tak, jakbyś próbował oddychać przez sam pępek.

Cały ruch powinien być w prawej ręce, ponieważ porusza się ona w górę z wdechem i w dół z wdechem. Lewa ręka powinna pozostać nieporuszona, ponieważ starasz się nie angażować żeber w proces oddychania. Powtarzaj wdech i wydech, oddychając powoli i głęboko. Rozszerzając brzuch, rób to wygodnie, nie powodując obciążenia ciała.

Wykonuj to ćwiczenie tak długo jak chcesz, minimum kilka minut. Kiedy będziesz gotowy, aby je zakończyć, przynieś swoją świadomość z powrotem do ciała fizycznego i otwórz oczy.

Należy pamiętać, że oddychanie przeponowe zwiększa wykorzystanie dolnych płatów płuc, poprawiając ich wydajność i zapewniając pozytywny wpływ na serce, żołądek, wątrobę i jelita. Ludzie, którzy oddychają przez przeponę, są mniej podatni na stres i niepokój oraz mają lepsze ogólne zdrowie psychiczne. W związku z tym dołóż wszelkich starań, aby ten rodzaj oddychania stał się regularną częścią Twojego życia.

Oddech Piersiowy

Oddech piersiowy wykorzystuje środkowe płaty płuc poprzez rozszerzanie i kurczenie się żeber. Ten rodzaj oddychania wymaga więcej energii niż oddychanie brzuszne, ale szybciej dostarcza tlen do organizmu. W związku z tym jest to preferowana metoda oddychania podczas wykonywania ćwiczeń fizycznych lub w sytuacjach stresowych.

Wiele osób ze skłonnościami do niepokoju uczyniło oddychanie przez klatkę piersiową regularną częścią swojego życia. Jednak oddychanie w ten sposób w napiętych sytuacjach jeszcze bardziej utrwala stres, ponieważ negatywna energia nie neutralizuje się lub nie "uziemia" w brzuchu. Jak wspomniano, oddychanie brzuszne lub przeponowe jest najbardziej optymalną metodą naturalnego oddychania. Jeśli ktoś zaczyna oddychać klatką piersiową, musi podjąć świadomy wysiłek, aby wkrótce potem przestawić się z powrotem na oddychanie brzuszne, aby zachować swoją energię życiową i utrzymać równowagę umysłu.

Aby rozpocząć ćwiczenie, usiądź w wygodnej asanie medytacyjnej lub połóż się w Shavasanie. Zamknij oczy i wejdź w spokojny, zrelaksowany stan. Połóż prawą rękę na brzuchu tuż nad pępkiem, a lewą na środku klatki piersiowej. Stań się świadomy swojego naturalnego wzorca oddychania, nie próbując go początkowo kontrolować. Zauważ, która ręka porusza się w górę i w dół podczas oddychania.

Przestań teraz używać przepony i rozpocznij wdech poprzez powolne rozszerzanie żeber. Wciągnij powietrze do płuc i poczuj jak się nadymają i rozszerzają. Rozszerzaj klatkę piersiową tak bardzo jak to możliwe, wygodnie. Teraz zrób powolny wydech i wyciągnij powietrze z płuc, nie powodując żadnego napięcia w ciele. Twoja lewa ręka powinna poruszać się przy tym ruchu w górę i w dół, podczas gdy prawa pozostaje nieporuszona.

Powtórz wdech, rozszerzając żebra, pamiętając, by nie używać przepony. Kontroluj proces oddychania, upewniając się, że porusza się tylko lewa ręka. Kontynuuj oddychanie piersiowe tak długo, jak chcesz, minimum kilka minut. Zauważ, jak oddychanie w ten sposób sprawia, że się czujesz i jakie myśli pojawiają się w Twoim umyśle. Gdy będziesz gotowy do zakończenia ćwiczenia, przenieś swoją świadomość z powrotem do ciała fizycznego i otwórz oczy.

Oddychanie Obojczykowe

Oddychanie obojczykowe następuje po oddychaniu piersiowym i może być wykonywane w połączeniu z nim w okresach znacznego stresu lub silnego wysiłku fizycznego. Jeśli ktoś doświadcza obturacji dróg oddechowych, np. w trakcie ataku astmy, ma tendencję do oddychania w ten sposób. Oddech Obojczykowy pozwala na maksymalne rozszerzenie żeber przy wdechu, wprowadzając najwięcej powietrza do płuc.

Oddech Obojczykowy jest wykonywany przy użyciu mostka i mięśni szyi i gardła, aby pociągnąć górne żebra i obojczyk do góry, angażując górne płaty płuc. Tę technikę oddychania możemy połączyć z Oddechem Klatki Piersiowej i Oddechem Brzucha, tworząc Oddech Jogiczny.

Połóż się w Shavasanie lub usiądź w wygodnej asanie medytacyjnej, aby rozpocząć ćwiczenie. Ciało powinno być zrelaksowane, jak w przypadku wszystkich ćwiczeń Pranajamy. Zamknij oczy i wejdź w stan medytacyjny, stając się świadomym swojego naturalnego wzorca oddechowego. Następnie przez kilka minut wykonuj Oddychanie Klatki Piersiowej. Weź kolejny wdech do klatki piersiowej, tylko tym razem wdychaj trochę więcej, aż poczujesz rozszerzenie w górnej części płuc. Zauważ, że ramiona i obojczyk unoszą się lekko do góry. Wydychaj powoli, rozluźniając najpierw szyję i górną część klatki piersiowej, a następnie przywracając klatkę piersiową do pierwotnego stanu, gdy powietrze całkowicie wydostanie się z płuc.

Powtarzaj to ćwiczenie dowolną ilość razy, przy czym minimalnie po kilka minut. Obserwuj, jaki wpływ na ciało ma tego typu technika oddychania. Kiedy będziesz gotowy do zakończenia ćwiczenia, przenieś swoją świadomość z powrotem do ciała fizycznego i otwórz oczy.

Jogiczne Oddychanie

Jogiczne oddychanie łączy trzy poprzednie techniki oddechowe, aby zmaksymalizować pobór tlenu i zrównoważyć wewnętrzne żywioły. Jest powszechnie znane jako "trzyczęściowy oddech", ponieważ angażuje brzuch, klatkę piersiową i okolice obojczyków do maksymalnego wdechu i wydechu (Rysunek 96). Jogiczne oddychanie przynosi wiele korzyści organom witalnym i czakrom, które mogą ulec zwężeniu lub zastojowi w wyniku fizycznego i emocjonalnego napięcia spowodowanego stresem i niepokojem. Ponadto ćwiczenie to ożywia ciało, umysł i system energetyczny poprzez energię praniczną, którą otrzymujemy z otaczającego nas powietrza.

Jogiczne Oddychanie łagodzi niepokój, odświeża psychikę i aktywuje przywspółczulny układ nerwowy, aby doprowadzić do spokojniejszego, bardziej zrównoważonego stanu świadomości. Ćwiczenie to powinno być praktykowane często, przez co najmniej dziesięć minut, najlepiej na pusty żołądek. Jogiczne Oddychanie jest zalecane przed i podczas bardziej zaawansowanych technik Pranajamy oraz w celu skorygowania złych nawyków oddechowych.

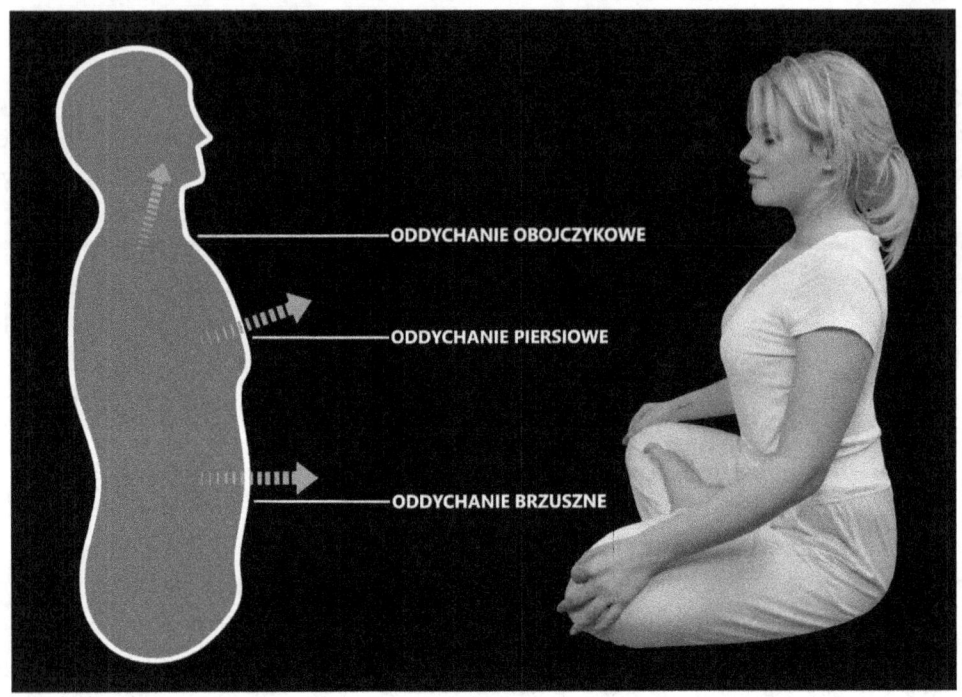

Rysunek 96: Oddychanie Jogiczne (Three-Part Breath)

Aby rozpocząć ćwiczenie, usiądź w wygodnej asanie medytacyjnej lub połóż się w Shavasanie. Wdychaj powoli i głęboko, pozwalając brzuchowi w pełni się rozszerzyć. Kiedy brzuch nie może przyjąć więcej powietrza, rozszerzaj klatkę piersiową na zewnątrz, a następnie w górę. Po tym, jak dolna i środkowa część płuc zmaksymalizuje pobór powietrza, wdychaj jeszcze trochę, tak aby obojczyki i barki przesunęły się lekko w górę, wypełniając górne płaty płuc. Pojawi się pewne napięcie w mięśniach szyi, podczas gdy reszta ciała powinna pozostać rozluźniona.

Na wydechu kolejność jest odwrotna; najpierw obojczyki i barki przesuwają się w dół, uwalniając powietrze z górnej części klatki piersiowej, a następnie żebra kurczą się w połowie tułowia. Na koniec oddech jest uwalniany z podbrzusza, kiedy brzuch kurczy się i wciąga do środka w kierunku kręgosłupa. Jedna runda Jogicznego Oddychania obejmuje jeden pełny wdech i wydech.

Wdech i wydech powinny być jednym płynnym, ciągłym ruchem bez żadnych punktów przejściowych, chyba że praktykujesz rytmiczne oddychanie, takie jak Czterokrotny Oddech, gdzie robisz pauzę na wdechu i wydechu. W żadnym momencie ćwiczenie Jogicznego Oddychania nie powinno powodować obciążenia ciała.

Po powtarzających się cyklach Jogicznego Oddychania zauważysz, że oddychanie brzuszne zajmuje około 70% oddechu. Im więcej będziesz praktykował Jogiczne Oddychanie, tym bardziej dostosujesz swoje naturalne oddychanie do wykorzystania brzucha w najbardziej konstruktywny sposób i złagodzisz stres. Praktykuj technikę Jogicznego Oddychania tak długo, jak chcesz; kiedy jesteś gotowy do zakończenia ćwiczenia, przenieś swoją świadomość z powrotem do ciała fizycznego i otwórz oczy.

Zauważ, że podstawowym wymogiem wszystkich ćwiczeń Pranajamy jest to, aby oddychanie było wygodne i zrelaksowane. Każde obciążenie ciała powoduje wzburzenie umysłu. Kiedy świadomość i kontrola nad procesem oddychania zostaną ustanowione w metodzie Jogicznego Oddychania, technika obojczykowa zostaje porzucona, a nacisk kładzie się na oddychanie brzuszne i piersiowe. Ta zmiana sprawia, że metoda Jogicznego Oddychania jest bardziej naturalna w wypełnianiu brzucha i płuc powietrzem bez powodowania jakiegokolwiek obciążenia ciała.

Sama Vritti (Czterokrotny Oddech)

Sama Vritti (sanskryt oznacza "równy oddech") jest potężnym ćwiczeniem relaksacyjnym, które pozwala osobom oczyścić umysł, zrelaksować ciało i wzmocnić koncentrację. Wykorzystuje ono oddychanie w równych proporcjach, gdzie wdech (Puraka), wewnętrzne zatrzymanie (Antara Khumbaka), wydech (Rechaka) i zewnętrzne zatrzymanie (Bahya Khumbaka) są tej samej długości. Sama Vritti wspiera równowagę psychiczną poprzez aktywację przywspółczulnego układu nerwowego, łagodzi stres i podnosi świadomość.

Inaczej znana jako Czterokrotny Oddech, Sama Vritti jest podstawową techniką oddechową w *The Magus*, warunkiem wstępnym do medytacji i pracy rytualnej Ceremonial Magick. Uspokaja osobę w ciągu kilku minut i przenosi jej świadomość w stan Alfa, aktywując wyższe ośrodki mózgu. Jest to moja podstawowa technika oddechowa od ponad szesnastu lat i jedna z tych, których uczę wszystkie osoby przebudzone przez Kundalini.

Czterokrotny Oddech powinien być wykonywany z Oddechem Jogicznym na wdechu i wydechu, aby uzyskać maksymalny pobór powietrza. Jeśli podczas oddechu Jogicznego czujesz zbyt duże napięcie w okolicy obojczyków, skup się po prostu na oddychaniu przeponowym i piersiowym. To ćwiczenie może być wykonywane w dowolnym czasie i miejscu. Nie musisz zamykać oczu podczas ćwiczenia, choć jest to pomocne, jeśli medytujesz lub jesteś w trakcie sesji uzdrawiania.

Aby rozpocząć ćwiczenie, usiądź w wygodnej asanie medytacyjnej lub połóż się w Shavasanie. Wdychaj przez nos, powoli licząc do czterech. Napełnij powietrzem najpierw brzuch, a następnie płuca. Oba powinny osiągnąć swój maksymalny pobór powietrza, gdy dojdziesz do liczby cztery. Wstrzymaj teraz oddech i ponownie policz powoli do czterech.

Następnie rozpocznij wydech do liczby cztery, pozwalając klatce piersiowej i brzuchowi rozluźnić się z powrotem do ich naturalnego stanu. Wydech powinien być niewymuszony i równomierny. Przytrzymaj teraz ponownie do liczby cztery, kończąc w ten sposób pierwszy cykl oddechowy.

Kontynuuj ćwiczenie tak długo, jak potrzebujesz, przy czym minimalnie przez kilka minut. Cykle oddechowe powinny być ciągłe i płynne, bez przerw i zakłóceń. Powtarzaj ćwiczenie tyle razy, ile potrzebujesz w ciągu dnia. Dobrze jest wykonać Czterokrotny Oddech przed każdą potencjalnie trudną sytuacją, ponieważ optymalizuje on Twój stan psychiczny i emocjonalny, dzięki czemu możesz pracować z najwyższą wydajnością.

Anulom Vilom (Alternate Nostril Breathing)

Anulom Vilom, powszechnie znany jako Alternate Nostril Breathing, polega na wdychaniu przez jedno nozdrze i wydychaniu przez drugie nozdrze. Lewe nozdrze odpowiada Księżycowemu Ida Nadi, podczas gdy prawe odnosi się do Słonecznego Pingala Nadi. Anulom Vilom oczyszcza Ida i Pingala Nadi tworząc poczucie dobrego samopoczucia i harmonii w umyśle, ciele i duszy.

Rysunek 97: Alternatywne Oddychanie przez Nozdrza

Naprzemienne oddychanie przez nozdrza stymuluje czakry i główne ośrodki mózgu do pracy na optymalnych obrotach poprzez równoważenie energii męskiej i żeńskiej. Ta technika Pranajamy daje witalność ciału, jednocześnie oczyszczając blokady praniczne i równoważąc dwie półkule mózgowe. Jej regularne stosowanie stymuluje Sushumna Nadi i może nawet spowodować przebudzenie Kundalini.

Anulom Vilom jest często zalecany w przypadku problemów związanych ze stresem, takich jak bóle głowy czy migreny. Odżywia organizm poprzez dodatkowe dostarczenie tlenu, co korzystnie wpływa na mózg i układ oddechowy. Oczyszcza również krew z wszelkich toksyn, co wspomaga układ sercowo-naczyniowy i krążenia.

Aby rozpocząć ćwiczenie, wybierz jedną z trzech asan medytacyjnych. Trzymaj kręgosłup i szyję prosto, zamykając oczy. Następnie lewą lub prawą ręką wykonaj Pranava Mudra zwaną Vishnu Mudra, która polega na zgięciu palców wskazującego i środkowego w kierunku dłoni (Rysunek 97). W tym czasie połóż drugą rękę na kolanie w Jnana lub Chin Mudra.

Pranava Mudra pozwala na zablokowanie jednego nozdrza kciukiem lub palcem serdecznym podczas wdechu przez drugie nozdrze, a następnie na zmianę podczas wydechu. (W przypadku blokowania palcem serdecznym, mały palec służy jako wsparcie.) Dzięki tej metodzie, możesz chodzić tam i z powrotem, kierując jedno nozdrze do wdechu, a drugie do wydechu.

Anulom Vilom powinien być stosowany w połączeniu z Jogicznym Oddechem na wdechu i wydechu. Zacznij od powolnego wdechu do liczby cztery przez lewe nozdrze, trzymając prawe nozdrze zamknięte. Teraz zmień i zamknij lewe nozdrze podczas wydechu do liczby cztery przez lewe nozdrze.

Odwróć proces teraz i wdychaj do liczby cztery przez prawe nozdrze, trzymając lewe nozdrze zamknięte. Następnie przełącz się i zamknij prawe nozdrze podczas wydechu przez lewe nozdrze do liczby cztery. Pierwsza runda lub cykl jest już zakończony.

Pamiętaj, żeby zawsze zaczynać Anulom Vilom od wdechu lewym nozdrzem, który uspokaja wewnętrzne Ja, wprowadzając Cię w stan medytacyjny. Utrzymuj swoje wdechy i wydechy w równym rytmie. Nie powinieneś czuć żadnego napięcia w ciele, ani nie powinno zabraknąć Ci tchu w żadnym momencie.

Zacznij od liczenia czterech na wdechu i wydechu, przejdź do pięciu i sześciu, aż do dziesięciu. Im wyżej możesz przejść na liczenie, utrzymując równy wdech i wydech, tym większą kontrolę uzyskasz nad swoim oddechem. Jeśli masz problemy z liczeniem do czterech, licz do trzech lub nawet dwóch. Odkryłem, że najbardziej optymalne rezultaty występują przy liczeniu do czterech, więc zawsze wprowadzam je jako bazowe.

Podczas wdechu i wydechu zwróć uwagę na odpowiednie nozdrze i zauważ wewnętrzne zmiany emocjonalne, które zachodzą. Bycie świadomym podczas tej techniki Pranajamy pozwoli Ci czerpać z niej najwięcej mocy.

Potężną i skuteczną odmianą Anulom Vilom jest Nadi Shodhana, która obejmuje wewnętrzne zatrzymanie oddechu (Khumbaka). Możesz włączyć wewnętrzną Khumbakę, aby wstrzymać oddech na tę samą liczbę, co wdech i wydech. Możesz również włączyć wewnętrzną i zewnętrzną Khumbakę, gdzie wstrzymujesz oddech po wdechu i wydechu. Pomyśl o tej drugiej metodzie jako o Samma Vritti z dodatkiem techniki Alternate Nostril

Breathing. Ponownie, proponuję zacząć od liczenia do czterech i od tego momentu iść w górę, aż do dziesięciu.

Inną odmianą Anulom Vilom jest oddychanie przez jedno nozdrze na raz, określane jako Oddech Księżycowy i Oddech Słoneczny. Oddech Księżycowy polega na zamknięciu prawego nozdrza i oddychaniu przez lewe nozdrze. Ponieważ jest związany z Ida Nadi i pasywnym elementem wody, może być wykorzystywany do ochłodzenia ciała, obniżenia metabolizmu i uspokojenia umysłu. Księżycowy Oddech wywołuje introwertyczny stan umysłu, co czyni jego praktykę korzystną przed wewnętrzną kontemplacją, głęboką medytacją i snem.

Oddech Słoneczny polega na zamknięciu lewego nozdrza i oddychaniu przez prawe nozdrze. Będąc związanym z Pingala Nadi i aktywnym Elementem Ognia, wykonywanie Oddechu Słonecznego rozgrzewa ciało, podnosi metabolizm i przyspiesza czynności ciała. Ponieważ wzmacnia siłę woli, Oddech Słoneczny jest przydatny, gdy trzeba przywołać koncentrację, determinację i hart ducha. Jego użycie sprawia, że osoba staje się ekstrawertyczna, co pomaga w pracy i aktywności fizycznej.

Bhastrika Pranayama (Oddech Miechowy)

Bhastrika oznacza "miech" w sanskrycie, co odnosi się do urządzenia przypominającego worek z uchwytami, którego kowale używają do wdmuchiwania powietrza na ogień, aby podtrzymać płomień. Podobnie, Bhastrika Pranayama zwiększa przepływ powietrza w ciele, podsycając wewnętrzny ogień i wytwarzając ciepło na poziomie fizycznym i subtelnym. Ta technika Pranajamy znana jest z tego, że równoważy Trzy Doshas Ajurwedy.

Bhastrika Pranayama pompuje większą ilość tlenu w organizmie, co podnosi bicie serca, zwiększając poziom energii. Wykonywana regularnie usuwa blokady z nosa i klatki piersiowej, w tym toksyny i zanieczyszczenia. Bhastrika pomaga na zatoki, zapalenie oskrzeli i inne problemy z oddychaniem. Ponieważ podsyca ogień żołądkowy, poprawia również apetyt i trawienie. Możesz praktykować Bhastrika Pranayama z wewnętrznym zatrzymaniem oddechu (Khumbaka), aby utrzymać ciepło ciała w zimnej i deszczowej pogodzie.

Aby rozpocząć ćwiczenie Bhastrika Pranayama, usiądź w jednej z trzech asan medytacyjnych. Zamknij oczy i rozluźnij ciało, trzymając głowę i kręgosłup prosto. Następnie połóż ręce na kolanach w Jnana lub Chin Mudra.

Weź głęboki wdech i wydychaj z siłą przez nozdrza bez napięcia. Następnie ponownie z taką samą siłą wykonaj wdech. Na wdechu powinieneś w pełni rozwinąć brzuch na zewnątrz, pozwalając przeponie opaść. Na wydechu brzuch wypycha się do środka, a przepona unosi się do góry. Ruchy należy wykonywać z przesadą i wigorem, co spowoduje silny dźwięk z nosa.

Jedna runda Bhastrika Pranayama równa się dziesięciu cyklom. Praktykuj do pięciu rund na początek, biorąc głęboki wdech i powoli wydychając powietrze. Rób to we własnym tempie, zawsze utrzymując równą siłę wdechu i wydechu. Jeśli poczujesz zawroty głowy, zwolnij do bardziej komfortowego tempa. Gdy nabierzesz pewnej biegłości w ćwiczeniu, stopniowo zwiększaj prędkość, zachowując rytmiczny oddech.

Bhastrika Pranayama zmniejsza poziom dwutlenku węgla we krwi, co równoważy i wzmacnia system nerwowy, wywołując spokój umysłu i energetyczne wyciszenie. Jest to doskonałe ćwiczenie przygotowujące do medytacji.

Odmianą tego ćwiczenia jest Kapalbhati Pranayama, jogiczna technika oddechowa, która jest uważana za Kriję, czyli praktykę wewnętrznego oczyszczenia (Shatkarma). Kapalbhati pochodzi od sanskryckich słów podstawowych "kapal", co oznacza "czaszkę" i "bhati", co oznacza "świecenie". Dlatego też po angielsku nazywa się ją "Oddech Lśnienia Czaszki". Ta technika Pranajamy ma na celu oczyszczenie wszystkich części czaszki i głowy poprzez silne wydechy powietrza, poprawiając jasność umysłu i skupienie, jednocześnie wyostrzając intelekt.

W przeciwieństwie do Bhastriki, Kapalbhati angażuje siłę tylko na wydechu, utrzymując wdech jako naturalny, pasywny proces. Podczas gdy Bhastrika angażuje klatkę piersiową i płuca, Kapalbhati angażuje tylko mięśnie brzucha. Kapalbhati Pranayama odwraca normalny proces oddychania, który polega na aktywnym wdechu i pasywnym wydechu. Ta technika Pranajamy znana jest z głębokiego wpływu na system nerwowy. Wielu Joginów praktykuje ją również w celu oczyszczenia Nadis.

Ponieważ Bhastrika jest bardziej zaawansowaną z dwóch technik Pranajamy, mądrze jest zacząć od Kapalbhati i przejść do Bhastriki. Obie mają podobny wpływ na ciało i umysł. Możesz również praktykować wewnętrzne i zewnętrzne zatrzymanie (Khumbaka) z obu ćwiczeń dla dodatkowych korzyści.

Ujjayi Pranayama (Oddech Oceanu)

Ujjayi Pranayama jest miękkim, szepczącym oddechem, często nazywanym Odechem Oceanu, ponieważ przypomina dźwięk fal zbliżających się do brzegu. Jego inna nazwa to Oddech Zwycięstwa, ponieważ Ujjayi w sanskrycie oznacza "ten, który jest zwycięski". Technika Ujjayi pozwala nam stać się zwycięzcą w Pranajamie poprzez zwężenie oddechu, aby ułatwić jego dystrybucję do docelowych obszarów. Buduje to kojące wewnętrzne ciepło, jednocześnie uspokajając umysł i system nerwowy. Ta technika Pranajamy ma głęboko relaksujący wpływ na poziomie psychicznym, ponieważ naśladuje oddychanie w głębokim śnie.

Ujjayi Pranayama polega na wdychaniu i wydychaniu powietrza przez nos z zamkniętymi ustami przy jednoczesnym kurczeniu głośni wewnątrz gardła w celu wytworzenia miękkiego, chrapliwego dźwięku. Głośnia to środkowa część krtani, gdzie znajdują się struny głosowe, która rozszerza się podczas wymuszonego oddychania i zamyka się podczas mówienia. Głośnia powinna się kurczyć, ale nie zamykać do końca, tak abyś miał wrażenie, że oddychasz przez słomkę do picia w gardle (Rysunek 98). Poczujesz, jak oddech uderza w tył gardła podczas wdechu i wydechu.

Oddech Ujjayi Pranayama powinien być powolny, spokojny i głęboki. Powinieneś wdrożyć Jogiczne Oddychanie na wdechu i wydechu, aby uzyskać maksymalny pobór powietrza. (Przepona powinna kontrolować długość i szybkość oddechu.) Wdechy i wydechy powinny być równe w czasie, nie powodując obciążenia ciała. Podczas praktyki udżdżaji skup się na dźwięku wytwarzanym przez oddech w gardle, który powinien być słyszalny tylko dla Ciebie.

Zacznij ćwiczenie od dziesięciu do piętnastu oddechów i powoli zwiększaj do pięciu minut dla optymalnych efektów. W miarę zdobywania doświadczenia z Ujjayi Pranayama, możesz zintegrować Khechari Mudra dla dodatkowych korzyści. (Technika Khechari Mudry znajduje się w rozdziale "Czakra Lalana i Amrita Nectar" w tej części.) Khechari Mudra może być praktykowana niezależnie lub jako część Asan i zaawansowanych technik Pranayamy.

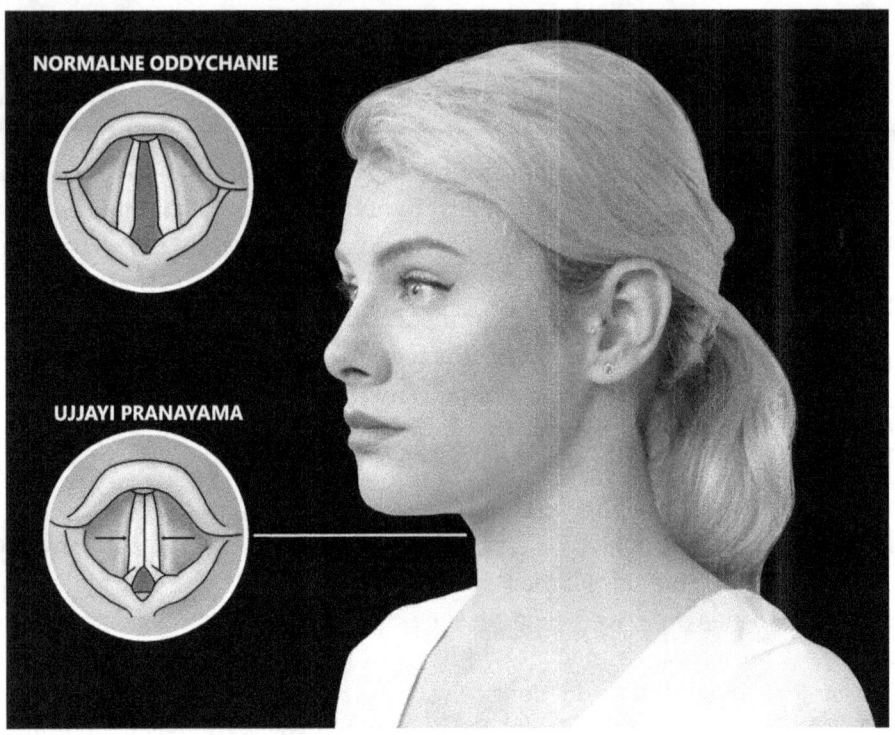

Rysunek 98: Ujjayi Pranayama (Pozycja Glottis)

Bhramari Pranayama (Szumiący Oddech Pszczół)

Bhramari Pranayama wywodzi swoją nazwę od indyjskiej czarnej pszczoły zwanej Bhramari, ponieważ wydech tej Pranayamy przypomina typowy szumiący dźwięk. Wibracje szumiącego dźwięku mają naturalny uspokajający wpływ na nerwy i psychikę, dzięki czemu ta technika Pranajamy jest doskonała do łagodzenia napięcia psychicznego, stresu, niepokoju i złości. Jej wykonywanie wzmacnia gardło i skrzynkę głosową oraz korzystnie wpływa na tarczycę i przezwyciężanie wszelkich problemów fizycznych z nią związanych.

Bhramari Pranayama stymuluje przywspółczulny układ nerwowy, powodując rozluźnienie mięśni i obniżenie ciśnienia krwi. Jej korzyści zdrowotne sprawiają, że korzystnie jest wykonywać ją przed snem, ponieważ pomaga na bezsenność.

Rozpocznij ćwiczenie siedząc w jednej z trzech asan medytacyjnych. Trzymaj kręgosłup prosto i zamknij oczy. Umieść obie ręce na kolanach w Jnana lub Chin Mudra, pozwalając jednocześnie ciału i umysłowi na relaks. Doprowadź świadomość do środka czoła, gdzie znajduje się czakra Adżny. Podczas wykonywania ćwiczenia pamiętaj, aby utrzymać uwagę w tym obszarze. Przekonasz się, że przy wielokrotnym stosowaniu Bhramari Pranayama zwiększa wrażliwość psychiczną i świadomość subtelnych wibracji, co jest pomocne w głębokiej medytacji.

Następnie unieś ramiona, zginając łokcie i zbliżając dłonie do uszu. Palcem wskazującym każdej ręki zatkaj otwory uszne lub naciśnij na klapki uszne bez wkładania palców (Rysunek 99). Powinieneś zablokować wszystkie dźwięki z zewnątrz, co pozwoli Ci całkowicie skupić się na swoim wnętrzu.

Poświęć teraz chwilę, aby wsłuchać się w dźwięk ciszy wewnątrz Ciebie, utrzymując stały oddech. Przed rozpoczęciem metody kontrolowanego oddychania zamknij usta, trzymając zęby lekko rozdzielone, co pozwoli na to, aby wibracja dźwięku była bardziej słyszalna i odczuwalna wewnątrz Ciebie.

Rysunek 99: Oddech Pszczoły Szumiącej

Wdychaj powoli i głęboko przez nos. Na wydechu wydaj głęboki dźwięk "mmmm", przypominający brzęczenie pszczoły. Twój wydech powinien być dłuższy niż wdech z ciągłą, płynną i równą wibracją dźwięku. Powinieneś mocno odczuwać wibrację wewnątrz ust i krtani, co działa kojąco na mózg. Pierwsza runda jest już zakończona.

Kontynuuj ćwiczenie tak długo, jak chcesz, z minimalną ilością kilku minut, praktykując przez cały czas Jogiczne Oddychanie dla maksymalnego zaczerpnięcia powietrza. Obserwuj wpływ ćwiczenia na ciało i umysł. Kiedy jesteś gotowy do zakończenia Bhramari Pranayamy, przenieś swoją świadomość z powrotem do ciała fizycznego i otwórz oczy.

Sheetali Pranayama (Chłodzący Oddech)

W sanskrycie słowo "Sheetali" z grubsza tłumaczy się jako "to, co ma kojący lub chłodzący efekt". Sheetali Pranayama lub Cooling Breath to technika Pranayamy, która uspokaja umysł i ciało dzięki wykonaniu potężnego mechanizmu chłodzącego na wdechu.

Sheetali Pranayama jest szczególnie korzystna w okresie letnim, kiedy odczuwamy nadmiar głównych cech Pitta. Gorąca pogoda powoduje uderzenia gorąca, gorączkę, choroby skóry, stany zapalne, niestrawność, wysokie ciśnienie krwi, ogólne pobudzenie spowodowane gorącem i ogólnym wysiłkiem fizycznym, co wyprowadza umysł i ciało z równowagi. Sheetali Pranayama pomaga w negatywnych skutkach gorąca, uwalniając ciepło ciała, harmonizując cechy Pitty i pozostawiając ciało i umysł spokojne, chłodne i zrelaksowane.

Aby rozpocząć ćwiczenie Pranajamy, usiądź w jednej z trzech asan medytacyjnych. Zamknij oczy i rozluźnij całe ciało utrzymując prosty kręgosłup. Połóż ręce na kolanach w Jnana lub Chin Mudra.

Otwórz usta i wysuń język tak daleko, jak to możliwe, zawijając jego boki do środka, aby utworzyć rurkę. Zaciśnij wargi, aby utrzymać język w tej pozycji (Rysunek 100). Przećwicz długi, płynny, kontrolowany wdech przez zwinięty język. Po wdechu wyciągnij język, zamykając usta i zrób wydech przez nos. Pierwsza runda jest już zakończona.

Kontynuuj ćwiczenie tak długo, jak chcesz, z zachowaniem minimum kilku minut. Obserwuj jego wpływ na ciało i umysł, zwracając jednocześnie szczególną uwagę na język oraz dźwięk i uczucie chłodzenia wdychanego oddechu. Pamiętaj, żeby przez cały czas trwania ćwiczenia praktykować Jogiczne Oddychanie. Kiedy będziesz gotowy do zakończenia Sheetali Pranayamy, przenieś swoją świadomość z powrotem do ciała fizycznego i otwórz oczy.

Wdech powinien wywołać ssący dźwięk z uczuciem chłodzenia na języku i podniebieniu. Chociaż powinieneś zacząć od równych proporcji wdechów i wydechów, w miarę jak stajesz się bardziej zaawansowany w Sheetali Pranayama, czas trwania wdechu powinien stopniowo się wydłużać, aby zwiększyć efekt chłodzenia.

Chłodzący Oddech skutecznie przywraca równowagę temperaturową po wykonywaniu asan lub innych praktyk jogicznych, które rozgrzewają ciało. Powinieneś uczynić go częścią swojej codziennej praktyki, szczególnie w miesiącach letnich.

Rysunek 100: Sheetali Pranayama

Sheetkari Pranayama (Syczący Oddech)

W sanskrycie słowo "Sheetkari" oznacza formę oddechu, która wytwarza dźwięk "shee" (syczenie); stąd często nazywana jest syczącym oddechem. Podobnie jak Sheetali Pranayama, ćwiczenie to ma na celu ochłodzenie ciała i umysłu. Jedyną różnicą pomiędzy nimi jest to, że w Sheetali wdycha się przez złożony język, podczas gdy w Sheetkari wdycha się przez zamknięte zęby. Tak jak w przypadku Arszali Pranajamy, Arszkari jest bardzo korzystne w czasie upałów i w celu przywrócenia równowagi temperaturowej po rozgrzaniu ciała poprzez ćwiczenia fizyczne.

Aby rozpocząć Sheetkari Pranayama, usiądź w jednej z trzech asan medytacyjnych i zamknij oczy. Trzymaj kręgosłup prosto, a ciało zrelaksowane, kładąc ręce na kolanach w Jnana lub Chin Mudra. Trzymaj zęby lekko razem, bez obciążania szczęki. Wargi powinny być rozdzielone, odsłaniając w ten sposób zęby (Rysunek 101). Trzymaj język płasko przy podniebieniu miękkim w ustach lub nawet wykonaj Khechari Mudra.

Wdychaj powoli i głęboko przez zęby. Pod koniec wdechu zamknij usta i wykonaj kontrolowany wydech przez nos. Pierwsza runda jest już zakończona. Pamiętaj, aby praktykować Jogiczne Oddychanie przez cały czas trwania ćwiczenia. Wdech i wydech powinny być powolne i zrelaksowane. Zwróć uwagę na uczucie chłodzenia na zębach i wewnątrz ust oraz na syczący dźwięk. Wykonuj ćwiczenie tak długo jak chcesz, minimum kilka minut. Kiedy jesteś gotowy do zakończenia Sheetkari Pranayama, przenieś swoją świadomość z powrotem do ciała fizycznego i otwórz oczy.

Rysunek 101: Sheetkari Pranayama

Tę technikę Pranajamy oraz poprzednią można wykorzystać do kontrolowania głodu lub pragnienia, ponieważ wprowadzenie chłodnego powietrza zaspokaja ciało. Oba ćwiczenia pozwalają Pranie swobodniej przepływać przez ciało, rozluźniając mięśnie i w konsekwencji emocje. Obie praktyki chłodzące równoważą system endokrynologiczny i oczyszczają krew z toksyczności. Wreszcie, oba ćwiczenia są pomocne przed pójściem spać lub w przypadku bezsenności.

Unikaj Sheetali i Sheetkari Pranayamas, jeśli masz niskie ciśnienie krwi, astmę, dolegliwości układu oddechowego lub nadmierną ilość śluzu, jak w przypadku przeziębienia lub grypy. Ze względu na efekt chłodzenia ciała, unikaj obu ćwiczeń w zimnym klimacie lub w przypadku ogólnej wrażliwości na zimno. Z Sheetkari Pranayama, unikaj jeśli masz problemy z zębami lub dziąsłami.

Moorcha Pranayama (Swooning Breath)

Słowo Moorcha w sanskrycie oznacza "omdlenie" lub "utratę czucia". Inna nazwa Moorcha Pranayama to Swooning Breath, co odnosi się do zawrotów głowy, których doświadcza się podczas wykonywania tego ćwiczenia. Moorcha Pranayama jest zaawansowaną techniką, która powinna być praktykowana tylko przez osoby, które osiągnęły mistrzostwo w poprzednich ćwiczeniach Pranayamy. Kiedy jest wykonywana poprawnie, osoba może doświadczyć intensywnych i długotrwałych okresów wewnętrznej błogości, które towarzyszą byciu półprzytomnym.

Istnieją dwie metody praktykowania Pranajamy Moorcha; w pierwszej z nich należy odchylić głowę lekko do tyłu, a w drugiej oprzeć brodę na podstawie gardła (Jalandhara Bandha). W obu metodach należy praktykować wewnętrzne zatrzymanie oddechu (Khumbaka) podczas wpatrywania się w środek pomiędzy brwiami, gdzie znajduje się tunel Oka Umysłu (Shambhavi Mudra). W ten sposób wywołuje się stan pustego umysłu, a połączenie z czakrą Adżny pozwala doświadczyć głębokich, kontemplacyjnych myśli.

Jednym z powodów, dla których osoba staje się lekka podczas wykonywania Moorcha Pranayama, jest zmniejszenie dopływu tlenu do mózgu podczas przedłużonego zatrzymania oddechu. Innym powodem jest nacisk, jaki wywierają na naczynia krwionośne w szyi, co powoduje wahania ciśnienia wewnątrz czaszki. Wreszcie, tętnica szyjna ulega ciągłemu uciskowi, co dodatkowo wywołuje uczucie swooningu.

Moorcha Pranayama może być wykonywana o każdej porze dnia, tak jak wszystkie ćwiczenia Pranayamy. Jednak najbardziej efektywna jest wcześnie rano i wieczorem, kiedy Ego jest najmniej aktywne. Pokonanie kontroli Ego nad świadomością jest kluczowe dla ułatwienia pożądanego efektu tego ćwiczenia. Uczucie bliskiego omdlenia może być tak silne, że sprawia, iż czujesz się całkowicie poza ciałem, jakbyś unosił się w przestrzeni.

Pokonanie granic ciała fizycznego pozwala nam oddzielić się od Ego w świadomości i poczuć uniesienie Duchowej świadomości. Moorcha Pranayama pomaga złagodzić stres, niepokój, złość i nerwice, jednocześnie podnosząc poziom Prany w ciele. Ćwiczenie to jest bardzo polecane dla osób, które chcą obudzić swoją energię Kundalini. Pozwala im zrozumieć Jedność, którą mogą przynieść doświadczenia poza ciałem, łącząc je z czakrą Sahasrara.

Aby rozpocząć ćwiczenie, usiądź w jednej z trzech asan medytacyjnych, trzymając głowę i kręgosłup prosto. Połóż ręce na kolanach w Jnana lub Chin Mudra rozluźniając ciało. Niektórzy ludzie lubią trzymać kolana zamiast przyjmować Jnana lub Chin Mudra. Robienie tego pozwala im naciskać na kolana podczas blokowania łokci, gdy odchylają głowę do tyłu lub do przodu, dając im lepsze wsparcie podczas tej kluczowej części ćwiczenia. Możesz spróbować obu opcji i zobaczyć, co działa najlepiej dla Ciebie.

Metoda#1

Z otwartymi oczami skup się na przestrzeni między brwiami. Weź kilka głębokich i powolnych oddechów, aby uspokoić umysł. Wykonaj Khechari Mudra, a następnie powoli wykonaj wdech przez oba nozdrza za pomocą Ujjayi Pranayama, delikatnie odchylając głowę do tyłu (Rysunek 102). Wstrzymaj teraz oddech tak długo, jak możesz bez napięcia, utrzymując przez cały czas wpatrywanie się w centrum brwi. Podczas wstrzymywania oddechu powinieneś poczuć lekkie zawroty głowy. Zrób teraz powolny wydech, przywracając głowę do pozycji pionowej. Zamknij oczy i zrelaksuj się przez kilka sekund. Pozwól sobie na doświadczenie lekkości i spokoju w umyśle i ciele. Pierwsza runda jest już zakończona.

Rysunek 102: Moorcha Pranayama (Metoda#1)

Metoda#2

Skup oczy na przestrzeni między brwiami, biorąc jednocześnie kilka głębokich oddechów, aby uspokoić swoje wnętrze. Wykonaj Khechari Mudrę, a następnie powoli wdychaj przez oba nozdrza za pomocą Ujjayi Pranayamy, stopniowo pochylając głowę do przodu, aż podbródek dotknie jamy gardła (Rysunek 103). Wstrzymaj oddech na tak długo, jak możesz bez napięcia, pozwalając sobie jednocześnie na zjednoczenie z Okiem Umysłu. Utrzymuj tę pozycję, aż zaczniesz odczuwać utratę świadomości. Teraz zrób powolny wydech, przywracając głowę do pozycji pionowej. Zamknij oczy i zrelaksuj się przez kilka sekund, pozwalając sobie na doświadczenie intensywnego uczucia nieistnienia wywołanego przez bliskie omdlenie. To kończy pierwszą rundę.

Powtarzaj schemat oddychania w obu metodach tyle razy, ile jest Ci wygodnie. Dobrze jest zacząć od 5-10 oddechów i przejść do 15-20 w miarę oswajania się z ćwiczeniem. Pamiętaj, by zawsze przerwać praktykę, gdy tylko pojawi się uczucie omdlenia. Celem jest wywołanie uczucia omdlenia, a nie całkowita utrata przytomności.

Rysunek 103: Moorcha Pranayama (Metoda#2)

Na koniec dodam, że możesz połączyć metodę#1 i metodę#2 w tej samej praktyce, gdzie na pierwszym oddechu wykonujesz jedną metodę, a na drugim oddechu drugą. Zanim jednak to zrobisz, poświęć trochę czasu na zapoznanie się z obiema technikami osobno.

TRZY GRANTHIS

Granthi to sanskrycki termin, który oznacza "wątpliwość" lub "węzeł", a bardziej jednoznacznie oznacza "trudny do rozwiązania węzeł". " Termin ten jest często używany w literaturze jogicznej, odnosząc się do psychicznych węzłów, które blokują przepływ energii pranicznej w Sushumna Nadi. W Jodze Kundalini istnieją Trzy Granthis, które są przeszkodami na ścieżce przebudzonej Kundalini. Te Granthis nazywane są Brahma, Vishnu i Rudra (Rysunek 104).

Trzy Granthis reprezentują poziomy świadomości, w których siła Mai lub iluzji (dotycząca naszej niewiedzy o duchowej rzeczywistości i przywiązania do świata materialnego) jest szczególnie silna. Abyś mógł obudzić wszystkie czakry i podnieść Kundalini do Korony, musisz przekroczyć te bariery. Nasze ograniczające przekonania, cechy osobowości, pragnienia i lęki wynikają z tego, że jesteśmy uwikłani przez Granthis.

Trzy Granthis są przeszkodami na naszej drodze do wyższej wiedzy i Ewolucji Duchowej. Zaciemniają one prawdę o naszej istotnej naturze. Jednak stosując wiedzę i praktyki Duchowe, możemy rozplątać węzły i przekroczyć ich ograniczenia.

W Jodze istnieją różne sposoby rozwiązywania Granthis. Bandhy (energetyczne blokady) Hatha Jogi wspomagają przepływ Prany i mogą być również użyte do pokonania trzech Granthi. (Bandhy omówię w następnym rozdziale o Mudrach.) Bandhy blokują przepływ energii do określonego obszaru ciała, powodując silniejsze zalanie energią po uwolnieniu Bandhy. Bandhy są potężnymi narzędziami, których możemy użyć do podniesienia energii Kundalini do czakry Sahasrara, pokonując po drodze Trzy Granty.

Brahma Granthi

Powszechnie nazywany węzłem krocza, Brahma Granthi działa w regionie pomiędzy czakrami Muladhara i Swadhisthana, wzdłuż Sushumna Nadi. Ten pierwszy węzeł jest spowodowany lękiem o przetrwanie, chęcią rozmnażania się, instynktownymi tendencjami, brakiem uziemienia lub stabilności oraz strachem przed śmiercią. Brahma Granthi tworzy przywiązanie do fizycznych przyjemności, materialnych przedmiotów, jak również egoizmu Ego. Przywiązuje nas do zniewalającej siły Tamas - bezwładu, bezczynności, letargu i ignorancji.

Tamas, co oznacza "ciemność", jest jedną z Trzech Gunas, które znajdują się w centrum hinduskiej filozofii i psychologii. Teksty jogiczne uważają Trzy Gunas - Tamas,

Radżas i Sattwa - za podstawowe cechy natury. Są one obecne w każdej jednostce, ale różnią się stopniem. Brahma Granthi może zostać przekroczony poprzez Mula Bandha, "Blokadę Korzenia". Kiedy Brahma Granthi zostaje przebita przez Kundalini podczas jej wznoszenia się w górę, instynktowne wzorce osobowości zostają pokonane, co skutkuje wyzwoleniem Duszy z opisanych przywiązań.

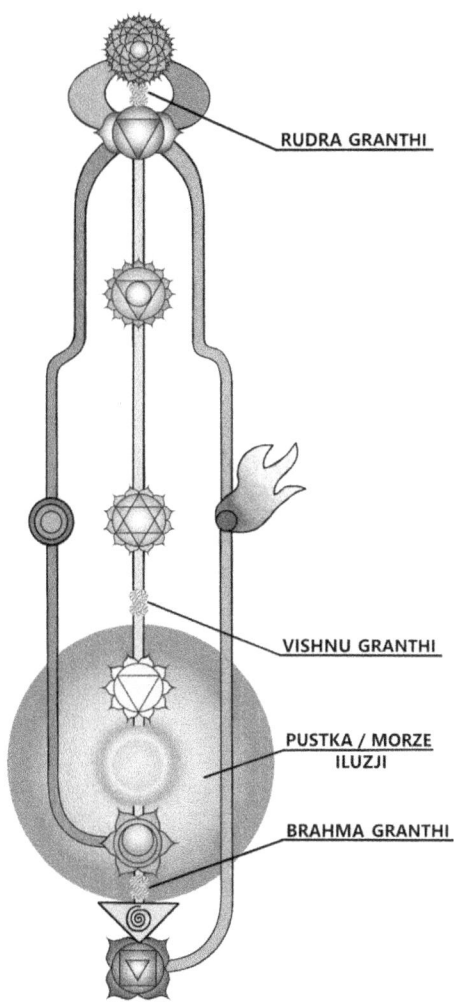

Rysunek 104: Trzy Granty

Vishnu Granthi i Pustka

Mimo, że jego umiejscowienie jest wyższe niż rejon pępka, Vishnu Granthi jest określany jako Węzeł Pępka. Funkcjonuje on w obszarze pomiędzy czakrami Manipura i Anahata, wzdłuż Sushumna Nadi. Ten Granthi jest spowodowany trzymaniem się Ego i szukaniem osobistej władzy. Pycha, jak również emocjonalne przywiązanie do ludzi i wyników, również powoduje ten węzeł. Vishnu Granthi jest związany z Rajas - tendencją do pasji, asertywności i ambicji. To wszystko są negatywne przejawy czakry Manipura związane z niewłaściwym użyciem siły woli. Aby Vishnu Granthi została rozwiązana, siła woli musi służyć Wyższemu Ja zamiast Ego.

Pustka otacza drugą i trzecią Czakrę zwaną "Morzem Iluzji". Wewnątrz tej Pustki znajdują się nasze negatywne wzorce zachowań wynikające z wpływów zewnętrznych, w tym karmiczne efekty sił planetarnych i zodiakalnych. Hara, Czakra Nawarony, tworzy Pustkę i generowaną przez nią kulę energii Życia, która jest naszą bramą do Płaszczyzny Astralnej. Siły karmiczne wpływają na nas poprzez Płaszczyznę Astralną, która wiąże nasze Ego z niższymi czakrami otaczającymi centrum Hara. Nasze Ego zostaje uwikłane w Morze Iluzji, blokując wizję naszej prawdziwej Duchowej natury.

Przezwyciężenie Vishnu Granthi wyprowadza naszą świadomość z Pustki i do naszych serc, gdzie leży prawdziwa Jaźń, Wieczny Duch. Pozwala nam to doświadczyć bezwarunkowej miłości w czakrze Anahata i wyższych czakrach ducha Vishuddhi i Adżna. Rozwiązywanie Vishnu Granthi czyni jednostkę Mistrzem Jaźni, a wszystkie wrodzone Prawa natury zostają w niej obudzone. Taka osoba staje się szczera i prawdomówna we wszystkich swoich wypowiedziach. Ich charyzma wzrasta w sposób naturalny, co czyni ich wielkimi przywódcami ludzkości.

Aby przekroczyć Wisznu Granthi, należy poddać się energii bezwarunkowej miłości. Prawdziwa dyskryminacja, wiedza i wiara w jedność wszystkich rzeczy w Kosmosie pozwalają wznieść się świadomości do wyższych sfer i przekroczyć ograniczenia Ego oraz jego pragnienie władzy. Wykonanie Uddiyana Bandha, "Blokady Brzucha", pomaga w rozwiązaniu Wisznu Granthi.

Rudra Granthi

Określany jako Shiva Granthi ("Węzeł Śiwy") lub "węzeł czoła", Rudra Granthi funkcjonuje w regionie pomiędzy czakrami Adżna i Sahasrara. Węzeł ten spowodowany jest przywiązaniem do Siddhis (mocy psychicznych), oddzieleniem Jaźni od reszty świata i dualistycznym myśleniem. Rudra Granthi jest związana z Sattvą - skłonnością do czystości, całościowości i cnoty. Aby rozplątać ten węzeł, trzeba oddać swoje Ego i przekroczyć dualność. Aby to zrobić, musi stać się cnotliwy i czysty w umyśle, ciele i Duszy, całkowicie oddając się Bogu - Stwórcy.

Musimy dostrzec, że Siddhis są jedynie wyrazem naszego połączenia z Uniwersalnym Umysłem, a nie czymś, co można zdobyć na własny użytek. Kiedy przywiązujemy się do Siddhis, sprowadzamy je do poziomu świata materialnego. Zamiast tego powinniśmy być oderwani, pozwalając Siddhis po prostu wyrażać się poprzez nas, bez prób kontrolowania tego procesu. Kiedy przebijamy Rudra Granthi, świadomość Ego pozostaje za nami i ujawnia się prawda o Jedności. Jalandhara Bandha, "Blokada Gardła", może być zastosowana do rozplątania tego węzła, abyśmy mogli przejść na wyższy poziom świadomości.

***

Po przebudzeniu Kundalini w czakrze Muladhara, aby mogła zakończyć swoją podróż i przebić Sahasrarę, wszystkie Trzy Granty muszą zostać odblokowane. Jeżeli istnieje blokada wzdłuż Sushumna Nadi, to zazwyczaj znajduje się ona w obszarze jednego z Trzech Granthis. Poprzez rozluźnienie ich poprzez zastosowanie siły woli i czystych myśli lub poprzez zastosowanie energetycznych zamków (Bandhas), Kundalini może wznieść się do Sahasrary. W ten sposób indywidualna świadomość zjednoczy się z Kosmiczną Świadomością i obie staną się Jednością. Ta transformacja jest trwała i jednostka nie będzie już dłużej związana przez Granthis przez okres swojego życia tutaj na Ziemi.

MUDRA

Często widzimy wizualne przedstawienia starożytnych bogów i bogiń ze wschodniej części świata siedzących w medytacji i trzymających swoje ręce w określonych pozycjach. Te gesty rąk nazywane są Mudrami. Są to ezoteryczne gesty rąk, które aktywują w nas określoną moc poprzez manipulację energią. Wykonując Mudrę, komunikujemy się również bezpośrednio z Bóstwami i zestrajamy się z ich energiami lub mocami.

Istnieje ponad 500 różnych Mudr. Mudry są używane międzykulturowo w wielu systemach duchowych, ale szczególnie w hinduizmie, dżinizmie i buddyzmie. W sanskrycie, Mudra oznacza "pieczęć", "znak" lub "gest". Mudry są zasadniczo psychicznymi, emocjonalnymi, dewocyjnymi i estetycznymi gestami, które łączą indywidualną siłę praniczną z Uniwersalną siłą Kosmiczną. Wykonywanie Mudry zmienia nastrój, nastawienie i percepcję, pogłębiając jednocześnie świadomość i koncentrację.

Chociaż większość mudr to proste pozycje rąk lub gesty, konkretna mudra może angażować całe ciało. Mudry Hatha Jogi, na przykład, wykorzystują kombinację technik jogicznych takich jak Asana (pozycje ciała), Pranajama (techniki oddechowe), Bandha i medytacje wizualizacyjne. Polegają one na wykonywaniu wewnętrznych czynności, które angażują dno miednicy, gardło, oczy, język, przeponę, odbyt, genitalia, brzuch lub inne części ciała.

Mudry Hatha Jogi są ukierunkowane na określone cele jogiczne, włączając w to wpływanie na przepływ Prany w celu obudzenia Kundalini, ułatwienie przebicia Trzech Granthis przez Kundalini, bezpośrednią aktywację Bindu, wykorzystanie Amrity lub nektaru Ambrozji kapiącego z Bindu, lub osiągnięcie transcendencji lub Oświecenia. Przykłady mudr Hatha Jogi to Khechari Mudra, Shambhavi Mudra, Nasikagra Drishti, Vajroli Mudra, Maha Mudra i Viparita Karani.

Hatha Joga Pradipika i inne teksty jogiczne uważają mudry za niezależną gałąź Jogi, którą wprowadza się dopiero po osiągnięciu pewnej biegłości w Asanie, Pranajamie i Bandzie. Są to wyższe praktyki, które mogą prowadzić do optymalizacji czakr, Nadis, a nawet obudzenia Kundalini Shakti. Mudry, wykonywane z oddaniem, mogą obdarzyć praktykującego mocą psychiczną (Siddhis).

Praktyka Mudry ma na celu stworzenie bezpośredniego połączenia pomiędzy Annamaya Kosha (Ciało Fizyczne), Pranamaya Kosha (Ciało Astralne) i Manomaya Kosha (Ciało Umysłowe). Ma ona na celu przyswojenie i zrównoważenie pierwszych trzech czakr

Muladhara, Swadhisthana i Manipura oraz umożliwienie otwarcia czwartej czakry Anahata i dalej.

Pogrupowałem różne rodzaje Mudr na Mudry Ręki, Głowy, Posturalne, Bandhy (blokady energetyczne) i Mudry Krocza. Hasta (Mudry Ręki) są medytacyjnymi Mudrami, które przekierowują Pranę emitowaną przez ręce z powrotem do ciała, generując pętlę energetyczną, która przemieszcza się z mózgu do rąk i z powrotem. Ich wykonanie pozwala nam połączyć się z Archetypowymi mocami wewnątrz naszego podświadomego umysłu.

Mana (Mudry głowy) są potężnymi gestami, które wykorzystują oczy, uszy, nos, język i usta. Są one ważne w medytacji, ponieważ ich moc pozwala obudzić główne ośrodki mózgu i odpowiadające im czakry oraz uzyskać dostęp do wyższych stanów świadomości.

Kaya (Postural Mudras) to specyficzne fizyczne postawy, które należy wykonywać z kontrolowanym oddechem i koncentracją. Ich stosowanie pozwala skierować Pranę do poszczególnych obszarów ciała i stymulować Czakry.

Bandhy (Mudry Śluzy) łączą Mudrę i Bandhę, aby naładować system Praną i przygotować go do przebudzenia Kundalini. Pozwalają nam również zapewnić, że Kundalini przebije Trzy Granty, kiedy zostanie obudzona. Bandhy są ściśle związane ze splotami nerwowymi i gruczołami dokrewnymi, które odnoszą się do Czakr. Wreszcie Adhary (Mudry krocza) przekierowują Pranę z dolnych ośrodków ciała do mózgu. Pozwalają również sublimować naszą energię seksualną znajdującą się w okolicach pachwin i podbrzusza i wykorzystać ją do celów duchowego przebudzenia.

HASTA (MUDRY DŁONI)

Hasta (Mudry Ręki) pozwalają nam kierować i uszczelniać energię praniczną do określonych kanałów w Aurze. Ponieważ większość głównych Nadis zaczyna się lub kończy w dłoniach lub stopach, Hasta (Mudry Ręczne) są szczególnie skuteczne w oczyszczaniu tych subtelnych kanałów z zanieczyszczeń i usuwaniu przeszkód, ułatwiając swobodny przepływ energii. Ich regularne stosowanie sprzyja fizycznemu, psychicznemu i emocjonalnemu uzdrowieniu, wspomagając naszą duchową podróż ewolucyjną.

Ponieważ każdy palec odnosi się do jednej z czakr, wpływasz na odpowiednie czakry poprzez ułożenie palców w określony sposób. Czakra Dłoni służy również jako interfejs pomiędzy Czakrą Serca a Czakrami powyżej i poniżej. Mudry Dłoni nie tylko wpływają na przepływ Prany w Aurze, ale pozwalają nam na stukanie w uzdrawiającą energię Anahata i rozprowadzanie jej do Czakr, które wymagają oczyszczenia.

Ponieważ jest pięć palców i Pięć Elementów, istnieje między nimi korespondencja (Rysunek 105). Na przykład kciuk odnosi się do Ognia (Agni), palec wskazujący do Powietrza (Vayu), środkowy do Ducha lub Przestrzeni (Akasha), palec serdeczny do Ziemi

(Prithivi), a mały do Wody (Jal). Dwa pasywne elementy Wody i Ziemi oraz dwa aktywne elementy Ognia i Powietrza są pogodzone przez centralny element Ducha.

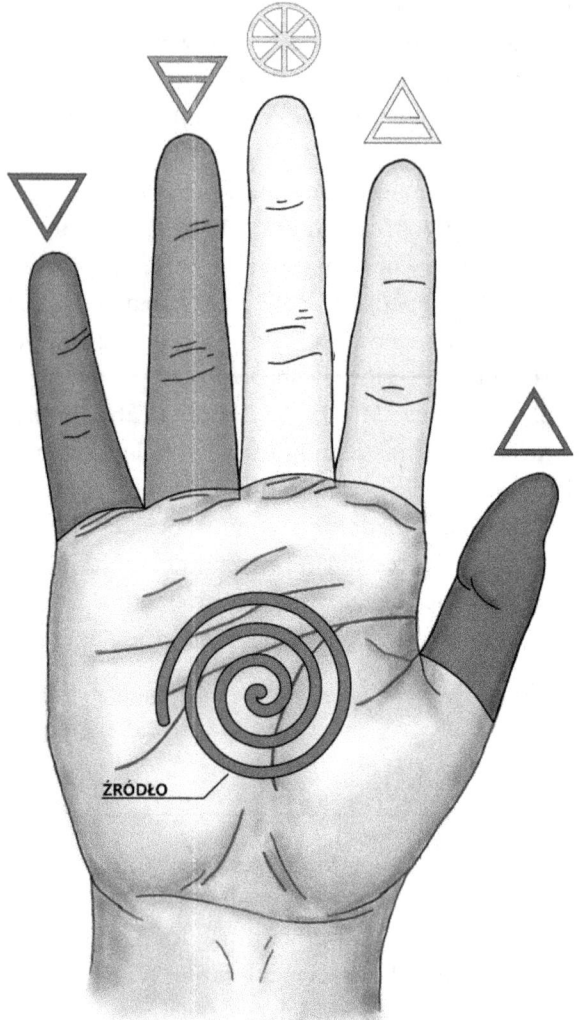

Rysunek 105: Palce i Pięć Elementów

Zauważysz, że w Mudrach Ręki najczęściej używany jest kciuk, który ma więcej prądów pranicznych przebiegających przez niego niż pozostałe palce. Odnosząc się do czakry Manipura i elementu Ognia, kciuk rozpala i aktywuje wszystkie inne elementy i czakry. W Ajurwedzie, skąd pochodzą te powiązania, mówi się, że kciuk stymuluje Pitta Dosha, energię odpowiedzialną za transformację. Manipura jest również siedzibą Duszy, więc kiedy kciuk jest zaangażowany w Mudrę Ręki, Dusza jest siłą przewodnią, która wprowadza zmiany.

Istnieje pięć podstawowych pozycji palców i dłoni, na które należy zwrócić uwagę podczas wykonywania Mudry Ręki. Pierwsza pozycja polega na połączeniu kciuka z opuszkiem palca, co stymuluje stabilność powiązanego Elementu. Druga pozycja polega na dotknięciu grzbietu palca na paznokciu lub knykciu, co zmniejsza wpływ powiązanego Elementu. W trzeciej pozycji należy zbliżyć kciuk do podstawy palca, co również stymuluje odpowiedni Element. Następnie, w zależności od aktywowanej mudry, kiedy dłoń jest skierowana na zewnątrz, otwierasz się na otrzymywanie energii. Kiedy natomiast dłoń jest skierowana w dół, uziemiasz się.

Ponieważ są proste do wykonania, Mudry Ręki można praktykować w każdej chwili, czy to w domu, czy w podróży. Jogini często wykonują Mudry Ręki jako część praktyki medytacyjnej, przed lub po innych technikach, takich jak Asany, Pranajamy lub Bandhy.

Kroki do Wykonania Mudry Ręki

Podczas wykonywania Mudry Ręki, upewnij się, że Twoje ręce są czyste. Ponieważ są to Boskie gesty mające na celu połączenie Cię z wyższymi mocami, czystość jest kluczowa. Możesz ćwiczyć Mudry Ręki stojąc, klęcząc, leżąc lub siedząc na krześle. Jednak dla optymalnych rezultatów powinieneś siedzieć w wygodnej asanie medytacyjnej i trzymać plecy i głowę prosto. Ponadto, ręce i ramiona powinny pozostać zrelaksowane podczas całej praktyki. Mudry dłoni wykonuje się zazwyczaj na poziomie pępka, serca lub kładzie na kolanach podczas medytacyjnej asany.

Zacznij od delikatnego pocierania swoich dłoni przez siedem do dziesięciu sekund, aby naładować je energią praniczną. Następnie połóż prawą rękę na swojej czakrze Hara, a lewą na prawej. Zaczniesz odczuwać przepływ ciepłej energii generowanej w Harze, centrum pranicznym Twojego ciała. Pozostań w tej pozycji przez około minutę, aby uzyskać niezbędne połączenie.

Zawsze wykonuj każdą mudrę po kolei, przeznaczając na nią odpowiednią ilość czasu. Pamiętaj, że wynik jest kumulatywny, więc im dłużej wykonujesz mudrę, tym większy jest jej wpływ na Twoją energię. Aby poradzić sobie z chronicznymi problemami, trzymaj jedną mudrę codziennie przez czterdzieści pięć minut lub trzy piętnastominutowe okresy.

Podczas wykonywania mudry nie wywieraj żadnego nacisku, a jedynie połącz dłonie i palce w wymagany sposób, aby manipulować pożądanym przepływem energii. Wykonuj również każdą mudrę obiema rękami, ponieważ takie postępowanie sprzyja harmonii i równowadze, jednocześnie maksymalizując pożądany efekt. Wreszcie, idealnie jest ćwiczyć Mudry Ręki na pusty żołądek, jak w przypadku wszystkich technik przywoływania/manipulacji energią.

Jnana Mudra

Jnana Mudra jest jedną z najczęściej używanych Mudr Ręcznych, szczególnie podczas praktyki medytacyjnej. Jej nazwa pochodzi od sanskryckiego "jnana", co oznacza "mądrość" lub "wiedzę". Wiedza, o której mowa, to oświecona mądrość, którą Jogin stara się osiągnąć na ścieżce jogicznej.

Aby wykonać tę mudrę, zetknij ze sobą czubek palca wskazującego i kciuka, tworząc w ten sposób koło, podczas gdy pozostałe trzy palce są wyciągnięte i trzymane prosto (Rysunek 106). Wariacją mudry Jnany jest schowanie palca wskazującego pod czubek kciuka. Przednia część dłoni powinna spoczywać na udach lub kolanach, a dłoń powinna być skierowana w dół.

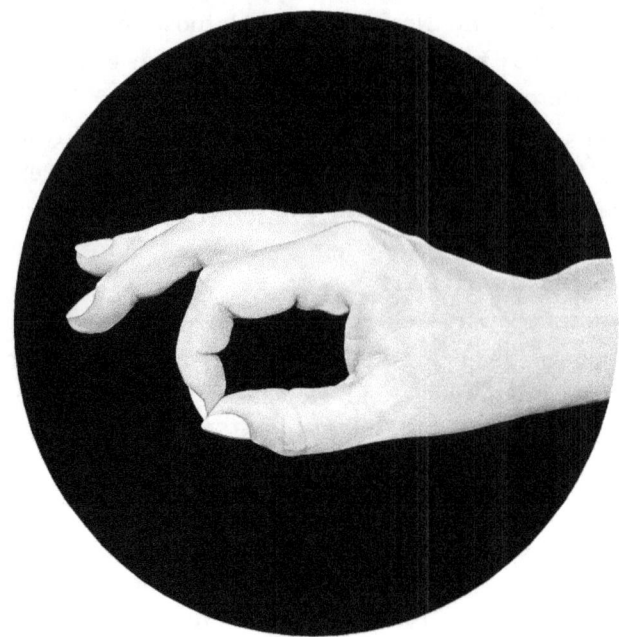

Rysunek 106: Jnana Mudra

Według Ajurwedy, Jnana Mudra równoważy żywioły Ognia (Agni - kciuk) i Powietrza (Vayu - palec wskazujący) w ciele. Praktykowanie tej mudry podczas medytacji stabilizuje umysł, wspierając koncentrację i ułatwiając wyższe stany świadomości.

W praktyce Jnana Mudry w różnych tradycjach duchowych, takich jak hinduizm, buddyzm i joga, występuje dalsza symbolika. Uważa się, że kciuk symbolizuje Duszę Najwyższą lub uniwersalną świadomość (Brahman), podczas gdy palec wskazujący reprezentuje duszę indywidualną, Jivatmę. Łącząc kciuk i palec wskazujący, jednoczymy te dwie rzeczywistości. Pozostałe trzy palce reprezentują trzy jakości (Gunas) natury - Rajas (środkowy palec), Sattva (palec serdeczny) i Tamas (mały palec). Aby świadomość mogła przejść z ignorancji do wiedzy, musimy przekroczyć te stany.

Łącząc palec wskazujący z kciukiem, wytwarzamy obwód, który przekierowuje energię praniczną przez ciało, wysyłając ją w górę do mózgu, zamiast uwalniać ją do otoczenia. Ponieważ Jnana Mudra wskazuje na Ziemię, efektem jest uziemienie swojej energii, uspokojenie umysłu przy jednoczesnym ukojeniu emocji. Ta Mudra jest również znana z poprawy pamięci.

Chin Mudra

Chin oznacza "świadomość" w sanskrycie, a ta Mudra jest często określana jako "psychiczna Mudra świadomości". Chin Mudra jest inaczej znana jako Gyan Mudra. ("Gyan" to w sanskrycie "wiedza" lub "mądrość".) Chin Mudra ma być wykonywana w taki sam sposób jak Jnana Mudra, jedyną różnicą jest to, że dłoń jest skierowana do góry zamiast do dołu (Rysunek 107), tak aby grzbiet dłoni mógł spoczywać na udach lub kolanach.

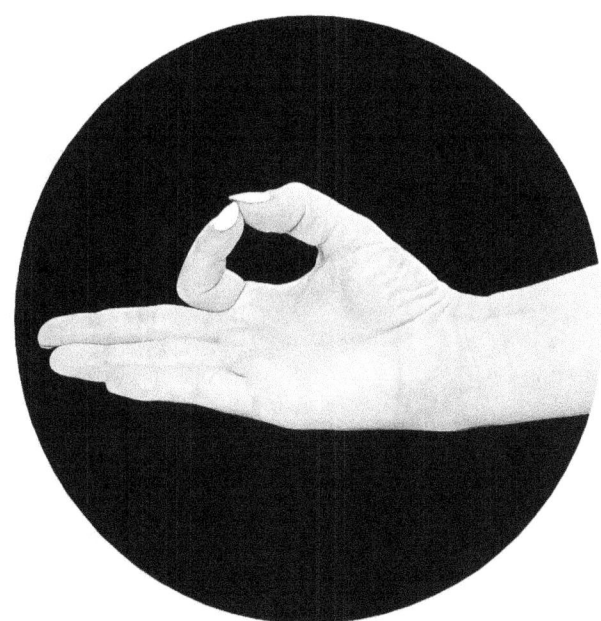

Rysunek 107: Chin Mudra

Ponieważ są one prawie identyczne, symboliczne elementy Chin Mudry są takie same jak w Jnana Mudrze. Ponieważ Chin Mudra wskazuje na Niebiosa powyżej, skierowana ku górze pozycja dłoni otwiera klatkę piersiową, czyniąc praktykującego otwartym na energie z wyższych planów. Chin Mudra wzmacnia intuicję i kreatywność, łagodzi stres i napięcie oraz poprawia koncentrację. Jest również pomocna w pokonywaniu bezsenności.

Zarówno Jnana jak i Chin Mudra ułatwiają wejście do wewnątrz, co jest warunkiem wstępnym głębokiej medytacji i osiągnięcia wyższych stanów świadomości. Oprócz zastosowania w medytacji, Jnana i Chin Mudry mogą być używane do wzmocnienia efektów intonowania Mantry i innych praktyk jogicznych, takich jak Asany, Pranajamy i Bandhy.

Na koniec warto dodać, że nierzadko praktykujący jogę wykonują Jnana Mudrę jedną ręką, a drugą wykonują Chin Mudrę. Pozwala to na otrzymanie energii z wyższego źródła, a jednocześnie uziemia to doświadczenie.

Hridaya Mudra

Hridaya oznacza "Serce" w sanskrycie, ponieważ ta Mudra poprawia witalność serca poprzez zwiększenie przepływu Prany. Wiadomo, że Hridaya Mudra ma zdolność do uratowania osoby przed atakiem serca poprzez natychmiastowe zmniejszenie bólu w klatce piersiowej i usunięcie blokad w tętnicach. Znana jest również jako "Mrit Sanjeevani", sanskrycki termin sugerujący, że ta mudra ma moc wyrwania nas z paszczy śmierci.

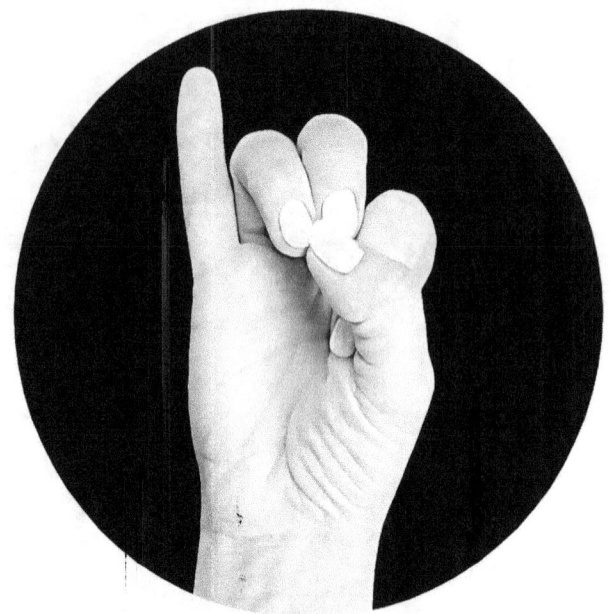

Rysunek 108: Hridaya Mudra

Hridaya Mudra jest również nazywana Apana Vayu Mudra, ponieważ łączy w sobie dwie Mudry-Apana i Vayu. Aby przyjąć Mudrę, należy złożyć palec wskazujący i nacisnąć na knykcie kciukiem (Vayu Mudra), co zmniejsza wpływ Elementu Powietrza, relaksując ciało i umysł. Następnie należy połączyć opuszkę kciuka z palcami środkowym i serdecznym (Apana Mudra), aktywując w ten sposób Żywioł Ducha, Ziemi i Ognia (Rysunek 108).

Tak jak Vayu Mudra leczy nieregularności serca, w tym szybkie bicie serca i pocenie się, tak Apana Mudra redukuje nadmiar gazów z żołądka, jednocześnie wspomagając krążenie krwi do serca. Kwasowość i zgaga są również łagodzone przez wykonanie Hridaya Mudra.

Ponieważ serce jest centrum emocji, Hridaya Mudra pomaga również uwolnić skumulowane uczucia, które powodują stres i niepokój. W związku z tym, korzystne jest praktykowanie tej mudry podczas emocjonalnych konfliktów i kryzysów. Inną powszechną korzyścią z Hridaya Mudra jest pokonanie problemów ze snem, takich jak bezsenność. Hridaya Mudra może być wykonywana przez dziesięć do piętnastu minut na raz lub dłużej i powtarzana tak często jak to konieczne.

Shunya Mudra

Shunya oznacza w sanskrycie "pustkę", "przestronność" lub "otwartość"; stąd jej inna nazwa - "Mudra Nieba". Mudra ta ma na celu zmniejszenie Elementu Ducha (Przestrzeni) w ciele (środkowy palec) przy jednoczesnym zwiększeniu energii Elementu Ognia (kciuk).

Aby przyjąć Shunya Mudra, złóż środkowy palec i naciśnij kciukiem na knykcie. Pozostałe trzy palce powinny pozostać wyciągnięte (Rysunek 109). Regularne stosowanie Shunya Mudra podczas medytacji budzi intuicję, jednocześnie zwiększając siłę woli i uspokajając umysł. Ponadto, jej długoletni praktykujący donoszą o uzyskaniu zdolności do słyszenia niezmąconego dźwięku ciszy Anahata, który sprawia, że człowiek czuje się jak na innej Planecie, w innym wymiarze czasoprzestrzeni. Tak więc regularne praktykowanie tej Mudry toruje drogę do uzyskania Wiecznej błogości i transcendencji.

Na poziomie fizycznym, Shunya Mudra jest znana z łagodzenia szeregu problemów związanych ze słuchem i równowagą wewnętrzną, w tym choroby lokomocyjnej, zawrotów głowy, drętwienia ciała i zaburzeń słuchu. Jest również znana z leczenia chorób serca i gardła. Praktykuj tę mudrę przez dziesięć do piętnastu minut lub dłużej, jeśli to konieczne. Powtarzaj ją tak często jak chcesz.

W medycynie ajurwedyjskiej Shunya Mudra jest korzystna dla osób z dominacją Vata Dosha, czyli energii związanej z ruchem, w tym krążeniem krwi, oddychaniem i układem nerwowym.

Rysunek 109: Shunya Mudra

Anjali Mudra

Anjali oznacza "pozdrowienie" lub "ofiarowanie" w sanskrycie. Anjali Mudra powszechnie towarzyszy słowo "Namaste", które stanowi rodzaj pozdrowienia używanego często przez spirytualistów w świecie zachodnim. Gest ten pochodzi jednak z Indii i jest częścią tamtejszej kultury od tysięcy lat. Polega on na trzymaniu obu wyprostowanych dłoni razem przed piersiami (Rysunek 110), czemu często towarzyszy lekki ukłon.

W sanskrycie "Nama" oznacza "ukłon", podczas gdy "as" oznacza "ja", a "te" - "ty". Dlatego Namaste oznacza "kłaniam się Tobie". Namaste reprezentuje wiarę w boską iskrę świadomości w każdym z nas, zlokalizowaną w czakrze serca, Anahata. Wykonując je, rozpoznajemy siebie nawzajem jako Boskie Dusze pochodzące z tego samego źródła - Boga - Stwórcy.

Anjali Mudra może być również oferowana jako święte pozdrowienie podczas próby nawiązania kontaktu z wyższą siłą. Ten potężny gest dłoni został przyjęty jako pozycja modlitewna w świecie zachodnim od ponad dwóch tysięcy lat. Jego wykonanie pozwala nam połączyć się z naszym Świętym Aniołem Stróżem. Zestawiając dłonie w centrum Czakry Serca, symbolicznie i energetycznie jednoczysz wszystkie przeciwieństwa w sobie, pozwalając swojej świadomości wznieść się na Wyższą Płaszczyznę.

Anjali Mudra godzi nasze męskie i żeńskie energie, jednocześnie jednocząc lewą i prawą półkulę mózgu. Efektem jest spójność umysłu i ciała na wszystkich poziomach. Jej inne korzyści zdrowotne obejmują: poprawę koncentracji, uspokojenie umysłu, promowanie uważności i łagodzenie stresu.

Rysunek 110: Anjali Mudra

Yoni Mudra

Yoni oznacza "łono", "źródło" lub "pojemnik" w sanskrycie i jest abstrakcyjną reprezentacją Shakti, dynamicznej kobiecej siły natury. Yoni odnosi się również do żeńskiego układu rozrodczego w ogóle. Wykonywanie Yoni Mudra równoważy przeciwstawne, ale uzupełniające się energie w Twoim ciele, zwłaszcza w obu półkulach mózgowych.

Aby przyjąć Yoni Mudra, należy umieścić dłonie razem na wysokości pępka. Palce i kciuki powinny być proste i skierowane z dala od ciała. Najpierw obróć środkowy, serdeczny i mały palec do wewnątrz, tak aby grzbiety palców się stykały. Następnie, splatamy środkowe, serdeczne i małe palce, trzymając czubki palców wskazujących i kciuków razem. Na koniec przysuń kciuki do ciała, a palce wskazujące skieruj do ziemi, tworząc w ten sposób kształt łona z kciukami i palcami wskazującymi (Rysunek 111).

W końcowej pozycji łokcie naturalnie mają tendencję do kierowania się na bok, otwierając klatkę piersiową. Możesz wykonywać Yoni Mudra przez dziesięć do piętnastu minut na raz, aby uzyskać pożądany efekt. Powtarzaj tak często jak chcesz w ciągu dnia.

Skierowane w dół palce wskazujące stymulują przepływ Apany, subtelnej energii, która oczyszcza ciało, umysł i emocje. Yoni Mudra ma uspokajający wpływ na system nerwowy, ponieważ redukuje stres i wprowadza spokój i harmonię wewnątrz. Ponadto, Yoni Mudra dostraja nas do kobiecego, intuicyjnego aspektu naszej Istoty. Podobnie jak płód w łonie matki, jej praktykujący doświadcza błogości, stając się pasywnym umysłowo i emocjonalnie.

Rysunek 111: Yoni Mudra

Bhairava Mudra

Bhairava oznacza w sanskrycie "przerażający" i odnosi się do dzikiej manifestacji Śiwy Niszczyciela. Bhairava Mudra to symboliczny, rytualny gest rąk, który harmonizuje przepływ energii w ciele podczas medytacji lub innych praktyk jogicznych. Ta powszechna praktyka Jogiczna daje natychmiastowe uczucie spokoju, umożliwiając pojawienie się wyższych cech.

Aby wykonać Bhairava Mudra, połóż prawą rękę na lewej, z dłońmi skierowanymi do góry (Rysunek 112). Jeżeli wykonuje się ją w asanie medytacyjnej, ręce powinny być na kolanach, a kręgosłup i głowa trzymane prosto. Kiedy lewa ręka jest umieszczona na prawej, praktyka nazywa się Bhairavi Mudra, żeński (Shakti) odpowiednik Bhairavy.

Obie dłonie reprezentują Nadis Ida (lewa ręka) i Pingala (prawa ręka), żeńskie i męskie kanały energetyczne, które zostają zjednoczone, gdy jedna ręka znajduje się na drugiej. W zależności od tego, która ręka jest na górze, ta zasada płci staje się jakością ekspresji. Na przykład, kiedy lewa ręka znajduje się na górze, dominuje element Wody, aktywując zasadę świadomości i manifestacji. I odwrotnie, kiedy prawa ręka jest na górze, dominuje Element Ognia, przywołując siłę i moc oraz niszcząc czyjś Egoizm, kiedy Boskie Światło wchłania się do Aury. Dlatego mówi się, że ta mudra leczy również wszystkie choroby ciała.

Wykonuj Bhairava Mudra przez dziesięć do piętnastu minut na raz lub dłużej i powtarzaj tak często jak chcesz. W tekstach tantrycznych i jogicznych, Bhairava Mudra jest uważana za ostateczną Mudrę Ręki, ponieważ jej wykonanie jednoczy indywidualną Duszę z uniwersalną świadomością - wewnętrzne i zewnętrzne Jaźnie stają się Jednością.

Rysunek 112: Bhairava Mudra

Mudra Lotosu

Lotus Mudra jest przeznaczona do otwierania czakry serca, Anahata. Jest to symbol czystości i pozytywności, reprezentujący Światło wyłaniające się z ciemności. Lotus Mudra ma potężne efekty lecznicze na poziomie mentalnym, emocjonalnym i fizycznym. Jej wykonanie odpręża i stabilizuje umysł, tworząc jednocześnie bardziej kochające nastawienie do innych ludzi. Na poziomie fizycznym, Lotus Mudra jest znana z leczenia wrzodów i gorączki.

Aby wykonać Mudrę Lotosu, zacznij od zbliżenia rąk do siebie przed centrum serca w Anjali Mudrze. Następnie rozłóż palce wskazujący, środkowy i serdeczny jak otwierający się kwiat lotosu, trzymając kciuki i małe palce razem (Rysunek 113). Pozostań teraz w tej pozycji i poczuj efekty tej mudry na swojej czakrze serca. Mudra Lotosu może być wykonywana tak często jak chcesz, przez minimum dziesięć minut na raz, aby poczuć jej efekty.

Tak jak korzenie kwiatu lotosu pozostają mocno osadzone w błotnistym dnie stawu, tak jego kwiatowa główka zwrócona jest w stronę słońca, otrzymując jego uzdrawiające promienie. W ten sam sposób Lotus Mudra uczy nas, abyśmy pozostali połączeni z naszymi korzeniami, gdy otwieramy nasze serca na Boskie Światło. Uczy nas utrzymywać nasze myśli w czystości i akceptować innych, nawet jeśli nasze uczucia są negatywne wobec nich. Czyniąc to, łączymy się z łaską i pięknem obecnym w nas, kiedy nasza Czakra Serca jest otwarta.

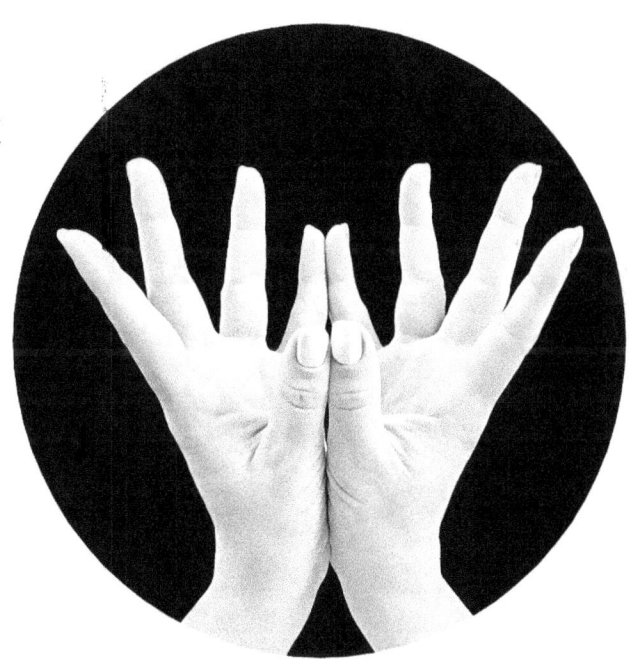

Rysunek 113: Lotus Mudra

Shiva Linga Mudra

Shiva Linga Mudra to potężny gest dłoni reprezentujący Boga Śiwę i Boginię Parvati, jego konsorcjantkę. Lingam jest symbolem męskiej twórczej energii, fallusa, czczonego w hinduskich świątyniach. Jest on symbolicznie reprezentowany przez wyprostowany kciuk prawej ręki w Shiva Linga Mudra, podczas gdy dłoń, na której spoczywa, reprezentuje kobiecą energię, pojemnik. Jako taka, mudra ta oznacza integrację Śiwy i Śakti (żeńskiej energii Śiwy). Jej angielska nazwa to "Upright Mudra". "

Aby przyjąć Shiva Linga Mudra, umieść lewą rękę na poziomie brzucha w kształcie miski, trzymając palce razem. Następnie umieść prawą pięść na wierzchu lewej dłoni. Na koniec wyciągnij kciuk prawej ręki do góry (Rysunek 114). Poczuj uziemiające efekty tej mudry w swojej Aurze.

Shiva Linga Mudra skupia się na Muladhara Chakra, siedzibie Lingam. Mudra ta łagodzi niepokój i stres poprzez uspokojenie umysłu i naładowanie ciała gęstą energią Ziemi. Nie tylko rozwiązuje problem fizycznego i psychicznego zmęczenia poprzez energetyzowanie ciała, ale zwiększa pewność siebie i poprawia intuicję. Ze względu na potężne efekty uziemienia energii, Shiva Linga Mudra powinna być wykonywana nie więcej niż dwa do trzech razy dziennie przez dziesięć minut.

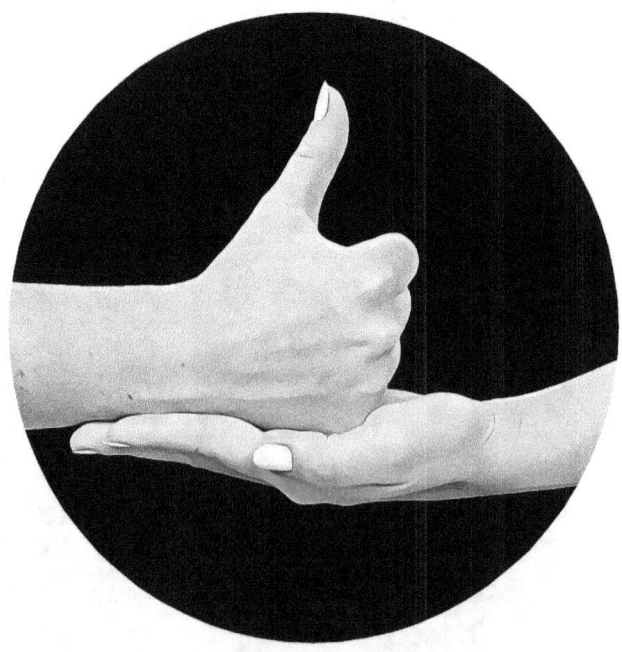

Rysunek 114: Shiva Linga Mudra

Kundalini Mudra

Kundalini Mudra budzi siłę seksualną, stymulując kreatywność i regenerację. Mudra ta znana jest z aktywowania uśpionych pragnień seksualnych i uzdrawiania wszelkich problemów z narządami rozrodczymi. Na subtelnym poziomie, wykonywanie Kundalini Mudry jednoczy męskie i żeńskie zasady w Jaźni, co ułatwia obudzenie Kundalini u podstawy kręgosłupa.

Aby wykonać Kundalini Mudrę, zrób luźną pięść na wysokości pępka z obu rąk. Następnie wyciągnij palec wskazujący lewej ręki i owiń wokół niego cztery palce prawej ręki. Końcówka palca wskazującego lewej ręki powinna połączyć się z kciukiem prawej ręki (Rysunek 115).

Lewy palec wskazujący reprezentuje indywidualną Duszę i umysł, natomiast cztery palce prawej ręki symbolizują świat zewnętrzny. Wreszcie, prawy kciuk to święta moc Kundalini. Mudra Kundalini, jako całość, reprezentuje zjednoczenie indywidualnego Ja z Wszechświatem. Z powodu jej silnego wpływu na energię seksualną, Mudra Kundalini powinna być praktykowana nie więcej niż dwa do trzech razy dziennie przez dziesięć minut.

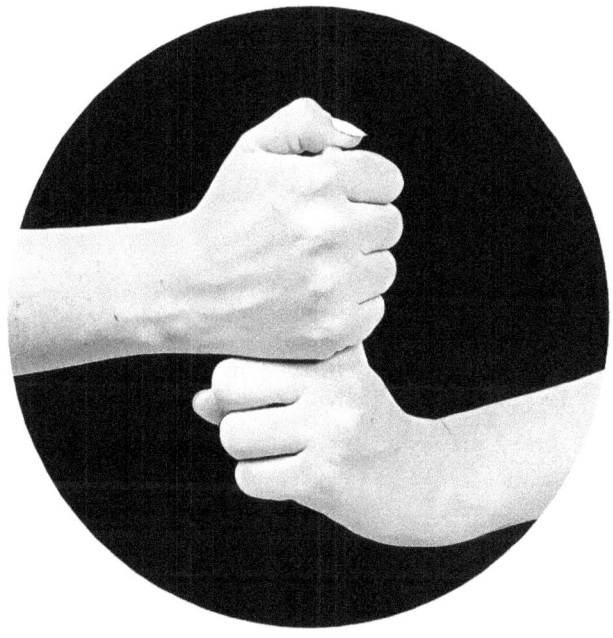

Rysunek 115: Kundalini Mudra

MANA (MUDRY GŁOWY)

Shambhavi Mudra (Spojrzenie na środek brwi)

Shambhavi Mudra jest wysoko cenioną praktyką w Jodze i Tantrze ze względu na jej moc w uciszaniu umysłu i doświadczaniu wyższych stanów świadomości. Jest to potężna technika budzenia Czakry Adżny, ponieważ polega na wpatrywaniu się w centrum brwi, gdzie znajduje się tunel Oka Umysłu. Shambhavi Mudra niweczy wszystkie pozytywne i negatywne myśli, gdy jest prawidłowo zastosowana i wprowadza stan Pustki (Shoonya) lub bezmyślności/pogardy. Jej inna nazwa to Bhrumadya Drishti, gdzie "bhru" oznacza "centrum brwi", a "drishti" oznacza "wpatrywanie się" w sanskrycie.

Słowo "Shambhavi" pochodzi z sanskrytu "Shambhu", co jest odniesieniem do Pana Śiwy jako tego, który jest "zrodzony ze szczęścia lub błogości". Shambhavi to żeński aspekt Pana Śiwy - Kundalini Shakti. Shambhavi Mudra nie tylko aktywuje Ajna Chakra, ale skupiając się na centrum brwi stymuluje Ida i Pingala Nadis do zbiegania się w tym punkcie, co bezpośrednio wpływa na Kundalini u podstawy kręgosłupa i może ułatwić powstanie.

Shambhavi Mudra jest korzystna dla pokonania lękliwych, negatywnych myśli, które pochodzą z podświadomego umysłu. Skupienie się na centrum brwi powoduje, że uwaga zostaje umieszczona z przodu głowy, skąd operuje świadomy umysł. W hermetyzmie przód głowy reprezentuje aspekt solarny, męski, natomiast tył głowy reprezentuje aspekt księżycowy, żeński. Na qabalistycznym Drzewie Życia, ścieżka Qoph (karta Tarota Księżyc), która dosłownie oznacza "tył głowy", reprezentuje podświadomy umysł. I odwrotnie, ścieżka Resh (karta Słońca) oznacza "głowę", odnosząc się do przodu głowy i świadomego umysłu.

Aby rozpocząć ćwiczenie Shambhavi Mudra, usiądź w jednej z trzech asan medytacyjnych, rozluźniając ciało i utrzymując prosty kręgosłup. Połóż ręce na kolanach w Jnana lub Chin Mudra. Zamknij oczy i rozluźnij wszystkie mięśnie twarzy, czoła, oczu i za oczami, biorąc jednocześnie kilka wolnych i głębokich oddechów. Teraz stopniowo otwieraj oczy i patrz przed siebie w ustalony punkt. Aby uzyskać najlepsze rezultaty, wprowadź Khechari Mudra jako część praktyki, chociaż zaleca się zacząć bez niej, dopóki nie zapoznasz się bardziej z ćwiczeniem.

Patrz teraz w górę i do środka, skupiając wzrok na środku brwi, utrzymując przy tym nieruchomo głowę i całe ciało (Rysunek 116). Jeśli wykonasz to prawidłowo, łuk brwiowy utworzy obraz w kształcie litery V, którego wierzchołek znajduje się w centrum brwi. Jeśli nie widzisz formacji V, to znaczy, że Twoje spojrzenie nie jest prawidłowo skierowane do góry i do środka.

Skoncentruj się na punkcie między brwiami bez mrugania przez kilka sekund. Następnie rozluźnij oczy, przesuwając je do pierwotnej pozycji przed powtórzeniem praktyki. Ważne jest, aby na początku utrzymywać wzrok tylko przez kilka sekund i stopniowo zwiększać czas trwania, w miarę jak nabierzesz wprawy w tym ćwiczeniu. Nigdy nie powinno być zbyt dużego obciążenia dla oczu. Jeśli czujesz dyskomfort w oczach, możesz rozgrzać dłonie, pocierając je i zakrywając oczy, aby wlać uzdrawiającą energię i usunąć napięcie.

Rysunek 116: Shambhavi Mudra

W miarę nabierania doświadczenia w tym ćwiczeniu, zatrzymanie wzroku na środku brwi przyjdzie naturalnie, ponieważ mięśnie kontrolujące oczy staną się silniejsze. Kiedy wykonujesz ćwiczenie Shambhavi Mudra, praktykuj uważność podczas wdrażania Jogicznego Oddechu na wdechu i wydechu dla uzyskania optymalnych efektów.

Shambhavi Mudra może być włączona jako część praktyki asan i ćwiczeń pranajamy, takich jak Sama Vritti i Moorcha Pranayama. Kiedy praktykuje się ją samodzielnie, zacznij od pięciu rund i stopniowo zwiększaj do dziesięciu w ciągu pięciu miesięcy. Zauważ, że jeśli masz jakiekolwiek problemy zdrowotne z oczami, nie powinieneś wykonywać tego ćwiczenia.

Możesz również ćwiczyć Shambhavi Mudra z zamkniętymi oczami, kiedy już zdobędziesz trochę doświadczenia w tym zakresie. Odmianą tego ćwiczenia z zamkniętymi oczami jest wszechobecna Medytacja Oczu Umysłu z książki *The Magus*. Omawiam mechanikę tej wewnętrznej Shambhavi Mudry jako część Medytacji Kundalini z rozdziału "Rozwiązywanie problemów z systemem" tej książki.

Nasikagra Drishti (Wpatrywanie się w czubek nosa)

Nasikagra Drishti jest podobna do Shambhavi Mudry, z tą różnicą, że oczy skupiają się na czubku nosa zamiast na środku brwi. Termin pochodzi od sanskryckich słów "nasagra", co oznacza "czubek nosa" i "drishti" co tłumaczy się jako "wpatrywanie się". Nasikagra Drishti doskonale wzmacnia mięśnie oczu, rozwija koncentrację i przenosi praktykującego w wyższe stany świadomości podczas medytacji. To ćwiczenie jest znane z aktywowania czakry Muladhara, która jest połączona z płatem czołowym mózgu.

Aby ćwiczyć wpatrywanie się w czubek nosa, trzymaj palec wskazujący wyprostowany na wysokości ramienia. Skup na nim wzrok i powoli zacznij przesuwać go w kierunku czubka nosa, trzymając głowę nieruchomo. Kiedy palec dotrze do końca nosa (oczy powinny być nadal na nim skupione), opuść go i przenieś wzrok na czubek nosa. Po kilku sekundach utrzymywania tam spojrzenia, zamknij oczy i rozluźnij je przed powtórzeniem praktyki. Przez pierwsze dwa tygodnie poświęć na to ćwiczenie nie więcej niż trzy do pięciu minut dziennie. Kiedy już uda Ci się w prosty sposób zatrzymać wzrok na czubku nosa, będziesz gotowy do Nasikagra Drishti.

Rysunek 117: Nasikagra Drishti

Aby rozpocząć Nasikagra Drishti, usiądź w jednej z trzech asan medytacyjnych rozluźniając ciało i utrzymując kręgosłup i głowę prosto. Połóż ręce na kolanach w Jnana lub Chin Mudra. Zamknij oczy i rozluźnij wszystkie mięśnie twarzy, biorąc jednocześnie kilka głębokich, powolnych oddechów. Stopniowo otwieraj teraz oczy i skup je na czubku nosa (Rysunek 117). Załamanie światła tworzące literę V powinno być widoczne tuż nad czubkiem nosa, jeśli zostało wykonane prawidłowo. Zatrzymaj tam wzrok na kilka sekund, po czym zamknij oczy i powtórz czynność. Poświęć na to ćwiczenie nie więcej niż pięć do dziesięciu minut dziennie i zwiększ czas jego trwania po kilku miesiącach.

Możesz wdrożyć Khechari Mudra jako część Nasikagra Drishti, chociaż zaleca się rozpoczęcie bez niej przez pierwszą małą chwilę. Zawsze pamiętaj, aby nie obciążać zbytnio oczu; jeśli czujesz dyskomfort w oczach, możesz rozgrzać dłonie, pocierając je i zakrywając oczy, aby wlać uzdrawiającą energię. Praktykuj Nasikagra Drishti z Jogicznym Oddechem na wdechu i wydechu dla optymalnych efektów. Osoby, które mają problemy zdrowotne z oczami lub cierpią na depresję nie powinny wykonywać tego ćwiczenia.

Możesz również praktykować Nasikagra Drishti z zamkniętymi oczami. Podczas mojej podróży duchowej odkryłem medytację z zamkniętymi oczami i czubkiem nosa oraz jej moc optymalizowania obwodu Kundalini po jego zapadnięciu. Później, gdy już zagłębiłem się w Jogę, dowiedziałem się o Nasikagra Drishti i jej podobnej mechanice. Odkryłem, że skupiając się na czubku nosa, łączysz się z psychicznym centrum Podświadomego Oka, które leży pomiędzy dwoma fizycznymi oczami, jeden centymetr poza głową.

Kanał energetyczny biegnie wzdłuż przedniej części nosa od Podświadomego Oka do czubka nosa. Czubek nosa służy jako punkt uwolnienia dla Podświadomego Oka. Jeśli ten ośrodek psychiczny zostanie zablokowany, następuje wzrost negatywnej energii i strachu wewnątrz umysłu, co zwykle wynika z zapadniętego kanału Idy. Koncentracja na czubku nosa pozwala otworzyć lub ponownie otworzyć ten kanał, jeśli zostanie zablokowany, łagodząc niepokojące, oparte na strachu myśli i emocje. Więcej informacji na temat tego ćwiczenia (Medytacja Środka Oczu/Końca Nosa) znajdziesz w Medytacjach Kundalini.

Shanmukhi Mudra (Zamknięcie Siedmiu Bram)

Shanmukhi Mudra składa się z dwóch podstawowych terminów sanskryckich, "Shan" oznaczającego "sześć" i "mukhi" oznaczającego "twarz" lub "bramę". Shanmukhi Mudra odnosi się do sześciu bram percepcji, przez które odczuwamy świat zewnętrzny - dwoje oczu, dwoje uszu, nos i usta. To ćwiczenie polega na zamknięciu sześciu otworów percepcyjnych, aby zablokować pięć zmysłów ciała - wzrok, dźwięk, zapach i dotyk.

Według *Sutr Jogi Patańdźalego*, Mudra Szanmukhi jest uważana za praktykę Pratyahary (wycofania zmysłów) - wstępnego etapu Dharany (koncentracji) i Dhyany (medytacji). Shanmukhi Mudra jest doskonała do skupienia i introspekcji, ponieważ odcinając się od świata zewnętrznego, zyskujemy głębszy wgląd w nasze wewnętrzne Ja. Uspokaja również umysł i system nerwowy oraz relaksuje i odmładza oczy i mięśnie twarzy poprzez energię i ciepło z dłoni i palców.

Aby rozpocząć ćwiczenie Shanmukhi Mudra, usiądź w jednej z trzech asan medytacyjnych utrzymując prosty kręgosłup. Połóż ręce na kolanach w Jnana lub Chin Mudra. Zamknij oczy i weź kilka głębokich oddechów, aby rozluźnić ciało. Pozwól sobie na odczuwanie otoczenia, zanim się od niego oderwiesz.

Dla maksymalnej korzyści i potencjalnego przebudzenia Kundalini u podstawy kręgosłupa, ćwiczeniu temu powinno towarzyszyć zastosowanie Mula Bandhy. W związku z tym umieść małą poduszkę pod kroczem, aby wywrzeć nacisk na ten obszar, aktywując w ten sposób czakrę Muladhara.

Unieś ramiona i łokcie na wysokości barków z dłońmi skierowanymi do siebie. Po kolei zacznij zamykać palcami swoje narządy zmysłów. Zamknij uszy kciukami, oczy palcami wskazującymi, nozdrza palcami środkowymi, a usta palcami serdecznym i małym (Rysunek 118). Zwolnij nacisk środkowych palców (częściowo), żeby móc oddychać przez nozdrza. Na pozostałe narządy zmysłu wywieraj łagodny nacisk, aby zapewnić, że pozostaną zamknięte podczas ćwiczenia.

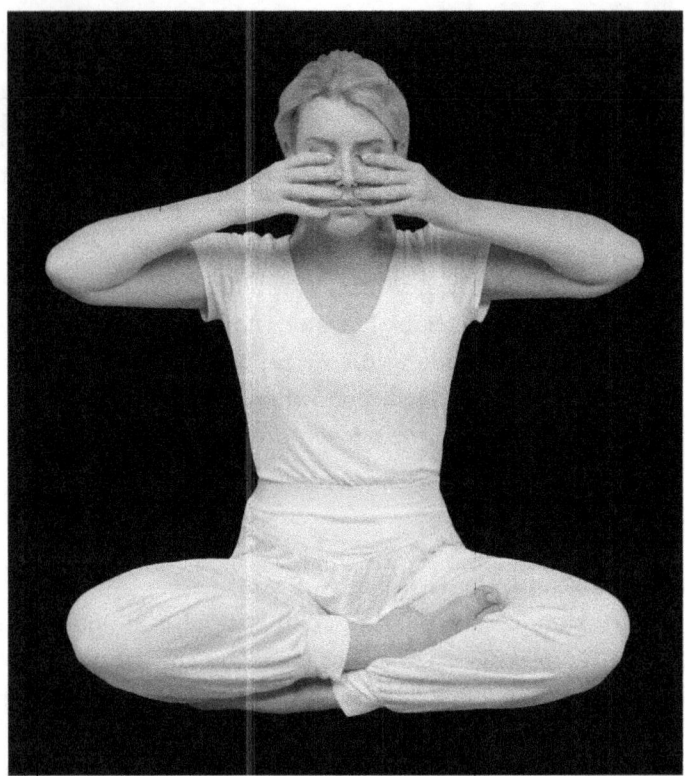

Rysunek 118: Shanmukhi Mudra

Wdychaj powoli i głęboko przez częściowo zatkane nozdrza stosując technikę Jogicznego Oddychania. Pod koniec wdechu zamknij nozdrza środkowymi palcami i wstrzymaj oddech. Im dłużej potrafisz wygodnie wstrzymać oddech, tym znaczniejsze efekty uzyskasz z tego ćwiczenia. Zwolnij teraz nacisk środkowych palców i powoli wydychaj powietrze przez nozdrza. Na tym kończy się pierwsza runda.

Zacznij od pięciu minut praktyki i buduj ją do trzydziestu minut w ciągu trzech miesięcy. Kiedy jesteś gotowy do zakończenia ćwiczenia, opuść ręce na kolana, trzymając oczy zamknięte. Spędź kilka chwil na uświadomieniu sobie otoczenia, zanim otworzysz oczy i zakończysz praktykę.

Dla optymalnych efektów z Shanmukhi Mudra, skup się na przestrzeni między brwiami z zamkniętymi oczami, aby połączyć się z czakrą Adżna. Zwróć uwagę na swój oddech, gdy odrywasz się od świata zewnętrznego. Z każdym oddechem powinieneś wchodzić głębiej w swoje wewnętrzne Ja. Gdy to robisz, zauważ jak się czujesz i jakie zmiany zachodzą w Twojej czakrze serca. Nierzadko słyszysz różne dźwięki ze swojego wnętrza, takie jak subtelne wibracje emanujące z czakry Bindu.

Shanmukhi Mudrę można praktykować w dowolnym momencie w ciągu dnia, choć optymalnie jest zaraz rano lub przed pójściem spać. Jak w przypadku wszystkich ćwiczeń jogicznych, które wprowadzają introwertyczny stan umysłu, osoby cierpiące na depresję nie powinny praktykować Shanmukhi Mudra.

KAYA (MUDRY POSTURALNE)

Viparita Karani-Interwencja Psychiczna

Viparita Karani pochodzi od sanskryckich słów "viparita", co oznacza "odwrócony" lub "odwrócony" i "karani", co oznacza "szczególny rodzaj praktyki". Celem tej Posturalnej Mudry jest odwrócenie spadku i utraty Amrity (życiodajnego Nektaru Ambrozji, który wydziela się z Bindu) poprzez użycie grawitacji. (Możesz dowiedzieć się więcej o zastosowaniu i celu Amrity w rozdziale "Czakra Lalana i Nektar Amrity" w tej sekcji). Jej innym celem jest stworzenie sublimacji energii z dołu do góry ciała i zrównoważenie jego pranicznego przepływu energii. Ponieważ uwaga powinna być umieszczona na Manipurze i Vishuddhi podczas wdechu i wydechu, Viparita Karani służy optymalizacji również tych dwóch czakr.

Aby wejść w pozę Viparita Karani, przenieś nogi nad głowę, jednocześnie podpierając biodra rękami. Powinieneś trzymać tułów jak najbliżej kąta 45 stopni, podczas gdy nogi są wyprostowane (Rysunek 119). Twoje oczy powinny patrzeć w górę na stopy, podczas gdy palce wskazują na niebo. Trzymaj łokcie blisko siebie, pamiętając jednocześnie, by nie dociskać podbródka do klatki piersiowej. W pozycji końcowej ciężar ciała spoczywa na ramionach, szyi i łokciach. Jeśli masz problemy z wejściem w tę pozę, możesz użyć ściany i poduszek, aby podeprzeć nogi i tułów. Zamknij teraz oczy i rozluźnij całe ciało.

Przez całą praktykę stosuj Jiva Bandha (język na dachu ust) lub Khechari Mudra. Następnie wykonaj powolny i głęboki wdech za pomocą Ujjayi Pranayamy, umieszczając swoją świadomość na czakrze Manipura. Na wydechu przenieś swoją uwagę na Vishuddhi Chakra. To kończy pierwszą rundę.

Rysunek 119: Viparita Karani

Na początku praktykuj do siedmiu rund, przełączając swoją uwagę z Manipury na wdechu na Vishuddhi na wydechu i odwrotnie. Jeżeli poczujesz narastanie ciśnienia w głowie lub pojawi się inny dyskomfort, natychmiast zakończ praktykę.

Stopniowo zwiększaj liczbę rund od siedmiu do dwudziestu jeden w ciągu trzech miesięcy. Twój wdech i wydech powinny trwać tyle samo podczas tej praktyki. Gdy poczujesz się z tym bardziej komfortowo, pracuj nad zwiększeniem czasu trwania przy zachowaniu tej samej proporcji.

Aby zakończyć praktykę, powoli opuść kręgosłup, kręg po kręgu, trzymając głowę na podłodze. Po opuszczeniu pośladków opuść nogi, trzymając je prosto. Spędź teraz kilka chwil w Shavasanie, aby pozwolić swojej świadomości uziemić się. Wskazane jest również wykonanie po tym Asany przeciwstawnej, aby zrównoważyć swoją energię.

Viparita Karani najlepiej praktykować rano. Włącz to ćwiczenie na koniec codziennego programu praktyki asan i/lub przed medytacją. Zwróć uwagę, że osoby cierpiące na wysokie ciśnienie krwi, choroby serca, bóle szyi lub pleców, lub nadmiar toksyn w organizmie nie powinny wykonywać Viparita Karani. Ponadto, ponieważ wykonywanie tego ćwiczenia przez dłuższy czas zwiększa tempo metabolizmu, unikaj go przez co najmniej trzy godziny po posiłku.

Pashinee Mudra - Złożona Postawa Psychiczna

Pashinee Mudra pochodzi od sanskryckiego terminu "pash", co oznacza "pętlę". "Słowo "Pashinee" odnosi się do bycia "związanym w pętlę", którą ta pozycja przypomina. Praktykowanie tej mudry zapewnia spokój i równowagę systemu nerwowego i wywołuje Pratyaharę. Rozciąga szyję, jak również kręgosłup i mięśnie pleców.

Aby rozpocząć ćwiczenie Pashinee Mudra, przyjmij Halasanę (Plough Pose), ale rozdziel nogi na około półtora metra. Zegnij kolana i przybliż uda do klatki piersiowej, aż kolana znajdą się na podłodze. W końcowej pozycji kolana powinny znajdować się jak najbliżej barków i uszu (Rysunek 120).

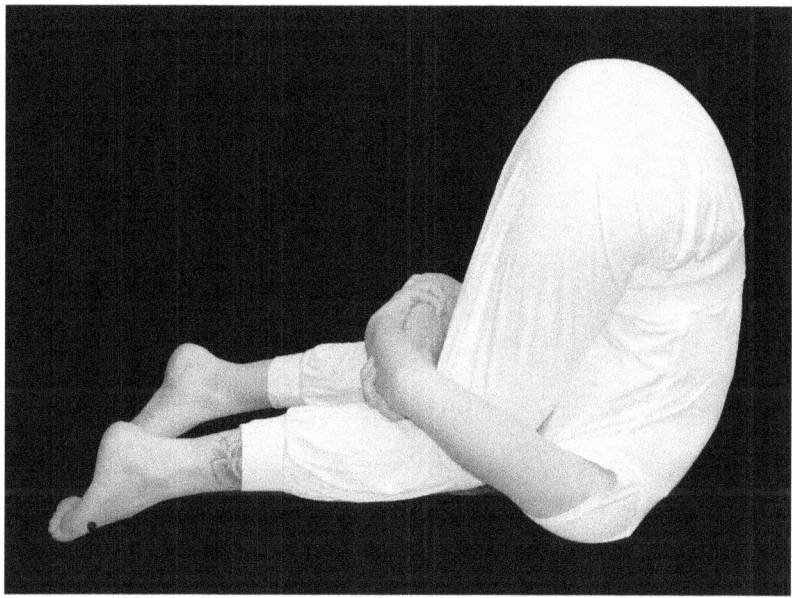

Rysunek 120: Pashinee Mudra

Rozluźnij ciało i zamknij oczy. Weź powolny i głęboki oddech. Utrzymaj tę pozycję tak długo, jak to możliwe. Teraz delikatnie puść ramiona i wróć do Halasany. Opuść nogi i zrelaksuj się w Shavasanie przez kilka chwil, aby pozwolić swojej świadomości uziemić się.

Podobnie jak w przypadku Viparita Karani, dla zrównoważenia energii wskazane jest wykonanie kontrprzykładu, którym będzie asana wygięta do tyłu. Zwróć uwagę, że osoby cierpiące na schorzenia kręgosłupa lub uraz szyi powinny unikać tej mudry. Również kobiety podczas menstruacji lub w ciąży powinny pominąć tę praktykę.

Tadagi Mudra

Tadagi pochodzi od sanskryckiego terminu "tadaga", oznaczającego "ciało wodne" lub "strukturę przypominającą garnek z wodą, podobną do jeziora lub stawu". Ta technika Mudry polega na formowaniu brzucha w kształt beczki poprzez głębokie oddychanie brzuszne, stąd jej nazwa. Tadagi Mudra stymuluje czakry Manipura i Hara, podnosząc poziom Prany w ciele. Ponadto pobudza krążenie krwi do organów brzusznych, rozluźniając jednocześnie wszelkie napięcia dna miednicy.

Usiądź na podłodze lub macie do jogi z wyprostowanymi nogami i lekko rozstawionymi stopami. (Nogi powinny pozostać proste przez całe ćwiczenie.) Aby przyjąć Tadagi Mudrę, zacznij od położenia rąk na kolanach, trzymając głowę i kręgosłup prosto. Następnie zamknij oczy i rozluźnij całe ciało, oddychając normalnie. Pochyl się teraz do przodu i owiń kciuki, palce wskazujące i środkowe nad dużymi palcami u stóp (Rysunek 121).

Rysunek 121: Tadagi Mudra

Wdychaj powoli i wypełnij brzuch tlenem, pozwalając mu się w pełni rozwinąć. Zatrzymaj oddech na dłuższy czas w sposób komfortowy. W żadnym momencie tego ćwiczenia nie powinno być żadnego napięcia na ciele. Możesz zwolnić palce pomiędzy oddechami, aby dostosować się i poczuć się bardziej komfortowo.

Wydychaj powoli i głęboko, pozwalając brzuchowi rozluźnić się, jednocześnie utrzymując się na palcach. Jedna runda jest teraz zakończona. Powtórz rundy od pięciu do dziesięciu razy. Kiedy jesteś gotowy do zakończenia praktyki, zwolnij palce u stóp i wróć do pozycji wyjściowej. Uwaga: kobiety w ciąży i osoby cierpiące na przepuklinę lub wypadnięcie powinny unikać tego ćwiczenia.

Manduki Mudra - Gestykulacja żaby

Manduki oznacza w sanskrycie "żabę" i naśladuje postawę żaby w stanie spoczynku. Jej inna nazwa to "Gest Żaby" lub "Postawa Żaby". Mudra ta stymuluje czakrę Muladhara i równoważy przepływ energii pranicznej w ciele. Uspokaja umysł, równoważy Ida i Pingala Nadis oraz zwiększa poziomy wglądu. Ponieważ obejmuje potężną asanę jogi, wzmacnia siłę bioder, kolan i kostek oraz czyni je bardziej elastycznymi.

Rozpocznij w prostej pozycji klęczącej, w której oba kolana dotykają ziemi. Następnie, aby wykonać Manduki Mudra, ustaw nogi tak, aby palce stóp były skierowane na zewnątrz, a pośladki spoczywały na podłodze (Rysunek 122). Jeśli ta pozycja jest dla Ciebie niewygodna, zamiast tego usiądź na poduszce, ustawiając nogi i stopy w tej samej pozycji.

Rysunek 122: Manduki Mudra

Powinieneś poczuć nacisk na krocze, uruchamiając w ten sposób czakrę Muladhara. Następnie połóż ręce na kolanach w Jnana lub Chin Mudra. Podczas tego ćwiczenia powinieneś trzymać kręgosłup i głowę prosto. Jeśli zauważysz, że z tej pozycji naturalnie pochylasz się do przodu, przytrzymaj kolana i wyprostuj ręce dla wsparcia. Zamknij teraz oczy i rozluźnij całe ciało.

Otwórz oczy i wykonaj Nasikagra Drishti. Zacznij od umieszczenia języka na podniebieniu (Jiva Bandha) na minutę lub dwie, a następnie przejdź do Khechari Mudry. Twój oddech powinien być powolny i rytmiczny. Jeśli czujesz dyskomfort w oczach, zamknij je na kilka sekund, a następnie wznów praktykę. Praktykuj Manduki Mudra z Jogicznym Oddechem na wdechu i wydechu dla optymalnych efektów.

Zacznij od wykonywania tego ćwiczenia przez dwie minuty raz dziennie, najlepiej rano. W miarę oswajania się z nim, stopniowo zwiększaj do pięciu minut dla optymalnych efektów. Przy prawidłowym wykonaniu zmysły powinny zostać wciągnięte do środka.

Manduki Mudra jest zaawansowaną wersją Nasikagra Drishti. Powinna być praktykowana w łagodnym świetle, tak aby czubek nosa był wyraźnie widoczny. Przestrzegaj środków ostrożności przy praktykowaniu Nasikagra Drishti. Osoby mające problemy z kostkami, kolanami lub biodrami powinny zachować ostrożność podczas wykonywania Manduki Mudra, ponieważ wymaga ona elastyczności tych części ciała.

BANDHA (BLOKADA MUDR)

Mula Bandha (Skurcz Krocza)

Mula Bandha jest pierwszą z trzech głównych śluz energetycznych używanych w praktykach jogicznych do kontroli przepływu Prany w ciele wraz z Uddiyana i Jalandhara Bandhas. Każda z trzech Bandhas (zamków) uszczelnia określoną część ciała, wysyłając Pranę do wewnątrz i w górę poprzez Sushumna Nadi. Kiedy wszystkie trzy Bandhy są używane razem, praktyka nazywana jest Maha Bandha, co oznacza "Wielki Zamek" (Rysunek 132). Każda Bandha może być również użyta do rozwiązania jednego z Trzech Granthis (psychicznych węzłów), które przeszkadzają energii Kundalini w jej wznoszeniu się w górę.

Mula Bandha oznacza w sanskrycie "Blokadę Korzenia", odnosząc się do procesu ujarzmiania energii w Muladharze, czakrze korzenia i wysyłania jej w górę przez Sushumnę. Mula Bandha jest początkową blokadą energetyczną używaną do pobudzenia Kundalini do aktywności u podstawy kręgosłupa.

Wykonanie Mula Bandhy polega na skurczeniu określonych mięśni pomiędzy odbytem a narządami płciowymi w okolicy krocza, gdzie znajduje się kwiatowa główka Muladhary. Dokładny punkt skurczu u mężczyzn znajduje się pomiędzy odbytem a jądrami, natomiast u kobiet jest to miejsce za szyjką macicy, gdzie macica wystaje do pochwy (Rysunek 123).

Ponieważ jest to punkt połączenia nerwów, obszar krocza jest miejscem, w którym zaczyna się nasz system nerwowy. Obkurczanie krocza za pomocą Mula Bandhy ma uspokajający wpływ na system nerwowy, promując spokój umysłu i zwiększając koncentrację.

Na poziomie pranicznym Mula Bandha przekierowuje energię Apany, aspektu Prany w ciele, który płynie w dół od pępka. Odwrócenie kierunku przepływu Apany w połączeniu ze stymulacją trzech Nadis, które rozpoczynają się w rejonie Muladhara, może mieć potężny wpływ na przebudzenie Kundalini z jej drzemki w rejonie kości ogonowej.

Podczas przebudzenia Kundalini, Mula Bandha może być użyta do przekroczenia Brahma Granthi, która istnieje pomiędzy czakrami Muladhara i Swadhisthana. W ten sposób Dusza uwalnia się od szczególnych przywiązań, które wiążą ją ze Światem Materii. Pokonanie Brahma Granthi jest niezbędne do wzniesienia Kundalini do czakr powyżej Muladhary.

Na poziomie fizycznym Mula Bandha wzmacnia mięśnie dna miednicy. Zapobiega przedwczesnemu wytryskowi u mężczyzn, a u kobiet łagodzi ból menstruacyjny. Z psychologicznego punktu widzenia Mula Bandha pomaga w regulacji hormonów i promuje zdrowy wzrost i rozwój umysłowy i emocjonalny. Ta ponadczasowa technika równoważy męskie i żeńskie hormony płciowe - estosteron i estrogen. Reguluje tyroksynę, która pomaga w przemianie materii, jak również serotoninę, hormon poprawiający nastrój. Mula Bandha jest bardzo skuteczna w leczeniu problemów psychicznych, takich jak mania, histeria, fobie, nerwice i ogólna depresja.

Aby rozpocząć ćwiczenie Mula Bandha, wybierz jedną z trzech asan medytacyjnych, najlepiej Siddhasanę, która pozwala naciskać piętą na krocze. Trzymaj kręgosłup i szyję prosto, jednocześnie zamykając oczy i rozluźniając całe ciało. Dla dodatkowego efektu możesz położyć ręce na kolanach w Jnana lub Chin Mudra.

Stań się świadomy naturalnego oddechu, skupiając swoją świadomość na rejonie krocza. Na następnym wdechu, skurcz ten region poprzez ściągnięcie mięśni dna miednicy, podnosząc je w kierunku kręgosłupa. Na wydechu zwolnij i rozluźnij mięśnie miednicy. Oddychaj powoli i głęboko. Kontynuuj kurczenie i rozluźnianie okolic krocza/pochwy w kontrolowany, rytmiczny sposób, zgrywając to z wdechem i wydechem. Wykonuj to ćwiczenie przez kilka minut jako przygotowanie do następnego kroku.

Zamiast odpuszczać przy kolejnym skurczu, przytrzymaj go mocno przez kilka, utrzymując jednocześnie rozluźnienie w reszcie ciała. Skup się na dnie miednicy i upewnij się, że skurczyłeś tylko mięśnie krocza związane z regionem Muladhara, a nie odbytu czy zwieraczy układu moczowego. Wytrzymaj przez kilka sekund. Zwolnij teraz skurcz, pozwalając mięśniom miednicy rozluźnić się. Powtarzaj ćwiczenie tak długo, jak chcesz, z maksymalnym skurczem, po którym następuje całkowite rozluźnienie mięśni miednicy.

Ostatni etap Mula Bandhy polega na zatrzymaniu oddechu (Khumbaka). Wykonaj głęboki wdech podczas skurczu mięśni krocza. Zatrzymaj oddech tak długo, jak tylko możesz, utrzymując skurcz. Podczas wydechu zwolnij skurcz, rozluźniając cały obszar miednicy. Weź kilka normalnych oddechów przed rozpoczęciem kolejnego skurczu połączonego z zatrzymaniem oddechu. Powtarzaj ćwiczenie tak długo, jak chcesz. Kiedy będziesz gotowa do zakończenia ćwiczenia, otwórz oczy.

Mula Bandha może być wykonywana z różnymi Asanami, Pranajamami, Mudrami i Bandhami, dla uzyskania optymalnych efektów. Praktykowana samodzielnie, powinna być wykonywana jako wstęp do medytacji.

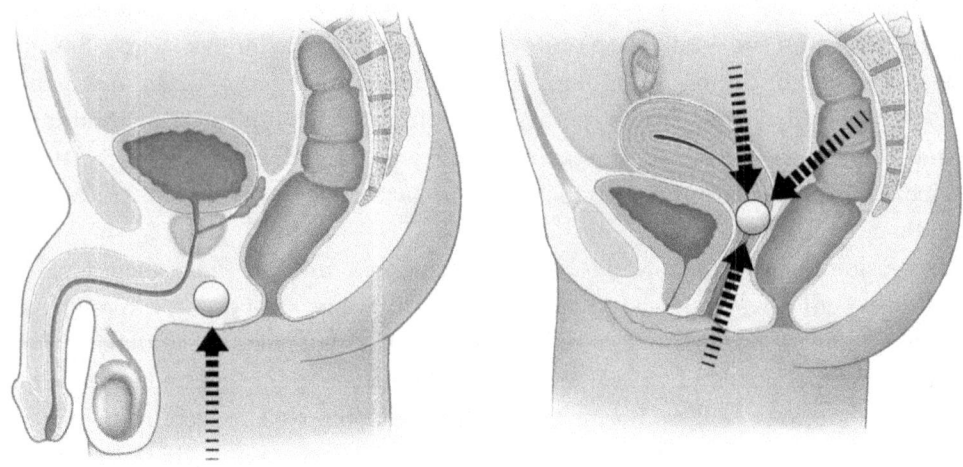

Rysunek 123: Mula Bandha Punkt Skurczu

Uddiyana Bandha (Skurcz Brzucha)

Uddiyana w sanskrycie oznacza "lot w górę", odnosząc się do techniki blokowania energii pranicznej w rejonie brzucha i kierowania jej w górę poprzez Sushumna Nadi. Ta "Blokada Brzucha" polega na jednoczesnym skurczeniu i podniesieniu ściany brzucha do wewnątrz (w kierunku kręgosłupa) i do góry (w kierunku żeber). Przy prawidłowym zastosowaniu przepona unosi się w kierunku klatki piersiowej. Pamiętaj, że to ćwiczenie wykonuje się tylko z zatrzymaniem oddechu z zewnątrz.

Najlepszym czasem na praktykę Uddiyana Bandha jest poranek na pusty żołądek i z pustymi jelitami. Ćwiczenie to przygotowuje żołądek do lepszego trawienia przez cały dzień, ponieważ rozpala ogień trawienny, jednocześnie oczyszczając organizm z toksyn. Masuje i oczyszcza organy brzuszne, tonizując jednocześnie głębokie mięśnie wewnętrzne w tym obszarze. Uddiyana Bandha pozwala na bardziej optymalne krążenie krwi do organów brzusznych poprzez wytworzenie próżni w klatce piersiowej. Równoważy również nadnercza, usuwając napięcie i łagodząc niepokój. Wielu Joginów zauważyło, że wykonywanie Uddiyana Bandha zatrzymuje proces starzenia się i sprawia, że starsi ludzie znów czują się młodzi.

Na poziomie energetycznym, wykonanie Uddiyana Bandhy ładuje Czakrę Hara energią praniczną, jednocześnie stymulując Czakrę Manipura, która silnie wpływa na dystrybucję energii w całym ciele. Ciśnienie ssania wytworzone przez Uddiyana Bandhę odwraca przepływ energii Apany i Prany, łącząc je z Samaną. W połączeniu z Mula Bandha i Jalandhara Bandha jako częścią Maha Bandha (Wielka Blokada), ćwiczenie to może nie tylko wywołać przebudzenie Kundalini, ale może pomóc wznieść Kundalini do Korony. (Więcej na ten temat w późniejszym rozdziale).

Podczas przebudzenia Kundalini, Uddiyana Bandha może być użyta do przekroczenia Vishnu Granthi, która istnieje pomiędzy czakrami Manipura i Anahata. Pokonanie Vishnu Granthi pozwala nam doświadczyć bezwarunkowej miłości w czakrze Anahata, którą podsycają wyższe czakry Ducha. Dotarcie do Czakry Serca jest kluczowe w procesie przebudzenia Kundalini, ponieważ budzimy Guru wewnątrz - nasze Wyższe Ja.

Uddiyana Bandha możesz ćwiczyć w pozycji stojącej lub siedzącej. Pozycja stojąca ułatwia skupienie i kontrolę mięśni brzucha, jeśli jesteś początkujący. Następnie chcesz przejść do pozycji siedzącej, gdy poczujesz się komfortowo z mechaniką tego ćwiczenia.

Aby rozpocząć Uddiyana Bandha w pozycji stojącej, trzymaj kręgosłup prosto i lekko ugnij kolana, zachowując między nimi odległość półtorej stopy. Pochyl się teraz do przodu, kładąc jednocześnie dłonie na udach, nieco powyżej rzepek. Kręgosłup powinien być poziomy, a ręce proste, gdyż palce skierowane są do wewnątrz lub w dół, w zależności od tego, co jest wygodniejsze. Powinieneś lekko ugiąć kolana, ponieważ podtrzymują one ciężar górnej części ciała (Rysunek 124).

Rozluźnij się teraz, biorąc kilka wolnych i głębokich oddechów, wdech przez nozdrza i wydech przez usta. Podczas przebywania w tej pozycji powinno nastąpić automatyczne skurczenie się brzucha. Pochyl głowę do przodu, ale nie przyciskaj podbródka do klatki piersiowej, ponieważ to wyzwala Jalandhara Bandha.

Weź teraz głęboki wdech, a podczas wydechu wyprostuj kolana, co spowoduje automatyczny skurcz brzucha do góry i do wewnątrz w kierunku kręgosłupa, aktywując Uddiyana Bandha. Kiedy będziesz gotowy, weź głęboki wdech i puść blokadę brzucha, rozluźniając brzuch i klatkę piersiową. Unieś teraz głowę i tułów do pozycji stojącej. Pozostań w pozycji stojącej, aż Twój oddech powróci do normy. Pierwsza runda jest już zakończona.

Aby rozpocząć Uddiyana Bandha w pozycji siedzącej, wejdź w Padmasanę lub Siddhasanę, gdzie kolana mają kontakt z podłogą. Rozluźnij ciało utrzymując prosty kręgosłup. Połóż dłonie płasko na kolanach. Weź kilka głębokich oddechów utrzymując rozluźnienie ciała.

Wykonaj teraz głęboki wdech przez nozdrza. Podczas wydechu pochyl się lekko do przodu i naciśnij dłońmi na kolana, prostując łokcie i podnosząc barki, co pozwoli na dalsze wydłużenie rdzenia kręgowego. Następnie pochyl głowę do przodu i dociśnij brodę do klatki piersiowej, wyzwalając Jalandhara Bandha. W ramach tego samego ruchu, skurcz mięśnie brzucha do wewnątrz i w górę w kierunku kręgosłupa, aktywując Uddiyana Bandha. Wytrzymaj bez oddechu tak długo, jak możesz wygodnie i bez napięcia.

Kiedy jesteś gotowy, weź głęboki wdech i zwolnij Blokadę Brzucha, zginając łokcie i opuszczając ramiona. Unieś teraz głowę na wydechu, uwalniając Jalandhara Bandha, i pozostań w tej pozycji, aż Twój oddech wróci do normy. To kończy pierwszą rundę.

Rysunek 124: Stojąca Uddiyana Bandha

Zauważ, że musisz całkowicie wydychać, aby wejść w Uddiyana Bandha, ponieważ skurcz brzucha zależy od posiadania pustego żołądka. Wstrzymując oddech, pamiętaj, aby nie robić w ogóle wdechów, ponieważ może to zminimalizować efekty Uddiyana Bandhy.

Rozpocznij praktykę od trzech do pięciu rund na początku i stopniowo zwiększaj do dziesięciu rund w ciągu kilku miesięcy. Uddiyana Bandha jest idealna w połączeniu z różnymi asanami, pranajamami, mudrami i bandhami. Praktykowana samodzielnie, powinna być wykonywana jako wstęp do medytacji. Zauważ, że możesz praktykować Uddiyana Bandha w połączeniu z Jalandhara Bandha (Rysunek 125), ale także bez niej. Pracuj z obiema metodami, aby zapoznać się z efektami każdej z nich.

Osoby cierpiące na nadciśnienie, przepuklinę, wrzody żołądka lub jelit, choroby serca lub inne dolegliwości brzuszne nie powinny praktykować Uddiyana Bandha. Również kobiety nie powinny praktykować Maha Mudra podczas menstruacji lub ciąży.

Rysunek 125: Siedząca Uddiyana Bandha (z Jalandhara Bandha)

Jalandhara Bandha (Blokada Gardła)

W sanskrycie "Jal" oznacza "gardło", podczas gdy Jalan oznacza "sieć", a "dharan" oznacza "strumień" lub "przepływ". Jalandhara Bandha kontroluje i przechwytuje energię w gardle poprzez nerwy i naczynia w obszarze szyi. Jest dość proste do wykonania, ponieważ wymaga od praktykującego jedynie sprowadzenia podbródka w dół i oparcia go na klatce piersiowej, ograniczając w ten sposób oddech do zejścia w dół. To potężne ćwiczenie rozciąga rdzeń kręgowy w okolicy szyi, a jednocześnie ma potężne, subtelne efekty na poziomie wewnętrznym.

Jalandhara Bandha celuje w czakrę gardła, Vishuddhi, która jest najniższą z trzech czakr ducha. Utrudniając przepływ Prany do głowy poprzez zablokowanie gardła, doładowuje cztery niższe Czakry Elementarne. Stymuluje górne organy ciała, podczas gdy pozostałe dwie Bandhy, Uddiyana i Mula, skierowane są do dolnej części ciała.

Aby rozpocząć Jalandhara Bandha, usiądź w pozie medytacyjnej, która pozwala kolanom dotknąć podłogi. Możesz również ćwiczyć to ćwiczenie na stojąco, np. w Pozycji Górskiej. Siedząc, możesz położyć ręce na kolanach w Jnana lub Chin Mudra, zamykając oczy i relaksując całe ciało. Zrób głęboki wdech i wstrzymaj oddech. Pochyl teraz głowę do przodu i dociśnij podbródek do klatki piersiowej. Wyprostuj ramiona i zablokuj je w pozycji, co spowoduje uniesienie barków do góry i lekko do przodu. Przynieś swoją świadomość do gardła i zatrzymaj ją tam.

Pozostań w tej pozie zatrzymując oddech (wewnętrzna Khumbaka) tak długo jak to możliwe, czując efekty tego ćwiczenia. Kiedy będziesz gotowy do zwolnienia blokady energetycznej, zegnij ramiona, pozwalając barkom się rozluźnić, a następnie powoli podnieś głowę i zrób wydech, wszystko w jednym ruchu. To kończy jedną rundę. Weź teraz kilka oddechów, pozwalając, by oddech wrócił do normy przed rozpoczęciem kolejnej rundy.

Pamiętaj, że możesz również wykonać to ćwiczenie wstrzymując oddech po wydechu (zewnętrzna Khumbaka). Procedura jest taka sama, z tym że pochylasz głowę w dół i wstrzymujesz oddech po wydechu, zamiast po wdechu. Pamiętaj, żeby nigdy nie robić wdechu ani wydechu, dopóki blokada podbródka nie zostanie zwolniona, a głowa nie będzie wyprostowana. Zacznij praktykę od trzech do pięciu rund i stopniowo zwiększaj do dziesięciu rund w ciągu kilku miesięcy.

Zauważ, że Jalandhara Bandha najlepiej jest praktykować rano i można ją dodać do różnych ćwiczeń Pranajamy i Bandhas. Pamiętaj, aby utrzymać prosty kręgosłup, w przeciwnym razie zakłócisz przepływ energii przez centralny kanał kręgosłupa. Osoby cierpiące na wysokie ciśnienie krwi, problemy z sercem lub problemy z gardłem i szyją, nie powinny praktykować Jalandhara Bandha.

Jiva Bandha

Jiva (lub Jivha) Bandha jest czwartą Bandhą i jednym z najbardziej użytecznych narzędzi w Jodze, szczególnie dla osób przebudzonych Kundalini. Może być używana samodzielnie lub jako alternatywa dla Khechari Mudry podczas niektórych Asan, Mudr lub Pranajam. Jiva oznacza w Sanskrycie "Istotę z Siłą Życia lub Duszą", a więc ta Bandha pozwala osobie kontrolować jej energię praniczną. Prana jest niezniszczalna, a jej źródłem jest Słońce, podobnie jak źródłem Duszy. Prana jest najlepiej opisana jako przedłużenie Energii Życia Duszy. Jiva Bandha jest niezbędna do zamknięcia obwodu energii Kundalini w Ciele Światła, tak aby wysublimowana Prana mogła krążyć i odżywiać siedem czakr.

Jiva Bandha polega na umieszczeniu języka na górnym podniebieniu ust i połączeniu jego czubka ze spodem przednich zębów (Rysunek 126). Nie powinieneś wywierać żadnego nacisku, a jedynie przytrzymać język w tej pozycji.

Wszystkie w pełni przebudzone osoby powinny wdrożyć Jiva Bandhę jako neutralną pozycję języka, ponieważ pozwala to energii Kundalini na skierowanie się w górę w kierunku Oka Umysłu, gdzie Ida i Pingala łączą się, otwierając drzwi Siódmego Oka. Jak opisano wcześniej, Bindu jest punktem wejścia obwodu Kundalini, podczas gdy siódme oko jest punktem wyjścia. Oba muszą być otwarte, aby przebudzona osoba mogła doświadczyć urzekającego królestwa Nie-Jedności, królestwa duchowego. Jiva Bandha ułatwia to doświadczenie i może być również użyta do odbudowy obwodu Kundalini u przebudzonych osób.

Jiva Bandha może być wykonywana z zamkniętymi ustami, jak to właśnie opisałem, lub z otwartymi. Jogini wierzą, że Prana może być przyswojona tylko przez zatoki, dlatego też posiadanie otwartych ust nie jest niezbędne do oddychania i przynoszenia korzyści świadomości. Jednakże, ponieważ otwarte usta podczas praktyki Jiva Bandhy rozluźniają szczękę, jest to również zalecane jako praktyka.

Dla osób przebudzonych przez Kundalini, wykonywanie Jiva Bandhy z otwartymi ustami jako regularna część dnia byłoby niepraktyczne. W związku z tym, Jiva Bandha powinna być praktykowana z otwartymi ustami, kiedy osoba jest sama i w bezpiecznej przestrzeni. W obu przypadkach należy stosować Jogiczne Oddychanie z naciskiem na oddychanie przeponowe i piersiowe. Dla dodatkowych korzyści, praktykuj Ujjayi Pranayama.

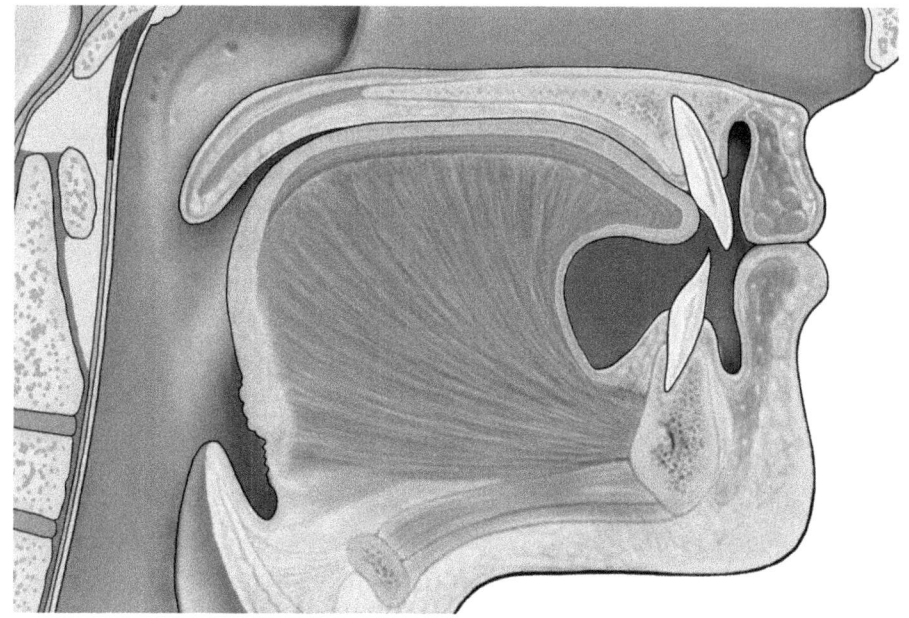

Rysunek 126: Jiva Bandha

Maha Mudra - Wielki Gest

Maha oznacza "wielki" w sanskrycie, dlatego angielska nazwa tej Mudry to "Wielka Pieczęć", "Wielki Gest" lub "Wielka Postawa Psychiczna". Maha Mudra jest tak nazywana, ponieważ obejmuje różne indywidualne techniki Jogi, podnosząc potencjał energii seksualnej i ułatwiając Alchemiczną transformację.

Maha Mudra jest pierwszą z dziesięciu mudr wymienionych w *Hatha Yoga Pradipika*, uważa się, że ma moc niszczenia starości i śmierci. Oprócz korzyści jako Mudra, jest uważana za mistrzowską Asanę, ponieważ łączy w sobie wszystkie pięć ruchów kierunkowych kręgosłupa: zgięcie do przodu, zgięcie do tyłu, skręt, zgięcie boczne i rozszerzenie osiowe.

W przeciwieństwie do innych mudr jogi, Maha Mudra jest rodzajem Bandha Mudra (gestu zamknięcia), ponieważ obejmuje jedną lub więcej z trzech Bandhas. Kiedy wszystkie trzy Bandhy są zastosowane, góra i dół tułowia są zapieczętowane tak, że żadna Prana nie może uwolnić się z ciała, zwiększając potencjał do obudzenia energii Kundalini u podstawy kręgosłupa.

Maha Mudra najlepiej jest wykonywać rano na pusty żołądek. Istnieją dwa godne uwagi warianty Maha Mudry. W pierwszym wariancie wywiera się nacisk na krocze za pomocą pięty (Mula Bandha) podczas wykonywania Shambhavi Mudry i praktykowania wewnętrznego wstrzymywania oddechu (Khumbaka). W ten sposób wykorzystuje się energie czakr Muladhara, Vishuddhi i Ajna. Cały system energetyczny zostaje naładowany Praną, która intensyfikuje świadomość i ułatwia medytację.

Drugą wariacją jest zaawansowana forma zwana Maha Bheda Mudra. ("Bheda" w sanskrycie oznacza "przeszywający".) Druga odmiana zawiera te same elementy co pierwsza z dodatkiem Uddiyana i Jalandhara Bandhas, co aktywuje Kundalini do wznoszenia się przez Sushumna, przeszywając po drodze siedem czakr.

Aby rozpocząć Maha Mudra, usiądź na podłodze lub swojej macie do jogi z wyciągniętymi nogami i prostym kręgosłupem. Oddychaj powoli i głęboko. Ręce powinny być położone na podłodze obok Ciebie. Złóż teraz lewą nogę i wywieraj nacisk na krocze lewą piętą. Lewe kolano powinno dotykać podłogi. Prawa noga powinna pozostać wyciągnięta podczas całej praktyki. Połóż obie ręce na prawym kolanie, rozluźnij całe ciało i wykonaj Khechari Mudra.

Pochyl się teraz do przodu i chwyć obiema rękami duży palec prawej stopy. Głowa powinna być skierowana do przodu, a kręgosłup utrzymany tak prosto jak to możliwe (Rysunek 127). Zrób teraz powolny wdech, aktywując jednocześnie Mula Bandha. Pochyl i przytrzymaj głowę lekko do tyłu. Wykonaj teraz Shambhavi Mudra wstrzymując oddech na osiem do dziesięciu sekund.

Wstrzymując oddech, przesuwaj swoją świadomość od centrum brwi do gardła, w dół do krocza i z powrotem. Mentalnie powtarzaj "Ajna, Vishuddhi, Muladhara" utrzymując koncentrację na każdej czakrze przez jedną do dwóch sekund. W trakcie wydechu uwolnij Shambhavi Mudra i Mula Bandha, wracając jednocześnie do pozycji pionowej. Powtórz cały proces, ale ze złożoną prawą nogą. To kończy jedną rundę, co odpowiada dwóm pełnym oddechom.

Druga odmiana polega na skurczeniu okolic brzucha po aktywacji Mula Bandhy, co rozpoczyna Uddiyana Bandhę. Następnie, zamiast odchylać głowę do tyłu, przesuwa się ją do przodu, inicjując w ten sposób Jalandhara Bandha. Na koniec wykonuje się Shambhavi Mudra, wstrzymując oddech na osiem do dziesięciu sekund. Mentalnie powtarzaj "Vishuddhi, Manipura, Muladhara", koncentrując się kolejno na gardle, brzuchu i kroczu przez jedną do dwóch sekund.

Podczas wydechu zwolnij Shambhavi Mudra, a następnie odblokuj Bandhas w odwrotnej kolejności. Powtórz ten sam proces ze złożoną prawą stopą, kończąc w ten sposób jedną pełną rundę. W Maha Bheda Mudra, kombinacja Asany, Pranajamy, Bandhy i Mudry jest zaangażowana dla optymalnych rezultatów duchowych.

Zacznij od ćwiczenia trzech rund z pierwszym wariantem przez kilka tygodni, aż nabierzesz doświadczenia w tym ćwiczeniu. Następnie możesz ćwiczyć drugą, bardziej zaawansowaną odmianę z zastosowaniem Trzech Bandhas. Po kilku miesiącach zwiększ liczbę rund do pięciu. Maha Bheda Mudra uzupełnia Maha Mudrę, aby doładować cały system umysł-ciało.

Maha Mudra powinna być praktykowana tylko po sesji asan i pranajamy oraz przed sesją medytacji. Zawsze kończ proces Maha Mudra praktykując ją zarówno po lewej jak i po prawej stronie.

Podczas tego ćwiczenia stosowane są środki ostrożności dla Shambhavi Mudra. Osoby cierpiące na wysokie ciśnienie krwi, problemy z sercem lub jaskrę nie powinny wykonywać Maha Mudry. Ponieważ generuje ona dużo ciepła w ciele, najlepiej unikać tej praktyki podczas gorących letnich dni. Również kobiety nie powinny praktykować Maha Mudra podczas menstruacji lub ciąży. Dla Maha Bheda Mudra, środki ostrożności dla Uddiyana i Jalandhara Bandhas są również zawarte.

Rysunek 127: Maha Mudra

ADHARA (MUDRY KROCZA)

Vajroli Mudra (Mężczyzna) i Sahajoli Mudra (Kobieta)

Vajroli Mudra jest zaawansowaną praktyką Hatha Jogi, która ma na celu zachowanie nasienia u mężczyzn, pozwalając na sublimację energii seksualnej i wykorzystanie jej do celów duchowych. Sahajoli Mudra jest żeńskim odpowiednikiem tej samej praktyki, która przynosi podobne korzyści.

Vajroli pochodzi od sanskryckiego słowa źródłowego "vajra", które jest niezniszczalną bronią hinduistycznego boga Indry o właściwościach błyskawicy, czyli pioruna. Tak więc, kiedy praktykujący osiągnął kontrolę nad swoją siłą seksualną w obszarze genitalnym, sprawia, że przemieszcza się ona w górę do Czakr z mocą błyskawicy. Z tego powodu Vajroli Mudra jest często nazywana "Gestem Pioruna".

Vajra to także Nadi, które zaczyna się przy genitaliach, co angażuje energię seksualną. Aktywacja Vajra Nadi za pomocą tej mudry pozwala energii seksualnej wznieść się w górę do mózgu, nie tylko zwiększając wigor, ale ułatwiając stany medytacyjne. I odwrotnie, Sahajoli pochodzi od podstawowego słowa "sahaj", które oznacza "spontaniczny", odnosząc się do pobudzenia i kontroli siły seksualnej u kobiet.

Vajroli Mudra polega na kurczeniu mięśni wokół podstawy penisa, wzmacniając je z czasem. Praktyka ta umożliwia kontrolę nad układem moczowo-płciowym, w tym utrzymywanie orgazmu poprzez zatrzymanie nasienia. W rezultacie Vajroli Mudra jest potężnym ćwiczeniem, które prowadzi do potencji seksualnej nawet w starszym wieku. Dodatkowo jej codzienna praktyka zapobiega przedwczesnemu wytryskowi, który jest częstym problemem u mężczyzn.

Sahajoli to praktyka, która polega na skurczeniu się dróg moczowych, aby przekierować energię seksualną u kobiet, a także umożliwić jej przemieszczanie się w górę do czakr i mózgu. Praktyka ta zapewnia kontrolę nad przepływem menstruacyjnym i pomaga kontrolować owulację.

Na subtelnym poziomie zarówno Vajroli, jak i Sahajoli Mudras stymulują Swadhisthana Chakra, która jest zaangażowana w proces przebudzenia Kundalini. Oba ćwiczenia tonizują okolice moczowo-płciowe, dbając jednocześnie o zaburzenia w oddawaniu moczu. Ponadto obie praktyki są terapeutyczne dla dysfunkcji seksualnych.

Aby rozpocząć Vajroli lub Sahajoli Mudry, usiądź w dowolnej wygodnej asanie medytacyjnej i trzymaj głowę i kręgosłup prosto. Następnie połóż ręce na kolanach w Jnana lub Chin Mudra, zamknij oczy i zrelaksuj całe ciało. Twój oddech powinien być normalny. Umieść teraz swoją świadomość na cewce moczowej (Rysunek 128). Mężczyźni powinni skupić swoją uwagę na nasadzie penisa, a nie na czubku.

Zrób głęboki wdech i wstrzymaj oddech, jednocześnie wyciągając cewkę moczową do góry. Czynność ta przypomina intensywną potrzebę oddania moczu, która jednak jest powstrzymywana. Podczas wykonywania tego skurczu jądra u mężczyzn i wargi sromowe u kobiet powinny przesunąć się lekko w górę w kierunku pępka. Upewnij się, że skurcz ogranicza się tylko do cewki moczowej. Wytrzymaj skurcz tak długo, jak to możliwe, a następnie zwolnij go podczas wydechu. W ten sposób zakończysz jedną rundę. Przez pierwsze kilka tygodni wykonuj pięć do dziesięciu serii mudry Vajroli lub Sahajoli. W miarę jak twoja zdolność trzymania się poprawia, stopniowo zwiększaj do dwudziestu rund w ciągu kilku miesięcy.

Dla bardziej zaawansowanej wersji tych dwóch ćwiczeń, wprowadź Navasana, Boat Pose zamiast medytacyjnej Asany. Pamiętaj, że będziesz potrzebował silnego rdzenia, aby wykonać tę wariację. Aby rozpocząć, zacznij w Shavasanie, gdy normalnie oddychasz i relaksujesz się. Następnie przynieś swoje nogi do określonego kąta do ziemi i utrzymuj je prosto. Teraz podnieś klatkę piersiową, aby utworzyć kształt litery V z ciałem, opierając całą swoją wagę na pośladkach. Podczas wykonywania Boat Pose powinieneś czuć ogromny nacisk na mięśnie brzucha. Unieś teraz wyprostowane ręce przed siebie, aby się zrównoważyć.

W Navasanie postępuj zgodnie z tymi samymi instrukcjami, kurcząc cewkę moczową i wstrzymując oddech po wdechu, a następnie zwalniając skurcz podczas wydechu. Jeżeli masz trudności z wewnętrznym zatrzymaniem oddechu, możesz podczas tej odmiany ćwiczenia oddychać normalnie. Po zakończeniu ćwiczenia wróć do Shavasany na kilka minut, żeby się zrelaksować przed zakończeniem praktyki. Uwaga: osoby cierpiące na schorzenia związane z układem moczowym powinny skonsultować się z lekarzem przed rozpoczęciem wykonywania Vajroli lub Sahajoli Mudry.

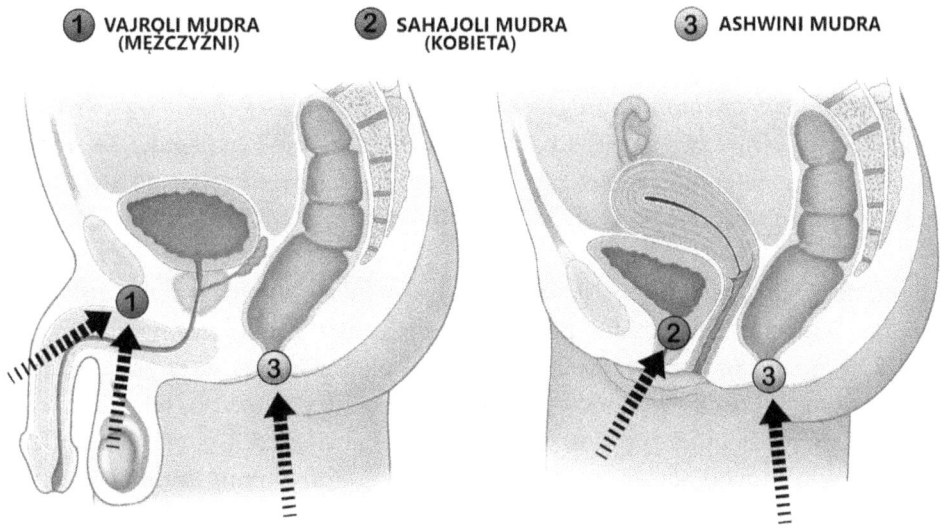

Rysunek 128: Punkty Skurczu Vajroli, Sahajoli i Ashwini Mudry

Ashwini Mudra (Gest Konia)

Ashwini Mudra jest praktyką tantryczną używaną do generowania i przenoszenia energii pranicznej w górę poprzez kanał Sushumna. Praktyka ta polega na rytmicznym kurczeniu zwieracza odbytu, który generuje energię praniczną w dnie miednicy, a następnie pompuje ją w górę. Jest to łatwa praktyka, która stymuluje energię Kundalini, która leży pomiędzy kroczem a kością ogonową w czakrze Muladhara.

Słowo źródłowe Ashwini "Ashwa" jest sanskrycką transliteracją słowa "koń". Ćwiczenie to nazywane jest Gestem Konia, ponieważ naśladuje osobliwy sposób, w jaki konie kurczą mięśnie odbytu po wypróżnieniu się, tym samym podciągając energię do góry, zamiast pozwolić jej spłynąć w dół.

Poprzez skurczenie mięśni odbytu w Ashwini Mudra, energia, która zwykle płynie w dół i na zewnątrz ciała (Apana Vayu) zostaje odwrócona i płynie w górę w kierunku organów wewnętrznych, wzmacniając je w tym procesie. Kiedy Apana Vayu wypełnia dolne organy do pełna, ucisk powstaje w dolnej części kręgosłupa, sprawiając, że energia praniczna przepływa przez Sushumna Nadi.

Chociaż Ashwini Mudra jest podobna do Mula Bandhy, mięśnie zaangażowane w ten proces są inne. W Ashwini Mudrze angażujemy większy obszar mięśni miednicy, co czyni ją odpowiednim ćwiczeniem przygotowawczym do Mula Bandhy. Podczas gdy Ashwini Mudra skupia się na kurczeniu i rozluźnianiu mięśni odbytu, przekierowując naturalny przepływ energii i ułatwiając jej przepływ w górę, Mula Bandha skupia się na przytrzymaniu mięśni, aby zablokować energię w obszarze miednicy.

Aby rozpocząć ćwiczenie Ashwini Mudra, usiądź w dowolnej wygodnej asanie medytacyjnej. Zamknij oczy i rozluźnij całe ciało, stając się jednocześnie świadomym swojego naturalnego oddechu. Umieść teraz swoją świadomość na swoim odbycie (Rysunek 128) i skurcz mięśnie zwieracza odbytu na kilka sekund, a następnie rozluźnij je. Oddychaj normalnie, gdy to robisz.

Aby uzyskać maksymalny skurcz, zastosuj nieco większy nacisk wewnątrz odbytu, aby podnieść mięśnie zwieracza do góry. Powinieneś mieć wrażenie, że wstrzymujesz wypróżnienie, a następnie je uwalniasz. Wykonaj skurcz dziesięć do dwudziestu razy płynnie i rytmicznie. Po zakończeniu ćwiczenia, zwolnij pozycję siedzącą i powoli wyjdź z niej.

Dla bardziej zaawansowanej odmiany Ashwini Mudry, możesz ćwiczyć wewnętrzne zatrzymanie oddechu (Khumbaka) podczas fazy skurczu. Zrób powolny i głęboki wdech, a następnie skurcz mięśnie zwieracza odbytu na pięć sekund, wstrzymując oddech. Na wydechu zwolnij skurcz. Wykonuj pięć do dziesięciu powtórzeń tej odmiany Ashwini Mudry przez pierwsze kilka tygodni, do dwudziestu powtórzeń w ciągu kilku miesięcy.

Zauważ, że praktykujący mogą również połączyć Pranajamę, Bandhy i inne Mudry z Ashwini Mudrą. Na przykład, możesz włączyć Jalandhara Bandha i Khechari Mudra wraz z oddychaniem przeponowym i piersiowym dla uzyskania maksymalnych efektów. Takie postępowanie będzie miało większy wpływ na Kundalini u podstawy kręgosłupa i może ułatwić wznoszenie się.

Regularne stosowanie Ashwini Mudry oczyszcza kanały energetyczne w ciele (Nadis), co skutkuje bardziej zrównoważonym stanem psychicznym i emocjonalnym. Na poziomie fizycznym, jej codzienne stosowanie przezwycięża wiele dolegliwości związanych z dolną częścią brzucha i okrężnicą. Ponadto daje praktykującemu świadomą kontrolę nad nieświadomą aktywnością ciała, co skutkuje większą kontrolą nad autonomicznym układem nerwowym. W przypadku mężczyzn, wykonanie Ashwini Mudry pomaga w zaburzeniach erekcji, regulując jednocześnie pracę gruczołu prostaty i usuwając wszelkie problemy z nim związane.

Kobiety w ciąży oraz osoby z wysokim ciśnieniem krwi lub chorobami serca nie powinny wykonywać Ashwini Mudry z wewnętrznym zatrzymaniem oddechu. Na koniec warto pamiętać, aby nie kurczyć mięśni odbytu, gdy jelita są pełne stolca lub gazu.

PIĘĆ PRANA VAYUS

Prana to Energia Światła; Siła Życia, która przenika każdy atom naszego ciała i Układu Słonecznego, w którym się znajdujemy. Energia Praniczna pochodzi ze Słońca i jest bezpośrednio odpowiedzialna za naszą witalność i dobre samopoczucie. Jak wspomniano, otrzymujemy Pranę z jedzenia, które spożywamy, z wody, którą pijemy i z powietrza, którym oddychamy - jest to Energia Życia, która podtrzymuje nasz umysł, ciało i Duszę.

Sam akt oddychania jest aktem wprowadzania Prany do ciała. Każdy oddech uzupełnia krwiobieg w tlen i kultywuje ogień metabolizmu komórkowego, jednocześnie pozbywając się odpadów z organizmu. Dostarczanie naszemu ciału pożywienia i tlenu tworzy podstawę dla każdej czynności, którą wykonujemy.

W ciele ludzkim energia praniczna wpływa bezpośrednio na Płaszczyznę Astralną, odnosząc się szczególnie do Pranamaya Kosha lub Wyższego Ciała Astralnego Elementu Wody. Prana dzieli się na pięć subenergii zwanych Pięcioma Vayu. W sanskrycie Vayu tłumaczy się jako "wiatr" lub "powietrze", co dotyczy czynności oddychania. Vayu jest również Tattwą Elementu Powietrza i jednym z klasycznych Elementów w Hinduizmie. Kontrola oddechu i ćwiczenia oddechowe są niezbędne we wszystkich praktykach jogicznych i medytacyjnych - manipulowanie Praną w ciele może mieć wiele efektów, jednym z nich jest obudzenie energii Kundalini u podstawy kręgosłupa.

Pięć Pranajusów bezpośrednio wpływa na Element Wody w ciele poprzez Element Powietrza, ponieważ woda wymaga powietrza, aby ją ożywić i dać jej życie. Ta zależność występuje również w naturze, ponieważ cząsteczka H2O (wody) zawiera w sobie tlen (powietrze). W ten sam sposób, akt oddychania reguluje naszą świadomość z jednej chwili na drugą.

Pięć Vayus to Prana, Apana, Samana, Udana i Vyana (Rysunek 129). Każda Prana Vayu jest regulowana przez jedną lub wiele Czakr i każda Vayu jest odpowiedzialna za różne, ale kluczowe funkcje w ciele. Kiedy zrozumiemy rolę każdego Prana Vayu, możemy zrozumieć jak Prana służy naszemu ciału. Pięć Vayu to różne manifestacje i procesy Prany, tak jak różne kończyny składają się na ludzkie ciało.

Aby wyjaśnić, Prana działa zarówno poprzez ciało fizyczne, jak i Ciało Świetlne. Pokarm i tlen są dostarczane przez ciało fizyczne, które następnie są rozkładane, aby zasilić czakry i odżywić Ciało Świetlne i odpowiadające mu Ciała Subtelne (związane z wewnętrznymi Planami Kosmicznymi). Ciało Świetliste wymaga tych różnych mechanizmów, które przetwarzają i wykorzystują energię praniczną. Pięć Vayus można porównać do dużych oceanów, gdzie każdy ocean zawiera w sobie tysiące mniejszych prądów.

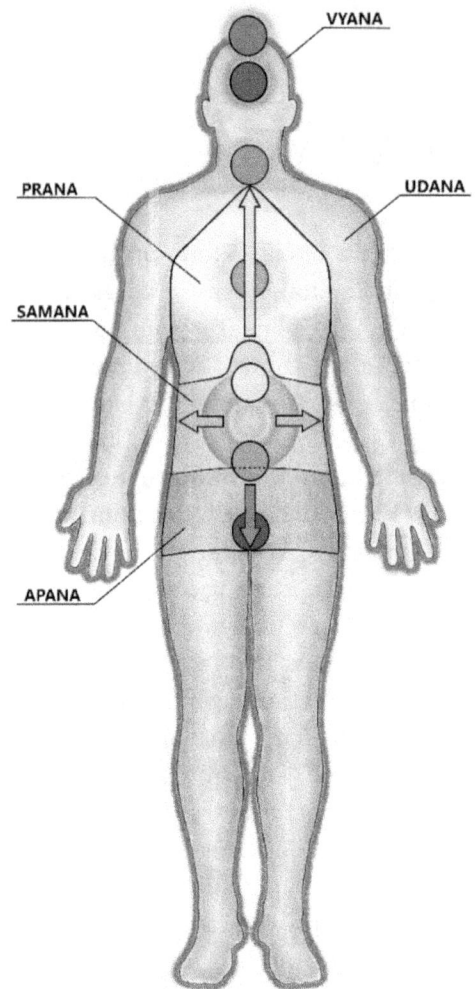

Rysunek 129: Pięć Prana Vayus

Prana Vayu

Działając z obszaru głowy/klatki piersiowej jako energia płynąca w górę, Prana Vayu tłumaczy się jako "poruszające się do przodu powietrze". Jest ono odpowiedzialne za wszystko, co wchodzi do naszego ciała, tak jak tlen, jedzenie i informacje sensoryczne. Prana Vayu odnosi się do wszystkich sposobów, w jaki przyjmujemy energię, z których najważniejszy jest wdech, ponieważ nie możemy żyć bez tlenu dłużej niż kilka minut.

Prana Vayu jest związana z czakrą Anahata i elementem powietrza. Reguluje nasze myśli. Jest najważniejszą z Pięciu Vajus, dlatego też ogólny termin "Prana" jest używany, aby objąć wszystkie Pięć Vajus. Prana Vayu jest podstawową energią w ciele, która kieruje czterema innymi Vayus.

Prana Vayu reguluje oddychanie, odporność, witalność i serce. Odnosi się do inteligencji i mocy funkcji zmysłowych i motorycznych. Narządy, którymi rządzi to serce i płuca. Chociaż niektóre szkoły myślenia mówią, że główne miejsce przebywania Prany znajduje się w obszarze klatki piersiowej/serca, inne mówią, że rozciąga się ona również na głowę. Za każdym razem, kiedy skupiamy na czymś naszą uwagę, manipulujemy Praną w ciele i angażujemy w ten proces Ajna Czakrę.

Apana Vayu

Działając od podstawy tułowia, Apana Vayu tłumaczy się jako "powietrze, które się oddala". Jest ona związana z czakrą Muladhara i Elementem Ziemi. Ziemia jest ostatnim elementem w procesie manifestacji, a Apana jest Prana Vayu, która reprezentuje eliminację wszystkiego, czego nasze ciało już nie potrzebuje, tak jak negatywna energia i odpady cielesne, jak kał i mocz, nasienie i płyn menstruacyjny. Apana reprezentuje energię płynącą w dół i na zewnątrz oraz wydech oddechu.

Tak jak głowa zawiera otwory odpowiednie do przepływu Prany do wewnątrz, tak podstawa tułowia posiada otwory wymagane do pracy Apany. Apana rządzi nerkami, pęcherzem, jelitami, układem wydalniczym i rozrodczym. Apana wiąże się również z czakrą Swadhisthana i Elementem Wody dotyczącym eliminacji płynów seksualnych z ciała (nasienia u mężczyzn i płynów pochwowych u kobiet) oraz uwalniania negatywnej energii przechowywanej w podświadomym umyśle jako szkodliwe emocje.

Samana Vayu

Działając z okolic pępka, pomiędzy Prana i Apana Vayu, Samana Vayu tłumaczy się jako "powietrze równoważące". Jako, że Prana Vayu jest wdechem, a Apana wydechem, Samana jest czasem pomiędzy wdechem a wydechem. Samana Vayu zajmuje się trawieniem, wchłanianiem, asymilacją i manifestacją. Jest związana z Hara, czakrą pępka, która jest zasilana przez czakry Manipura i Swadhisthana (żywioły ognia i wody). Samana ma jednak główny związek z elementem Ognia, ponieważ działa w połączeniu z Agni (ogień trawienny) i jest skupiona w żołądku i jelicie cienkim.

Samana pozwala na mentalną dyskryminację pomiędzy użytecznymi i nieużytecznymi myślami. Rządzi wątrobą, żołądkiem, dwunastnicą, śledzioną oraz jelitami cienkimi i grubymi. Samana (wraz z Agni) dostarcza wewnętrznego ciepła do przekształcenia spożywanego pokarmu w energię praniczną. Energia ta jest następnie rozprowadzana przez pozostałe Prana Vayus.

Tak jak Prana i Apana są energiami płynącymi w górę i w dół, tak Samana jest energią płynącą w poziomie. Wszystkie trzy, choć mówi się, że pochodzą z czakry Hara, która jest zasadniczo magazynem Prany w ciele.

Udana Vayu

Działając z gardła, głowy oraz rąk i nóg, Udana Vayu jest płynącą w górę energią, która tłumaczy się jako "to, co niesie w górę". Jest związana z czakrami Vishuddhi i Ajna oraz Elementem Ducha. Podczas gdy Udana wznosi się na wdechu, krąży na wydechu, odżywiając szyję, głowę, układ nerwowy i hormonalny.

Zdrowy przepływ Udany sugeruje, że dana osoba działa z wyższego źródła. Energia ta prowadzi nas do ożywienia i przekształcenia naszej siły woli i urzeczywistnienia się poprzez Element Ducha. Udana reguluje wzrost, intuicję, pamięć i mowę. Rządzi wszystkimi organami zmysłów i działania, w tym rękami i stopami.

W *Upaniszadach*, Prana Vayu jest nazywana "wdechem", Apana "wydechem", Samana "środkowym oddechem", a Udana "oddechem w górę". Udana jest w zasadzie przedłużeniem Samany. Udana napędza wdech, co oznacza, że działa w połączeniu z Prana Vayus. Obie są energiami płynącymi ku górze i obie mają podobne właściwości, ponieważ Element Powietrza (Prana) jest Duchem (Udana) na niższym, bardziej przejawionym poziomie. W momencie śmierci Udana jest energią, która wyciąga indywidualną świadomość z ciała fizycznego.

Vyana Vayu

Działając w całym ciele jako energia koordynująca wszystkie Prana Vayu, Vyana Vayu tłumaczy się jako "powietrze poruszające się na zewnątrz". Vyana jest siłą, która rozprowadza Pranę i powoduje jej przepływ. Rządzi ona układem krążenia oraz ruchem stawów i mięśni. W przeciwieństwie do Samany, która przyciąga energię do pępka, Vyana porusza energię na zewnątrz, do granicy ciała, rozszerzając się na wydechu.

Większość jogicznych szkół myślenia mówi, że Vyana Vayu jest związana z czakrą Sahasrara i Elementem Ducha, ponieważ obejmuje i reguluje wszystkie Prana Vayus w taki sam sposób, jak Sahasrara jest źródłem Światła dla wszystkich czakr poniżej. Istnieją jednak inne szkoły myślenia, które twierdzą, że Vyana Vayu odpowiada czakrze Swadhisthana i Elementowi Wody, ponieważ reguluje krążenie w ciele. Niemniej jednak, niezależnie od swojego pochodzenia i centrum, Vyana Vayu obejmuje wszystkie Prana Vayus i zapewnia poczucie spójności, integracji i ekspansywności dla indywidualnej świadomości.

***

Jednym z najprostszych, a zarazem skutecznych sposobów równoważenia Pięciu Pranicznych Wajus jest praktykowanie Mudr Ręcznych właściwych dla każdego Wajus (Rysunek 130). Oprócz zwiększania lub zmniejszania elementów odpowiadających każdemu Vayu, każda Mudra Ręczna ma dodatkowe korzyści dla kompleksu umysł-ciało. Instrukcje dotyczące ich stosowania znajdziesz w rozdziale "Kroki wykonywania mudr ręcznych" na stronie 369.

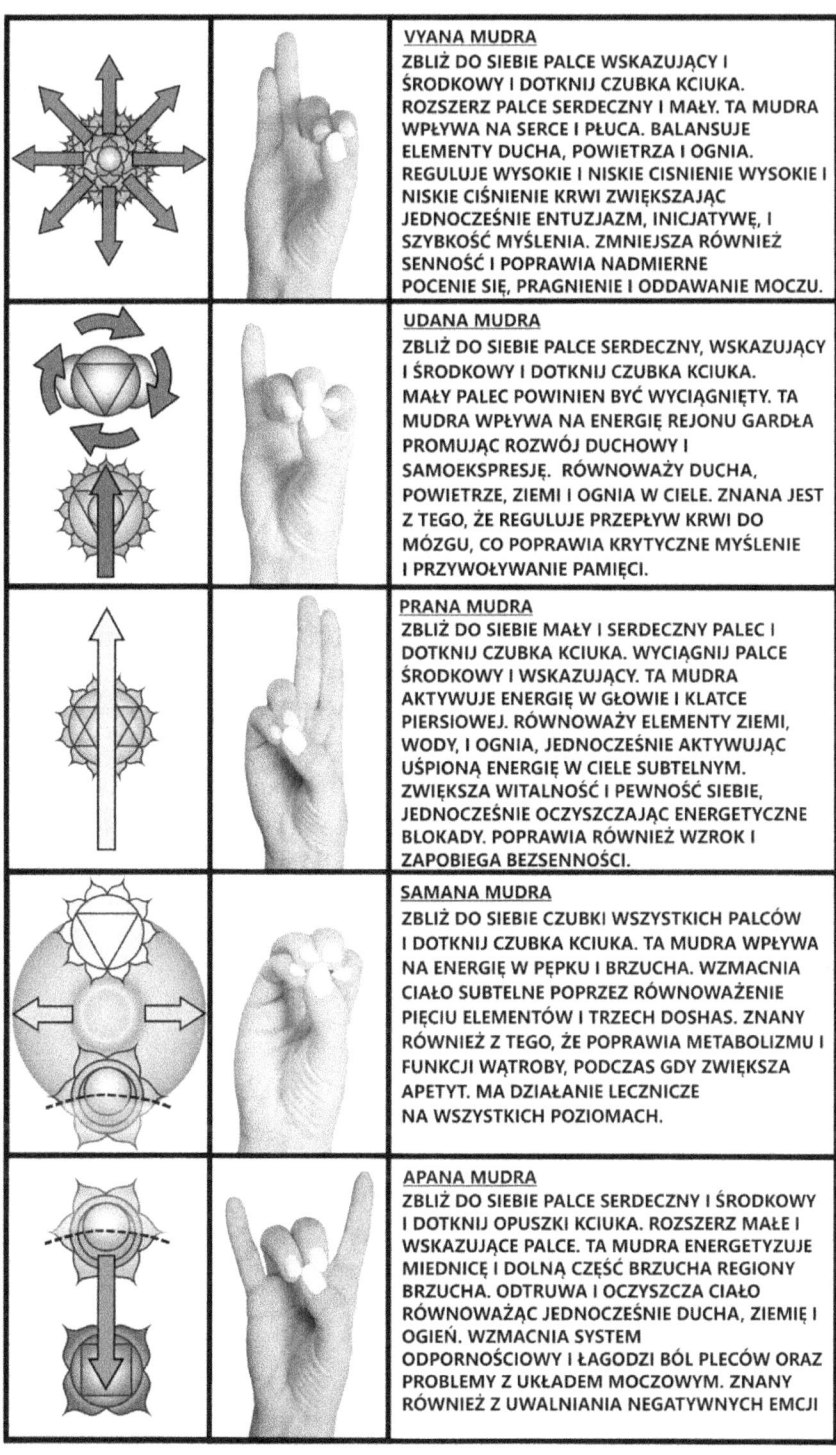

Rysunek 130: Mudry Dłoni dla Pięciu Prana Vayus

PRANA I APANA

Dwie energie zaangażowane w mechanizm przebudzenia Kundalini to Prana i Apana. Te dwie energie przemieszczają się przez nasze ciała poprzez Nadis. Jak wspomniano, Prana jest reprezentowana przez wdech, podczas gdy Apana jest reprezentowana przez wydech. Prana i Apana nigdy się nie spotykają, ponieważ każda z nich porusza się po swojej drodze przez różne kanały energetyczne.

Praktykując określone techniki Jogi Kundalini, tworzymy potencjał do spotkania Prany i Apany. Punkt, w którym dochodzi do tego magicznego spotkania Prany i Apany znajduje się w czakrze Hara (pępka), w rejonie pępka. Hara jest ważnym punktem spotkania wielu kanałów energetycznych w ciele, ponieważ jest naszym energetycznym fundamentem, naszym rdzeniem.

Jeśli chodzi o podnoszenie Kundalini, Prana jest "Witalnym Powietrzem" powyżej Hary, podczas gdy Apana jest "Witalnym Powietrzem" poniżej niej. Siedemdziesiąt dwa tysiące Nadis emanuje z Głównych Czakr i kończy się w dłoniach i stopach. Większość z tych Nadis jest skupiona wokół rejonów Czakry Serca i Czakry Hara. Prana jest przenoszona do wszystkich części ciała poprzez Nadis. Ida, Pingala i Sushumna są najważniejszymi z tych kanałów energetycznych, ponieważ przekazują najwięcej Prany.

Kanał Ida zaczyna się u podstawy kręgosłupa i kończy w lewym nozdrzu. I odwrotnie, Pingala zaczyna się u podstawy kręgosłupa i kończy w prawym nozdrzu. Jak już wspomniano, podczas procesu przebudzenia Kundalini, Ida i Pingala kończą się w szyszynce i przysadce mózgowej. Ida reprezentuje Prana Vayu, podczas gdy Apana reprezentuje Pingala. Wznoszenie się Kundalini odpowiada Udanie. Samana reprezentuje Sushumnę. Siła kierunkowa Samany musi się przekształcić, aby Kundalini u podstawy kręgosłupa mogła się obudzić. Jej rozwój lub transformacja następuje, gdy Prana i Apana spotykają się w czakrze Hara.

Poprzez wdech i zatrzymanie, Prana może być skierowana w dół do czakry Hara, podczas gdy poprzez wydech i zatrzymanie, Apana jest ciągnięta w górę z czakry Korzenia do Hara. Kiedy te dwie energie spotykają się w Hara, Samana zaczyna zmieniać swój ruch. Już nie oddala się od Hara w poziomie, ale do wewnątrz, co tworzy ruch wirowy, pokazany na rysunku 131.

Podczas transformacji Samany, ciepło zaczyna generować się w Nawłoci, zwane Tapas. Ciepło to wywołuje ekstatyczne uczucie, podobne do euforycznego podniecenia seksualnego lub zmysłowego; "motyle w brzuchu", które dostaje się po zakochaniu, a które w tym przypadku bardziej przypominają orły. Innym porównywalnym przykładem jest uczucie, którego doznajemy, gdy rozpoznajemy w sobie Ducha i ogromna błogość, która temu towarzyszy. Z tego powodu rodzaj ciepła wytwarzanego w Samanie opisywany jest jako białe ciepło, a nie gorące, co oznacza, że jest to rodzaj duchowego uniesienia.

To intensywne ciepło tworzy ciśnienie, które działa na Sushumna Nadi, tym samym aktywując go. Proces aktywacji energetyzuje kanał Sushumna w kręgosłupie, sprawiając, że po otrzymaniu niezbędnej energii elektrycznej świeci on jak żarówka. Te zintegrowane energie opuszczają następnie czakrę pępka i schodzą do czakry korzenia, pobudzając w ten sposób Kundalini do aktywności u podstawy kręgosłupa. W ten sposób Kundalini rozpoczyna swoją podróż w górę przez pustą rurę rdzenia kręgowego, przebijając każdą z czakr, aż dotrze do Korony.

Równocześnie kanały Ida i Pingala wznoszą się po przeciwnych stronach Sushumny. Krzyżują się w każdym z punktów czakr, aż do połączenia we wzgórzu, gdzie kończy się Sushumna. Szyszynka i przysadka mózgowa również zostają aktywowane podczas tego procesu. Następnym celem dla wszystkich trzech kanałów jest wzniesienie się jako jeden strumień energii na czubek głowy w czakrze korony, otwierając Tysiąc-Płatkowy Lotos.

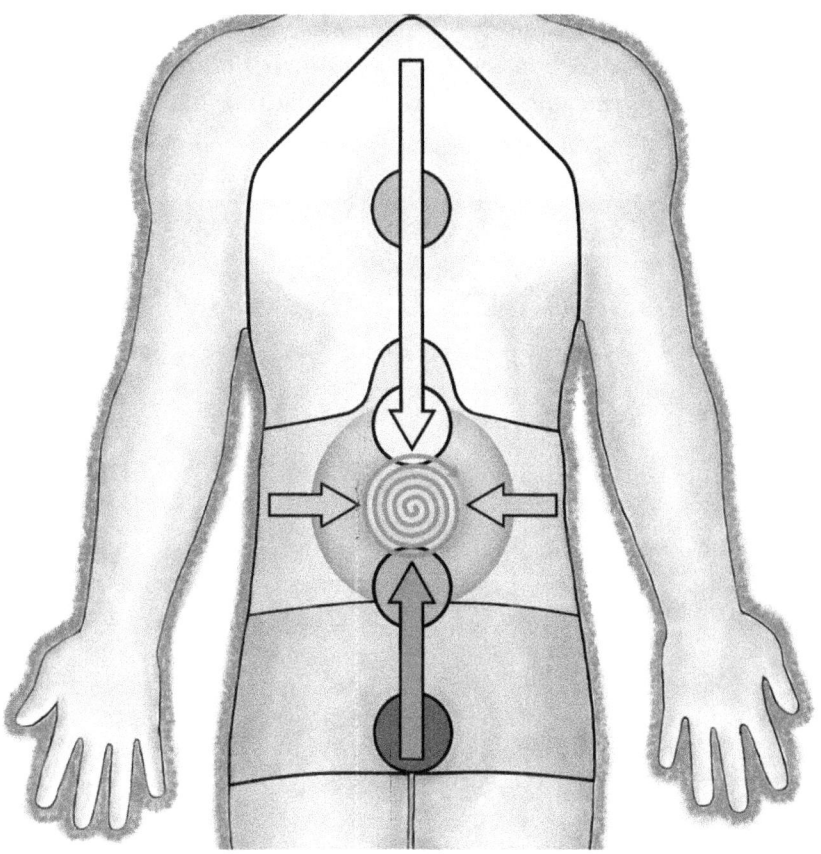

Rysunek 131: Przekierowanie Przepływu Prany, Apany i Samany

PRZEBUDZENIE KUNDALINI

Konieczne jest praktykowanie właściwej kontroli oddechu i kierowania umysłem, aby pobudzić Kundalini do aktywności i sprawić, że wzniesie się i uaktywni wyższe ośrodki świadomości. Zastosowanie siły woli jest kluczem do tego procesu, ale również wiedza, ponieważ potrzebna jest sprawdzona technika, która działa.

Przed próbą obudzenia Kundalini, kluczowe jest oczyszczenie kanałów energetycznych i usunięcie wszelkich negatywnych energii i zanieczyszczeń w nerwach. W przeciwnym razie, jeżeli kanały są zablokowane, Prana nie będzie mogła się przez nie przemieszczać, a Kundalini pozostanie uśpiona. Techniki stosowane w Jodze i Tantrze pracują nad wykonaniem tego zadania i obudzeniem Kundalini.

Nauki jogiczne i tantryczne mówią, że kombinacja ćwiczeń fizycznych (Krija/Asana), technik oddechowych (Pranajama), blokad energetycznych (Bandha) i intonowania Mantry może być użyta do spowodowania spotkania Prany i Apany w Czakrze Hara i pobudzenia Kundalini do aktywności. Aby podnieść energię Kundalini poprzez Sushumnę oraz Pranę (Pingala) i Apanę (Ida) wzdłuż kręgosłupa, można zastosować hydrauliczne zamki (Bandhy), które wymagają świadomego stosowania nacisku w różnych częściach ciała.

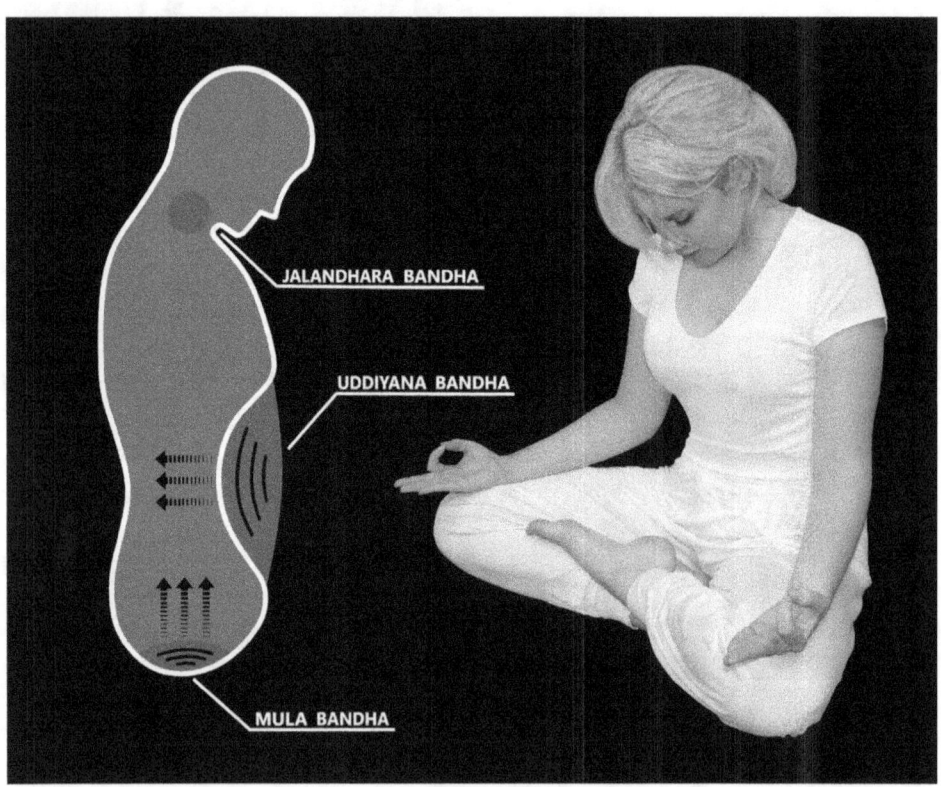

Rysunek 132: Maha Bandha: Stosowanie Trzech Bandhas

Zastosowanie nacisku w czakrze Muladhara (Mula Bandha) wysyła energie Kundalini oraz Prany i Apany w górę do czakry Swadhisthany. Następnie należy zastosować Bandhę w przeponie (Uddiyana Bandha), która wyśle te trzy energie w górę do Czakry Gardła.

Stamtąd blokada szyi (Jalandhara Bandha) przenosi energie do mózgu. Zastosowanie wszystkich trzech zamków jednocześnie nazywane jest Maha Bandha (Rysunek 132).

Szyszynka jest połączona z Ida Nadi, natomiast przysadka mózgowa jest połączona z Pingalą. Kiedy Kundalini wzrasta, Szyszynka zaczyna przekazywać wiązkę promieniowania i rzutować ją w kierunku przysadki mózgowej. W ten sposób przysadka staje się pobudzona i wysyła impulsy lub błyski Światła w kierunku Szyszynki. Gdy Kundalini wejdzie do mózgu przez Sushumnę, Ida i Pingala skrzyżują się po raz ostatni we Wzgórzu, gdzie łączą się jako przeciwieństwa. Proces ten budzi Czakrę Ajny, aktywując ją całkowicie, co skutkuje mistycznym małżeństwem Szyszki i Przysadki.

Gdy Ida, Pingala i Sushumna jednoczą się jako jeden strumień energii w centrum Thalamus, brama do Sahasrara staje się otwarta. Kundalini może wtedy wznieść się na szczyt głowy i zakończyć swoją podróż. Dusza, która miała swoją siedzibę w Szyszynce, opuszcza ciało fizyczne i następuje trwałe rozszerzenie świadomości.

SUSHUMNA I BRAHMARANDHRA

Sushumna jest centralnym Nadi, które przechodzi przez pustą rurę w kręgosłupie. Jej przepływ rozpoczyna się u podstawy, w czakrze Muladhara, kończąc w czakrze Sahasrara w Koronie. Po wejściu do głowy, Sushumna Nadi rozdziela się na dwa strumienie (we Wzgórzu). Jeden strumień przesuwa się w kierunku przodu głowy, obok Ajna Chakry, ponieważ ją aktywuje. Kontynuuje ruch wzdłuż przodu głowy, tuż przy czaszce, zanim dotrze do Brahmanrandhry, siedziby najwyższej świadomości, znajdującej się w górnej części głowy.

Drugi strumień przesuwa się w kierunku tyłu głowy, obok, ale tuż wewnątrz czaszki, zanim osiągnie Brahmarandhrę. Oba te strumienie energii spotykają się w Brahmarandhrze, przebijając ją i powodując otwarcie Kosmicznego Jaja, które jest szczytem bezpośrednio nad nią.

W sanskrycie Brahmarandhra oznacza "otwór lub aperturę Brahmana". Według tekstów jogicznych, Brahmarandhra to otwarcie Sushumna Nadi na koronie głowy. Brahman odnosi się w sanskrycie do Ducha Kosmicznego. Konotuje najwyższą Uniwersalną Zasadę, ostateczną rzeczywistość Wszechświata.

Kiedy ktoś wznosi energię Kundalini do Brahmarandhry, doświadcza Duchowego przebudzenia najwyższego stopnia. Brahmarandhra i Kosmiczne Jajo odnoszą się do Kosmicznej energii, a akt przebicia się przez to centrum jest przebudzeniem Duchowej, Boskiej Jaźni.

Chociaż według świętych tekstów oba służą wyzwoleniu Duszy z ciała, nie jest jasne, czy Brahmarandhra i Kosmiczne Jajo są jednym i tym samym. Jednakże z moich rozległych badań nad tym tematem, połączonych z moim doświadczeniem przebudzenia Kundalini, wywnioskowałem, że przebicie Brahmarandhry z odpowiednią siłą rozpoczyna proces rozbijania Kosmicznego Jaja. Innymi słowy, jest to proces jedno-dwuetapowy.

Dalsze wskazówki daje nam Shiva Linga, która zawiera cylinder w kształcie jajka, o którym mówi się, że reprezentuje Brahmandę, której znaczenie w sanskrycie to "Kosmiczne Jajo". Brahma odnosi się do Kosmosu, natomiast "anda" oznacza "jajko". Brahmanda jest uniwersalnym symbolem źródła całego Kosmosu. Kosmiczne Jajo jest jedną z najbardziej znaczących ikon w światowej mitologii, którą możemy znaleźć w wielu starożytnych tradycjach. W prawie wszystkich przypadkach w Kosmicznym Jaju rezyduje Boska Istota, która tworzy siebie z niczego, a następnie przechodzi do tworzenia materialnego Wszechświata.

Podczas wznoszenia się w górę, kiedy Kundalini osiąga szczyt głowy i przebija Brahmarandhrę, Kosmiczne Jajo pęka, a "żółtko", które jest sublimowaną energią praniczną, rozlewa się po ciele, powodując pełną aktywację Ciała Światła i Siedemdziesięciu Dwóch Tysięcy Nadis. To doświadczenie jest podobne do odziedziczenia Duchowych "skrzydeł", które umożliwiają podróżowanie w wewnętrznych Planach Kosmicznych poprzez zoptymalizowaną Merkabę. Dlatego rozbicie Kosmicznego Jaja powoduje, że człowiek sam staje się Anielską Istotą.

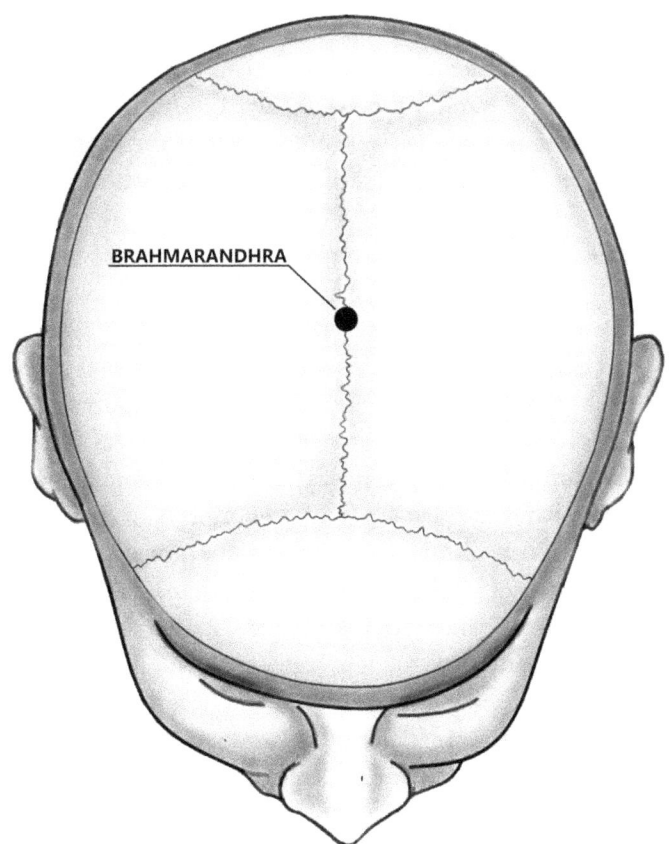

Rysunek 133: Brahmarandhra

Lokalizacja Brahmarandhry znajduje się pomiędzy dwoma kośćmi ciemieniowymi i potylicznymi, a dokładniej w okolicy ciemiączka przedniego (Rysunek 133). U niemowlęcia ta część głowy jest bardzo miękka. W miarę jak dziecko rośnie, Brahmarandhra zamyka się wraz ze wzrostem kości czaszki. Wszyscy dorośli ludzie mają za zadanie wznieść energię Kundalini do głowy i przebić Brahmarandhrę, jeżeli pragniemy osiągnąć wyzwolenie od śmierci. Przenikając Brahmarandhrę poprzez aktywację Kundalini, stajemy się jednością z Duchem jako Wieczne Istoty Światła.

Według *Upaniszad*, kiedy Suszumna przebije głowę i przejdzie przez Brahmarandhrę, Jogin osiąga nieśmiertelność. Mikrokosmos i Makrokosmos stają się jednym, a Jogin osiąga iluminację. Zanim to jednak nastąpi, Ciało Światła jest w pełni aktywowane, ponieważ Siedemdziesiąt Dwa Tysiące Nadis jest napełnionych energią praniczną. Proces ten jest bardzo intensywny, ponieważ Ciało Światła doświadcza naładowania przez to, co czuje się jak zewnętrzne źródło energii. Opisuję ten proces jako uczucie, jakbyś został porażony prądem przez linię wysokiego napięcia, oczywiście bez fizycznego bólu.

W moim osobistym doświadczeniu, gdy tylko otworzyłem moje fizyczne oczy podczas procesu aktywacji Kundalini, zobaczyłem moje ręce i inne części mojego ciała jako czyste złote Światło, jakbym przeszedł biologiczną transformację. Ponadto pokój, w którym się znajdowałem, wydawał się holograficzny, ponieważ przedmioty wokół mnie stały się półprzezroczyste i jakby zawieszone w powietrzu. I nie była to chwilowa wizja, ale taka, którą utrzymywałem przez ponad pięć sekund, z moimi funkcjami poznawczymi w pełni sprawnymi, zanim przepełniona energia, która teraz opanowała moje ciało, rzuciła mnie z powrotem na łóżko.

Kiedy Śakti jednoczy się ze Śiwą, najwyższą świadomością, zasłona Mai zostaje przebita i można dostrzec nieskończony, żywy Umysł Boga. Prawdą jest, że natura naszej rzeczywistości jest produktem ubocznym zjednoczenia energii i świadomości.

Podczas gdy energia nadal wznosiła się w górę, nawet poza Brahmarandhrę i Kosmiczne Jajo, moja świadomość zaczęła całkowicie opuszczać moje ciało fizyczne. Czułem się tak, jakbym był wysysany z mojego ciała i przestawał istnieć. W szczytowym momencie tego doświadczenia byłem na początku zjednoczenia z Białym Światłem. Biorąc pod uwagę, że Brahmarandhra jest centrum energii i świadomości, niektórzy ludzie wierzą, że jeśli wyjdziesz poza nią, możesz nie być w stanie powrócić do ciała fizycznego. Ten pomysł jest czysto teoretyczny, ale możliwość istnieje niezależnie od tego. Innymi słowy, gdybym pozwolił sobie na zjednoczenie się z Białym Światłem podczas mojego bardzo intensywnego doświadczenia wznoszenia się Kundalini, mógłbym nie być w stanie wrócić do ciała fizycznego. Doświadczenie było po prostu zbyt intensywne na każdym poziomie i było wiele nieznanych zmiennych, zwłaszcza, że nie miałem wcześniejszej wiedzy o Kundalini w tamtym momencie mojego życia.

Sushumna Nadi ma trzy warstwy lub mniejsze Nadi, które ją tworzą. Kiedy Kosmiczne Jajo zostanie rozbite, energia Kundalini z Sushumna Nadi nadal wznosi się w górę, aż do pełnego otwarcia Tysiąca Płatków Czakry Sahasrara. Musisz pozwolić sobie na odpuszczenie i nie próbować kontrolować energii, gdy wznosi się ona w górę. Każda z trzech Sushumna Nadis lub warstw musi zrobić swoją część, aby tak się stało. Po zakończeniu tego procesu głowa otwiera się jak kwiat. Symboliczny kwiat składa się z trzech warstw, jak pokazano na rysunku 134. Te trzy warstwy reprezentują w pełni przebudzoną czakrę Sahasrara. Człowiek staje się anteną dla wibracji z zewnątrz.

Sushumna Nadi ma zewnętrzną warstwę tradycyjnie uważaną za brylantowo czerwoną, symbolizującą przepływający przez nią Ogień Kundalini. Ponieważ Sushumna Nadi rozdziela się na dwa strumienie w obrębie głowy, z przodu i z tyłu, rządzi całą środkową częścią głowy.

Pierwsza warstwa Sushumny nazywana jest Vajrini lub Vajra Nadi. To Nadi zaczyna się w czakrze Ajna i kończy w gonadach (jądra u mężczyzn i jajniki u kobiet). Jego kolor jest złoty, jako że wykazuje naturę Rajas lub aktywność. Ta warstwa to Słońce (Surya) Nadi, które zawiera męską energię, która działa na zewnątrz Sushumny jako Pingala Nadi i wewnątrz niej jako Vajrini. Uważa się, że Vajrini może być trująca lub toksyczna.

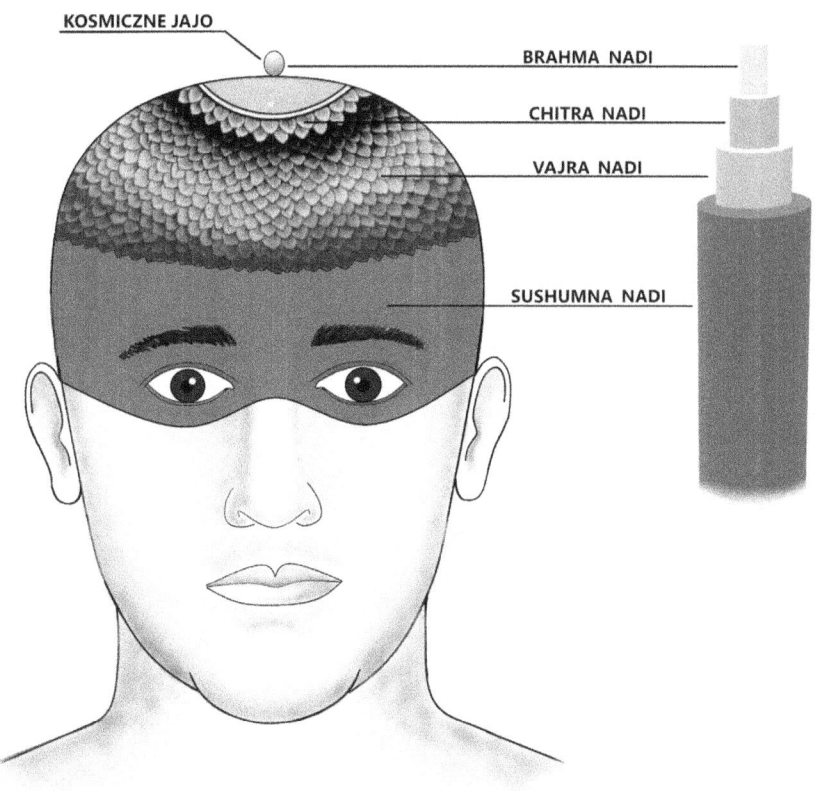

Rysunek 134: Warstwy Sushumna Nadi i Kosmiczne Jajo

Druga warstwa nazywana jest Chitrini lub Chitra Nadi. Srebrno-biały kolor, to Nadi odzwierciedla naturę Księżyca (Chandra). Łączy nas z marzeniami i wizjami i ma pierwszorzędne znaczenie dla przebudzonych malarzy lub poetów. Chitrini wykazuje charakter Sattva, który odnosi się do transcendencji. Zaczyna się w Bindu Chakra i kończy w Svayambhu lingam w Muladhara. Chitra Nadi łączy się z pniami czakr w obrębie rdzenia kręgowego. To żeńskie Nadi działa poza Sushumną jako Ida Nadi i wewnątrz niej jako Chitrini. Mówi się, że Chitrini kończy się w Brahmnadvara, drzwiach lub wejściu do Brahmy, Stwórcy. Poprzez Chitra Nadi, Kundalini podróżuje do miejsca swojego ostatecznego spoczynku w Siódmym Oku, zwanym inaczej czakrą Somy.

Najbardziej wewnętrzną warstwą jest Brahma Nadi, która jest bezpośrednio związana z Brahmarandhrą. Brahma Nadi jest strumieniem czystości i głęboką esencją energii Kundalini. Po przebudzeniu energetyzuje czakry, napełniając je Światłem Kundalini. Jednak aby mieć pełne przebudzenie, musisz wznieść Kundalini przez Brahma Nadi i przebić Brahmarandhrę. Cokolwiek mniej niż to nie jest pełnym przebudzeniem, ale częściowym.

CZAKRA LALANA I NEKTAR AMRITA

W tradycji Tantra Jogi mówi się, że czakra Bindu jest punktem, który zasila całe ciało fizyczne, jak również punktem jego rozproszenia. Mówi się, że Bindu przechowuje w sobie naszą Siłę Życia, wytwarzając Amrita Nectar. Nektar Amrity jest produkowany poprzez syntezę energii Światła, którą otrzymujemy z pożywienia. U osób nie przebudzonych przez Kundalini, Amrita kapie z Bindu do trzeciej czakry, Manipury, gdzie jest wykorzystywana do różnych czynności ciała. Daje ona ciału witalność. Z czasem siła życiowa Bindu zaczyna się rozpraszać, co powoduje starzenie się ciała fizycznego. Skóra staje się bardziej szorstka i sucha, włosy zaczynają wypadać, tkanka kostna i chrząstki zużywają się, a ogólna witalność maleje.

Jogini twierdzą, że jeśli ktoś może zapobiec spalaniu Amrity przez czakrę splotu słonecznego, może cieszyć się jej witalizującym i odżywczym nektarem oraz zatrzymać, a nawet odwrócić proces starzenia się i degeneracji ciała fizycznego. Aby to osiągnąć, Jogini muszą stymulować sekretną Mniejszą Czakrę zwaną Lalana. W *Upaniszadach* mówi się, że Lalana ma 12 jasnoczerwonych płatków. Inne święte teksty mówią jednak, że ma ona 64 srebrzysto-białe płatki.

Lalana jest tajemniczą Czakrą, ale krytyczną, szczególnie u osób przebudzonych Kundalini. Wykorzystanie mocy Lalany i Vishuddhi umożliwia przekształcenie Amrity w bardziej subtelną, duchową substancję, która jest używana do energetyzowania i odżywiania obwodu Kundalini. Syntetyzowana energia Światła, którą otrzymujemy z pożywienia, o którym mówiłem, że "karmi" obwód Kundalini, zapewniając doświadczenie transcendencji, jest Nektarem Amrity, o którym mówi się w tradycjach Jogicznych. Amrita staje się optymalna, kiedy jest okiełznana i przekształcona w to, co opisuję jako płynną energię Ducha. Ta chłodząca substancja koi umysł i serce, usuwając i zmywając wszelkie niezrównoważone myśli i emocje.

Lalana jest czerwonym, okrągłym obszarem Księżyca, który działa jako zbiornik dla nektaru Amrity. Kiedy Amrita spada z Bindu, jest przechowywana w Lalana Chakra, gotowa do oczyszczenia przez Vishuddhi. Jeśli Vishuddhi jest nieaktywne, jak to jest u większości osób nie przebudzonych przez Kundalini, Amrita spada do Manipury. Ale jeśli Lalana jest w jakiś sposób pobudzona, Vishuddhi również staje się aktywna. Nektar zostaje w ten sposób oczyszczony i przekształcony, stając się "Nektarem Nieśmiertelności". Jak wspomniano wcześniej, starożytne tradycje określały ten nektar jako "Eliksir Życia" i "Pokarm Bogów". W chrześcijaństwie jest to "Krew Chrystusa", która przyznaje Życie Wieczne. Po otwarciu niezbędnych centrów energetycznych, przekształcony nektar Amrita jest następnie redystrybuowany w całym Ciele Światła, umożliwiając jednostce doświadczenie prawdziwej transcendencji.

Czakra Lalana znajduje się na tylnej stronie podniebienia, a dokładniej w miejscu, gdzie szczyt rdzenia kręgowego spotyka się z pniem mózgu. W przekroju poprzecznym ludzkiego mózgu i czaszki (Rysunek 135), jej lokalizacja znajduje się pomiędzy Medulla Oblongata a podstawą czaszki, wzdłuż kanału centralnego rdzenia kręgowego. W tym miejscu nerw błędny i inne nerwy czaszkowe łączą się z pierwszym kręgiem szyjnym (Atlas).

Czakra Lalana znajduje się około dwóch cali powyżej Vishuddhi i jest z nią ściśle połączona. Lalana, co oznacza zarówno "energię żeńską" jak i "język", jest również nazywana Talu Czakrą i znajduje się bezpośrednio za gardłem, z tyłu ust. Energia Kundalini aktywuje Lalana Chakra, gdy wchodzi do pnia mózgu. Po jej aktywacji, Kundalini udaje się w kierunku wzgórza, gdzie pracuje nad otwarciem Ajny, a następnie Sahasrary.

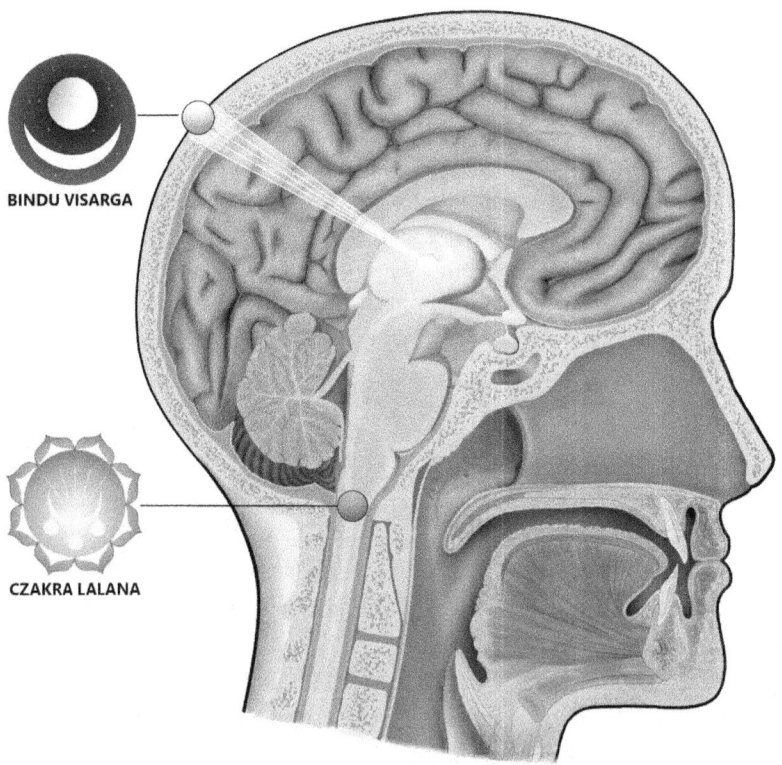

Rysunek 135: Czakra Lalana (Talu) i Bindu Visarga

Lalana jest również połączona z Bindu na szczycie tyłu głowy. Wraz z Vishuddhi, te trzy czakry są odpowiedzialne za to, co dzieje się z Amritą i czy spada ona w dół do Manipury, prowadząc do fizycznej degradacji, czy też jest okiełznana i wykorzystana do celów duchowych. Moce Lalana Czakra są najlepiej wykorzystywane, gdy Kundalini otworzy to centrum Czakry, ale jest też inna metoda, którą Jogini opracowali zwana Khechari Mudra.

KHECHARI MUDRA I JEJ WARIACJE

Jogini odkryli, że mogą wpływać na przepływ Amrity z ich Bindu za pomocą języka. Należąca do działu "Mana: Mudry głowy" Khechari Mudra jest potężną techniką, która wykorzystuje język do kierowania energii do mózgu. Polega ona na odwróceniu czubka języka do tyłu i próbie dotknięcia języczka lub "małego języka", który kieruje przepływ energii w stronę czakry Lalana.

Język jest bardzo potężny, jeśli chodzi o kierowanie energii do mózgu. W Qi Gong istotne jest, aby położyć czubek języka na wrażliwym obszarze dachu ust, aby połączyć dwa bardzo ważne meridiany energetyczne. Koniec języka jest przewodnikiem energii, który stymuluje wszystko, czego dotknie. W przypadku Khechari Mudry starasz się skierować przepływ energii do tyłu, do czakry Lalana, aby ją aktywować.

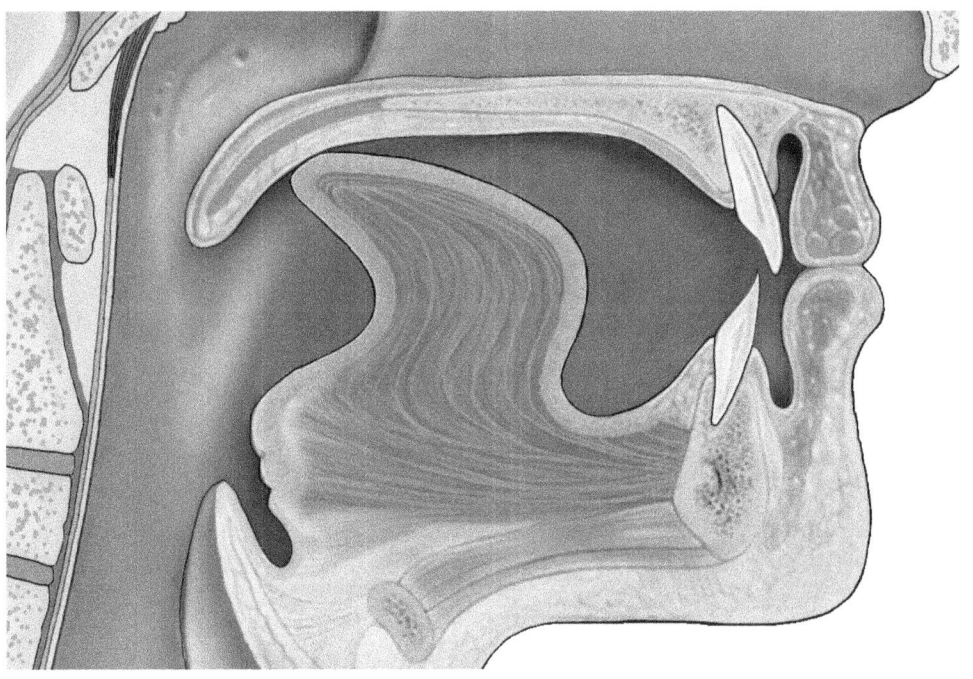

Rysunek 136: Podstawowa Khechari Mudra

Aby wykonać podstawową metodę Khechari Mudra, możesz usiąść w dowolnej wygodnej pozycji medytacyjnej. Z zamkniętymi oczami skieruj wzrok w stronę centrum Oka Umysłu między brwiami. Następnie, przy zamkniętych ustach, zwiń język do góry i do tyłu, tak aby jego dolna powierzchnia dotykała górnego podniebienia (Rysunek 136). Rozciągnij czubek języka tak daleko, jak to możliwe, próbując dotknąć języczka. Język nie powinien być zbytnio obciążony. Utrzymuj go teraz w tej pozycji tak długo, jak długo będzie to wygodne. Jeśli poczujesz dyskomfort, rozluźnij język wracając na kilka sekund do neutralnej pozycji, a następnie powtórz praktykę.

Khechari Mudra jest wykonywana jako część różnych asan, pranajam, mudr i bandhas dla optymalnych efektów tych ćwiczeń. Kiedy jest stosowana z odwróconą pozą Viparita Karani, pozwala praktykującemu łatwiej zachować Amritę.

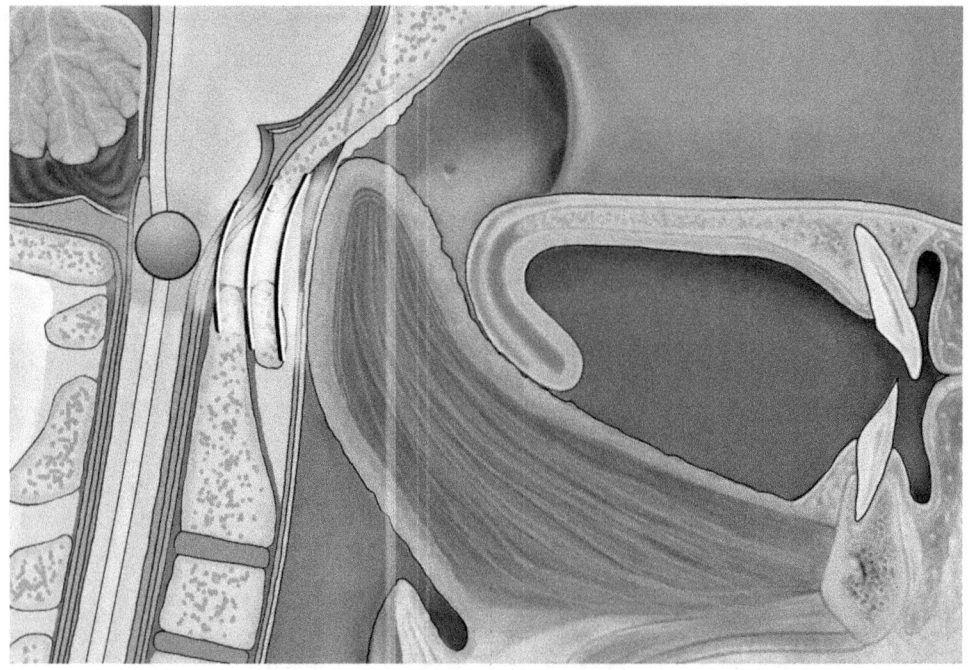

Rysunek 137: Zaawansowana Khechari Mudra

Zaawansowana Khechari Mudra polega na przecięciu dolnej części tkanki, która łączy spód języka z dnem jamy ustnej. Po wykonaniu tej czynności, język może zostać całkowicie wydłużony i umieszczony wewnątrz jamy nosowej za języczkiem (Rysunek 137). W ten sposób wywiera się nacisk na gardło, co stymuluje Lalanę i zapobiega spadaniu Amrity do splotu słonecznego. Kiedy Amrita zostanie uchwycona za pomocą Khechari Mudry, jej uzdrawiające efekty zaczynają się rozwijać. Zaawansowana metoda Khechari Mudra jest najlepiej praktykowana z pomocą wykwalifikowanego Guru.

Kiedy osoba przechodzi pełne i trwałe przebudzenie Kundalini, następuje swobodny przepływ energii Kundalini do Wzgórza. Stąd Kundalini płynie w kierunku Adżny, Sahasrary i Bindu. Kiedy czakra Bindu angażuje się w proces duchowej transformacji, wydziela Amritę w dół do czakry Lalana, która jest następnie oczyszczana przez Vishuddhi i przekształcana w swoją najbardziej wyrafinowaną formę. Ten nektar jest następnie rozprowadzany po całym Ciele Światła, odżywiając Siedemdziesiąt Dwa Tysiące Nadis i rozszerzając świadomość. W rezultacie przebudzona osoba zaczyna mieć ponadprzeciętną witalność, a jej proces starzenia się drastycznie spowalnia. Mogą przez długi czas obywać się bez jedzenia i wody, ponieważ czują się odżywione od wewnątrz przez ruch tych nowych energii.

Nektar Amrita jest bezpośrednio zaangażowany w proces Oświecenia. Chociaż możemy go wykorzystać poprzez wspomniane wyżej praktyki jogiczne, jego prawdziwym celem jest odgrywanie roli w podtrzymywaniu obwodu Kundalini. Przemieniony nektar Amrita odżywia obwód Kundalini, a ten polega na energii Światła, którą otrzymuje z pożywienia. Zapewnia emocjonalny spokój niezbędny do wstrzymania procesu starzenia się i przedłużenia zdrowia ciała fizycznego. Ten emocjonalny spokój jest najlepiej opisany jako stan *Nirwany,* który jest jednym z poszukiwanych celów Jogina. Stres jest jednym z kluczowych czynników starzenia się. Umieszczając umysł w neutralnym położeniu i wykorzystując nektar Amrity do odżywiania Ciała Światła, można osiągnąć długowieczność.

Z biegiem lat odkryłem kolejną wariację Khechari Mudry, która stała się jedną z dominujących praktyk w moim życiu. Odkryłem, że zakrzywianie języka w dół i odsuwanie go do tyłu wywiera również nacisk na Czakrę Lalana, co wspomaga proces odżywiania mojego obwodu Kundalini przemienioną Amritą. Aby wykonać to prawidłowo, musisz dotknąć czubkiem języka do wędzidełka, czyli fałdu błony śluzowej znajdującego się pod środkową częścią języka, który pomaga zakotwiczyć go w ustach i ustabilizować jego ruchy.

Natknąłem się na tę technikę przypadkowo, a dokładniej mówiąc, to moje Wyższe Ja doprowadziło mnie do znalezienia tej techniki i wykorzystania jej. Nigdy nie natknąłem się na tę praktykę w moich badaniach różnych tradycji duchowych, aby zweryfikować jej zastosowanie, więc to, czym się z tobą dzielę, jest unikalną informacją, której nie znajdziesz gdzie indziej.

Zacząłem ćwiczyć tę technikę lata temu, pozornie znikąd, i często przyłapuję się na robieniu tego przed innymi ludźmi, co czasami wywołuje dziwną reakcję z ich strony, ponieważ naturalnie zaciskam usta, kiedy to robię. Na okładce *The Magus* widnieje młodszy ja jako Hermes, przedstawiony z zaciśniętymi ustami, gdy wykonuję tę technikę. Moja żona uznała za stosowne przedstawić mnie w ten sposób, ponieważ często widzi, jak to robię.

Technika, którą odkryłem, pozwala mi wykorzystać energię Światła, którą otrzymuję z pożywienia, która zamienia się w płynną substancję Ducha (Amrita) w moim mózgu, a następnie jest redystrybuowana wzdłuż wielu Nadis w moim Ciele Światła. Zawsze towarzyszy temu uczucie ciepła, jakbym rozpalał stały ogień w mojej klatce piersiowej, jak to ma miejsce w przypadku stymulacji czakry Lalana. Należy pamiętać, że w tym wariancie język jest skierowany w dół, co często sprawia, że kwestionuję jego użycie i to, w jakim stopniu przynosi mi duchową korzyść. Lubię więc zrównoważyć to wykonując Podstawową Mudrę Khechari, obracając czubek języka do tyłu i dotykając górnego podniebienia. W ten sposób otrzymuję niezbędne energie, które płyną w górę do Mózgu, utrzymując jednocześnie stymulację Czakry Lalana.

MANTRA

Mantra to sanskryckie słowo, które oznacza "narzędzie umysłu" lub "instrument myśli". Jest to święta wymowa, Boski dźwięk, sylaba, słowo lub grupa słów w świętym języku z magiczną mocą w niewidzialnym świecie. Mantry są "słowami mocy", które można znaleźć w wielu różnych tradycjach duchowych, starożytnych i współczesnych, które służą jako narzędzia do przywoływania lub wywoływania energii do Aury. Ponieważ "manas" oznacza "umysł" w sanskrycie, celem mantry jest przekroczenie umysłu. Zawierają one, ale nie są ograniczone do imion Boga, Aniołów, Duchów i różnych Bóstw z dowolnego panteonu, do którego należy wybrana przez Ciebie Mantra.

W mojej poprzedniej książce przedstawiłem Ci już naukę o Mantrach, z których większość jest w języku hebrajskim i jest używana jako część ćwiczeń rytualnych Ceremonial Magick. Mantry w języku enochiańskim są samodzielnymi Mantrami, które są fonetyczną recytacją fragmentów w języku enochiańskim. Z powodu świętości i mocy języków hebrajskiego i enochiańskiego, te Mantry są potężne w zmianie czyjejś świadomości poprzez inwokację/wywołanie energii.

Na dachu ust znajdują się 84 punkty meridianowe, które język stymuluje poprzez intonowanie mantry. Te punkty meridianowe z kolei stymulują podwzgórze, które oddziałuje na szyszynkę, sprawiając, że ta pulsuje i promieniuje. Szyszynka daje wtedy impulsy całemu układowi endokrynologicznemu, umożliwiając uwalnianie hormonów, które wzmacniają nasz układ odpornościowy i neurologiczny, wprowadzając ciało w stan spójności. Dwa z uwolnionych hormonów to serotonina i dopamina, które tworzą emocjonalną błogość, podnoszącą świadomość na wyższy poziom.

Mantry, które przedstawię w tej książce są w języku sanskrytu, jednym z najstarszych języków świata (5000 lat). Sanskryt jest starożytnym językiem hinduizmu, który według legendy był środkiem komunikacji i dialogu hinduskich Niebiańskich Bogów. Starożytni Hindusi odnosili się do sanskrytu jako "Dev Bhasha" lub "Devavani", co oznacza "Język Bogów".

Wielkość języka sanskrytu polega na ukształtowaniu i wyjątkowości jego słownictwa, fonologii, gramatyki i składni, które pozostają w swej czystości do dziś. Jego pięćdziesiąt liter składa się z szesnastu samogłosek i trzydziestu czterech spółgłosek. Litery sanskrytu nigdy nie były zmieniane ani poprawiane przez czas, co czyni go idealnym językiem do tworzenia słów i wymowy.

Mantry sanskryckie wykorzystują dźwięki nasion, które tworzą energię wibracyjną słów, na które się przekładają. Wymawiając sanskrycką mantrę, jej wibracja wpływa na Twoją świadomość, co ma trwały wpływ na Twój umysł i ciało. Dlatego też zrozumienie znaczenia sanskryckiej mantry jest kluczowe dla poznania rodzaju zmiany energetycznej, jaką ona wywoła.

Mantry przedstawione w tym rozdziale należy wibrować za pomocą strun głosowych w projekcyjnym, energetyzującym tonie. Należy je wykonywać w monotonnym, naturalnym C, wydłużając wymowę. Jeśli kiedykolwiek słyszałeś śpiew tybetańskich mnichów, ma to brzmieć podobnie. Wibracja i "intonowanie" to słowa zamienne, jeśli chodzi o wykonywanie mantry.

ŚWIĘTA LICZBA 108

Standardowe powtórzenie Mantry w wielu wschodnich tradycjach duchowych wynosi 108 razy. Liczba ta jest podstawą całego Stworzenia, reprezentuje Wszechświat i nasze istnienie. Hindusi, Jogini i Buddyści wierzą, że wibrując/czarując Mantrę 108 razy, dostosowujemy się do Woli Stwórcy i jego twórczej energii. Uważają, że harmonizując naszą osobistą wibrację z Uniwersalną, przyjmujemy nasze prawo do bycia Współtwórcą, co pozwala nam na manifestację każdej rzeczywistości, jakiej pragniemy.

Istnieje wiele powodów, dla których liczba 108 jest uważana za świętą, niektóre z nich można znaleźć w nauce i matematyce. Na przykład Słońce jest 108 razy większe od średnicy Ziemi, a odległość od Ziemi do Słońca jest 108 razy większa od średnicy Słońca. Również odległość od Ziemi do Księżyca jest 108 razy większa od średnicy Księżyca.

W Astrologii w naszym Układzie Słonecznym jest dwanaście Konstelacji Zodiakalnych i dziewięć Planet (siedem Starożytnych Planet plus Uran i Neptun). Dlatego dwanaście pomnożone przez dziewięć równa się 108. Dodatkowo istnieje dwadzieścia siedem Księżycowych dworów, które są podzielone na cztery kwartały. Kiedy pomnożymy dwadzieścia siedem przez cztery, wynik znów wynosi 108.

W religii hinduistycznej istnieje 108 Upaniszad, które są świętymi tekstami mądrości przekazywanymi przez starożytnych riszich. Każde bóstwo w hinduizmie ma również 108 imion, których właściwości lub moce możemy przywołać poprzez ich odpowiednie Mantry.

W alfabecie sanskryckim, ponieważ są 54 litery, a każda z nich ma cechy męskie (Śiwa) i żeńskie (Śakti), całkowita liczba wariantów wynosi 108. W jogicznym systemie czakr również uważa się, że istnieje 108 linii energetycznych (Nadis), które zbiegają się w czakrze serca, centrum miłości i transformacji naszego Ciała Światła.

W medycynie ajurwedyjskiej mówi się, że w ciele znajduje się 108 punktów energii życiowej, zwanych Marmami. Praca z Marmami jest korzystna dla poprawy naszych stanów psychicznych i fizjologicznych. Intonując mantrę 108 razy, wysyłamy boską energię do każdego punktu Marma, aktywując jego właściwości lecznicze.

Święte pisma buddystów tybetańskich również, zostały podzielone na 108 świętych ksiąg. Ponadto buddyści wierzą, że droga do Nirwany jest wybrukowana dokładnie 108 pokusami. Wierzą, że 108 defilementów, czyli grzechów, uniemożliwia nam życie w doskonałym, spokojnym stanie.

To tylko niektóre z powodów, dla których liczba 108 jest święta. Jest ich o wiele więcej nie tylko we wschodnich religiach i tradycjach duchowych, ale także w zachodnich. Na przykład, liczba 108 jest używana w islamie w odniesieniu do Boga. I tak dalej.

MEDYTACJA JAPA

Tradycyjnie, naszyjnik z koralików Mala jest używany w tradycjach Jogi, Buddyzmu, Hinduizmu, Jainizmu i Sikhizmu jako część praktyki Mantry, którą określa się jako medytację Japa. Mala ma 108 koralików i jeden koralik "Guru", który jest używany jako znacznik początku i końca cyklu. Niezależnie od tego, czy intonujesz na głos, czy recytujesz po cichu, śledzenie palcami koralików Mala pomoże Ci śledzić Twoją mantrę. Podobne narzędzia były używane od pokoleń w wielu religiach i tradycjach duchowych, włączając w to paciorki różańca używane przez chrześcijan do modlitwy.

Aby wykonać medytację Japa, musisz zdobyć naszyjnik z koralików Mala, który będzie używany z Mantrami przedstawionymi poniżej. Mala nie tylko pozwoli Ci wykonać 108 powtórzeń z łatwością, ale stanie się potężnym duchowym przedmiotem w Twoim życiu, który wprowadzi Cię we właściwe ramy umysłu w chwili, gdy trzymasz go w ręku.

Można jednak pracować z medytacyjnymi Mantrami bez Mali, więc jeśli z jakiegoś powodu nie możesz jej zdobyć, nie zniechęcaj się do praktykowania Mantr bez niej. Jak wspomniano wcześniej, wibracja/czarowanie Mantr ma efekt kumulacyjny w zakresie przywoływanej/wywołanej energii, więc czy zrobisz 108 wymówień czy 100, na przykład, wynik będzie stosunkowo nieistotny. Technicznie rzecz biorąc, możesz nawet skupić się na wykonywaniu Mantry przez pewien czas, na przykład przez pięć do piętnastu minut, i odmierzyć sobie czas tak, żeby wykonać około 100 wymówień. Mimo to, wierzę w moc tradycyjnej praktyki, szczególnie tej z tysiącletnią tradycją, więc zanim zaczniesz poprawiać jej mechanikę, lepiej jest opanować jej oryginalną formę i przejść od niej.

Najlepiej jest wykonywać swoją medytację Mantry wcześnie rano, przed jedzeniem. Jeśli chcesz powtórzyć swoją Mantrę, zrób to w nocy, dając trochę czasu pomiędzy sesjami, aby przywołana/wywołana energia mogła na Ciebie zadziałać.

Aby rozpocząć praktykę Dżapy, wybierz swoją medytacyjną Mantrę z opcji podanych poniżej. Każda Mantra medytacyjna wpływa na naszą energię w inny sposób, więc przeczytaj dokładnie jej opis, abyś mógł zastosować każdą z nich w razie potrzeby. Następnie znajdź miejsce, w którym usiądziesz wygodnie z wyprostowanym kręgosłupem i zamkniętymi oczami. Idealna będzie jedna z przedstawionych do tej pory medytacyjnych Asan. Weź teraz kilka głębokich oddechów, aby zestroić się ze swoją intencją.

Trzymaj swoją Malę w prawej ręce (w Indiach lewa ręka jest uważana za nieczystą), przewleczoną przez środkowy palec, gdy palec wskazujący wygodnie się wysuwa (Rysunek 138). Zaczynając od koralika Guru, użyj kciuka, aby policzyć każdy mniejszy koralik, gdy ciągniesz Malę do siebie z każdą wymową mantry. Wdychaj przed każdą wypowiedzią w spokojny i rytmiczny sposób.

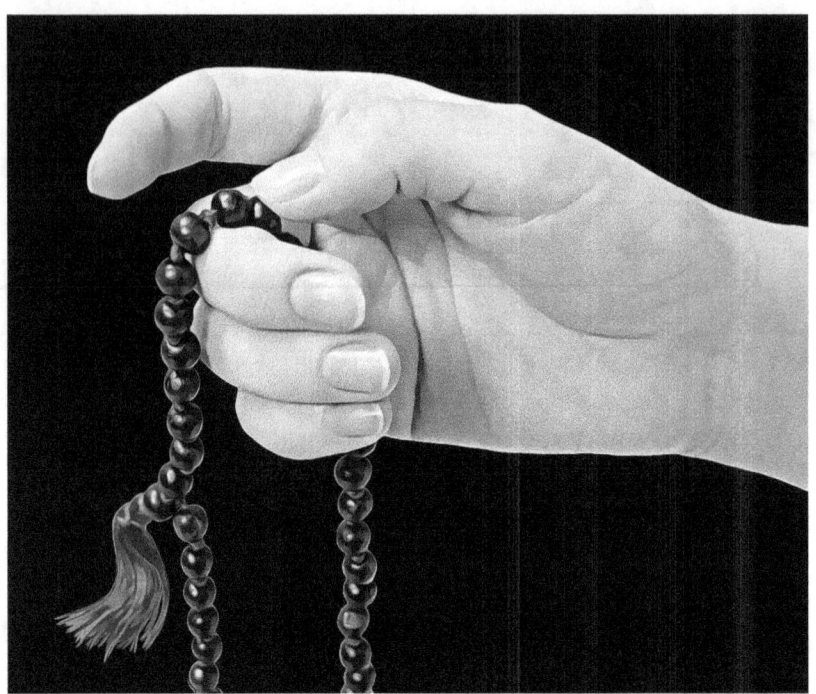

Rysunek 138: Liczenie Koralików Mala

Powtarzasz swoją Mantrę 108 razy, przechodząc przez koraliki Mala, kończąc na koraliku Guru, od którego zacząłeś. Jeśli chcesz kontynuować medytację z Mantrą, odwróć kierunek i zacznij proces od nowa zamiast przechodzić przez koralik Guru. Pamiętaj, aby wykonać pełne 108 cykli.

Powtarzanie sanskryckich Mantr pozytywnie wpływa na Twój system nerwowy, pozostawiając Cię spokojnym i zrelaksowanym, co jest jednym z początkowych efektów ubocznych. Ponadto, te Mantry równoważą Twoje wewnętrzne energie, co poprawia koncentrację i samoświadomość. Jednak regularne powtarzanie sanskryckich Mantr działa na głębokim, podświadomym poziomie, tworząc trwałe efekty lecznicze dla umysłu, ciała i Duszy. Dlatego, gdy rozpoczynasz tę praktykę, bądź cierpliwy i konsekwentny w jej wykonywaniu codziennie, aby z czasem uzyskać pożądane rezultaty.

MANTRY MEDYTACYJNE

Om
Wymowa: *Aaa-Uuu-Mmm*

"Om" to najbardziej uniwersalna Mantra w sanskrycie. Uważa się, że jest to pierwszy dźwięk usłyszany przy tworzeniu Kosmosu, z którego wyłaniają się wszystkie rzeczy. "Om" oznacza esencję ostatecznej rzeczywistości, która jest Kosmiczną Świadomością. Większość sanskryckich mantr zaczyna się lub kończy "Om".

"Om" (wymawiane AUM) reprezentuje cykl życia - życie, śmierć i odrodzenie. Odnosi się również do hinduistycznej Trójcy (Trimurti) Brahmy, Wisznu i Śiwy. "Aaa" reprezentuje tworzenie, "Ooo" oznacza utrzymanie lub konserwację, a "Mmm" to zniszczenie, w odniesieniu do pokonania Ego, aby osiągnąć Samorealizację. Wreszcie, AUM reprezentuje Trzy Gunas natury i cztery etapy świadomości; czwarty etap reprezentuje ciszę umysłu osiągniętą, gdy praktykujący osiąga Samadhi.

Skandowanie Aaa-Uuu-Mmm (AUM) pomoże Ci odłączyć się od Twojego Ego i ponownie połączyć się z Duchem wewnątrz, który jest wszechtwórczy i wszechogarniający. Kiedy wymawiasz każdą sylabę w pełni, poczujesz jak energia unosi się z dna miednicy, poprzez serce, aż do korony głowy. Jest to ścieżka Kundalini, której celem jest wyzwolenie Duszy z ciała w tym życiu.

Dźwięk "Om" wibruje z częstotliwością wibracji 432 Hz, która występuje we wszystkim w naturze. Jako taki, dźwięk ten uzdrawia umysł i ciało na poziomie komórkowym, doprowadzając nas do harmonii z naszym otoczeniem. Usuwa wszelkie napięcia i niepokoje poprzez uspokojenie umysłu i zharmonizowanie naszych wewnętrznych energii. Pomaga również poprawić koncentrację, wzmacniając jednocześnie kreatywność i ogólną pozytywną energię.

Na poziomie fizycznym "Om" poprawia funkcjonowanie płuc i układu trawiennego, jednocześnie odtruwając organizm. Podczas wymawiania Aaa-Ooo-Mmm, trzy unikalne częstotliwości powinny płynąć naturalnie jako jeden dźwięk.

ॐ नमः शिवाय

Om Namah Shivaya
Wymowa: *Aummm Nah-Mahh Shee-Vah-Yahh*

"Om Namah Shivaya" tłumaczy się jako "O pozdrowienia dla pomyślnego" lub po prostu "Kłaniam się Panu Sziwie". Ta powszechnie używana mantra przyciąga umysł do nieskończonej, wszechobecnej obecności Pana Śiwy - zasady Kosmicznej Świadomości wszechświata. Nazywana jest również "Śiwa Panczakszara", co oznacza "Pięciosylabową Mantrę", zasadniczą mantrę w szajwiźmie, która przynosi ciszę umysłowi.

Pięć sylab "Namah Shivaya" reprezentuje Pięć Elementów, które tworzą całe Stworzenie: "Na" dźwięk reprezentuje Ziemię, "Ma" - Wodę, "Shi" - Ogień, "Va" - Powietrze, a "Ya" - Ducha. "Om" jest wykluczone, ponieważ jest to pierwszy dźwięk Wszechświata, który oznacza pokój i miłość, energetyczny fundament Kosmicznej Świadomości.

Ponieważ Sziwa jest najwyższym bogiem transformacji, który reprezentuje nasze Wyższe Ja, mantra ta podnosi naszą świadomość poprzez harmonizację Pięciu Elementów wewnątrz Jaźni. W ten sposób nie tylko wnosi do naszego życia radość i błogość, ale również łączy nas z całą naturą, a mianowicie z fizyczną reprezentacją Pięciu Elementów, które symbolizuje Śiwa - ziemią, morzem, powietrzem i Słońcem.

Ponieważ łączy nas z naszym Świętym Aniołem Stróżem, naszym Bogiem-Jaźnią, mówi się, że mantra Om Namah Shivaya przezwycięża efekty Makrokosmosu - gwiazd stałych i orbitujących planet, które subtelnie wpływają na nas na poziomie energetycznym. Buduje ona w naszym systemie transcendentalną energię, która podnosi świadomość, umożliwiając nam doświadczenie wyższych Planów Kosmicznych. Mantra ta łączy nas z najwyższą czakrą, Sahasrarą - źródłem całego Stworzenia.

Om Mani Padme Hum
Wymowa: *Aummm Mah-neee Pahd-mayyy Hummm*

Ta sanskrycka mantra jest związana z Avalokiteshvarą (sanskryt), Bodhisattwą współczucia. Bodhisattwowie to oświecone, współczujące Istoty, które wspomagają duchowe cele innych. Buddyści tybetańscy odnoszą się do tej samej Istoty jako Czenrezig, podczas gdy Chińczycy nazywają ją Quan Yin. Regularna praktyka tej Mantry zaszczepia poczucie miłości i życzliwości wobec siebie i innych, co uwalnia nas od emocjonalnego cierpienia naszej przyziemnej egzystencji.

Tłumaczenie tej Mantry brzmiałoby "Chwała Klejnotowi w Lotosie". Sam klejnot odnosi się do współczucia, które oczyszcza Duszę, obdarzając ją błogością Boskiego Światła. Tak jak lotos nie jest zabrudzony błotem, w którym rośnie, tak samo istoty ludzkie mogą używać współczucia, aby wznieść się ponad opresję Niższego Ja, Ego, i osiągnąć Oświecenie.

"Om Mani Padme Hum" można podzielić na sześć sylab, które reprezentują stopniową i progresywną ścieżkę od tego, co przyziemne, do tego, co duchowe: "Om" to pierwotny dźwięk wszechświata, który wprowadza nas w harmonię z Kosmosem, "Ma" to nasza altruistyczna intencja rozwijania etyki i moralności, która oczyszcza zazdrosne skłonności, "Ni" buduje tolerancję i cierpliwość, uwalniając nas od niższych pragnień i pozostawiając nas spokojnymi i zadowolonymi, "Pad" uwalnia nas od uprzedzeń i ignorancji, które zagradzają drogę do miłości i akceptacji, a "Me" uwalnia nas od przywiązania i zaborczości, pozwalając nam kultywować nasze siły koncentracji. Wreszcie "Hum" uwalnia nas od agresji i nienawiści, ponieważ reprezentuje jedność wszystkich rzeczy, która otwiera drzwi do mądrości i zrozumienia.

Dalajlama, którego buddyści uważają za obecną inkarnację Czenreziga, twierdzi, że każda z nauk Buddy mieści się w tej potężnej mantrze. Aby ją odblokować, trzeba ją nie tylko intonować, ale także skupić się na znaczeniu każdej z sześciu sylab.

हरे कृष्ण हरे कृष्ण | कृष्ण कृष्ण हरे हरे | हरे राम हरे राम | राम हरे हरे

Hare Kryszna, Hare Kryszna, Kryszna Kryszna, Hare Hare
Hare Rama, Hare Rama, Rama Rama, Hare Hare
Wymowa: *Huh-ray Krish-Naaa, Huh-ray Krish-Naaa, Krish-Naaa Krish-Naaa, Huh-ray Huh-rayyy, Huh-ray Ramaaa, Rama Ramaaa, Huh-ray Huh-rayyy*

Mantra Hare Kryszna, znana również jako "Maha" lub "Wielka" Mantra, jest świętym sanskryckim wersetem, którego celem jest ożywienie urzeczywistnienia Boga w sobie, znanego jako świadomość Kryszny. Jest on zakorzeniony w tradycji Vaishnava hinduizmu i jest centralnym elementem ścieżki Bhakti Jogi. Ma tylko cztery wersy, złożone z imion hinduistycznych bóstw: Hare, Kryszna i Rama. Hare łączy w sobie energię Hari (Pana Wisznu) i Hara (konsorcjum Kryszny, Śakti), natomiast Kryszna i Rama to imiona dwóch awatarów, czyli boskich inkarnacji Pana Wisznu.

Pan Kryszna ma wiele podobieństw do Jezusa Chrystusa, ponieważ uważa się, że obaj byli synami Boga, którzy byli w pełni ludzcy i w pełni boscy. Obie nauki podkreślały miłość i pokój, ponieważ ich misją było przywrócenie dobra w moralnie upadłym świecie. Próbując osiągnąć w sobie Świadomość Kryszny, odwołujemy się do Świadomości Chrystusowej - stanu świadomości, w którym osoby działają w pełnej harmonii z Boskością. Ten stan świadomości jest prekursorem lub przygotowaniem (w pewnym sensie) do osiągnięcia Świadomości Kosmicznej.

Praktyka Maha Mantry aktywuje w Tobie Duchową energię w Czakrze Serca, której celem jest przekształcenie Twojej świadomości, abyś mógł przekroczyć swoje Ego. Subtelny stan świadomości, który zostaje osiągnięty, uwalnia Jaźń od iluzji odrębności, pozwalając energii miłości przejąć kontrolę i zharmonizować umysł, ciało i Duszę. W ten sposób osiągana jest świadomość Kryszny, przygotowująca drogę dla radości i błogości, które na stałe wkroczą do Twojego życia.

ॐ शान्तिः शान्तिः शान्तिः

Om Shanti Shanti Shanti
Wymowa: *Aummm Shanteee Shanteee Shanteee*

Mantra "Om Shanti" jest powszechnie stosowana w hinduskich i buddyjskich modlitwach, ceremoniach i literaturze; jej znaczenie tłumaczy się na "Om Pokoju". "Shanti" pochodzi od sanskryckiego słowa korzeniowego "szam", co oznacza spokój, ciszę, dobrobyt i szczęście. Jest to korzeń słowa "Shalom" w języku hebrajskim i "Salam" w języku arabskim, z których oba oznaczają również "Pokój". Intonując tę mantrę, nie tylko znajdujesz głęboki poziom pokoju w sobie, ale wysyłasz ofiary pokoju do całego świata.

Tradycyjnie słowo "Shanti" intonuje się trzykrotnie, ponieważ przywołuje ono spokój i ochronę na trzech poziomach Jaźni: świadomej, podświadomej i nadświadomej (Bóg-Ja). Świadoma Jaźń należy do Ziemi, podczas gdy podświadomość sięga w dół do Podziemi (Piekła), a nadświadomość odnosi się do Niebios (Gwiazd) powyżej. Te trzy można ponownie podzielić na ciało, umysł i Ducha lub Plan Fizyczny, Astralny i Duchowy.

"Om Shanti" może być również używane jako forma pozdrowienia w Jodze. Kiedy mówi się je na głos do innego praktykującego, jest to życzenie, aby druga osoba doświadczyła uniwersalnego pokoju. Angielskie tłumaczenie brzmi "Peace be with you" lub "Namaste" - choć słowa te brzmią inaczej, znaczenie jest takie samo. Pamiętaj, aby podczas wymawiania "Shanti" docisnąć język do zębów, a nie do górnego podniebienia - wytworzony dźwięk "t" powinien brzmieć inaczej niż angielska wersja "t".

ॐ नमो गुरु देव् नमो

Ong Namo Guru Dev Namo
Wymowa: Onggg Nah-Moh Guh-Ruh Devvv Nah-Moh

Ta sanskrycka mantra tłumaczy się na "Kłaniam się Twórczej Mądrości, kłaniam się Boskiemu Nauczycielowi wewnątrz". Innym tłumaczeniem jest "Kłaniam się wszystkiemu, co jest", jako Mantra Jedności. Jej inna nazwa to "Adi Mantra", która jest często używana w Jodze Kundalini na początku jej praktyki, szczególnie w warunkach klasowych. Była ona niezbędna dla Yogi Bhajana, hinduskiego nauczyciela duchowego, który przyniósł Jogę Kundalini na Zachód. Wielu praktykujących wierzy, że Adi Mantra pozwala dostroić się do szczególnej częstotliwości wibracji Jogi Kundalini, odblokowując jej najgłębsze zrozumienie i cel.

Intonowanie tej mantry umożliwia nam uniżenie się i połączenie z naszym Wyższym Ja - wewnętrznym nauczycielem, który przekazuje nam uniwersalną mądrość i wiedzę, kiedy nasz umysł jest w stanie receptywnym. Podnosi ona wibracje naszej świadomości, pozwalając nam zaufać i słuchać naszych wewnętrznych wskazówek. Przekazuje nam również, że sami jesteśmy największymi nauczycielami w życiu i nie potrzebujemy żadnych innych nauczycieli.

Mantra "Ong Namo Guru Dev Namo" pozwala nam wykorzystać nasz najwyższy potencjał jako Duchowych istot ludzkich. Tłumaczenie każdego słowa ujawnia jego moc przekształcania naszej świadomości. Na początek, "Ong" oznacza nieskończoną twórczą energię lub subtelną Boską mądrość. Jego wymawianie jest podobne do mówienia "Om", z dodatkową zaletą przesuwania dźwięku w ustach z przodu na tył gardła, co stymuluje różne części mózgu, zwłaszcza przysadkę mózgową i szyszynkę.

"Namo" jest odpowiednikiem "Namaha", co oznacza "moje pełne szacunku pozdrowienia", podczas gdy Guru jest nauczycielem duchowym, który prowadzi swoich uczniów na ścieżce ku Oświeceniu. "Dev" jest krótszą wersją terminu "Deva", sanskryckiego słowa oznaczającego Boga lub Bóstwo. Ponieważ Deva następuje po Guru w mantrze, sugeruje to, że duchowy nauczyciel jest Boski i Święty. I wreszcie, "Namo" na końcu potwierdza pokorę i szacunek.

Mantra ta uszlachetnia energię wokół i wewnątrz nas, czyniąc nas naczyniem dla wyższej świadomości. Poprzez intonowanie jej, człowiek posiada mądrość i wsparcie pokoleń Joginów Kundalini, jednocześnie wzmacniając swoje połączenie z wyższą, boską jaźnią.

ॐ गं गणपतये नमः

Om Gam Ganapataye Namaha
Wymowa: *Aummm Gummm Guh-Nuh-Puh-Tuh-Yahhh Nah-Mah-Haaa*

"Om Gam Ganapataye Namaha" to potężna modlitwa i Mantra, która wychwala ukochanego hinduskiego słonia-boga, Pana Ganesha. Jego angielskie tłumaczenie to "Moje pozdrowienia dla Pana Ganesha". W hinduizmie, Lord Ganesha jest uznawany za usuwanie przeszkód i mistrza wiedzy. Jest znany z tego, że daje szczęście, dobrobyt i sukces, zwłaszcza gdy podejmuje się nowe przedsięwzięcie.

Pan Ganesha jest związany z czakrą Muladhara i elementem ziemi. Jest on często przywoływany w celu oczyszczenia drogi, gdy ktoś czuje się psychicznie zablokowany i potrzebuje zmiany perspektywy. Jego energia uziemia nas, pomagając nam przezwyciężyć wyzwania i blokady twórcze. Pan Ganesha wzmacnia nas poprzez poprawę koncentracji, skupienia i wiedzy, ułatwiając osiągnięcie wewnętrznego spokoju.

Dźwięk "Gam" jest Bija Mantrą dla Ganeshy, podczas gdy "Ganapataye" jest odniesieniem do jego innego imienia-Ganapati. Mówi się, że jeśli ktoś intonuje Mantrę Pana Ganesha 108 razy dziennie, cały strach i negatywność z jego serca zostaną usunięte. Dzieje się tak dlatego, że strach jest produktem ubocznym skorumpowanych elementów Wody i Powietrza, które Element Ziemi gruntuje, kiedy jest wprowadzany.

ॐ श्री सरस्वत्यै नमः

Om Shri Saraswataya Namaha
Wymowa: *Aummm Shree Sah-Rah-Swah-Tah-Yahhh Nah-Mah-Haaa*

Mantra "Om Shri Saraswataya Namaha" przywołuje moc hinduskiej bogini Saraswati (Rysunek 139), która jest związana z mądrością, nauką i sztukami twórczymi. Angielskie tłumaczenie brzmi: "Pozdrowienia dla Bogini Saraswati. "Skandowanie tej mantry pobudza naszą kreatywność i rozpala intelekt. Ponadto, inspiruje nas do wyrażania siebie poprzez sztukę, muzykę i literaturę. Jeśli ktoś śpiewa tę Mantrę przed rozpoczęciem nowego twórczego przedsięwzięcia, będzie miał szczęście.

Rysunek 139: Bogini Saraswati

Saraswati jest uważana za matkę *Wed*, starożytnych pism hinduistycznych i jogicznych. Wielu wykształconych ludzi wierzy, że regularne intonowanie Mantry Saraswati może dać im głęboką wiedzę i mądrość dotyczącą tajemnic Stworzenia, która wyzwoli ich z cyklu śmierci i odrodzenia (Saṃsara). Ten proces emancypacji określają mianem "Moksha".

W mantrze "Om Shri Saraswataya Namaha", Shri jest tytułem czci często używanym przed imieniem honorowej osoby lub Bóstwa. Saraswati jest konsortem hinduskiego Boga Brahmy, który stoi na czele Trimurti. Ponieważ Brahma reprezentuje proces tworzenia, jest on związany z elementem powietrza i myślami, które zasilają i kształtują intelekt. Saraswati jest Shakti Brahmy lub twórczą energią żeńską. Reprezentuje ona pasywny aspekt tej samej energii, skierowany na płaszczyznę fizyczną. Saraswati symbolizuje inspirację, która napędza naszą twórczą ekspresję.

BIJA MANTRY I MUDRY SIEDMIU CZAKR

Każda z siedmiu czakr ma święte słowo lub dźwięk z nią związany, zwany Bija, czyli "Nasienie" Mantra. Możemy używać tych Mantr w Uzdrawianiu Dźwiękiem, aby dostroić i zrównoważyć energie czakr i przywrócić je do ich optymalnej wibracji. Poprzez korygowanie częstotliwości energetycznej Czakr, ich uśpiony potencjał zostaje uwolniony.

Kiedy brzmią Bija Mantry siedmiu czakr, łączymy się z odpowiadającymi im Pięcioma Elementami. To połączenie jest tworzone przez pozycję języka w ustach podczas wibracji Bija Mantry. Pięć Elementów jest przypisanych do pierwszych pięciu Czakr. Jednocześnie Adżna reprezentuje dwoistość męskich (Pingala) i żeńskich (Ida) sił w naturze, Yin i Yang, a Sahasrara reprezentuje całość i jedność wszystkich czakr. Mantry Bija dla siedmiu czakr są przedstawione poniżej.

- **LAM** - Muladhara, Czakra Korzenia - Element Ziemi - Pierwsza Mantra Bija
- **VAM** - Swadhisthana, Czakra Sakralna - Element Wody - Druga Mantra Bija
- **RAM** - Manipura, Czakra Splotu Słonecznego - Element Ognia - Trzecia mantra Bija
- **YAM** - Anahata, Czakra Serca - Element Powietrza - Czwarta Mantra Bija
- **HAM** - Vishuddhi, Czakra Gardła - Element Ducha - Piąta Mantra Bija
- **SHAM** - Ajna, Czakra Oka Umysłu - Dualność - Szósta Mantra Bija
- **OM** - Sahasrara, Czakra Korony - Jedność - Siódma Mantra Bija

Jednakże, tych siedem nie jest jedynymi istniejącymi mantrami Bija. Każda z 50 liter sanskryckiego alfabetu ma swoją własną Bija Mantrę. W konsekwencji 50 sanskryckich liter jest związanych z pierwszymi sześcioma czakrami, których płatki mają łącznie 50, znajdującymi się również w Tysiącpłatkowym Lotosie Sahasrary. Według pism jogicznych, kiedy sanskrycka litera brzmi w mantrze, otwiera ona odpowiadający jej płatek czakry, z którą jest związana. Płatki Mantry Czakr są podane na rysunku 140.

Rysunek 140: Bija Mantry Płatków Czakr

Mantry Bija są używane w praktykach jogicznych i medytacji od tysięcy lat z powodu ich duchowego wpływu na nasze emocjonalne i mentalne stany Bycia. Mogą one być udźwiękowione (wibrowane cicho lub skandowane na głos) lub medytowane samodzielnie lub dołączone na początku dłuższych Mantr w celu zwiększenia ich mocy energetycznej. Te pierwotne Mantry nie mają bezpośredniego tłumaczenia jak inne części Mantry. Jednak ich intensywne właściwości wibracyjne czynią je potężnym narzędziem dostępu do wyższych poziomów świadomości.

Kiedy intonowane są jako część dłuższej Mantry, Bija Mantry wyrażają ogólnie podstawową energię lub esencję tej Mantry. Na przykład, OM jest źródłem, lub nasieniem, z którego pochodzą wszystkie inne dźwięki w Mantrze. Dlatego jest to najbardziej nadrzędna Bija Mantra jako dźwięk Para-Brahmana (Najwyższego Brahmana); litery alfabetu sanskryckiego są jedynie emanacjami z OM, który jest ich dźwiękiem źródłowym.

OM reprezentuje czakrę Sahasrara, energię źródłową pozostałych sześciu czakr znajdujących się pod nią. Sahasrara jest Białym Światłem, z którego emanuje kolejno siedem kolorów tęczy, odpowiadających kolorom siedmiu czakr. Zauważ, że Sahasrara jest tradycyjnie biała lub fioletowa, ponieważ fiolet jest najwyżej wibrującym kolorem na wierzchołku tęczy.

Siedem Mudr Ręcznych z rysunku 141 jest tradycyjnie używanych do otwarcia siedmiu głównych czakr. Łącząc te Mudry Ręki z Mantrami Bija siedmiu czakr, mamy potężną technikę optymalizującą przepływ energii w czakrach i pomagającą obudzić Kundalini u podstawy kręgosłupa.

Siedem Czakr Mudra/Mantra Praktyka Uzdrawiania

Rozpocznij praktykę Chakra Mudra/Mantra od umycia rąk. Następnie znajdź wygodną pozycję siedzącą, w asanie medytacyjnej lub na krześle. Następnie pozwól sobie na uspokojenie swojego wnętrza poprzez praktykę Czterokrotnego Oddechu i wyciszenie umysłu. Ponieważ to ćwiczenie zawiera komponent wizualizacji, pomocnym jest mieć zamknięte oczy podczas jego wykonywania.

Istnieją dwie metody wykonywania tej praktyki, z których obie powinny być często używane i wymieniane. Pierwsza metoda wymaga, abyś rozpoczął od Muladhara Mudra i pracował w górę poprzez czakry. Ta szczególna sekwencja odzwierciedla wznoszenie się Kundalini, jak również wspinanie się na Drzewo Życia, gdzie zaczynasz swoją podróż w najniższej sferze lub czakrze i poruszasz się w górę w świadomości, aż osiągniesz najwyższą.

Podczas wykonywania Mudry Ręki dla każdej czakry, wibruj/czaruj jej Bija Mantrę w energetyzującym i projekcyjnym tonie wokalnym. Możesz spędzić od jednej do pięciu minut na każdej mudrze zanim przejdziesz dalej. Bądź konsekwentny w tym jak długo spędzasz czas nad każdą mudrą. Na przykład, jeżeli zdecydujesz się spędzić dwie minuty na Muladhara Mudra, to powtórz ten czas również na kolejnych Mudrach Ręki. Kluczem do każdej udanej praktyki duchowej jest konsekwencja i równowaga.

Wykonując Mudrę Ręki i wibrując odpowiadającą jej Bija Mantrę, skup się na obszarze czakry. Połącz się z czakrą i wyobraź sobie, że jej kolor uzupełniający staje się coraz jaśniejszy, ponieważ energia światła przenika ją z każdą wibracją. Wizualny komponent tego ćwiczenia jest korzystny dla skupienia energii przywoływanych przez mantry.

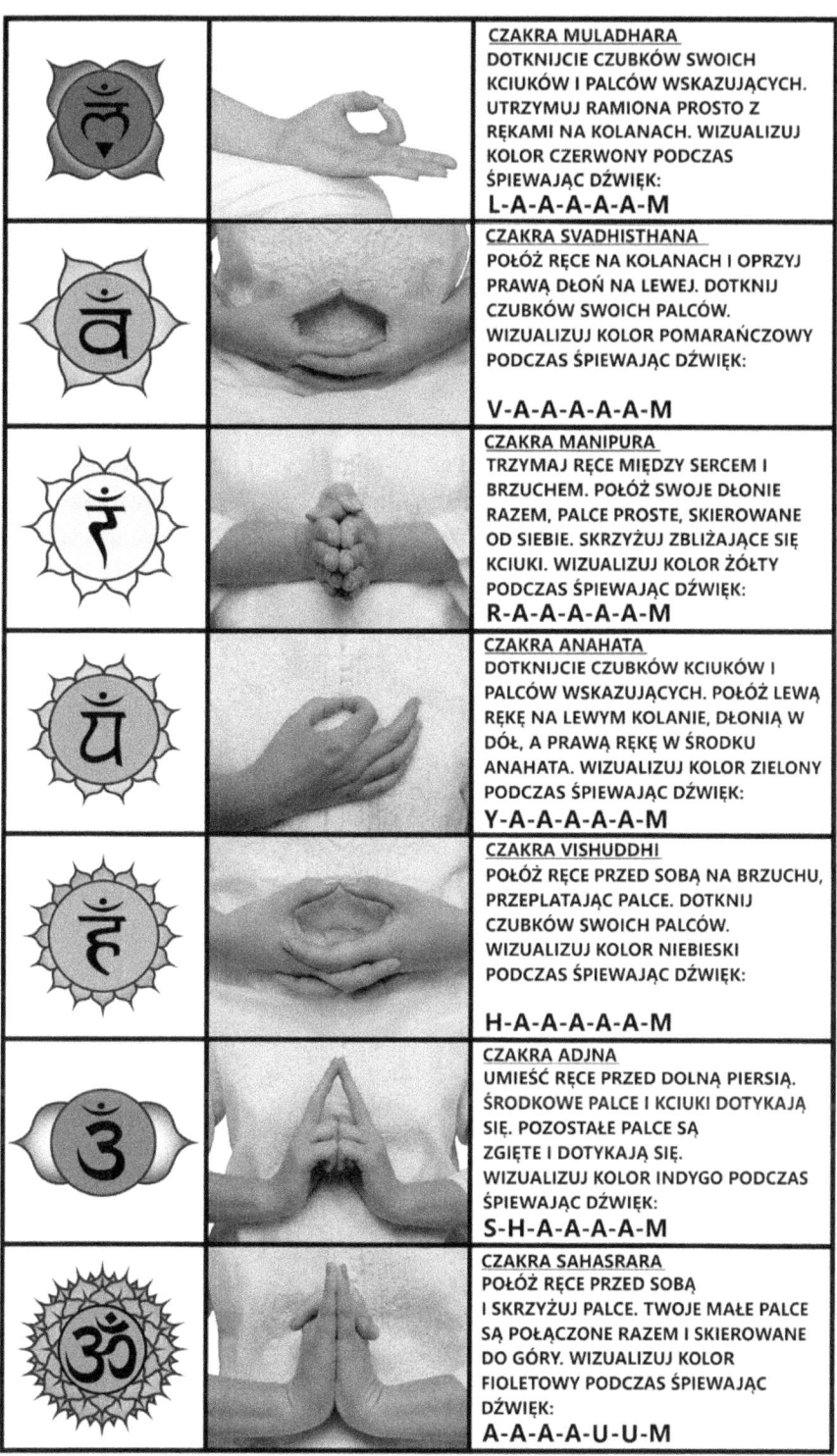

Rysunek 141: Siedem Czakr Mudry/Mantry

W drugiej metodzie praktyki Mudry/Mantry Czakry, zaczynasz od najwyższej, Sahasrary, i pracujesz w dół w kolejności przez czakry. W tej metodzie, wyobraź sobie Sahasrarę jako czyste Białe Światło zamiast koloru fioletowego. Po zakończeniu kombinacji mudra/mantra Sahasrary, wyobraź sobie promień Światła wychodzący z niej i łączący się z czakrą Adżna poniżej.

Kiedy skończysz z Ajną, rzutuj ten sam promień światła w dół do Vishuddhi, i tak dalej. Wizualizuj sobie wiązkę światła, która przechodzi z jednej czakry do drugiej, aż dojdziesz do Muladhary. Na koniec tego ćwiczenia wszystkie siedem głównych czakr będzie oświetlonych, połączonych wiązką światła.

Niezależnie od tego czy wykonałeś pierwszą czy drugą metodę praktyki Czakry Mudry/Mantry, zakończ ćwiczenie poświęcając kilka minut na wizualizację swoich Czakr oświetlonych od wewnątrz Twojej Aury w ich odpowiednich kolorach. Zobacz je jaśniejsze niż kiedykolwiek. Gdybyś wykonał drugą metodę praktyki, każda z czakr byłaby połączona wiązką Światła. Praktyka Mudry/Mantry Czakry jest teraz zakończona. Możesz otworzyć swoje oczy i odzyskać pełną świadomość na jawie.

MEDYTACJA (DHYANA)

Szybki, wielozadaniowy styl życia ludzi Zachodu przyczynił się do powstania zaburzeń psychicznych, takich jak lęk, depresja i przewlekły stres. Z tego powodu holistyczne praktyki umysł-ciało, takie jak joga i medytacja uważności, stały się popularne na Zachodzie jako techniki redukcji stresu, które uspokajają system nerwowy i zwiększają poziom dopaminy i serotoniny w mózgu. Rezultatem jest zwiększone szczęście oraz zdrowy umysł i ciało.

Według definicji słownikowej, "medytacja" oznacza zaangażowanie w kontemplację lub refleksję. Polega ona na byciu uważnym i obecnym tu i teraz, co zwiększa świadomość poprzez dotarcie do sfery czystej świadomości. Jest to proces, który wymaga od nas zwrócenia naszych umysłów do wewnątrz i zjednoczenia się z wyższą rzeczywistością, taką, która jest istotna i zdrowa.

Medytacja to podróż w kierunku zjednoczenia Jaźni z wewnętrznym Duchem. To poszukiwanie wyższej prawdy, którą może pojąć tylko intuicja, wymagająca od nas pokonania ograniczonej inteligencji i osobistych emocji oraz nawiązania trwałego połączenia z naszą prawdziwą istotą.

Wchodzenie w siebie poprzez praktykę medytacyjną łagodzi podświadome uwarunkowania, które uniemożliwiają nam bycie najlepszą wersją siebie. Medytacja resetuje umysł, co jest pomocne w pokonywaniu złych nawyków i szkodliwych uzależnień. Ponownie łączymy się z Duszą poprzez wejście do środka, co przekierowuje nasz kompas moralny, jeśli zbłądziliśmy.

Medytacja przynosi jasność umysłu i uspokaja nasze emocje, co ma uzdrawiający wpływ na wszystkie aspekty naszego życia, w tym na relacje osobiste. Uwalnia wewnętrzne napięcie i niepokój oraz ładuje nas nową wiarą we Wszechświat i miłością do siebie i innych. Na poziomie fizycznym medytacja obniża tętno, poprawia system odpornościowy i równoważy współczulny i przywspółczulny układ nerwowy, przynosząc ciału spójność.

Medytacja pomaga ludziom osiągnąć spokój i równowagę psychiczną, która jest potrzebna do jak najlepszego funkcjonowania w społeczeństwie. Ta praktyka nie ma nic wspólnego z ucieczką do Wewnętrznego Świata i porzuceniem obowiązków w sferze materialnej, ale z odnalezieniem naszego rdzenia i osiągnięciem prawdziwego i trwałego szczęścia. Czyniąc to, rozwijamy właściwy fundament w życiu, który ułatwia wszystko, co robimy od tego momentu.

Medytacja jest często wynikiem tego, że ludzie dochodzą do ślepego zaułka w poszukiwaniu szczęścia poprzez zaspokajanie pragnień swojego Ego. Ponieważ jesteśmy uwarunkowani, aby kojarzyć się z Ego w naszych nastoletnich latach, to przekonanie pozostaje dominujące w naszej wczesnej dorosłości, dopóki nie dojdziemy do wniosku, że osiągnięcie ostatecznego szczęścia wymaga od nas wyjścia poza Ego i znalezienia Ducha wewnątrz. To właśnie oznacza stanie się Duchowym i rozróżnianie między iluzją a rzeczywistością, a medytacja jest najbardziej optymalną metodą osiągnięcia tego celu.

PRAKTYKA JOGICZNA I MEDYTACJA

Medytacja jest siódmą kończyną lub krokiem Jogi, Dhyaną, jak to zostało przedstawione w *Jogowych Sutrach* Patańdźalego. Próba wycofania zmysłów (Pratyahara) i skoncentrowania umysłu (Dharana) to piąty i szósty krok Jogi, które prowadzą do medytacji. Trzeci i czwarty krok (Asany i Pranajama) pomagają zrównoważyć nasze męskie i żeńskie energie oraz uspokoić umysł, co prowadzi do wejścia do wewnątrz, co jest warunkiem wstępnym medytacji.

Kiedy nauczymy się medytować, mamy technikę kontaktowania się z naszą wewnętrzną Jaźnią, Duchem, co pozwala nam osiągnąć ósmy i ostatni krok Jogi - Samadhi - utożsamienie się z Kosmiczną Świadomością. Samadhi oznacza wyzwolenie lub oświecenie, gdzie podmiot i przedmiot stały się Jednym.

Ponieważ medytacja wymaga koncentracji umysłu, kontrola nad naszą energią praniczną jest kluczowa. Możemy to osiągnąć poprzez ustabilizowane postawy medytacyjne (Asany) i regulację oddechu (Pranajama). Osoby z zaburzeniami psychicznymi lub emocjonalnymi, takimi jak schizofrenia, psychoza, dwubiegunówka, PTSD itp. powinny skupić się najpierw na Asanach i Pranajamie, aby zrównoważyć swoje energie, ponieważ pomocne jest przezwyciężenie negatywnych tendencji umysłu przed podjęciem próby głębokiej medytacji.

Otwieranie nowych drzwi psychiki, gdy umysł nie jest zdrowy i silny, może być dla wielu osób przerażające. W końcu dużą częścią medytacji jest odłączenie się od działań umysłu i oddzielenie się od naszych myśli. Istotne jest, aby rozwinąć odwagę i wiarę, aby stawić czoła nieznanemu, co przekształca strach w pozytywną energię, która pogłębia naszą Ewolucję Duchową. Z tego powodu praktyki jogiczne takie jak Asany, Pranajama, Mudry i Mantry są często stosowane obok medytacji, ponieważ przygotowują umysł i ciało do osiągnięcia wyższych stanów świadomości.

Na przykład Mudry pomagają manipulować naszymi wewnętrznymi energiami, promując fizyczne, umysłowe i emocjonalne samopoczucie, podczas gdy Mantry przywołują/wywołują transcendentalną energię do Aury, podnosząc świadomość ponad poziom ciała i Ego. Tak więc, Mantry są najważniejsze w praktyce medytacyjnej, zwłaszcza gdy dana osoba potrzebuje pomocy w wyciszeniu umysłu i połączeniu się z wyższą siłą.

Ze względu na ich skuteczność, większość tego rozdziału poświęciłem jogicznym technikom Asany, Pranajamy, Mudry i Mantry. Ich opanowanie ma na celu przygotowanie ciała, umysłu i Duszy do medytacji, która prowadzi do zjednoczenia z Duchem - Źródłem energii Stwórcy.

Regulacja stylu życia, w tym wprowadzenie zdrowej diety, jest częścią i elementem przygotowania umysłu do medytacji. Pierwszy i drugi krok Jogi, Yamas (samoograniczenia) i Niyamas (samoobserwacja), wymagają od nas bycia świadomym naszych myśli, emocji i działań oraz kontrolowania ich. Jak mówi starożytny grecki aforyzm: "Poznaj samego siebie". Dopiero gdy poznamy tendencje naszego Ego, naszej automatycznej wewnętrznej natury, możemy zacząć próbować je zmieniać i zarządzać nim, aby otworzyć się na Duchową energię.

Ostatecznie medytacja prowadzi do stania się ucieleśnieniem Boskiej Miłości. Boska Miłość jest esencją Ducha, którą odczuwamy namacalnie w sercu jako emocję. Z tego powodu otwarcie centrum serca, czyli Czakry Serca jest jednym z celów medytacji. Kiedy czakra Anahata jest przygotowana poprzez praktyki jogiczne połączone z rozwijaniem moralności i etyki, napływ energii duchowej wlewa się z czakry Sahasrara powyżej, powodując trwałą transformację świadomości. Kiedy to nastąpi, aspirant osiągnął ostateczny cel Jogi - zjednoczenie z Bogiem.

TRZY METODY MEDYTACJI

Tak jak istnieją różne dyscypliny duchowe pozwalające osiągnąć Oświecenie, istnieje wiele sposobów medytacji. W tym rozdziale wymienię trzy podstawowe metody medytacji, które uznałem za najbardziej użyteczne, choć jest ich znacznie więcej i niektóre z nich omawiam w innych częściach tej książki. Ponadto medytacja nie musi być stacjonarna, ponieważ chodzenie może być również ćwiczeniem medytacyjnym, jeśli praktykujesz mindfulness. Każda aktywność, która sprawia, że jesteś obecny tu i teraz i dostraja Cię do energii duchowej, stanowi formę medytacji.

Pierwszy typ medytacji, który uważam za bardzo potężny, wymaga skupienia na konkretnym obiekcie poza sobą i wpatrywania się w niego z otwartymi oczami. Wybór tego, nad czym medytować jest nieograniczony. Pomocne jest rozpoczęcie od prostego obiektu, takiego jak płomień świecy (jak opisano w tym rozdziale), i przejście do bardziej skomplikowanego, takiego jak posąg bóstwa.

Ten rodzaj medytacji ma na celu nieprzerwane skupienie umysłu i stanie się jednym z obiektem, co ma bardzo pozytywne efekty duchowe. Gdy skoncentrujesz się i skupisz na obiekcie, Twoja uwaga zostanie odciągnięta od podświadomego umysłu i wyrzucona poza Ciebie, podnosząc Twoją świadomość otoczenia.

Ta medytacja ma na celu nie tylko pobudzenie Oka Umysłu, ale całkowite i trwałe jego przebudzenie. Z tego powodu, kiedy skupisz się na bardziej skomplikowanym obiekcie, takim jak posąg Bóstwa, zauważysz, że im dłużej będziesz wykonywał tę praktykę, Twój zmysł astralny obudzi się tak, że będziesz mógł poczuć, dotknąć, powąchać, a nawet posmakować posągu swoim umysłem.

Drugi rodzaj medytacji wykorzystuje dźwięk (Mantry) do skupienia umysłu. Mantry to konkretne słowa, frazy lub afirmacje, których powtarzanie podczas medytacji podnosi świadomość do wyższych stanów. W Jodze, akt powtarzania Mantry przy użyciu koralików Mala nazywany jest Dżapą, pochodzącą od sanskryckiego słowa "jap", oznaczającego "wypowiadać niskim głosem, powtarzać wewnętrznie".

Rysunek 142: Medytacja Wizualizacyjna

Dźwięczne recytowanie modlitwy podczas medytacji jest również Mantrą, którą powinieneś wypowiadać z zamiarem i głębokim uczuciem dla uzyskania optymalnych efektów. Intencja i skupienie umysłu są kluczowe podczas powtarzania każdej mantry, podobnie jak tonacja głosu. Na przykład, śpiewanie wiąże się z rytmem i wysokością dźwięku, co wprowadza umysł i ciało w stan podobny do transu, jeśli jest wykonywane prawidłowo. Religijne pieśni i hymny są Mantrami, które inspirują i przenoszą nas do rozszerzonego stanu świadomości, ułatwiając duchowe przebudzenie. Mantry omówię bardziej szczegółowo w następnym rozdziale tej sekcji.

Trzeci rodzaj metody medytacji obejmuje wizualizację. Medytacje wizualizacyjne są bardzo popularne i skuteczne a jednocześnie łatwe w praktyce. Aby zastosować ten rodzaj medytacji, wystarczy wybrać obiekt do medytacji i wizualizować go z zamkniętymi oczami.

Medytacja wizualizacyjna stymuluje Oko Umysłu, ponieważ angażuje Światło Astralne, które jest podstawą wszystkich wizualnych obrazów.

Potężną adaptacją tego ćwiczenia jest wizualizacja Bóstwa, takiego jak Bóg lub Bogini, z wybranego przez Ciebie panteonu (Rysunek 142). Nie tylko otrzymasz oczekiwane efekty medytacji wizualizacyjnej, ale możesz wpoić w swoją Aurę energetyczne cechy Bóstwa, które sobie wyobraziłeś.

Aby uzyskać optymalne efekty, najlepiej jest mieć pod ręką rzeczywisty przedmiot, taki jak posąg wybranego bóstwa. Możesz trzymać przedmiot, aby poczuć jego energię lub umieścić go na poziomie oczu przed sobą, badając wszystkie jego skomplikowane szczegóły i odnotowując je mentalnie. Następnie zamknij oczy i wyobraź sobie, co właśnie zobaczyłeś, skupiając się i koncentrując na utrzymaniu tego obrazu w oku umysłu bez przerwy.

Rozpoczynając praktykę medytacji wizualizacji, możesz skupić się na punkcie, linii, kwadracie lub kole, a następnie odtworzyć obraz w Oku Umysłu poprzez wyobraźnię. Jednak skupienie uwagi na trójwymiarowym obiekcie daje specyficzne efekty, których nie można osiągnąć za pomocą dwuwymiarowej płaszczyzny, takie jak pełne rozbudzenie zmysłów astralnych.

Aby rozpocząć medytację na trójwymiarowym obiekcie, zacznij od czegoś prostego, takiego jak kawałek owocu, a następnie przejdź do bardziej skomplikowanego kształtu, jak posąg bóstwa. Pamiętaj również, że wszystkie kolory mają różne wibracje, a wizualizując kolor, przywołujesz odpowiadającą mu energię do swojej Aury na subtelnym poziomie. Dlatego zwróć uwagę na to, jak medytacja wizualizacyjna sprawia, że czujesz się, kiedy w grę wchodzą kolory.

KROKI MEDYTACYJNE

Planując medytację, upewnij się, że robisz to w cichym i przyjemnym miejscu, kiedy wiesz, że będziesz niezakłócony. Wiele osób lubi używać kadzideł, aby oczyścić swoją przestrzeń z negatywnej energii, czyniąc ją w ten sposób świętą. Kadzidło zawiera również specyficzne właściwości, które podnoszą umysł i przygotowują go do medytacji. Upewnij się, że spalasz kadzidło przed przygotowaniem przestrzeni, a nie podczas medytacji, ponieważ może ono przeszkadzać w oddychaniu i rozpraszać uwagę.

Szałwia, kadzidło i drzewo sandałowe są najbardziej popularnymi kadzidłami ze względu na ich właściwości lecznicze i działanie uspokajające. Znane są również z tego, że aktywują czakrę Ajna, co jest warunkiem koniecznym w medytacji. Jednak moim osobistym faworytem jest indyjskie kadzidło Nag Champa, które ma przyjemny aromat i wysoką jakość wibracyjną.

Poranki są zazwyczaj najlepszym czasem na medytację, zwłaszcza na pusty żołądek. Po wprowadzeniu jedzenia do organizmu, należy odczekać co najmniej cztery do sześciu godzin przed medytacją, ponieważ ciało będzie ciężko pracować, aby strawić jedzenie, które przekształca się w energię praniczną, która zasila system. Medytowanie w nocy jest również zalecane, ponieważ jesteśmy bardziej zrelaksowani naturalnie-medytowanie przed snem ułatwia spokojny i zrównoważony stan psychiczny, promując zdrowy sen.

Jeśli medytacja jest częścią Twojej praktyki jogicznej, może się okazać, że wystarczy na nią przeznaczyć pięć do dziesięciu minut, które powinny być wykonywane na samym końcu. Jednak gdy medytujesz niezależnie od swojej praktyki jogicznej, piętnaście do dwudziestu minut jest optymalne i przyniesie najlepsze rezultaty. Pamiętaj, że im więcej czasu na to poświęcisz, tym lepsze będą Twoje wyniki.

Medytacje zazwyczaj wykonuje się w pozycji siedzącej, chociaż można medytować stojąc, spacerując, lub leżąc. Jednak, początkujący powinni unikać leżenia podczas medytacji, ponieważ zasypianie jest częste u niedoświadczonych osób.

Sukhasana, Siddhasana i Padmasana to zalecane pozy medytacyjne, których zakres zależy od Twojej elastyczności. Praktykując te asany medytacyjne, powinieneś położyć ręce na kolanach w mudrze Jnany lub podbródkowej.

Siedzenie w krześle działa równie dobrze i jest nie mniej skuteczne przy próbie medytacji. Dla początkujących może to być najlepsza opcja, ponieważ krzesła zapewniają niezbędne wsparcie dla pleców i kręgosłupa, aby móc skupić się bardziej na samym procesie medytacji. Możesz także klęczeć na podłodze, z poduszką na kolana lub bez, w zależności od tego, co uznasz za najwygodniejsze.

Jakąkolwiek postawę wybierzesz, kluczem jest, aby plecy i kręgosłup były trzymane prosto podczas medytacji, podczas gdy ręce trzymasz po bokach, co umożliwia optymalne kierowanie energii pranicznej i czakrycznej. Ponadto, kiedy jesteś wyprostowany, ciało jest najbardziej zrelaksowane i stabilne, co zwiększa Twoją zdolność do koncentracji i wchodzenia do wewnątrz.

Po wybraniu postawy medytacyjnej i punktu koncentracji, następnym krokiem, na którym należy się skupić, jest oddychanie. Optymalna jest technika Pranayama Yogic Breathing, gdzie uwaga jest umieszczona na oddychaniu przeponowym i piersiowym, ponieważ rozszerzenie brzucha zmaksymalizuje pobór tlenu, jednocześnie uziemiając Twoje wewnętrzne energie. Ten rodzaj oddychania aktywuje cały system czakr, w tym dwie najniższe czakry, Muladhara i Swadhisthana. Ludzie, którzy naturalnie oddychają tylko przez klatkę piersiową, angażują wyższe i środkowe czakry, pozostawiając kluczowe czakry Ziemi i Wody w większości niewykorzystane, co skutkuje niezrównoważonym stanem psychicznym, który rodzi stres i niepokój.

Oddech pozwala kontrolować proces medytacji, dlatego pamiętaj o wdechu i wydechu przez cały czas. Twój oddech powinien być powolny, głęboki i rytmiczny. Upewnij się, że zachowujesz zrelaksowane i spokojne opanowanie. Jeśli stracisz kontrolę nad swoim oddechem, nie wpadaj w panikę; zamiast tego przywróć go do kontroli i wznów swój rytm.

Podczas medytacji zauważysz, że Twoje myśli często wędrują. Nie bądź zaniepokojony; jest to naturalna część procesu. W rzeczywistości, im mocniej skupisz się na wybranym obiekcie, zwłaszcza z zamkniętymi oczami, Twoje Ego zrobi wszystko, co w jego mocy, aby sabotować Twoje próby. Medytacja nie polega na uciszaniu myśli Ego, ale na nauce nie słuchania ich poprzez utrzymywanie koncentracji na zadaniu.

Medytacje z mantrą są pomocne dla początkujących, ponieważ pozwalają przekierowywać myśli, zamiast opróżniać umysł poprzez ich wyciszanie. Kiedy znajdziesz się rozproszony przez swoje myśli, wróć do wybranego punktu skupienia lub odwróć swój umysł, umieszczając swoją uwagę z powrotem na swojej Mantrze. Możesz również użyć oddechu, aby odzyskać kontrolę nad umysłem, przekierowując na niego swoją uwagę, gdy umysł błądzi.

Na początku możesz czuć się niekomfortowo podczas medytacji. Twoje ciało będzie drgać, kurczyć się, Twoje nogi będą zasypiać, lub będziesz rozwijać niecierpliwość, a nawet agitację. Nie bądź zaniepokojony, gdy to się dzieje, ponieważ jest to znak, że Twoja medytacja działa. Odkryłem, że podczas nauki medytacji, pierwszą trudnością, którą należy pokonać, jest nauczenie się relaksowania ciała, ponieważ to Ego używa ciała, aby odwrócić uwagę i odciągnąć Cię od celu. Przekonasz się, że im więcej razy będziesz powtarzać proces medytacji, tym łatwiej będzie Ci to przychodzić.

Kiedy Twoja medytacja zacznie działać, Ego straci kontrolę nad umysłem, na czas jej trwania, co spowoduje podniesienie stanu świadomości. Efektem będzie cichy i spokojny umysł z czystymi myślami w tle pozbawionymi osobistego znaczenia. Kiedy osiągniesz ten punkt krytyczny, utrzymuj go tak długo, jak tylko możesz. Im więcej razy uda Ci się dojść do tego punktu podczas medytacji, tym łatwiej będzie Ci się wyłączyć swoje Ego i podnieść wibrację swojej świadomości. Po pewnym czasie możesz rozwinąć naturalną zdolność robienia tego nawet bez medytacji, co umożliwi Ci natychmiastowy kontakt z Twoim Wyższym Ja, aby otrzymać jego wskazówki i mądrość.

Wreszcie, pracuj nad oczyszczaniem umysłu w codziennym życiu. Im bardziej rozwijasz silny charakter oraz moralną i etyczną naturę, proces medytacji staje się bardziej dostępny. Bądź wytrwały i zdecydowany przeć w swoich medytacjach, nawet jeśli wydaje się, że nic nie osiągasz. Jeśli poddasz się zbyt wcześnie, stracisz niesamowite korzyści z medytacji, które są nieskończone. Jak dzień następuje po nocy, wiedz, że osiągniesz cel swoich medytacji, jeśli będziesz się trzymał tego regularnie i przestrzegał zalecanych kroków.

MEDYTACJA Z PŁOMIENIEM ŚWIECY (TRATAKA)

Trataka w sanskrycie oznacza "patrzeć" lub "wpatrywać się", ponieważ ta praktyka polega na stałym wpatrywaniu się w mały obiekt, taki jak czarna kropka, płomień świecy, posąg bóstwa i geometryczny rysunek, taki jak mandala lub jantra. Stały płomień świecy (Rysunek 143) jest naturalnym magnesem dla oczu i umysłu i jest uważany za najbardziej praktyczny i bezpieczny. Jest najczęściej używany przez Joginów.

Trataka to technika Hatha Jogi, która należy do kategorii Shatkarma (sanskryt oznacza "sześć działań"), czyli sześciu grup praktyk oczyszczania ciała za pomocą środków jogicznych. Celem Shatkarmy jest stworzenie harmonii pomiędzy Nadis Ida i

Pingala, a tym samym stworzenie równowagi pomiędzy stanami mentalnymi, emocjonalnymi i fizycznymi. Trataka jest nauką Shatkarma dotyczącą widzenia.

Oczy są "oknami Duszy", medium, przez które nasz umysł komunikuje się ze środowiskiem zewnętrznym. Wpuszczają one Światło, oświetlając wewnętrzną Jaźń. Trataka jest techniką, która pozwala nam spojrzeć w głąb naszych umysłów i Dusz poprzez oczy. Ponieważ nasze umysły są stale zaangażowane w to, na co patrzą nasze oczy, jednopunktowa świadomość Trataki pozwala nam uspokoić podświadomy umysł, napędzany przez Ego. Gdy Ego przechodzi w stan neutralny, jego ciągłe wzorce myślowe zwalniają, co pozwala świadomości wznieść się i wejść w wyższe stany umysłu.

Uspokojenie umysłu i jego wzorców myślowych jest warunkiem wstępnym medytacji (Dhyana). Skupiając wzrok na płomieniu świecy, aktywujesz czakrę Adżny, która nie tylko ma uspokajający wpływ na umysł, ale jest bramą do wyższych stanów świadomości. W związku z tym, przy regularnej praktyce Trataki, zwiększają się zdolności parapsychiczne, jak również intuicja, umożliwiając wyższe poziomy zrozumienia tajemnic Stworzenia.

Rysunek 143: Medytacja z Płomieniem Świecy (Trataka)

Dzięki Tratace, umysł staje się oczyszczony i ożywiony, wzmacniając koncentrację (Dharana) i eliminując wszystkie problemy związane z oczami i widzeniem. Ponadto zwalnia się rytm serca i oddychania oraz aktywność innych organów, co sprzyja odmłodzeniu poprzez energię praniczną.

Trataka równoważy współczulny i przywspółczulny system nerwowy, łagodząc napięcie nerwowe. Ponadto, uśpione obszary mózgu są stymulowane regularną praktyką Trataki, podczas gdy obszary zdominowane przez aktywność dostają szansę na naładowanie się, promując zdrowy mózg. Wreszcie, regularna praktyka Trataki poprawia jakość snu, uspokajając umysł, a jednocześnie leczy depresję i inne problemy psychiczne i emocjonalne.

Trataka powinna być praktykowana na końcu Twojej sekwencji jogi, po asanach, pranajamach, mudrach i bandhach. Najlepiej praktykować ją rano, kiedy umysł jest spokojny, a oczy bardziej aktywne. Może być również wykonywana w nocy, przed snem. Unikaj Trataki na pełnym żołądku, jak to jest w przypadku wszystkich praktyk jogicznych.

Aby rozpocząć medytację Trataki, usiądź w ciemnym pomieszczeniu, gdzie będziesz niezakłócony przez czas trwania ćwiczenia. Następnie zapal świecę i umieść ją na małym stoliku około dwóch do trzech stóp przed sobą na poziomie oczu (Rysunek 144). Upewnij się, że w pobliżu nie ma przeciągu, który mógłby wpłynąć na ruch płomienia świecy.

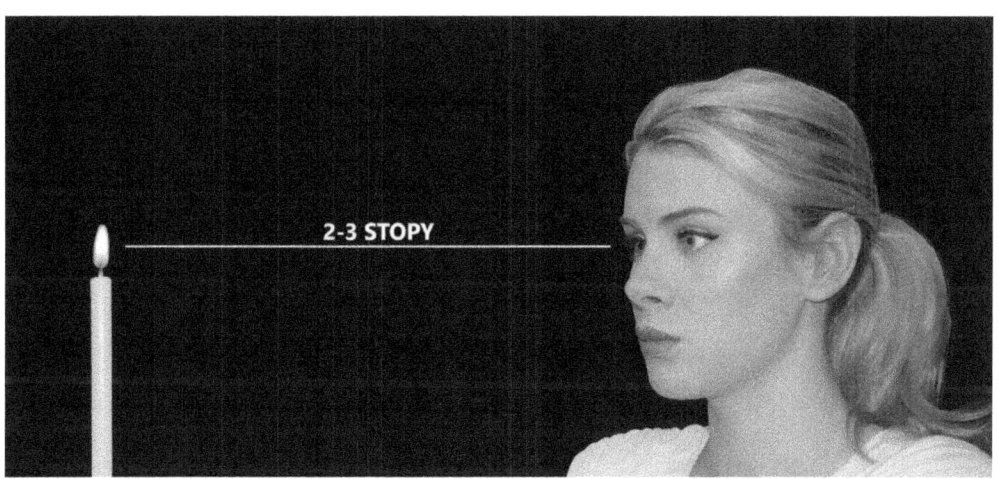

Rysunek 144: Umieszczenie Płomienia Świecy

Usiądź w dowolnej wygodnej asanie medytacyjnej z rękami na kolanach w Jnana lub Chin Mudra. Twój kręgosłup i głowa powinny być trzymane prosto. Zamknij teraz oczy rozluźniając ciało, szczególnie oczy. Upewnij się, że ciało jest utrzymywane stabilnie przez cały czas trwania ćwiczenia.

Otwórz teraz oczy i zacznij wpatrywać się w płomień świecy. Twoim idealnym miejscem do wpatrywania się jest czerwona końcówka knota. Utrzymuj to spojrzenie tak długo jak możesz, unikając mrugania lub poruszania gałkami ocznymi w jakikolwiek sposób. Nie napinaj oczu, ponieważ napięcie może spowodować ich migotanie. Przerwij, jeśli oczy zaczną łzawić.

Stając się jednym z płomieniem, powinieneś stracić świadomość wszystkich cielesnych doznań. Twoje Bycie stanie się zewnętrzne, odciągając Cię od wszystkich rozpraszających myśli. Jeśli umysł zaczyna błądzić i Twoja koncentracja spada, skup się z powrotem na płomieniu świecy.

Po upływie jednej do dwóch minut zamknij oczy i wpatruj się w powidok płomienia w przestrzeni przed Tobą. Jeśli powidok zaczyna się poruszać z boku na bok lub w górę i w dół, możesz go ustabilizować, skupiając się na nim mocniej. Kiedy obraz zaczyna zanikać, przywołaj go poprzez pamięć. Kiedy całkowicie zniknie, otwórz oczy i zacznij ponownie wpatrywać się w płomień świecy.

Powtórz ten proces trzy do czterech razy, jeśli jesteś początkujący, zajmując w sumie nie więcej niż dwie minuty. Kiedy jesteś gotowy do zakończenia ćwiczenia, potrzyj dłonie przez pięć sekund, aby wygenerować energię praniczną, a następnie umieść je na oczach na dziesięć sekund, aby ją wchłonąć. Zawsze kończ w ten sposób medytację Trataki, która dostarcza uzdrawiającej energii do Twoich oczu.

Gdy nabierzesz wprawy w medytacji Trataka, zwiększ czas jej trwania do dziesięciu minut. Osoby cierpiące na bezsenność, depresję lub inne problemy psychiczne i emocjonalne powinny poświęcić temu ćwiczeniu do dwudziestu minut.

Należy pamiętać, że osoby cierpiące na jaskrę, epilepsję lub poważne dolegliwości oczu nie powinny praktykować Trataki. Zamiast tego mogą zastąpić swój punkt skupienia czarną kropką, wykonywaną w dobrze oświetlonym pomieszczeniu. Chociaż medytacja na czarnej kropce przyniesie podobne korzyści jak Trataka, jest mniej silna, ponieważ pomija skupienie się na powidokach, które skutecznie otwiera oko umysłu przy regularnym stosowaniu.

JOGA I PIĘĆ ELEMENTÓW

Joga pomaga nam oczyścić i zrównoważyć Pięć Elementów: Ziemię, Wodę, Powietrze, Ogień i Ducha (Przestrzeń). W ten sposób przywracamy tym Elementom ich optymalne zdrowie w ciele i rozwijamy nasze wewnętrzne moce i zdolności, które odpowiadają każdemu z nich. Ponieważ jednak każdy z Pięciu Elementów odpowiada za inne struktury w ciele, mogą pojawić się choroby i cierpienia psychiczne, jeśli któryś z Elementów stanie się nieczysty lub wypadnie z równowagi z innym Elementem.

Ponieważ Element Ziemi ("Bhumi" w sanskrycie) odnosi się do wszystkich ciał stałych, odpowiada ciału fizycznemu, a mianowicie układowi kostnemu i mięśniowemu. Element Ziemi obejmuje wszystkie tkanki w ciele, w tym skórę, zęby, paznokcie i włosy. Ciało fizyczne jest nośnikiem naszej świadomości i fundamentem, na którym osadzeni jesteśmy na planecie Ziemia.

Element wody ("Jala" w sanskrycie) odnosi się do wszystkich płynów; 60% naszego ciała fizycznego składa się z wody, która przemieszcza się przez nas za pośrednictwem naszego układu krążenia. Woda znajduje się również w naszym mózgu, sercu, płucach, mięśniach, nerkach, a nawet kościach. Ponadto nasza krew, pot, ślina, mocz, nasienie oraz płyny z pochwy i macicy również zawierają wodę. Nasze zdrowie fizyczne i psychiczne zależy od przepływu wody w naszym ciele, ponieważ Element Wody reguluje świadomość.

Element Ognia odnosi się do trawienia i metabolizmu, dotyczy głodu, pragnienia i naszej potrzeby snu. Ogień nazywany jest w sanskrycie "Agni" - Bóg Ognia w hinduizmie. W praktyce Asan, Agni odnosi się do wewnętrznego ciepła i ciepła, które jest generowane w określonych pozycjach. Element Ognia odnosi się do naszych Dusz, naszego źródła Światła, które ma moc tworzenia i niszczenia.

Element Powietrza ("Pavan" w sanskrycie) odnosi się do naszego układu oddechowego i zajmuje się rozszerzaniem i kurczeniem energii pranicznej w ciele. Prana to Energia Światła, Siła Życia, której wszystkie żywe organizmy potrzebują do przetrwania. Powietrze wokół nas jest nośnikiem energii pranicznej; sam akt oddychania wprowadza Pranę do ciała. Energia Praniczna jest również potrzebna do zasilania umysłu. Z tego powodu kontrola oddechu (Pranajama) jest niezbędna we wszystkich praktykach Jogi, ponieważ jednym z celów Jogi jest skupienie umysłu i uzyskanie samoświadomości.

Element Ducha/Przestrzeni ("Akasha" w sanskrycie) zasila nasze wewnętrzne funkcje poznawcze. Jest naszym źródłem miłości, prawdy, mądrości, inspiracji i wiary. Jednakże energia Ducha może zostać uszkodzona poprzez brak rozsądku i nielogiczne myślenie, co powoduje strach. Nasz największy strach odnosi się do przetrwania na planie fizycznym, jako nasz pierwotny strach przed śmiercią. Boimy się śmierci, ponieważ nie możemy wiedzieć z całą pewnością, co się stanie, gdy umrzemy, ponieważ nie mamy żadnych wspomnień poza tym życiem. Ponieważ Duch jest Wieczny i Bezczasowy, daje nam wiarę w życie pozagrobowe - kontynuację naszej egzystencji po śmierci. Najlepszym sposobem na doświadczenie energii Ducha jest wyciszenie umysłu i wejście w głąb siebie. Medytacja jest najbardziej optymalnym sposobem dostrojenia się do Ducha wewnątrz nas, aby wywołać spokój umysłu i błogość, wnosząc jednocześnie inspirację do naszego codziennego życia.

AKTYWACJA I RÓWNOWAŻENIE ŻYWIOŁÓW

Istnieje naturalny porządek Elementów w ciele. Podczas zaangażowania w Asanę, Pranajamę, Mudrę, Mantrę i medytację, praktykowanie świadomej świadomości Żywiołów w ciele pozwala nam skierować energię praniczną do odpowiadających im centrów czakr. Poprzez aktywację naszych Elementarnych mocy, możemy osiągnąć równowagę w umyśle, ciele i Duszy.

Elementy Ziemi i Wody znajdują się poniżej pępka. Kiedykolwiek skupiamy naszą uwagę na rejonie miednicy, czy to poprzez ruch, medytację, czy techniki oddechowe, pobudzamy te dwa żywioły do działania.

Asany stacjonarne ułatwiają stabilizację poprzez pogłębienie naszego połączenia z Ziemią. Gdy nasze ciało fizyczne zostaje uziemione, ustanawiamy nasz fizyczny fundament, łącząc się w ten sposób z Elementem Ziemi. Nasze mięśnie stają się elastyczne, a stawy stabilne. Ciało staje się silne i mocne. Asany łączą nas z naszymi stopami, stajemy się świadomi języka naszego ciała i ruchów. Umysł staje się uziemiony i skupiony. Ponieważ stacjonarne asany zwalniają ogień metaboliczny, chłodzą ciało i stabilizują umysł.

Przechodzenie z jednej asany do drugiej nabiera płynnego działania, gdy staramy się poruszać płynnie poprzez nasze ruchy. Nasza zdolność do utrzymania asany, a następnie puszczenia jej, pozwala naszym umysłom stać się zdolnymi do adaptacji z jednej chwili na drugą. Wdzięk i sprężystość towarzyszące praktyce Asan pozwalają nam połączyć się z Elementem Wody. Nasza świadomość staje się bardziej otwarta i świadoma otoczenia, wyrywając nas z naszych myśli i dostrajając do chwili obecnej.

Element Ognia znajduje się w środkowej części tułowia, w obszarze splotu słonecznego. Generalnie, Element Ognia uaktywnia się poprzez dynamiczne asany, które angażują ruch i przepływ. W stacjonarnych asanach jest jednak pewien punkt krytyczny, kiedy ciało zaczyna wytwarzać ciepło, drżeć, pocić się. Ten punkt krytyczny to moment, kiedy Ego i umysł chcą zrezygnować z trzymania asany. Przywołanie niezbędnej energii i siły woli, aby kontynuować, ułatwi jeszcze bardziej znaczący wzrost energii Elementu Ognia w ciele, co spowoduje wypalenie toksyn z innych Elementów. Według Joginów, niektóre Asany zwiększają ogień trawienny do takiego stopnia, że mogą całkowicie usunąć choroby w ciele.

Element Powietrza znajduje się w środku klatki piersiowej i jest naszym głównym centrum energii pranicznej. Nasze mięśnie, stawy i inne tkanki podtrzymujące rozszerzają się podczas oddychania. W rezultacie nasz umysł otwiera się poprzez różne techniki Pranajamy, a ciało staje się lekkie jak piórko.

Sam akt oddychania stymuluje Element Powietrza do działania, chociaż dzięki kontrolowanemu oddechowi możemy skupić energię praniczną w dowolnym obszarze naszego ciała, aby ułatwić uzdrowienie. Kontrola oddechu pozwala osobie skupić swoją energię praniczną podczas praktyki asan. Prana jest potężna w oczyszczaniu ciała z toksyn, ponieważ aktywuje oczyszczający Element Ognia. Element Wody zostaje pobudzony, jeżeli skupimy energię praniczną w obszarze brzucha, np. poprzez oddychanie przeponowe.

Element Ducha, czyli Przestrzeń, znajduje się w głowie i jest najbardziej dostępny poprzez techniki medytacyjne, szczególnie te, które wykorzystują Oko Umysłu. Kiedy wykonujemy Asany i Pranajamy z wdziękiem, skupieniem i świadomością naszych ruchów, myśli i emocji, wlewamy do naszej praktyki miłość, troskę i oddanie, co aktywuje Element Ducha.

Stosowanie zrównoważonej sekwencji asan, które zawierają ruch i bezruch, przynosi ogromne korzyści w równoważeniu żywiołów. Pozwala nam regulować element Ognia i harmonizować elementy Ziemi i Powietrza, które są naturalnymi wrogami - ciało zajmuje się uziemieniem, umysł zajmuje się myślami. Podczas gdy jedno jest stałe (Ziemia), drugie jest Eteryczne (Powietrze). Zrównoważenie ciała i umysłu pozwala połączyć się z Duszą, która dąży do jedności z Duchem.

Asany sprawiają, że ciało i umysł są mocne i uziemione, a jednocześnie czynią kończyny elastycznymi. Elastyczne kończyny pozwalają na bardziej znaczący ruch energii pranicznej przez biegnące przez nie Nadis. Kiedy Element Powietrza jest zoptymalizowany w ciele, możemy dodać niezbędnego paliwa do Elementów Wody i Ognia. Elastyczne ciało ma ogromne korzyści dla systemu czakralnego, co jest jednym z powodów, dla których Asany są tak atrakcyjne dla ogółu społeczeństwa.

***

Skutecznym i prostym sposobem na zrównoważenie Pięciu Elementów są Mudry Ręczne (Rysunek 145). Oprócz zwiększania lub zmniejszania ilości żywiołów, każda Mudra Ręczna ma dodatkowe korzyści dla umysłu i ciała, jak wspomniano w ich opisach. Aby wykonać Mudry Ręki dla Pięciu Elementów, postępuj zgodnie z instrukcjami podanymi na stronie 369.

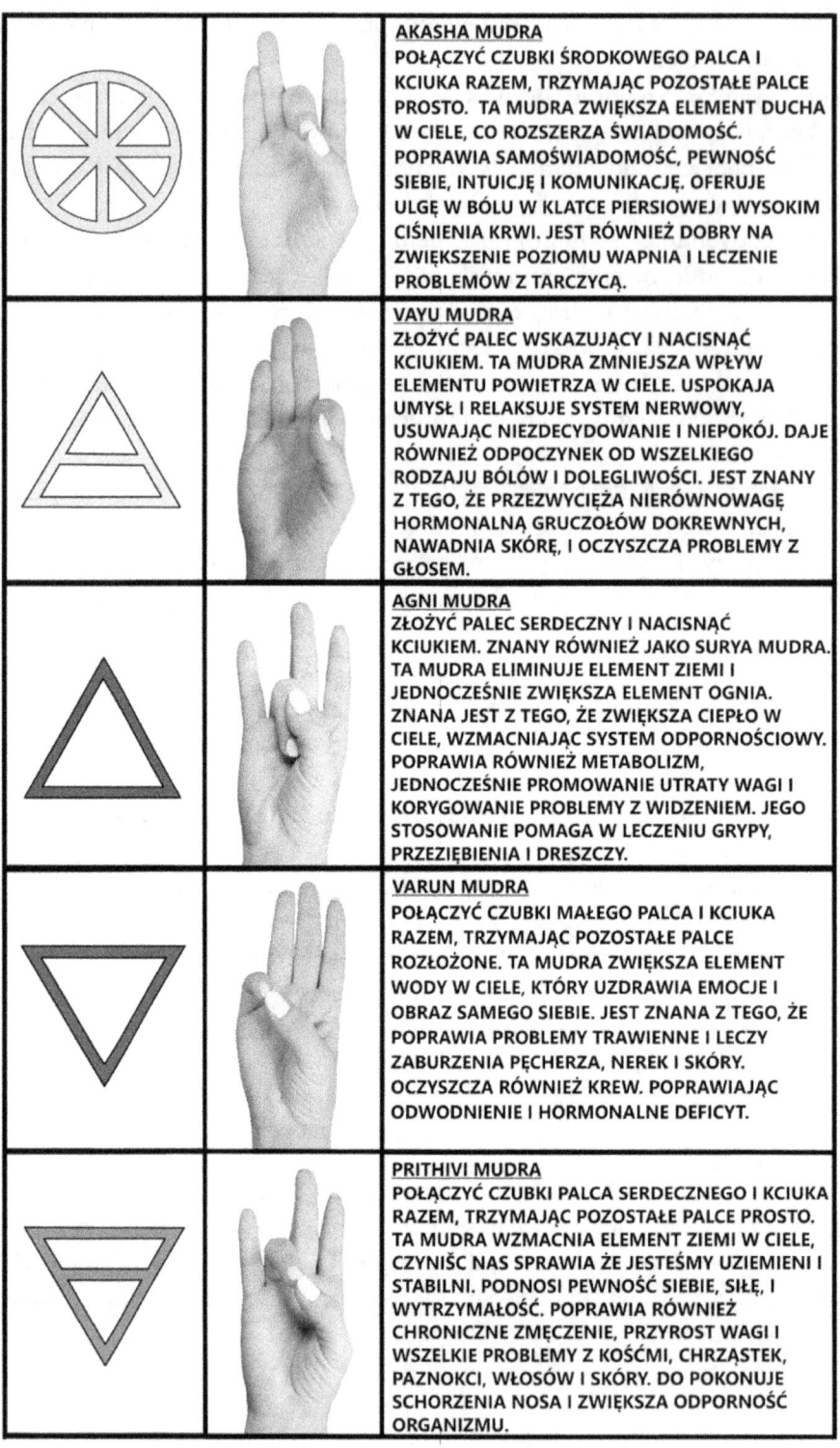

AKASHA MUDRA
POŁĄCZYĆ CZUBKI ŚRODKOWEGO PALCA I KCIUKA RAZEM, TRZYMAJĄC POZOSTAŁE PALCE PROSTO. TA MUDRA ZWIĘKSZA ELEMENT DUCHA W CIELE, CO ROZSZERZA ŚWIADOMOŚĆ. POPRAWIA SAMOŚWIADOMOŚĆ, PEWNOŚĆ SIEBIE, INTUICJĘ I KOMUNIKACJĘ. OFERUJE ULGĘ W BÓLU W KLATCE PIERSIOWEJ I WYSOKIM CIŚNIENIA KRWI. JEST RÓWNIEŻ DOBRY NA ZWIĘKSZENIE POZIOMU WAPNIA I LECZENIE PROBLEMÓW Z TARCZYCĄ.

VAYU MUDRA
ZŁOŻYĆ PALEC WSKAZUJĄCY I NACISNĄĆ KCIUKIEM. TA MUDRA ZMNIEJSZA WPŁYW ELEMENTU POWIETRZA W CIELE. USPOKAJA UMYSŁ I RELAKSUJE SYSTEM NERWOWY, USUWAJĄC NIEZDECYDOWANIE I NIEPOKÓJ. DAJE RÓWNIEŻ ODPOCZYNEK OD WSZELKIEGO RODZAJU BÓLÓW I DOLEGLIWOŚCI. JEST ZNANY Z TEGO, ŻE PRZEZWYCIĘŻA NIERÓWNOWAGĘ HORMONALNĄ GRUCZOŁÓW DOKREWNYCH, NAWADNIA SKÓRĘ, I OCZYSZCZA PROBLEMY Z GŁOSEM.

AGNI MUDRA
ZŁOŻYĆ PALEC SERDECZNY I NACISNĄĆ KCIUKIEM. ZNANY RÓWNIEŻ JAKO SURYA MUDRA. TA MUDRA ELIMINUJE ELEMENT ZIEMI I JEDNOCZEŚNIE ZWIĘKSZA ELEMENT OGNIA. ZNANA JEST Z TEGO, ŻE ZWIĘKSZA CIEPŁO W CIELE, WZMACNIAJĄC SYSTEM ODPORNOŚCIOWY. POPRAWIA RÓWNIEŻ METABOLIZM, JEDNOCZEŚNIE PROMOWANIE UTRATY WAGI I KORYGOWANIE PROBLEMY Z WIDZENIEM. JEGO STOSOWANIE POMAGA W LECZENIU GRYPY, PRZEZIĘBIENIA I DRESZCZY.

VARUN MUDRA
POŁĄCZYĆ CZUBKI MAŁEGO PALCA I KCIUKA RAZEM, TRZYMAJĄC POZOSTAŁE PALCE ROZŁOŻONE. TA MUDRA ZWIĘKSZA ELEMENT WODY W CIELE, KTÓRY UZDRAWIA EMOCJE I OBRAZ SAMEGO SIEBIE. JEST ZNANA Z TEGO, ŻE POPRAWIA PROBLEMY TRAWIENNE I LECZY ZABURZENIA PĘCHERZA, NEREK I SKÓRY. OCZYSZCZA RÓWNIEŻ KREW. POPRAWIAJĄC ODWODNIENIE I HORMONALNE DEFICYT.

PRITHIVI MUDRA
POŁĄCZYĆ CZUBKI PALCA SERDECZNEGO I KCIUKA RAZEM, TRZYMAJĄC POZOSTAŁE PALCE PROSTO. TA MUDRA WZMACNIA ELEMENT ZIEMI W CIELE, CZYNIŚC NAS SPRAWIA ŻE JESTEŚMY UZIEMIENI I STABILNI. PODNOSI PEWNOŚĆ SIEBIE, SIŁĘ, I WYTRZYMAŁOŚĆ. POPRAWIA RÓWNIEŻ CHRONICZNE ZMĘCZENIE, PRZYROST WAGI I WSZELKIE PROBLEMY Z KOŚĆMI, CHRZĄSTEK, PAZNOKCI, WŁOSÓW I SKÓRY. DO POKONUJE SCHORZENIA NOSA I ZWIĘKSZA ODPORNOŚĆ ORGANIZMU.

Rysunek 145: Mudry Dłoni dla Pięciu Elementów

AYURVEDA

Holistyczna medycyna Ajurwedy sięga czasów wedyjskich, mniej więcej w tym samym czasie powstała joga. Choć pozornie nie są powiązane, Joga i Ajurweda dzielą tę samą kulturę, filozofię, język i metodologię i są uważane przez Hindusów za siostrzane nauki. Podczas gdy praktyki Jogi zajmują się harmonizowaniem naszego umysłu, ciała i Duszy, Ajurweda zapewnia zrozumienie naszych fizycznych i umysłowych konstytucji oraz tego, jak dieta i styl życia wpływają na nasze ciała i umysły.

Podstawą Ajurwedy jest teoria "Tridosha" (sanskryt dla "Three Doshas"), trzech sił lub "humorów" w ciele - Vata (wiatr), Pitta (żółć) i Kapha (flegma). Vata reguluje ruch w ciele, Pitta reguluje trawienie i odżywianie, a Kapha jest energią, która tworzy strukturę ciała, masę i płyny. Podczas gdy Trzy Doshas wpływają przede wszystkim na nasze ciało fizyczne, mają one również swoje subtelne odpowiedniki, które wpływają na umysł i Pięć Koshas: Prana, Tejas i Ojas. Aktywność naszych ciał i umysłów zależy od prawidłowego funkcjonowania Trzech Doshas. Kiedy są one wyprowadzone z równowagi, przyczyniają się do powstawania procesów chorobowych.

Tridosha odpowiadają również za indywidualne preferencje dotyczące pokarmów, w tym smaków i temperatury. Zarządzają tworzeniem, utrzymywaniem i niszczeniem tkanek ciała oraz eliminacją produktów odpadowych z organizmu. Odpowiadają również za procesy psychologiczne, od negatywnych emocji opartych na strachu, do tych opartych na miłości.

Ajurweda obejmuje również naukę o 108 Marmach lub punktach energetycznych w ciele. Punkty Marma to punkty witalne w ciele, które są przepełnione energią praniczną i podlegają wpływom świadomości. Praca z punktami Marma przynosi wiele korzyści, w tym między innymi: oczyszcza z blokad psychologicznych i emocjonalnych, poprawia krążenie i przepływ energii, łagodzi bóle mięśni i sztywność stawów oraz łagodzi napięcie i niepokój.

Esencje Trzech Doshas powstają z Pięciu Wielkich Elementów, zwanych w Ajurwedzie (sanskrycie) "Panchamahabhuta". Każda z Trzech Doshas jest kombinacją dwóch z Pięciu Elementów: Vata to Powietrze (Vayu) i Duch (Akasha), Pitta to Ogień (Agni) i Woda (Jela), a Kapha to Ziemia (Prithivi) i Woda (Jela), jak pokazano na rysunku 146. Trzy Doshas zależą od siebie nawzajem dla równowagi i zdrowia umysłu i ciała. Na przykład zasada powietrza rozpala cielesny ogień, podczas gdy woda kontroluje go, zapobiegając spalaniu się tkanek ciała. Powietrze również porusza wodę; bez Vata Dosha, Pitta i Kapha są nieruchome.

Ludzie mogą być również Bi-Doshic lub nawet Tri-Doshic, co oznacza, że dzielą cechy z dwoma lub trzema typami Doshic. Tak więc w Ajurwedzie istnieje łącznie siedem typów konstytucji: Vata, Pitta, Kapha, Vata-Pitta, Pitta-Kapha, Vata-Kapha oraz Vata-Pitta-Kapha. Zrozumienie Doshas pozwala nam na zrównoważenie naszych wewnętrznych energii i wyrównanie naszych Koshas, poprawiając nasze zdrowie psychiczne, umysłowe i emocjonalne.

Jednak nawet jeśli w tym życiu jesteśmy przeznaczeni do życia pod specyficznymi rządami poszczególnych Żywiołów, to i tak możemy wahać się w Doshach, gdy zajdą istotne zmiany w naszej psychice, środowisku, diecie, klimacie itp. Tak więc w pewnych okolicznościach i warunkach jedna Dosha będzie dominować, a w innych sytuacjach inna.

Najważniejszą zasadą, o której należy pamiętać podczas pracy z Doshas jest to, że to co podobne zwiększa to, co podobne, natomiast przeciwieństwa równoważą się nawzajem. Dlatego jedzenie, pogoda i sytuacje, które mają podobne cechy jak Doshas, będą zwiększać ich energie, podczas gdy te o przeciwnych cechach będą je zmniejszać. Ta sama koncepcja dotyczy praktyk Jogicznych, takich jak Asany, Pranajamy i Mudry Ręczne, które mogą albo zrównoważyć Doshę, albo ją pogorszyć, w zależności od natury i mechaniki wykonywanego ćwiczenia.

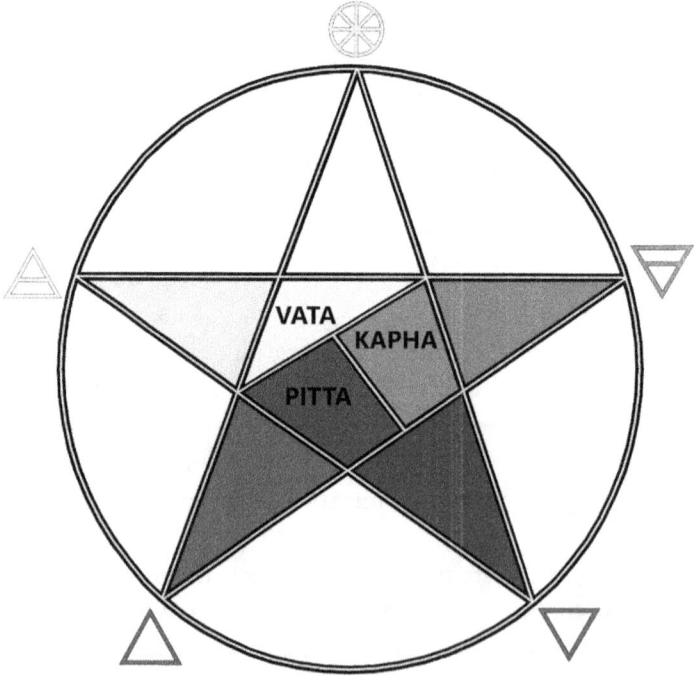

Rysunek 146: Pięć Elementów i Trzy Doshas

TRZY DOSHAS

Vata Dosha

Jako energia ruchu w umyśle i ciele, Vata Dosha jest związana z elementem powietrza. Vata jest sucha, zimna, lekka, ruchliwa, aktywna, twarda, delikatna, szorstka, nieregularna, zmienna i przejrzysta. Na subtelnym poziomie Vata odnosi się do energii pranicznej odpowiedzialnej za wszystkie funkcje psychofizyczne w ciele. Prana jest przenoszona w ciele przez Pięć Pranajów, z których każdy odgrywa specyficzną rolę w harmonizowaniu umysłu i ciała. Vata jest uważana za najpotężniejszą z trzech Doshas, ponieważ przenosi zarówno Pitta jak i Kapha.

Vata reguluje wszystkie procesy ruchowe w organizmie na poziomie mikrokomórkowym i makroskopowym. Oddychanie, mruganie powiekami, ruchy w mięśniach i tkankach oraz pulsowanie serca są regulowane przez Vata Dosha. Ponadto Vata rządzi katabolizmem, czyli procesem rozkładania dużych cząsteczek na mniejsze, które mają być wykorzystane jako energia. Procesy wewnętrzne związane z Elementem Powietrza, takie jak wyobraźnia i kreatywność, są pod wpływem Vata, w tym emocje takie jak inspiracja i niepokój.

Typy Vata są zarządzane przez drugą osłonę materialnej jaźni, ciało witalne- Pranamaya Kosha. Obszarem działania Vata jest dolna część tułowia, która obejmuje jelito grube i jamę miednicy (Rysunek 147). Działa również poprzez kości, skórę, uszy i uda. Jeśli ciało rozwija nadmiar energii Vata, gromadzi się ona w tych obszarach.

Jesień jest znana jako sezon Vata ze względu na swoją chłodną i rześką pogodę. Osoby z Vata Dosha są zazwyczaj słabo rozwinięte fizycznie. Są cienkie i szczupłe, z wydatnymi stawami i widocznymi żyłami oraz ścięgnami mięśni. Typy Vata mają tendencję do posiadania wrodzonej niewinności i poszukiwania życia duchowego. Lubią poznawać nowych ludzi, wykonywać kreatywne czynności i doświadczać nowych środowisk.

Vaty są bardzo aktywne umysłowo, szybkie, dowcipne, sprytne i innowacyjne. Są pod silnym wpływem cyklów planetarnych i księżycowych, pogody, ludzi, którymi się otaczają i żywności, którą jedzą. Ponieważ mają tendencję do posiadania zimniejszej niż przeciętna temperatury ciała, Vatowie lubią gorącą, wilgotną pogodę.

Vatowie są biegli w wielozadaniowości, chociaż mają problemy z zobowiązaniami i kończeniem projektów. Są ogólnie nieuziemieni, co sprawia, że zapominają, są nastrojowi, zestresowani i mają problemy ze snem. Często jedzą ciężkie pokarmy, aby uziemić i uspokoić swoje aktywne umysły i spożywają środki pobudzające, takie jak kawa i cukier, aby nie wypalić się, ponieważ mają niską wytrzymałość fizyczną. Vaty są podatne na problemy trawienne i słabe krążenie krwi, podczas gdy mają naturalnie niższą niż średnia odporność.

Według Ajurwedy, osoba z dominacją Vata powinna wdrożyć do swojego codziennego harmonogramu medytację, praktyki jogiczne oraz inne działania uspokajające i równoważące. Muszą utrzymywać swoje ciało w cieple poprzez unikanie zimnej pogody i ćwiczenia, w tym wykonywanie czynności sercowo-naczyniowych. Vatowie powinni regularnie spędzać czas na łonie natury, aby się uziemić i chodzić spać przed 22:00, aby zapewnić sobie dobry sen. Jak wszystkie typy Doshic, osoba zdominowana przez Vata musi wdrożyć zdrową dietę i unikać pokarmów, które pogarszają jej stan. (Sprawdź w Tabeli 5.) Wreszcie, osoby typu Vata odniosłyby korzyści z częstego picia ciepłych napojów, unikając jednocześnie substancji pobudzających, takich jak kawa, alkohol, czekolada i inne cukry.

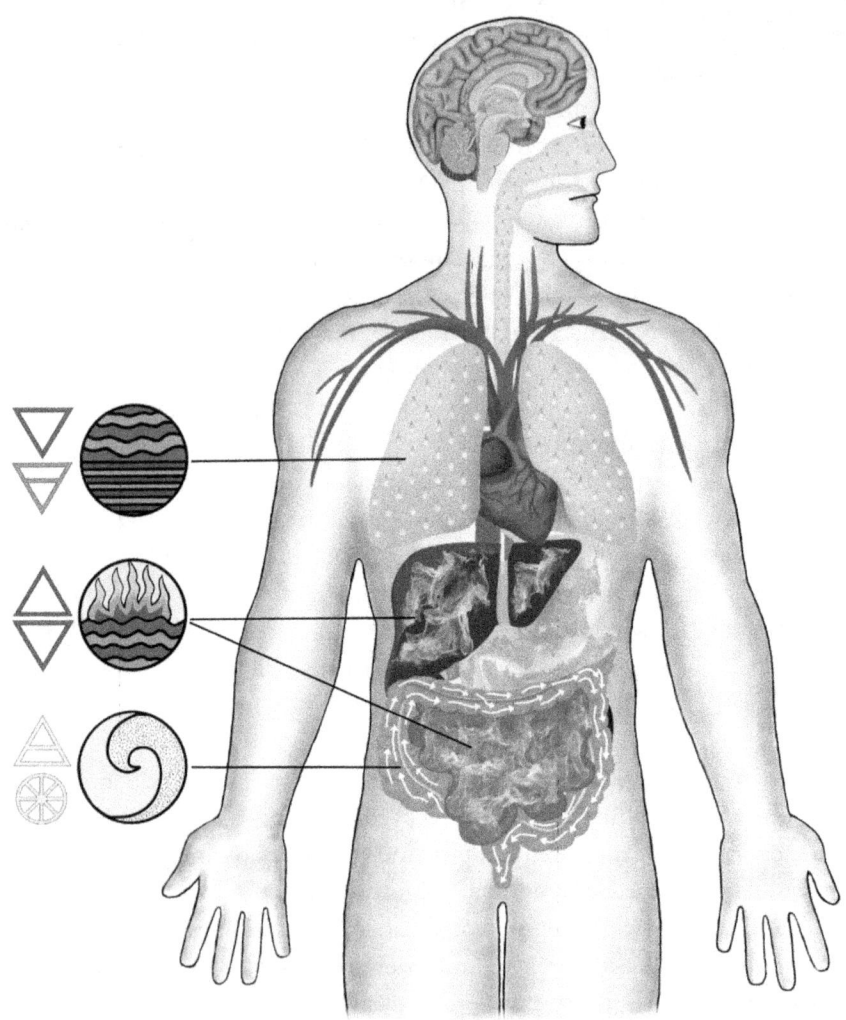

Rysunek 147: Trzy Doshas i Strefy Ciała

Pitta Dosha

Pitta jest energią transformacji i dlatego jest dopasowana do Elementu Ognia. Pitta jest gorąca, oleista, lekka, ruchliwa, płynna, ostra i kwaśno pachnąca. Reguluje trawienie, wchłanianie i przyswajanie pokarmów, jednocześnie regulując ciepłotę ciała, zabarwienie skóry i percepcję wzrokową. Subtelną formą Pitty jest Tejas lub Agni, ogień umysłu, który jest odpowiedzialny za siłę woli, pewność siebie, inteligencję, zrozumienie, rozumowanie, skupienie i samodyscyplinę.

Pitta odnosi się do zasady metabolizmu, która dotyczy przekształcania żywności w energię użytkową, która uruchamia funkcje komórkowe. Metabolizm dzieli się na dwa procesy - katabolizm i anabolizm, które są regulowane przez Vata i Kapha Doshas. Typ Pitta rządzi umysłem-ciałem, trzecią powłoką materialnej Jaźni - Manomaya Kosha. Obszarem działania Pitty jest centralny obszar tułowia, który zawiera żołądek, wątrobę, śledzionę, woreczek żółciowy, dwunastnicę i trzustkę (Rysunek 147). Większość szkół ajurwedyjskich przypisuje również jelito cienkie do Pitta zamiast Vata, ponieważ działa ono w połączeniu z ogniem trawiennym. Ponadto Pitta działa poprzez gruczoły potowe, krew, tłuszcz, oczy i skórę. Jeśli występuje ból w dowolnym miejscu w pobliżu splotu słonecznego w którymkolwiek z organów opisanych powyżej, energia Pitta może być niezrównoważona.

Lato jest znane jako sezon Pitta z powodu gorącej pogody i słonecznych dni. Typy Pitta są zazwyczaj średniego wzrostu i wagi, o stonowanej budowie ciała i umiarkowanej budowie ciała. Mają dobre krążenie krwi oraz zdrową skórę i włosy. Ponieważ Pitta są zdominowane przez element ognia, są z natury samostanowiące, zmotywowane, konkurencyjne, zorientowane na cel, nieustępliwe, intensywne i drażliwe. Pitta są wysportowane i łatwo nabierają masy mięśniowej. Jako urodzeni przywódcy skłonni do agresji i konfliktów, są często kwestionowani przez negatywne emocje, takie jak wątpliwości, gniew, nienawiść i zazdrość.

Pittas są generalnie zawsze głodne z szybką przemianą materii i są predysponowane do wahań nastroju, jeśli nie jedzą. Często połykają duże ilości jedzenia i płynów, lubią zimne napoje. Pittas są wrażliwe na gorące temperatury i są podatne na stany zapalne skóry, trądzik, zapalenie skóry i egzemę. Temperatura ich ciała jest wyższa niż przeciętna, a ręce i stopy są zwykle gorące. Pittas mają tendencję do nadmiernej pracy, ponieważ są inteligentne i mają silne pragnienie sukcesu.

Medycyna ajurwedyjska sugeruje, że osoby z dominacją Pitta muszą kultywować umiar we wszystkim i nie brać życia zbyt poważnie. Muszą znaleźć czas na przyjemne zajęcia, aby zrównoważyć swoje życie zawodowe, które często dominuje. Pitta powinna unikać ekstremalnego ciepła, jednocześnie wdrażając zdrową dietę. (Tabela 5). Codzienna medytacja, praktyki jogiczne i inne uspokajające i równoważące działania duchowe są zalecane dla Pittas, aby uspokoić ich drażliwy temperament.

Kapha Dosha

Jako Archetypowa Energia Matki Ziemi, Kapha Dosha dostarcza materiału dla fizycznej egzystencji, przynosząc solidność subtelnym Elementom w ciele. Kapha jest zimna, mokra, oleista, ciężka, powolna, matowa, statyczna, miękka, gęsta i mętna. Odnosi się do wody ustrojowej, która daje naszemu ciału odporność na zewnętrzne Żywioły, aby utrzymać długowieczność na poziomie komórkowym. Kapha zapewnia nawilżenie skóry, smarowanie stawów, ochronę mózgu i układu nerwowego, odporność na choroby oraz gojenie się ran.

Subtelna forma Kaphy nosi nazwę Ojas, co w sanskrycie oznacza "wigor". Ojas łączy świadomość i Materię; jest to witalna, płynna energia Elementu Wody, która wspiera funkcje umysłu. Ojas jest odpowiedzialny za zachowanie pamięci. Dostarcza nam siły umysłowej, wytrzymałości i mocy koncentracji.

Typy Kapha są rządzone przez ciało pokarmowe, pierwszą warstwę materialnej Jaźni - Annamaya Kosha. Jego obszarem działania są przede wszystkim płuca, chociaż Kapha jest również obecna w nozdrzach, gardle, zatokach i oskrzelach (Rysunek 147). Emocje związane z Elementem Wody, takie jak miłość, spokój i przebaczenie, są związane z Kapha Dosha i negatywnymi uczuciami, takimi jak chciwość i zazdrość. Kapha ma bezpośredni wpływ na przywiązanie Ego.

Pora roku Kapha to wiosna, kiedy rzeczy są najbardziej płodne, a życie roślinne zaczyna ponownie rosnąć. Kaphy zazwyczaj mają dobrze rozwinięte ciała z grubymi kośćmi i silną budową ciała. Mają niski, ale regularny apetyt oraz wolno działający metabolizm i układ trawienny. Mają tendencję do przybierania na wadze, więc muszą regularnie ćwiczyć. Wpływ pasywnych żywiołów Wody i Ziemi sprawia, że są stabilne emocjonalnie i psychicznie, lojalne i współczujące. Rzadko się denerwują i myślą, zanim podejmą działania. Jako takie, podróżują przez życie w powolny, przemyślany sposób.

Typy Kapha mają systematyczne podejście do życia; ogólnie lubią planować rzeczy zamiast być kapryśnymi jak Vatas. Mają potężne zdolności empatyczne i silną energię seksualną. Kaphy są cierpliwe, ufne, spokojne, mądre, romantyczne i mają zdrowy system odpornościowy. Są jednak podatne na problemy z oddychaniem, takie jak alergie i astma, a także mają wyższe ryzyko chorób serca i gromadzenia się śluzu niż inne typy Doshic. Ponadto, ponieważ dominuje element Wody, Kaphas dobrze zachowują informacje i są rozważne w słowach i czynach. Emocjonalnie odnoszą się do świata, co czyni je podatnymi na depresję i brak motywacji.

W Ajurwedzie osoba z dominacją Kapha powinna skupić się na regularnych, codziennych ćwiczeniach, zdrowej diecie (Tabela 5) i utrzymywaniu ciepłej temperatury ciała. Ponadto, powinny one wypełniać swój czas zajęciami, które je inspirują i motywują, jednocześnie ustalając regularną rutynę snu, ponieważ osoby typu Kapha znane są z tego, że przesypiają.

Aspekt Konstytucji	Typ Vata (Powietrze i Duch)	Typ Pitta (Ogień i Woda)	Typ Kapha (Woda i Ziemia)
Wzrost i Waga	Wysoki lub Bardzo Niski, Niska Waga	Stała Waga, Średni Wzrost	Niski, ale Czasami Wysoki, Ciężki, Łatwo Przybiera na Wadze
Budowa Ciała	Cienka, Chuda, Szczupła	Średnia, Stonowana	Duża, Krzepka, Dobrze Zbudowana
Skóra	Szorstka, Matowa, Ciemna, Łatwo Pęka, Sucha, Chłodna	Delikatna, Jasna, Różowa, Tłusta, Ciepła, Piegi i Znamiona	Gładkia, Blada, Lekka, Wilgotna, Tłusta, Chłodna, Gruba
Oczy	Zapadnięte, Małe, Suche, Brązowe, Podniesione Brwi	Ostre, Przeszywące, Zielone, Szare, Jasnobrązowe	Duże, Atrakcyjne, Niebieskie, Grube Rzęsy, Delikatne Spojrzenie
Usta	Małe, Cienkie, Pękające	Grube, Średnie, Miękkie, Czerwone	Duże, Gładkie, Różowe
Włosy	Suche, Cienkie, Ciemne, Kędzierzawe	Delikatne, Proste, Tłuste, Gładkie, Blond lub Rude	Grube, Kręcone, Faliste, Ciemne lub Jasne
Zęby	Bardzo Małe lub Duże, Nieregularne, Wystające	Średniej Wielkości, Miękkie, Krwawiące Dziąsła	Pełne, Silne, Białe, Dobrze Uformowane
Paznokcie	Suche, Szorstkie, Kruche	Cienkie, Gładkie, Czerwonawe	Duże, Miękkie, Białe, Błyszczące
Temperatura Ciała	Niższa niż Normalnie; Dłonie i Stopy Zimne	Wyższa niż Normalnie; Dłonie, Stopy i Twarz Gorące	Normalna; Dłonie i Stopy Lekko Zimne
Stawy	Widoczne, Sztywne, Niestałe, Łatwo Pękają	Luźne, Umiarkowanie Ukryte	Mocne, Silne, Duże, Dobrze Ukryte
Pot	Normalny	Bardzo Łatwe Pocenie, Silny Zapach	Powolny Start, ale Obfity
Stolec	Twardy, Suchy, Dwa Razy Dziennie	Miękki, Luźny, 1-2 Razy Dziennie	Dobrze Uformowany, Raz Dziennie
Oddawanie Moczu	Rzadkie	Obfite, Żółte	Umiarkowane, Czyste
Układ Odpornościowy	Niski, Zmienny	Umiarkowany, Wrażliwy na Ciepło	Dobry, Wysoki
Wytrzymałość	Słaba, Łatwo się Wyczerpuje	Umiarkowana, ale Skoncentrowana	Stała, Wysoka
Apetyt i Pragnienie	Zmienne, Szybkie Spożywanie Żywności i Napojów	Wysokie, Nadmierne, Potrzeba Jedzenia co 3-4 Godziny	Umiarkowane, Stałe, Może Tolerować Głód i Pragnienie
Preferencje Smaku	Słodki, Kwaśny, Słony	Słodki, Gorzki, Cierpki	Ostry, Gorzki, Cierpki
Aktywność Fizyczna	Bardzo Aktywny, Łatwo się Męczy	Umiarkowany, Łatwo się Męczy	Letargiczny, Porusza się Powoli, nie Męczy się Łatwo
Temperament/Emocje	Lękliwy, Zmienny, Przystosowany, Niepewny	Odważny, Zmotywowany, Pewny Siebie, Drażliwy	Spokojny, Kochający, Chciwy, Przywiązany, Świadomy Siebie
Wrażliwość	Zimno, Suchość, Wiatr	Ciepło, Światło Słoneczne, Ogień	Zimno, Wilgoć
Mowa	Szybka, Częsta, Bez Skupienia, Łatwo Traci Sens	Skoncentrowana, Bezpośrednia, Dobra w Argumentacji, Zorientowana na Cel	Powolna, Spokojna, Miękka, Stanowczo Przemawia, Nie Jest Gadatliwa.
Stan Umysłu	Nadpobudliwy, Niespokojny	Agresywny, Inteligentny	Spokojny, Powolny, Stały
Osobowość	Kreatywna, z Wyobraźnią	Inteligentna, Chętna, Skuteczna	Troskliwa, Cierpliwa, Rozważna
Uspołecznienie	Tworzenie i Częste Zmiany	Przyjaciele są Związani z Pracą	Długotrwałe Przyjaźnie
Pamięć	Słaba, Łatwe Zapominanie o Rzeczach	Umiarkowana, Średnia Pamięć	Wysoka, Dobra Pamięć
Harmonogram	Nieregularny Harmonogram	Długi Dzień Pracy	Dobry w Utrzymywaniu Rutyny
Marzenia	Niebo, Wiatr, Latanie, Skakanie, Bieganie	Ogień, Błyskawice, Przemoc, Wojna, Kolorowe Widoki	Woda, Rzeka, Ocean, Jezioro Pływanie, Kolorowe Widoki
Sny	Nieliczne, Przerywane, Zakłócone, Mniej Niż 6 Godzin	Zmienne, Dźwiękowe, 6-8 godz.	Nadmierne, Ciężkie, Długotrwałe, 8 Godzin lub Więcej
Finanse	Ekstrawaganckie Wydawanie, Wydawanie Pieniędzy Bez Opamiętania	Przeciętne Wydawanie, Skupianie się na Luksusach	Oszczędzanie Pieniędzy, Wydawanie Tylko Wtedy, Gdy Jest to Konieczne
Razem	=	=	=

TABELA 4: Ajurwedyjski Wykres Konstytucji (Trzy Doshas)

JAK OKREŚLIĆ SWÓJ WSPÓŁCZYNNIK DOSHIC

Każdy człowiek ma unikalny stosunek trzech Doshas, w zależności od tego, który z trzech żywiołów: Powietrze, Woda i Ogień jest u nas dominujący. W sanskrycie, osobisty schemat energii, które rządzą nami w życiu nazywany jest "Prakriti", co oznacza "oryginalną lub naturalną formę stanu czegoś - jego pierwotną substancję". Obecny stan Trzech Doshas, po chwili poczęcia, to "Vikruti", co oznacza "po stworzeniu". Odnosi się do naszej konstytucji po wystawieniu na działanie i zmianie przez środowisko. Vikruti definiuje naszą nierównowagę Doshic.

Istnieją trzy sposoby na określenie swojego współczynnika Doshica, z których dwa możesz wykonać samodzielnie, korzystając z tej książki i dostępu do internetu. Druga metoda to wizyta u ajurwedyjskiego praktyka, który użyje pulsu i odczytu języka jako narzędzi diagnostycznych. Jeśli chcesz uzyskać najdokładniejszą diagnozę, polecam wszystkie trzy.

Pierwszą metodą jest użycie wykresu w Tabeli 4 i zdiagnozowanie siebie. Zaczynając od góry tabeli z "Wzrostem i wagą", wybierz jeden z opisów Trzech Doshas, który najlepiej Cię opisuje. Kiedy już ją wybierzesz, zaznacz na dole jedną z kolumn Vata, Pitta lub Kapha w ostatnim rzędzie, gdzie jest napisane "Razem". Następnie kontynuuj z drugim aspektem, "Rama." i zrób to samo. I tak dalej, aż skończysz przeglądać cały wykres. Na koniec zsumuj sumy dla każdej z Trzech Doshas i umieść liczbę po znaku równości w ostatnim rzędzie.

Dosha z najwyższą liczbą będzie generalnie wskazywała na Twoją główną konstytucję, podczas gdy Dosha z drugą najwyższą liczbą będzie wskazywała na Twoją drugą dominującą Doshę. Jeśli masz dwie Doshy, które są stosunkowo równe, jesteś Bi-Doshic lub nawet Tri-Doshic, jeśli masz podobny stosunek pomiędzy wszystkimi trzema Doshami. Jeśli jedna z Doshas ma znacznie wyższy numer niż pozostałe dwie, co często się zdarza, to jest to Twoja dominująca Dosha.

Druga metoda "zrób to sam" wykorzystuje Astrologię Wedyjską do określenia Twojego stosunku Doshic, który możesz porównać z wynikami z wykresu w Tabeli 4. Ponieważ nauka Ajurwedy jest zgodna z Astrologią Wedyjską, musisz uzyskać Wykres Urodzeniowy Astrologii Wedyjskiej, który możesz znaleźć w Internecie. Należy pamiętać, że wykres urodzenia z Astrologii Wedyjskiej będzie miał zupełnie inny odczyt niż ten z Astrologii Zachodniej. Nie pozwól jednak, aby to Cię zdezorientowało lub zaniepokoiło, ponieważ będziesz skupiał się głównie na Ascendencie i Domach.

Astrologia wedyjska jest bardziej dokładna w ocenie wpływów energii makrokosmicznej związanej z Twoim czasem urodzenia, ponieważ jest dostosowana do rzeczywistych pozycji konstelacji gwiezdnych. Tak więc, aby uzyskać to prawo, potrzebujesz dokładnego czasu urodzenia. W Astrologii Zachodniej, Twoja godzina urodzenia jest druga w ważności w stosunku do dnia urodzenia, ponieważ Astrologia Zachodnia traktuje priorytetowo znak Słońca. Używanie Astrologii Wedyjskiej do określenia Twojego współczynnika Doshic jest starą, sprawdzoną metodą używaną przez Hindusów i innych praktyków Ajurwedy od momentu jej powstania.

Przed wyjaśnieniem jak ocenić swój wykres urodzeniowy w astrologii wedyjskiej, musisz znać naturę Doshic planet i znaków zodiaku. Vata Dosha jest reprezentowana przez Bliźnięta, Koziorożca, Wodnika i Pannę, ponieważ te cztery znaki są rządzone przez Merkurego (Bliźnięta i Panna) i Saturna (Koziorożec i Wodnik). Merkury i Saturn są planetami Vata, ponieważ odpowiadają one elementowi powietrza.

Pitta jest reprezentowana przez Barana, Lwa i Skorpiona, ponieważ te trzy znaki są rządzone przez Marsa (Baran i Skorpion) i Słońce (Lew). Mars i Słońce są planetami Pitta, ponieważ odpowiadają one elementowi ognia. I wreszcie, Kapha jest reprezentowana przez Byka, Raka, Wagę, Strzelca i Ryby, ponieważ te pięć znaków jest rządzonych przez Wenus (Byk i Waga), Jupiter (Strzelec i Ryby) i Księżyc (Rak). Te trzy planety są planetami Kapha, ponieważ odpowiadają elementowi wody.

Jeśli chodzi o dwie ostatnie Navagrahas, wpływ energii Rahu jest podobny do Saturna, tylko bardziej subtelny. Dlatego odnosi się do Vata Dosha. Z drugiej strony, wpływ energii Ketu przypomina Marsa, choć subtelniejszy, co sprawia, że odpowiada on Pitta Dosha.

Użyję mojego wykresu urodzeniowego z Astrologii Wedyjskiej (Rysunek 148) jako przykładu, aby pokazać Ci, jak możesz określić swoją Dosha. Używam południowoindyjskiego wykresu urodzeniowego, którego prezentacja jest nieco inna niż północnoindyjski, chociaż wyniki są takie same. Pamiętaj, że pokazuję Ci podstawową metodę robienia tego przy użyciu Wykresu Urodzeń Astrologii Wedyjskiej (Wykres Rishi), który dostarcza ogólnych informacji dotyczących położenia planet. Jednakże, pomijam wykres Navamsa, który pokazuje aktywną jakość i siłę planet.

Pełny wykres narodzin w Astrologii Wedyjskiej zazwyczaj zawiera oba wykresy i Nakshatrę (Domy Księżycowe). Jest to dość skomplikowana, ale dokładna nauka, która wymaga poważnych studiów, aby być w stanie zinterpretować cały wykres urodzenia. Z tego powodu polecam również wizytę u wyszkolonego i wykwalifikowanego astrologa wedyjskiego, który pomoże Ci odczytać Twój pełny wykres urodzenia, abyś mógł uzyskać najbardziej optymalne rezultaty.

Kiedy już uzyskasz swój wykres urodzenia, najpierw spójrz na swój Ascendent i określ jego władcę lub rządzącą planetę. Według Astrologii Wedyjskiej, Twój Ascendent ma największy wpływ na Ciebie, ponieważ jest Twoim ciałem. W sanskrycie, Ascendent jest nazywany "Tanur Bhava", co oznacza "dom ciała". Znak zodiaku, w który wpada Twój Ascendent, zazwyczaj reprezentuje Twoją dominującą Dosha.

Następnie spójrz na planetę rządzącą Twoim ascendentem i na znak zodiaku, do którego należy. Na przykład mój Ascendent to Bliźnięta, znak Vata, którego władcą jest Merkury. Jednakże mój Merkury jest w Strzelcu, znaku Kapha rządzonym przez Jowisza. Jak dotąd, moja analiza wykresu wskazuje na konstytucję Vata z wpływem Kapha.

Następnie spójrz na swój pierwszy dom, zobacz jaka planeta lub planety są tam umieszczone i określ ich Dosha(y). Na przykład, ja mam Rahu w pierwszym domu, planetę Vata. Więc teraz mamy kolejny silny wskaźnik, że jestem osobowością Vata, z pewnym wpływem Kapha. Jednak nasza analiza nie kończy się na tym.

Spójrz teraz na swój znak Księżyca, który reprezentuje Twoją psychologiczną naturę, w tym Twoje myśli i emocje. Pamiętaj, że Księżyc ma bardziej znaczący wpływ na kobiety niż na mężczyzn, ze względu na związek między kobiecą naturą a Księżycem. Jak widzisz, mój Księżyc jest w Pannie, która jest znakiem Vata, gdzie rządzącą planetą jest Merkury.

RYBY X	BARAN XI	BYK XII	BLIŹNIĘTA I
			ASC RA
JOWISZ	MARS	WENUS	MERKURY
WODNIK IX WE MA	NEVEN PAAR 02/02/1983 (2:05PM) SARAJEVO, B&H (43° P51,18° W21) ZODIAK GWIAZDOWY		RAK II
SATURN			KSIĘŻYC
KOZIOROZEC VIII SŁ			LEW III
SATURN			SŁOŃCE
STRZELEC VII KE ME	SKORPION VI JO	WAGA V SA	PANNA IV KS
JOWISZ	MARS	WENUS	MERKURY

ASCENDANT	16° 25°	BLIŹNIĘTA
SŁOŃCE	19° 29°	KOZIOROZEC
KSIĘŻYC	22° 12°	PANNA
MERKURY	24° 54°	STRZELEC
WENUS	11° 8°	WODNIK
MARS	18° 55°	WODNIK
JOWISZ	13° 10°	SKORPION
SATURN	10° 44°	WAGA
RAHU	8° 31°	BLIŹNIĘTA
KETU	8° 31°	STRZELEC

Rysunek 148: Wykres Urodzenia Autora w Astrologii Wedyjskiej

Następnie spójrz na swój znak słoneczny, który wskazuje na Twoją istotną witalność i ekspresję charakteru. Mężczyźni mają tendencję do wyrażania swojego znaku słonecznego bardziej niż kobiety z powodu połączenia męskiej natury ze Słońcem. Mój znak słoneczny jest w Koziorożcu, rządzonym przez Saturna, kolejną planetę Vata.

Teraz musisz spojrzeć na swój wykres urodzenia jako całość, aby określić, które planety są dominujące. Podczas gdy Ascendent, Księżyc i Słońce mają największą wagę w określaniu Twojego stosunku Doshic, Rahu i Ketu są uważane za najmniej ważne.

Wszystkie inne planety są równe w znaczeniu. Jeśli dana planeta jest wybitna, będzie miała wpływ na wszystkie aspekty życia człowieka, w tym na jego konstytucję. Należy również zwrócić szczególną uwagę na Planety umieszczone w ich własnym znaku.

W mojej karcie urodzenia, z dziewięciu przypisanych planet plus Ascendent, mam równą równowagę Merkurego i Saturna (po trzy), z dwoma Jowiszami, jedną Wenus i jednym Marsem. Dlatego, zgodnie z przewidywaniami, mój wykres urodzenia ma obfitość planet Vata (sześć), z trzema Kapha i jedną Pitta. Również, co najważniejsze, mój Ascendent, Księżyc i Słońce są wszystkie w znaku Vata. To wskazuje, że jestem osobowością Vata z wpływami Kapha i odrobiną Pitta.

Na koniec spójrz na planetę lub planety w Twoim szóstym domu (zdrowie i dobre samopoczucie) i ósmym domu (śmierć i długowieczność), aby uzyskać pewien wgląd w nierównowagę Doshic i potencjał choroby. Szósty dom rządzi wszystkimi aspektami zdrowego stylu życia, takimi jak dieta, odżywianie, ćwiczenia i dążenie do samoumocnienia. Na przykład, w moim diagramie urodzenia, mam Jowisza (Kapha) w moim szóstym domu, co wskazuje na predyspozycje do nadmiernego pobłażania, problemy z wątrobą i problemy z krążeniem krwi. Z kolei moje Słońce (Pitta) w Ósmym domu sugeruje przyrost wagi i problemy z ciśnieniem krwi. To wskazuje, że mój brak równowagi Doshic pochodzi z wpływów Kapha i Pitta.

Więc teraz, jak ta informacja ma się do mojego wykresu urodzeniowego w Zachodniej Astrologii? Cóż, ponieważ mój znak słoneczny to Wodnik, mój znak księżyca to Libra, a mój ascendent to Rak, a zachodnia astrologia traktuje priorytetowo znak słoneczny, jestem konstytucją elementu powietrza, z wpływem wody. Pamiętaj, że używam tradycyjnej korespondencji zodiaku z czterema żywiołami. Tak więc moje wyniki odpowiadają moim wynikom z Astrologii Wedyjskiej. Jednak nie oznacza to, że będzie to zbieżne dla każdego. I pamiętaj, głównym powodem, dla którego nadaję priorytet Astrologii Wedyjskiej w tym przypadku, mimo że studiowałem Astrologię Zachodnią przez całe moje życie, jest to, że jest to siostrzana nauka Ajurwedy. Podążamy więc za tradycyjnym sposobem określania Twojej Doshy.

Jeśli chodzi o Ajurwedyjski Wykres Konstytucji w Tabeli 4, połowa moich zaznaczeń poszła do Vata Dosha, podczas gdy druga połowa do Pitta. Nawet jeśli mój wykres urodzenia nie odzwierciedla konstytucji Pitta, ponieważ mam ciągłą aktywność Kundalini w moim Ciele Światła, moje ciało fizyczne czuje się jakby płonęło przez wiele czasu, co wpływa na mnie na poziomie komórkowym. Tak więc teraz widzisz dlaczego kluczowe jest przeanalizowanie swojego Wykresu Urodzeniowego i Ajurwedyjskiego Wykresu Konstytucji - możesz nie uzyskać tych samych wyników.

Pamiętaj, co powiedziałam wcześniej: Doshas nie są stałe. Nawet jeśli masz predyspozycje do jednej Doshy lub kilku, to i tak mogą się one wahać w zależności od zmian w Twojej psychice, środowisku, klimacie itp. Nauka ajurwedyjska nie jest stała i niezmienna, ale ciągle ewoluuje wraz z Tobą. Dlatego radzę Ci połączyć się ze swoim Wyższym Ja i pozwolić mu być Twoim nauczycielem i przewodnikiem, aby być świadomym wewnętrznych zmian i odpowiednio się do nich dostosować.

DIETA AJURWEDYJSKA

Trzy podstawowe źródła energii pranicznej to Słońce (Element Ognia), wiatr (Element Powietrza) oraz Ziemia pod naszymi stopami (Elementy Wody i Ziemi). Słońce jest naszym głównym źródłem Prany, które energetyzuje nas poprzez swoje promienie świetlne. Powietrze wokół nas również zawiera Pranę, którą wchłaniamy poprzez płuca i Czakry. Energię Praniczną pobieramy również z Ziemi poprzez podeszwy naszych stóp. Ziemia odżywia nas również poprzez żywność, którą wytwarza, a która zawiera energię praniczną o różnym stopniu wibracji. W związku z tym to, co jemy, wpływa bezpośrednio na nas na wszystkich poziomach świadomości.

Jakość naszych umysłów, ciał i Dusz w dużym stopniu zależy od esencji pokarmu, który wprowadzamy do ciała. Kiedy pokarm zostanie przekształcony w użyteczną energię praniczną przez system trawienny, tysiące Nadis Ciała Światła przenoszą ją do każdej komórki ciała. Oto esencja popularnego powiedzenia "Jesteś tym, co jesz". Znalezienie właściwej diety może zrobić różnicę pomiędzy zdrowym umysłem, ciałem i Duszą, a takim, który jest chory. Chociaż choroba może objawiać się fizycznie, może mieć również charakter psychiczny, emocjonalny i duchowy.

W Ajurwedzie nasze procesy fizyczne i psychiczne są uzależnione od prawidłowego funkcjonowania Trzech Doshas. Jeśli zostaną one wyprowadzone z równowagi, procesy chorobowe mogą przejawiać się na poziomie fizycznym i subtelnym. W związku z tym, Ajurweda zajmuje się przede wszystkim energią różnych pokarmów, aby zrównoważyć Doshas. Nie martwi się o wymagania żywieniowe, ale o to, by żywność była w harmonii z naszą naturą. Na przykład, jedzenie może albo wzmocnić procesy umysłowe i spokój umysłu lub zakłócić je.

Przyjmowanie płynów jest również kluczowe w Ajurwedzie, ponieważ to, co pijemy, odżywia naszą Siłę Życia. Na przykład, nieświeża lub zanieczyszczona woda może zakłócić naszą Pranę i rozregulować nasze emocje i myśli. To samo dotyczy alkoholu, kawy i innych używek. Zasadniczo wszystko, co przyjmujemy do ciała, wpływa na nas na wszystkich poziomach świadomości.

Pierwszym krokiem do dostosowania swojej diety tak, aby zoptymalizować swój system energetyczny i ciało fizyczne, jest znalezienie swojego stosunku Doshic, używając wykresu urodzeniowego Astrologii Wedyjskiej i Tabeli 4. Oprócz spożywania pokarmów, które są zgodne z naturą Twojego stosunku Doshic lub Twojej dominującej Dosha(y), istnieją inne czynniki przyjmowania pokarmów, które należy rozważyć. Obejmują one prawidłowe przygotowanie pokarmów i ich właściwe połączenie, odpowiednią ilość i częstotliwość posiłków oraz właściwą porę dnia na spożywanie posiłków. Kolejnym czynnikiem jest właściwe nastawienie osoby przygotowującej posiłek. Na przykład, jeśli posiłek jest przygotowywany z miłością, będzie rezonował z tą częstotliwością, która będzie miała uzdrawiający wpływ po spożyciu. I odwrotnie, jedzenie przygotowane z negatywnym nastawieniem będzie zawierało toksyczną energię, która może zaszkodzić systemowi. I zawsze zastanawiałeś się, dlaczego jedzenie potraw Twojej matki lub babci zawsze sprawiało, że czułeś się tak dobrze.

Kolejnym istotnym punktem jest bycie w spokojnym stanie psychicznym podczas spożywania pokarmu, ponieważ jedzenie przyjmowane w negatywnym nastroju może mieć negatywne skutki. Pomyśl o jedzeniu jak o paliwie, podczas gdy Twoje systemy trawienne i energetyczne są silnikiem, a Twoje ciało fizyczne jest główną strukturą nośną, ciałem pojazdu. Dlatego też przechowywanie negatywnej energii podczas wnoszenia paliwa do systemu może zatruć paliwo, zaostrzając i zwiększając negatywne nastawienie, a nawet wbijając je w komórki i tkanki ciała. W ten sposób z czasem może dojść do degeneracji komórek i pogorszenia ich stanu, co przyczynia się do powstawania procesów chorobowych, w tym nowotworów.

Pomogłoby, gdybyś pamiętał również o porach roku i klimacie, abyś mógł odpowiednio dostosować swoją dietę. Na przykład, dieta anty-Kapha powinna być stosowana zimą i wczesną wiosną, podczas gdy dieta anty-Pitta jest bardziej odpowiednia dla lata i późnej wiosny. Wreszcie, jesienią powinieneś dać priorytet diecie anty-Vata.

Typy Bi-Doshic, które mają równy stosunek dwóch Doshas, powinny modyfikować swoją dietę w zależności od pory roku. Na przykład typy Pitta-Kapha powinny stosować dietę anty-Pitta latem i jesienią oraz dietę anty-Kapha zimą i wiosną. I odwrotnie, Vata-Kapha powinni wdrożyć dietę anty-Vata latem i jesienią oraz dietę anty-Kapha zimą i wiosną. Ponadto, typy Vata-Pitta powinny stosować dietę anty-Vata jesienią i zimą oraz dietę anty-Pitta wiosną i latem. Wreszcie, typy Tri-Doshic, które posiadają stosunkowo równe cechy wszystkich trzech Doshas, powinny stosować dietę anty-Kapha zimą i wczesną wiosną, anty-Pitta latem i późną wiosną oraz anty-Vata jesienią.

W zależności od klimatu miejsca, w którym mieszkasz, pewne diety będą dla Ciebie bardziej odpowiednie, podczas gdy innych powinieneś unikać. Na przykład wilgotne, zimne regiony powinny kłaść nacisk na dietę anty-Kapha, podczas gdy gorące klimaty powinny wdrożyć dietę anty-Pitta. I odwrotnie, dieta anty-Vata jest najbardziej odpowiednia dla zimnych, suchych, wietrznych klimatów.

Tabela 5 przedstawia pokarmy, na które należy położyć nacisk w swojej diecie i takie, od których należy się trzymać z daleka. Pokarmy, które nie są wymienione mogą być oceniane poprzez porównanie ich z pokrewnymi pokarmami w każdej kategorii. Zasadą jest, że preferowane pokarmy zmniejszają wpływ Dosha, podczas gdy pokarmy, których należy unikać, zwiększają go. Stosując zalecaną dietę, starasz się zrównoważyć swoją Doshę (Dosha), pozytywnie wpływając na umysł, ciało i Duszę oraz zapobiegając powstawaniu procesów chorobowych. Dlatego stosuj te diety wraz z innymi, wymienionymi przed chwilą rozważaniami.

TABELA 5: Wskazówki Żywieniowe dla Trzech Doshas

Rodzaj Żywności	Vata Dosha — Wskazane	Vata Dosha — Unikaj	Pitta Dosha — Wskazane	Pitta Dosha — Unikaj	Kapha Dosha — Wskazane	Kapha Dosha — Unikaj
Owoce	*Najsłodszy Owoc *Najbardziej Wilgotne Słodkie owoce Morele Awokado Banany Jagody Czereśnie Daktyle (Świeże) Figi (Świeże) Grapefruit Winogrona Kiwi Cytryny Limonki Mango Melony (Słodkie) Pomarańcze Papaja Brzoskwinie Ananas Śliwki I Rodzynki (Namoczone)	*Najlepiej Wysuszone Owoce Jabłka Żurawiny Gruszki Daktyle (Suche) Figi (Suche) Persimmon Granaty Rodzynki (Suche) Śliwki (Suche) Arbuz	*Najsłodszy Owoc Jabłka Awokado Jagody (Słodkie) Daty Figi Winogrona (Czerwone i Fioletowe) Limonki Mango Melony Pomarańcze (Słodkie) Gruszki Ananas (Słodki) Śliwki (Słodkie) Granaty Śliwki Rodzynki Maliny	*Najbardziej Kwaśny Owoc Morele Banany Jagody (Kwaśne) Wiśnie (Kwaśne) Żurawiny Grapefruit Winogrona (Zielone) Kiwi Cytryny Pomarańcze (Kwaśne) Brzoskwinie Papaja Persimmon Ananas (Kwaśny) Śliwki (Kwaśne) Truskawki	*Najbardziej Cierpki Owoc Jabłka Morele Jagody Czereśnie Żurawiny Figi (Suche) Mango Brzoskwinie Gruszki Persymony Granaty Śliwki Rodzynki	*Najbardziej Słodko-Kwaśny Owoc Awokado Banany Daty Figi (Świeże) Grapefruit Winogrona Cytryny Kiwi Mango Melony Pomarańcze Papaja Ananas Śliwki Arbuz
Warzywa	*Warzywa Powinny Być Ugotowane Szparagi Buraki Kapusta (Gotowana) Marchewki Kalafior Chillies Kolendra Kukurydza (Świeża) Czosnek Zielona Fasola Gorczyca Okra Oliwki, Czarne Cebula (Gotowana) Groch (Ugotowany) Ziemniaki (Słodkie) Dynia Rzodkiewka (Gotowana) Wodorosty Squash Szpinak (Gotowany) Kiełki Squash Rzepy Rukiew wodna Bataty Cukinia	*Mrożone, Surowe lub Suszone Warzywa Kiełki Lucerny Karczochy Buraki Zielone Brokuły Brukselka Kapusta Kalafior Seler Bakłażan Liście Zieleni Sałata Jarmuż Grzyby Oliwki (Zielone) Cebula (Surowa) Pietruszka Groch (Surowy) Papryka (Słodka i Ostra) Ziemniaki (Białe) Rzodkiewka (Surowa) Szpinak (Surowy) Pomidory	*Słodkie i Gorzkie Warzywa Karczochy Szparagi Buraki (Gotowane) Brokuły Brukselka Kapusta Kalafior Seler Kolendra Kukurydza (Świeża) Ogórek Zielona Fasola Jerozolima Jarmuż Liście Zieleni Sałata Grzyby Okra Oliwki (Czarne) Cebula (Gotowana) Pietruszka Groch (Świeży) Papryka (Zielona) Dynia Ziemniaki (Białe) Kiełki Squash Cukinia	*Warzywa Ostre Buraki (Surowe) Marchewki Bakłażan Chillies Czosnek Chrzan Gorczyca Oliwki (Zielone) Cebula (Surowa) Ziemniaki (Słodkie) Rzodkiewki Wodorosty Szpinak Pomidory Rzepy Rukiew Wodna Bataty	*Najbardziej Ostre i Gorzkie Warzywa Karczochy Szparagi Buraki Gorzki Melon Brokuły Brukselka Kapusta Marchewki Kalafior Seler Kolendra Chillies Bakłażan Czosnek Zielona Fasola Jarmuż Liście Zieleni Sałata Grzyby Gorczyca Cebula Pietruszka Groch Papryki Rzodkiewki Szpinak Kiełki Rzepy Rukiew Wodna	*Słodkie i Soczyste Warzywa Kukurydza (Świeża) Ogórek Oliwki Okra Pasternak Ziemniaki (Słodkie) Dynia Wodorosty Squash Pomidory Bataty Cukinia

Rodzaj Żywności	Vata Dosha		Pitta Dosha		Kapha Dosha	
	Wskazane	Unikaj	Wskazane	Unikaj	Wskazane	Unikaj
Ziarna	Ryż Basmati Ryż Brązowy Kuskus Mąka z Durham Owies (Gotowany) Quinoa Pszenica	Jęczmień Gryka Kukurydza Krakersy Granola Proso Muesli Owies (Suchy) Makaron Polenta Żyto Orkisz Otręby Pszenne	Jęczmień Ryż Basmati Blue Corn Ryż Brązowy (Długoziarnisty) Kuskus Krakersy Granola Owies (Gotowany) Naleśniki Makaron Quinoa Orkisz Pszenica Otręby Pszenne	Chleb (z Drożdżami) Ryż Brązowy (Krótkoziarnisty) Gryka Kukurydza Proso Muesli Owies (Suchy) Polenta Quinoa Żyto	Jęczmień Gryka Kukurydza Krakersy Granola Proso Muesli Owies (Suchy) Polenta Quinoa Żyto Orkisz Otręby Pszenne	Ryż Basmati Ryż Brązowy Chleb (z Drożdżami) Kuskus Owies (Gotowany) Makaron Pszenica Ryż Biały
Żywność zwierzęca	Wołowina Kurczak (Biały) Kaczka Jajka (Smażone lub Jajecznica) Owoce Morza Indyk (Biały)	Jagnięcina Wieprzowina Królik Venison	Kurczak (Biały) Jaja (Białe) Królik Indyk (Biały) Krewetki (Mała Ilość) Venison	Wołowina Kaczka Jaja (Żółtko) Jagnięcina Wieprzowina Owoce Morza	Kurczak (Biały) Jajka (Jajecznica) Królik Krewetki Indyk (Biały) Venison	Wołowina Kurczak (Ciemny) Kaczka Jagnięcina Wieprzowina Owoce Morza Indyk (Ciemny)
Mleczne	Masło Maślanka Ser Twaróg Krem Mleko Krowie Ghee Ser Kozi Mleko Kozie Kefir Mleko Kwaśna Śmietana Mleko Ryżowe Jogurt	Mleko (w Proszku) Mleko Kozie (w Proszku) Lody	Masło (Niesolone) Ser (Niesolony) Twaróg Krem Mleko Ghee Kozie Mleko Ser Kozi (Niesolony) Mleko Ryżowe	Masło (Solone) Ser Maślany (Solony) Lody Kefir Kwaśna Śmietana Jogurt	Maślanka Twaróg Ghee Ser Kozi (Niesolony) Mleko Kozie Mleko Sojowe	Masło Ser Mleko Krem Lody Kefir Mleko Ryżowe Kwaśna Śmietana Jogurt
Rośliny Strączkowe	Fasola Mung Tofu Soczewica Urad Dal	Fasola Aduki Groch Czarnooki Ciecierzyca Fasola Fava Fasola Fasola Lima Orzeszki Ziemne Fasola Pinto Soja Groch Dzielony Tempeh	Fasola Aduki Ciecierzyca Kidney Beans Fasola Lima Fasola Mung Fasola Pinto Soja Groch Dzielony Tempeh Tofu	Soczewica Orzeszki Ziemne Tur Dal Urad Dal	Fasola Aduki Groch Czarnooki Fasola Fasola Lima Orzeszki Ziemne Fasola Mung Fasola Pinto Groch Dzielony Soja Tempeh Tofu Tur Dal	Ciecierzyca Urad Dal
Orzechy	Migdały Orzechy Brazylijskie Nerkowce Kokosy Filberts Orzechy Laskowe Macadamia Pekany Orzechy Sosnowe Pistacje Orzechy Włoskie	Brak	Kokosy	Migdały Orzechy Brazylijskie Nerkowce Filberts Orzechy Laskowe Macadamia Pekany Orzechy Sosnowe Pistacje Orzechy Włoskie	Brak	Migdały Orzechy Brazylijskie Nerkowce Kokosy Filberts Orzechy Laskowe Macadamia Pekany Orzech Sosnowy Pistacje Orzechy Włoskie

Rodzaj Żywności	Vata Dosha		Pitta Dosha		Kapha Dosha	
	Wskazane	Unikaj	Wskazane	Unikaj	Wskazane	Unikaj
Nasiona	Chia Len Halva Dynia Sezam Słonecznik Tahini	Popcorn	Chia Słonecznik Tahini	Len Halva Popcorn Dynia Sezam	Chia Len Popcorn Dynia Słonecznik	Halva Sezam Tahini
Przyprawy	Bazylia Liście Laurowe Czarny Pieprz Kardamon Cayenne Goździki Chutney Papryczki Chili Kolendra Kminek Cynamon Koperek Dulse Koper Włoski Czosnek Ginger Ketchup Oregano Majonez Mięta Musztarda Gałka Muszkatołowa Papryka Rozmaryn Szafran Sage Sól Morska Sos Sojowy Tamaryndowiec Kurkuma Ocet	Chrzan	Kardamon Kolendra Chutney (Słodki) Goździki Kolendra Kminek Koperek Dulse Koper włoski Kombu Mięta Rozmaryn Szafran Tamaryndowiec Kurkuma	Bazylia Liście Laurowe Czarny Pieprz Cayenne Papryczka Chili Cynamon Chutney (Pikantny) Czosnek Ginger Chrzan Kelp Ketchup Musztarda Majonez Gałka Muszkatołowa Oregano Papryka Pickles Sage Sól Morska (w Nadmiarze) Sos Sojowy Tamaryndowiec Ocet	Bazylia Liście Laurowe Czarny Pieprz Kardamon Cayenne Kolendra Cynamon Goździki Papryczki Chili Chutney (Pikantny) Kolendra Kminek Koperek Koper Włoski Czosnek Ginger Chrzan Mięta Musztarda Gałka Muszkatołowa Oregano Papryka Pietruszka Rozmaryn Szafran Sage Sos Sojowy Kurkuma	Chutney (Słodki) Kelp Ketchup Majonez Sól Morska Tamaryndowiec Ocet
Środki Słodzące	Cukier Owocowy Miód Cukier Trzcinowy Syrop Klonowy Melasa Cukier Surowy	Biały Cukier	Cukier Owocowy Cukier Trzcinowy Cukier Klonowy Surowy Cukier Cukier Biały	Miód Melasa	Miód (Surowy)	Cukier Brązowy Cukier Owocowy Cukier Trzcinowy Melasa Syrop Klonowy Biały Cukier
Oleje	Migdałowy Awokado Canola Kokos Kukurydza Siemię lniane Oliwka Szafraniec Sezam	Brak	Kokos Oliwka Słonecznik Migdałowy Canola	Kukurydza Siemię lniane Szafraniec Sezam	Migdałowy Kukurydza Słonecznik	Awokado Canola Siemię lniane Oliwka Szafraniec Sezam

PRAKTYKI JOGICZNE W CELU ZRÓWNOWAŻENIA DOSHAS

Kiedy już określisz swoją konstytucję (Prakriti) używając wykresu urodzeniowego Astrologii Wedyjskiej i Tabeli 4, możesz użyć tej wiedzy do zmodyfikowania swojej praktyki Jogicznej tak, aby najlepiej pasowała do Twoich potrzeb. Jak wspomniano, większość ludzi dopasowuje się do jednego typu Doshic, chociaż nie jest rzadkością posiadanie cech kilku z nich. Niezależnie od tego, kiedy już wypracujesz swój stosunek Vata-Pitta-Kapha lub po prostu swoją dominującą Doshę, możesz użyć tej informacji do określenia, które praktyki Jogiczne są dla Ciebie najlepsze, aby zrównoważyć Twój umysł i ciało.

Asany mogą zwiększyć lub zmniejszyć Twoją Dosha. Niektóre mają działanie uziemiające i uspokajające, inne zaś energetyzujące. Niektóre asany stymulują układ trawienny i rozgrzewają ciało, podczas gdy inne je chłodzą. To samo dotyczy Pranajam i Mudr Ręcznych. Jednak niektóre z bardziej podstawowych ćwiczeń Pranajamy, w tym Czterokrotny Oddech (Sama Vritti), mogą być stosowane przez wszystkie typy Doshic.

Użyj poniższych informacji jako ogólnych wskazówek do pracy z Asanami, Pranajamami i Mudrami Ręcznymi z tej książki, aby uzyskać optymalne rezultaty. (Różne Asany dla początkujących, średnio zaawansowanych i zaawansowanych znajdują się na stronach 312-318.) Pamiętaj również, że poniższe wskazówki nie są stałe i powinny być dostosowane do zmian pogody, klimatu, diety i psychiki.

Również nie każde ćwiczenie Jogiczne jest zawarte w wytycznych, co generalnie oznacza, że wszystkie typy Doshic mogą je stosować. Zanim jednak rozpoczniesz jakąkolwiek praktykę Jogiczną, upewnij się, że dokładnie przeczytałeś jej opis i środki ostrożności. Pozwól, aby Twoje Wyższe Ja prowadziło Cię w tym procesie, podążając za instrukcjami, które są podawane.

Mudry głowy, mudry postawy, mudry blokady i mudry krocza są ogólnie związane z określonymi celami duchowymi. Obejmują one przebudzenie czakr, aktywację Bindu, wykorzystanie nektaru ambrozji (Amrita) kapiącego z Bindu, pobudzenie Kundalini do aktywności i zapewnienie, że Kundalini przebije Trzy Granty podczas swojego wznoszenia się (jak w przypadku Bandhas). Dlatego wszystkie typy Doshic powinny wdrożyć ich użycie, aby uzyskać swoje szczególne cele. Ponadto, Mantry i techniki medytacyjne również mają określone cele, które są korzystne dla Ciebie, niezależnie od Twojej Doshy.

Praktyki Jogiczne dla Vata Dosha

Osoby typu Vata odniosą znaczne korzyści z uziemiającej, spokojnej i kontemplacyjnej praktyki asan, która przeciwdziała ich tendencji do odczuwania rozproszenia i niepokoju. Na przykład Vrksasana (Postawa Drzewa) i Tadasana (Postawa Góry) umieszczają stopy w ziemi, co zmniejsza niepokój i nerwowość, do których Vata mają skłonność. Virabhadrasana I i Virabhadrasana II (Wojownik I i II) osiągają to samo, jednocześnie budując siłę. Utkatasana (Chair Pose) jest dobra do uziemienia Vata, jednocześnie budując ciepło w ciele.

Szybkie sekwencje przepływu (winjasy) budują ciepło w ciele i nasilają typy Vata, które są naturalnie podatne na zmęczenie i wypalenie. Zamiast tego, Vatowie powinni poruszać się powoli i świadomie, stosując podejście Hatha Jogi, które wydłuża czas trzymania pozycji. Ponadto, Vatowie powinni podchodzić do przejść pomiędzy pozycjami ze świadomością, a nie w pośpiechu, zapewniając, że umysł pozostaje zrównoważony i spokojny. Na przykład, Virabhadrasana III (Wojownik III) jest potężną pozycją równoważącą, która zmusza Vatę do skupienia się i koncentracji na jednym punkcie, zamiast bycia wszędzie ze swoimi myślami.

Pozycje, które pracują na okrężnicy, jelitach, dolnej części pleców i miednicy równoważą typy Vata, ponieważ przywracają energię do podstawy tułowia, obszaru działania Vata. Ponieważ Vata mają skłonność do zaparć, skręty i wygięcia do przodu mają leczniczy wpływ, ponieważ uciskają miednicę. Korzystne są dla nich również otwory na biodra i wygięcia w tył z twarzą w dół. Należą do nich Balasana (pozycja dziecka), Bhujangasana (pozycja kobry), Paschimottanasana (siedzące wygięcie w przód), Baddha Konasana (pozycja szewca) i Malasana (pozycja przysiadu/garbu). Dhanurasana (Bow Pose) również wydłuża dolną część pleców i wywiera nacisk na miednicę.

Ponieważ Vatowie z natury mają słabsze kości, luźniejsze więzadła, mniejszą wyściółkę tłuszczową i są podatni na ból, powinni unikać niektórych bardziej zaawansowanych asan, takich jak Salamba Sarvangasana (Stanie na ramionach), Halasana (Plow Pose), Sirsasana (Headstand), Vasistha-sana (Side Plank), Pincha Mayurasana (Forearm Stand) i Urdhva Danurasana (Wheel Pose).

Z powodu swojej nieprzewidywalnej natury, Vatowie powinni uczynić praktykę asan rutyną i wykonywać ją o określonych porach w określone dni tygodnia. Dodatkowo, powinni wdrożyć dłuższą niż zwykle Shavasanę (Pozycję Ciała) podczas rozpoczynania i kończenia praktyki, ze względu na jej uziemiający efekt.

Należy unikać pranajam, które ochładzają ciało, takich jak Sheetali (Chłodzący Oddech), Sheetkari (Syczący Oddech) i Księżycowy Oddech. Zamiast tego, Vatowie mogą stosować Pranajamy, które zwiększają ciepło w ciele, takie jak Solarny Oddech, Kapalbhati (Oddech Błyszczącej Czaszki) i Bhastrika (Oddech Mieszków) Pranajama. Muszą jednak uważać na te dwie ostatnie, ponieważ zwiększają one energię w ciele, co może nadmiernie pobudzić umysł. Ponadto, Vatowie zazwyczaj cierpią z powodu nadmiernego myślenia, niepokoju i stresu, dlatego powinni stosować określone Pranajamy, aby uspokoić i spacyfikować umysł. Należą do nich techniki Pranajamy Anulom Vilom (Metoda Alternatywnego Oddechu Nozdrzami#1), Nadi Shodhana (Metoda Alternatywnego Oddechu Nozdrzami#2), Bhramari (Szumiący Oddech Pszczół) i Ujjayi (Oddech Oceanu).

Wreszcie, Mudry Ręczne, które zwiększają Vata Dosha to Jnana Mudra, Chin Mudra i Akasha Mudra. Te powinny być praktykowane, jeżeli ktoś ma niedobór Vata Dosha. Z kolei Ręczne Mudry, które zmniejszają Vata to Vayu Mudra i Shunya Mudra.

Praktyki Jogiczne dla Pitta Dosha

Ponieważ osoby typu Pitta mają tendencję do przegrzewania się, powinny unikać pozycji jogi, które powodują nadmierne pocenie się. Ponadto, powinni oni kultywować spokojne i zrelaksowane podejście do praktyki jogi, zamiast patrzeć na nią jak na zawody, ponieważ Pitta są przyciągani do wymagających fizycznie pozycji.

Osoby typu pitta skorzystają z chłodzącej, otwierającej serce praktyki jogi, wykonywanej w sposób niekonkurencyjny. Podejście Hatha Jogi jest bardziej odpowiednie dla Pitty niż Vinyasa, skupiając się na dłuższym czasie trwania pozycji i powolnych, przemyślanych przejściach. Pozycje dla początkujących, takie jak Bitisasana (Postawa Krowy) i Bidalasana (Postawa Kota) są dobre dla zrównoważenia Pitty i powinny być praktykowane w połączeniu. Stojące wygięcia do przodu i pozycje otwierające serce, takie jak Ustrasana (Postawa Wielbłąda), Sarvangasana (Postawa Mostu) i Urdhva Mukha Svanasana (Pies z twarzą do góry) pomagają zredukować Pitta. Również Trikonasana (Postawa Trójkąta) i Bhujangasana (Postawa Kobry).

Siedzibą Pitty jest żołądek i jelito cienkie, dlatego są one podatne na podwyższone ciepło w przewodzie pokarmowym. Złożenia do przodu, skręty i wygięcia w tył, takie jak Balasana (pozycja dziecka), Dhanurasana (pozycja łuku) i Urdhva Dhanurasana (pozycja koła) pomagają regulować Pittę i usuwać nadmiar żółci. Z kolei zgięcia boczne, takie jak Ardha Matsyendrasana (Siedzący Skręt Kręgosłupa) i Parsvottanasana (Intensywne Rozciągnięcie Boczne) pomagają uwolnić nadmiar ciepła z organów wewnętrznych.

Pittowie powinni unikać gorącej jogi (Bikram i Vinyasa) i ćwiczyć w schłodzonym, klimatyzowanym otoczeniu. Ponadto powinni unikać trzymania długich odwróconych póz, które tworzą dużo ciepła w głowie. Jeśli chodzi o pozy stojące, najlepsze dla Pitty otwierają biodra, w tym Vrksasana (Tree Pose), Virabhadrasana I i Virabhadrasana II (Warrior I i II) oraz Ardha Chandrasana (Half Moon). Inne korzystne pozy, które otwierają biodra to Baddha Konasana (Postawa Szewca), Uthan Pristhasana (Postawa Smoka/Jaszczura) i Parivrtta Uthan Prissthasana (Odwrotna Postawa Smoka/Jaszczura).

Pitta wchodząc do Shavasany (Pozycji Korpuśnej) powinni spokojnie skupić się na oddechu, co uspokoi umysł i wyśrodkuje go w ciele i sercu. Podobnie, powinni unikać Sirsasany (Stania na głowie), ponieważ zbyt mocno rozgrzewa głowę. Jeśli chodzi o pozy odwrócone, powinni zamiast tego ćwiczyć Salamba Sarvangasana (Stanie na ramionach).

Ponieważ Pitta są z natury gorące, powinny angażować się w Pranajamy, które mogą je ochłodzić, takie jak Sheetali (Chłodzący Oddech), Sheetkari (Syczący Oddech) i Oddech Księżycowy. Z drugiej strony, Pitta powinni unikać Pranajam, które podnoszą poziom ciepła w ciele, takich jak Słoneczny Oddech, Kapalbhati (Oddech Błyszczącej Czaszki) i Bhastrika (Oddech Mieszków). Zalecane są Pranajamy równoważące umysł i uspokajające, jak te sugerowane dla typów Vata.

Wreszcie, Mudry Ręczne dla nadmiaru Pitta Dosha to Prana Mudra, Varun Mudra i Prithivi Mudra. Jeśli masz niedobór Pitta, wykonaj Agni Mudrę, aby ją zwiększyć.

Praktyka Jogiczna dla Kapha Dosha

Dla typów Kapha Dosha idealna jest rozgrzewająca i energetyzująca praktyka jogi, taka jak Vinyasa, ponieważ muszą one przeciwdziałać swojej naturalnej tendencji do odczuwania zimna, ciężkości, spowolnienia i uspokojenia poprzez tworzenie ciepła i ruchu w ciele. Muszą jednak stopniowo budować swoją wydolność, zamiast forsować się w zaawansowanych pozycjach. Chociaż kaphy mają najwięcej siły ze wszystkich Doshy, mogą cierpieć z powodu senności i nadwagi, kiedy są wytrącone z równowagi.

Ponieważ obszarem działania kaphy jest klatka piersiowa (okolice płuc), asany zaprojektowane tak, aby otworzyć klatkę piersiową (okolice żeber) zapobiegną gromadzeniu się śluzu. Jednak większość pozycji stojących jest ożywcza dla Kaphów, przede wszystkim gdy są utrzymywane przez dłuższy czas. Wygięcia w tył, takie jak Ustrasana (Postawa Wielbłąda), Dhanurasana (Postawa Łuku) i Urdhva Dhanurasana (Postawa Koła) rozgrzewają ciało i odblokowują klatkę piersiową, pozwalając na lepszą cyrkulację Prany. Korzystne są również Setu Bandha Sarvangasana (Bridge Pose) i Ardha Purvottanasana (Reverse Table Top). W przeciwieństwie do Pitty, typy Kapha mogą dłużej utrzymywać wygięcia w tył.

Kaphy powinny pamiętać o szybkim przechodzeniu przez sekwencje przepływu, aby uniknąć ochłodzenia podczas praktyki świadomej świadomości. Skręty i rozciągania są dobre, ponieważ odtruwają i wzmacniają ciało oraz podkręcają metabolizm. Należą do nich Trikonasana (Trójkąt), Parivrtta Trikonasana (Obrócony Trójkąt), Ardha Matsyendrasana (Siedzący Skręt Kręgosłupa) i Pravottanasana (Intensywne Rozciągnięcie Boczne). Pozycje takie jak Salamba Sarvangasana (Stanie na ramionach), Adho Mukha Vrksasana (Stanie na rękach) i Sirsasana (Stanie na głowie) są głównymi reduktorami kaphy ze względu na ich ogromną moc rozgrzewania ciała. Navasana (Postawa Łódki) jest doskonała do rozpalenia i rozgrzania rdzenia i jest zalecana dla typów Kapha.

Kaphy powinny spróbować wykonać swoją praktykę jogi wcześnie rano, żeby rozruszać swój metabolizm i utrzymać energię i motywację przez cały dzień. Czas trwania Shavasany (Pozycji Zwłoki) powinien być nieco krótszy dla typów Kapha. Zamiast praktykować Tadasanę (Pozycję Górską) dla uziemienia, Kapha powinni wykonywać Utkatasanę (Pozycję Krzesła), Vrksasanę (Pozycję Drzewa) lub Virabhadrasanę I i Virabhadrasanę II (Wojownika I i II), ponieważ są one bardziej wymagające fizycznie.

Należy wdrożyć ćwiczenia pranajamy, które rozgrzewają ciało i uspokajają umysł. Należą do nich Pranajamy Słonecznego Oddechu, Kapalbhati (Oddech Błyszczącej Czaszki), Bhastrika (Oddech Mieszka) i Ujjayi (Oddech Oceanu). Ponadto korzystne jest otwieranie płuc poprzez energiczne oddychanie. Kaphowie powinni unikać wszystkich Pranajam, które ochładzają ciało, jak Sheetali (Chłodzący Oddech), Sheetkari (Syczący Oddech) i Księżycowy Oddech. Zamiast tego mogą stosować Pranajamy uspokajające umysł, sugerowane dla typów Vata, jeśli czują się niezrównoważeni psychicznie.

Podsumowując, Mudry Ręczne na nadmiar Kapha Dosha to Agni Mudra i Varun Mudra. Prithivi Mudra może być użyta do zwiększenia Kaphy, jeśli ktoś ma jej niedobór.

Praktyki Jogiczne dla Typów Bi-Doshic i Tri-Doshic

Jeśli dana osoba stanowi dwie dominujące lub trzy dominujące Doshas, musi wdrożyć praktykę, która jest mieszanką każdej z nich. Użyj powyższych wskazówek dla każdego z Doshas, których jesteś kombinacją. Osoba może ogólnie powiedzieć, która dominująca Doshas wydaje się być poza równowagą. Na przykład, jeżeli ktoś jest Vata-Pitta, jeżeli czuje się drażliwy i zły i trawi swoje jedzenie zbyt szybko, wie, że powinien podążać za wskazówkami Pitta, aby doprowadzić tę Doshę do równowagi. I odwrotnie, jeżeli wykazuje zbyt dużą aktywność umysłową i ogólny niepokój, powinna wdrożyć praktykę Jogi pacyfikującą Vata. Zwróć też uwagę na pory roku i pogodę. Typ Vata-Pitta będzie potrzebował zrównoważenia Vata podczas chłodniejszych, jesiennych i zimowych miesięcy, podczas gdy wiosną i latem, kiedy pogoda jest gorętsza, będzie potrzebował zrównoważenia Pitta.

SIDDHIS - MOCE PSYCHICZNE

Temat Siddhi, czyli nadprzyrodzonych mocy i zdolności, jest w dużej mierze niezrozumiały w kręgach spirytystycznych i wymaga wyjaśnienia. W Sanskrycie Siddhi oznacza "spełnienie" lub "osiągnięcie", co oznacza dary, które otrzymuje się po ukończeniu różnych etapów lub stopni zaawansowania poprzez praktyki Duchowe, takie jak medytacja i Joga. Ponieważ celem wszystkich praktyk duchowych jest Duchowy Rozwój, Siddhi są mocami psychicznymi, które ujawniają się w miarę jak jednostka integruje energię duchową i podnosi wibracje swojej świadomości.

W *Sutrach Jogi* Patandżali pisze, że Siddhis osiąga się wtedy, gdy Jogin osiągnął panowanie nad swoim umysłem, ciałem i Duszą i może utrzymywać koncentrację, medytację i Samadhi według własnej woli. Panowanie nad Jaźnią jest integralną częścią podróży do Oświecenia, włączając w to panowanie nad Żywiołami. Poprzez uzyskanie kontroli nad naszą wewnętrzną rzeczywistością, możemy wywierać siłę mentalną, która wpływa na rzeczywistość zewnętrzną - As Above, So Below.

Chociaż Siddhis można osiągnąć poprzez praktyki Jogiczne i prowadzenie ascetycznego stylu życia, bardziej przyspieszoną drogą do ich osiągnięcia jest pełne przebudzenie Kundalini. Mówiłem już o różnych duchowych darach, które odsłaniają się przed przebudzonym przez Kundalini inicjatorem podczas procesu transformacji. Niektóre z tych darów są osiągane na początku, podczas gdy inne są odblokowywane w kolejnych latach. Niezależnie od etapu osiągnięcia, wszystkie Siddhis są produktem ubocznym duchowej transformacji.

Kiedy jednostka zestraja się z Kosmiczną Świadomością i integruje wysoką wibrację energii Ducha, zaczyna doświadczać Jedności z całym istnieniem. Ponieważ Duch łączy nas wszystkich, nie ma oddzielenia pomiędzy nami a przedmiotami i ludźmi wokół nas - wszyscy jesteśmy Jednością. W ten sposób zintegrowana energia Ducha staje się medium, dzięki któremu możemy doświadczyć postrzegania pozazmysłowego.

Poprzez optymalizację naszych Czakr Duchowych (Sahasrara, Ajna i Vishuddhi), możemy dostroić się do esencji energii duchowej, której ogrom rozciąga się w nieskończoność we wszystkich kierunkach. Zdolności parapsychiczne zaczną się nam odsłaniać, włączając w to jasnowidzenie, jasnosłyszenie, empatię, telepatię i inne dary wynikające z podwyższonego postrzegania rzeczywistości.

Proces rozszerzania świadomości polega na optymalizacji czakr poprzez Białe Światło Ducha. Otrzymujemy Ducha poprzez Sahasrarę, podczas gdy Adżna Czakra (Oko

Umysłu) służy jako nasze centrum psychiczne, a Vishuddhi jako nasze połączenie z czterema Elementalnymi Czakrami poniżej. To właśnie wzajemne oddziaływanie Sahasrary i Ajna Czakry daje większość, jeśli nie wszystkie Siddhis, ponieważ Sahasrara jest naszym łącznikiem z Kosmiczną Świadomością. Jak zobaczysz w opisie Siddhis, wiele darów psychicznych lub mocy, które osiągamy wynikają z rozszerzenia świadomości i przyjęcia właściwości Kosmicznej Świadomości.

Chociaż Siddhis są darami od Boga, mogą również przeszkadzać nam w naszej duchowej podróży, jeśli za bardzo skupiamy się na ich osiągnięciu. Siddhis powinny być doświadczane, badane i odpuszczane, aby pozwolić świadomości na kontynuację rozszerzania się na jeszcze większe wysokości. Jeśli Ego zaangażuje się i spróbuje kontrolować proces lub nawet skorzystać z rozwoju Siddhis, wibracja naszej świadomości obniży się, blokując drogę do dalszego rozwoju. W tym sensie Siddhy są "mieczem obosiecznym", do którego należy podchodzić z właściwym zrozumieniem i kontrolować Ego.

Jako część świętych tekstów, temat Siddhis i ich opis jest przedstawiony w sposób krypto-krypty, co jest zrobione celowo, aby zdezorientować i podzielić masy. Z jednej strony mamy profanów, którzy poszukują tych nadprzyrodzonych darów tylko po to, aby zaspokoić pragnienie władzy swojego Ego. Ci ludzie interpretują święte teksty dosłownie, na próżno pukając do drzwi kosmicznych tajemnic. Z drugiej strony, szczerzy poszukiwacze prawdy, którzy są czystego serca i godni tych Boskich tajemnic, posiadają główny klucz do odblokowania ukrytych znaczeń w tych świętych tekstach.

Starożytni zawoalowali uniwersalne tajemnice i prawdy w metaforach i alegoriach, włączając w to symbole i liczby, które miały wartość Archetypową. Tradycyjna metoda przekazywania świętej wiedzy była abstrakcyjna i subtelna, omijająca Ego i komunikująca się bezpośrednio z Wyższym Ja. Siddhis są również przedstawiane w taki sposób. Na powierzchni wydają się one niesamowitymi nadprzyrodzonymi wyczynami, które przeczą prawom fizyki. Jednak gdy zastosujesz klucz główny, zrozumiesz, że ich opis jest metaforyczny dla wewnętrznych mocy odsłoniętych poprzez ewolucję świadomości.

OSIEM GŁÓWNYCH SIDDHIS

W Tantrze, Hatha i Radża Jogach istnieje osiem podstawowych "klasycznych" Siddhis, które Jogin osiąga na swojej ścieżce do Oświecenia. Są one nazywane Maha Siddhis (sanskryt oznacza "wielką doskonałość" lub "wielkie osiągnięcie") lub Ashta Siddhis, co oznacza "osiem Siddhis". Ashta Siddhis są również znane jako Brahma Pradana Siddhis (Boskie osiągnięcia). Jak zobaczysz w poniższych opisach ośmiu głównych Siddhis, wynikają one bezpośrednio z pełnego przebudzenia Kundalini i Duchowej transformacji, która następuje w kolejnych latach.

Ganesha, znany również jako Ganapati lub Ganesh, jest synem Pana Śivy i Bogini Parvati. Znany jest jako usuwający przeszkody, dlatego też przedstawiany jest z głową słonia. Zgodnie z hinduską tradycją, Ganesha przynosi błogosławieństwo, dobrobyt i sukces każdemu, kto się na niego powołuje.

Rysunek 149: Pan Ganesha i Aśta Siddhis

Ganesha jest przedstawicielem czakry Muladhara, miejsca przebywania Kundalini. Z tego powodu często przedstawiany jest z wężem Vasuki owiniętym wokół jego szyi lub brzucha. Jednak nietypowym przedstawieniem jest to, że siedzi, stoi lub tańczy na pięcio- lub siedmioodcinkowym wężu Sheshnaag. Zarówno Vasuki, jak i Sheshnaag reprezentują energię Kundalini - ostatecznego usuwania przeszkód, którego celem jest zmaksymalizowanie potencjału osoby jako duchowej istoty ludzkiej.

Ganeśa znany jest również jako Siddhi Data - Pan Siddhis (Rysunek 149). Jest tym, który obdarza Asztą Siddhis kwalifikujące się osoby poprzez proces przebudzenia Kundalini. W tradycji Tantry, Aszta Siddhis uważane są za osiem bogiń, które są konsortami Ganesha i personifikacjami jego twórczej energii (Shakti).

Anima i Mahima Siddhis

Pierwsze dwie klasyczne Siddhi są biegunowymi przeciwieństwami, które omówię razem dla lepszego zrozumienia. Anima Siddhi (sanskryt dla "zdolności do stawania się nieskończenie małym jak atom") jest mocą do stawania się niesamowicie małym w rozmiarze natychmiast, nawet do rozmiaru atomu. Z drugiej strony Mahima Siddhi (sanskryt dla "zdolności do stawania się ogromnym") jest mocą stawania się nieskończenie dużym w jednej chwili, nawet do rozmiarów Galaktyki lub samego Wszechświata.

Te dwie Siddhis powstają w wyniku rozszerzenia się indywidualnej świadomości na poziom kosmiczny po pełnym przebudzeniu Kundalini, co pozwala im świadomie rozszerzać lub kurczyć swoją Istotę tak, że mogą stać się nieskończenie mali lub nieskończenie wielcy. Obie te Siddhy są również pod wpływem zwiększonych zdolności wyobrażeniowych, które rozwijają się podczas transformacji Kundalini. To właśnie połączenie wyobraźni i rozszerzonej świadomości aktywuje w nas Anima i Mahima Siddhis.

Anima Siddhi wymaga od jednostki wyobrażenia sobie czegoś w głowie, na przykład atomu. Trzymając swoją wizję, zmysł astralny uaktywnia się, umożliwiając jednostce odczucie esencji Atomu, a tym samym poznanie jego celu i funkcji we Wszechświecie.

I odwrotnie, jeśli osoba wizualizuje coś wielkiego w rozmiarze, takiego jak nasz Układ Słoneczny lub nawet Galaktyka Drogi Mlecznej, jej Istota może rozciągnąć się do jego rozmiarów, aby poczuć jego esencję (Mahima Siddhi). Zdolności te są możliwe, ponieważ podstawowa substancja Świadomości Kosmicznej, Duch, jest elastyczna i plastyczna, pozwalając tym, którzy osiągnęli jej poziom, na przyjmowanie jej formy i wahania wielkości w dowolnym stopniu, którego pragną poprzez wyobraźnię kierowaną siłą woli.

Druga interpretacja Anima Siddhi dotyczy legendarnego "Płaszcza Niewidzialności", wspominanego w wielu starożytnych tradycjach - zdolności do stania się energetycznie niewykrywalnym dla innych ludzi (w tym zwierząt) według własnego uznania. Ponieważ po pełnym przebudzeniu Kundalini uaktywnia się pełne spektrum wewnętrznych Planów Kosmicznych, osoba może świadomie podnieść swoją świadomość na Wyższą Płaszczyznę (Duchową lub Boską). To pozwala im zneutralizować (nadal) ich wibracje, aby wydawały się niewidzialne na niższych płaszczyznach (mentalnej i astralnej), na których wibruje przeciętna osoba, czyniąc ją "małą jak atom".

Jeśli podążymy tą samą logiką, Mahima Siddhi pozwala jednostce świadomie podnieść swoją wibrację, aby wydawać się innym ludziom wielkim, a nawet boskim. Pamiętaj, że zarówno Anima jak i Mahima Siddhi wynikają z Duchowej Ewolucji, której celem jest coraz większe zbliżenie nas do Umysłu Boga i przyjęcie jego wibracji. W obu interpretacjach Anima i Mahima Siddhis warunkiem ich rozwoju jest opanowanie przez jednostkę Żywiołów, a konkretnie Żywiołu Ognia.

Bardziej ogólna interpretacja Anima i Mahima Siddhis to metafory duchowej mocy, którą jednostka osiąga po rozszerzeniu swojej świadomości do poziomu kosmicznego i osiągnięciu Jedności. Z Anima Siddhi, osoba może wejść w cokolwiek, czego pragnie, jak przedmiot lub osoba, kiedy staje się "wielkości atomu". Z kolei stając się nieskończenie dużym (Mahima Siddhi), jednostka może odczuwać istotę całego Wszechświata, ponieważ nieskończenie rozciąga swoją świadomość. W obu przypadkach widzimy wewnętrzną moc, która budzi się, kiedy jednostka zintegrowała duchową świadomość i może dowolnie wychodzić ze swojego fizycznego ciała.

Garima i Laghima Siddhis

Trzecia i czwarta klasyczna Siddhis są również biegunowo różne od pierwszych dwóch. Garima Siddhi (Sanskryt dla "zdolności do stania się bardzo ciężkim") jest mocą stania się nieskończenie ciężkim w jednej chwili poprzez użycie siły woli. I odwrotnie, Laghima Siddhi (sanskryt dla "zdolności do stania się bardzo lekkim") jest mocą stania się nieskończenie lekkim, a więc prawie nieważkim. Tak jak Anima i Mahima Siddhi zajmowały się wielkością, tak Garima i Laghima zajmują się ciężarem, czyli siłą grawitacji, która działa na masę obiektu.

Stając się tak ciężkim, jak się tego pragnie poprzez Garima Siddhi, osoba nie może być poruszona przez nikogo lub cokolwiek - wibracje innych ludzi odbijają się od jej Aury, gdy pozostaje ona twarda w swoim opanowaniu. Garima wykorzystuje moc cnót, moralności i posiadania "żelaznej woli". Ludzie, którzy pozwalają, aby ich Wewnętrzne Światło prowadziło ich świadomie, wybierają Duchową Ewolucję zamiast zaspokajania pragnień swojego Ego i wprowadzania niepotrzebnej Karmy do swojego życia. Wartości moralne dają ludziom celowe istnienie i niezachwianą siłę woli. Pozwalają ludziom wibrować na wyższej częstotliwości poprzez zestrojenie ich z wyższymi Planami Kosmicznymi. Ci prawi ludzie unikają energetycznych efektów Niższych Planów, czyniąc ich niewzruszonymi emocjonalnie i mentalnie, szczególnie kiedy wibracje innych ludzi bombardują ich swoimi niższymi wibracjami.

Aby w pełni zmaksymalizować potencjał Garima Siddhi, osoba musi zoptymalizować swoje Czakry Duchowe i dostroić swoją siłę woli do Prawdziwej Woli, którą tylko jej Wyższe Ja może ją obdarzyć. Wibracja Prawdziwej Woli jest tak wysoka, że jeśli ktoś stanie się na nią podatny i pozwoli jej kierować swoją świadomością, zneutralizuje swoje własne niższe wibracje i wszystkie wibracje kierowane do niego z otoczenia. Poprzez maksymalizację swojej siły woli, stajesz się Mistrzem Manifestacji, Samowystarczalnym, Wszechwyrażającym się, świadomym Twórcą swojej wewnętrznej rzeczywistości, który jest jak Bóg-człowiek dla wszystkich ludzi, którzy nie rozwinęli tej samej mocy.

Z kolei Laghima Siddhi czyni człowieka prawie nieważkim, umożliwiając lewitację, a nawet latanie. Na pozór Laghima Siddhi przeczy prawu grawitacji i prawom fizyki. Bardzo przemawia do niewtajemniczonych, którzy szukają tych Siddhis dla osobistych, pieniężnych korzyści. Osiągając lewitację w sferze fizycznej, wielu ludzi pragnie odnieść korzyści finansowe poprzez pokazanie tego zjawiska masom.

Jak wielu ludzi w moim położeniu, byłem zafascynowany lewitacją od czasu przebudzenia Kundalini siedemnaście lat temu. Pragnąłem tego daru nie dlatego, że chciałem zyskać na nim finansowo, ale dlatego, że widziałem go jako namacalny dowód transformacji Kundalini, który mógłbym pokazać innym, aby zainspirować ich do osiągnięcia tego samego.

Jednak po latach szeroko zakrojonych badań doszedłem do wniosku, że legendy o lewitacji są niczym więcej niż wymyślnymi opowieściami bez żadnych sprawdzalnych dowodów naukowych. Innymi słowy, człowiek nie może podnieść się z ziemi i przeciwstawić się prawom fizyki za pomocą mocy psychicznych. Rzekome lewitacje, które ludzie widzieli na własne oczy są jedynie iluzją, na którą istnieje niezliczona ilość metod i technik.

Zamiast tego, pojęcie lewitacji jest zasłoną, która ma zmylić profanów. Ujawnia ona godnym wtajemniczonym moce, które budzą się w nas samych, gdy aktywowane jest Ciało Światła. Ciało Światła, nasze drugie ciało, jest elastyczne i podatne na kształtowanie, nie podlega grawitacji i prawom fizyki, ponieważ jest nieważkie i przejrzyste. Używając naszego Ciała Światła, możemy podróżować w obrębie wewnętrznych Planów Kosmicznych i dokonywać wielu cudownych wyczynów, takich jak latanie, chodzenie po wodzie, przechodzenie przez ściany itp.

Nasze Ciało Świetlne jest wykorzystywane podczas Świadomych Snów (które zdarzają się mimowolnie) oraz Projekcji Astralnej (która jest wywoływana świadomie). Oba zjawiska są rodzajem doświadczeń związanych z podróżami poza ciałem i duszą, które omówię bardziej szczegółowo później, gdy w pełni poświęcę się temu tematowi.

Innym rodzajem podróży poza ciałem jest Zdalne Widzenie, które jest zdolnością do bilokacji do odległego miejsca na naszej planecie przy użyciu mocy umysłu. Zdalne widzenie to Projekcja Astralna na Płaszczyźnie Fizycznej, która wykorzystuje Ciało Światła, aby podróżować gdzieś na Ziemi i zobaczyć to, czego nasze dwa fizyczne oczy nie mogą zobaczyć za pomocą trzeciego oka. We wczesnej literaturze okultystycznej i spirytystycznej, Zdalne Widzenie było określane jako "Telestezja", która jest postrzeganiem odległych wydarzeń, obiektów i ludzi za pomocą środków pozazmysłowych. Tajne programy rządowe podobno wykorzystywały utalentowane osoby do poszukiwania wrażeń na temat odległych lub niewidzialnych celów poprzez Zdalne Widzenie.

Prapti Siddhi

Piąte klasyczne Siddhi, Prapti (sanskryckie słowo oznaczające "rozciąganie ciała" lub "moc sięgania"), pozwala jednostce na natychmiastowe podróżowanie w dowolne miejsce dzięki zastosowaniu siły woli. Prapti Siddhi doskonale podąża za Laghima Siddhi jako zdolnością Ciała Światła do podróżowania poprzez świadomość, używając Merkaby.

Jak omówiono w poprzednim rozdziale, Ciało Światła pozwala nam na podróże międzywymiarowe w obrębie różnych wewnętrznych Planów Kosmicznych, co jest wyrazem Prapti Siddhi. Jednakże, jeśli pragniemy podróżować do odległych miejsc na planecie Ziemia, możemy to zrobić poprzez Płaszczyznę Fizyczną. Na pierwszy rzut oka, ta manifestacja Prapti brzmi bardzo podobnie do Projekcji Astralnej, ale tak nie jest. Chociaż te dwie rzeczy są powiązane, ponieważ obie używają Ciała Światła do wykonania, Projekcja Astralna jest techniką, która wymaga przygotowania i dlatego nie jest natychmiastowa jak Prapti.

Omówiłem już optymalizację wyobraźni i siły woli przez przebudzenie Kundalini, ale zaledwie dotknąłem rozwijającej się zdolności doświadczania myśli w "czasie rzeczywistym". Pełne przebudzenie Kundalini lokalizuje Wewnętrzne Światło wewnątrz mózgu, łącząc umysł świadomy i podświadomy. Gdy te dwie części umysłu stają się Jednością, lewa i prawa półkula mózgu zostają zjednoczone, co pozwala na czysty, nieprzerwany strumień świadomości. To doświadczenie ma osobliwy wpływ na myśli, które stają się dla doświadczającego tak realne jak Ty i ja.

Oswojenie świadomości i uzyskanie kontroli nad swoją mocą wizualizacji, co wiąże się z optymalizacją siły woli, zajmuje dużo czasu. Kiedy jednak to osiągniesz, będziesz miał zdolność świadomego podróżowania (bilokacji) gdziekolwiek zechcesz i doświadczania tego jako rzeczywistego w chwili, gdy o tym pomyślisz. Jeśli chcesz na przykład pojechać do Egiptu i zobaczyć Wielką Piramidę, wystarczy, że ją sobie wyobrazisz, a Twoja Dusza zostanie tam natychmiast przeniesiona przez Merkabę. Albo, jeśli potrzebujesz przerwy od swojego codziennego życia i chcesz spędzić kilka minut na plaży w Meksyku, możesz zwizualizować bycie na plaży i doświadczyć tego jako prawdziwe.

Aby uzyskać najwięcej z tego doświadczenia, podczas wizualizacji czegoś, pomaga posiadanie fotografii lub obrazu miejsca, do którego chcesz się udać, aby utworzyć najdokładniejszą wizję tego miejsca. Następnie masz utrzymać ten obraz w swoim umyśle, który będziesz doświadczał jako rzeczywisty poprzez swoje zmysły astralne.

Chcę zaznaczyć, że Prapti Siddhi jest osiągalne tylko po tym, jak dana osoba zakończy proces przebudzenia Kundalini, lokalizując w ten sposób Wewnętrzne Światło wewnątrz mózgu. Inne komponenty niezbędne do wykonania tego Siddhi to optymalizacja Czakry Adżny, aktywacja Ciała Światła oraz maksymalizacja obrotu Merkaby poprzez odblokowanie pełnego potencjału toroidalnego pola energetycznego. (Zauważ, że Ciało Światła i Merkaba są używane do wszelkiego rodzaju podróży poza ciałem.) Naukę o tym zjawisku opiszę bardziej szczegółowo później, gdy ukażę więcej niezwykłych zdolności, które odsłaniają się przed przebudzonymi przez Kundalini osobami.

Prakamya Siddhi

Szóste klasyczne Siddhi, Pramakya (sanskryckie słowo oznaczające "siłę woli" lub "wolność woli"), daje człowiekowi moc osiągania i doświadczania wszystkiego, czego zapragnie. To Siddhi pozwala jednostce zmaterializować cokolwiek zechce z pozoru i zrealizować każde marzenie. Jeśli pragną być gdzieś lub nawet być z kimś seksualnie, ich pragnienie zostaje zaspokojone w chwili, gdy mają tę myśl. Prakamya Siddhi charakteryzuje się natychmiastowym spełnieniem najgłębszych pragnień poprzez zastosowanie siły woli.

Na pierwszy rzut oka Siddhi to może wydawać się czymś z filmu o superbohaterach. Zdolność do natychmiastowego zamanifestowania wszystkiego, czego pragniemy, przekracza ograniczenia praw wszechświata i praw fizyki. Jednakże, jeżeli zastosujemy to Siddhi do świata Świadomego Snu, wtedy zaczynamy rozumieć prawdziwy potencjał naszych doświadczeń poprzez Ciało Światła. Świat Ludzkiego Snu jest tak samo realny dla naszej świadomości jak Świat Fizyczny, jeśli chodzi o doświadczenia.

Podczas moich siedemnastu lat życia z przebudzoną Kundalini, doświadczyłem tego typu darów i wiele, wiele więcej. Świat Świadomych Snów spełnił wszystkie pragnienia mojej Duszy, których zacząłem gwałtownie doświadczać trzy do czterech miesięcy po moim początkowym przebudzeniu w 2004 roku. Odkryłem, że Prakamya Siddhi służy nie tylko do spełniania pragnień Twojej Duszy, ale także do ich wygaszania w miarę upływu czasu.

Moje doświadczenia życiowe nauczyły mnie, że jednym z najskuteczniejszych sposobów na pokonanie jakiegokolwiek pragnienia w sobie jest zaangażowanie się w nie do momentu, aż jego energia zostanie z Ciebie wydrenowana. Oczywiście mam na myśli doczesne pragnienia Ego, które mieszczą się w sferze normalności, a nie nienaturalne pragnienia takie jak fizyczne krzywdzenie innych żywych Istot. Jedną z funkcji świata Świadomych Snów jest wygaszanie pragnień przebudzonych przez Kundalini wtajemniczonych, których ostatecznym celem jest Duchowa Ewolucja i zjednoczenie z Boskością.

Często dokonywałem projekcji z mojego ciała do miejsca, gdzie moja Dusza chciała się udać w świecie Świadomych Snów. Odwiedzałem odległe gwiazdy i galaktyki oraz międzywymiarowe miejsca na naszej planecie z dziwnymi Istotami, które widziałem po raz pierwszy. Często "ściągałem" od tych Istot informacje dotyczące tajemnic Stworzenia i przyszłości rasy ludzkiej w taki sam sposób jak Neo pobiera nowe zdolności i umiejętności jako programy komputerowe w filmie "Matrix". W ciągu jednej godziny snu mogłem ściągnąć równowartość dwudziestu książek z informacjami od inteligentnych Istot w naszym Wszechświecie.

Kilka razy uświadomiłem sobie, że pobieram informacje poza mną i mogłem przypomnieć sobie zdanie lub dwa z tego, co otrzymywałem. W większości przypadków informacje były kryptyczne, przekazywane mi poprzez liczby, symbole, metafory i Archetypy w języku angielskim lub innych językach ziemskich.

Kiedy byłem w obecności istot wyglądających jak Istoty Pozaziemskie, mówiły one do mnie telepatycznie w swoich językach, które w jakiś sposób rozumiałem. Zazwyczaj mogłem odróżnić Istoty Pozaziemskie od innych Istot takich jak Wywyższeni Mistrzowie, Anioły lub inne Bóstwa, ponieważ ich wygląd był humanoidalny, ale wyraźnie nie był ludzki, ponieważ niektóre cechy były inne.

Czułem się błogosławiony i uprzywilejowany, że poprzez świadomość nawiązałem kontakt z innymi inteligentnymi Istotami we Wszechświecie. Nie miałem przecież innego sposobu na zdobycie unikalnej wiedzy, którą mi przekazali, jak tylko poprzez bezpośrednie doświadczenie, a moje pragnienie wiedzy po przebudzeniu Kundalini rosło codziennie.

Z czasem w naturalny sposób rozwinąłem technikę rozogniskowania mojego Oka Umysłu w Złudzonym Śnie, aby wejść w rzeczywistość, którą określam mianem "hiperświadomości", czyli stanu poza sferą ludzkiej świadomości. W rezultacie, często znajdowałem się gdzieś, gdzie już byłem w realnym świecie, tylko w futurystycznej wersji tego samego miejsca z nigdy wcześniej nie widzianymi obiektami i urządzeniami technologicznymi. Sceneria przypomina trip po LSD lub Peyote, choć inaczej, bo z komponentem futurystycznym.

Przez pewien czas, kiedy dokonywałem projekcji do tego futurystycznego świata, słyszałem w głowie muzykę techno, która pasowała do tego, co widziałem, jakbym był w filmie. Moje szczęki zaciskały się, gdy ekstatyczny zachwyt wypełniał moje serce, próbując zintegrować mój obraz. Ta hiperrealność nauczyła mnie o równoległych wszechświatach, których nasza świadomość może doświadczyć poprzez Ciało Światła i świat Świadomych Snów.

Pamiętam, że chciałem spędzić miesiąc na nartach i nie mogłem tego zrobić w prawdziwym życiu ze względu na ograniczenia czasowe. Tej samej nocy znalazłem się w wysokiej klasy ośrodku wypoczynkowym w czymś, co wyglądało jak Alpy. Sceneria była wszystkim, czego pragnąłem, a nawet więcej. Spędziłem tam coś, co wydawało mi się pełnym miesiącem, jeśli chodzi o liczbę doświadczeń, a wszystko to w ciągu ośmiu godzin snu, które miałem na zewnątrz. Kiedy się obudziłem, nie czułem już potrzeby pójścia na narty, ponieważ to pragnienie zostało zaspokojone w moim Świadomym Śnie.

W ten sam sposób podróżowałem do innych miejsc na świecie. Jeśli byłem w jakiś sposób ograniczony do podróżowania w realnym życiu, często zdarzało mi się odwiedzać to miejsce w nocy. Główna różnica polegała na tym, że w świecie Świadomych Snów czas był transcendowany. Mogłeś spędzić miesiące, a nawet lata w danym miejscu w świecie Świadomego Snu, co było równoważne z ośmioma godzinami snu w prawdziwym życiu.

Po odwiedzeniu wielu krajów i miast w moich snach, odkryłem, że istnieją kurorty i gorące miejsca w świecie Świadomych Snów, do których inni ludzie podróżują, jeśli potrzebują wakacji "z mocą". Ponadto, wiele osób, które spotkałem podczas moich podróży w Świadomym Śnie wydawało się zbyt wyjątkowych, aby być projekcją mojej świadomości. Często wymienialiśmy się osobistymi informacjami dotyczącymi tego kim jesteśmy w prawdziwym życiu, chociaż nigdy nie mogłem zweryfikować kogoś w prawdziwym świecie.

Z biegiem lat moim "centrum dowodzenia" lub bazą operacyjną stał się Nowy Jork i Los Angeles, choć były to różne wersje tych samych miast. Ponieważ odwiedziłem oba miasta w prawdziwym życiu, odkryłem, że odczucia w świecie Świadomych Snów były takie same, ale wyglądały radykalnie inaczej, z inną architekturą i krajobrazami.

Kiedy wracałem do któregoś z miast w Ludzkim Śnie, wydawało się ono niemal identyczne z tym, kiedy ostatni raz tam byłem w poprzednim śnie. Miałem nawet mieszkanie, które posiadałem w Nowym Jorku, do którego wracałem i było takie samo jak ostatnim razem, gdy tam byłem, z przedmiotami tam gdzie je zostawiłem. Co ciekawe, strumień wspomnień powracał z poprzedniego razu, gdy byłem tam we śnie, co oznaczało, że moja świadomość była w stanie mieć różne doświadczenia życiowe w różnych miejscach jednocześnie jako świat rzeczywisty.

Za każdym razem, gdy wchodziłem w świat Świadomego Snu, byłem świadomy swojego potencjału. Byłem lekki jak piórko i mogłem latać, lewitować przedmioty i rzutować swoją świadomość w ułamku sekundy z jednego miejsca na drugie. Mogłem również zamanifestować dowolnego partnera, z którym chciałem mieć stosunki seksualne, doświadczyć jak to jest być ultra bogatym i sławnym, latać samolotem lub jeździć Ferrari i wiele więcej. Kiedy wyobrażałem sobie coś, czego pragnąłem, zwykle pojawiało się to tuż przede mną. Niebo jest granicą, jeśli chodzi o to, czego twoja Dusza może doświadczyć w świecie Świadomych Snów, a spełnienie Twoich pragnień jest osobiste dla Ciebie i tylko dla Ciebie.

Pamiętaj, że w Świadomym Śnie nie ma pojęcia odległości. Kiedy myślisz o doświadczeniu, które chcesz przeżyć, natychmiast znajdujesz się w akcie tego doświadczenia, w miejscu, które wybiera dla Ciebie Twoja Dusza. Ciało Światła zawiera pięć zmysłów: wzrok, słuch, dotyk, zapach i smak, co pozwala na całkowicie realistyczne doświadczenia. Możemy doświadczać prawdziwego świata również poprzez Ciało Światła, tylko poprzez interfejs ciała fizycznego. Kilka razy, gdy próbowałem wirtualnej rzeczywistości, odczuwałem podobne wrażenia do tych, których doświadczałem w świecie Świadomych Snów.

Jedną z głównych różnic pomiędzy zaspokajaniem pragnień w świecie Świadomego Snu a Światem Materii jest to, że w świecie Świadomego Snu nie ma gadaniny umysłu ani poczucia winy, ponieważ jest to czyste spełnienie pragnienia. Chichot umysłu wynika z Ego, które jest bezpośrednio związane z ciałem fizycznym i światem materialnym. Ponieważ Świadomy Sen wykracza poza sferę fizyczną, nie ma w nim Ego, dlatego też umysł jest pusty, co pozwala na najbardziej optymalne doświadczenie Duszy.

Vashitva i Ishitva Siddhis

Siódma i ósma klasyczna Siddhi, Vashitva i Ishitva Siddhi łączą się ze sobą i jako takie, omówię je razem jako przejawy tej samej mocy. Vashitva Siddhi (sanskryckie słowo oznaczające "moc kontroli") pozwala jednostce na kontrolowanie stanów mentalnych swoich i innych ludzi poprzez siłę woli. Dzięki Vashitva Siddhi jednostka może całkowicie wpływać na działania każdej osoby na Ziemi.

I odwrotnie, Ishitva Siddhi (sanskryt oznacza "wyższość" i "wielkość") to zdolność do kontrolowania natury, organizmów biologicznych, ludzi itd. To szczególne Siddhi daje jednostce absolutne panowanie nad całym stworzeniem i czyni ją w oczach innych ludzi Bogiem-człowiekiem. Ishitva Siddhi czyni człowieka Mistrzem Pięciu Elementów - żywym Magiem.

Zgodnie z Zasadą Wibracji *Kybalionu*, wszystkie rzeczy wibrują z określoną częstotliwością. Fizyka kwantowa potwierdza to twierdzenie i dodaje, że za każdym razem, gdy patrzymy na coś w świecie zewnętrznym, wpływamy na jego stan wibracyjny. Starożytni Hermetycy znali potęgę umysłu od tysięcy lat. W końcu fundamentalna Zasada Kybalionu brzmi: "Wszystko jest Umysłem, Wszechświat jest Mentalny".

Jeśli wszechświat jest mentalną projekcją, która jest kształtowana przez nasze umysły, to nasze myśli i emocje są również mentalną konstrukcją, którą możemy zmienić. Hermetycy uczyli swoich wtajemniczonych, że siła woli może być użyta jako kamerton do transmutacji naszych stanów mentalnych i stanów innych żywych Istot, a nawet do zmiany stanów Materii. Wierzyli, że jeśli uda nam się zmaksymalizować moc umysłu, możemy uzyskać władzę nad innymi ludźmi, środowiskiem i rzeczywistością w ogóle.

Vashitva i Ishitva Siddhis są przejawami mocy umysłu, które mogą być zrealizowane, gdy jednostka podniesie wibrację swojej siły woli, a tym samym swojej świadomości. Mimo, że możemy osiągnąć Vashitva Siddhi poprzez zastosowanie Praw Mentalnych, jedynym sposobem na prawdziwe zrealizowanie Ishitva Siddhi jest ewolucja duchowa. Stając się Oświeconym nie tylko maksymalizujemy potencjał siły woli, optymalizując w ten sposób Vashitva Siddhi, ale także pozwalamy na całkowite poddanie naszej woli Bóstwu i zestrojenie się z jego wysoką częstotliwością wibracji. Czyniąc to, stajemy się Samoenergetycznymi kamertonami, które indukują wszystko wokół nas naszymi wysokimi wibracjami, zmieniając mentalne i emocjonalne stany wszystkich żywych istot, a nawet zmieniając stan wibracyjny niematerialnych obiektów w naszym bezpośrednim otoczeniu.

Ponieważ nieustannie komunikujemy się telepatycznie, maksymalizacja naszej siły woli daje nam władzę umysłu nad umysłem, co pozwala nam całkowicie zdominować innych ludzi. Według Zasady Płci Mentalnej *Kybalionu* "Płeć jest we wszystkim; wszystko ma swoje męskie i żeńskie zasady; płeć przejawia się na wszystkich płaszczyznach". Zasada ta stwierdza, że każdy z nas posiada męski i żeński składnik Jaźni - "Ja" i "Mnie".

„Ja" to męska, obiektywna, świadoma, dobrowolna Siła, która projektuje - siła woli. "Mnie" to żeńska, subiektywna, podświadoma, mimowolna i pasywna część Jaźni, która odbiera - wyobraźnię. Wola, która jest Ognistym Elementem Duszy, rzutuje na wyobraźnię, tworząc w ten sposób wizualny obraz, będący wyrazem Elementu Wody. Element Powietrza to myśl, środek wyrazu siły woli i wyobraźni.

„Mnie" jest jak mentalne łono, które zostaje zapłodnione przez "Ja", aby stworzyć mentalne potomstwo - obraz wizualny". "Ja" zawsze projektuje, podczas gdy "Mnie" otrzymuje. Te podwójne składniki poznawcze są świętym darem danym nam przez naszego Stwórcę, abyśmy byli świadomymi Współtwórcami naszej rzeczywistości. Jednakże jedynym sposobem, w jaki możemy zamanifestować naszą własną pożądaną rzeczywistość, jest użycie naszej siły woli do wygenerowania mentalnych obrazów, które będą kierować naszym życiem. Jeśli staniemy się mentalnie leniwi, czyniąc tym samym naszą siłę woli nieaktywną, nasze istnienie będzie kierowane przez siłę woli innych ludzi, albo bezpośrednio, albo poprzez bodźce środowiskowe. Takie jest Prawo. Komponent "Mnie" musi być zawsze zasilany przez "Ja", czy to nasze własne, czy czyjeś.

Ludzie, którzy są świadomi tych Praw Mentalnych, mogą podnieść wibrację swojej siły woli, aby kontrolować swoją rzeczywistość i wpływać na komponent "Ja" innych ludzi, tym samym sprawiając, że będą oni myśleć, co tylko zechcą. Wpływając na czyjeś myśli, nieodmiennie wpływamy na to, jak się czują i jakie działania wykonują. Ponieważ te

Prawa Mentalne działają na poziomie podświadomym, osoba, na którą wywierany jest wpływ, prawie nigdy nie zdaje sobie sprawy z tego, że jest indukowana mentalnie. Zamiast tego wierzy, że indukowane myśli są ich własnymi, podczas gdy w rzeczywistości są to nasiona zasiane przez kogoś innego. Psychiczne zjawiska przeniesienia myśli, sugestii i hipnotyzmu są przykładami wykorzystania zasady płci do wpływania na umysły innych ludzi.

Jak już obszernie omówiłem w *The Magus*, każda rzeczywistość dzielona przez wielu ludzi jest kontrolowana przez osobę, która wibruje swoją siłą woli na najwyższej częstotliwości. Ludzie, którzy dzielą rzeczywistość tej osoby, naturalnie patrzą na nią i uważają ją za swojego lidera i przewodnika. Ci wyewoluowani ludzie są charyzmatyczni, osobliwi i atrakcyjni seksualnie, co ma mniej wspólnego z wyglądem fizycznym, a więcej z osobistym magnetyzmem. Zazwyczaj komunikują się bezpośrednio z Duszą, omijając w ten sposób osobowość i Ego. Ci wyjątkowi ludzie angażują i inspirują innych w sposób, który wydaje się magiczny dla tych jednostek, które nie rozumieją nauki stojącej za stosowanymi Uniwersalnymi Prawami.

Najbardziej efektywnym sposobem osiągnięcia Ishitva Siddhi i osiągnięcia Panowania nad Stworzeniem jest obudzenie Kundalini i podniesienie jej do Korony. Kiedy wysoko rozwinięta duchowo jednostka podniesie wibrację swojej świadomości na Płaszczyznę Duchową, w naturalny sposób dominuje nad znajdującymi się poniżej niej płaszczyznami, na których wibruje większość ludzi. Dominują również w królestwach zwierzęcym i roślinnym, które są pododdziałami Płaszczyzny Fizycznej.

Nie jest niczym niezwykłym widzieć oświeconą osobę, która chodzi wśród tygrysów, lwów, niedźwiedzi, krokodyli, jadowitych węży i innych potencjalnie śmiertelnych zwierząt. Wszyscy słyszeliśmy już o tym zjawisku, ale większość ludzi nie zna jego nauki. Poprzez kierowanie wysokowibracyjnej energii Ducha, która jest Światłem i miłością, te duchowo rozwinięte jednostki pokonały swój własny strach, który wyzwala niebezpieczne zwierzęta i sprawia, że atakują one ludzi. W ten sposób przebudzona jednostka omija mechanizm przetrwania zwierzęcia i łączy się z jego energią miłości, w wyniku czego jest obejmowana, a nie atakowana.

Osoba, której siła woli rezonuje na częstotliwości Ducha, dominuje nad wszystkimi, którzy nie osiągnęli tego samego stanu świadomości. Te duchowo rozwinięte jednostki jawią się jako Bóg-ludzie zwykłym ludziom, którzy roją się przy nich, aby skąpać się w ich odurzającym Świetle.

Jako ostatnia uwaga, możliwe jest zmienianie stanów Materii za pomocą siły woli, a nawet sprawianie, że Materia pojawia się i pojawia ponownie. *Kybalion* wyjaśnia, że jeśli podniesiemy wibrację Materii, zmienimy jej częstotliwość, a tym samym gęstość, a nawet stan. Jednakże, ponieważ wymaga to dużej ilości energii, aby dokonać tego wyczynu za pomocą samego umysłu, bardzo niewielu Adeptom w historii udało się to osiągnąć, a niektórzy z nich stali się centralnymi postaciami religii. Wszyscy słyszeliśmy o cudach Jezusa Chrystusa, gdzie zamienił wodę w wino i użył pięciu chlebów i dwóch ryb, aby pomnożyć te przedmioty i nakarmić 5000 osób.

Bardziej powszechnym i możliwym do udowodnienia przykładem zmiany Materii za pomocą siły umysłu jest zamiana lodu w wodę, wody w parę i odwrotnie, poprzez ogrzewanie i chłodzenie ciała. Innym przykładem jest lewitowanie lekkiego przedmiotu, takiego jak kartka papieru, lub kontrolowanie ruchu płomienia świecy. Aby dokonać któregokolwiek z tych umysłowych wyczynów, osoba musi skontaktować się lub być blisko przedmiotu, aby napełnić go swoją energią praniczną, której przepływ i stan może kontrolować za pomocą umysłu.

Być może w przyszłości, kiedy ludzkość zbiorowo rozwinie się duchowo, będziemy mieli więcej niezwykłych przykładów kontrolowania Materii za pomocą naszych umysłów, ponieważ Prawa Uniwersalne działają na wszystkich Planach Kosmicznych, a Wyższe Płaszczyzny zawsze dominują nad Niższymi. Co ciekawe, starożytni nigdy nie poświęcali zbyt wiele czasu na próby wpływania na Materię za pomocą swoich umysłów. Wiedzieli, że prawdziwym darem tych Praw Umysłowych jest zastosowanie ich do własnych stanów umysłowych i emocjonalnych, aby wspomóc swój rozwój duchowy. Dotarcie do umysłu Boga było ich jedynym prawdziwym celem, ponieważ czyniąc to, stajemy się częścią Praw Uniwersalnych, optymalizując w ten sposób Siddhis Ashta.

CZĘŚĆ VII: PRZEBUDZENIE PO KUNDALINI

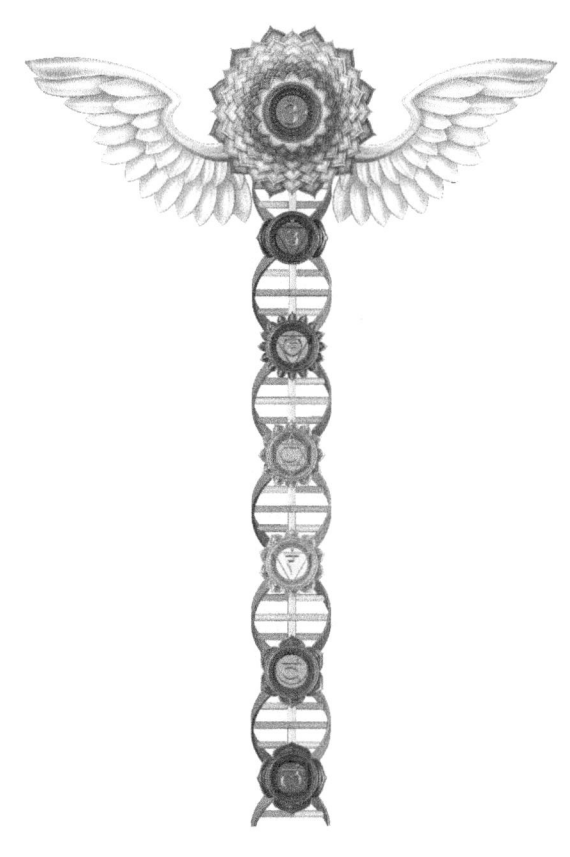

OBJAWY I ZJAWISKA PO PRZEBUDZENIU KUNDALINI

Większość osób przebudzonych przez Kundalini interesuje się tym, jak transformacja będzie się rozwijać w czasie i jaka jest ogólna linia czasu, kiedy odblokują poszczególne dary (Siddhis). Jest to jedno z ich głównych pytań i zainteresowań. Po rozmowach z dziesiątkami przebudzonych osób, które zakończyły proces poprzez podniesienie Kundalini do Korony, stwierdziłem, że manifestacje są prawie takie same dla wszystkich i zwykle dzieją się systematycznie. Jedno doświadczenie rodzi następne i w ten sposób energia Kundalini z czasem przekształca umysł, ciało i Duszę, odblokowując po drodze wiele darów psychicznych.

Jak omówiłem we wstępnym rozdziale o Kundalini, kiedy już nastąpi aktywacja Ciała Światła i energia zostanie zlokalizowana w mózgu, oznacza to, że nastąpiło trwałe przebudzenie. Niektóre symptomy i zjawiska manifestują się w ciągu pierwszego tygodnia, podczas gdy inne trwają nieco dłużej. W tym rozdziale, podzielę te doświadczenia jedno po drugim, w porządku sekwencyjnym w przeważającej części, od początkowych etapów, do kolejnych miesięcy i lat. Należy jednak pamiętać, że opisuję tylko pełne przebudzenia, a nie częściowe. W przypadku częściowych przebudzeń, manifestacje i dary są specyficzne dla każdej Czakry (czakr), którą Kundalini uaktywniła, różnią się od siebie.

U w pełni przebudzonych osób, dwa pierwsze początkowe przejawy to Światło w głowie i ciągły wibracyjny dźwięk słyszany wewnątrz, podobny do niskiego szumu. Jeśli osoba nie ma wcześniejszej wiedzy o Kundalini, może pomylić to drugie zjawisko z początkiem szumów usznych, dolegliwości fizycznej, w której słyszy się ciągłe dzwonienie w uszach. Zauważą jednak, że dźwięk ten znacznie się wzmacnia, kiedy się na nim skupią, czasami nie pozwalając im zasnąć w nocy, jak to miało miejsce w moim przypadku.

Światło w głowie jest zdradliwe, ponieważ na początku przychodzi falami i może nawet powodować ucisk w głowie, powodując ból głowy lub migrenę. Można więc na początku pomyśleć, że kilka czynników może powodować to zjawisko. Po kilku tygodniach jednak stanie się jasne, że gdy zamkniesz oczy, wewnątrz Twojej głowy obecna jest energia, która często błyska światłem. Często pulsuje ona jak żywy, oddychający organizm, zwłaszcza gdy jesteś w stanie natchnienia. Możesz nawet doświadczyć błysków Światła w innych kolorach, szczególnie fioletowym, chociaż stwierdziłem, że obecność Białego Światła jest stosunkowo stała. Oczywiście, nie jest ono tak jasne jak patrzenie na Słońce, ale przyciemnione, bardzo zauważalne z zamkniętymi oczami.

Możesz również zobaczyć kulki Światła w swoim widzeniu peryferyjnym, które mogą pojawić się, gdy masz epifanię na temat czegoś lub jesteś w stanie natchnienia. Są one zazwyczaj elektrycznie niebieskie i małe, ale dość zauważalne. Zazwyczaj jest to pojedyncza kula Światła, chociaż może być ich kilka. Ludzie sugerują, że te orby mogą być Aniołami Stróżami.

Gdy zaczniesz wprowadzać jedzenie do swojego ciała, Twój układ trawienny przekształci je w energię Światła, zasilając nowo obudzony system energetyczny. Ponieważ Kundalini jest wzmacniana przez energię praniczną pochodzącą z pożywienia i energię seksualną, będzie ona stopniowo zmieniać Cię na wszystkich poziomach, fizycznym, umysłowym, emocjonalnym i duchowym. Niektóre z bardziej bezpośrednich efektów to drgawki ciała i uczucie mrówek pełzających po skórze. Ważne jest, aby nie wpadać w panikę, kiedy to nastąpi, ponieważ jest to normalna część procesu. Oznacza to, że energia sublimuje i dociera do ośrodków nerwowych, dosłownie napełniając je Światłem, napędzając je.

Możesz również poczuć szarpnięcia mięśni lub sporadyczne spazmy przychodzące pozornie znikąd, zwykle gdy Twoje ciało jest spokojne i w stanie zrelaksowanym. Gdy Twój system nerwowy dostosowuje się do tej nowej energii obecnej w Tobie, Twoja temperatura może się wahać, sprawiając, że czujesz się gorąco w jednej chwili i zimno w następnej. Zalecam noszenie dodatkowej odzieży, aby nie narażać się na przeziębienie lub grypę podczas schładzania.

Tempo i siła bicia serca również ulegnie zmianie, ponieważ Twoje ciało dostosowuje się do zmian w Twoim systemie energetycznym. Serce może czasem bić tak szybko, że ma się wrażenie, że zaraz dostaniesz ataku serca, zwłaszcza jeśli jesteś nieświadomy tego powszechnego objawu Kundalini. Ponieważ umysł przetwarza emocje z podświadomości, przyspieszone bicie serca jest zwykle wynikiem obecnej w nim lękliwej emocji, która może pojawić się znikąd i zniknąć w następnej sekundzie. W rezultacie serce często pominie jedno uderzenie; potem, będzie przyspieszać, dopóki się nie uspokoi.

Serce będzie również reagować, gdy obecne są intensywne emocje, zwłaszcza te, które kanalizują surową energię Ognia. Siła bicia serca może być czasami tak silna, że czujesz się jakby próbowało wyjść z Twojej klatki piersiowej. Twoje tempo oddychania jest bezpośrednio dotknięte zmianami w tętnie, często powodując łagodną hiperwentylację, gdy tętno idzie w górę. Ponieważ w tym przypadku aktywuje się Twój współczulny układ nerwowy, zalecam wdrożenie uspokajającej techniki oddychania, aby odzyskać kontrolę nad swoim ciałem. Pamiętaj, że jakkolwiek niepokojące mogą wydawać się te palpitacje serca, nie ma się czego obawiać. Umysł pogarsza sprawę tworząc panikę, więc staraj się zachować spokój, a to minie.

Ponieważ Kundalini jest teraz w Tobie stale aktywna, możesz również odczuwać pulsowanie w kości krzyżowej, ponieważ pompuje ona prąd Kundalini przez Twoje Ciało Świetliste. Jeśli istnieją blokady energetyczne, może pojawić się nieprzyjemny ucisk w kości krzyżowej, który może powodować lekki ból. Odkryłem jednak, że system Kundalini kompensuje blokady energetyczne poprzez zmniejszenie wielkości kierowanego Światła.

Innym godnym uwagi zjawiskiem, choć rzadkim, jest psychokinetyczna ingerencja w urządzenia elektryczne. Na przykład dzień po tym, jak doznałem przebudzenia Kundalini, moja bioelektryczność była tak wysoka, że kiedy skupiłem swój umysł na pobliskim telewizorze, na rozkaz spowodowałem zakłócenia w strumieniu kanałów. Słyszałem też o przypadkach, gdy jednostki wysadzały igłę w swoim odtwarzaczu płytowym, gdy jej dotykały, albo powodowały, że płyty CD przeskakiwały. Zjawisko to zawsze pociąga za sobą albo nawiązanie kontaktu z urządzeniem elektrycznym, albo wykorzystanie mocy umysłu do zmiany jego funkcji w jakiś sposób przy jednoczesnym wykazywaniu wyższej niż normalna bioelektryczności.

Czasami ból jest obecny w różnych narządach lub istnieje ogólne poczucie dyskomfortu w miejscach, w których obecne są narządy. Ból jest zazwyczaj łagodny, chociaż umysł może wyolbrzymiać te efekty, tak jak to robi, gdy doświadcza strachu przed nieznanym. Łagodny ból lub dyskomfort jest normalny i oznacza, że energia wchodzi do i oczyszcza różne Duchowe odpowiedniki organów i części ciała. Najważniejszą rzeczą do zapamiętania jest zachowanie spokoju podczas tych wszystkich procesów, ponieważ zazwyczaj nie trwają one długo. Jeśli jednak zafiksujesz się na nich i zdmuchniesz je z proporcji, będą trwały dłużej.

Pozwól, że powtórzę to, co powiedziałem we wcześniejszym rozdziale - energia Kundalini działa na subtelnym, niefizycznym poziomie, choć często można odnieść wrażenie, że efekty są fizyczne. Pamiętaj, że w Twojej świadomości budzi się inna część Ciebie, Ciało Światła. Ciało Światła ma subtelne odpowiedniki fizycznych organów, które służą Duchowemu celowi na wyższym poziomie.

Mam nadzieję, że to wyjaśnienie rozjaśni wszelkie nieporozumienia na ten temat, ponieważ często słyszę, jak osoby przebudzone przez Kundalini mówią, że energia pracuje w ciele fizycznym i kształtuje oraz "młotkuje" organy, co jest po prostu nieprawdą. Owszem czuje się to, ale to tylko dlatego, że teraz jest inna część Jaźni przebudzonej, składnik niefizyczny - Ciało Światła, które zawiera różne Ciała Subtelne odpowiadające Pięciu Elementom.

Innym objawem, który pojawia się we wczesnym okresie choroby, są ogromne wahania witalności. Na przykład, możesz być nadpobudliwy i czuć potrzebę ruchu lub ćwiczeń, po czym może nastąpić całkowite wyczerpanie energii i letarg. Te wahania energii wynikają z wpływu Kundalini na umysł. Kiedy Kundalini przejmuje kontrolę, daje Ci dostęp do obfitości energii, po czym następuje krach w momencie, kiedy Ego odzyskuje kontrolę nad umysłem. Kiedy jednak nauczysz się przezwyciężać wpływ Ego na umysł, dotrzesz do źródła energii Kundalini i będziesz miał niesamowitą witalność 24/7.

W miarę jak Twoja świadomość oczyszcza się z czasem, jej wibracja wzrasta, umożliwiając jej zlokalizowanie się w Ciele Duchowym, najwyższym aspekcie Ciała Światła. Jest to prawie jak proces transplantacji zachodzący wewnątrz, co może być czasami niepokojące. Jako taki, może wymagać trochę czasu, aby dostosować się do tego, co czuje się jak obca istota wewnątrz Ciebie.

Ciało Światła jest pojazdem Duszy. Ciało fizyczne natomiast jest pojazdem Ego. Dusza posługuje się wyobraźnią i intuicją, które otrzymuje poprzez serce. Ego posługuje się logiką i rozumem, a działa poprzez umysł. Rodzeństwo wyobraźni jest inspiracją, która napędza Wyższe Ja, Duszę. Energia Kundalini inspiruje, ponieważ jej celem jest wprowadzenie Cię w Ducha. Ogień Kundalini z czasem zmienia stany, aby doprowadzić do mistycznego, transcendentalnego postrzegania nowej rzeczywistości, w której się znajdujesz - Czwartego Wymiaru Energii lub Wibracji.

ANIOŁ STRÓŻ (WYŻSZE JA)

Każdy człowiek posiada Wyższy Geniusz, zwany inaczej Świętym Aniołem Stróżem lub Wyższym Ja. Jest to duchowa część Ciebie, która jest z Boga - Stwórcy. Chociaż poza dualnością, Twoje Wyższe Ja jest zgodne z biegunowością Twojej Duszy. Możesz się do niego odnosić jako do niego lub do niej, niezależnie od tego, jakiej płci jest Twoja Dusza. Podstawowym celem przebudzenia Kundalini jest stworzenie połączenia pomiędzy Twoją świadomością a Twoim Świętym Aniołem Stróżem. Wtedy staniesz się kanałem dla ich mądrości na czas swojego życia tu na Ziemi. I całkiem możliwe, że także poza nią.

Twój Święty Anioł Stróż rezyduje w czakrze Sahasrara (Rysunek 150). Kiedykolwiek wznosisz swoją świadomość do jego poziomu, obecne jest Twoje Wyższe Ja. Łącząc się z nią, Twoja świadomość czuje się tak, jakby wyrosły jej skrzydła, przekształcając Cię w Anielską obecność, podczas gdy to połączenie jest utrzymywane. Nadal jesteś sobą, ale wyższą częścią Ciebie, która rezonuje z wibracją Boskiego Światła Stwórcy.

Większość ludzi ma w ciągu dnia chwile, w których łączy się ze swoim Świętym Aniołem Stróżem, zazwyczaj wtedy, gdy znajduje się w natchnionym lub twórczym stanie umysłu. Są też takie chwile, kiedy Święty Anioł Stróż na krótko dotyka nas swoją energią, dając nam Boski wgląd w jakiś temat w formie epifanii. Jednak te chwile są zazwyczaj krótkotrwałe, ponieważ Ego zawsze zaczyna kwestionować to doświadczenie, zrywając połączenie z Wyższym Ja. W rezultacie jednostka spada z Sahasrary do niższej czakry jednego z Czterech Elementów.

Aby nawiązać trwałe połączenie ze swoim Świętym Aniołem Stróżem, musi najpierw nastąpić wywyższenie świadomości. Następnie, gdy Dusza przejmie całkowitą dominację nad Ego, Element Ducha może zstąpić i całkowicie Cię przemienić. Po zakończeniu tego procesu przemiany, na stałe nawiążesz kontakt ze Świętym Aniołem Stróżem. Możesz nadal działać z każdej czakry, kiedy potrzebujesz jej mocy wyrazu, chociaż Twoja świadomość będzie głównie działać z trzech czakr Ducha: Vishuddhi, Ajna i Sahasrara.

Wiele z treści dotyczących Kundalini zawartych w tej książce nie jest czymś, czego nauczyłem się z innych książek lub usłyszałem od kogoś innego, dlatego też przekonasz się, że wiele z tych informacji jest oryginalnych. Część wiedzy została zgromadzona z książek w ciągu pierwszych kilku lat po przebudzeniu Kundalini. Kiedy fundamenty zostały położone, a ja zestroiłem się z Wyższym Geniuszem, on przejął rolę mojego wewnętrznego nauczyciela i przewodnika. Później większość mojej wiedzy została mi przekazana bezpośrednio przez mojego Świętego Anioła Stróża poprzez Gnozę. Jednak, aby osiągnąć ten szczyt w mojej Ewolucji Duchowej, gdzie mogę stać się kanałem dla czegoś większego niż ja, musiałem spędzić wiele lat rozwijając się w kierunku bycia latarnią i kanałem Światła.

Rysunek 150: Święty Anioł Stróż (Wyższe Ja)

Każdy człowiek może stać się kanałem dla swojego Wyższego Ja, jeśli poświęci się swojej Duchowej podróży i podąży za pewną mapą drogową osiągnięcia Oświecenia. Wszyscy musimy zmartwychwstać w Elementach Ducha i stać się własnymi zbawicielami. Praca w *The Magus* jest nastawiona na osiągnięcie tego celu. Gdy uzyskasz stały kontakt ze swoim Świętym Aniołem Stróżem, stanie się on Twoim nauczycielem i przewodnikiem do końca życia. Nie będziesz już potrzebował żadnych nauczycieli, ani przewodników w formie fizycznej, ponieważ staniesz się nauczycielem i uczniem w jednym.

Twój Święty Anioł Stróż zacznie się z Tobą komunikować za każdym razem, gdy nastąpi kontynuacja w świadomości, a Twoje Ego zamilknie. Będzie Cię uczyć o tajemnicach Wszechświata i Stworzenia regularnie, gdy będziesz szedł przez swoje codzienne życie. Da Ci dalszy wgląd we wszystko, czego nauczyłeś się w przeszłości i wszystko, co myślisz, że wiesz teraz. Cokolwiek przyjmujesz ze świata zewnętrznego, będzie teraz filtrowane przez mądrość Twojego Świętego Anioła Stróża.

Możesz kontynuować naukę z książek, choć przekonasz się, że więcej otrzymasz od swojego Świętego Anioła Stróża na temat życia niż z jakichkolwiek tekstów pisanych. Książki są dobre do budowania swojej wiedzy na określone tematy, ale filozofii życiowej nauczysz się bezpośrednio od swojego Świętego Anioła Stróża.

Ponieważ nie możesz kontrolować tej trwającej komunikacji i procesu uczenia się, zaczniesz się czuć jak dwie osoby w jednej. Często spotykam się z tym, że rozmawiam z moim Wyższym Ja, jakby dwie jednostki żyły wewnątrz mnie. Ten chłodny, spokojny, zebrany i wszechmądry to Wyższe Ja, podczas gdy Ego jest tym, który nawala i potrzebuje wskazówek. A ja widzę to tak, że nie jestem ani jednym, ani drugim w tym samym czasie.

Moje Ego miało kiedyś poczucie, że świadomość, którą kiedyś władało, została porwana przez coś innego, choć obecnie zaakceptowało tę podwójną rzeczywistość Jaźni. Nadal ma swoje reakcje, jak każde Ego, ale Wyższy Geniusz stoi z boku, obserwuje, jak się wyrażam i sprawdza mnie, gdy wychodzę poza linię. On jest Milczącym Świadkiem wiecznej chwili obecnej, która żyje w Wieczności. Jest tam, aby mnie uspokoić, kiedy tego potrzebuję i dać mi właściwą radę, co mam zrobić lub jak się zachować, kiedy mam dylemat. Jego ogólnym celem jest nauczenie mnie jak poprawić mój charakter i osobowość, aby stać się bardziej Duchowym. Tak więc zostawiam siebie w jego rękach i staram się pozwolić mu prowadzić się przez większość czasu.

Twój Święty Anioł Stróż służy zasadniczo samemu sobie; nieustannie uczy Cię, jak stać się lepszym kanałem dla jego Światła, nawet jeśli Ego musi na tym ucierpieć. Kiedy jednak uczysz się służyć swojemu Wyższemu Geniuszowi, niezmiennie uczysz się, jak służyć Bogu - Stwórcy, co oznacza, że ewoluujesz duchowo. Ponieważ Twój Wyższy Geniusz jest Twoim Bogiem-Jaźnią, jego impuls do działania pochodzi bezpośrednio ze Źródła wszelkiego stworzenia.

Fascynujące w nauce i filozofii Kundalini jest to, że jest to nowa i rozwijająca się dziedzina, której podstawy i ramy nie zostały jeszcze ustalone. Dlatego też, zadaniem wszystkich przebudzonych jednostek Kundalini jest wnoszenie swojej wiedzy i doświadczeń, aby kolejne pokolenia mogły kontynuować budowanie na ich podstawie. Jeśli mogę pomóc Ci w nawiązaniu kontaktu z Twoim Świętym Aniołem Stróżem, to wykonałem swoją pracę. Resztę pozostawiam w ich rękach. W związku z tym zachęcam Was wszystkich do wykorzystania tego, czego się ode mnie nauczyliście i dalszego rozwijania moich teorii i praktyk.

Żadna książka czy korpus wiedzy o Kundalini nie ma ostatecznych odpowiedzi. Zawsze są luki do wypełnienia. Zapraszam wszystkich przebudzonych Kundalini do odwagi i wyjścia poza swoje strefy komfortu, aby pomóc w dalszym rozwoju tej nauki o Kundalini. Wszyscy jesteśmy naukowcami i laboratoriami w jednym opakowaniu, ucząc się, doświadczając i dzieląc się naszymi odkryciami ze światem.

STAN BYCIA PO PRZEBUDZENIU

Po pełnym przebudzeniu Kundalini, kiedy Ciało Światła zostało już aktywowane, może upłynąć trochę czasu, zanim rozwinie się ono wystarczająco wraz z przyjmowaniem pokarmu. Następnym krokiem jest pozwolenie energii Ducha na przeniknięcie do świadomości, tak abyś mógł w pełni zestroić się z Ciałem Duchowym, aspektem Ciała Światła. Aby to osiągnąć, musisz najpierw przezwyciężyć karmiczną energię w najniższych czterech czakrach i wystarczająco rozwinąć trzy najwyższe, które należą do elementu Ducha.

Ciało Duchowe kształtuje się w miarę integracji z Ciałem Światła. Jak długo trwa ten proces, zależy od wielu czynników, które są osobiste dla każdego. Jest to dość długi proces i jeśli miałbym zgadywać, powiedziałbym, że od siedmiu do dziesięciu lat. Jeśli masz metodę pracy nad czakrami, taką jak praktyki duchowe w tej książce lub ćwiczenia rytualne Ceremonial Magick przedstawione w *The Magus*, wtedy zajmie to znacznie mniej czasu. Z drugiej strony, jeśli pozwolisz Kundalini na naturalne oczyszczanie Czakr, zajmie to znacznie więcej czasu.

Pokonanie strachu jest kluczem do Duchowego Zmartwychwstania, które obejmuje oczyszczenie Czakr. Potrzeba było wielu lat, aby negatywna energia rozwinęła się wewnątrz Czakr; niezmiennie wiele lat zajmie jej oczyszczenie. Jak długo dokładnie? Wszystko zależy od tego, jak dużo strachu masz w swoim systemie.

Znam osoby, które po kilkunastu latach życia z przebudzoną Kundalini nadal są na łasce swojego strachu i lęku, który dla mnie od prawie dekady jest pojęciem obcym. Często dopadają mnie lękliwe myśli, jak nas wszystkich, ale dla mnie jest to chwilowe doświadczenie, które w ciągu kilku sekund zostaje zmyte w sferze Nie-Dualności czakry Bindu. Żadna bojaźliwa myśl lub emocja nie może mnie osłabić lub przejąć mojej świadomości na tyle długo, żebym był nią nadmiernie przejęty.

Kilka tygodni do kilku miesięcy po początkowym przebudzeniu Kundalini, będziesz miał poczucie energii poruszającej się wewnątrz ciała i głowy, i możesz mieć wrażenie, że Twój mózg jest "zepsuty". Ten stan umysłu spowoduje rozproszenie myśli i całkowitą niezdolność do skupienia się na czymkolwiek przez zbyt długi czas. Ponadto większość ludzi zgłasza uczucie całkowitej apatii do wszystkiego, co kiedyś ich obchodziło.

Uczucia miłości do innych zostaną wyprzedzone przez emocjonalne odrętwienie, które będzie długotrwałe i pozornie stałe. Nie będzie ciągłości myśli, a ogólne poczucie zagubienia będzie obecne. Nie możesz już zwracać się do Ego po odpowiedzi, ponieważ będzie ono miało minimalną kontrolę nad Tobą. Ego zdaje sobie sprawę, że powoli umiera, gdy ten wewnętrzny Ogień jest uwalniany przez Kundalini. Musisz poddać się temu procesowi od razu, zamiast próbować z nim walczyć lub zbytnio go racjonalizować.

Bezpodstawne obawy i lęki będą się pojawiać w różnych momentach, bez żadnego powodu poza tym, że mają być uwolnione z systemu. To może być przerażające na początku, ale kiedy zrozumiesz, że to wszystko jest częścią procesu, będzie o wiele łatwiejsze do zrelaksowania się i pozwoli mu się rozwinąć.

Gdy Kundalini dotrze do głowy, tworzy się połączenie z różnymi częściami podświadomości i buduje się most między świadomym i podświadomym umysłem. Wspomnienia z przeszłości mogą pojawić się na pierwszym planie świadomości. Ten proces jest normalny i nie trzeba go zbytnio analizować. Najlepiej byłoby, gdybyś pozwolił tym wspomnieniom odejść, gdy się pojawią. Trzymanie się jakiegoś wspomnienia bólu lub strachu tylko wzmocni je w umyśle. Zamiast tego użyj mocy miłości w czakrze serca, aby oczyścić i wywyższyć wspomnienie poprzez łzy, jeśli zajdzie taka potrzeba.

Na początku, ponieważ to wszystko jest tak nowym doświadczeniem, będzie to nieco niewygodne, a Ego będzie próbowało na wszelkie sposoby dowiedzieć się, co się dzieje. Posiadanie pod ręką książek takich jak ta jest kluczowe, aby wiedzieć, w jakim kierunku zmierzają sprawy, dzięki czemu można będzie się zrelaksować. Dziwne manifestacje, takie jak przypływy energii, szarpnięcia mięśni i odczuwanie energii poruszających się wewnątrz Ciebie w wężowych wzorach to tylko kilka z możliwych doświadczeń, które możesz mieć.

Będzie odczuwalny ucisk w różnych miejscach ciała, szczególnie w głowie i sercu. Z czasem odczujesz również otwarcie energii w stopach i dłoniach, co przyniesie uczucie chłodnego, spokojnego wiatru pędzącego do nich. Jest to energia Ducha, która wchodzi w Ciebie, aby wywołać uczucie ogólnej nieważkości, które może się ujawnić wkrótce potem.

Pamiętaj, że nawet jeśli energia Ducha pozornie przeniknie Twoje ciało na wczesnym etapie procesu transformacji, rzeczywista integracja Twojej świadomości z Ciałem Duchowym może nastąpić dopiero po oczyszczeniu Twoich Czakr. A proces ten jest całkowicie zależny od tego, jak dużo energii karmicznej zgromadziłeś w każdej czakrze. Więc jeśli jesteś kimś, kto ma bardzo mało energii karmicznej, ponieważ przepracowałeś ją przez wiele żyć, wtedy Twoim przeznaczeniem może być łatwa i szybka transformacja.

Innym punktem krytycznym jest to, że gdy świadome i podświadome umysły zostały zmostkowane, Twoje myśli nabiorą stopnia realności jak nigdy dotąd. Twoje myśli pojawią się prawdziwe dla Ciebie, jak cokolwiek myślisz jest obecny tuż przed Tobą, co dodaje do ogólnego uczucia strachu i niepokoju. Jeśli nie masz pełnej kontroli nad swoimi myślami, a większość z nas nie ma jej po początkowym przebudzeniu Kundalini, strach i niepokój są mechanizmem obronnym przed tym, co pochodzi z podświadomego umysłu.

Ta "realność myśli" występuje, ponieważ wnętrze i zewnętrze są teraz Jednym. Nie ma przerwy w świadomości, chyba że świadomie zdecydujesz się słuchać myśli Ego. Ponieważ wszystkie czakry są otwarte, ich moce napływają do Twojej świadomości jednocześnie. Twoja czakra sakralna, Swadsthihana, zasila podświadomość, podczas gdy czakra serca, Anahata, napędza świadomy umysł. Słońce reprezentuje świadomy umysł, podczas gdy Księżyc reprezentuje podświadomość. Z tego powodu w wielu panteonach i tradycjach duchowych, przede wszystkim w Alchemii Hermetycznej, można zobaczyć wizualne przedstawienia Słońca i Księżyca w połączeniu.

CZAKRY, CIAŁA SUBTELNE I SNY

W ciągu kilku tygodni po początkowym przebudzeniu Kundalini, sny zaczynają nabierać innej jakości, ponieważ wewnętrzne energie sublimują/transformują się dalej. Ta zauważalna zmiana jest widoczna w świecie snów, gdy Światło Astralne stopniowo się w Tobie gromadzi. Na początku Twoje sny będą przybierały różne znaczenia, mające na celu udzielenie Ci lekcji lub poinformowanie Cię o czymś Archetypowym dziejącym się w Twojej podświadomości. Jednak w miarę postępu przez Czakry, na Twoje sny będzie miała wpływ natura ich energii. Twoje doświadczenia zaczynają się w dwóch najniższych czakrach, Muladhara i Swadhisthana, ponieważ te dwie odpowiadają światu astralnemu. Wszystkie wewnętrzne doświadczenia zaczynają się w Świecie Astralnym, poprzez Ciało Astralne, zwane inaczej Ciałem Emocjonalnym.

Kiedy scena ma miejsce w Twoim śnie, będziesz musiał dowiedzieć się, co ona oznacza i co ta scena próbuje Ci przekazać. Różne okultystyczne symbole, zwierzęta mocy i liczby mogą być obecne jako część metaforycznych wydarzeń, które zaimpregnują na Twoją świadomość jakąś życiową lekcję, której musisz się nauczyć, aby ruszyć naprzód w swojej podróży Duchowej Ewolucji. Lekcje te istnieją również po to, aby pomóc Twojej Duszy w ewolucji i dostroić Twój umysł do zmian w Twojej Aurze, które zachodzą. W miarę postępu przez niższe trzy czakry, rodzaje wydarzeń zachodzących w Twoich snach mają wywołać emocjonalną lub logiczną reakcję w Tobie, którą musisz potem zbadać. Będą różne zewnętrzne obecności odczuwane i widziane w Twoich snach, w tym Anioły, Demony i Bóstwa, często ubrane w codzienny strój i przedstawiające się jako ludzie.

Po wejściu do Czakry Serca, możesz dokonać projekcji poza ciało poprzez Sahasrarę, Czakrę Korony i doświadczyć świata Świadomych Snów. Trudno jest jednak dokładnie określić, na jakiej Płaszczyźnie Subtelnej odbywa się sen i z jakiej Czakry jest on rzutowany. O ile nie jesteś w Świadomym Śnie, te sny dzieją się podświadomie, gdzie Twoja świadomość jest tak pochłonięta doświadczeniem, że nie jest świadoma, że śni. Dlatego też jedynym prawdziwym sposobem na określenie, na jakiej Płaszczyźnie Kosmicznej się znajdujesz jest zbadanie treści snu.

Pamiętaj, że w ciągu jednej nocy możesz doświadczyć wielu snów w różnych subtelnych planach, ponieważ Twoja świadomość oscyluje w tempie lub częstotliwości wibracji. Czasami możesz usłyszeć, jak zmienia się wysokość wibracji w Twojej głowie, gdy wchodzisz w różne sfery Świata Wewnętrznego, tak samo jak zmienia się częstotliwość radia, gdy przełączasz się z jednego kanału radiowego na inny.

Emocjonalnie naładowane sny dzieją się w Elementach Ziemi i Wody, czakrach Muladhara i Swadsthihana. Szczególnie Swadshihana, ponieważ odpowiada Wyższemu Ciału Astralnemu lub Emocjonalnemu, chociaż jak wspomniano, Czakra Muladhara również dotyka Płaszczyzny Astralnej. Jeżeli treść jest bardziej logiczna, gdzie musisz coś rozgryźć we śnie jak detektyw, to najprawdopodobniej jest ona rzutowana przez Element Ognia, Czakrę Manipura. W tym przypadku Twoja świadomość musi użyć siły woli i intelektu we śnie, aby dowiedzieć się czegoś.

Energia Kundalini próbuje położyć fundament, abyś mógł rozpocząć Świadomy Sen, inaczej zwany Podróżą Astralną. Świadome Śnienie występuje tylko podczas snu, podczas gdy Projekcja Astralna jest techniką Podróży Astralnej, którą możesz wywołać na jawie. Jest to zasadniczo ta sama idea; używasz swojego Ciała Świetlnego odpowiedniego do Płaszczyzny Subtelnej, na którą próbujesz wejść, aby świadomie lub nieświadomie doświadczyć tej Płaszczyzny Kosmicznej.

Ciała Subtelne są zróżnicowane w odczuwaniu tych samych doznań, co ciało fizyczne. Najniższe Ciało Subtelne, Ciało Astralne, jest najgęstsze w poziomie realności doświadczania tej Płaszczyzny, ponieważ zajmuje się głównie Twoimi niższymi emocjami. Kiedy jednak wchodzisz na Płaszczyznę Umysłową, rzeczy zaczynają być bardziej realne. Na Płaszczyźnie Duchowej realność doświadczenia jest znacznie zwiększona, ponieważ wibracja ciała duchowego jest znacznie wyższa niż ciała subtelnego na niższych planach. Doświadczanie Boskich Planów jest naznaczone intensywną ekstazą, która jest naturą tych Planów.

ŚWIADOME SNY

Po około trzech do czterech miesiącach procesu transformacji Kundalini, zaczynasz śnić w sposób jawny. Biorąc pod uwagę zachwyt i cudowność świata Świadomych Snów, jest to jeden z pierwszych duchowych darów, które przejawiają się u osób przebudzonych przez Kundalini i duży krok w procesie ich duchowej ewolucji. Świadome śnienie jest wynikiem wejścia energii Kundalini do czakry serca, Anahata, ponieważ czakra ta jest punktem kontaktowym z czakrami Elementu Ducha, które znajdują się nad nią.

W Świadomych Snach, świadomość jest całkowicie wyzwolona z ciała fizycznego i świadoma, że doświadcza snu. Czysta świadomość jest Prawem, które kieruje marzeniami sennymi. Ta świadomość pozwala indywidualnej świadomości być jak "dziecko w sklepie z cukierkami" i doświadczać wszelkich przygód, jakich dusza zapragnie. Uświadomienie sobie, że jesteś we śnie i możesz zrobić cokolwiek zechcesz poprzez samo myślenie o tym, że to istnieje, jest porywające. Co ciekawe, pierwszą rzeczą, której ludzie wydają się chcieć doświadczyć w świecie Świadomego Snu jest latanie w powietrzu za pomocą mocy ich umysłów. Ponieważ Twoje Ciało Światła jest nieważkie, grawitacja nie jest już czynnikiem, co pozwala na to zjawisko.

Świadome śnienie jest pełnym doświadczeniem poza ciałem, które jest dość ekscytujące dla pierwszego razu. Dzieje się to po tym, jak wystarczająca ilość energii Światła/Prany została zgromadzona poprzez spożycie pokarmu, co pozwala na wydostanie się z ciała fizycznego podczas snu poprzez Sahasrarę, czakrę korony. Ponadto, doświadczenie to ma wyzwalający wpływ na świadomość. Wchodząc na te Wyższe Płaszczyzny rzeczywistości, nie dręczy Cię już żaden strach ani ból, co pozwala Ci się zrelaksować i cieszyć tym darem.

Świat Złudzonego Marzenia jest wypełniony pięknymi środowiskami i scenami, wszystkie wynikają z Twojej wzmocnionej wyobraźni połączonej z nieskończoną potencjalnością Kosmicznej Świadomości. Poprzez projekcję poza ciało poprzez czakrę Sahasrara, wchodzisz w pole Kosmicznej Świadomości, która jest bezgraniczna. We wszystkich Świadomych Snach czujesz się tak, jakbyś był w pełni obecny w jakimkolwiek magicznym miejscu, do którego dokonałeś projekcji, ponieważ twoja Dusza odczuwa każde doznanie tak, jakby działo się ono w ciele fizycznym. Jednak wszystko co się dzieje jest wynikiem zdolności wyobrażeniowych Anahaty, zasilanych przez Sahasrarę, której źródłową energią jest Kosmiczna Świadomość.

Dusza używa Ciała Światła jako pojazdu do podróży w wewnętrznych Planach Kosmicznych, umożliwiając świadomości doświadczanie ich jako rzeczywistych. Ciało Światła jest połączone z ciałem fizycznym Srebrnym Kordem (Rysunek 151), znanym również jako "Sutratman" w sanskrycie, złożonym z dwóch słów "Sutra" (nić) i "Atman" (Jaźń). Sutratman jest zasadniczo nicią życia Duszy. Ten metafizyczny sznur zapewnia, że nasze Ciało Światła może przebyć drogę powrotną do ciała po podróżach astralnych. Po śmierci, kiedy Dusza opuszcza ciało fizyczne na stałe, Srebrny Sznur zostaje przerwany.

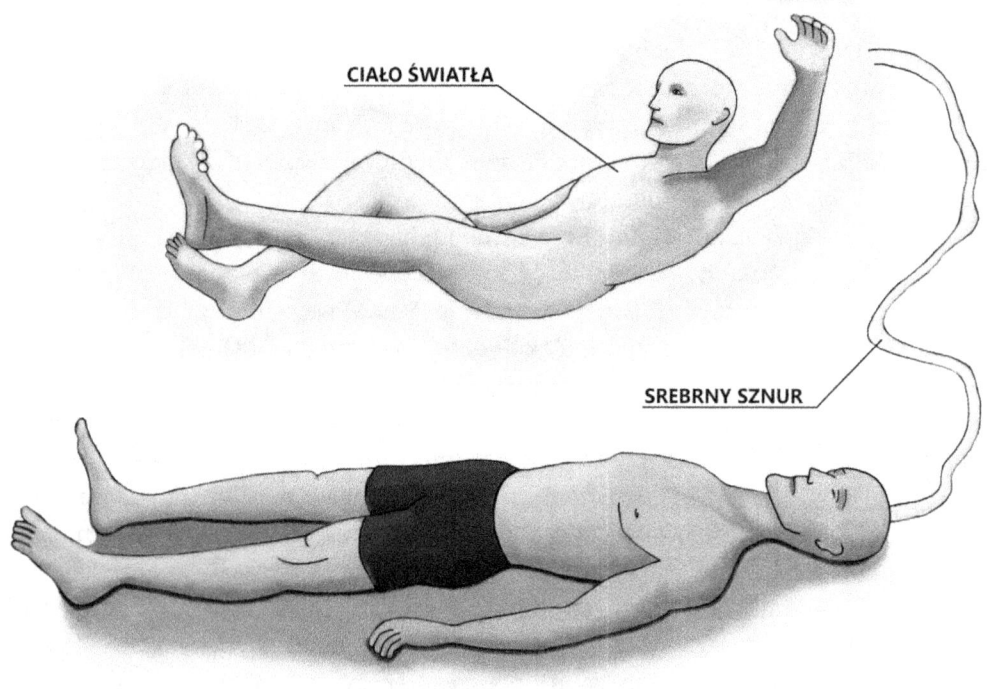

Rysunek 151: Projekcja "Świadomy Sen"

ŚWIATŁO ASTRALNE BUDUJE SIĘ I ROZSZERZA

Gdy zaczniesz regularnie śnić, możesz zacząć doświadczać sporadycznego paraliżu sennego, w którym Twoja świadomość jest tak pochłonięta przez sen, nie możesz się obudzić nawet przez kilkanaście godzin lub dłużej. Zjawisko to występuje na skutek tego, że Światło Astralne z czasem jeszcze bardziej buduje się wewnątrz Twojego systemu. W szczytowym momencie energia Światła może być tak silna, że angażuje Twoje zmysły w taki sposób, że umysł doświadcza wszystkiego tak całkowicie realnie, że nie jest w stanie oddzielić się od snu.

Kiedy mówię słowo "Astral", nie odnoszę się do Płaszczyzny Astralnej Czakry Ziemi i Wody, ale do tego, jak ten termin jest powszechnie używany w kręgach duchowych. "Astral" reprezentuje wewnętrzne Kosmiczne Płaszczyzny, sfery i światy, które są poza Płaszczyzną Fizyczną, ale są z nią nierozerwalnie związane. Więc kiedy próbujesz opisać tę niewidzialną naukę innym ludziom, możesz użyć terminu "Astral", aby zawrzeć wszystkie niefizyczne płaszczyzny świadomości. A "Światło Astralne" odnosi się do wewnętrznego Światła, które manifestuje te Kosmiczne Płaszczyzny do istnienia.

Ważne jest, aby zrozumieć, że wiele różnych zjawisk i manifestacji po początkowym przebudzeniu Kundalini wynika z tego, że Astralne/Wewnętrzne Światło rośnie i rozszerza się w czasie w systemie energetycznym. Gdy się rozszerza, napełnia Czakry energią Światła, systematycznie przenikając i działając przez różne Ciała Subtelne. Kiedy skończy napełniać Czakry Czterech Elementów, zaczyna pracować nad Czakrami Duchowymi i odpowiadającym im Ciałem Duchowym, napełniając je energią Światła. Następnie Astralne Światło Kundalini przekształca się w płynną energię Ducha (Amrita), która zasila Nadis, czyli kanały Ida i Pingala. Gdy tak się stanie, obwód Kundalini będzie kompletny i będzie kontynuował podtrzymywanie się poprzez przyjmowanie pokarmu. Bindu zostanie aktywowane, służąc jako zawór regulujący cały system Kundalini, co spowoduje metafizyczny i mistyczny stan świadomości.

Około pięć miesięcy po moim przebudzeniu Kundalini, gdy Światło Astralne nadal się we mnie gromadziło, zmieniło moje postrzeganie Świata Fizycznego. Przekształciło ono mój fizyczny zmysł wzroku, ponieważ Światło Astralne zaczęło przenikać wszystkie obiekty wokół mnie, co skutkowało mieniącą się, srebrzystą poświatą przeniesioną na wszystko, na co patrzyłem. Jak omówiono wcześniej, była to najcudowniejsza manifestacja i taka, którą kontynuuję do dziś. Ten dar daje mi złudzenie, że świat zewnętrzny jest całkowicie zawarty w mojej głowie, w moim umyśle. Kiedy skupiam swój wzrok na zewnątrz, pojawia się dziwne uczucie, jakbym patrzył na wnętrze mojego czoła.

Podczas procesu transformacji Kundalini, budujące się Światło Astralne zaczyna budzić również różne ośrodki mózgowe. W miarę tego zaczyna ono kanalizować i krążyć to Światło w różnych częściach obszaru głowy. Kiedy mój fizyczny wzrok został przekształcony, a ośrodki mózgowe otwarte, stało się to dla mnie początkiem nowego życia - pełnego doświadczenia czwartego wymiaru, wymiaru wibracji. Za każdym razem, gdy patrzyłem na świat przed sobą, przypominałem sobie o iluzji materialnego świata Materii, ponieważ mogłem teraz zobaczyć Świat Energii pod nim.

Wraz z przekształceniem mojego wzroku, zyskałem również zdolność widzenia wszystkiego przed sobą z wyższej perspektywy, jakbym stał w chmurach. Tylko teraz to, na co patrzyłem, również miało tę cyfrową metamorfozę i Światło bijące zza obiektów, całkowicie przemodelowało to, co widziałem. Czasami mogłem być tak zaabsorbowany tym, co widziałem, że dematerializowało się to tuż przede mną i mogłem widzieć to jako czystą energię. Jeśli kontynuowałem medytację i byłem bardziej zaabsorbowany tym co widzę, mogłem zobaczyć wszystko przed sobą jak gdyby było wyświetlane na dwuwymiarowym tle, jak na ekranie filmowym. Jedyna różnica polega na tym, że ekran filmowy jest wykonany z czystej energii Światła, rzutowanej ze Słońca. Ta wizja potwierdza teorię, że żyjemy w Holograficznym Wszechświecie.

WSZECHŚWIAT HOLOGRAFICZNY

W ciągu pierwszego roku po przebudzeniu Kundalini w 2004 roku, miałem drugie doświadczenie Holograficznego Wszechświata, które pogłębiło moje zrozumienie natury rzeczywistości. To doświadczenie było podobne do pierwszego, które miało miejsce podczas mojego przebudzenia Kundalini, chociaż zostało wywołane samodzielnie. Zaczęło się jako sen, w którym stałem samotnie na polu, otoczony drewnianym płotem. Gdziekolwiek się obróciłem, widziałem ten płot. Po drugiej stronie płotu byli moi przodkowie, wszyscy rozmawiający jednocześnie w chaotyczny sposób w moim ojczystym języku, serbsko-chorwackim. Potem, znikąd, atmosfera przesiąkła całkowitą ciszą.

Pojawił się głos i powiedział: "Czy chcesz poznać prawdę o rzeczach?". Odpowiedziałem afirmacją, nie werbalnie, ale z ciekawością w sercu. W sekundzie, gdy zaakceptowałem tę ofertę, wysokość wibracji wewnątrz mojej głowy zaczęła się zmieniać. Znalazłem siebie ślizgającego się w wibracji, tracącego świadomość wewnątrz mojego snu, jakbym był transportowany do innego wymiaru przestrzeni/czasu.

Wszystkie moje zmysły astralne uległy zawieszeniu w miarę, jak posuwałem się coraz dalej w głąb siebie. Czułem się jakbym przechodził przez tunel czasoprzestrzenny poprzez moją świadomość. Zamiast jednak obawiać się tego doświadczenia, miałem wiarę. W końcu wyłoniłem się po drugiej stronie i otworzyłem oczy. Gdy rozejrzałem się wokół siebie, zobaczyłem Holograficzny świat. Ściany i podłoga przede mną były przezroczyste, a przedmioty pozornie zawieszone w przestrzeni. Ściany i przedmioty jarzyły się niemal aksamitnym wyglądem. Nie patrzyłem w tym czasie na swoje ciało, ponieważ byłem tak zahipnotyzowany tą pozbawioną betonu rzeczywistością. Kompletna cisza była obecna wszędzie. Czułem się jak czysta świadomość, bez ograniczeń, płynąca w ciemności przestrzeni. Jednak to, co było wyjątkowe i pierwszy i jedyny raz w moim życiu to fakt, że zwykła wysokość wibracji wewnątrz mojej głowy brzmiała teraz jak silnik Mustanga, niski warczący dźwięk.

Chociaż nie byłem pewien, czy jestem na Ziemi, czy na innej Planecie, przedmioty zaczęły wyglądać znajomo, gdy rozglądałem się dalej. W końcu zaczęły wracać wspomnienia i zdałem sobie sprawę, że zamiast być gdzieś nowym, siedzę na swoim łóżku, w swoim pokoju, w którym spałem minutę wcześniej. Cała ta wizja trwała około dziesięciu sekund, choć w zwolnionym tempie. Gdy zaczęły wracać wspomnienia, które rozpoczęły moje kwestionowanie tego niezwykłego doświadczenia, wibracja w mojej głowie zaczęła się przesuwać, aż wróciła do swojej zwykłej częstotliwości. Gdy to się działo, na moich oczach widziałem jak Holograficzny Wszechświat zamienia się w konkretną Materię.

To doświadczenie miało już nigdy nie powtórzyć się w moim życiu. Jednak nie musiało. Otrzymałem odpowiedź, której szukałem i nigdy nie oglądałem się za siebie. Dowiedziałem się, że nie tylko żyjemy w Holograficznym Wszechświecie, ale wibracja naszej świadomości może zawierać klucz do podróży międzywymiarowych, a być może nawet międzyplanetarnych. Teoria ta jest poparta starożytnym tekstem zwanym *The Emerald Tablets of Thoth the Atlantean*, napisanym przez atlantyckiego kapłana-króla Thotha, którego potomkiem jest egipski bóg Thoth. Wspomniał on, że ludzie mogą podróżować po całym Wszechświecie poprzez zmianę wibracji swojej świadomości w jednym momencie, potwierdzając tym samym moje twierdzenie.

Po moim drugim bezpośrednim doświadczeniu z rzeczywistością holograficzną pozostały mi nowe pytania, na które trzeba było odpowiedzieć. Na przykład, skąd jest wyświetlany Hologram w naszym Wszechświecie? Jedna z teorii mówi, że każdy Układ Słoneczny ma swój własny Hologram, który jest rzutowany z jego Słońca. Jednak niektórzy astrofizycy popierają inną hipotezę, że Hologram jest rzutowany z najbliższej czarnej dziury.

Widzisz, czarna dziura ma większą masę niż wszystkie pobliskie Układy Słoneczne razem wzięte, co oznacza, że przenosi ogromne ilości danych w kompaktowej przestrzeni. Dane te są wysyłane na zewnątrz, tworząc odrębne części Wszechświata i wszystko, co znajduje się w tej trójwymiarowej przestrzeni, która odbija się w dwuwymiarowej płaszczyźnie czarnej dziury jak w lustrze. Teraz, jeśli ktoś miałby przejść przez czarną dziurę, wszedłby w wyższy wymiar, teoretycznie, zilustrowany w filmie "Interstellar" jako Piąty Wymiar miłości, która przekracza przestrzeń i czas. Oczywiście, teorie te są jedynie spekulacjami i takimi pozostaną, ale zawsze czułem się uprzywilejowany, będąc jednym z niewielu ludzi na tej planecie, którzy mieli nie jedno, ale dwa bezpośrednie doświadczenia z holograficzną rzeczywistością.

KOLEJNE ODSŁONIĘCIE DARÓW

Posiadanie wewnętrznego, astralnego świata otwartego dla mnie przez cały czas powodowało, że był on transponowany na to, co widziałem moimi fizycznymi oczami. W rezultacie zacząłem widzieć rzeczy, które nie były z tego świata, ponieważ ta energia

Światła była budowana wewnątrz mnie. Widziałem cieniste Istoty w lasach, Anielskie obecności, a nawet Demoniczne, z których najczęstsze warczały i miały czerwone oczy. Widziałem wiele z nich w moich snach, podczas gdy inne były obecne w moim otoczeniu i mogłem na nie spojrzeć przez ułamek sekundy, zanim zniknęły z mojego pola widzenia.

Moje połączenie z wszystkim, co mnie otacza, rosło z każdym dniem. Poprzez Oko Umysłu rozwinąłem kolejny zmysł, zdolność intuicyjnego odczuwania obiektów, na które patrzyłem. Mogłem ważyć ich energię za pomocą moich myśli i czuć ich Astralną formę, ich Duchowy schemat za pomocą tej zdolności. Te zjawiska były możliwe, ponieważ Kundalini całkowicie rozbudziła moje astralne zmysły i mogłem widzieć, dotykać, smakować, wąchać i słyszeć wewnątrz Wewnętrznych Planów Kosmicznych.

Ponieważ moje Oko Umysłu zostało rozszerzone w sposób eksponencjalny, zacząłem zgłębiać regularne medytacje, aby zobaczyć jak daleko w dół króliczej nory mogę się posunąć i czy mogę odblokować kolejne dary wewnątrz mnie. W ten sposób zacząłem medytować wszędzie, gdzie się udałem, czy to w metrze, czy w autobusie, w klasie, czy w pracy. Lubiłem medytować skupiając się na ludziach i pozwalając sobie na wchłonięcie ich energii. Jeśli skupiłem się na jakiejś osobie wystarczająco długo, wymykałem się z siebie i zaczynałem widzieć jej energię emanującą z jej ciała fizycznego. Patrzyłem bezpośrednio za nią, choć byłem częścią jej świadomości. Doświadczenie to zwykle zaczynało się od zobaczenia jej Eterycznego sobowtóra, który wygląda jak odcisk jej pola energetycznego wychodzący kilka centymetrów od jej ciała fizycznego. Jednakże, gdy wchodziłem głębiej i kontynuowałem rozogniskowanie moich oczu podczas oglądania jej ciała energetycznego, zaczynałem widzieć pełne spektrum jej kolorów aurycznych.

Jeśli jednak pozostawałem w medytacji przez ponad dziesięć minut, zaczynałem zmieniać stany świadomości i mogłem zobaczyć osobę z perspektywy mrówki, a czasem większej lub jeszcze większej istoty. Zasadą było, że im dłużej się na niej skupiałem, dając jej moją niepodzielną uwagę, tym bardziej byłem w stanie wczuć się w to, co widzę i zobaczyć pola energetyczne, które zazwyczaj są niewykrywalne przez fizyczny wzrok.

Jeśli ktoś był blisko mnie i skupiłem się na jego twarzy zamiast na całym ciele, mogłem zobaczyć jak jego cechy zmieniają się na moich oczach. Czasami twarze zmieniały się w twarze zwierząt lub stawały się bardzo stare lub młode, gdy skupiałem się na nich. Innym razem twarze zmieniały się w coś, co wyglądało jak Istoty Pozaziemskie, ponieważ były po prostu nie z tego świata. Te doświadczenia potwierdziły dla mnie, że wszyscy jesteśmy Świetlistymi Istotami o czystej świadomości, które żyły na wielu różnych planetach w innych Układach Słonecznych i Galaktykach w ciągłym łańcuchu żyć, który nigdy się nie kończy.

W tym momencie, ponieważ mogłem odczuwać otaczający mnie świat, zaczynałem stawać się anteną (Rysunek 152), odbierającą wibracje spoza siebie. Kundalini zaczynała teraz działać z Ciała Duchowego. Jednak, mimo że w moim życiu nastąpiło to stosunkowo szybko, nie oznaczało to, że proces transformacji Kundalini został zakończony. Może ona zacząć działać poprzez Ciało Duchowe, ale tak długo jak utajone energie muszą być przepracowane w Czakrach, energia Kundalini będzie stagnować i będzie istniał wyraźny podział w umyśle, ciele i Duszy. To rozproszenie energii Kundalini spowoduje, że przez długi czas będziemy mieć zakłopotany i zagubiony stan umysłu. Zamieszanie i niezdolność do koncentracji lub podejmowania decyzji to tylko kilka z negatywnych skutków ubocznych przebywania w tym stanie.

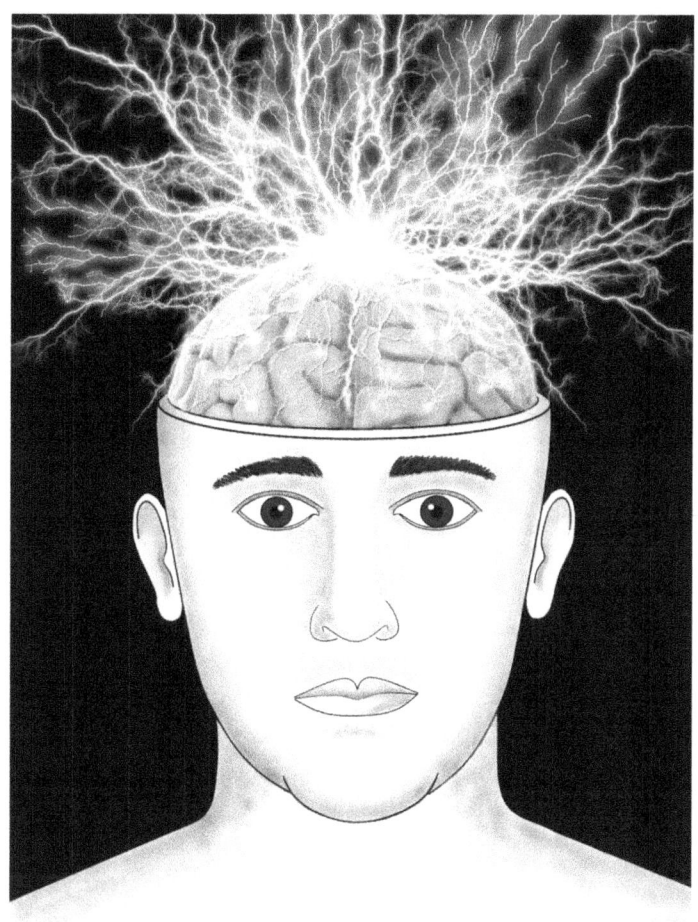

Rysunek 152: Antena Ludzkiego Mózgu

Nigdy nie natknąłem się na nikogo, kto oczyścił negatywy niższych Czakr w krótkim czasie po pełnym przebudzeniu Kundalini. W rzeczywistości jest to możliwe, ale oznacza to, że Dusza oczyszczała i oczyszcza czakry na długo przed tym, jak nastąpiło przebudzenie Kundalini. Aby w pełni zintegrować się z tym nowym poziomem świadomości w niewielkich ramach czasowych, musiałbyś być raczej świętą postacią, która przepracowała swoją karmę z tego życia i poprzednich. W przeciwnym razie nadal będzie wiele manifestacji w Twoim przyziemnym życiu, gdzie Kundalini pracuje na Twoich niższych Czakrach. Jednak musi być wiele lekcji wyuczonych w tych obszarach, zanim

Kundalini będzie mogła całkowicie zlokalizować się w Ciele Duchowym i działać bez blokad i zastojów w energii.

KRIJA I WYDARZENIA SYNCHRONICZNE

Niektóre przebudzone osoby zgłaszają wykonywanie spontanicznych ruchów Krija - Kundalini Jogi i Hatha Jogi. Zjawisko to wynika z tego, że Światło Kundalini ożywia ciało fizyczne do wykonywania tych ruchów, podczas gdy świadoma jaźń jest na autopilocie. Co ciekawe, wiedza o Krijach wypływa gdzieś głęboko z podświadomości, ponieważ zazwyczaj są one świadomie nieznane osobie je wykonującej. Ciało wykonuje te Krije przez chwilę, podczas gdy Kundalini działa na ciało, energetyzując je. Kluczem do tego zjawiska jest to, że jednostka znajduje się w stanie inspiracji, co neutralizuje Ego. W momencie, gdy Światło Kundalini rozproszy się, Ego ponownie przejmuje świadomość i Krije zostają zatrzymane.

Inną manifestacją podczas tego inspirowanego przez Kundalini stanu jest automatyczne pisanie. Osoba może czuć się zmuszona do pisania, ponownie pozornie na autopilocie, podczas gdy energia Kundalini przepływa przez nią. Wyprodukowana treść często nie jest rozpoznawalna dla Ego, kiedy jest badana po fakcie, co rodzi pytanie skąd pochodzi. Jednostka może nawet wyrażać się w innych językach, niektórych nie z tej Ziemi. Na przykład, mam przyjaciela przebudzonego przez Kundalini, który w tym stanie natchnienia przekazuje kryptyczne litery i symbole, które przypominają jakiś martwy starożytny język lub nawet język pozaziemski. Cokolwiek on przekazuje, czuje się do tego zmuszony i nie ma świadomej kontroli nad tym procesem.

Wiele więcej manifestacji pojawi się, ponieważ świadomość uczy się żyć w tym nowym świecie czystej energii, a Ego rozluźnia swoją kontrolę nad Tobą. Zaczniesz mieć wiele synchroniczności i zaczniesz zauważać wzorce w Twoim codziennym życiu. Na przykład, powszechne są wzorce liczbowe, które często pojawiają się, gdy dostajesz jakąś wewnętrzną potrzebę spojrzenia na czas lub obejrzenia jakiegoś urządzenia technologicznego, które wyświetla liczby. Dla mnie, liczba 1111 pojawiała się bardzo często. Inne osoby przebudzone przez Kundalini donoszą o synchroniczności z tym samym numerem.

Celem 1111 jest danie Tobie znać, że funkcjonujesz teraz na innym poziomie duchowym i że nastąpiło przebudzenie. Anioły 1111, czyli Boskie energie, chcą dać Ci znać, że jesteś prowadzony i chroniony przez wyższe siły. Możesz również zobaczyć inne ciągi lub serie liczb, takie jak 222 lub 333. Zjawisko to występuje, gdy zewnętrzna, materialna rzeczywistość staje się połączona z wewnętrznym światem astralnym - oba stają się jednym.

Twoje siły wyobraźni wtapiają się w Kosmiczną Świadomość i jej moc wyobraźni, która jest ogromna i bezgraniczna. Nie jesteś już oddzielną jednostką, ale teraz działasz w ramach Kosmicznego Umysłu. Twój umysł stopniowo staje się wchłonięty przez Kosmiczną Świadomość.

W miarę jak Twoja świadomość powoli ewoluuje, uczy się działać zgodnie z ramami Uniwersalnych Zasad. Zasady te to Zasady Tworzenia - Siedem Zasad (fundamentalnych Prawd), które nakreślają Uniwersalne Prawa rządzące całym Stworzeniem. Prawa te stanowią podstawę *Kybalionu* - okultystycznej książki hermetycznej napisanej na początku XX wieku, która wywarła na mnie głęboki wpływ i była prekursorem mojego przebudzenia Kundalini, jak wspomniano we wstępie do tej pracy. Uczysz się stawać częścią Zasad Tworzenia i działać w ich kontekście świadomie, tak jak tworzysz część Praw Uniwersalnych.

POTRZEBA DUCHOWEJ ALCHEMII

Po doświadczeniu pełnego i trwałego przebudzenia Kundalini nastąpią ogromne zmiany na poziomie mentalnym i emocjonalnym. Dla wielu ludzi może pojawić się powódź negatywności, która napływa do świadomości, wynikająca z tego, że Kundalini otwiera wszystkie czakry, gdy wznosi się ze swojego miejsca zamieszkania w kości krzyżowej przez pustą rurę kręgosłupa.

Ponieważ strach i niepokój przenikają do Twojego systemu, te ciemne energie będą musiały zostać rozprawione, zanim będziesz mógł doświadczyć bardziej pozytywnych aspektów przebudzenia. Negatywne emocje są odczuwane w czakrze wody, Swadhisthana, związanej z podświadomym umysłem. Negatywne myśli natomiast są wynikiem uszkodzonej Czakry Powietrza, Anahata. Pamiętaj, że dopóki nie oczyścisz swoich negatywnych myśli i emocji, nie będziesz mógł funkcjonować wyłącznie dzięki intuicji, co jest jednym z celów procesu przebudzenia Kundalini. Zamiast tego będziesz czuł się ważony przez te ciemne energie, ponieważ pozornie kierują one Twoim życiem.

Negatywne myśli i emocje mogą wydawać się obce na początku. Jednak po bliższym zbadaniu, zdasz sobie sprawę, że są one Twoje własne. Staniesz się również przyciągany do negatywnych energii innych ludzi, ponieważ to, co podobne, przyciąga to samo. Często nie będziecie rozróżniać tych dwóch rzeczy, ponieważ będziesz tak otwarty na energie innych ludzi, że będziesz je czuł jak Twoje własne. I do pewnego stopnia tak jest, ponieważ przebywając z innymi ludźmi, przejmujemy ich energię.

Ogólnie rzecz biorąc, komunikacja jest w 93% telepatyczna dla całej ludzkości, co wyrażamy podświadomie, głównie poprzez język ciała i tonację głosu. Jednak po przebudzeniu Kundalini, będziesz świadomie doświadczał tej wyższej formy komunikacji, ponieważ będziesz miał kontrolę nad swoimi wibracjami. A ponieważ wszyscy nieustannie indukujemy się nawzajem poprzez wibracje naszych myśli i emocji, kiedy uzyskasz kontrolę nad swoim stanem wewnętrznym, będziesz mógł kontrolować również stan umysłu innych ludzi. Ale aby to osiągnąć, będziesz musiał oczyścić swoje myśli i emocje, aby siła woli mogła zdominować Twoją świadomość.

Na początku swojej podróży transformacyjnej zauważysz, że przebywanie z niektórymi osobami w Twoim życiu stało się wyzwaniem. Ci ludzie to często przyjaciele lub nawet członkowie rodziny, z którymi wcześniej spędzałeś dużo czasu. Jednak po przebudzeniu, możesz zauważyć, że przebywanie wokół tych samych ludzi sprawi, że będziesz niespokojny i zestresowany. Zjawisko to występuje z powodu negatywności wewnątrz Ciebie, ponieważ Twoje własne demony będą karmić się energią strachu emitowaną przez demony innych ludzi.

Ludzie o bardzo negatywnym usposobieniu, którzy łatwo się denerwują lub są nadmiernie pesymistycznie nastawieni do życia, staną się bardzo drenujący. Ponieważ karmisz swoje Demony energią strachu innych ludzi, będą one nieodmiennie okradać Cię z Twojej Prany, Twojej Siły Życia. Dlatego radzę Ci zreformować swoje życie i ograniczyć kontakt z ludźmi, którzy negatywnie na Ciebie wpływają. Być może będziesz mógł wrócić do spędzania czasu z tymi ludźmi, kiedy rozwiniesz się duchowo poza ten negatywny stan. Mimo to, podczas gdy pokonujesz swoje problemy, najlepiej jest spędzać czas tylko z pozytywnie myślącymi osobami.

Nie jesteś już przeciętną osobą i musisz się z tym pogodzić. Im szybciej zaakceptujesz, że musisz sobie pomóc, tym szybciej będziesz się rozwijać. Jeśli postanowisz nie zajmować się tego typu sprawami, będziesz cierpiał. Kluczowe jest przyjęcie pewnej siebie postawy od początku Twojej transformacji, ponieważ pokonanie tych wyzwań narzuconych przez energię Kundalini zrobi różnicę pomiędzy wygraniem a przegraniem bitwy wewnątrz Ciebie. Możesz być albo zainspirowany swoją nową podróżą, albo tak zdołowany, że będziesz nienawidził siebie, swojego życia i przeklinał Boga za nałożenie na Ciebie tego "ciężaru" Kundalini. Powszechne jest częste odczuwanie tego w ten sposób na początku, zwłaszcza jeśli miałeś nieplanowane, spontaniczne przebudzenie.

Najlepiej byłoby, gdybyś od samego początku zaczął rozwijać mentalność duchowego wojownika. Musisz przywołać odwagę i siłę, abyś mógł stawić czoła swoim demonom, a jeśli będą próbowały Cię przestraszyć, co się stanie, pozostaniesz niewzruszony w swoim opanowaniu. Przekonania oparte na strachu, negatywne myślenie i traumatyczne wspomnienia muszą zostać uwolnione i pokonane w tym procesie.

Twoje Ego powoli umiera i wie o tym. Musisz poddać się energii Kundalini i wybrać wiarę i miłość nad strachem. Koncepcja strachu i jego wpływ na Twój system energetyczny będzie dla Ciebie wyzwaniem na wiele lat, ale w końcu, jeśli pozostaniesz pozytywny i silny, zwyciężysz. Pamiętaj, że ten proces transformacji jest uniwersalny; jeśli zdasz sobie sprawę, że nie jesteś sam w doświadczaniu tych wyzwań, możesz czerpać inspirację od tych, którzy przyszli przed Tobą i pokonali te próby i trudności.

WYZWANIA W ŻYCIU OSOBISTYM

Ponieważ jesteś przebudowywany w umyśle, ciele i Duszy i otrzymałeś wiele ulepszeń świadomości, oznacza to, że funkcjonujesz teraz na innym poziomie niż inni ludzie. Im szybciej możesz to zaakceptować i uświadomić sobie, że w odniesieniu do Twojej rodziny i przyjaciół, będziesz teraz wyjątkowy i inny, tym szybciej nauczysz się prawidłowo przystosowywać do Twojej nowej rzeczywistości. Ta adaptacja przychodzi z pewnym poczuciem samotności, ponieważ nikt, kogo znasz, nie zrozumie, przez co przechodzisz. Pozwól, że powtórzę ten krytyczny punkt. Jesteś teraz inny, a jeśli ktoś nie przeszedł przez to, przez co przechodzisz, nie zrozumie, jasne i proste.

Wiele lat i wiele prób zrozumienia ze strony rodziny i przyjaciół zajęło mi uświadomienie sobie, że jestem w tym osamotniony i nie otrzymam potrzebnego mi wsparcia od ludzi, których znam. Im szybciej zdasz sobie sprawę, że nie powinieneś obwiniać innych ludzi za to, że Cię nie rozumieją, tym lepiej się z nimi zintegrujesz. W końcu, jeśli zdecydowałeś się pozostać w społeczeństwie i nadal być jego częścią, nie ma znaczenia, jaka jest Twoja prawda, jeśli inni Cię nie rozumieją. Będziesz musiał nauczyć się wtapiać w tłum, "udawać, aż się uda".

Dobrze jest czasem skłamać w tej kwestii, jeśli prawda jest skomplikowana do zrozumienia dla innych i wiesz, że nie zrobi to różnicy, jeśli spróbujesz wyjaśnić swoją nową rzeczywistość. Ważne jest jednak, aby nie rozpaczać. Jesteśmy zaprogramowani, aby szukać porad u innych ludzi, kiedy znajdujemy się w trudnej sytuacji, ale w rzeczywistości wszystkie odpowiedzi mamy w sobie, jeśli wiemy, gdzie ich szukać. Możesz pokonać wszystkie przeszkody i wyzwania, jeżeli masz wiarę w siebie, we Wszechświat i w proces transformacji Kundalini. Pamiętaj, że ponieważ ta nauka Kundalini jest wciąż stosunkowo nieznana społeczeństwu, większość ludzi obecnie nie zrozumie Cię. Jeśli i kiedy wiedza o Kundalini stanie się częścią głównego nurtu, będziesz mógł uzyskać więcej wsparcia ze świata zewnętrznego.

Przez pierwsze kilka lat po pełnym i trwałym przebudzeniu Kundalini będziesz miał wiele bezsennych nocy. Dlatego cokolwiek zaplanowałeś na rano, często będzie musiało poczekać lub zostać odłożone. Jeśli nie może być odłożone, będziesz musiał nauczyć się robić dobre wymówki dla tego, że nie jesteś w 100% po nieprzespanej nocy. Kundalini jest często najbardziej aktywna w nocy, zwłaszcza gdy jesteś w śnie REM. To właśnie wtedy Twoja świadomość jest na autopilocie, pozwalając Kundalini robić to, co zamierza.

Ze względu na jego intensywność, nie będziesz w stanie często wywoływać snu, zwłaszcza, że cały ten proces będzie dla Ciebie stosunkowo obcy. Najczęściej strach przed tym, co będzie się działo dalej, uniemożliwia Ci odprężenie się, przez co nie możesz zasnąć. Im szybciej zaakceptujesz te wyzwania jako nową część swojego życia, tym lepiej będziesz się czuł w dłuższej perspektywie. Chciałbym móc powiedzieć, że te wyzwania nie będą Cię konfrontować, ale skłamałbym.

Przy spontanicznym przebudzeniu jest niemal pewne, że w pewnym stopniu będziesz się obawiać tego procesu, co wpłynie na Twój sen. W moim przypadku zdiagnozowano u mnie bezsenność rok po przebudzeniu Kundalini. Czasami uzyskanie profesjonalnej diagnozy pomaga w posiadaniu odpowiedniej wymówki dla braku obowiązków rano, takich jak zajęcia w szkole lub pracy. Oczywiście, mój stan był przejściowy i wiedziałem o tym, ale czułem pewne poczucie komfortu w posiadaniu ważnej wymówki dla moich objawów.

Z czasem znalazłem sposoby na uzyskanie optymalnego odpoczynku bez wywoływania snu, co bardzo mi pomogło podczas radzenia sobie z tym problemem bezsenności. Odkryłem, że jeśli leżysz na plecach i świadomie obserwujesz procesy energii Kundalini przemieszczające się przez Twoje ciało, możesz odprężyć swoje ciało fizyczne na tyle, że następnego dnia będziesz mniej ospały. Ta metoda pomogła odpocząć mojemu ciału, chociaż nie mogłem znaleźć rozwiązania na odpoczynek dla mojego umysłu.

To będzie prawie niemożliwe, aby uniknąć psychicznego i emocjonalnego wyczerpania przez brak snu, więc będziesz musiał nauczyć się funkcjonować podczas gdy jesteś w tym Świadomym stanie umysłu. Niestety, nie ma wyboru w tej sprawie. Powiem jednak, że jeśli jest wola, to jest i sposób. Jeżeli zdecydujesz się pozostać zainspirowany, nawet w obliczu przeciwności, zwyciężysz. A jeśli zdecydujesz się tego nie robić, to bez względu na to, jak trudne jest Twoje wyzwanie, poniesiesz porażkę. Dlatego już na samym początku przyjmij postawę zwycięzcy, a odniesiesz ogromne korzyści z tej podróży.

Moja pierwsza książka zawiera Duchową praktykę Magii Ceremonialnej oraz różne ćwiczenia, które wykorzystałem w mojej podróży, aby pomóc mi poradzić sobie z początkowym negatywnym stanem umysłu wywołanym przez rozbudzoną energię Kundalini. Te rytualne ćwiczenia są przedstawione jako część programów Duchowej Alchemii, tych samych, które przeszedłem wiele lat temu, kiedy stanąłem przed tymi samymi wyzwaniami. Mają one na celu zrzucenie karmicznej energii niższych czakr, tak abyś mógł wykorzenić cały strach i niepokój w swoim systemie i wznieść się wyżej w świadomości. Odkryłem, że podczas gdy techniki rytuału pracowały nad oczyszczeniem czakr, pozwoliły mi również na lepszy sen i pokonanie mojej bezsenności.

Od samego początku mojej podróży z Magią Ceremonialną, zacząłem czuć się spokojniejszy i bardziej zrównoważony, osiągając pewien poziom kontroli nad stanami mentalnymi. Odkryłem, że ten efekt się kumuluje; w miarę jak pracowałem z tą duchową praktyką codziennie, stawałem się bardziej skupiony i uziemiony, co pozytywnie wpływało na mój sen. Ćwiczenia rytuału wypędzania, które otrzymuje się na początku swojej podróży z Magią Ceremonialną, pomagają w oczyszczaniu Aury z niezrównoważonej energii, co pozwala na większy spokój umysłu. A kiedy umysł jest spokojny, można łatwiej zasnąć.

Poza pomaganiem mi w zasypianiu, te rytualne techniki dały mi narzędzie do zwalczania wielu mentalnych i emocjonalnych wyzwań, które przechodziłem. Z czasem oczyściły moje Czakry i pozwoliły mi pozostać zainspirowanym podczas procesu transformacji Kundalini. Zanim znalazłem Ceremonial Magick, czułem się bardzo bezradny. Kiedy jednak odkryłem Ceremonial Magick, nie było już odwrotu. Wreszcie miałem narzędzie, którego szukałem, aby rozwinąć się w Duchowego Wojownika i odnieść sukces w tej podróży.

Praktykowałem tę świętą sztukę inwokacji energii przez pięć lat, każdego dnia. Te magiczne ćwiczenia uziemiły mnie, rozszerzyły moją wyobraźnię i intuicję, a co najważniejsze, usunęły strach i niepokój z mojej Aury. Wzmocniły moją siłę woli i współczucie, jednocześnie wzmacniając mój intelekt i oczyszczając moje emocje. Byłem zdumiony tym, jak dobrze działały te rytualne techniki i jak uzupełniały to, co energia

Kundalini próbowała osiągnąć. Z tego powodu zdecydowałem się podzielić tymi technikami rytualnymi i nie tylko w mojej pierwszej książce, aby dać innym ludziom w tej samej pozycji, w której ja byłem, narzędzia, których potrzebują, aby pomóc sobie i posunąć się dalej w swojej duchowej podróży.

DOSTOSOWANIE SIĘ DO CIAŁA ŚWIATŁA

Kiedy już oczyścisz i dostroisz swoje niższe cztery czakry i opanujesz żywioły Ziemi, Wody, Ognia i Powietrza, Twoja świadomość może się wznieść i zlokalizować w wyższych trzech czakrach żywiołu Ducha, skąd będzie działać dalej. To przesunięcie w świadomości wskazuje na nowe doświadczenie życia w świecie, nieskrępowane strachem i niepokojem.

Twój nowy pojazd świadomości, Duchowe Ciało, jest Twoim darem i nagrodą za całą pracę Duchowej Alchemii, którą włożyłeś do tej pory. W większości przypadków musi upłynąć wiele lat zanim karmiczna energia w niższych czakrach zostanie pokonana, szczególnie jeśli miałeś spontaniczne przebudzenie Kundalini. Dla mnie było to dokładnie siedem lat po przebudzeniu, kiedy w pełni zrównałem swoją świadomość z Ciałem Duchowym. Kiedy to nastąpiło, nastąpiły dalsze duchowe transformacje.

Ponieważ wszystkie płatki Tysiąca Płatków Lotosu Sahasrary zostały ostatecznie otwarte dla mnie, wszystkie moje podstawowe ośrodki mózgowe również zostały przebudzone. Moja szyszynka i przysadka mózgowa, wzgórze i podwzgórze zostały zoptymalizowane, aby zsynchronizować moje ciało z rozszerzoną świadomością, teraz w nadmiarze. W końcu ustanowiłem prawidłowy przepływ energii Ducha w górę i z powrotem w dół przez Koronę.

Następnym krokiem w procesie transformacji było pełne zestrojenie się świadomości z Ciałem Duchowym. Po jego zakończeniu nastąpił dalszy rozwój w moim Oku Umysłu, budząc zdolność do opuszczania ciała i widzenia siebie w trzeciej osobie.

W przeszłości miałem przypadkowe momenty, w których mogłem wyjść poza moje ciało, ale te doświadczenia były generalnie krótkotrwałe. Nie mogłem utrzymać tego doświadczenia poza ciałem, ponieważ moje Ego było zbyt aktywne, utrzymując moją świadomość ograniczoną do mojego ciała fizycznego. Teraz mogłem skupić się na jakimkolwiek zewnętrznym obiekcie i jeśli skoncentrowałem się na nim dłużej niż minutę, moja świadomość opuszczała moje ciało, ponieważ stałem się z nim Jednym. W tym zjawisku brała udział czakra Sahasrara, ale także moja czakra dłoni i stopy. Czułem się tak, jakby energia Ducha po prostu została wyssana z mojego ciała przez głowę i kończyny.

Ten nowy rozwój w moim Oku Umysłu wzmocnił moje połączenie ze światem zewnętrznym w nowy sposób. Różne dźwięki zaczęły nabierać w mojej głowie kształtu animowanych obrazów. Każdy dźwięk miał powiązany komponent wizualny, który przychodził i odchodził falami, zasilany przede mną przez jakąś wyższą siłę wyobraźni.

Głęboka cisza przenikała mój umysł, jakbym chodził po chmurach, a moje stopy stały na ziemi. Niektóre z tych manifestacji zaczęły się rozwijać lata wcześniej, ale nie mogłem w pełni dostroić się do tych wyższych mocy, ponieważ wciąż byłem na łasce mojego strachu i niepokoju. Musiałbym oczyścić się z całego strachu i niepokoju, aby dać energii Kundalini czystą drogę do przebudzenia się tych wyższych władz.

Wierzę, że ten proces odblokowywania szczególnych zdolności jest Uniwersalny dla każdego. Istnieje systematyczny sposób, w jaki transformacja Kundalini rozwija się w czasie. Tak jak Bóg - Stwórca dał wszystkim ludziom pięciogwiazdkowy wzór ciała fizycznego z takimi samymi rysami twarzy, wierzę, że otrzymaliśmy również takie same składniki i potencjał energetyczny. Jezus Chrystus odniósł się do tego, kiedy powiedział, że wszyscy jesteśmy tacy sami i wszyscy jesteśmy Jednością. Może zająć trochę czasu osobom przebudzonym przez Kundalini odblokowanie tych samych zdolności co ja, ale w końcu wszyscy do tego dojdą. Wszyscy znajdują się na różnych liniach czasowych dotyczących ich procesu Duchowej Ewolucji, ale cel końcowy jest taki sam.

Kiedy zestroisz swoją świadomość z Ciałem Duchowym, ominiesz swój umysł, pozwalając swojej Istocie uczestniczyć w sferze duchowej, sferze Nie-Dualności. Ta sfera jest wysoce mistyczna i transcendentalna, czego doświadczysz. Na przykład, sam akt słuchania muzyki wywoła w Twoim sercu zachwyt, niepodobny do niczego, co kiedykolwiek czułeś. Poczujesz się tak, jakby piosenka była grana tylko dla Ciebie, a Ty jesteś gwiazdą epickiego hollywoodzkiego filmu, którym jest Twoje życie. Nawet jeśli Twoje życie jest w tym momencie zwyczajne, poczujesz, że możesz stać się wszystkim i jak jesteś w tym stanie wiecznej inspiracji.

Ciało fizyczne zacznie częściowo drętwieć również na doznania. Zjawisko to wynika z przekształcenia się Kundalini w energię Drobnego Ducha, która krążąc wewnątrz Ciebie rozszerza system. W wyniku tego podstawowe kanały energetyczne Ida, Pingala i Sushumna stają się w pełni otwarte i pracują synchronicznie ze sobą.

Ciało Duchowe jest ustanowione jako główny nośnik i regulator świadomości, chociaż możesz jeszcze potrzebować więcej pracy nad niższymi Ciałami Subtelnymi. Ostatecznie świadomość musi wznieść się całkowicie ponad niższe ciała subtelne, co wymaga całkowitego oczyszczenia energii karmicznej obecnej w tych obszarach. Kiedy to zostanie osiągnięte, jednostka całkowicie wzniesie się ponad swoje Koło Karmy.

Gdy przechodzisz przez różne transformacje w umyśle, ciele i Duszy, radzę Ci zaufać procesowi, zamiast się go obawiać. Chociaż potrzeba wielu lat, aby obserwować ten proces transformacji zachodzący w Tobie, zanim będziesz mógł w końcu odpuścić i mieć wiarę, że jesteś w dobrych rękach, to wiedząc z wyprzedzeniem, że jesteś bezpieczny, jest połową sukcesu. W każdym razie, nie masz wyboru, jak tylko poddać się temu procesowi, więc im szybciej to zrobisz, tym tylko skorzystasz.

Strach to porażka, ponieważ strach jest paliwem dla Ego, które używa go do związania Cię ze sobą i uniemożliwienia Ci pójścia naprzód w Twojej podróży. Ego chce, abyś obawiał się procesu, ponieważ wie, że może wykorzystać ten strach przeciwko Tobie, co pozwoli mu utrzymać swoją tożsamość nieco dłużej. Wie, że abyś mógł w pełni przekształcić się w Duchową Istotę Światła, będzie musiało zostać wyeliminowane, czego stara się uniknąć za wszelką cenę. Jak wspomniano, nigdy nie można zniszczyć Ego żyjąc w ciele fizycznym, ale można zredukować je do małego fragmentu świadomości, takiego, który jest pod całkowitą kontrolą Wyższego Ja.

Zamiast spędzać czas na martwieniu się i nadmiernym analizowaniu procesu transformacji Kundalini; powinieneś spędzić czas na uziemieniu siebie i nauczeniu się jak się zrelaksować. Energia Kundalini chce pomóc Ci w duchowej ewolucji, nie chce Cię w żaden sposób zranić. Wewnętrzny ból, którego doświadczasz, jest generowany przez Ego; aby go pokonać, musisz nauczyć się negować jego myśli. Musisz się zrelaksować i mieć wiarę, że będzie dobrze, ponieważ Kundalini pracuje przez Ciebie.

Niektóre z manifestacji, o których tu mówię, występują w późniejszych etapach procesu transformacji Kundalini. Istotne jest, aby uznać, że proces Kundalini rozwija się przez resztę życia po początkowym przebudzeniu. Chociaż pierwsze kilka lat może być wyzwaniem podczas oczyszczania, po jego zakończeniu inne dary i zjawiska mogą i będą nadal się manifestować, ponieważ podróż trwa.

ZMIANY W ORGANIZMIE I DIETA

Kiedy już w pełni obudzisz Kundalini i wzniesiesz ją do Korony, pozostanie ona na stałe w Twoim mózgu, co jest rzeczywiście ekscytującym. Przez resztę życia pożywienie i woda, które wprowadzasz do swojego ciała, będą podstawowymi czynnikami podtrzymującymi nowo rozbudowany system energetyczny, zapewniając, by wszystko działało sprawnie.

Pokarm przekształca się/sublimuje w energię Praniczną/Światła, podczas gdy woda wspiera i moderuje świadomość. Ta energia Światła będzie wzrastać wewnątrz Ciebie i zasilać obwód Kundalini, który wychodzi z czakry Bindu. Chociaż obecnie możesz nie rozumieć, jak te składniki łączą się ze sobą, to w odpowiednim czasie zrozumiesz, kiedy ta część procesu odsłoni się przed Tobą.

Również podczas procesu transformacji Kundalini doświadczysz wahań w swoim apetycie. Na przykład, możesz odczuwać potrzebę jedzenia więcej przez jakiś czas, a następnie potrzebę jedzenia mniej. Wiele okresów w mojej podróży skłaniało mnie do tego, żeby dużo jeść, więc jadłem solidne posiłki wiele razy dziennie. Kiedy poczułem naturalną chęć jedzenia więcej, zasygnalizowało mi to, że mój system pracuje na najwyższych obrotach, aby sublimować jedzenie w energię światła. Ogólnie rzecz biorąc, z zadowoleniem przyjąłem tę zmianę, chociaż ludzie w moim życiu zastanawiali się, dlaczego szybko przybieram na wadze i nie dbam o to, ile jem.

Moi przyjaciele i rodzina zawsze uważali za dziwne to, że waham się na wadze, ponieważ często traciłem lub zyskiwałem do dziesięciu funtów tygodniowo. Zazwyczaj kłamałem w tej sprawie, ponieważ kiedy mówiłem prawdę, wiele osób uważało, że usprawiedliwiam się tym, że nie dbam o to, jak wyglądam, podczas gdy inni myśleli, że jestem po prostu szalony. Ludzie uważający mnie za wariata przez całe moje życie byli wyzwaniem, które musiałem pokonać i znaleźć na nie sposób.

Zwróć też uwagę na pragnienie jedzenia rzeczy, których nigdy wcześniej nie jadłeś. Na przykład, możesz być wegetarianinem lub weganinem przez całe swoje życie i nagle rozwinąć zainteresowanie jedzeniem mięsa. A może być odwrotnie - jeśli przez całe życie byłeś mięsożercą, możesz nabrać ochoty na bycie wegetarianinem lub weganinem. Słuchaj tego, co Twoje ciało Ci przekazuje w tym względzie, ponieważ może ono wiedzieć coś, czego Ty nie jesteś świadomy.

Mięso dostarcza organizmowi niezbędnego białka, którego ciało potrzebuje do naprawy mięśni oraz wytwarzania hormonów i enzymów. Białko jest istotnym źródłem energii dla ciała, które jest kluczowe w postępie Twojej transformacji Kundalini. Czasami jednak, jeśli zwierzę zostało zabite w makabryczny sposób, jak to ma miejsce w wielu rzeźniach, energia strachu umierającego zwierzęcia zostaje osadzona w mięsie, co dodatkowo pogarsza Twój i tak już kruchy system. Ponownie, szanuj pragnienia swojego ciała, ponieważ Twoja Dusza komunikuje się z Tobą poprzez ciało na głębszym poziomie.

Pamiętaj, że te pragnienia spróbowania nowych rzeczy często nie trwają długo, ponieważ ich większym celem jest rozszerzenie Twojego umysłu na inne możliwości w życiu. Gorąco polecam jedzenie organicznej żywności jak najwięcej, ponieważ będzie ona lepiej filtrowana przez Twoje ciało, ponieważ zawiera więcej energii Pranicznej/Światłą, której Twoje ciało potrzebuje, aby kontynuować swoją transformację. Wierzę, że genetycznie modyfikowana żywność naraża Cię na degradację DNA, co powoduje raka i inne dolegliwości cielesne nękające większość współczesnego świata. A kiedy robisz zakupy mięsne, staraj się jeść mięso koszerne lub halal, gdzie zwierzę zostało zabite z szacunkiem, a mięso powinno być wolne od negatywnej energii.

Jeśli chodzi o wodę, nadszedł czas, aby całkowicie przestać pić wodę z kranu, chyba że pochodzi ona z czystego źródła wody, takiego jak strumień. Większość wody z kranu, zwłaszcza w dużych miastach, zawiera wiele zanieczyszczeń, które są szkodliwe dla Twojego umysłu, ciała i Duszy. Albo zacznij pić wysokiej jakości wodę butelkowaną albo, jeszcze lepiej, zainwestuj w system filtracji wody, który filtruje szkodliwe metale, takie jak fluor, który jest znany z tego, że zwapnia Twoją Szyszynkę.

Należy pamiętać, że w miarę jak Kundalini pracuje przez Ciebie, szczególnie we wczesnych etapach, Twoje nerki będą pracować w nadgodzinach, czyniąc je gorętszymi niż zwykle. Nerki pracują z nadnerczami, które również będą działać w nadmiarze, ponieważ ich funkcją jest produkcja i uwalnianie hormonów w odpowiedzi na stres. W rezultacie nadnercza są często pierwszymi, które doświadczają wyczerpania w początkowych etapach. Dostarczanie do organizmu przefiltrowanej wody bez zanieczyszczeń uspokoi nerki i nadnercza i pomoże przezwyciężyć tę fazę wyczerpania w transformacji Kundalini.

ROZWIJAJĄCE SIĘ ALERGIE

Ponieważ przechodzisz przez ten proces transformacji, a Twój apetyt zmienia się niemal codziennie, możesz również rozwinąć nowe wrażliwości i alergie pokarmowe, więc miej to na uwadze. Na przykład, nigdy nie miałem alergii w moim życiu. Ale potem, dziewięć lat do przebudzenia, rozwinąłem alergię na migdały, banany i rapini, wszystko w ciągu dwóch lat. I nie mówię tu o łagodnych uczuleniach. Mówię o pełnowartościowych reakcjach alergicznych, które za każdym razem hospitalizowały mnie.

Przez całe życie jadłem i kochałem banany. Był to mój ulubiony owoc, który jadłem prawie codziennie. W rzeczywistości był to jeden z niewielu owoców, które jadłem. Aż pewnego dnia, ni stąd ni zowąd, dostałem na niego reakcji alergicznej, która wysłała mnie do szpitala. Od tamtej pory, jeśli w czymkolwiek jest ślad banana, reaguję natychmiast. Tak więc najwyraźniej rozwinęło się to z czasem i wierzę, że jest to związane z procesem transformacji Kundalini.

Z jakiegoś powodu ciało odrzuca szczególne energie z niektórych pokarmów, co powoduje reakcję alergiczną. W rezultacie moja twarz spuchła od pokrzywki i pręgów, a oczy stały się wodniste, ponieważ moje ciało zaczęło się wyłączać. W pewnym momencie nie mogłem oddychać i musiałem wezwać karetkę, w której podano mi dużą dawkę leku antyhistaminowego przez kroplówkę. Zwykłe dostępne bez recepty leki antyhistaminowe nie będą działać w tych przypadkach, próbowałem. Co najmniej, będziesz potrzebował Epipenu lub awaryjnej wizyty w szpitalu.

Być może reakcja alergiczna występuje z powodu tej korelacji pomiędzy przebudzeniem Kundalini a uwalnianiem histaminy w ciele. Ten wyższy poziom histaminy zostaje uwolniony, gdy Ciało Świetlne jest zintegrowane i w pełni przebudzone, co daje uczucie, że w ciele znajduje się zastrzyk z nowokainy. Całe ciało fizyczne odczuwa częściowe odrętwienie, które staje się potem stałym elementem codziennej egzystencji. Nie wiem dokładnie, dlaczego dochodzi do reakcji alergicznych. Mogę sobie tylko wyobrazić, że energia Kundalini nie jest w stanie zintegrować energii uwolnionej ze spożytego pokarmu, która działa na ciało fizyczne, sprawiając, że jest ono w nieładzie. Cokolwiek to jest, wspominam o tym tutaj, żebyś, jeśli i kiedy Ci się to przytrafi, wiedział dlaczego i co to jest i że musisz natychmiast uzyskać pomoc.

NIEZBĘDNE SKŁADNIKI ODŻYWCZE DLA TRANSFORMACJI

Przechodząc przez proces transformacji zauważyłem, że słodycze mają szczególny wpływ na energię Kundalini. Za każdym razem, gdy jem coś z cukrem, zauważam, że moje Ego zostaje wzmocnione, a moje myśli przyspieszają i stają się niekontrolowane, negatywnie wpływając na moje opanowanie. Dlatego, kiedy przechodzę przez trudny czas pod względem psychicznym i emocjonalnym, spożywanie słodyczy staje się przeszkodą, więc staram się trzymać od nich z daleka, jak to tylko możliwe.

Białko jest niezbędne, ponieważ przekształcasz się od wewnątrz, dlatego jedz mięso i dużo ryb. Twoje ciało wymaga cynku podczas przechodzenia tego procesu, a ryby mają go pod dostatkiem. Kundalini działa jak bateria. Ma pozytywny i negatywny ładunek elektryczny wyrażony przez kanały Pingala i Ida, męskie i żeńskie energie. Niosą one prąd bioelektryczny, który jest regulowany przez Twoją energię seksualną. Kanały te potrzebują medium, przez które mogą pracować; w przeciwnym razie wypalają system. Tym czymś jest płyn systemu Kundalini, który jest regulowany przez cynk.

Twoje ciało potrzebuje również cynku do tworzenia białek i DNA, zwłaszcza gdy przechodzi genetyczną transfigurację, jak w początkowych fazach transformacji

Kundalini. Cynk jest również potrzebny do magazynowania histaminy. Ciało wytwarza wysoki poziom histaminy, kiedy Twoja świadomość jest lokalizowana w Ciele Duchowym.

Cynk jest bezpośrednio związany z Twoją energią seksualną, którą omówię później. Dlatego dostarczenie cynku do organizmu ma ogromne znaczenie. Ponieważ Twoje ciało nie przechowuje nadmiaru cynku, musisz go pozyskać z diety. Polecam robić to bez suplementów bez recepty, ponieważ nie syntetyzują one cynku w organizmie tak jak robi to jedzenie. Ryby, jak również pestki dyni, zawierają dużo cynku. Jeśli zaczniesz stosować suplementy, wytworzysz nienaturalnie zbyt dużo tej płynnej energii, co utrudni Ci zdolność koncentracji, wyprowadzając Twój umysł z równowagi.

Twój składnik siły woli, który reguluje Pingala Nadi, zostanie utopiony w tej płynnej energii, która zawiera cynk. W porównaniu do baterii, kwas akumulatorowy, który jest regulowany przez cynk, zagłuszy przeciwstawne ładunki z prądu elektrycznego i bateria nie będzie działać prawidłowo. Jeśli dostajesz cynk z pożywienia, syntetyzuje się on najbardziej optymalnie, co będziesz mógł odczuć. Cynk współpracuje z wodą w systemie, aby regulować Twoją świadomość. Pamiętaj, że Ida Nadi dodaje do Twojego systemu Element Wody, który rządzi Twoimi emocjami.

ĆWICZENIA FIZYCZNE A CHOROBA

Podczas przechodzenia transformacji Kundalini, wskazane jest wprowadzenie do swojego życia regularnych ćwiczeń fizycznych, takich jak joga (asany), jogging, podnoszenie ciężarów, sporty wyczynowe, pływanie, jazda na rowerze, taniec itp. Ponieważ tętno wzrasta podczas ćwiczeń, więcej krwi płynie do mózgu, przynosząc tlen i niezbędne składniki odżywcze. Ćwiczenia pomagają również uwolnić korzystne białka w mózgu, które utrzymują neurony w zdrowiu, promując wzrost nowych neuronów. Pamiętaj, że podczas gdy rozbudzona energia Kundalini przekształca Twój system nerwowy, Twój mózg pracuje w nadgodzinach, aby zbudować nowe ścieżki neuronowe, aby dostosować się do tych wewnętrznych zmian. Dlatego regularne ćwiczenia przyspieszają ten proces.

Na poziomie energetycznym ćwiczenia fizyczne są niezbędne, ponieważ pomagają syntetyzować wewnętrzne zmiany, uziemiając je na płaszczyźnie fizycznej, tak aby umysł i ciało mogły funkcjonować jako jedna całość. I odwrotnie, jeśli pracujesz tylko nad uzdrowieniem swoich wewnętrznych energii, a jednocześnie negujesz swoje ciało, będziesz ospały fizycznie, co negatywnie wpłynie na Twój stan psychiczny.

Wykazano również, że ćwiczenia fizyczne przez co najmniej jedną godzinę dziennie obniżają i redukują hormon stresu - kortyzol, jednocześnie uwalniając dopaminę, serotoninę i endorfiny w Twoim mózgu. Tak więc ćwiczenia oczyszczają Twój mózg z niechcianych substancji chemicznych, jednocześnie poprawiając Twój nastrój i poziom motywacji, co może być bardzo korzystne we wczesnych etapach po przebudzeniu Kundalini. A dzięki wzrostowi poziomu serotoniny, która w nocy przekształca się w melatoninę, łatwiej będzie Ci zasnąć. Dodatkowo, sporty wyczynowe są doskonałym ujściem dla wyładowania pary wodnej i regulowania wpływu energii Ognia na Twój umysł, szczególnie u mężczyzn, u których Element Ognia jest bardziej dominujący.

Rozbudzona Kundalini wzmacnii Twój system odpornościowy, pozwalając Ci pokonać choroby szybciej niż przeciętnej osobie. Jednakże, jeśli jesteś chory na przeziębienie, grypę lub inne powszechne dolegliwości, pamiętaj, aby nie przesadzać z lekami dostępnymi bez recepty. Ponieważ Twoja wrażliwość psychiczna będzie wyższa niż przeciętna po przebudzeniu, nawet najmniejsze zmiany w chemii Twojego ciała mogą mieć potężny efekt psychiczny i emocjonalny.

Wreszcie, jeśli cierpisz na bóle głowy, co jest powszechne w początkowej fazie dostosowywania się do nowej energii w Tobie, weź Advil lub Ibuprofen. Stwierdzam, że Advil stymuluje Ida Nadi, kojąc świadomość i łagodząc ból głowy znacznie lepiej niż na przykład Tylenol. W rzeczywistości, do dnia dzisiejszego, nie jestem przeciwny braniu sporadycznie Advilu, kiedy jest to potrzebne, podczas gdy staram się trzymać z dala od absolutnie wszystkich innych leków dostępnych bez recepty.

KONIECZNOŚĆ ZACHOWANIA DYSKRECJI

Jak być może już się zorientowałeś, przebudzenie Kundalini jest tajemniczym, nieuchwytnym zjawiskiem, które nie jest częścią głównego nurtu. Wielu ludzi rozpoznaje słowo "Kundalini" od Jogi Kundalini, myśląc, że jest to rodzaj Jogi, nic więcej. A ci, którzy wiedzą o jej mocy do duchowej transformacji człowieka, często nie wiedzą o niektórych z jej bardziej fantastycznych manifestacji, których rzadkie jednostki, takie jak ja, miały przywilej doświadczyć. I kiedy czytacie o tych duchowych darach, które rozwijają się w późniejszych etapach, zdaję sobie sprawę, jak trudne musi być uchwycenie tych stosunkowo abstrakcyjnych koncepcji, ponieważ musicie sami mieć te doświadczenia, aby naprawdę mnie zrozumieć.

Chociaż proces przebudzenia Kundalini jest Uniwersalny, relacje ludzi są zróżnicowane, co już rozumiesz. W dzisiejszych czasach większość ludzi miała częściowe przebudzenia, ograniczające ich w zakresie skutków ubocznych i darów duchowych. Ludzie, którzy mieli pełne przebudzenie, są jednak na ogół wyzwani przez te same kwestie. Jednak w morzu relacji ludzi, pełne przebudzenia są rzadkie. Zazwyczaj, kiedy ktoś ma pełne przebudzenie, pisze książkę lub zestaw książek opisujących jego doświadczenia, umożliwiając zaawansowanym osobom, takim jak ja, ustalenie, gdzie jesteśmy w tym ograniczonym, ale rosnącym polu nauki o Kundalini.

Na poziomie zbiorowym, społeczeństwo nie jest w stanie sprostać doświadczeniu Kundalini, ponieważ zbyt mało ludzi je przeżyło, aby mogło być włączone jako część wiedzy ogólnej. Niestety, oznacza to, że personel medyczny wyszkolony do pomagania nam w uzdrawianiu psychicznym, emocjonalnym lub fizycznym nie będzie nam przydatny podczas przechodzenia transformacji Kundalini. Dlatego, gdy będziesz kontynuował swoją podróż, zasadą, którą poznasz jako prawdziwą jest to, że jeśli ktoś sam nie doznał przebudzenia i to na takim poziomie jak ty, nie zrozumie tego, przez co przechodzisz. Dlatego im szybciej zaakceptujesz ten fakt, tym gładsza będzie Twoja podróż.

W związku z tym radzę Ci, abyś nauczył się zachowywać dla siebie prawdę o tym, przez co przechodzisz. Wiem, że to nie jest łatwe, ponieważ poza potrzebą uzyskania porady od innych ludzi, na których zwykle polegasz, chcesz również, aby świat zrozumiał, przez co przechodzisz. Więc moja rada wydaje się sprzeczna z intuicją do pewnego stopnia, ponieważ wszyscy jesteśmy tu, aby pomóc sobie nawzajem, ale zdasz sobie sprawę, że nie ma wyboru w tej sprawie. Większość ludzi w Twojej sytuacji, w tym ja, musiało się tego nauczyć w końcu, albo radzą sobie przez całe życie z ostracyzmem, nazywaniem ich wariatami, z nieudanymi romantycznymi związkami, utratą przyjaciół, a nawet oddalaniem się od członków rodziny.

Jest to samotna podróż w przeważającej części, a ponieważ jest to tak rzadkie doświadczenie, możesz spotkać kilka osób osobiście w mieście, w którym jesteś, które Cię zrozumieją. Znajdziesz wiele osób za pośrednictwem mediów społecznościowych, jeśli wiesz, gdzie szukać, ale nie osobiście.

Musisz nauczyć się ukrywać prawdę o tym, co przechodzisz przed swoją rodziną, przyjaciółmi, a nawet nieznajomymi, jeśli zdecydujesz się wtopić w środowisko i nadal być regularną częścią społeczeństwa. Nie jestem kimś, kto kiedykolwiek będzie propagował kłamstwo, będąc Wodnikiem piekielnie upartym na stałe mówienie prawdy, ale w tym konkretnym przypadku, dowiesz się, że nie masz zbyt dużego wyboru w tej sprawie. Jeśli nie posłuchasz mojej rady i powiesz ludziom o swoim doświadczeniu, wkrótce doświadczysz wszystkiego, przed czym Cię ostrzegam, co może sprawić, że poczujesz się ogólnie wyobcowany od innych, co spowoduje dalszą samotność i depresję. Ludzie boją się tego, czego nie rozumieją i unikają tego w swojej egzystencji, jeśli mają wybór. W tym względzie mają wybór i nawet najlepsi ludzie, ci najbardziej współczujący, w końcu osądzą Cię, ponieważ po prostu Cię nie rozumieją. Proszę, nie obwiniaj ich; zaakceptuj ten fakt.

Ponadto, i ta część jest zasadnicza: nie musisz się ludziom tłumaczyć. Nie jest to Twoim obowiązkiem. W Twojej rzeczywistości nie ma nic wstydliwego, a Ty musisz chronić siebie i innych przed tym, co się z Tobą dzieje. Ludzie, którzy nie przeszli przez to, co Ty teraz przeżywasz, nie mogą Ci pomóc. Oddanie Twojego życia w ich ręce będzie miało katastrofalne skutki dla Twojej Duchowej podróży, ponieważ ci ludzie będą nieświadomie prowadzić Cię na manowce za każdym razem. Ponadto, dużą częścią procesu przebudzenia Kundalini jest stanie się swoim nauczycielem i przewodnikiem. Mówiłem to już wcześniej i miałem to na myśli: wszystkie odpowiedzi na Twoje problemy są w Tobie, jeśli zadajesz właściwe pytania i masz wiarę w siebie. Zamiast zwracać się do kogoś innego po rozwiązania, w tym do kogoś takiego jak ja z dużą wiedzą i doświadczeniem, musisz nauczyć się nawiązywać kontakt ze swoim Wyższym Ja i zamiast tego zwracać się do niego. Nikt nie może zrekompensować Twojego Wyższego Ja; jest ono jedyną inteligencją, która może dać Ci właściwą radę w każdym wypadku.

Wybrałem wtopienie się w tłum i kontynuowanie prób prowadzenia normalnego życia, gdy przechodziłem przez proces transformacji Kundalini. W związku z tym musiałem nauczyć się kłamać, kiedy inni pytali o sprawy, które przechodziłem. Nie szkodzi nikomu nie znać prawdy dotyczącej tej sprawy, szczególnie kiedy wiesz z wyprzedzeniem, że ci ludzie nie mogą Ci pomóc. Powiedzenie im prawdy i sprawienie, że będą sceptycznie nastawieni do Twojego zdrowia, może Ci tylko zaszkodzić, ponieważ teraz będziesz musiał poradzić sobie z wyprostowaniem ich, a także z pomaganiem sobie.

Wiele dziwnych symptomów pojawi się w Twoim życiu, gdy będziesz przechodził proces transformacji Kundalini. W prawie wszystkich przypadkach objawy te będą tymczasowe, choć mogą trwać przez wiele lat. Bezsenne noce, emocjonalne wzloty i upadki, niekonsekwentne zachowanie, niemożność skupienia się, wahania wagi oraz nadmierny i niekontrolowany popęd seksualny to tylko kilka przykładów, które mogą pojawić się podczas Twojej podróży. Jeśli zdecydujesz, że nie chcesz być oceniany przez innych ludzi, musisz zamaskować te problemy. Powiedzenie innym, że Twoje objawy wynikają z przejścia przebudzenia Kundalini, bez wątpienia sprawi, że ludzie pomyślą, że tracisz kontrolę nad rzeczywistością, przez co stracą wiarę w Ciebie jako osobę. Często wierzą, że próbujesz wymyślić wymówkę, której nie mogą zrozumieć, aby ich zmylić, typowe dla kogoś na początku choroby psychicznej.

Twoim najlepszym sposobem na poruszanie się po okolicznościach jest kłamanie w tej sprawie. Pozwól sobie na to, ponieważ nikt nie zaakceptuje Twoich wymówek za niespełnienie oczekiwań, takich jak dotarcie do pracy lub szkoły na czas, bycie przy kimś psychicznie lub emocjonalnie, czy wypełnianie codziennych zadań. Twoja sytuacja wykracza poza normę społeczną, dlatego ważne jest, abyś skłamał, aby chronić siebie. Nawet jeśli nie czujesz się komfortowo z tym pomysłem, przekonasz się, że kłamstwo o tym, co się dzieje, ułatwi Ci ten proces i być może nadal będziesz miał drugą szansę, aby udowodnić swoją wartość innym. Jeśli tego nie zrobisz, będziesz ciągle uderzał w mur w styczności z ludźmi i sytuacjami w swoim życiu.

Idea kłamstwa jest wzięcie czegoś zbyt fantastycznego, by w to uwierzyć i zastąpienie tego czymś, co przeciętna osoba mogłaby zrozumieć. W przypadku bezsennych nocy możesz powiedzieć, że cierpisz na bezsenność i dlatego rano nie jesteś w 100% sprawny. Dla emocjonalnych wzlotów i upadków, można winić ją za coś, co dzieje się w Twoim życiu. Bądź kreatywny, ale spraw, by Twoja wymówka była czymś, co przeciętna osoba zrozumie i będzie mogła z nią sympatyzować.

Pamiętaj, że musisz być swoim terapeutą i lekarzem i znaleźć rozwiązania swoich problemów. Jeśli chcesz podzielić się z ludźmi, którzy Cię zrozumieją, uzyskać ich perspektywę i poprosić o radę, znajdź ich zamiast tego w mediach społecznościowych. Setki grup i stron zgromadziły osoby przebudzone przez Kundalini, które przeszły przez to, przez co Ty przechodzisz i mogą Ci pomóc. Wiele z nich jest tam z tego powodu i są zachwyceni, że mogą Ci pomóc w jakikolwiek sposób. Spotkałem w ten sposób kilka fantastycznych osób, właśnie na grupach mediów społecznościowych.

Radzę jednak zachować krytyczny umysł podczas rozmów z nieznajomymi na portalach społecznościowych. Niektórzy twierdzą, że mieli przebudzenie Kundalini, ale w rzeczywistości mogą tego nie mieć, nawet jeśli szczerze wierzą w swoje twierdzenia. Wiele zjawisk duchowych jest obecnie klasyfikowanych jako przebudzenia Kundalini. A potem są setki ludzi, którzy mieli częściowe przebudzenie i myślą, że mają wszystkie odpowiedzi. Ci ludzie są najtrudniejsi do wykrycia i potencjalnie najbardziej szkodliwi. Tak więc pomaga to mieć pewien poziom rozeznania w tej sprawie i pytać o doświadczenia innych ludzi przed skorzystaniem z ich rad, ponieważ nie ma szybszego sposobu na bycie sprowadzonym na manowce niż pokładanie wiary w niewłaściwej osobie.

Widzę wszystkie rodzaje dobrych i złych rad w grupach mediów społecznościowych, i mógłbym spędzić cały dzień, zajmując się i wyjaśniając każdy post. A zrobiłem to wiele lat temu i pomogłem ponad dwóm tuzinom ludzi, dając im właściwe rady we właściwym czasie i pomagając im w ich podróży przebudzenia. Niektórzy kontaktują się ze mną do dziś, aby podziękować mi za to, że byłem przy nich, kiedy mnie potrzebowali. Dzięki grupom społecznościowym zdałem sobie sprawę, że moja wiedza i doświadczenie w tej materii mogą być bardzo pomocne, krystalizując mój cel w czasie. Tak więc przeszedłem od pisania artykułów i tworzenia filmów na temat Kundalini, aby w końcu dotrzeć do szerszej publiczności z książkami takimi jak ta, którą właśnie czytasz.

SZALEŃSTWO LEKÓW NA RECEPTĘ

Ponieważ przechodzisz proces transformacji Kundalini i Twój umysł jest w nieładzie, możesz często wykazywać dziwne zachowania, na które będą reagować inne osoby z Twojego otoczenia. Oczywiście ludzie, o których mówię, to ci najbliżsi, w tym rodzina, przyjaciele i współpracownicy. Po zaobserwowaniu twoich nieobliczalnych zachowań mogą oni nazwać Cię szalonym lub obłąkanym, co jeszcze bardziej zdezorientuje Cię co do Twojego stanu. Przecież będziesz przeżywał ogromny ból emocjonalny i psychiczny, którego nie rozumiesz i nad którym pozornie nie będziesz miał kontroli.

W najsłabszych momentach rodzina lub przyjaciele mogą zasugerować, abyś udał się do jakiegoś psychiatry lub terapeuty i porozmawiał z nimi o swoich problemach. W końcu ten licencjonowany personel jest przeszkolony do pomagania ludziom, którzy przechodzą podobne objawy.

Problem polega jednak na tym, że ci terapeuci zazwyczaj nigdy nawet nie słyszeli o Kundalini, nie mówiąc już o tym, że sami doznali przebudzenia. I jak lekarz może postawić Ci diagnozę na temat czegoś, czego medycyna nawet nie rozpoznaje? Nie jesteś szalony i nie masz żadnych prawdziwych powodów, aby być w depresji. Ponadto, jeśli wszystkie Twoje problemy emocjonalne i psychiczne zaczęły się po przebudzeniu Kundalini, to czyż nie jest jasne, że to Kundalini jest przyczyną, a nie coś zewnętrznego?

Niezależnie od tego, wiele przebudzonych osób podąża tą drogą i udaje się do psychiatry lub terapeuty. W końcu jesteśmy uwarunkowani do słuchania siebie nawzajem i przyjmowania rad w sprawach życiowych, zwłaszcza gdy rozpaczliwie szukamy odpowiedzi na nasze problemy. I jak już rozumiesz, przejście transformacji Kundalini po pełnym i trwałym przebudzeniu przyniesie jedne z najbardziej znaczących wyzwań.

Z rozmów z wieloma osobami w tej samej sytuacji co ja wiele lat temu wynika, że wizyta u psychiatry zawsze przynosi te same rezultaty. Psychiatra słucha Twoich problemów, ale ponieważ nie wie, o czym mówisz, kiedy wspominasz o Kundalini, zwykle robi pierwszą rzecz, kiedy spotyka się osobę z problemami psychicznymi lub emocjonalnymi - przepisuje leki.

W przypadku objawów, które wywołuje przebudzenie Kundalini, leki te są albo antypsychotyczne, albo antydepresyjne. Naturą leków antypsychotycznych jest blokowanie impulsów neuronowych, które przenoszą informacje z podświadomości do świadomego umysłu. Wyłączają one to, co dzieje się wewnątrz, tak że może się wydawać, że czujesz się lepiej na powierzchni, ponieważ nie będziesz już słyszał negatywnych myśli. Z drugiej strony, antydepresanty zazwyczaj zwiększają poziom serotoniny i dopaminy, aby stworzyć sfabrykowane uczucie bycia szczęśliwym i radosnym. Niestety, przepisywanie jakiegokolwiek rodzaju leków na receptę przez lekarza jest złym podejściem do zarządzania przebudzeniem Kundalini.

Nawet jeśli możesz wykazywać objawy zbliżone do chronicznej depresji, dwubiegunówki lub schizofrenii, stany te są tymczasowe i muszą być przepracowane przez Duszę. Wynikają one z napływu Światła wywołanego przez Kundalini, którego celem jest wyeliminowanie wszelkiej negatywnej energii obecnej w Twoich czakrach. Dlatego pokonanie tych emocjonalnych i mentalnych wyzwań jest niezbędnym krokiem w rozwoju duchowym.

Po przebudzeniu całego Drzewa Życia, będziesz miał dostęp do części siebie, które były przed Tobą ukryte do momentu przebudzenia. Światło Kundalini stanowi pomost pomiędzy Twoimi świadomymi i podświadomymi umysłami, pozwalając na ujawnienie wielu Twoich traum i nerwic.

Jeśli zablokujesz podświadomą aktywność ze świadomości, te emocjonalne i psychiczne problemy zostaną pozostawione w spokoju, nieprzetworzone. Z czasem ta szkodliwa nieświadoma treść będzie się nawarstwiać, tworząc jeszcze więcej problemów psychologicznych, które będą się utrzymywać, dopóki dana osoba nie odstawi leków. Jeśli dana osoba zdecyduje się kontynuować przyjmowanie leków, może rozwinąć dożywotnie uzależnienie od leku, ponieważ odstawienie go może okazać się trudniejsze. Niestety, w momencie kiedy zaczęli brać leki na receptę, nieumyślnie wstrzymali swoją Duchową Ewolucję i pozostanie ona taka, dopóki nie przestaną ich brać.

Będąc na lekach, energia Kundalini nie może robić tego, co zamierza, czyli kontynuować procesu wewnętrznej transformacji. "Out of sight, out of mind" może chwilowo rozproszyć problemy, ale ich nie rozwiąże. W rzeczywistości stworzy jeszcze więcej przyszłych problemów. Głównie leki na receptę są zaprojektowane tak, aby rozwinąć zależność od samego leku, ponieważ jednostka nigdy nie uczy się radzić sobie ze swoimi problemami w sposób naturalny. Nie tworzą ścieżek neuronowych, które umożliwiają im znalezienie rozwiązań problemów i wyleczenie ich negatywnych stanów; zamiast tego polegają na leku jako kuli, która robi to za nich.

Energia Kundalini jest biologiczna i potrzebuje ludzkich zdolności do pracy. Jeżeli jakiś zewnętrzny narkotyk zamknie kanały przekazu informacji, wtedy proces oczyszczania Kundalini zostanie wstrzymany. Kiedy jednostka odstawi narkotyk, energia Kundalini zostanie ponownie pobudzona do aktywności. Nastąpi ten sam proces, tym razem włączający się jeszcze silniej i bardziej niekontrolowanie.

Musisz zrozumieć, że proces Kundalini nie da Ci więcej wyzwań niż Twoja Dusza może udźwignąć. Twoja Dusza jest tą, która wybrała to doświadczenie na pierwszym miejscu i tą, która wprowadziła je w ruch. Ego doświadcza bólu, strachu i niepokoju, ponieważ to ono musi zostać przekształcone w tym procesie. Zamiast zwracać się do leków na receptę, które są wyjściem dla Ego, aby mogło chronić swoją tożsamość, będziesz robił przysługę swojej Duszy, znajdując inny sposób radzenia sobie ze swoimi problemami psychicznymi i emocjonalnymi. Twoja Ewolucja Duchowa jest jedyną rzeczą, która ma znaczenie w tym życiu. Żadna straszna myśl czy emocja, nieważne jak przerażająca może się wydawać, nie zaszkodzi Ci fizycznie.

Do procesu przebudzenia Kundalini należy podejść z hartem ducha, siłą i odwagą. Strach i niepokój są tymczasowe i jeśli wytrwasz w tym procesie, nieuchronnie wyłonisz się po drugiej stronie jako przemieniona osoba. Może to potrwać wiele lat, ale po nocy zawsze następuje świt. Wszystko, co trzeba zrobić, to przebrnąć przez noc.

KREATYWNOŚĆ I ZDROWIE PSYCHICZNE

Duchowa rzeczywistość jest niewidzialną nauką mierzoną i kwantyfikowaną przez intuicję, emocje i intelekt. Jednak większość z tego, co składa się na duchową rzeczywistość, nie może być nigdy udowodniona, dlatego w naszym społeczeństwie istnieje podział na wierzących i niewierzących. Niewierzący to przede wszystkim ludzie, którzy polegają tylko na nauce, która opiera się na dowodach. Ale odebranie wiary w coś większego od siebie i pokładanie rąk w samej nauce jest właśnie okradaniem siebie z soku, nektaru smakowania życia Duchowego. Widzieć to wierzyć, ale odwrotnie, wierzyć to też widzieć. Jeśli potrafisz uwierzyć w coś, w co wierzą inni ludzie, to w odpowiednim czasie zamanifestuje się to w Twoim życiu. Takie jest Prawo.

Wiemy wiele o nauce o namacalnej rzeczywistości, o świecie Materii, ale bardzo mało rozumiemy o niewidzialnej rzeczywistości. Zamiast więc zastanawiać się nad odwiecznym pytaniem, kim lub czym jest Bóg, skupmy się na ludzkości i darach duchowych, którymi niektórzy z nas są obdarzeni, a które sprawiają, że w oczach innych ludzi wydajemy się podobni do Boga. A najcenniejszym darem, jaki dał nam nasz Stwórca, jest zdolność do tworzenia. Ale skąd bierze się kreatywność i dlaczego niektórzy ludzie mają jej więcej niż inni?

Gopi Krishna i inne przebudzone osoby powiedziały, że cała ludzka kreatywność jest produktem ubocznym aktywności Kundalini w ciele, co sugeruje, że Kundalini każdego człowieka jest w jakimś stopniu aktywna. Dla niektórych osób może to brzmieć jak radykalne stwierdzenie, ale ja również wierzę, że to prawda. Uważam również, że Kundalini wpływa na nieobudzonych ludzi podprogowo. Ludzie ci są świadomie nieświadomi swojego procesu twórczego i nie mogą dotrzeć do źródła swojej kreatywności, tak jak mogą to zrobić osoby przebudzone.

Jednym z celów pełnego przebudzenia Kundalini jest podniesienie i rozwinięcie świadomości do wyższego stopnia, tak abyś mógł stać się świadomie dostrojony do funkcjonowania swojego systemu energetycznego, w tym procesu twórczego, zamiast tego, że jest to coś, co dzieje się w tle, wpływając tylko na Twoją podświadomość.

Również ta część jest istotna; Kundalini nie przebiła Trzech Granthi u większości nieprzebudzonych ludzi, co oznacza, że ich twórcza energia jest ograniczona, podobnie jak czakry, poprzez które ta energia może się wyrażać. Przeciętna osoba ma aktywną Kundalini, ale ponieważ nie pokonała Brahma Granthi, może wyrażać swoją twórczą energię tylko poprzez czakrę Muladhara. Jest związana ze swoim Ego, widząc przede wszystkim fizyczne przyjemności, co powoduje niezdrowe przywiązania i lęki. Osoba w takiej pozycji nigdy nie osiągnie swojego optymalnego potencjału twórczego, ani nie będzie miała znaczącego wpływu na społeczeństwo. Niestety, z niskim poziomem ewolucji ludzkości w dzisiejszych czasach, większość ludzi jest w tym stanie.

Bardziej zdecydowane i ambitne typy zazwyczaj pokonały to pierwsze Granthi i umożliwiły ekspresję swojej twórczej energii poprzez czakry Swadhisthana i Manipura. Nadal jednak są ograniczeni przez Vishnu Granthi, która leży bezpośrednio powyżej, uniemożliwiając Kundalini dotarcie do Czakry Serca, Anahata, która obudzi w nich energię bezwarunkowej miłości. Dlatego mogą wykorzystywać swoją twórczą energię do zaspokajania swoich ambicji, ale może im brakować wyższej wizji, która naprawdę wyróżniałaby ich spośród innych ludzi.

A potem mamy sawantów naszego społeczeństwa, cudotwórców i wizjonerów, którzy przebili Vishnu Granthi, pozwalając im na użycie jeszcze większej ilości ich twórczego potencjału. Ich Kundalini może działać z wyższych czakr umożliwiając im dokonywanie niesamowitych wyczynów i dostęp do informacji i zdolności, których inni ludzie nie posiadają. Jednak nawet oni są ograniczeni dualistycznym myśleniem wynikającym z niewiązanej Rudra Granthi pomiędzy czakrami Ajna i Sahasrara. W związku z tym nie możemy porównywać ich potencjału twórczego z kimś, kto przebił wszystkie Trzy Granthi i w pełni obudził swoją Kundalini, uwalniając nieograniczony potencjał twórczy.

Geniusz naukowców takich jak Newton, Tesla i Einstein oraz filozofów takich jak Pitagoras, Arystoteles i Platon może być przypisany działaniu Kundalini w ich Ciałach Świetlistych. Podobnie, talent muzyków takich jak Mozart, Beethoven, Michael Jackson i artystów takich jak Michał Anioł, da Vinci i Van Gogh może być wynikiem działania energii Kundalini na poziomie podświadomym. Nie zapominajmy też o zdolnościach sportowych, umiejętnościach i woli zwycięstwa takich sportowców jak Muhammad Ali i Michael Jordan. Ci ludzie byli tak legendarni, że wciąż czcimy ich jako postaci podobne do Boga, a ich opowieści o wielkości będą żyły wiecznie.

Kilku z tych wielkich mężczyzn i kobiet opisuje, że posiadali środki i metody pozwalające na dotarcie do źródła ich kreatywności i byli w pełni świadomi tego, że podczas tych natchnionych stanów kierowali jakąś wyższą formą inteligencji. Jednakże nie byli oni świadomi istnienia Kundalini, ani nie zgłaszali, że coś takiego przez nich działa. Więc wszystko co możemy zrobić to spekulować na podstawie tego co widzieliśmy w tych ludziach i pracy, którą pozostawili.

Te wpływowe postaci miały coś szczególnego: połączenie z Bogiem, które dawało im szczególną wiedzę, moc i umiejętności, jakich nie mieli ludzie wokół nich. Wielu z nich tak bardzo wyprzedzało swoje czasy, że zmieniło bieg historii ludzkości. Nigdy jednak nie dowiemy się, czy to Kundalini było bezpośrednio odpowiedzialne za ich wielkość, czy też było to coś innego.

KUNDALINI I ZDROWIE PSYCHICZNE

Jeśli Kundalini jest aktywna u każdego w mniejszym lub większym stopniu, znacząco wpływając na psychikę, to nic dziwnego, że w dziedzinie zdrowia psychicznego nie poczyniono większych postępów. Kundalini nie jest nawet uznawana za realną rzecz w dziedzinie medycyny. Oprócz opracowania leków, które mogą włączać i wyłączać pewne części mózgu, które otrzymują impulsy od niewidzialnych sił w systemie energetycznym, obecne naukowe zrozumienie zdrowia psychicznego jest w najlepszym razie rudymentarne. Aby naprawdę zrozumieć, jak działa umysł, pole zdrowia psychicznego musi mieć odpowiednie podstawy w niewidzialnej nauce systemu energetycznego człowieka, aby rozwijać leki, które leczą więcej niż tylko objawy.

Zawsze byłem zafascynowany obserwując wewnętrzne funkcjonowanie mojego umysłu podczas procesu przebudzenia Kundalini. W niektóre dni miałem taki emocjonalny haj, po którym często następował głęboki dół, wszystko w ciągu kilku minut. Te emocjonalne wzloty i upadki nie zdarzały mi się przed przebudzeniem. Moje emocje stały się tak wysoko naładowane przez energię Kundalini, że jeśli mój umysł pracował w pozytywnym kierunku i myślał o szczęśliwych myślach, te emocje były wzmocnione i byłem bardziej zadowolony niż kiedykolwiek. Jeśli jednak mój umysł myślał w negatywnym kierunku i myślałem o smutnych lub nieszczęśliwych myślach, wtedy moje emocje byłyby tak niskie, że czułem się wręcz przygnębiony. I nie miało sensu, dlaczego moja depresja była tak intensywna, skoro minutę wcześniej byłem niesamowicie szczęśliwy i nie było żadnej widocznej zmiany w moim stanie poza tym, o czym myślałem.

To niesamowite przechodzenie pomiędzy szczęśliwymi i smutnymi stanami przypisywałem działaniu mojego umysłu i jakości moich myśli. Z tego powodu, na początku mojego procesu przebudzenia Kundalini, kiedy miałem bardzo małą kontrolę nad moim umysłem i tym o czym myślałem, miałem te emocjonalne epizody. Te epizody można porównać do kogoś zdiagnozowanego z dwubiegunową chorobą psychiczną, chociaż stwierdziłem, że było to w mniejszym stopniu niż epizody, które słyszałem, że mają niektórzy ludzie dwubiegunowi.

To, co odróżnia te dwa przypadki, to fakt, że zawsze znałem różnicę między dobrem a złem i nie postępowałem zgodnie z moimi emocjonalnymi impulsami. W tym samym czasie, niektórzy ludzie pozwalają, aby te wewnętrzne psychologiczne działania kierowały ich życiem i przejmowały kontrolę nad ich umysłem, ciałem i duszą. Kluczem jest rozpoznanie sytuacji za to, czym ona jest i nie rozdmuchiwanie jej do granic możliwości. Trzeba zrozumieć emocje jako coś namacalnego, coś, co można kształtować i zmieniać za pomocą umysłu. Znając ten różnicę, musisz pracować na kontrolowaniu Twoich myśli, ponieważ jest to scenariusz "kura która przyszła przed jajkiem", a nie odwrotnie. Ty musisz być przyczyną zamiast skutkiem i chętnie kształtować i formować swoją mentalną rzeczywistość z siłą woli.

Czym jest w tym kontekście choroba, jeśli nie chorobą - czymś, co sprawia, że czujesz się niekomfortowo i niespokojnie? Choroba fizyczna jest zazwyczaj wynikiem tego, że jakiś obcy materiał wchodzi do Twojego ciała fizycznego i powoduje zmianę lub pogorszenie na poziomie komórkowym. Czy ta idea obcego ciała wchodzącego w Ciebie odnosi się również do zdrowia psychicznego, czy jest to coś wewnątrz Ciebie, co powoduje problemy psychiczne i emocjonalne? Aby odpowiedzieć na to pytanie prawidłowo, musimy przyjrzeć się temu, czym są myśli i czy są one tylko wewnątrz nas, czy też mogą być czymś na zewnątrz nas, co toruje sobie drogę do naszej Aury, aby ich doświadczyć.

Kybalion, który objaśnia Siedem Zasad Tworzenia, mówi, że wszyscy komunikujemy się telepatycznie i że nasze wewnętrzne "Ja", komponent twórczy, który generuje obrazy pod wrażeniem naszego komponentu "Ja", zawsze działa i nie może być wyłączony. Dlatego wyzwaniem jest użycie Twojej siły woli, Twojego "Ja", aby nieustannie dawać wrażenia komponentowi "Ja". Jeśli staniesz się psychicznie leniwy i nie będziesz używał swojej siły woli tak, jak Bóg Stwórca tego chciał, wtedy "Ja" innych ludzi będzie dostarczać wrażeń komponentowi "Ja". Jednakże, i to jest pułapka: będziesz wierzył, że są to Twoje myśli i będziesz reagował na nie, jako takie.

Ci nadawcy myśli są wokół nas, niektórzy z nich to myśli innych ludzi, a niektórzy to duchowe istoty spoza sfery fizycznej, które biorą udział w naszym Świecie Wewnętrznym i mogą wpływać na nasze umysły. Te Anielskie i Demoniczne Istoty wpływają na nasze myśli, zwłaszcza jeśli nie używamy w pełni naszej siły woli. W przypadku Istot Demonicznych, ich wpływ może skutkować opętaniem całego ciała, jeśli się ich słucha i wykonuje ich polecenia.

Te całkowite przejęcia Twojego umysłu przez wrogie obce siły są rzeczywiście bardzo realne. I odwrotnie, otrzymanie komunikacji od Istot Anielskich może skutkować całkowitym duchowym uniesieniem i błogością. W przypadku empatów lub telepatów, są oni otwarci na wpływy Duchowych bytów bardziej niż przeciętny człowiek, ponieważ nieustannie odbierają wibracyjne impulsy ze świata zewnętrznego. Ktoś z rozbudzoną Kundalini należy do tej kategorii; bardzo trudne jest rozróżnienie pomiędzy własnymi myślami a myślami kogoś lub czegoś poza nami.

Kluczem w każdym razie jest zrozumienie Wewnętrznego Świata Płaszczyzny Umysłowej myśli, jako czegoś, co nie jest szczególne tylko dla Ciebie i że w ciągu dnia wiele wibracji myśli wejdzie do Twojej Aury ze świata zewnętrznego. Wszyscy jesteśmy częścią tego ośrodka, tego "świata myśli" i nieustannie wzbudzamy niewidzialny świat naszymi myślami, wpływając podświadomie na innych ludzi. Myśli mają energię, mają masę i są policzalne. Kochające, pozytywne myśli są w wyższym stopniu na skali wibracyjnej niż negatywne, bojaźliwe myśli. Kochające, pozytywne myśli utrzymują Wszechświat w ruchu, podczas gdy negatywne, bojaźliwe myśli przyczyniają się do utrzymania ludzkości na niskim poziomie ewolucji duchowej.

Wojna pomiędzy Anielskimi i Demonicznymi Istotami toczy się od tak dawna, jak istnieje ludzkość. Jest to niewidzialna wojna na planie astralnym i mentalnym, gdzie istoty ludzkie służą jako przewodnicy tych niewidzialnych sił. Obecnie, biorąc pod uwagę nasz niski poziom ewolucji duchowej, można bezpiecznie powiedzieć, że Demoniczne Istoty wygrywają tę wojnę. Jednakże, zgodnie z religijnymi świętymi pismami z całego świata, przeznaczeniem ludzkości jest wkroczenie w Złoty Wiek, co oznacza, że Anielskie Istoty wygrają tę wojnę na dobre.

Chorzy na schizofrenię są tymi ludźmi, którzy mają wyższą niż przeciętna receptywność na niewidzialny świat, ale to, co odróżnia ich od osób o zdolnościach parapsychologicznych (którzy są telepatami, empatami lub obojgiem) jest to, że ludzie ze schizofrenią nie potrafią odróżnić swoich myśli od myśli poza nimi. W wielu przypadkach są one pod kontrolą demonicznych bytów, które ustanowiły przyczółek w ich aurze, żywiąc się ich energią strachu.

Byty demoniczne, będące inteligentnymi Istotami, których źródło jest nieznane, szukają słabych umysłowo ludzi, którymi mogą się pożywić. Gdy znajdą osobę podatną na ich wpływ, przejmują jej umysł i ciało, co z czasem wygasza Światło z jej Duszy, tak że staje się ona pojazdem dla tych demonicznych sił, niczym więcej. Stają się plewami lub skorupami swoich dawnych jaźni. Chociaż Dusza nigdy nie może zostać naprawdę zgaszona, to jednak gdy oddzielenie nastąpi w umyśle, staje się ona niemal obca dla osoby, która straciła z nią połączenie. Wciąż można się do niej odwołać, ale potrzeba wiele wysiłku umysłowego i pracy duchowej, aby odzyskać to połączenie.

WZMOCNIENIE SIŁY WOLI

W pierwszych kilku latach po przebudzeniu Kundalini, moja siła woli była często testowana w zakresie mojego procesu podejmowania decyzji. Kiedykolwiek przekonywałem się do jakiejś idei, mogłem w ciągu kilku sekund zostać przekonany, że jej przeciwieństwo jest prawdziwe. Przez długi czas podejmowanie decyzji było wyzwaniem, ponieważ byłem świadomy, że podążając za jakimkolwiek kierunkiem działania, neguję ważność jego odpowiednika. Wiedziałem i rozumiałem, że każda idea może być dobrym pomysłem, jeśli dostarczy się wystarczająco dużo dowodów w kierunku tej idei. Ale dla większości pomysłów, istnieje również wystarczająco dużo dowodów, że ich przeciwieństwo jest również poprawne.

Proces ten trwał przez wiele lat, aż osiągnąłem silniejsze połączenie z moją siłą woli. Osiągnięcie tego wymagało jednak ogromnej ilości pracy umysłowej i wysiłku z mojej strony. Uzyskując prawidłowe połączenie z moją siłą woli, zrównałem się również bezprecedensowo z moją Duszą. Praca z Elementem Ognia i Czakrą Manipura poprzez rytualne ćwiczenia Ceremonial Magick pomogła mi to osiągnąć.

Jeśli nie masz mocnego połączenia ze swoją siłą woli, która jest ekspresją Twojej Duszy, wtedy padniesz ofiarą dualności umysłu i impulsów Ego. Widziałem to raz po raz u osób przebudzonych przez Kundalini i jest to jedno z najbardziej znaczących wyzwań, przed którymi stają.

Przebudzenie aktywuje wszystkie czakry, tak że wszystkie one funkcjonują jednocześnie. Ponieważ świadome i podświadome umysły zostają połączone, wynikiem jest wysoki poziom ładunku emocjonalnego, ponieważ aktywność na płaszczyźnie mentalnej jest wzmocniona. Z tego powodu wiele osób przebudzonych przez Kundalini jest tak wrażliwych emocjonalnie i zmiennych w podejmowaniu decyzji. Ponieważ ich wrażliwość na zewnętrzne wibracje wzrasta, muszą nauczyć się rozróżniać pomiędzy swoimi myślami a tymi, które wchodzą do ich Aury z otoczenia. Jednym ze sposobów na złagodzenie tego zjawiska jest połączenie się z Duszą i wzmocnienie siły woli, co umożliwia rozeznanie i dyskrecję.

Kiedy już nauczysz się podejmować decyzję, kolejnym wyzwaniem jest zobowiązanie się do niej i podążanie za nią. Czyniąc to, przekształcasz się w osobę, której słowu można zaufać, a nie w kogoś, kto pozwala, by jego zmienne emocje wiodły prym. Budowanie swojej Duszy poprzez rozwijanie cnót i pokonywanie wad sprawi, że staniesz się osobą honorową, którą inni będą szanować.

Chociaż istnieją różne praktyki Duchowej Alchemii, których możesz użyć, aby zoptymalizować swoje wewnętrzne funkcje, wiele z nich jest zawartych w tej książce, Ceremonial Magick był dla mnie odpowiedzią. Jego rytualne ćwiczenia pozwoliły mi zwiększyć moją intuicję, siłę woli, pamięć, wyobraźnię, emocje, logikę i rozum, itd. Przywołując Żywioły za pomocą środków magicznych, mogłem zoptymalizować swoje wewnętrzne funkcje poprzez dostrojenie Czakr. Te wewnętrzne składniki Jaźni są słabe przede wszystkim z powodu energii karmicznej zgromadzonej w Czakrach odnoszących się do każdej funkcji. Na przykład, jeżeli Twoja intuicja jest słaba, to możesz potrzebować pracy nad Czakrą Adźny. I odwrotnie, jeśli Twoja siła woli jest słaba, to również Manipura Chakra, ponieważ Element Ognia jest odpowiedzialny za jej wyrażanie. I tak dalej.

KUNDALINI I KREATYWNOŚĆ

Istnieje zdecydowana korelacja pomiędzy byciem szczęśliwym i zainspirowanym a wykazywaniem wysokich zdolności twórczych. Kiedy człowiek doświadcza pozytywnych emocji, wewnętrzny napęd do tworzenia staje się wzmocniony. Przejawia się to, jako wewnętrzna tęsknota, pasja lub pragnienie stworzenia czegoś pięknego. Związek pomiędzy kreatywnością a inspiracją jest symbiotyczny. Nie można być kreatywnym bez inspiracji, a żeby się zainspirować, trzeba być kreatywnym w poszukiwaniu nowego i ekscytującego sposobu patrzenia na życie.

Jeśli utkniesz w swoim starym sposobie myślenia, odnosząc się do Ego zamiast do Duszy i Ducha, ucierpi na tym zarówno Twoja inspiracja, jak i kreatywność. Potrzebna jest ciągła odnowa Twojej mentalnej i emocjonalnej rzeczywistości, którą można osiągnąć, gdy żyjesz w chwili obecnej, w Teraz. Gdy będziesz czerpać energię z tego nieskończonego pola potencjalności, Twój stan Bycia zostanie zainspirowany, otwierając Twoje twórcze zdolności.

Moja kreatywność stała się nieskończenie rozszerzona w siódmym roku po przebudzeniu Kundalini w 2004 roku. Doświadczyłem całkowitego otwarcia Płatków Lotosu czakry Sahasrara, co pozwoliło mi wejść w Teraz i funkcjonować poprzez intuicję.

Zauważyłem silną korelację pomiędzy pokonaniem dualności mojego umysłu, wzmocnieniem mojej Siły Woli i zwiększeniem zdolności twórczych. Kiedy uzyskałem stałe połączenie z moją Duszą, stałem się wiecznie zainspirowany, przezwyciężając strach i niepokój, a także sięgając do mojego twórczego źródła. W tym niewiarygodnie wysokim stanie inspiracji, poczułem potrzebę, tęsknotę, aby jakoś wyrazić tę nowo odkrytą kreatywność. W ten sposób rozpoczęła się moja podróż twórczej ekspresji poprzez wiele mediów.

Moją pierwszą ekspresją była sztuka wizualna, ponieważ było to coś, w czym byłem dobry przez całe moje życie. Odkryłem, że ten wysoko zainspirowany stan po prostu przepływał przez moje ręce, kiedy malowałem i rozwijałem techniki, które wydawały się być ściągnięte z Aethyrs. Zacząłem malować w stylu abstrakcyjnym i kierowałem kolory, kształty i obrazy, które wibrowały i tańczyły w moim oku umysłu, gdy ten proces się rozwijał. Zrozumiałem, że prawdziwe źródło kreatywności pochodzi z Duszy, ale jest kierowane przez czakrę Ajny poprzez Sahasrarę.

Kiedy wyrażałem kreatywność w ten wzmocniony sposób, wszystkie moje wyższe komponenty były włączone i funkcjonowały jednocześnie. Z łatwością otrzymywałem impulsy z Wyższego Ja i czakry korony, które w połączeniu z Ogniami mojej Duszy przekazywały się przez Oko Umysłu. Proces twórczy zdawał się przejmować mój umysł i ciało, jakbym był opętany. Odkryłem, że kiedy byłem w tym stanie, czas płynął w niespotykany sposób, ponieważ wiele godzin mijało w mgnieniu oka.

Zauważyłem, że moja wewnętrzna kreatywność była w stanie rozpoznać i odtworzyć piękno. Tu jest klucz, wierzę, ponieważ kiedy jestem w stanie zainspirowanym, który jest teraz stałym stanem Bycia dla mnie, widzę piękno wokół mnie i rozpoznaję je we wszystkim. Energia bezwarunkowej miłości, która jest podstawą inspiracji, kreatywności i piękna, przenosi wszystko, co widzę moimi oczami. Dlatego, jeśli angażuję się w akt twórczy, mogę skierować coś pięknego, używając mojego ciała jako pojazdu.

Piękno ma formę, którą moim zdaniem można określić ilościowo. Jest dobrze wyważone i harmonijne. Jest kolorowe, jeśli chce być doświadczane jako radość. Ma fakturę i często jest mieszanką Archetypów, które przekazują ważne idee dla Duszy. Możemy wyrażać emocje poprzez piękne dzieła i naturalnie wszystkie twórcze ekspresje mają za zadanie poruszyć Cię emocjonalnie w jakiś sposób.

Jeśli piękno chce być postrzegane jako smutne, może być brak kolorów i bardziej pogodne kształty używane do wyrażenia tego. Jeśli chce być postrzegane jako melancholijne, używa się odpowiednich dla tego uczucia kolorów, takich jak odcienie niebieskiego. Ten proces kanalizowania piękna nie jest ograniczony tylko do sztuk wizualnych, ale można go zaobserwować wszędzie. Na przykład, smutek możemy wyrazić poprzez piosenkę i melodię. Ta korelacja sugeruje, że kolory, podobnie jak nuty muzyczne, wyrażają stany świadomości. To wyjaśnia uczucie stojące za muzyką, jak również sztuką wizualną i rzeźbą.

Wszystkie kolory, które znajdujemy w przyrodzie pochodzą z widzialnego widma Światła. Widmo widzialne to ta część pola elektromagnetycznego, która jest widoczna dla ludzkich oczu. Promieniowanie elektromagnetyczne w tym zakresie długości fal nazywane jest Światłem widzialnym lub po prostu, Światłem. Z tego faktu wynika, że wszystkie nuty muzyczne w skali muzycznej również odnoszą się do energii Światła. Teraz widzisz, dlaczego Twój twórczy potencjał staje się nieskończenie rozszerzony, gdy tylko obudzisz Kundalini i otrzymasz napływ Światła do swojej Aury.

Przez wiele lat eksperymentowałem z kreatywnymi formami ekspresji i odkryłem, że jestem w stanie z łatwością kierować nowe. Eksplorowałem śpiew i muzykę, a także wyrażałem swoją kreatywność poprzez słowo pisane w poezji i natchnionym pisaniu. Nauczyłam się jednak, jak ważne jest zrównoważenie kreatywności z logiką i rozsądkiem. Nie można po prostu tworzyć przypadkowo, ale musi to mieć strukturę, w jakiś sposób intelektualną podstawę. Nauczyłem się, że piękno ma formę i funkcję, i to właśnie ten mariaż między nimi musi być przestrzegany podczas tworzenia; w przeciwnym razie Twoje kreatywne wyrażenia nie będą miały sensu.

SAHASRARA I DWOISTOŚĆ UMYSŁU

Dla maksymalnego zestrojenia z siłą woli i Ognistym Elementem Duszy po pełnym przebudzeniu Kundalini, Tysiąc Płatkowy Lotos Sahasrary musi być w pełni otwarty. Jednakże w scenariuszu, w którym jest to częściowe otwarcie Sahasrary, jako rezultat nie pozwalania Kundalini na ukończenie jej misji po początkowym wzniesieniu, może to spowodować blokady energetyczne w głowie. W tym przypadku, Ida i Pingala Nadis będą nadal pod wpływem energii karmicznej w czakrach poniżej Vishuddhi, czakry gardła, zamiast być wyzwolone i swobodnie przepływać w Ciele Światła, jak to jest w przypadku całkowitego rozwinięcia Lotosu.

Kiedy Rudra Granthi zostaje przebita, Kundalini musi wznieść się z pełną siłą do Sahasrary, pozwalając górnej części kanału Sushumna, który łączy środek mózgu z Koroną, poszerzyć się i przekazać wystarczająco dużo energii, aby otworzyć płatki Sahasrary. Płatek kwiatu Sahasrary jest zamknięty u osób nie przebudzonych; kiedy Kundalini wznosi się, zaczyna się otwierać w taki sam sposób, jak oglądanie poklatkowego obrazu kwitnącego kwiatu. Każdy płatek otwiera się, by przyjąć Światło napływające z Czakry Gwiazdy Duszy i Gwiezdnej Bramy powyżej (Rysunek 153). Jeśli niektóre płatki Sahasrary pozostaną zamknięte, Korona nie będzie w pełni aktywowana, co z czasem spowoduje blokady gromadzące się w obszarze głowy.

Kiedy Kundalini wznosi się z Muladhary, dąży do wyjścia z ciała poprzez Koronę, w wyniku czego Płatki Sahasrary rozwijają się jak kwiat, gotowy do przyjęcia Światła. Sahasrara jest nazywana "Lotosem o tysiącu płatków", ponieważ teoretycznie istnieje tysiąc płatków, z których każdy jest połączony z niezliczoną ilością mniejszych Nadis lub kanałów energetycznych, które przenoszą energię praniczną z różnych obszarów Ciała Światła i kończą się w obszarze głowy. W mózgu znajdują się setki, potencjalnie nawet tysiące, tych zakończeń nerwowych. Każde z nich jest jak gałąź drzewa, która przenosi energię praniczną w, przez i wokół mózgu. Kiedy otwierasz w pełni Koronę, pozwala to wielu z tych Nadis dotrzeć na zewnątrz do powierzchni górnej części głowy. Często odczuwa się to, jak robaki pełzające po skórze głowy, jak przypływy energii lub drgania, ponieważ Nadis mózgu są napełniane Światłem.

Jak omówiono, po przebudzeniu podstawowych sześciu czakr poniżej Korony, odblokowują się różne części mózgu, podobnie jak pomniejsze czakry w głowie, które odpowiadają podstawowym czakrom. Cały system energii psychicznej służy do przekazywania energii Światła w całym ciele Światła, co pozwala Twojej świadomości doświadczyć transcendencji podczas wcielania się w ciało fizyczne. Kiedy Lotos Korony w pełni się otworzy, Dusza wychodzi z ciała, pozwalając świadomości dotrzeć do Transpersonalnej Jaźni w Czakrach powyżej Korony.

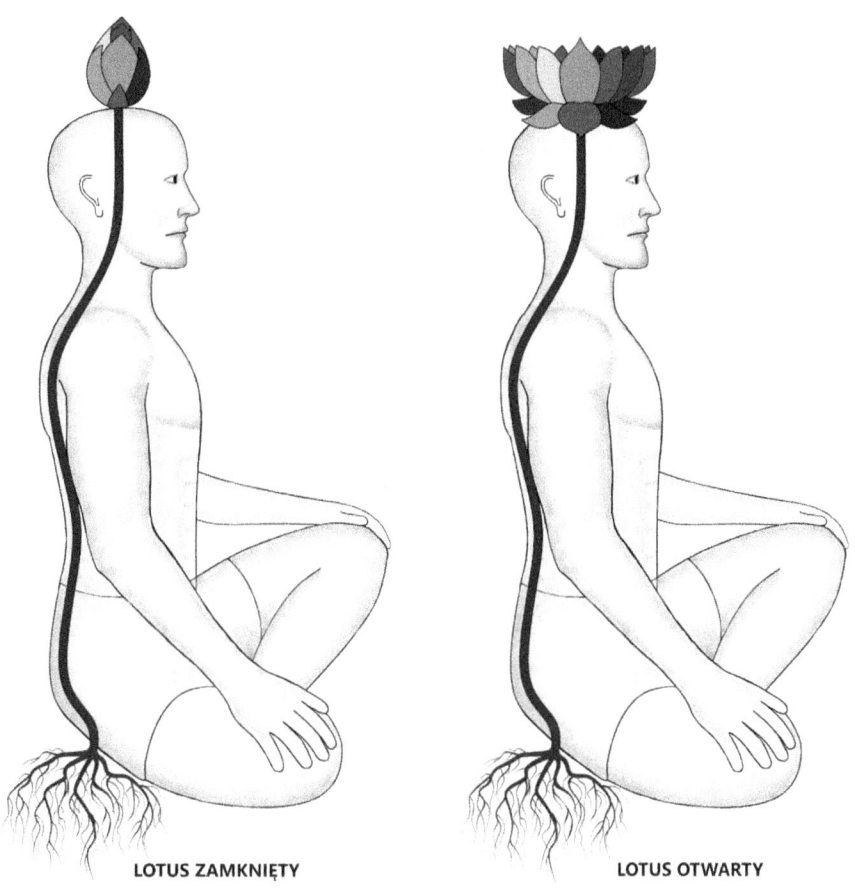

Rysunek 153: Lotos Czakry Sahasrara

Pomniejsze Nadis służą jako receptory psychiczne zasilane Światłem wewnątrz ciała, które jest budowane poprzez przyjmowanie pokarmu. To Światło w ciele współpracuje ze Światłem wnoszonym z czakry Sahasrara. Jak wspomniano wcześniej, Ciało Światła jest jak drzewo, którego korzenie znajdują się w ziemi, a tułów służy jako pień drzewa. Pień niesie podstawowe czakry, podczas gdy kończyny ciała służą jako główne gałęzie drzewa. Gałęzie te przenoszą energię Światła poprzez siedemdziesiąt dwa tysiące Nadis, które rozciągają się na powierzchni skóry, choć na subtelnym poziomie. Lotos o tysiącu płatków uwalnia indywidualną świadomość z ciała, łącząc ją z Kosmiczną Świadomością w Sahasrarze.

Sahasrara znajduje się na szczycie, w centrum głowy i działa jako portal, przez który Białe Światło jest wprowadzane do systemu energetycznego. To Światło jest filtrowane przez czakry znajdujące się poniżej. Jednakże, jeżeli niektóre płatki Lotosu pozostają nieotwarte z powodu blokad w pierwotnych Czakrach i Nadis, przepływ Kundalini zostaje zablokowany, co skutkuje problemami umysłowymi i emocjonalnymi (Rysunek 154). Dlatego Kundalini potrzebuje niezakłóconego przepływu z Muladhary, przez Sahasrarę i dalej do Czakr Transpersonalnych powyżej.

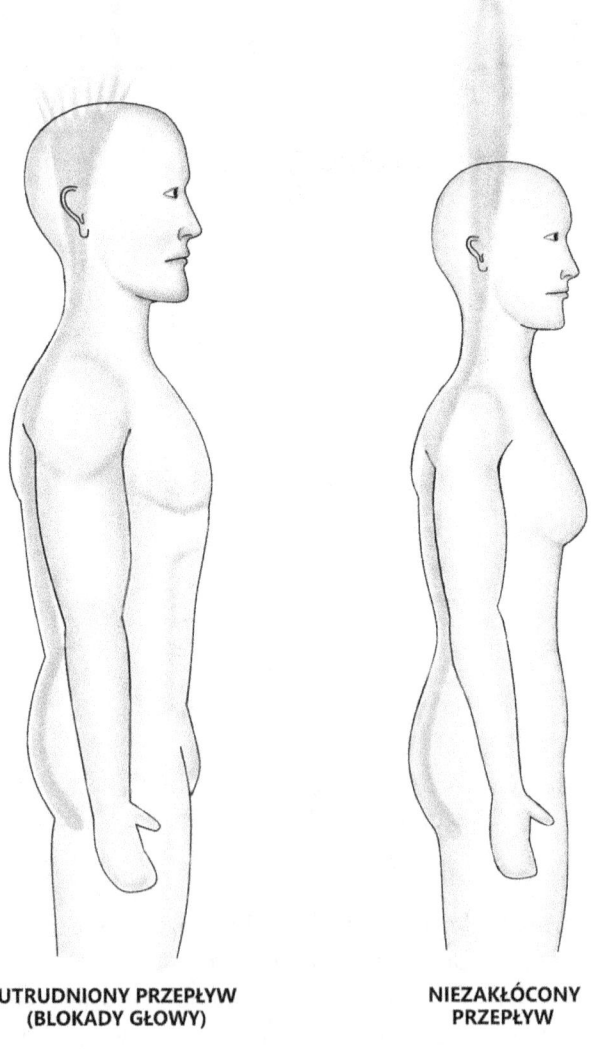

UTRUDNIONY PRZEPŁYW
(BLOKADY GŁOWY)

NIEZAKŁÓCONY
PRZEPŁYW

Rysunek 154: Przepływ Kundalini przez Sushumnę

Możesz złagodzić problemy psychologiczne za pomocą praktyk duchowych, takich jak Magia Ceremonialna, które oczyszczają i usuwają blokady w Czakrach i Nadis. Powodem, dla którego Magia Ceremonialna jest najsilniejszą praktyką duchową, z jaką się spotkałem, jest to, że najbardziej efektywnie pozwala przywołać energie każdego z Pięciu Elementów, aby dostroić odpowiadające im Czakry. Z kolei Nadis, które łączą się z Czakrami są oczyszczane, w tym Ida, Pingala i Sushumna, których przepływ jest optymalizowany. Jeśli jakieś blokady przy początkowym wznoszeniu się Kundalini utrudniały dotarcie energii i całkowite otwarcie Lotosu Sahasrara, eliminuje się również te blokady. Po wydostaniu się z systemu, Kundalini naturalnie wzniesie się ponownie, aby dokończyć pracę poprzez zjednoczenie Śiwy i Śakti w Czakrze Korony, Sahasrara.

INTROWERTYK A EKSTRAWERTYK

Jeśli niektóre z płatków Lotosu są zamknięte, jest to znak, że energia w głowie ulega stagnacji i porusza się w niewłaściwy sposób. Ten problem może powodować ucisk w głowie, a nawet bóle głowy. Zbyt dużo Światła w głowie powoduje, że osoba staje się odwrócona, skupiając się na swoich wewnętrznych myślach, szczególnie z tyłu głowy, skąd działa podświadomy umysł. Pamiętaj, że Twój stan umysłu zależy od tego, gdzie skupiasz swoją uwagę w wielu poziomach lub warstwach świadomości.

Introwertycy używają logiki i rozumu poprzez Niższą Płaszczyznę Mentalną, gdy są mózgowcami lub Płaszczyznę Astralną, gdy doświadczają emocji. Introwertycy są pod wpływem Światła Księżyca, które daje wiele iluzji. To Księżycowe Światło jest źródłem dualności, ponieważ jest tylko odbiciem Światła Słońca, które jest jednością.

Ekstrawertycy wykorzystują światło Słońca i są zorientowani na działanie, w przeciwieństwie do introwertyków, którzy są bardziej znani z myślenia i odczuwania. Ekstrawertycy nie spędzają dużo czasu w swoich głowach; zamiast tego działają z ich serc, co jest bardziej instynktowne. Wyrażają się poprzez komunikację werbalną, pozwalając, aby ich działania prowadziły drogę. Większość ekstrawertyków czerpie swoją energię ze środowiska i ludzi wokół nich. Lubią duże tłumy i bycie w centrum uwagi.

I odwrotnie, introwertycy lubią być sami lub z kilkoma przyjaciółmi, którym ufają. Czerpią energię z wnętrza siebie, dlatego ich myśli i emocje są dla nich tak kluczowe. Są metodyczni w swoim podejściu do życia i nie używają słów jako kotwic, jak robią to ekstrawertycy, ale wyrażają się poprzez język ciała.

Na pozór może się wydawać, że ekstrawertycy są bardziej pewni siebie, ale nie zawsze tak jest. Ponieważ introwertycy bardziej wykorzystują swój umysł, są bardziej ostrożni w procesie decyzyjnym, dokonując bardziej logicznych wniosków, które zapewniają owocne wyniki. Ekstrawertycy na ogół omijają umysł i podejmują decyzje kierując się przeczuciem. Jeśli kieruje nimi intuicja, ich wybory mogą być korzystne, natomiast gdy prowadzi ich instynkt, często cierpią. Kiedy dominuje siła woli, ekstrawertycy działają z Wyższej Płaszczyzny Umysłowej, podczas gdy kiedy kierują się intuicją, są pod wpływem

Płaszczyzny Duchowej. Ekstrawertycy są zazwyczaj prowadzeni przez swoją Duszę, podczas gdy introwertycy są bardziej skłonni do bycia prowadzonymi przez swoje Ego.

Przebudzenie Kundalini ma sprawić, że staniesz się bardziej ekstrawertykiem, chociaż niezmiennie będziesz się wahał pomiędzy obydwoma stanami w trakcie swojej Duchowej podróży. Na przykład, spędzisz więcej czasu będąc introwertykiem w początkowych etapach, kiedy Ego jest bardziej aktywne, podczas gdy w późniejszych etapach, kiedy w pełni dostroisz się do swojej Duszy i Wyższego Ja, staniesz się ekstrawertykiem. Dzieje się tak dlatego, że ścieżka duchowa zawsze zaczyna się w umyśle, ale kończy w sercu.

Twoja przemiana pomiędzy introwertycznymi i ekstrawertycznymi stanami podczas procesu przebudzenia Kundalini zależy od tego, z jakimi Elementami pracujesz naturalnie poprzez ogień Kundalini lub poprzez rytualne techniki inwokacyjne. Element Wody odnosi się do Twoich emocji, które mogą być dobrowolne lub mimowolne, jak instynktowne emocje - praca z tym Elementem uczyni Cię introwertykiem. Element Ognia odnosi się do Twojej siły woli, która zmusza Twoje ciało do działania, co czyni Cię ekstrawertykiem. Element Ognia wyraża Archetypy i prawdę, jest łagodzony przez Światło Słońca. Z drugiej strony Element Wody pokazuje dwoistość umysłu, na który działa Światło Księżyca.

Element Powietrza (myśli) wibruje pomiędzy nimi, napędzając je i nadając im dynamikę. Myśli mogą być świadome, poruszające siłę woli, lub podświadome, działające na uczucia. I wreszcie Element Ziemi, związany z aktywnością fizyczną i byciem w chwili obecnej, sprawia, że człowiek jest ekstrawertykiem. Gęstość Elementu Ziemi zapobiega zbytniemu myśleniu lub odczuwaniu, co pozostawia nam jedynie działanie. Element Ziemi jest bezpośrednio związany z Duszą i kierowaniem się wewnętrznymi impulsami, czy to intuicją, czy instynktem.

EMOCJE A ROZSĄDEK

Potężną dychotomią, która prezentuje się u w pełni przebudzonej Kundalini jednostki, jest ciągła walka pomiędzy emocjami a intelektem, wyrażającym się poprzez logikę i rozum. Emocje (uczucia) są wynikiem naszych przeszłych uwarunkowań, jak również naszych wewnętrznych pragnień. Niektóre uczucia są instynktowne i mimowolne, podczas gdy nad innymi mamy kontrolę.

Logika to systematyczna nauka o argumentach, natomiast rozum stosuje logikę, aby coś zrozumieć lub ocenić. Te dwa wewnętrzne składniki to dwie strony tego samego medalu. Reprezentują one tę część nas, która potrafi dostrzec prawdę o sprawie i dokonać osądu w zakresie podejmowania decyzji. Rozum potrafi przewidzieć wyniki; działa jak superkomputer, który odczytuje otaczającą nas rzeczywistość. Następnie dokonuje świadomych obliczeń umożliwiających nam wykonanie najbardziej optymalnego działania, które przyniesie najlepsze rezultaty.

Emocje to impulsy, które napędzają nas do podjęcia działań w danej chwili. Są one pod wpływem albo miłości własnej, albo bezwarunkowej miłości do całej ludzkości. Gdy kontrolowane są przez miłość do samego siebie, emocje nie dotyczą wyników, ale dobrego samopoczucia i otrzymania tego, czego Ego chce, kiedy chce. Emocje są więc związane z osobistymi pragnieniami. Pod wpływem bezwarunkowej miłości Dusza jest wywyższona, a nacisk kładziony jest na budowanie cnót i przyjemność, jaką czerpie się z bycia dobrym człowiekiem.

Niższe emocje wyrażane są przez Element Wody na Astralnej Płaszczyźnie rzeczywistości. Wyższe emocje wznoszą się jednak aż do Płaszczyzny Duchowej. Logika i rozum są zawsze pod wpływem Elementu Ognia, działającego na Element Powietrza, na Płaszczyźnie Umysłowej. Nie może on sięgać wyżej niż Płaszczyzna Umysłowa.

Ego i Dusza mogą zawładnąć zarówno emocjami jak i rozumem. Jednak Dusza zawsze działa poprzez energię bezwarunkowej miłości, na którą działają Elementy Ducha i Ognia. Dusza rozumie, że jesteśmy Wieczni i nasza iskra będzie trwała poza fizyczną śmiercią, więc szuka jedności i uznania jedności z innymi istotami ludzkimi. Nie działa z miłości do samego siebie; robi to tylko Ego, ponieważ Ego żyje w umyśle, gdzie rozpoznaje dwoistość Ja i innych Ja. Strzeże i chroni ciało, bojąc się jego ostatecznej śmierci. Ta energia strachu jest tym, co napędza wiele emocji, na które Ego ma wpływ.

Czasami nasze emocje mogą nam powiedzieć coś tak stanowczo, co jest całkowicie sprzeczne z tym, co mówi nam nasz rozum i odwrotnie. Ten proces będzie trwał przez wiele lat u osób przebudzonych przez Kundalini. Jednak w wyższych punktach przebudzenia Kundalini, pokonasz osobiste, niższe emocje, a Twój rozum i logika zestroją się z Duszą i Wyższym Ja, Duchem. Niemożliwe jest osiągnięcie sukcesu w życiu kierując się jedynie uczuciami, ponieważ mogą one być tak zmienne, a działanie na nich często przynosi bardzo negatywne rezultaty. Emocje, które są wyrazem jakiegoś wewnętrznego pragnienia, w większości nie mają logicznych podstaw. Postępując zgodnie z nimi, często pakujemy się w kłopoty.

Ale nawet jeśli lubimy robić to, co czujemy dobrze, co jest naszym naturalnym impulsem, poprzez proces przebudzenia Kundalini, uczysz się okiełznać niższe emocje, ponieważ Twoje Ego jest w trakcie umierania. W rezultacie możesz spojrzeć w przyszłość i wykonać działania, które są zgodne z wyższymi emocjami, które projektują przez soczewkę bezwarunkowej miłości. Często okazuje się, że te wyższe emocje są również zestrojone z logiczną częścią Ciebie, a ta równowaga między nimi przyniesie najkorzystniejsze rezultaty w Twoim życiu.

Równowaga pomiędzy wyższymi emocjami a rozumem jest w rzeczywistości właściwym fundamentem niezbędnym do prowadzenia szczęśliwego, udanego życia. Z czasem zbudujesz swój charakter i stopień hartu ducha, który był niezgłębiony na początku Twojej podróży przebudzenia Kundalini. Nauczysz się żyć z naciskiem na właściwe zachowanie i działanie pochodzące z miejsca moralności i etyki. Ten sposób życia jest naturalnym wyrazem Ognia Kundalini i uczucia Chwały Boga, które przenika Twoją Czakrę Serca, Anahata.

KUNDALINI I TRANSFORMACJA POKARMOWA

Gopi Krishna stał się znany pod koniec lat 60-tych jako jeden z głównych autorytetów w dziedzinie fenomenu przebudzenia Kundalini w świecie zachodnim. Chociaż *The Serpent Power* Arthura Avalona, opublikowana w 1919 roku, była pierwszą książką, która wprowadziła koncepcję Kundalini na Zachód, Gopi napisał serię książek skupiających się całkowicie na Kundalini, które zostały przetłumaczone na język angielski dla świata zachodniego. Stało się to mniej więcej w tym samym czasie, kiedy Yogi Bhajan wprowadził swoją markę Jogi Kundalini do Stanów Zjednoczonych. Dzięki pracy tych dwóch mężczyzn, cały świat zapoznał się ze słowem "Kundalini".

Gopi napisał wiele książek na temat Kundalini przez następne dwadzieścia lat. Podczas gdy jego praca była bardziej filozoficzna, Yogi Bhajan uczył praktycznych metod poprzez Jogę, aby aktywować tę nieuchwytną i tajemniczą energię w swoich uczniach. Jednak nauka o Kundalini nie posunęła się zbytnio do przodu poza pracę tych dwóch mężczyzn. Jedną godną uwagi postacią, która pojawiła się i miała znaczący wkład w tej dziedzinie jest Swami Satyananda Saraswati, który napisał wiele książek na temat Tantry i Jogi oraz wyjaśnił praktyki podążania ich ścieżkami, dostarczając jednocześnie środków i metod jak obudzić swoją Kundalini. Praca Swamiego Satyanandy znacząco wpłynęła na mój wkład do Tantry i Jogi w tej książce. Byłbym też niedbały, gdybym nie wspomniał o obszernej pracy Davida Frawleya na temat Jogi i Ajurwedy, która w ogromnym stopniu przysłużyła się światu zachodniemu i mnie osobiście.

Mówiłem już o początkowym przebudzeniu Kundalini u Gopi i jego niebezpieczeństwie po niepełnym wzniesieniu. Sytuacja ta dręczyła go do czasu, aż znalazł rozwiązanie. Jego rozpacz wynikała z tego, że kanał Ida pozostał uśpiony, podczas gdy Sushumna i Pingala uaktywniły się po przebudzeniu Kundalini. Przejawiało się to jako wyniszczający niepokój, który uniemożliwiał Gopi życie, w niektóre dni życzył sobie śmierci. Sytuacja ta wymaga jednak dalszego zbadania, ponieważ jest to powszechne zjawisko, które może przydarzyć się każdemu. Na przykład ja miałem do czynienia z tym samym problemem, choć w innym kontekście i znalazłem rozwiązania, aby go naprawić. Mając jaśniejszy obraz mechaniki tego, co stało się z Gopi, będziesz mógł wykorzystać moje rozwiązania do naprawienia tego problemu, jeśli przytrafi się on również Tobie.

Po przebudzeniu Kundalini przez Gopi, ponieważ chłodząca, pasywna, Wodna energia Idy nie była obecna, gorąca, aktywna, Ognista energia Pingali pracowała w nadgodzinach. Jednak ta sytuacja tylko pogorszyła jego sytuację. Kanał Ida aktywuje Parasympatyczny Układ Nerwowy, który uspokaja ciało i umysł. Natomiast kanał Pingala uruchamia Sympatyczny Układ Nerwowy, wprowadzając ciało i umysł w tryb "walki lub ucieczki". Wyobraź sobie, że masz system SNS włączony na stałe i nie możesz go wyłączyć. W konsekwencji byłem dokładnie w takiej sytuacji, więc wiem jak to jest i jak to naprawić. Jedyna różnica polega na tym, że miałem już narzędzia do przezwyciężenia tego w czasie, kiedy mi się to przydarzyło, czego Gopi nie miał.

Jeśli to Ci się przydarzy, a może się to zdarzyć nawet w późniejszych etapach transformacji Kundalini, każda chwila Twojego życia staje się stanem kryzysu. Najgorsze, jak stwierdziłem, jest wnoszenie jedzenia do ciała, co tworzy najbardziej agoniczny ogień, który czuje się, jakby palił Cię żywcem od środka. Straciłem dziesięć funtów w pierwszym tygodniu, kiedy miałem do czynienia z tą sytuacją, a Gopi również wspominał o szybkiej utracie wagi. Widzisz, gorący, intensywny kanał Pingali musi być zrównoważony przez chłodzącą energię Idy; w przeciwnym razie system popada w nieład, negatywnie wpływając na umysł. Każdy kąsek żywności, który bierzesz manifestuje się, jako wyniszczający stres i niepokój, który obciąża i wyczerpuje nadnercza. Ten stan umysłu może wziąć żniwo w Twoim życiu, będziesz czuł się jak w sytuacji życia lub śmierci, ponieważ nikt wokół Ciebie nie może pomóc. Wyobraź sobie rozpacz, przez którą przechodzisz i stan zagrożenia, podczas gdy jesteś jedynym, który może pomóc sobie. Byłem tam.

W momencie, kiedy spożywamy pokarm, zaczyna on przekształcać się w energię praniczną, która zasila kanał Pingali i włącza go na wysokie obroty, ponieważ duża ilość Prany nie jest równomiernie rozprowadzana przez obie podstawowe Nadis. Gopi wiedział z nauk tantrycznych i jogicznych, że najprawdopodobniej nie obudził Idy, więc wiedział na czym się skupić, aby spróbować sobie pomóc. Wiedział, że tylko Ida zawiera moc chłodzącą, której potrzebował, aby zrównoważyć swój system energetyczny. A ja, cóż, moją pomocą był Gopi, który przeszedł przez to samo i pisał o tym w swoich książkach, które do tej pory czytałem.

Gopi dołożył wszelkich starań, aby aktywować Idę poprzez medytację. Medytacja, którą stosował, polegała na wizualizacji kwiatu lotosu w oku umysłu. Poprzez utrzymywanie jego obrazu przez dłuższy czas, kanał Ida w końcu aktywował się u podstawy kręgosłupa i wznosił się w górę do mózgu. Poczuł jego chłodzącą, kojącą energię, która zrównoważyła jego system energetyczny. Jego umysł stał się teraz dobrze uregulowany. Znalazł ukojenie w przyjmowaniu pokarmów i nawet zaczął jeść w nadmiarze, skupiając się głównie na pomarańczach, prawdopodobnie w celu uzupełnienia dla zużytych nadnerczy.

Wizualne myśli, czyli obrazy w umyśle, są efektem działania kanału Ida, a nie Pingali. Tak więc nie jest przypadkiem, że Gopi Kriszna aktywował Idę zmuszając się do uformowania wizualnego obrazu w Oku Umysłu i utrzymywania tego obrazu z potężną koncentracją.

Istotne jest zrozumienie, że jeśli aktywacja i wznoszenie Kundalini ma być udane, wszystkie trzy kanały Ida, Pingala i Sushumna muszą wznieść się do mózgu jednocześnie. Aby stworzyć dobrze zbalansowany system psychiczny i zakończyć obwód Kundalini w nowo rozwiniętym Ciele Światła, Ida i Pingala muszą wznieść się do centrum głowy we Wzgórzu i przedmuchać otwartą czakrę Ajna. Następnie kontynuują ruch w kierunku punktu między brwiami, centrum Oka Umysłu. Jeżeli rozbudziłeś kanały Idy i Pingali, ale zostały one zablokowane, albo jeden lub oba mają zwarcie, możesz ponownie skorygować przepływ tych Nadis poprzez skupienie się na Trzecim Oku.

Jeśli Ida i Pingala spadną poniżej Siódmej Czakry Oka lub punktu Bindu z tyłu głowy, obwód Kundalini przestanie działać. Aby go ponownie uruchomić, należy medytować na Oko Umysłu i trzymać obraz używając wyobraźni i Siły Woli. Ta praktyka ponownie pobudzi Idę i Pingalę oraz ponownie otworzy Siódme Oko i czakrę Bindu. W ten sposób Nadis ponownie ustawi i połączy cały obwód Kundalini w Ciele Światła. Inną medytacją, która może zadziałać w przypadku blokad w Bindu jest przytrzymanie swojej uwagi jeden centymetr od punktu Bindu, aż energia zostanie wyrównana i będzie płynąć prawidłowo. Podobnie, skupiając się jeden centymetr od siódmej czakry oka, możesz również wyrównać ten punkt.

Zajmę się tymi ćwiczeniami i medytacjami bardziej szczegółowo w rozdziale zatytułowanym "Rozwiązywanie problemów z Kundalini" z tyłu książki. Te medytacje są najważniejsze dla ustabilizowania Twojego systemu Kundalini. Wszystkie te medytacje odkryłem sam w ciągu ostatnich siedemnastu lat i zobaczysz je po raz pierwszy w tej książce. Gdyby doszło do masowych przebudzeń Kundalini i cały świat potrzebowałby wskazówek i to szybko, moje medytacje byłyby odpowiedzią na wiele problemów związanych z energią, których ludzie mogliby doświadczyć. Jak więc pomyślałem o nich?

Kiedy przechodziłem problemy z obwodem Kundalini, leżałem na łóżku godzinami, dniami, nawet tygodniami, szukając różnych energetycznych punktów "spustowych" w obszarze głowy do medytacji, które mogłyby usunąć blokady energetyczne i ponownie ustawić Nadis. Czasami potrzebna jest nawet reaktywacja czakry Ajna lub Sahasrara, chociaż niemożliwe jest, aby te ośrodki zamknęły się, kiedy energia Kundalini w pełni je przebudzi. Podczas tego procesu odkrywania byłem zdeterminowany, aby za wszelką cenę znaleźć rozwiązania, które pozwoliły mi zwyciężyć. "Jeśli jest wola, jest sposób" - zawsze powtarzałem, a "każdy problem ma rozwiązanie", nawet jeśli jest to problem natury energetycznej. Nigdy nie akceptowałem porażki w tym względzie, aby poprzez mój proces odkrywania znaleźć rozwiązania, którymi mógłbym pewnego dnia podzielić się ze światem, tak jak to dzieje się teraz.

Moje odkrycia były wielokrotnie wypróbowywane w moim życiu, gdy kwestie systemu Kundalini stanowiły dla mnie wyzwanie. I wszystkie z nich działają. Zrozum, że Kundalini jest bardzo delikatne, ale również bardzo zmienne. Wiele rzeczy, które robimy, jako ludzie, a które są łatwo akceptowane, jako norma w społeczeństwie, może i będzie powodować zwarcie systemu Kundalini. Na przykład to, jak traktujemy siebie nawzajem jako ludzi, traumatyczne chwile, a nawet używanie narkotyków i alkoholu może być bardzo szkodliwe dla Twojego systemu Kundalini. Gdy skończysz tę książkę, będziesz miał klucze do przezwyciężenia wszelkich problemów z systemem Kundalini i nie będziesz zdany na jego łaskę, gdy będzie źle funkcjonował.

SUBLIMACJA/TRANSFORMACJA ŻYWNOŚCI

Proces sublimacji/transformacji karmy przynosi wiele różnych doświadczeń w miarę upływu czasu. Na przykład, po aktywacji Ciała Świetlistego podczas pierwszego przebudzenia Kundalini, przez jakiś czas będziesz odczuwał bezwładność i senność, ponieważ ciało wykorzystuje całą energię praniczną, którą otrzymuje z pożywienia, aby zbudować obwód Kundalini. W rezultacie możesz czuć się niezainspirowany i pozbawiony motywacji do wykonywania codziennych zadań. Możesz również chcieć odizolować się od innych ludzi i być sam. Pamiętaj, że te dość niewygodne manifestacje nie są trwałe. W miarę jak będziesz się rozwijał, będą one mijały.

Po początkowym przebudzeniu, najprawdopodobniej znajdziesz się w negatywnym nastawieniu psychicznym i emocjonalnym, ponieważ odżywiasz swoje Ciało Światła poprzez przyjmowanie pokarmu. Twoje poziomy dopaminy i serotoniny spadną, ponieważ ciało jest w nadmiarze, aby syntetyzować jedzenie w energię Pranicznego Światła. Potrzeba kilku miesięcy, aby energia się ustabilizowała i abyś znów poczuł jakiś sens życia. Podczas tego procesu transformacji, Twoja motywacja i napęd, jak również Twoja siła woli, wejdą w tryb hibernacji. Będziesz musiał dać sobie przerwę i wziąć trochę czasu wolnego od wszystkiego, nad czym planujesz pracować i co chcesz osiągnąć w tym okresie. Mogę jednak zagwarantować, że wyjdziesz z tego doświadczenia silniejszy i bardziej ożywiony niż kiedykolwiek.

Podczas początkowych części procesu budowania, Ogień Kundalini ulega sublimacji w energię Ducha lub Światła. Na początku znajduje się on w stanie potencjalnym, jako utajone ciepło. Jednak w miarę wprowadzania pożywienia do systemu, zasila ono ogień i powoduje jego wzrost. W miarę jak rośnie, intensyfikuje się, co zaczyna powodować uczucie, że spalasz się od środka. W końcu, w szczytowym punkcie intensywności ciepła, kiedy serce szaleje, a niepokój jest na najwyższym poziomie, ogień zaczyna sublimować i staje się energią Ducha.

Najważniejszą rzeczą do zrozumienia z tego procesu jest to, że Ogień Kundalini będzie w ciągłym stanie transformacji i transmutacji. Zmienia on formę, gdy ciągle jesz i pijesz wodę, aby regulować i ochładzać jego działanie. Często zdarzało mi się biegać do kuchni po szklankę wody, żeby się ochłodzić. Moi rodzice patrzyli z niedowierzaniem, próbując dociec, czy ich syn nie zamienił się w narkomana, bo moje zachowanie było niepokojące. Innym razem potrzebowałbym szklanki mleka, gdyby upał był zbyt intensywny i mojemu organizmowi brakowało składników odżywczych. Proponuję więc, abyś był gotowy z tą szklanką wody lub mleka, kiedy tylko będziesz tego potrzebował i miał dobrą wymówkę na swoje dziwne zachowanie, jeśli nie mieszkasz sam.

Proces ten jest bardzo intensywny przez kilka tygodni do maksymalnie kilku miesięcy. Później stabilizuje się i staje się łagodniejszy. Początkowa część przebudzenia jest rzeczywiście najbardziej wymagająca, ponieważ ogień wewnątrz Ciebie czuje się jakby palił Cię żywcem, a ze względu na jego intensywność, Twój stres i niepokój przechodzą przez dach. Częścią strachu, którego doświadczasz, jest to, że Ego próbuje dowiedzieć się, co się dzieje, ale nie może, ponieważ normalnie funkcjonuje przewidując rzeczy na podstawie tego, co już widziało, a nigdy wcześniej nie widziało czegoś takiego.

Ten sublimowany Ogień Kundalini, który mogę jedynie opisać jako chłodzący, Merkurialny Duch, ma za zadanie zasilić obwód Kundalini. Podczas gdy Kundalini zaczyna jako szalejący ogień, pamiętaj, że ten stan jest tylko jedną z jego tymczasowych form. Wiedza o tym z wyprzedzeniem może zaoszczędzić Ci wielu bólów serca, więc nie zapominaj o tym, co powiedziałem. Z czasem i z przyjmowaniem pokarmu, Ogień Kundalini przekształca się w spokojną, eteryczną, płynną energię Ducha, która uspokaja Cię i zmywa negatywność, z którą system spotkał się wcześniej.

Bycie cierpliwym, gdy ten proces zachodzi wewnątrz Ciebie, to połowa sukcesu. Pamiętaj, że nic nie pozostaje statyczne podczas gdy Kundalini Cię transformuje; metamorfoza jest procesem ciągłej zmiany. Dlatego musisz nauczyć się przyjmować wewnętrzne zmiany, zamiast z nimi walczyć. Z tego powodu wiele przebudzonych osób zaleca poddanie się energii Kundalini za wszelką cenę. Teraz widzisz, dlaczego łatwiej jest powiedzieć niż zrobić. Jednak zobaczysz, że w końcu nie masz wyboru.

Chociaż szalejący ogień może być bardzo nieprzyjemny w swoich szczytowych fazach, nieuchronnie stanie się chłodzącą energią Ducha. To, czy zdecydujesz się być aktywnym czy pasywnym uczestnikiem procesu, zależy całkowicie od Ciebie. Nie mogę powiedzieć jak długo potrwa transformacja, ponieważ czas różni się w zależności od osoby, ale radzę jeść pożywne jedzenie i być spokojnym, cierpliwym i zrelaksowanym tak bardzo jak to możliwe.

Wywoływanie negatywnych myśli i wątpliwości pobudzi tylko strach w systemie, co spowoduje niekorzystny efekt. Bycie spokojnym podczas działania szalejącego ognia Kundalini uwolni serotoninę i oksytocynę, co pozwoli na sublimację w drobną energię Ducha. Dopamina i adrenalina utrudniają ten proces; ciało musi aktywować Parasympatyczny Układ Nerwowy zamiast Sympatycznego.

Pomocne jest umieszczenie języka na palecie jamy ustnej podczas tego procesu. Czynność ta połączy Nadis Ida i Pingala i ułatwi zachowanie spokoju umysłu i sublimację energii. Gdy szalejący ogień przekształca się w Ducha, nowe kieszenie energii otwierają się w centralnym obszarze brzucha i po jego prawej stronie. To tutaj ta nowa energia Ducha wydaje się zaczynać swoje wznoszenie się w górę wzdłuż kanałów Ida i Pingala w przedniej części ciała. Te kieszenie energii, znajdujące się przed nerkami, tworzą uczucie Jedności, Wieczności i całkowitego wchłonięcia w Ducha.

MYŚLI W "CZASIE RZECZYWISTYM"

Po pełnym i trwałym przebudzeniu Kundalini, energia Światła będzie stale obecna wewnątrz mózgu. Ponieważ Światło służy jako pomost pomiędzy świadomym i podświadomym umysłem, ma ono szczególny wpływ na Twoje myśli. Będąc w tym niezwykłym stanie Bycia, Twoje myśli zaczną wydawać Ci się bardzo realne. Jakby to, o czym myślisz, było obecne tam z Tobą w prawdziwym życiu. To zjawisko jest częściowo wynikiem tego, że Kundalini przebija Anahata, Czakrę Serca, w swoim wznoszeniu się, budząc aspekt Cichego Obserwatora Jaźni.

Ta część Jaźni, w połączeniu z niepewnym Światłem wewnątrz Twojej głowy, da Ci poczucie, że wszystkie myśli w Twoim umyśle są prawdziwe, a nie są tylko ideami. Kiedy myślisz, część Jaźni będąca Cichym Obserwatorem obserwuje ten proces w czakrze serca jak niewinny widz. Ale na odwrót, kiedy ta część Jaźni zostanie przebudzona, przebudzi się również jej przeciwieństwo - Prawdziwa Wola. Jest to generator całej rzeczywistości, Wyższa lub Boska Jaźń.

Doświadczanie swoich myśli jako rzeczywistych jest w rzeczywistości katalizatorem strachu i niepokoju, który pojawia się zaraz po całkowitym i trwałym przebudzeniu Kundalini. Gdy głębokie, podświadome myśli łączą się ze świadomymi, wszystko wewnątrz wydaje się bardziej realne niż kiedykolwiek. Na początku może to być przerażające i dezorientujące doświadczenie, tak jak było dla mnie i wielu innych osób przechodzących przez to samo. Staje się trudne do odróżnienia pomiędzy Twoimi świadomymi myślami a projektowanymi lękami z Twojej podświadomości.

Ta nowa "realność" myśli jest źródłem uniesionych uczuć szczęścia wynikających z natchnionego myślenia, a także intensywnej depresji wynikającej z negatywnych, opartych na strachu myśli lub idei. Zarówno Anielskie jak i Demoniczne siły mogą teraz przeniknąć do Twojego umysłu, a wyzwaniem staje się umiejętność odróżnienia ich od siebie. Nadawcami niekorzystnych myśli mogą być albo Twoje ukryte szkielety w szafie, myśli rzutowane z umysłów innych ludzi, albo nawet zewnętrzne byty, które żyją w planie astralnym i mentalnym.

Po przebudzeniu Kundalini, Twoim następnym krokiem w procesie ewolucji duchowej jest opanowanie Tych dwóch płaszczyzn, szczególnie płaszczyzny mentalnej, ponieważ to, o czym myślisz, określa jakość Twojej rzeczywistości. W filozofii Nowej Myśli jest to wyjaśnione przez Prawo Przyciągania, które mówi, że sprowadzasz pozytywne lub negatywne doświadczenia do swojego życia poprzez skupienie się na pozytywnych lub negatywnych myślach. *Kybalion* wspiera tę teorię, ponieważ Prawo Przyciągania opiera się na podstawowej Hermetycznej Zasadzie Tworzenia, która mówi, że "Wszystko jest Umysłem, Wszechświat jest Mentalny". Sugeruje to, że Twoje myśli są bezpośrednio odpowiedzialne za Twoje doświadczenie życia, ponieważ różnica pomiędzy Światem Materii a Twoją własną Mentalną rzeczywistością jest tylko kwestią stopnia. Dlatego Materia nie jest tak realna i konkretna, jak ją postrzegamy, ale jest Myślą Boga, która współpracuje z Twoimi myślami, aby zamanifestować Twoją rzeczywistość. Stąd jesteśmy Współtwórcami z naszym Stwórcą poprzez umysł, poprzez myśli.

Hermetyczna Zasada Korespondencji, "Jak wyżej, tak niżej", mówi nam, że wyższe Płaszczyzny wpływają na niższe, wyjaśniając dlaczego Płaszczyzna Umysłowa wpływa na Płaszczyznę Fizyczną. Aksjomat ten jest również uważany za podstawę praktykowania Magii. Aleister Crowley zdefiniował Magię jako "naukę i sztukę powodowania zmian w zgodzie z Wolą". Mimo że nasze myśli determinują rzeczywistość, musimy nawiązać kontakt i dostroić się do siły woli, która zasila nasze myśli. Proces manifestacji w fizycznej rzeczywistości ma u swego źródła impuls Prawdziwej Woli z Płaszczyzny Duchowej, który staje się myślą na Płaszczyźnie Umysłowej, wywołując emocjonalną reakcję na Płaszczyźnie Astralnej lub Emocjonalnej, a w końcu manifestując się na Fizycznej Płaszczyźnie Materii.

Z tego powodu praca z Żywiołami i oczyszczanie każdej Czakry ma ogromne znaczenie w podróży Duchowej. Podświadomy umysł nie jest już czymś głębokim i ukrytym wewnątrz Jaźni; staje się czymś tuż przed Tobą w każdej budzącej się chwili dnia, którego działanie możesz obserwować. Powodem tego jest to, że czakra Adżny jest teraz przebudzona i działa z optymalną wydajnością po otrzymaniu napływu energii Światła przez przebudzoną Kundalini. Oko Umysłu jest "narzędziem", którego używamy do introspekcji i wglądu w pracę podświadomego umysłu.

Pamiętaj, że energia karmiczna (w sensie odniesienia do negatywnej energii przechowywanej w czakrach) wynika z przeciwstawnego punktu widzenia, przekonania lub wspomnienia, które w przypadku poszczególnych czakr odnosi się do określonej części Jaźni. Stare Ja, Ego, jest tym, co musimy oczyścić i poświęcić, aby nowe Wyższe Ja mogło zająć jego miejsce. Jaźń używa różnych mocy aktywowanych przez energie w Czakrach, ponieważ są one źródłem tych mocy. W początkowym punkcie przebudzenia Jaźń będzie miała więcej odniesień do Ego niż kiedykolwiek, ale w miarę jak oczyszczamy naszą koncepcję Jaźni, zrzucamy Ego.

Oczyszczenie podświadomego umysłu staje się konieczne, ponieważ, jak stwierdzono wcześniej, musisz najpierw opanować swoje demony, negatywne aspekty swojej psychiki, zanim będziesz mógł przebywać w wyższych czakrach i być jednym z Elementem Ducha. Poprzez zestrojenie swojej świadomości z trzema wyższymi czakrami Vishuddhi, Ajna i Sahasrara, zestrajasz się z Prawdziwą Wolą i Wyższym Ja.

Ponieważ nie możesz wyłączyć tego procesu, gdyż został on wywołany przez obudzoną Kundalini, posiadanie narzędzi do oczyszczania Czakr i opanowania Żywiołów stanie się dla Ciebie bardziej istotne niż cokolwiek innego w tym czasie w Twoim życiu. W przeciwnym razie będziesz zdany na łaskę sił psychicznych w obrębie Planów Kosmicznych. Dlatego musisz rozwinąć się w duchowego wojownika w tym momencie, ponieważ Twój umysł, ciało i Dusza są codziennie przebudowywane przez nowo obudzoną energię Kundalini.

EMPATIA I TELEPATIA

Kiedy obwód Kundalini jest otwarty, a energia Ducha krąży w Ciele Światła, Twoja świadomość zyskuje zdolność opuszczania ciała fizycznego według własnego uznania. Gdy wypływasz z ciała fizycznego przez czakrę korony, doświadczasz energii Ducha przenikającej wszystko, co postrzegasz fizycznymi oczami w świecie materialnym. To doświadczenie dodaje do postrzegania rzeczywistości w czasie rzeczywistym; dopiero teraz możesz poczuć i ucieleśnić energię każdego obiektu w swoim otoczeniu. Poprzez czakrę serca zaczynasz odczuwać istotę wszystkiego, na czym skupiasz swoją uwagę, ponieważ energia Twojego Ducha przenosi się na to, na co patrzysz lub co słyszysz.

Podczas oglądania brutalnego filmu, na przykład, możesz poczuć i doświadczyć energii aktu przemocy poprzez transpozycję swojego ciała do ciała osoby, którą oglądasz. Proces ten zachodzi automatycznie i błyskawicznie, bez świadomego wysiłku. Wszystko, co jest wymagane do zaistnienia tego zjawiska, to poświęcenie filmowi swojej niepodzielnej uwagi. Jest to na początku dość magiczne doświadczenie i jeden z największych darów Kundalini. Zaczyna się rozwijać, kiedy wystarczająca ilość energii Ducha została wysublimowana poprzez Ogień Kundalini i spożycie pokarmu. Może to nastąpić do końca pierwszego roku przebudzenia, może nawet wcześniej.

Ta transformacja i manifestacja umożliwiają Ci dostrojenie się do uczuć innych ludzi, kiedy skupiasz na nich swoją uwagę. W ten sposób wzrastasz w empatii. Dosłownie wchodzisz swoim Duchem w ich ciało i możesz poczuć to, co oni czują. Jeśli nie dajesz im uwagi patrząc na nich, wszystko co musisz zrobić to słuchać ich jak mówią, a Ty dostrajasz się do ich energii poprzez dźwięk. Ta manifestacja następuje poprzez Twoje połączenie z dźwiękiem. Jest to forma telepatii - odczytywania umysłów ludzi i jakości ich myśli.

Empatia to czytanie uczuć ludzi i emocjonalnej energii ich serc. Wystarczająca ilość energii Ducha musi wlać się do Twojego nowo rozwijającego się Ciała Światła poprzez transformację/sublimację karmy, aby stworzyć obie manifestacje. To jest jak fala, która się tworzy, a Twoja uwaga jest deską surfingową. Dzięki swojej uwadze możesz teraz surfować na fali, skupiając się na rzeczach zewnętrznych w stosunku do Ciebie. Pomogłoby, gdybyś nauczył się oddzielać siebie od jakichkolwiek emocji lub myśli, których doświadczasz, rozumiejąc, że nie są one rzutowane z wewnątrz, ale z zewnątrz. Ego może się pomylić, myśląc, że to ono jest tym, od którego te emocje lub myśli są rzutowane, co może powodować strach i niepokój. Kiedy już wyjdziesz poza swoje Ego i będziesz mógł oddzielić się od tego, czego doświadczasz, możesz to zrobić bez żadnych negatywów. Może to jednak nastąpić dopiero w późniejszych etapach transformacji Kundalini, gdy Ego zostanie oczyszczone, a strach i lęk zmniejszyły swój ładunek energetyczny lub całkowicie opuściły system.

Kiedy po raz pierwszy zaczynasz doświadczać tego zjawiska, może być niejasne rozróżnienie, kim jesteś i kim są inni ludzie. Jest to jedno z największych wyzwań w pierwszych latach przebudzenia, ponieważ tak wiele emocji i myśli będzie przebiegać przez Twój umysł i serce, że będziesz kołysany do tyłu i do przodu jak łódź na wzburzonych wodach oceanu. Kluczem jest ustabilizowanie swojego wnętrza i nauczenie się nawigowania po burzliwych wodach. W ten sposób uczysz się zdobywać kontrolę nad swoim życiem, być może po raz pierwszy. Grecki aforyzm "Poznaj samego siebie" jest niezbędny do wdrożenia na tym etapie życia. Będziesz musiał opanować swoje myśli i emocje poprzez zrozumienie swoich projekcji energetycznych i projekcji innych ludzi.

Ważna uwaga dotycząca telepatii i empatii - kiedy rozwiniesz silniejsze połączenie ze swoim Ciałem Duchowym, te dary psychiczne staną się trwałe, co oznacza, że nie będziesz mógł ich już wyłączyć. Nie możesz zdecydować, że jest to zbyt wiele do zniesienia i że po prostu nie chcesz już brać w tym udziału. Czasami może to być dość przytłaczające, ponieważ w tym samym czasie zajmujesz się swoim niepokojem i strachem, a jednocześnie przyjmujesz na siebie cudze.

Pomogłoby, gdybyś w tym czasie miał introspekcję. Powinieneś poświęcić trochę czasu dla siebie, jeśli nie jesteś przyzwyczajony do robienia tego, ponieważ będziesz tego potrzebował. Jeśli byłeś społecznym motylem przez całe życie, nie możesz już być cały czas wokół innych ludzi. Nadszedł czas, aby zmienić te nawyki i poświęcić czas dla siebie, jak również. Samotny czas jest jedynym sposobem na właściwą introspekcję, ponieważ niektóre z tych myśli i uczuć innych ludzi pozostaną z Tobą przez dni, tygodnie nawet. Musisz nauczyć się pozwalać im odejść i nie czynić ich częścią tego, kim jesteś.

Z czasem, kiedy już będziesz w stanie rozróżnić te dwie rzeczy i oczyścisz swoje Ego, będziesz mógł spędzać więcej czasu z innymi, a mniej czasu w samotności. Dodatkowo, będziesz w stanie dostroić się do miłosnej energii innych ludzi, która teraz zasila Twoją energię. Nie w sposób, że jesteś psychicznym wampirem, który kradnie energię innych ludzi, ale w sposób, w którym przyjmujesz miłość i oddajesz ją, abyś mógł utrzymać bezinteresowną wymianę energii miłości z ludźmi, z którymi wchodzisz w interakcję. Energia miłości jest pokarmem dla Duszy dla nas wszystkich i dlatego potrzebujemy siebie nawzajem. Aby nauczyć się kierować czystą miłość bez przywiązania, będziesz musiał najpierw pokonać swoją negatywność.

ETYKA I MORALNOŚĆ

Kiedy Kundalini jest już aktywna, następuje znaczące przesunięcie w świadomości i zauważasz, że rozwija się Twoja koncepcja etyki i moralności poprzez właściwe zachowanie i postępowanie. Innymi słowy, zaczynasz postępować z zasadami moralnymi we wszystkich sytuacjach życiowych, w sposób naturalny. Rośnie jedność Jaźni i reszty świata, powodując, że czujesz się połączony ze wszystkimi rzeczami z moralnego punktu widzenia. Przychodzi absolutny szacunek do ludzkości, gdy ten proces przebudzenia Kundalini ma miejsce.

Z czasem Kundalini zaczyna eliminować osobiste wspomnienia z przeszłości, wywyższając tym samym Wyższe Ja nad Ego. Ten proces pozwala Ci żyć w Teraz, w chwili obecnej, najbardziej optymalnie. Na początku może to być bardzo mylący stan, ponieważ, jak wyjaśniono, Ego funkcjonuje poprzez odwoływanie się do wspomnień o sobie. Ponieważ jednak pamięć jest ulotna, Ego zaczyna opadać poprzez proces oczyszczania Kundalini, ponieważ nie może już kojarzyć się z przeszłymi wydarzeniami. W związku z tym Duch i Dusza stają się wywyższone. Naturalnie, zaczniesz rozwijać wysoki etyczny punkt widzenia, ponieważ w obecnej chwili zdajesz sobie sprawę, że właściwym sposobem postępowania jest szacunek i honor wobec wszystkich żywych istot.

Ten moralny upgrade jest naturalnym rozwojem dla każdej osoby przechodzącej przebudzenie Kundalini. Jest to dar. Wszyscy ludzie z przebudzonym Kundalini są humanitarystami i dają bezinteresownie w taki czy inny sposób. W większości przypadków, gdy tylko poddadzą się energii Kundalini, są pozornie na autopilocie. Całkowite poddanie się musi nastąpić aby osiągnąć ten stan i to poddanie się jest nieuniknione dla każdego przechodzącego przez proces transformacji.

Bez względu na to, jak bardzo Ego się trzyma, ostatecznie wie, że zajmie miejsce Duszy i Ducha. Ostatecznie, jego władza jest mniejsza. Solidny etyczny i moralny fundament jest prawem wrodzonym wszystkich osób przebudzonych przez Kundalini. Naszym ogólnym przeznaczeniem jako istot ludzkich jest kochać i szanować siebie nawzajem zamiast czerpać korzyści. Kiedy już rozwiniecie się etycznie, rozpoznacie, że wszyscy jesteśmy braćmi i siostrami, ponieważ będziecie bliżej Umysłu Stwórcy niż kiedykolwiek wcześniej.

Etyka i moralność są związane z energią bezwarunkowej miłości budującą się w Czakrze Serca. Zaczynasz odczuwać cały świat w swoim sercu jako Jedną istotę (Rysunek 155), w połączeniu z pragnieniem skierowania tej nowo odkrytej energii miłości do innych. A kiedy kierujesz energię miłości w stronę innych ludzi, Twój charakter zaczyna budować cnoty, których podstawą są etyka i moralność.

Rysunek 155: Czakra Serca i Jedność

Zaczynasz odczuwać poczucie honoru, ponieważ wszyscy jesteśmy braćmi i siostrami zrodzonymi przez tego samego Stwórcę. Kiedy jesteś w chwili obecnej, w Teraz, możesz dostroić się do tej części siebie, która jest wieczna - Świętego Anioła Stróża. Twój Wyższy Geniusz zaczyna uczyć i prowadzić Cię w Twojej duchowej podróży. Uczy cię, jak być lepszym człowiekiem każdego dnia Twojego życia. Święty Anioł Stróż uczy Cię o wszechświecie i codziennie przekazuje Ci wiedzę i mądrość. Jest wszechmądry i wszechdobry oraz posiada najwyższy kompas moralny, ponieważ jest częścią Boga - Stwórcy.

Bycie życzliwym wobec innych ułatwia oddzielenie ludzi dobrych od złych lub pozbawionych kompasu moralnego. Uważam jednak, że w większości ludzie są dobrzy, a kiedy traktujesz ich z miłością, oni odwzajemniają się tym samym. Oddając im cześć i szacunek, kierujesz w ich stronę miłość, którą odczuwasz jako promień Światła wystrzeliwujący z Twojej piersi. Kiedy ten promień energii świetlnej wejdzie w Aurę innej istoty ludzkiej, ona wchłania go i wysyła z powrotem do Ciebie poprzez swoją Czakrę Serca. Ten nieustanny obwód energii miłości przerywa się tylko wtedy, gdy jedno z nas zaczyna myśleć swoim Ego, pytając, co w tym jest dla niego. Gdyby ludzie na świecie nie mieli masywnych Ego, naturalnie wymienialiby się miłością w ten sposób, eliminując zło na skalę globalną.

Odkryłem również, że nauka działania w oparciu o zasady etyczne sprawiła, że bardziej kocham i szanuję siebie. Kiedy rozpoznajesz w sobie dobro i decydujesz się dzielić nim z innymi, nieodmiennie uczysz się kochać siebie. W końcu inni ludzie są tylko odbiciami, lustrami nas samych. Wszyscy jesteśmy Stwórcą, a Stwórca jest Jeden. Niezwykle ważne jest, aby nauczyć się kochać siebie, ponieważ dzięki temu pokonujesz swoje niepewności. Jedną z metod uczenia się miłości do siebie jest bycie wygodnym w Teraz, co pokonuje Twoje niepewności.

W większości przypadków jakiś czynnik zewnętrzny je wyzwala, sprawiając, że wchodzisz do środka swojego umysłu. Kiedy jesteś introwertyczny i przebywasz wewnątrz siebie, tracisz kontakt z Teraz i sferą czystej potencjalności, gdzie wszystko jest możliwe. Pozostając jednak w Teraz, stajesz się ekstrawertykiem, a tak długo jak pozostajesz obecny, nie wejdziesz w głąb siebie, gdzie masz dostęp do swoich niepewności.

Przebudzenie Kundalini ma na celu uczynienie Cię Istotą Światła i to uaktualnienie pozwala Ci żyć pełnią życia, być może po raz pierwszy. Aby czerpać z życia jak najwięcej, musisz być w stanie rozpoznać szansę we wszystkim, czego doświadczasz, aby wykorzystać tę okazję do doświadczenia czegoś nowego i rozwoju duchowego. Moralność i etyka idą w parze z byciem w Teraz. Z drugiej strony, bycie w Teraz odnosi się do koncepcji, o której mówił Jezus Chrystus - Chwały Bożej.

Chwała Boża odnosi się do dostrojenia Twojej świadomości do sfery Wieczności - Królestwa Niebieskiego. Możesz dotrzeć do tej sfery poprzez Teraz, ale musisz całkowicie poddać się poprzez wiarę, aby do niej wejść. Tylko Twoja intuicja może skontaktować się z Wiecznym Królestwem, ponieważ wymaga ono uciszenia Twojego Ego, aby go doświadczyć. Chwała Boża jest emocjonalnym uniesieniem, które pochodzi z doświadczenia Jedności ze wszystkimi rzeczami. Jest to sfera czystego potencjału i Nie-Dualności. Może się wydawać, że myślenie o tym, że możesz współbrzmieć z tym konceptem, jest daleko idące, ale uwierz mi, jest to osiągalne. Jednym z celów transformacji Kundalini jest wprowadzenie Cię ostatecznie do Królestwa Niebieskiego. Zauważ, że chociaż doświadczenie Chwały Bożej jest zazwyczaj chwilowe dla przeciętnej osoby, wysoko wyewoluowane osoby z przebudzeniem Kundalini mogą pozostać w tym stanie na czas nieokreślony.

Istotne jest, aby zrozumieć, że te pojęcia i idee wymienione powyżej są ze sobą powiązane. Jedno rodzi drugie, które następnie budzi coś innego. Są to naturalne przejawy stawania się Istotą Światła poprzez przebudzenie Kundalini. To naprawdę jest ulepszenie i nowy sposób życia na tej Planecie. Inni mogą nigdy nie wiedzieć, czego doświadczacie, ale zobaczą zmiany, które przechodzicie poprzez wasze działania.

Kluczem jest utrzymanie inspiracji podczas tego procesu transformacji. Musisz unikać pozwalania, aby okazjonalna negatywność wewnątrz umysłu sprowadziła Cię w dół i sprawiła, że stracisz nadzieję. Zamiast tego, postrzegaj je jako coś tymczasowego, co z czasem pokonasz. Cały proces transformacji Kundalini rozwija się w miarę upływu lat. Jedno doświadczenie prowadzi do następnego, ponieważ wszystko w Tobie nieustannie się zmienia i ewoluuje. Potrzeba wielu lat, zanim naprawdę będziesz mógł czerpać korzyści z przemiany w Istotę Światła, ale to wszystko będzie miało sens, kiedy to zrobisz.

CZĘŚĆ VIII: KUNDALINI I ŚWIADOME SNY

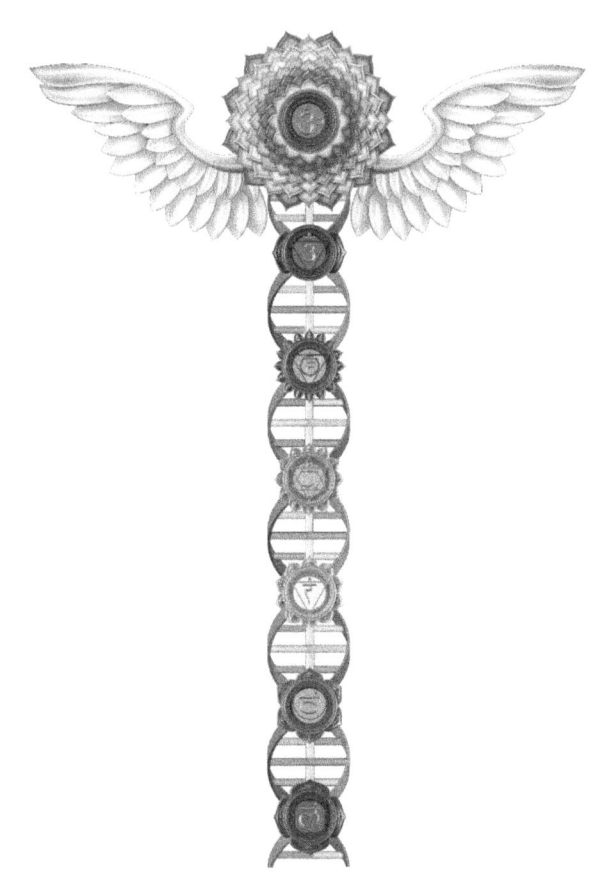

ŚWIAT ŚWIADOMYCH SNÓW

Świadome Śnienie w Wewnętrznych Światach jest krytycznym tematem rozmów w kręgach Kundalini. Przebudzenia Kundalini gwarantują doświadczenie Świadomego Snu, które ma miejsce na Wewnętrznych, Kosmicznych Planach. Świadome Śnienie jest formą Doświadczenia poza Ciałem (OBE), która występuje podczas snu, kiedy Twoja świadomość znajduje się w stanie Alfa. Stan Alfa jest stanem snu, w którym ciało odpoczywa, ale świadomość jest nadal obudzona. Jest to stan pomiędzy normalną świadomością na jawie a snem.

Stan ten jest najczęściej wywoływany, kiedy budzisz się na krótko wczesnym rankiem, około szóstej lub siódmej, a następnie wracasz do snu po przespaniu co najmniej pięciu godzin, tak aby Twoje ciało fizyczne było wypoczęte. Kiedy jednak przechodzisz intensywne nagromadzenie Światła Astralnego, jak na przykład zaraz po początkowym przebudzeniu Kundalini, jeśli w pełni aktywowałeś swoje Ciało Światła, znajdziesz się w stanie Świadomego Snu prawie każdej nocy. Doświadczenie to pojawia się, ponieważ obecna jest nadwyżka energii Światła, która kieruje Twoją świadomość z czakry Sahasrara, poprzez Bindu, abyś mógł doświadczyć tego doświadczenia.

Możesz również wywołać podróż astralną podczas czuwania, ale jest to trudniejsze do osiągnięcia, ponieważ musisz jakoś przekroczyć ciało fizyczne. Z tego powodu, zazwyczaj najlepiej jest odkrywać Świadome Śnienie podczas snu, kiedy jesteś w stanie Alfa i ciało fizyczne jest już wypoczęte.

Osoba przebudzona przez Kundalini po trwałym przebudzeniu będzie doświadczać niezliczonej ilości Świadomych Snów, niemalże co noc. Zjawisko to może trwać przez wiele lat. Podczas Świadomego Snu obwód Kundalini jest aktywny, a ciało jest zasilane energią Światła Astralnego/Ducha poprzez sublimację/transformację pożywienia. Terminy Światło Astralne, Duch, Prana i energia Kundalini można stosować zamiennie. Różnica polega na ich stanie, który zależy od poziomu ewolucji duchowej, na którym się znajdujesz, choć wszystkie pochodzą z tej samej substancji. W istocie energia Kundalini jest energią Światła, która podczas procesu transformacji Kundalini transmutuje w różne stany.

Kiedy zgromadzisz wystarczającą ilość energii Światła i znajdziesz się w stanie Alfa, Twoja świadomość wyjdzie z ciała fizycznego przez czakrę korony i wejdziesz na jeden z

Planów Kosmicznych. Jak już wspomniano, te płaszczyzny istnieją w wymiarze innym niż trzeci wymiar przestrzeni i czasu. Załóżmy teraz, że to doświadczenie jest doświadczeniem poza ciałem, a Ty wyskakujesz z czakry korony. W takim przypadku najprawdopodobniej wchodzisz do jednej z Czakr Ducha lub Czakr Transpersonalnych powyżej Korony i "surfujesz" po odpowiadającej im Płaszczyźnie. Ponieważ te Płaszczyzny są poza Przestrzenią i Czasem, Twoja świadomość może doświadczyć wydarzeń z całego życia w ciągu jednej godziny. Czasami obudzisz się tak, jakbyś fizycznie przeszedł te doświadczenia i znajdziesz się psychicznie wyczerpany.

Jak zostało to wspomniane, każdy z nas posiada sobowtóra ciała wykonanego ze Światła; elastyczną substancję zwaną Ciałem Światła. Świadome śnienie jest rodzajem "projekcji astralnej", terminu ukutego przez teozofów w XIX wieku. Podczas, gdy świadomy sen zdarza się niemal bezwiednie, projekcja astralna jest w pełni świadomym doświadczeniem - projekcją Duszy na jeden z Planów Astralnych/Wewnętrznych. W przypadku Zrozumiałych Snów, projekcja ta pojawia się spontanicznie, kiedy Ciało Światła opuszcza ciało fizyczne podczas stanu snu Alfa. Po prostu opuszcza ono ciało fizyczne, budząc się gdzieś indziej, w jakiejś dziwnej i zazwyczaj nigdy wcześniej nie widzianej krainie.

W Świadomym Śnie, nie ma przerwy w świadomości. Twoja podświadomość i świadomość pracują teraz w zgodzie, więc treść Twoich snów zmienia się tak, że zawiera rzeczy, o których często myślisz świadomie. Twoja wyobraźnia jest wiecznie aktywna w Świadomym Śnie, ponieważ jesteś doświadczającym i doświadczeniem w jednym. Bardzo często jesteś projektowany gdzieś, gdzie nigdy wcześniej nie byłeś z treścią, o której świadomie nigdy nie myślałeś. Najczęściej zdarza się jednak, że w Świadomym Śnie widzisz elementy znane świadomości, tak aby nie było to zbyt dużym szokiem dla Jaźni, gdy przechodzisz przez to doświadczenie.

Z tego powodu, Świadomy Sen angażuje Twoje zdolności wyobrażeniowe, choć nieskończenie rozszerzone. W Świadomym Śnie Twoje Wyższe Ja, Twoja Dusza, jest przewodnikiem doświadczenia. Zawsze wybiera, dokąd pójść i czego doświadczyć. Nie możesz jednak świadomie wybierać swoich doświadczeń jak w projekcji astralnej. Ponieważ w stanie czuwania jesteśmy połączeni zarówno z naszym Ego, jak i z naszą Duszą, doświadczenie Świadomego Snu będzie w dużym stopniu wydawało się obce dla świadomości. Ego jest całkowicie nieaktywne w Ludzkim Śnie, ponieważ należy do ciała fizycznego, które jest transcendowane.

BUDZĄC SIĘ WE ŚNIE

Najbardziej fantastyczną rzeczą w Świadomych Snach jest to, że świadomość doświadcza rzeczywistości poza fizyczną, choć czuje się autentycznie. Pierwszym krokiem każdego Świadomego Snu jest uświadomienie sobie, że śnimy. Dzieje się to natychmiastowo, ponieważ świadomość uświadamia sobie, że otoczenie jest "inne" niż świat fizyczny, ale jej doświadczenie jest bardzo podobne.

Popularną metodą uświadomienia sobie, że śnisz, jest trenowanie siebie, aby patrzeć na swoje ręce, gdy tylko znajdziesz się we śnie. W snach nie ma stałych kształtów, a wszystko wydaje się płynne i elastyczne, jakby poruszało się coraz delikatniej. Dlatego też palce na twoich rękach byłyby wszystkich kształtów i rozmiarów, więc kiedy patrzysz na nie, możesz zobaczyć, jak poruszają się w górę i w dół coraz bardziej delikatnie. To rozpoznanie sygnalizuje mózgowi, że jesteś we śnie, budząc tym samym w pełni Twoją świadomość.

Zwykle pojawia się poczucie podniecenia, kiedy to się dzieje, ponieważ część Ciebie uświadamia sobie, że jesteś teraz świadomym twórcą swojej rzeczywistości i możesz doświadczyć czegokolwiek zechcesz z pomocą swojej wyobraźni. Ponieważ Twoje Ego jest transcendowane, Dusza przejmuje doświadczenie i znajdujesz się w stanie, w którym tworzysz swoją rzeczywistość i doświadczasz jej jednocześnie. Masz pełny dostęp do swojej siły woli i możesz kontrolować treść swojego snu. Nie możesz kontrolować scenerii, ale Twoja Dusza może wybrać, gdzie chce iść i może użyć Twojego Ciała Świetlistego jako pojazdu, aby tam dotrzeć.

Twoje doświadczenie będzie podobne do tego, jak doświadczasz rzeczywistości fizycznej, Świata Materii. Jednak główna różnica polega na tym, że w Świecie Fizycznym jesteś ograniczony przez Czas i Przestrzeń. Na przykład, nie możesz być w Paryżu tylko myśląc o tym, ale masz wybór, aby wsiąść do samolotu i polecieć tam. Całe to doświadczenie zajmie jednak trochę czasu, aż będziesz mógł dostać się do Paryża. W Świadomym Śnie, możesz pomyśleć o miejscu w którym chcesz być i znajdziesz się tam w jednej chwili. Nie ma żadnej przerwy w świadomości od momentu kiedy pomyślisz o miejscu, w którym chcesz się znaleźć, do momentu kiedy zostaniesz tam przeniesiony w momencie kiedy pomyślisz - to wszystko jest jednym płynnym doświadczeniem.

Dusza posiada pełną wiedzę o wszystkich miejscach, do których może się udać w tym naszym ogromnym Wszechświecie, które są tak nieskończone jak Bóg - Stwórca. Tak więc w Świadomym Śnie Twoja Dusza automatycznie dokona projekcji gdzieś, gdzie będziesz mógł doświadczyć jej otoczenia. Jednak następnego ranka, kiedy obudzisz się ze swojego doświadczenia, Twoje Ego nie będzie w stanie dowiedzieć się, jak i dlaczego tam poszedłeś lub co to było. W końcu Ego jest ograniczone do tego, co widziało, a doświadczyło tylko rzeczy z Ziemi. Wszystko co Ego będzie wiedziało to to, że doświadczenie było niesamowite i będziesz czuł za nie wdzięczność.

ROZWIJANIE ZDOLNOŚCI WE ŚNIE

Po projekcji do Świadomego Snu, będziesz miał pełną kontrolę nad swoim Ciałem Światła, gdziekolwiek by się ono nie znajdowało. Ani przestrzeń, ani czas, ani grawitacja nie mogą ograniczyć tego drugiego pojazdu świadomości. Jednakże, ponieważ nie jesteś związany grawitacją, jednym z pierwszych darów, które możesz rozwinąć jest latanie w powietrzu jak Superman (Rysunek 156). Ta zdolność daje najwięcej radości i zwykle jest pierwszą, która się manifestuje u każdego. Latanie w Świadomym Śnie jest jedynym sposobem na prawdziwe doświadczenie lotu bez użycia maszyn, co jest co najmniej ekscytujące.

Świadomość wkrótce odkrywa, że jest w stanie dokonać innych wyczynów, które byłyby niemożliwe do osiągnięcia w rzeczywistości fizycznej. Na przykład, ponieważ Ciało Światła jest nieważkie i nie jest związane Materią i grawitacją, i ponieważ wszystko na planie astralnym jest holograficzne bez żadnej stałej formy, rozwiniecie zdolność chodzenia lub latania przez przedmioty. Inną pojawiającą się umiejętnością jest astralna telekineza - zdolność do lewitowania obiektów na Wewnętrznych Planach Astralnych i przemieszczania ich za pomocą siły umysłu.

Rysunek 156: Latanie jak Superman w Śnie

Aby wykonywać telekinezę i poruszać przedmioty w Świecie Fizycznym za pomocą umysłu, musisz najpierw nauczyć się korzystać z tej umiejętności w Świecie Astralnym, ponieważ oba te światy działają na tych samych zasadach. Widziałem udokumentowane nagrania wideo osób, które twierdzą, że mają moce psychiczne, gdzie poruszają lekkie przedmioty w próżni, choć w minimalnym stopniu. Jednak przesunięcie cięższych rzeczy niż powiedzmy mała kartka papieru wymagałoby ogromnej ilości energii psychicznej, co jest wyczynem pozornie niemożliwym i czymś, czego nigdy nie udokumentowaliśmy. Wierzę jednak, że można to zrobić, wykorzystując te same zasady mentalne i mind over

Matter. Jednak osoba, która to robi, musiałaby być tak rozwinięta duchowo, że wydawałaby się innym podobna do Boga, a nie tylko psychiczna. Jezus Chrystus czyniący cuda w *Biblii* jest jednym z przykładów tego, jak bardzo musiałbyś być rozwinięty, aby wpływać na stan Materii swoim umysłem.

Inne dary, które rozwijają się w świecie Świadomych Snów to umiejętność czytania w myślach ludzi, robienia się tak dużym lub małym jak tylko chcesz i ogólnie spełnianie wszelkich pragnień, które masz w codziennym życiu na jawie, takich jak spanie z wybraną osobą. Świat Świadomych Snów jest Krainą Czarów dla Duszy i satysfakcjonuje na wszystkich poziomach istnienia. Dodatkowo nie niesie ze sobą Karmicznych konsekwencji spełnienia pragnień Twojej Duszy, bez względu na to jakie one są.

Po tym jak przez wiele lat swojego życia doświadczałem tych rzeczy, pozostało mi wiele wątpliwości dotyczących rozwoju Siddhis, nadprzyrodzonych zdolności, o których wspominają hinduskie święte księgi. Jednakże Siddhis nie jest wyłączną cechą hinduskich świętych tekstów, ponieważ moce psychiczne są pokazywane we wszystkich księgach religijnych, niezależnie od ich kultury czy tradycji, co pozostawia nas z następującym kłopotem: być może Prorocy, Święci, Jogini i inne święte postacie z tych ksiąg mówiły o świecie Świadomych Snów, kiedy wspominały o zdolności ludzkości do zdobycia tych niezwykłych mocy.

Być może nigdy nie poznamy odpowiedzi na to pytanie, ale z mojego doświadczenia wynika, że istnieje więcej dowodów na to, że to co proponuję jest dokładne, niż, że te moce są czymś, co możemy osiągnąć fizycznie. Na przykład, każde twierdzenie o lewitacji zostało obalone, od Wschodu do Zachodu, a to co uważamy za przejaw mocy psychicznych zawsze kończy się jakąś magiczną iluzją lub sztuczką.

Dlatego nie może być przypadkiem, że gdy kontynuowałem Świadome Śnienie we wczesnych latach po przebudzeniu Kundalini, powoli rozwijałem każdą z tych psychicznych zdolności, o których mówią pisma święte. Jednak bez względu na to, jak bardzo starałem się przejawiać te moce w fizycznej rzeczywistości, pozostawały one wyłącznie w moich snach, chociaż moja Dusza doświadczała ich jako rzeczywistych.

ENERGIA KARMICZNA W STANACH SENNYCH

Będąc w stanie Świadomego Snu możesz również świadomie próbować znaleźć rozwiązania problemów, z którymi możesz się spotkać w swoim życiu. To doświadczenie będzie miało miejsce tylko wtedy, kiedy uzyskasz dostęp do Płaszczyzny Duchowej. Jego celem jest pomoc w opanowaniu tej płaszczyzny poprzez dostęp do energii karmicznej, która jest przypisana do jednej z odpowiednich trzech Czakr Ducha. Boskie Płaszczyzny są pozbawione karmy i jako takie są czystą radością. Pamiętaj, że to Twoja Dusza, a nie Twoje Ego, jest tutaj trenowana; dlatego też będzie się wydawało, że rzutujesz do jakiejkolwiek czakry, która wymaga pracy. Może nie zawsze będziesz miał możliwość latania we śnie, ale nadal będziesz mógł w dużym stopniu kontrolować jego treść i być świadomym, że śnisz. Każde doświadczenie jest zasadniczo inne w Świadomych Snach. Kiedy już zaczniesz mieć takie doświadczenia, Twoja świadomość staje się wyćwiczona do budzenia się we śnie.

W większości przypadków ciężka energia karmiczna w niższych Planach Kosmicznych utrzymuje świadomość w stanie snu i nieświadomości, że śni. Dlatego musi mieć kilka chwil, kiedy nie jest pochłonięta mentalnie i emocjonalnie, aby zdać sobie sprawę, że doświadcza snu, co skłania Duszę do przejęcia jego treści.

Chociaż wiele z tego co doświadczysz jest Twoją wyobraźnią w hipernapędzie, niektóre miejsca, które odwiedzisz w świecie Świadomych Snów są prawdziwe i nie są produktem ubocznym Twojej wzmocnionej wyobraźni. Załóżmy że Twoja świadomość nie obudzi się podczas snu, co jest pierwszym krokiem do tego aby sen stał się snem Świadomym. W takim przypadku wszystko będzie kontynuowane na autopilocie, a Ty nadal będziesz miał zwykłe doświadczenie senne.

BINAH I ASTRALNY PROJEKT

Świat Świadomych Snów bardzo różni się od Świata Fizycznego, jednak jest podobny w tym jak świadomość go doświadcza. Starożytni wierzyli, że każde miasto lub miejsce na Ziemi ma swoje astralne podwojenie, które można odwiedzić w czasie snu podczas Świadomego Śnienia. To, dokąd się udasz, zależy od tego, gdzie chce Cię zabrać Twoja Dusza i nie jest czymś, co możesz kontrolować świadomie przez soczewkę Ego.

Ta astralno-dwuosobowa rzeczywistość idzie w parze z naukami qabalistycznymi, które stwierdzają, że Malkuth, Ziemia, posiada Holograficzny schemat, który znajduje się w innym wymiarze rzeczywistości. Wymiar ten zajmuje tę samą przestrzeń i czas, choć znajduje się w innym stanie wibracyjnym. W Qabalah, ta rzeczywistość jest reprezentowana przez sefirę Binah. Binah jest kojarzona z Duchem Świętym chrześcijaństwa, Elementem Ducha, przebudzonym poprzez Kundalini. Jest to fundament wszystkiego, co jest.

Pełne przebudzenie Kundalini jest przebudzeniem Ciała Światła tak, że możemy intuicyjnie odczytywać energię Binah podczas fizycznej egzystencji. Ta koncepcja idzie w parze z tym, co do tej pory badaliśmy i wszystkimi różnymi komponentami, które składają się na całość doświadczenia przebudzenia Kundalini.

Ponieważ przebudzenie Kundalini uwalnia Duszę z ciała fizycznego, przekształca Jaźń na wszystkich poziomach poprzez napływ energii Światła w Aurze. Energia światła filtruje do każdej z siedmiu czakr, ponieważ każda czakra jest jednym z kolorów tęczy, jako część spektrum Białego Światła.

Ponieważ każda czakra wyraża płaszczyznę kosmiczną, przebudzenie Kundalini pozwala jednostce istnieć na wszystkich płaszczyznach istnienia jednocześnie. Ich Drzewo Życia staje się w pełni otwarte, a każdy z jego odpowiednich sefirot (stan świadomości) w pełni dostępny. Indywidualna świadomość rozszerza się, co prowadzi do zjednoczenia z Kosmiczną Świadomością powyżej.

Ponieważ Binah jest jednym z Nadprzyrodzonych Sefirot na Drzewie Życia, należy do Elementu Ducha. Binah jest również sferą wiary i mentalnej intuicji. Gdy przebudzone jednostki stają się Istotami Światła, łączą się z energią Światła Słonecznego pochodzącą ze Słońca, która wyraża prawdę wszystkich rzeczy. Światło Słoneczne przekazuje Archetypy, w połączeniu ze Światłem Księżycowym, które odzwierciedla myśli. W ten sposób intuicja może postrzegać poza zmysłami fizycznymi poprzez szósty zmysł Ajna Chakra.

Dusza opuszcza ciało fizyczne podczas snu i wchodzi do jednego z Kosmicznych Planów zewnętrznych w stosunku do Jaźni, choć odzwierciedlonych w Aurze. Innymi słowy, idea odległości nie odnosi się do podróży Duszy w Kosmicznych Planach, ponieważ może ona zostać przeniesiona gdziekolwiek zechce w jednej chwili. Aura jest Mikrokosmosem Makrokosmosu, co oznacza, że wszystko w zewnętrznym Wszechświecie jest również w Aurze. Dzięki tej Zasadzie lub Prawu, Dusza może podróżować w Astralu podczas stanów sennych, szczególnie w Świadomych Snach.

Po pełnym przebudzeniu i transformacji Kundalini, kiedy osoba dostraja się do działania wyższych czakr, umysł zostaje ominięty, a iluzje znikają. Osoba zaczyna w pełni funkcjonować na podstawie intuicji, ponieważ Księżycowa Czakra, Adżna, odczytuje Archetypową energię z Czakry Słonecznej, Sahasrara, umożliwiając życie w prawdzie i Świetle. W miarę jak zyskujemy intymny związek z Binah, możemy zrozumieć nierealność Świata Fizycznego na głębokim poziomie, co pozwala nam przekroczyć Świat Materii i postrzegać życie jako coś, czego nie należy brać zbyt poważnie. Zdajemy sobie sprawę, że nasze Dusze są iskrami świadomości ze Słońca, które będą żyły dalej po tym życiu. To zrozumienie wnosi do naszego życia wiele radości, szczęścia i inspiracji, pozwalając nam osiągnąć nasz pełny potencjał i zamanifestować nasze marzenia i cele w życiu.

PARALIŻ SENNY

Świadomy Sen może być tak potężnym doświadczeniem, w którym siła marzeń sennych pochłania Cię tak, że ulegasz "paraliżowi" sennemu, co oznacza, że świadomość jest tak zaangażowana w rzeczywistość Świadomego Snu, że nie chce się z niej wyrwać. Paraliż senny może trwać jednorazowo przez kilkanaście godzin. W tym samym czasie można jednak doświadczyć w świecie Świadomych Snów dożywotniej radości i szczęścia poza Czasem i Przestrzenią.

Paraliż senny może być problemem, jeśli masz rzeczy do zrobienia rano następnego dnia. Będziesz musiał nauczyć się radzić sobie z tym, ponieważ jeśli tego doświadczasz, nie będzie prosto się z tego wyrwać, aż do momentu naturalnego przebudzenia. Miałem ten problem, szczególnie podczas pierwszych dwóch do trzech lat po przebudzeniu. Niektóre noce przesypiałem nawet do szesnastu godzin, zupełnie nie mogąc wstać, dopóki nie skończyło się doświadczenie. Paraliż senny jest bardziej powszechny we wcześniejszych latach przebudzenia Kundalini niż w późniejszych, ponieważ Twoja świadomość dostosowuje się do Wewnętrznych Światów, które otwierają się w Tobie do zbadania.

Kiedy spróbujesz obudzić się z paraliżu sennego będąc w Świadomym Śnie, będziesz niesamowicie obciążać swój mózg, ponieważ cykle Twojego mózgu będą nadal rezonować z tą Wewnętrzną rzeczywistością. Ponadto, aktywność mózgu jest zwiększona podczas paraliżu sennego, ponieważ mózg ma wrażenie, że to co przeżywa jest prawdziwe.

W trakcie paraliżu sennego pokonujesz swoje ciało fizyczne, ponieważ Świadomy Sen jest doświadczeniem poza ciałem. W tym czasie Twoje ciało fizyczne będzie zdrętwiałe dla Twojej świadomości, a Oko Umysłu będzie w stanie ekstremalnej hiperaktywności. Zjawisko Świadomego Snu jest doświadczane w całości przez Oko Umysłu, podczas gdy Ty przebijasz się przez nie i wychodzisz z Korony do wyższych Planów Kosmicznych. W miarę jak Twoja świadomość będzie przystosowywała się do rzeczywistości Świadomego Snu, z czasem nauczy się rozróżniać pomiędzy rzeczywistością wewnętrzną a zewnętrzną. Będziesz w stanie przełączać się w i z tych dwóch stanów na rozkaz. Ta umiejętność będzie się rozwijać wraz z doświadczeniem.

Nigdy nie słyszałem, aby paraliż senny był szkodliwy dla Ciebie lub Twojego zdrowia. Jak wspomniano, głównym wyzwaniem jest obudzenie się z niego, kiedy jest to od Ciebie wymagane. Jeśli niemal co noc znajdziesz się w Świadomym Śnie, możesz napotkać ten problem, więc bądź gotowy, kiedy to się stanie. Pomoże Ci, jeśli będziesz miał przygotowane pod ręką wymówki, jeśli nie będziesz mógł zrealizować swoich porannych planów. Powiedzenie "Nie mogę się obudzić" nie wystarczy w nowoczesnym świecie.

Należy również pamiętać, że podczas paraliżu sennego, będziesz wyglądać jak opętany dla innych ludzi, którzy widzą Cię w tym stanie, więc należy uważać, kto ma dostęp do Twojego pokoju podczas snu. Zalecam, abyś powiedział komukolwiek, z kim mieszkasz o tym problemie, więc zostawią Cię w spokoju, jeśli znajdą Cię w tym stanie.

Pamiętam, że wiele razy próbowałem obudzić się z paraliżu sennego, a w momencie gdy zmuszałem się do otwarcia oczu i wstania, wewnętrzna rzeczywistość chwytała mnie i spychała z powrotem na łóżko. Nie pomaga to, że kiedy śnisz Świadomy Sen, Twoje ciało fizyczne czuje się tak ciężkie, jakby było zrobione z ołowiu. Czasami możesz mieć wrażenie, że rzeczywistość zewnętrzna i wewnętrzna walczą o dominację nad świadomością. Jednak w miarę jak Twoja świadomość staje się bardziej świadoma tych różnych Światów Wewnętrznych i doświadcza ich, będzie w stanie przenieść się do i z innych rzeczywistości na rozkaz.

Przebywanie w paraliżu sennym nie jest niebezpieczne. Poza tym, że jestem po nim sparaliżowany i zmęczony, nigdy nie doświadczyłem żadnych innych skutków ubocznych, ani nie słyszałem o nich od innych osób przebudzonych przez Kundalini. Zmęczenie wynika z tego, że wszystkie Twoje wewnętrzne funkcje są zaangażowane w Świadomy Sen, co dodatkowo obciąża Twoje ciało fizyczne, zamiast je odciążać.

Dodam również, że możesz się tak dobrze bawić w tej rzeczywistości Świadomego Snu, że możesz nie chcieć się z niej wyrwać bez względu na to, co musisz zrobić następnego dnia. Pamiętaj również o tym, że Twoje ciało może się w tym czasie nagrzewać bardziej niż zwykle, co powoduje obfite pocenie się. Paraliż senny umożliwia energii Kundalini przekształcenie Cię od wewnątrz, więc jest zwiększona aktywność Kundalini podczas tego stanu.

JAK WYWOŁAĆ ŚWIADOMY SEN

Przez pierwsze dwa lata po przebudzeniu, prawie co noc śniłem. Jednak w drugim roku po przebudzeniu Kundalini zaangażowałem się w działalność Złotego Świtu, gdzie rozpocząłem proces Duchowej Alchemii Pięciu Elementów poprzez Magię Ceremonialną, zmieniając sposób śnienia. Podczas gdy pracowałem nad każdą z dolnych czterech czakr, od dołu do góry, energie żywiołów często wprowadzały mnie w stan bezsenny.

Proces ten wstrzymał w tym okresie śnienie o jasności, ponieważ pozwalałem zewnętrznym energiom przenikać do mojej Aury i przejmować moją świadomość, co osłabiało moc mojej Kundalini. Jak opisałem we wstępie, musiałem to zrobić, aby nauczyć się lepiej funkcjonować w moim życiu na jawie, ponieważ moje mentalne i emocjonalne Ja było w kompletnym nieładzie. Po dostrojeniu moich Czakr i wystarczającym rozwoju duchowym, przestałem pracować z Magią Ceremonialną, która usunęła te obce energie z mojej Aury. W związku z tym moja Kundalini stała się silniejsza niż kiedykolwiek, a Światło Astralne zaczęło się odbudowywać poprzez przyjmowanie pokarmu, co pozwoliło mi na ponowne rozpoczęcie śnienia w bardziej zrównoważony sposób.

Z biegiem lat odkryłem najbardziej optymalne metody, które pozwalają mi wyślizgnąć się z ciała podczas snu i wprowadzić się w stan Świadomego Snu. Na przykład, odkryłem, że jeżeli leżę na plecach z wyciągniętymi dłońmi, to wywołuję w ten sposób doświadczenie Świadomego Snu. Jeżeli leżę na boku, ciało odpoczywa i świadomość nie może go opuścić, ponieważ jest zbyt zakorzeniona w fizyczności. Jeżeli jednak chciałbym wywołać Świadomy Sen, ustawiłbym alarm na szóstą lub siódmą rano, co dałoby mojemu ciału fizycznemu wystarczająco dużo czasu na odpoczynek (przynajmniej pięć godzin), jeżeli położyłbym się do łóżka między północą a pierwszą w nocy. Następnie, przed ponownym zaśnięciem, czasami mówiłem sobie, żeby obudzić się we śnie, co jak się okazało, działało. Innym razem nie musiałem w żaden sposób oszukiwać swojego umysłu, ale nagromadzenie Światła Astralnego było tak intensywne, że wciągnęło mnie w Świadomy Sen.

Istotne jest, aby pozwolić sobie na wyjście z ciała fizycznego i wejście w Świadomy Sen bez świadomej walki z tym doświadczeniem. Jeżeli wywołasz strach lub niepokój podczas próby osiągnięcia tego celu, najprawdopodobniej poniesiesz porażkę. Pamiętaj również o tym, że aby to osiągnąć ciało fizyczne musi być w pełni wypoczęte. Jeżeli ciało fizyczne jest wciąż zmęczone, świadomość nie może z niego wypłynąć. Jeżeli ciało jest wypoczęte, ale mózg nie, to możesz nie wejść w Świadomy Sen, ale wejść w głęboki sen. Mózg musi być wypoczęty, aby mógł rezonować z falami mózgowymi Alfa, które są niezbędne do wywołania tego doświadczenia.

Przez kilka lat po początkowym przebudzeniu Kundalini, moje ciało było tak zbudowane energią Światła, że zaraz po położeniu się do łóżka wpadałem w Złudzony Sen. Leżąc na plecach z wyciągniętymi dłońmi, czułem jak wychodzę z ciała, będąc jeszcze świadomym. Podczas gdy moje oczy były zamknięte, naturalnie podnosiły się do góry, próbując patrzeć na tył mojej głowy. W ten sposób moja świadomość zestroiła się z Okiem Umysłu, umożliwiając mi przejście przez portal w kształcie pączka. Świadomość musi przejść przez portal oka umysłu, żeby w pełni wyjść z Sahasrary, czakry korony. Czakra Bindu również odgrywa rolę w tym doświadczeniu i musi być odblokowana, aby to osiągnąć.

DOŚWIADCZENIA POZAŚWIATOWE W ŚWIADOMYCH SNACH

Kiedy doświadczałem Czakry powyżej Korony, odwiedzałem rozległe i majestatyczne, nigdy wcześniej nie widziane krainy i doświadczałem emocjonalnego uniesienia, które jest materiałem na legendy. Moja bezgraniczna świadomość przenosiła mnie w czasie i przestrzeni do najdalszych zakątków naszej Galaktyki, gdzie mogłem rozszerzyć swoją Istotę do rozmiarów Układu Słonecznego i dalej oraz być świadkiem kosmicznych wydarzeń podobnych do supernowych. Innym razem byłem transportowany na różne planety w i poza naszym Układem Słonecznym, aby komunikować się z Istotami, które tam żyją (Rysunek 157) i doświadczać ich środowisk. Nigdy nie zapomnę transcendentalnego uczucia, jakie wywoływały te doświadczenia poza światem. To tak jakby moja Dusza dotknęła nieskończoności i mogła udać się gdziekolwiek zechce. A najlepsze jest to, że byłem w pełni świadomy, gdy to się działo.

Piękno i mistycyzm obcych krain, które odwiedziłem, są bezprecedensowe, potwierdzając, że opuściłem naszą Planetę poprzez świadomość. Sama możliwość dotarcia i doświadczenia energii tych innych światów była prawdziwym darem przebudzenia Kundalini. Potwierdziło to coś, co zawsze wiedziałem, nawet bez ostatecznych dowodów: nie jesteśmy sami we Wszechświecie.

Najbardziej interesujące w tych wizytach planetarnych jest to, że wszystkie one miały atmosferę, która mogła być siedliskiem życia, z roślinami, zwierzętami i humanoidami, które tam żyły. Mówię humanoidy, ponieważ większość nie-ludzkich inteligentnych istot, z którymi kontaktowałem się w ciągu ostatnich siedemnastu lat, wyglądała w większości jak my. Często byli wyżsi, mieli większe oczy lub jaśniejszą skórę. Niektóre miały spiczaste uszy lub inaczej ukształtowane głowy, a inne miały dłuższe kończyny i inne wariacje naszych części ciała. Spotkałem nawet na naszej Planecie czyste Istoty Światła, które przedstawiały mi się jako Bogowie. W moich licznych doświadczeniach, niektóre

Istoty mówiły do mnie w różnych językach, które mogłem jakoś zrozumieć, podczas gdy inne bezpośrednio komunikowały się ze mną telepatycznie.

W jednym z moich ostatnich doświadczeń poza światem, odwiedziłem planetę, na której rośliny, zwierzęta i humanoidy żyły w całkowitej harmonii ze sobą, dzieląc się zasobami planety. Rośliny były włączone jako część infrastruktury tego świata, a zwierzęta wędrowały po ulicach, wchodząc w interakcje z humanoidami. Doświadczenie rozpoczęło się od projekcji mojej świadomości w ich atmosferę, lotu i spojrzenia na teren z góry. Chociaż mogę poruszać się po Kosmosie za pomocą samej intencji, moja świadomość potrzebuje pojazdu, aby poruszać się w czasie Świadomego Snu, które jest aktywowane przez Kundalini Ciało Światła.

Kiedy już zszedłem, nie mogłem przejść pięćdziesięciu kroków bez napotkania zbiornika wodnego, który był zintegrowany z roślinnością i budynkami jako część całości. Cała scena wyglądała jak jakiś futurystyczny park rozrywki z chodzącymi wszędzie zwierzętami. Większość ich stanowiły czworonogi, porównywalne wielkością do humanoidów.

Kiedy nie zwracałem uwagi na zwierzęta, one zazwyczaj mnie ignorowały. Jednocześnie, jeśli przestraszyłem się widząc nietypowy wygląd zwierzęcia, mój strach przed nim powodował, że stawało się ono defensywne, a czasem nawet próbowało mnie zaatakować. Zwierzę dopasowywało się do mojej energii w większości przypadków, co wyjaśnia, dlaczego tak wiele zwierząt na naszej planecie jest w nieprzyjaźni z ludźmi, ponieważ zazwyczaj nie traktujemy ich z miłością i szacunkiem.

Odkryłem, że każde doświadczenie poza światem jest inne. Czasami rośliny i zwierzęta były znacznie większe niż te na Ziemi, podczas gdy innym razem były mniejsze. Kształty, tekstury i kolory roślin były zawsze uderzające i niezwykle różne. Zwierzęta również miały dziwne cechy i właściwości.

Hollywoodzkie filmy wykonują doskonałą pracę przedstawiając, jak wyglądałyby inne światy, gdybyśmy mogli przebyć tam drogę fizycznie. Jednak większość ludzi nie zdaje sobie sprawy, że nie potrzebujemy rakiet, aby udać się w kosmos i doświadczyć życia pozaziemskiego; możemy to osiągnąć poprzez świadomość. Poprzez Ciało Światła i świat Złudzonych Snów, możemy przemierzać ogromne odległości w ułamku sekundy i wracać z doświadczeniami zmieniającymi życie, które zmieniają nasz pogląd na siebie i nasze miejsce we Wszechświecie.

Ile dokładnie inteligentnego życia znajduje się we Wszechświecie? Wystarczy kierować się logiką. Jeśli Ziemia jest jedyną planetą, która może być siedliskiem życia w naszym Układzie Słonecznym, a w samej Galaktyce Drogi Mlecznej znajdują się miliardy innych układów słonecznych, to wyobraź sobie, jaki jest potencjał. I nie zapominaj, że Galaktyka Drogi Mlecznej jest tylko jedną z miliardów galaktyk we Wszechświecie. Liczba ta jest astronomiczna, nieograniczona, a nawet nieskończona. A ponieważ wszyscy dzielimy nasze istnienie w tym pięknym i ogromnym Kosmosie, nasze ścieżki często mogą się krzyżować podczas wędrówki po tych innych wymiarach. Kiedy dotykamy się nawzajem i przekazujemy sobie energię, niezależnie od tego, czy jest to zamierzone, czy nie, zawsze jest to bardzo błogie i piękne doświadczenie.

Jako ostatnią uwagę chcę wspomnieć, że nigdy nie czułem żadnej wrogości ze strony innych Istot spoza świata, ponieważ stale komunikowały się ze mną z czystą miłością. A ja zawsze odwzajemniałem się i dzieliłem się z nimi jak z członkiem rodziny. Czasami te komunikacje miały miejsce w głębokich stanach sennych jako część jednego ciągłego strumienia świadomości. Jednakże, gdy świadomie stawałem się świadomy tego doświadczenia i moje Ego włączało się, kontakt często gwałtownie się kończył. Dlatego starałem się utrzymać moje Ego w neutralności, nie ekscytując się zbytnio podczas tych kontaktów, aby przedłużyć to doświadczenie tak długo jak to możliwe.

Rysunek 157: Bliskie Spotkanie Piątego Stopnia

Te doświadczenia nie tylko dotknęły mojej Duszy i pozostawiły na mnie trwały wpływ do końca życia, ale często odchodziłem z niesamowitą wiedzą i zrozumieniem na temat natury Kosmosu, ludzkości i celu życia w ogóle. Co więcej, uświadomiło mi to, że wszystkie żywe istoty we Wszechświecie, niezależnie od tego, z jakiej planety czy galaktyki pochodzą, mają jeden podstawowy cel w życiu, do którego dążą za wszelką cenę: Ewolucja Duchowa.

CZĘŚĆ IX: KUNDALINI- MIŁOŚĆ, SEKSUALNOŚĆ I SIŁA WOLI

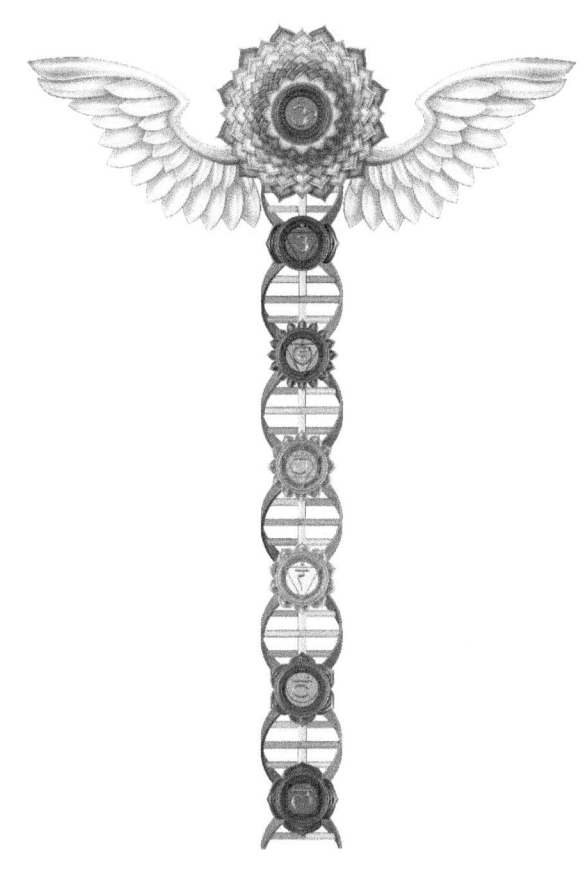

MIŁOŚĆ I ZWIĄZKI

Przebudzenie Kundalini jest pierwszym krokiem całkowitej transformacji w Twoim umyśle, ciele i Duszy. Ponieważ to doświadczenie będzie ewoluowało w tak radykalną zmianę w stosunku do tego kim byłeś wcześniej, jednym z Twoich głównych wyzwań będzie integracja ze społeczeństwem i próba wtopienia się w nie. Chociaż będziesz teraz inną osobą, dla ludzi, którzy znali Cię przez całe życie, nadal będziesz taki sam bez względu na to, czym się z nimi podzielisz.

Co ciekawe, kiedy już ktoś Cię pozna, zwłaszcza członek rodziny lub bliski przyjaciel, zmiana zdania o Tobie staje się prawie niemożliwa. Jedynym sposobem, w jaki mogą zacząć postrzegać Cię inaczej, jest zobaczenie zmiany w Twoim zachowaniu w dłuższym czasie. Jednym z wyraźnych sposobów, w jaki zmieni się Twoje zachowanie, jest wyrażanie miłości wobec innych ludzi. W związku z tym temat ten wymaga dogłębnego zbadania.

Po pierwsze, miłość ma wiele wyrazów i jest podstawą wielu rzeczy. Jest źródłem inspiracji, kreatywności, wiary, radości, romansu i innych pozytywnych rzeczy w życiu. Jest również źródłem jedności między ludźmi i energią, która nas łączy. Sprawia, że śmiejemy się i płaczemy razem. Inspiruje nas również do obejmowania się nawzajem i do prokreacji. Więzi, które z czasem stworzyliśmy z innymi, albo odziedziczyliśmy, albo zbudowaliśmy z czasem. Odziedziczone relacje występują z członkami rodziny, podczas gdy przyjaźnie są czymś, na co zapracowaliśmy w ciągu naszego życia. Stworzyliśmy również więzi z romantycznymi partnerami i być może wybraliśmy jednego partnera, z którym chcemy zbudować rodzinę i spędzić resztę życia.

Zrozumienie źródła i paliwa energii Kundalini pozwoli nam lepiej zrozumieć miłość. W istocie energia Kundalini jest po części sublimowaną energią praniczną, a po części sublimowaną energią seksualną. Ta Energia Życia daje nam witalność i wpływa na naszą wewnętrzną istotę na każdym poziomie. Przebudzenia Kundalini powodują ekspansję Serca, czyli wzrost energii Miłości, w rdzeniu Twojej istoty. Ekspansja Serca jest naturalnym rozszerzeniem Twojej Czakry Serca, gdy integrujesz energię miłości w swoim umyśle, ciele i Duszy. Twoja Czakra Serca staje się rozszerzona, co będzie odczuwane jako całkowite uwolnienie w planie astralnym (emocjonalnym) i mentalnym.

Gdy energia miłości gromadzi się w Twojej czakrze serca, Anahata, nie będziesz już czuł się na łasce negatywnych myśli, ponieważ stracą one zdolność wpływania na Ciebie jak kiedyś. To uwolnienie będzie również odczuwalne w Twoich emocjach, ponieważ energia miłości przenika Twoje serce, oczyszczając i zmywając negatywne emocje. Pamiętaj zawsze, że energia miłości czyści i oczyszcza wszystkie myśli i emocje. Jest ona uniwersalnym pojednawcą i oczyszczaczem wszelkiej negatywnej energii, bez względu na to, na jakiej kosmicznej płaszczyźnie może się ona przejawiać.

Kiedy Twoja Czakra Serca zostanie wypełniona energią miłości, energia ta przefiltruje się do Twojego fizycznego serca. Będziesz teraz nosił ze sobą energię miłości na wszystkich poziomach Bycia. Z tak dużą obecnością miłości, Twoje serce będzie potężniejsze niż kiedykolwiek, co da Ci zauważalnie silniejsze bicie serca i często podwyższone tętno. Energia miłości jest synonimem energii Światła, ponieważ Światło jest esencją miłości. A energia Kundalini to Światło Astralne, czyli sublimowana energia seksualna, która jest miłością. Pamiętaj zawsze, że nie możesz mieć Kundalini bez miłości i Światła, i odwrotnie. W istocie wszystkie trzy terminy oznaczają to samo.

CZTERY FORMY MIŁOŚCI

Według starożytnych Greków istnieją cztery różne formy miłości: Eros, Philia, Storge i Agape. Eros to miłość erotyczna, namiętna, romantyczna, która wiąże się z przyciąganiem seksualnym. Miłość romantyczna jest zazwyczaj wyrażana pomiędzy osobami o przeciwnych płciach duszy, ponieważ każda istota ludzka jest albo wyrazem Śiwy, albo Śakti (Rysunek 158). Tak więc miłość romantyczna wykracza poza ekspresję płci na Płaszczyźnie Fizycznej. Ekspresja seksualna dotyczy ciała fizycznego, ponieważ wiąże się z doznaniami i przyjemnością płynącą z aktów fizycznych, takich jak pocałunek czy stosunek seksualny.

Druga forma miłości, Philia, to miłość do przyjaciół i równych sobie. Philia to miłość do przyjaciół krótkoterminowych i długoterminowych, z których część sięga naszego dzieciństwa. Przyjaciele są swobodnie wybierani i na ogół mają wspólne wartości, zainteresowania i działania. Przyjaciele odzwierciedlają to, kim jesteśmy; widzimy siebie w naszych przyjaciołach i w tym, komu decydujemy się poświęcić nasz czas. Philia to miłość, która wyraża się poprzez umysł. Ponieważ wiąże się z otwarciem na przyjaciół i wymianą naszych przekonań i niedoskonałości, Philia może być bardzo korzystna dla naszego rozwoju w wielu dziedzinach życia.

Trzecia forma miłości, Storge, to miłość rodziców do dzieci i odwrotnie. Storge wykracza jednak poza najbliższą rodzinę i obejmuje wszystkich członków rodziny w Twoim drzewie genealogicznym, którzy mają to samo DNA. Storge to zasadniczo więzi, które odziedziczyliśmy w tym życiu przez przypadek. Różnica pomiędzy Philia a Storge polega na tym, że jesteśmy zobowiązani do wyrażania miłości rodzinie i okazywania wdzięczności, podczas gdy przyjaciół można wybierać. Katalizatorem Storge są nasze wspomnienia, ponieważ członkowie rodziny są częścią nas od urodzenia.

I wreszcie czwarta forma miłości, Agape, to bezwarunkowa miłość i empatia do całej ludzkości. Ta miłość do innych ludzi, niezależnie od okoliczności, nazywana jest miłością bezinteresowną. Agape jest największą z czterech rodzajów miłości; jest to Uniwersalna miłość, którą dobrowolnie dzielimy się ze wszystkimi istotami ludzkimi. Źródłem Agape jest nasza miłość do Boga i uznanie, że wszyscy jesteśmy braćmi i siostrami pochodzącymi od tego samego Stwórcy.

Agape wyraża się poprzez Ducha. Jak już wspomniałem, celem pełnego przebudzenia Kundalini jest przejście całkowitej transformacji duchowej, aby stać się trwałym ucieleśnieniem Agape. Ponieważ omówiłem już w dużym stopniu Agape, chcę się skupić na tym, jak transformacja Kundalini wpływa na inne przejawy naszej miłości, a mianowicie na miłość romantyczną, miłość do przyjaciół i miłość rodzinną.

ROMANTYCZNA MIŁOŚĆ

Po przebudzeniu Kundalini, energia miłości w naturalny sposób zamanifestuje się w Twoim życiu i przefiltruje do Twoich relacji z innymi ludźmi. Jeśli chodzi o romantyczną miłość, odkryjesz, że wszystkie bariery odpadają w Twojej zdolności do przyciągania kochanków. Przekonasz się również, że w miarę postępów w transformacji Kundalini i coraz większego zestrajania się z energią miłości, Twoja charyzma będzie wzrastać.

Staniesz się niemal nieodparty dla płci przeciwnej. Dzieje się tak, ponieważ w miarę dostrajania się do naszego centrum, uświadamiamy sobie, że to nie to, co robimy, ale jak to robimy, czyni nas atrakcyjnymi dla świata zewnętrznego. Nasza energia bazowa przyciąga innych, a nie słowa, które wypowiadamy. Poprzez ten proces stajesz się autentyczny i działasz z magnetycznym celem, który ludzie wokół Ciebie mogą wykryć energetycznie.

Osobowość jest czymś, czego Ego używa, aby odnieść się do świata zewnętrznego. W przypadku romantycznej miłości stoi na przeszkodzie komunikacji z serca. Płeć przeciwna może wyczuć, czy komunikujesz się ze swoim Ego, czy z Duszą. Jeśli próbujesz używać Ego, aby przyciągnąć partnera, Ego drugiej osoby reaguje, co natychmiast stawia ją w defensywie i żadna energia miłości nie jest tworzona lub kierowana.

Aby zbudować prawdziwe połączenie, musi powstać dwukierunkowy obwód energii miłości między obiema osobami. Ten obwód zaczyna się od komunikowania się z czakry serca, Anahata, która jest następnie odwzajemniona w sposób naturalny. Zrozumienie tej koncepcji rzuci światło na to, dlaczego znalezienie właściwej rzeczy do powiedzenia, aby przyciągnąć kobietę, nie działa dla większości mężczyzn. Efekt ten występuje, ponieważ nie chodzi o to, co się mówi; chodzi o energię, która leży u podstaw mówionych rzeczy. Samice są bardziej emocjonalne niż samce, dlatego samce odnoszą sukcesy w przyciąganiu samic tylko wtedy, gdy podchodzą do ich poziomu emocjonalnego, aby ich intencje zostały zrozumiane. Jeśli intencje są nieczyste, samica to wykryje i stanie się defensywna.

Większość intencji pochodzących od Ego niesie ze sobą negatywne konsekwencje karmiczne, ponieważ Ego zawsze zastanawia się: "Co z tego będę mieć?". Stąd też istnieje czynnik kontroli lub manipulacji z Ego, aby uzyskać to, czego chce, jak na przykład utrzymywanie stosunków seksualnych z kimś tylko dlatego, że dobrze wygląda. Z drugiej strony, intencje rzutowane z Duszy są generalnie czyste. Na przykład, Dusza stanie się przyciągana do kogoś w sensie romantycznym i będzie chciała go poznać, a wtedy relacje seksualne pojawią się w sposób naturalny, nie będąc pierwszą rzeczą w umyśle tej osoby. Z tego powodu usłyszycie, że zarówno mężczyźni jak i kobiety mówią, że mają "połączenie", co sugeruje, że ich Dusze są w komunikacji, a nie Ego.

Dwie Dusze przeciwnej płci, które dzielą energię miłości, mogą stworzyć energetyczną "iskrę", aktywując romantyczną miłość między nimi. Jednakże, aby ta iskra wystąpiła, muszą zaistnieć również inne czynniki, takie jak chemia i kompatybilność. Ta energetyczna reakcja powoduje reakcję chemiczną w organizmie, aktywując dobre samopoczucie neuroprzekaźników (dopamina i noradrenalina), które generują romantyczne uczucie miłości.

Rysunek 158: Shiva i Shakti w Miłosnym Uścisku

Jako istotom ludzkim, naszym głównym pragnieniem jest kochać i być kochanym. Ludzie, którzy nie mają bogactwa i nie osiągnęli żadnego z celów, które społeczeństwo im narzuca, a zamiast tego spędzili swoje życie kochając z serca, przyciągną miłość wzajemną i będą w stanie znaleźć prawdziwe szczęście. Następnie są ludzie, którzy uzyskali wysoki poziom bogactwa i sukcesu, ale są straszni w przyciąganiu kochanków, ponieważ pochodzą z miejsca Ego, a nie miłości. Ta energia działa przeciwko nim w przyciąganiu partnera. Zastanawiają się, dlaczego nie mogą tego zrobić, podczas gdy biedna, mniej zamożna osoba ma dziesięć razy więcej sukcesów w tej dziedzinie. Sekret tkwi w kierowaniu energii miłości, nic więcej.

Jeśli chodzi o romans, to jeśli jesteś dostrojony do miłości w swoim sercu, będziesz wydzielał energię, która przyciągnie do Ciebie innych. Ta formuła działa zarówno dla mężczyzn, jak i kobiet. To uczucie, gdy jest prawdziwe, generuje czysty magnetyzm w magiczny sposób. Twoja charyzma wzrasta dziesięciokrotnie, podobnie jak zdolność łączenia się z każdym człowiekiem, czy to dzieckiem, czy osobą starszą. Kiedy mówisz, sięgasz wprost do Duszy innego człowieka, a bariera osobowości zostaje całkowicie przełamana. Pamiętaj, że Ego używa osobowości jako swojego punktu odniesienia, podczas gdy Dusza używa charakteru. Dlatego musisz ominąć Ego, kiedy przyciągasz partnera.

Mówiąc z Duszy, natychmiast tworzysz kontakt i połączenie ze wszystkimi istotami ludzkimi, a z potencjalnymi partnerami tworzy się atrakcja bez względu na to, jak możesz wyglądać fizycznie. Atrakcyjność seksualna nie polega na wyglądzie; chodzi o energetyczne połączenie między dwojgiem ludzi. To połączenie jest tym, co ludzie rozumieją przez "dobre wibracje", których wszyscy szukamy, gdy spotykamy nowych ludzi.

MIŁOŚĆ DO PRZYJACIÓŁ

W przypadku przyjaźni z innymi ludźmi, odnajdziesz się z łatwością, łącząc się z innymi, gdy zbudujesz energię miłości w swojej Czakrze Serca. Staniesz się powiernikiem i najlepszym przyjacielem dla wielu osób w Twoim życiu. Ponieważ przecinasz soczewkę osobowości, możesz komunikować się z Duszami innych ludzi bezpośrednio, a oni czują to w swoich rdzeniach. Wyczuwając Twoją energię miłości, dana osoba poczuje, że może Ci zaufać, co stworzy między Wami silniejszą więź. Z powodu tego uczucia, przyjaciele naturalnie będą chcieli odpowiedzieć taką samą ilością energii miłości lub większą.

Rozwijamy przywiązanie do siebie nawzajem poprzez przyjaźnie, które dają nam poczucie spokoju, bezpieczeństwa, komfortu społecznego i jedności emocjonalnej. Przywiązanie jest związane w mózgu z neuropeptydami: oksytocyną i wazopresyną; podczas gdy mężczyźni doświadczają większego wzrostu poziomu wazopresyny, kobiety doświadczają wzrostu poziomu oksytocyny. Znajdujemy te substancje chemiczne zaangażowane również w wyrażanie miłości rodzinnej i romantycznej między partnerami o dłuższym stażu.

Przebudzenie Kundalini sprawia, że przestajesz brać życie tak poważnie, ponieważ zdajesz sobie sprawę, że Twoja esencja należy do Wieczności, a Twoja Dusza będzie żyła dalej po śmierci fizycznej. Ponadto, poprzez uznanie nierealności świata materialnego, więcej energii miłości wypełni Twoje serce, co zwiększy Twoją zdolność do humoru. Ludzie duchowi są bardzo lekkoduszni, a ich predyspozycje do żartów i komedii są znacznie większe niż przeciętnego człowieka.

Humor dodaje zabawy do rozmowy i jest fantastycznym ujściem dla mówienia tego, co jest w Twoim umyśle bez bycia ocenianym i analizowanym przez innych. Tworzy i utrzymuje więzi między ludźmi, ponieważ tworzy nieodparte pozytywne emocje. Humor odbiera powagę życiu, ponieważ wszystko jest nietrwałe w swej istocie, z wyjątkiem substancji duchowej, która leży u podstaw wszystkich rzeczy. W związku z tym, komedia nawiązuje kontakt z Duchem poprzez przełamywanie intelektualnych konstrukcji umysłu. Humor jest abstrakcyjny; jest poza logiką. Śmiejemy się z czegoś, ponieważ jest to tak nielogiczne, że nie możemy objąć tego umysłem, więc śmiejemy się, aby przełamać napięcie. Pamiętaj, że umysł jest liniowy, podczas gdy serce nie. Z tego powodu humor jest językiem Duszy.

Spędzanie czasu z przyjaciółmi to radosne zajęcie, które w większości przypadków wiąże się z dużą ilością dobrego śmiechu. W końcu chcemy spędzać czas z pewnymi ludźmi, ponieważ czujemy się dobrze w ich otoczeniu. Sprawiają, że się uśmiechamy i śmiejemy, a także wnoszą w nasze życie wgląd i mądrość. W tym sensie będziesz atutem dla przyjaciół i kimś, kogo chcą zawsze trzymać blisko siebie.

Prawo Miłości mówi, że rozdając lub wysyłając miłość, otrzymasz ją potrójnie. To Prawo jest starożytną tajemnicą, którą zna wielu Adeptów Światła. Miłość naprawdę sprawia, że świat się kręci. Dzięki niej wszystko się porusza, rozwija i ewoluuje. Tak więc, naturalnie, kiedy uczysz się kierować energię miłości do innych ludzi, Twoja baza przyjaciół rozszerza się wykładniczo.

W trakcie mojej podróży zgromadziłem wielu, wielu przyjaciół i nadal to robię. A wszystko to przychodzi mi bardzo naturalnie, ponieważ rozmawiam bezpośrednio z Duszą danej osoby. Ludzie rozpoznają moje dobre intencje w chwili, gdy tylko otworzę usta, co rozbija ich systemy obronne. Do dziś wszyscy wokół mnie zastanawiają się, jak mogę rozmawiać z nieznajomym tak, jakbym znał go całe życie. Odpowiedź jest bardzo prosta - jestem sobą. A poprzez bycie sobą, moim Prawdziwym Ja, przyciągam ludzi do siebie.

Każdy chce się związać i połączyć; jest to na najgłębszym poziomie naszej Istoty. Witaj nowych przyjaciół w swoim życiu i inwestuj swoją energię w nich. Wykorzystaj szansę bycia sobą, gdy spotkasz kogoś nowego i miej wiarę w ten proces. Możesz być zaskoczony rezultatem. Rozpoznajemy siebie w innych ludziach, ponieważ wszyscy jesteśmy Bogiem w naszym najgłębszym rdzeniu. I, nadal będąc sobą przy nieznajomych, będziesz rozwijać zdolność do podejmowania nowych przyjaciół, co jest umiejętnością, którą możesz wykorzystywać przez resztę swojego życia.

Kundalini naturalnie chce, abyśmy byli w chwili obecnej, w Teraz, ponieważ pozwala nam to na kanalizowanie energii miłości i bycie ekstrawertycznym. Jeśli przed przebudzeniem Kundalini byłeś osobą bardziej introwertyczną, to w miarę upływu czasu doświadczysz tej zmiany. Kiedy jesteśmy ekstrawertyczni, szukamy więzi z innymi ludźmi oraz kanalizujemy i dzielimy się energią miłości. Z drugiej strony, kiedy jesteśmy introwertyczni, przebywamy wewnątrz naszych umysłów.

Ponieważ umysł wyraża podświadomość, jest to obszar, w którym przejawia się lęk. Introwertycy często odczuwają niepokój od idei interakcji z innymi i podejmowania nowych przyjaciół. Koncepcja łączenia się z innymi wymaga od nich dzielenia się sobą i bycia ekstrawertycznym, co może być wyzwaniem, gdy jest się skupionym w sobie, praktykując miłość do siebie. Używając tylko siebie jako źródła energii miłości, odcinasz się od innych ludzi, którzy mogą pomóc Ci się doładować. Bycie introwertykiem nie pomoże Ci w nawiązywaniu nowych znajomości, choć nie wpłynie na przyjaźnie, które zawarłeś zanim stałeś się introwertykiem.

Kundalini to twórcza, miłosna energia, która zawsze dąży do tego, by się jakoś wyrazić. Komedia jest wyrazem artystycznym, ponieważ wymaga od Ciebie abstrakcyjnego myślenia, aby robić żarty i bawić się z innymi ludźmi. Powitaj komedię w swoim życiu i pozwól jej stać się częścią Ciebie. Bądź latarnią miłości dla siebie i innych. Pozwól, aby doświadczenie kierowania miłości do przyjaciół pomogło Ci dowiedzieć się więcej o sobie i o Wszechświecie, którego jesteś częścią.

RODZINNA MIŁOŚĆ

Gdy Kundalini sublimuje coraz bardziej poprzez przyjmowanie pokarmu i wody, energia Miłości gromadzi się w Twoim sercu i obwodzie Kundalini. W tym czasie więzi rodzinne odnawiają się i rozwijasz silniejszą więź ze wszystkimi członkami rodziny, szczególnie z rodzicami i rodzeństwem. Twoja rodzina jest wyjątkowa, zwłaszcza najbliższa rodzina, która była z Tobą przez większość Twojego życia. Uświadamiasz to sobie w trakcie przechodzenia przez podróż transformacji Kundalini, szczególnie w późniejszych latach, co skutkuje etycznym stanowiskiem wobec rodziny.

Dla mnie, po dwunastu latach życia z przebudzoną Kundalini, rozwinęło się silne pragnienie, aby połączyć się z moimi rodzicami i spróbować zrozumieć ich z innej perspektywy. Nie w taki sposób, że zawsze chodzi o mnie, moje potrzeby i to jak bardzo są irytujący ze swoim zrzędzeniem, jak to robi większość rodziców. Ale w sposób, w którym patrzę poza moją instynktowną reakcję obronną na nich i dostrzegam ciągłe poświęcenie, jakie czynią dla mojej siostry i dla mnie. Poziom miłości, jaki muszą mieć dla nas, by zawsze stawiać nas na pierwszym miejscu, nawet gdy jesteśmy źli.

Rzeczywiście, miłość, jaką rodzic darzy dziecko, jest czymś wyjątkowym. A nauka doceniania miłości rodziców rozwija poczucie honoru wobec nich, obowiązek odpłacenia im taką samą ilością cierpliwości i miłości, nawet jeśli zajmie Ci to całe życie. A jeśli miałeś problemy z rodzicami w przeszłości i czujesz, że nie dostałeś uwagi, na którą zasłużyłeś, teraz jest czas, aby wypracować te problemy i ponownie połączyć się z nimi.

Stając się zmianą, którą chciałbyś zobaczyć w świecie, ludzie naturalnie zmienią się, aby dostosować się do nowego Ciebie. Ale to wymaga wysiłku z Twojej strony, aby dokonać tej zmiany, w tym nie obwiniać innych za to, że rzeczy nie są takie, jak chcesz, aby były. To na Tobie spoczywa odpowiedzialność za każdy związek w Twoim życiu i uświadomienie sobie, że możesz dokonać zmiany.

Łatwo jest wyjść z przyjaźni i romantycznych związków, które mogą okazać się już nieudane, ale relacje z członkami rodziny są na całe życie. Są one dane przez Boga i nie można od nich uciec w tym życiu, nawet jeśli chcesz od nich uciec. Nawet w najgorszych sytuacjach i scenariuszach, musisz wybaczyć swoim rodzicom, zamiast żywić do nich negatywne uczucia, nawet jeśli czujesz, że na to zasługują. Musisz zrozumieć ilość efektu karmicznego, jaki mają na Twoje życie, który nie zostanie zneutralizowany, dopóki nie weźmiesz odpowiedzialności za sytuację i nie zastosujesz bezwarunkowej miłości poprzez wybaczenie ich przewinień wobec Ciebie. Przebaczenie przejdzie długą drogę w tym względzie; umożliwi ponowne rozbudzenie tego energetycznego połączenia między Wami, które jest niezbędne dla Waszego ciągłego rozwoju duchowego.

A jeśli masz rodzeństwo, to czas, aby związać się z nimi bardziej niż kiedykolwiek. Jeśli Cię skrzywdziło, to przebacz im i przyjmij ich miłość z powrotem do swojego życia. Zostałem pobłogosławiony tym, że miałem najbardziej fantastyczne relacje z moimi rodzicami i siostrą. Jestem za to bardzo wdzięczny. Ale zdaję sobie sprawę, że nie każdy został pobłogosławiony w taki sposób i że wiele osób ma trudne relacje z członkami swojej rodziny. W każdym razie, musisz przebaczyć wszelkie krzywdy, które zostały Ci wyrządzone, bez względu na to, jak trudne może to być. Twoim celem, Twoją misją jest ciągły wzrost duchowy.

Uzdrowienie Twoich relacji z rodzicami jest najważniejsze, ponieważ nasi rodzice wpłynęli na nas najbardziej, czasami nieumyślnie, poprzez DNA i uwarunkowania. Na przykład, ekspresja Twojej męskiej energii i to, jak kierujesz tę energię, zwłaszcza do męskich przyjaciół w Twoim życiu, odzwierciedla Twój związek z ojcem. I odwrotnie, to jak wyrażasz swoją kobiecą energię i jak kierujesz ją do kobiet w Twoim życiu, odzwierciedla Twój związek z matką.

A jeśli chodzi o romantyczną miłość, będziesz przyciągać ludzi, którzy pomogą Ci przezwyciężyć energię karmiczną między Tobą a Twoimi rodzicami. Jeśli jesteś mężczyzną, to będziesz przyciągał kobiety, które przypominają Ci o Twojej matce i karmie, która musi być pokonana między Wami. Jeśli jesteś kobietą, to odwrotnie. Ta Uniwersalna Zasada przejawia się podświadomie, czy tego chcesz czy nie. Jej celem jest pomóc nam w nauce miłości do siebie nawzajem i w dalszej ewolucji duchowej.

Nie dajmy się zmylić, co do zastosowania tej uniwersalnej zasady w odniesieniu do niemoralnych i perwersyjnych teorii Zygmunta Freuda. Nazywając to kompleksem Edypa, Freud doszedł do wniosku na podstawie błędnych badań, że wszyscy młodzi chłopcy i dziewczęta mają kazirodcze pragnienia wobec swoich rodziców przeciwnej płci i postrzegają rodziców tej samej płci jako rywali. Błąd w ocenie Freuda polegał na przeniesieniu jego niespokojnego dzieciństwa oraz niezwykłych i dziwnych relacji z rodzicami, zwłaszcza z matką, do jego pracy psychologicznej.

W czasach współczesnych kompleks Edypa nie jest uznawany za prawdziwą rzecz w dziedzinie psychologii, ponieważ nie ma podstaw w rzeczywistości. Niemniej jednak Freud musiał zdawać sobie sprawę, że przyciągamy partnerów, którzy przypominają nam naszych rodziców, ale pomylił się w ocenie, stosując tę uniwersalną zasadę. Na jego wnioski wpłynęły jego własne doświadczenia życiowe i nierozwiązane kwestie w jego podświadomości, które musiały zostać uruchomione, gdy zdał sobie sprawę z istnienia tej Uniwersalnej Zasady.

Atrakcja między płciami występuje podświadomie i odnosi się do zachowania, które rozpoznajemy w innej osobie, które przypomina nam naszych rodziców. W zasadzie atrakcja ta rozwija się po to, abyśmy mogli uzdrowić się psychicznie i emocjonalnie. W końcu nasi rodzice byli pierwszymi Archetypowymi mężczyznami i kobietami, których zidentyfikowaliśmy w naszym życiu. Dorastaliśmy pod ich opieką i wytycznymi, które dla nas ustalili. W rezultacie nasza Dusza i Ego ewoluowały, próbując zadowolić naszych rodziców, a jednocześnie próbując się od nich uwolnić i stać się niezależnymi.

W zależności od biegunowości naszych Dusz, nauczyliśmy się naśladować zachowania ojca lub matki i integrować je jako własne. A w miarę jak przyjmowaliśmy ich miłość, uczyliśmy się również kochać innych. Na ten wyraz miłości największy wpływ mają wtedy nasze relacje z rodzicami. Zrozum jednak, że ta uniwersalna zasada przyciągania dotyczy tylko planu mentalnego i emocjonalnego. Fizyczne przyciąganie jest czymś zupełnie innym.

W zależności od jakości Twoich relacji z rodzicami, będzie to miało wpływ na jakość Twoich romantycznych związków. Zauważysz, że kiedy Twoje relacje z rodzicami zmieniają się na lepsze, ponieważ uczysz się komunikować z nimi Dusza do Duszy, to uzdrowi to te części Jaźni, pozwalając Ci na przyciąganie różnych ludzi w Twoim życiu w celach romantycznych.

W przypadku nadużywających rodziców, najczęściej przyciąga się do nadużywających partnerów, ponieważ jesteś zaprogramowany, aby odnieść się do płci przeciwnej poprzez psychiczne i emocjonalne nadużycie. Jednakże, gdy przezwyciężysz i wybaczysz to nadużycie ze strony swoich rodziców, będziesz niezmiennie przyciągać ludzi w swoim życiu, którzy traktują Cię dobrze i nauczysz się trzymać z dala od obraźliwych ludzi. Jest to najbardziej powszechne wyrażenie tej Uniwersalnej Zasady w naszym społeczeństwie, ponieważ wszyscy znamy ludzi, którzy byli źle traktowani przez swoich rodziców i w zamian przyciągają obraźliwych partnerów romantycznych.

KUNDALINI I ENERGIA SEKSUALNA

Koniecznie trzeba teraz powiedzieć o roli energii seksualnej w procesie przebudzenia Kundalini. Energia Kundalini jest zasilana przez energię seksualną kierowaną do wewnątrz przez kręgosłup i do mózgu. Mówię zasilana, ponieważ po przebudzeniu Kundalini nagromadzenie energii seksualnej w połączeniu z energią praniczną pochodzącą z przyjmowania pokarmu powoduje z czasem ekspansję świadomości.

Energia seksualna może być również impulsem lub katalizatorem przebudzenia Kundalini. Jest to sublimacja tej energii seksualnej poprzez tantryczną praktykę seksualną lub formę medytacji, która powoduje, że przechodzi ona do wewnątrz, aby aktywować Kundalini u podstawy kręgosłupa. Bez tej aktywacji Kundalini leży uśpiona jako utajony potencjał energetyczny w Czakrze Korzenia, Muladhara.

Czym dokładnie jest energia seksualna? Energia seksualna jest twórczą energią wewnątrz Jaźni zasilaną przez czakry Muladhara i Swadhisthana. Zasilają one i podtrzymują nasze umysły, będąc jednocześnie ważnym źródłem inspiracji. Podczas gdy nasze cielesne pragnienia pochodzą z Muladhary, czakry ziemi, Swadhisthana, czakra wody, jest odpowiedzialna za namacalne emocje związane z pożądaniem seksualnym.

Kiedy skupiamy naszą energię seksualną na osobie, którą przyciągamy, tworzymy potężne pragnienie bycia z tą osobą. Pożądanie seksualne jest odczuwane w czakrze Swadhisthana jako euforyczna emocja podobna do motyli lub mrowienia w brzuchu. Ta energia jest wtedy projektująca od naszego obszaru brzusznego do naszego mózgu przez system nerwowy.

Energia seksualna odnosi się do Apana Vayu, ponieważ wiąże się z działaniem czakr Muladhara i Swadhisthana oraz wydalaniem płynów seksualnych z ciała (nasienia u mężczyzn i płynu z pochwy u kobiet). Natomiast energia praniczna jest generowana przez Samana Vayu (ogień trawienny) i Hara Chakra, magazyn Prany w ciele.

Energia seksualna zasila również naszą wyobraźnię, gdy kierujemy ją do czakry serca, Anahata, pobudzając w ten sposób nasze umysły i myśli. Energia seksualna wpływa również na nasze centrum Duszy, czakrę splotu słonecznego, Manipurę. Rozpala ogień Manipury, jednocześnie energetyzując naszą siłę woli. Staje się dynamiczną energią, która napędza nasz motor, motywację i determinację na płaszczyźnie mentalnej.

Kiedy energia seksualna jest rzutowana do Czakry Korzenia, Muladhara, staje się ona naszym impulsem do działania na planie fizycznym. Dlatego energia seksualna jest wykorzystywana przez wszystkie nasze czakry. Chociaż energia praniczna jest uważana za ślepą siłę, to energia seksualna jest inteligentna. Jednak obie energie są niezbędne do zasilania naszych Czakr i ożywiania ich.

Podczas gdy Prana jest energią Życia lub Światła, energia seksualna jest energią tworzenia. Czasami trudno jest odróżnić energię seksualną od Prany, a wielu nauczycieli duchowych myli te dwie energie, a nawet mówi, że są one tym samym. Jednakże, badając swój system energetyczny przez lata, stwierdziłem, że są to dwa odrębne rodzaje energii, które współpracują ze sobą i wymagają siebie nawzajem, aby spełniać swoje funkcje.

Istotne jest również rozróżnienie pomiędzy energią Kundalini a energią seksualną. Wraz z Praną, energia seksualna zasila energię Kundalini po jej przebudzeniu. Jednak energia Kundalini ma swoje własne składniki związane z rozszerzaniem świadomości i wyrażaniem Jaźni.

Po aktywacji Kundalini energia seksualna staje się niezbędna, ponieważ ożywia Kundalini, pozwalając Ci na wykorzystanie Twoich nowych zdolności. Na przykład, nie możesz wykorzystać zwiększonej kreatywności i wyobraźni do ich najwyższego potencjału, jeśli brakuje Ci energii seksualnej potrzebnej do ich wykorzystania. Energia seksualna jest bardziej subtelną siłą niż zwykła Prana, ponieważ pozwala nam na dostęp do każdej części nas samych, kiedy skupimy nasze umysły.

Istnieje bezpośrednia korelacja pomiędzy stymulacją seksualną a aktywnością Kundalini, która leży w Czakrze Ziemi. Kiedy podniecasz się seksualnie, wytwarzasz statyczny ładunek elektryczny, który może pobudzić energię Kundalini do ruchu w taki sam sposób, w jaki rozruszałbyś akumulator samochodowy. Dlatego budowanie podniecenia seksualnego poprzez praktyki tantryczne i skierowanie go do wewnątrz może spowodować potężne przebudzenie Kundalini.

Dlaczego istnieje korelacja między pobudzeniem seksualnym a przebudzeniem Kundalini? Odpowiedź może leżeć w celu naszego życia tu na Ziemi, która jest poligonem doświadczalnym dla Dusz. Na przykład Bóg-Stwórca stworzył istoty ludzkie i dał nam Wolną Wolę, abyśmy mogli wybrać, w jaki sposób chcemy wyrazić naszą energię seksualną: szukać zaspokojenia Ego poprzez pragnienie seksu jako formy fizycznej przyjemności lub wykorzystać tę samą energię i przyciągnąć ją do wewnątrz poprzez praktyki tantryczne, aby obudzić naszą ukrytą energię Kundalini. W przypadku fizycznej kulminacji lub orgazmu, wydalamy tę energię z nas i uwalniamy ją z powrotem do Wszechświata. Kiedy wciągamy tę energię do środka przez mózg za pośrednictwem systemu nerwowego, dążymy do duchowej transformacji. Każda chwila dnia jest testem naszej Wolnej Woli i tego, czy chcemy wywyższyć naszą Duszę czy Ego, które dąży do zrobienia radykalnie różnych rzeczy z tą Boską energią.

Większość ludzi jest całkowicie nieświadoma, że istnieje inny powód, dla którego mają w sobie energię seksualną, ponieważ są skoncentrowani na używaniu jej jedynie dla przyjemności. Ludność świata jest bardziej napędzana impulsem seksualnym i pragnieniem seksu niż czymkolwiek innym w życiu. Gdyby ludzie znali tylko inny sposób wykorzystania tego daru, mogłoby to całkowicie zmienić sposób, w jaki postrzegamy energię seksualną. Wierzę, że jest to jedna z istotnych ról, jakie przebudzeni Kundalini odgrywają teraz na świecie: nie tylko bycie emisariuszami energii Kundalini, ale także oświecanie ludzi na temat mocy i potencjału ich seksualności.

POBUDZENIE SEKSUALNE I BYCIE "NAPALONYM"

Męska energia seksualna odnosi się do Ognia Elementu Ziemi. Jest ona silnie napędzana przez Płaszczyznę Fizyczną, która działa na Płaszczyznę Astralną Elementu Wody. Ogień Ziemi przekształca się w emocję podniecenia seksualnego poprzez Czakrę Swadhisthana.

Podczas gdy mężczyźni są bardziej zmotywowani przez swoją Czakrę Ziemi w kwestii podniecenia seksualnego, kobiety są pod większym wpływem Czakry Wody. To wyjaśnia, dlaczego podniecenie seksualne u mężczyzn jest silnie uzależnione od wyglądu fizycznego kobiety, podczas gdy kobieta jest bardziej podniecona tym, jak mężczyzna sprawia, że się czuje.

Męska energia seksualna jest jak ogień, który szybko się zapala, płonie jasno i szybko gaśnie. I odwrotnie, kobieca energia seksualna jest jak woda: wolno się nagrzewa, ale gdy już się zagotuje, to długo się utrzymuje. Energia Ognia mężczyzny jest odpowiedzialna za rozgrzanie energii Wody kobiety. Dlatego mężczyźni spędzają czas i energię pracując nad swoimi cechami Alfa, aby przyciągnąć kobiety. Z drugiej strony, kobiety spędzają dużo czasu i energii na poprawieniu swojego wyglądu fizycznego, aby być bardziej atrakcyjne dla mężczyzn.

Podczas gdy mężczyźni mają zazwyczaj silniejsze libido, kobiety mają zwiększony zakres i intensywność pobudzenia. Mężczyzna może uzyskać erekcję pozornie bez stymulacji i czuć się seksualnie podniecony lub "napalony". "W przeciwieństwie do tego, kobieta rzadko odczuwa to samo bez uprzedniej stymulacji. Częścią przyczyny jest to, że ciało mężczyzny jest napędzane przez testosteron, który jest szybciej działający niż żeński hormon płciowy, estrogen.

Okultystyczna symbolika i znaczenie słowa "horny" dają nam dalszy wgląd w to, jak działa podniecenie seksualne i jaki jest jego cel. Horny sugeruje zwierzęce rogi, symbolizujące zwierzęcą naturę ludzkości. W końcu dzielimy pragnienie relacji seksualnych i prokreacji ze wszystkimi ziemskimi zwierzętami. Jednak rogi są również związane z diabłem i jego demonicznymi sługusami w chrześcijaństwie i innych tradycjach religijnych i ezoterycznych. W rzeczywistości "Hornie" to osiemnastowieczne szkockie określenie diabła.

Kiedy mężczyzna staje się pobudzony seksualnie lub napalony, w jego lędźwiach zaczyna płonąć Ogień, który rozpala całą jego Istotę (Rysunek 159). Ogień ten pochodzi z czakry Ziemi, Muladhara, związanej z płaszczyzną fizyczną i światem materii. W związku z tym w Tarocie karta Diabeł jest określana jako "Pan Bram Materii". "Dzieje się tak, ponieważ Diabeł reprezentuje Świat Fizyczny, antytezę Duchowego Świata Boga. Aby dodać symboliki, Koziorożec, Kozioł Górski (rogata bestia), ognisty znak zodiaku, jest związany z kartą Diabła w Tarocie.

W Tarocie Hermetycznym, karta Diabeł przedstawia gigantyczną bestię z rogami, której głowa ma kształt odwróconego Pentagramu, co sugeruje związek pomiędzy Niższym Ja, Ego i Diabłem. Diabeł ma duże, nietoperzowe skrzydła i dolną część ciała zwierzęcia z ogniem płonącym w jego lędźwiach (w niektórych przedstawieniach). W lewej ręce trzyma pochodnię skierowaną w dół, w stronę Ziemi, a jedną rękę ma skierowaną w górę, w stronę Niebios (As Above, So Below). Stoi na szczycie ołtarza, do którego przykutych jest dwoje nagich, męski i żeński, ludzi, z rogami. Są oni związani z Diabłem z powodu ich pożądania do siebie.

Rysunek 159: Pobudzenie Seksualne u Mężczyzn

Żądza definiowana jest jako przemożne pragnienie nawiązania z kimś stosunków seksualnych w celu osiągnięcia przyjemności fizycznej. Żądza jest antytezą miłości; jest uważana za jeden z siedmiu grzechów śmiertelnych ze względu na jej często niezrównoważoną ekspresję. Diabeł i jego sługusy są odpowiedzialni za zmuszanie ludzkości do angażowania się w siedem grzechów śmiertelnych. Nic dziwnego, że słowo "diabelski" stosuje się do kogoś będącego grzesznikiem, w tym angażującego się w dużą aktywność seksualną z wieloma partnerami.

Dlatego też, tak jak czakra Sahasrara dostraja nas do naszego Świętego Anioła Stróża, naszego Boga-Ja, tak czakra Ziemi łączy nas z jej przeciwieństwem - diabłem. Obie są personifikacjami Jaźni, z którą możemy się połączyć poprzez umysł. Diabeł nie jest jednak całkowicie zły, ale jest wyrazem naszej zwierzęcej natury, którą musimy szanować i trzymać pod kontrolą. W konsekwencji czakra ziemi jest naszą bramą do Królestwa Diabła, demonicznego królestwa, które nazywamy piekłem. Nie jest przypadkiem, że Piekło lub Świat podziemny (Underworld) jest przedstawiany jako ognisty dół głęboko w skorupie ziemskiej.

Jednym z powodów, dla których chrześcijaństwo i inne religie szkalowały seks, jest jego transformacyjna moc. Raz po raz abstynencja pokazywała swój potencjał w zatruwaniu umysłu i produkowaniu chorych i zboczonych ekspresji, które nie są zsynchronizowane z naturą i Bogiem. Z drugiej strony, angażowanie się w aktywność seksualną w sposób zrównoważony, pełen szacunku i miłości może prowadzić do duchowego przebudzenia. Zamiast więc demonizować seks i tworzyć awersję do relacji seksualnych jako sposobu na zbliżenie się do Boga, musimy starać się go zrozumieć, by móc wykorzystać jego ogromną moc.

RELACJE SEKSUALNE

Po pełnym przebudzeniu Kundalini zrozumiesz prawdziwy cel stosunku seksualnego i jego symboliczne znaczenie jako zjednoczenia energii męskiej i żeńskiej. To zjednoczenie następuje na poziomie Płaszczyzny Umysłowej, co pozwala nam przekroczyć dualność umysłu, abyśmy mogli osiągnąć Płaszczyznę Duchową.

W momencie narodzin zostaliśmy wprowadzeni do tego świata dualności i otrzymaliśmy albo męskie albo żeńskie ciało. Jako ludzie, w naturalny sposób dążymy do zrównoważenia naszych energii seksualnych. Jednym ze sposobów, w jaki to robimy jest stosunek seksualny. Pragniemy być z osobą, która uzupełnia naszą seksualność, aby znaleźć jedność na poziomie duchowym. Stosunek seksualny jest rodzajem rytuału, który polega na integracji dwóch ciał fizycznych. Kiedy penis wchodzi do pochwy podczas tego procesu, dwa ciała dosłownie stają się jednym.

Między dwiema osobami przeciwnej płci, oboje przechodzącymi przebudzenie Kundalini, stosunki seksualne mogą być prawdziwie magicznym doświadczeniem. Energia Kundalini pomiędzy nimi tworzy rodzaj baterii, tym samym rozszerzając swoją moc dwukrotnie. Ta ekspansja energii Kundalini powoduje wzrost świadomości i głębsze doświadczenia transcendentalne. Pozwala również partnerom dostroić się do swoich ciał duchowych w stopniu niemożliwym do osiągnięcia w pojedynkę.

Energia jednego partnera zasila energię drugiego partnera. Ponieważ Drzewo Życia każdego z partnerów jest aktywowane, aktywowane są również energie, które składają się na całość ich świadomości. Kiedy dwoje przebudzonych przez Kundalini partnerów łączy się seksualnie, każdy z nich jest karmiony na najgłębszych poziomach swojej istoty przez energię drugiego, uzdrawiając je jednocześnie. Energia jednego partnera wypycha negatywność drugiego tylko poprzez przebywanie w jego obecności, ponieważ ich Aury się przenikają. Nie muszą się nawet dotykać, aby to nastąpiło. Muszą po prostu znajdować się w tym samym sąsiedztwie, aby być na tej samej częstotliwości lub długości fali.

Dla przebudzonych jednostek Kundalini, rzeczywisty akt seksualny staje się Tantryczny. W rezultacie oboje partnerzy mogą doświadczyć wewnętrznych orgazmów dzięki energii seksualnej wyzwalanej na głębszym poziomie przez Kundalini drugiej osoby. Podczas mojej podróży Kundalini miałem przywilej przebywania z kilkoma przebudzonymi kobietami i seksualne połączenie, które dzieliliśmy było niewiarygodne. Gdy tylko zbliżaliśmy się do siebie, manifestowało się to, jako podwyższony stan świadomości, wzmacniając naszą energię seksualną do takiego stopnia, że często drżałem będąc w ich pobliżu.

Stosunek seksualny jest rytuałem zjednoczenia, rodzajem więzi lub sublimacji płci na planie fizycznym, który wywołuje takie same efekty na planie astralnym i mentalnym. Jego celem jest przekroczenie niższych Planów Kosmicznych, aby wibracja świadomości mogła się podnieść i wejść na Płaszczyznę Duchową. Uzdrowienie następuje na wszystkich poziomach, umysłu, ciała i Duszy.

ZACHOWAJ SWOJĄ ENERGIĘ SEKSUALNĄ

Innym krytycznym pytaniem dotyczącym seksualności, które często mi się zadaje, jest to, czy mądrym jest wytrysk podczas procesu Kundalini. Na przykład, kiedy wytrysk może być w porządku, a kiedy należy zachować swoje nasienie? Należy pamiętać, że pytanie to zadają zazwyczaj mężczyźni, chociaż ta sama zasada dotyczy kobiet.

Kundalini używa Twojej energii seksualnej i Prany z pożywienia do zasilania obwodu energetycznego Kundalini. Odkryłem, że w szczytowych punktach tego procesu sublimacji/transformacji, niezbędne jest oszczędzanie swojego nasienia poprzez całkowite unikanie seksu i masturbacji. Tylko jeden orgazm może pozbawić Cię witalności na okres do 24 godzin lub dłużej. To znacznie utrudnia proces transformacji, pozwalając jednocześnie Ego na silniejsze umocowanie w świadomości, powodując wzmocnienie strachu i niepokoju w Tobie.

Energia seksualna rośnie w siłę z czasem, a im dłużej oszczędzasz swoje nasienie, tym bardziej przekształcasz Kundalini wewnątrz. W swoim najwyższym szczycie, kiedy czujesz się najbardziej seksualnie spięty i podniecony, energia seksualna współpracuje z Praną, aby zmienić jakość i stan energii Kundalini w Tobie. Proces ten jest transmutacją, czyli przekształceniem surowego ognia Kundalini w bardziej delikatną, duchową energię, która przejmuje władzę, zasilając system.

Nie mówię, że masz być w celibacie jak mnisi czy księża i nigdy więcej nie masturbować się czy uprawiać seksu. Byłoby to niezdrowe i nieproduktywne dla Twojego rozwoju, ponieważ musisz dbać o ciało fizyczne i jego potrzeby, jak również o swoją duchowość. Zamiast tego mówię, żeby powstrzymać się od seksualnego uwolnienia przez pierwszy okres po początkowym przebudzeniu Kundalini, a następnie ponownie włączyć seks i masturbację z powrotem do swojego życia w zrównoważony sposób. Pamiętaj, że udane życie polega na równowadze, a nie na zaniedbywaniu jednej rzeczy na rzecz drugiej.

Jednak po przebudzeniu Kundalini mądrze jest przez kilka miesięcy całkowicie powstrzymywać się od ejakulacji. Ta zasada dotyczy zarówno mężczyzn jak i kobiet. Energia seksualna jest niezbędna; jeśli dojdzie do wytrysku, poczujesz się pozbawiony życia i zdrenowany, będziesz musiał jakoś odbudować swoją energię seksualną.

Odkryłem, że ciało wymaga Cynku podczas odbudowy energii seksualnej w Tobie po uwolnieniu. Dlatego sugeruję, aby zamiast czekać, aż Twoje ciało odbuduje ją w sposób naturalny, wziąć suplement cynku lub zjeść trochę ryb lub pestek dyni, które zawierają duże ilości cynku. Cynk jest niezbędny, ponieważ jest on kwasem w baterii, podczas gdy Kundalini działa jak prąd elektryczny AC/DC. Bez Cynku, bateria nie działa w optymalnej wydajności i potrzebuje doładowania.

Po przebudzeniu Kundalini, w zależności od tego, gdzie jesteś w procesie transformacji, rozwiniesz zdolność wcielania się w innych ludzi i odczuwania ich energii, w tym ludzi, których oglądasz w telewizji i w filmach. Ten "dar" może wkrótce poczuć się jak przekleństwo, gdy zastosujesz go do pornografii, ponieważ umożliwi Ci odczuwanie tego, co oglądasz, tak jakby działo się to z Tobą. Nie ma potrzeby posiadania zestawu wirtualnej rzeczywistości po przebudzeniu Kundalini. Jakkolwiek zabawne i ekscytujące może to być na początku, nie pozwól sobie jednak na rozwinięcie uzależnienia od pornografii i cofnięcie się w swoim procesie Ewolucji Duchowej.

Musisz uregulować masturbację i nie angażować się w nią częściej niż raz lub dwa razy w tygodniu i tylko przed snem, aby Twoje ciało mogło odbudować energię seksualną do rana. Ponieważ ten proces będzie trwał do końca życia, musisz traktować swoją energię seksualną z szacunkiem. Nie funkcjonujesz już jak nieprzebudzona osoba, która może masturbować się i wytryskiwać wielokrotnie w ciągu dnia i pozostać bez wpływu. Będziesz czuł się ograbiony ze swojej witalności za każdym razem, gdy będziesz miał wytrysk, więc miej to na uwadze.

Przekonałem się, że masturbacja może być świetną pomocą, gdy nie można wywołać snu w inny sposób, ponieważ pozwala na powitanie odpoczynku i zgaśnięcie jak żarówka po wyczerpaniu energii seksualnej. Stłumiona energia seksualna może uczynić umysł osłupiony, a nawet wywołać gniew i agresję, zwłaszcza u mężczyzn, co nie pozwala spać w nocy. Ale znowu, staraj się nie masturbować więcej niż kilka razy w tygodniu i tylko po tym jak początkowy proces sublimacji/transformacji Kundalini jest zakończony. Skąd będziesz wiedział, że jest on zakończony? Poczujesz, że wewnątrz Ciebie pracuje nowy rodzaj energii, która zastępuje surowy Ogień Kundalini. Energia ta ma efekt transcendentalny, ponieważ w miarę upływu czasu rośnie i rozszerza świadomość coraz bardziej.

Jako ostatnia uwaga na ten temat, ponieważ utrzymywanie miłosnych, seksualnych relacji z jednym partnerem może być korzystne dla Twojego duchowego rozwoju, nie sugeruję, abyś całkowicie odciął się od seksu w dowolnym momencie bez uprzedniej konsultacji z partnerem. Jeśli bezdusznie powstrzymasz się od seksu ze swoim partnerem bez wytłumaczenia się, może on poczuć, że coś jest z nim nie tak, co naruszy integralność Waszego związku. Jest to niemądre, zwłaszcza jeśli masz dobrą chemię z tą osobą i widzisz swoją przyszłość z nią.

Zamiast tego zakomunikuj swoje potrzeby swojemu partnerowi i może osiągnij kompromis, aby przez jakiś czas uprawiać seks raz w tygodniu lub co kilka tygodni, a następnie zwiększ częstotliwość, gdy minie punkt, w którym wysublimowałeś energię Kundalini. Wylanie swojego nasienia z ukochaną osobą może być drenujące dla ciała, ale może być korzystne dla Twojej Duchowej Alchemii, ponieważ istnieje wymiana pozytywnej, uzdrawiającej energii na subtelnym poziomie.

Jednak ejakulacja poprzez masturbację jest absolutnym odprowadzaniem Twojej seksualnej esencji do Aethyru, bez niczego w zamian. Ludzie, którzy uzależnili się od pornografii, otwierają się na demoniczne byty, które przyczepiają się do ich Aury, aby mogły żywić się ich uwolnioną energią seksualną.

Inkub jest demonem w męskiej formie, który żywi się energią seksualną kobiet. I odwrotnie, Sukkub jest demonem w formie żeńskiej, który żywi się energią seksualną mężczyzn. Inkuby i Sukuby znane są z tego, że uwodzą ludzi w snach i utrzymują z nimi stosunki seksualne, dzięki czemu mogą pozbawić ich seksualnej esencji poprzez doprowadzenie ich do szczytowania. Są one również uosabiane przez aktorów filmów dla dorosłych podczas oglądania pornografii.

Ludzie, którzy karmią te Demony, często przeżywają trudny czas, gdy próbują się od nich uwolnić i zatrzymać swoje uzależnienie od pornografii. Pornografia jest wolna nie bez powodu; jest to pustka, której celem jest kradzież seksualnej esencji człowieka i odebranie mu potencjału do duchowej przemiany. Istnieje ku temu polityczny powód, który wykracza poza zakres tej pracy, ale wspominam o nim tutaj, abyś był świadomy i nie wpadł w jego pułapkę.

SEKSUALNE PRAGNIENIA

Ponieważ Kundalini może zostać obudzona przez energię seksualną zwróconą do wewnątrz, oznacza to, że możemy rozszerzyć jej możliwości, co nieodmiennie wpływa na nasze popędy seksualne. Na przykład, kiedy Kundalini jest w szczytowej transformacji w początkowych etapach po przebudzeniu, możesz czuć się jak zwierzę w rui. W rezultacie możesz wykazywać pragnienia seksualne, jakich nie doświadczyłeś wcześniej. Kiedy jednak początkowy okres sublimacji energii seksualnej zostanie zakończony, poczujesz uwolnienie od tego intensywnego podniecenia seksualnego, gdy Twoje libido stanie się zrównoważone.

Ponieważ jednak proces sublimacji energii seksualnej trwa, i ponieważ możesz doświadczyć zwarć, w których będziesz musiał odbudować swoje kanały energetyczne, Twoje popędy seksualne mogą ulegać znacznym wahaniom do końca życia. Często przychodzą falami, gdzie Twoja energia seksualna włącza się bardzo mocno na krótki okres, przynosząc ze sobą intensywną potrzebę uwolnienia, po czym następuje przedłużony okres, kiedy jesteś w równowadze.

Jednak patrząc na przebieg całego Twojego życia po przebudzeniu Kundalini, Twoja energia seksualna będzie stosunkowo zrównoważona. Te fluktuacje, o których mówię, występują przez około 20-30% tego czasu. Nigdy nie zapominaj, że Kundalini jest inteligentną energią, która nigdy nie daje nam więcej niż jesteśmy w stanie obsłużyć.

Kiedy zalecałem, abyś nie masturbował się ani nie uprawiał seksu częściej niż kilka razy w tygodniu, odnosiłem się do tej potrzeby, która może się rozwinąć w celu seksualnego uwolnienia. Nie ma sensu torturować się nawet wtedy, gdy jest to korzystne dla zachowania nasienia. Robienie tego spowoduje spustoszenie w Twoim umyśle i będzie przeciwskuteczne dla Twojego wzrostu.

Dlatego jeśli potrzebujesz uwolnienia, rób to raz lub dwa razy w tygodniu, ale tylko w nocy przed snem, jeśli masturbujesz się. Przyzwyczajaj się do tego, by nie być przypadkowym w swoich seksualnych uwolnieniach. Musisz przyjąć naukowe podejście do wewnętrznych zmian zachodzących w Twoim ciele, które jest Twoim laboratorium. Przejmij kontrolę nad tym procesem, zamiast pozwalać, by proces kontrolował Ciebie.

Kiedy Twoja energia seksualna jest generowana, poczujesz jak gromadzi się w Twoim brzuchu w czakrze Swadhisthana. Czasami może pojawić się tak silnie, że powoduje hiperwentylację. Naturalnie, ten okres to czas kiedy musisz pozwolić sobie na zrównoważoną aktywność seksualną w swoim życiu. Jednak, niezależnie od tego, jak potężne mogą być te seksualne popędy, musisz zachować zrównoważony umysł i nie traktować tego jako znak, aby zamienić się w nimfomankę i być frywolnym ze swoimi aktywnościami seksualnymi.

Będzie to niesamowita przeszkoda na Twojej ścieżce duchowej, jeśli nie będziesz uważać, z kim angażujesz się w aktywność seksualną. Poza narażeniem się na choroby przenoszone drogą płciową, stawiasz się w pozycji, w której przyjmujesz energie ludzi, dobre i złe, poprzez utrzymywanie z nimi stosunków seksualnych.

Zamiast tego radzę Ci znaleźć jednego spójnego partnera, kogoś, z kim masz dobrą chemię, nawet jeśli na początku jest to tylko fizyczne. Bądź przejrzysty w swoich intencjach i nie prowokuj ludzi. Jeśli postawisz się w pozycji, w której możesz zgromadzić złą karmę od bycia z kimś, kiedy wszystko czego potrzebujesz to seksualne uwolnienie, to lepiej będzie jeśli będziesz się masturbował, żeby się odstresować.

Polecam uprawianie seksu nad masturbacją, ponieważ seks wymienia energię życiową, podczas gdy masturbacja nie. Zauważysz różnicę w tym, jak się czujesz po uwolnieniu z obu aktywności. Masturbacja pozostawi Cię bardzo zdrenowanym po orgazmie, podczas gdy stosunek seksualny może sprawić, że poczujesz się spełniony po, z właściwym partnerem. W obu przypadkach będziesz potrzebował trochę czasu, aby odbudować swoją energię seksualną. Masturbacja będzie wymagać znacznie więcej czasu na regenerację.

Wspomniałem, że należy oszczędzać swoje nasienie tak bardzo, jak to możliwe po przebudzeniu Kundalini, ale pamiętaj, że przede wszystkim odnosiłem się do okresu okna, kiedy budujesz swoje kanały energetyczne poprzez energię seksualną i Pranę. Uznaję, że posiadanie zdrowego życia seksualnego i uwalnianie seksualne poprzez masturbację jest tak naturalne jak nasze organiczne ciała. W końcu Twoja energia seksualna może pojawić się tak silna, że sprawia, iż czujesz się opętany, jeśli czegoś z tym nie zrobisz. Jednak, jak ze wszystkimi rzeczami w życiu, bycie sumiennym i kontrolowanie swoich działań jest kluczem do sukcesu. Wsłuchaj się w to, co komunikuje Ci Twoje ciało i w razie potrzeby uwolnij trochę ciśnienia. Równowaga w umyśle, ciele i Duszy jest prawdziwą ścieżką inicjacji Światła.

Możesz również mieć okres w swoim życiu, kiedy będziesz mieć znacznie niższy popęd płciowy, a Twoje pragnienie seksu może wydawać się nieistniejące. Nie bądź zaniepokojony, jeśli tak się stanie; jest to normalna część procesu. Dlatego dostosuj się do tego okresu odpowiednio. Zazwyczaj nie trwa on zbyt długo. Jednak sygnalizuje czas na introspekcję i budowanie energii poprzez przyjmowanie pokarmów, kiedy to się dzieje. Nie czuj się winny, jeśli nie możesz zaspokoić swojego partnera tak, jak kiedyś, ale niech wie, co się dzieje i zrób, co możliwe, aby uzyskać jego zrozumienie. Jeśli nie uczyni tego i sprawi, że poczujesz się winny z tego powodu, że Ci się to przydarzyło, powinieneś ponownie przemyśleć swoją relację z nim.

ATRAKCYJNOŚĆ SEKSUALNA

Wszyscy ludzie chcą być postrzegani jako atrakcyjni dla innych, aby mieć obfitość miłości i związków. Jednak większość ludzi nie zdaje sobie sprawy, że ma pełną kontrolę nad tym procesem. Istnieją prawa, które rządzą procesem przyciągania, szczególnie przyciągania seksualnego, a ci ludzie, którzy znają te prawa świadomie, mogą wywołać przyciąganie u innych z zastosowaniem ich siły woli.

Na przykład osoba przebudzona przez Kundalini, po wielu latach osobistej transformacji, staje się bardzo atrakcyjna dla innych ludzi. Dzieje się tak dlatego, że ich zmiany w umyśle, ciele i Duszy zmieniają ich sposób myślenia i zachowanie, czyniąc ich naturalnie atrakcyjnymi dla każdego, kogo spotykają. W rezultacie osoby te mają łatwiejszy czas na znalezienie romantycznego lub seksualnego partnera oraz znalezienie nowych przyjaciół w swoim życiu.

Wielu przebudzonych ludzi przeocza te osobiste zmiany i przypisuje tę nowo odkrytą atrakcyjność przeznaczeniu lub przypadkowi. W rzeczywistości stoi za tym niewidzialna nauka. Prawa dotyczące seksualnego przyciągania między ludźmi odpowiadają uniwersalnym prawom, które rządzą całym Stworzeniem. Stworzenie jest w pewnym sensie doskonałe, a energia przyciągania jest jednym ze sposobów, w jaki stara się ono takim pozostać.

Czym więc jest atrakcyjność seksualna? Najlepszym sposobem wyjaśnienia atrakcyjności seksualnej jest stwierdzenie, że jest to sposób natury na ulepszenie naszej puli genów. Innymi słowy, atrakcyjność seksualna to sposób, w jaki natura zapewnia, że najbardziej rozwinięci ludzie będą się rozmnażać i kontynuować istnienie naszej rasy.

Natura jest w ciągłym procesie ewolucji, a ci ludzie, którzy są zgodni z tym Prawem i są mistrzami swoich rzeczywistości, to ci, którzy aktywowali swój ukryty potencjał DNA, aby stać się najlepszymi wersjami samych siebie. W rezultacie ludzie ci stali się atrakcyjni dla innych, co pozwala im łatwiej znaleźć partnera i rozmnażać się.

Chociaż atrakcyjność seksualna jest naturalną ekspresją, uczenie się cech tych wyewoluowanych ludzi, którzy wywierają dominację w swoim życiu, pozwala Ci "udawać, dopóki nie zrobisz tego". Innymi słowy, nie musisz zaczynać od bycia atrakcyjną seksualnie osobą, ale możesz nauczyć się cech behawioralnych tego typu ludzi i użyć tych cech we własnym życiu, aby być atrakcyjnym dla innych.

Zrozum, że atrakcja dotyczy zarówno mężczyzn, jak i kobiet. Możesz przyciągnąć romantycznego lub seksualnego partnera, ale także nowych przyjaciół, ponieważ wszyscy ludzie naturalnie grawitują w kierunku atrakcyjnych ludzi. Rozpoznajemy coś specjalnego w atrakcyjnych ludziach i chcemy być wokół nich. W rzeczywistości to, co postrzegamy w tych ludziach, jest lepszą wersją nas samych.

PIERWSZE DWIE MINUTY SPOTKANIA

Atrakcyjne osoby są charyzmatyczne, wolne i nieskrępowane w każdy sposób, w jaki wszyscy chcemy być. Są liderami zamiast naśladowcami i przyciągają uwagę przez cały czas, nawet gdy milczą. Nigdy nie boją się mówić swoich poglądów i są odważne oraz asertywne. Mają silną wolę i są spokojne, nawet w obliczu przeciwności.

Atrakcyjni ludzie są często zabawni i rozrywkowi, ale także zrelaksowani, spokojni i opanowani. Mają pewne przekonania na swój temat, które stale podtrzymują. Ci ludzie robią wszystko szczerze i z całego serca. Są pasjonatami i żyją pełnią życia, nie żałując niczego. Biorą to, co chcą i nie usprawiedliwiają swoich działań.

Nawet jeśli, być może nie wykazujesz niektórych z wymienionych wyżej cech, nie rozpaczaj. Natura pozwala nam na przebudowę siebie w każdym momencie, a Ty możesz wykorzystać jej Prawa, aby zacząć stawać się atrakcyjną osobą. Kluczem jest skupienie swojej energii na stawaniu się atrakcyjnym dla nowo poznanych ludzi, ponieważ pierwsze dwie minuty spotkania z nową osobą są najbardziej krytyczne. Oznacza to, że jeśli w ciągu tych pierwszych dwóch minut wykażesz się pewnymi cechami, wzbudzisz w drugiej osobie zainteresowanie.

Przyciąganie działa na dwa sposoby. Jeśli nowo poznana osoba jest płci przeciwnej (w zależności od biegunowości jej Duszy), będzie odczuwała wobec Ciebie pociąg seksualny. Jeśli jesteście tej samej płci, będzie chciała być Twoim przyjacielem. W obu przypadkach, jeśli zaiskrzy atrakcja, będziesz miał moc, aby w jakiś sposób uczynić tę osobę częścią swojego życia.

Większość ludzi nie zdaje sobie sprawy, że to, za kogo się uważamy, jest prawdziwe tylko dla nas i ludzi, którzy nas znają. Innymi słowy, obcy ludzie nie mają pojęcia, kim jesteśmy. Dlatego pierwsze wrażenie jest kluczowe. Przyciąganie ma wiele wspólnego z obrazem tego, kim myślisz, że jesteś i jak możesz manipulować tym obrazem, aby zaprezentować się komuś nowemu, kogo spotykasz. Kiedy już stworzysz postrzeganie siebie w tych pierwszych dwóch minutach, druga osoba albo poczuje atrakcję do Ciebie, albo nie.

Istotnym czynnikiem do zrozumienia jest to, że mamy moc kształtowania naszego obrazu siebie poprzez naszą siłę woli. Pamiętaj, że wszyscy mamy Wolną Wolę, a to, jak korzystasz ze swojej Wolnej Woli, wpływa na poziom przyciągania, jaki tworzysz u innych ludzi.

PSYCHOLOGIA PRZYCIĄGANIA

Kiedy chcesz wypaść atrakcyjnie, zrozum, że nie chodzi o to, co mówisz do danej osoby, ale jak to mówisz. To nie słowa się liczą, ale język ciała i tonacja głosu. Jednak, aby przejść jeszcze głębiej, to wewnętrzna energia, z którą rozmawiasz z osobą, która spowoduje atrakcję lub nie.

Twoja postawa musi być zawsze chłodna, a tonacja głosu energiczna i porywająca, wyrażająca siłę i dominację. To są cechy behawioralne osobowości Alfa. Osoby Alfa są mistrzami swoich realiów. Są urodzonymi liderami, którzy biorą to, czego chcą. Bycie Alfą to stan umysłu, który jest przykładem męstwa i spokoju w emocjach. Alphy nie są poruszane przez rzeczy zewnętrzne, chyba że same się na to zdecydują. Ich rzeczywistość nigdy nie jest zagrożona, ponieważ po prostu na to nie pozwalają. Prowadzą show, a inni podążają za nimi.

Alfy mówią tylko po to, by być słyszanymi przez innych. Nie szukają aprobaty, ani nie mówią po to, by słuchać dźwięku swojego głosu. Dlatego, kiedy rozmawiasz z kimś, dla kogo pragniesz być atrakcyjnym, pamiętaj, że to, co mówisz, jest porywające. Musi być moc w tonacji głosu i obecna intencja; inaczej, będziesz nudzić drugą osobę. Na przykład, jeśli ktoś ziewa, podczas gdy Ty mówisz, nie udało się. Cokolwiek mówisz, musisz mówić bezpośrednio do Duszy drugiej osoby.

Musisz nauczyć się przełamywać barierę osobowości innych ludzi i ich Ego. Aby to osiągnąć, powinieneś patrzeć drugiej osobie w oczy przez cały czas, gdy mówisz z przekonaniem. Twoja siła celu musi być tak silna, że stanie się hipnotyzująca dla innych. Płeć przeciwna powinna zatracić się w Twojej energii.

Wysoko rozwinięte osoby z przebudzeniem Kundalini pochodzą z wyższego miejsca, kiedy mówią do innych. Ponieważ ich świadomość działa z Płaszczyzny Duchowej, są one zestrojone ze swoją Prawdziwą Wolą, co zwiększa ich osobistą moc. Są potężnymi komunikatorami, którzy mówią z celem i intencją. Ludzie naturalnie dążą ku nim, ponieważ ich energia jest inspirująca i podnosząca na duchu.

Aby stać się naturalnie atrakcyjną osobą, musisz zbudować siebie, aby być kimś o solidnych wartościach, etyce i moralności. Musisz kochać siebie i kochać życie w ogóle. Jeśli kochasz siebie i jesteś zadowolony i usatysfakcjonowany ze swojego życia, gdy jesteś z osobą płci przeciwnej, nigdy nie będziesz pochodził z miejsca potrzeb, ale z miejsca pożądania. Pomyśl o tym przez chwilę. Kiedy czegoś potrzebujesz, oznacza to, że brakuje Ci czegoś w sobie. Ta myśl jest już nieatrakcyjna, stawiając drugą osobę w defensywie.

Potężną metodą rozniecenia i utrzymania atrakcyjności seksualnej jest bycie zarozumiałym i zabawnym. Zarozumiałość jest definiowana jako "bycie śmiałym lub zuchwale pewnym siebie". Bycie zarozumiałym przy innych natychmiast stawia Cię na wysokim piedestale, ponieważ wyjdziesz jako ktoś o wysokiej wartości. Jednak bycie cocky może wydawać się bardzo aroganckie, co jest nieatrakcyjne, więc pomocnym jest dodać odpowiednią dawkę humoru. Humor jest fantastyczny, ponieważ można powiedzieć, co jest w głowie, bez bycia ocenianym i analizowanym w procesie.

Co ciekawe, używanie logiki i rozumu do budowania atrakcyjności zawodzi w większości przypadków. Pamiętaj, że atrakcja nie jest logiczna w żaden sposób. Logika jest w rzeczywistości antytezą atrakcyjności. Bycie zabawnym, mówienie w metaforze i bycie pośrednim w każdych okolicznościach jest znacznie potężniejszym sposobem na iskrę przyciągania. Rozmowa musi być zabawna; w przeciwnym razie nie stworzysz żadnej atrakcji.

Kiedy już zaiskrzy się atrakcja, kluczem do utrzymania tej atrakcji jest ciągłe projektowanie, że jesteś fajny, zabawny i pewny siebie. Czas spędzony na rozmowie z Tobą jest darem dla drugiej osoby, ponieważ jesteś osobą o wysokiej wartości. Bierzesz to, co chcesz, ponieważ możesz, co podświadomie pozwala drugiej osobie wiedzieć, że jesteś wpływową osobą, która manifestuje jej rzeczywistość. Więc nie tylko chcą być z Tobą, ale chcą być Tobą.

ZNACZENIE WEWNĘTRZNYCH PRZEKONAŃ

Trzeba mieć wysokie i mocne wewnętrzne przekonania na swój temat, co oznacza, że praca wewnętrzna jest niezbędna, aby przyciągnąć płeć przeciwną. Oczywiście, pomaga wyglądać dobrze, być w dobrej formie, być czystym, ogolonym, dobrze ubranym i przyjemnie pachnieć. Jednak nawet te rzeczy są na bardzo drugim miejscu w stosunku do bycia pewnym siebie i wiary w siebie. Podział, którego nauczyłem się od guru randkowych w moich wczesnych latach 20-tych jest taki, że wygląd to 30% atrakcyjności, a wewnętrzna praca, o której tu mówię, to pozostałe 70%.

To my musimy nadać sobie wartość. Jeśli nie kochamy siebie i uważamy, że czegoś nam brakuje, będziemy rzutować naszą niepewność na innych ludzi, a oni będą nas tak postrzegać. Jeśli wierzymy, że jesteśmy wyjątkowi i niepowtarzalni, to podświadomie inni ludzie również w to uwierzą i spędzą wiele czasu wokół nas, próbując dowiedzieć się, dlaczego jesteśmy tacy wspaniali. Ta tajemnica będzie dla nich bardzo atrakcyjna.

W rzeczywistości przyciąganie dotyczy mocy osobistej. Jeśli próbujesz się zalecać do jakiejś osoby i robisz dla niej wszystko, błagając siebie, komunikujesz, że nie jesteś osobą o wysokiej wartości, Twój czas nie jest ważny i masz niską moc osobistą. Jeżeli jesteś skłonny dać nieznajomemu swoją osobistą moc tylko dlatego, że jest atrakcyjny fizycznie, to komunikujesz mu, że jesteś osobą o niskiej wartości, po prostu. Jako ktoś taki, ustawiasz siebie na porażkę od razu. Może, przez jakiś łut szczęścia, będzie chciał się z Tobą umówić, ale będzie z Tobą tylko po to, żeby Cię wykorzystać w jakiś sposób, ponieważ od początku komunikowałeś mu, że nie szanujesz siebie.

Podświadomie ludzie nie mają szacunku dla jednostek, które nie szanują siebie. Szacunek jest czymś zdobytym, a nie danym. Miłość jest dawana zawsze i w równym stopniu, ale na szacunek trzeba sobie zapracować. Dlatego musisz nauczyć się kochać i szanować siebie. Jeśli czujesz, że nie kochasz siebie tak bardzo jak powinieneś, zbadaj dlaczego tak jest. Jeśli masz traumy z przeszłości, które wymagają uzdrowienia, to skup swoją uwagę na przezwyciężeniu tych traum zamiast na znalezieniu partnera. Musisz być w dobrym miejscu, zanim zaczniesz mieć z kimś zdrowy związek miłosny. A to zaczyna się od pokochania siebie.

Ludzie, którzy kochają siebie, mają jakiś cel w swoim życiu. Ich cel jest często najważniejszą rzeczą dla nich. Jeśli nie masz prawdziwego celu w swoim życiu w tej chwili, proponuję spędzić więcej czasu próbując go znaleźć lub odkryć. Poznaj nowe, kreatywne działania i ucz się nowych rzeczy o sobie. Nie bój się zmienić rzeczy w swoim życiu i zbadać nowe aleje. Wyłam się ze swojej strefy komfortu i rób rzeczy, które zawsze chciałeś robić. Znalezienie swojego celu może dać Ci wieczną radość i szczęście. To sprawi, że pokochasz siebie i swoje życie, co jest bardzo atrakcyjne dla innych ludzi. To także sprawi, że poznasz siebie lepiej, aby opanować te części siebie, które potrzebują pracy.

Jesteś wyjątkowy pod każdym względem i jesteś rzadkim znaleziskiem. Jeśli nie odkryłeś tego o sobie jeszcze, to jest czas, aby to zrobić. Czas spędzony z Tobą jest wyjątkowy, a inni ludzie powinni być szczęśliwi, że zdecydujesz się dać im swój czas. Jeśli kochasz siebie, wtedy będziesz obojętny na wynik spotkania kogoś nowego. Znalezienie romantycznego partnera lub nowego przyjaciela będzie bonusem w Twoim życiu, a nie koniecznością. Obojętność na wynik spotkania z kimś nowym stworzy rodzaj energetycznej pustki, którą druga osoba będzie czuła się zmuszona wypełnić. Robienie tego doda tylko do Twojego poziomu atrakcyjności.

Jeśli masz nudne życie i chcesz spotkać romantycznego partnera, będziesz miał trudny czas. Bycie czyimś całym życiem przynosi wiele presji, aby wykonać i uczynić tę osobę zawsze szczęśliwą. W końcu większość ludzi poddaje się i odchodzi od takiego związku. Musisz skupić się najpierw na byciu w pokoju z samym sobą i kochaniu siebie, ponieważ jeśli nie kochasz siebie, będziesz miał trudności ze znalezieniem kogoś, kto Cię pokocha i wypełni tę pustkę w sobie.

Aby być Alfą, musisz wierzyć w te Zasady w najgłębszych zakamarkach swojej Duszy, zamiast postrzegać je jako taktykę lub formę manipulacji. Jeśli tak to widzisz, to nieuchronnie płeć przeciwna wykryje Twoje zachowanie jako formę manipulacji, co jest nieatrakcyjne. W końcu ludzie nienawidzą, gdy ktoś próbuje nimi manipulować. Zamiast tego lubią przejrzystość, nawet jeśli jest to coś tak bezpośredniego jak "Chciałbym się z Tobą przespać".

Jeśli pragniesz pracować nad sobą, ale brakuje Ci metody podejścia, to moja pierwsza książka może Ci w tym pomóc. *Mag ma na* celu pomóc Ci osiągnąć Twój najwyższy potencjał jako Duchowej istoty ludzkiej, czyniąc Cię bardzo atrakcyjnym dla innych ludzi. Musisz poznać swoją Prawdziwą Wolę w życiu i połączyć się ze swoim Wyższym Ja. Jeśli Twoja wibracja świadomości jest wysoka, Twoje myśli i emocje będą miały znaczenie, tym samym wpływając na Twoje zachowanie w stosunku do innych. Stanie się panem swojej rzeczywistości da Ci obfitość w życiu, w tym wszystkie romantyczne związki i przyjaźnie, których pragniesz.

Przebudzeni ludzie Kundalini, którzy osiągnęli wysoki poziom świadomości, są wyzwoleni z tego Świata Materii. Ich zdolność do zabawy jest znacznie wyższa niż tych ludzi, którzy traktują życie zbyt poważnie. Wszyscy chcemy radości i zabawy w naszym życiu. Dlatego im bardziej będziesz postrzegał poznawanie nowych ludzi jako zabawę, będziesz miał więcej sukcesów.

Pomysł na zabawę z płcią przeciwną i granie w tę grę w iskrzenie przyciągania jest przejawem ukierunkowania Twojej energii miłości. Kiedy starasz się przyciągnąć kogoś, zamiast manipulować nim, Twoje działania nie będą niosły ze sobą Karmicznych konsekwencji, tak długo jak nie masz romantycznego partnera. Zamiast tego, stworzysz dobrą karmę dla siebie, kiedy będziesz w stanie stworzyć zabawną rozmowę, w której ktoś, kogo spotkasz, będzie chciał chętnie uczestniczyć. Robiąc to, wzbogacisz swoje życie, ponieważ tworząc atrakcję i utrzymując ją, będziesz odbijać energię miłości z drugą osobą i budować ją. Wypełnianie swojego życia większą ilością energii miłości zabierze Cię dalej w Twojej duchowej podróży.

STAĆ SIĘ DUCHOWYM WOJOWNIKIEM

Ponieważ podróż duchowa przynosi wiele zrzucania karmy, musisz rozwinąć się w duchowego wojownika. Musisz nauczyć się być twardym i podejmować wyzwania z głową, zamiast uciekać od nich. Jeśli tego nie zrobisz, zostaniesz rozbity przez Pięć Elementów Twojej Istoty. Części siebie, które musisz podbić, pokonają Cię w zamian.

Jak dowiedziałeś się do tej pory, Duchowa Ewolucja to nie tylko zabawa i gry; są chwile, kiedy będziesz czuł się bardzo niekomfortowo we własnej skórze. Koncepcja rozwoju siebie w Duchowego Wojownika ma tak wielkie znaczenie, szczególnie podczas przechodzenia procesu transformacji Kundalini. Pamiętaj, że metamorfoza wymaga, by coś starego umarło, aby nowe zajęło swoje miejsce. To, jak zachowujesz się podczas bolesnych okresów, będzie miało decydujące znaczenie w Twoim życiu.

Ciemna noc duszy nie jest pojedynczą nocą udręki psychicznej i emocjonalnej, ale może pojawić się wiele razy w Twoim życiu i trwać tygodniami, a nawet miesiącami. Transformacja wymaga, abyś był silny w obliczu przeciwności. Choć nasze społeczeństwo często podkreśla, że oświecenie jest przyjemnym doświadczeniem, niewiele osób mówi o negatywnych aspektach osiągania tego celu i wyzwaniach po drodze.

Przebudzenie Kundalini jest przebudzeniem do Wymiaru Wibracji. Oznacza to, że nie możesz już dłużej ukrywać się przed energiami i brać udziału tylko w tych pozytywnych, odrzucając negatywne, jak to robi większość ludzi. Zamiast tego, stajesz się częścią tych pozytywnych i negatywnych, w odniesieniu do ich wpływu na Twoje myśli i emocje.

Większość nieprzebudzonych ludzi może wybrać, by nie zajmować się mentalnymi i emocjonalnymi problemami, gdy się pojawiają. Mogą wybrać ignorowanie negatywności i zamknąć je w podświadomości, która jest jak skarbiec z wszystkimi mentalnymi "rzeczami", z którymi zdecydowałeś się nie radzić, jak np. traumatyczne wspomnienia, które wybierasz, aby ignorować. Ale z pełnym przebudzeniem Kundalini, ten skarbiec otwiera się na stałe jak puszka Pandory. Wszystko, co kiedykolwiek było problemem w Twoim życiu, w tym stłumione i wyparte emocje i myśli, musi zostać rozpatrzone i pokonane.

Na przykład traumatyczne wspomnienia, które zmieniły sposób, w jaki funkcjonujesz w świecie, przybrały formę osobistych demonów, które są teraz osadzone w Twoich czakrach jako energia karmiczna, która musi zostać zneutralizowana. Ponieważ każda czakra jest synonimem jednego z pięciu żywiołów, to właśnie miałem na myśli mówiąc, że musisz pokonać żywioły, zamiast pozwalać im Cię przytłoczyć. Energia elementarna musi być oczyszczona i opanowana, aby wibracja Twojej świadomości mogła swobodnie wznieść się do wyższej częstotliwości, nieskrępowana niższymi energiami.

RADZENIE SOBIE Z POZYTYWNYMI I NEGATYWNYMI ENERGIAMI

Jako istoty ludzkie, w naturalny sposób ogarniamy pozytywną energię. Wydaje się, że nie możemy mieć jej dość. Przyjmujemy ją, doświadczamy, cieszymy się nią i szukamy więcej. I tak zorganizowaliśmy nasze życie w taki sposób, aby otrzymywać pozytywną energię i jednocześnie unikać negatywnej.

Pozytywna energia przychodzi w wielu formach. Miłość, radość i szczęście to tylko kilka z nich, ale jest ich znacznie więcej, jak np. podniecenie czy wewnętrzny spokój. Odwrotnie, negatywna energia przychodzi w formie konfliktu. Prawie zawsze zawiera nerwowość, niepokój i inne przejawy energii strachu.

Strach jest niezbędnym budulcem życia i trzeba nauczyć się z niego korzystać, a nie być przez niego wykorzystywanym. Jesteśmy zaprogramowani, aby uciekać od lękliwych sytuacji tak bardzo, jak to możliwe, ponieważ nasze ciało jest w pogotowiu, sygnalizując, że jesteśmy w niebezpieczeństwie. Jednak uciekając przed strachem, pozbawiasz się możliwości rozwoju. Z drugiej strony, jeśli przyjmiesz strach, możesz nauczyć się czegoś nowego o sobie, co zaprowadzi Cię dalej w Twojej duchowej podróży ewolucyjnej.

Jako przebudzony przez inicjowanie Kundalini, wkrótce dowiesz się, że masz dwa wybory w życiu. Po pierwsze, możesz pozostać częścią społeczeństwa i nauczyć się żyć z negatywnością i wyzwaniami, które może przynieść codzienne życie, lub po drugie, możesz całkowicie opuścić swoją społeczność. W tej drugiej sytuacji pozbędziesz się swoich dóbr materialnych i związków z ludźmi w Twoim życiu oraz zamieszkasz gdzieś w Świątyni lub Aszramie, całkowicie poświęcając swoje życie Duchowemu rozwojowi.

Jednak w większości przypadków ludzie wybierają pozostanie w społeczeństwie by być częścią sztuki życia. Jeśli to zrobisz, tak jak ja i niezliczone inne osoby, które przyszły przede mną, będziesz musiał rozwinąć się w Duchowego Wojownika, abyś mógł poradzić sobie ze strachem i niepokojem, które przynosi negatywna energia. Musisz nauczyć się zakładać swoją Duchową zbroję i wziąć do ręki metaforyczną tarczę i miecz (Rysunek 160), aby się bronić, jednocześnie ucząc się atakować. Będziesz potrzebował obu tych elementów, aby wygrać walkę.

Twoją tarczą jest bezwarunkowa miłość w Twoim sercu (Element Wody), która jest w stanie znieść wszystko, podczas gdy Twoim mieczem jest siła woli (Element Ognia), która przecina wszystkie iluzje, aby dotrzeć do prawdy. Twoja siła woli nie boi się przeciwności;

przyjmuje je z zadowoleniem, wiedząc, że są one okazją do rozwoju. Pamiętaj, że nawet jeśli jest to bardziej wymagające, by działać jako część regularnego społeczeństwa, niż uciekać od niego i rozwijać się w izolacji, jest to o wiele bardziej satysfakcjonujące.

W stanie pasywnym Kundalini działa poprzez Element Wody, wyrażony poprzez żeńską, Ida Nadi. Nasza świadomość odbiera energie ze świata zewnętrznego, które są odczuwane przez Oko Umysłu i doświadczane jako emocje. Jako osoba przebudzona Kundalini, samo przebywanie w otoczeniu innych ludzi przynosi negatywne emocje, ponieważ będąc empatą, intuicyjnie wyczuwasz ciemność ludzkich Dusz. Ale jeśli pracujesz nad rozwojem siebie jako Duchowego Wojownika, podejmiesz wyzwanie dopasowania się i funkcjonowania we współczesnym społeczeństwie.

W większości przypadków to, co przeszkadza nam w innych ludziach, jest tym, co nosimy w sobie. Tak więc, rozwijając się w duchowego wojownika i pokonując te rzeczy, odkryjesz, że nie będziesz już widział tych rzeczy w innych, przynajmniej nie w taki sposób, że nie będziesz mógł przebywać w ich pobliżu. Tak więc w ten sposób negatywność innych ludzi może być dla Ciebie atutem i katalizatorem rozwoju.

Rysunek 160: Stawanie się Duchowym Wojownikiem

BUDOWANIE SIŁY WOLI

Musisz zbudować swoją siłę woli używając Ognistego aspektu energii Kundalini, który jest kierowany przez Pingala Nadi. Oczywiście pomaga to, jeśli jesteś już kimś, kto radzi sobie z ludźmi i trudnymi sytuacjami z pewną łatwością. Jednakże, kiedy możesz odczuwać negatywność ludzi w czasie rzeczywistym, jest to znacznie trudniejsza sytuacja, która ma swoją własną krzywą uczenia się, szczególnie w początkowym punkcie Twojej podróży transformacyjnej, kiedy Twoje emocje mają pierwszeństwo. W każdym razie, wszyscy wtajemniczeni muszą rozpocząć swoją podróż stawania się Duchowym Wojownikiem poprzez naukę jak neutralizować negatywną energię, którą mogą przynieść wydarzenia życiowe i ludzie wokół nich.

Siła woli jest jak mięsień i musisz ją tak traktować. Jeśli ćwiczysz ten mięsień codziennie, staje się on silniejszy i potężniejszy. Fundamenty Twojej siły woli rosną z czasem i trudniej jest zejść z kursu przez negatywne doświadczenia z zewnątrz. Ogień (siła woli) zawsze dominuje nad Wodą (emocje), gdy jest prawidłowo stosowany. Ta koncepcja jest kluczowa do zrozumienia. Energia jest ślepą siłą, podobnie jak emocje. Energia jest pasywna i jest doświadczana wewnątrz Aury jako uczucie. Możesz manipulować tym uczuciem poprzez właściwe zastosowanie siły woli.

Na początku będziesz się czuł poruszany przez swoje emocje jak pasażer w łodzi na morzu. Ale z codzienną praktyką pokonasz swój niepokój i strach i będziesz w stanie wykorzystać swoje demony konstruktywnie, zamiast pozwalać im rządzić Tobą. Nie jest to łatwe do opanowania wewnątrz Jaźni i jest to być może największe wyzwanie dla każdego przebudzonego Kundalini. Ale można to osiągnąć. I musi nastąpić, jeśli chcesz zmaksymalizować swój Duchowy potencjał.

Masz teraz w sobie niesamowitą moc, ale musisz nauczyć się ją okiełznać i wykorzystać produktywnie w swoim życiu. Musisz pokonać swoje lęki i demony poprzez zdobycie swojego Niższego Ja, Ego. Tylko wtedy możesz zostać wskrzeszony duchowo i zestroić swoją świadomość z Wyższym Ja.

ABY ZMIENIĆ SWÓJ NASTRÓJ, ZMIEŃ SWÓJ STAN

Jak stosujesz swój umysł i jaki rodzaj i jakość myśli wybierasz do słuchania, określi Twój sukces w tym przedsięwzięciu. Twoje negatywne emocje albo Cię pokonają, albo je zneutralizujesz; to są Twoje dwa wybory. Dlatego też, jeśli doświadczasz negatywnego stanu emocjonalnego, kluczowe jest potraktowanie go jak ślepej energii, którą można ujarzmić za pomocą zastosowania siły woli. Aby to osiągnąć, zastosuj Zasadę Płci Mentalnej *Kybalionu* i skup się na przeciwnym biegunie emocji, którą próbujesz w sobie zmienić. Pozwoli Ci to zmienić jej wibrację i przekształcić ją z bieguna negatywnego w pozytywny.

Metoda ta nazywa się "Transmutacja Umysłowa" i jest to bardzo potężna technika przejmowania kontroli nad swoją rzeczywistością i nie bycia niewolnikiem swoich emocji. Stosowałem tę zasadę przez całe moje życie i była ona jednym z podstawowych kluczy do mojego sukcesu w opanowaniu umysłu. Sposób jej działania jest prosty: jeśli doświadczasz strachu, skup się na odwadze; jeśli jesteś pełen nienawiści i chcesz wzbudzić miłość, to zamiast tego skup się na niej. I tak dalej z różnymi ekspresjami przeciwnych emocji.

Naucz się mówić do siebie pozytywnie, zamiast się samookaleczać. Nie mów, że nie możesz czegoś zrobić; zamiast tego powiedz sobie, że możesz. Nigdy nie pozwól sobie na załamanie i przyznanie się do porażki. Zamiast tego skup się na pozytywnych aspektach danej sytuacji, np. potraktuj ją jako lekcję, która pomoże Ci rozwinąć się jako osoba. Nie rozwódź się nad negatywnymi emocjami lub stanem umysłu, ale bądź proaktywnym i świadomie i chętnie koncentruj się na kultywowaniu jego przeciwieństwa. Przypomnienie sobie sytuacji w życiu, kiedy poczułeś pozytywne emocje, które próbujesz wywołać w sobie, pomoże. Kiedy będziesz utrzymywał wspomnienie o tym w swoim umyśle, zacznie ono wpływać na negatywne uczucie i przekształci je w pozytywne. Aby zmienić swój nastrój, musisz zmienić swój stan. Nigdy nie zapominaj o tym. Porażka jest wyborem.

Inną metodą przezwyciężenia negatywnych emocji jest przestawienie swojego umysłu w aktywny stan poprzez zaangażowanie się w inspirujące działanie. Pamiętaj, że aby być zainspirowanym, musisz być w Duchu. Akt inspiracji polega na trwaniu w zgodzie z energią Ducha, co pozytywnie wpływa na Twoją świadomość. Aby się zainspirować, możesz również zaangażować się w aktywność fizyczną, przekształcając negatywne emocje poprzez zwiększenie Elementu Ognia w ciele.

Inną metodą bycia w Duchu jest bezpośrednie dostrojenie się do umysłu, omijając ciało, i zaangażowanie się w jakąś twórczą aktywność, która będzie angażować Element Ognia, jak również wyobraźnię (Element Powietrza), powoli przesuwając energię z negatywnej na pozytywną. Tworzenie to dostrajanie się do pozytywności w sobie, ponieważ do tworzenia potrzebna jest energia miłości. Niektóre aktywności fizyczne, które są niezbędne w budowaniu siły woli to spacerowanie, bieganie, uprawianie Jogi (Asany), uprawianie sportu lub taniec. Działania twórcze to malowanie, śpiewanie i pisanie.

Budowanie siły woli nie jest łatwym zadaniem, a pokonanie strachu i niepokoju po przebudzeniu Kundalini zajmuje wiele lat. Ale jeśli będziesz się przykładał i codziennie robił małe kroki, aby wykonać to zadanie, rozwiniesz się w prawdziwego Duchowego Wojownika, który może radzić sobie ze wszystkimi sytuacjami życiowymi w sposób zrelaksowany i spokojny. Pracując nad tym celem, energia miłości, którą nosisz w swoim sercu, będzie się rozszerzać, aż pokona Cię i przejmie Cię całkowicie. Miłość jest kluczem do tego procesu; miłość do siebie samego i miłość do innych ludzi.

SIŁA MIŁOŚCI

Miłość transmutuje/transformuje każdą negatywnie naładowaną emocję lub myśl w pozytywną. Tworzenie i używanie wyobraźni jest również aktem miłości. Energia miłości zasila Twój proces twórczy, który jest wymagany, aby zobaczyć alternatywne sposoby postrzegania zawartości Twojego umysłu. Pozytywne myśli i emocje mogą być wywołane tylko przez miłość. Stosując energię miłości do negatywnej, opartej na strachu emocji lub myśli, zmieniasz jej formę i treść. Miłość działa jak siła połączenia dwóch przeciwstawnych idei, całkowicie neutralizując i usuwając strach, siłę napędową wszystkich negatywnych myśli.

W czakrze korony proces ten jest dobrowolny i ciągły. Stąd Korona jest uważana za najwyższą świadomość i pustkę Ego. Strach istnieje tylko na poziomie mentalnym, gdzie występuje dualność. Można to porównać do Fałszywych Dowodów Wyglądających na Prawdziwe (False Evidence Appearing Real - FEAR). Innymi słowy, strach wynika z braku zrozumienia lub niewłaściwej interpretacji wydarzeń.

Jedynym sposobem interpretacji wydarzenia jest miłość. Brak miłości powoduje strach, który wytwarza karmę, ponieważ karma istnieje jako zabezpieczenie Płaszczyzny Duchowej. Karma jest wynikiem wspomnień zdarzeń niewłaściwie zinterpretowanych z powodu braku zrozumienia, co tworzy podział pomiędzy Jaźnią a resztą świata. Ten podział generuje strach. Jeśli jednak odejmiesz strach, pozostanie Ci jedność, która rodzi wiarę. Poprzez wiarę odnajdziesz miłość, która jest szczytem ludzkiego zrozumienia.

Ucząc się działać poprzez bezwarunkową miłość, spirytualizujesz czakrę serca, co pozwala Twojej świadomości wznieść się na płaszczyznę duchową, aby doświadczyć trzech wyższych czakr Vishuddhi, Ajna i Sahasrara. Ten stan tworzy zachwyt w sercu, manifestując Królestwo Niebieskie, o którym mówił Jezus Chrystus. Po osiągnięciu tego stanu siedzisz po prawej stronie Boga i jesteś Królem lub Królową w Niebie, mówiąc metaforycznie.

Jest to ezoteryczna interpretacja nauk Jezusa Chrystusa. Nie jest przypadkiem, że zawsze był symbolicznie przedstawiany z płonącym sercem i aureolą wokół głowy. Jezus ukończył proces przebudzenia Kundalini i przyszedł, aby powiedzieć o tym innym, chociaż przekazywał swoje nauki w krypto-przypowieściach, aby tylko godni mogli je zrozumieć. Jezus wiedział, że nigdy nie należy rzucać "pereł przed świnie", co było tradycyjną metodą przekazywania duchowych i ezoterycznych nauk w dawnych czasach. Jak mówi *Kybalion*, "usta mądrości są zamknięte, z wyjątkiem uszu zrozumienia".

W tym Wszechświecie wszystkie rzeczy ewoluują i wracają do miejsca, z którego się wywodzą. Ponieważ nasz Wszechświat został stworzony przez miłość i wszystko jest jej aspektem, miłość jest również czynnikiem jednoczącym wszystkie rzeczy i ich produkt końcowy. Utrzymując kochające nastawienie w swoim sercu, wyciszasz inne części swojego umysłu, które tworzą chaos i brak równowagi. Miłość wycisza Ego i centruje Cię tak, że jesteś w kontakcie ze swoją Duszą i Wyższym Ja. Ze względu na swoją moc transformacji, miłość jest przedstawiana symbolicznie jako ogień, ponieważ element ognia konsekruje i oczyszcza wszystkie rzeczy, przywracając je do ich pierwotnego, czystego stanu.

W ten sam sposób, ze względu na swoją Uniwersalną moc, wszystkie rzeczy kłaniają się miłości. Oznacza to, że gdy zastosujesz miłość do jakiegokolwiek działania, inni ludzie odpowiedzą tym samym. Miłość domaga się szacunku. Mówi prawdę i zmusza innych, by robili to samo. Miłość jest Prawem Wszechświata, zwłaszcza gdy jest świadomie stosowana. Jako taka, miłość musi być pod zarządem woli.

Nie byłoby potrzeby istnienia rządów i policji, gdyby wszyscy ludzie obudzili swoją energię Kundalini. Aktywowałoby to wyższe cnoty ludzi, a ponieważ miłość byłaby siłą przewodnią wszystkich ich działań, problemy między ludźmi przestałyby istnieć. Skończyłyby się walki i podziały, a świat zrównoważyłby się. Nic dziwnego, że wszyscy Duchowi ludzie mówią, że najwyższym przejawem Boga na naszej Płaszczyźnie istnienia jest miłość.

Pomyśl o wielu przypadkach w przeszłości, kiedy słynny poeta, muzyk lub artysta miał "złamane serce". W swoich zranionych uczuciach zwrócili się ku wyrażaniu poprzez twórczą działalność, w której byli mistrzami. I w ten sposób uzdrowili siebie. Miłość jest ostatecznym uzdrowicielem wszelkiego bólu i cierpienia. A ogień jest absolutnie transformującym elementem używanym do przekształcania negatywnej energii strachu i niepokoju w czystą miłość.

MIŁOŚĆ I ZASADA BIEGUNOWOŚCI

Aby zrozumieć, jak energia działa psychologicznie, musisz zrozumieć koncepcję ciemnego pokoju i tego, co się stanie, gdy wpuścisz do niego Światło. Możesz spędzić wieczność skupiając się na ciemności i próbując wypędzić ją z pokoju, lub możesz po prostu otworzyć okno, aby wprowadzić Światło.

Ideą tej metafory jest skupienie się na przeciwieństwie do tego, co próbujesz w sobie przezwyciężyć. Aby to zrobić, musisz wykorzystać hermetyczną zasadę biegunowości, która jest obecna we wszystkich rzeczach. Stwierdza ona, że wszystko w naturze jest podwójne i posiada dwa bieguny lub skrajności, które różnią się stopniem, ale są wykonane z tej samej substancji. Zasada ta zakłada, że wszystkie prawdy są półprawdami i że wszystkie paradoksy można pogodzić.

Przekonasz się, że energia miłości, w jednej ze swoich różnych form, jest przeciwieństwem każdej negatywnej myśli lub idei, którą kiedykolwiek napotkasz w życiu. Na przykład, jeśli ktoś kłamie, to zwrócił się w stronę nienawiści do samego siebie, a jeśli zastosuje miłość do tego równania, to będzie mówił prawdę. Mówić prawdę to kochać siebie i innych. Prawda jest aspektem miłości. Jeśli ktoś jest zły i gwałtowny, musi użyć aspektu miłości i zastosować wstrzemięźliwość, która da mu pokorę, a z kolei pokona jego gniew. Jeśli ktoś jest chciwy, będzie musiał użyć energii miłości i zastosować ją, by stać się miłosiernym i dawać innym tak, jak daje sobie. Pojęcie siedmiu grzechów głównych: żądzy, łakomstwa, chciwości, lenistwa, gniewu, zazdrości i pychy leży u podstaw większości negatywnych myśli, emocji i przekonań. Zastosowanie energii miłości zmienia te negatywne stany w pozytywne, którymi są czystość, wstrzemięźliwość, dobroczynność, pracowitość, cierpliwość, życzliwość i pokora.

Strach jest przeciwieństwem miłości, a siedem grzechów śmiertelnych opiera się na różnych aspektach lub przejawach strachu. W większości przypadków jest to energia strachu, która jest motywowana przez instynkt przetrwania, dzięki któremu dana osoba odcina się od reszty świata, indywidualizuje się i izoluje psychicznie. Koncepcją jest tutaj dbanie o siebie, ale w przypadku siedmiu grzechów głównych, koncepcja ta czyni to bez należytego szacunku dla innych ludzi.

Stawianie siebie przed innymi ludźmi i z lekceważeniem ich, tworzy brak równości i równowagi. Czynienie tego jest działaniem z Miłości Własnej, zamiast Uniwersalnej miłości, która nas wyzwala. Działając z miłości do samego siebie, działasz z Ego. Działanie z Ego izoluje Cię od reszty świata i odbiera kanał miłości, który jest niezbędny, by być naprawdę szczęśliwym, radosnym i zadowolonym z siebie i swojego życia.

EGO I WYŻSZE JA

Rozróżnienie między Ego a Wyższym Ja jest wyzwaniem, zwłaszcza jeśli jesteś w konflikcie z kimś i w ferworze chwili. Zawsze lubię zadawać sobie następujące kilka pytań przed odpowiedzią na spór: "Jak to, co zamierzam powiedzieć lub zrobić, wpływa na szerszy obraz? Pozytywnie czy negatywnie? Czy to pomoże czy zaszkodzi sytuacji?". Innymi słowy: "Czy sytuacja zostanie rozwiązana, czy też skomplikuje się jeszcze bardziej?" Jeśli to, co mam zamiar powiedzieć lub zrobić, tylko pomaga mi, jednocześnie szkodząc innym, co często jest instynktowną reakcją, to pochodzi od Ego. Z drugiej strony, jeśli pozytywnie wpływa na sytuację i potencjalnie ją rozwiązuje, nawet jeśli zaszkodzi mojej dumie, to pochodzi z Wyższego Ja i powinienem to zrobić.

Wszechświat czyni tę formułę bardzo prostą. Jeśli nasze działania lub wypowiedzi w życiu spowodują pozytywną zmianę w życiu innych ludzi, uaktywni to zasadę miłości i osiągniemy jedność. Bezinteresowne działania są najbardziej korzystne dla naszej Ewolucji Duchowej, ponieważ tworzą pozytywną Karmę, wywołując jednocześnie błogość. Jednak samolubne działania ukierunkowane tylko na zaspokajanie swoich potrzeb i pragnień, z lekceważeniem innych ludzi, przyłączają negatywną energię karmiczną do Twojej Aury i wiążą Ego dalej z Twoją świadomością. Bycie egoistą w słowie lub czynie zawsze przynosi toksyczne owoce, które sprawiają, że iluzja Ja jest większa. Pamiętaj, że największym przekrętem, jaki wyciąga Ego, jest sprawienie, że uwierzysz, że to Ty. Więc nie daj się nabrać. Im więcej pomagasz innym, a mniej skupiasz się na sobie, tym więcej miłości i jedności będziesz odczuwał ze wszystkimi rzeczami. Jednak robienie tego jest nie tylko mylące dla Ego, ale także sprzeczne z intuicją. W związku z tym, Ego zawsze będzie próbowało skierować Cię w przeciwnym kierunku. Jeśli jednak podejmiesz działanie lub wypowiesz zdanie, które uruchomi zasadę miłości, nawet jeśli będzie to kompromitować Ego, zestroisz się ze swoim Wyższym Ja i będziesz mógł doświadczyć błogości. W wielu przypadkach jednak będziesz musiał w to uwierzyć, zanim to zobaczysz, ponieważ Ego jest z natury niewierne i dlatego nie potrafi dostrzec większego obrazu. Aby naprawdę nadać priorytet swojej Ewolucji Duchowej, musisz zacząć brać pełną odpowiedzialność za swoje działania, w tym konflikty w swoim życiu. Przestań obwiniać innych, ale zrozum, że do tanga trzeba "dwojga". Bycie pierwszym, który przeprasza nie czyni Cię słabym, ale pokazuje, że bierzesz odpowiedzialność za swoją część w konflikcie. Podświadomie daje to drugiej osobie znać, że musi zrobić to samo.

Odwrotnie, jeśli nadal będziesz się bronić, on odwdzięczy się tym samym i nic nie zostanie rozwiązane. Konflikt będzie nadal eskalował, utrzymując Twoją energię miłości z tą osobą odciętą, a nawet zagrażając Twojemu związkowi. Ludzie mają tendencję do odzwierciedlania wzajemnych zachowań, zwłaszcza podczas konfliktu. Dlatego uważaj na swoje działania i wypowiedzi, bo co włożysz, to dostaniesz z powrotem. Rozwijając siebie jako Duchowego Wojownika, emisariusza Boga-Stwórcy, pracujesz nad rozszerzeniem swojej zdolności do bezwarunkowej miłości. Po pierwsze, musisz nauczyć się kochać i szanować siebie, swoje Wyższe Ja, a następnie zastosować tę samą ilość miłości do innych ludzi. W konsekwencji, okazując miłość innym ludziom, okazujesz miłość swojemu Wyższemu Ja i odwrotnie. Musisz przemodelować swój charakter i osobowość, rozwijając etykę i moralność, które dążą do jedności zamiast podziału. Robiąc to, zdystansujesz się od swojego Ego, pozwalając na całkowitą przemianę umysłu, ciała i Duszy, która może przynieść wieczne szczęście w Twoim życiu.

BYCIE WSPÓŁTWÓRCĄ SWOJEJ RZECZYWISTOŚCI

Wiele osób po przebudzeniu Kundalini doświadcza ogromnych wyzwań na poziomie mentalnym i emocjonalnym. Po napływie energii Światła i dostrojeniu się do Wymiaru Wibracji, człowiek nie może już zamknąć się przed światem zewnętrznym, ale jego świadomość jest otwarta na niego 24/7. Kiedy to się dzieje, jednostka może postrzegać energię Kundalini jako coś obcego, co nie jest częścią niej, a jednak kontroluje jej życie. Na przykład, wiele przebudzonych osób mówi, że czuje się opętana przez tę energię i że całkowite poddanie się jej jest właściwą odpowiedzią. Jednak energia Kundalini jest pasywna, ponieważ jest to żeńska energia Bogini Shakti. Ta Energia Życia wymaga od nas bycia aktywnymi uczestnikami procesu tworzenia, ponieważ wszystkie pasywne energie potrzebują katalizatora, który wprawi je w ruch.

Serce jest zasadą motywującą, pierwszym impulsem, który otrzymuje swój impet od siły woli, Ognia Duszy. Jeśli siła woli jest stale używana, energetyzuje serce, poruszając umysł, a ciało podąża za nim. Po pełnym przebudzeniu Kundalini, zoptymalizowany system energetyczny działa jako ślepa siła, dopóki siła woli go nie opanuje. Ponieważ siła woli jest męska, działa na żeńską energię Kundalini, ożywiając ją i sprawiając, że porusza się w pożądanym kierunku.

W rzeczywistości Kundalini jest energią żeńską, reprezentującą kreatywność, wyobraźnię i wszystkie części Jaźni, reprezentujące negatywny, pasywny prąd energetyczny. W związku z tym zrozum, że negatywne i pozytywne prądy energetyczne nie mają nic wspólnego z dobrem lub złem, ale dotyczą projekcji i odbioru - męska energia projektuje, podczas gdy kobieca otrzymuje. Ponieważ przebudzenie Kundalini jest kompletnym procesem transformacji, angażuje nie tylko żeński aspekt Jaźni, ale również męski. Stanowi wyzwanie do wykorzystania nowo odkrytej, rozszerzonej męskiej energii poprzez użycie siły woli, co pozwala Ci być zawsze odpowiedzialnym za swoją rzeczywistość.

Istotne jest, abyś aktywnie kontrolował pracę umysłu, który z kolei będzie wpływał i kontrolował ciało. Prekursorem wszelkiego działania jest myśl, natomiast protoplastą myśli jest siła woli. Siła woli leży u podstaw wszystkich rzeczy. Tak więc bycie

Współtwórcą ze Stwórcą jest pokaźnym wyzwaniem transformacji Kundalini, takim, które musisz zacząć pokonywać codziennie.

Jesteśmy na planecie Ziemia, aby zamanifestować jakąkolwiek rzeczywistość, której pragniemy, i jest to dar od naszego Stwórcy, aby mieć tę zdolność. Jeśli jednak nie wykorzystamy tej zdolności w pełni, będziemy cierpieć emocjonalnie i psychicznie. A nawet więcej, jeśli nie wykorzystamy naszej siły woli do kontrolowania naszej rzeczywistości, to nieodmiennie będziemy pod wpływem innych, którzy będą myśleć za nas. Dlatego nie ma innego sposobu na życie, niż wzięcie pełnej odpowiedzialności za własne życie.

Ponadto, jeśli ciało jest nieporuszone przez umysł, padniesz ofiarą działania Ego, które jest inteligencją poza Duszą i Duchem, która pozornie działa automatycznie. Ego jest związane z przetrwaniem ciała fizycznego, działając poprzez pasywny element Wody. Jeśli Twoja siła woli nie jest aktywna, będziesz stale pod kontrolą ciała i Ego. Siła woli to mięsień wymagający treningu, który może być wyzwaniem w pracy z nim, ale satysfakcjonujący ponad miarę. Ślepa energia Kundalini nie powinna ożywiać ciała bez obecności i używania siły woli, ponieważ oznacza to, że zewnętrzne czynniki są jej katalizatorem. Zamiast tego, siła woli powinna kontrolować energię Kundalini, która następnie wpływa na umysł, wprawiając ciało w ruch.

Przewaga umysłu nad materią to fałszywe stwierdzenie. To serce jest ponad umysłem, wpływając na Materię. Serce jest na pierwszym miejscu, ponieważ siła woli działa przez nie. Umysł jest jedynie ślepym medium pomiędzy ciałem a sercem. Jeśli nie będzie odbierał wrażeń z siły woli, będzie przyjmował idee z woli innych i nie będzie już kontroli nad energią Kundalini. Zamiast tego kontrolę będzie sprawował umysł. Ludzie źle odbierają tę część. Czasami zachowują się tak, jakby Kundalini było czymś zewnętrznym w stosunku do Jaźni, czego należy słuchać i za czym należy podążać, zapominając jednocześnie o ogólnym celu przebudzenia Kundalini.

Kundalini to przebudzenie Duchowej Jaźni, serca i siły woli Prawdziwego Ja, które teraz może wlać się do ciała i kontrolować je poprzez umysł. Zanim jednak to nastąpi, trzeba wykonać wiele pracy nad wnętrzem. Trzeba wyszkolić się w walce z negatywnością świata zewnętrznego i pokonać ją. Świat zewnętrzny, włączając w to ludzi i środowisko, nieustannie tworzy negatywy, które rzutują na Twoją Aurę, szkodliwie wpływając na Twoje pole energetyczne.

Bardziej znaczącym wyzwaniem, jakie niesie ze sobą przebudzenie Kundalini, jest codzienna nauka życia z tą energią. Musisz zrozumieć tajniki życia z tą energią i kontrolować ją, zamiast być przez nią kontrolowanym. Zasada Płci Mentalnej *Kybalionu* wchodzi w grę podczas transformacji Kundalini, która mówi, że żeńskie i męskie składniki Wszechświata są obecne również w umyśle. Jeśli nie używasz swojej siły woli, Twoje energie będą napędzane przez czynniki zewnętrzne, takie jak siła woli innych ludzi. Ta Zasada lub Prawo Wszechświata nie może być pokonane lub zniszczone. Zamiast tego, należy ją szanować i stosować. Wolna Wola jest darem i wymaga naszej największej uwagi. W końcu "Z wielką mocą przychodzi wielka odpowiedzialność". A jeśli chcesz władać wielką mocą i być katalizatorem zmian, ciężka praca wewnętrzna jest wymagana dla osiągnięcia sukcesu.

ZMIENIAJ SWOJE PRZEZNACZENIE

Aby zamanifestować życie, o którym zawsze marzyłeś dla siebie, nie będziesz miał innego wyboru, jak tylko zestroić się ze swoją siłą woli i nauczyć się z niej korzystać. Ale z drugiej strony, lenistwo i brak wdrożenia swojej siły woli w każdym przypadku spowoduje stagnację lub dewolucję. Ponadto zamieni Twoje życie w chaos, gdzie staniesz się Księżycem cudzych Słońc, zamiast być swoim własnym Słońcem, centrum swojego Układu Słonecznego. Innymi słowy, inni ludzie będą rządzić Twoją rzeczywistością, ponieważ Twoja uwaga będzie skupiona na podobaniu się im, zamiast sobie.

Musisz zrozumieć, że zanim zaczniesz zdrowo kochać innych, musisz najpierw pokochać siebie. A okazywanie sobie miłości oznacza, że musisz podejmować własne decyzje w życiu i kierować swoją ścieżką. Musisz włożyć całe swoje zaufanie i wiarę w siebie i wiedzieć, że jesteś darem dla tego świata. Jesteś wyjątkowy, nawet jeśli musisz w to ślepo wierzyć, zanim zobaczysz, jak się to przejawia. Inni ludzie mogą dać Ci radę, którą powinieneś zważyć z krytycznym myśleniem i rozeznaniem, ale każda decyzja, którą podejmujesz musi być Twoja.

Jedną z wielkich tajemnic życia jest to, że mamy być współtwórcami z naszym Stwórcą. Nie jesteśmy przeznaczeni do bycia jedynie odbiciem rzeczywistości innych ludzi. Mając Boga w sercu, możemy żyć naszymi marzeniami, a czyniąc to, pomożemy zbiorowej ewolucji ludzkości. Istoty ludzkie są wewnętrznie dobre, ale wiara w siebie jest najważniejsza, jeśli chcesz pokonać swoje Ego i zestroić się ze swoim Wyższym Ja. Widzisz, większość ludzi nie szuka sensu życia, ale czuje surowe podniecenie bycia żywym. Wszyscy chcemy żyć chwilą i smakować owoce Wiecznego Ducha, który jest naszym prawem wrodzonym.

Aby zacząć manifestować swoje przeznaczenie, musisz porzucić wszystkie ograniczające przekonania, które pozwoliły Ci zadowolić się przeciętnym życiem. Nie jesteś swoim przeszłym uwarunkowaniem, i w każdej budzącej się chwili, masz moc swojej woli, aby całkowicie przerobić siebie. Masz Wolną Wolę, ale musisz nauczyć się ją ćwiczyć i produktywnie wykorzystywać. Wtedy możesz być bohaterem swojej własnej historii, jeśli tak postanowisz. Jest to duża odpowiedzialność, ale jak powiedział Wolter: "Z wielką mocą przychodzi wielka odpowiedzialność".

Ucząc się nie bać zmian, możesz spełnić pragnienia swojej Duszy i być szczęśliwym. Jednak najpierw musisz przyjąć swoje dane Ci przez Boga prawo do bycia współtwórcą swojego życia. Leniwi, niezmotywowani ludzie siedzą bezczynnie i pozwalają, by życie ich ominęło, żywiąc jakieś fałszywe przekonanie o tym, czym jest przeznaczenie. Stracili siłę woli i udają, że stanie się cokolwiek ma się wydarzyć. Ale w rzeczywistości, jeśli nie sprawisz, że coś się stanie, to się nie stanie. To takie proste.

Jeśli ciągle masz nadzieję i modlisz się o wygraną na loterii, ale nawet nie kupiłeś losu, jak możesz oczekiwać, że wygrasz? Wielu ludzi, z którymi się zetknąłem, ma taki punkt widzenia. Chcą wierzyć, że to tylko kwestia czasu, zanim Wszechświat wynagrodzi ich za ich "trudy", ale nie robią absolutnie nic, aby być katalizatorem zmian w swoim życiu. Wierzą, że ich pozycja i warunki w ich życiu wynikają z czynników zewnętrznych i że wszystko "ma być". Ci ludzie biorą zero odpowiedzialności za swoją rzeczywistość i zachowują się jak ofiary wszystkiego, co życie rzuca im na drogę. Znaleźli ukojenie w tym procesie wiktymizacji i zamiast wyrwać się z niego i przejąć kontrolę, obwiniają innych i sam Wszechświat, że nie są zadowoleni ze swojego życia.

Powyższy punkt widzenia jest błędny w swojej istocie. Zrozum, że Wszechświat jest naczyniem ślepej energii, która wymaga użycia naszej Wolnej Woli, aby wprowadzić zmiany. Bez użycia siły woli, rzeczy pozostaną takie, jakie są, pozwalając Ego na całkowitą kontrolę nad Twoim życiem. A Ego chce sprawić przyjemność ciału w każdej chwili; nie ma obaw o przyszłość. Pamiętaj zawsze, że Wszechświat chce dać Ci to, czego chcesz. Jeśli zdecydujesz się być leniwym, Wszechświat zapewni Ci konsekwencje tego działania. Jeśli jednak weźmiesz odpowiedzialność za swoje życie i dokonasz zmian, Wszechświat Cię nagrodzi.

Oczekuj, że Wszechświat zrealizuje jakiekolwiek myśli i pragnienia, które rzutujesz do Świata Astralnego, więc uważaj o czym myślisz i czego sobie życzysz. Ta Uniwersalna Zasada, która tworzy Prawo Przyciągania, musi być używana z precyzją i wielką odpowiedzialnością. Będziesz cierpiał, jeśli użyjesz jej przypadkowo, ponieważ nic nie manifestuje się przez przypadek. Wszystko, co zamanifestowało się w Twoim życiu, jest wynikiem tego, że namagnesowałeś świat astralny swoimi myślami. Poprosiłeś o to, aby być tam, gdzie jesteś w życiu, świadomie lub podświadomie. Dopóki nie uświadomisz sobie tego, nie będziesz się dalej rozwijać. Jeśli pozwolisz innym ludziom myśleć za Ciebie, przejmują oni kontrolę nad Twoją rzeczywistością, podczas gdy Ty jesteś po prostu pasażerem w swojej podróży, co jest przykre dla Twojego Stwórcy. Bóg chce, żebyś był zwycięzcą w życiu, a nie przegranym, któremu rzeczy po prostu przytrafiają się bez jego świadomej kontroli.

Nikt, w tym Twoi rodzice i bliscy, nie może Ci mówić, jak masz żyć. Tylko Ty sam możesz o tym zdecydować. I to jest Twoja odpowiedzialność, aby pozwolić sobie to rozgryźć. Możesz osiągnąć dowolne cele i marzenia, jeśli zastosujesz odpowiednią energię do ich zamanifestowania, będąc jednocześnie zdeterminowanym, wytrwałym i wręcz upartym, by je urzeczywistnić. Jeśli pozwolisz, aby inni mówili Ci, co powinieneś robić, to zawiodłeś siebie i swojego Stwórcę.

Ścieżka inicjacji Kundalini jest ścieżką Duchowego wojownika. Awans duchowy wymaga aktywnego uczestnictwa Jaźni z Wszechświatem, co wiąże się z odgrywaniem roli Współtwórcy w tej rzeczywistości. W tej ścieżce Duchowej nie chodzi o to, aby stać się tylko Królem lub Królową Nieba. Wymaga ona, abyś najpierw stał się Królem lub Królową Piekła. Innymi słowy, musisz nauczyć się radzić sobie z negatywnością i opanować ją.

Musisz opanować wszystkie części Jaźni, które uniemożliwiają Ci bycie najlepszą wersją siebie. Musisz przywołać odwagę i zmierzyć się ze swoimi lękami i pokonać je, jednocześnie ucząc się słuchać głosu w swojej głowie, który inspiruje Cię do życia w Świetle i prawdzie.

Osoby w pełni przebudzone Kundalini, mające kontakt ze światem energii, nieustannie odbierają pozytywne i negatywne wpływy energetyczne zewnętrznie i wewnętrznie. Są w pełni otwarte na siły Światła, ale także Ciemności. Życie z przebudzoną Kundalini jest o wiele trudniejsze niż życie bez niej, ponieważ wymaga od Ciebie przyjęcia tej nowej rzeczywistości i wykorzystania nowych mocy. Wymaga, abyś używał swojej Zasady Wolnej Woli na wyższym poziomie niż dotychczas. Musisz zmotywować się i szukać odpowiedzi wewnątrz, zamiast szukać ich na zewnątrz. Musisz być swoim własnym Zbawicielem, zamiast czekać na jakieś Bóstwo, które zstąpi z Niebios, aby Cię zbawić.

Ponieważ przebudzenie Kundalini jest pełną aktywacją Czakry Serca, należy zauważyć, że serce staje się siłą przewodnią w Twoim życiu. Serce jest przeciwieństwem Ego. Ego dąży do zaspokojenia ciała fizycznego, podczas gdy serce wyraża Duszę. Dlatego nauka życia odnowionego z centrum serca i używanie siły woli przez cały czas jest jednym z największych wyzwań, ale takim, które daje najbardziej niesamowite owoce, jeśli zostanie opanowane.

PRACA I ŻYCIE SZKOLNE

Jednym z istotnych wyzwań procesu przebudzenia i transformacji Kundalini jest funkcjonowanie w pracy lub w szkole. Mam tu na myśli pracę i szkołę, ponieważ mówię o obowiązkach od 9 do 5, które wkładamy, aby utrzymać zdrowy styl życia. Potrzebujesz pieniędzy, aby przetrwać we współczesnym społeczeństwie; dlatego domyślam się, że masz jakąś codzienną pracę, która utrzymuje Cię finansowo. Z drugiej strony, jeśli jesteś w młodym wieku i dopiero zaczynasz swoje życie, to może nie pracujesz jeszcze na pełen etat i jesteś w szkole, tak jak ja byłem, kiedy po raz pierwszy doznałem przebudzenia Kundalini. A może żonglujesz zarówno pracą jak i szkołą, i zostałeś obdarzony łaską przebudzenia Kundalini, albo spontanicznego, albo wywołanego świadomie.

Niezależnie od tego, czy zdecydowałeś się wytrzymać w pracy i (lub) pozostać w szkole, napotkasz na swojej drodze życia szczególne wyzwania. Mówiłem już o tym krótko, ale czuję potrzebę zagłębienia się w ten temat bardziej szczegółowo. Po pierwsze, będziesz miał nocne doświadczenia, kiedy energia Kundalini jest bardzo aktywna i nie można wywołać snu, aby rano być w pełni wypoczętym. Ta sytuacja jest czymś, do czego będziesz musiał się wcześnie dostosować. Nie możesz jej zmienić, możesz się tylko do niej dostosować.

Moja rada to nauczyć się relaksować tak bardzo, jak to możliwe. Znajdź pozycję do spania, która działa najlepiej dla Ciebie. Jeśli śpisz na boku, to są szanse, że wejdziesz w głębszy sen, niż jeśli leżysz na plecach. Jeśli leżysz na plecach, Twoje ciało jest w stanie medytacji i najczęściej skutkuje to Doświadczeniem poza Ciałem i Świadomym Snem. Zjawiskowe sny są zabawne i ekscytujące, ale nie dadzą Ci głębokiego snu, którego potrzebujesz, jeżeli skupiasz się na tym, aby być wypoczętym jak to tylko możliwe rano, tak abyś mógł podjąć pracę od 9 do 5. Pamiętaj, że Świadome Sny występują w stanie Alfa, kiedy świadomość nie jest ani w pełni śpiąca, ani w pełni obudzona. Często towarzyszy mu sen REM, który oznacza "Rapid Eye Movement". W REM Twoje oczy toczą się do tyłu głowy podczas snu. Przebywanie w trybie REM nie jest niebezpieczne, ale może być obciążające i uciążliwe dla ciała fizycznego.

Podczas gdy jesteś w pracy lub w szkole, możesz nie czuć się najbardziej zrównoważony emocjonalnie lub psychicznie w niektóre dni, co może spowodować, że będziesz miał "epizody" ze strony współpracowników lub rówieśników. Najlepiej jest wprowadzić się w inny tryb, gdy jesteś w pracy lub w szkole, jeśli chcesz pozostać incognito dla innych. Zachowaj swoje emocje na czas, kiedy jesteś sam lub masz członka rodziny lub specjalnego przyjaciela, któremu możesz się zwierzyć.

Posiadanie emocjonalnego epizodu przed ludźmi, którym nie możesz zaufać, zagrozi Twojej pracy. Pamiętam wiele przypadków, kiedy musiałem zachować spokój przed moim szefem lub profesorem w szkole, aby zachować moją pracę lub integralność w szkole. Radzenie sobie z autorytetami podczas transformacji Kundalini jest trudne, ponieważ nie rozumieją oni przez co przechodzisz, ale ich zadaniem jest trzymać Cię w ryzach. Jak wspomniałem wcześniej, pomocne jest mieć pod ręką akceptowalne wymówki i często nie będziesz miał innego wyboru jak tylko kłamać na temat swojej sytuacji tak abyś mógł dostać przepustkę.

Poczucie wyobcowania ze względu na stan, w którym się znajdujesz, znacznie bardziej skomplikuje Twoje życie niż gdybyś kłamał. Pomocne jest zdobycie przyjaciół w pracy lub szkole, ponieważ czasami będziesz potrzebował ich do krycia Cię. Staraj się zachować szczególną ostrożność w kontaktach z tymi ludźmi, ponieważ będą oni dla Ciebie bardzo przydatni w pewnych sytuacjach. Pamiętam, że w szkole miałem bliskich przyjaciół, którzy zapisywali mnie na porannych zajęciach, gdy nie mogłem zdążyć na czas z powodu braku snu w nocy. Taka sytuacja zdarzyła mi się wiele razy. Zdarzało się również, że jeśli czułem się przygnębiony i nastrojony, współpracownicy zasypywali mnie wymówkami przed szefem, którego zadaniem jest zawsze ocena pracy swoich pracowników.

Pamiętaj, że większość ludzi nie zrozumie tego, przez co przechodzisz, ale przyjaciele i rodzina mogą zaakceptować, że potrzebujesz czasem pomocy z tym, co według Ciebie się dzieje. Ludzie, którzy Cię kochają, okażą zrozumienie i zaoferują pomoc, nawet jeśli mogą nie rozumieć w pełni Twojej sytuacji. Dlatego nie spisuj ludzi w swoim życiu całkowicie na straty tylko dlatego, że nie mogą odnieść się do Twojej sytuacji. Prawdziwy przyjaciel nie osądza Cię, ale okazuje Ci miłość, kiedy jej potrzebujesz. Radząc sobie z transformacją Kundalini, zobaczysz, kim są Twoi prawdziwi przyjaciele.

INSPIRACJA I MUZYKA

Ludzie często proszą mnie, abym powiedział im, jak przebudzenie Kundalini poprawia ich codzienne życie. Chociaż jest to mechanizm ewolucyjny, który może przenieść Cię w inny stan rzeczywistości, praktycznym efektem zmiany jest to, że sprawia, iż jesteś zainspirowany. Bycie zainspirowanym oznacza, że jesteś w Duchu, a nie w Ego. Funkcjonujesz w wyższym stanie rzeczywistości, kiedy wszystko wydaje się możliwe. Poprzez połączenie z niewysłowioną, wieczną, nieograniczoną energią Ducha, możesz odkryć prawdziwy potencjał życia.

Królestwo Duchowe jest miejscem czystej mocy i nieskończonych możliwości. Możesz uzyskać do niego dostęp tylko poprzez Teraz, obecną chwilę. Przebudzenie Kundalini wyzwala w Tobie ten stan. Kiedy obwód Kundalini jest otwarty i zoptymalizowany, spożywając każdy kęs pokarmu, aktywujesz ciągły proces inspiracji.

Jasne, będziesz oscylował pomiędzy Ego i Duchem, gdy będziesz ustalał priorytety zadań w swoim życiu, ponieważ wciąż będziesz musiał zajmować się jego przyziemnymi aspektami. Jednak będzie temu towarzyszył ten nieustanny ruch energii Kundalini w Tobie, który jest źródłem nieograniczonej inspiracji. Tworzy on poczucie cudowności i niewinności, takie samo, jakie zobaczyłbyś u dziecka, które nie rozwinęło jeszcze Ego. Jest to piękne i zapierające dech w piersiach w każdej chwili każdego dnia, zwłaszcza gdy osiągniesz punkt w ewolucji, kiedy możesz widzieć Światło we wszystkich rzeczach, jak to opisałem wcześniej.

Widzisz, Kundalini jest naszą drogą powrotną do Źródła wszelkiego Stworzenia. Gdy osiągniemy ten stan świadomości, czynności życiowe stają się pozbawione wysiłku. Ból i niepokój ludzkiego życia, w tym cierpienie psychiczne i emocjonalne, zostaje zastąpiony inspiracją, spełnieniem, wewnętrznym spokojem i trwałym szczęściem. Radość, której człowiek doświadcza w swoim sercu i uniesienie, które się z nią wiąże, jest nieograniczona. Rzeczywiście, aby żyć w pełni jako Duchowe istoty ludzkie i czerpać z życia jak najwięcej, potrzebujemy inspiracji. A przebudzenie Kundalini daje nam to.

Wiele razy w moim życiu znajdowałem się w tak ekstatycznym stanie, że musiałem zaciskać zęby, aby uziemić to uczucie, gdy energia Kundalini przepływała przeze mnie. Często doświadczałem najbardziej intensywnych stanów inspiracji po prostu słuchając muzyki. Twój gust muzyczny określa rodzaj emocji, których doświadczysz, ponieważ każda muzyka stara się wywołać w Tobie jakieś uczucie. Moim ulubionym rodzajem muzyki i tym, który najbardziej wzmacnia moją energię Kundalini jest epicka muzyka filmowa. Obejmuje to muzykę filmową od kompozytorów takich jak Hans Zimmer, który zrobił ścieżkę dźwiękową do trylogii Mrocznego Rycerza, Ostatniego Samuraja, Gladiatora, The Rock, Cienkiej Czerwonej Linii, Króla Artura, Diuny, Człowieka ze Stali, Incepcji, Interstellar i wielu innych.

Inspirujące filmy, które zabierają Twój umysł i serce w emocjonalną podróż, zazwyczaj dotyczą tematów wyższej świadomości. Tematy honoru, lojalności, szacunku i mistycznych cudów należą do moich ulubionych, ponieważ dotykają głębszych części mojej Duszy, które zostały obudzone przez transformację Kundalini. Te tematy i epicka muzyka filmowa inspirują mnie i utrzymują w bardzo wysokich stanach przez cały dzień, co pozwala mi pisać, rysować i w inny sposób korzystać z mojej rozszerzonej kreatywności.

Słucham muzyki każdego dnia, czasami przez wiele godzin. Wprowadza mnie to w inspirujący stan umysłu, w którym czuję, że to, czego słucham, jest ścieżką dźwiękową do każdego zadania, które wykonuję. Na przykład, jadąc samochodem i słuchając epickiej muzyki filmowej mam wrażenie, że jakakolwiek piosenka, którą odtwarzam, jest częścią ścieżki dźwiękowej mojego życia. Odkryłem, że muzyka jest najbardziej znaczącym źródłem inspiracji w mojej podróży Kundalini i jestem bardzo wdzięczny za bycie częścią społeczeństwa, w którym jest tak wielu niesamowitych muzyków i kompozytorów.

CZĘŚĆ X: KONTROLA USZKODZEŃ KUNDALINI

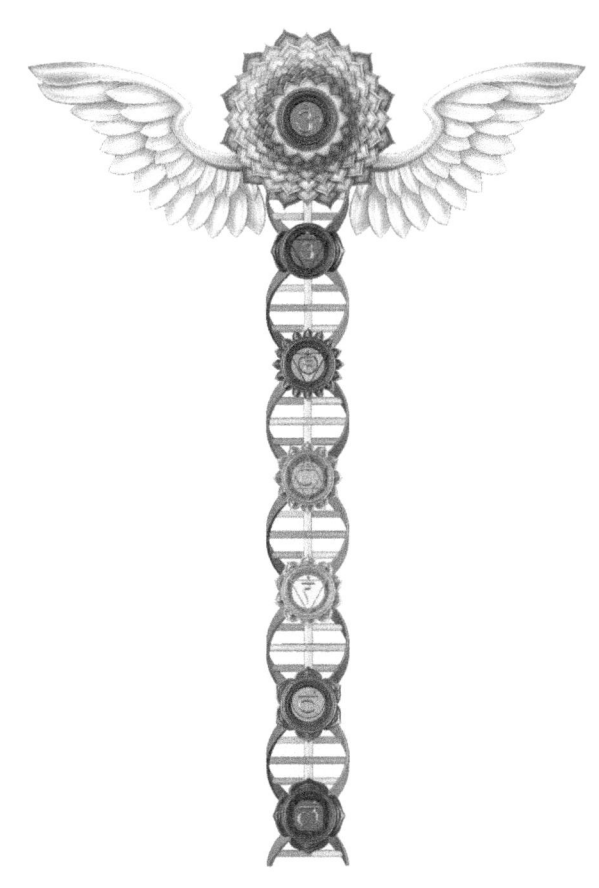

KUNDALINI I ZWARCIA

Podczas przechodzenia przez proces przebudzenia Kundalini i integrowania energii w sobie, prawdopodobnie napotkasz pewne pułapki, które mogą się zdarzyć w wyniku zwarcia Idy lub Pingali. Rozmawiając z wieloma innymi osobami przebudzonymi przez Kundalini za pośrednictwem mediów społecznościowych i osobiście, odkryłem, że te "spięcia" są powszechnym problemem. Jednak większość ludzi nie jest świadoma, że mogą ponownie połączyć kanały Ida i Pingala, aby ponownie stworzyć prawidłowy przepływ energii w głowie. Nazywam ten proces "Ręcznym restartem Kundalini". Możesz zrestartować system ręcznie za pomocą ćwiczeń medytacyjnych, które odkryłem, zamiast po prostu czekać, aż Wszechświat Ci pomoże.

Sushumna nigdy nie może dojść do zwarcia, ponieważ jej przepływ energii odbywa się przez wydrążoną rurę kręgosłupa i jest połączona z centrum mózgu, obszarem trzeciej komory, zawierającym wzgórze, podwzgórze oraz szyszynkę i przysadkę mózgową. Gdy Sushumna dociera do centrum mózgu, jej energia rozchodzi się na zewnątrz jak macki do zewnętrznych części mózgu i głowy. Natomiast Ida i Pingala, jako że są kanałami pomocniczymi lub Nadis, regulują umysł, ciało i Duszę, a wpływ na nie mają myśli i emocje. Dokładnie rzecz biorąc, Ida rządzi emocjami, podczas gdy Pingala kontroluje siłę woli. Ida wyraża Element Wody, podczas gdy Pingala wyraża Element Ognia. Jeśli jakość myśli i uczuć wewnątrz zostanie intensywnie zakłócona, może dojść do ich zwarcia.

Przez lata wielokrotnie znajdowałem się w takiej sytuacji. Przesadny niepokój o przyszłość, umysł pełen obaw, niezdolność do jasnego myślenia lub obsesja na punkcie przeszłych wydarzeń to typowe myśli lub emocje, które mogą znacząco utrudnić działanie systemu Kundalini. Są one sprzeczne z Duchem i wyprowadzają człowieka z Teraz, z chwili obecnej, całkowicie wyłączając jego źródło inspiracji, Koronę.

Zwarcia Kundalini zwykle występują z powodu opartej na strachu myśli lub emocji ogarniającej umysł przez dłuższy czas. Powszechne przykłady obejmują koniec kochającego związku romantycznego, odejście bliskich, intensywną presję w pracy lub szkole itp. Mniej powszechne wydarzenia obejmują zgwałcenie, porwanie, bycie świadkiem morderstwa lub inne traumatyczne sytuacje, w których Twoje życie jest zagrożone. We wszystkich tych przykładach potencjalnych wydarzeń życiowych, niektórych mniej złych lub makabrycznych niż inne, wspólnym wątkiem jest wyzwalanie stresu i niepokoju, który ogarnia umysł, ciało i duszę.

Gdy wydarzenia tego typu zdarzają się, Twoje ciało jest w trybie "walka lub ucieczka" z Sympatycznym Układem Nerwowym na pełnych obrotach. Ego trzyma się negatywnych myśli z całych sił, próbując je przepracować wewnętrznie. W ten sposób Twoja świadomość zostaje wyjęta z Elementu Ducha i wyższych Czakr, przez co tracisz połączenie z czynnikiem transcendencji. W zależności od czasu trwania stresu i niepokoju, Ego może w tym czasie szybko wyprzedzić Wyższe Ja, narażając na niebezpieczeństwo Idę, Pingalę lub oba te kanały. Jeśli w jakiś sposób potrafisz w porę otrząsnąć się z tego stanu, możesz uniknąć zwarcia, ale to wszystko zależy od tego, na czym skupisz swoją uwagę przez najbliższą chwilę.

Najczęściej dochodzi do zwarcia w Idzie, kanale żeńskim, które następuje na skutek opanowania emocji przez energię strachu. Ida jest pasywna, podobnie jak uczucia. Przypomnijmy, że jeśli wszystkie trzy kanały działają prawidłowo, energia Ducha zostaje uwolniona w Jaźni, przenikając Ciało Światła i powodując Nirwaniczne uniesienie. Będąc w tym stanie, człowiek nie myśli w kategoriach przeszłości czy przyszłości. Zamiast tego istnieje w Teraz, doprowadzając do mistycznej transcendencji, o której wspomniałem.

Kiedy w obecnej chwili zawładnie Tobą coś emocjonalnie wymagającego, co niesie ze sobą wysoki stopień energii strachu, natychmiast wyrywasz się z tego transcendentalnego stanu. Jeśli negatywna emocja jest wystarczająco silna, może załamać kanał Ida. Oznaczałoby to, że stracisz kontakt z transcendencją w emocjach, przez co Twój naturalny stan stanie się negatywnie naładowany. W związku z tym, Twoja zdolność do doświadczania strachu będzie ogromnie podwyższona.

Pamiętaj o tym, co mówiłem już wiele razy wcześniej: najwyższy stan świadomości przebudzonej Kundalini to taki, w którym dualność zostaje przekroczona, łącznie z doświadczeniem strachu. W pełni przebudzona jednostka Kundalini ma za zadanie całkowicie pokonać strach. Jednakże, o ile nie mieszkasz gdzieś w Świątyni lub Aszramie i nie jesteś z dala od nieprzewidywalności i chaosu współczesnego społeczeństwa, niezmiennie będziesz spotykał się z wydarzeniami życiowymi, które sprawią, że ponownie wejdziesz w kontakt ze strachem. Od tego jak poradzisz sobie z tymi wydarzeniami zależy czy zachowasz integralność systemu Kundalini czy też sprawy wypadną z równowagi.

Ponieważ Pingala jest związana z tym, jak wyrażasz swoją siłę woli, może również załamać się z powodu braku aktywności i niepodążania za swoją Prawdziwą Wolą. Jeśli tak się stanie, nie otrzymasz już napływu Elementu Ognia. Możesz mieć transcendencję w swoich emocjach, ale będzie Ci brakowało inspiracji. Niezbędny przypływ męskiej energii, której potrzebujesz, aby dążyć w życiu, na razie zniknie. Staniesz się stagnacją w Twojej życiowej podróży i nie osiągniesz zbyt wiele.

Z drugiej strony, nie ma celu zbyt wysokiego i zadania zbyt trudnego, gdy Pingala jest w pełni aktywna. Pingala jest mniej skłonna do zwarcia, o ile podążasz swoją Duchową ścieżką i działasz konsekwentnie ze swoją siłą woli. Ida i Pingala mają się wzajemnie równoważyć, gdy funkcjonują prawidłowo. Transcendencja w emocjach, połączona z ciągłą inspiracją, powinna sprawić, że poczujesz się jak Pół-Bóg, który może osiągnąć wszystko, co postawi przed swoim umysłem. Każda budząca się chwila jest uniesieniem, a Ty jesteś przyczyną i skutkiem, pytaniem i odpowiedzią w jednym - Alfą i Omegą. Duch nieustannie karmi Twoją Duszę, a Twoje Wyższe Ja bezpośrednio się z Tobą komunikuje.

Typowym przykładem tego, jak kanał Pingala może się spiąć, jest niezdrowa lub toksyczna sytuacja, taka jak współzależny związek romantyczny lub rodzicielski, w którym inni ludzie myślą za Ciebie. Wszystko, co wpływa na Twoją Wolną Wolę i Twoje dane przez Boga prawo do podejmowania własnych decyzji w życiu, wpływa na funkcjonowanie kanału Pingali. Dlatego niezwykle ważne jest, aby stale tworzyć swoją własną rzeczywistość poprzez wykorzystanie siły woli. To powiedziawszy, zwykle potrzeba trochę czasu, aby Pingala była zagrożona. Jest ona bardziej związana z Twoimi przekonaniami na temat życia, tak jak natura elementu Ognia. Emocje są natychmiastowe, więc Ida jest częściej zagrożona.

Sushumna nie może nigdy dojść do zwarcia, ponieważ aby to zrobić, należałoby całkowicie upuścić energię Kundalini i sprawić, by w ogóle nie funkcjonowała, a ja nigdy nie słyszałem o takim zdarzeniu. Wierzę, że kiedy jest otwarta, jest otwarta na życie, a pusta rura kręgosłupa przenosi tę energię z kości ogonowej do centrum mózgu. Być może jedynym możliwym sposobem, w jaki może przestać działać, jest poważne uszkodzenie rdzenia kręgowego. Mimo to, nigdy nie słyszałem o tym, żeby komuś się to przydarzyło, więc tylko spekuluję.

Ponieważ kanał Sushumna uwalnia energię Kundalini do mózgu, która następnie rozprzestrzenia się na zewnątrz, centralna część łącząca od centrum mózgu do samego szczytu głowy tuż nad nim jest podstawowym kanałem lub prądem Sushumny. Jest on najgrubszy pod względem splotów Kundalini, które łączą się ze sobą tworząc ten kanał. Sploty Kundalini można porównać do spaghetti, choć jeszcze cieńsze. Są to Nadis, które rozchodzą się na zewnątrz od centrów energetycznych, Czakr, oraz trzy podstawowe Nadis, które kończą się w głowie. W ten sposób te pasma energii Kundalini docierają do powierzchni głowy, tułowia i kończyn. Wyglądają one jak gałęzie drzewa, które niosą energię Kundalini przez Ciało Światła od wewnątrz.

W głowie znajduje się więcej splotów Kundalini niż gdziekolwiek indziej w ciele. W końcu głowa i mózg są "centrum dowodzenia", centralą, która reguluje wszystkie procesy umysłu. Serce natomiast kieruje działaniami Duszy. Ale serce wyraża się poprzez umysł. Dlatego umysł jest środkiem wyrazu dla Duszy i Ducha. Jak wspomniano, Czakra Serca, Anahata, jest kolejnym krytycznym centrum energetycznym w ciele, gdzie większość z tych Nadis zbiega się i rozgałęzia. Teraz widzisz, dlaczego aksjomat hermetyczny "Wszystko jest Umysłem, Wszechświat jest Umysłowy" stanowi podstawę całej filozofii hermetycznej. Nasze umysły są łącznikami pomiędzy Duchem a Materią. Umysł wyraża się poprzez mózg, który jest Centralnym Układem Nerwowym ciała, wraz z kręgosłupem.

Kanał Sushumny nigdy nie może ulec zwarciu, ale połączenie z mózgu do czubka głowy może. Nie zdarza się to tak często jak zwarcie Idy i Pingali, ale może i zdarza się. Zazwyczaj dzieje się to, gdy Ida, jak i Pingala, są zawalone w tym samym czasie. Może też wystąpić, jeśli zbytnio skupiasz swoją siłę woli na myśleniu wewnętrznym. Kładziesz przez to uwagę na swoją podświadomość, ściągając energię w kierunku tyłu głowy, zamiast do góry.

Mamy skupić nasze energie z przodu głowy, w czakrze Adżny, odpowiadającą naszemu naturalnemu, budzącemu się stanowi. A skupiając się na trzecim oku, tworzymy połączenie z Sahasrarą powyżej. Dlatego obsesja i obsesyjne myśli mogą być bardzo szkodliwe dla przepływu energii w mózgu i mogą tworzyć blokady. Właściwe ustawienie do górnego środka głowy jest niezbędne do osiągnięcia stanu transcendencji, ponieważ Korona reprezentuje Jedność. Jakiekolwiek niezrównoważone myśli lub niewłaściwe użycie siły woli naraża na szwank cały system Kundalini, ponieważ jego celem jest utrzymanie Cię w teraźniejszości, w Teraz, w ciągłym poczuciu inspiracji.

KUNDALINI I NARKOTYKI REKREACYJNE

Używanie i nadużywanie substancji jest istotnym tematem w kręgach Kundalini, który jest często pomijany ze względu na jego czynnik tabu. Niezależnie od tego, temat ten musi zostać ujawniony, ponieważ wiele osób w pewnym momencie swojej podróży sięga po narkotyki rekreacyjne, w tym alkohol, aby pomóc im w radzeniu sobie z problemami psychicznymi i emocjonalnymi, które pojawiają się po duchowym przebudzeniu. Byłem jedną z tych osób wiele lat temu, więc ten temat jest mi bliski ze względu na moje własne doświadczenia i chcę podzielić się nimi z innymi w pouczający sposób.

Mając predyspozycje do dzikiego, aktywnego społecznie stylu życia, przeszedłem przez sedno mojej transformacji Kundalini w połowie moich lat dwudziestych. Jako osoba, która zawsze wierzyła w życie pełnią życia i bez żalu, eksperymentowałem z narkotykami i alkoholem nawet przed przebudzeniem Kundalini. Byłem jednak bardziej użytkownikiem wzmacniającym, który używał substancji aby połączyć mnie z duchową rzeczywistością, a nie kimś kto robił to aby znieczulić emocjonalny ból niepożądanych wydarzeń w życiu.

Jednak po przebudzeniu zacząłem używać marihuany, aby pomóc złagodzić ogromny strach i niepokój, który na stałe stał się częścią mnie. I tak eksperymentowałem z różnymi odmianami konopi przez następne kilkanaście lat mojego życia. Dzięki doświadczeniu zdobyłem mądrość i wiedzę na temat nauki o rekreacyjnych narkotykach i alkoholu, tak że kiedy w późniejszym okresie życia odwróciłem się od nich, wiedziałem dokładnie, dlaczego to robię - wiedziałem, co tracę i co zyskuję w tym procesie.

Wierzę w pełną przejrzystość w tym temacie, abyś mógł zrozumieć prawdziwe reperkusje używania i nadużywania substancji. W końcu, osoby przebudzone Kundalini w społeczeństwie północnoamerykańskim prowadzą znacznie inny styl życia niż osoby przebudzone w Indiach czy innych częściach świata. Wszyscy chcemy "wpasować się" i być "fajni" i akceptowani przez naszych rówieśników. A ci, którzy tego nie robią, mają o wiele trudniejszą drogę niż ci, którzy to robią.

Z rozmów z wieloma osobami przebudzonymi przez Kundalini za pośrednictwem mediów społecznościowych i osobiście, wywnioskowałem, że większość eksperymentowała z narkotykami i alkoholem w pewnym momencie swojego życia i że jest to wspólny temat.

Dlatego całkowite zlekceważenie tego tematu jest nierealistyczne i pozostawia Cię otwartym na szkody. Zamiast tego, zrozumienie nauki stojącej za rekreacyjnymi narkotykami i alkoholem w zastosowaniu do systemu Kundalini pozwoli Ci podjąć świadomą decyzję o ich użyciu w Twojej podróży przebudzenia. Będziesz również wiedzieć, co zrobić kiedy posuniesz się za daleko z ich używaniem i narazisz integralność systemu Kundalini na niebezpieczeństwo.

MARIHUANA I JEJ WŁAŚCIWOŚCI

Marihuana jest najbardziej popularnym narkotykiem rekreacyjnym na świecie i zawsze była. W związku z tym, osoby przebudzone Kundalini są skłonne do eksperymentowania z nią, a nawet uczynienia jej częścią swojej duchowej podróży. Większość z Was wie, co robi marihuana i jakie są jej efekty, ale wielu nie zdaje sobie sprawy z ogromnej nauki, która za nią stoi i jej skomplikowanych właściwości.

Konopie indyjskie, znane również jako marihuana lub "zioło", to psychoaktywny narkotyk przeznaczony do użytku leczniczego i rekreacyjnego. Używana jest ze względu na swoje psychiczne i fizyczne efekty, zapewniając takie rezultaty, jak zmiana percepcji, podwyższony nastrój i odrętwienie ciała fizycznego. Roślina marihuany jest naturalnie uprawiana na Ziemi. Jej stosowanie stało się tak powszechne, że wiele krajów, w tym Kanada, zalegalizowało jej używanie.

Konopie zawierają w sobie wszystkie pięć elementów i aktywują wszystkie siedem czakr. Sam liść rośliny konopi jest symboliczny, ponieważ ma siedem punktów lub części, które się na niego składają. Siedem jest znaczącą liczbą w ezoteryce i tradycjach religijnych. Po pierwsze, mamy siedem kolorów tęczy (związanych z siedmioma czakrami) i odpowiadające im siedem starożytnych planet (Rysunek 161). Następnie mamy siedem dni tygodnia (odpowiadających siedmiu starożytnym planetom), siedem tonacji w skali muzycznej, siedem kontynentów, siedem mórz, siedem otworów prowadzących do ludzkiego ciała, siedem grzechów głównych (śmiertelnych), siedem cnót głównych, siedem hermetycznych zasad tworzenia, siedem pieczęci Apokalipsy w *Biblii, siedem* archaniołów, siedem poziomów świadomości w buddyzmie, siedem bram śnienia w szamanizmie i siedem niebios w islamie, judaizmie i hinduizmie. Te skojarzenia wskazują na to, że siedem jest bardzo duchową liczbą, co zbiega się z tym, że marihuana jest wysoce duchowym narkotykiem.

Marihuana jest wykorzystywana w medycynie do uzdrawiania umysłu, ciała i Duszy. Znieczula ból fizyczny u chorych na raka i wpływa na stan emocjonalny osób, u których zdiagnozowano problemy psychiczne i emocjonalne. Na przykład, osoby zdiagnozowane z kliniczną depresją zwracają się ku marihuanie ze względu na jej euforyczne działanie. Udowodniono w badaniach klinicznych, że marihuana odradza komórki i odnawia je. Przy prawidłowym stosowaniu i w odpowiednich dawkach, konopie mogą być korzystne dla Ciebie na poziomie komórkowym.

Kilka religii, jak np. rastafarianie, używa jej nawet regularnie jako części swojej praktyki religijnej. Niektóre sekty stosują ją również jako część konkretnych technik medytacyjnych w ramach swojej tradycji lub grupy. Większość świata zdaje sobie sprawę z mocy konopi do łączenia się z Duchem i uzdrawiania umysłu, ciała i Duszy. Poza alkoholem, ludzie zazwyczaj sięgają po marihuanę, aby uzyskać przebłysk transcendencji w najbezpieczniejszy możliwy sposób.

Marihuana sprawia, że czujesz się szczęśliwy i podekscytowany. Daje Ci kontakt z chwilą obecną, z Teraz, co podnosi Twoją świadomość ponad negatywne aspekty zawartości umysłu. W przeciwieństwie do alkoholu i większości innych narkotyków rekreacyjnych na naszej planecie, nikt nigdy nie przedawkował marihuany. Oczywiście, należy działać odpowiedzialnie, np. nie prowadzić pojazdów mechanicznych będąc pod jej wpływem.

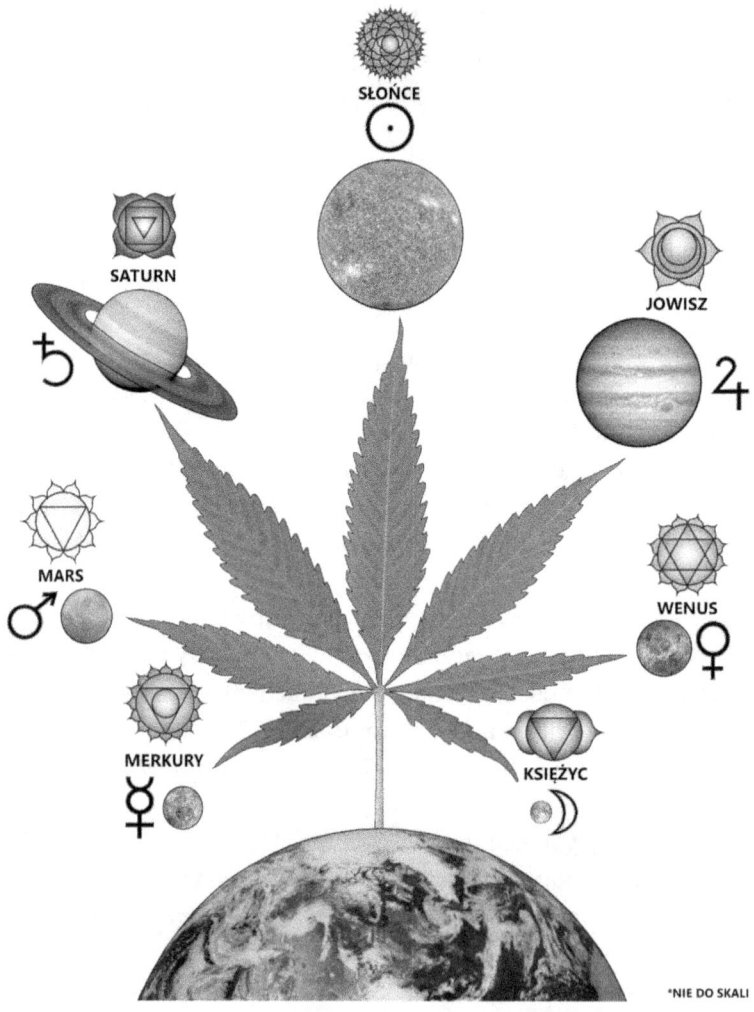

Rysunek 161: Liść Konopi i jego Magiczne Korelacje

KUNDALINI I UŻYWANIE MARIHUANY

Palenie marihuany na swojej drodze transformacji Kundalini może mieć pozytywne skutki. Musisz jednak podejść do jej stosowania jak lekarz i wykorzystać informacje z tej sekcji jako wytyczne do leczenia. Jak wspomniano, pewne rodzaje i szczepy marihuany działają dobrze w celu złagodzenia niektórych potencjalnych negatywnych skutków w umyśle i ciele po pełnym przebudzeniu Kundalini. Należą do nich niepokój, stres, mgła mózgowa, nastrój, depresja, bezsenność, blokady twórcze, niemożność skupienia się, itp.

Marihuana może dać Ci tymczasową ulgę w tych objawach, co może być mile widziane, kiedy jesteś w rozpaczliwej sytuacji, jak wiele osób. Jednak od samego początku powinieneś wiedzieć, że palenie marihuany jest środkiem do celu, a nie celem samym w sobie. Jeśli postrzegasz każdą sesję palenia jako doświadczenie edukacyjne, jak naukowiec umysłu, możesz nauczyć się odtwarzać większość jego efektów w czasie bez jego użycia.

Marihuana była moim sposobem na złagodzenie stresu w moich latach 20-tych i jedynym narkotykiem rekreacyjnym, który uznałem za korzystny w mojej podróży duchowej. W końcu całkowicie rzuciłem palenie i opiszę pozytywne efekty, ponieważ jest ich wiele. Nadal jednak, kiedy miałem do czynienia z lękiem i niepokojem lub odkrywałem podwyższone stany mistyczne lub transcendentalne, używałem marihuany. Z tego powodu w tej części skupię się na marihuanie bardziej niż na innych narkotykach rekreacyjnych i przedstawię Ci podstawową naukę, która się za nią kryje, tak jak się jej nauczyłem przez lata. Moja wiedza i doświadczenie w tej dziedzinie może pomóc wielu osobom, które są otwarte na próbowanie i używanie marihuany, ale brakuje im wskazówek.

Konopie mogą być bardzo korzystne, pomagając w oczyszczeniu blokad lub niewłaściwego ruchu energii Kundalini w systemie. Porusza Kundalini wewnątrz Ciała Świetlistego i przyspiesza jej przepływ przez wewnętrzne kanały. Gdy ją przyspieszy, znajdujesz się w stanie Doświadczenia poza Ciałem z całą gamą duchowych doświadczeń. Doświadczenia te obejmują zwiększoną inspirację i kreatywność, Gnozę i mistyczne wizje.

Kiedy już wyskoczysz z ciała, pozostaniesz tam, podczas gdy konopie działają na Kundalini. Proces ten trwa minimum pół godziny i może trwać do trzech, nawet czterech godzin. Ponadto, ponieważ energia praniczna porusza się szybciej przez system Kundalini, wypycha wszelkie negatywne lub oparte na strachu myśli lub emocje na pewien czas. Z tego powodu marihuana jest często przepisywana medycznie osobom z chronicznym lękiem lub depresją. A ponieważ osoby z przebudzeniem Kundalini są podatne na problemy psychiczne i emocjonalne, które wynikają z lęku i niepokoju, konopie mogą być dla Ciebie całkiem korzystne, aby pomóc Ci przezwyciężyć te stany.

Wierzę, że marihuana może mieć pozytywną rolę w Twojej duchowej podróży. Może służyć jako potężny katalizator, który może wywołać pełne przebudzenie Kundalini lub pomóc Ci w procesie transformacji, jeśli już jesteś przebudzony. Ponieważ jest łatwa do zdobycia i użycia, jest korzystna dla osób, które utknęły w swojej duchowej podróży i nie mają się do kogo zwrócić po emocjonalne lub mentalne wsparcie lub potrzebują dodatkowego pchnięcia lub szturchnięcia, aby powrócić na właściwą drogę. W końcu, podczas tych "wysokich" stanów, Ego staje się ciche, co pozwala nam skontaktować się z naszym Wyższym Ja i poprosić o wskazówki.

Istnieją jednak pułapki związane z paleniem marihuany, które należy omówić i zbadać. Na przykład, nie powinieneś palić marihuany zbyt często, ponieważ to powoduje przesterowanie Kundalini, co może mieć szkodliwe skutki. Innymi słowy, nie powinieneś używać marihuany wyłącznie po to, aby pomóc Ci przezwyciężyć negatywny stan emocjonalny, ale powinieneś znaleźć potężną praktykę duchową, taką jak Magia Ceremonialna, Joga lub jakakolwiek inna modalność duchowa z tej książki, a następnie użyć marihuany jako przyprawy. Marihuana jest tylko tymczasową poprawką lub medium do odkrywania wyższych stanów świadomości. Prawdę powiedziawszy, nigdy nie słyszałem o kimś żyjącym z przebudzoną Kundalini, kto palił marihuanę kilka razy w miesiącu i kto zaszkodził sobie duchowo.

Ponieważ marihuana przyspiesza system Kundalini, może to być dobre lub złe. Jest to dobra rzecz, ponieważ wypychanie blokad energii mentalnej i emocjonalnej zapewnia prawidłowe funkcjonowanie Idy i Pingali. Jednak może być szkodliwe, gdy w systemie Kundalini nie ma wystarczającej ilości Prany, na którą może działać konopia. Jeśli zacznie się ona poruszać zbyt szybko, może uszkodzić cały system energetyczny. Z tego powodu powiedziałem, że kluczowe jest, aby nie palić marihuany każdego dnia. Zamiast tego daj sobie czas między dniami, aby odbudować swój system energetyczny za pomocą przyjmowania pokarmów. W przeciwnym razie może dojść do blokad lub pełnego zwarcia.

Marihuana jest narkotykiem, który przede wszystkim działa na emocje, dlatego też kobiecy kanał Idy jest zagrożony podczas palenia marihuany lub spożywania jej w formie jadalnej. Pingala ulega zwarciu rzadziej niż Ida i często jest to wynik stopniowego procesu nieużywania przez jakiś czas Twojej męskiej zasady, Twojej siły woli. Jeśli używasz marihuany w sposób przypadkowy, ryzykujesz nawet zwarcie energii Kundalini w centrum mózgu, gdzie wszystkie trzy Nadis spotykają się przed wzniesieniem się do Sahasrary. Taka sytuacja może mieć miejsce tylko wtedy, gdy nadużywasz marihuany i palisz codziennie, zwłaszcza jeśli palisz szczepy, które nie sprzyjają systemowi Kundalini, jak wiele Indicas.

Odbudowa kanału od centrum mózgu do czubka głowy jest długotrwałą procedurą, którą często można osiągnąć za pomocą rodzaju medytacji, którą przedstawiam po tym rozdziale. Ale jeśli ta medytacja nie działa, może być konieczne więcej energii pranicznej, aby odbudować kanał otrzymany poprzez przyjmowanie pokarmów i zachowanie Twojej energii seksualnej. Czynienie tego może przywrócić pasma Kundalini w mózgu, a za pomocą przedstawionej medytacji można ponownie wyrównać Kundalini i doprowadzić ją ponownie do Sahasrary.

Większość przebudzonych jednostek Kundalini, które spotkałem na swojej drodze, ma doświadczenie z marihuaną. Wiele z nich używa jej od czasu do czasu i uważa ją za korzystną w ich duchowych podróżach. Aby było jasne, nie propaguję używania marihuany, ale nie mogę też negować jej pozytywnych skutków. Mając to na uwadze, marihuana nie jest dla każdego, więc zachowaj ostrożność, jeśli zdecydujesz się z nią eksperymentować, ponieważ jej efekty różnią się w zależności od osoby. Istnieje jednak wysoki poziom spójności w odniesieniu do poszczególnych rodzajów i odmian, które omówię.

Konopie są zmienne. Taka jest jej natura. Jeśli palisz to, co oferują Ci towarzyskie kręgi, możesz wpaść w kłopoty. Często można spodziewać się pozytywnych doświadczeń z ulicznym zielem, ale zamiast tego otrzymuje się negatywne. Zamiast zrelaksować umysł, jak tego oczekujesz, może wywołać paranoję i niepokój.

Dobra baza wiedzy o szczepach marihuany pozwoli Ci uzyskać "kontrolowany" haj. Pozwoli Ci to kontrolować proces haju i wiedzieć czego oczekujesz. Różne szczepy mają różne efekty psychiczne, emocjonalne i fizyczne. Jeśli jednak jesteś psychicznie zbyt wrażliwy na jej używanie, to nie będzie miało znaczenia, jaki szczep palisz; nadal możesz mieć paranoję i niepokój za każdym razem, gdy jej używasz. Z mojego doświadczenia wynika, że kobiety częściej wpadają w paranoję podczas używania marihuany niż mężczyźni. Niezależnie od tego, wszystko zależy od Twojego psychologicznego makijażu.

Zrozum, że niemożliwe jest, aby energia Kundalini w naturalny sposób rozszerzyła Twój system energetyczny, jeżeli codziennie palisz marihuanę. Marihuana potrzebuje Prany z jedzenia, które spożywasz i wysysa ją za każdym razem, kiedy jej używasz. Dlatego, jeżeli palisz codziennie, nie będzie wystarczającej ilości energii pranicznej w Twoim systemie, aby konopie mogły działać. Jako osoba przebudzona przez Kundalini nie możesz nadużywać żadnych narkotyków. Nie przebudzonym osobom może ujść na sucho nadużywanie marihuany, natomiast przebudzonej osobie nie może.

Załóżmy, że jesteś wiele lat w swojej transformacji Kundalini i pokonałeś początkowy strach i niepokój. W tym przypadku, może być mądrym rozwiązaniem całkowite pominięcie użycia marihuany w Twojej duchowej podróży. Wprowadzając ją do równania, wyssiesz Pranę ze swojego systemu energetycznego, co negatywnie wpłynie na Twój cel, jakim jest naturalne osiągnięcie transcendentalnych stanów świadomości. Co więcej, zapłacisz za każde pozytywne doświadczenie transcendentalne używając marihuany, ponieważ będziesz musiał odbudować system praniczny następnego dnia. A jeśli nadużywasz jej, co jest powszechne, i opróżniasz Pranę bardziej niż wypełniasz, będziesz się znacznie cofać w swojej duchowej podróży.

RODZAJE I ODMIANY MARIHUANY

Kluczowe jest zachowanie umiaru i używanie konopi z mądrością i szacunkiem, aby nie uszkodzić swojego systemu energetycznego. Nie mogę tego wystarczająco wyolbrzymić. Zamiast całkowicie odradzać jej używania, co byłoby nierealne, biorąc pod uwagę popularność i moc duchową tej rośliny, mogę zaoferować pewien wgląd w różne rodzaje i odmiany marihuany i ostrzec przed używaniem innych.

W przeszłości marihuana była rośliną rosnącą na zewnątrz, którą ścinano, suszono, a następnie palono, aby uzyskać "haj". Ten haj był zawsze prawie taki sam, ponieważ konopie zachowują specyficzne właściwości na zewnątrz, a tracą i zyskują inne właściwości, gdy rosną w środku. Ten rodzaj marihuany nazywany jest Cess. Jest ona naturalna, uprawiana na zewnątrz i szeroko stosowana na wyspach karaibskich, a następnie importowana do Ameryki Północnej.

Większość osób powyżej czterdziestego roku życia zna marihuanę, ponieważ to właśnie z nią mieli styczność w okresie dorastania. Jednak w ciągu ostatnich dziesięciu lat, dziedzina badań nad konopiami indyjskimi rozwinęła się dziesięciokrotnie, a różne rodzaje konopi zalały rynek. Głównym powodem, dla którego konopie ewoluowały jako roślina, jest ich zastosowanie w medycynie. Ponieważ konopie zostały zaakceptowane jako medycyna alternatywna, powstały pewne odmiany, które omówię szczegółowo. Odkryłem, że niektóre z tych szczepów są bardzo korzystne dla procesu przebudzenia Kundalini, a niektóre bezużyteczne, a nawet szkodliwe.

Dwa główne rodzaje konopi, które rozwinęły się po erze Cess to Sativas i Indicas. Sativy mają wysoką zawartość Tetrahydrokannabinolu (THC) i mniej Cannabidiolu (CBD), podczas gdy Indicas mają mniej THC i więcej CBD. CBD jest tym, co daje ciału uczucie odrętwienia. Jest to rzecz, która sprawia, że ciało czuje się "na haju". Im wyższa zawartość CBD, tym bardziej znaczące efekty uspokajające na ciało fizyczne.

Indice są często przepisywane pacjentom chorym na raka i ludziom, którzy mają stwardnienie rozsiane, zapalenie stawów i epilepsję. Powodem, dla którego Indica jest odpowiednia dla tych osób, są jej właściwości obkurczające ciało i łagodzące ból. Większość pacjentów z chorobami, które powodują ból fizyczny, otrzymuje receptę na Indica, ponieważ jest to środek rozluźniający ciało. Wielu z tych pacjentów ma również często problemy z jedzeniem, a Indica są znane z tego, że zwiększają apetyt bardziej niż Sativa. Typowym efektem wielu odmian Indica jest "couch-lock", co oznacza, że uspokaja on ciało i umysł tak bardzo, że nie jesteś w stanie wstać z kanapy.

Pacjenci z nowotworami mają również często przepisywany olej CBD ze względu na skoncentrowany i wysoki poziom CBD, dostarczany w postaci płynnych kropli. Kiedy marihuana jest spożywana, jest dostarczana szybciej do organizmu i zwykle jest znacznie silniejsza. Z olejem CBD masz pełną kontrolę nad tym, ile CBD chcesz wprowadzić do organizmu, ponieważ efekty są skumulowane z tym, ile kropli bierzesz.

Sativy to raczej haj dla głowy lub umysłu, ponieważ THC jest psychoaktywne, co oznacza, że głęboko wpływa na psychikę. Sativy pomagają złagodzić problemy psychiczne i emocjonalne, ponieważ ten rodzaj marihuany zwiększa kreatywność, jednocześnie wywołując euforię i uspokajając umysł. Sativy są często przepisywane osobom, które mają problemy psychiczne i emocjonalne, w tym przewlekłe stany lękowe, depresję, nerwice i inne problemy, w których umysł jest ogarnięty negatywnością, podczas gdy ciało fizyczne pozostaje nienaruszone. Sativy działają świetnie, aby Cię zrelaksować, ale pozostawiają Cię stosunkowo przytomnym i funkcjonalnym. Z drugiej strony, większość Indicas, z mojego doświadczenia, wydaje się wyłączać wszystkie funkcje poznawcze.

Hybrydy są mieszanką zarówno Indicas jak i Sativas. Stwierdziłem, że stosowanie niektórych Hybryd jest całkiem korzystne, ale zazwyczaj mają one znacznie mniej CBD i więcej THC, co jest naturą Sativas.

Jeśli chodzi o podróż z transformacją Kundalini, marihuana może być bardzo korzystna w leczeniu niepokoju, strachu i ogólnego emocjonalnego i umysłowego negatywizmu, który w większości przypadków wywołuje pełne przebudzenie Kundalini. Jeśli masz problemy z apetytem z powodu strachu, palenie marihuany generalnie wywołuje "munchies", co oznacza, że po jej wypaleniu będziesz pragnął i z radością przyjmował jedzenie. Konopie są również odpowiednie na bezsenność, z którą miałem problem przez kilka lat po przebudzeniu. Chociaż Indica jest często przepisywana przez lekarzy na bezsenność, ja zawsze spałem jak dziecko po sesji palenia Sativy.

Jeśli chodzi o moje osobiste doświadczenia z konopiami, używałem tylko Sativy i nauczyłem się unikać Indicas na początku mojej drogi. Sativy zawsze relaksowały mój umysł, zabierając mnie w przyjemną mentalną "podróż". Usuwały cały strach i niepokój poprzez neutralizację mojego Ego. Kiedy byłem pod wpływem Sativy, mogłem pozytywnie przeformułować wszystko z powodu zwiększonego uczucia umysłowego uniesienia, którego doświadczałem. Byłem też bardziej w kontakcie z chwilą, z Teraz, i bardzo zainspirowany. Zawsze czułem, że moja Wyższa Jaźń dowodziła przez większość czasu, kiedy byłem pod wpływem Sativy. Inne osoby z przebudzeniem Kundalini donosiły o tych samych efektach. Wszyscy generalnie używaliśmy Sativy i nie znaleźliśmy wiele pożytku w Indice. Jest tak dlatego, że Kundalini jest subtelną energią, która wpływa na psychikę, a nie na ciało fizyczne.

Na rynku dostępnych jest wiele różnych rodzajów odmian, o zróżnicowanym wpływie na umysł, ciało i duszę. Niektóre odmiany Sativy są lepsze dla inspiracji i podniesienia na duchu, podczas gdy inne są uziemiające, ale jasne. Jeszcze inne bardzo inspirują i aktywują zdolność myślenia. Kiedy umysł jest spokojny, jak to zwykle bywa w przypadku marihuany, w naturalny sposób przechodzi się w wyższy stan i łączy się z Kosmicznym Umysłem.

Odmiany Sativy, które mi się podobały, to Jean Guy (jedna z moich ulubionych), Diesel, Sour Diesel, Ultra Sour, Cheese, Nukim, Jack Harer, Grapefruit, Strawberry, Champagne, Great White Shark, Candy Jack, G-13, Green Crack, Blue Dream, Maui Wowie, Chocolope, Romulan, Pina Colada, White Castle, Zeus, G-13 Haze, New Balance i Moby Dick. Pamiętajcie, że ta lista jest aktualna do 2016 roku, czyli do momentu, w którym przestałem używać marihuany. Od tego czasu jestem pewien, że powstały nowe szczepy Sativa, które są przydatne, ale nie ma ich na tej liście.

Odkryłem, że nigdy nie miałem negatywnych doświadczeń z Sativą, ponieważ sprawiała, że byłem produktywny i kreatywny, a nie ospały. Z drugiej strony, Indica całkowicie mnie otępiała i wyłączała mój umysł. Ten stan umysłu może brzmieć atrakcyjnie dla niektórych z was, ale zrozumcie, że wyłączając umysł, wyłącza się również inspirację. Tak więc najlepszym sposobem na zrozumienie Sativy i Indici jest stwierdzenie, że Sativy inspirują, a Indici otępiają.

Niektóre odmiany Indica są jednak przyjemne i są to te, które trochę Cię otumaniają, ale nadal utrzymują Cię w stanie względnej inspiracji. Takie odmiany Indica to zazwyczaj odmiany Kush i Pink, takie jak Purple Kush, Pink Kush, Kandy Cush, Cali Cush, Lemon Kush, Bubba Pink, Chemo i OG Kush. Trainwreck jest również kolejną świetną Indicą, która według mnie była bardzo inspirująca. Wszystkie te szczepy Indica mają wysoką zawartość CBD, ale także odpowiedni poziom THC. Uspokoiły mnie, jednocześnie usuwając wszelkie niepokoje i strach z mojego systemu.

Moją ulubioną odmianą marihuany jest hybryda o nazwie Blueberry, która jest uziemiająca, ale jednocześnie rozwijająca umysł i inspirująca. Inne odmiany hybrydowe, które działają na mnie, to Rockstar, White Widow, Pineapple Express, Girl Guide Cookies, Blueberry Durban, Hiroshima, Grape Ape, Chemdawg, AK-47, Tangerine Dream, Alien Cookies, White Russian, Lemon Haze, Jack Haze i Purple Haze.

METODY UŻYWANIA MARIHUANY

Istnieją cztery sposoby palenia marihuany. Możesz skręcić jointa, użyć fajki, użyć bonga lub odparować marihuanę. Zawsze paliłem jointy, a powodem jest to, że był to najbardziej efektywny sposób na uzyskanie pożądanych efektów z Sativy. Fajki i bonga zbytnio koncentrowały odmianę marihuany, co powodowało utratę subtelnych efektów, do których dążyłem. Używanie fajki lub bonga dałoby mi większy nacisk na głowę i "brzęczenie ciała", do którego dążyłem. Obie metody zawieszałyby moje zdolności poznawcze do pewnego stopnia, zamiast je rozszerzać, jak w przypadku palenia Sativy w jointach.

Ponadto, zamiast usuwać blokady, często tworzyłem nowe, jeśli używałem fajki lub bonga. Pozytywne efekty miałem tylko przy użyciu bonga lodowego, które wywoływało pożądaną euforię poprzez filtrowanie dymu przez kostki lodu.

Vaping cannabis polega na podgrzewaniu go bez faktycznego spalania. Urządzenie do waporyzacji wykorzystuje ciepło do uwolnienia aktywnych składników w postaci pary, którą się wdycha. Przy tej metodzie nie powstaje dym, ponieważ nie dochodzi do spalania. Vaping jest bezpieczniejszy i mniej szkodliwy dla zdrowia niż palenie marihuany. Nie zawiera szkodliwych toksyn z dymu, takich jak smoła, amoniak i substancje rakotwórcze występujące w dymie z konopi.

Znalazłem vaping interesujący, ponieważ był to najczystszy sposób na uzyskanie haju, ale nie stymulował on zbytnio mojej energii Kundalini. Byłem na haju, ale zazwyczaj nie trwało to długo, a potem bardzo mnie męczyło. Ponadto, musiałem jeść więcej jedzenia przy vapingu, ponieważ wysysał więcej Prany z mojego systemu niż palenie Sativy. Dlatego nie byłem wielkim fanem vapingu w ogóle.

KONCENTRATY Z KONOPI INDYJSKICH I PRZEKĄSKI

Aby dać wam najbardziej kompleksowy obraz marihuany, muszę zająć się koncentratami i produktami spożywczymi. Koncentraty to ekstrakty z konopi, które zawierają skoncentrowane ilości psychoaktywnego związku Tetrahydrokannabinolu (THC) oraz szereg innych kannabinoidów i terpenów. Zajmę się tylko dwoma najpopularniejszymi koncentratami - Hashish i Shatter.

Haszysz jest najstarszą formą koncentratu znaną człowiekowi i chociaż jego stosowanie nie jest tak rozpowszechnione w Ameryce Północnej, kraje takie jak Liban i Indie nadal produkują haszysz na czarnym rynku na eksport. Shatter to rodzaj koncentratu, który uważa się za najczystszy i najsilniejszy rodzaj produktu z konopi. Zawiera on 60-80% THC, w porównaniu do marihuany palonej, która zawiera średnio 10-25% THC. Zarówno haszysz, jak i shatter są przeznaczone do palenia, a nie do spożycia.

Głównym powodem, dla którego ludzie używają koncentratów zamiast palenia marihuany jest to, że są one bardziej wydajne w produkcji pożądanego haju, ponieważ mają wyższą moc. Ponadto, zapewniają szybszą ulgę w problemach psychicznych, emocjonalnych i fizycznych.

Jeśli chodzi o moje własne doświadczenia z koncentratami, stwierdziłem, że haszysz daje mi podobne efekty jak palenie odmian Indica marihuany. Mówię podobne, ale nie takie same. Brzęczenie lub haj w ciele to efekt zbiorowy, chociaż haszysz jest mocniejszy niż odmiany Indica i ma więcej właściwości halucynogennych. Stwierdziłem, że pod jego wpływem brakuje mi funkcjonalności umysłowej. W większości przypadków, moje zdolności poznawcze byłyby całkowicie wyłączone, podczas gdy w przypadku Indica, mogłem nadal funkcjonować w pewnym stopniu. Jeśli chodzi o aktywność Kundalini, nie stwierdziłem, aby haszysz był pomocny w usuwaniu blokad w systemie, jak to miało miejsce w przypadku palenia Sativy.

Shatter, z drugiej strony, to zupełnie inne zwierzę. Palenie Shattera, popularnie nazywane robieniem "dabów", to kłopotliwa procedura. Wymaga użycia unikalnego urządzenia do palenia zwanego "oil rig" oraz zapalniczki. Oil rig jest podobny do bonga, tylko stworzony specjalnie do palenia Shattera. Dla mnie palenie Shattera było dość niewygodne ze względu na wymagane specjalistyczne narzędzia. Jointy, a nawet fajki możesz palić praktycznie wszędzie, podczas gdy bonga i Shatter palone są głównie w pomieszczeniach. Vaping można robić na zewnątrz w kompaktowych urządzeniach vaporiser lub w pomieszczeniach w bardziej rozbudowanych.

Odkryłem, że Shatter daje mi najwyraźniejszy haj, jaki kiedykolwiek miałem z produktów typu cannabis. Jego wpływ jest podobny do efektów, które otrzymałem po paleniu Sativy, tylko o wiele bardziej znaczący. Byłem bardzo wysoko, bardzo szybko. Było to inspirujące, tak, ale ze względu na wysokie stężenie THC, bardzo szybko mnie wyczerpało. Najpierw pobudzało moje Kundalini do aktywności, ale potem, kiedy utrzymywałem się na haju przez dłuższy czas, po prostu wyłączało je całkowicie. Kiedy to się stało, nie miało znaczenia gdzie byłem, musiałem zamknąć oczy i odpocząć. Bardzo szybko wypaliłem się używając Shattera i z tego powodu nie mogłem robić dabów częściej niż kilka razy w miesiącu.

To prowadzi mnie do ważnego punktu: konieczność snu po paleniu marihuany lub koncentratów. Odkryłem, że poza Sativą, zawsze byłem wyczerpany po osiągnięciu haju i w większości przypadków potrzebowałem natychmiastowego snu. Vaping i Shatter sprawiały, że byłem najbardziej zmęczony i wypalony. W większości przypadków nie byłem potem sprawny. Dlatego też głównie trzymałem się palenia Sativy tylko w jointach.

Innym popularnym produktem z marihuaną jest edibles. Są to pokarmy i napoje z dodatkiem konopi. Kiedy spożywasz aktywowane kannabinoidy, metabolizowane THC staje się jeszcze bardziej psychoaktywne niż kiedykolwiek, ponieważ jest wchłaniane przez układ pokarmowy, a nie przez krwiobieg. W rezultacie wytwarzany haj ma zupełnie inne odczucia niż palenie marihuany.

Najpopularniejsze i najczęściej stosowane są ciastka i ciasteczka z konopi. Wszystkie przekąski są produkowane poprzez dodanie olejków i masła z konopi, co oznacza, że prawie każdy przepis na jedzenie może zawierać konopie. Największym wyzwaniem w przypadku edibles jest odpowiednie dozowanie. Ponieważ efekty wymagają czasu, czasami nawet do dwóch godzin, łatwo jest wziąć ten proces za pewnik i spożyć więcej niż potrzebujesz, co może i prowadzi do nieprzyjemnych doświadczeń. Osobiście byłem świadkiem, jak ludzie mieli ogromne załamania psychiczne z powodu przedawkowania edibles. Ze względu na tendencję ludzi do spożywania zbyt wielu produktów spożywczych, ponieważ potrzeba trochę czasu, by zadziałały, jestem zdumiony, że ich stosowanie jest legalne. Jest to wysoce nieodpowiedzialne ze strony rządu, by włączać artykuły spożywcze, jako część legalnych produktów marihuany bez informowania ludzi o prawidłowym dawkowaniu i potencjalnych skutkach ubocznych, gdy zalecenia nie są przestrzegane.

Produkty spożywcze stymulują energię Kundalini do aktywności, a mniejsza dawka może wypchnąć wszelkie psychiczne lub emocjonalne blokady. Z drugiej strony, jeśli weźmiesz za dużo, całe doświadczenie może być tak intensywne, że poczujesz się jak na LSD, grzybach lub innym wysoce psychoaktywnym narkotyku.

SUBSTANCJE KONTROLOWANE I ZWARCIA

Jeśli chodzi o alkohol, nie czuję potrzeby opisywania co robi i jak działa, ponieważ myślę, że jest to powszechnie znane. Zamiast tego wspomnę o bezpośrednim wpływie alkoholu na system Kundalini dla tych z Was, którzy uczynili go częścią swojego życia. Alkohol może i tworzy blokady energetyczne, kiedy jest używany w nadmiarze. Może spowodować zwarcie Idy i Pingali, ale jest to rzadsze niż w przypadku narkotyków. Jednak duże ilości alkoholu, które działają na stan umysłu i przesuwają go w wysokim stopniu, mogą zaszkodzić systemowi Kundalini.

Zasadą jest, że każdy rekreacyjny narkotyk lub substancja, która wpływa i zmienia stan umysłu, może zaszkodzić osobie przebudzonej przez Kundalini. Kawa w znacznych ilościach również może być szkodliwa. Nigdy nie doświadczyłem zwarcia z powodu picia kawy, ale znowu, nigdy nie piłem więcej niż trzy filiżanki kawy w ciągu dnia. Uważam, że istnieje ogólna zasada, że każda substancja, która wpływa na myśli i emocje może i będzie powodować zwarcie, jeśli jest nadużywana.

Twarde, nielegalne narkotyki, takie jak kokaina, ecstasy, MDMA, grzyby, LSD i inne, mogą doprowadzić do zwarcia albo Idy, albo Pingali, albo obu. Kokaina działa przede wszystkim na wzmocnienie siły woli, co następnie naraża Pingalę na niebezpieczeństwo. Nadużywanie kokainy może zdecydowanie spowodować zwarcie. Z drugiej strony, Ecstasy i MDMA działają na emocje i uczucia, co stawia Idę w niebezpieczeństwie. Podczas gdy kokaina zwiększa poziom dopaminy, ecstasy i MDMA zwiększają poziom serotoniny. Po niesamowitym haju następuje potencjalnie niszczący emocjonalny dół, gdy poziom dopaminy lub serotoniny zostanie wyczerpany. Z tego powodu osoby uzależnione od kokainy mają zazwyczaj problemy z gniewem, natomiast osoby regularnie używające ecstasy lub MDMA cierpią na depresję - ich układy nerwowe są całkowicie wytrącone z równowagi.

Grzyby i LSD to silne środki psychoaktywne o wysokich właściwościach halucynogennych, które wpływają na Idę i Pingalę. W końcu halucynacje wpływają jednocześnie na siłę woli i emocje. To samo dotyczy nadużywania alkoholu, co naraża Idę i Pingalę na niebezpieczeństwo. Ponieważ są uprawiane w ziemi, tak samo jak marihuana, grzyby są najbezpieczniejszym sposobem, aby doświadczyć zmienionych stanów świadomości. Trzeba jednak być przygotowanym na to doświadczenie psychicznie i emocjonalnie, ponieważ trwa ono wiele godzin.

Marihuana, jak wspomniano, naraża Idę na niebezpieczeństwo. Mimo to, w dzisiejszych czasach, dzięki dostępnym zróżnicowanym i potężnym odmianom marihuany, które wpływają zarówno na siłę woli, jak i na emocje, może ona wpływać zarówno na Idę, jak i Pingalę. Na przykład, mogę sobie wyobrazić, że palenie zbyt dużej ilości odmiany Indica może być szkodliwe dla integralności siły woli, ponieważ ten rodzaj marihuany wyłącza wpływ elementu Ognia prawie całkowicie. I odwrotnie, palenie odmian Sativa, które wpływają na stan emocjonalny, czyli Element Wody, może zagrozić kanałowi Ida, jeśli odbywa się w nadmiarze.

Nie zgadzam się z ludźmi, którzy twierdzą, że marihuana jest furtką do twardych, nielegalnych narkotyków, takich jak te, które wymieniłem i tych wstrzykiwanych jak heroina. Jeśli cokolwiek, marihuana jest bramą do umysłu. Jeśli masz skłonność do próbowania narkotyków i eksperymentowania z nimi, zrobisz to niekoniecznie próbując najpierw konopi. Jako ostatnie stwierdzenie na ten temat, chcę podkreślić, że nie ma żadnej wartości terapeutycznej w używaniu któregokolwiek z tych rekreacyjnych narkotyków poza marihuaną, która jest również używana jako lek.

Mam nadzieję, że moje doświadczenia z konopiami i produktami pokrewnymi były wnikliwe, zgodnie z założeniami. Zrozum jednak, że marihuana nie jest dla każdego. Dlatego też, dokonaj własnej oceny i postępuj według własnego uznania na podstawie otrzymanych informacji. Niezależnie od tego, tabu w społeczeństwie musi zostać usunięte w odniesieniu do używania marihuany, szczególnie dla dobra przebudzonych inicjacją Kundalini, ponieważ większość przebudzonych ludzi, z którymi się zetknąłem, czerpała pozytywne doświadczenia z jej używania. Należy również pamiętać, że współczesne odmiany są znacznie potężniejsze niż te z przeszłości i należy do nich podchodzić z ostrożnością. Najlepiej jest zawsze zaczynać od małej dawki i odpowiednio ją zwiększać, aby zapoznać się z efektami danego szczepu. Słuchaj swojego ciała i umysłu i podchodź do marihuany jak naukowiec, abyś mógł dowiedzieć się, jakie odmiany dobrze na Ciebie działają. Używanie marihuany w medytacyjnym i rytualnym otoczeniu będzie miało znacznie inne efekty niż palenie jej rekreacyjnie z przyjaciółmi lub na imprezach. Zawsze radzę używać konopi z odpowiednią intencją i myślą o pracy duchowej. Jako osobie przebudzonej przez Kundalini, Sativa była błogosławieństwem w moim życiu, kiedy byłem w potrzebie. Gdyby nie istniały, prawdopodobnie nie paliłbym w ogóle innych rodzajów marihuany. Jednak przy regularnym paleniu łatwo jest się uzależnić od marihuany. Wszystko może zacząć się, jako pozytywna rzecz, a następnie zmienić się w negatywną, jeśli przesadzisz. Znalazłem się w tej sytuacji przez około półtora roku, tuż przed tym, jak zdecydowałem się rzucić całkowicie w 2016 roku.

Po rzuceniu tego, co stało się wtedy moim uzależnieniem, doświadczyłem ogromnych pozytywnych zmian w umyśle, ciele i duszy, o których warto wspomnieć. Po pierwsze, mój napęd i ambicja wzrosły dziesięciokrotnie. Niezależnie od tego, że niektórzy twierdzą inaczej, palenie marihuany wpływa na produktywność w Twoim życiu. Bardzo. Możesz tego nie widzieć, jeśli tkwisz w kadrze tak jak ja, ale tak jest. Wpływa również na Twoją chęć wyróżnienia się z tłumu i dążenia do wielkości.

Marihuana sprawia, że jesteś zadowolony z życia, a kiedy jest Ci zbyt wygodnie, przestajesz szukać zmian i próbować poprawić siebie i swoje życie. Kiedy jesteś na haju, wznosisz się ponad swoje emocje, ale ponieważ nie przetwarzasz ich w sposób naturalny, okradasz się z uczenia się z nich i postępu w różnych obszarach swojego życia. W końcu jednym z powodów, dla których mamy tak silne uczucia, jest to, że mamy się z nich uczyć i rozwijać psychicznie.

Marihuana neutralizuje strach, co jest dobre, gdy jesteś zdesperowany, ale pamiętaj, że strach istnieje po to, aby uczynić nas silnymi. Uzależniając się od jakiejkolwiek substancji, która pomaga nam radzić sobie z energią strachu, uniemożliwiamy sobie dalszy naturalny rozwój. Tak, życie jest trudniejsze bez narkotyków i alkoholu, które pomagają nam odciąć się od problemu. Ale im bardziej coś jest trudne, tym nagroda jest o wiele słodsza. Jeśli wprowadzisz narkotyki i alkohol do równania, uniemożliwiasz sobie rozwój niezbędnych kotwic psychicznych, które pomagają w radzeniu sobie z trudnymi czasami. Jako ludzie, potrzebujemy oporu życia, aby stać się silnymi i nauczyć się radzić sobie z trudnymi sytuacjami w życiu. Strach jest nam potrzebny jako budulec, abyśmy mogli rozwinąć odwagę. Pamiętajcie teraz, że mówię do ludzi, którzy rozwinęli uzależnienie od marihuany. Jeśli palisz ją kilka razy w miesiącu, to nie widzę, by miała ona jakiekolwiek realne negatywne skutki uboczne. Po prostu pamiętaj, że masz do czynienia z czymś, co może stać się uzależniające, jeśli nie praktykujesz umiaru.

CZĘŚĆ XI: MEDYTACJE KUNDALINI

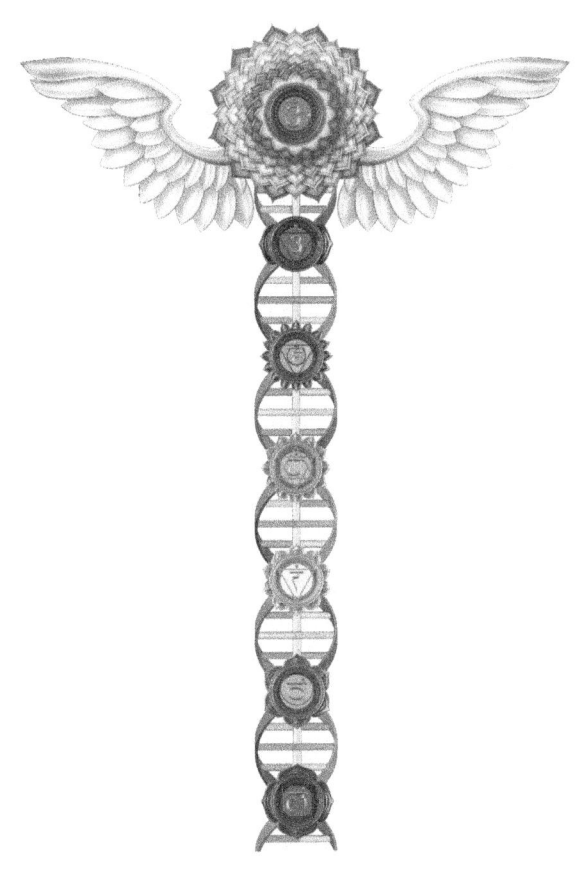

ROZWIĄZYWANIE PROBLEMÓW Z SYSTEMEM

Po przejściu przez wiele trudnych sytuacji podczas mojego przebudzenia Kundalini, byłem zmuszony do rozwiązania moich problemów i odkrycia sposobów pomocy sobie. Większość ludzi przechodzi przez niekorzystne doświadczenia, które wstrząsają systemem Kundalini, a następnie radzi sobie z konsekwencjami bez realnych metod pomocy sobie. Większość przebudzonych ludzi, którzy doświadczają zwarcia Kundalini, pracuje nad odbudowaniem energii z powrotem poprzez przyjmowanie pokarmu, co może zająć co najmniej kilka miesięcy lub więcej. Ja jednak znalazłem sposoby na ponowne połączenie kanałów poprzez różne medytacje w ciągu najwyżej pół godziny, czasem nawet kilku minut. Poniżej omówię te medytacje, dając Ci odpowiednie wskazówki dotyczące stosowania każdej z nich w różnych sytuacjach.

1. Język na Dachu Ust (Jiva Bandha)
Umieść czubek języka na mięsistym kopcu tuż za górnymi zębami. Środek języka powinien zetknąć się z wgłębieniem w dachu ust. To potężne ćwiczenie zwane w naukach jogicznych Jiva Bandha jest niezbędne dla przebudzonych Kundalini, ponieważ kończy obwód Kundalini pozwalając energii na ruch w górę. Wchodzi ona najpierw do przedniej części tunelu Oka Umysłu, nieco pomiędzy brwiami, a następnie stopniowo przechodzi przez Czwarte, Piąte, Szóste i wreszcie Siódme Oko, które jest jednym z punktów wyjścia Kundalini kończącej swój obwód.

Wykonanie tego ćwiczenia kieruje Twoją uwagę na dwie najwyższe Czakry Ducha, Ajna i Sahasrara, zamiast na niższe Czakry. Umożliwi to Twojemu Wyższemu Ja przejęcie świadomości poprzez intuicję otrzymaną z Czakry Ajny, przezwyciężając impet pochodzący z Niższego Ja, Ego. Uczyń to ćwiczenie regularną częścią swojego dnia. Staraj się jak najczęściej mieć język na dachu ust, aby umożliwić energii skierowanie się w górę do kory czołowej mózgu. W tym obszarze Ida i Pingala zbiegają się w centrum Oka Umysłu, tuż nad środkiem brwi, po wewnętrznej stronie głowy.

To konkretne ćwiczenie jest również używane do odbudowy systemu Kundalini, gdy doświadczyłeś zwarcia. Pamiętaj, że jeśli Ida i Pingala nie zbiegną się w czakrze Ajny, obwód Kundalini pozostanie otwarty, co spowoduje problemy psychiczne i (lub) emocjonalne. Umieszczenie języka na dachu ust z zachowaniem ciągłości i staranności pozwoli Idzie i Pingali na ponowne połączenie się w Ajnie i naturalne przejście w górę do ośrodka Siódmego Oka jako jeden strumień energii. W ten sposób obwód Kundalini zamknie się, co pozwoli Ci doświadczyć ekstatycznej sfery Nie-dualności, sfery duchowej, poprzez czakrę Bindu na szczycie, z tyłu głowy.

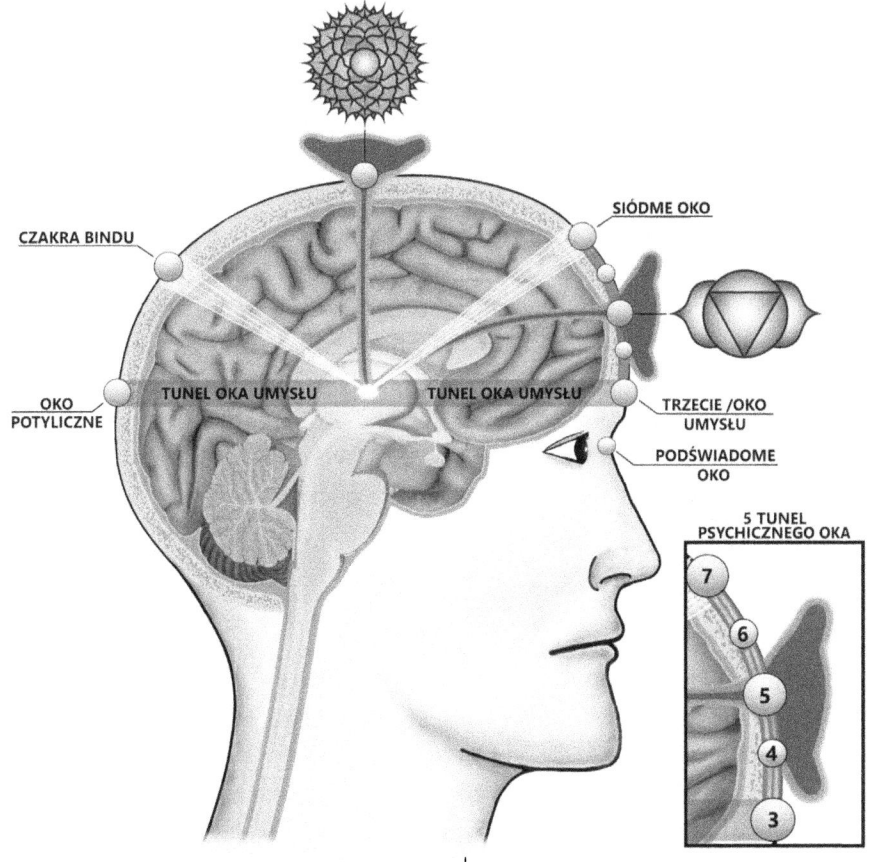

Rysunek 162: Główne Centra Energetyczne Gł.

2. Medytacja Okiem Umysłu

Pierwsza i najbardziej krytyczna medytacja dotyczy Oka Umysłu, portalu energetycznego Ajna Chakra, centrum świadomości, które jest oknem do Kosmicznych Sfer. Przednie wejście tego portalu znajduje się pomiędzy brwiami, tuż nad poziomem oczu, na czole. Jednak punkt medytacyjny znajduje się jeden centymetr od powierzchni skóry, wewnątrz głowy. (Użyj rysunku 162 jako odniesienia dla zlokalizowania Głównych Centrów Energii Głowy, podczas gdy Rysunek 163 odnosi się do rzeczywistych punktów medytacyjnych związanych z tymi centrami.)

W tym punkcie można spojrzeć w górę z zamkniętymi oczami, lekko wysuwając oczy do góry. Ida i Pingala zbiegają się w tym punkcie, co jest niezbędne do zakończenia obwodu Kundalini. Jeśli zabraknie tej konwergencji Idy i Pingali, obwód nie będzie w pełni aktywny w Ciele Światła.

Skupienie uwagi na tym punkcie podczas medytacji stymuluje Szyszynkę, która ma intymne połączenie z Duszą. Poczujesz magnetyczne przyciąganie w kierunku Oka Umysłu, jeśli prawidłowo się na nim skupisz. Uwaga powinna być zawsze umieszczona na Oku Umysłu, które odpowiednio zastosowane stymuluje Bindu z tyłu głowy, wpływając na przepływ energii w obwodzie Kundalini i sprawiając, że leje się ona na zewnątrz z Bindu.

Aby poprawnie wykonać tę medytację, połóż się na plecach z wyciągniętymi rękami i delikatnie umieść swoją uwagę na Oku Umysłu. Możesz kontrolować swój oddech za pomocą Czterokrotnego Oddechu, który również pomoże Ci osiągnąć stan medytacyjny. Uwaga musi być utrzymywana na Oku Umysłu nawet podczas gdy jakiekolwiek myśli lub obrazy przebiegają przez Twój umysł. Jeżeli utrzymasz swoją uwagę w tym miejscu z powodzeniem przez około dwie do trzech minut, czasami mniej, nastąpi ponowna konwergencja i system energetyczny zostanie reaktywowany.

Teraz, w ciągu dnia, będziesz miał jasność umysłu i myśli, w tym równowagę w swoich emocjach. Na początku możesz nie mieć wrażenia, że zrobiłeś dużą różnicę, ale gdy tylko przyjmiesz trochę jedzenia i dobrze się wyśpisz, poczujesz wrażenie odnowy i zaczniesz ponownie generować inspirację. Bez tej zbieżności Idy i Pingali, niemożliwe jest stworzenie impetu i pozostawanie zainspirowanym przez jakikolwiek znaczący okres czasu.

3. Medytacja Siódmego Oka

Siódme oko znajduje się w miejscu, gdzie linia włosów styka się z czołem, w centrum. Ten punkt lokalizacji znajduje się około jednego centymetra poza głową, tuż nad tym punktem. Energia Kundalini musi wyjść z tego punktu, ponieważ siódme oko jest odpowiednikiem punktu Bindu znajdującego się na szczycie tyłu głowy. Współpracują one ze sobą w celu krążenia energii Kundalini w całym ciele.

Jeśli obwód Kundalini jest w stagnacji lub nieaktywny, jest to jedna z medytacji, którą możesz wykonać, aby go ponownie uruchomić. Jeśli w tym punkcie jest blokada lub obwód Kundalini przestał funkcjonować, konieczne jest ponowne otwarcie tego kanału i doprowadzenie do tego, że będzie on prawidłowo lejkował energię. Jeśli ten punkt nie jest aktywny, zauważysz brak komponentu wizualnego związanego z Twoimi procesami myślowymi oraz to, że Twoja inspiracja jest niska. Twoje zdolności wyobrażeniowe zostaną naruszone i stracisz połączenie z Teraz, obecną chwilą, przez co staniesz się introwertyczny i padniesz ofiarą Ego.

Ośrodek trzeciego oka jest punktem dostępu dla energii, która przemieszcza się do siódmego oka i Bindu z tyłu głowy. Dlatego polecam najpierw wykonać medytację "Oko Umysłu", która pomoże przenieść energię w górę, do wyższych ośrodków głowy. Następnie skupienie się na siódmym oku zakończy ostatni krok, jakim jest wyprowadzenie energii z głowy, aby zakończyć obwód.

Do tej medytacji połóż się na plecach z wyciągniętymi dłońmi i skup energię w centrum siódmego oka. Wykonaj Czterokrotny Oddech, żeby uspokoić swój umysł. Jeśli utrzymasz swoją uwagę na siódmym oku przez dwie do trzech minut bez przerwy, energia Kundalini wzrośnie i przejdzie przez ten punkt. W ten sposób Bindu zostanie reaktywowane, co pozwoli na prawidłowy przepływ obwodu Kundalini w Ciele Światła.

Przez resztę dnia polecam spędzić czas w samotności. Z mojego doświadczenia wynika, że kiedy wykonuję medytację Siódmego Oka, moja energia jest dość mocno zakłócona przez cały dzień, co odrzuca mnie, kiedy wchodzę w interakcje z innymi. To ćwiczenie wysysa Pranę z systemu, przez co stajesz się bez życia, niezrównoważony i emocjonalnie zdołowany, kiedy rozmawiasz z innymi ludźmi. Jednak po dobrym śnie, układ powinien zregenerować się energią praniczną i zoptymalizować się, przywracając Ci 100%.

Również przyjmowanie pokarmów jest niezbędne, aby zasilić system z powrotem po tej medytacji. Możesz potrzebować dzień lub dwa przyjmowania pokarmu, aby w pełni zregenerować swoje wewnętrzne energie, ponieważ praca z Siódmym Okiem i Bindu bardziej obciąża obwód Kundalini niż praca z Okiem Umysłu. Te dwa punkty są punktami wyjścia energii Kundalini; dlatego praca z nimi może mieć duży wpływ na Twój stan psychiczny.

4. Medytacja Oka Potylicznego

Ta medytacja jest dla bardziej zaawansowanych wtajemniczonych, ponieważ musisz mieć zbudowaną energię Ducha wewnątrz swojego systemu (co ma miejsce tylko wtedy, gdy obwód Kundalini jest aktywny przez jakiś czas) tak, że zaczyna się ona przekształcać z energii Ognia w chłodzącą ciecz, energię Ducha. Ta energia Ducha sprawi, że poczujesz się jak z płynnej Rtęci, co przynosi uczucie chłodzenia w Twoim Ciele Świetlistym i całkowitą transcendencję w świadomości.

Ten płynny Duch w naturalny sposób wlewa się w tył głowy. Niektórzy ludzie zgłaszali nawet uczucie, że spada on na tył gardła. Moim zdaniem te twierdzenia są nieporozumieniami, które odnoszą się do percepcji. Jak omówiłem we wcześniejszym rozdziale, łatwo jest pomylić coś, co dzieje się w Ciele Światła, z tym, co dzieje się w ciele fizycznym po przebudzeniu Kundalini. W końcu oba te zjawiska są doświadczane jako rzeczywiste dla świadomości, a ponieważ Ciało Światła jest czymś nowym, świadomość potrzebuje trochę czasu, aby nauczyć się rozróżniać między nimi. Takie jest przynajmniej moje zdanie, ale jestem gotów dyskutować z każdym, będąc świadkiem tego zjawiska przez ponad siedemnaście lat.

Oko Potyliczne znajduje się bezpośrednio naprzeciwko Oka Umysłu. Dlatego powinieneś skupić się na punkcie medytacyjnym znajdującym się jeden centymetr po wewnętrznej stronie głowy, żeby przyciągnąć energię do tyłu głowy. Jeżeli jednak stwierdzisz, że to nie działa, możesz skupić się na tym samym obszarze jeden centymetr po zewnętrznej stronie głowy. Ponieważ próbujesz ściągnąć energię z powrotem do głowy, być może będziesz musiał pracować z obydwoma punktami medytacyjnymi, ponieważ energia może się tam uwięzić i będzie wymagała pewnej kreatywności z Twojej strony, aby ją przepchnąć i stworzyć odpowiedni przepływ.

Aby pomóc w tej medytacji, lubię wyobrażać sobie moje Astralne Ja stojące jedną stopę poza mną, patrzące bezpośrednio na tył mojej głowy. Poprzez utrzymywanie tej wizji lub utrzymywanie mojej uwagi na jednym z dwóch punktów medytacyjnych dla Oka Potylicznego, nastąpi wyrównanie, gdzie płynna energia Ducha zostanie pociągnięta w kierunku tyłu głowy, co wypchnie wszelkie stagnacje lub blokady energii, optymalizując przepływ obwodu Kundalini.

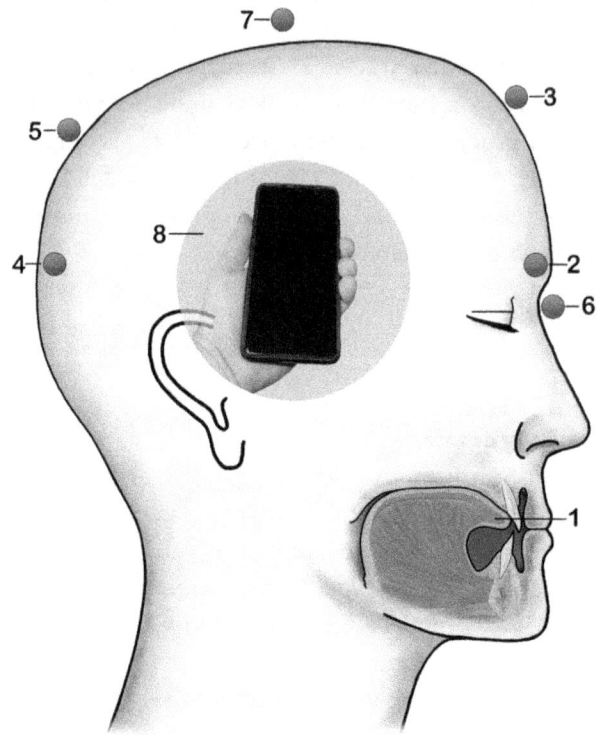

Rysunek 163: Medytacje o Kundalini

5. Medytacja Czakry Bindu

Czakra Bindu jest niezbędna, ponieważ jest to punkt wyjścia, który kończy obwód Kundalini. Kiedy Kundalini może wydostać się z tego punktu, świadomość doświadcza Jedności ze wszystkimi rzeczami, stanu nieustannej medytacji i czystej transcendencji. Dzieje się tak dlatego, że Bindu jest drzwiami do Czakry Przyczynowej, gdzie dualność spotyka się z nie-dualnością. Dlatego medytacja nad tym punktem jest niezbędna do utrzymania integralności obwodu Kundalini. Potrzebne jest ciągłe subtelne wyciąganie energii na zewnątrz do górnej części tyłu głowy.

Odpowiedni przepływ energii w tym punkcie powoduje, że widzisz siebie w trzeciej osobie. Tworzy to uczucie, że Twoja świadomość jest wyniesiona ponad Twoje ciało fizyczne, gdzie możesz zobaczyć swoją twarz z perspektywy trzeciej osoby. W ten sposób nieustannie postrzegasz swoje fizyczne Ja, swoją mimikę i energię, którą wysyłasz do Wszechświata, wraz ze swoimi wewnętrznymi myślami, jednocześnie. Ten stan Bycia wskazuje na wysoki stan Duchowej ewolucji z energią Kundalini.

Punkt Bindu znajduje się w górnej części tyłu głowy, bezpośrednio naprzeciwko siódmego oka. Jego punkt medytacyjny znajduje się jeden centymetr poza głową, tak jak siódme oko. Ta medytacja jest bardziej powszechna niż siódme oko i złagodzi więcej problemów, zarówno psychicznych jak i emocjonalnych. Kiedy w głowie jest zbyt wiele zastoju energii, Ego wykorzysta tę sytuację dla swojej agendy, wprowadzając negatywne myśli, które tworzą strach, aby porwać świadomość. Spowoduje to opadnięcie Kundalini z czakry Bindu. Nie musi dojść do zwarcia jakiegokolwiek kanału, aby to nastąpiło; może się to zdarzyć w wyniku zwiększonego stresu lub przechowywania negatywnych myśli przez dłuższy czas.

Aby wykonać tę medytację, połóż się na plecach z wyciągniętymi rękami, jednocześnie skupiając się na punkcie medytacyjnym Bindu Chakra, który znajduje się jeden centymetr poza szczytem, z tyłu głowy. Wykonaj Czterokrotny Oddech, aby uspokoić umysł i wejść w stan medytacyjny. Skupienie na tym punkcie wpływa na Bindu i Czakrę Przyczynową, która jest ściśle powiązana z Bindu.

Kluczem do medytacji głowy jest skupienie uwagi na określonym punkcie wewnątrz lub na zewnątrz głowy przez dwie lub trzy minuty przy całkowitej koncentracji. Lubię wyobrażać sobie, jak nieustannie dotykam punktu medytacji palcem wskazującym. Pamiętajcie, że mówię o wyobrażaniu sobie mojego astralnego palca, który robi to z mocą mojego umysłu. W ten sposób łączę wyobraźnię i siłę woli, wykorzystując w ten sposób zarówno kanał Ida, jak i Pingala. Czynienie tego stymuluje energię i wypycha ją na zewnątrz, tym samym kończąc obwód. Ta medytacja może być także wykonywana w pozycji siedzącej, podczas gdy inne medytacje wymienione do tej pory działają najlepiej w pozycji leżącej, z mojego doświadczenia.

6. Medytacja z Podświadomym Okiem

Oko Podświadomości pozwala wszystkim w pełni przebudzonym przez Kundalini osobom zobaczyć treści znajdujące się w ich podświadomym umyśle, aby uzyskać panowanie nad swoimi myślami i rzeczywistością. To psychiczne centrum leży w miejscu, gdzie środek oczu styka się z mostkiem nosa. Przypuśćmy jednak, że w umyśle wzrasta ilość negatywnej energii i lękliwych myśli. W takim przypadku ten punkt uwolnienia zostaje zablokowany, a człowiek nie może zobaczyć podświadomych treści.

Ida może zapaść jednocześnie, albo to właśnie zapaść Idy często powoduje zamknięcie tego ośrodka psychicznego. Pamiętaj, że wszystkie stresy, niepokoje i negatywne, lękliwe myśli narażają Idę na niebezpieczeństwo, gdy są zbyt długo skupione. Jeśli Ida się załamie, lub jeśli stanie się to samoistnie, punkt ten będzie musiał się ponownie otworzyć, zanim będzie mógł znowu dobrze funkcjonować. Miejsce, na którym musisz się skupić, znajduje się tuż nad mostkiem nosa, jeden centymetr na zewnątrz głowy.

Kiedy oddychasz, ten ośrodek psychiczny oddycha razem z Tobą. Energia praniczna jest doprowadzana do Podświadomego Oka, które umożliwia Ci posiadanie zdrowych myśli i emocji. Każdy oddech na jawie powinien odnowić Twój umysł, jeżeli te ośrodki psychiczne działają prawidłowo. Jeśli jakakolwiek energia w tym punkcie ulegnie stagnacji, będziesz miał niezdrowy, pełen obaw umysł. Będziesz miał trudny czas patrząc w przyszłość i będziesz trzymał się przeszłości, nieustannie myśląc o niej obsesyjnie.

Obsesyjne myśli lub emocje często powodują zablokowanie tego ośrodka psychicznego, ponieważ myśląc obsesyjnie o czymś, zbytnio skupiasz swoją uwagę na tyle głowy, co może odciągać energię od Pięciu Psychicznych Oczu i Oka Podświadomości, powodując zablokowanie niektórych z nich. Pamiętaj, że faktyczna lokalizacja podświadomego umysłu znajduje się z tyłu głowy, natomiast Oko Podświadomości jest oknem lub portalem, który umożliwia nam przeglądanie jego zawartości.

Ta medytacja ma być wykonana podczas leżenia z wyciągniętymi dłońmi. Pomocne będzie wykorzystanie Czterokrotnego Oddechu, aby utrzymać się we właściwym stanie umysłu podczas wykonywania tej medytacji. Uwaga ma być utrzymywana w opisanym punkcie przez co najmniej dwie do trzech minut, bez przerwy. Jeśli się uda, pojawi się uczucie chłodzenia na mostku nosa i poczujesz tam ciśnienie, gdy energia wyjdzie z niego do atmosfery przed Tobą. Poczujesz natychmiastowe uwolnienie od przeszłych myśli i zdolność do myślenia o przyszłości i bycia podekscytowanym.

7. Medytacja Czakry Sahasrara

Czakra Sahasrara jest najbardziej krytyczną czakrą w kontekście przebudzenia Kundalini, ponieważ jest naszym połączeniem z Duchowym Źródłem, Białym Światłem. Sahasrara znajduje się najwyżej na ciele, na szczycie, w centrum głowy, a jej funkcja reguluje cały obwód Kundalini, kiedy jest otwarta i aktywna. Dlatego zawsze musi być do niej dopływ energii; w przeciwnym razie obwód Kundalini przestanie funkcjonować. W rzadkich przypadkach, gdy energia Kundalini opada z Sahasrary, ta prosta medytacja może podnieść ją z powrotem do góry, powodując prawidłowe funkcjonowanie centralnego przepływu energii przez Sushumnę. Pamiętaj, że Ida, Pingala i Sushumna jednoczą się w Ajnie jako jeden strumień energii, który wznosi się do Sahasrary. Jeśli więc ten strumień energii spadnie poniżej Sahasrary, to jest to medytacja, której musisz użyć, aby go przywrócić.

Aby wykonać tę medytację, połóż się na plecach z wyciągniętymi dłońmi. Najpierw wykorzystaj Czterokrotny Oddech, aby wprowadzić się w stan medytacyjny. Następnie zamknij swoje fizyczne oczy i cofnij je, próbując spojrzeć w górę na szczyt swojej głowy, około dwa centymetry powyżej środka czaszki. Chociaż Sahasrara znajduje się na szczycie, w centrum głowy, odkryłem, że skupienie się dwa centymetry nad nią zamiast jednego, lub bezpośrednio na niej, ułatwia niezbędne pchnięcie kanału energetycznego Kundalini do wzniesienia się do Sahasrary.

Utrzymuj swoją uwagę na tym punkcie przez dwie do trzech minut, bez przerwy. Jeśli się uda, poczujesz przepływ energii przez mózg, docierając do Sahasrary. Jeżeli to nie zadziała i poczujesz zdecydowany spadek z Sahasrary, wtedy będziesz musiał odbudować pasma Kundalini w głowie poprzez przyjmowanie pokarmu, przekształcając pokarm w energię Światła lub Pranę. Możesz potrzebować od kilku tygodni do miesiąca. Możesz wykonywać tę medytację co kilka dni, gdy będziesz odbudowywał swoje ciało ze Świetlistego paliwa, aby zająć się tą sytuacją.

8. Trzymanie Obrazu w Umyśle Medytacja

Inną podstawową medytacją, która może pomóc złagodzić problemy psychiczne i emocjonalne jest wyobrażenie sobie prostego obiektu w swoim umyśle i utrzymanie jego wizualnego obrazu z całkowitą koncentracją. Pomocne jest, jeżeli rzecz, którą sobie wyobrażasz często trzymasz w dłoni, jak Twój telefon komórkowy, dzięki czemu możesz na nowo wyobrazić sobie, jak to wygląda i jak czuje się to w dłoni, używając zmysłów astralnych i mocy umysłu.

Ta medytacja jest pomocna, gdy istnieje blokada w czakrze Bindu i gdy nie działają inne medytacje punktów głowy. Jest to potężna medytacja, ponieważ zawiera zarówno kanał Ida jak i Pingala podczas jej wykonywania. Kiedy wykonujesz jakiekolwiek czynności umysłowe, które wymagają Twojej siły woli, używasz kanału Pingala. Odwrotnie, kiedy używasz swojej wyobraźni i wymyślasz obraz w swoim umyśle, używasz kanału Ida. Trzymając obraz w swoim umyśle przez dłuższy czas, ponownie otwierasz i wyrównujesz zarówno Idę, jak i Pingalę i pozwalasz im wypływać przez czakrę Bindu, co jest naturalne u osób w pełni przebudzonych przez Kundalini.

Zauważysz, że jeśli wykonasz tę medytację, wizualny komponent trzymania obrazu w umyśle wzmocni się i stanie się bardziej określony. Możesz nawet poczuć ruchy energii w swoim ciele, wzdłuż przodu tułowia, po obu stronach, gdzie znajdują się kanały Ida i Pingala. Możesz również poczuć smugi energii przemieszczające się przez przód twarzy.

Na przykład, wyrównanie może nastąpić w kanale energetycznym, który centralnie przesuwa się przez brodę do dolnej wargi. Możesz również poczuć, że energia porusza się wewnątrz Twojego mózgu, ponieważ pasma Kundalini są napełniane płynnym Duchem. Jeśli czujesz któryś z tych ruchów, jest to dobry znak, że Twoja medytacja działa i Ida oraz Pingala są wyrównane. Kiedy Twoja medytacja jest udana, powinieneś w końcu poczuć ucisk w górnej części tyłu głowy, ponieważ twoja czakra Bindu zostaje zalana, sygnalizując, że obwód Kundalini został w pełni reaktywowany.

9. Stawanie się Jednym z Przedmiotem Medytacja

Inną potężną medytacją optymalizującą kanały Ida i Pingala oraz wyrównującą obwód Kundalini jest skupienie się na obiekcie znajdującym się przed Tobą przez dłuższy czas. Medytacja ta ma na celu wyjście poza siebie i stanie się jednym z obiektem, czując jego istotę. Kiedy to robisz, stajesz się uzewnętrzniony, pozwalając Nadis na wyrównanie i przyjęcie ich naturalnego przepływu. Ogólnie rzecz biorąc, to zawartość naszego umysłu i niewłaściwe użycie naszej siły woli blokuje lub stopuje przepływ Nadis.

Kluczem jest utrzymanie pustego umysłu i intensywnego skupienia na jakimkolwiek obiekcie, na którym medytujesz. Poczuj jego teksturę i użyj na nim swoich astralnych zmysłów. Oczyść swój umysł i nie słuchaj myśli swojego Ego, ponieważ próbuje ono odciągnąć Cię od zadania pod ręką.

Możesz również medytować na stały punkt swojego wyboru lub obraz. Jednak uważam, że medytowanie na trójwymiarowym obiekcie działa lepiej, ponieważ możesz użyć na nim wszystkich swoich zmysłów astralnych, umożliwiając umysłowi zajęcie się, co wywołuje ciszę. Używanie zmysłów astralnych w medytacji jest dobrym rozproszeniem dla umysłu, ponieważ nie może on skupić się na tym i myśleć jednocześnie.

Absorbuj się całkowicie w obiekcie, stałym punkcie lub obrazie, nie tracąc ostrości. Możesz mrugać, chociaż Twoje oczy powinny lekko łzawić, kiedy zrobisz to poprawnie, sygnalizując potężną koncentrację. Gdy wykonujesz tę medytację, pamiętaj o punkcie Bindu na szczycie z tyłu głowy. Po około pięciu do dziesięciu minutach tego ćwiczenia, powinieneś poczuć, że Twoje Nadis się wyrównuje, a punkt Bindu staje się przepełniony energią. Jest to znak, że obwód Kundalini został zoptymalizowany.

10. Medytacja na Czakrę Gwiazdy Ziemi

Ponieważ czakra Gwiazdy Ziemi zapewnia żeńskie i męskie prądy dla Nadis Ida i Pingala, jeśli brakuje energii przepływającej przez którąś z nich, może być potrzebna medytacja na ich źródło, aby zasilić je z powrotem. Możesz to zrobić umieszczając swoją uwagę na podeszwach stóp i trzymając ją tam, bez przerwy, jednocześnie skupiając się na Gwieździe Ziemi sześć cali poniżej stóp.

Pamiętaj, że kanał Pingala przebiega przez prawą nogę i piętę, natomiast kanał Ida przez lewą. Oba łączą się z czakrą Gwiazdy Ziemi. Jeśli więc wykonałeś swoją medytację prawidłowo, poczułbyś wyrównanie energii w dolnej części pięty odpowiadającej czakrze Muladhara, sygnalizując, że Ida lub Pingala reaktywowały się. Jednocześnie medytacja na Gwiazdę Ziemi zapewnia najbardziej optymalne uziemienie, niezbędne do utrzymania pozostałych czakr i ciał subtelnych w równowadze. Tak więc praktykuj tę medytację często, nawet jeśli nie doświadczasz problemów z kanałami Ida lub Pingala.

***

Ostatnia uwaga dotycząca zwarć Kundalini i medytacji przedstawionych w tym rozdziale. Po pierwsze zrozum, że zwarcia, ogólnie rzecz biorąc, nie są niebezpieczne w sensie fizycznym, lecz psychologicznym. Dlatego wykonywanie tych medytacji nie może Ci zaszkodzić, ale może przynieść znaczne korzyści duchowe i pozwolić Ci kontrolować swoje doświadczenie rzeczywistości zamiast być na łasce energii Kundalini.

Jednak mimo, że te medytacje zadziałały dla mnie w prawie wszystkich przypadkach, nie mogę zagwarantować, że zadziałają dla Ciebie za każdym razem. Po ich opracowaniu, uzyskałem intuicyjne połączenie z każdą medytacją, gdzie po zdiagnozowaniu problemu, mogę zastosować właściwą z 90% dokładnością. Tego nie mogę Ci przekazać, ale mam nadzieję, że z praktyką i doświadczeniem nauczysz się robić to samo. Wierzę, że instrukcja obsługi naszych systemów Kundalini jest taka sama i że Stwórca nie uczyniłby mojego systemu Kundalini innym od Twojego, ponieważ wszyscy jesteśmy zbudowani z tych samych fizycznych, emocjonalnych, mentalnych i Duchowych składników. Stąd wierzę, że zagadnienia Kundalini są Uniwersalne, co oznacza, że te medytacje powinny działać również dla Ciebie.

Na zakończenie mam nadzieję, że używając tych medytacji, będziesz szukać sposobów na ich rozwinięcie i znajdziesz własne odkrycia. Musimy wspólnie utrzymywać Naukę Kundalini w ciągłym rozwoju i osiąganiu nowych szczytów, tak aby ci, którzy przyjdą po nas, mogli budować na naszych błędach i odkryciach. Czyniąc to, nie tylko rozwijamy siebie, ale także Naukę Kundalini jako dziedzinę nauki.

CZĘŚĆ XII: DORADZTWO KUNDALINI

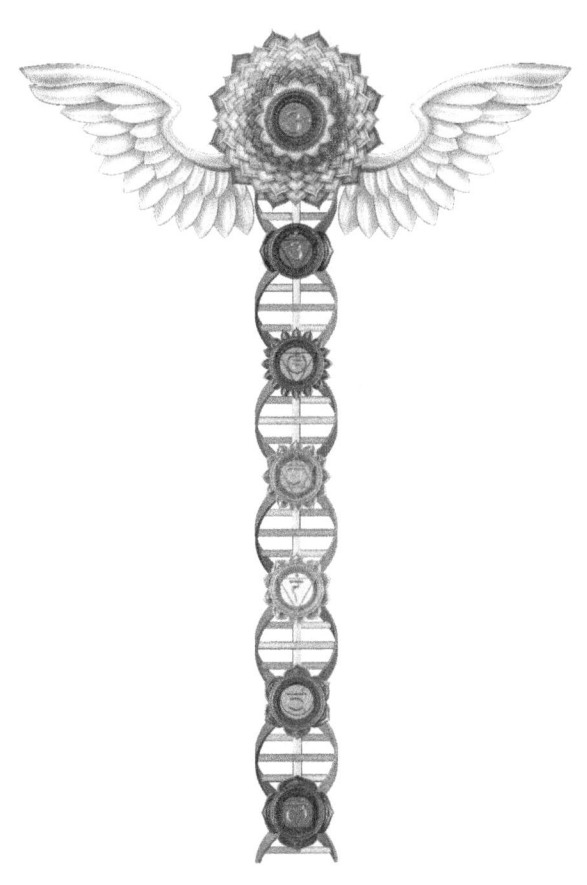

WSKAZÓWKI OGÓLNE

W ciągu ostatnich siedemnastu lat wiele przebudzonych przez Kundalini osób kontaktowało się ze mną za pośrednictwem mediów społecznościowych prosząc o radę, czego się spodziewać i jak radzić sobie z potencjalnymi problemami, które pojawiają się w ich procesie transformacji. Odkryłem, że wiele z ich pytań i obaw było takich samych, a ich zapytania miały wspólny wątek, ponieważ proces transformacji jest Uniwersalny. Ten rozdział omówi te wspólne cechy i podzieli się kilkoma ogólnymi wskazówkami dla tych z Was, którzy są w trakcie transformacji Kundalini.

Kundalini nie jest fizyczną manifestacją, choć często czuje się, że jest. Ponieważ Ciało Światła doskonali się z czasem, świadomość oscyluje między ciałem fizycznym a Ciałem Światła, próbując nadać rzeczom sens. Przed przebudzeniem, świadomość zwykła operować tylko z ciała fizycznego. Dlatego różne manifestacje Kundalini mogą na początku wydawać się fizyczne, ale nimi nie są.

Ludzie często mówią mi, że czują ucisk w różnych częściach ciała, zwykle w okolicy głowy lub serca, i pytają, dlaczego tak się dzieje. Chcą wiedzieć, kiedy to ustanie i czy te sprawy rozwiną się w choroby ciała. Zrozum, że Kundalini pracuje przez obszar z ośrodkami psychicznymi, które musi obudzić, aby zlokalizować tam energię. Czasami wymaga to przepychania się przeciwko energetycznym blokadom utworzonym z czasem przez negatywne myśli i przekonania na temat siebie i życia w ogóle. Choć odczuwa się to jako nacisk fizyczny, manifestuje się on na Płaszczyźnie Astralnej. Ponieważ jednak umysł jest łącznikiem, źle interpretuje tę informację. W końcu umysł nigdy wcześniej nie doświadczył czegoś takiego i łatwo się w tej sytuacji dezorientuje. Dlatego nierzadko osoba doświadczająca tych wrażeń zaczyna odczuwać strach i niepokój, myśląc, że coś szkodliwego dzieje się z jej ciałem fizycznym.

Czakry i otaczające je nerwy, które unerwiają organy, muszą być w pełni napełnione Światłem Kundalini, aby mogło ono bez przeszkód krążyć w Ciele Światła. Ze względu na karmiczną energię gromadzącą się w czakrach przez całe życie, obszary te mogą zostać zablokowane. Kundalini musi wywierać nacisk w tym obszarze poprzez łagodne i stałe ciepło, aby wyeliminować i usunąć te blokady.

Kundalini to surowa energia Ognia, która przekształca się w płynnego Ducha poprzez sublimację Prany poprzez przyjmowanie pokarmu w połączeniu z transmutacją energii seksualnej. Ta energia Ducha może przebić się przez wszelkie blokady, ale najpierw musi zostać przekształcona w swoją subtelną formę przez Ogień Kundalini. Obserwując ten proces w moim własnym Ciele Świetlistym stwierdziłem, że ta transformacja zachodzi w obszarze, w którym Kundalini usuwa blokady.

Najczęstszymi obszarami, w których blokady są usuwane są głowa i serce. Ludzie będą czuli ucisk w głowie przez miesiące, może nawet lata, podczas gdy Kundalini przekształca się w ten delikatny płynny Duch i otwiera ośrodki mózgowe. A jak już się nauczyliście, jest wiele krytycznych ośrodków mózgowych, które muszą być otwarte, jak wzgórze, podwzgórze, przysadka mózgowa i szyszynka. Mózg jest ośrodkiem, który zawiera te ważne centra energetyczne. Czakry i Nadis są połączone z mózgiem poprzez system nerwowy. Mózg jest płytą główną; w Ciele Światła musi być stworzone właściwe okablowanie, aby działało ono najbardziej efektywnie. W przeciwnym razie obwód Kundalini nie będzie działał prawidłowo.

Anahata, Czakra Serca, jest kolejnym krytycznym obszarem, gdzie Ogień Kundalini musi pracować przez energetyczne przeszkody, aby stworzyć niezbędne okablowanie. Po Czakrze Hara, Anahata jest drugą co do wielkości zbieżnością Nadis w ciele. Po jej lewej stronie znajduje się kanał Ida, który musi się prawidłowo otworzyć, aby zoptymalizować przepływ energii. Po prawej stronie znajduje się kanał Pingala. Oba wymagają odpowiedniego przepływu tej energii Ducha pracującego przez nie, aby nie czuć dziwnego ucisku, który wywołuje lękowe i niepokojące myśli.

Po przebudzeniu się energii Kundalini, palpitacje fizycznego serca są częste, ponieważ wysokie poziomy adrenaliny, dopaminy i serotoniny są uwalniane w ciele, powodując przyspieszone bicie serca. Sporadyczne przeskakiwanie uderzeń serca również się zdarza, co jak odkryłem jest spowodowane wspomnieniami opartymi na strachu, które wypływają z podświadomości i muszą być ponownie przeżyte, aby usunąć ich emocjonalny ładunek.

Te sytuacje nie są niczym niepokojącym, ponieważ są uniwersalne w swoim wyrazie i będą się nadal przejawiać przez wiele lat, zwłaszcza we wczesnych stadiach. Dzięki pompowaniu różnych hormonów do serca, doświadczane są niesamowite uczucia podwyższonego uniesienia. Pęd energii w sercu jest ekstatyczny i niemożliwy do opisania dla kogoś, kto tego nie doświadczył. Nadnercza mogą zostać wyczerpane w trakcie tego procesu, co można uzupełnić witaminą C.

Energia Kundalini może również napotkać blokady w innych obszarach ciała, zwykle w tułowiu. Energia może działać przez różne organy i może się wydawać, że jakiś organ jest zagrożony. Nigdy jednak nie stwierdziłem, żeby tak było, ani nie słyszałem o nikim, kto miałby w tej sytuacji prawdziwe awarie organów. Powtórzę więc, że może to być dla Ciebie fizyczne, ale nie będzie negatywnie wpływać na organ. Należy jednak zauważyć, że mogą wystąpić efekty psychosomatyczne, jeśli jesteś zbyt skupiony na myśleniu, że nacisk jest fizyczny. Innymi słowy, możesz rozwinąć fizyczny ból, ale tylko dlatego, że jesteś tak skoncentrowany na idei, że to się manifestuje. Nadal jednak nie manifestuje się on w sposób, który może Cię skrzywdzić.

Ogólnie rzecz biorąc, moja rada jest zawsze taka sama i odnosi się do wszystkich rzeczy dotyczących przebudzenia na każdym etapie - jeśli czujesz strach, przejdź przez niego. Proszę nie skupiaj się na strachu, ponieważ to strach wpływa na Ciebie negatywnie, a nie samo Kundalini. Strach tworzy niepokój, który działa przeciwko

Kundalini. Walczy z procesem Kundalini, który zachodzi wewnątrz Ciebie. Fizyczne, emocjonalne i mentalne ciała subtelne muszą być zrelaksowane i spokojne, aby Kundalini mogła wykonać swoją pracę. Jeżeli w którymś z obszarów obecny jest niepokój, uniemożliwi on przepływ Kundalini w jednym z jej wielu różnych stanów. Te blokady tylko pozornie wzmocnią się i pogorszą, jeśli wywołasz niepokój. Zamiast tego, musisz praktykować bycie zrelaksowanym w umyśle, ciele i Duszy, nawet jeśli doświadczenie może wydawać się intensywne.

Kiedy Kundalini jest już całkowicie przebudzona i pracuje przez Ciebie, najlepiej będzie, jeśli przestaniesz na jakiś czas medytować. W tym momencie, wszystko, co robi to skupia energię wewnątrz głowy, co nie jest już konieczne. Jeżeli obudziłeś Kundalini, to i tak osiągnąłeś już cel całej medytacji. Dlatego spędzanie jak najwięcej czasu z dala od myśli i więcej czasu w przyrodzie lub z ludźmi przyniesie Ci korzyści. Mówiąc ludzie, mam na myśli osoby o pozytywnym nastawieniu, a nie negatywnym. Zrelaksowanie się we wszystkich częściach Jaźni i skupienie się na przyniesienie pożywnego jedzenia będzie wszystkim, czego się od Ciebie wymaga.

Nie rozpaczaj, jeśli masz trudności ze snem, co często będzie się zdarzać w ciągu pierwszych kilku lat po przebudzeniu. Nie ma sensu próbować wywołać sen za wszelką cenę, tylko po to, by się sfrustrować, gdy to nie nastąpi. Zamiast tego, idź i zrób coś produktywnego, aby odpracować energię uniemożliwiającą Ci sen. Robienie kreatywnych działań pomoże przekształcić energię i umieścić Cię w kontakcie z wyobraźnią i siłą woli, co pomoże Ci zainspirować się i pomóc w osiągnięciu spokojnego stanu, indukując sen naturalnie. Zawsze pamiętaj, że kreatywność wykorzystuje również energię miłości, więc każda aktywność, która jest twórcza, jest produktywna, ponieważ wykorzystuje miłość. Ta zasada ma zastosowanie, gdy przechodzisz przez przebudzenie w dowolnym momencie swojego życia. Zawsze staramy się zestroić z miłością tak bardzo, jak tylko możemy, gdy przez to przechodzimy.

Przez wiele lat po moim przebudzeniu cierpiałem na bezsenność i oscylowałbym pomiędzy intensywnymi jawnymi snami a kompletnym brakiem snu i niemożnością wywołania marzeń sennych w ogóle. Z czasem nauczyłem się nie martwić i nie stresować, gdy tak się dzieje, chociaż może to być trudne do zrobienia, jeśli masz coś ważnego następnego dnia, że musisz być dobrze wypoczęty. Musisz nauczyć się kroczyć z tym i nie walczyć z tym. Nie ma żadnego wyboru. Jak tylko zaakceptujesz to, będziesz żył lepiej. Prowadzenie normalnego trybu życia od dziewiątej do piątej może być wyzwaniem, ale należy je zaakceptować i przepracować. Im bardziej z tym walczysz, tym bardziej utrudniasz sobie proces transformacji Kundalini.

Jeśli nie możesz wywołać snu w nocy, ciało sygnalizuje Ci, że nie potrzebuje odpoczynku. Być może umysł tak robi i możesz dać mu odpocząć po prostu relaksując się na plecach gdy nie śpisz. Czasami pomaga wzięcie tabletki melatoniny tuż przed snem, którą można znaleźć w lokalnej aptece. Jeśli jednak nie możesz wywołać snu, oznacza to jedynie, że w Ciele Światła jest zbyt wiele aktywności i musisz to zaakceptować. Następnego dnia będziesz nieco bardziej przejrzysty, ale powinieneś być w stanie poradzić sobie ze wszystkim, czego potrzebujesz. Gdy nie możesz spać oznacza to, że Kundalini jest w nadmiarze, przekształcając Twój umysł, ciało i Duszę na głębokim poziomie. Wprowadź się w tryb autopilota tak bardzo jak to możliwe i pozwól mu zrobić to, co musi zrobić.

Jednym z aspektów transformacji Kundalini jest to, że ilość snu potrzebna do funkcjonowania w 100% następnego dnia jest znacznie mniejsza niż u osoby bez aktywnego Kundalini. Sześć godzin snu powinno wystarczyć na większość dni, jak stwierdziłem. Pełne osiem godzin snu jest optymalne, podczas gdy cokolwiek więcej niż osiem jest nadmierne i nie jest potrzebne. Jednak na początku możesz potrzebować więcej niż osiem godzin snu, szczególnie jeśli Twoje Kundalini jest bardzo aktywne w nocy.

W miarę upływu lat stwierdziłem, że więcej niż osiem godzin snu pozostawia mnie mniej skupionego i ospałego następnego dnia. Optymalnie, od sześciu do ośmiu godzin snu okazało się być dla mnie najlepsze. Miałem też wiele bezsennych nocy, kiedy Kundalini było bardzo aktywne. Ale przezwyciężyłem to poprzez zrelaksowanie mojego umysłu podczas nocy, co pozwoliło mi nadal funkcjonować na 95% następnego dnia z moją zwykłą laserową ostrością i skupieniem. Jednak było to, po co najmniej pięciu latach procesu transformacji Kundalini i po dostrojeniu mojej świadomości z Wyższym Ja. Jeśli znajdziesz się wyrównany bardziej ze swoim Ego, będziesz potrzebował więcej snu.

WSPÓLNE PYTANIA

Po przyjęciu roli nauczyciela i przewodnika Kundalini, przez wiele lat odpowiadałem na niezliczone pytania od wielu różnych inicjowanych Kundalini na temat ich przebudzenia i procesu transformacji. Zebrałem najczęstsze pytania w serię pytań i odpowiedzi z naszej korespondencji.

Prawie rok temu miałem spontaniczne przebudzenie Kundalini. Teraz emocjonalne zawirowania i strach, z którymi się zmagam, są nie do zniesienia. Straciłem pracę, moje związki się rozpadły i jestem gotowy się poddać. Nie mam już energii, by iść do przodu. Jakie słowa mądrości masz dla mnie?

Nie rozpaczaj, mój przyjacielu. Wielu ludzi było na Twoim miejscu i wielu będzie w przyszłości. Jak złe rzeczy mogą się teraz wydawać, zawsze pamiętaj, że świt zawsze następuje po nocy. Sukces nie zależy od tego, jak szybko upadasz, ale od tego, jak szybko wstajesz i próbujesz ponownie. Musisz rozwinąć odporność na te wyzwania, przed którymi stoisz, a znajdziesz rozwiązania, których szukasz. Nie pozwól, by strach Cię paraliżował, ale zamiast tego staw czoła swoim lękom, a zyskasz odwagę. Wszyscy ludzie sukcesu błyszczą, a gdy nie mają już nic, gdy cała ich energia zniknęła, ich zbiornik jest pusty. Używają tych chwil, aby udowodnić, kim są, znajdują energię wewnątrz siebie, aby pokonać swoje lęki i znaleźć sukces.

Pamiętaj, że FEAR to Fałszywy Dowód Wyglądający na Prawdziwy; żyje w sferze dualności. Prawdziwe Ja znajduje się jednak w sferze nie-dwoistości. Jest to Ogień, którego nikt poza Tobą nie może ugasić. A czas dla każdego z nas upływa. Dlatego wszyscy musimy spojrzeć na życiowe wyzwania i zobaczyć je jako testy naszej siły woli. Musimy mieć wiarę w siebie i we Wszechświat i sprostać tym wyzwaniom z determinacją i wytrwałością, aby odnieść sukces.

Znajdź swoje ukojenie w towarzystwie podobnie myślących osób przechodzących przez ten sam proces przebudzenia Kundalini i uczyń z nich braci i siostry. Nie jesteś w tym osamotniony. Wszyscy jesteśmy przeznaczeni do transformacji w Istoty Światła. Nie jest to jednak łatwy proces. Im trudniejsza podróż, tym słodsza nagroda. Wiele dróg prowadzi do tego samego celu. Jeśli jedna nie działa, spróbuj innej. Nigdy nie poddawaj się i nie upadaj na duchu, ponieważ jeśli jesteś skłonny do rezygnacji, Boskość nie ma dla Ciebie miejsca w Królestwie Niebieskim.

Zawsze, gdy moja energia Kundalini staje się bardzo aktywna, staję się niesamowicie paranoiczna, niespokojna i bojaźliwa. Zastanawiam się, czy powinnam udać się do terapeuty, chociaż nie jestem pewna, czy zrozumie on, przez co przechodzę. Ale zanim to zrobię, co jeszcze mogę zrobić, aby pokonać te trudne emocje?

Paranoja i niepokój, których doświadczasz, są typowe dla tego, przez co przechodzisz. Jednak Twojego stanu nie można opisać, jako kliniczny. Najlepiej zachować to doświadczenie dla siebie, aby zaoszczędzić sobie rozczarowania związanego z brakiem zrozumienia przez personel medyczny. Co ważniejsze, aby uchronić się przed podaniem leków na receptę, które znacznie utrudnią proces transformacji. Spędzaj czas na zewnątrz, łącz się z naturą i rób rzeczy zewnętrzne dla Ciebie, zamiast nadmiernie myśleć o tym, przez co przechodzisz. Ego nie lubi tego, że przechodzi proces śmierci, więc chce Cię przestraszyć i sprawić, byś czuła się z tym negatywnie.

Co najważniejsze, myśl pozytywnie o całym doświadczeniu. Jesteś wśród elity na świecie i zostałaś wybrana z jakiegokolwiek powodu. Szczerze mówiąc, lata życia w złym stanie psychicznym, jak to ma miejsce u wielu nowo przebudzonych inicjowanych przez Kundalini, są warte cennych klejnotów, które czekają na Ciebie w przyszłości. Poza tym, Twoja mentalność jest tylko obliczem tego, kim naprawdę jesteś. Pamiętaj o tym i bądź odważna. Skupianie się na strachu uniemożliwi Ci życie z odwagą. Zamiast tego bądź odważna, a strach zniknie.

Są chwile, kiedy czuję się tak, jakby moje Ego w końcu się odczepiło, ale wtedy powraca z zemsty, przynosząc wielki strach i emocjonalny ból. Często czuję się tak, jakbym umierał powolną i bolesną śmiercią. Dlaczego to się nie może skończyć? Co się ze mną dzieje?

Ból i przyjemność to oba aspekty tej samej rzeczy. Są one związane z tym, jak ktoś odczytuje otaczającą go rzeczywistość poprzez umysł. Poprzez połączenie świadomego z podświadomym, prędkość wahadła wahającego się pomiędzy przyjemnością a bólem zwiększa się wykładniczo, dając początek wielu problemom psychicznym. Różnica polega na tym, że u osoby aktywowanej Kundalini proces ten jest tylko tymczasowy i służy do wykorzystania negatywnych wspomnień, działając jak mur pomiędzy światem czystego potencjału a ograniczeniami stworzonymi przez umysł w jego dążeniu do przetrwania.

Jaźń, która przetrwała do tej pory to Ego. Ego umiera! Nie chce umrzeć, podobnie jak każda inna inteligentna siła w tym Wszechświecie. Tak więc wieczny świadek Teraz, Twoje prawdziwe Ja, stoi z boku, podczas gdy Ego odczuwa ból wiedząc, że w jego śmierci kryje się prawdziwe życie. Pamiętaj, że Ego potrzebowało wielu lat, aby się rozwinąć. Tak jak każda akcja ma równą i przeciwną reakcję, wiedz, że wiele lat zajmie również jego śmierć. Jest to normalna część procesu transformacji, podobnie jak towarzyszący jej ból.

Kiedy cierpienia Ego zostaną oczyszczone, świadomość jest wolna, by doświadczyć czystej emocji Pustki, która jest Nirwanicznym uniesieniem. Nie spiesz się więc, nie śpiesz się, a po pewnym czasie umysł się uspokoi i staniesz się tym, kim masz być - Istotą Światła!

Od kilku miesięcy dręczą mnie wyniszczające bóle głowy, które czasami trwają całą noc, a nawet do następnego dnia. Odczuwam również tajemnicze bóle, które pojawiają się i znikają w różnych miejscach mojego ciała, głównie w tułowiu. Co można zrobić? Czy jest to normalna część procesu Kundalini?

Jeśli masz bóle głowy w wyniku obudzonej Kundalini, zauważysz, jeśli zrobisz krok do tyłu, że Twoje bóle głowy nie są spowodowane przez Kundalini, ale zamiast tego przez to, jak umysł interpretuje to, co się dzieje. Dzieje się tak dlatego, że Kundalini działa w Płaszczyźnie Astralnej, ale możemy ją odczuwać tak, jakby była w naszym ciele fizycznym. Działa ona w innym wymiarze niż materialny, którego częścią jest ciało fizyczne.

Zachowaj relaks przez cały czas, pij dużo wody, a bóle głowy znikną. Unikaj sytuacji stresowych, a gdy pojawi się ból głowy, postaraj się poznać jego przyczynę, a następnie unikaj tworzenia tej samej przyczyny następnym razem lub przebywania w jej pobliżu.

Bóle fizyczne są przypisywane negatywnej energii i karmicznym wspomnieniom przechowywanym w ciele fizycznym i organach. Dlatego, kiedy Kundalini, na poziomie Astralnym (ponieważ działa tylko astralnie), przeniknęła do obszarów, w których znajdują się duchowe odpowiedniki fizycznych składników ciała, pojawią się odczucia bólu fizycznego, ponieważ oczyszcza się ona z negatywności w tych duchowych odpowiednikach.

Ten proces jest normalny i będzie ustępował z czasem. Spróbuj innej diety, Jogi lub technik uziemienia, aby złagodzić ból. Pamiętaj, że skupiając swoją uwagę na bólu, wzmacniasz go. Dlatego skieruj swoją uwagę gdzie indziej, a Kundalini przeniesie się tam, gdzie jest Twoja świadomość. Nieustraszony umysł nie ma żadnych barier w procesie Kundalini!

Od jakiegoś czasu mam różne wizje z udziałem kotów. Czasami są one duże, a czasami małe. Były srebrne, czarne, żółte i czerwono-pomarańczowe. Jednak najbardziej wyrazistą wizją był kot ze złamanym ogonem. Walczę z tym, aby nadać temu sens. Czy coś jest we mnie złamane?

Interpretuj takie wizje z punktu widzenia umysłu. Jeśli umysł jest zrelaksowany i cieszy się tymi obrazami, to są one przelotnymi doświadczeniami i nie mają znaczenia. Jeśli jednak umysł splątuje się z tymi symbolami i próbuje interpretować wszystko, co się dzieje, tworzysz dla siebie labirynt, z którego trudno się wydostać bez przywiązywania strachu do wyniku.

Wizje w snach są zazwyczaj wynikiem tego, czym umysł jest zajęty w stanie czuwania. Skoro właśnie miałeś przebudzenie i codziennie doświadczasz dużej aktywności Kundalini, to te wizje we śnie próbują dać Ci o tym znać.

Koty, niezależnie od ich koloru, są symbolami Kundalini. W Starożytnych tradycjach koty reprezentowały Wielki Kobiecy Aspekt Boskości. Te sny dają Ci znać, że jesteś w trakcie aktywności Kundalini. Złamany ogon może oznaczać blokadę energetyczną, ale z drugiej strony może tak nie być. Może to oznaczać, że umysł zinterpretował trzaski energii wewnątrz Ciebie.

Nie daj się złapać na te wszystkie interpretacje snów. Końcowym rezultatem przebudzenia Kundalini jest całkowite oderwanie się od uwikłań umysłu. Musisz ominąć umysł, aby być w Teraz, w chwili obecnej, i czerpać energię z pola czystej potencjalności. Pewnego dnia te rzeczy nie będą dla Ciebie znaczyły absolutnie nic z punktu widzenia wielkiego obrazu.

Po moim początkowym przebudzeniu Kundalini pamiętam, że widziałem wiele mistycznych wizji z wszelkiego rodzaju symbolami. Teraz już ich nie ma, ale tak samo jak większości wizualnych, mimowolnych myśli. Wyczuwam rzeczy intuicyjnie, ponieważ moja świadomość wzniosła się ponad strach. Pamiętaj o tym, jeśli chodzi o przebudzenie: "Wszystkie rzeczy rozpuszczają się i rozwiązują we wszystkie inne rzeczy". To, co widzisz teraz, nie będziesz nawet pamiętał za lat kilka.

Czuję się krucha, bezbronna, a mój stan emocjonalny waha się stale w górę i w dół. Mam niepokój i paranoję i potrzebuję pomocy. Nie jestem pewna, czy lekarze mogą mi pomóc z czymś związanym z Kundalini, ale nie wiem, do kogo jeszcze mogę się zwrócić. Co powinnam zrobić?

Żadni specjaliści od zdrowia psychicznego nie pomogą Ci w problemach psychicznych i emocjonalnych, z którymi borykasz się z powodu przebudzonego Kundalini. Będą chętni do leczenia medycznego, czego nie chcesz. Poszedłem na wizytę do psychiatry, który najwyraźniej w pewnym momencie "wiedział" o Kundalini. Podczas tej wizyty dowiedziałem się, że on nic nie wie, ponieważ ktoś może naprawdę wiedzieć o Kundalini tylko wtedy, gdy ma jakieś osobiste doświadczenie. Była to strata mojego czasu i pieniędzy, a przede wszystkim spowodowała rozczarowanie. Fałszywa nadzieja może mieć bardzo niekorzystne skutki w tym procesie, ponieważ może sprawić, że poddasz się nawet szybciej niż zwykle byłbyś skłonny to zrobić.

Jeśli jesteś w słabym stanie, bądź swoim własnym lekarzem i osobistym zbawcą. W przypadku Kundalini proszę nie pokładaj wiary w rękach innych ludzi, chyba że ci ludzie sami doznali przebudzenia. Jeśli potrzebujesz pocieszenia, posłuchaj jakichś rozmów Samopomocy. Przebudzenie Kundalini obudzi również wewnętrznego guru, Wyższe Ja. Teraz jest czas, aby nauczyć się ufać sobie i być swoim własnym przewodnikiem i nauczycielem.

Problemy psychiczne, niepokój i paranoja są powszechne dla ludzi w Twojej sytuacji. Wszyscy przez to przechodziliśmy. Znajdź coś, co Cię uspokaja i uszczęśliwia, co daje Ci ucieczkę od mentalnego zamieszania. Znajdź hobby, które zajmuje Twoje ciało, umysł i Duszę. Pisz, maluj, chodź na spacery, rób coś inspirującego. Jeśli skupisz się na negatywności, w zamian otrzymasz negatywność. Pomoże Ci, jeśli nie będziesz skupiać się na problemach psychicznych, ponieważ są one tymczasowe.

Jeśli spotkasz się z profesjonalistą medycznym w tej sprawie, możesz czuć się gorzej po tym, ponieważ będzie on oscylować wokół słów takich jak chroniczny niepokój, dwubiegunowość i schizofrenia. Objawy wykazywane przez aktywne Kundalini mogą być podobne, ale to nie znaczy, że masz tę samą dolegliwość. W przeciwieństwie do nieprzebudzonych ludzi, u których zdiagnozowano te choroby, przechodzimy przez te wyzwania i wyłaniamy się po drugiej stronie, silniejsi i bardziej wyrafinowani. Jest to tylko kwestia czasu i cierpliwości.

Jedną rzeczą, której zawsze się uczyłem, jest podążanie za własnym rytmem bębna. Słuchaj głosu wewnątrz i nie pozwól, by inni mówili Ci, co się dzieje. To Ty kierujesz swoją narracją. Zlekceważ to, co inni mówią o tym, przez co przechodzisz. Znasz prawdę głęboko w sobie, więc zacznij słuchać. Wszystko jest w porządku! To tylko Ego straszy Cię, ponieważ wie, że traci władzę nad świadomością. Twoje Prawdziwe Ja mieszka w ciszy, miejscu bez myśli!

Czuję ogromny ucisk od czoła aż do czubka głowy, a moje myśli są niekontrolowane. Czuję, że wariuję, jakby mój mózg był uszkodzony. Co mogę zrobić, żeby znaleźć równowagę?

Jeśli masz nagromadzenie energii w czakrach Sahasarara i Ajna, musisz się uziemić. Jeśli jesteś nadmiernie myślący i czujesz się w kontakcie z niepokojem i strachem, uziemienie Twoich energii pomoże Ci. Uziemienie wyciszy Twój umysł, pozwalając strachowi zniknąć. Z osobistego doświadczenia, jeśli masz dużo energii w głowie, staniesz się introwertyczny i będziesz nadmiernie myśleć. Spróbuj więc skupić się na emocjonalnym aspekcie Jaźni, nawiązując kontakt ze swoimi uczuciami, a energia sama się zrównoważy.

Pomocne jest skupienie się na czakrach stóp, a szczególnie na brzuchu. Skupiając się na brzuchu, neutralizujesz Element Powietrza (myśli) i łączysz się z Elementem Wody (emocje). W ten sposób nawiązujesz kontakt ze swoimi uczuciami i sprowadzasz energię z głowy. Wysyłając energię do brzucha, poprzez oddech i medytację stworzysz wygodny i stały Ogień w tym obszarze. Praktykuj cichą medytację, a powinieneś być w stanie poczuć energię w różnych miejscach, innych niż głowa. Medytacja jest konieczna, aby sprowadzić energię w dół do brzucha i ponownie połączyć obwód Kundalini.

Próbowałem racjonalizować i intelektualizować mój proces, co zaprowadziło mnie donikąd. Rozumiem, że nadszedł czas, aby wyjść poza umysł i moje myśli, ale nie wiem jak i gdzie zacząć. Czy możesz zaoferować jakiś wgląd?

Zamiast skupiać się na swoich myślach, wycisz umysł, aby wyjść poza siebie poprzez medytację i kontrolowany oddech. Zobacz siebie w trzeciej osobie, obserwując swoje ciało fizyczne i gesty twarzy, i stań się Cichym Świadkiem w Teraz, w chwili obecnej. Wychodząc poza siebie, omijasz Ego, aby połączyć się z Prawdziwym Ja, Świętym Aniołem Stróżem, dzięki któremu możesz doświadczyć Chwały Bożej i niezliczonych innych bogactw duchowych.

Aby pomóc Ci się tam dostać, medytuj na Oko Umysłu, skupiając się na centrum brwi. Następnie, z otwartymi oczami, zobacz świat na zewnątrz i wewnątrz jednocześnie. W tym momencie będziesz widział siebie tak, jak widzą Cię inni ludzie. Możesz osiągnąć to doświadczenie poprzez praktykę. Powoli zmieni ono Twoje postrzeganie z uwikłanego w iluzję Ego i padającego ofiarą lęku na zewnętrzne i obiektywne i uczestniczące w Bożym Królestwie Światła, które daje nam miłość, prawdę i mądrość.

O to właśnie chodzi, gdy Adepci i Mędrcy wspominają, że osiągnęli Jedność wszystkich rzeczy. Pamiętaj, że jesteś tylko obrazem myśli w umyśle Boga. Ten Świat Materii, w którym uczestniczą nasze zmysły, jest tylko Wiecznym Snem Boga, a nasza moc myślenia i śnienia pozwala nam być Współtwórcą z naszym Stwórcą. Niech ci, którzy mają uszy, usłyszą tę wielką uniwersalną prawdę.

Odkąd moja Kundalini się przebudziła, jest to jedyna rzecz, o której chcę rozmawiać z innymi. Chcę, aby inni wiedzieli i doświadczyli tego, co ja. Ale ilekroć otwierałem się przed kimś na temat moich doświadczeń, ten ktoś albo nie rozumiał, albo sprawiał, że czułem się jakbym był szalony. Czy od tej pory powinienem zachować to doświadczenie dla siebie?

Jeśli chodzi o to, komu powiesz, że miałeś przebudzenie Kundalini, powiem, żebyś podzielił się z 10% ludzi w Twoim życiu i nie dzielił się z pozostałymi 90%. Dzielenie się samo w sobie ma oczekiwanie bycia zrozumianym. Faktem jest, że nawet 10% nie zrozumie, ale przynajmniej uwierzą Ci poprzez współczucie i wiarę, że mówisz im prawdę. Jeśli więc chcesz zaoszczędzić sobie wielu rozczarowań, to w większości przypadków polecam zachować to doświadczenie dla siebie.

Jeśli ktoś wspomina o Kundalini i wie o tym, podziel się z nim swoim doświadczeniem. Nawet wtedy, jeśli ta osoba nie miała przebudzenia, będzie miała różne opinie na ten temat i nie będzie w stanie śledzić wszystkiego, co mówisz.

Odnosimy się do siebie poprzez przeszłe doświadczenia i wspólne podstawy jako istoty ludzkie. Ale, niestety, w temacie Kundalini, większość ludzi nie potrafi się połączyć. A jeśli chcesz uniknąć negatywności i ignorancji ze strony innych, czuj się zadowolony z siebie i własnego doświadczenia i dawaj przykład, zamiast mówić im, że jesteś w trakcie szkolenia, aby być przykładem.

Kiedy Kundalini zakończy swoją pracę z Tobą, niezależnie od tego, ile lat to zajmie, nie będziesz musiał nic mówić; inni będą wiedzieli, że jesteś wyjątkowy i szczególny. Mogą nie rozumieć wszystkiego, co im mówisz, ponieważ człowiek często musi coś zobaczyć, aby w to uwierzyć, ale kiedy staniesz się Źródłem Światła i będziesz przewodzić, ludzie będą zaintrygowani i zainspirowani Tobą. Wtedy pójdą za Tobą. W końcu ludzie są przyciągani do tych, którzy pozwalają swojemu wewnętrznemu światłu świecić, ponieważ podświadomie dają im pozwolenie na bycie sobą i robienie tego samego.

Moje doświadczenia z Kundalini były czasem jak bycie w Niebie, a innym razem w Piekle. Jednak w moim religijnym wychowaniu nauczono mnie bać się piekła i tęsknić za niebem w życiu pozagrobowym. Ale teraz, mając te doświadczenia w moim codziennym życiu, czuję, że to wszystko jest bez znaczenia. Mimo, że miałem niezwykle piękne doświadczenia, mój nihilizm powstrzymuje mnie od chęci dzielenia się nimi z innymi. Jestem zagubiony i zdezorientowany. Jakieś spostrzeżenia?

Człowiek jest podwójną istotą, która uczestniczy zarówno w Niebie, jak i w Piekle. Ponieważ mamy Wolną Wolę, sposób w jaki z niej korzystamy powoduje, że nasza świadomość jest związana z jednym z nich. Kundalini jest energią, która łączy Niebo i Piekło tak, że ludzkość może uczestniczyć w obu w słabszym stanie. Koncentrując się na aspekcie Piekła, stajemy się jego uczestnikami. I odwrotnie, kiedy skupiamy się na Niebie, Piekło rozpływa się w nicości, gdy nasza świadomość staje się wywyższona.

Piekło jest wytwarzane przez Światło Księżycowe, które odbija Światło Słońca; stąd jest ono iluzoryczne. Jednakże Niebo jest Światłem samego Słońca. Jest nieśmiertelne, niewysłowione i nieskończone. Mówi prawdę i żyje w prawości. Z drugiej strony, Piekło istnieje tylko, jako fragment wyobraźni. Nie jest to wyobraźnia w całości, ponieważ ona należy do Nieba, ale jedynie jej odbicie. Strach jest tylko odbiciem Światła Słońca, ale nie jest Światłem samym w sobie. Tylko wtedy, gdy ludzie wybierają przebywanie w Piekle, biorą w nim udział, w zależności od tego, jak bardzo energia strachu ich z nim wiąże.

Dzieląc się z innymi teoriami, doświadczeniami i wyjaśnieniami, jesteśmy w trakcie poszukiwania wiedzy. Wiedza to potęga, lub co ważniejsze, potęga prawdy, która jest antytezą strachu i piekła. Prawda jest Światłem i miłością. Jest Niebem. Istoty, które mówią prawdę zgodnie ze swoim poziomem ewolucji, to Istoty Światła. Dzielenie się poprzez miłość i dobroć czyni je uczestnikami Nieba, które jest ich prawem wrodzonym.

Nihilizm jest tworzony przez bezpodstawne teorie, że życie jest bez znaczenia, ponieważ ktoś odciągnął się od Światła przez pesymizm i egoizm. Kiedy owoce Nieba wymkną się danej osobie, wielu popada w rozpacz, próbując nadać rzeczom sens, a jednocześnie decydując się na pozostanie w niewiedzy o prawdzie i wzięcie odpowiedzialności za swoje myśli i czyny.

Nihilizm wymaga, aby dobrze przyjrzeć się sobie z otwartym sercem i umysłem oraz poskromić swoją dumę na tyle długo, aby dostrzec, że potrzebna jest zmiana, aby wrócić na właściwe tory. Wymaga od nas wzięcia odpowiedzialności za naszą rzeczywistość, abyśmy mogli nadal wzrastać i rozwijać się duchowo. Nihilizm jest często krokiem w podróży, kiedy ciemność staje się silniejsza od Światła. Jednak nigdy nie powinien być ostatecznym celem.

Wszyscy jesteśmy tutaj, aby uczyć się od siebie nawzajem. Istnieje wszechobecna dwoistość Nieba i Piekła, ponieważ oba istnieją, jako pojęcia względne. Jednak tylko jedno z nich jest wieczne i nieskończone, i to ono jest wyższą prawdą pomiędzy nimi. Koncentracja na Piekle utrzymuje nas w powłoce ciała mentalnego, gdzie ta dwoistość jest widoczna.

Poznanie Zasad Światła i miłości, w tym Miłości Własnej, pozwoli Ci rozpoznać prawdę o Jedności wszystkich rzeczy i wywoła wyciszenie umysłu. Poprzez ciszę możesz wyrwać się ze szponów Ciała Mentalnego, aby Twoja świadomość mogła wejść w Ciało Duchowe. Ponieważ Ciało Duchowe zawiera Archetypy, będziesz mógł rozpoznać prawdę bez dualności, która polega na tym, że wszyscy jesteśmy iskrami jednego źródła Światła, Słońca. Miłość jest tym, co nas łączy; prawda utrzymuje nas w ruchu, a sprawiedliwość przynosi nam Wieczną Chwałę. Mądrość karmi Duszę, a wszelkie intelektualne brednie stają się jak liście na wietrze.

Ciągle mam sny o olbrzymich smokach. Czasami pojawiają się wężopodobne w swoich ruchach, syczą i atakują mnie. Są tak potężne, że nawet nie podejmuję walki. Czy jest w tym jakieś znaczenie?

Smoki są symbolem Kundalini w chińskiej tradycji. Ponieważ Kundalini jest w ruchu podczas snu, dwie rzeczy są widoczne, które wpływają na Twoją wyobraźnię: pierwsza to dźwięk energii płynącej w Tobie jako łagodne brzęczenie lub syczący dźwięk słyszany wewnątrz Twojego ciała. Druga to symbol tej energii z nieświadomości zbiorowej, jak wąż lub Smok, rzutowany do Twojej wyobraźni.

Smok atakujący Cię jest dobrą rzeczą, ponieważ oznacza, że Kundalini jest w nadmiarze, zasilając Twoje Ciało Światła często intensywnymi wstrząsami energii. Oznacza to również, że Twoje Ego jest w trakcie pracy, co jest znakiem transformacji. Podążanie za wizją we śnie i nie walczenie z nią oznacza, że Twoje Ego akceptuje proces transformacji Kundalini. Bądź neutralny, gdy to się dzieje i zaakceptuj obrazy, niezależnie od tego, jak przerażające mogą się wydawać z perspektywy czasu. Wzbudź w sobie odwagę do dalszego poddawania się temu procesowi, a wyłonisz się po drugiej stronie, jako bardziej wyrafinowana Istota Duchowa.

Nie jest niczym niezwykłym widzieć różne symboliczne elementy w swoich snach, kiedy Kundalini pracuje poprzez swoje czakry. Na przykład, kiedy pracujesz nad optymalizacją swojej czakry wody, Swadhisthana, możesz zobaczyć różne ciała wodne, takie jak oceany, morza i jeziora. I odwrotnie, kiedy Manipura jest ukierunkowana, napływ elementu Ognia będzie obecny, zabarwiając Twoje sny scenami ognia i płomieni. Tak więc widzisz, to o czym marzysz jest symboliczne dla zmian energetycznych zachodzących w Twojej Aurze i jej wpływu na Twoją wyobraźnię.

Co mogę zrobić, aby obudzić moją Kundalini? Czy istnieje metoda, którą mogę zastosować, aby ułatwić to doświadczenie?

Chociaż nie ma pewnej metody na obudzenie Kundalini, zaangażowanie w praktyki Jogiczne, takie jak te przedstawione w tej książce, może przygotować umysł, ciało i Duszę do przebudzenia Kundalini. To samo dotyczy praktyki Magii Ceremonialnej i stosowania się do reżimu takiego jak Programy Duchowej Alchemii przedstawione w książce *The Magus*. Również stosowanie uzdrawiających metod duchowych, takich jak kryształy, kamertony, aromaterapia i tattwy, pracują nad oczyszczeniem i dostrojeniem czakr, co może spowodować przebudzenie Kundalini. Tak więc, widzisz, nadanie priorytetu swojej Ewolucji Duchowej i bycie proaktywnym poprzez wdrożenie regularnej praktyki duchowej w swoim życiu jest jedyną rzeczą jaką możesz zrobić aby przybliżyć się do tego celu.

Przebudzenie Kundalini zwykle zdarza się niespodziewanie, więc nie możesz wiedzieć, kiedy się wydarzy, ale możesz kontrolować to, co robisz, aby się wydarzyło. Ponieważ jest to tak monumentalne doświadczenie, Dusza musi być na nie gotowa, co zazwyczaj wymaga przygotowań przez wiele żyć. Byłoby niemożliwe dla mnie, aby ustalić dokładnie, gdzie jesteś w swoim postępie Duszy; tylko Twoje Wyższe Ja to wie. Jednak skupienie się na byciu dobrą osobą o silnej moralności i wartościach zapewnia, że jesteś na właściwej ścieżce. Praktykuj miłość-życzliwość wobec siebie i innych i bądź uczciwa przez cały czas. Kiedy idziesz w świetle, pozwalasz, aby światło przeniknęło do Twojej świadomości i obudziło Kundalini. Przebudzenie Kundalini jest tylko kolejnym krokiem, który Twoja Dusza musi wykonać, aby ewoluować i najważniejszym, ponieważ uwalnia ją od ciała, kończąc jej misję tutaj na Ziemi.

EPILOG

Na początku było Białe Światło. Wszechogarniające. Nieskończone. Bez początku i końca. Umysł Wszystkiego. Czysta Duchowa Świadomość. Następnie ten Pierwszy Umysł, który jest energią i Siłą, stworzył Drugi Umysł, aby wygenerować Formy. Wszystko, będąc Jednością, podzieliło się na Dwa, ponieważ każde Stworzenie wymaga oddzielenia lub podziału swojej pierwotnej substancji. Wszystko nie mogło doświadczyć swojej mocy i potencjału, dopóki nie stworzyło biegunowego przeciwieństwa. Stąd Białe Światło wygenerowało ciemność przestrzeni.

Białe Światło stworzyło również Gwiazdy, których zgrupowania utworzyły Konstelacje i Galaktyki, które składają się na cały Wszechświat. Teraz Wszystko może przejawiać różne światy i żywe istoty - Dusze, które zawierają cechy Wszystkiego. Dusze zawierają Światło, ponieważ są ze Światła. Jednak zawierają również ciemność, ponieważ są częścią Wszechświata - Świata Materii unoszącego się w ciemności przestrzeni.

Wszystkie Formy i istoty żywe w istnieniu są stworzone z myśli-wytrychu Wszystkiego. Nie są one nierozerwalnie związane z Wszystkim, lecz są jego częścią, tyle że znajdują się w akcie doświadczenia Wszystkiego, osadzonego w Czasie i Przestrzeni. Doświadczenie i doświadczający są Jednym; jednakże ich oddzielenie jest tylko iluzją. Podczas gdy Materia znajduje się na jednym końcu spektrum, jako najgęstsza manifestacja Wszystkiego, skutkiem, przyczyną jest Białe Światło, które wibruje tak wysoko, że jest niewidoczne dla zmysłów, a jednak przenika całe istnienie.

Podstawową funkcją Gwiazd jest generowanie Światła w ciemności kosmosu. Tęczówka Słońca jest portalem do drugiej strony rzeczywistości, Białego Światła Pierwszego Umysłu. Gwiazdy zrodziły wszystkie żywe istoty we Wszechświecie, ponieważ każda istota organiczna posiada Duszę i świadomość. A Dusza to nic innego jak iskra Światła z odpowiedniego Słońca. Starożytni nazywali Słońce "Sol", od którego pochodzi słowo Dusza jako esencja żywej istoty.

Słońca Wszechświata przyciągały pobliskie planety tworząc Układy Słoneczne. We Wszechświecie istnieją miliardy układów słonecznych z bilionami planet. Słońca stworzyły środowiska mieszkalne na niektórych planetach, które krążą wokół nich, aby mogły one kultywować Dusze. Jednak tylko niektóre planety zostały wybrane do tego zadania.

W naszym Układzie Słonecznym jedyną planetą, która może być siedliskiem życia jest Ziemia. Nasze Słońce wtedy, poprzez swoje Światło, stworzyło całe życie na Ziemi.

Odżywia je swoim ciepłem i energią praniczną. Widzicie więc, że ostatecznym celem wszystkich Gwiazd we Wszechświecie jest zamieszkanie Dusz. Dusza nigdy się nie narodziła i nigdy nie umrze. Kiedy Dusza nauczy się lekcji z Układu Słonecznego, w którym się inkarnuje, przenosi swoją iskrę z jednego Słońca na drugie w czasie fizycznej śmierci, kontynuując swoją ewolucyjną podróż przez Wszechświat.

Gdy ludzka Dusza zostaje wszczepiona w ciało fizyczne w momencie narodzin, staje się z nim związana. Dusza reinkarnuje się na planecie Ziemia, aż jej ewolucja osiągnie masę krytyczną, co skutkuje uwolnieniem jej z ciała w danym życiu. Lekcje tego Układu Słonecznego dotyczą pełnej aktywacji Siedmiu Czakr, co można osiągnąć jedynie poprzez przebudzenie Kundalini i wzniesienie jej do Korony. Kiedy system energetyczny człowieka zostanie zoptymalizowany, Dusza nie będzie już musiała reinkarnować na Planecie Ziemia, ale jej następne życie będzie miało miejsce na nowej Planecie w innym Układzie Słonecznym gdzieś we Wszechświecie.

Naszym ostatecznym celem na planecie Ziemia jest pełne przebudzenie Kundalini i wyzwolenie Duszy z ciała. Czyniąc to, stajemy się Słońcem naszego Układu Słonecznego, w pełni aktywując wyższe moce Światła wewnątrz nas. Te wyższe moce są wyrażane przez planety krążące wokół Słońca, odpowiadające siedmiu czakrom w ich w pełni aktywnym stanie. Jak więc widać, pełne przebudzenie Kundalini umożliwia nam doświadczenie całości naszego potencjału energetycznego tu na Ziemi w obecnym wcieleniu.

Gdy podniesiemy Kundalini do Korony, jednoczymy naszą świadomość z Kosmiczną Świadomością Białego Światła i Pierwszym Umysłem. Zaczynamy wtedy uczestniczyć w Nieskończoności, która rozciąga się na najdalsze krańce Wszechświata, odblokowując dary psychiczne, które pozwalają nam przekraczać Czas i Przestrzeń. Możemy widzieć, czuć, słyszeć, dotykać, wąchać i smakować rzeczy na odległość, ponieważ trójwymiarowy świat nie ogranicza już naszej świadomości. Zamiast tego zostajemy wyniesieni do Czwartego Wymiaru, Wymiaru Wibracji lub energii.

Jednym z istotnych darów pełnego przebudzenia Kundalini jest aktywacja Ciała Światła i optymalizacja toroidalnego pola energetycznego - Merkaby. Ta geometryczna struktura staje się pojazdem świadomości Duszy, który umożliwia podróże międzywymiarowe i międzyplanetarne. Dusza może opuścić ciało w dowolnej chwili poprzez Ciało Światła i Merkabę. Może teraz podróżować przez nasze Słońce do innych Słońc we Wszechświecie, ponieważ jednostka jest teraz Jednością z Pierwszym Umysłem. Jest to początek Projekcji Astralnej, która jest świadomą projekcją Duszy w różne sfery i płaszczyzny świadomości. Kiedy jednak doświadczenie to ma miejsce podczas snu, nieświadomie, nazywa się to Świadome Śnienie.

Chociaż pełne przebudzenie Kundalini i aktywacja Ciała Światła jest wydarzeniem jednorazowym, to proces transformacji duchowej, który po nim następuje, może trwać kilkadziesiąt lat lub dłużej. Musimy pokonać indywidualną Karmę, zanim osiągniemy ostateczną granicę w ludzkiej świadomości, Piąty wymiar Miłości i Światła. Nigdy nie zapominaj, że aby stać się czystymi i godnymi naczyniami dla Światła, czakry muszą być zoptymalizowane i dostrojone do perfekcji.

Mając to na uwadze, mam nadzieję, że w tej książce dałem Ci klucze do osiągnięcia tego zadania. Niezależnie od tego, czy już przebudziłeś Kundalini, czy też jesteś jeszcze w trakcie nauki i przygotowania do tego doświadczenia, znasz teraz każdy element i oblicze procesu przebudzenia Kundalini i następującej po nim Duchowej przemiany. Dlatego używaj *Serpent Rising,* jako podręcznika do różnych praktyk Duchowych przedstawionych w tym miejscu i kontynuuj pracę nad swoimi Czakrami, przygotowując swoją Duszę do Wniebowstąpienia.

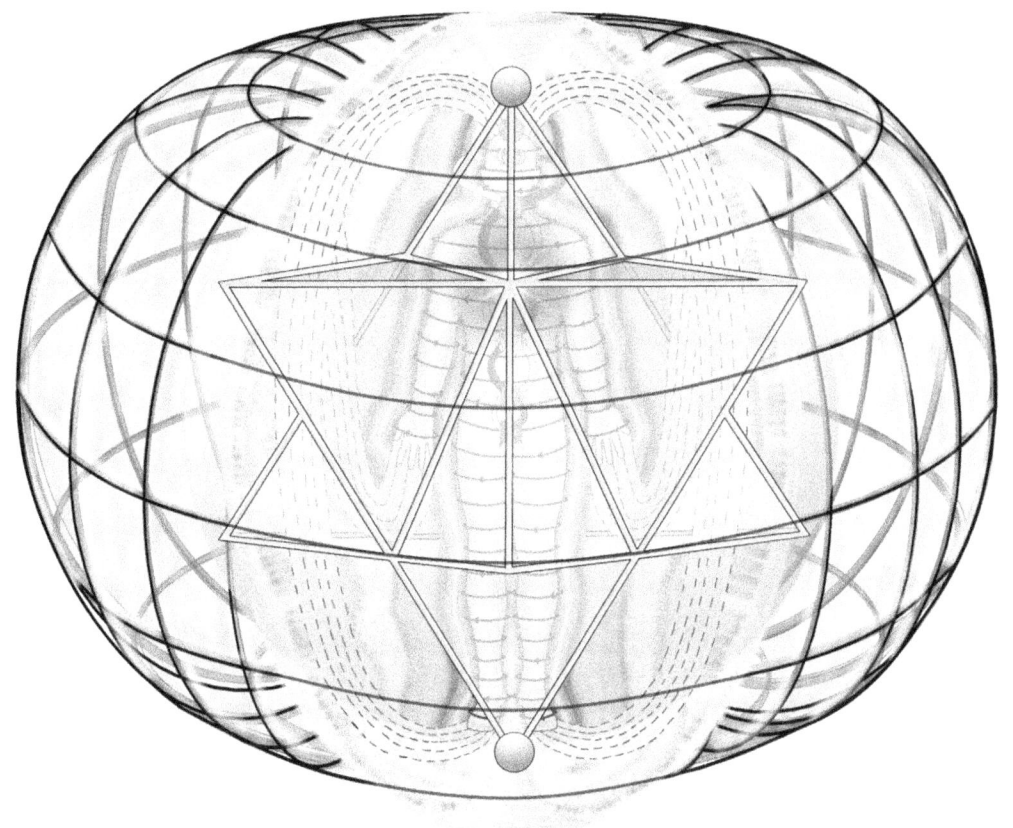

Rysunek 164: Optymalizacja Potencjału Energetycznego Człowieka

Na zakończenie, z przyjemnością dzielę się wszystkim, czego nauczyłem się podczas mojej siedemnastoletniej podróży życia z przebudzoną Kundalini. *Serpent Rising: The Kundalini Compendium* było dla mnie również niesamowitą podróżą odkrywczą, łączącą kropki i budującą na ramach rozwijającej się nauki o Kundalini. Moja ostateczna rada dla Ciebie to wziąć sobie do serca wszystko, o czym czytasz w tej książce i ekscytować się swoją przyszłością. Kundalini jest Twoim darem od Stwórcy; nie roztrwoń go, marnując czas na rozproszenia, które już Ci nie służą. Zamiast tego skup swoją energię na wypełnianiu swojej ostatecznej misji na tej Planecie i do zobaczenia po drugiej stronie.

DODATEK

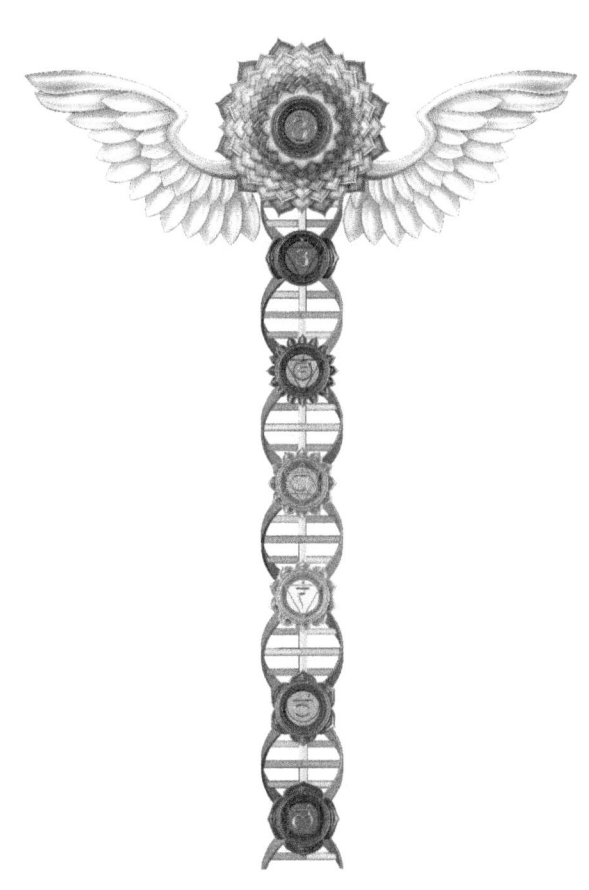

TABELE UZUPEŁNIAJĄCE

TABELA 6: Siedem Starożytnych Planet i ich Odpowiedniki

Planety	Pokrewieństwo z Żywiołem	Wyrażenia/Możliwości	Kamienie Szlachetne	Widelec Stroikowy Hz	Essential Oils (Lista Zaawansowana)
Saturn	Ziemia; Czuje się jak Ziemia z Powietrzem	Karma, Prawda, Mądrość, Struktura, Dyscyplina, Intuicja	Czarny Onyks, Diamenty, Kwarc Dymny	295.7	Mirra, Paczula, Kasja, Cyprys, Spikenard, Mimoza.
Jupiter	Woda; Czuje się jak Woda z Ognia	Miłosierdzie, Obfitość, Bezwarunkowa Miłość, Moralność, Etyka	Szafir, Lapis Lazuli, Turkus, Akwamaryn	367.16	Anyż, Goździk, Hyzop, Gałka Muszkatołowa, Szałwia Muszkatołowa, Mniszek Lekarski, Drzewo Cedrowe, Sarsaparilla, Kminek, Opoponax
Mars	Ogień; Czuje się jak Ziemia Ognia	Ambicja, Napęd, Odnowa, Działanie, Przetrwanie, Rywalizacja, Pasja, Siła Woli	Rubin, Granat, Czerwony Agat, Krwawy Kamień, Czerwony Koral	289.44	Imbir, Bazylia, Czarny Pieprz, Mięta Pieprzowa, Tytoń, Smocza Krew, Piołun, Sosna
Słońce (Sol)	Powietrze; Czuje się jak Powietrze w Ogniu	Samoidentyfikacja, Uzdrowienie, Witalność, Odwaga, Kreatywność, Inspiracja, Wyobraźnia	Bursztyn, Oko Tygrysa, Złoty Topaz, Złoty Kamień, Karneol, Cyrkon, Kamień Słoneczny	252.44	Rumianek, Jałowiec, Kadzidło, Nagietek, Rozmaryn, Cynamon, Szafran, Cedr, Pomarańcza, Limonka
Wenus	Ogień; Czuje się jak Woda Ziemi	Pożądanie, Twórcze Wyrażanie się, Romantyczna Miłość, Przyjaźń, Zmysłowość	Szmaragd, Jadeit, Awenturyn, Malachit, Kwarc różowy, Agat zielony, Perydot	442.46	Róża, Czerwone Drzewo Sandałowe, Ylang-Ylang, Kardamon, Geranium, Lilak, Wetiwer, Mięta, Fiołek, Wanilia, Plumeria, Waleriana
Merkury	Woda; Czuje się jak Woda z Powietrza	Logika, Rozum, Komunikacja, Intelekt, Uczenie się	Szafir Pomarańczowy, Spinel Pomarańczowy, Turmalin, Topaz Cesarski,	282.54	Lawenda, Trawa Cytrynowa, Werbena Cytrynowa, Żółte Drzewo Sandałowe, Pomarańcza, Mięta Pieprzowa,

			Cytryn, Opal Ognisty, Amazonit		Bergamotka Pomarańczowa
Księżyc (Luna)	Powietrze; Czuje się jak Ziemia Wody	Uczucia, Emocje, Iluzje, Kaprys, Płodność, Jasnowidzenie	Kamień Księżycowy, Perła, Beryl	420.88	Jaśmin, Kamfora, Eukaliptus, Białe Drzewo Sandałowe, Wierzba, Cytryna, Mirra, Lilia
Ziemia	Ziemia	Stabilność, Uziemienie, Praktyczność	Czarny Turmalin, Obsydian, Hematyt	272.2	Cyprys, Bylica, Oleander, Patchouli, Werbena, Wetyweria

TABELA 7: Dwanaście Zodiaków i ich Korelacje

Zodiak	Planeta rządząca, Podelement	Wyrażenia/Możliwości	Kamienie Szlachetne	Widelec Stroikowy Hz	Essential Oils (Basic List)
Baran	Mars (Ogień), Ogień Ognia	Twórcza Energia, Napęd, Inicjatywa, Entuzjazm, Rywalizacja, Odwaga, Dynamizm, Pewność Siebie	Krwawnik, Karneol, Diament, Granat, Czerwony Jaspis, Rubin	144.72	Czarny Pieprz, Rozmaryn, Imbir, Bazylia, Mięta Pieprzowa, Mandarynka, Pomarańcza
Byk	Wenus (Ziemia), Powietrze Ziemi	Cierpliwość, Zmysłowość, Wytrwałość, Determinacja, Wrażliwość, Praktyczność, Konwencjonalność	Bursztyn, Kwarc Różowy, Krwawy Koral, Złoty Topaz, Szmaragd, Szafir, Turkus	221.23	Ylang Ylang, Róża Wetiwer, Geranium, Drzewo Sandałowe, Melisa, Majeranek
Bliźnięta	Rtęć (Powietrze), Woda z Powietrza	Intelekt, Nauka, Komunikacja, Humor Analizowanie, Przystosowanie, Wszechstronność, Nonkonformizm	Akwamaryn, Agat, Chryzopraz, Perła, Kamień Księżycowy, Cytryn, Biały Szafir	141.27	Bergamotka, Koper Włoski, Lawenda, Rumianek, Mięta Pieprzowa
Rak	Księżyc (Woda), Ogień Wody	Nieustępliwość, Wrażliwość, Emocjonalność, Intuicja, Współczucie, Instynkt Ochronny, Empatia	Kamień Księżycowy, Rubin, Szmaragd, Perła	210.42	Koper Włoski, Jałowiec, Lawenda, Jaśmin, Szałwia Muszkatołowa, Eukaliptus.
Lew	Słońce (Ogień), Powietrze Ognia	Charyzma, Ambicja, Kreatywność, Autorytet, Witalność, Hojność, Uczucie	Bursztyn, Turmalin, Karnelian, Rubin, Sardonyks, Onyks, Złoty Topaz	126.22	Rozmaryn, Kadzidło, Mirra, Cytryna, Limonka, Cynamon
Panna	Merkury (Ziemia), Woda Ziemi	Dyskryminacja, Analizowanie, Rzetelność, Pracowitość, Praktyczność, Adaptacja, Samodzielność, Uczenie	Niebieski Szafir, Różowy Jaspis, Karneol, Jadeit, Agat Mszysty, Turkus, Cyrkonia	141.27	Melisa, Mirt, Patchouli, Drzewo Sandałowe, Lawenda

Waga	Wenus (Powietrze), Ogień Powietrza	Harmonia, Sprawiedliwość, Samoekspresja, Dyplomacja, Romantyzm, Zmysłowość, Towarzyskość, Spryt.	Lapis Lazuli, Opal, Diament, Szmaragd, Kwarc Różowy, Peridot	221.23	Geranium, Koper Włoski, Drzewo Herbaciane, Róża, Kardamon, Melisa
Skorpion	Mars (Woda), Powietrze Wody	Regeneracja, Seksualność, Transformacja, Sprawiedliwość, Pasja, Lojalność, Moc, Niezależność, Magnetyzm	Akwamaryn, Czarny Obsydian, Granat, Agat, Topaz, Beryl, Łzy Apacza, Koral	140,25 (Pluton)	Patchouli, Róża, Geranium, Imbir, Jaśmin, Szałwia Muszkatołowa
Strzelec	Jowisz (Ogień), Woda Ognia	Optymizm, Miłość do Wolności, Pogoda Ducha, Uczciwość, Filozofia, Dobroczynność, Inspiracja, Eksploracja	Turkus, Topaz, Szafir, Ametyst, Rubin	183.58	Szałwia Muszkatołowa, Goździk, Hyzop, Bergamotka, Drzewo Cedrowe, Eukaliptus, Kardamon
Koziorożec	Saturn (Ziemia), Ogień Ziemi	Organizacja, Sumienność, Pragmatyzm, Ambicja, Konserwatyzm, Dyscyplina	Rubin, Czarny Onyks, Kwarc Dymny, Granat, Agat	147.85	Mirra, Wetiwer, Eukaliptus, Geranium, Drzewo Sandałowe
Wodnik	Saturn (Air), Air of Air	Intuicja, Kreatywność, Duchowość, Niezależność, Innowacyjność, Oryginalność, Medytacja, Humanitarność	Granat, Sugilit, Ametyst, Niebieski Szafir, Agat Mszysty, Opal	207.36 (Uran)	Neroli, Mirra, Drzewo Sandałowe, Liść Fiołka, Lawenda, Cytryna
Ryby	Jupiter (Woda), Woda z Wody	Głębokie Emocje, Intuicja, Wyobraźnia, Współczucie, Empatia, Etyka, Współczucie, Humor	Ametyst, Jadeit, Akwamaryn, Kryształ Górski, Kamień Krwawy, Diament, Szafir	211,44 (Neptun)	Bergamotka, Goździk, Geranium, Mirra, Cyprys, Drzewo Herbaciane, Szałwia Muszkatołowa

SŁOWNICZEK WYBRANYCH TERMINÓW

Uwaga: Poniżej znajduje się wybór terminów, które są niezdefiniowane w oryginalnym tekście lub wymagają dalszego zdefiniowania. Wykorzystaj tę sekcję, aby pomóc w pogłębieniu swojej wiedzy na podane tematy. Ponieważ książka ta dotyczy generalnie Duchowości Wschodu, większość przedstawionych tu terminów pochodzi z Tajemnic Zachodu.

Adam Kadmon: Abstrakcyjne pojęcie odnoszące się do Yechidah, sefiry Kether, która filtruje do Chiah (Chokmah) i Mniejszej Neschamah (Binah) tworząc Większą Neschamah, Prawdziwe Ja i część nas, która należy do Nadprzyrodzonych. W *Zoharze*, Adam Kadmon jest "Niebiańskim Człowiekiem", dużym organicznym ciałem Duchowym, w którym każda istota ludzka jest uważana za pojedynczą komórkę, może mniej. W kategoriach Czterech Światów Qabali, Adam Kadmon reprezentuje Pierwszy Świat Archetypów, Atziluth, Świat Pierwotnego Ognia. Tak więc Adam Kadmon zasadniczo odnosi się do Boskiego Światła, Freudowskiego Super-Ego, lub Wyższego Ja z Nadprzyrodzonych.

Ain Soph Aur: Trzy Zasłony Negatywnego Istnienia. Termin ten jest używany w Qabalah do opisania Źródła Stworzenia. W dosłownym znaczeniu Ain tłumaczy się jako "Nic", podczas gdy Ain Soph to "Nieskończoność". I wreszcie, Ain Soph Aur to "Bezgraniczne lub Wieczne Światło". Tak więc, w Qabalah, termin Ain Soph Aur jest często używany w odniesieniu do Nieskończonego Białego Światła.

Aleister Crowley: Brytyjski okultysta, poeta, powieściopisarz i Mag Ceremonialny, który był jednym z oryginalnych członków Hermetycznego Zakonu Złotego Świtu. Po opuszczeniu Zakonu, Crowley założył religię Thelema na początku XX wieku, identyfikując się jako prorok Eonu Horusa, który zbiegł się z tym okresem w czasie. Crowley publicznie określał siebie jako "Wielką Bestię 666", ponieważ starał się rzucić wyzwanie tabu w napędzanym przez chrześcijan, restrykcyjnym społeczeństwie elżbietańskim, w którym żył, dlatego z biegiem lat zyskał złą reputację. Jednak jego wkład w świat okultyzmu jest niezastąpiony, a on sam otworzył wiele drzwi dla przyszłych poszukiwaczy na całym świecie.

Stan Alfa: Inaczej nazywany "Stanem Hipnagogicznym" lub "Stanem Transu". Stan Alfa aktywności mózgu występuje pomiędzy byciem obudzonym z aktywnością umysłową (Stan Beta) a snem (Stan Theta). Stan ten jest osiągany, gdy fale mózgowe zwalniają do częstotliwości między 8 a 12 Hz, co jest powszechne, gdy śnimy (w nocy). Możemy świadomie wywołać stan Alfa poprzez medytację, hipnozę lub zastosowanie duchowych metod leczenia. Przebywanie w tym stanie zwiększa zdolność zapamiętywania i intuicję, a jednocześnie zmniejsza niepokój. Ludzie, którzy mogą działać w Stanie Alfa podczas zwykłej świadomości na jawie, mogą kontrolować swoją rzeczywistość, ponieważ ich połączenie z Wyższym Ja jest większe. Dlatego mogą świadomie i z premedytacją korzystać z Praw Uniwersalnych.

Anioły: Nadawcy pozytywnych myśli, którzy istnieją wewnątrz i na zewnątrz pola energetycznego człowieka, Aury. Anioły są obiektywnymi bytami lub Inteligencjami, które istnieją poza Jaźnią i stają się zakontraktowane w Aurze, kiedy wybieramy przez Wolną Wolę, aby ich słuchać i wykonywać ich polecenia. Anioły żywią się energią miłości, tak jak ich odpowiedniki, Demony, żywią się energią strachu. Anioły są podporządkowane Bogu - Stwórcy. Energia Anielska jest źródłem ludzkich cnót, tak jak energia Demoniczna jest źródłem ludzkich wad.

Archetypy: Pierwotne elementy strukturalne ludzkiej psychiki. Archetypy są pierwotnymi modelami, na których wzorują się inne podobne rzeczy. Są one uniwersalne, co oznacza, że wszyscy ludzie w nich uczestniczą. Archetypy dają nam psychiczny fundament, na którym możemy budować naszą rzeczywistość. Znajdują się w najwyższym świecie, Atziluth, Świecie Pierwotnego Ognia w Qabalah.

Binah: Trzecia sefira na Drzewie Życia, na szczycie Filaru Surowości. Binah jest Wielką Matką i Morzem Świadomości, które zawiera wszystkie istniejące Formy. Reprezentuje żeński aspekt Jaźni, najwyższy wyraz Elementu Wody. Poprzez Binah, energia Ducha impregnuje idee w naszych umysłach. W ten sposób reprezentuje stan świadomości, który rządzi wewnętrznymi zdolnościami, takimi jak intuicja i jasnowidzenie. Binah odpowiada czakrze Ajna, naszemu psychicznemu centrum, które zapewnia empatię i telepatię. Binah jest receptywnym, pasywnym aspektem Jaźni, Zrozumieniem (tytuł Binah), które może pojąć mądrość Chokmah. Jej kolor jest czarny, co odpowiada planecie Saturn na Drzewie Życia; planecie wiary, karmy i czasu, wszystkich aspektów Binah.

Magia Ceremonialna: Synonim zachodniej Magii Rytualnej. Seria rytuałów obejmujących inkantację (wibrację) boskich imion mocy, zwykle połączonych z symbolicznymi znakami symboli geometrycznych, takich jak Pentagram lub Heksagram, w obrębie magicznego kręgu praktykującego. Celem Magii Ceremonialnej, podobnie jak innych praktyk Duchowego Uzdrawiania, jest dostrojenie Czakr dla Duchowej Ewolucji. Spopularyzowana przez Hermetyczny Zakon Złotego Świtu, Magia Ceremonialna stanowi gałąź Hermetyzmu. Celem końcowym stosowania Magii Ceremonialnej jest osiągnięcie Oświecenia.

Chesed: Czwarta sefira na Drzewie Życia, położona poniżej Chesed na Filarze Miłosierdzia. Reprezentuje stan świadomości, który rządzi wewnętrznymi fakultetami lub wyrażeniami takimi jak bezwarunkowa miłość, współczucie i pamięć. Z tego powodu tytuł Chesed brzmi "Miłosierdzie". Chesed pozwala nam budować moralność i etykę, ponieważ kultywuje mądrość. Chesed ma powinowactwo z Elementem Wody i odpowiada planecie Jowisz. Chesed jest uduchowioną czakrą sakralną, Swadhisthana, z powodu jej połączenia z Nadprzyrodzonymi poprzez Tarotową ścieżkę Hierofanta na Drzewie Życia.

Chokmah: Druga sefira na Drzewie Życia, na szczycie Filaru Miłosierdzia. Jako aktywna energia Ducha, Chokmah reprezentuje stan świadomości, w którym możemy odkryć naszą Prawdziwą Wolę. Jest to energia Wielkiego Ojca i męski aspekt Jaźni, najwyższy wyraz Elementu Ognia. Jest to więc sefira, poprzez którą nasze Wyższe Ja, czyli Święty Anioł Stróż, komunikuje się z nami poprzez Mądrość (tytuł Chokmah). Kolor Chokmah jest szary. Zodiak jest fizyczną manifestacją Chokmah, ponieważ Gwiazdy służą do kanalizowania niemanifestowanego Białego Światła Kether. Chokmah funkcjonuje poprzez czakrę Oka Umysłu, wraz z Binah.

Ciemna noc duszy: Okres spustoszenia, który jednostka przechodzi podczas gwałtownego rozwoju duchowego. Wszelkie poczucie pocieszenia jest w tym czasie usunięte, tworząc rodzaj kryzysu egzystencjalnego. Przed transformacją duchową, jednostka musi w pełni zmierzyć się z ciemną stroną i ogarnąć umysłowe i emocjonalne zamieszanie. Nie jest niczym niezwykłym, że w tym czasie jednostka izoluje się od innych ludzi i wylewa wiele łez, gdy oczyszcza się ze starych emocji. Jednak po zakończeniu tego burzliwego okresu, szpony Niższego Ja zmniejszą się, wyrównując świadomość bardziej z wibracją Wyższego Ja. Ciemna noc duszy jest koniecznym etapem cierpienia na ścieżce do Oświecenia, który nie jest jednorazowym procesem, ale jest zazwyczaj spotykany wiele razy na drodze duchowej ewolucji.

Daath: Jako ukryta, jedenasta sefira na Drzewie Życia, Daath jest "Wielką Przepaścią" lub "Otchłanią", która dzieli Nadprzyrodzonych od całego przejawionego Stworzenia. Odpowiednio do tego odpowiada czakrze gardła, Vishuddhi, która oddziela Ducha od niższych czterech elementów. Poprzez Daath wchodzimy do Piekła lub Świata Podziemnego, przeciwnego bieguna w umyśle, który dał początek Ego, negatywnej części Jaźni. Daath reprezentuje "śmierć" Ego, która jest konieczna, aby nasza świadomość mogła wznieść się do Nadprzyrodzoności. Daath jest znana jako "Sfera Wiedzy", ponieważ wiedza pozwala nam przekroczyć nasze ciała i dostroić naszą świadomość do Wyższych Sfer.

Bóstwo: Nadprzyrodzona Istota o Boskim pochodzeniu. Słowo to jest często używane w religiach politeistycznych zamiast Boga lub Bogini. W tradycjach starożytnych Bóstwo to Istota posiadająca większe moce niż zwykli ludzie, ale wchodząca z nimi w interakcje, najczęściej po to, by ich jakoś oświecić i pogłębić ich ewolucję. Religie monoteistyczne mają tylko jedno Bóstwo, które akceptują jako Boga - Stwórcę, podczas gdy religie politeistyczne akceptują wiele Bóstw.

Magia Enochiańska: Koronny klejnot systemu Magii Hermetycznego Zakonu Złotego Świtu. Ta praktyka Wewnętrznego Zakonu powinna być podjęta dopiero po ukończeniu

Duchowej Alchemii z Elementami. W *The Magus*, Magia Enochiańska odnosi się do "Programu III Alchemii Duchowej", który wdraża użycie dziewiętnastu Kluczy Enochiańskich lub Wezwań, które odnoszą się do Pięciu Elementów. Magia Enochiańska jest kompletnym systemem magicznym, który stoi w oderwaniu od innych ćwiczeń rytualnych Magii Ceremonialnej w *The Magus*, ale jest również częścią całości.

Masoneria: Masoneria, odnosi się do najstarszej organizacji braterskiej na świecie. Wbrew powszechnemu przekonaniu inspirowanemu teoriami spiskowymi, prawdziwym celem bycia masonem jest doskonalenie swojej natury moralnej i budowanie charakteru poprzez kurs samorozwoju. Trzy stopnie masonerii w Loży Niebieskiej to Entered Apprentice, Fellowcraft i Master Mason, na które inicjowany wchodzi uroczyście. Następnie inicjowany jest uczony znaczenia symboli związanych z jego stopniem, co jest tradycyjną metodą przekazywania świętych nauk.

Geburah: Piąta sefira na Drzewie Życia, położona poniżej Binah na Filarze Surowości. Nazwana "Surowością" lub "Sprawiedliwością", Geburah odpowiada Elementowi Ognia i indywidualnej sile woli, która daje nam motywację, determinację i napęd. Jako źródło naszej konkurencyjności, Geburah może również sprawić, że staniemy się agresywni i źli, kiedy zostanie zachwiana równowaga przez jej przeciwieństwo, Chesed. Geburah jest uduchowioną czakrą splotu słonecznego, Manipura, z powodu jej połączenia z Nadprzyrodzonymi poprzez Tarotową ścieżkę Rydwanu na Drzewie Życia.

Złoty Świt: Szkoła Starożytnych Tajemnic Zachodu, która uczy swoich uczniów Qabalah, Hermetyzmu, Tarota, Astrologii, Geomancji, Tajemnic Egipskich i Chrześcijańskich oraz Magii Ceremonialnej (w tym Magii Enochiańskiej). Na świecie istnieje wiele zakonów Złotego Świtu, z których większość naucza tego samego materiału kursowego. Materiał kursu Złotego Świtu został upubliczniony przez Israela Regardie w "The Golden Dawn", opublikowanym po raz pierwszy w 1937 roku. Oryginalny Zakon Złotego Świtu nosił nazwę Hermetyczny Zakon Złotego Świtu, założony w 1888 roku przez grupę masonów, z których najbardziej znanym był Samuel Liddell MacGregor Mathers. Dziś większość odłamów Hermetycznego Zakonu Złotego Świtu nazywa się wariantami tej samej nazwy.

Hod: Ósma sefira na Drzewie Życia, na dole Filaru Surowości, której tytuł brzmi "Splendor". "Stan świadomości Hod odnosi się do wewnętrznych zdolności inteligencji, szczególnie logiki i rozumu. Sfera ta jest spokrewniona z Elementem Wody, chociaż Element Ognia jest również zaangażowany w jej funkcję, podobnie jak Element Powietrza. Hod wyraża się poprzez trzy czakry Swadhisthana, Manipura i Anahata. Odpowiada planecie Merkury i jest koloru pomarańczowego. Hod reprezentuje mniejszą formę energii Chesed, pośredniczoną przez Tiphareth. Ego często używa Hod do wnioskowania o rzeczywistości i podejmowania przyszłych decyzji. W systemie Złotego Świtu, Hod odpowiada stopniowi Practicus.

Hebrajskie Litery: Dwadzieścia Dwie Litery, które są częścią filozofii qabalistycznej, ale stoją osobno jako własny system Duchowy. Każda litera jest symbolem i liczbą z wieloma związanymi z nią ideami. Te idee przywołują pewne Archetypy, które są rezonansem z energią Głównych Arkanów Tarota. Trzy Litery Macierzyste (podstawowe) odpowiadają trzem żywiołom: Powietrzu, Wodzie i Ogniowi, podczas gdy siedem Podwójnych Liter (drugorzędnych) odpowiada siedmiu Starożytnym Planetom. Wreszcie, dwanaście Prostych Liter (trzeciorzędnych) odpowiada dwunastu zodiakom.

Hermes Trismegistus: Postać historyczna, która żyła podczas najstarszych dynastii Egiptu. Znany jako "Skryba Bogów" lub "Mistrz Mistrzów", Hermes był założycielem Hermetyzmu i jest uważany za ojca okultystycznej mądrości. Wszystkie podstawowe nauki we wszystkich ezoterycznych i religijnych sektach można prześledzić od Hermesa. Jego mądrość i wiedza o tajemnicach wszechświata i życia były tak wielkie, że Egipcjanie uznali go za jednego ze swoich bogów, nazywając go Thoth - Bogiem Mądrości. Grecy również go czcili i uczynili jednym z dwunastu swoich bogów olimpijskich, również nazywając go Hermesem. Gdy Rzymianie zsynkretyzowali swoją religię z grecką, nazywali Hermesa Merkurym. Hermes był uważany za największego Nauczyciela Świata, a kilku Adeptów, którzy przyszli po nim, w tym Jezus Chrystus, przez wielu uczonych uważani są za jego reinkarnację. Uważa się, że Duch Hermesa inkarnuje się mniej więcej co 2000 lat jako Nauczyciel Świata, aby oświecić świat w dziedzinach duchowych, religijnych, filozoficznych i psychologicznych, wprowadzając nowoczesny język do nauczania o Duchu i Bogu, godząc wszystkie rozbieżne punkty widzenia.

Hermetyzm: Filozoficzna, religijna i ezoteryczna tradycja oparta głównie na naukach Hermesa Trismegistusa, która obejmuje Astrologię, Alchemię i Zasady Tworzenia opisane w *The Kybalion*. Filozoficzne aspekty hermetyzmu zawarte są w "Hermetica", składającej się z *Corpus Hermeticum* (znanego również jako *Boski Pymander*) i *Szmaragdowej Tablicy Hermesa*, klucza do alchemii. Hermetyzm jest niewidzialną nauką, która obejmuje energie naszego Układu Słonecznego dotyczące istot ludzkich. Pisma hermetyczne wywarły duży wpływ na zachodnią tradycję ezoteryczną, a mianowicie na Zakon Złotego Świtu.

Kether: Pierwsza i najwyższa sefira na Drzewie Życia, na szczycie Środkowego Filaru. Odnosi się do Zasady Białego Światła (Ain Soph Aur), ponieważ działa jako kanał tego światła do niższych czakr. Jego kolor jest biały, reprezentuje Światło, które zawiera siedem kolorów tęczy - Główne Czakry. Kether odpowiada czakrze Sahasrara i nosi ten sam tytuł - Korona. Reprezentuje transcendentalny stan świadomości, który jest poza dualnością umysłu. Kether jest również naszą bramą do Transpersonalnych Czakr powyżej Korony. Jako Boski Duch, Kether jest najwyższą ekspresją elementu powietrza. Reprezentuje Monadę, pojedynczość i najwyższą koncepcję Bóstwa.

Królestwo Niebieskie: Synonim Królestwa Bożego. Królestwo Niebieskie jest jednym z istotnych elementów w naukach Jezusa Chrystusa, który odnosi się do wypełnienia Woli Bożej na Ziemi. Jest to stan umysłu zbliżony do Świadomości Chrystusowej, w którym nastąpiło zejście Ducha do Materii i są one teraz Jednym. W naukach chrześcijańskich, aby wejść do Królestwa Niebieskiego, trzeba zmartwychwstać, mówiąc metaforycznie. Ten wzniosły stan wyższej świadomości, będący przeznaczeniem każdego człowieka, można osiągnąć, gdy energia Kundalini wzniesie się do Korony, w pełni aktywując Ciało Światła i optymalizując toroidalne pole energetyczne (Merkaba). Po duchowej transformacji osoba będzie miała głowę w Niebie i stopy na Ziemi, jako Bóg-Człowiek.

Major Arcana: Dwadzieścia Dwa Trumpy Kart Tarota. Odpowiadają Dwudziestu dwóm ścieżkom na Drzewie Życia i Dwudziestu dwóm literom hebrajskim. Główne Arkana reprezentują Archetypowe energie w tranzycie pomiędzy dziesięcioma Sefirotami na Drzewie Życia. Odpowiadają one trzem głównym żywiołom: powietrzu, ogniowi i wodzie, dwunastu zodiakom oraz siedmiu starożytnym planetom, składającym się na cały nasz Układ Słoneczny.

Malkuth: Dziesiąta i najniższa Sefira na Drzewie Życia, której tytuł brzmi "Królestwo". Malkuth odnosi się do Gai, Planety Ziemi i Fizycznego Świata Materii. Odpowiada czakrze Muladhara i ma powinowactwo z Elementem Ziemi. Kolory Malkuth to cytryn, oliwka, russet i czerń, reprezentujące trzy elementy Powietrza, Wody i Ognia w gęstszej formie. W systemie Złotego Świtu, Malkuth odpowiada stopniowi Zelatora.

Merkury (Zasada Alchemiczna): W ramach procesu Alchemicznego, Merkury jest substancją transformującą. Jej rolą jest doprowadzenie do równowagi i harmonii pomiędzy pozostałymi dwoma Zasadami Alchemicznymi - Siarką i Solą. Merkury jest Siłą Życia, energią Ducha. W pierwszym etapie, kiedy jest przeciwstawiona Siarce, przyjmuje płynną, kobiecą Zasadę świadomości jako Wielka Matka - Element Wody. W drugim etapie, kiedy Siarka została wyekstrahowana i ponownie zwrócona, staje się znana jako Filozoficzna Rtęć lub Tajemniczy Ogień - Element Ducha. Filozoficzna Merkury jest substancją, która daje początek Kamieniowi Filozoficznemu, celowi Alchemika.

Środkowy Filar: Inaczej nazywany Filarem Równowagi lub Filarem Łagodności na Drzewie Życia. Jest on samobalansujący i zapewnia równowagę pozostałym dwóm filarom - Filarowi Miłosierdzia i Filarowi Surowości. Środkowy Filar przynosi jedność wielu dualistycznym, rywalizującym ze sobą siłom w życiu. Składa się z sefirotów Kether, Daath, Tiphareth, Yesod i Malkuth. Termin ten odnosi się również do rytualnego ćwiczenia Środkowego Filaru (z *The Magus*), które jest inwokacją Światła mającą na celu zrównoważenie psychiki i pomoc w duchowej ewolucji. Środkowy Filar reprezentuje Element Powietrza i jest koloru szarego. Odpowiada on Sushumna Nadi w systemie Kundalini.

Netzach: Siódma sefira na Drzewie Życia wzdłuż Filaru Miłosierdzia. Zatytułowana "Zwycięstwo", Netzach reprezentuje stan świadomości związany z emocjami, szczególnie pożądaniem i romantyczną miłością. Netzach ma powinowactwo z Elementem Ognia, chociaż Element Wody jest zaangażowany w jego ekspresję oraz Element Powietrza. Wyraża się poprzez trzy czakry Swadhisthana, Manipura i Anahata, takie same jak Hod. Netzach, Hod i Yesod, Trójkąt Astralny, to trzy najczęściej dostępne Sfery używane przez przeciętnego człowieka. Netzach odpowiada planecie Wenus, a jej kolor jest zielony. W systemie Złotego Świtu, Netzach odpowiada stopniowi Philosophus.

Nirwana: Wschodni termin powszechnie związany z dżinizmem i buddyzmem. Reprezentuje transcendentalny stan Bycia, w którym nie ma cierpienia ani pragnienia, ponieważ Jaźń doświadcza Jedności z resztą świata. W religiach indyjskich Nirwana jest synonimem Moksha lub Mukti, uwolnienia z cyklu odrodzenia, co odnosi się do prawa karmy. Nirwana oznacza zrównanie indywidualnej świadomości z Kosmiczną Świadomością jako ostateczny cel wszystkich duchowych tradycji, religii i praktyk.

Prekursorem osiągnięcia Nirwany jest obudzenie Kundalini do Korony i osiągnięcie pełnej aktywacji Ciała Świetlistego. Nirwana oznacza, że ktoś osiągnął Oświecenie. Można ją porównać z dwoma innymi wschodnimi terminami, Satori i Samadhi.

Kamień filozoficzny: Legendarna substancja alchemiczna zdolna do przemiany metali nieszlachetnych (takich jak rtęć) w złoto lub srebro. Termin ten, zawoalowany dla profanów, którzy pragnęli jedynie zysku finansowego, ma ukryte znaczenie związane z najbardziej pożądanym celem Alchemii - transformacją duchową. Dlatego, kiedy słyszysz, że ktoś znalazł Kamień Filozoficzny, oznacza to, że ukończył Wielkie Dzieło (Duchową Alchemię) i stał się Oświecony.

Filar Miłosierdzia: Prawy Filar na Drzewie Życia obejmujący sefiroty Chokmah, Chesed i Netzach. Filar Miłosierdzia jest męskim, aktywnym i pozytywnym Filarem zwanym inaczej Filarem Siły. Reprezentuje on Element Wody i ma biały kolor. W systemie Kundalini, Filar Miłosierdzia odpowiada Pingala Nadi.

Filar Surowości: Lewy Filar na Drzewie Życia obejmujący sefiroty Binah, Geburah i Hod. Jest to żeński, pasywny i negatywny Filar, inaczej zwany Filarem Formy. Reprezentuje Element Ognia i ma czarny kolor. W systemie Kundalini, Filar Surowości reprezentuje Ida Nadi.

Prima Materia: Inaczej nazywana "Pierwszą Materią", to pierwotna substancja uważana za pierwotny materiał znanego Wszechświata. Synonim Ducha jako pierwszej substancji i Źródła wszystkiego co istnieje. W Alchemii Prima Materia jest materiałem wyjściowym wymaganym do stworzenia Kamienia Filozoficznego. Jest to "Anima Mundi"- Dusza Świata, jedyna siła witalna we Wszechświecie.

Sól: Ciało fizyczne, które uziemia i utrwala pozostałe dwie Zasady Alchemiczne, Rtęć i Siarkę. Reprezentuje krystalizację i utwardzenie wszystkich trzech Zasad razem. Sól jest nośnikiem fizycznej manifestacji i trzeciego wymiaru czasu i przestrzeni wyrażonego poprzez Element Ziemi. Sól, Rtęć i Siarka tworzą Trójcę w Alchemii.

Sex Magick: Każdy rodzaj aktywności seksualnej używany w ceremonialnym lub rytualnym otoczeniu z wyraźną intencją. Ideą Magii Seksualnej jest to, że energia seksualna jest potężną siłą, którą można wykorzystać do namagnesowania sfery astralnej i przyciągnięcia tego, czego się pragnie lub do wezwania bóstw z różnych panteonów. Jedną z form rytuału Sex Magick jest użycie seksualnego podniecenia lub orgazmu do wizualizacji czegoś, co próbujesz osiągnąć lub zdobyć. Sex Magick jest jak bateria dla Twojej siły woli, kiedy jest wykonywany z otwartym sercem i umysłem. Jednakże, jeśli Magia Seksualna jest praktykowana z nieczystym umysłem, przyciągnie tylko niższe byty, które będą się żywić przywoływaną energią seksualną. Te niższe byty mogą wtedy przyczepić się do Ciebie i kontynuować karmienie się Twoją seksualną energią aż do oczyszczenia.

Duchowa Alchemia: W taki sam sposób jak Alchemia zajmuje się przekształcaniem metali nieszlachetnych w złoto, Duchowa Alchemia zajmuje się przekształcaniem energii praktykującego i oświecaniem go (napełnianiem go Światłem). Można to osiągnąć poprzez modalności i praktyki Duchowego Uzdrawiania, w tym Jogę i Magię Ceremonialną. Duchowa Alchemia wymaga pracy z Pięcioma Elementami, które odpowiadają Siedmiu

Czakrom. Celem Duchowej Ewolucji jest Iluminacja, kiedy indywidualna świadomość jest wywyższona i zjednoczona z Kosmiczną Świadomością. Dzięki temu procesowi jednostka nawiązuje połączenie z Wyższym Ja lub Świętym Aniołem Stróżem, swoją Boską Jaźnią. Element Ducha musi zostać zintegrowany w Aurze, co oznacza zakończenie Wielkiego Dzieła i przywrócenie Ogrodu Eden.

Siarka: Jest to Dusza obecna we wszystkich żywych istotach we Wszechświecie. Pochodzi ze Słońca jako Światło Boga i jest męską Zasadą, Wielkim Ojcem - Elementem Ognia. Cały proces alchemicznej transmutacji zależy od Zasady Siarki i jej właściwego zastosowania. Siarka jest żywą, kwaśną, aktywną, dynamiczną Zasadą. Służy do stabilizacji Rtęci, z której jest wydobywana i do której powraca.

Tarot: Sztuka sakralna używana głównie w wróżbiarstwie. Tarot składa się z siedemdziesięciu ośmiu kart do gry, podzielonych na cztery kolory po czternaście kart każdy, plus dwadzieścia dwa tryplety (Major Arcana). Karty Tarota charakteryzują się niesamowitymi obrazami zawierającymi ponadczasową, ezoteryczną mądrość. Mają nierozerwalny związek z Qabalah i Drzewem Życia, służą jako klucz do nauk okultystycznych i mapa drogowa poszczególnych składników ludzkiej psychiki. Tarot jest więc kompletnym i zawiłym systemem służącym do opisania niewidzialnych, niewidocznych sił, które wpływają na Wszechświat.

Trzydzieści Aethyr: Koncentryczne kręgi, które przenikają się i nakładają na siebie, składając się w ten sposób na warstwy Aury. Aetery są duchowymi składnikami Planów Kosmicznych w Systemie Enochiańskim. Każdy z Trzydziestu Aethyrów niesie męski i/lub żeński prąd seksualny, który może być przywołany przy pomocy Dziewiętnastego Klucza Enochiańskiego. Trzydzieści Aethyrs pracuje bezpośrednio z Ida i Pingala Nadis w systemie Kundalini.

Tiphareth: Szósta sefira na Drzewie Życia wzdłuż Środkowego Filaru, której tytuł brzmi "Harmonia" i "Piękno". Reprezentuje stan świadomości wewnętrznych wydziałów zajmujących się wyobraźnią oraz przetwarzaniem myśli i emocji. Jako centralna Sefira na Drzewie Życia, Tiphareth zajmuje się przetwarzaniem energii wszystkich Sefirot, z wyjątkiem Malkuth. W ramach wiedzy okultystycznej, Tiphareth jest znana jako Sfera Duchowego Odrodzenia i Świadomości Chrystusa lub Kriszny, gdzie Duch i Materia łączą się w jedno. Tyfret ma powinowactwo z Elementem Powietrza, chociaż, ponieważ odpowiada Słońcu, ma również aspekty Ognia. Dlatego też Tiphareth znajduje się gdzieś pomiędzy czakrami Anahata i Manipura, poprzez które wyraża się. Kolor Tiphareth jest złoto-żółty. W systemie Złotego Świtu, Tiphareth odpowiada Adeptus Minor, Pierwszemu Stopniowi Drugiego Zakonu.

Yesod: Dziewiąta sefira na Drzewie Życia wzdłuż Środkowego Filaru, której tytuł brzmi "Fundament", dotyczący astralnego planu wszystkich rzeczy w istnieniu. Yesod reprezentuje Płaszczyznę Astralną, punkt kontaktowy dla Wewnętrznych Planów Kosmicznych. Reprezentuje stan świadomości wewnętrznych wydziałów zajmujących się Ego oraz jego myślami i impulsami. Seksualność i lęki podświadomego umysłu są również wyrażane poprzez Yesod. Jego umieszczenie jest gdzieś pomiędzy Swadhisthana i Manipura Chakras, przez które działa. Yesod ma powinowactwo z Elementem Powietrza, z aspektami Elementu Wody. Jego kolor jest fioletowo-purpurowy i odpowiada planecie Księżyc. W systemie Złotego Świtu, Yesod reprezentuje Stopień Theoricus.

BIBLIOGRAFIA

Uwaga: Poniżej przedstawiam listę książek z mojej osobistej biblioteki, które posłużyły jako źródło i inspiracja dla niniejszej pracy. Dołożono wszelkich starań, by odszukać wszystkich właścicieli praw autorskich do materiałów zawartych w tym wydaniu, zarówno firmy, jak i osoby prywatne. Wszelkie pominięcia są niezamierzone, a ja z przyjemnością poprawię wszelkie błędy w przyszłych wersjach tej książki.

KUNDALINI

Arundale, G.S. (1997). *Kundalini: An Occult Experience.* Adyar, Madras, Indie: Wydawnictwo Teozoficzne

Bynum, Bruce Edward (2012). *Świadomość ciemnego światła.* Rochester, Vermont: Inner Traditions

Dixon, Jana (2008). *Biologia Kundalini: Exploring the Fire of Life.* Lulu Online Publishing

Goswami, Shyam Sundar (1999). *Layayoga: The Definitive Guide to the Chakras and Kundalini.* Rochester, Vermont: Inner Traditions

Khalsa, Gurmukh Kaur, with Ken Wilber, Swami Radha, Gopi Krishna, and John White (2009). *Kundalini Rising: Exploring the Energy of Awakening.* Boulder, Colorado: Sounds True, Inc.

Krishna, Gopi (1993). *Living with Kundalini: The Autobiography of Gopi Krishna.* Boston, Massachusetts: Shambhala Publications Inc.

Krishna, Gopi (1988). *Kundalini dla nowej epoki: wybrane pisma Gopi Krishny.* Edited by Gene Kiefer. New York, New York: Bantam Books

Krishna, Gopi (1997). *Kundalini: Energia ewolucyjna w człowieku.* Boston, Massachusetts: Shambhala Publications Inc.

Krishna, Gopi (1975). *The Awakening of Kundalini (Przebudzenie Kundalini).* New York, Nowy Jork: E. P. Dutton

Krishna, Gopi (1972). *Biologiczne podstawy religii i geniuszu.* Nowy Jork, Nowy Jork: Harper & Row Publishers

Mahajan, Yogi (1997). *The Ascent.* Delhi, Indie: Motilal Banarsidass Publishers

Melchizedek, Drunvalo (2008). *Serpent of Light: Beyond 2012.* San Francisco, California: Weiser Books

Mumford, Jonn (2014). *A Chakra & Kundalini Workbook.* Woodbury, Minnesota: Llewellyn Publications

Paulson, Genevieve Lewis (2003). *Kundalini i czakry.* St. Paul, Minnesota: Llewellyn Publications

Perring, Michael "Omdevaji" (2015). *Czym na Ziemi jest Kundalini?- książka III.* Varanasi, India: Pilgrims Publishing

Semple, J. J. (2007). *Deciphering the Golden Flower: One Secret at a Time.* Bayside, California: Life Force Books

Swami, Om (2016). *Kundalini: An Untold Story.* Mumbai, India: Jaico Publication House

Weor, Samael Aun (2020). *Christ's Will: Kundalini, Tarot i chrystianizacja ludzkiej duszy.* www.gnosticteachings.org: Wydawnictwo Glorian

Weor, Samael Aun (2018). *Żółta Księga: Boska Matka, Kundalini i duchowe moce.* www.gnosticteachings.org: Wydawnictwo Glorian

White, John (1990). *Kundalini: Ewolucja i Oświecenie.* St. Paul, Minnesota: Paragon House

UZDRAWIANIE ENERGETYCZNE I CZAKRY

Bernoth, Bettina (2012). *Auric Lights: Light is the Medicine of our Future.* CreateSpace Independent Publishing Platform

Bettina, Bernoth (1995). *Magiczne aury.* CreateSpace Independent Publishing Platform

Burger, Bruce (1998). *Ezoteryczna anatomia: ciało jako świadomość.* Berkeley, California: North Atlantic Books

Butler, W.E. (1987). *Jak odczytywać aurę, praktykować psychometrię, telepatię i jasnowidzenie.* Rochester, Vermont: Destiny Books

Chia, Mantak (2008). *Healing Light of the Tao: Foundational Practices to Awaken Chi Energy.* Rochester, Vermont: Destiny Books

Chia, Mantak (2009). *The Alchemy of Sexual Energy: Connecting to the Universe From Within.* Rochester, Vermont: Destiny Books

Dale, Cyndi (2018). *The Complete Book of Chakras: Your Definitive Source of Energy Center Knowledge for Health, Happiness, and Spiritual Evolution.* Woodbury, Minnesota: Llewellyn Publications

Dale, Cyndi (2009). *The Subtle Body: An Encyclopedia of Your Energetic Anatomy.* Boulder, Colorado: Sounds True, Inc.

Dale, Cyndi (2013). *Podręcznik praktyki ciała subtelnego: A Comprehensive Guide to Energy Healing.* Boulder, Colorado: Sounds True, Inc.

Gerber, Richard, M.D. (2001). *Vibrational Medicine: The 1# Handbook of Subtle-Energy Therapies.* Rochester, Vermont: Bear & Company

Grey, Alex (2012). *Net of Being.* With Alyson Grey. Rochester, Vermont: Inner Traditions International

Grey, Alex (1990). *Sacred Mirrors: The Visionary Art of Alex Grey*. Rochester, Vermont: Inner Traditions International

Judyta, Anodea (2006). *Wheels of Life: A User's Guide to the Chakra System*. Woodbury, Minnesota: Llewellyn Publications

Leadbeater, C.W. (1987). *The Chakras*. Wheaton, Illinois: Wydawnictwo Teozoficzne

Lockhart, Maureen (2010). *Subtelne ciało energetyczne: kompletny przewodnik*. Rochester, Vermont: Inner Traditions

Ostrom, Joseph (2000). *Auras: What they are and How to Read Them*. Hammersmith, London: Thorsons

Zink, Robert (2014). *Magiczne uzdrawianie energią: The Ruach Healing Method*. Rachel Haas współautorka. Portland, Oregon: Law of Attraction Solutions, LLC.

ANATOMIA MÓZGU I CIAŁA

Carter, Rita (2019). *The Human Brain Book*. New York, New York: DK Publishing

Childre, Doc i Martin, Howard (2000). *The Heartmath Solution*. Nowy Jork, Nowy Jork: HarperCollins Publishers

McCraty, Rollin (2015). *Science of the Heart: Exploring the Role of the Heart in Human Performance (tom 2)*. Boulder Creek, Kalifornia: HeartMath Institute

Power, Katrina (2020) *How to Hack Your Vagus Nerve*. Niezależna publikacja

Splittgerber, Ryan (2019). *Snell's Clinical Neuroanatomy: Eight Edition*. Philadelphia, Pennsylvania: Wolters Kluwer

Wineski, Lawrenece E. (2019). *Snell's Clinical Anatomy by Regions: Tenth Edition*. Philadelphia, Pennsylvania: Wolters Kluwer

JOGA I TANTRA

Ashley-Farrand, Thomas (1999). *Healing Mantras: Using Sound Affirmations for Personal Power, Creativity, and Healing*. New York, New York: Ballantine Wellspring

Aun Weor, Samael (2012). *Joga Kundalini: Odblokuj w sobie boską moc duchową*. Wydawnictwo Glorian

Avalon, Artur (1974). *The Serpent Power*. New York, Nowy Jork: Dover Publications, Inc.

Bhajan, Yogi (2013). *Kriya: zestawy jogi, medytacje & klasyczne kriyas*. Santa Cruz, California: Kundalini Research Instititute

Buddhananda, Swami (2012). *Moola Bandha: The Master Key*. Munger, Bihar, Indie: Yoga Publications Trust

Feuerstein, Georg (1998). *Tantra: The Path of Ecstasy*. Boulder, Colorado: Shambhala Publications, Inc.

Frawley, Dr David (2010). *Mantra Joga i Dźwięk Pierwotny: Secrets of Seed (Bija) Mantry*. Twin Lakes, Wisconsin: Lotus Press

Frawley, David (2004). *Joga i Święty Ogień: Samorealizacja i Transformacja Planetarna*. Twin Lakes, Wisconsin: Lotus Press

Hulse, David Allen (2004). *The Eastern Mysteries: The Key of it All, Book I*. St. Paul, Minnesota: Llewellyn Publications

Japananda Das, Srila (2019). *Yantra: Moc i magia*. Wyd. Niezależne

Kaminoff, Leslie i Matthews, Amy (2012). *Yoga Anatomy*. Champaign, Illinois: Human Kinetics

Maehle, Gregor (2012). *Pranayama: Oddech w jodze*. Innaloo City, Australia: Kaivalya Publications

Prasad, Rama (2015). *Nature's Finer Forces and Their Influence Upon Human Life and Destiny (Drobne siły natury i ich wpływ na ludzkie życie i przeznaczenie)*. CreateSpace Independent Publishing Platform

Saraswati, Swami Satyananda (2013). *Asana Pranayama Mudra Bandha*. Munger, Bihar, Indie: Yogi Publications Trust

Saraswati, Swami Satyananda (2013). *Systematyczny kurs starożytnych tantrycznych technik jogi i kriji*. Munger, Bihar, Indie: Yoga Publications Trust

Saraswati, Swami Satyananda (2012). *Hatha Yoga Pradipika*. Munger, Bihar, Indie: Yogi Publications Trust

Saraswati, Swami Satyananda (2007). *Kundalini Tantra*. Munger, Bihar, Indie: Yoga Publications Trust

Saraswati, Swami Satyananda (2012). *Medytacje z Tantry*. Munger, Bihar, Indie: Yoga Publications Trust

Saraswati, Swami Satyadharma (2019). *Yoga Kundali Upanishad: Theory and Practices for Awakening Kundalini*. Wydawnictwo niezależne, Stany Zjednoczone

Satyasangananda, Swami (2013). *Tattwa Shuddhi*. Munger, Bihar, Indie: Yogi Publications Trust

Swami, Om (2017). *Starożytna nauka o mantrach: Wisdom of the Sages*. Amazon.com: Wydawnictwo "Czarny Lotos

Vivekananda, Swami (2019). *Radża Joga: Zdobywanie wewnętrznej natury*. Kolkata, Indie: Advaita Ashrama

Weor, Samael Aun (2018). *Sacred Rites for Rejuvenation: As Simple, Powerful Technique for Healing and Spiritual Strength*. www.gnosticteachings.org: Wydawnictwo Glorian

Woodroffe, Sir John (2018). *Wprowadzenie do Tantra Sastra*. T. Nagar, Madras, Indie: Ganesh & Company

Jogananda, Paramahamsa (2019). *Autobiografia jogina*. Los Angeles, California: Self Realization Fellowship

Jogananda, Paramahamsa (2019). *The Second Coming of Christ: The Resurrection of the Christ Within You*. Volumes I-II. Los Angeles, California: Self Realization Fellowship

AYURVEDA

Lad, Vasant (2019). *Ayurveda: The Science of Self-Healing*. Twin Lakes, Wisconsin: Lotus Press

Frawley, Dr David, (2003). *Ajurweda i terapia Marma: Punkty energetyczne w uzdrawianiu jogicznym*. Współautorzy Dr Subhash Ranade i Dr Avinash Lele. Twin Lakes, Wisconsin: Lotus Press

Frawley, Dr David, and Lad, Vasant (2008). *The Yoga of Herbs (Joga ziół)*. Twin Lakes, Wisconsin: Lotus Press

Instytut Ajurwedy. *Wskazówki żywieniowe dla podstawowych typów konstytucyjnych* (PDF)

Frawley, Dr David (1999). *Yoga & Ayurveda: Samouzdrawianie i samorealizacja*. Twin Lakes, Wisconsin: Lotus Press

Frawley, dr David i Summerfield Kozak, Sandra (2012). *Joga dla Twojego typu: Ajurwedyjskie podejście do Twojej praktyki asan*. Twin Lakes, Wisconsin: Lotus Press

Frawley, Dr David (2013). *Ayurvedic Healing: A Comprehensive Guide*. Twin Lakes, Wisconsin: Lotus Press

Frawley, dr David, i Ranada, dr Sabhash (2012). *Ayurveda: Nature's Medicine*. Twin Lakes, Wisconsin: Lotus Press

ASTROLOGIA WEDYJSKA

Frawley, Dr David (2005). *Ayurvedic Astrology: Self-Healing Through the Stars*. Twin Lakes, Wisconsin: Lotus Press

Frawley, Dr David (2000). *Astrology of the Seers. A Guide to Vedic/Hindu Astrology*. Twin Lakes, Wisconsin: Lotus Press

Sutton, Komilla (2014). *The Nakshatras: The Stars Beyond the Zodiac*. Bournemouth, Anglia: The Wessex Astrologer Ltd.

Kurczak, Ryan, and Fish, Richard (2012). *The Art and Science of Vedic Astrology*. CreateSpace Independent Publishing Platform

MUDRY RĘCZNE

Menen, Rajendar (2013). *The Healing Power of Mudras: The Yoga in Your Hands*. New Delhi, India: V&S Publishers

Saradananda, Swami (2015). *Mudry dla współczesnego życia: Boost Your Health, Re-Energize Your Life, Enhance Your Yoga and Deepen Your Meditation*. London, Wielka Brytania: Watkins

Hirschi, Gertrud (2016). *Mudry: Joga w twoich rękach*. Newburyport, Massachusetts: Weiser Books

Le Page, Joseph i Lilian (2014). *Mudry dla uzdrowienia i transformacji*. Ft. Lauderdale, Florida: Integrative Yoga Therapy

Carroll, Cain i Revital (2013). *Mudry Indii: A Comprehensive Guide to the Hand Gestures of Yoga and Indian Dance*. Philadelphia, Pennsylvania: Singing Dragon

Advait (2015). *Mudry: 25 ostatecznych technik samouzdrawiania*. CreateSpace Independent Publishing Platform

KAMIENIE SZLACHETNE I WIDEŁKI STROJENIOWE

McGeough, Marion (2013). *Crystal Healing & the Human Energy Field (Uzdrawianie kryształami i pole energetyczne człowieka)*. CreateSpace Independent Publishing Platform

Lembo, Margaret Ann (2017). *The Essential Guide to Crystals, Minerals and Stones (Niezbędny przewodnik po kryształach, minerałach i kamieniach)*. Woodbury, Minnesota: Llewellyn Publications

Permutt, Philip (2016). *The Crystal Healer: Crystal Prescriptions That Will Change Your Life Forever*. London, England: Cico Books

McKusick, Eileen Day (2014). *Tuning the Human Biofield: Healing with Vibrational Sound Therapy*. Rochester, Vermont: Healing Arts Press

Hall, Judy (2003). *The Crystal Bible: A Definitive Guide to Crystals*. Iola, Wisconsin: Krause Publications.

Hall, Judy (2009). *Kryształowa Biblia 2*. Iola, Wisconsin: Krause Publications.

Beaulieu, John (2010). *Human Tuning: Sound Healing With Tuning Forks*. High Falls, New York: BioSonic Enterprises

AROMATERAPIA

Lembo, Margaret Ann (2016). *The Essential Guide to Aromatherapy and Vibrational Healing (Niezbędny przewodnik po aromaterapii i uzdrawianiu wibracyjnym)*. Woodbury, Minnesota: Llewellyn Worldwide

Cunningham, Scott (2020). *Encyklopedia magicznych ziół*. Woodbury, Minnesota: Llewellyn Worldwide

Kennedy, Anne (2018) *Aromatherapy for Beginners: The Complete Guide to Getting Started With Essential Oils*. Berkeley, California: Althea Press

Wormwood, Valerie Ann (2016). *The Complete Book of Essential Oils and Aromatherapy (Kompletna księga olejków eterycznych i aromaterapii)*. Novato, California: New World Library

Davis, Patricia (2000). *Subtelna Aromaterapia*. Essex, Wielka Brytania: Saffron Walden

Covington, Candice (2017). *Essential Oils in Spiritual Practice: Working With the Chakras, Divine Archetypes, and the Five Great Elements*. Rochester, Vermont: Healing Arts Press

ŚWIĘTA GEOMETRIA

Melchizedek, Drunvalo (1990). *Starożytny sekret Kwiatu Życia: Tom 1*. Flagstaff, Arizona: Light Technology Publishing

Melchizedek, Drunvalo (2000). *Starożytny sekret Kwiatu Życia: Tom 2*. Flagstaff, Arizona: Light Technology Publishing

WESTERNOWE MISTERIA

Agrippa, Henryk Korneliusz (1992). *Trzy księgi filozofii okultystycznej*. St. Paul, Minnesota: Llewellyn Publications

Anonim (2005) *The Emerald Tablet of Hermes*. With Multiple Translations. Whitefish, Montana: Kessinger Publishing

Copenhaver, Brian P. (2000) *Hermetica: The Greek Corpus Hermeticum and the Latin Asclepius in a New English Translation, with Notes and Introduction*. New York, Nowy Jork: Cambridge University Press

Doreal, M. (Unknown). *The Emerald Tablets of Thoth the Antlantean*. Nashville, Tennessee: Source Books

Everard, John (2019). *The Divine Pymander*. Whithorn, Szkocja: Anodos Books

Mumford, John Dr. (1997). *Magiczne Tattwas: A Complete System for Self-Development*. St. Paul, Minnesota: Llewellyn Publications

Paar, Neven (2019). *Mag: Kundalini and the Golden Dawn*. Toronto, Ontario: Winged Shoes Publishing

Regardie, Israel (1971). *The Golden Dawn*. St. Paul, Minnesota: Llewellyn Publications

Trzech wtajemniczonych (1940). *Kybalion: Filozofia hermetyczna*. Chicago, Illinois: Yogi Publication Society

Nieznany (2003). *Ezoteryczny Zakon Złotego Świtu: podręcznik Theoricus 2=9 Grade*. Dodane przez G.H. Frater P.D.R. Los Angeles, California: H.O.M.S.I.

Woolfolk, Joanna Martine (2006). *The Only Astrology Book You'll Ever Need*. Lanham, Maryland: Taylor Trade Publishing

TEKSTY RELIGIJNE

Ashlag, Rav Yehuda (2007). *The Zohar*. Komentarz autorstwa Rav Michaela Laitmana PhD. Toronto, Ontario: Laitman Kabbalah Publishers

EasWaran Aknath (2007). *The Dhammapada*. Tomales, California: Nilgiri Press

EasWaran Aknath (2007). *The Upanishads*. Tomales, California: Nilgiri Press

Griffith, Ralph T.H. and Keith, Arthur Berriedale (2017). *The Vedas: The Samhitas of the Rig, Yajur (White and Black), Sama, and Atharva Vedas*. CreateSpace Independent Publishing Platform

Mojżesz (1967). *The Torah: The Five Books of Moses* (Inaczej znany jako Stary Testament). Philadelphia, Pennsylvania: The Jewish Publication Society of America.

Muhammad (2006). *The Koran*. Przetłumaczone z uwagami przez N.J. Dawooda. London, England: Penguin Books

Saraswati, Swami Satyananda (1997). *Bhagavad Gita*. Napa, Kalifornia: Devi Mandir Publications i Motilal Banarsidass Publishers Private Limited.

Stiles, Mukunda (2002). *Joga Sutry Patańdżalego*. San Francisco, California: Weiser Books

Różne (2002). *The Holy Bible: King James Version* (Zawiera Stary i Nowy Testament). Grand Rapids, Michigan: Zondervan

ZASOBY INTERNETOWE

3 Sanskryckie Mantry, aby zwiększyć swoją praktykę medytacji - Strona odniesienia dla Mantr

(www.yogiapproved.com/om/3-sanskrit-mantras-boost-meditation-practice/)
7 mantr do stworzenia życia, którego pragniesz - Strona główna dla mantr (www.chopra.com/articles/7-mantras-for-creating-the-life-you-want)
7Pranajama - Oddech życia - Strona referencyjna dla filozofii i praktyk jogicznych (www.7pranayama.com)
71 Yoga Mudras: Uzyskaj zaskakujące korzyści w 29 dni, poparte nauką - Referencje strona dla Yoga Mudras (www.fitsri.com/yoga-mudras)
9 Potężnych Mantr w Sanskrycie i Gurmukhi - Strona referencyjna dla Mantr (www.chopra.com/articles/9-powerful-mantras-in-sanskrit-and-gurmukhi)
Anatomia Aury - Strona referencyjna dla Aury i jej części (www.auraology.net/anatomy-of-the-aura)
Wprowadzenie do nerwu błędnego i połączenia z Kundalini - strona referencyjna dla połączenia pomiędzy nerwem błędnym i Kundalini (www.basmati.com/2017/05/02/intro-vagus-nerve-connection-kundalini)
Aromaterapia astrologiczna - mieszanki dla Twojego znaku gwiezdnego - strona referencyjna dla aromaterapii (www.baseformula.com/blog/astrological-aromatherapy)
Astrologia i Ajurweda - Strona referencyjna dla Astrologii i Ajurwedy (www.astrobix.com/astrosight/208-astrology-and-ayurveda.html)
Astrologia i Czakry: Dwie strony tej samej monety - strona referencyjna dla Astrologii i Czakr (www.innerself.com/content/personal/intuition-awareness/astrology/4410-astrology-a-the-chakras.html)
Przewodnik po kolorach Aura - strona referencyjna dla Aury i jej części (www.auraaura.co/aura-colors)
AuraFit: Mobile Biofeedback System - Oficjalna strona technologii odczytu Aury wynalezionej przez Bettinę Bernoth Ph.D. (www.aurafitsystem.org/)
Kształty Aury - Strona referencyjna dla problemów energetycznych w Aurze (www.the-auras-expert.com/aura-shapes.html)
Ajurweda i Asana: Pozycje jogi dla Twojego zdrowia - strona referencyjna dla Jogi dla Doshas (www.yogajournal.com/lifestyle/health/ayurveda-and-asana/)
Najlepsza Ajurweda: Wykres typu konstytucji ciała - strona referencyjna dla Ajurwedy (www.bestayurveda.ca/pages/body-constitution-type-chart)
Bija Mantra - Strona referencyjna dla Bija Mantry (www.hinduscriptures.com/vedic-culture/bija-mantra/24330/)
Charms of Light: Energy, Healing, and Love - Strona informacyjna dla Kryształów (www.charmsoflight.com/gemstone-crystal-healing-properties)
Descartes and the Pineal Gland - strona referencyjna dotycząca gruczołu szyszynki i jego badań historycznych (https://plato.stanford.edu/entries/pineal-gland/)
Projektowanie rutyny jogi dla Twojej Doshy - Strona referencyjna dla Joga i Doshy (www.chopra.com/articles/designing-a-yoga-routine-for-your-dosha)
Encyklopedia Britannica - Strona referencyjna dla wszystkich gałęzi wiedzy (www.britannica.com)
Ezoteryczne inne światy: Tattva Vision - Strona referencyjna dla pracy z Tattwami

(www.esotericotherworlds.blogspot.com/2013/06/tattva-vision.html)

Ethan Lazzerini-Uzdrawianie kryształów Blog, Przewodniki i Porady - Strona referencyjna dla kryształów (www.ethanlazzerini.com/crystal-shapes-meanings/)

Freedom Vidya-Medytacja nad płatkami czakr Bijas - Strona referencyjna dla płatków czakr Bijas (www.shrifreedom.org/yoga/chakra-petal-sounds/)

Greek Medicine.Net - Strona informacyjna dotycząca mózgu i układu nerwowego (www.greekmedicine.net/physiology/Brain_and_Nervous_System.html)

Hatha czy Vinyasa Yoga: Która z nich jest dla Ciebie odpowiednia? - Strona referencyjna dla Hatha i Vinyasa Jogi (www.healthline.com/health/exercise-fitness/hatha-vs-vinyasa)

How to Balance Your Vital Energy & Chakras With Essential Oils - strona referencyjna dla czakr i olejków eterycznych (www.motherhoodcommunity.com/chakra-essential-oils/)

Jak ćwiczenia wpływają na mózg? - Strona informacyjna na temat wpływu ćwiczeń na mózg (www.dana.org/article/how-does-exercise-affect-the-brain/)

Instytut Badań nad Świadomością - strona referencyjna dotycząca badań nad Kundalini i potencjałem energetycznym człowieka (www.icrcanada.org)

Wprowadzenie do Ajurwedy: Understanding the Three Doshas - Strona źródłowa dla Ajurwedy (www.yogajournal.com/lifestyle/health/ayurveda/intro-ayurveda/)

Czakry męskie i żeńskie - Strona referencyjna dla płci w czakrach (www.rootshunt.com/maleandfemalechakras.htm)

Naturalne uzdrawianie czakr - mantry dla każdej czakry - strona referencyjna dla mantr Bija (www.naturalchakrahealing.com/chakra-seed-mantras.html)

Neural Correlates of Personalized Spiritual Experiences - strona referencyjna dotycząca związku pomiędzy anatomią mózgu a doświadczeniami duchowymi (www.academic.oup.com/cercor/article/29/6/2331/5017785)

Związek między czakrami w ciele człowieka, planetami i astrologią medyczną - Strona referencyjna dla związku między czakrami, planetami i gruczołami dokrewnymi (www.anilsripathi.wordpress.com/relationship-between-human-body-chakras-planetsmedical-astrology/)

Rocks with Sass - Strona referencyjna dla kryształów i ich kształtów (www.rockswithsass.com/blog/2020/4/13/crystal-shapes-their-meaning-and-uses)

Science of the Heart - strona referencyjna Instytutu HeartMath i ich badań (www.heartmath.org/research/science-of-the-heart/energetic-communication)

Scrying w Wizji Duchowej. Część I: Tattva Vision - strona referencyjna dla pracy z Tattvami (www.fraterooe.livejournal.com/4366.html)

Sześć typowych problemów energetycznych i jak je uzdrowić - strona referencyjna dla problemów energetycznych w Aurze (www.nataliemarquis.com/six-typical-energy-problems-and-how-to-heal-them/)

SlimYogi: Ilustrowany przewodnik krok po kroku po 90 pozycjach jogi odchudzającej - referencyjny PDF do praktyki jogi

(www.mymission.lamission.edu/userdata/ruyssc/docs/Stretch-An-Ullustrated-Step-By-Step-Guide-To-Yoga-Postures.pdf)

Duchowa Ajurweda: Nasze pięć subtelnych ciał i trzy subtelne esencje - strona referencyjna dla Ajurwedy (www.maharishi.co.uk/blog/spiritual-ayurveda-our-five-subtle-bodies-and-three-subtle-essences/)

Instrukcje Tattwy *i Antahkarany* - Strona referencyjna dla Tattwy (www.manas-vidya.blogspot.com/2011/09/practice-antahkarana.html)

Czakry i płeć - męskie/żeńskie energie - strona referencyjna dotycząca płci w czakrach (www.naturalchakrahealing.com/chakras-and-gender-masculine-feminine-energy.html)

Kryształowe *Kompendium EBook* - strona referencyjna dla kryształów (www.crystalgemstones.net/crystalcompendium.php)

Wyłączenie siatkowego układu aktywującego (RAS) - strona poświęcona roli siatkowego układu aktywującego w przebudzeniu duchowym (www.spiritrisingyoga.org/kundalini-info/the-disengagement-of-the-reticular-activating-system)

Konsorcjum Kundalini (www.kundaliniconsortium.org) - strona referencyjna dla badań nad Kundalini i potencjałem ludzkiej energii

Astrologia wedyjska & czakry - Strona referencyjna dla związku pomiędzy czakrami i planetami (www.alchemicalbody.wordpress.com/2013/06/01/vedic-astrology-the-chakras/)

Medycyna wibracyjno-energetyczna - strona referencyjna dla czakr (www.energyandvibration.com/chakras.htm)

Czym są Bija Mantry - Strona referencyjna dla Bija Mantr (www.satyaloka.net/what-are-bija-mantras/)

Czym są ayurvedyjskie Doshas? Vata, Kapha i Pitta wyjaśnione - strona referencyjna dla Ajurwedy (www.healthline.com/nutrition/vata-dosha-pitta-dosha-kapha-dosha)

Jakie są korzyści z jogi i medytacji - strona referencyjna dla jogi i medytacji (www.poweryoga.com/blog/benefits-and-differences-yoga-meditation/)

Co to jest Aromaterapia? - Strona referencyjna dla Aromaterapii (www.webmd.com/balance/stress-management/aromatherapy-overview)

Czym jest medytacja jogi? - Strona referencyjna dla medytacji (www.sivanandayogafarm.org/what-is-yoga-meditation/)

Co warto wiedzieć o płacie czołowym mózgu - strona poświęcona anatomii mózgu (www.healthline.com/health/frontal-lobe)

Joga dla zrównoważenia Doshas - Strona referencyjna dla Joga dla Doshas (www.ekhartyoga.com/articles/wellbeing/yoga-for-balancing-the-doshas)

Yoga Journal: A Beginner's Guide to Meditation - strona referencyjna dotycząca med*ytacji* (www.yogajournal.com/meditation/how-to-meditate/let-s-meditate/)

Jogapedia - Strona informacyjna o filozofii i praktykach jogicznych (www.yogapedia.com)

Yogapoint-India - Strona referencyjna dla filozofii i praktyk jogicznych

(www.yogapoint.com/index.htm)

Wikipedia - Wolna Encyklopedia - strona zawierająca informacje o wszystkich gałęziach wiedzy (www.wikipedia.org)

ZASOBY OBRAZÓW

Rysunek 2: Trzy Nadis Post-Kundalini Awakening - Yogi Mahajan's *The Ascent*. (Strona 6.)

Rysunek 5: Kompletny obwód Kundalini - *Tantra Kundalini* Swamiego Satyanandy Saraswati. (Strona 288.)

Ilustracja 6: Mózg wypełniony światłem - Christopher & Dana Reeve Foundation's *How the Spinal Cord Works* (strona online.)

Rysunek 10: Pentagram - *Trzy księgi filozofii okultystycznej* Henryka Corneliusa Agrippy. (Strona 180.)

Rysunek 15: Ida i Pingala Nadis oraz Ajna Chakra - Genevieve Lewis Paulson's *Kundalini and the Ch*akras. (Strona 184.)

Rysunek 16: Pole elektromagnetyczne Ziemi - Peter Reid's *The Earth's Magnetic Field* (Online Image).

Rysunek 20: Anatomia Aury - *Manuskrypt treningowy AuraFit* Bettiny Bernoth (strona 11.)

Rysunek 22: Pole toroidalne Kundalini - Bruce Burger's *Esoteric Anatomy: The Body as Consciousness*. (Strona 54.)

Rysunek 23: Siedem czakr i splotów nerwowych - *Koła życia* Anodea Judith*: A User's Guide to the Chakra System*. (Page 12.)

Rysunek 24: Rozszerzenie mózgu i korelacje czakr - *Kundalini Tantra* Swami Satyanandy Saraswati. (Strona 35.)

Rysunek 26: Mniejsze czakry głowy (Korona) - Genevieve Lewis Paulson's *Kundalini and the Chakras*. (Strona 150.)

Rysunek 31: Lokalizacja psychicznych oczu - Genevieve Lewis Paulson "*Kundalini and the Chakras*". (Strona 140.)

Rysunek 37: Orientacja Tetrahedronów u Mężczyzn i Kobiet - Drunvalo Melchizedek's *The Ancient Secret of the Flower of Life: Tom 1* (strona 49).

Rysunek 42: Układ limbiczny - *Podstawowe zwoje mózgowe i układ limbiczny* Paula Wissmanna (obrazek online.)

Rysunek 51: Conus Medullaris and Filum Terminale - Cyndi Dale's *The Complete Book of Chakras: Your Definitive Source of Energy Center Knowledge for Health, Happiness, and Spiritual Evolution*. (Strona 78.)

Rysunek 57: Pole elektromagnetyczne serca - Doc Childre i Howard Martin w książce *The Heartmath Solution*. (Strona 34.)

Rysunek 59: Centrum czakry serca - Anodea Judith's *Wheels of Life: A User's Guide to the Chakra System*. (Page 197.)

Rysunek 123: Punkt skurczu Mula Bandha - *Asana Pranayama Mudra Bandha* Swami Satyananda Saraswati. (Strona 476.)

Rysunek 128: Punkty skurczu Vajroli, Sahajoli i Ashwini Mudry - *Moola Bandha* Swamiego Buddhanandy: *The Master Key*. (Strona 81.)

Rysunek 134: Sushumna Nadi Layers and the Cosmic Egg - Cyndi Dale's *The Subtle Body: An Encyclopedia of Your Energetic Anatomy*. (Strona 276.)

Rysunek 147: Trzy Doshas i strefy ciała - Vasant Lad's *Ayurveda: The Science of Self-Healing*. (Page 27.)

Rysunek 151: Lucid Dream Projection - Veenu Sandal's Online Article *Spirit 'Walk-Ins' and Matters of the Soul* (Online Article.)

Rysunek 153: Lotos Sahasrara Czakra - *Kundalini Tantra* Swamiego Satyanandy Saraswati. (Strona 307.)

Rysunek 154: Przepływ Kundalini przez Sushumnę - Genevieve Lewis Paulson "*Kundalini and the Chakras*". (Strona 16.)

www.ingramcontent.com/pod-product-compliance
Lightning Source LLC
Chambersburg PA
CBHW080931300426
44115CB00017B/2782